CHRISTIAN WOLFF
GESAMMELTE WERKE
II. ABT. BAND 6
PSYCHOLOGIA RATIONALIS

CHRISTIAN WOLFF

GESAMMELTE WERKE

HERAUSGEGEBEN UND BEARBEITET
VON
J. ÉCOLE, J. E. HOFMANN, M. THOMANN, H. W. ARNDT

II. ABTEILUNG · LATEINISCHE SCHRIFTEN
BAND 6

PSYCHOLOGIA RATIONALIS

HERAUSGEGEBEN UND BEARBEITET
VON
JEAN ÉCOLE

1972

GEORG OLMS VERLAG
HILDESHEIM · NEW YORK

CHRISTIANI WOLFII

PSYCHOLOGIA RATIONALIS

ÉDITION CRITIQUE AVEC INTRODUCTION,
NOTES ET INDEX
PAR
JEAN ÉCOLE
DOCTEUR ÈS-LETTRES
INGÉNIEUR AU C.N.R.S.
PROFESSEUR À L'UNIVERSITÉ CATHOLIQUE D'ANGERS

1972

GEORG OLMS VERLAG
HILDESHEIM · NEW YORK

Dem Nachdruck liegt das Exemplar der Universitätsbibliothek
Erlangen zugrunde. Signatur: Phs. I 43ᶜ

© Copyright 1972 by Georg Olms, Hildesheim
Alle Rechte vorbehalten
Reprografischer Nachdruck der Ausgabe Frankfurt und Leipzig 1740
Printed in Germany
Herstellung: Druckerei Lokay, 6101 Reinheim/Odw.
ISBN 3 487 04456 0

INTRODUCTION DE L'ÉDITEUR[1]

I

La *Psychologia rationalis* fait partie des grands traités latins de Christian WOLFF, dont la publication s'échelonna à peu près régulièrement chaque année de 1728 à 1754 (date de sa mort), c'est-à-dire pendant son séjour à Marburg et après son retour à Halle en 1740. Avant elle étaient parues la *Philosophia rationalis sive Logica,* qui inaugura la série, en 1728, la *Philosophia prima sive Ontologia* en 1729, encore que datée de 1730[2], la *Cosmologia generalis* en 1731[3] et la *Psychologia empirica* en 1732[4]. Elle sortit des presses en 1734 à Francfort et Leipzig, où elle fut rééditée en 1740. Elle avait, dans l'intervalle, été rééditée en 1737, vraisemblablement à l'insu de WOLFF, par un médecin italien nommé Joseph SERER, chez Ramanzini à Vérone, où ce dernier avait déjà fait paraître une réédition de la *Logica* en 1735, de l'*Ontologia*, de la *Cosmologia* et de la *Psychologia empirica* en 1736. Une autre réédition de la *Psychologia rationalis* fut publiée en 1779 par les héritiers de Marcus Moroni, un autre éditeur de Vérone.

WOLFF avait fait précéder la *Psychologia rationalis,* comme tous ses autres traités latins, d'une esquisse en langue allemande, que l'on

---

[1]) Nous ne donnons dans cette introduction que les références qui ne se trouvent pas dans les notes placées à la fin de l'ouvrage sous le titre: *Variantes et Notes de l'éditeur.* — Les indications de paragraphes entre parenthèses sans autre précision renvoient toutes à la *Psychologia rationalis*.
[2]) Cf. notre introduction à la nouvelle édition de cet ouvrage, Hildesheim, 1962, p. V.
[3]) Rééditée par nos soins, Hildesheim, 1964.
[4]) Rééditée par nos soins, Hildesheim, 1968.

trouve dans les *Vernünfftige Gedancken von Gott, der Welt und der Seele des Menschen, auch allen Dingen überhaupt*, Frankfurt, Leipzig, 1720[5], au chapitre 5, intitulé: «Von dem Wesen der Seele und eines Geistes überhaupt». A la suite des critiques dirigées par les théologiens de Halle et d'Iéna, notamment par Joachim LANGE et Johann Franz BUDDE, contre ces *Vernünfftige Gedancken*, il leur avait ajouté un complément intitulé: *Anmerkungen über die vernünfftige Gedancken von Gott, der Welt und der Seele des Menschen, auch allen Dingen überhaupt, zu besserem Verstande und bequemerem Gebrauche derselben heraus gegeben*, Frankfurt am Main, 1724[6]. Ce qui, dans ce complément, a trait à la *Psychologia rationalis*, se trouve également au chapitre 5.

Pas plus que celui des autres traités latins, le manuscrit de la *Psychologia rationalis* n'a pu être retrouvé. Mais il existe, comme pour la *Logica*, la *Cosmologia* et la *Theologia naturalis*, des cahiers d'élèves contenant des notes de cours s'y rapportant. On en trouve un par exemple à la bibliothèque nationale et universitaire de Strasbourg[7].

Diverses recensions, dans les journaux savants de l'époque, signalèrent la publication de cet ouvrage, notamment dans les *Deutsche Acta eruditorum oder Geschichte der Gelehrten, welche den gegenwärtigen Zustand der Literatur in Europa begreifen*, Leipzig, 1734, 191ème partie, 1er article, p. 761—787, dans les *Nova Acta eruditorum*, Lipsiae, Octobre 1736, 7ème article, p. 460—470, et dans les *Neue Zeitungen von gelehrten Sachen*, Leipzig, Avril 1734, p. 269, 270.

---

[5]) Cet ouvrage fut réédité en 1722, 1725, 1729, 1733, 1736.

[6]) Cet ouvrage fut réédité à Franckfort sur le Main en 1727 et en 1733 sous le titre: *Der vernünfftige Gedancken von Gott, der Welt und der Seele des Menschen, auch allen Dingen überhaupt, Anderer Theil, bestehend in ausführlichen Anmerkungen, und zu besserem Verstande und bequemerem Gebrauche derselben heraus gegeben*.

[7]) Ce manuscrit comprend 679 pages in 4° écrites recto verso. Il est intitulé: *cap. V De psychologia rationali*, et est divisé en paragraphes numérotés de 727 à 927, comme le chapitre V des *Vernünfftige Gedancken von Gott, der Welt und der Seele des Menschen*... L'ordre de l'exposé y est aussi le même; mais chacun des paragraphes est rédigé partie en latin, partie en allemand.

II

Dans la *Psychologia empirica*[8], Wolff s'était donné pour tâche de dresser l'inventaire des facultés de l'âme et d'établir les lois et les règles auxquelles elles obéissent. Il s'agissait, pour lui, de présenter une analyse de l'âme basée principalement sur l'expérience privilégiée que constitue la conscience de ce qui se passe en nous, sans négliger l'observation externe, et en faisant appel aussi au raisonnement pour montrer comment ces facultés dépendent les unes des autres. La méthode de la *Psychologia empirica* était donc, dans une certaine mesure, rationnelle en même temps qu'expérimentale ; mais la raison n'y avait d'autre rôle que de mettre en ordre les faits observés[9].

Dans la *Psychologia rationalis*, Wolff entreprend de rendre compte *a priori* de ces faits. Il se sert ici de la raison pour montrer, à partir du concept ou, si l'on veut, de l'essence de l'âme, pourquoi celle-ci possède les facultés décrites dans la *Psychologia empirica,* et pourquoi ces facultés obéissent aux lois et aux règles énoncées dans ce traité[10]. Mais cette déduction n'est cependant pas l'œuvre de la

---

[8]) Pour tout ce qui concerne les rapports de la *Psychologia rationalis* et de la *Psychologia empirica,* cf. notre introduction à la nouvelle édition de la *Psychologia empirica,* Hildesheim, 1968, p. IX–XV.

[9]) «Psychologiae primam partem in lucem proferimus quam empiricam appellare suevimus, propterea quod de anima tradit, quae experientia magistra addiscuntur, eruendo notiones ex iis, quae in nobismetipsis observamus... Explicantur in ea facultates animae humanae singulae, quibus utimur tum in rebus cognoscendis, tum in rebus gerendis, tum in actionibus liberis determinandis... Quamvis vero in Psychologia empirica non tradamus nisi quae certa experientiae fide constant et quae unusquisque in seipso experiri potest, modo facultates suas ad eum gradum evexerit, ut ad exercitia huc requisita fuerint aptae; hoc tamen non obstante methodi nostrae leges secuti omnem doctrinam in eum ordinem digessimus, ut alia ex aliis deducuntur et sequentia ex antecedentibus demonstrentur... Ut vero alia ex aliis deduci possent, singulas facultates eo ordine explicavimus, quo in modificationibus animae sese exerunt», *Psycho. emp.,* p. 11*, 12*, 17*.

[10]) «In Psychologia rationali ex unico animae humanae conceptu derivamus a priori omnia, quae eidem competere a posteriori observantur et ex quibusdam observatis deducuntur», *Disc. prael.,* not. § 112; cf. encore le texte cité dans la note [12]), et *Psycho. rat.,* § 4 et not.

raison pure[11], car WOLFF y fait perpétuellement appel aux données de l'expérience.

Or, à l'en croire, jamais encore pareille entreprise n'avait été tentée[12]. Et c'est parce qu'il craignait que sa nouveauté ne rebutât ses lecteurs, qu'il se décida à présenter séparément l'analyse empirique des

---

[11]) Il distingue, en effet, la raison pure et la raison non pure (*Psycho. emp.*, § 495). La raison est pure lorsque, dans le raisonnement, on n'admet que des définitions et des propositions connues *a priori*, c'est-à-dire acquises elles-mêmes par le raisonnement (*Ibid.*, § 434, 491, 492, 494); c'est le cas en Arithmétique, en Géométrie et en Algèbre (*Ibid.*, not. § 495). La raison n'est pas pure, lorsqu'on admet, en outre, dans le raisonnement des définitions et des propositions connues *a posteriori*, c'est-à-dire par l'expérience (*Ibid.*, § 434); c'est ce qui se passe en Physique, en Astronomie (*Ibid.*, not. § 495), et aussi dans la *Psychologia rationalis*, où WOLFF, à partir des données de l'expérience, définit l'essence et la nature de l'âme comme une *vis repraesentativa universi*, et montre que les facultés décrites dans la *Psychologia empirica* dérivent toutes de cette force. On peut cependant dire que la *Psychologia rationalis* est tout entière construite *a priori*, puisque d'après les textes auxquels nous venons de renvoyer, il semble que la connaissance *a priori* englobe, à la fois, la raison pure et la raison non pure; ce dont s'est peut-être inspiré KANT lorsqu'il dit que, parmi les connaissances *a priori*, celles-là sont appelées pures, auxquelles n'est mêlé absolument rien d'empirique (*Kritik der reinen Vernunft*, Einleitung, 2° Auflage, § I, *Ak.*, III, p. 28). Mais WOLFF décrit par ailleurs la raison non pure comme réalisant ce qu'il appelle le «connubium rationis et experientiae» (*Psycho. emp.*, § 496, 497). Et cela peut amener à penser que la raison non pure relève de la connaissance mixte, qui est acquise en partie par l'expérience, en partie par le raisonnement (*Ibid.*, § 434), et qui ne se confond pas avec la connaissance *a priori*, dont on peut dire tout au plus qu'elle se rapproche, lorsqu'à partir de principes établis *a posteriori* nous tirons par une série continue de raisonnements des conclusions qui n'étaient pas connues auparavant (*Ibid.*, not. § 434). Aussi dans notre introduction à la nouvelle édition de la *Psychologia empirica*, p. XIV, XXIV, avions-nous identifié la raison non pure et la connaissance mixte, la raison pure et la connaissance *a priori*, et soutenu que la première est à l'œuvre dans la *Psychologia empirica*, la seconde dans la *Psychologia rationalis*. Malgré le caractère flottant de la classification wolffienne, nous pensons qu'il est plus exact de ranger la raison non pure, qui est l'instrument de la *Psychologia rationalis*, dans la connaissance *a priori*, et de chercher ce qui diversifie la *Psychologia rationalis* de la *Psychologia empirica*, dans le rôle différent que joue la raison dans l'une et l'autre. Alors que dans la *Psychologia empirica* la raison se borne à mettre en ordre les données de l'expérience, dans la *Psychologia rationalis* elle s'efforce de les confirmer et de les fonder.

[12]) «Psychologiae partem alteram jam in lucem emittimus, quam rationalem appellamus. In ea rationem reddimus eorum, quae in Psychologia empirica experientia magistra nobis innotuere. Novum est, fateor, hoc ausum: nemo enim hactenus philosophorum ex essentia animae rationem a priori reddere conatus est, cur istiusmodi potius insint facultates, quam aliae, et cur anima has potius in modificationibus suis sequatur leges, quam alias. Non tamen ideo censuram meruisse mihi videor; cum nemini philosophorum non sit integrum in scientiae terminis provehendis vires suas periclitari», *Psycho. rat.*, praefatio, p. 11*, 12*; cf. encore p. 16*.

facultés de l'âme et leur déduction *a priori,* afin que les résultats de la première ne fussent pas rejetés en bloc avec les propositions de la seconde[13]. D'où ses deux traités de psychologie qui forment cependant un seul tout indissociable, du fait qu'il n'est possible de rendre compte *a priori* que de ce qui est connu d'abord *a posteriori*[14].

On ne peut donc attendre de la *Psychologia rationalis* un accroissement de nos connaissances sur l'âme; tout au plus la déduction *a priori* peut-elle permettre de découvrir des détails de notre vie intérieure, que par la seule observation nous ne réussirions pas à déceler (§ 8,9, not. § 227). Tout le but de la *Psychologia rationalis* est d'éclairer davantage les données déjà certaines, puisqu'elles sont celles de l'expérience[15], recueillies dans la *Psychologia empirica,* en cherchant à expliquer pourquoi elles sont telles (§ 7).

III

Dans ces conditions, le plan de la *Psychologia rationalis* s'impose de lui-même. Il s'agit d'abord d'analyser et de définir avec le plus grand soin possible l'essence et la nature de l'âme (sect. 1, c. 1). Puis il convient de montrer comment chacune de ses facultés, distinguées dans la *Psychologia empirica,* trouve son explication dans cette essence

---

[13]) «Novus cum sit ausus et praejudicatae opinioni adversus, nova vero ab initio a plerisque aegre admittantur; praegnans maxime ratio fuit, cur Psychologiam rationalem ab empirica discernerem, ne psychologica promiscue rejicerentur», *Disc. prael.,* not § 112; cf. encore *Psycho. rat.,* praefatio, p. 14*, 15*.

[14]) «Etenim in Psychologia rationali reddenda est ratio eorum quae animae insunt, aut inesse possunt (§ 4), quae cum in Psychologia empirica doceantur (§ 2, *Psycho. emp.*); non alia animae tribuuntur in Psychologia rationali, quam quae de eadem indubia experientiae fide in empirica evincuntur», *Psycho. rat.,* § 6; cf. aussi not. § 5, not. § 196, not. § 217.

[15]) Cf. entre autres les textes cités dans les notes [9]) et [14]) où WOLFF déclare qu'il n'a recueilli dans la *Psychologia empirica* que les faits «quae certa experientiae fide constant», ou «quae . . . indubia experientiae fide . . . evincuntur.»

et cette nature : — les facultés de connaissance d'abord, c'est-à-dire : la *facultas sentiendi* (c. 2), l'imagination (c. 3, § 178—276), la mémoire (c. 3, § 277—332, 350—356), la *facultas fingendi* (c. 3, § 333—349), l'attention (c. 4, § 357—379), la réflexion (c. 4, § 380—387), l'*intellectus* (c. 4, § 388—479), — les facultés d'appétition ensuite, c'est-à-dire : l'appétit et l'aversion sensibles (sect. 2, c. 1), l'appétit et l'aversion rationnels (c. 2).

Dans ces deux premières sections Wolff édifie ce qu'il appelle à diverses reprises sa théorie de l'âme[16], qu'on peut bien considérer comme la première partie de ce traité, bien qu'il ne le divise pas ainsi, et dans laquelle il met aussi en lumière la correspondance harmonique des opérations de l'âme et des mouvements du corps. Après quoi, il examine les différents systèmes qui tentent d'expliquer cette correspondance, puis analyse les principaux attributs de l'âme.

D'où les deux autres sections qui suivent, et qui constituent comme deux autres parties : — la première où il étudie ces systèmes, d'une façon générale d'abord (sect. 3, c. 1), puis chacun en particulier : celui de l'influx physique (c. 2), celui des causes occasionnelles (c. 3), celui de l'harmonie préétablie (c. 4) ; — la seconde où il disserte de la nature de l'esprit et de la spiritualité de l'âme (sect. 4, c. 1), de son origine, de son union avec le corps et de son immortalité (c. 2), enfin de l'âme des bêtes (c. 3).

IV

A) LA THÉORIE DE L'ÂME

(a) De la nature et de l'essence de l'âme

1. — D'après la *Psychologia empirica,* § 20, l'âme est un être conscient de lui-même et des choses extérieures à lui ou, en d'autres termes,

---

[16]) Cf. v. g. p. 16*, not. § 69, not. § 570, not. § 598, § 603, § 606, not. § 615, not. § 618, not. § 628, not. § 717, 720, 760.

un être capable non seulement de percevoir, c'est-à-dire de se représenter un objet quelconque, mais aussi d'apercevoir, c'est-à-dire d'être conscient de cette représentation (*Ibid.*, § 24,25).

Or, pour que l'âme soit consciente des différentes choses qu'elle perçoit en même temps, il faut qu'elle les distingue les unes des autres (§ 10) ou, si l'on veut, qu'elle distingue les perceptions partielles qui composent la perception totale (§ 11). Pour qu'elle soit consciente d'elle-même, il faut qu'elle se distingue elle-même des choses qu'elle perçoit, en prenant conscience des changements qui se produisent en elle à cette occasion (§ 12). En un mot, pour que l'aperception soit possible, l'âme doit avoir des perceptions distinctes (§ 13—20).

Mais, pour que l'âme puisse distinguer les choses perçues les unes des autres et d'elle-même, il faut qu'elle les compare[17] entre elles et avec elle-même (§ 21, 22). Et cela suppose l'aide non seulement de l'attention et de la réflexion, mais aussi de la mémoire. Car, pour effectuer les différents actes d'attention et de réflexion que suppose cette comparaison, l'âme doit conserver la même perception durant un certain temps, et être consciente que cette perception est, à la fin de la comparaison, la même qu'au début (§ 23—25).

2. — Comme on peut encore appeler pensée l'acte par lequel l'âme est consciente d'elle-même et des choses extérieures à elle (*Psycho. emp.*, § 23), tout ce qui vient d'être dit de l'aperception vaut également de la pensée (§ 26). L'excercice de celle-ci requiert donc notamment un certain laps de temps, même s'il est vrai qu'il est normalement imperceptible (§ 27 et not.). Et comme dans la succession de nos pensées, certaines d'entre elles coexistent plus ou moins longtemps avec d'autres, on peut parler d'une durée des pensées (§ 28, 29) et même de leur vitesse, par analogie avec celle qui est propre au

---

[17] Sans doute l'âme n'a pas conscience d'effectuer cette comparaison; mais, souligne WOLFF. beaucoup de ses actes et de ses états sont normalement imperceptibles, et il appartient au psychologue de les détecter (not. § 22).

mouvement des corps (§ 30). Mais cette analogie ne permet pas de conclure que l'âme est matérielle[18] ou corporelle (§ 31, 47).

Alors, en effet, que le corps est un être composé (*Cosmo.*, § 119), qui ne peut penser et dans lequel il ne peut y avoir que des changements de figure, de grandeur et de position des parties (*Ibid.*, § 127, *Psycho. rat.*, § 44—46), l'âme est une substance simple (§ 48) à laquelle ne conviennent aucune des propriétés des corps (§ 49, 51 et not., 52). Le matérialisme est donc insoutenable (§ 50).

3. — L'état de l'âme change continuellement, comme l'atteste la succession des perceptions dont nous parlions à l'instant (§ 53, 56). Or cela requiert qu'elle soit douée d'une force que, comme LEIBNIZ, WOLFF distingue soigneusement de ses facultés. Celles-ci sont des puissances actives, c'est-à-dire des possibilités d'agir, incapables de passer d'elles-mêmes à l'action. La force, elle, est une tendance continuelle à agir ou, si l'on veut, un principe constant d'action (§ 54), qui actualise ce qui, par les facultés, n'est que possible (§ 55 et not.). Elle ne peut être qu'unique, en raison de la simplicité de l'âme, et doit être conçue comme un prédicat primitif qui explique tout ce qui se passe dans celle-ci, sans avoir besoin lui-même d'être expliqué (§ 57 et not.). C'est donc par cette force unique que l'âme change continuellement d'état (§ 58, 59), et qu'elle produit toutes ses opérations, de même que c'est par la seule force motrice que sont produits tous les changements des corps (§ 60 et not., 61). Aussi importe-t-il de déterminer avec soin quels sont les premiers changements qui affectent l'âme sous l'action de cette force et comment les autres naissent à partir d'eux (not. § 61).

---

[18]) WOLFF ouvre ici une parenthèse (§ 32–43) pour classer les différentes doctrines philosophiques se rapportant à l'âme. Aux Idéalistes qui n'admettent que l'existence de l'âme, — certains d'entre eux, les Egoistes, allant même jusqu'à prétendre qu'il n'y a pas d'autre âme que la leur, — s'opposent les Matérialistes qui la nient. Les uns et les autres sont Monistes. En face d'eux les Dualistes professent qu'il y a et des âmes et des corps. Tous ces philosophes sont dogmatiques et se distinguent des Sceptiques qui professent ne pouvoir affirmer quoi que ce soit sur ce point, comme sur aucun.

Or il a été établi dans la *Psychologia empirica*, § 64, 65, que la sensation est la toute première activité de l'âme, et qu'elle trouve sa raison suffisante dans les changements produits dans un organe sensoriel par un objet sensible (*Ibid.*, § 85). D'une façon plus précise, on peut dire que, dans la sensation, l'âme se représente l'univers en fonction de la position qu'y occupe le corps et conformément aux changements qui se produisent dans les organes sensoriels (§ 62 et not.) ou, mieux, qu'elle a le pouvoir de se représenter l'univers, en entendant par là un pouvoir limité à la fois matériellement par la position du corps dans celui-ci et formellement par la constitution des organes sensoriels. Or c'est en ce pouvoir que consiste d'abord sa force, que Wolff dénomme, de ce fait, en paraphrasant Leibniz, force représentative de l'univers (§ 63 et not.).

Parce que cette force ainsi comprise est ce qui est absolument premier dans l'âme et dont tout le reste dépend, Wolff ajoute qu'elle constitue son essence aussi bien que sa nature (§ 66, 67), quoique différemment. Elle doit être considérée comme l'essence de l'âme, en tant qu'elle ne peut actualiser que telle ou telle sensation, en raison des limites matérielle et formelle dont nous venons de parler, et comme sa nature, en tant qu'elle actualise les sensations qui sont possibles dans ces limites (§ 68 et not.)[19].

Reste à montrer ensuite comment de cette force dérivent les autres facultés, tant les facultés d'appétition que les autres facultés de connaissance (§ 76, 81). Mais il faut noter qu'on ne trouve en elle que la raison générale des différentes perceptions et appétitions, et qu'il faut chercher dans les lois de ces facultés la raison spéciale du fait qu'il s'agit de telle perception et de telle appétition. Autrement dit, il en

---

[19]) Wolff ouvre ici une autre parenthèse (§ 69–75), pour définir ce qui est naturel et surnaturel dans l'âme, et apporte ainsi un complément à sa doctrine du miracle exposée dans la *Cosmologia*, § 509–534, où il n'est question que des miracles survenant dans le monde matériel; cf. aussi ce qu'il dit du rêve surnaturel (§ 325–332).

est de la force de l'âme, comme de la force motrice des corps, qui ne contient que la raison générale de l'actualisation de leurs changements, dont la raison spéciale est à chercher dans les lois du mouvement (§ 77 et not.). Mais l'analogie entre ces deux sortes de forces n'empêche pas leur distinction. Car il est impossible d'expliquer les modifications, qui surviennent dans l'âme sous l'effet de la force représentative, par les lois du mouvement; ni les changements, produits dans le corps sous l'effet de la force motrice, par les lois des facultés de l'âme (§ 79); ce qui est une preuve de plus que l'âme est radicalement différente du corps (§ 80).

(b) De la dépendance des facultés de l'âme par rapport à la force représentative

1. — A ce qui vient d'être dit des rapports de la force de l'âme et de la *facultas sentiendi*, il convient d'ajouter quelques précisions à propos des actes de cette faculté et de leurs résultats, c'est-à-dire d'abord à propos des sensations qui sont les perceptions par lesquelles nous nous représentons les objets extérieurs agissant sur nos organes sensoriels (*Psycho. emp.*, § 67)[20], et ensuite à propos des représentations de ces objets que les sensations produisent dans l'âme, et auxquelles WOLFF donne le nom d'idées sensuelles (*Ibid.*, § 95)[21].

---

[20] A propos de l'action des objets sensibles sur nos organes sensoriels, WOLFF souligne: «dum... sumimus, mediante corpore nostro corpus quoddam aliud in animam agere posse, non ideo supponimus influxum corporis in animam physicum tanquam verum; sed eundem in dubio adhuc relinquimus, donec inferius discutiatur, quid de eodem sit sentiendum», (not. § 75), c'est-à-dire lorsqu'il sera question des systèmes ayant pour but d'expliquer les rapports de l'âme et du corps.
[21] Le mot perception désigne tout acte par lequel nous nous représentons un objet quelconque (*Psycho. emp.*, § 24), le mot idée toute représentation produite dans l'âme par un tel acte (*Ibid.*, § 48 et not.); le mot image est réservé à la représentation des objets composés (*Psycho. rat.*, § 85).

Or, pour représenter ces objets, les idées sensuelles doivent leur être semblables (§ 91)[22]. Et comme ceux-là, en tant qu'ils sont corporels, ne comportent que des propriétés mécaniques ayant trait à la figure, à la grandeur, à la position des parties et au mouvement, les idées sensuelles des corps ne représentent pas autre chose que ces propriétés (§ 92 et not.). Si nous distinguons dans les corps ces diverses propriétés, la sensation est distincte; sinon elle est confuse (§ 93, 94).

Mais il a été établi dans la *Cosmologia*, § 176—179, que les corps ne sont pas autre chose que des agrégats de substances simples appelées éléments. En raison de leur similitude avec leur objet, les idées sensuelles des corps devraient donc représenter les propriétés de ces éléments (§ 98). Seulement ceux-ci ne sont pas perceptibles par les sens (§ 101), et nous sommes par conséquent incapables de nous représenter distinctement de cette façon leurs propres déterminations, de même que les propriétés des corps qui trouvent en elles leur raison, comme l'extension, la continuité, la force d'inertie, la force motrice. Il faut pour cela l'aide de l'imagination (§ 102 et not.), et Wolff s'emploie à préciser comment les images de chacune de ces propriétés fondamentales des corps naissent dans l'âme (§ 103—110).

2. — Par l'imagination nous pouvons nous représenter, sans qu'ils agissent présentement sur nos organes sensoriels, les objets antérieurement perçus par les sens (*Psycho. emp.*, § 91, 92). Wolff donne le nom de phantasmes aux idées ou, mieux, aux images des choses produites en nous de cette façon (*Ibid.*, § 93, *Psycho. rat.*, § 180

---

[22]) Leur perfection consiste dans cette similitude (§ 154-159). Et comme les idées sensuelles distinctes sont plus parfaites que celles qui sont confuses, en tant qu'elles sont davantage semblables à leur objet, il faut dire que les idées sensuelles visuelles sont plus parfaites que toutes les autres, car la vue est le sens qui représente les objets le plus distinctement (§ 160-162). Mais le toucher est cependant utile pour percevoir les lignes, les superficies, les angles, les grandeurs, et même les choses semblables, ainsi que les genres et les espèces (§ 163-177).

et not.). Les phantasmes sont donc des représentations des choses passées. Ils sont même plus exactement des représentations des états passés du monde (§ 181), comme les idées sensuelles sont des représentations de son état présent (§ 183).

Or, en vertu du *nexus rerum* décrit aussi dans la *Cosmologia*, § 9—58, 199—214, l'état présent du monde est constitué par l'interdépendance de toutes les choses qui coexistent en lui, et dépend aussi de tous les états antérieurs, qui en contiennent la raison suffisante, de même que tous les états futurs trouvent en lui la leur. Aussi chaque idée sensuelle, en raison de sa similitude avec l'objet qu'elle représente, enveloppe-t-elle, d'une façon confuse il est vrai, en même temps que l'état présent intégral du monde, tous ses états passés et futurs. Et il en est de même des phantasmes, qui sont la reproduction des idées sensuelles, avec cette différence qu'ils représentent un état passé dans sa relation avec des états qui étaient passés et futurs par rapport à lui lorsqu'il était présent (§ 182 et not., 184 et not., 185 et not.). Mais il est clair qu'à mesure qu'on s'éloigne de l'état présent du monde vers ses états passés et futurs, on rencontre, dans le premier cas des causes, dans le second des effets, de plus en plus éloignés ; d'où il suit que la dépendance de l'état présent par rapport à chacun des états passés, et de chacun des états futurs par rapport à l'état présent, n'est pas la même, et que chaque état passé et chaque état futur du monde est enveloppé de façon différente et dans les idées sensuelles et dans les phantasmes (§ 187).

En tous les cas, grâce à cet enveloppement des états du monde dans les idées sensuelles et dans les phantasmes, qui rappelle l'involution des corps dans l'ordre biologique (not. § 187), l'âme produit continuellement une idée de tout l'univers, par laquelle nous nous représentons non seulement son état présent, mais aussi ses états passés et futurs (§ 190—191), et qui varie sans cesse selon leur sucession ininterrompue (§ 192). Ainsi comprend-on mieux qu'on puisse donner à la force de l'âme qui en est le principe (§ 183), le nom de force représentative de l'univers, bien qu'en fait l'âme ne puisse se représenter distinctement que quelques-uns des corps qui le composent (not. § 62, not. § 190)[23].

L'âme est dite avoir l'idée intuitive de l'univers en tant qu'elle perçoit clairement quelques-unes des parties de celle-ci (§ 193). Mais parce que nos sens et, partant, l'imagination qui dépend de la *facultas sentiendi,* sont limités (§ 257, 258), elle ne peut percevoir clairement que peu de choses, et il s'ensuit qu'elle ne peut embrasser d'un seul coup d'œil l'idée totale de l'univers (§ 194), pas plus d'ailleurs que l'explorer successivement (§ 442), en raison du contenu infini de nos représentations (§ 186). Ainsi nos idées ont beau envelopper l'infini, cela n'empêche pas que notre intuition de l'idée de l'univers soit limitée (§ 443). Et c'est cette limitation, essentielle à l'âme (§ 264, 265 et not.), puisqu'elle résulte de la limitation matérielle et formelle de la force représentative (not. § 257), qu'expriment les lois de la sensation et de l'imagination (§ 217—219). Ces lois ont été établies *a posteriori* dans la *Psychologia empirica,* § 85, 117; nous en avons ici l'explication *a priori* (not. § 217, not. § 223).

Selon la loi de la sensation, qui contient les déterminations essentielles de l'âme, et ne dépend par conséquent d'aucune autre, l'âme ne peut se représenter les objets sensibles présents qu'en fonction de la position de notre corps dans l'univers et conformément aux changements produits par eux dans nos organes sensoriels (§ 78, 220 et not.). Puisque les phantasmes sont la reproduction des idées sensuelles antérieures, l'âme ne peut se représenter ces mêmes objets, lorsqu'ils sont absents, que sous les mêmes conditions. Et c'est pourquoi, si

---

[23] WOLFF indique que c'est cette existence idéale de l'univers dans l'âme qui l'a amené à s'interroger sur la nature et l'essence de l'âme et à fonder la psychologie rationnelle (not. § 192).

nous portons notre attention sur quelque chose que nous percevons par les sens, nous reproduisons par l'imagination les perceptions des autres choses qui ont agi auparavant en même temps sur nos organes sensoriels (§ 223, 224 et not.). De même, si nous portons notre attention sur une chose représentée par un phantasme présent, nous reproduisons par l'imagination ce qui a été perçu auparavant en même temps que cette chose (§ 225 et not.). Autrement dit, nous reproduisons par l'imagination l'idée totale antérieure sur une partie de laquelle porte actuellement notre attention. Telle est la loi de l'imagination qui, pas plus que celle de la sensation, dans laquelle elle trouve sa raison (§ 223), ne supprime la liberté (§ 221, 222, 355, 356).

3. — La mémoire est la faculté de reconnaître les idées reproduites par l'imagination et, partant, les choses qu'elles représentent (*Psycho. emp.*, § 175). Cette reconnaissance peut être confuse ou distincte; d'où la distinction entre la mémoire sensible et la mémoire intellectuelle (§ 277—279). La mémoire sensible consiste dans l'aperception qu'une même idée est contenue dans diverses séries de perceptions (§ 280); la mémoire intellectuelle dans le jugement que nous avons déjà eu cette idée (§ 281). La mémoire intellectuelle suppose la mémoire sensible; car nous ne pouvons porter ce jugement que si nous sommes conscients d'avoir déjà eu cette idée (§ 282 et not.). Mais elle requiert en plus que nous fassions attention à cette idée et à celles qui lui ont été associées, pour la comparer avec elles; sinon elle ne suit pas de la mémoire sensible (§ 283, 284). WOLFF note, en outre, que si nous exprimons avec des mots le jugement en question, l'acte de la mémoire intellectuelle est de beaucoup facilité (§ 285). Car les mots sont perçus plus distinctement, du fait que leur perception est successive et que les perceptions qui naissent successivement sont distinctes (§ 287); et ils sont, par conséquent, plus facilement imaginés (§ 288, 289), et, du même coup, plus facilement aussi fixés et retenus par la mémoire (§ 292, 293).

Il est clair que la mémoire sensible ne dépasse pas la force représentative qui constitue l'essence et la nature de l'âme, puisqu'elle consiste dans la conscience que nous avons déjà eu telle idée sensuelle ou tel phantasme (§ 387, 402). Et il apparaîtra qu'il en est de même de la mémoire intellectuelle, quand il aura été démontré que le jugement dépend aussi de cette force.

4. — Il faut en dire autant de l'attention qui est la faculté de rendre plus claire que les autres une perception partielle dans une perception composée (*Psycho. emp.*, § 237), et de la réflexion qui est la faculté de diriger successivement notre attention sur les diverses perceptions partielles qui composent une perception totale (*Ibid.*, § 257), que celle-ci porte sur un objet sensible ou sur une opération de l'âme (§ 386). Mais alors qu'on peut déduire directement de sa force représentative, quelles choses l'âme peut se représenter par les sens, tout ce qui a trait à la direction et à la conservation de l'attention, ainsi qu'à la réflexion, ne peut en être dérivé qu'indirectement. Nous ne pouvons, en effet, avoir d'autres idées sensuelles que celles qui sont possibles en raison des limites matérielle et formelle de la force représentative, c'est-à-dire en fonction de la position du corps dans l'univers et de la constitution des organes sensoriels (§ 63 et not.). Et il en est de même des phantasmes qui sont la reproduction des idées sensuelles. Parce que l'attention ne peut se fixer et se conserver que sur des idées sensuelles ou sur des phantasmes, elle ne dépend de la force représentative que par leur intermédiaire. Tel est aussi le cas de la réflexion qui se greffe sur l'attention (not. § 392). Ajoutons que lorsqu'il n'y a pas d'autre raison, l'attention se porte, parmi plusieurs objets qui sont perçus en même temps par les sens, soit sur celui qui l'est plus clairement que les autres (§ 368), soit sur celui qui n'a que peu de ressemblance avec les autres (§ 369). Le plaisir que nous procure la perception d'un objet peut aussi aider à fixer l'attention sur lui et à l'y conserver (§ 371).

5. — Ce n'est qu'indirectement aussi qu'on peut déduire, de la force représentative, l'*intellectus* qui est la faculté de se représenter les choses distinctement grâce aux notions[24] de genres et d'espèces (*Psycho. emp.*, § 275 et not.), et ses opérations, à savoir la formation des notions (§ 393), les jugements intuitifs (402), les raisonnements (§ 405), les inférences immédiates (§ 408, 409), les jugements discursifs (490), et ceux qui sont formés à la manière des jugements intuitifs dans l'enchaînement des raisonnements (§ 411 et not.). Car ces opérations requièrent, outre le concours de la mémoire, celui de l'attention et de la réflexion, et ne supposent dans l'âme que des idées sensuelles et des phantasmes (not. § 392).

Nous n'avons, en effet, de notions des genres et des espèces que si nous les tirons par abstraction ou des choses perçues par les sens ou de ce qui se passe en nous et dont nous sommes conscients. Les espèces consistent dans la similitude des individus, les genres dans celle des espèces, et n'existent, par conséquent, que dans les individus dont on ne peut les séparer, sinon par la pensée (§ 427). Il n'y a donc rien dans ces notions qui n'ait été perçu par les sens ou par la conscience, laquelle constitue notre sens interne. Et c'est en ce sens qu'on peut admettre la fameuse formule: «nihil est in intellectu, quod prius non fuerit in sensu». Mais on ne peut pour autant, comme l'a fait LOCKE à la suite d'ARISTOTE et des Scolastiques, comparer l'âme à une *tabula rasa* ou à un morceau de cire, puisque son essence et sa nature consistent dans la force représentative dont dérivent toutes ses facultés (§ 429 et not.).

De même qu'en raison du *nexus rerum*, il est possible, dans la connaissance des choses singulières, de découvrir, en raisonnant, les états passés et futurs du monde à partir de son état présent, et à partir d'une chose présente ses coexistants (§ 435—441), de même il est

---

[24]) Alors que le mot idée désigne toute représentation d'un objet quelconque, il faut entendre par notion celle des genres et des espèces (*Psycho. emp.*, § 48, 49).

possible, dans la connaissance des vérités universelles, de découvrir par le raisonnement le lien qui les unit et qui est fondé sur la communauté de leurs déterminations essentielles (§ 44 et not., 445). C'est ainsi qu'on peut percevoir la vérité ou la fausseté d'une proposition grâce à sa convenance ou à sa répugnance avec d'autres vérités universelles (§ 446—450). Or c'est là la fonction de la raison[25] qui est la faculté de percevoir ou de découvrir intuitivement le lien de ces vérités (*Psycho. emp.*, § 483), et qui trouve son explication dans la force représentative de l'âme, sans aller au delà de sa capacité, puisque l'intuition de ce lien est préparée par le raisonnement dont nous savons qu'il n'excède pas cette force (§ 453 et not.).

Il en est de même de l'*ingenium* qui est la faculté d'observer la similitude des choses (*Psycho. emp.*, § 476, *Psycho. rat.*, § 473), et de l'*ars inveniendi*, grâce auquel nous découvrons en raisonnant, à partir de définitions et de propositions connues, des vérités qui ne l'étaient pas (*Psycho. emp.*, § 461, *Psycho. rat.*, § 478).

6. — S'il est relativement facile de comprendre que les facultés de connaissance naissent de la force représentative de l'âme, on ne voit pas dès l'abord que les facultés d'appétition puissent trouver en elle leur principe. Pour le démontrer, Wolff part de la constatation, déjà faite par Leibniz, qu'il y a dans toute perception présente une tendance à en changer, qu'il dénomme *percepturitio* (§ 480—492)[26], en appelant perception prévue la perception que nous sommes conscients de pouvoir obtenir (§ 488). Ces perceptions prévues peuvent être des sensations ou des phantasmes (§ 490). Mais nous pouvons soit tendre

---

[25]) Wolff distingue de la raison, l'usage de la raison qui est, par rapport à elle, comme la puissance prochaine par rapport à la puissance éloignée (§ 452 et not.). Il note que cet usage n'est pas connaturel à l'homme et qu'il ne peut l'acquérir sans se servir notamment du langage, comme le prouve l'exemple des enfants sauvages (§ 455–460).

[26]) Il signale que ce terme a été employé avant lui, mais nous n'avons pu découvrir par qui.

vers elles, soit nous en détourner. Et, pour expliquer cette double possibilité, il faut remarquer que si à la perception prévue est jointe l'idée de plaisir, la tendance à la produire se dirige vers elle, alors que si lui est jointe l'idée de déplaisir, cette tendance au contraire s'en détourne (§ 489). Or ceci est très important à noter pour comprendre comment l'appétit et l'aversion ont leur origine dans la force représentative (not. § 482, not. § 489).

Car l'appétit, qui est l'inclination de l'âme vers un objet qui lui plaît, parce qu'il lui semble bon (*Psycho. emp.*, § 558, 559), n'est pas autre chose que la direction de la *percepturitio,* c'est-à-dire de la tendance à changer la perception présente en la perception prévue. Et l'aversion, qui est le mouvement par lequel l'âme se détourne d'un objet qui lui déplaît, parce qu'il lui semble mauvais (*Psycho. emp.*, § 569, 581), ne fait qu'un avec la direction de la *percepturitio,* c'est-à-dire de la tendance à changer la perception présente dans le sens contraire de la perception prévue (§ 495 et not., § 496 et not.).

Dans ces conditions, il apparaît que l'appétit et l'aversion sensibles qui sont commandés respectivement, le premier par l'idée confuse du bien (*Psycho. emp.*, § 580, *Psycho. rat.*, § 516), la seconde par l'idée confuse du mal (*Psycho. emp.*, § 582, *Psycho. rat.*, § 516), naissent de la force représentative, car ils ne mettent en jeu que les actes de la *facultas sentiendi,* de l'imagination et de la mémoire qui dérivent de cette force (§ 497, 498 et not.). Et il faut en dire autant des *affectus* qui sont les actes par lesquels ils s'expriment l'un et l'autre (*Psycho. emp.*, § 603, *Psycho. rat.*, § 504—506).

Quant à l'appétit rationnel qui est commandé par l'idée distincte du bien (*Psycho. emp.*, § 880), et à l'aversion rationnelle qui l'est par l'idée distincte du mal (*Ibid.*, § 881), ils requièrent seulement en plus un jugement discursif, par lequel nous estimons que la chose représentée par la perception prévue est bonne ou mauvaise (§ 517, 518). Et comme tout jugement dépend de la force représentative, il s'ensuit qu'ils ne la dépassent pas non plus et en dérivent (§ 519 et not.)[27].

7. — La conclusion s'impose donc : Toutes les facultés de l'âme et leurs opérations dépendent de la force représentative qui constitue son essence et sa nature, et trouvent en elle leur raison générale (§ 529 et not.)[28]. Aussi n'est-il pas possible de prétendre, comme le fait LANGE, que cette force est seulement capable d'actualiser la *facultas sentiendi* (not. § 453, not. § 519), ou encore qu'elle n'explique que les différentes facultés de connaissance (not. § 482, not. § 498).

(c) De l'harmonie de l'âme et du corps

1. — WOLFF s'efforce, en outre, dans sa théorie de l'âme, de mettre en lumière la correspondance qui existe entre les opérations de l'âme et les mouvements du corps. Car certains de ces mouvements

---

[27]) Ce qui vient d'être dit de la dépendance de l'appétit par rapport à l'idée du bien et de celle de l'aversion par rapport à l'idée du mal revient à prétendre : — 1° que l'âme, naturellement, tend vers le bien et se détourne du mal, ou qu'elle est déterminée à poursuivre le bien et à fuir le mal (§ 520 et not., 521 et not.), conformément aux lois de l'appétit et de l'aversion (§ 522); — 2° que les actes de l'appétit et de l'aversion naissent des perceptions et notamment des sensations (§ 524), qui sont nos toutes premières perceptions (§ 84). Mais parce que ces actes ne dépendent pas des sensations comme celles-ci du corps, il est possible d'affirmer la liberté au niveau de l'appétit et de l'aversion rationnels, qu'on dénomme ainsi, parce que la raison y intervient en utilisant les notions universelles de bien et de mal (§ 528 et not.).

[28]) A vrai dire les facultés de l'âme ne sont que diverses manifestations de la force représentative. Celle-ci s'exerce d'abord sous la forme de la *facultas sentiendi* et se modifie ensuite pour laisser apparaître l'imagination, la *facultas fingendi*, la mémoire, l'attention, la réflexion, l'*intellectus*, la raison, l'appétit et l'aversion tant sensibles que rationnels (§ 81). Il est probable que la thèse, dite de la sensation transformée, trouve ici son origine. CONDILLAC, qui avait lu WOLFF, écrit : «Si nous considérons que se ressouvenir, comparer, juger, discerner, imaginer, être étonné, avoir des idées abstraites, en avoir de nombre et de durée, connaître des vérités générales et particulières, ne sont que différentes manières d'être attentif; qu'avoir des passions, aimer, haïr, espérer, craindre et vouloir, ne sont que différentes manières de désirer; et qu'enfin être attentif et désirer ne sont dans l'origine que sentir : nous concluons que la sensation enveloppe toutes les facultés de l'âme», *Traité des sensations*, 1ère partie, chap. 7, § 2, La sensation renferme toutes les facultés, *Œuvres philosophiques*, éd. Georges LEROY, vol. I, p. 239, Paris, 1947 (*Corpus général des philosophes français*, t. 33).

sont la condition immédiate des perceptions et, partant, des appétitions qui en découlent; et leur étude permet de rendre raison d'une façon plus complète des opérations de l'âme (p. 13*, not. § 207, not. § 208, not. § 229, not. § 540).

Ainsi nous savons déjà que la sensation est conditionnée par le changement produit dans les organes sensoriels par un objet sensible (§ 62). Mais il faut encore, pour qu'elle ait lieu, que le mouvement ainsi imprimé dans les organes des sens soit conduit, par les nerfs sensoriels, jusqu'au cerveau (§ 111)[29]. WOLFF appelle espèce impresse[30] le mouvement produit dans l'organe sensoriel par l'objet sensible, et idée matérielle le mouvement conduit jusqu'au cerveau et reçu en lui (§ 112). En raison de ce qui vient d'être expliqué, il faut donc dire qu'aux idées sensuelles dans l'âme correspondent des idées matérielles dans le cerveau (§ 113), et même qu'à chaque idée sensuelle correspond une idée matérielle propre, puisqu'à chaque idée sensuelle correspond d'abord une espèce impresse propre (§ 114), et que si l'espèce impresse est la même, l'idée matérielle est aussi la même (§ 115—117). Si donc la même idée matérielle est excitée dans le cerveau, la même idée sensuelle l'est dans l'âme (§ 118, 119, 122); si l'idée matérielle est différente, l'idée sensuelle l'est aussi (§ 120, 121, 123).

Cette parfaite correspondance des espèces impresses, des idées matérielles et des idées sensuelles permet d'expliquer pourquoi, parmi

---

[29]) Il ne faudrait pas conclure de cette remarque que WOLFF se départit dans la *Psychologia rationalis* de l'attitude adoptée par lui dans la *Psychologia empirica*, lorsqu'il y déclare maintes fois (v. g. not. § 67, not. § 69, not. § 71, not. § 72, not. § 273, not. § 611, § 948, not. § 954) que tout ce qui a trait au corps doit être examiné dans la *Physica*. Car, comme il le souligne à diverses reprises (v. g. not. § 111, not. § 226, not. § 232, not. § 240, not. § 245, not. § 247, not. § 306, not. § 313, not. § 314), il n'est pas question pour lui de se prononcer ici sur la nature de ce mouvement, qu'il appartient bel et bien à la *Physica* d'éclairer, mais seulement de constater que sans lui il n'y aurait pas de sensation et d'expliquer à partir de là la nature de celle-ci.

[30]) A noter qu'au § 87, il avait employé ce dernier terme pour désigner la représentation matérielle des objets sensibles, comme les peintures et les sculptures (§ 88, 89), afin de les distinguer de leur représentation immatérielle dans l'âme.

les dernières, certaines sont claires, distinctes ou confuses, d'autres obscures, et aussi pourquoi il en est qui prévalent sur les autres. Car la raison de la clarté des idées sensuelles est à chercher dans la rapidité du mouvement imprimé aux organes des sens et conduit jusqu'au cerveau (§ 125 et. not., 126 et not.), celle de leur distinction ou de leur confusion dans le fait que ce mouvement est imprimé à diverses fibres nerveuses, ou aux mêmes, par plusieurs parties d'un objet sensible (§ 127 et not., 128 et not.), celle de leur obscurité dans la trop grande lenteur de ce mouvement (§ 129 et not.), celle de leur prévalence dans sa plus grande rapidité qui les rend plus fortes (§ 136—139).

Le conditionnement matériel de la sensation permet encore de comprendre pourquoi si un organe des sens est détruit ou rendu inapte à exercer sa fonction, nous ne pouvons plus percevoir les objets sensibles qui lui correspondent, d'une part (§ 143—146), et, d'autre part, que tout vice, d'où découle une action différente du sensible sur lui, entraîne que l'idée matérielle et l'idée sensuelle sont différentes de celles qui seraient produites à l'état normal, à moins que le vice ne soit corrigé (§ 147, 148).

2. — Pour que l'imagination produise l'idée d'un objet antérieurement perçu par les sens, il faut que soit reproduite l'idée matérielle excitée dans le cerveau par son action sur l'organe sensoriel. Autrement, il n'y a pas de phantasme (§ 205). Aux phantasmes correspondent donc des idées matérielles (§ 206). Et c'est ce qui permet d'affirmer que, comme les idées sensuelles, ils sont des perceptions immédiates (§ 195, 204, 207)[31]. Mais les idées matérielles qui correspondent aux phantasmes consistent dans un mouvement moins rapide que les idées matérielles correspondant aux idées sensuelles; et c'est pourquoi les

---

[31]) On dit qu'une chose est perçue immédiatement lorsqu'elle agit sur les organes sensoriels et leur imprime un mouvement qui se propage jusqu'au cerveau, c'est-à-dire lorsqu'elle est capable de produire une idée matérielle. Par opposition une chose est dite perçue médiatement lorsqu'elle est enveloppée dans ce qui l'est immédiatement (§ 195–217).

phantasmes sont des perceptions moins claires que les idées sensuelles (§ 208 et not.). Pourtant s'il arrive que l'idée matérielle, dont dépend le phantasme, a la même vitesse que celle dont dépend l'idée sensuelle, le phantasme a aussi la même clarté; et cela explique les illusions des visionnaires qui croient percevoir par les sens ce qu'ils se représentent par l'imagination (§ 209 et not., § 210 et not.).

Wolff appelle imagination matérielle la faculté qu'a le cerveau de reproduire les idées matérielles sans l'action d'un objet sensible sur un organe sensoriel (§ 227, 228). Son existence et sa nécessité permettent de comprendre qu'il ne peut y avoir de phantasmes sans sensation préalable. Car, pour que les idées matérielles dont dépendent les phantasmes, soient excitées dans le cerveau, il faut qu'elles lui aient été au préalable transmises à partir du mouvement imprimé aux nerfs sensoriels par l'objet sensible que représente le phantasme (§ 229).

Comme la vitesse des idées matérielles correspondant aux idées sensuelles diminue successivement, celles-ci deviennent de moins en moins claires et se transforment en phantasmes, pendant que leurs idées matérielles se transforment en idées matérielles de phantasmes (§ 230, 231). Il faut, pour conserver les idées sensuelles et leurs idées matérielles, que nous les reproduisions continuellement en gardant la perception sensible de l'objet (§ 233). Si une idée matérielle est souvent reproduite et, du même coup, conservée longtemps, le cerveau acquiert la facilité de la reproduire (§ 241—243). Cette facilité consiste dans un changement actuel (§ 245); mais les idées matérielles, correspondant aux idées sensuelles et aux phantasmes, qui sont souvent reproduites, n'existent dans le cerveau qu'à l'état de puissance (§ 244)[32].

---

[32]) Voir p. XXVII

Les nerfs sensoriels sont si petits que plusieurs objets sensibles ne peuvent imprimer en même temps un mouvement assez rapide à diverses fibres nerveuses, et il en résulte que nos sens ne peuvent percevoir ensemble clairement et distinctement que peu de ces objets (§ 257). De ce fait, l'imagination ne peut reproduire en même temps que peu de phantasmes (§ 258). Autrement dit, le champ des perceptions simultanées est limité et l'âme ne peut l'étendre, même à l'aide d'appareils grossissants; ceux-ci ne font qu'augmenter l'acuité des sens, c'est-à-dire leur permettent de percevoir clairement et distinctement ce que, sans cette aide, ils ne percevraient que confusément ou obscurément (§ 267—276).

3. — Puisque la mémoire sensible consiste dans la conscience qu'une idée est contenue dans diverses séries de perceptions et que la conscience ou l'aperception appartient en propre à l'âme (§ 44 et not.), rien ne correspond dans le corps à la mémoire sensible, si ce n'est la facilité de reproduire les idées matérielles dans le cerveau (§ 294 et not.). Au jugement que nous avons déjà eu une idée, qui constitue l'acte de la mémoire intellectuelle, correspondent dans le corps les idées matérielles des mots[33] avec lesquels ce jugement est exprimé (§ 295), et la mémoire intellectuelle est, dans le cerveau, la puissance de produire ces idées matérielles (§ 296). C'est dire que la mémoire, comme l'imagination à laquelle elle est liée, comporte des

---

[32]) A noter que dans le sommeil l'état du cerveau reste tel que les idées matérielles peuvent y être excitées, comme dans la veille, ainsi que le prouve l'existence des rêves (§ 248). Mais il n'en est pas de même de l'état des organes sensoriels qui ne permet plus, comme dans la veille, que l'action des objets sensibles s'y imprime (§ 247). Et c'est ce qui fait que les fibres des nerfs sensoriels peuvent se reposer et demeurer aptes à leur fonction (§ 252, 253, 255). D'où la nécessité d'une alternance entre la veille et le sommeil (§ 256).

[33]) Wolff fait remarquer, à ce propos, que trois sortes d'idées matérielles correspondent aux mots, en tant qu'ils s'adressent à la fois à l'ouie et à la vue, et en tant aussi que nous percevons la tendance à parler, lorsque nous imaginons leur son, soit que nous parlions, soit que nous lisions en silence (§ 290, 291).

conditions organiques. Et cela explique que, sous sa double forme, elle puisse être endommagée par des causes matérielles, la maladie et la vieillesse (§ 298, 299), ou encore par les médicaments qui peuvent aussi, faut-il le noter, l'améliorer (§ 318, 319).

L'oubli, qui s'oppose à la mémoire (*Psycho. emp.*, § 230, 231), dépend aussi du corps; il est causé par l'impuissance à reproduire les idées matérielles qui ont été autrefois reçues dans le cerveau (§ 303—305).

4. — La *facultas fingendi*, que l'on appelle aujourd'hui imagination créatrice, se définit comme la faculté de produire le phantasme d'une chose jamais perçue par les sens, grâce à la séparation et à la combinaison des phantasmes de choses antérieurement perçues de cette façon (*Psycho. emp.*, § 144). Or l'imagination matérielle peut reproduire les idées matérielles d'une partie d'un objet sans les autres, lorsque ces parties ont imprimé des mouvements différents à diverses fibres nerveuses qui les ont conduits jusqu'au cerveau (§ 334). Et il ne lui répugne pas non plus que nous combinions les phantasmes partiels de divers objets perçus par les sens, pour en composer un qui représente un objet que nous n'avons jamais perçu de cette façon (§ 340). Tant la combinaison que la séparation des phantasmes est aidée par l'emploi des mots, en raison de la grande facilité que nous avons à reproduire leur idée matérielle et à les imaginer (§ 335, 336, 339, 342, 343); la répétition est aussi un adjuvant pour leur séparation (337, 338).

5. — Si nous portons notre attention sur un objet sensible, nous le percevons plus clairement que ceux perçus en même temps que lui; et il faut pour cela que son idée matérielle soit plus rapide, ou que celle des autres soit plus lente, ou bien encore que son idée matérielle soit reproduite continuellement, pendant que celles des autres disparaissent (§ 357). De toute façon, la reproduction continuelle de l'idée matérielle de cet objet est nécessaire à la conservation de l'attention

sur lui (§ 242), et à la conservation de l'attention dans l'âme correspond dans le corps la tendance continuelle à reproduire cette idée matérielle (§ 374). D'autre part, lorsque nous fixons notre attention sur un objet, nous nous efforçons de la détourner de ceux que nous percevons avec lui, et à la direction de l'attention correspond dans le corps la tendance à détourner les organes sensoriels de ces autres objets (§ 377-379).

Il en est de même de la réflexion qui consiste à porter successivement notre attention sur les diverses parties d'un objet (§ 382), et qui est facilitée, si nous exprimons avec des mots les jugements que nous portons sur les choses distinguées grâce à elle (§ 383, 384).

6. — La formation des notions est la première opération de l'*intellectus*. A ces notions, fruit de la pensée, rien ne correspond dans le corps, pas plus qu'à la pensée elle-même (§ 44), si ce n'est les tendances qui se font jour en lui à l'occasion des actes d'attention et de réflexion nécessaires à leur formation. Les notions ne sont donc pas, comme dit Wolff, représentées mécaniquement dans le corps, bien que l'y soient les idées sensuelles et les phantasmes des choses individuelles à partir desquels elles sont formées. Mais si on les exprime avec des mots, comme c'est le cas dans la connaissance symbolique, elles le sont alors par les idées matérielles de ceux-ci (§ 394 et not., 395 et not.). Cela est vrai de toutes les notions abstraites, qu'elles représentent des réalités immatérielles[34] ou des réalités matérielles (§ 396, 397).

Or, exprimer avec des mots ce qui est commun à plusieurs individus ou à plusieurs espèces, revient à former un jugement affirmatif. Et il apparaît ainsi que, dans la connaissance symbolique, la première opération de l'*intellectus* se confond avec la seconde (§ 398 et not.). Mais il ne s'ensuit pas que ces deux opérations aient la

---

[34] Wolff note que nous ne percevons pas d'autre réalité immatérielle que notre âme (not. § 397).

même force de signification ; seule leur forme externe est identique (§ 400) et l'on en peut seulement conclure que les jugements, comme les notions, sont représentés mécaniquement dans le cerveau par les idées matérielles des mots ou des autres signes servant à les exprimer (§ 403, 404). Et comme il en est de même du raisonnement (§ 414, 415), cela est vrai de toutes les opérations de l'*intellectus* (§ 416—419).

Parce que nous avons besoin de la mémoire pour effectuer les raisonnements, si celle-ci est endommagée par les causes matérielles précédemment évoquées, l'âme est incapable de raisonner (§ 420 et not., 421 et not.), l'usage de la raison devient impossible (§ 463—466). Et il en est de même de l'*ingenium* qui consiste dans la vigueur de l'imagination (§ 474—477).

Quant à l'*ars inveniendi*, il dépend de l'excitation dans le cerveau des idées matérielles des mots servant à exprimer les notions connues à partir desquelles nous cherchons à en découvrir d'autres qui ne le sont pas (§ 479).

7. — Aux actes de l'appétit et de l'aversion, qui naissent des perceptions, correspondent dans le corps, en plus des espèces impresses et des idées matérielles qui en sont la condition, d'autres mouvements qui trouvent au contraire en eux leur raison. C'est ainsi qu'au plaisir et au déplaisir correspond un extra-ordinaire mouvement sanguin et nerveux, qui n'est pas le même dans les deux cas, ainsi que l'attestent les changements dans les expressions du visage, les gestes et la voix (§ 499, 500). Il en est de même de l'appétit et de l'aversion sensibles (§ 503), ainsi que des *affectus* (§ 514).

A cela il faut ajouter que correspondent à l'appétit sensible les mouvements du corps et des organes, grâce auxquels celui-ci se trouve placé dans la position requise pour qu'une perception prévue puisse avoir lieu (§ 501), et à l'aversion sensible la cessation de ces mouvements, ainsi que les mouvements qui font obstacle à ce que cette position du corps, et partant cette perception, soient obtenues (§ 502)³⁵. Il en est de même des *affectus* (§ 504, 505, 513).

Ce qui vient d'être dit de l'appétit et de l'aversion sensibles vaut également de l'appétit et de l'aversion rationnels (not. § 517), avec cette différence importante que les mouvements du corps qui sont commandés par la perception prévue sont, dans le premier cas, spontanés, et, dans le second, volontaires (§ 517, 518, 572).

8. — On arrive ainsi à cette conclusion qu'il existe une parfaite correspondance ou, comme dit Wolff, une harmonie entre les opérations de l'âme et les mouvements du corps (p. 13*, § 539). Rien ne se passe dans l'âme qui ne soit commandé par les mouvements du corps, s'il s'agit des facultés de connaissance³⁶, ou qui ne déclenche des mouvements dans le corps, s'il s'agit des facultés d'appétition. C'est là le second grand enseignement de la théorie de l'âme, que Wolff, contrairement aux allégations de Lange, prétend (p. 12*—16*, not. § 191, § 541 et not., not. § 547, § 549, not. § 615,

---

³⁵) Car l'âme, étant consciente que l'action des objets sensibles sur les organes sensoriels dépend de la position du corps (§ 483, 484), et qu'elle ne peut changer de sensation sans un changement préalable de cette position (§ 485), doit, pour obtenir une sensation prévue, tendre à opérer le ou les changements de position du corps, sans lesquels cette sensation est impossible (§ 486, 491–494).
³⁶) A noter que le conditionnement corporel des facultés de connaissance n'empêche pas que la liberté ait prise sur leurs opérations. C'est ainsi que nous pouvons décider de changer ou, au contraire, de ne pas changer la position de notre corps, en vue d'obtenir des sensations prévues (§ 151, 153, 527). Nous pouvons aussi librement susciter en nous des phantasmes (§ 344–349), de même que faire en sorte que soient ou non fixées et retenues par la mémoire les idées dont nous voulons ou ne voulons pas nous souvenir (§ 350–353). Nous pouvons encore librement porter notre attention sur un objet sensible (§ 363, 364); quant à la réflexion sur les opérations de l'âme, elle ne peut porter que sur celles que nous choisissons (not. § 386).

not. § 628)³⁷ avoir édifiée d'une façon parfaitement indépendante du système de l'harmonie préétablie, imaginé avec ceux de l'influx physique et des causes occasionnelles pour expliquer cette correspondance (p. 14*, § 553).

---

³⁷) On retrouve dans la *Psychologia rationalis* l'écho de la lutte opiniâtre menée par ce théologien de Halle contre les positions métaphysiques de WOLFF, et qui semble avoir marqué profondément ce dernier, si l'on en juge par les multiples allusions qu'il y fait (cf. v. g. p. 12*-16*, not. § 6, not. § 185, not. § 191, not. § 192, not. § 221, not. § 453, not. § 482, not. § 519, not. § 529, not. § 538, § 541 et not., not. § 547, not. § 554, not. § 564, not. § 575, not. § 580, not. § 588, not. § 612, not. § 615, not. § 623, not. § 625, not. § 628, not. § 630, not. § 631, not. § 632, not. § 640, not. § 641, not. § 644, not. § 712, not. § 726. Les principales étapes de cette controverse se situent entre 1720 et 1727. En 1720, WOLFF fit paraître les *Vernünfftige Gedancken von Gott, der Welt und der Seele des Menschen, auch allen Dingen überhaupt*, Halle. En 1723, LANGE attaqua les thèses de cet ouvrage dans deux écrits, respectivement intitulés, le premier: *Caussa Dei et religionis naturalis adversus Atheismum, et, quae eum gignit, aut promovet, Pseudophilosophiam veterum ac recentiorum, praesertim Stoicam et Spinozianam, e genuinis verae philosophiae principiis methodo demonstrativa adserta*, Halae Saxonum, le second: *E. Löbl. Theologischen Facultät zu Halle Anmerkungen über des Hrn. Hofraths, und Prof. Christian Wolffens Metaphysicam*, Halle. — WOLFF répliqua dans: *De differentia nexus rerum sapientis et fatalis necessitatis, nec non systematis harmoniae praestabilitae et hypothesium Spinosae luculenta commentatio, in qua simul genuina Dei existentia demonstrandi ratio expenditur et multa religionis naturalis capita illustrantur*, Halae Magdeb., et dans: *Erinnerung wider diejenigen, die in seiner Metaphysick den Spinosismum entdecket zu haben vermeynen* (in: *Neue Zeitungen von gelehrten Sachen*, 1723, p. 525, sq.). — LANGE réattaqua aussitôt dans: *Modesta Disquisitio ...*, Halae Saxonum (cf. p. XXXIX). En 1724, LANGE reprit toutes ses accusations dans *Bescheidene und ausführliche Entdeckung ...*, Halle (cf. p. LX). — WOLFF se défendit de nouveau dans: *Des Herrn Doct. und Prof. Joachim Langen oder: Der Theologischen Facultät zu Halle Anmerkungen über des Herrn Hoff-Raths und Professor Christian Wolffens Metaphysicam Von denen darinnen befindlichen so genannten der natürlichen und geoffenbaren Religion und Moralität entgegen stehenden Lehren. Nebst beygeführet H. Hoff-R. und Prof. Christian Wolffens Gründlicher Antwort*, Kassel. En 1725, LANGE publia une *Ausführliche Recension der wider die Wolffianische Metaphysick auf 9 Universitäten und anderwärtig edirten sämtlichen 26 Schrifften: mit dem Erweise, Dasz der Herr Professor Wolff sich gegen die wohlgegründeten Vorwürffe in seinen versuchten Verantwortungen bisher keinesweges gerettet habe, noch auch künfftig retten könne: Denen zum besten, welche besagte Schrifften weder alle haben, noch alle lesen können; doch aber gedachter Philosophie gern urtheilen wollen oder auch davon, ohne sie recht eingesehen zu haben, eingenommen sind: ausgefertiget Von den Joachim Langen, S. Theol. Ordin.*, Halle. Et en 1727 il fit paraître une nouvelle édition de *Caussa Dei et religionis naturalis ...* (cf. p. LX).

B) DES SYSTÈMES D'EXPLICATION DES RAPPORTS DE L'ÂME ET DU CORPS

(a) Remarques générales

Avant d'examiner l'un après l'autre ces différents systèmes, Wolff s'emploie d'abord à en éclairer la nature et la portée.

1. — Il note en premier lieu que ces systèmes ne sont que des hypothèses (§ 530). D'où il suit qu'il est possible qu'ils contiennent des propositions qu'on ne peut démontrer (§ 531 et not.), et que, si de l'un d'eux découlent, comme des conséquences nécessaires, des assertions qui contredisent l'expérience, il faut conclure à sa fausseté (§ 532), de même que si en découle une conclusion qui contredit une proposition vraie (§ 533). Mais ces erreurs ne peuvent être imputées à son auteur, car rien ne prouve qu'il leur a donné son assentiment (§ 534), et à plus forte raison en est-il de même des erreurs que les gens dénués d'un esprit assez pénétrant lui attribuent (§ 535).

2. — Il fait, en outre, remarquer que ces systèmes n'ont d'autre but que de chercher à expliquer comment les perceptions de l'âme correspondent aux changements survenus dans les organes sensoriels, d'une part, et, d'autre part, comment les mouvements corporels volontaires correspondent aux volitions de l'âme, leur cessation aux nolitions. Et il s'ensuit qu'ils n'apportent aucune lumière sur la façon dont les appétitions et les aversions naissent des sensations, et qu'ils n'ont par conséquent rien à voir avec l'affirmation ou la négation de la liberté (§ 536, 544).

3. — Il souligne enfin qu'il faut, dans chacun de ces systèmes, admettre la théorie précédente de l'âme, c'est-à-dire supposer : — 1° que les sensations naissent dans l'âme et les mouvements volontaires dans le corps, comme si le corps, par son action, produisait les sensations dans l'âme, et celle-ci, par son action, les mouvements volontaires dans le corps (§ 537, not. § 585, 587, 602 et not., 621 et not.)[38] ; — 2° que l'essence et la nature de l'âme consiste dans la force par laquelle elle se représente l'univers en fonction de la position que le corps y occupe et conformément aux changements des organes sensoriels (§ 547)[39].

(b) Du système de l'influx physique

1. — Le premier système qui a été proposé et qui a survécu jusqu'à l'époque moderne est celui dit de l'influx physique, parce que les rapports de l'âme et du corps y sont expliqués par une action grâce à laquelle le corps influe sur l'âme et l'âme sur le corps, de telle sorte qu'une force du corps passe dans l'âme et y devient la cause des perceptions et des volitions, et qu'une force de l'âme passe dans le

---

[38]) Cela ne veut pas dire qu'il en est réellement ainsi et que l'influx physique doit être considéré comme vrai (not. § 75, § 537 et not.), mais seulement qu'il faut admettre l'harmonie précédemment décrite de l'âme et du corps (§ 542 et not.).

[39]) WOLFF fait encore remarquer : — 1° qu'aucun de ces systèmes, à moins de contenir des erreurs qu'il ne devrait pas comporter, ne peut être contraire à la Sainte Écriture (§ 545), et que, par conséquent les théologiens doivent, sur ce point, laisser une liberté totale aux philosophes (§ 546), à qui il appartient en propre de chercher à expliquer les rapports de l'âme et du corps (§ 552) ; — 2° que ni les Matérialistes qui nient l'existence de l'âme, ni les Idéalistes qui n'admettent qu'une existence idéale des corps dans l'âme, n'ont besoin d'un système d'explication des rapports de l'âme et du corps (§ 550 et not., 551 et not.) ; — 3° que celui qui déclare ignorer la raison des rapports de l'âme et du corps, et celui qui affirme que l'âme agit sur le corps et le corps sur l'âme, mais avoue ne pas connaître le mode de cette action, admettent seulement, l'un et l'autre, l'enseignement indubitable de l'expérience sur la correspondance des modifications de l'âme et celles du corps, mais n'ont pas en fait de système (§ 554 et not., 556 et not. 557 et not.) ; ce qui interdit de les considérer comme des partisans de l'influx physique (§ 562 et not., 580 et not.).

corps et y devient la cause des mouvements volontaires (§ 559 et not., 560, 565, 566), comme dans le choc des corps une partie de la force motrice du corps en mouvement passe dans le corps au repos, en ayant pour effet de le mettre en mouvement (§ 448 et not.)⁴⁰.

2. — Parce que tout se passe comme s'il en était ainsi, l'on est facilement porté à admettre ce système (not. § 563, not. § 572) et à le considérer comme la théorie des rapports de l'âme et du corps (not. § 566). Il est d'ailleurs possible de dire, à la lumière de la théorie précédente de l'âme : — 1° que la force qui passe du corps dans l'âme dirige la force représentative de celle-ci et la détermine à percevoir plus ou moins clairement les objets qui agissent sur les organes sensoriels (§ 569 et not.); — 2° que la force qui passe de l'âme dans le corps dirige le fluide nerveux de façon qu'il agisse, par l'intermédiaire des nerfs sensoriels, sur les muscles moteurs qui commandent les mouvements des organes voulus par l'âme (§ 571 et not.). Et ainsi l'influx physique apparaît comme nécessaire pour déterminer l'intuition de l'idée de l'univers, d'une part (§ 570 et not.), et, les mouvements volontaires dans le corps, d'autre part (§ 572 et not.).

3. — Mais, en fait, nous n'avons aucune notion, confuse ou distincte, ni de la transfusion des forces d'une substance dans une autre, ni de la transformation de la force motrice en force perceptive et inversement de la force perceptive en force motrice. Car l'expérience ne nous apprend rien à ce sujet et nous ne pouvons démontrer qu'il en est ainsi à partir de la nature et de l'essence de

---

[40]) On appelle encore ce système aristotélico-scolastique eu égard à ses origines, et parmi ses représentants Wolff cite (§ 563 et not.) Jean du Hamel, philosophe aristotélicien, qu'il ne faut pas confondre avec Jean-Baptiste du Hamel, philosophe cartésien de la même époque, auquel Wolff se réfère parfois dans ses autres ouvrages. Il faut noter que ni Aristote, ni saint Thomas ne considèrent l'âme et le corps comme deux substances agissant l'une sur l'autre, mais comme deux principes formant par leur union une seule substance qui agit indivisiblement en tant qu'âme et en tant que corps.

l'âme (§ 564, 567, 568 et not., 573 et not., 587). Il ne s'ensuit pas que l'influx physique doive être rejeté comme faux, puiqu'il faudrait pour ce faire que nous en ayons une notion (§ 575). Mais force est de reconnaître qu'il ne peut être expliqué d'une façon intelligible (§ 574).

De plus, si une force motrice passe du corps dans l'âme et s'y transforme en une force d'une autre nature, cette force qui appartenait auparavant au corps en disparaît (§ 576 et not.), et si une force de l'âme passe dans le corps et s'y transforme en force motrice, une force nouvelle apparaît dans le corps qui ne lui appartenait pas auparavant (§ 577, 578). Or, s'il en est ainsi, la même quantité de forces motrices ne se conserve pas toujours dans l'univers, ainsi que le stipule la grande loi de la nature, pressentie par Descartes, précisée par Leibniz[41], et qui régit aussi bien l'action réciproque du corps et de l'âme que le choc des corps (not. § 568). Il faut donc dire que l'influx physique est contraire à l'ordre de la nature (§ 579 et not.); comme il l'est également à la notion de force, car le passage d'une force motrice d'une substance dans une autre est impossible, qu'on considère cette force comme un accident ou comme une substance (§ 581 et not.). En un mot, l'influx physique est une qualité occulte comme la force attractive de l'aimant (§ 582 et not.) ou, si l'on préfère, un terme sans signification (§ 583 et not.). Le système qui le défend est donc démuni de toute probabilité (§ 588) et n'est d'aucune utilité en psychologie rationnelle. Aussi a-t-on cherché à le remplacer, en premier lieu, par celui des causes occasionnelles (§ 584 et not.).

---

[41]) Descartes avait posé en principe que Dieu, cause première du mouvement, en conserve toujours la même quantité dans l'univers, parce qu'il tenait pour équivalentes la quantité de mouvement et la force motrice. Leibniz, qui à la suite de Huygens les distingue, prétendit que c'est la quantité de forces motrices qui reste toujours la même dans l'univers, alors que la quantité de mouvement y varie.

(c) Du système des causes occasionnelles

1. — Dans le système des causes occasionnelles, qu'on appelle encore système de l'assistance, les rapports de l'âme et du corps sont expliqués par la volonté générale de Dieu qui produit immédiatement les modifications harmoniques de l'un et de l'autre, en se soumettant librement à certaines lois (§ 589). Pour parler plus clairement, Dieu modifie l'âme en faveur du corps, en y produisant telles idées sensuelles, parce qu'existent dans le cerveau telles idées matérielles; et il modifie le corps en faveur de l'âme, en produisant dans le corps tels mouvements, parce que l'âme les désire ou les veut (§ 591). Dans une telle perspective, l'âme et le corps sont dépourvus de toute force propre d'agir et offrent seulement à Dieu l'occasion de le faire en leur lieu et place (§ 590 et not.); d'où l'expression de causes occasionnelles (§ 592). En un mot, les modifications, qui les affectent, dépendent de la pure volonté de Dieu (§ 593). Et c'est pourquoi les Occasionnalistes, comme MALEBRANCHE et FRANÇOIS LAMY, précédés en cela par DESCARTES[42], soutiennent que si Dieu l'avait voulu, aux mêmes idées matérielles dans le cerveau auraient pu correspondre d'autres idées sensuelles dans l'âme, c'est-à-dire que leur correspondance est arbitraire (§ 594).

2. — On peut interpréter cette action de Dieu à la lumière de la théorie des forces et de celle de l'âme. Si la même quantité de forces

---

[42]) Selon WOLFF, DESCARTES rejetait l'influx physique et en appelait à la volonté générale de Dieu, aussi bien pour expliquer les rapports de l'âme et du corps, que pour rendre compte du mouvement des corps (not. § 578, not. § 579, not. § 589, not. § 591, not. § 597, not. § 602, not. § 606). Aussi le considère-t-il comme le fondateur du système des causes occasionnelles, tout en avouant qu'il ne l'a pas suffisamment prouvé (not. § 589, not. § 593). Mais en réalité, DESCARTES n'a rejeté l'influx physique, pas plus dans le premier cas que dans le second. Tout au plus parle-t-il parfois, dans le premier, des causes qui donnent occasion; mais c'est là, sous sa plume, une pure expression. C'est MALEBRANCHE qui a donné à ce système tout son éclat, après que les Cartésiens, comme Géraud de CORDEMOY et le P. POISSON, lui eurent préparé la voie.

motrices doit être conservée dans l'univers, il s'ensuit que Dieu peut seulement agir sur la direction des esprits animaux et sur celle de la force représentative (§ 597 et not., 598 et not.). Et ceci peut encore s'exprimer d'une façon plus précise en disant que Dieu dirige la force représentative de l'âme de façon que celle-ci perçoive avec plus ou moins de clarté les objets sensibles agissant sur les organes sensoriels (§ 599, 600), et les esprits animaux de telle sorte qu'ils influent, par l'intermédiaire des nerfs moteurs, sur les muscles des organes dont l'âme veut le mouvement (§ 599, 601). Ainsi ce qui est alors attribué à Dieu, ce ne sont plus les actions de l'âme ou les mouvements du corps, mais seulement leur direction (not. § 600, not. § 601). De toute façon, Dieu modifie l'âme en faveur du corps, comme si le corps influait sur elle, et le corps en faveur de l'âme, comme si l'âme influait sur le corps (§ 602 et not.).

Mais attribuer à Dieu les modifications harmoniques de l'âme et du corps revient à en faire de perpétuels miracles; du moins s'il est possible, comme le pensait Leibniz, de les expliquer par la nature de l'un et de l'autre. Car, si ce n'est pas possible, il n'est pas miraculeux que Dieu supplée à l'insuffisance de la nature de l'âme et du corps, en dirigeant la force représentative et les esprits animaux (§ 603 et not., 604).

Par ailleurs, si on reconnaît à l'âme et au corps une force propre, tout en réservant à Dieu la direction de leurs modifications harmoniques, Dieu et la nature ne sont pas confondus, comme dans le Spinozisme (§ 605 et not.). Ajoutons que si Dieu dirige seulement la force de l'âme dans sa représentation de l'univers, et si l'âme agit elle-même et choisit ses volitions, ce système ne détruit pas la liberté, comme le croyait Jaquelot. L'objection ne porte que si l'âme est dépourvue de toute force propre et si, partant, c'est Dieu qui produit en elle toutes ses perceptions et ses appétitions (§ 610 et not.).

3. — Mais ceci dit, il reste que le système des causes occasionnelles est contraire : — 1° au principe de raison suffisante puisque, selon la façon dont il est communément présenté, il n'y a rien dans la nature de l'âme ni dans celle du corps qui puisse rendre compte de leur harmonie (§ 606 et not.), — 2° à l'ordre de la nature, car si l'on attribue à Dieu le mouvement des esprits animaux, la même quantité de forces ne se conserve pas toujours dans l'univers, et si on ne lui attribue que la direction de ce mouvement, cela va à l'encontre de l'autre grande loi découverte par Huygens et reprise par Leibniz, selon laquelle le mouvement garde toujours la même direction (§ 607 et not.). Ainsi voit-on que le système des causes occasionnelles, comme celui de l'influx physique, est dépourvu de probabilité (§ 608).

(d) Du système de l'harmonie préétablie

1. — Dans le système de l'harmonie préétablie, imaginé par Leibniz pour parer aux défauts de celui des causes occasionnelles, les rapports de l'âme et du corps sont expliqués par la série des perceptions et des appétitions dans l'âme et par celle des mouvements dans le corps, qui ont leur raison dans la nature de l'un et de l'autre (§ 612 et not.). C'est, en effet, selon Leibniz, par sa propre force et par elle seule que l'âme produit toutes ses perceptions et appétitions d'une façon continue, sans qu'elle ait besoin pour cela de la présence des idées matérielles dans le cerveau. Elle les produirait de la même façon si le corps n'existait pas, et elle se représenterait l'univers de la même façon si celui-ci n'existait pas non plus (§ 613 et not., 614 et not.). D'autre part, c'est grâce au mécanisme du corps et à lui seul, qu'à partir des idées matérielles des choses sensibles, naissent et se suivent les mouvements du corps correspondant aux appétitions et aux volitions de l'âme. Ces mouvements

seraient produits de la même façon si l'âme n'existait pas, avec cette différence que nous n'en serions pas conscients (§ 615 et not., 616 et not.). Il faut seulement supposer qu'est possible un corps dans lequel peut être conservée la série des mouvements imprimés dans les organes sensoriels par les objets extérieurs et s'enchaînant de la même façon que se suivent les modifications de l'âme (§ 617 et not.). C'est, en effet, le seul moyen d'expliquer que tout se passe comme si le corps influait sur l'âme et l'âme sur le corps, bien qu'il n'en soit pas ainsi (§ 618 et not., 619 et not., 621 et not.).

Seulement si la nature de l'âme et celle du corps permettent de rendre compte des modifications qui les affectent l'un et l'autre, elles ne suffisent pas pour expliquer pleinement leur coexistence harmonique, puisque celles de l'âme pourraient exister sans le corps, et celles du corps sans l'âme. Il faut donc chercher la raison profonde de cette coexistence dans un autre être que l'âme et le corps, qui ne peut être que Dieu, créateur omniscient et tout-puissant des âmes, des corps et de l'univers. C'est parce que Dieu a voulu cette harmonie et l'a préétablie qu'elle existe (§ 626 et not.); d'où le nom donné à ce système. Et il a opéré ce préétablissement en joignant à l'âme le corps dans lequel peut exister la série des mouvements correspondant à ses perceptions et à ses appétitions, et en faisant le *nexus rerum* tel que ces mouvements du corps soient actualisés par les excitations continues faites de l'extérieur sur nos organes sensoriels (§ 624). En d'autres termes, Dieu a préétabli l'harmonie au moment de la création (§ 629), et ce préétablissement consiste dans l'acte par lequel il a fait en sorte qu'elle subsiste par la seule nature de l'âme et du corps, sans influence réciproque de l'un sur l'autre (not. § 624).

On peut certes dire que cet acte est un miracle; mais à la condition d'ajouter qu'à partir de lui la coexistence des perceptions et des appétitions de l'âme avec les mouvements du corps, suit naturellement (§ 629). Il s'agit donc, selon l'expression de Leibniz, d'un miracle primigène, mais l'harmonie elle-même n'est qu'une suite de ce miracle, et non pas, comme dans l'Occasionnalisme, un miracle perpétuel, ainsi que le prétendent Newton, Clarke et Lange (not. § 620, § 623 et not., not. § 629). En un mot, dans le système de l'harmonie préétablie, tout se passe naturellement, puisque l'harmonie de l'âme et du corps est explicable par leur nature, une fois qu'elle a été préétablie par Dieu (§ 622 et not.). Aussi ne peut-on soutenir, comme Clarke encore, que ce terme d'harmonie préétablie n'a pas de signification (not. § 620), ou encore qu'il est purement technique (not. § 624).

2. — Puisque seule l'harmonie des modifications de l'âme et du corps est préétablie, il s'ensuit que les appétitions, qui naissent de l'âme à partir des perceptions selon la loi de l'appétit, ne sont pas elles-mêmes préétablies (§ 630). Et c'est pourquoi il est impossible d'accuser ce système de détruire la liberté, ainsi que le font encore, parmi d'autres, Clarke et Lange (not. § 625, not. § 630, not. § 632). Car, comme le système de l'influx physique, il tente d'expliquer, mais d'une façon différente, pourquoi aux idées matérielles dans le cerveau correspondent dans l'âme les perceptions d'où naissent les appétitions. Mais il ne se prononce pas plus que lui sur la façon dont s'opère cette naissance (§ 631), et c'est pourquoi la liberté y est aussi bien sauvegardée (§ 632). A vrai dire, elle l'y est même mieux, puisque l'âme n'y dépend d'aucun principe extérieur (§ 637).

La nécessité des mouvements qui correspondent dans le corps aux opérations de l'âme ne peut non plus fournir un argument contre la liberté. Car l'âme choisit ses volitions, à partir de ses perceptions, d'une façon totalement indépendante du corps, puisqu'elle pourrait le faire même si le corps n'existait pas. Il faut seulement supposer que Dieu qui connaît, par sa prescience, toutes les volitions libres de l'âme contenues dans la série des perceptions et des appétitions, et, par son omniscience, quels sont les corps possibles et quels *nexus rerum* peuvent être réalisés, a décidé d'unir telle âme à tel corps dans tel *nexus rerum*, lorsqu'il a préétabli l'harmonie. Et il est à noter que la prescience divine n'est pas non plus, à l'encontre de ce qu'enseignaient les Sociniens, un obstacle à la liberté (not. § 628, 633 et not.), qui est ainsi pleinement sauve dans ce système (§ 634 et not.).

3. — WOLFF note cependant que le mécanisme du corps requis ici nous est incompréhensible. Mais il ne pense pas, comme BAYLE, qu'il est pour autant impossible. Il prétend même qu'il n'est pas dénué de probabilité, puisque c'est grâce à lui que le système de LEIBNIZ peut seul expliquer, d'une façon intelligible, l'harmonie de l'âme et du corps par leur nature (not. § 617, not. § 620, § 637 et not.). Et il en conclut que ce système est probable, — pleinement probable même, dit-il (§ 638 et not.) —, et qu'il doit par conséquent être préféré aux deux autres qui ne le sont pas (§ 639 et not.), en ajoutant que celui qui n'est pas assez philosophe pour le comprendre et lui donner son assentiment, n'a qu'à adopter celui de l'influx physique (§ 640)[43]

C) DE L'ESPRIT EN GÉNÉRAL, DES ATTRIBUTS DE L'ÂME, DE L'ÂME DES BÊTES

(a) De l'esprit en général et de la spiritualité de l'âme

1. — Ce que dit WOLFF de la nature de l'esprit et de l'âme humaine s'inspire de la tradition scolastique et de la doctrine leibnizienne. Il faut entendre par esprit une substance simple douée

---

[43] Il le laisse même libre de condamner, s'il le veut, le système de l'harmonie préétablie, pourvu qu'il le fasse sans méchanceté. Et par là il rejoint la déclaration qu'il faisait dans sa préface, p. 14*, au sujet de ces systèmes qui ne sont que des hypothèses: «Singulas fideliter exposui, ut ab omnibus facile intelligi possint. De singulis citra partium studium dixi sententiam, liberum unicuique relinquens, cuinam assensum suum praebere velit. Mea enim parum refert, quid de causa commercii animae cum corpore statuatur»; cf. encore not. § 553, not. § 601.

d'*intellectus* et de volonté libre (§ 643 et not., 658). Les éléments des corps ont beau être, selon Leibniz, des substances simples, ils ne sont pas pour autant des esprits ; car s'il leur accorde la perception et l'appétition, ce sur quoi Wolff n'est pas d'accord avec lui (not. § 712), il leur refuse l'aperception qui est nécessaire à l'*intellectus* et à la volonté libre (§ 644 et not.). Par contre l'âme humaine, qui est douée de l'un et de l'autre, est un esprit (§ 645 et not.).

2. — Tout esprit existe ou bien nécessairement ou bien d'une façon contingente. Dans le second cas, il doit avoir la raison suffisante de son existence dans un autre être simple qui existe nécessairement, et qui n'est autre que Dieu, l'esprit absolument parfait (§ 661 et not., 662)[44]. Car, en raison de sa simplicité, l'esprit contingent ne peut naître d'un autre, comme les corps à partir d'une matière préexistante (§ 660 et not.), et de plus sa naissance doit être instantanée (§ 664). L'esprit contingent ne peut donc qu'être produit *ex nihilo* par l'esprit absolument parfait (§ 663 et not.). Mais l'on ne peut avoir une notion distincte de sa naissance, du fait qu'elle est instantanée (§ 665). Il en est de même de sa fin (§ 672). L'esprit contingent, qui est simple, ne peut périr de la même façon que le corps, qui est composé, c'est-à-dire par corruption (§ 666—669). Il ne peut disparaître que d'une façon instantanée (§ 671) et par annihilation (§ 670).

3. — Tout esprit, parce qu'il est doué d'*intellectus*, peut acquérir l'usage de la raison (§ 673) auquel concourt la mémoire intellectuelle

---

[44]) Wolff insiste sur la différence qui existe entre l'esprit absolument parfait, doué d'un *intellectus* et d'une volonté infinis (§ 646—653) et l'âme humaine dont l'*intellectus* et la volonté sont limités (§ 654–656, 694, 695), tout en notant qu'il peut y avoir des esprits intermédiaires, plus parfaits que l'âme humaine (§ 657), sur l'existence desquels seule la théologie, en s'appuyant sur l'Écriture Sainte, peut se prononcer (not. § 657, not. § 661, not. § 663, § 696).

(§ 675—677). Il est donc capable de connaissance philosophique (§ 674), et de sagesse (§ 678)⁴⁵.

(b) De l'origine de l'âme, de son union⁴⁶ avec le corps et de son immortalité

1. — En conformité avec les principes généraux qui viennent d'être rappelés, on ne peut admettre la thèse traducianiste (§ 702), selon laquelle l'âme est engendrée par les parents en même temps que le corps, soit à partir de leur âme, soit à partir de la matière séminale qui sert à former le corps (§ 700 et not.). Car si, dans le premier cas, cette thèse n'est pas contraire au spiritualisme (not. § 703), elle ne sauvegarde cependant pas la simplicité de l'âme (§ 600 et not.), et, dans le second cas, elle verse dans le matérialisme (§ 701 et not., 703). En un mot, l'âme ne peut naître que par création (§ 697, 698), comme l'affirment les Créatianistes (§ 699 et not.).

A cette thèse traditionnelle, WOLFF ajoute des compléments empruntés à LEIBNIZ. Les âmes ont été créées dès la première origine des choses et préexistent dans des corpuscules eux-mêmes préexistants, qu'il s'agisse de rudiments de fœtus ou d'animalcules spermatiques⁴⁷, à partir desquels les fœtus sont formés, et auxquels

---

⁴⁵) Celle-ci consiste, selon WOLFF, à prescrire à l'activité libre des fins conformes à sa nature et à choisir les moyens qui y conduisent (§ 678). Il rompt ainsi avec la tradition aristotélico-scolastique qui la concevait comme la science des choses les plus sublimes et plus particulièrement divines, réalisée dans la métaphysique et la théologie (not. § 678). Dans les paragraphes qui suivent (§ 679-692) il détermine les degrés de la sagesse telle qu'il l'entend et distingue entre la sagesse suprême qui appartient à Dieu et la sagesse humaine qui est limitée.

⁴⁶) Par union, WOLFF entend, non pas l'acte par lequel l'âme est unie au corps et qu'il dénomme *unitio* (not. § 722), mais, comme LEIBNIZ, le mode selon lequel l'âme est unie au corps et qui n'est autre que l'harmonie précédemment décrite entre l'âme et le corps.

⁴⁷) Les partisans de la préformation des organismes se divisaient, en effet, en deux branches: les Ovistes, comme SWAMMERDAM, MALPHIGI, SPALLANZANI, BONNET, de HALLER, VALLISNERI, qui attribuaient le pouvoir générateur à l'œuf sécrété par la mère, et les Animalculistes, tels LEEUWENHOECK, HARTSOECKER, GEOFFROY, ANDRY, qui le cherchaient dans les spermatozoides de la semence mâle.

elles sont unies avant même qu'ils n'aient été déposés dans l'uterus (§ 704 et not., 705 et not., 727 et not., 728 et not.).

2. — En s'appuyant sur sa théorie de l'âme, il peut alors donner quelques précisions sur l'état de celle-ci avant et pendant la formation du fœtus. Avant que le fœtus ne soit formé, l'âme se représente l'univers conformément aux changements qui se produisent dans le corpuscule auquel elle est unie (§ 715). Or celui-ci est si petit que seules de faibles particules de matière peuvent produire sur lui une impression ; et c'est pourquoi l'âme ne peut avoir alors que des perceptions confuses et même obscures (§ 706 et not., 707 et not.). D'où il suit qu'elle n'est pas douée d'aperception, qu'elle manque de mémoire (§ 708 et not.), et qu'elle ne peut exercer les fonctions intellectuelles, ni se servir de la raison (§ 709).

Pendant la formation du fœtus, l'âme passe de l'état de perceptions obscures à l'état de perceptions claires confuses, puis de là à l'état de perceptions distinctes (§ 710). Ce passage est naturel, car l'âme possède les dispositions requises pour percevoir clairement et distinctement (§ 711, 712, 717). Il est successif, comme la formation progressive du fœtus qu'il accompagne, et se réalise sous la forme d'une évolution continue des perceptions obscures, qui perdent peu à peu de leur obscurité, vers les perceptions claires (§ 711, 713 et not., 714, 717). Mais il faut noter qu'au cours de cette évolution, qui fait accéder l'âme à un état nouveau : celui des perceptions claires, celle-ci ne perd pas l'état ancien constitué par les perceptions obscures. Seules les perceptions immédiates sont claires, et les perceptions médiates restent obscures, puisque l'âme ne peut embrasser d'un seul coup d'œil l'idée totale de l'univers (§ 195, 196, 199, 718).

3. — WOLFF examine ensuite comment, dans chacun des systèmes précédemment analysés, l'âme et le corps se trouvent unis. Dans le système de l'harmonie préétablie telle âme déterminée ne

peut être unie qu'à tel corps déterminé, puisque leurs modifications, explicables par leur nature, se correspondent parfaitement, malgré leur totale indépendance, d'une part, et que, d'autre part, il n'y a qu'un seul corps capable de conserver la série des mouvements imprimés dans ses organes sensoriels par les objets extérieurs, de telle sorte que chacun d'eux corresponde à chacune des perceptions et des appétitions de cette âme et qu'ils se succèdent dans le même ordre que celles-ci. De plus cette âme ne peut être unie à ce corps que dans la seule série de choses capable de produire les mouvements en question.

Dans les deux autres systèmes, l'âme pourrait être unie à n'importe quel corps dans n'importe quelle série de choses. Car, dans celui de l'influx physique, c'est la force du corps qui, en passant dans l'âme, produit en elle les perceptions, et la force de l'âme qui, en passant dans le corps, y produit les mouvements spontanés et volontaires; et rien n'empêche qu'un autre corps produise les perceptions de l'âme et qu'elle y déclenche des mouvements, — les uns et les autres étant, il est vrai, différents, — puisque rien dans l'âme ne spécifie, c'est-à-dire ne dirige dans tel ou tel sens l'action du corps, ni rien dans le corps celle de l'âme[48]. Et dans le système des causes occasionnelles, tout dépend de la pure volonté de Dieu (§ 719 et not., 720 et not.).

De ce fait, on peut dire que dans le système de l'harmonie préétablie l'union de l'âme et du corps a sa raison suffisante dans leur nature, alors que dans les deux autres cette union reste sans raison, et WOLFF note que c'est là un nouvel argument en sa faveur (§ 721 et

---

[48]) Ceci n'est pas vrai de la conception authentiquement aristotélicienne et thomiste, dans laquelle l'âme ne peut informer qu'un seul corps du fait que l'âme et le corps sont conçus, ainsi que nous l'avons dit dans la note [40]), comme deux principes incomplets dont l'union forme une seule substance qui agit indivisiblement en tant qu'âme et en tant que corps.

not.). Autrement dit, dans ce système l'union est naturelle (§ 722 et not.) et véritable (§ 724 et not.). Car l'âme et le corps, en vertu de leur harmonie, dépendent l'un de l'autre et forment ensemble une seule substance composée dès qu'ils coexistent et tant qu'ils coexistent, sans qu'il soit besoin de faire appel, pour assurer leur union, à quelque chose d'autre comme le *vinculum* dont parle Leibniz, dans sa correspondance avec des Bosses, à propos de la cohésion des parties des corps (§ 723 et not.). Dans les deux autres systèmes l'union est arbitraire (§ 722), non seulement dans celui des causes occasionnelles où elle dépend de la volonté de Dieu (§ 725), mais aussi dans celui de l'influx physique, puisque nous n'avons aucune notion ni de l'influx physique ni du *vinculum* (§ 726 et not.).

3. — En raison de sa simplicité, qui tient à son essence et à sa nature, l'âme est incorruptible (§ 729). Elle ne peut donc périr ni avec, ni comme le corps qui, à la mort, se corrompt (§ 730, 731, 734). Elle ne pourrait périr que par annihilation (§ 732), si elle n'était pas de plus immortelle (§ 737). L'incorruptibilité ou l'indestructibilité ne se confond pas, en effet, avec l'immortalité (not. § 737) ; elle en est seulement la condition (§ 738). La mort est l'état dans lequel tous les organes du corps cessent complètement leurs fonctions (§ 733), et d'où résulte sa fin (§ 735 et not.). Pour que l'âme soit dite immortelle, il faut donc non seulement qu'elle survive à la mort du corps, mais encore qu'elle ne cesse pas d'exercer ses facultés (§ 736, 737) ; il faut tout particulièrement qu'elle demeure en état de perceptions distinctes et qu'elle garde la mémoire de sa vie passée (§ 739), c'est-à-dire, en définitive, qu'elle conserve sa personnalité, ainsi que le souligne Leibniz (§ 741, 742).

Or, explique Wolff, l'âme, qui survit à la mort du corps, du fait de son incorruptibilité liée à sa simplicité (§ 744), cesse d'être unie à lui, comme lors de la formation du fœtus elle avait perdu son union avec le corpuscule dans lequel elle préexistait. Et le changement qui s'opère alors est semblable à celui qu'elle avait connu lors de la transformation du corpuscule en fœtus, c'est-à-dire qu'elle y retient l'état ancien de ses perceptions et lui en ajoute un nouveau. Dans le premier cas, elle gardait l'état de perceptions confuses et lui ajoutait celui de perceptions distinctes; dans le second, elle garde l'état de perceptions distinctes et acquiert un état de perceptions plus distinctes, conforme au degré de spiritualité plus parfait qui résulte de la perte de son union avec le corps (§ 745). Elle reste donc consciente d'elle-même, et rien n'empêche par conséquent qu'elle conserve la mémoire personnelle (§ 746).

Ainsi est-il démontré que l'âme est immortelle (§ 747), grâce à une argumentation qui prend le contrepied de celle des Libertins[49] et offre une certaine analogie avec celle des Stoiciens[50], et qui fait en outre ressortir que l'état de l'âme après la mort est lié à celui de la vie présente, puisqu'il trouve en lui sa raison suffisante (§ 748).

(e) De l'âme des bêtes

1. — Les animaux ont, comme nous, des organes sensoriels capables d'être impressionnés par les objets sensibles, de même qu'un appareil nerveux apte à conduire ces impressions jusqu'au cerveau et à y produire des idées matérielles. Ils peuvent donc avoir aussi des idées sensuelles correspondant à celles-ci (§ 749). L'expérience

---

[49]) Ceux-ci soutiennent qu'à la mort nous retournons dans le même état qu'avant la naissance, c'est-à-dire dans le néant; cf. v. g. Cyrano de BERGERAC, *La mort d'Agrippine*, acte V, scène 6, Jacques VALLÉE des BARREAUX, *Sonnet (4) sur la mort,* Jean DÉHÉNAULT, *Imitation de l'acte second de la Troade de Sénèque,* CHAULIEU, *A Madame la Duchesse de Bouillon sur la mort* (in: Antoine ADAM, *Les Libertins au XVII° siècle,* Paris, 1964, p. 190, 196, 260, 261, 275, 276).

[50]) Selon SÉNÈQUE l'âme recouvre, à la mort qui joue le rôle d'une seconde naissance, l'état de liberté et de lumière qui était le sien avant qu'elle ne soit unie au corps; cf. *Ad Polybium de consolatione,* IX, 3, *Ad Lucillium,* 79, 12; 102, 23; cf. aussi MARC-AURÈLE, *Pensées,* IX, 3.

montre qu'ils sont également conscients de leurs perceptions (§ 751). Et c'est pourquoi il faut dire, quoi qu'en pensent les partisans de la théorie des animaux-machines (not. § 749), qu'ils ont, comme nous, une âme distincte de leur corps (§ 749, 752), qui ne peut être qu'une substance simple (§ 753), et ne peut naître que par création (§ 768).

2. — Du fait qu'ils ont des sensations, les animaux en observent la loi (§ 754). Doués d'imagination et de mémoire, d'appétit et d'aversion sensibles, ils observent également la loi de ces diverses facultés (§ 756 et not., 757, 758 et not.).

3. — Mais ils ne disposent pas de sons articulés pour exprimer symboliquement leurs perceptions et les objets qu'elles représentent (§ 759). Par le fait même, les notions abstraites, les jugements et les raisonnements ne peuvent être représentés mécaniquement par des idées matérielles dans leur cerveau et ils ne possèdent pas la connaissance universelle (§ 760 et not.). Ils n'ont donc ni *intellectus* (§ 761 et not.), ni raison (§ 762 et not.); tout au plus manifestent-ils un *analogon rationis* grâce à l'imagination et à la mémoire (§ 765 et not.). Ils manquent aussi de volonté libre (§ 763).

Et c'est pourquoi leurs âmes ne sont pas des esprits, bien qu'elles soient immatérielles (not. § 751, 764). Et comme ils n'ont pas non plus de mémoire personnelle (§ 766), leurs âmes ont beau être incorruptibles et ne pouvoir périr que par annihilation, elles ne sont pas pour autant immortelles (§ 768, 769 et not.).

En un mot, les animaux ne possèdent en commun avec nous que les facultés sensibles de connaissance et d'appétition (§ 770), et c'est ce qui fait toute la différence entre leur âme et la nôtre.

V

1. — Tel est ramené à l'essentiel l'ensemble des questions traitées par Wolff dans la *Psychologia rationalis*. La théorie de l'âme,

qu'il y présente, comprend, à la fois, une déduction des facultés à partir de la force représentative qui constitue l'essence et la nature de l'âme, et une description de la correspondance harmonique qui existe entre ses opérations et les mouvements du corps. Cette description met d'abord en lumière que toutes nos perceptions et appétitions ont pour condition immédiate les espèces impresses et les idées matérielles. Et c'est pourquoi elle est si étroitement liée à la déduction des facultés, car elle contribue avec elle, encore qu'à un niveau différent, à l'explication de ce qui se passe dans l'âme. WOLFF trouve dans la force représentative la raison générale des différentes facultés, qui n'en sont que des manifestations diverses; l'examen des conditions organiques de son exercice lui permet de rendre compte d'une façon plus complète de leurs opérations.

La description de l'harmonie de l'âme et du corps montre, en outre, que les appétitions de l'âme déclenchent dans le corps des mouvements nerveux et sanguins puissants, ainsi que les mouvements spontanés et volontaires. Elle révèle ainsi, prise dans son ensemble, qu'on peut expliquer tantôt ce qui se passe dans l'âme par les mouvements du corps et tantôt ce qui se passe dans le corps par les opérations de l'âme.

2. — A propos de cette harmonie, WOLFF constate que tout se passe comme si le corps influait sur l'âme et l'âme sur le corps; mais il se refuse à admettre qu'il en soit réellement ainsi, puisque rien, ni dans l'expérience, ni dans la nature de l'âme et du corps, ne permet de le vérifier. D'où son rejet du système de l'influx physique, et sa préférence pour celui de l'harmonie préétablie, car il n'admet pas non plus celui des causes occasionnelles.

Quoi qu'il en soit de cette préférence, il n'en expose pas moins ces trois systèmes avec la plus parfaite équité, en s'efforçant de défendre les deux premiers contre les critiques injustes qui ont été souvent dirigées contre eux, et en ne cachant pas les insuffisances du troisième. Soucieux avant tout de la vérité, il se conforme à la lettre à cette déclaration de principe: «Philosophus enim veritatis amorem odio sectae praefert, nec quicquam errori alteri tribuit, quod a mente ejus alienum est» (not. § 550)[51].

3. — Quant à la nature de l'âme, Wolff distingue avec beaucoup de soin la spiritualité de l'immatérialité, ainsi que l'immortalité de l'indestructibilité. Et ceci est très important pour marquer la différence entre l'âme humaine et celle des bêtes. Alors que la première est spirituelle et immortelle, la seconde est seulement immatérielle et indestructible. D'autre part, en s'appuyant sur la thèse de la préexistence de l'âme, unie à un corpuscule lui-même préexistant, dont elle se sépare à la formation du fœtus, il présente un argument en faveur de son immortalité, qui ne manque pas d'intérêt.

4. — Pour être nouvelle quant à sa méthode, la *Psychologia rationalis* n'en contient pas moins beaucoup d'emprunts, notamment à Leibniz d'abord, en ce qui concerne la nature et l'essence de l'âme, sa préexistence, son immortalité, et l'explication de ses rapports avec le corps, aux Scolastiques et à Locke ensuite au sujet de la formation des notions à partir des idées sensuelles. Mais, avec sa pénétration et sa rigueur habituelles, Wolff domine, ici comme ailleurs, ce qu'il emprunte aux autres doctrines et construit avec une synthèse qu'on peut bien considérer comme originale, quand ce ne serait que par son caractère harmonieux et le degré de systématisation rationnelle auquel elle atteint, comme en témoigne sa doctrine de la connaissance qui évite les écueils du sensualisme et de l'innéisme, et met en lumière la continuité sans faille de l'activité cognitive.

5. — Ajoutons que la *Psychologia rationalis* forme, avec la *Psychologia empirica* dont elle est inséparable, une somme remarquable

---

[51] Cf. encore sur ce souci de vérité et d'équité, not. § 554, not. § 571, not. § 601, not. § 609, not. § 610, not. § 612.

des problèmes relatifs à l'âme, tels qu'ils se posaient aux philosophes du XVIIIème siècle, et constitue, de ce fait, une source de renseignements précieux pour l'historien de la psychologie.

VI

Il nous reste à préciser la nature et la méthode de la réédition que nous en présentons. Nous reproduisons le texte de la seconde édition, c'est-à-dire celle de Francfort et Leipzig en 1740, qui ne diffère de la première que par des références rectifiées, des corrections typographiques et quelques variantes peu nombreuses et peu importantes. Seules ces variantes ont été retenues dans l'établissement du texte.

Nous avons vérifié, et corrigé au besoin, tous les renvois de Wolff à la *Psychologia rationalis* elle-même, et aux autres traités qui l'ont précédée. Nous les avons introduits quand ils manquaient, ainsi que les références aux ouvrages des autres auteurs. Et nous nous sommes efforcé d'identifier tous les « alii », « plurimi », etc..., auxquels il fait très souvent allusion.

Nous avons groupé toutes ces indications à la fin de l'ouvrage, sous le titre: *Variantes et notes de l'éditeur*, en les disposant page par page sur deux étages. Dans l'étage supérieur, nous avons placé: — 1° le texte de la première édition, en le désignant par le sigle (A), en cas de variante dans la seconde, — 2° les corrections typographiques[52] que nous avons opérées, en les faisant précéder de la mention: Lire. Dans l'étage inférieur, nous avons fait figurer: — 1° les références aux ouvrages de Wolff et à ceux des autres auteurs,

---

[52]) Wolff a laissé subsister dans cet ouvrage beaucoup plus de fautes typographiques que dans les précédents.

— 2° les rectifications que nous avons dû apporter dans les renvois de Wolff à la *Psychologia rationalis* et à ses autres traités, en les faisant précéder aussi de la mention : Lire.

En marge du texte de Wolff, nous avons introduit la numération des lignes. Au bas des pages figure le numéro des lignes qui comportent une variante, exigent une correction typographique, ou appellent une référence ; ce numéro est suivi de la lettre V dans les deux premiers cas, de la lettre R dans le troisième. Il est en outre précédé, dans l'*Index rerum*, des sigles A) ou B), qui désignent respectivement la colonne de gauche et la colonne de droite des pages de cet index. Chaque fois que le numéro des pages ou les titres courants avaient besoin d'être corrigés, nous avons placé un astérisque en face d'eux dans la marge au dessus du numéro des lignes et la mention *V au bas des pages. Les notes, à la fin du volume, comportent, au sein de chaque page, le rappel de l'astérisque ou du numéro des lignes, ainsi que du sigle des colonnes.

En vue d'alléger l'étage inférieur, nous avons adopté, pour désigner les ouvrages de Wolff souvent cités, sa propre façon de les indiquer ou une façon analogue à la sienne, à savoir :

— *Log* : *Philosophia rationalis sive Logica, methodo scientifica pertractata et ad usum scientiarum atque vitae aptata. Praemittitur Discursus praeliminaris de philosophia in genere*, Francofurti et Lipsiae, 1728, 1732^2, 1740^3.

— *Disc. prael.* : *Discursus praeliminaris de philosophia in genere*.

— *Ont.* : *Philosophia prima, sive Ontologia, methodo scientifica pertractata, qua omnis cognitionis humanae principia continentur*, Francofurti et Lipsiae, 1730, 1736^2.

— *Cosmo.* : *Cosmologia generalis, methodo scientifica pertractata, qua ad solidam, inprimis Dei atque naturae, cognitionem via sternitur*, Francofurti et Lipsiae, 1731, 1737^2.

— *Psycho. emp.* : *Psychologia empirica, methodo scientifica pertractata, qua ea, quae de anima humana indubia experientiae fide constant, continentur et ad solidam universae philosophiae practicae ac theologiae naturalis tractationem via sternitur*, Francofurti et Lipsiae, 1732, 1738[2].

— *Theo. nat.*, I : *Theologia naturalis methodo scientifica pertractata. Pars prior integrum systema complectens, qua existentia et attributa Dei a posteriori demonstrantur*, Francofurti et Lipsiae, 1737, 1741[2].

— *Theo. nat.*, II : *Theologia naturalis methodo scientifica pertractata. Pars posterior, qua existentia et attributa Dei ex notione entis perfectissimi et natura animae demonstrantur et Atheismi, Deismi, Fatalismi, Spinosismi aliorumque de Deo errorum fundamenta subvertuntur*, Francofurti et Lipsiae, 1737, 1741[2].

— *Phil. pract. univ.*, I : *Philosophia practica universalis, methodo scientifica pertractata, Pars prior, theoriam complectens, qua omnis actionum humanarum differentia, omnisque juris ac obligationum omnium principia, a priori demonstrantur*, Francofurti et Lipsiae, 1738.

— *Phil. pract. univ.*, II : *Philosophia practica universalis, methodo scientifica pertractata. Pars posterior, praxin complectens, qua omnis praxeos moralis principia inconcussa ex ipsa animae humanae natura a priori demonstrantur*, Francofurti et Lipsiae, 1739.

— *Ethica,* I : *Philosophia moralis sive Ethica, methodo scientifica pertractata. Pars prima, in qua agitur de intellectu et facultatibus ceteris cognoscendi in ministerium ejus perficiendis atque virtutibus intellectualibus*, Halae Magdeburgicae, 1750.

— *Ethica,* II : *Philosophia moralis sive Ethica, methodo scientifica pertractata. Pars secunda, in qua agitur de voluntate et noluntate, una cum appetitu sensitivo et aversione sensitiva perficienda et emendanda*, Halae Magdeburgicae, 1751.

— *Arithm.* : *Elementa Arithmeticae.*
— *Geom.*: *Elementa Geometriae.*
— *Mechan.*: *Elementa Mechanicae.*
— *Optic.*: *Elementa Opticae.*
— *Astron.*: *Elementa Astronomiae.*

Les *Elementa Arithmeticae* et les *Elementa Geometriae* sont contenus dans le tome I des *Elementa matheseos universae,* Halae Magdeburgicae 1730, les *Elementa Mechanicae* dans le tome II, Francofurti et Lipsiae, 1733 (Hildesheim, 1968), Les *Elementa Opticae* et les *Elementa Astronomiae* dans le tome III, Halae Magdeburgicae, 1735 (Hildesheim, 1968).

Toujours dans le même but d'allègement, nous avons renvoyé de la façon suivante aux ouvrages des autres auteurs souvent cités :
— BUDDE, *Bedencken über die Wolffianische Philosophie* ... : *Bedencken über die Wolffianische Philosophie mit Anmerkungen erläutert von Christian Wolffen,* Frankfurt am Main, 1724.
— GOCLENIUS, *Lexicon philosophicum* . . . : *Lexicon philosophicum, quo tanquam clave philosophiae fores aperiuntur,* Francofurti, 1613 (Hildesheim, 1964).
— LANGIUS, *Modesta Disquisitio* . . . : *Modesta Disquisitio novi philosophiae systematis de Deo, mundo et homine, et praesertim de harmonia commercii inter animam et corpus praestabilita : cum epicrisi in viri cujusdam clarissimi Commentationem de differentia nexus rerum sapientis et fatalis necessitatis nec non systematis harmoniae praestabilitae et hypothesium Spinosae : praemissa est praefatio ordinis Theol. in Academia Fridericiana e genuinis verae philosophiae principiis instituit D. Joachimus Lange S. Theol. Prof. Ord.,* Halae Saxonum, 1723.
— LANGIUS, *Caussa Dei et religionis naturalis* ..., 1727^2: *Caussa Dei et religionis naturalis adversus Atheismum, et, quae, eum gignit, aut promovet, Pseudophilosophiam veterum ac recentiorum, praesertim Stoicam, Spinozianam : una cum nova systematis Wolffiani analysi, e genuinis verae philosophiae principiis methodo demonstrativa adserta,* Halae Saxonum, 1727^2.
— LANGE, *Bescheidene und ausführliche Entdeckung* . . . : *Bescheidene und ausführliche Entdeckung der falschen und schädlichen Philosophie in dem Wolffianischen Systemate Metaphysico von Gott, der Welt und dem Menschen : Und insonderheit von der so genannten harmonia praestabilita des commercii zwischen Seel und Leib : Wie auch in der auf solches Systema ge-

gründeten Sitten-Lehre: Nebst einem historischen Vorbericht, Von dem, was mit dem Herrn Auctore desselben in Halle vorgegangen: Unter Abhandelung vieler wichtigen Materien, Und mit kurzer Abfertigung der Anmerkungen über ein gedoppeltes Bedencken von der Wolffianischen Philosophie: Nach den principiis der gesunden Vernunft, auf Gutbefinden der sämtl. Theologischen Facultät in Halle dargestellet, Halle, 1724.

— LEIBNIZ, *Système nouveau pour expliquer la nature des substances* . . . : *Système nouveau pour expliquer la nature des substances et leur communication entre elles, aussi bien que l'union de l'âme avec le corps.*

— LEIBNIZ, *Système nouveau de la nature et de la communication des substances* . . . : *Système nouveau de la nature et de la communication des substances, aussi bien que de l'union qu'il y a entre l'âme et le corps.*

— LEIBNIZ, *Eclaircissement du nouveau système de la communication des substances* . . . : *Eclaircissement du nouveau système de la communication des substances, pour servir de réponse à ce qui en est dit dans le Journal du 12 Septembre 1965.*

— LEIBNIZ, *Eclaircissement des difficultés que Monsieur Bayle a trouvées* . . . : *Eclaircissement des difficultés que Monsieur Bayle a trouvées dans le système nouveau de l'union de l'âme et du corps.*

— LEIBNIZ, *Extrait du Dictionnaire de M. Bayle* . . . : *Extrait du Dictionnaire de M. Bayle article Rorarius, p. 2599 sqq. de l'Edition de l'an 1702 avec mes remarques.*

— LEIBNIZ, *Réponse aux réflexions contenues dans la seconde édition du Dictionnaire . . . de M. Bayle* . . . : *Réponse aux réflexions contenues dans la seconde édition du Dictionnaire critique de M. Bayle, article Rorarius, sur le système de l'Harmonie préétablie.*

— LEIBNIZ, *Addition à l'explication du système nouveau* . . . : *Addition à l'Explication du système nouveau touchant l'union de l'âme et du corps, envoyée à Paris à l'occasion d'un livre intitulé Connoissance de soy-même.*

— LEIBNIZ, *Considérations sur les Principes de vie* . . . : *Considérations sur les Principes de vie, et sur les Natures Plastiques, par l'Auteur du système de l'Harmonie préétablie.*

Bien que Wolff ait inséré dans son *Index rerum*[53] une bonne partie des noms d'auteurs auxquels il se réfère, nous avons cependant ajouté, après les *Variantes et Notes de l'éditeur,* un index absolument complet de ces auteurs, et nous l'avons fait suivre d'un index des auteurs auxquels nous renvoyons nous-même, d'un index des citations faites par Wolff, d'un index de nos propres citations, et enfin d'un index des passages de l'Ecriture cités par Wolff et par nous-même.

VII

Avant de clore cette introduction, nous avons un devoir à remplir, celui d'adresser nos vifs remerciements : — d'abord à Monsieur le Directeur et à Messieurs les membres de la commission de philosophie du Centre national de la recherche scientifique, qui nous ont fourni l'aide financière nécessaire pour mener à bien nos recherches, — puis à Monsieur Joseph Moreau, Professeur honoraire d'histoire de la philosophie à l'Université de Bordeaux, qui a assumé la lourde tâche de revoir notre travail et dont les conseils éclairés nous ont été fort utiles pour l'améliorer, — ensuite aux collègues qui nous ont amicalement aidé dans la quête des sources, notamment

---

[53]) Cet index a été considérablement remanié et augmenté dans la seconde édition. Mais nous n'avons pas indiqué dans les variantes son état dans la première.

à notre Doyen honoraire, Monsieur Amand JAGU, Professeur d'histoire de la philosophie, à Monsieur Hans-Werner ARNDT, Universitätsdozent à Mannheim, qui collabore à la réédition des œuvres de WOLFF, et aux conservateurs des diverses bibliothèques qui ont mis à notre disposition les ouvrages de leur vieux fond, — enfin à notre éditeur Monsieur Georges OLMS à qui nous devons la belle présentation de ce volume.

Jean Ecole

PSYCHOLOGIA RATIONALIS

METHODO SCIENTIFICA
PERTRACTATA,
QUA EA, QUÆ

DE ANIMA HUMANA
INDUBIA EXPERIENTIÆ FIDE
INNOTESCUNT, PER ESSENTIAM ET
NATURAM ANIMÆ EXPLICANTUR,
ET

AD INTIMIOREM NATURÆ
EJUSQUE AUTORIS COGNITIONEM
PROFUTURA PROPONUNTUR.

AUTORE

CHRISTIANO WOLFIO,
POTENTISSIMI SUECORUM REGIS, HASSIÆ LANDGRAVII,
CONSILIARIO REGIMINIS, MATHEMATUM AC PHILOSOPHIÆ IN ACADEMIA MAR-
BURGENSI PROFESSORE PRIMARIO, PROFESSORE PETROPOLITANO HONORARIO,
ACADEMIÆ REGIÆ SCIENTIARUM PARISINÆ, SOCIETATUMQUE
REGIARUM BRITANNICÆ ATQUE BORUSSICÆ
MEMBRO.

EDITIO NOVA PRIORI EMENDATIOR.
CUM PRIVILEGIIS.

FRANCOFURTI & LIPSIÆ, MDCCXL.
PROSTAT IN OFFICINA LIBRARIA RENGERIANA.

SERENISSIMO PRINCIPI AC DOMINO,

DOMINO

FRIDERICO,

HASSIÆ LANDGRAVIO, PRINCIPI HERSFELDIÆ, COMITI CATTIMELIBOCI, DECIÆ, ZIEGENHAINÆ, NIDDÆ ET SCHAUMBURGI
&c.&c.

ACADEMIÆ MARBURGENSIS
RECTORI MAGNIFICENTISSIMO,

PRINCIPI AC DOMINO
CLEMENTISSIMO.

SERENISSIME PRINCEPS,

Sublimem philosophiam continet Psychologia rationalis, quæ ad interiorem animæ nostræ cognitionem manuducit. Sublimia ingenia sublimis rerum sublimium decet scientia ea voluptate animum pascens, quam aliunde spe-

DEDICATIO.

sperare non datur. Quodsi cognitio sui nullo non ævo commendata fuit sapientibus; commendanda imprimis erit interior animæ, partis nostrum nobilioris, cognitio, cum inde non modo Naturæ universæ, verum ipsius Autoris ejusdem, Numinis sapientissimi ac potentissimi, notitiæ lux quædam inexpectata affulgeat & præterea virtuti singulare præsidium accedat, quod nemo novit nisi expertus. Ecquid vero jucundius, quid desideratius, quam Naturam rerum, opus illud admirabile, quod sui cognoscendi gratia effecit Artifex summus, intime perspicere, ac in eo veluti in speculo ipsummet Artificem

DEDICATIO.

venerabunda mente intueri? Nullus igitur dubito, PRINCEPS SERENISSIME, eam philosophiæ partem, quæ tam sublimia tradit, in conspectum Tuum proferre. Etenim Summus rerum arbiter tam sublimes SERENITATI TUÆ concessit animi dotes & eam comitem esse jussit corporis formam, quæ spiritum excelsum latere non sinit intuentibus, ut in admirationem venerabundam toti protinus rapiantur. Nihil vero tam sublime a Natura datum, quod non industria augeas, amplifices atque perficias, ut jamjam in tenera adhuc juventute illarum virtutum haud fallacia edas documenta,

quæ

DEDICATIO.

quæ in Rep. prudenter ac feliciter administranda omne ferunt punctum. Imprimis etiam avitus ille scientiarum profundiorum amor, quibus Naturæ ac Artis arcana revelantur, tam altas in animo egit radices, ut quotquot ad eas excolendas animum appellunt, certissimum sibi præsidium polliceri debeant. Toti orbi erudito, PRINCEPS SERENISSIME, haud fallacis spei indicium minime fallax edes, ubi quod humillime offero opus gratioso vultu intueri dignatus fueris: quo cum autorem alias respicere volueris, fore ut voti compos reddar haud vana spe lactor. In Te spes Hassiæ omnis:

DEDICATIO.

omnis: quæ ne fallat, DEUS Ter Optimus Maximus SERENITATEM TUAM salvam & incolumem esse jubeat & eminentibus, quibus jam excellis, virtutibus nova in dies incrementa addat. Hæc mecum vovet Hassia, vovet Academia Marburgensis, vovent boni omnes! Tu vero DOMINE CLEMENTISSIME, Tuam in me gratiam perennem esse jubeas, qua mihi nihil antiquius esse debere intelligo.

SERENITATIS TUÆ

humillimus cultor
CHRISTIANUS WOLFIUS

PRÆFATIO.

Psychologiæ partem alteram jam in lucem emittimus, quam rationalem appellamus. In ea rationem reddimus eorum, quæ in Psychologia empirica experientia magistra nobis innotuere. Novum est, fateor, hoc ausum: nemo enim hactenus philosophorum ex essentia animæ rationem a priori reddere conatus est, cur istiusmodi potius insint facultates, quam aliæ, & cur anima has potius in modificationibus suis sequatur leges, quam alias. Non tamen ideo censuram meruisse mihi videor, cum nemini phi-

PRÆFATIO.

losophorum non sit integrum in scientiæ terminis provehendis vires suas periclitari. Observavimus vero leges, quas philosophia prima notionum directricium conditrix præscribit. Idcirco primum inquisivimus in essentiam atque naturam animæ, tum ut constaret, unde intelligatur, quænam in animam cadere possint, tum ut appareret, quomodo ad actum ea perducantur. Nemo est, qui nesciat animam sibi repræsentare hoc universum convenienter mutationibus, quæ in organis sensoriis contingunt, sensibilibus in eadem agentibus. Evicimus autem independenter ab omni systemate explicandi commercium, quod animæ cum corpore intercedit, inesse animæ vim sibi repræsentandi hoc universum eo, quem diximus, modo & in hac vi pro diverso ejus respectu non minus essentiam, quam naturam animæ consistere. Mox vim istam altius scrutati ostendimus, animam continuo producere singulari quodam modo ideam totius universi quoad omnes mundi status, ita ut ideis partialibus singulis infinita insint atque ideo ex

uno

PRÆFATIO.

uno colligi possint cetera, quamvis diversa ratiociniorum serie. Ex finitudine autem animæ deducimus, quod non omnes perceptiones, quas idea ista universi continet, sint immediatæ, ac inde porro docemus, cur harum certæ sint leges, quas anima violare nequit. Loquuntur leges istæ perpetuam quandam harmoniam inter modificationes animæ & quosdam in corpore existentes motus, ut adeo subinde ex iis, quæ in corpore fiunt, colligatur, quænam animæ inesse debeant, quamvis eorum nobis conscii non simus, & vicissim ex iis quæ in anima observantur, intelligatur, quænam in corpore accidere debeant, quamvis ea in sensus incurrere nequeant, harmonia animæ ac corporis, cum harmonia præstabilita *Leibnitii* non confundenda; inter principia heuristica psychologica hoc pacto sibi locum vindicante. Re ipsa igitur ostendimus, nullum dari modificationum genus in anima, quocunque tandem nomine veniat, quod per vim repræsentativam universi, qualem animæ inexistentem stabilivimus, intelligibili modo expli-

cari

cari non possit, & quales singulis in corpore respondeant mutationes harmonicæ perspicue docuimus. Theoriam, de qua diximus, certo consilio independentem ab hypothesibus philosophorum de unione animæ cum corpore effecimus: cum enim illæ disceptationibus sint obnoxiæ, parum consultum videbatur alienis litibus eandem implicari. Eò fine aperte docuimus, quod salva theoria nostra nomen hypothesi dare possis, cuicunque volueris. Tres hodie celebrantur philosophorum hypotheses, commercii quod inter animam atque corpus intercedit, explicandi gratia excogitatæ, systema scilicet influxus physici, causarum occasionalium & harmoniæ præstabilitæ. Singulas fideliter exposui, ut ab omnibus facile intelligi possint. De singulis citra partium studium dixi sententiam, liberum unicuique relinquens, cuinam assensum suum præbere velit. Mea enim parum refert, quid de causa commercii animæ cum corpore statuatur. Quamvis autem hæc Psychologiæ pars tota hypothetica videri possit, & eo etiam consilio a Psychologia empirica

PRÆFATIO.

rica separata fuerit, ne principia, quibus in Moralibus præsertim utemur, ab hypothesibus pendere viderentur; non tamen mihi religioni duxi dogmatica nonnulla subinde interserere, cum ex citationibus apparere possit, quænam sint ab omni hypothesi libera. Immo ipsa Psychologiæ natura postulabat, ut dogmata quædam ex instituto traderentur, veluti de spiritualitate & immortalitate animæ ac spiritu in genere, quibus cum hypothesibus psychologicis nihil prorsus negotii est. Theoria nostra psychologica nonnulla continet, quæ haud paucis paradoxa videntur: sed quod paradoxum videtur, non ideo a veritate abhorret. Sane quæ maxime paradoxa videri possunt de perceptionibus nostris, ad attributa divina rectius concipienda in Theologia naturali multum profutura sunt: qua utilitate qua major concipi possit ego quidem non video. Immo ipsa hæc perceptionum nostrarum theoria plurimum lucis affundit Physicæ generali & nonnullis Cosmologiæ generalis principiis, quæ absque ea penitus intelligi vix possunt. Eadem singularem quoque usum spondet philoso-

PRÆFATIO.

losophiæ morali, in qua perceptionum evolutio ad compescendos affectus & detrahendam speciem bono apparenti mirifice prodest. Dogmata de spiritu & animæ spiritualitate ac immortalitate non modo in Theologia naturali & philosophia morali; sed in defendenda quoque religione christiana adversus Antiscripturarios omne fert punctum. Alios usus tacemus, quos lectores seduli atque attenti operis hujus psychologici in se experientur. Quoniam vero Theoria nostra psychologica ne quidem a systemate harmoniæ præstabilitæ pendet, unde ansam calumniandi desumserunt invidi ac malevoli; tanto facilius hinc intelligent omnes, quam sit a veritate alienum, universam nostram philosophiam harmonia præstabilita tanquam unico fundamento niti. Ceterum silentio prætereunda non sunt singularia prorsus providentiæ divinæ specialis documenta, quæ eo ipso tempore expertus fui, quo operi huic psychologico edendo incubui. Cum enim anni superioris prima dies illucesceret, a Potentissimo Suecorum Rege, Hassiæ Landgravio, Rege ac Domino meo

PRÆFATIO.

meo longe clementissimo, nummum aureum ingentis ponderis in tesseram gratiæ singularis accepi. Splendent in facie una imagines Regis atque Reginæ, in altera imagines Majorum augustorum, unde genus suum deducit Regina, in orbem dispositæ, Rege centrum occupante. Vix quarta anni pars elapsa fuerat, cum novum gratiæ documentum adderet Rex clementissimus: etenim præter expectationem ad dignitatem Consiliarii Regiminis me evehebat, eum inter Professores in ipso corpore tribuens locum, qui splendori huic convenit. Nondum ad medium perductus fuerat annus, cum Rex christianissimus in illustri Academia Scientiarum, quæ Parisiis floret, locum morte illustrissimi Comitis *de Pembrock* vacantem mihi decerneret, quem more consueto rite electum una cum Mathematico quodam celeberrimo præsentaverat illustre hoc corpus: de quo honoris eximio augmento cum publice mihi gratulatus sit Vir maxime Reverendus, *Johannes Jacobus Kæthen*, Pastor Lutheranus Genevensis, quem non solum facundia, verum etiam solida rerum

PRÆFATIO.

rum divinarum ac humanarum scientia commendat, ut ei hac data occasione publice gratias agam, ipsa æquitas jubet. Tandem denique ultimo anni quadrante Potentissimus Borussorum Rex, munificentia vere regia, quam seri prædicabunt nepotes, Halam reversuro splendidissimas dignitates una cum minervali lautissimo obtulit. Deus Regum Potentissimorum corda in me direxit: ejus adeo providentiam publico cultu venerari debui. Non leves ea stimulos addit ad laborem Numinis Optimi auspiciis cœptum alacriter continuandum, quam diu animi corporisque vires conservaverit. Nullus enim dubito fore, quin aliquando genus humanum percipiat fructus, qui ex nostro philosophandi modo in ipsum redundare possunt. Dabam Marburgi Cattorum d. 28. Aprilis A. O. R.
MDCCXXXIV.

PSYCHO-

PSYCHOLOGIÆ RATIONALIS
PROLEGOMENA.

§. 1.

Psychologia rationalis est scientia eorum, quæ per animam humanam possibilia sunt.

Psychologiæ rationalis definitio.

Dedimus hanc Psychologiæ tanquam partis philosophiæ definitionem in Discursu præliminari (§. 58.), eamque rationali ab empirica distinguendæ convenire monuimus (§. 112. Disc. prælim.).

§. 2.

Quoniam Psychologia rationalis scientia est (§. 1.), scientia vero in habitu demonstrandi quod affirmamus, vel negamus, consistit (§. 594. Log.); Quæ in Psychologia rationali traduntur, demonstranda sunt.

Cur demonstrationi in Psychologia rationali sit locus.

Nimirum si sumimus Psychologiam rationalem esse scientiam, quod sumi posse mox evincetur; concedendum quoque in eadem locum esse demonstrationi. Et sane ubi in iis acquiescis, quæ de anima a posteriori innotescunt; in Psychologia empirica acquiescis, quam nuper peculiari volumine explicatam dedimus, nec ad Rationalem progrederis, sed eam insuper habes, consequenter partes omnes Philosophi adimplere negligis, cujus est reddere rationem eorum, quæ sunt (§. 46. *Disc. prælim.*). Nos igitur, quibus philosophiam tradendi animus est, in id pro virili eniti debemus, ut demonstrationum illarum hactenus desideratarum contextum exhibeamus defectum, quantum datur, suppleturi, quo adhuc laborat nobilissima hæc philosophiæ pars.

§. 3.

Principia demonstrandi unde petenda.

In Psychologia rationali principia demonstrandi petenda sunt ex Ontologia, Cosmologia & Psychologia empirica. In numerum principiorum demonstrandi non assumuntur nisi definitiones, experientiæ indubitatæ, axiomata & propositiones jam demonstratæ (§. 562. *Log.*). Sed definitiones eorum, quæ ad animam pertinent, Psychologia empirica tradit, quemadmodum ex tractatione ejusdem liquet, eademque stabilit principia per experientiam manifesta (§. 1. *Psychol. empir.*). In Psychologia igitur rationali principia demonstrandi petenda sunt ex Psychologia empirica. *Quod erat primum.*

Porro anima humana cum actu existat (§. 21. *Psychol. empir.*), in numero entium est (§. 134. *Ontol.*) consequenter ad eam tanquam speciem applicari possunt, quæ de ente in genere demonstrata sunt (§. 360. 361. *Psychol. empir.*). Quamobrem cum in Ontologia demonstrentur, quæ de ente in genere prædicanda veniunt (§. 1. *Ontol.*); in Psychologia rationali principia demonstrandi petuntur ex Ontologia. *Quod erat secundum.*

Denique anima percipit corpora mutationem organis sensoriis

foriis qua talibus inducentia mutationi in organo factæ convenienter (§. 67. *Psychol. empir.*), & ab hac facultate sentiendi pendet imaginandi facultas (§. 91. 92. *Psych. emp.*), pendent quoque facultates mentis aliæ (§. 237. 257. &c. *Psych. emp.*). Immo mentis mutationes a mutationibus corporis nostri (§. 948. *Psychol. empir.*) & motus quidam corporis a voluntate animæ pendent (§. 953. *Psychol. empir.*). Quamobrem cum generalem mundi seu universi corporei (§. 1. *Cosmol.*) atque corporum theoriam Cosmologia tradat (§. 119. *& seqq. Cosmol.*); ex Cosmologia quoque demonstrandi principia petenda sunt. *Quod erat tertium.*

Jam cum anima entis quædam species sit, quemadmodum paulo ante demonstratum est, & quidem simplicis, quemadmodum inferius ostendemus, aliud genus propius quam ens simplex seu substantiam simplicem, nec remotius aliud præterquam ens agnoscit, consequenter nec aliam nisi entis in genere, & entis simplicis in specie theoriam supponit. Quamobrem cum entis in genere & entis simplicis theoria in Ontologia tradatur (§. 132. & seqq. ac §. 673. & seqq. *Ontol.*), quæ vero de anima quoad differentiam specificam ab aliis entibus simplicibus a posteriori observanda sunt, in Psychologia empirica tradantur (§. 1. *Psychol. empir.*) & animæ ad corpus relatio pateat per theoriam corporis in genere ac generalem mundi theoriam, prouti ex inferioribus constabit, in Cosmologia traditam per ea, quæ jam demonstrata sunt ; præterquam principia ex Ontologia, Cosmologia & Psychologia empirica mutuanda aliis ex disciplinis aliis petendis non habemus opus. *Quod erat quartum.*

Atque hæc est ratio, cur Ontologiam, Cosmologiam & Psychologiam empiricam rationali præmiserimus (§. 87. *Disc. præl.*).

§. 4.

In Psychologia rationali reddenda est ratio eorum, quæ Psychologia ani- rationalis *ab empirica differentia.* animæ infunt, aut ineffe poffunt. Pfychologia enim rationalis philofophiæ pars eft, quæ de anima agit (§. 58. 112. *Difc. præl.*). Ergo in ea reddenda eft ratio eorum, quæ animæ vel actu infunt, vel ineffe poffunt (§. 31. *Difc. prælim.*).

Hanc effe differentiam Pfychologiæ rationalis ab empirica dudum monuimus alibi (§. 112. *Difc. prælim.*) atque ex collatione utriusque patebit. Nullus enim dubito fore, ut lector feria ufus attentione intelligat, de iis quæ ad animam fpectant, non minus evidentes rationes reddi poffe, quam Phyfici moderni de rebus materialibus reddere folent.

§. 5.

Poffibilitas Pfychologiæ rationalis. *Pfychologia rationalis poffibilis.* In Pfychologia enim rationali reddenda eft ratio eorum, quæ animæ infunt, aut ineffe poffunt (§. 4.). Jam cum anima humana actu exiftat (§. 21. *Pfychol. empir.*), adeoque ens fit (§. 134. *Ontol.*), in ea quoque quædam reperiuntur, quæ fibi mutuo non repugnant, non tamen per alia, quæ fimul infunt, nec per fe invicem determinantur (§. 142. *Ontol.*), confequenter effentiam habet (§. 143. *Ontol.*) atque in ea ratio continetur fufficiens eorum, quæ præter eam animæ vel conftanter infunt, vel ineffe poffunt (§. 167. *Ontol.*). Pfychologia igitur rationalis poffibilis (§. 91. *Ontol.*).

Hanc propofitionem ideo addimus, ut intelligatur, Pfychologiam rationalem, qualem definimus, non effe terminum inanem (§. 38. *Log.*), neque adeo inanem in ea condenda operam fumi. Ceterum ex ipfa notione poffibilitatis quoque conftat, quomodo in Pfychologia rationali fit procedendum. Nimirum conceptus quidam effentialis formandus eft & ex eo a priori colligenda funt, quæ in Pfychologia empirica a pofteriori ftabilimus: id quod obtinetur, fi expendamus ea, quæ ibidem de anima annotata fuere, & inquiramus vi notionum diftinctarum ibidem evolutarum, quænam eorum ex aliis demonftrari poffint. Hac fane methodo ufi fumus, dum vi-

res

res ingenii in Pfychologia rationali condenda periclitabamur.

§. 6.

Si in Pfychologia rationali error committitur ; nullus inde in Theologiam naturalem, Logicam & Philofophiam practicam ferpit. Etenim in Pfychologia rationali reddenda eft ratio eorum, quæ animæ infunt, aut ineffe poffunt (§. 4.), quæ cum in Pfychologia empirica doceantur (§. 2. *Pfychol. empir.*), non alia animæ tribuuntur in Pfychologia rationali, quam quæ de eadem indubia experientiæ fide in empirica evincuntur. Quamobrem ficubi error admittitur in rationali; non animæ tribuitur, quod eidem non ineft, vel ineffe minime poteft; fed tantummodo ratio fpuria redditur ejus, quod eidem ineft, vel ineffe poteft, feu propofitio, quam a pofteriori veram effe conftat, minus recte demonftratur. Utimur vero propofitionibus, non demonftrationibus tanquam principiis demonftrandi (§. 562. *Log.*). Quare etfi in Pfychologia rationali error committatur, nullus tamen inde cum principiis, quæ Pfychologia empirica Juri naturali, Theologiæ naturali, Philofophiæ practicæ ac Logicæ tradit (§. 6. & feqq. *Pfychol. empir.*), in has difciplinas error ferpit.

Error in Pfychologia rationali commiffus. num latius ferpat.

Vanus eorum metus eft, qui nefcio quam virtutis ac juftitiæ in civitate jacturam a Pfychologia rationali, fiquidem eam erroneam effe contingat, imminere fomniant. Ad eum igitur fugandum propofitionem præfentem appofuimus. Ecquis fibi metuit, ne intereat genus humanum, nullis amplius hominibus genitis, propterea quod theoria generationis a Phyfico tradita veritati non refpondeat? Maxime ab eadem abhorret hypothefis ad *Harvæi* usque tempora recepta de generatione hominis ex commixtione feminis mafculini & fœminini, maffarum informium, ab anima facta: id quod hodie tantum non omnes agnofcunt, qui Phyficæ operam impendunt.

dunt. Hac tamen non obftante homines fuerunt geniti, factis iis quæ experientia fieri jubet.

§. 7.

Cur Pfychologia rationalis empiricæ lucem affundat.

Per Pfychologiam rationalem plenius ac rectius intelliguntur, quæ in empirica docentur. In Pfychologia rationali ratio redditur eorum, quæ animæ infunt, aut ineffe poffunt (§. 4.). Quoniam itaque per rationem intelligitur, cur aliquid potius fit, quam non fit (§. 56. *Ontol.*); per ea, quæ in Pfychologia rationali traduntur, plenius intelliguntur, quæ in empirica docentur. *Quod erat unum.*

Et quoniam qui novit, cur aliquid potius fit quam non fit, clariffime perfpicit, utrum fubjecto alicui vel vi definitionis, vel fub conditione quadam adjecta, aut quibusdam determinationibus accidentalibus fupervenientibus tribuendum fit prædicatum, quod vi experientiæ eidem vindicatur (§. 130. *Ontol.* & §. 4. *Pfych. rat.*). Pfychologia rationalis docet limites, intra quos prædicata animæ tribuenda coërcentur. Quamobrem verendum non eft, ut eidem unquam tribuat aliquod prædicatum eo in cafu, quo eidem convenire nequit. Rectius igitur intelligit per rationalem, quæ in empirica docentur. *Quod erat alterum.*

Necefse eft ut utilitatem Pfychologiæ empiricæ evincamus, ne quis exiftimet eam tanquam rem nullius momenti contemni prorfus poffe; fed ut digna intelligatur, quæ excolatur. Inter utilitatem igitur Pfychologiæ rationalis primo loco refero, quod dogmata de anima & plenius, & rectius intelligantur. Utraque non contemnenda eft. Neque enim folum prior fatisfacit animo fciendi cupido, ut in veritate agnita acquiefcat; verum & confenfum præftat confirmatiorem. Pofterior vero immunitatem ab errore pollicetur ex perverfa principiorum pfychologicorum applicatione metuendo. Non nego fupponi, quod Pfychologia rationalis hafce utilitates habere nequeat, nifi ubi in eadem acu tangitur veritas.

§. 8.

§. 8.

Psychologia rationalis auget acumen in observandis iis, quæ animæ insunt. Etenim in Psychologia rationali redditur ratio eorum, quæ animæ insunt, aut inesse possunt (§. 4.). Quamobrem si in ea reddenda difficultas quædam nobis objiciatur; unde ea sit inquiritur atque adeo animus advertitur ad ea, quæ in anima nostra insunt, vel occasione observandi sua sponte oblata, vel facto experimento, sicque nobis conscii simus eorum, quæ alias attentioni nostræ sese subducunt. Quamobrem cum jam in anima plura distinguamus, quam antea; acumen nostrum studio Psychologiæ rationalis perficitur. Similiter cum in Psychologia rationali ex iis, quæ de anima nobis innotuere, deducantur alia, quæ nobis per experientiam nondum innotuerant; experimento veritatem comprobaturi denuo animum advertimus ad ea, quæ in ipsa contingunt, & antea attentioni nostræ sese subduxerunt, propterea quod deesset ejus in ea convertendi ratio (§. 70. *Ontol.*). Unde patet ut ante acumen observandi ea, quæ animæ insunt, augeri.

Acumen psychologicum quomodo perficiatur.

Veritatis propositionis præsentis omnium optime convincimur, si eam in nobismetipsis experiamur. Qui in Astronomia fuerint versati, vel philosophiam experimentalem nostra methodo pertractarunt; ii quod in specie experti sunt, animadversa universalitate notionis, ad Psychologiam transferent. Utilitas igitur, quam præsens inculcat propositio, egregia prorsus est: etenim patet Psychologiæ rationali tribui debere, ut, quæ de anima cognoscuntur, & firmiori assensu complectamur, & ut in interiorem animæ cognitionem penetremus, a qua alias arcemur. Quantum hoc acumen in Moralibus juvet, suo loco palam erit.

§. 9.

Psychologia rationalis de anima detegit, quæ observationi soli impervia forent. Etenim in Psychologia rationali ratio redditur

Veritates Psychologiæ rationali debitæ.

ditur eorum, quæ animæ infunt, aut ineffe poffunt (§. 4.) atque adeo propofitiones in ea fiunt determinatæ (§. 320. *Log.*), confequenter ad ratiocinandum aptæ (§. 499. *& feqq. Log.*). Quamobrem cum per artem inveniendi ex propofitionibus determinatis cognitis colligantur aliæ incognitæ (§. 461. *Pfych. empir.*); de anima jam innotefcunt, quæ a pofteriori detegere non licuerat. Pfychologia igitur rationalis de anima detegit, quæ obfervationi foli impervia fuiffent.

Equidem cum per Pfychologiam rationalem augeatur quoque acumen in obfervandis iis, quæ animæ infunt (§. 8.) fieri poteft ut a priori in Rationali detecta jam obfervationi etiam pateant, ubi ante nobis perfpecta fuerint, experimur enim facilius obfervari quæ jam nobis perfpecta funt, quam quæ penitus incognita: non tamen ideo negari poteft, cognitionem pfychologicam beneficio Pfychologiæ rationalis locupletari. Immo fi quis ea, quæ in fubfequentibus trademus, cum illis conferre voluerit, quæ in Pfychologia empirica exhibuimus; oculatam habebit fidem.

FINIS
PROLEGOMENORUM.

PSYCHOLOGIÆ RATIONALIS
SECTIO I.
DE
ANIMA HUMANA
IN GENERE
ET
FACULTATE COGNOSCENDI
IN SPECIE
CAPUT I.
De Natura & Essentia Animæ.

§. 10.

Quæ simul percepta anima a se invicem distinguit, eorum sibi conscia est & contra: *Quorum sibi conscia est, ea a se invicem distinguit.* A posteriori res adeo clara est, ut uno quolibet momento experimentum ejus quisque in se capere possit. Dabimus exemplum vulgare, ut dictis constet fides. Quando candelam accensam intuentes flammam ab ellychnio, ellychnium a sebo, flammæ partem lucidam a cœrulea inferiori, ellychnii partem nigram a candida, sebi partem superiorem lucidam ab inferiori obscuriori distinguimus; tum nobis utique conscii sumus & flammæ, & ellychnii, & sebi, ex quo cande-

Quando anima rerum perceptarum sibi conscia.

(*Wolfii Psych. Ration.*)   B   la-

la confecta, nec minus nobis confcii fumus luciditatis in parte flammæ fuperiori & cœrulei coloris in inferiori, coloris nigri in parte ellychnii fuperiore & candidi in inferiore, claritatis in parte febi fuperiore, obfcuritatis in inferiore. Hic fimul percipimus in candelam accenfam oculis converfis flammæ partem lucidam & cœruleam inferiorem, ellychnii partem nigram & candidam, febi partem clariorem & obfcuriorem alteram atque fingula a fingulis diftinguimus. Et fic patet, nos eorum nobis confcios effe, quæ fimul percepta a fe invicem diftinguimus.

Quodfi jam a candela procul recedamus, ut propter diftantiam ellychnium a flamma, flammæ partem inferiorem a fuperiori, multo minus autem febi partem fuperiorem ab inferiori diftinguere valeas; nec tibi amplius te confcium effe ellychnii & coloris cœrulei in parte flammæ inferiori, mulioque minus differentiæ coloris in fuperiori ac inferiori ellychnii ac febi parte. Quamprimum adeo non amplius fimul percepta diftinguis, fed in unum confundis; eorum quoque tibi non amplius confcius es. Atque adeo patet, fi tibi quorum confcius effe debeas, ea fimul percepta a te invicem diftingui debere.

Propofitum jam nobis eft in naturam & effentiam animæ inquirere, unde ratio reddatur eorum, quæ menti infunt, vel ineffe poffunt (§. 4.). Ut igitur certo tramite progrediamur, determinationes mentis effentiales legitimo ratiocinio colligendæ veniunt ex iis, quæ in dubia experientiæ fide conftant. Jam quod anima fibi confcia fit rerum a fe perceptarum, adeo evidens eft, ut in dubium vocari non poffit (§. 11. *Pfych. empir.*) & hoc ipfo animam a corpore noftro diftinguimus (§. 20. *Pfychol. empir.*). Quamobrem videndum, an non exinde deduci poffit, quod quæritur, aut num inde deducere liceat quæ viam ad ulteriora fternunt. In Pfychologia empirica cum nullam iftius actus, quo anima fibi confcia eft, quemque apperceptionem appellavimus (§. 25. *Pfychol. empir.*), notionem

diftindistinctam dederimus, sed in confusa acquieverimus, propterea quod in Psychologia rationali hujus actus reddenda demum ratio est (§. 4.); prima omnino cura eam tradituris esse debet, ut apperceptionis notionem distinctam consequamur resolvendo hanc actionem animae in alias simpliciores, ex quibus constat (§. 731. *Ontol.*). Quoniam vero alia nondum praesupponi hic possunt; a posteriori utique disquisitionis hujus initium fieri debuit. Scrupulosioribus circa alteram partem propositionis praesentis dubia quaedam oriri poterant, nimirum an adhuc ab anima percipiantur, quae ob distantiam, qua ab objecto visibili removetur, non amplius in objecto distinguit. Quamvis vero per observationes telescopicas dubium haud difficulter tolli poterat; idem tamen in praesente insuper habemus, propterea quod paulo inferius de iis, quae perceptionibus confusis insunt, ex instituto fiet disquisitio. Cum arduum quid moliamur conceptum animae essentialem investigaturi, qui iis, quae animae conveniunt, a priori explicandis sufficit; nemo mirabitur, quod & ipsi omni utamur circumspectione, & alios ad eandem adhibendam invitemus.

§. II.

Qualis perceptio totalis, dum anima sibi rerum perceptarum conscia.

Si anima in perceptione totali partiales distinguit, rerum perceptarum sibi conscia est: & contra. Quando enim in perceptione totali partiales distinguit, cum perceptio sit actus mentis, quo quid sibi repraesentat (§. 24. *Psychol. empir.*), quae sibi simul repraesentat, ea sibi tanquam diversa repraesentat (§. 43. 40. *Psychol. empir.*). Eorum itaque sibi conscia est (§. 10.). *Quod erat unum.*

Similiter si anima sibi conscia est rerum simul perceptarum, ea a se invicem distinguit (§. 10.). Quare cum singulae istae perceptiones a se invicem distinctae ipso actu apperceptionis (§. 25. *Psychol. empir.*) insint totali (§. 43. *Psychol. empir.*) tanquam partiales (§. 40. *Psychol. empir.*); quando anima sibi conscia est rerum simul perceptarum, perceptiones partiales in totali distinguit.

Sect. I. Cap. I.

Nimirum ipso apperceptionis actu diversi percipiendi actus a se invicem separantur, qui cum una in mente existunt pro uno habentur, quemadmodum accidit in perceptionibus confusis, ubi anima actu apperceptionis eas a se invicem non amplius separare valet. Hæc probe notanda sunt, ubi in distincta mentis humanæ cognitione feliciter progredi volueris.

§. 12.

Quatenus anima sibi sui ipsius conscia:

Anima sibi sui conscia est, quatenus sibi conscia est suarum mutationum, veluti actionum: nec aliter sibi conscia. Patet idem denuo, si animum ad nosmetipsos advertimus. Dum enim attentionem nostram in hoc convertimus, quod rerum perceptarum nobis conscii sumus; nostri etiam nobis conscii sumus. Sed tum apperceptionem, actionem quandam animæ, percipimus (§. 25. *Psychol. empir.*) & nos per eam tanquam subjectum percipiens ab objectis, quæ percipiuntur, distinguimus, agnoscentes utique percipiens subjectum esse quid diversum a re percepta. Anima igitur sibi sui conscia est, quatenus sibi conscia est suarum mutationum.

Quod vero non aliter sibi sui conscia, nisi quatenus suarum mutationum sibi conscia est, a posteriori itidem, nimirum ex somno, colligitur. Dum enim dormimus, nullius nobis mutationis in nobis contingentis conscii sumus. Sed nec in somno nobis nostri sumus conscii. Patet adeo, nos nobis non esse nostri conscios, quando nullarum, quæ in anima contingunt, mutationum nobis conscii sumus. Quamprimum evigilamus, res quoque quasdam a nobis percipi nobis conscii sumus, atque tum etiam rursus nobis nostri conscii evadimus. Unde satis superque intelligitur, animam sibi sui consciam aliter esse non posse, nisi quatenus sibi conscia est suarum mutationum.

Veritas propositionis præsentis manifesta quoque esse poterat per præcedentem. Etenim si anima sibi sui conscia esse debet, necesse est ut se percipiat & appercipiat, aut, ut aliquas habeat

habeat de se perceptiones & harum perceptionum sibi conscia fit. Quilibet autem in seipso experitur, quod anima sua non alias de se habeat perceptiones, quam modificationum suarum. Quamobrem nec aliter sui conscia esse potest, nisi quatenus sibi modificationum suarum conscia est.

§. 13.

Quando anima sui rerumque a se perceptarum sibi conscia est, in statu perceptionum distinctarum est: & contra. Quando enim anima sibi rerum simul perceptarum conscia est; perceptiones partiales in totali distinguit (§. 11.). Atque idem intelligitur, quando sibi sui conscia est (§. 12.). Quamobrem cum anima sibi sui rerumque a se perceptarum conscia est, perceptio totalis distincta est (§. 44. *Psych. empir.*), adeoque anima ipsa in statu perceptionum distinctarum existit (§. 45. *Psych. empir.*). Quod erat unum.

Quando anima in statu perceptionum distinctarum.

Quodsi ponamus animum esse in statu perceptionum distinctarum, perceptiones totales distinctæ sunt (§. 45. *Psych. empir.*), consequenter perceptiones partiales, quæ totalem ingrediuntur, claræ sunt (§. 44. *Psychol. empir.*). Quamobrem res simul perceptas a se invicem distinguimus (§. 31. *Psychol. empir.*), consequenter anima rerum simul perceptarum sibi conscia est (§. 10.), suique conscia esse potest (§. 12.). Quod erat alterum.

Status igitur perceptionum distinctarum & status, quo anima rerum simul perceptarum & sui ipsius sibi conscia est, sunt unus idemque status.

§. 14.

Nos rerum perceptarum & nostri esse nobis conscios, quando vigilamus & somniamus, notorium est. Anima igitur est in statu perceptionum distinctarum, quando vigilamus & somniamus (§.13.).

Qualis status somnus & vigilia.

B 3

Appa-

Apparet adeo, in quonam somnium & vigiliæ inter se conveniant. Differentia patebit inferius.

§. 15.

Qualis status cessatet in somno, deliquio animi & apoplexia.

Nec minus patet, nos, quando dormimus, in deliquium animi incidimus & apoplexia tangimur, nec nostri ipsius, nec rerum aliquarum extra nos nobis esse conscios. *Anima igitur in somno, vel quando deliquium patitur, vel quando apoplexia tangimur, non est in statu perceptionum distinctarum.*

Cur in somno, deliquio animi & apoplexia cesset status perceptionum distinctarum, inferius demum constabit. Nec minus inferius positive intelligi dabitur, qualem anima in somno, deliquio sui & apoplexia habeat statum. Utile autem est status animæ a se invicem distingui, non modo ut constet quotnam eorum possibiles sint & quomodo alternentur; verum etiam ut ex statu animæ observato alia colligi queant in casibus datis, quorum alias notitia nos fugeret.

§. 16.

Quando anima sibi rerum perceptarum utique conscia esse nequeat.

Si perceptiones partiales singulæ obscuræ sunt; anima sibi rerum perceptarum atque sui conscia esse nequit. Quando enim perceptiones partiales singulæ obscuræ sunt, perceptio totalis obscura est (§. 46. *Psychol. empir.*), consequenter nihil prorsus rerum perceptarum a se invicem distinguere valemus (§. 32. *Psych. empir.*), adeoque nec earum sibi conscia esse potest (§. 11.). *Quod erat unum.*

Quoniam igitur rerum nullarum, quas percipit, sibi conscia est, nec perceptionis, nec apperceptionis ullius (§. 24. 25. *Psychol. empir.*) sibi conscia. Quamobrem cum sibi conscia esse aliter non possit, nisi quatenus suarum mutationum sibi conscia (§. 12.) adeoque per eas se a rebus perceptis distinguit (§. 10.); si perceptiones partiales singulæ obscuræ sunt, nec sui sibi conscia esse potest. *Quod erat alterum.*

An propositio inverti possit, ex hactenus dictis ostendi nequit, propterea quod nondum constet, num fieri possit ut anima ma ab omni prorsus perceptione vacet: quod ubi contingeret, eandem quoque sibi rei perceptæ nullius, consequenter nec sui ipsius consciam fore evidens est.

§. 17.

Quoniam anima est in statu perceptionum obscurarum, ubi perceptiones partiales fuerint obscuræ (§. 47. Psych. empir.); in statu perceptionum obscurarum nec sui, nec rei alterius sibi conscia.

Qualis sit status perceptionum obscurarum.

An status perceptionum obscurarum possibilis sit, nondum patet (*not. §. præc.*). Neque adeo inferre adhuc licet animam in somno, deliquio sui & apoplexia esse in statu perceptionum obscurarum, etsi constet eam tum esse in statu, quo nec sui, nec rei cujusdam alterius sibi conscia est. Hæc igitur disquisitio tantisper seponenda, donec natura & essentia animæ nobis fuerit explorata.

§. 18.

Obscuritatem perceptionum totalem appello, quæ inest perceptioni totali. Quamobrem cum perceptio totalis obscura sit, quando partiales, quæ eam ingrediuntur, singulæ obscuræ sunt (§. 46. Psych. empir.); obscuritas totalis enascitur ex obscuritate perceptionum singularum, quæ totalem ingrediuntur.

Obscuritas totalis quænam.

Facile apparet in perceptione partiali, quæ totalem ingreditur, nihil prorsus clari supponi, vi cujus anima unam ab altera saltem eatenus distinguere valeret, ut pluralitatis perceptionum sibi conscia foret: quo in casu se distinguere adhuc posset a re percepta atque possibile foret, ut sui adhuc conscia esset.

§. 19.

Obscuritas perceptionum totalis tollit apperceptionem. Quoniam enim obscuritas perceptionum totalis ex obscuritate singularum partialium enascitur, quæ eam ingrediuntur (§. 18.); in ea anima nec sui, nec rei cujusdam alterius conscia esse potest (§. 10.), consequenter vi ejus apperceptio tollitur (§. 25. *Psychol. empir.*).

Ratio apperceptionis deficientis.

Quan-

Quandonam & cur singulis perceptionibus particularibus obscuritas insit; hic quidem definiri nondum potest.

§. 20.

Ratio apperceptionis præsentis.

Ex claritate perceptionum partialium nascitur apperceptio. Si enim perceptiones partiales claræ sunt, anima res perceptas a se invicem distinguere valet (§. 31. *Psychol. empir.*) immo actu distinguit, animum ad illas advertens. Quare cum tum rerum simul perceptarum sibi conscia sit (§. 11.) adeoque eas appercipiat (§. 25. *Psychol. empir.*); apperceptio ex claritate perceptionum partialium enascitur.

Hinc non mirum obscuritate tolli apperceptionem (§.19.). Obscuritas enim defectus, seu privatio claritatis est, adeoque hac deficiente deficit ratio apperceptionis sufficiens (§. 20. *Psychol. rat.* & §. 56. *Ontol.*). Sublata igitur claritate perceptionum partialium, adeoque posita obscuritate earundem, tollitur apperceptio (§. 118. *Ontol.*).

§. 21.

Quando res extra nos percipiamus.

Quando anima sui rerumque perceptarum sibi conscia est, eas extra se invicem atque extra se percipit & contra. Quando enim anima rerum perceptarum sibi conscia est, eas a se invicem distinguit (§.10.). Et quando sibi sui conscia est, suarum sibi mutationum conscia (§. 12.), adeoque per eas se a rebus perceptis distinguit. Quamobrem cum ad id, ut quid extra nos & res perceptas extra se invicem percipiamus, requiratur, ut istud tanquam a nobis diversum, has tanquam a se invicem distinctas percipiamus (§.544. *Ontol.*); quando anima sui rerumque perceptarum sibi conscia est, eas extra se atque extra se invicem percipit. *Quod erat unum.*

Ponamus jam animam res percipere tanquam extra se; eas tanquam a se invicem distinctas percipit (§.544. *Ontol.*). Et ubi eas sibi extra se repræsentat, id sibi tanquam a se diversum repræsentat (§. *cit.*). Est igitur in casu priori rerum perceptarum (§. 10.), in posteriori sui conscia (§.12.). *Quod erat alterum.*

Quodsi

Quodsi quis ea mente recolit, quae de notione extensionis (§. 548 & seqq. Ontol.) & continui (§. 554. & seqq. Ontol.) dicta sunt, plurimum lucis inde affundi sentiet propositioni praesenti, quae in Psychologia hospites ad assensum difficiles experitur.

§. 22.

Quando anima rerum perceptarum suique sibi conscia est, eas tum inter se, tum cum se confert. Quando enim anima rerum perceptarum sibi conscia est, eas a se invicem distinguit (§. 10.). Quoniam igitur earum diversitatem agnoscimus, quatenus patet, substitutis sibi invicem perceptionibus partialibus mutari totalem (§. 181. *Ontol.*), cum quid diversum ab altero non agnoscatur nisi quatenus notio diversitatis ad ea applicatur, hoc est, ad ea animum advertas, quae notionem diversitatis ingrediuntur: anima rerum perceptarum sibi conscia vel res ipsas perceptas, vel ea, quae ipsis insunt, inter se conferre debet. *Actus comparationis in apperceptione.*

Non absimili modo ostenditur, quando anima sui sibi conscia est, eam res perceptas cum se conferre, quatenus scilicet se tanquam subjectum, res vero perceptas tanquam objectum perceptionis considerat.

Nemo sibi metuat, ne animae tribuantur, quae eidem non insunt, dum sibi sui rerumque perceptarum conscia est, propterea quod istas comparationes inter res perceptas & se institutas non animadvertit ad se attentus. Multa enim actibus animae insunt, quorum sibi conscia non est, & quae ideo in Psychologia detegere conamur, ut rationi pateant. Si quis in Psychologia empirica attentionem suam desiderari passus minime fuerit; eidem jam plura exempla succurrent, quibus praejudicium tollitur. Plura autem occurrent deinceps, immo passim experientia communis suppeditat, ubi actiones ex habitu profluentes ex primordiis suis nobis perspectae sunt.

§. 23.

Quando anima sibi sui rerumque perceptarum conscia est (*Wolfii Psych. Ration.*) *Reflexio in apperceptione.*

est, super perceptione totali reflectit. Quando enim anima sui rerumque perceptarum sibi conscia est, res perceptas tum inter se, tum cum se confert (§. 22.), consequenter attentionem suam successive ad alias aliasque perceptiones partiales in totali contentas (§. 43. *Psychol. empir.*) dirigit & mox eandem ad easdem simul revocat (§. 259. *Psychol. empir.*), nec absimili modo attentionem ab objecto percepto in se tanquam subjectum percipiens convertit, moxque ad objectum & subjectum perceptionis una adhibet. Super totali itaque perceptione reflectit (§.257. *Psychol. empir.*).

Nimirum primo perceptionis momento anima quasi attonita hæret in objecto ac perplexa ejus claritate tota confunditur, ut nihil ejus adhuc sibi conscia dici possit. Mox altero momento attentionem in se trahit partialis quædam perceptio in omni casu non propter eandem rationem, prouti inferius clarius constabit: cum ratio utique aliqua adesse debeat, cur anima ex perplexitate ad se redeat. Inde tertio momento eandem attentionem ad perceptionem aliam partialem, quæ totali inest, promovet, ac quarto eam ad utrasque reducit simul. Et hoc modo absolvitur illa comparatio, quæ ad diversitatem agnoscendam sufficit. Rationi manifesta sunt, quæ dico, cum notionibus consona sint. Quodsi status infantilis recordaremur, cum primum in lucem editi objecta visibilia intueremur; immo si pristini in utero status memoriam haberemus dum intra eam agitati tactu resistentiam percipiebamus; illa perplexitas & modus exeundi ex eadem ad statum distinctarum perceptionum manifesta foret a posteriori. Ceterum perplexitatis indicia præbent infantes, quorum, dum ad visibile provocatur attentio, oculi in id quasi immoti diriguntur. Et modus ex perplexitate exeundi ad statum perceptionum distinctarum ex iis colligitur, quæ a nobis fiunt, ut infantum attentionem provocemus ad objecta & inprimis ad nonnulla ipsis inexistentia. Neque vero difficultatis quicquam habet, quod apperceptioni adsueti omnia simul fieri debere existimemus, quæ nonnisi successive fieri diximus: id enim inde est, quod

quod tempuscula, quibus singula fiunt, imperceptibilia sunt ad alia præsertim collata, quibus perceptibiles effectus in natura rerum fiunt. Dari autem tempuscula nobis imperceptibilia, quæ tamen a natura in plura alia minora actu divisa sunt *(§. 583. Ontol.)*; innumeri effectus naturæ loquuntur, de quibus in Physica agemus. Præjudicium a tempore ortum per notionem ejus alibi *(§. 572. & seqq. Ontol.)* explicatam arcetur.

§. 24.

Quando anima sui rerumque perceptarum sibi conscia, perceptionem eandem per aliquod tempus conservat, eandem veluti a se ipsa distinguit & hoc momento eandem adhuc esse, quæ fuerat ante, intelligit. Quando enim sibi sui rerumque perceptarum conscia est, super perceptione totali reflectit *(§. 23.).* Attentionem itaque suam successive ad alias aliasque perceptiones partiales in totali contentas dirigit *(§. 257. Psychol. empir.).* Et quoniam porro res perceptas cum inter se, tum cum se confert *(§. 22.),* attentionem suam mox ad duas vel plures partiales simul iterum revocat *(§. 259. Psychol. empir.).* In apperceptione igitur plures actus sibi invicem succedunt, consequenter perceptio, quando anima sibi conscia est, per aliquod tempus conservatur *(§. 574. Ontol.). Quod erat primum.*

Jam cum anima attentionem ad perceptiones aliquas partiales simul revocans *per demonstrata*, eas a se invicem distinguat *(§. 10.)*; necesse est ut eas per aliquod tempus conservatas easdem esse intelligat, consequenter momentorum temporis diversitate eas a se ipsis veluti distinguat *(§. 181. Ontol.). Quod erat secundum & tertium.*

Qui distinctæ aliis explicare conantur, quæ ad simul percepta distinguenda requirantur, & acumine psychologico cum dono distinctæ explicationis conjuncto pollent; quæ modo dixi in seipsis experientur. Ceterum cum res, quæ antea a nobis jam perceptæ fuerunt, denuo percipientibus, imaginatio

Quomodo anima appercipiendo circa easdem perceptiones versetur.

natio perceptiones quoque præteritas reproducat (§. 104. *Pſych. empir.*); imaginatio quoque in actum apperceptionis influit: ſed quinam ejus ſint affectus, ſuo loco diſtinctius explicaturi ſumus.

§. 25.

Attentio & memoria ad apperceptionem requiſita.

Ad actum apperceptionis attentio & memoria concurrit. Quando enim anima ſibi rerum perceptarum ſuique conſcia eſt, ſuper totali reflectit (§. 23.). Quamobrem cum reflexio ſucceſſiva attentionis directione ad ea, quæ in re percepta inſunt, abſolvatur (§. 257. *Pſychol. empir.*); ad id, ut anima rerum perceptarum ſibi conſcia ſit, conſequenter ad actum apperceptionis (§. 25. *Pſychol. empir.*), attentio concurrit. *Quod erat unum.*

Porro cum anima ſui rerumque perceptarum ſibi conſcia eſt, perceptionem eandem a ſeipſa diſtinguit & hoc momento adhuc eandem esſe intelligit, quæ fuerat ante (§. 24.). Quoniam itaque ideam altero momento veluti denuo reproductam recognoſcit (§. 173. *Pſychol. empir.*); ad id, ut ſibi conſcia ſit, adeoque ad apperceptionem (§. 25. *Pſychol. empir.*), memoria etiam concurrit (§. 175. *Pſych. empir.*). *Quod erat alterum.*

§. 26.

Ad cogitationem quænam concurrant.

Quoniam ad cogitationem requiritur apperceptio cum perceptione (§. 23. & ſeqq. *Pſych. empir.*); *ad cogitationem attentio & memoria (§. 25.), nec non reflexio concurrit (§. 23.)*

Nimirum quæ de perceptione & apperceptione tum in pſychologia empirica docuimus, tum hic in rationali evincentur, ea omnia ad cogitationem applicanda ſunt.

§. 27.

Duratio cogitationum.

Cogitationes quælibet determinato tempore abſolvuntur. Cogitatio enim actus animæ eſt, quo ſibi ſui rerumque aliarum extra ſe conſcia eſt (§. 23. *Pſychol. empir.*). Quando vero anima ma sibi sui rerumque aliarum conscia est, plures actus successive sese invicem sequuntur (§. 22. & seqq.) quibus adeo apperceptio in cogitatione perceptioni superaccedens (§. 23. & seqq. *Psychol. empir.*) absolvitur. Cogitatio igitur quælibet determinato quodam tempore absolvitur. (§. 574. *Ontol.*)

Cum instantaneum sit, quod non sit in tempore (§. 692. *Ontol.*); cogitationes instantaneæ non sunt. Habentur subinde pro instantaneis, si eas nec referre licet ad alia, quæ in tempore existere vel fieri constat, nec successionem in singulis advertimus. Inde tamen tantummodo sequitur, tempus, quo absolvitur cogitatio, esse imperceptibile.

§. 28.

Cogitationes quædam subinde subsistunt aliis sibi invicem succedentibus & aliæ pluribus aliis, aliæ paucioribus coëxistunt. Constat experientia obvia, ut idem unusquisque in se, quoties libuerit, experiri possit. Ita vocem aliquam vi imaginationis percipientes hujusque perceptionis nobis conscii per tractum quendam temporis eandem producere valemus, non secus ac fieri potest, quando illam pronunciamus. Et perceptionem arboris vi imaginationis productam conservare valemus, dum interea aliæ intereunt, aliæ oriuntur.

Coëxistentia cogitationum.

§. 29.

Quoniam existentia simultanea cum pluribus rebus successivis duratio est (§. 578. *Ontol.*); *cogitationes aliæ aliis diutius durant.*

Diversitas durationis cogitationum.

Non confundenda est duratio cogitationis cum duratione iterationis ejusdem cogitationis, veluti si perceptionem vocabuli cujusdam vi imaginationis aliquoties producimus. Perinde enim est sive eadem perceptio aliquoties succedat sibimetipsi, sive alia continuo in locum evanescentis succedat. Successio autem perceptionum non est duratio unius perceptionis, nec duratio seriei perceptionum unius duratio est.

Sect. I. Cap. I.

§. 30.

Celeritas cogitationis.

Ob diversitatem durationis cogitationibus tribuitur vulgo celeritas, ut adeo *celeritas cogitationis* dicatur id, per quod cogitationes quædam sibi mutuo succedentes aptæ sunt ad eidem cogitationi per tractum quendam temporis coëxistendum.

Nempe cogitatio una toto illo temporis tractu existit, cum ceteræ simul eodem existant, ita ut singulæ nonnisi singulas illius partes actualitati suæ vindicent. Hæc celeritatis notio ab anologia coëxistentiæ cogitationum cum celeritate, quæ in motu corporum conspicitur, derivatur, nec quicquam absurdi habet, si rite intelligatur. Nimirum mobili tribuitur celeritas, quatenus aptum est dato tempore datum spatium percurrere (§. 653. *Ontol.*). Convertamus jam oculos in flumen, quod continuo decurrit, & in arborem prope ripam positam. Propter motum aquarum eidem arbori dato quodam spatio temporis continuo aliæ aliæque aquæ currentis partes respondent & veluti coëxistunt. Et quo motus rapidior est, eo plures partes diversæ aquæ eodem tempore arbori in ista parte alvei coëxistunt. Habemus adeo seriem quandam partium diversarum aquæ sibi continuo succedentium, dum interea arbor in eodem loco immota præstat & cum una quælibet earum in eodem loco existit. Similiter in anima est quædam continua perceptionum series, quarum una alteri succedit, dum interea una quasi immota perstat, & cum ceteris singulis diversis temporis articulis in anima coëxistit. Ab hac similitudine significatus quidam generalis vocabuli celeritatis derivatur, vi cujus & cogitationibus, & mobilibus tribui potest, ita tamen ut in mobilibus singulari ratione specificetur atque amplius quid importet quam in cogitationibus. Erit nimirum in significatu hoc admodum generali celeritas id, per quod existentia alia successiva dato cuidam existenti toto duratius proponere modum significatum hunc generalem celeritionis tempore continuo alia coëxistunt. Non piget enucleatatis investigandi, propterea quod istiusmodi investigatio plurimum utilitatis habeat in interpretando, ipsa quoque sacrorum voluminum interpretatione (*not.* §. 972. *& not.* §. 973. *Log.*).

§. 31.

§. 31.

Ex celeritate cogitationum inferri nequit materialitas animæ. Celeritas enim cogitationum non eadem est cum celeritate corporum, qua moventur (§.30. *Psych. rat. & §.* 653. *Ontol.*). Etenim eodem temporis tractu successivæ coëxistentes cogitationes eidem fixæ non existunt, nisi quamdiu coëxistunt, ita ut alia oriente evanescat altera, quæ ipsam præcedebat; ast in motu fluminis partes aquæ diversæ eidem arbori prope ripam positæ temporis aliquo tractu coëxistentes existunt adhuc, dum coëxistere desinunt. Quamobrem tum demum similitudo perfecta inter celeritatem cogitationis & celeritatem fluminis subsisteret; si partes aquæ singulis momentis arbori in ista alvei parte coëxistentes ibidem orientur ibidemque interirent, quamprimum non amplius coëxistunt. Accedit quod in aliquo tantummodo casu celeritas cogitationis simile quidpiam cum celeritate mobilis habeat, scilicet in motu fluidi aut solidi cujusdam longi; dum vero mobile quoddam aliud, veluti globus quidam per spatium quoddam movetur, similitudo illa non amplius subsistat. Etenim in hoc casu celeritas tribuitur ei, quod successive aliis alisque contiguum efficitur & sic cum iis diversis temporis partibus coëxistit, ut significatus generalis rediret ad coëxistentiam successivam ejusdem existentis cum diversis existentibus aliis: quo in casu celeritas tribuenda foret cogitationi diutius duranti, quod implicare palam est. Quamobrem si vel maxime concedas ex celeritate concludi posse entis alicujus materialitatem; non tamen ex ea recte concludi materialitatem animæ ultro fateri teneris, propterea quod celeritas, quæ cogitationibus tribuitur, non eadem est cum celeritate, quæ corporibus in motu constitutis convenit. Ubi probaveris cogitationibus eam tribui posse celeritatem, quæ mobilibus convenit; ex ea materialitatem animæ inferre tutius licebit. Quoniam vero prius

An ex celeritate cogitationum inferri possit animæ materialitas.

prius demonſtratu imposſibile *per anteriora;* poſterius quoque inde inferri nunquam licebit.

Idem etiam ſic oſtenditur: Ponamus cogitationibus competere celeritatem, qualis eſt mobilium. Quoniam per celeritatem mobile aptum redditur ad datum ſpatium dato tempore percurrendum (§. 653. *Ontol.*) ſpatium vero linea eſt, quam mobile inſtar puncti conſideratum toto illo tempore deſcribit, quo motus durat (§. 651. *Ontol.*); cogitatio quoque lineam deſcribere debet toto durationis ſuæ tempore. Enimvero linea a cogitatione deſcripta ne fingi quidem poteſt: id quod unicuique animum ad proprias cogitationes advertenti manifeſtum eſt. Cogitationibus itaque celeritas iſtiusmodi competere nequit, qualis corporibus convenit, conſequenter ſi vel maxime ex iſtiusmodi celeritate, qualis corporibus competit, colligi posſit entis, cui ea convenit, materialitas; non tamen ex celeritate cogitationum colligi poteſt animæ materialitas.

Sunt qui ex eo, quod ne fingi quidem posſit linea cogitationis, demonſtrare conantur, animam non eſſe materialem, aut potius cogitationes non poſſe conſiſtere in motu materiæ cujusdam ſubtilis: ſed nobis idem evidentius mox demonſtrandum erit ex ipſa cogitationis notione, quam ideo in antecedentibus, explicavimus. Quoniam vero terminis quibusdam utemur in ſequentibus, quos aliunde cognitos ſupponere non debemus; eos ante definiemus, quam arduam iſtam de immaterialitate animæ demonſtrationem aggrediamur.

§. 32.

Moniſtæ quinam ſint. *Moniſtæ* dicuntur philoſophi, qui unum tantummodo ſubſtantiæ genus admittunt.

Ita Moniſtæ ſunt, qui nonniſi entia materialia, ſive corpora exiſtere affirmant.

§. 33.

Materialiſtarum definitio. *Materialiſtæ* dicuntur philoſophi, qui tantummodo entia materialia, ſive corpora exiſtere affirmant.

Mate-

De Natura & Essentia Animæ.

Materialista fuit *Hobbesius*, philosophus Anglus, qui plures ibidem asseclas hodienum habet. Eos inter eminent *Tolandus* & *Cowardui*.

§. 34.

Quoniam *Materialistæ* nonnisi corporum existentiam admittunt, immo nonnisi eadem possibilia esse contendunt (§. 33.); nonnisi unum substantiarum genus existere affirmant, adeoque *Monistæ sunt* (§. 32.).

Materialistæ quod sint Monistæ.

§. 35.

Materialistæ igitur *animam pro ente materiali habent.*

Qui adeo demonstrat animam esse ens immateriale, Materialismum evertit: id quod mox a nobis fiet. Et quos ante commemoravimus autores Materialismo addictos (*not.* §. 33.); ii quoque immaterialitatem animæ negant & cogitationem per motum materiæ cujusdam subtilis explicare conantur: id quod inferius accuratius examinatur, ubi de materialibus rerum ideis in cerebro agitur.

Quinam animæ materialitatem defendunt.

§. 36.

Idealistæ dicuntur, qui nonnisi idealem corporum in animabus nostris existentiam concedunt: adeoque *realem mundi & corporum existentiam negant.*

Inter Idealistas nomen suum recentius professus est *Georgius Berckely*, Collegii Trinitatis, quod *Dublini* in Hibernia est, Socius, in tribus Dialogis, qui idiomate Anglicano de immaterialitate animæ, immediata providentia Numinis & realitate & perfectione cognitionis humanæ conscripti Londini A. 1713. in 8. prodiere.

Idealistæ quinam dicuntur.

§. 37.

Quoniam Idealistæ nonnisi animæ existentiam admittunt, corpus vero omne nonnisi in numerum idearum ejus referunt (§. 36.); *Idealistæ Monistæ sunt* (§. 32.) *& Animam pro ente immateriali habent.*

Idealistæ cur sint Monistæ?

(*Wolfii Psych. Ration.*)

Quatenus Monistæ sunt, cum Materialistis conveniunt (§.34.); quatenus vero a Materialistis differunt, iisdem prorsus oppositi sunt, contrarium ejus statuentes, quod Materialistis verum videtur (§.35. & præf.).

§. 38.

Egoistæ quinam dicantur.

Idealistarum quædam species sunt *Egoistæ*, qui nonnisi sui, quatenus nempe anima sunt, existentiam realem admittunt, adeoque *entia cetera, de quibus cogitant, nonnisi pro ideis suis habent*.

In eo conveniunt Egoistæ cum Idealistis, quod realem mundi existentiam negent, nec corporibus nisi in ideis suis existentiam concedant (§.36.), adeoque pro Idealistis habendi sunt (§.349. *Log.*). In hoc autem ab iisdem differunt, quod hypothesin Idealistarum ad corporum existentiam restrictam etiam ad animas extendant, & entia immaterialia quæcunque alia. Fuit paucis abhinc annis assecla quidam *Malebranchii* Parisiis, qui Egoismum professus (quod mirum videri poterat) asseclas & ipse nactus est. *Malebranchius* enim cum in Dialogis metaphysicis sermone patrio editis *Dial.* 5. p. m. 195. demonstrationem existentiæ realis corporum impossibilem judicasset; ipsis ab idealismo non abhorruisse visus est.

§. 39.

Dualistæ quinam dicantur.

Dualistæ sunt, qui & substantiarum materialium, & immaterialium existentiam admittunt, hoc est, & corporibus realem extra ideas animarum existentiam concedunt, & animarum immaterialitatem defendunt.

Communem esse hanc sententiam, quæ inter nos obtinet, nemo ignorat, ut Dualismus sit dominans & Monismus ideo exosus habeatur. A qua parte stet veritas, ex sequentibus patebit.

§. 40.

Dogmatici quinam dicantur.

Dogmatici sunt, qui veritates universales defendunt, seu quid affirmant, vel negant in universali.

Veri-

Veritates nimirum univerſales, aut, ſi mavis, propoſitiones univerſales dicuntur dogmata in oppoſitione ad facta, de quibus in ſingulari quid affirmatur, vel negatur. Et inde dogmatici vocantur philoſophi, quibus certa ſunt dogmata.

§. 41.

Sceptici ſunt, qui metu erroris committendi veritates univerſales inſuper habent, ſeu nihil affirmant, nihil negant in univerſali. *Sceptici quinam ſint.*

Novi equidem vulgo definiri ſcepticos, quod de omnibus dubitaverint, etiam de ipſis factis: ſed contrarium patet ex *Sexto Empirico*, qui ſingulari capite defendit ſcepticos admiſiſſe phænomena, adeoque etiam agnoviſſe eorundem conſtantiam, licet metu erroris committendi non definiverint phænomenorum cauſas, nec in rationem conſtantiæ inquiſiverint. Imputantur philoſophis ab hominibus non philoſophis, quæ a mente ipſorum prorſus aliena ſunt, & turba iis facilem præbet fidem. Ecquis ignorat, hodienum nondum deſiiſſe illos mores? Recentius ſcepticiſmum ſub finem vitæ profeſſus eſt *Huetius*, Autor Demonſtrationis Evangelicæ, in libro de imbecillitate humani intellectus, quem Gallico ſermone conſcriptum in Germanicum vertit & annotationibus inſtruxit *Groſſius*.

§. 42.

Quoniam Idealiſtæ affirmant animas eſſe ſubſtantias immateriales & entia materialia extra ideas illarum non habere exiſtentiam (§. 36.); *Idealiſtæ ſceptici non ſunt* (§. 41.). *Idealiſtæ num ſint Sceptici.*

Sunt equidem, qui Idealiſtas Scepticorum omnium abſurdiſſimos appellant, propterea quod exiſtentiam realem corporum negant & eorum apparentiam per ideas ſuas explicant, contra primum ratiocinandi principium miſere impingentes (§. 349. *Log.*), propterea quod negare & in dubio relinquere idem videatur per notiones, quibus confidunt, confuſas ſumma imis miſcentibus. Eodem jure vero etiam Materialiſtæ in numerum ſcepticorum referri deberent, quod animæ, quemadmodum Idealiſtæ corporis, realem exiſtentiam negant & cogitagitationes per modificationes corporis, sicut Idealistæ phænomena rerum materialium per modificationes animæ explicant. Enimvero vix merentur attentionem, quæ ab hominibus pendulum ab appetitu sensitivo intellectum habentibus non veritatis amore, sed injuriandi animo proferuntur. Nos neque Scepticismum probamus, neque Idealismum; sed tranquillo veritatis amore distinguimus, quæ diversa sunt, ut notiones fiant determinatæ, & ex iis pure ratiocinamur, cum sanctæ nobis sint ratiocinandi leges fundamentales. Scepticus & Idealista conveniunt in eo, quod dentur phænomena rerum materialium, quodque in iis singularis quædam constantia observetur. Quæritur jam an fons illorum phænomenorum insit animæ, an vero subjectum aliquod ab anima diversum. Scepticus nihil definit diffidens imbecillitati intellectus humani, quam accusat *Huetius*, & cujus lapsus universali quadam ratione adstruere conatur *Sextus Empiricus*, ne in errorem forte incidat ac deinceps cogniti erroris pœnitentia ducatur tranquillitati animi contraria. Idealista vero minime in dubio relinquit, undenam phænomena rerum materialium oriantur; sed eorum fontem in anima agnoscit. Impossibilitatem existentiæ realis corporum demonstrare conatur, quod ea admissa sequantur contradictoria de divisione ac compositione continui, de communicatione motus & de commercio inter mentem & corpus, & omnem movet lapidem ut ostendat per idearum in anima successionem explicari posse phænomena rerum materialium. Non jam de eo quæritur, utrum recte sentiant Idealistæ, dum ita statuunt; sed num eadem sentiant cum scepticis: quod nullo modo tueri licet.

§. 43.

Dogmatici quinam sint.

Idealistæ cum Egoistis & Dualistæ sunt philosophi dogmatici. Idealistæ enim affirmant animam, substantiam immaterialem, existere & idearum successionem esse mundum, quem dicimus, materialem; negant vero extra ideas animæ quicquam ipsis simile existere (§. 36.). Egoistæ affirmant se existere, quatenus sunt ens sibi sui conscium; negant entia alia extra ideas suas existere (§. 38.). Dualistæ affirmant animam esse substantiam

De Natura & Essentia Animæ.

...am immaterialem a corpore prorsus diversam, & corpora extra ideas ejus realem existentiam habere; negant quod Idealistæ affirmant de existentia corporum nonnisi ideali, & quod Materialistæ defendunt, cogitationes in motu cujusdam subtilis materiæ consistere (§. 39.). Sunt igitur & Idealistæ cum Egoistis, & Dualistæ dogmatici (§. 40.).

Non omnia probantur dogmata, cum non minus erronea quædam esse possint, quam vera, adeoque nec philosophi dogmatici eodem censu veniunt, utut nullus sit philosophorum, qui nihil prorsus veritatis cognoverit, ipsisque erroribus quidpiam veritatis insit mentis acie utiliter subinde separandum ab erroneo, ubi veritati investigandæ incubueris. Ceterum ex dictis patet, philosophos in universum omnes vel esse Scepticos, vel Dogmaticos, quorum illi nimia prudentia, sicut hi subinde nimia statuendi facilitate peccant (§. 40. 41.). Scepticorum secta nonnisi unica est & esse potest, cum omnia in dubio relinquant (§. 41.), diversitates vero sectarum ex affirmationis & negationis diversitate sequatur. Dogmatici vel Monistæ sunt, vel Dualistæ (§. 32. 39.). Monistæ sunt vel Idealistæ, vel Materialistæ (§. 33. 36.), & Idealismi apex est Egoismus, ultra quem progredi non licet (§. 38.). Habes hic generalem philosophorum divisionem, quam in Psychologia rationali attendi fas est, quemadmodum ex sequentibus patebit.

§. 44.

Corpus cogitare nequit. Si enim cogitat, sui ipsius rerumque perceptarum, adeoque a se repræsentatarum (§. 24. *Psychol. Empir.*) sibi conscium est (§. 23. *Psychol. empir.*). Necesse igitur est, ut, quæ a se repræsentantur, inter se conferat (§. 22.) & ea a se invicem distinguat (§. 10.), eorumque tanquam extra se sibi conscium sit (§. 21.). Jam in corpore nulla mutatio fieri potest nisi quoad figuram, magnitudinem & partium situm (§. 127. *Cosmol.*), consequenter si quædam in eodem repræsentantur, repræsentatio aliter fieri nequit, nisi ut partes quædam aliis quiescentibus moveantur (§. 128. *Cosm.*),

Quod corpus cogitare nequeat.

&, si

&, si repræsentatio aliquo temporis intervallo subsistere debet, id in corpore aliter fieri nequit, quam ut vel eadem numero materia eodem in loco motum suum continuet, partibus materialibus hoc pacto in eodem situ inter se manentibus, quem mediante motu a reliqua massa separatæ obtinuerant, vel ut aliæ in eundem situm continuo succedant (§. 181. *Ontol.*), cumque alia in corpore mutatio locum non habeat, nisi quæ motu mediante inducitur (§. 128. *Cosmol.*), nihil præterea in corpore seu materiæ quadam massa concipere licet. Enimvero quantocunque tempore ista materialis repræsentatio subsistat, nihil tamen adest quod res repræsentatas inter se conferat, a se invicem distinguat & earum sibi tanquam extra se conscium sit. Corpus igitur eorum, quæ in ipso repræsentantur, sibi conscium esse nequit, adeoque nec cogitare potest (§. 23. *Psychol. empir.*).

Demonstratio propositionis præsentis evidens est iis, qui nonnisi ex notionibus ratiocinantur &, cum sint methodi gnari, principiis ontologicis, cosmologicis & psychologicis empiricis imbutum tenent animum. Si qui enim sunt, qui in materia facultates per se inexplicabiles fingunt, cum iis nobis nihil est negotii. Cogitatio duplicem actum involvit, perceptionem nempe & apperceptionem. Perceptio cum sit rei repræsentatio (§. 24. *Psychol. empir.*); in materia concipi potest eo modo, quem in demonstratione propositionis præsentis insinuavimus. Vi apperceptionis anima sibi rerum repræsentatarum suique sibi conscia est (§. 25. *Psychol. emp.*), eaque extra se sibi repræsentat (§. 21.). Hæc vero ea est, quæ in materia nullo modo concipi potest, quemadmodum ex demonstratione præsente abunde patet. Sane in corpore seu materia non concipitur nisi repræsentatio rerum intra materiam, non vero extra eandem. Si quis vero rei tribuere velit, quæ per ea, quæ ipsi insunt, explicari nequeunt; is fingendi licentiam aperte prodit, iis præsertim, qui ad notionem entis in genere distinctam, qualem in Ontologia dedimus, animum advertunt.

§. 45.

De Natura & Essentia Animæ.

§. 45.

Enti nulli attributa entis alterius communicari possunt. Pone enim enti A communicari aliquod attributum, quod per se non habet: ratio ejus sufficiens in essentialibus non continetur (§. 157. *Ontol.*). Admittendum adeo aliquid, quod ratione sufficiente destituitur: Quod cum admitti nequeat (§.70. *Ontol.*), enti nulli attributa entis alterius communicari possunt.

Attributorum incommunicabilitas,

Hanc incommunicabilitatem attributorum dudum agnovere Scholastici, etsi principium rationis sufficientis distincte non agnoverint, nec ejus aliquem usum fecerint in philosophia prima. Sane si quis admittere velit, quæ ex suppositione, per quam ens concipitur tanquam possibile quid & in numerum entium refertur (§.142. *Ontol.*), minime consequuntur, seu distincto ratiocinio legitime colligi nequeunt; is quidlibet pro arbitrio fingere poterit, securus omnimodo ne refutetur. Nec quicquam erit adeo evidens, quin in dubitationem adduci possit. Scepticis adeo principium communicabilitatis attributorum sese probare debet (§.41.), non dogmaticis (§.40.). Si qui ad omnipotentiam Dei tanquam sacram anchoram confugiunt; ii, quam abjecte de eadem sentiant, in Theologia naturali intelligent.

§. 46.

Facultas cogitandi corpori vel materiæ communicari nequit, quam per se non habet. Facultas enim cogitandi quædam agendi potentia est (§.29. *Psychol. empir.*), adeoque agendi possibilitas (§.716. *Ontol.*), vi cujus scilicet cogitationes in ente cogitante possibiles sunt. Quoniam itaque inter attributa entis alicujus referri debet (§. 164. *Ontol.*), corpus autem cogitare cum nequeat (§.44.), attributum ejus non est; eidem quoque communicari minime potest (§.45.).

An facultas cogitandi corpori communicari possit.

Propositio hæc probe notanda est, ne dubius reddaris, utrum

utrum anima fit fubftantia immaterialis a corpore diverfa, an vero tantummodo quædam corporis facultas, confequenter in Scepticismum partialem refpectu animæ incidas (§. 41.), qui animum difponit, ut leviculis deinceps rationibus, quales a Materialiftis proferri folent, pronus in Materialismum efficiatur (§. 33.), immo ut incauto Materialismus pofthac facile imponat, cum non omnium fit æqua mentis lance trutinari momenta rationum.

§. 47.

Animæ immaterialitas.

Anima materialis, feu corpus esse nequit. Anima enim fibi fui & aliarum rerum extra fe confcia eft (§. 20. *Pfychol. empir.*). Sed corpus cogitare nequit (§. 44.), nec cogitandi facultas eidem communicari poteft, quam per fe non habet (§. 46.). Anima igitur corpus efse nequit, confequenter nec materialis esse poteft (§. 122. 141. *Cosmol.*).

Quando anima corpus feu materia esse negatur, patet eam fumi pro fubjecto cogitationum, ut adeo perinde fit ac fi negaretur cogitationes esse modificationes alicujus materiæ, veluti materiæ cujusdam fubtilis in cerebro vi ftructuræ ejusdem hoc modo modificabilis.

§. 48.

Simplicitas & fubftantialitas animæ.

Anima eft fubftantia fimplex. Anima enim non eft corpus (§. 47.), nec quoddam corpori communicatum attributum (§. 46.), adeoque nec ens compofitum eft, nec enti cuidam compofito inhæret (§. 119. *Cosmol.*). Quamobrem cum ens omne vel compofitum fit, vel fimplex (§. 685. *Ontol.*); anima ens fimplex fit necefse eft.

Jam quoniam cogitationes continuo mutantur & aliæ aliæque fibi invicem fuccedunt, in modorum numero funt (§. 151. *Ontol.*). Anima igitur, cui modi ifti conveniunt, modificabilis eft (§. 764. *Ontol.*), cumque eam per aliquod tempus cum corpore perdurare palam fit (utrum enim absque eodem exiftere posfit, nec ne, hic ut definiatur opus non eft) perdurabilis

bilis (§. 766. *Ontol.*). Enimvero subjectum perdurabile & modificabile substantia est (§. 768. *Ontol.*). Anima ergo substantia est.

Est vero anima ens simplex *per demonstrata*. Ergo substantia simplex est.

> Simplicitatem animae evinci necesse est, ut constet, ei convenire quicquid de ente simplici in philosophia prima demonstratum fuit. Et sane entis simplicis & eorum, quae eidem conveniunt positive, notiones habemus, quatenus anima sibi sui conscia est. Unde omnis de ente simplici theoria ab anima abstrahitur tanquam genus a specie.

§. 49.

Quoniam ens simplex partibus caret (§. 673. *Ontol.*), nec extensum est (§. 675. *Ontol.*), nec ulla praeditum figura (677. *Ontol.*), nec spatium replet (§. 679. *Ontol.*), ac magnitudine caret (§. 678. *Ontol.*) motuque intestino destituitur (§.682. *Ontol.*); *Anima partibus caret, nec extensa est, nulla praedita est figura, nullum replet spatium, caret magnitudine, motuque intestino destituitur* (§. 48.). *Proprietates rerum materialium animae repugnant.*

> Si qui sunt, qui animae motus tribuunt, ii aut improprie loquuntur, significatu vocabuli proprio in alium translato, aut Materialistae sunt modificationes animae pro motu materiae cujusdam subtilis venditantes, aut incauti cum Materialistis loquuntur, dantes sine mente sonos.

§. 50.

Materialismus falsa hypothesis. Materialismus enim est hypothesis, qua animam materialem esse sumitur (§. 33.). Enimvero anima materialis esse nequit (§. 47), nec facultas cogitandi materiae, seu corpori cuidam communicari potest (§.46.). Materialismus itaque sumit, quod esse nequit, seu impossibile est, adeoque hypothesis est (§. 126. *Disc. praelim.*), eaque falsa (§. 505. *Log.*). *Materialismi impossibilitas.*

(*Wolfii Psych. Ration.*)   E   Hic

Hic tantum ostendimus, Materialismum esse falsum, nondum vero definimus periculum, quod ab eo imminet, nec quid veri eidem subsit, cum nihil statuatur adeo absurdum ab aliquo philosophorum, quin subsit quidpiam veri, unde speciem mutuatur. A convitiis vero in autores prorsus abstinemus, etsi errorum, & exceptionum fontes detecturi rationes non dissimulemus influentis in assensum appetitus, quas in apricum productas evolvere philosophi est (§. 31. *Disc. prælim.*).

§. 51.

Animam esse a corpore distinctam.

Anima prorsus differt a corpore. Est enim ens simplex (§. 48.). Quare cum ens simplex a composito prorsus differat (§. 683. *Ontol.*), a composito, consequenter a corpore prorsus differt (§ 119. *Cosmol.*).

Differentiam animæ a corpore *Aristotelici* non satis distincte exposuerunt; accuratius illam ab hoc distinxit *Cartesius*. Demonstrat is animam esse a corpore distinctam, quod idea ejus diversa sit ab idea corporis: distincta enim sunt entia, quorum diversæ sunt notiones (§. 142. *Ontol.*). Nimirum anima proprias sibi habet modificationes, continua perceptionum variatione; corpus itidem suas, figuræ & magnitudinis variatione (§. 127. *Cosmol.*). Utraque autem modificatio per commune principium explicari nequit. Duo igitur admittenda sunt mutationum istarum subjecta, diversa utique a se invicem, cum in iis diversa supponenda sint, ut intelligibili modo illæ explicari possint. Recte omnia sese habent, sed ostendendum erat, modificationes animæ non esse explicabiles per eadem principia, per quæ explicantur modificationes corporis: quod magis sumere, quam probare videtur *Cartesius*, nos vero in superioribus evicimus (§. 44. 46.), ut adeo nostra de anima philosophia *Cartesianam* non subvertat, sed eandem illustret & corroboret. Patebit idem ex subsequentibus, ubi ad specialia digrediemur. Ceterum diversitas illa omnium clarissime ex collatione notionum corporis & animæ elucescit, quarum illam in Cosmologia, hanc in Psychologia rationali evolvimus.

§. 52.

§. 52.

Anima alias prorsus qualitates habere debet, quam corpora. Etenim anima prorsus differt a corpore (§. 51.). Quare cum anima & corpora differre nequeant nisi per ea, quæ ipsis insunt, seu quæ in iisdem determinata sunt (§. 112. *Ontol.*), adeoque per determinationes (§. 122. *Ontol.*), easque intrinsecas (§. 545. *Ontol.*), omnis autem determinatio intrinseca vel in qualitatum, vel in quantitatum numero est (§.454. *Ontol.*); animæ quoque alias prorsus qualitates habere debent, quam corpora.

Qualitates animæ quænam sint.

Veritatem propositionis a posteriori confirmat Psychologia empirica sive cum observationibus rerum materialium communibus, sive cum Physica collata.

§. 53.

Anima vi quadam prædita est. Anima substantia est (§.48.) & cum in eadem perceptiones aliæ succedant aliis, ex perceptionibus nascantur appetitus, ex appetitibus denuo perceptiones, quemadmodum universa loquitur Psychologia empirica, status ejus mutatur (§. 709. *Ontol.*). Vi igitur quadam prædita est (§. 776. *Ontol.*).

Vis animæ insita.

Propositio hæc probe notanda est. Vim enim animæ nec satis agnovere Scholastici cum facultatibus animæ eandem confundentes; nec *Cartesius* satis distincte exposuit, etsi tacite eam admiserit, dum essentiam animæ in cogitatione consistere docuit, quam sine vi concipi non posse constat.

§. 54.

Vis & facultas animæ a se invicem differunt. Vis enim consistit in continuo agendi conatu (§. 724. *Ontol.*); facultates tantummodo sunt potentiæ activæ animæ (§.29. *Psychol. empir.*) adeoque nudæ agendi possibilitates (§. 716. *Ontol.*). Vis igitur animæ & facultas a se invicem differunt (§.183. *Ontol.*).

Vis a facultate animæ diversa.

Idem

Idem etiam sic ostenditur. Ex vi constanter sequitur actio, nisi eidem resistatur (§. 728. *Ontol.*). Facultates animæ sunt tantummodo potentiæ activæ (§. 29. *Psychol. empir.*), adeoque ex iis nulla sequitur actio (§. 717. *Ontol.*). Facultates igitur animæ, salvis ejusdem perceptionibus & appetitibus, vi substituere non licet. Vis igitur & facultates animæ diversæ sunt (§. 183. *Ontol.*).

Differentia admodum manifesta est, modo vis & facultatis notiones satis distinctas habeamus, ut hoc exemplo doceamur, quam utilis sit terminorum abstractorum distincta explicatio, ne in errores incidamus incremento scientiarum valde noxios.

§. 55.

Principium actualitatis in anima.

Vi animæ actuantur, quæ per facultates ejusdem in eadem possibilia intelliguntur. Quæ enim per facultates animæ possibilia intelliguntur existere seu actu esse quidem possunt (§. 133. *Ontol.*), sed ideo non existunt, seu actu dantur (§. 171. *Ontol.*). Quare cum ratio sufficiens requiratur, cur quod possibile existat (§. 70. *Ontol.*), & vis animæ contineat in se rationem sufficientem actualitatis eorum, quæ per facultates ipsius tanquam potentias activas (§. 29. *Psychol. empir.*), possibilia sunt (§. 722. *Ontol.*), & posita ratione sufficiente ponantur ea actu (§. 118. *Ontol.*); vi animæ ad actum perducuntur, quæ per facultates ejusdem in eadem possibilia intelliguntur.

Perspicuum hinc est, in quonam differentia inter vim animæ & facultatem ipsius consistat, simulque apparet necessitas vim a facultate probe distinguendi. Etenim si modificationes animæ distincte explicare voluerimus, & ostendendum est, cur sint possibiles, & reddenda quoque ratio est, cur actu fiant. Quare cum per facultates animæ tantummodo intelligatur, quod istiusmodi perceptiones & appetitus habere possit, facultates nudas animæ tribui non sufficit, sed addendum principium est, per quod patet cur actu insint. Unde vero intelligatur, cur hæ potius jam actu insint perceptiones, quam ali-

aliæ; hi potius infint appetitus, quam alii, ulterius inquirendum.

§. 56.

Anima continuo tendit ad mutationem status sui. Est enim vi quadam prædita (§. 53.). Quamobrem cum vis continuo tendat ad mutationem status subjecti, cui inest (§. 725. *Ontol.*); vi quoque sua mediante anima ad status sui mutationem continuo tendere debet.

Animæ tendentia ad status mutationem.

Principium hoc probe notandum est: eodem enim inferius nobis erit opus ad reddendam rationem generalem appetitus, cujus distincta notio philosophis hactenus non satis perspecta fuit. Excitanda igitur lectoris attentio est, ne in sequentibus cespitet defectu notionis lucidæ.

§. 57.

Vis animæ nonnisi unica est. Anima enim simplex est (§. 48.), adeoque partibus caret (§. 673. *Ontol.*). Ponamus jam animam plures habere vires a se invicem distinctas: cum unaquæque in continuo agendi conatu consistat (§. 724. *Ontol.*), unaquæque peculiare requiret subjectum, cui inest. Atque ita plura concipienda erunt entia actualia a se invicem distincta (§. 142. 183. *Ontol.*), quæ cum simul sumta anima sint, erunt ejusdem partes (§. 341. *Ontol.*): quod utique absurdum *per demonstrata.*

Unicitas vis animæ.

Patebit quoque deinceps unam animæ vim modificationibus animæ omnibus explicandis sufficere, ac præter necessitatem fingi plures. Præterea nectuntur difficultates inextricabiles præter omnem rationem & nulla prorsus necessitate urgente. Etenim necesse est, si quidem vires plures a se invicem diversæ in anima insint, ut una alteri resistat interea, dum ipsa agit, & alterum ad agendum determinet, ut modificationes animæ aliæ ex aliis nascantur & per se invicem explicabiles sint. Quantæ hic nascantur difficultates non tollendæ, nisi admittantur qualitates occultæ, experietur, qui ex diversis animæ viribus

viribus modificationes ejus explicare voluerit. Ex sequentibus autem patebit, quam sint omnia plana & perspicua, si a simplicitate animæ non recedas. Sumimus in demonstratione, vim concipi debere per modum prædicati primitivi, quod rationem nullam postulat, cur insit: id quod vi notionis ipsius vis sumere licet, propterea quod in ea continetur ratio sufficiens actualitatis eorum, quæ in anima contingunt ($.722. Ontol.) In Psychologia rationali, in qua ratio reddenda est eorum, quæ animæ insunt, aut non insunt ($.4.), sumere hoc licebat per modum hypotheseos ($.129. Disc. prælim.): sed non opus est ut absque probatione sumatur, quod probari potest.

§. 58.

Continua status animæ mutatio.

Status animæ continuo mutatur. Datur enim in anima vis ($.53.), adeoque status ejus continuo mutatur nisi aliquid ei resistat ($.729. Ontol.). Vis vero illa nonnisi unica est ($.57.). Quare cum in eo contineatur ratio sufficiens actualitatis, actionis, seu modificationum animæ ($.722. Ontol.), non simul in eadem contineri potest ratio sufficiens cur ea non sequatur ($.28. Ontol.). Sibimetipsi igitur resistere nequit ($.727. Ontol.). Status adeo animæ continuo mutatur.

Patet idem a posteriori, quando vigilamus. Tum enim nobis conscii sumus alias aliasque perceptiones sibi invicem continuo succedere. Jam cum perceptiones partiales in numero modorum sint ($.151. Ontol.); statum ejus constituunt ($.705. Ontol.). Unde patet, dum vigilamus, statum animæ continuo mutari. In somnio idem patet eodem modo: ast in somno quieto, quo nobis rei nullius conscii sumus, a posteriori idem non liquet. Necesse igitur est ut continuitas mutationis a priori evincatur. Ex probatione, quam dedimus, patet ratio ejus, quod observatur.

§. 59.

Status animæ in somno quieto.

Dum dormimus, sed non somniamus; anima est in statu perceptionum obscurarum, seu totalium confusarum. Dum dormimus, sed non somniamus, nobis nec nostri, nec rerum alia-

De Natura & Essentia Animæ. 39

aliarum extra nos conscii sumus: id quod unusquisque in se-ipso quotidie experitur (§. 664. *Log.*). Quoniam vero status animæ continuo mutatur (§.58.), quem in variatione perceptionum consistere constat (*not. §. cit.*), perceptiones quoque in somno continuo variari debent. Necesse igitur est ut, cum in perceptione totali partiales minime distinguamus (§. 11.), totalis perceptio confusa sit (§. 39. *Psychol. empir.*), consequenter partiales claræ esse nequeunt (§. 44. *Psychol. empir.*). Sunt itaque obscuræ (§. 30. & seqq. *Psychol. empir.*), & ideo anima est in statu perceptionum obscurarum.

Quales sint obscuræ istæ perceptiones, nondum definio. Sufficit constare, quod nec in somno quantumvis profundo anima cesset ab omni actione. Plura patebunt ex inferioribus.

§. 60.

Eadem vi omnes animæ actiones producuntur. Actiones enim animæ rationem sufficientem actualitatis in vi agnoscunt (§.722. *Ontol.*), adeoque anima eadem ipsis actualitatem impertitur (§. 118. *Ontol.*), consequenter actiones suas producit (§.690. *Ontol.*). Quamobrem cum vis ejus nonnisi unica sit (§.57.); eadem vi omnes ejus actiones producuntur.

Omnes animæ actiones eadem vi produci.

Quod hic de anima evincitur, idem de corporibus experientia palam facit. Unica in corporibus vis est, quam motricem appellamus (§. 137. *Cosmol.*), & ab ea omnis proficiscitur mutatio, quæ corporibus accidere potest (§. 128. *Cosmol.*). Ita flammæ candelæ accensæ unica inest vis, nempe motrix, quam modo nominavimus, sed diversa eadem sortitur nomina pro diversitate effectuum, qui ab eadem pendent. Quia lumen diffundit candela ardens, flammæ ejus tribuitur vis illuminandi. Quando calorem ipsius tactu percipimus & corpora eidem admota calefieri observamus; vim calefaciendi ei adscribimus. Et ad alios effectus attenti eidem vim accendendi, comburendi, liquefaciendi aliasque complures assignamus. Absurdus vero videretur, qui vires pro diversitate effectuum

mul-

multiplicaret & phænomenorum rationes in Philosophia naturali redditurus experiretur, eandem vim motricem diversis nominibus inutiliter appellari. Idem adeo de anima quoque per omnia valet.

§. 61.

Diversi effectus vis animæ.

Quoniam anima nunc sentit (§. 67. *Psychol. empir.*), nunc imaginatur (§. 92. *Psychol. empir.*), nunc meminit (§. 175. *Psychol. empir.*), nunc reminiscitur (§. 230. *Psychol. empir.*), nunc ad perceptiones suas attendit (§. 237. *Psychol. empir.*), nunc animum ad eas reflectit (§. 257. *Psychol. empir.*), nunc abstrahit (§. 282. *Psychol. empir.*), nunc notiones format, judicat & ratiocinatur (§. 325. *Psychol. empir.*), nunc appetit (§. 580. *Psychol. empir.*), nunc aversatur (§. 581. *Psychol. empir.*), nunc libere vult (§. 880. *Psychol. empir.*), nunc non vult (§. 881. *Psychol. empir.*), ut adeo animæ sensus, imaginatio, memoria, reminiscentia, attentio, reflexio, facultas abstrahendi, notiones formandi, judicandi, ratiocinandi, appetitus sensitivus, aversatio sensitiva, voluntas & noluntas tribuatur (§§. *cit.*): anima igitur *vi eadem nunc sentit, nunc imaginatur, nunc meminit, nunc reminiscitur, nunc attendit, nunc reflectit, nunc notiones format, nunc judicat, nunc ratiocinatur, nunc appetit, nunc aversatur, nunc libere vult, nunc non vult.*

Quoniam nihil fit sine ratione sufficiente (§. 70. *Ontol.*); ratio quoque dari debet, cur anima nunc potius sentiat, quam imaginetur vel actum quendam alium edat. Atque hic potissimum est labor, quo in Psychologia empirica defungendum. Inquirendum igitur est, quænam sint primæ mutationes ab hac vi pendentes & quomodo inde proficiscantur ceteræ.

§. 62.

Universi repræsentatio in anima.

Anima sibi repræsentat hoc universum pro situ corporis organici in universo, convenienter mutationibus, quæ in organis sensoriis contingunt. Ea enim lex sensationum constans & invio-

inviolabilis eſt: ſi in organo aliquo ſenſorio ab objecto aliquo ſenſibili quædam producitur mutatio; in anima eidem coëxiſtit ſenſatio per illam intelligibili modo explicabilis, ſeu rationem ſufficientem agnoſcens in iſta, cur ſit & cur talis ſit (§. 85. *Pſychol. empir.*). Jam ſenſationes ſunt perceptiones objectorum externorum mutationem organis ſenſoriis inducentium (§. 67. *Pſychol. empir.*), adeoque anima dum ſentit, objecta iſta ſibi repræſentat (§. 24. *Pſychol. empir.*). Et quoniam corpus noſtrum conſtanter in mundo hoc adſpectabili eſt; corpora quoque, quæ eundem componunt (§. 119. *Cosmol.*), conſtanter in corpus noſtrum agunt pro ſitu ejusdem in mundo ſeu univerſo. Patet adeo animam ſibi repræſentare hoc univerſum, ſeu mundum hunc adſpectabilem, pro ſitu corporis organici noſtri in univerſo atque mutationibus convenienter, quas corpora, ex quibus conſtat, in iisdem producunt. Quando dormimus, nihil clare ac diſtincte percipimus (§. 15.). Quoniam tamen anima adhuc eſt in ſtatu perceptionum confuſarum totalium, ſeu obſcurarum (§. 59.); nil obſtat, quo minus adhuc corpus ſuum & quæ idem tangunt obſcure percipiat, adeoque anima iſtam repræſentationem mundi continuet, ut adeo ſine reſtrictione dici poſſit, quod ſibi repræſentet hoc univerſum.

Hæc univerſi in anima repræſentatio extra omnem dubitationem poſita eſt, ut eam negare nemo poſſit. Si cui adhuc dubium videatur, quod de continuatione hujus repræſentationis dicitur; idem evaneſcet in ſequentibus, ubi rationes particulares eorum, quæ in anima contingunt, in medium protulerimus. Neque id dubium alicui moveri debet, quod dixerimus, animam ſibi repræſentare hoc univerſum, cum tantummodo quædam ſibi repræſentet corpora univerſi exiguam admodum particulam conſtituentia. Quodſi enim ad perceptiones ſuas attendat, perſpiciet utique ſe corpora iſta ſemper ſpectare tanquam in continuo & cum mundo connexa. Si qua vero adhuc obſcuritas ſuperſit, ea per ſequentia dispelletur.

(*Wolfii Pſych. Ration.*) F

letur. Ipsimet non diffimulamus dubia, quae tyroni cujus philosophiae subnasci poterant, ne incautus suo sibi placeat acumine & objectionibus futilibus veritatem propositionis evertere conetur, nisi animum malitiosum aperte prodere velit.

§. 63.

Animae vis repraesentativa universi.

Anima habet vim sibi repraesentandi hoc universum limitatam materialiter *situ corporis organici in universo*; formaliter *constitutione organorum sensoriorum*. Anima enim sibi repraesentat hoc universum (§.62.). Quare cum omnes animae actiones eadem vi producantur (§.60.), qua praedita est (§.53.), vel cum vi ejus actuentur, quae in eadem per facultates ejusdem (§.55.), adeoque & per facultatem sentiendi (§. 67. *Psychol. empir.*), possibilia intelliguntur; vi sua hoc universum quoque sibi repraesentat. Habet igitur vim sibi repraesentandi hoc universum.

Jam vero anima sibi repraesentat hoc universum pro situ corporis organici in universo, ut scilicet non percipiat objecta nisi quae in organa sensoria agunt (§.62.). Limitatur ergo illa vis quoad objectum, seu materialiter (§.949. *Ontol.*) situ corporis organici in universo (§.468. *Ontol.*).

Similiter anima sibi repraesentat hoc universum convenienter mutationibus, quae in organis sensoriis contingunt (§.62.), ut ex iis mutationibus constet, cur modus repraesentandi talis potius, quam alius, scilicet ut perceptio adsit clara vel obscura; illa vel distincta, vel confusa. Limitatur ergo eadem vis animae formaliter (§. 945. *Ontol.* & §. 31. *ac seqq. Psychol. empir.*) constitutione organorum sensoriorum (§.468. *Ontol.*).

Vim hanc repraesentativam universi in dubium vocare non potest, qui non admittere velit experientiae ac rationi repugnantia. Effectum enim illa loquitur; haec vim, qua is producitur, manifestat. Nondum vero definimus, quomodo vis illa a corpore pendeat, ut limitationis suae fundamentum in eo agno-

agnoscat: tum demum id facere licebit, ubi in commercii intermentem atque corpus intercedentis rationem inquisiverimus. Neque obstabit propositionis praesentis veritati, si vel maxime quis tum sumat in animam agere corpus; cum salva ista actione vis animae tantummodo determinari possit in percipiendo quoad specificationem perceptionis, quemadmodum mobile in motu jam constitutum determinatur ab altero mobili quoad directionem, vel quoad gradum celeritatis in suo motu. Propositio praesens ab omni hypothesi independens, quae in gratiam illius commercii conditur. Unde & a nulla earum pendent, quae ex vi ista necessario consequuntur.

§. 64.

Omnes mutationes animae a sensatione originem ducunt. Patet idem quoad omnes facultates animae tam superiores, quam inferiores, quas in Psychologia empirica exposuimus. Etenim quando quid imaginamur, vi sensationis praesentis producimus rei antea perceptae ideam, nullo actu imaginationis alio praeexistente (§. 104. *Psychol. empir.*), & somnium, quod vi imaginationis continuatur, a sensatione initium capit (§. 122. 123. *Psychol. empir.*) & eadem interrumpitur (§. 124. *Psychol. empir.*). Dum quid fingit, phantasmata dividit & componit (§. 144. *Psychol. empir.*). Quare cum phantasmata sint ideae ab imaginatione productae (§. 93. *Psychol. empir.*), adeoque non producantur nisi praevia quadam sensatione *per demonstrata;* anima quoque nil quicquam fingit nisi sensatione quadam excitata. Quando rei cujusdam meminimus, ideam ejus reproductam recognoscimus, adeoque nobis conscii sumus, nos eam jam antea habuisse (§. 226. *Psychol. empir.*). Quoniam itaque ideae vel vi sensuum, vel vi imaginationis reproducuntur (§. 85. 92. *Psychol. empir.*), imaginationis autem actus quendam sensationis actum praesupponit *per demonstrata;* actus quoque memoriae nonnisi praevia quadam sensatione in anima dantur (§. 175. *Psychol. empir.*). Attentio & reflexio

Mutationes animae a quanam oriantur radicali.

animae

animæ supponit in anima perceptiones five sensuum ope, sive vi imaginationis productas (§. 237. 257. *Psychol. empir.*), adeoque utraque non nisi prævia quadam sensatione in anima locum habet. Idem eodem modo ostenditur de intellectu, quo res sensui vel imaginationi obvias distincte sibi repræsentat anima (§. 266. 275. *Psychol. empir.*), ac in specie de abstractionibus, quibus ea, quæ in perceptione distinguuntur, tanquam a re percepta sejuncta intuemur (§. 282. *Psychol. empir.*). Supponit itidem tam notio, quam judicium intuitivum perceptiones præsentes (§. 331. & §. 343. *ac seqq. Psychol. empir.*); omnis autem ratiocinatio a judicio quodam intuitivo ortum trahit (§. 354. *& seqq. Psychol. empir.*). Atque adeo patet mutationes ad facultatem cognoscendi referendas a sensatione quadam præsente oriri.

Porro cum voluptas ac tædium supponant ideam quandam rei præsentem sive vi sensuum, sive imaginationis (§. 511. 518. *Psychol. empir.*), & appetitus feratur in objectum pro ratione boni in eadem percepti (§. 579. *Psychol. empir.*), aversatio vero animam ab eodem reclinet pro ratione mali in eodem percepti (§. 581. *Psychol. empir.*), consequenter & ille, & hæc supponat quandam rei perceptionem præsentem, omnes autem perceptiones præsentes vel sint a sensu, vel inde pendeant vi imaginationis *per antea demonstrata;* appetitiones quoque & aversiones nullæ in anima dantur nisi sensatione quadam prævia.

  Idem quoque experimur a posteriori observantes perceptiones a sensu inchoatas continuari vel vi imaginationis, vel vi ratiociniorum atque ex iis nasci appetitiones ac aversiones; quemadmodum ex Psychologia empirica manifestum est, Psychologiæ quoque rationalis tractatio idem uberius confirmabit dependentiam mutationum mentis a se invicem clarissime demonstrans.

§. 65.

§. 65.

Quoniam mutationes omnes, quæ in anima contingunt, a sensatione originem ducunt (§. 64.); *primum, quod ab anima producitur, sunt sensationes*, & cum ex iis porro intelligatur, cur ceteræ mutationes, quæ easdem consequuntur, hæ potius sint, quam aliæ, adeoque rationes earundem in istis contineantur (§. 65. *Ontol.*), etsi sæpius tantummodo remotæ, quia immediatæ ex phantasmate quodam peti possunt; *mutationes ceteræ a sensationibus dependent* (§. 151. *Ontol.*).

Primum quod vi animæ producitur & unde pendent cetera.

Quæ propositionem præcedentem a posteriori illustrant; eadem præsentem, ejus corollarium, una confirmant.

§. 66.

Essentia animæ consistit in vi repræsentativa universi situ corporis organici in universo materialiter & constitutione organorum sensoriorum formaliter limitata. Etenim hæc vis primum est, quod de anima concipitur, & unde pendent cetera, quæ eidem insunt (§. 65.). Essentia igitur animæ in eodem consistit (§. 168. *Ontol.*).

Essentia animæ in quo consistat.

Qui essentiam animæ cognosci posse negant, aut quid sibi velit essentia non satis intelligunt, aut ad vim animæ repræsentativam universi ac mutationum ceterarum dependentiam ab eadem animum non advertunt.

§. 67.

Natura animæ in eadem vi repræsentativa consistit. Vi enim hac animæ actuantur omnia, quæcunque per facultates animæ possibilia sunt (§. 55.). Quare cum per naturam animæ intelligatur principium mutationum in anima eidem intrinsecum, quemadmodum per naturam universi intelligimus principium mutationum in mundo eidem intrinsecum (§. 503. *Cosmol.*), principium vero mutationum sit vis (§. 870. *Ontol.*) & in anima, quæ datur (§. 53.), vis universi repræsentativa

Natura animæ in quo consistat.

tan-

tantum fit (§. 57.); vis quoque illa univerfi repræfentativa eft natura animæ.

Videtur adeo in anima effentia & natura unum idemque effe, quemadmodum vulgo natura fynonimum effentiæ habetur. Atat! fi penitiori acumine utaris, differentiam aliquam adhuc inter naturam & effentiam animæ intercedere animadvertes etfi utraque in eadem vi confiftat: quam differentiam exponi fas eft.

§. 68.

Differentia effentiæ & naturæ animæ.

Vis repræfentativa univerfi eft natura animæ, quatenus repræfentationes iftas actuat; effentia vero, quatenus ad tales potius, quam alias, tali potius, quam alio ordine actuandas reftringitur. Patet idem ex demonftrationibus præcedentium immediate propofitionum; præftat tamen peculiarem demonftrationem afferri. Cum perceptiones animæ continua variatione fibi invicem fuccedant, quemadmodum unusquisque in femetipfo experitur; in modorum numero funt (§. 151. *Ontol.*). Quoniam itaque in effentia tantummodo continetur ratio fufficiens, cur modi ineffe poffint, non vero cur actu infint (§. 160. *Ontol.*); ex eo vero, quod vis repræfentativa univerfi in anima reftricta fit ad fitum corporis in univerfo & mutationes in organis fenforiis contingentes, intelligatur, cur tales potius perceptiones in ea poffibiles fint, quam aliæ, & tali potius ordine, quam alio fibi invicem fuccedant, confequenter in eo potiffimum poffibilitatis iftorum modorum ratio continetur, quod vis repræfentativa univerfi reftringatur ad tales potius, quam alias perceptiones, tali potius, quam alio ordine actuandas (§. 56. *Ontol.*); vis repræfentativa univerfi utique effentia animæ eft, quatenus reftringitur ad fitum corporis in univerfo & mutationes in organo contingentes, feu tales potius, quam alias perceptiones, tali potius, quam alio ordine actuandas.

Quoniam vero perinde in natura animæ continetur ratio,

De Natura & Essentia Animæ. 47

tio, cur perceptiones, quæ per essentiam ejus intelliguntur, possibiles actu insint animæ, quemdmodum in natura universa continetur ratio, cur mutationes in mundo hæ potius contingant, quam aliæ (§. 505. *Cosmol.*); ratio vero actualitatis perceptionum in anima sit vis illa universi repræsentativa, quatenus vis est (§. 722. *Ontol.*), consequenter quatenus perceptiones possibiles ad actum perducit (§. 118. *Ontol.*); natura animæ in vi universi repræsentativa consistit, quatenus repræsentationes istas, seu perceptiones (§. 24. *Psychol. empir.*) actuat.

Manifesta adeo est differentia', quæ inter essentiam animæ & naturam ejus intercedit: una enim eademque vis alio respectu natura animæ est, alio essentia, ut adeo non minus in anima, quam in corporibus alia ex essentia animæ, alia ex natura ejusdem consequantur.

§. 69.

Naturale in anima est, cujus ratio sufficiens in vi repræsentativa universi continetur, qualis animæ inest. Etenim cum vis ista sit & essentia (§. 66.), & natura animæ (§.67.), etsi diverso respectu (§.68.); cujus ratio sufficiens in vi repræsentativa universi, qualis animæ inest, continetur, ejus ratio in essentia & natura animæ continetur. Quoniam igitur naturale in genere est, cujus ratio sufficiens in essentia & natura entis continetur (§. 509. *Cosmol.*): naturale in anima esse debet, cujus ratio in essentia & natura animæ continetur, consequenter in vi repræsentativa universi, qualis animæ inest.

Naturale quid sit in anima.

Absit ut quis inde inferat, nos in anima non admittere naturalem nisi mundi materialis cognitionem. A vi enim illa universi repræsentativa deducemus omnes perceptiones ac appetitiones & aversiones, & si quæ aliæ diversæ eidem inexistunt, mutationes. Objectio istiusmodi eadem foret cum hac altera, quod affirmans naturale triangulo esse, cujus ratio in numero ternario laterum continetur, quorum duo simul tertio

tio majora funt, non admitteret in triangulo nifi latera, cum tamen etiam infint anguli & ab his non minus, quam ab iftis pendeant mutationes ac proprietates trianguli. In utroque nimirum cafu objectionem proferens palam facit, fe vel ignorare, quid fibi velit, rationem unius inexiftentis contineri in alio inexiftente, five quatenus poffibile, five quatenus actu eft, aut quoad utrumque, vel faltem ad id animum non advertere. Noftrum vero eft oftendere, quod in vi ifta limitata univerfi repræfentativa ratio fufficiens earum mutationum, quæ in anima contingunt, contineatur. Et id potisfimum eft, quod nobis in tractatione præfente incumbit negotium.

§. 70.

Supernaturale in anima quid fit.

Supernaturale in anima eft, cujus ratio fufficiens in vi repræfentativa univerfi, qualis in anima eft, non continetur. Etenim cum vis ifta fit effentia & natura animæ (§. 66. 67.), utut diverfo refpectu (§. 68.); cujus ratio in eadem non continetur, ejus ratio in natura & effentia animæ non continetur. Quare cum in genere fupernaturale illud fit, cujus ratio fufficiens in effentia & natura entis non continetur (§. 510. *Cosmol.*); fupernaturale in anima effe debet, cujus ratio fufficiens in vi repræfentativa univerfi, qualis in anima eft, non continetur.

Eodem fane fenfu operationibus Spiritus S. debitæ mutationes in anima dicuntur fupernaturales, propterea quod per naturam animæ non intelligatur, quod iftiusmodi mutationes in anima fieri debeant, fit ita per effentiam apparere, quod animæ non repugnent, confequenter poffibiles fint. Cum enim poffibilitas abfoluta non fufficiat ad exiftendum (§. 171. *Ontol.*) fufficiente autem ratione pofita poni debeat actu mutatio animæ (§. 118. *Ontol.*), non ideo ratio fufficiens ejus in anima continetur, quod in ea poffibilis intelligatur. Accedit quod poffibilis intelligatur non naturaliter, fed fupernaturaliter, ubi ad poffibilitatem quoque extrinfecam animum advertis, quatenus nimirum non deficit caufa mutationis.

§. 71.

De Natura & Essentia Animæ.

§. 71.

Quoniam quod supernaturaliter accidit in hoc universo miraculum dici solet (§. 510. *Cosmol.*); *miraculum quoque in anima factum dici debet, quod in eadem supernaturale est.*

Miraculum in anima quando fiat.

Tanto minus difficultatis habet præsens propositio, quanto certius est definitiones nominales arbitrarias esse. Si quem tamen vox miraculi offendit, etsi in sensu Theologis recepto accipiatur; eum ab hac denominatione abstinere jubeo. Rerum enim denominationibus nulla inest veritas. *Matthias Martinius* in Lexico Philologico: *Miraculum,* inquit, *opponitur operi naturali & consueto. Et tunc dicitur id, quod præter ordinem totius creatæ naturæ contingit: ut, si lapis sursum moveatur, nulla creatura motus.* Clarius sic describitur: *Miraculum est actio Dei, vere evidens & simpliciter mirabilis, præter totius creatæ naturæ ordinem edita.* Ipse autem hanc definitionem uberius explicans inter alia monet, se per actionem simpliciter mirabilem intelligere eam, cujus causa naturalis nulla, neque interna, neque externa apparet. Addit talia opera esse omnibus creaturis impossibilia & inimitabilia. Quodsi stricte inhæreas huic significatui inter naturale & supernaturale non datur aliquod intermedium, nisi supernaturale per extrinsecas differentias in specie distinguere velis, veluti quod quædam fiant usitato modo in natura & ecclesia; alia inusitato, & ad posteriora significatum miraculi restringere. Præstat tamen intrinsecis deficientibus differentiis entia præter necessitatem non multiplicari. Sed de voce cum nemine litigabimus, modo in re conveniamus.

§. 72.

Miraculum aut, si mavis, mutatio supernaturalis non contradicit essentiæ illius animæ, in qua contingit, seu talis mutatio supernaturalis, qualis contingit, in ea anima, in qua contingit, possibilis. Pone enim miraculum contradicere essentiæ illius animæ, in qua contigit, si fieri potest. Erit igitur absolute impossibile (§. 79. *Ontol.*), consequenter existere nequit

Intrinseca miraculi possibilitas.

(*Wolfii Psych. Ration.*) G (§. 132.

(§. 132. *Ontol.*): quod cum hypothefin evertat, qua illud actu contingere fumimus, patet id effentiæ animæ, in qua contingit, non contradicere, adeoque in eadem poffibile effe (§. 85. *Ontol.*).

Miraculum adeo, feu fupernaturale quemadmodum in mundo materiali (§. 517. *Cosmol.*); ita quoque in anima non ex poffibilitate ejus, quod contingit, fed ex fola actualitate agnofcitur.

§. 73.

Miraculum quando in anima contingat.

Si miraculum feu effectus fupernaturalis in anima contingit, naturales deficiunt caufæ actum ejus, quod poffibile eft, determinantes. Etenim ut aliquid exiftat, præter poffibilitatem aliud quid adhuc requiritur (§. 173. *Ontol.*). Ponamus adeo effe in anima, vel alio ente finito, fi fieri poffit, rationem fufficientem actualitatis quoque ejus, quod in eadem contingit, non tantummodo per effentiam ejus poffibile intelligi. Erit igitur id, quod in anima contingit, naturale quid (§. 69.), minime autem miraculum (§. 70. 71.): quod cum hypothefin evertat, ratio fufficiens ejus, quod in anima contingit, nec in anima nec in ente quodam finito alio (fi quidem id in animam agere poffe fumatur) continetur, confequenter caufa naturalis deficit (§. 381. *Ontol.*).

De miraculo adeo feu effectu fupernaturali in anima judicaturus perpendere debet, quænam ad actualitatem ejus determinandam requiruntur, ut appareat quomodo iftiusmodi effectus in eadem contingere poffit: ut adeo palam fit quantum ad evincendam veritatem miraculi in anima facti feu effectus fupernaturalis in eadem confpicui, conferat Pfychologia, præfertim rationalis, utpote cujus eft tradere rationes fufficientes eorum, quæ in anima contingunt (§. 4.). Quicquid enim in anima naturale eft, id ad diftinctas notiones revocare debet Pfychologia.

§. 74.

De Natura & Essentia Animæ.

§. 74.

Quod naturale in anima est, *idem erit supernaturale seu miraculosum, si deficiente causa naturali sufficiente contingit.* Quoniam enim miraculum est mutatio in anima possibilis (§. 72.), sed quæ, dum contingit, non agnoscit causam naturalem sufficientem (§. 73.), adeoque ab actualitate habeat mutatio, quod miraculum, seu supernaturale dici possit; ideo non obstat, quo minus hoc tempore miraculum seu supernaturale sit, quod alio naturale fuerat eritque. Quamobrem ubi deficit causa naturalis sufficiens, miraculum seu supernaturalis quædam mutatio utique erit.

Quomodo effectus naturalis in miraculum abeat.

Idem plane obtinet in mundo materiali (§. 519. *Cosmol.*), & miracula hujus generis, de quibus præsens loquitur propositio, mirifice illustrantur per ea, quæ in mundo materiali ad idem genus referri debent. E, gr. in mundo materiali possibile est ut pluat, nec pluviam habere vulgo causam naturalem, quando pluit, ignotum est. Sed ponamus cœlum esse sudum & Solanum advehere ex improviso nubes imbre gravidas, in quem resolutæ destillant, dum teste barometro aër gravior evadit. Ecquis non videt imbrem hunc esse miraculosum, cum Solanus nunquam advehat sed, ubi a tempestate pluvia primum spirat, tantummodo revehat nubes, nubes autem dissolvi ac per atmosphæram dissipari constet, dum gravior evadit. Habemus adeo effectum eundem nunc miraculosum, qui alias naturalis est, deficientibus jam causis naturalibus qui alias adsunt. Similiter in anima possibilis est habitus linguis exoticis sensa sua exprimendi; sed is quemadmodum ceteri omnes non acquiritur nisi præviis crebris exercitiis (§.430. *Psychol. empir.*). Quodsi ergo ponamus habitum hunc absque ullo exercitio prævio in anima hominis in instanti oriri, ratio actualitatis nulla dabitur in anima, deficiente causa naturali ejus acquirendi. Erit adeo in hoc casu miraculum.

§. 75.

Si actus supernaturalis in anima producendus, ab ente quo-

Causa actus supernatu-

ralis in anima efficiens. quodam ab anima & a mundo materiali diverso id fieri debet. Si enim actus supernaturalis est, ejus ratio sufficiens in vi repraesentativa universi, qualis in anima est (§. 70.), adeoque in essentia & natura animae (§. 66. 67), non continetur. Quamobrem cum praeter hanc vim alia in anima non existat (§. 57.) & ab ea actuentur, quaecunque per facultates ejusdem in eadem possibilia intelliguntur (§. 55); ratio actus supernaturalis in anima sufficiens minime continetur, adeoque anima ipsa causa ejusdem efficiens esse nequit (§. 886. *Ontol.*). Erit igitur ens ab anima diversum (§. 183. *Ontol.*).

Ponamus jam hoc ens ab anima diversum esse corpus quoddam in mundo materiali existens (§. 119. *Cosmol.*). Quoniam corpora vi activa, quam habent (§. 142. *Cosmol.*), adeoque motrice (§. 137. *Cosmol.*) agunt, nec agunt nisi in contiguum (§. 128. *Cosmol.*); corpus istud in animam nostram agera non posset, nisi mediante corpore nostro, consequenter quatnuus mutationes inducit organo sensorio cuidam, cum praeter mutationum in organo sensorio & in mente coexistentiam (§. 948. *Ontol.*) alia mentis a corpore dependentia non observetur. Quamobrem hac actione corporis non poneretur in anima nisi perceptio, qua ipsum tanquam extra animam repraesentatur (§. 948. *Ontol.*). Mutatio igitur in anima contingens explicabilis per vim repraesentativam universi, quam habet (§. 62.), consequenter naturalis animae foret (§. 69.): quod cum hypothesi repugnet, corpus nullum in anima mutationem supernaturalem producere valet. Erit igitur ens istud a mundo materiali diversum (§. 183. *Ontol.*).

Sume corpus aliquod in mundo immediate in anima producere mutationem quandam supernaturalem diverso prorsus modo ab eo, quem modo exposuimus. Cum in corpore alia vis activa praeter motricem non datur, quemadmodum ex iis intelligitur, quae de essentia & natura corporum capite integro

De Natura & Essentia Animæ.

gro in Cosmologia demonstrata sunt; admittenda erit in corpore, quod in animam agit, actio quædam per ejus vim activam sive naturam (§. 145. *Cosmol.*) & essentiam minime explicabilis, consequenter cujus in ipso corpore ratio sufficiens nulla datur (§. 56. *Ontol.*). Erit adeo actio ista casus purus (§. 94.) *Cosmol.*): qui cum impossibilis sit (§. 95. *Cosmol.*), nec per miraculum in corpore fingi possit, cum actio alias ista miraculosa in corpore agente talis, qualis supponitur, possibilis esse deberet (§. 517. *Cosmol.*); actio immediata corporis cujusdam in mundo existentis in animam admitti nequit. Quamobrem ratum manet, animæ mutationem supernaturalem induci non posse nisi ab ente, quod diversum est a mundo materiali.

Ratiocinandum est ex ideis rerum, quas habemus, ac inde abstractis notionibus, alias enim concedenda erit unicuique libera fingendi potestas. Sane quod hanc potestatem sibi communiter arrogent qui philosophantur, plurima in philosophiam monstra introducuntur. Et admissa hac potestate, nihil erit tam firmum, quin cum aliqua specie impugnari & in incertitudinem adduci possit. Sed cum istiusmodi hominibus nihil nobis negotii est. Ceterum dum in demonstratione indirecta sumimus, mediante corpore nostro corpus quoddam aliud in animam agere posse, non ideo supponimus influxum corporis in animam physicum tanquam verum; sed eundem in dubio adhuc relinquimus, donec inferius discutiatur, quid de eodem sit sentiendum. In Psychologia autem in medio relinquimus, utrum dentur mutationes supernaturales in anima, nec ne. Cum enim non tractemus nisi ea, quæ ad philosophicum spectent forum, in iis acquiescimus, quæ naturalia sunt; quæ theologici sunt fori ad Theologiam remittimus. Sufficit in philosophia tradi principia, quæ ad istiusmodi mutationes supernaturales defendendas sufficiunt. Quæ enim naturalia non sunt, rationis sphæram transcendunt. Quatenus tamen eidem non repugnant, possibilitas eorum absoluta agnoscitur: id quod ad defensionem sufficit, cum eas tanquam falsas rejicere non possit, nisi qui impossibilitatem demonstrare valet.

valet. Quamobrem ubi poſſibilitas evicta eſt, conatum impoſſibilitatem demonſtrandi irritum eſſe patet. Miſſis igitur iis, quæ ſupernaturalia ſunt, ad naturalia explicanda progredimur.

§. 76.

Vis animæ regulis adſtricta.

Vis animæ in actuandis iis, quæ per facultates ipſius poſſibilia ſunt, certas obſervat leges. Quando enim anima ideas ſenſuales producit, legem tenet ſenſationum (§. 85. *Pſychol. empir.*). Quando phantasmata producit, legem ſequitur imaginationis (§. 117. *Pſychol. empir.*). Memoriæ quid mandatura certa tenetur lege (§. 179. *Pſychol. empir.*); nec minus ad legem ſeſe componere debet, ubi cujusdam reminiſcitur (§. 231. *Pſychol. empir.*). Similiter in formandis notionibus (§. 326. *& ſeqq. Pſychol. empir.*), in condendis judiciis (§. 343. *& ſeqq. Pſychol. empir.*) in ratiociniis præſcriptas ſibi leges obſervat (§. 354. *& ſeqq. Pſychol. empir.*), ut adeo intellectus operationes ad certas leges exigantur. Denique appetitus quoque & averſationis lex datur (§. 904. 907. *Pſychol. empir.*), quam anima in appetendo & averſando violare nequit. Jam cum in anima non ſit, quod non a ſenſu, imaginatione, memoria, intellectu & appetitu ſenſitivo atque rationali cum averſatione ſenſitiva & rationali pendeat, quemadmodum ex Pſychologiæ empiricæ tractatione palam ſit, ſi ſingula ad experientiæ normam exigantur, vel vice verſa quæ in anima obſervamus & quorum antea obſervatorum recordamur, ea ad Pſychologiæ empiricæ capita referimus; vis animæ, qua actuantur per facultates ejusdem poſſibilia (§. 55.), certis legibus adſtricta eſt.

In eo convenit vis animæ cum vi corporum, quod utraque ad certas leges adſtringatur. Quemadmodum enim ex Pſychologia empirica hic oſtendimus, dari perceptionum, operationum mentis & appetitus leges; ita ex Cosmologia palam eſt dari leges motus (§. 309. 346. 350. 455. & ſeqq. 470. 475. 502. *Cosmol.*)

§. 77.

§. 77.

Ex vi animæ in se considerata tantummodo ratio redditur in genere actualitatis perceptionum ac appetituum; ex legibus vero quibus adstringitur, reddenda est earundem ratio specialis. Nimirum vis animæ in se considerata non exhibetur nisi sub schemate vis perceptivæ (§. 68.), adeoque per eam non intelligitur, nisi quod continuo aliæ aliæque perceptiones, consequenter etiam appetitus, quas ex perceptionibus nasci constat (§. 904. *Psychol. empir.*), & inferius clarius docebitur, ad actum perducantur (§. 729. *Ontol.*), adeoque nonnisi actualitatis perceptionum variantium ac appetituum ratio in ea continetur (§. 56. *Ontol.*).

Enimvero cum nihil sit sine ratione sufficiente, cur potius sit quam non sit (§. 70. *Ontol.*); ratio etiam adsit necesse est, cur hæ potius actuentur perceptiones, quam aliæ, & cur tales potius sint, quam aliæ. Quare cum eadem ex vi in se considerata dari non possit *per demonstrata*; ex legibus, quas observare tenetur, reddenda erit. Immo eas inde reddi posse patebit ex sequente pertractatione.

Hic denuo analogia intercedit inter vim motricem corporum & vim perceptivam animæ. Etenim ex illa quoque non reddi potest in se considerata ratio nisi generalis actualitatis mutationum; ratio vero specialis motuum ac pendentium inde mutationum ex motuum legibus derivatur. Quemadmodum itaque ad vim motricem non provocamus nisi in generali phænomenorum explicatione; ita quoque nonnisi in generalibus ad vim animæ perceptivam provocamus. Ubi vero ad specialia descenditur, ad leges vis illius perceptivæ & animæ essentiam confugiendum. Quæ hic dicuntur, ex subsequentibus clarius elucescent.

Rationes quomodo reddantur eorum quæ animæ insunt.

§. 78.

Lex sensationum continet determinationes essentiales animæ.

Lex sensationum.

tionum qualis sit. *mæ.* Lex enim sensationum hæc est propositio: Si in organo aliquo sensorio ab objecto aliquo sensibili quædam producitur mutatio; in mente eidem coëxistit sensatio per illam intelligibili modo explicabilis seu rationem sufficientem, cur sit & cur talis sit, in illa agnoscens (§. 85. *Psychol. empir.*). Lex adeo ista determinat objectum, quod percipi debet, & una modum, quo percipi debet. Quamobrem cum vis animæ repræsentativa, in qua essentia ejus consistit, limitetur materialiter situ corporis sui organici in universo, & formaliter constitutione organorum sensoriorum (§. 66.), adeoque determinationes essentiales redeant ad determinationem objecti, quod percipiendum, nempe ejus, quod vi situs corporis in universo agere in organum sensorium potest, & determinationem modi, quo percipitur, nimirum qualis est mutatio in organo sensorio producta (§. 62); lex sensationum continet animæ essentiales determinationes.

Quoniam omnia illa, quæ enti conveniunt, si non rationem sufficientem; attamen ejus aliquid in essentia entis agnoscunt; a lege sensationum aliquo modo pendent mutationes animæ ceteræ omnes a sensationibus diversæ. Aliquid ejus jam apparet ex ortu omnium operationum animæ a sensatione (§. 64.): plenissimam vero lucem id ipsum consequetur ex subsequente tractatione, ex qua elucescet dependentia omnium mutationum ceterarum in anima a sensationibus.

§. 79.

Vis perceptiva animarum a vi motrice corporum diversa.

Vis perceptiva animarum a vi motrice corporum prorsus diversa est. Ex vi enim perceptiva nascuntur perceptiones & appetitus in anima ceteræque ipsius actiones per leges perceptionum & appetituum, quas paulo ante (§. 76.) enumeravimus: ex vi autem motrice corporum nascuntur eorundem motus secundum leges motus, quas in Cosmologia exhibuimus quarumque (*not. §. cit.*) mentionem injecimus. Jam vero regulæ motus ita comparatæ sunt, ut per eas perceptiones & appeti-

De Natura & Essentia Animæ. 57

petitiones explicari nequeant; regulæ autem perceptionum ac appetituum sunt istiusmodi, ut per eas motus intelligi non possint: id quod ex regularum istarum contemplatione extemplo apparet. Prima sane lex motus est: corpus unumquodque perseverare in statu suo quiescendi vel movendi uniformiter in directum, hoc est, eadem celeritate & secundum eandem directionem, nisi a causa externa statum suum mutare cogatur (§. 309. *Cosmol.*). Enimvero nascuntur in anima perceptiones aliæ ex aliis non modo vi imaginationis (§. 117. *Psychol. empir.*) & eidem sese adjungentis facultatis fingendi (§. 144. 145. *Psychol. empir.*), verum etiam vi operationum intellectus (§. 325. *& seqq. Psychol. empir.*); nascuntur etiam appetitiones & aversationes, volitiones ac nolitiones ex perceptionibus (§. 904. 907. *Psychol. empir.*). Ideo animæ decreto mutatur situs corporis, ut alia in organum sensorium agant corpora sensationesque mutentur (§. 65. *Psychol. empir.*). Quamobrem cum mutatis perceptionibus ac appetitionibus aversationibusque animæ status ejusdem mutetur (§. 709. *Ontol.*); status animæ mutatur propria ipsius vi nulla requisita causa externa. Atque adeo patet animam non perseverare in eodem statu percipiendi & appetendi, vel aversandi, donec a causa externa eundem mutare cogatur, quemadmodum in corporibus accidit, consequenter legem primam motus corporum, quam in Cosmologia (§. 309.) protulimus, non inservire mutationibus animæ, quemadmodum corporum explicandis. Et idem eodem modo ostendi poterat de legibus motus aliis, quemadmodum animum ad eas advertenti facile apparet. Ex adverso omnes leges perceptionum & appetitus atque aversationis, quas in Psychologia empirica in medium produximus, non loquuntur, nisi de ortu perceptionum ex aliis perceptionibus præexistentibus & appetitionum atque aversionum ex iisdem. Enimvero in motu non spectatur nisi celeritas & directio,

(*Wolfii Psych. Ration.*) H quem-

quemadmodum experientia obvia intelligitur. Celeritates autem cum perceptionibus, appetitiones atque aversiones cum directionibus eadem non sunt, si vel maxime quidpiam analogi fingere velis, neque illæ per leges perceptionum, neque hæ per leges appetitus atque aversationis explicari posse patet. Lex imaginationis est: si qua semel percepimus & unius perceptio denuo producatur, imaginatio producit & alteram (§. 117. *Psychol. empir.*), atque phantasmata minus clara sunt ideis sensualibus (§. 96. *Psychol. empir.*), quæ ab imaginatione producuntur (§. 93. *Psychol. empir.*). Quodsi vero vel maxime celeritatem cum claritate perceptionum componas; nihil tamen in lege imaginationis præsidii deprehendes ad celeritatum in mobili mutationem explicandam: immo obstat lex motus, de qua modo ostendimus, quod ad animam transferri nequeat, quippe quæ celeritatis immutationem seu diminutionem in mobili non admittit sine causa externa, qualis in phantasmatis producendis non requiritur, ut nihil dicamus de eo, quod in eodem mobili diminuatur celeritas, hic vero claritas minor insit non eidem perceptioni persistenti, sed diversæ recenter demum productæ. Abunde igitur patet vim motricem substitui minime posse vi perceptivæ, nec vim perceptivam vi motrici salvis modificationum regulis. Diversæ adeo sunt vires (§. 183. *Ontol.*).

> Quodsi quis excipiat, leges cogitationum seu percipiendi ac appetendi vel aversandi tanquam regulas speciales ex legibus indeque pendentibus regulis motus tanquam generalioribus deduci; is affirmat quæ probare nunquam poterit. Faciat enim hujus deductionis periculum, qui tam facilis est in asserendo; non dubito fore ut intelligat se omni conatu nihil agere. Materialistæ multa sumunt, sed non probant. Quodsi ad affirmandum non adeo forent procliues; lubricum Materialismi fundamentum protinus animadverterent.

§. 80.

De Natura & Essentia Animæ.

§. 80.

Anima a corpore prorsus diversa est. Anima enim habet vim perceptivam (§. 63.): in qua cum essentia ejus consistat (§. 66.), ab eadem inseparabilis est (§. 300. *Ontol.*). Corpus instruitur vi motrice, quæ cum in corpore ex substantiis simplicibus resultet (§. 180. *Cosmol.*), consequenter a viribus, quibus elementa prædita sunt (§. 196. *Cosmol.*), non minus a corpore inseparabilis est quam vis perceptiva ab anima. Enimvero vis perceptiva prorsus diversa est a motrice (§. 79.), ut adeo salva utraque substantia una alteri substitui nequeat (§. 183. *Ontol.*). Anima igitur a corpore prorsus diversa est (§. cit. *Ontol.*).

Diversitas animæ a corpore.

Equidem diversitatem animæ a corpore jam in superioribus evicimus (§. 44.), ac inde materialismum subvertimus (§. 50.). Quoniam tamen ipsa experientia convictus didici, quod dudum in genere rationibus confirmatus admiseram, diversitatem animæ a corpore sæpe facilius intelligi ex diversitate vis activæ in anima & vis motricis in corporibus, propter diversitatem legum, juxta quas ipsæ modificantur, quam ex repugnantia cogitationum cum corpore vel materia; non inconsultum mihi visum fuit propositionem præsentem, non obstante superiori (§. 44.), hic apponi.

§. 81.

Facultates animæ eidem non insunt, nisi quatenus vis perceptiva seu universi repræsentativa diverso modo modificabilis. Facultates enim animæ sunt potentiæ activæ ejusdem (§. 29. *Psychol. empir.*). Quare cum sint nudæ agendi possibilitates (§. 716. *Ontol.*); animæ tribuere diversas facultates idem est ac affirmare, possibile esse ut diversæ eidem inexistant actiones, consequenter mutationes intrinsecæ status diversæ in eadem actu contingant (§. 713. *Ontol.*). Ita animæ tribuere facultatem sentiendi idem est ac affirmare, possibile esse, ut anima percipiat objecta externa mutationem organis sensoriis qua talibus

Inexistentia Facultatum.

libus inducentia, convenienter mutationi in organo factæ (§. 67. *Pfychol. empir.*). Animæ tribuere facultatem imaginandi idem est ac affirmare, possibile esse ut producat perceptiones rerum sensibilium absentium (§. 92. *Pyschol. empir.*). Animæ tribuere facultatem fingendi idem est ac affirmare possibile esse ut phantasmatum divisione ac compositione rei sensu nunquam perceptæ phantasmata producat (§. 144. *Pfychol. empir.*). Et eodem modo sese res habet cum facultatibus ceteris, ipsa etiam facultate appetendi & aversandi: tribuere enim animæ facultatem appetendi & aversandi idem est ac affirmare, possibile esse ut anima inclinetur ad objectum pro ratione boni in eodem percepti (§. 579. *Pfychol. empir.*) & ab eodem reclinetur pro ratione mali in eodem percepti (§. 581. *Pfychol. empir.*). Necesse vero est ut detur ratio sufficiens, cur talia in anima possibilia sint (§. 70. *Ontol.*). Quare cum in essentia contineatur ratio eorum, quæ præter eam enti vel constanter insunt, vel inesse possunt (§. 167. *Ontol.*); animæ autem essentia in vi, qua prædita est (§. 53.), consistat (§. 66.): per vim istam intelligi debet, cur talia in anima possibilia sint (§. 56. *Ontol.*), quatenus scilicet ad tales potius, quam alias perceptiones, tali potius quam alio ordine actuandas restringitur (§. 68.). Tribuuntur itaque animæ tales facultates, quia possibile est ut talia per vim ejusdem diversis legibus obtemperantem actuentur. Quoniam vis constanter durat (§. 300. *Ontol.*) utpote essentia & natura ejus (§. 66. 67), perdurabile quid est (§. 766. *Ontol.*). Et quia actiones ejus continuo variantur perceptionibus aliis succedentibus aliis, appetitionibus item aliis & aversionibus in locum aliarum succedentibus; perceptiones & appetitiones ac aversiones singulares in modorum numero sunt (§. 151. *Ontol.*), consequenter quatenus istæ variantur vis animæ modificatur (§. 704. *Ontol.*) & quatenus possibiles, vis eadem modificabilis §. 764. *Ontol.*). Liquet igitur, quatenus vis animæ modificabilis, eatenus ipsi tribui facultates

& di-

De Natura & Essentia Animæ. 61

& diversas quidem tribui, quatenus modificationes non per eandem, sed diversas leges explicabiles sunt, consequenter quatenus vis animæ diverso modo modificabilis.

Modus, quo facultates animæ insunt, probe expendendus, ne fingamus, quæ non sunt, nec ex notionibus imaginariis difficultates nectamus. Eodem nimirum modo facultates animæ insunt animæ, quo possibilitates agendi seu activæ corporis potentiæ insunt corpori, aut vi ejusdem motrici inesse intelliguntur, & figurarum mutabilitas inest materiæ, immo quælibet modi mutabilitas corpori. Ita aer condensari potest, & condensabilitas est condensationis possibilitas. Quo igitur modo hæc inest aëri; eodem modo facultas animæ eidem inesse intelligitur. Similiter lapis calefieri potest. Hæc calefiendi potentia quo modo inest lapidi, eodem modo facultas quælibet animæ inest animæ. Elater aëris intendi potest. Ista intensibilitas quomodo vi elasticæ inest; eodem quoque modo facultas animæ quævis eidem inesse intelligenda venit. Probe expendendus est modus, quo modorum possibilitates insunt rebus materialibus seu corporibus, nempe quatenus per ea, quæ corpori actu insunt, vel tanquam actu inexistentia ponuntur, aliud quid in eodem esse posse intelligitur, quia istis positis in actu, hæc ponenda sunt in potentia. Quodsi enim exemplis specialibus notionem istam tibi familiarem reddideris; tanto clariora quoque tibi erunt, quæ de modo, quo facultates animæ eidem insunt, in præsente propositione docentur. Huc autem spectant tanquam notiones directrices, quæ de ratione modorum & possibilitatis eorundem in Ontologia tradidimus (§. 160. 164. 165. *Ontol.*).

§. 82.

Facultates igitur *animæ non concipiendæ instar entium diversorum, quæ actu dantur in anima & perdurant, & quæ per actiones & passiones, quæ ab ipsis proficisci observantur, modificantur.* Finge enim hæc ita sese habere: erunt facultates istæ entia perdurabilia (§. 766. *Ontol.*) & modificabilia (§. 764. *Ontol.*), consequenter substantiæ (§. 768. *Ontol.*). Et quoniam

Notio facultatum animæ spuria.

niam diversæ sunt *per hypoth.* diversæ erunt substantiæ. Anima igitur erit plurium substantiarum aggregatum, consequenter substantia composita (§. 794. *Ontol.*): quod cum sit absurdum (§.48.), facultates quoque animæ non concipi possunt instar entium diversorum, quæ in anima perdurant & modificabilia sunt.

Non ignoro equidem, vulgo facultates ita fingi, sed notione imaginaria, non reali (§. 110. *Ontol.*), quæ si intra limites suos coërceatur, subinde in philosophia reali ad facilitandam demonstrationem & quæsiti investigationem substitui potest. Quodsi vero pro reali accipiatur, nascuntur difficultates circa simplicitatem animæ & ex iis aliæ propullulant, nec videre licet, quomodo sine extensione concipi possit anima: id quod in argumento de immortalitate animæ plurimum negotii facessit. Immo quamdiu notionem imaginariam cum reali confuderis; nihil in Psychologia rationali efficies, sed continuis difficultatibus iisque inextricabilibus urgeberis, ut certo tramite progredi minime liceat.

CAPUT II.

De Facultate sentiendi, sive sensu.

§. 83.

Sensationes quales sint.

Sensationes animæ sunt repræsentationes compositi in simplici. Dum enim sentimus objecta externa nobis repræsentamus, quæ mutationem organis sensoriis qua talibus inducunt (§. 67. *Psychol. empir.*). Constat vero obvia unicuique momentis singulis experientia, objecta ista esse corpora. Quamobrem cum sentimus, corpora nobis repræsentamus. Jam corpora sunt entia composita (§. 119. *Cosmol.*), ideoque dum

De Facultate sentiendi, sive sensu.

dum sentimus, compositum quid nobis repraesentamus, consequenter percipimus (§. 24. *Psychol empir.*). Quoniam itaque sensationes sunt perceptiones, quarum ratio continetur in mutationibus in organis corporis nostri qua talibus contingentibus (§. 65. *Psychol. empir.*), anima vero substantia simplex est (§. 48.); sensationes sunt repraesentationes compositi in simplici.

Haec repraesentatio compositi in simplici maximi momenti est. Quoniam enim non repugnat compositum in simplici repraesentari; ideo animae possibiles sunt, quippe quarum natura & essentia in vi ista repraesentativa consistit (§. 66. 67.).

§. 84.

Dum sentimus, compositum aliquod praesens in simplici repraesentatur. Dum enim sentimus, ea percipimus objecta, quae mutationem organis sensoriis qua talibus inducunt (§. 67. *Psychol. empir.*), consequenter quae nobis praesentia sunt (§. 59. *Psychol. empir.*). Sed dum sentimus, compositum in simplici repraesentatur (§. 83.). Quamobrem dum sentimus, compositum aliquod praesens in simplici repraesentatur.

Uberior explicatio anterioris.

Propositio praesens ideo notanda est, ut appareat posthac differentia inter sensationes & phantasmata animae, consequenter inter imaginationem & sensum.

§. 85.

Imago in genere est repraesentatio quaelibet compositi.

Definimus hic imaginem in significatu latissimo, quem habere potest, ne opus sit eum distingui in proprium & metaphoricum, quemadmodum fieri solet. Plurimum enim refert in disciplinis non admitti significatus nisi proprios & abstineri a metaphoricis.

Imaginis in genere definitio.

§. 86.

Quoniam sensationes sunt repraesentationes compositi (§. 83.), repraesentationes autem rei, quatenus objective considera-

Ideae sensuales imagines sunt.

deratur, ideæ sunt (§. 48. *Psychol. empir.*), & quidem sensuales, quæ a sensu in anima producuntur (§ 95. *Psychol. empir.*); *Ideæ sensuales imagines sunt.*

Patet adeo, quo sensu admitti possit, dari in anima imagines rerum.

§. 87.

Imaginis materialis & immaterialis differentia.

Imago materialis est repræsentatio compositi in composito. Unde *Imago immaterialis* dici potest repræsentatio compositi in simplici. Quemadmodum vero imagines immateriales ideæ vocantur (§. 86. *Psychol. rat.* & §. 24. *Psych. emp.*); ita ex adverso Imagines materiales, quæ vulgo simpliciter Imagines appellantur, *Ideæ materiales* dici possunt.

Idearum materialium denominatione utemur in inferioribus, nec ea commode carere possumus, quemadmodum ex sequentibus patebit.

§. 88.

Picturæ definitio.

Picturæ sunt repræsentationes compositi in superficie.

Ita communiter objecta pinguntur in tabula, vel tela expansa. Pingi tamen quoque possunt & solent in superficiebus quibuscunque concavis & convexis.

§. 89.

Sculpturæ & Statuæ definitio.

Sculpturæ sunt repræsentationes compositi in solido. Dicuntur in specie *Statuæ*, si homines repræsententur. Immo quæcunque imagines corporeæ sub hac definitione comprehenduntur, veluti quæ ex cera effigiantur.

Nostrum jam non est tradere imaginum materialium differentiam inter se; sed tantummodo exponere differentiam imaginis materialis ab immateriali. Sufficit adeo materiales revocasse ad sua, quæ habent genera, non attentis speciebus, in quas hæc abeunt.

§. 90.

De Facultate sentiendi, sive sensu.

§. 90.

Imagines materiales res intra se repræsentant. Imagines enim materiales res repræsentant in composito (§. 87.) adeoque quatenus vi compositionis similitudinem habent cum repræsentato (§. 195. *Ontol.*). Ita statua repræsentat hominem, quatenus cum figura externa hominis eandem habet. Quoniam itaque compositio absolvitur modo, quo partes quædam invicem unitæ sunt (§. 533. *Ontol.*), adeoque ad eum spectantia in numero determinationum (§. 122. *Ontol.*) & quidem intrinsecarum sunt (§. 545. *Ontol.*); objectum intra subjectum repræsentans repræsentatur. Imagines itaque res materiales intra se repræsentant.

Quomodo imagines materiales res repræsentent.

Specula plana objecta repræsentant in se; concava certo in casu extra se. Unde aliquo modo apparet, quid sit repræsentare in se & extra se; non tamen prorsus apparet. Specula enim non sibi, sed nobis quid repræsentant. Si deest oculus, in quem lumen reflexum incidit, ulla nec in speculo, nec extra idem apparet imago. Præstat igitur ab istiusmodi similitudinibus abstinere, ne, quæ ex notionibus clara sunt, magis obscurentur, quam illustrentur. Ceterum patet ideas materiales alterius prorsus generis esse, quam immateriales imagines, quibus anima sibi objecta, quarum sibi conscia est (§. 21.) extra se repræsentat. Perperam igitur a Materialistis confunduntur, quæ toto cœlo diversa sunt.

§. 91.

Ideæ sensuales sunt similes objecto, quod repræsentant. Ideæ enim sensuales vi sensationis in anima insunt (§. 95. *Psychol. empir.*), consequenter objecta repræsentant, quæ mutationem organis sensoriis qua talibus inducunt (§. 67. *Psychol. empir.*). Quoniam igitur ideæ sensuales sunt imagines istorum objectorum (§. 86.), imaginem vero non repræsentare objectum constat, nisi quatenus ea, quæ in objecto distinguuntur, eadem sunt cum iis, quæ in imagine distinguere se invicem licet, consequenter quatenus imago similis objecto, quod repræ-

Idearum sensualium repræsentatio cum objecto similitudo.

(*Wolfii Psych. Ration.*) I

repræsentat (§. 195. *Ontol.*); ideæ utique senfuales objecto, quod repræsentant, similes esse debent.

Absonum videtur admittere, quod ideæ senfuales sint imagines objectorum sensibilium, & hoc non obstante in dubium vocare similitudinem cum prototypo. Imago enim objecto, quod repræsentare debet, dissimilis non est rei illius, sed alterius cujusdam imago. Maximi autem momenti est hanc idearum senfualium cum objectis, quæ exhibent, similitudinem intimius perspicere: id quod ex sequentibus abunde innotescet.

§. 92.

Ideis senfualibus quid insit.

Ideæ senfuales non repræsentant nisi figuras, magnitudines, situs & motus. Ideæ enim senfuales sunt similes objecto, quod repræsentant (§. 91.), & quoniam vi sensationis in anima existunt (§. 95. *Psychol. empir.*), objecta ista in organum sensorium agunt (§. 67. *Psychol. empir.*), adeoque corpora sunt (§. 56. *Psychol. empir.*). Corporibus igitur similes sunt, consequenter, quæ ideis senfualibus insunt eadem sunt cum iis, quæ insunt corporibus (§. 195. *Ontol.*). Enimvero corpora entia composita sunt (§. 119. *Cosmol.*), adeoque in iis non dantur nisi partes (§. 531. *Ontol.*), quæ cum limitatæ sint (§. 468. *Ontol.*), figura prædita sunt (§. 621. *Ontol.*) & quatenus denuo compositæ determinatam magnitudinem habent (§. 624. *Ontol.*), quatenus vero junguntur aliis (§. 140. *Cosmol.*), nec continuum efficiunt, cum alias nulla oriretur in composito differentia ab aliis (§. 554. *Ontol.*), determinatum ad se invicem situm habent (§. 620. *Ontol.*). Quamobrem ideæ senfuales, quatenus corpora citra quandam mutationem repræsentant, non repræsentant nisi figuras, magnitudines & situs.

Enimvero quatenus mutationi obnoxia sunt corpora, motui obnoxia sunt (§. 128. *Cosmol.*). Quamobrem ideæ senfuales,

De Facultate sentiendi, sive sensu.

suales, quatenus corpora exhibent ut mutationem patientia, nonnisi motus repraesentant. Atque ita patet, in ideis sensualibus non contineri nisi figuras, magnitudines, situs & motus.

Quodsi corpuscula, ex quibus materia alicujus corporis constat, fuerint mixta ex diversis materiis aliis; ea rursus resolvuntur in particulas, quae determinatas habent figuras atque magnitudines situmque ad se invicem determinatum. Quamobrem in eorum quoque perceptione non continentur nisi figurae, magnitudines ac situs: quod ut ante patet.

Qui mechanicam philosophiam professi sunt, dudum agnovere non aliud quid in corporibus inesse praeter figuras, magnitudines ac situs. Nec *Cartesius*, qui essentiam corporum in extensione consistere statuit, diversam ab hac fovit sententiam. Immo Atomistae quoque idem admittunt. Quamobrem si supponitur, perceptionibus nostris non alias inesse debere determinationes, quam quae rebus insunt, quod in propositione praecedente evicimus; hinc ultro consequitur non alia percipi quam figuras, magnitudines, situs ac motus. Non est quod objicias, experientiam contrarium aperte loqui: quae enim hinc peti possunt ad labefactandam propositionis praesentis veritatem, ea in fumum abibunt, quamprimum perceptionem confusam intimius perspicere licuerit.

§. 93.

Si figuras, magnitudines & motus in iis, quae percipimus distinguimus; sensationes distinctae sunt. Sensationes enim sunt perceptiones (§. 65. *Psychol. empir.*). Omnis autem perceptio distincta est, quatenus in re percepta plura sigillatim enunciabilia distinguimus (§. 38. *Psychol. empir.*). Quamobrem cum in ideis sensualibus non insint nisi figurae, magnitudines, situs ac motus (§. 92.); distinctae erunt sensationes, ubi figuras, magnitudines ac motus, adeoque & situs in iis, quae percipimus, distinguimus.

Idem etiam patet a posteriori. Quodsi enim ea, quae distin-

Sensationes quatenus distinctae.

distincte percipimus, consideremus; patebit nos non deprehendere nisi figuras, magnitudines ac situs, nec non motus, quæ a perceptione confusa absunt ac distincta explicatione tradi possunt. Ceteræ enim qualitates sensibiles nonnisi confuse percipiuntur suoque loco in Physica ostendetur, quod per figuras, magnitudines, situs ac motus ipsæmet distincte explicentur.

Inde sane est, quod figurarum, magnitudinum & motuum doctrina dudum per distinctas notiones tradita fuerit, cum in ceteris Physici antiqui ad evidentiam nullam pervenerint, qualis in Mathesi observatur.

§. 94.

Sensatio confusa qualis sit.

Si figuras, magnitudines, situs ac motus rei perceptæ inexistentes non distinguere possumus; sensatio confusa est. Quoniam enim ideæ sensuales non repræsentant nisi figuras, magnitudines, situs & motus rei perceptæ inexistentes (§. 92.); perceptioni quoque confusæ inesse nequeunt perceptiunculæ aliæ, quam figurarum, magnitudinum, situum ac motuum rei perceptæ inexistentium. Quodsi ergo figuras, magnitudines, situs ac motus rei perceptæ inexistentes non distinguere possumus; in re clare percepta plura sigillatim enunciabilia non distinguimus. Est igitur sensatio confusa (§. 39. *Psych. empir.*).

Probe notandum est in propositione præsente ac præcedente supponi sensationem distinctam nihil continere confusi & vicissim confusam nihil continere distincti. Etsi enim perceptiones nostræ ex confusis & distinctis componantur, ac semper iisdem plurimum insit confusi; eas tamen docendi gratia, quemadmodum & alias in disciplinis moris est, a se invicem separari utile, immo necesse est. Istiusmodi etiam separatio ipso mentis actu fieri solet, quatenus animum ad rem perceptam advertentes sigillatim enunciabilia a se invicem separamus notiones distinctas formaturi (§. 678. *Log.*): id quod inferius distinctius adhuc exposituri sumus, ubi intellectus operationes ad rationes suas revocabimus. Ne tamen dubia sub-

suboriantur methodo parum adsuetis; propositionem sequentem adjicere lubet, ut ea removendi non desit occasio.

§. 95.

Si figuras & magnitudines alias, situs & motus alios in re percepta distinguere possumus; alias vero aliosque distinguere non valemus: sensatio ex confusis & distinctis componitur. Quatenus enim figuras, magnitudines, situs & motus distinguimus, distincta est sensatio (§. 93.); quatenus distinguere non valemus, confusa (§. 94.). Quamobrem si figuras & magnitudines alias, situs & motus alios distinguere, alias autem aliosque distinguere non valemus, sensatio ex confusis & distinctis componitur.

Sensatio composita qualis.

Sensationes nostræ omnes compositæ sunt, quemadmodum a posteriori patet, nec minus a priori ex mox uberius dicendis intelligetur. Quamobrem exempla, quibus propositionis præsentis veritas confirmatur & intellectus ejusdem illustratur, adeo obvia sunt, ut unusquisque in se experimentum ejus rei exemplo capere possit. Ponamus e. gr. nos visu percipere mensam. Partium singularum figuras & magnitudines, nec non earum ad se invicem situm probe distinguimus & eatenus perceptio nostra distincta est. Habent vero partes diversæ colorem diversum, quem non minus percipimus. Etsi autem colorem unum ab altero ob claritatem, qua percipitur, optime distinguamus, atque adeo duorum colorum simultaneæ perceptiones totalem efficiant distinctam; singulæ tamen in se confusæ sunt, cum figuras & magnitudines situsque particularum, ac motus luminis incidentis atque in iisdem modificati sensu percipere non liceat, utut ratione assequi detur, quemadmodum in Physica docebimus. Nullum igitur ex eo dubium moveri potest, quod sensationes rerum distinctis, quas habemus & in ipsis disciplinis admittere tenemur, insint confuse percepta: quod ut penitus tollatur, probe expendendus est modus, quo confuse percepta inserviunt perceptioni totali distinctæ efficiendæ.

§. 96.

Perceptiones confusæ quomodo totalem efficiant distinctam.

Si perceptiones confusæ partiales plures ingrediantur compositam; perceptionem totalem distinctam efficiunt. Quoniam confuse percepta clare percipiuntur (§. 37. 39. *Psychol. empir.*); ubi perceptiones confusæ partiales plures ingrediuntur compositam, confuse percepta a se invicem distinguere valemus (§. 31. *Psychol. empir.*). Et quoniam etiam confusas perceptiones, vel res per eas repræsentatas vocabulis indigitamus (§. 271. *Psychol. empir.*); confuse quoque percepta a se invicem discernibilia sigillatim enunciare valemus. Quamobrem cum perceptio aliqua distincta hoc ipso evadat, quod in re percepta plura sigillatim enunciabilia distinguamus (§. 38. *Psychol. empir.*); perceptiones confusæ partiales plures compositam ingredientes totalem efficiunt distinctam.

Exempla obvia idem confirmant, & sufficit illud ipsum, quod ad propositionem præcedentem confirmandam ac illustrandam adduximus. Colores enim diversi a se invicem distinguuntur & peculiaribus nominibus alteri indigitantur, ut-ut unusquisque nonnisi confuse percipiatur; ita ut in uno colore nequidem plura confuse percepta actu mentis a se invicem separare liceat, quantamcunque attentionem adhibueris & quantocunque studio reflectere super colore percepto volueris. Sunt autem præter perceptiones confusas colorum adhuc aliæ complures, quemadmodum unicuique exploratum est, & de iis idem valere, quod de coloribus diximus, palam est, cum nihil hic de coloribus affirmetur, nisi quatenus confuse percipitur: quod adeo de re omni confuse percepta affirmari debet (§. 374. *Psychol. empir.*). Eodem modo perceptiones confusæ ingrediuntur distinctam per modum partium, quo notiones confusæ distinctam. Et quomodo hæ ulterius continuo resolvendæ, ut tandem adæquata prodeat notio (§. 682. *Log.*); ita perceptiones quoque confusæ, quæ tanquam partiales totalem ingrediuntur, in se continuo resolubiles sunt in alias, donec tandem in figuris, magnitudinibus,

situ

De Facultate sentiendi, sive sensu. 71

situ & motibus subsistatur (§. 92.), etsi ista resolutio in nostra potestate non sit, quemadmodum ex formali vis perceptivæ limitatione deinceps clarius intelligetur.

§. 97.

Si plures sensationes confusæ diversæ confunduntur in unam; idea sensualis, quæ inde resultat, diversa apparet ab iis, quæ confunduntur. Etenim si plures sensationes confusæ in unam confunduntur, simul repræsentantur ea, quæ singulis insunt (§. 91.). Quoniam vero singulis eadem non insunt *(per hypoth. & §. 183. Ontol.)*; in idea sensuali, quæ ex confusione aliarum diversarum in unam oritur, diversa utique insunt, quam unicuique illarum sigillatim spectatæ. Jam cum ideæ sensuales confusæ ideo a se invicem differant, quia perceptiunculæ in unam confusæ differunt; necesse utique est, ut idea sensualis confusa alia sit, adeoque etiam diversa appareat ab iis, quæ confunduntur.

Ortus diversarum perceptionum confusarum ex aliis.

Patet idem a posteriori. Etenim si colores siccos contritos commisceas; nudo oculo qui apparet color, diversus ab utroque colore, quem habent particulæ pulverum commixtorum. Quodsi vero per microscopium contuearis pulverem, qui ex commixtione duorum pulverum diversi coloris prodit; in conspectum prodeunt pulvisculi diversi coloris, ii scilicet, in quos contritæ fuerunt massæ diversi coloris. Percipiuntur adeo visu pulvisculi diversi coloris, dum color ille compositus ab ipsorum colore prorsus diversus comparet. Sed quoniam pulvisculi isti nudo visu non amplius a se invicem distinguuntur, sed duo vel plures instar unius apparent, coloris diversi perceptiunculæ in unam confunduntur. Prodit adeo idea sensualis confusa ex plurium sensationum confusione in unam, quæ ab iis, quæ confunduntur, diversa prorsus apparet. Obtinet idem in aliis sensationibus. Ecquis enim est qui nesciat, ex commixtiomixtione duorum odorum prodire odorem compositum diversum prorsus ab iis, qui invicem commixti fuere? Quis ignorat, ex commixtione duorum saporum prodire saporem compositum itidem diversum prorsus ab iis, qui invicem commixti fuere? A posteriori igitur propositionis praesentis veritas satis clare elucet, quatenus plurima experientia suggerit exempla, a quibus eandem abstrahere licet.

Maximi momenti est in Moralibus, ut constet quomodo perceptiones confusae nascantur ex aliis: id quod suo loco constabit, ubi praxin moralem ad distinctas notiones revocaturi sumus. Quodsi ulterius quaesiveris, undenam sit ut plures perceptiones diversae in unam confundantur; responsionem accipe ex sequentibus. Ad veritatem propositionis praesentis parum refert, utrum noveris nec ne, undenam sit ista confusio; sufficit a posteriori constare, quod locum in anima habeat.

§. 98.

Ideae sensuales quid proprie sint   *Dum sentimus, anima sibi repraesentat substantiarum simplicium mutationes intrinsecas, sed in unum confusas.* Sunt enim sensationes similes objecto, quod repraesentatur (§. 91.), adeoque corpori in organum sensorium agenti (§. 56. 65. *Psychol. empir.*), consequenter determinationes intrinsecae in ideis sensualibus eadem sunt cum determinationibus intrinsecis in corporibus, quae repraesentant (§. 195. *Ontol.*). Enimvero corpora sunt substantiarum simplicium aggregata (§. 176. *Cosmol.*), nec praeter eas quicquam substantiale in iisdem datur (§. 177. *Cosmol.*) & in istis, tanquam elementis (§. 18. *Cosmol.*), rationes ultimae eorum continentur, quae in rebus materialibus deprehenduntur (§. 191. *Cosmol.*). Aliae igitur determinationes corporibus inesse nequeunt, nisi quae elementis insunt, si tandem confuse percepta ad suos fontes ita reducantur, ut nihil confusi amplius supersit. Jam status elementorum continuo mutatur (§. 197. *Cosmol.*) & omnis in corporibus diversitas

ab

De Facultate sentiendi, sive sensu. 73

ab elementorum diversitate dependet (§. 194. *Cosmol.*). Quamobrem ideae nostrae sensuales non repraesentant nisi continuas determinationum intrinsecarum mutationes, quibus status elementorum internus constituitur (§. 705. 706. *Ontol.*). Quilibet autem in seipso experitur se illas determinationes & earum mutationes sigillatim non agnoscere, nec a se invicem distinguere. Eas igitur in unum confundit.

    Magni momenti est haec propositio ad naturam animae & totius universi intimius perspiciendam. Neque hactenus expensa sunt, quae ab eadem pendent & mox uberius exponentur.

§. 99.

Anima sensu ne quidem armato corpuscula derivativa distinguit. Etenim si per microscopium particulam lamellae auri contemplemur, quod objecta mirifice amplificare potest, immo quantamcunque in iis amplificandis vim habet, non tamen videmus nisi auri quandam lamellam, quae extensionem continuam uniformem exhibet. Nemo ignorat, aurum esse corpus mixtum, adeoque in particula ista admittenda esse corpuscula ex aliis particulis minoribus diversis invicem unitis composita, consequenter derivativa (§. 229. *Cosmol.*). Corpuscula igitur derivativa anima ne quidem sensu armato distinguit.

Anima quousque distinctas habeat perceptiones.

    Quae de auro comperta sunt, eadem de massa quacunque alia experiri datur. Quicquid enim sensu percipitur, mixtum est. Non igitur a singulari quodam casu ad universale concluditur.

§. 100.

Multo minus igitur anima sensu licet utcunque armato corpuscula primitiva distinguit. Anima enim sensu utcunque armato non distinguit corpuscula derivativa (§. 99.) ne quidem ea, ex quibus sensui obvia immediate constant, quemad-

Corpuscula primitiva sensui non obvia.

(*Wolfii Psych. Ration.*)   K   mo-

modum ex probatione propositionis præcedentis intelligitur. Enimvero corpuscula derivativa ex aliis minoribus componuntur & derivativa prima ex primitivis aggregantur (§. 229. *Cosmol.*), consequenter primitiva partes sunt cujusvis derivativi (§. 341. *Ontol.*), ac ideo quocunque derivativo minora sunt (§. 357. *Ontol.*). Quare cum anima ob exilitatem non distinguat corpuscula derivativa, quod per se patet; adeoque ægrius distinguere possit iisdem minora; sensu quantumlibet armato primitiva corpuscula distinguere nequit.

Patet idem a posteriori. Nullum est dubium particulas, quæ ingrediuntur corpusculum auri, esse corpuscula derivativa; utpote & ipsa mixta. Dum vero corpuscula auri immediata sensu non distinguimus; unusquisque nostrum rideret querentem, an non particulas corpuscula ista ingredientes distinguere liceat. Ridemus autem non alia de causa, quam quod norimus particulas istas tanquam partes corpusculorum minores esse corpusculis: quam etiam risus rationem allegamus. Tacite autem supponimus, nos minora iis, quæ ob exilitatem non videmus, multo minus videre posse. Nisi enim hoc supponatur, non apparet quæstionis absurditas ex eo, quod partes corpusculorum sint hisce minores.

> Evidentium distincta evolutio plurimum juvat acumen animæ, ut ad sui cognitionem evadat aptior. Nemo igitur miretur, nobis eam curæ cordique esse. Nec quemquam pigeat animum ad eandem advertere. Neglectus sane hujus evolutionis haud postrema causa fuit, cur studium psychologicum hactenus frigeat in Musæis philosophorum.

§. 101.

Elementa rerum non obvia.

Elementa rerum materialium anima sensu utcunque armato distinguere nequit. Quoniam corpuscula primitiva ex elementis ortum suum deducunt (§. 229. *Cosmol.*); antequam ad elementa perveniri possit, necesse est in ideis sensualibus discerni

scerni a se invicem corpuscula primitiva. Sed hæc discernere sensu utcunque armato non licet (§. 100.). Ergo nec elementa rerum materialium sensu quocunque armato distinguere licet.

Corpuscula in genere spectata corporibus similia sunt, nec differunt ab iis nisi magnitudine. Non tamen sensu percipiuntur. Elementa corporum cum corporibus nihil prorsus commune habent (§. 183. *Cosmol.*). Quid ergo mirum, quod sub sensum non cadant? Ubi sensuum auxilio destituimur, ad rationis tribunal provocandum. Atque ideo elementorum existentiam ex principiis rationis deduximus (§ 176. 182. *Cosmol.*). Non inutiliter hæc inculcantur. Vulgo enim natura rerum qualis sit non agnoscitur, quod elementa ad modum objectorum sensibilium concipiantur, cum tamen sensuum objecta esse repugnet. Aliter sese res habet cum corpusculis, quæ sensus aciem effugiunt. Quodsi enim fingas ea majora fieri ea tamen lege, ut sibi non fiant dissimilia, vel eorundem speciem in oculo amplificari, ut majora appareant; qualia sint vi imaginationis (§. 92. *Psychol. empir.*), adeoque quasi sensu percipis (§. 91. 92. *Psychol. empir.*). Id vero non succedit in elementis rerum materialium: quorum quippe phantasma ideæ sensuali simile nullum possibile.

§. 102.

Quoniam elementa rerum materialium sensui impervia sunt (§. 101.), in iis tamen rationes ultimæ eorum, quæ in rebus materialibus deprehenduntur, continentur (§. 191. *Cosmol.*), consequenter res materiales non cognoscuntur distinctæ, nisi perspectis iis, quæ elementis insunt (§. 56. *Ontol.*); *nihil quod rebus materialibus inest, prorsus distincte sensu percipitur, nec natura rerum sensui pervestigabilis.*

Sensu nihil prorsus distincte percipitur & natura rerum eidem impervestigabilis.

Hinc in ipsa Mathesi acquiescimus in eo, quod confuse percipitur, Etenim in Geometria acquiescimus in notione extensionis, qualis a sensu in imaginationem derivatur, & in Mechanica gradum in vi sistimus motrice. Enimvero & extentenſionem (§. 224. *Cosmol.*) & vim motricem nonniſi confuſe percipimus (§. 295. *Cosmol.*), adeoque in eo acquieſcimus in Geometria & Mechanica, quod confuſe percipimus, conſequenter ab imaginibus pendet omnis cognitio (§. 86.). In Arithmetica numerorum notiones tandem reſolvuntur in notionem unitatis (§. 339. *Ontol.*) & unitatis notio ab imagine propemodum ſeparata (§. 330. 332. *Ontol.*) Unde numerorum analyſis ab imaginibus ſeparatæ cognitionis exemplum fere præbet. Aſt in reliquis diſciplinis omnis noſtra cognitio ab imaginibus pendet. In Cosmologia generalem univerſi cognitionem ab imaginibus ſeparare tentavimus, dum veros naturæ fontes aperuimus, oſtendimusque quænam ſint primæ imagines, a quibus pendet communis naturæ cognitio. In Pſychologia igitur rationali oſtendendum eſt, quomodo imagines iſtæ fundamentales in anima naſcantur: id quod uberiorem lucem affundet iis, quæ in Cosmologia de hoc univerſo docuimus.

§. 103.

Quomodo Idea extenſionis & continuitatis naſcatur.

Dum animæ ſtatus elementorum internos in unum confundit, remanet notio diverſitatis numericæ atque pluralitatis, nec non nexus elementorum vi illorum ſtatuum inter ſe & arctitudinis illius nexus, ac inde porro extenſionis & continuitatis idea ſenſualis naſcitur. Dum enim anima ſtatus elementorum internos in unum confundit; eos a ſe invicem minime diſtinguit (§. 39. *Pſychol. empir.*), adeoque ſingula ſigillatim percipere nequit (§. 682. *Log.*), conſequenter ſibi conſcia eſſe non poteſt eorum, quibus ſtatus unius elementi a ſtatu alterius differt (§. 11.). Quoniam tamen ideæ ſenſuales ſimiles eſſe debent objecto, quod repræſentant (§. 91.); ut tanquam numero eadem percipiantur, quæ diverſa ſunt, fieri nequit. Remanet igitur notio diverſitatis numericæ: quæ cum ſine pluralitate intelligi nequeat (§. 184. 331. *Ontol.*); notio quoque pluralitatis ſeu multitudinis ſupereſſe adhuc debet.

Status elementorum omnium inter ſe connexi ſunt (§. 210. *Cosmol.*),

De Facultate Sentiendi, sive sensu.

Cosmol.), & quidem ideo, quia status interni praesentis ratio in elemento uno reddi potest ex statu interno praesente alterius (§. 209. *Cosmol.*), quemadmodum ex demonstratione nexus elementorum inter se intelligitur (§. 210. *Cosmol.*). Quoniam anima status elementorum in unum confundit; eorum sibi conscia esse nequit, quibus status isti elementorum per se invicem explicabiles sunt (§.682. *Log.* & §. 11.*Psych. rat.*). Cum tamen ideae sensuales similes esse debeant objecto, quod repraesentant (§. 91.); aliquid quoque in idea sensuali remanere debet, quod nexui isti respondet. Jam quia aggregata elementorum vi hujus nexus unum quid efficiuntur; unius notio in eadem superesse debet, utpote id quod vi explicabilitatis status interni unius elementi per statum internum alterius omni elementorum aggregato commune est.

Quoniam igitur idea sensualis tantum similitudinis cum ideato retinere debet, quantum in confusa perceptione superesse potest; & status unius elementi ita explicabilis est per statum alterius, ut propter dissimilitudinem elementorum (§. 195. *Cosmol.*) per statum elementi cujuscunque alterius explicari minime possit, nexus quoque hujus arctitudini quidpiam in idea sensuali respondeat necesse est, quod indivulsus sit, ac in eo conveniat nexus elementorum quorumlibet. Quamobrem confuse non percipitur nisi quatenus quae unita sunt ita unita apparent, ut aliud quid interponi nequeat, extremo binorum quorumcunque communi existente. Atque ita nascitur continuitatis idea sensualis (§. 567. 568. *Ontol.*).

Et quoniam idea ista plura a se invicem numerice diversa, sed inter se ita unita, ut continuum efficiant, repraesentat, dum elementorum aggregata confuse percipiuntur *per demonstrata*; idea extensionis sensualis enascitur (§. 567 . 568. *Ontol.*).

Confusas, quas habemus, rerum perceptiones explicare

Psychologiae rationalis est, neque id utilitate caret. Etenim hac explicatione ad primos rerum fontes deducimur, ut appareat vera naturae rerum facies. Quemadmodum enim perperam de coloribus aliisque qualitatibus sensibilibus sentiunt, qui perceptionem suam confusam ipsi objecto inhaerere existimant, ita non minus de extensione & continuitate parum recte statuunt, qui perceptionem suam confusam rebus tribuunt, quemadmodum jam alias me monuisse memini, ex praesente autem propositione ab iis abunde intelligitur, qui, quod fuerint in studio cosmologico assidui, mentem imaginibus non amplius addictam habent. Animae quoque natura intimius inspicitur & confusarum inprimis perceptionum indoles manifesta evadit. Acumen praeterea hisce exercitationibus comparatur, quo confusis perceptionibus ad distinctas revocandis opus est: id quod in philosophia morum plurimum utilitatis affert. Docemur praeterea ad eundem modum, quo primae imagines rerum nascuntur ex confusione eorum, quae ipsis elementis insunt, nasci quoque imagines alias ex limitum extensi & vis motricis confusione, unde nascuntur ideae qualitatum physicarum, quas diximus (§. 238. *Cosmol.*). Enimvero haec distinctius a nobis exponi consultum ducimus.

§. 104.

Idea spatii sensualis seu imaginaria.

Quoniam spatium non differt ab extenso in abstracto spectato, cum utriusque idea sensualis non exhibeat nisi quoddam continuum uniforme, in quo scilicet nihil datur actu divisum, sed partes tantummodo possibiles ita inter se junctae apparent, ut earum extrema simul sint, ac alia inter eas interponi impossibile sit, nisi quod extensio divisibilis & impenetrabilis materiae, indivisibilis vero & penetrabilis spatio tribuatur (§. 567. 568. 599. *Ontol.*) : *ex repraesentatione nexus rerum a statu elementorum interno pendentis nascitur quoque spatii idea sensualis.*

Scilicet eodem modo intelligitur, cur ideae spatii insit extensionis uniformitas & continuitas, quo explicavimus ortum ideae
con

continuitatis atque extenſionis in anima (§. 103.). Sed quær‑ adhuc poterat, num in ipſa natura rerum aliqua ſubſit ratio cur ſpatium imaginemur ut indiviſibile ac impenetrabile; an vero anima libertate fingendi uſa demendo & addendo ideam extenſionis in ideam ſpatii transformet: id quod *Carteſio* viſum eſt, qui ſpatium cum corpore ſive materia idem eſſe pronunciavit; noſtræ vero ſententiæ non admodum convenire videtur, qui ſpatium a materia diſtinguimus ſicuti numerum a rebus numeratis (§. 601. *Ontol.*). Noſtrum igitur eſt oſtendere, quomodo in confuſa natura rerum perceptione naſcatur idea ſpatii ſenſualis tanquam diverſi a rebus materialibus, dum nexum rerum nobis repræſentamus: Quem in finem ſequens lemma præmittimus.

§. 105.

Datur ordo coëxiſtendi in nexu elementorum, idemque continuo ſubſiſtit, ſtatu eorum quomodocunque mutato. Etenim elementa ita coëxiſtunt, ut ratio coëxiſtentiæ, quatenus ſcilicet ſimul exiſtunt, & quatenus hoc potius modo, quam alio coëxiſtunt, in ipſis contineatur (§. 210. *Cosmol.*), atque ideo omnia inter ſe connexa ſunt (§. 10. *Cosmol.*). Quoniam adeo per determinationes intrinſecas elementorum intelligitur, cur hæc potius elementa, quam alia eaque hoc potius modo quam alio coëxiſtant (§. 56. *Ontol.*), determinationes vero accidentales ita mutuantur, ut ratio eorum, quæ in uno elemento contingunt, reddi poſſit ex mutationibus, quæ in altero contingunt (§. 209. *Cosmol.*); modus coëxiſtendi per hoc determinatur, ut ſtatus elementorum per ſe invicem ſint explicabiles, conſequenter coëxiſtentia elementorum quorumcunque eodem modo determinatur (§. 215. *Ontol.*). In coëxiſtentiis igitur elementorum ſimilitudo quædam datur (§. 217. *Ontol.*), conſequenter ordo datur coëxiſtendi (§. 472. *Ontol.*). Enimvero ideo quoque elementa inter ſe connexa ſunt, quod ratio mutationum unius contineatur in mutationibus aliorum (§. 10. *Cosmol.*)

Ordo coëxiſtentiæ elementorum.

Cosmol.). Ergo ordo coëxistendi seu coëxistentiarum in ipso nexu elementorum obvius, neque adeo sine hoc concipi potest.

Jam status elementorum continuo mutatur($.197.*Cosmol.*), sed mutationes constanter, quæ in uno contingunt, sunt explicabiles per mutationes, quæ in alio contingunt ($. 209. *Ontol.*). Quamobrem nulla status mutatione tollitur nexus elementorum, nec ordo coëxistendi in eodem obvius *per demonstrata*. Idem ergo ordo coëxistendi continuo subsistit, statu eorum quomodocunque mutato.

> Propositio hæc cosmologica est; sed cum ad contrahendam demonstrationem propositionis sequentis eadem opus habemus, eam hic loci exhiberi fas erat. Plurimum autem refert ut probe perpendatur, ordinem coëxistendi non posse cogitari, quin simul nexus rerum nobis conscii simus, etsi actu mentis ille ab hoc separari possit, ubi ad distinctas notiones revocata accurata dictione exprimimus unumquodque proprio suo nomine idem efferentes. Rationes mutationum nexum pariunt quatenus extrinsecæ, sed ordinem gignit illarum identitas.

§. 106.

Idea spatii sensualis quomodo nascatur.

Dum ordinem coëxistentiarum in nexu elementorum confuse percipit anima; in perceptione confusa extensioni superaccedit indivisibilitas & penetabilitas, sicque spatii ideas sensualis enascitur. Dum enim ordinem coëxistentiarum nexui rerum inhærentem confuse percipit, eorum sibi sigillatim conscia non est, quæ in stabiliendo ordine coëxistentiarum nexui elementorum inhærente adduximus ($. 105.). Quoniam tamen idea sensualis similitudinem habet cum objecto ($.91.); eidem quid inesse debet, quod ordini isti respondet. Jam ordo iste coëxistentiarum nascitur ex eo, quod status internus elementi cujuscunque sit explicabilis per status ceterorum, quemadmodum ex demonstratione propositionis præcedentis

intel-

intelligitur, & quatenus elementa diffimilia funt (§. 195. *Cosm.*), nulli elemento aliud quoddam falvo ordine fubftitui poffit. Vi hujus igitur ordinis unionis notio fupereft in idea fenfuali. Et quia ordo ifte fubfiftit continuo ftatu elementorum quomodocunque mutato; unio ifta indiffolubilis apparet. Quamobrem cum animæ elementorum aggregata fibi confufe repræfentanti propter illorum nexum idea extenfionis objiciatur (§. 103.), propter ordinem eidem inhærentem extenfioni indiffolubilitatem unionis adeoque indivifibilitatem fuperaddit atque adeo extenfum quoddam indivifibile per res materiales fimul perceptas diffufum ac interminatum nobis objicitur: quod cum appareat a rebus diftincte perceptis diverfum, penetrabile videtur. Jam vero extenfum indivifibile & penetrabile fpatium imaginarium eft, quale fenfu a nobis percipi videtur (§. 599. *Ontol.*). Idea igitur fenfualis fpatii enafcitur, dum ordinem coëxiftentiarum nexui elementorum inhærentem confufe percipimus.

 Hinc demum clariffime intelligitur, quod fpatium non fit nifi ordo coëxiftentiarum in nexu elementorum obvius, feu ordo fimultaneorum. Etenim cum corpora non fint nifi elementorum aggregata (§. 176. 182. *Cosmol.*), adeoque entia fimultanea feu coëxiftentia fint fubftantiæ fimplices, præter quas in corporibus nihil fubftantiale datur (§. 177. *Cosmol.*); ordo quoque rerum coëxiftentium feu fimultaneorum non datur alius in rerum natura, quam qui in elementis locum habet, & qui in compofitis percipitur ab illo pendet, hic tamen non attenditur, ob univerfalitatis defectum, fine qua fpatii idea concipi nequit. Ordo hic nihil eft rebus ipfis intrinfecum, nafcitur tamen ex eo quod rebus intrinfecum eft, quatenus ea, quæ ipfis infunt, relationem quandam ad fe invicem habent. Qui in cosmologicis probe fuerit verfatus & in revocandis ideis animæ confufis ad diftinctas operam quandam pofuerit; is facile animadvertet, quod ea, quam dixi, ratione in idea fenfuali rerum materialium fpatium, quale imaginamur, per res materiales

(*Wolfii Pfych. Ration.*)   L   riales

riales diffundi debeat. Immo clariffime idem perfpiciet fpatium a rebus materialibus effe diverfum: res enim materiales non fubfiftunt fine elementis ipfis, fpatium vero in quadam elementorum ad fe invicem relatione conftante totum confiftit, quatenus ea a nobis non nifi confufe perceptibilis.

§. 107.

Quomodo vim inertiæ percipiamus. *Vim inertiæ tactu percipimus, dum quid movere conamur.* Si fores protudere conamur & intus aliquis manibus ad easdem applicatis renititur; renifum tactu percipimus, nec foret cedere nitentibus obfervamus nifi renifu fuperato. Jam fi molem trahæ impofitam trahere vel globum ex fune pendulum digito e fitu fuo dimovere conamur; fimiliter renifum percipimus, qualis erit is, qui fores propulfaturo percipiebatur. Similiter fi tabulam ligneam tenuem per aquam ftagnantem, vel currentes celeriter per aërem movemus; fimilem quoque renifum in aqua & aëre manu percipimus, qua illam tenemus. Jam in ifto renifu continetur ratio, cur motus vel nullus fequatur, fruftra nobis nitentibus, vel non adeo celer, quam futurus erat, eadem vi adhibita, renifu abfente (§. 56. *Ontol.*), adeoque motus impedimentum eft (§. 726. *Ontol.*), confequenter mobile contrario illo nifi vim ad movendum ipfum adhibenti refiftit (§. 727. *Ontol.*), ac ideo renifus ifte principium refiftentiæ in corporibus (§. 866. *Ontol.*). Eft igitur vis inertiæ feu paffiva (§. 130. *Cosmol.*). Atque adeo patet nos vim inertiæ tactu percipere.

Hanc vim inertiæ omni materiæ ineffe debere in Cosmologia evicimus (§. 129. 130.): ex eo autem, quod probetur, eam omni materiæ ineffe debere nondum fequitur, quod ejus aliquam ideam habeamus, vel quando eandem acquiramus. Quamobrem hic docendum erat, undenam nobis fit vis hujus idea & qualis a nobis eadem percipiatur. Mox enim patebit quod hoc noffe utile fit, ne in analyfi notionis a vero aberremus & vim inertiæ fingendi facultate abufi in idolum

ima-

De Facultate sentiendi, sive sensu.

imaginationis convertamus. Talia enim impedire Psychologi est. Revocamus autem ideam vis inertiæ ad aliam æquipollentem, quæ nobis notior est, ut magis excitetur attentio ad eandem & ut evitetur periculum, ne in confuse perceptis male a lectore intelligamur.

§. 108.

Dum anima vim inertiæ percipit, principium passivum elementorum confuse sibi repræsentat. Quoniam enim in elementis ratio ultima eorum continetur, quæ in rebus materialibus deprehenduntur (§. 191. *Cosmol.*), in iisdem quoque vis inertiæ seu passiva contineri debet. Et quoniam corpora sunt substantiarum simplicium (§. 176. *Cosmol.*), adeoque elementorum aggregata (§. 182. *Cosmol.*); nihil datur reale in corpore, nisi quod elementis inexistit. Quamobrem nec principium passivum in corpore concipitur, nisi quatenus quid reale eidem respondens in elementis datur. Et quoniam ideæ similes sunt objecto, quod repræsentant (§. 91.); id, quod in elementis vi passivæ seu inertiæ corporum respondet, repræsentare debent, consequenter principium passivum, quod datur in elementis (§. 294. *Cosmol.*). Enimvero elementa ne armato quidem sensu distinguere licet (§. 101.), consequenter nec sensu distingui possunt principia passiva, quæ in aliquo elementorum aggregato singulis elementis insunt. Cum igitur in unum confundantur, ut singula sigillatim a nobis recenseri nequeant; perceptio confusa oritur (§. 39. *Psychol. empir.*). Quamobrem patet, dum vim inertiæ tactu percipimus (§. 107.), animam confuse sibi repræsentare principium passivum elementorum.

Quomodo idea vis inertiæ in anima nascatur.

Quemadmodum itaque ex idea confusa colorum, quam visui debemus, non agnoscitur multoque minus ex ea, quam tactui acceptam subinde ferunt cœci, quid sit color, etsi experientia nobis scitu non inutilia de coloribus suggerat, quæ ex eorundem notionibus deducere minime valemus; ita similiter quid sit vis inertiæ ex idea, quam tactui debemus, non intelligimus,

etsi

etsi de eadem experientia magistra nobis innotescant, quæ ad cognoscenda alia de corporibus nobis profunt: id quod etiam de extensione, continuitate & vi motrice tenendum. Utile tamen est nosse, quales sint ideæ, quas de corpore habemus, fundamentales, ne veris rerum fontibus occlusis in præjudicia incidamus, unde errores facile serpunt, & nodos inextricabiles nectamus.

§. 109.

Vis motrix quomodo percipiatur.

Vim motricem tactu percipimus, partim dum grave manu imponimus, vel elastrum tensum deprimimus, partim dum mobile in partes quasdam corporis incurrit. Grave enim nititur deorsum vi gravitatis, quod a posteriori cuilibet notum sumere libet. Quodsi ergo manui imponitur, adversus eundem nititur, adeoque nisum hunc seu conatum descendendi tactu percipimus (§. 73. *Psychol. empir.*). Enimvero si grave ex fune suspendatur, fune resecto actu deorsum movetur, vel etiam si manu demittitur libere descendit, nullo impetu aliunde impresso. Est igitur nisus iste, quem in gravi tactu percipimus, vis quædam (§. 728. *Ontol.*) & quidem motrix (§. 137. *Cosmol.*). Quando igitur grave manu imponitur, vim motricem tactu percipimus.

Similiter si laminæ elasticæ incurvatæ extremum alterum manu vel digito reprimimus, nisum quendam adversus digitum vel manum sese exerentem percipimus: id quod denuo experientia obvia manifestum sumimus. Enimvero remoto digito, vel manu ablata, lamina cum impetu resilit, & in situm rectum sese restituit. Quare ut ante patet motum istum laminæ incurvatæ esse vim motricem, consequenter nos vim motricem percipere, dum laminæ elasticæ incurvatæ alterum extremum digito vel manu deprimimus.

Denique si mobile actu movetur, vi agendi (§. 135. *Cosm.*) seu motrice præditum est (§. 137. *Cosmol.*). Quando igitur in partem quandam corporis nostri incurrit, vim, qua versus eandem

De Facultate sentiendi, sive sensu. 85

dem nititur, percipimus. Tactu adeo tunc quoque vis motrix percipitur (§. 73. *Psychol. empir.*).

Si corpora, quæ sunt in motu, adversus corpus nostrum impingunt, vel alio quocunque modo eidem alliduntur, præter vim motricem aliæ simul qualitates corporis tactiles percipiuntur, perceptionibus diversis in unam confusis, ut adeo caute hic procedendum sit, ne res diversæ confundantur. Ad eas autem dirimendas sufficit attentio, nisi peregrinæ, quæ admiscentur, perceptiones obscurent principalem vis motricis (§. 76. *Psychol. empir.*)

§. 110.

Dum vim motricem percipit anima vires, quæ insunt elementis, confuse sibi repræsentat. Eodem modo idem ostenditur, quo paulo ante (§. 108.) evicimus, ideam vis inertiæ confusam in anima enasci, modo notetur, quod in elementis singulis detur principium activum (§. 294. *Cosmol.*). *Idea vis motricis quomodo nascatur.*

Atque ita abunde constat, nos eorum, quæ in Philosophia naturali de corporibus sumimus, extensionis scilicet, vis inertiæ ac vis activæ seu motricis nonnisi confusas habere ideas, quales de coloribus & aliis qualitatibus sensibilibus habemus, ex quibus adeo nihil per se concluditur. Atque hinc est, quod definitionibus substituamus quædam a posteriori de his corporum attributis agnita, quæ nobis loco principiorum primorum sunt, quemadmodum *Euclidis*, cum distincta lineæ rectæ notione destitueretur adeoque eam definire non posset, definitionis loco usus est axiomate, quod sumebat, duas lineas rectas non habere segmentum commune. Ostendimus autem idem hic ex natura animæ, quod per indirectum jam evicimus alibi (§. 224. 295. 297. *Cosmol.*).

§. 111.

Dum anima sentit, motus ab objectis sensibilibus impressus nervis sensoriis ad cerebrum usque propagatur. Nemo est, qui nesciat, modo ad ea fuerit attentus, quæ sibimetipsi accidunt, *Mutatio in corpore, dum sentimus.*

dunt, ac memoriæ infigat, ut eorum recordetur, quoties voluerit, ex fenfationibus varios in corpore haud raro oriri motus in partibus ab organo fenforio maxime remotis, anima non modo inconfulta, verum prorfus invita. Exempli loco fit nobis homo, qui audito fragore tormenti explofi in terrorem conjicitur. Ponamus eundem pone tormentum conftitui, hominibus plurimis aliis locum intermedium occupantibus, nec tormentum effe globo oneratum, ut adeo appareat, ipfi flamma ex tormenti explofi orificio prorumpente nihil imminere periculi. Ponamus porro ipfum probe perpendere, quod multo minus aliquid periculi fibi a fragore tormenti imminere poffit. Addamus denique eundem non minus ad animum revocare, quod, fi vel maxime rariffimo cafu contingat, tormentum, dum exoneratur, in frufta diffilire, nihil tamen damni fibi infligi poffit, propterea quod tot homines loco intermedio confiftant, nec ipfe adeo vicinus fit tormento, ut fibi metuere opus habeat. Ponamus denique, quod fingulis penfitatis intelligens fe extra omnem periculi aleam effe conftitutum, fibi firmiter proponat animo conftante fragorem tormenti percipere. Hoc propofito non obftante totus in terrorem conjicitur, quamprimum fragor in aures incidit. Dum vero terrore concutitur, corpus totum tremet, & caput cum parte trunci fuperiori retro inclinatur, aliique motus confequuntur, qui, cum in diverfis fubjectis variare foleant, fpecialius enumerari nequeunt. Neque ad præfens inftitutum opus eft, ut finguli enumerentur. Sufficeret enim motus folius pedis, vel fola corporis retro facta inclinatio. Nemo hic excipiet motus iftos ab anima produci, cum durante animæ propofito corpus quietum ac animum tranquillum confervandi contingant, immo ipfa vel indignante quod contingunt. Ex fragore itaque in aures incidente nafci debet motus organorum corporis. Enimvero anatomia docet, ex organis fenforiis nervos, veluti ex auditus

orga-

organo nervum acusticum ad cerebrum usque protendi & ex cerebro in singulas corporis humani partes propagari nervos motorios, sine quibus motus perfici nequeunt testibus experimentis anatomicis suo loco distinctius exponendis. Necesse igitur est ut motus nervis sensoriis impressus in nervos motorios derivetur, quorum ope motus musculorum determinatur suo loco in Physica distinctius explicandus, consequenter motus, qui imprimitur nervis sensoriis, ad cerebrum usque propagari debet, cum alias possibile non sit, eundem ex nervis sensoriis in motorios derivari.

Idem quoque ex natura imaginationis facile colligitur. Nemo non novit nos vi imaginationis nobis repræsentare objecta absentia eodem prorsus modo, ac si præsentia essent (§. 92. *Psychol.empir.*). Nullum adeo dubium est similem alteri mutationem in corpore contingere debere, qualis in eodem accidit dum sentimus. Nihil vero adest quod mutationem in organo sensorio causetur. Alia igitur mutatio locum habere nequit, nisi in cerebro, consequenter necesse est aliquam in cerebro mutationem quoque accidere debere, dum sentimus. Ea autem pendet ab impressione in organa facta. Quamobrem cum ex organo nervi ad cerebrum usque protendantur, quemadmodum ex Anatomia notorium est; motus nervis sensoriis impressus dum sentimus ad cerebrum usque propagari debet.

Qualis sit ille motus, qui nervis sensoriis imprimitur, utrum oscillatione fibrillarum nervearum, an progressu fluidi cujusdam ex organo in cerebrum, vel alio quocunque modo absolvatur; hic non disquirimus. Nobis enim hic loci perinde est, quicquid horum veritati consentaneum sit. Sufficit constare in organo sensorio motum quendam excitari ab objetto sensibili, qui ad cerebrum usque nervorum auxilio propagatur, nec nisi motu ad cerebrum propagato sensibili percipi: id quod aliquando in Physica uberius confirmaturi sumus, hic sumere poteramus. Neque novimus ullum unquam

exti-

extitisse philosophum, qui motus hujus ad cerebrum propagationem in dubium vocaverit, ipsaque Anatomia eum satis superque insinuat, si ex eadem systema nervosum tibi fuerit perspectum. Ex eo enim a priori deduci debet, quod hic ex phænomenis collegimus.

§. 112.

Speciei impressæ & ideæ materialis definitio.

Motum ab objecto sensibili organo impressum dicemus posthac *Speciem impressam*. Motum vero inde ad cerebrum propagatum vel ex illo in cerebro enatum *Ideam materialem* appellabimus.

Constat nimirum ex iis, quæ in propositione præcedente dicta sunt, dum sentimus, motum imprimi nervis sensoriis & inde nasci motum in cerebro. Atque adeo duplex accidit mutatio in corpore, cui respondet idea sensualis in anima. Conveniens adeo videtur unam ab altera distingui suoque utraque nomine insigniri. Libertate autem usi, quæ philosophantibus competit, quamdiu termini in philosophiam nondum fuere introducti, illam impressam speciem, hanc vero ideam materialem appellamus. Parum vero solliciti sumus, quid scholastici species sensibiles ac in specie impressas species dixerint, propterea quod notorium est ipsos earum rerum, quæ ad animam spectant, notiones claras atque distinctas non habuisse.

§. 113.

Coëxistentia idearum sensualium & materialium.

Quoniam in anima non datur perceptio objecti sensibilis, nisi motus impressus nervo sensorio ad cerebrum propagetur (§. 111.); *Ideis sensualibus ideæ materiales in cerebro coëxistunt* (§. 95. *Psychol. empir.* & §. 112. *Psych. rat.*).

Plurima pendent ab hac idearum materialium & sensualium coëxistentia, quemadmodum ex sequentibus intelligetur. Sufficit autem nosse talem dari, etsi non satis intelligatur qualis sit, cum in generalibus explicandis subsistamus, nec ad particularia descendamus.

§. 114.

De Facultate sentiendi, sive sensu.

§. 114.

Singulis ideis sensualibus singulæ respondent materiales. Sensuales enim ideæ actu insunt in anima, quod iam aliqua in organo sensorio mutatio accidit (§. 95. *Psychol. empir.*). Sed perceptiones istæ intelligibili modo explicari possunt per mutationem, quæ in organo contingit (§. 65. *Psychol. empir.*), consequenter per speciem impressam (§. 112.). Species igitur impressæ diversæ esse debent, ubi diversæ fuerint ideæ sensuales. Atque ideo necesse est singulis ideis sensualibus singulas respondere species impressas. Enimvero cum species impressæ sint motus ab objecto sensibili nervis sensoriis impressi; ideæ autem materiales consistant in motu in cerebrum inde propagato (§. 112.); ubi species impressæ diversæ sunt, ideæ etiam materiales diversæ esse debent. Patet itaque singulis ideis sensualibus singulas respondere ideas materiales.

Numerus idearum materialium.

Quot adeo ideæ sensuales possibiles sunt, tot etiam possibiles sunt ideæ materiales. E. gr. Habemus ideam sensualem equi: datur vero etiam idea equi materialis, hoc est, motus aliquis in quibusdam cerebri partibus possibilis est, qui si in cerebro excitetur, anima sibi repræsentat equum. Immo & singulorum equorum diversæ sunt ideæ materiales, quemadmodum sensuales, cum nullum equum alteri prorsus similem esse constet (§. 246. *Cosmol.*). Et eodem modo sese res habet cum ideis materialibus rerum sensibilium aliarum quarumcunque.

§. 115.

Si species impressa fuerit eadem; idea quoque materialis eadem esse debet: si vero species impressa fuerit diversa, idea quoque materialis diversa est. Si enim species impressa eadem fuerit, idem excitatur in organo sensorio motus (§. 112.). Quamobrem cum idea materialis consistat in motu, qui ex organo sensorio beneficio nervorum sensoriorum ad cerebrum pro-

Specificatio idearum materialium

(*Wolfii Psych. Ration.*) M

propagatur (§. *cit.*); ex motu in organo senforio excitato intelligitur, qualis esse debeat idea materialis, consequenter in motu, qui a sensibili in organo senforio excitatur, adeoque in specie impressa ratio sufficiens ideæ materialis continetur (§ 56. *Ontol.*). Posita igitur eadem specie impressa ponitur ratio sufficiens ejusdem ideæ materialis, consequenter & eadem idea materialis (§. 118. *Ontol.*). Et eodem modo intelligitur, quod posita specie impressa diversa, idea quoque materialis diversa oriri debeat.

Propositio præsens adeo evidens est, ut, intellectis terminis, sine probatione concedi poterat. Nititur autem evidentia identitate principii rationis sufficientis. Nostrum adeo fuit vi ejusdem principii distinctam ejus afferre explicationem.

§. 116.

Identitas idearum materialium unde.

Quodsi ergo contingat a diversis objectis impressam speciem esse eandem; idea materialis eadem quoque *erit.*

Hypothesin esse possibilem alibi jam ostendimus (*not.* §. 87. *Psychol. empir.*). Omnium clarissime vero per visum evincitur. In eo enim species impressa ab imagine in oculo pendet, imago vero ista sensuum examini subjacet: sed de his mox plura in particulari dicemus.

§. 117.

Diversitas idearum materialium unde.

Similiter *si contingat speciem ab eodem objecto sensibili impressam esse diversam, idea quoque materialis esse debet diversa.*

Hypotheseos possibilitatem denuo alibi evicimus (*not.* §. 89. *Psychol. empir.*), omnium vero optime eadem per visum evincitur, ut præcedens.

§. 118.

Identitatis idearum sensualium ratio.

Si eadem in cerebro excitatur idea materialis; eadem quoque in anima nascitur idea sensualis & contra. Si enim in cerebro

rebro eadem excitatur idea materialis, species impressa eadem esse debet. Pone enim hanc esse diversam; idea quoque materialis diversa erit (§. 115.) *contra hypothesin.* Idem ergo excitatur ab objecto sensibili motus in organo sensorio (§. 112.), consequenter eadem in organo mutatio contingit, cum alia in organo non possit fieri mutatio, nisi quod motus quidam nervis sensoriis imprimatur. Enimvero si mutatio in eodem organo sensorio eadem, sensatio (§. 86. *Psychol. empir.*), consequenter idea sensualis eadem est (§. 95. *Psychol. empir.*). Ergo si eadem idea materialis in cerebro excitatur, eadem quoque in anima idea sensualis nasci debet.

Jam si idea sensualis eadem fuerit, cum singulis ideis sensualibus singulæ respondeant materiales (§. 114.); patet eadem posita idea sensuali eandem quoque poni debere ideam materialem.

E. gr. Si idea materialis ab equo picto & vivo eadem excitatur; equus pictus apparebit quasi vivus. Atque talem nobis apparere pictum affirmamus, si non obstante omnimoda similitudine aliunde constet, equum, quem videmus esse pictum, non vivum.

§. 119.

Quodsi ergo *contingat a diversis objectis sensibilibus eandem ideam materialem excitari; eadem* quoque *erit idea sensualis & contra.* *Idearum sensualium identitas unde.*

Diversa sæpius eadem apparere atque adeo eorum ideam sensualem eandem esse a posteriori liquet. Ita homo adultus per vitrum concavum visus instar pueri apparet, atque adeo certum est radiis per vitrum concavum ab homine adulto in oculum transmissis eandem speciem imprimi, ac hinc porro eandem ideam materialem excitari, quæ species eidem imprimitur ac idea materialis excitatur, si oculo nudo puerum intuemur. Optica plurima suppeditat exempla & ab hoc principio multa phænomena optica lucem fœnerantur, ut intelligantur

gantur ab iis, qui demonſtrationes Mathematicorum non capiunt. Hisce autem demonſtrationibus potiſſimum conficitur, quod ſpecies oculo eædem a diverſis objectis imprimi debeant, ut intelligatur quandonam idem fieri debeat.

§. 120.

Diverſitatis idearum ſenſualium ratio.

Si diverſa excitatur idea materialis, diverſa quoque in anima naſcitur idea ſenſualis, & contra *ſi diverſa in anima oritur idea ſenſualis, idea quoque materialis diverſa eſt.* Si enim in cerebro excitatur idea materialis diverſa, ſpecies impreſſa diverſa eſſe debet. Pone enim hanc eſſe eandem: idea quoque materialis eadem erit (§. 115.) *contra hypotheſin.* Diverſus ergo ab objecto ſenſibili in organo ſenſorio excitatur motus (§. 112.), conſequenter diverſa in organo mutatio contingit (§. 290. *Ontol.*). Enimvero ſi mutatio in organo ſenſorio eodem diverſa eſt, ſenſatio (§. 88. *Pſychol. empir.*), conſequenter idea ſenſualis diverſa eſt (§. 95. *Pſychol. empir.*). Ergo ſi diverſa excitatur idea materialis, diverſa quoque in anima naſcitur idea ſenſualis.

Quodſi jam ponamus ideam ſenſualem eſſe diverſam, cum ſingulis ideis ſenſualibus ſingulæ reſpondeant ideæ materiales (§. 114.), idea ſenſuali poſita diverſa diverſam etiam poni in cerebro neceſſe eſt ideam materialem.

E. gr. Alia eſt idea materialis arboris, alia cervi. Quodſi idea materialis arboris excitatur radiis luminis ab eadem in oculum immiſſis; arboris nobis tanquam extra nos poſitæ nobis conſcii ſumus, atque adeo idea ſenſualis arboris in anima cooritur. Quodſi vero ſimili modo idea materialis cervi producitur; eodem modo patet nos ideam ſenſualem cervi habere. Et ſic diverſa poſita idea materiali in cerebro, diverſa animæ inexiſtit idea ſenſualis, & ex hujus diverſitate colligimus diverſitatem alterius.

§. 121.

De facultate sentiendi, sive sensu.

§. 121.

Quodsi ergo contingat ab eodem objecto sensibili diversam ideam materialem excitari, diversa quoque erit idea sensualis. — *Diversitatis Idearum sensualium ejusdem objecti ratio.*

Eadem sæpius apparere diversa atque adeo eorundem ideam sensualem diversam esse a posteriori liquet. Ita turris quadrata e longinquo visa rotunda apparet. Eadem igitur e longinquo spectata idea materialis est, quæ in vicinia a turri rotunda producitur. Atque adeo alia ab ea excitatur idea materialis, si in vicinia spectatur; alia vero, si videtur e longinquo. Et paulo ante observavimus (*not.* §. 119), hominem adultum per vitrum concavum minoris sphæræ visum instar pueri apparere. Quodsi ergo vitrum concavum objicias oculo uno, alterum vero relinquas liberum, utroque in eundem hominem directo; oculo nudo videbis eum justæ magnitudinis, armato autem sub forma pueri. Atque tunc clarissimum est eidem objecto diversas respondere ideas sensuales: in Opticis vero cum demonstretur species impressas esse diversas; inde sua sponte fluit ideas quoque materiales diversas esse debere. Ex hoc igitur principio ratio redditur generalis, cur eadem diversa appareant; in casu autem particulari vel a posteriori, vel a priori evincenda est diversitas specierum impressarum: id quod quoad visum in Opticis fieri solet.

§. 122.

Si organum sensorium eodem modo fuerit constitutum & idem objectum sensibile ad organum eodem modo sese habuerit; idea quoque materialis & sensualis eadem esse debet. — *Idea materialis & sensualis ejusdem objecti quando eadem.*

Etenim si organum sensorium eodem modo fuerit constitutum, veluti si oculus sanus in utroque casu nudus fuerit, vel vitro concavo munitus in utroque; ex parte organi sensorii nulla adest ratio, cur ab eodem objecto sensibili diversus organo imprimi debeat motus. Similiter si objectum idem sensibile eodem modo sese habuerit ad organum, veluti si oculo in eadem distantia

tia æquali lumine colluftratum directe objiciatur, nulla quoque ex parte objecti ratio adeft, cur nervis fenforiis alium in uno cafu, quam in altero motum imprimere debeat. Quoniam vero per fe patet, motum nervis fenforiis imprimendum aliunde quam a conftitutione organi externa atque intrinfeca & modo, quo idem objectum ad organum refertur, pendere; nulla prorfus apparet ratio, cur diverfus motus ab objecto fenfibili organo fenforio imprimi debeat. Quamobrem cum fine ratione fufficiente motus organo fenforio impreffus diverfus effe nequeat (§. 70. *Ontol.*); in organum fenforium eodem modo conftitutum ab eodem objecto fenfibili eodem modo ad ipfum relato idem imprimi debet motus. Species igitur impreffa eadem eft (§. 112.) confequenter & idea materialis (§. 115.) & hinc porro fenfualis eadem (§. 118.).

Ponamus oculum effe fanum eumque nudum & in eadem diftantia ab oculo eundem videri hominem; nemo non novit, eum quoque apparere eundem, five magnitudinem, five formam fpectes, five gradum diftinctæ vifionis. Ponamus eum in planitie campi continuo longius a te recedere; diftinctam vifionem fenfim fenfimque imminui videbis, ut tandem obfcura prorfus fiat, confufione continuo aucta. Immo magnitudo quoque fenfim fenfimque decrefcet. Ponamus fimiliter te oculo armato eodem telefcopio in eadem elongatione a terra atque Sole & in eadem altitudine fupra horizontem fpectari Lunam; eadem ejus facies apparere debet, eodem aëris noftri & lunaris ftatu. Propofitio præfens in cafu particulari manifeftiffima eft, utpote experientia unicuique obvia nixa, modo levem attentionem ad eandem adhibere velit. Idem vero etiam obtinet in aliis fenfibus. Ponamus nares eodem modo effe conftitutos, ut caput nulla gravedine laboret. Ponamus hyacinthum cœruleum in eadem diftantia naribus admoveri & eodem conatu aërem attrahi; eundem quoque odorem percipies. Ponamus manum nudam idem tangere objectum afpera fuperficie præditum; perceptionem fore eandem animadvertes, quotiescunque tactum repetieris. Cum vero in omni cafu

ideæ

ideæ sensuali eidem eadem quoque respondere debeat idea materialis (§. 114.); ex identitate ideæ sensualis nemo non colliget identitatem ideæ materialis.

§. 123.

Si organum sensoriorum non fuerit eodem modo constitutum, vel objectum idem ad ipsum non eodem modo referatur; diversa esse potest idea materialis & sensualis. Etenim si organum non fuerit eodem modo constitutum, fieri potest ut diversa constitutio impediat, quo minus ab eodem objecto sensibili idem motus nervis sensoriis imprimatur, consequenter ut diversa sit species impressa (§. 112.). Diversa igitur quoque erit idea materialis (§. 115.), consequenter & sensualis (§. 118.).

Quodsi organum sensorium fuerit eodem modo constitutum, objectum tamen idem ad ipsum non referatur eodem modo; patet ut ante fieri posse ut diversa sit species impressa. Unde porro sequitur ideæ quoque materialis & sensualis diversitas.

Jam cum idea materialis & sensualis diversa esse possit, si organum sensorium non fuerit eodem modo constitutum, utut objectum idem eodem modo sese ad illud habeat *vi num.* 1. & in eadem organi constitutione diversæ ideæ materiali ac sensuali locus esse possit, si objectum idem diverso modo ad ipsum sese habeat, *vi num.* 2. multo magis idea materialis & sensualis diversa esse potest, si idem objectum diverso modo ad organum diversimode constitutum referatur.

Ex demonstratione propositionis præsentis liquet, in constitutione organi vel relatione objecti ad organum quidpiam ponendum esse, unde in casu particulari demonstrari possit, motum in organo sensorio diversum excitari debere: id quod demonstrationes Opticorum de diversis apparentiis ejusdem objecti confirmant, quæ omnes tandem eo tendunt, ut appareat lumen ab objecto diversimode in oculum reflexum diversa ra-

Ejusdem objecti quando diversa esse possit idea sensualis.

sa ratione in eundem agere. Ceterum propositionis præsentis veritas a posteriori confirmatur, præsertim in visu clarissime. Si oculus vitro concavo muniatur, idem objectum in eadem distantia valde imminutum apparet, ita ut homo adultus pueri formam mentiatur. Diversitas hic est a diversa organi constitutione. Quodsi nudo oculo conspicias hominem in fastigio turris constitutum; ejus magnitudo itidem valde imminuta apparet, ut denuo sub forma pueri videatur. Hic vero diversitas est a diverso modo, quo objectum ad organum refertur. Ponamus vero hominem in fastigio turris non admodum altæ consistentem videri per vitrum concavum; perinde hic erit ac si nudo oculo in turris præaltæ fastigio constitutus conspiceretur. Atque hic diversitas visionis pendet cum a constitutione organi, tum a modo, quo objectum ad idem refertur. Quemadmodum vero organi constitutio hactenus supposita extrinseca est; ita quoque intrinseca datur. E. gr. Ictero laboranti objecta, præsertim alba, videntur flava; ubi diversitas ideæ sensualis pendet a constitutione interna oculi. Veritas propositionis etiam in aliis sensibus confirmatur. Ita tactus in parte corporis contusa aliter prorsus sese habet, quam ubi nulla in eadem facta fuerit contusio.

§. 124.

Fallacia sensuum quomodo vitanda.

Quoniam idea sensualis eadem esse debet, quam diu organum sensorium eodem modo fuerit constitutum & objectum eodem modo sese ad illud habet (§. 122.); diversitas vero tum demum locum habet, quando vel alterutrum, vel utrumque mutatur (§. 123.); ideo patet, *oculum rite esse constitutum, si idem objectum in eadem distantia & eodem situ ad oculum lumine ad claram atque distinctam visionem sufficiente collustratum tale apparet, quale antea in ista distantia & situ isto eodem lumine illustratum nobis apparuit;* vel in genere *organum sensorium rite esse constitutum, si idem objectum quod eodem modo sese habet ad organum, quo alias sese habuit, tale quoque apparet, quale alias apparuit.* Et vicissim *si constet organum sensorium rite*

De Facultate sentiendi, sive sensu.

rite esse constitutum, objectum quoque idem eodem modo ad organum sese habere recte colligi, ubi tale apparet, quale alias apparuit, quando sese isto modo ad organum habebat; quidpiam vero in hoc fuisse immutatum, ubi aliter apparet quam alias: immo si constet, objectum idem eodem modo sese habere, ac sensualem ideam diversam nobis esse, organum quoque sensorium non eodem modo esse constitutum, quo alias constitutum fuerat, recte colligi.

Habemus nunc principia sufficientia ad fallaciam sensuum detegendam & evitandam, hoc est, ad apparentias objectorum constantes ab inconstantibus discernendas: id quod necesse est, ubi ex phænomenis colligere volueris, quæ ad scientiam profunt. Exemplum illustre habemus apud *Hevelium* Cometogr. lib. 7. f. 363. Ex eo enim, quod diversis temporibus nudo oculo stellulas sextæ & septimæ magnitudinis discerneret, cœlo undique existente sereno, colligit oculum suum illis eodem modo fuisse constitutum, quoad intrinsecam scilicet constitutionem. Quoniam stellæ fixæ in se nullam patiuntur mutationem nobis observabilem, intra adeo breve temporis spatium, quo eas observavit *Hevelius*, constitutio objecti intrinseca eadem erat tempore quolibet observationis. Et quoniam idem erat aëris status, nec fixæ distantiam mutaverant a Terra; objecti constitutio extrinseca eadem erat. Quia denique stellas sextæ & septimæ magnitudinis optime videbat & a se invicem discernebat; idea quoque sensualis uno tempore observationis non alia erat, quam alio. Ex eo igitur, quod objecto eodem modo ad organum sese habente eadem esset idea sensualis, collegit *Hevelius* aut saltem lector ex eo colligere potest eandem organi constitutionem. Iisdem illis temporibus cum observator acutissimus & maxime circumspectus Lunam in eadem altitudine & elongatione a Terra per unum idemque telescopium observaret & eam ejusque maculas non omni tempore æque lucidas, serenas & perspicuas sibi apparere deprehenderet, quandam circa Lunam aut prope ejus superficiem mutationem accidisse concludit. Quoniam Lunæ altitudo supra horizontem eadem erat, eadem quoque elongatio a terra & sta-

(*Wolfii Psych. Ration.*)

status aëris, per quem radii luminis ad oculum deferebantur, idem erat; Luna eodem modo sese habebat ad oculum. Quia tamen cum ipsa, tum maculae ejus non omni tempore aeque lucidae, serenae & perspicuae ipsi apparebant; idea sensualis non omni tempore eadem erat. Ex eo igitur, quod objecto eodem modo ad oculum eodem modo constitutum sese habente diversa esset idea sensualis diversitatem objecti intulit. Si quis hoc exemplum attenta mente pervolverit; is non modo utilitatem principiorum, quae commendamus, verum etiam modum iisdem rite utendi percipiet: id quod maximi usus est, sive veritatem latentem a posteriori venari, sive ab aliis aut a te inventam examini subjicere volueris.

§. 125.

Claritas idearum sensualium unde.

Si motus nervis sensoriis impressus celerior est, idea sensualis clarior, & contra. Quoniam enim ideae sensuales sunt perceptiones, quae vi sensationis in anima existunt (§. 95. *Psychol. empir.*); ratio earum continetur in mutationibus in organis sensoriis qua talibus contingentibus (§. 65. *Psychol. empir.*), adeoque in ea, quae contingit mutatione, datur quidpiam, unde intelligitur, cur tales sint potius ideae sensuales, quam aliae (§. 56. *Ontol.*). Enimvero ideae sensuales proxime respiciunt materiales (§. 114.), consequenter in motu, qui nervis sensoriis impressus ad cerebrum usque propagatur, quaerenda erit ratio, cur ideae sensuales nunc sint clariores, quam alio tempore (§. 112.). Jam cum iisdem fibrillis nerveis motum imprimere debeat objectum eodem modo ad organum relatum, nulla existente diversitatis ratione, sine qua nec diversitas obtinere potest (§. 70. *Ontol.*); non alia diversitas in impressione in nervos sensorios facta locum habere potest, quam diversus celeritatis gradus, quo fibrillae nerveae cientur. Quamobrem si sensualis idea una clarior altera; motus nervis sensoriis impressus celerior. Quoniam vero iisdem ideis sensualibus positis eadem quoque ponenda mutatio in organo est & vicissim eadem mutatio-

De Facultate sentiendi, sive sensu.

tatione in organo posita eadem ponenda mutatio in anima (§. 90. *Psychol. empir.*) ; si motus nervis sensoriis impressus celerior est, idea sensualis clarior esse debet.

Idem ostenditur ex phænomenis hoc modo. Quotidie experimur, nos clarius videre idem objectum in eadem distantia, ubi multo lumine fuerit collustratum, quam ubi debili perfunditur, v. gr. clarius idem objectum ex eadem distantia videtur in luce diurna, quam in crepera. Nemo non novit, in priori casu lumen majus, in posteriori minus ab objecto in oculum reflecti. Enimvero lumen majus motum celeriorem imprimere debet fibrillis nervi optici, quam minus. Quamobrem cum motus fibrillis nerveis impressus celerior, visio, consequenter idea sensualis clarior (§. 95. *Psychol. empir.*). Nimirum si oculus eidem objecto in eadem distantia directe obvertitur; eædem fibrillæ a lumine ab iisdem objecti punctis emanante percutiuntur, adeoque differentia in casu diversitatis visionis alia locum minime habet, quam quod in casu visionis claræ eædem fibrillæ a pluribus radiis lucis percutiantur, quam in casu visionis obscurioris. Non absimili modo idem de ceteris sensibus patet.

Jam si idea sensualis eandem claritatem habet, quam alio tempore habuit, eadem quoque in cerebro idea materialis (§. 118.), consequenter & species impressa eadem esse debet (§. 115.). Quoniam itaque motus ab objecto sensibili organo sensorio impressus idem est (§. 112.) ; eædem fibrillæ nerveæ eadem celeritate moveri debent. Patet adeo eadem posita ideæ sensualis claritate, eandem poni motus fibrillis nerveis impressi celeritatem. Quamobrem cum constet majorem claritatem ideæ sensualis respondere majori celeritati motus in organo sensorio *per antea demonstrata;* liquet omnino si major ideæ sensualis fuerit claritas, celeriorem quoque esse debere motum fibrillis nerveis impressum.

Idem quoque ex phænomenis colligitur. Si Solem occasui vicinum defixis in eum oculis intuentes mox oculos occludimus; species Solis aliquoties nobis recurrit, sed semper debiliori colore tincta, donec prorsus obscura evadat instar disci nigri apparens. Quoniam ideis sensualibus ideæ materiales in cerebro coëxistunt (§. 113.); facile apparet motum in Sole fibrillis nerveis impressum non statim cessare, sed sensim sensimque languescere, celeritate continuo imminuta. Dum igitur anima speciem Solis minus claram percipit, motus organo impressus tardior est.

Habemus adeo rationem claritatis idearum sensualium, quatenus sunt explicabiles per mutationes in organo sensorio factas: Animæ vero, cujus essentia & natura in vi repræsentativa universi situ corporis organici in universo materialiter & constitutione organorum sensoriorum formaliter limitata (§. 66. 67), essentiale & naturale est, ut hac vel ista claritate gaudeant ideæ sensuales.

§. 126.

Claritas idearum sensualium quomodo a materialibus pendeat.

Quoniam ideæ materiales consistunt in motu ex organo sensorio ad cerebrum propagato (§. 112); si motus fibrillis nerveis ab objecto impressus celerior, idea quoque materialis in motu celeriore consistere debet. Quamobrem *si idea materialis in celeriore motu consistit, idea quoque sensualis clarior est & ubi idea sensualis clarior deprehenditur, idea quoque materialis in motu celeriore consistere debet.*

Non absque ratione ad ideas materiales transferimus, quæ de speciebus impressis evicta sunt: patebit enim in sequentibus horum usum esse in explicandis iis, quæ ad imaginationem spectant, & in ipsis intellectus operationibus, quatenus ab eadem pendent. Absit itaque, ut quis sibi persuadeat nos superflua proferre.

§. 127.

Distinctio idearum

Si a diversis sensibilis partibus diversis fibrillis nerveis motus

De Facultate sentiendi, sive sensu 101

tus imprimitur, distincta erit idea sensualis. Si enim a diversis *sensualium* sensibilis partibus diversis fibrillis nerveis imprimitur motus; *unde sit.* evidens est partem sensibilis, quæ imprimit fibrillis nerveis A motum, nihil conferre ad motum, qui imprimitur fibrillis nerveis B. Quamobrem nil impedit, quo minus motus fibrillis nerveis A imprimatur, etiamsi motus nullus imprimatur fibrillis nerveis B: id quod fieri posse experientia loquitur, qua constat, effici posse ut una tantummodo pars agat in fibrillas nerveas A, altera in fibrillas B non agente, veluti si per exiguum foraminulum in charta effectum visibile respicias & oculi ab eodem recessu campum visionis coarctes, eodem constanter radio per centrum foraminis & pupillæ transeunte. Motui igitur fibrillis nerveis A impresso sua respondet idea peculiaris; peculiaris quoque motui fibrillis nerveis B impresso (§. 90. *Psych. empir.*). Jam idea sensualis distincta est, quatenus partiales claræ eam ingrediuntur (§. 41. *Psych. empir.*). Distincta adeo sensualis idea est, si a diversis sensibilis partibus diversis fibrillis nerveis imprimitur motus.

Habemus adeo rationem, per quam patet, quando ideæ sensuales distinctæ sunt, & cur potius sint distinctæ quam confusæ, quatenus scilicet per mutationem in organo explicabiles. Supponi autem motum fibrillis nerveis singulis impressum adeo celerem, qualis requiritur, ut idea sensualis clara sit, vel me non monente patet.

§. 128.

Si a diversis sensibilis partibus iisdem fibrillis nerveis motus simul imprimitur; idea materialis & sensualis diversa est ab iis, quæ ex actione singularum partium in eandem sigillatim facta nasceretur, & sensualis idea confusa est. Etenim si duæ diversæ partes A & B iisdem fibrillis nerveis motum simul imprimunt; alius is prorsus esse debet, quam futurus erat, si alterutra earum sola in easdem fibrillas ageret, consequenter species

Confusio idearum sensualium unde & earum diversitas ab iis, quæ inter se confunduntur.

cies impressa diversa est, si A & B simul in fibrillas nerveas N agunt, a speciebus impressis, ubi vel A, vel B sola in easdem fibrillas nerveas agit (§. 112.). In casu igitur priori diversa erit idea materialis (§.115.), consequenter & sensualis (§.120.) ab ideis materialibus & sensualibus singularum partium A & B.

Enimvero si ideæ sensuales partium sunt distinctæ, earum figuras, magnitudines ac situm ad se invicem distinguimus (§. 93.). Quamobrem cum idea sensualis, quæ oritur, partibus istis A & B simul in easdem fibrillas nerveas agentibus, sit diversa ab ideis, quæ singulis sigillatim in eas agentibus respondent *per demonstrata;* earum figuras, magnitudines ac situm ad se invicem non amplius distinguimus, consequenter quæ in hoc casu in anima coexistit idea sensualis confusa est (§. 94.). Si ideis partium A & B sigillatim perceptarum sensualibus insint confuse percepta; confusæ tamen, quæ singulis respondent ideæ, ob diversam, quam organo sensorio singulari actione inducunt, mutationem, diversæ sunt (§. 90. *Psychol. empir.*). Quamobrem cum in simultanea actione in easdem fibrillas nerveas prodeat idea diversa ab iis, quæ in actione singulari singulis respondent *per demonstrata;* confuse antea percepta non amplius a se invicem distinguimus, etsi sigillatim percepta singula per se enunciabilia essent. Ex confusis adeo perceptionibus partialibus nascitur perceptio confusa alia (§. 39. *Psychol. empir.*).

Habemus adeo rationem, cur quædam a nobis confuse percipiantur, & per eam simul patet, quando id fieri debeat; animæ enim essentiale est ut ideæ sensuales sint explicabiles per mutationes in organo sensorio factas. Ceterum propositionem præsentem illustrant, quæ supra de coloribus compositis perceptionum confusarum illustrandarum gratia in medium adducta sunt (§. 97.).

§. 129.

Quando objectum ali-

Si quid fibrillis nerveis motum imprimere non possit, plane

De Facultate sentiendi, sive sensu.

plane non percipitur: si vero motus impressus sit nimis lentus, vix ac ne vix quidem obscure percipitur. Etenim si vis sensibilis non sufficit ad motum fibrillis nerveis imprimendum, nulla in organo sensorio ab ejus in idem actione oritur mutatio, consequenter nec in mente oriri potest perceptio (§. 62. *Psychol. rat.* & §. 24. *Psychol. empir.*). Objectum igitur plane non percipitur. *quod obscure, vel prorsus non percipiatur.*

Quodsi motus fibrillis nerveis impressus sit admodum lentus ; exigua admodum ejus celeritas est : id quod per se patet. Enimvero si exigua est motus istius celeritas; claritas quoque ideæ sensualis exigua esse debet (§.125.). Quoniam vero a claritate perceptionis pendet, ut sensibile agnoscamus & ab aliis distinguere valeamus (§. 31. *Psychol. empir.*); ubi motus admodum lentus fibrillis nerveis imprimitur, sensibile non amplius agnoscitur nec a ceteris perceptibilibus satis distinguitur, adeoque pro diversis lentitudinis illius gradibus sensibile vix ac ne vix quidem obscure percipitur (§. 32. *Psych. empir.*).

Habemus adeo rationem, cur claritas perceptionis continuo decrescere & tandem in obscuritatem degenerare, immo prorsus evanescere debeat. Exempla a visibilibus petita quemadmodum totam sensationis theoriam, ita quoque propositionem præsentem mirifice illustrant. Quamobrem non inutile existimamus theoriam generalem ad visionem in specie applicari, præsertim cum hoc pacto Metaphysica & Optica sibi mutuo lucem affundant. Ceterum theoria hæc generalis usum quoque insignem habet in Theologia, ubi ratio structuræ organorum sensoriorum reddenda, quemadmodum suo tempore ostensuri sumus.

§. 130.

Si imago visibilis difformis in oculo delineatur, idea visibilis distincta est ; si nulla delineatur, distincta esse nequit. Fibrillas enim nerveas expansione sui producere tunicam retinam, ex Anatomicis constat. Dum imago objecti in retina delineatur, radii ab *Finis imaginis in oculo delineatæ.*

ab eodem visibilis puncto emanantes in eodem retinæ colliguntur (§. 76. *Optic.*). Quamobrem imagini debetur, quod a diversis sensibilis difformis partibus diversis fibrillis nerveis motus imprimatur, consequenter quod idea visibilis distincta sit (§. 127.).

Ponamus jam lumen per pupillam illapsum ita dispergi per retinam, quemadmodum in pupillam incidit. Quoniam a puncto radiante ad quodlibet punctum emittitur radius, in quod ex illo linea recta duci potest (§. 60. *Optic.*); a quolibet visibilis oculo oppositi puncto ad quodlibet pupillæ punctum radius aliquis affluit, atque adeo lumen a singulis punctis emanans in pupilla commiscetur, consequenter in eo, quem supponimus casu idem in retina accideret. Iisdem igitur fibrillis nerveis a singulis visibilis punctis seu partibus potius exiguis simul imprimeretur motus, consequenter idea visibilis foret confusa atque diversa prorsus ab ideis singularum partium (§. 128.): quas adeo cum agnoscere & a se invicem distinguere non daretur, idea nullatenus distincta foret (§. 32. *Psychol. empir.*). Enimvero si radii a diversis punctis visibilis egressi in oculo miscerentur; a retina reflexi non amplius secum ferrent speciem integram puncti radiantis (§. 74. *Optic.*), consequenter nulla in eadem delinearetur imago. Patet igitur absente imagine, visionem non fore distinctam, consequenter ut idea visibilis distincta sit, imaginem in retina delineari debere.

Habemus adeo rationem, cur imago visibilis in oculo delineanda, atque inde pendet totius structuræ oculi ratio (§. 78. *Optic.*). Obiter notamus, Opticam, quam hic citamus, extare in Tomo tertio Elementorum Matheseos universæ.

§. 131.

Idearum visibilium rationes unde petantur.

Ideæ visibilium sunt explicabiles per imagines eorum in oculo delineatas, hoc est, *ex imaginibus istis reddi potest ratio, cur visibilia tali potius modo, quam alio repræsententur.* Imagines visibilium delineantur in oculo per radios, qui ab eodem obje-

De facultate sentiendi, sive sensu.

objecti puncto egressi in eodem retinæ puncto iterum colliguntur (§. 75. *Optic.*). Sed iidem sunt radii, quibus motum fibrillis nerveis imprimunt visibilia, consequenter ab iis pendet mutatio, quæ in oculo ab objecto sensibili producitur. Quare cum per hanc explicabilis sit idea visibilis, quæ in anima eidem coëxistit, seu hæc in illa rationem sufficientem agnoscit (§. 85. *Psychol. empir.*); idea quoque visibilis explicabilis esse debet per imaginem ejus in oculo, seu in hac imagine ratio contineatur necesse est, cur tali potius modo repræsentetur objectum, quam alio.

Habemus hic rationem, cur per imaginem in oculo delineatam idea visibilis explicabilis. Nimirum ideæ visibilium, quemadmodum ceterorum sensibilium, explicari possunt per ideas materiales in cerebro. Ideæ materiales in cerebro explicabiles sunt per species impressas, seu motus in organis sensoriis fibrillis nerveis impressos. Atque ideo ideæ quoque visibilium ceterorumque sensibilium explicabiles sunt per species impressas. In oculo species impressa pendet tota ab imagine, quæ in retina delineatur, quemadmodum ex demonstratione propositionis præsentis patet. Quamobrem per imaginem quoque in oculo delineatam idea visibilis explicabilis. Etsi vero ratio ideæ visibilis non per se contineatur in imagine, sed quatenus ea in se continet rationem immediatam speciei impressæ & hinc mediatam ideæ materialis; in reddenda ratione ideæ visibilis ad imaginem potius recurritur, quam ad ideam materialem, quia illa clarissime agnoscitur, hæc vero non item. Proprie loquendo nulla in oculo, nulla in camera obscura delineatur visibilis imago; sed radii tantummodo ita reflectuntur, ac si istiusmodi imago ibidem delineata lumen in ipsam illapsum reflecteret. Enimvero sufficit nosse, quid nobis velimus, quando dicitur, imaginem visibilis in oculo delineari.

§. 132.

Si imago in oculo delineata fuerit clara; idea visibilis clara (*Wolfii Psych. Ration.*)

Claritas visionis unde.

ra est. Etenim si imago in oculo delineata fuerit clara, ab eodem visibilis puncto radii multi in oculi fundo uniuntur; sin minus clara, pauciores (§. 75. *Optic.*). Quoniam itaque radii plures fibrillis nerveis celeriorem motum imprimunt, quam pauciores; si imago visibilis in oculo fuerit clara, motus fibrillis nerveis impressus celerior est, quam si minus clara extiterit. Idea igitur visibilis clarior est, si imago fuerit clara, quam si minus clara fuerit (§. 125.).

Si imago visibilis in oculo clara esse debet, multi radii ab eodem objecti puncto manere, adeoque objectum multo lumine illustrari debet. Unde patet ratio, cur visio clara pendeat a quantitate luminis & cum lumine decrescat visionis claritas. Experientia enim loquitur in luce crepusculina visionis claritatem plurimum imminui ac ingruentibus tenebris sensim sensimque deficere. Hinc & objecta microscopica lumine illustri perfundimus, ut visio reddatur clarior.

§. 133.

Distincta visio unde.

Si imagines singularum partium visibilis, ex quibus ejus imago componitur, fuerint claræ, idea visibilis distincta est; sin minus claræ fuerint, nec hæc satis distincta est. Etenim si imagines singularum partium visibilis fuerint claræ; ideæ earundem quoque claræ sunt (§. 132.). Idea igitur totius visibilis componitur ex partialibus claris (§. 40. *Psychol. empir.*). Est igitur distincta (§. 41. *Psychol. empir.*).

Quodsi imagines singularum partium visibilis, ex quibus ejus imago constat, non fuerint satis claræ; nec earum ideæ satis claræ sunt (§. 132.), consequenter partes visibilis diversas non satis agnoscimus & a se invicem distinguimus (§. 31. *Psych. empir.*). Idea igitur visibilis non satis distincta est (§. 38. *Psychol. empir.*).

Propositio præsens multum habet utilitatis. Ex ea enim perspicitur, cur idea visibilis distincta simul esse debeat clara & quod clara esse possit, etiamsi distincta non sit. Causa nimirum

mirum distinctæ visionis supponit causam claræ, seu eidem superaccedit tanquam determinatio specifica genericæ. Imago redditur distincta, quatenus radii a diversis partibus objecti manantes in diversas retinæ partes deferuntur (§. 127.); clara vero, quatenus radii multi ab eodem objecti visibilis puncto egressi in eodem retinæ colliguntur (§. 132.). Atque adeo patet, ut distincte percipiatur visibile a diversis visibilis punctis emanantes radios sufficiente quantitate in diversis retinæ punctis colligi debere: quod ubi contingit, imago clara atque distincta in oculo delineatur. Differentia idearum & quæ cum eadem coincidit notionum maximi momenti est in Logica & omni philosophia reliqua. Quamobrem consultum est, ut intimius perspiciatur. Plenissima autem lux eidem affunditur, ubi rationes ex mutationibus, quæ in oculo accidunt, petuntur. Præterea quoque præsens propositio usum prorsus insignem habet in usu microscopiorum & telescopiorum. Constat per microscopia & telescopia amplificari imagines visibilium: quo ipso obtinetur, ut, qui a diversis visibilis partibus egressi radii in oculo confundebantur, jam ad diversas retinæ partes deferantur. Et hoc pacto imago fit distincta, quæ antea erat confusa. Enimvero cum eadem tamen maneat quantitas luminis, pauciores jam radii eandem fibrillam nerveam feriunt, quam ante distractionem luminis: quapropter claritas decrescit. Ex hoc pacto imago fit minus clara, dum magis efficitur distincta. Claritas vero eo usque deficere potest, ut jam ob eam imminutam non agnoscantur & discernantur, quæ antea ob confusionem radiorum agnosci & discerni non poterant. Et hinc idea imagini respondens minus distincta est, quam si ea parvior esset. Maximi usus est hæc notasse præsertim in observationibus microscopicis.

§. 154.

Si imago in oculo fuerit obscura, idea quoque visibilis obscura. Si enim imago visibilis in oculo fuerit obscura, pauci admodum radii a visibili ad oculi fundum pertingunt. Motus igitur impressus fibrillis nerveis admodum lentus est, conse-

Obscuritas visibilis unde.

quenter visibile obscure percipitur (§. 129.), adeoque idea ejus obscura est (§. 95. *Psychol. empir.*).

Experientia idem clarissime loquitur. In luce enim crepera obscura videntur visibilia: tum vero paucum admodum lumen ad oculum reflectunt. Immo camera quoque obscura loquitur, imagines objectorum pauco lumine collustratorum fieri obscuras (§. 79. *Optic.*). Idem vero in oculo accidit, quod in camera obscura (§. 61. *Optic.*).

§. 135.

Confusio visibilis unde. *Si imago in oculo confusa est, idea quoque visibilis confusa est.* Si enim imago confusa est, radii a diversis objecti partibus manantes in eodem retinæ puncto colliguntur & ita confunduntur. Radii adeo a diversis visibilis partibus venientes iisdem fibrillis nerveis motum una imprimunt. Quamobrem idea visibilis confusa est (§. 128.).

Denuo idem experientia loquitur, modo eam afferas attentionem, quæ sufficit ut loquentem percipias. Objecta minuta admodum confuse percipiuntur: id quod aliunde non est quam quod radii a diversis ejus partibus egressi in eodem retinæ puncto colliguntur. Unde si imago ope lentis convexæ amplificatur, ut ad diversas retinæ partes jam deferantur radii, quæ ad eandem antea pertingebant, distincta jam apparent, quæ antea erant confusa. Et experimentis in camera obscura institutis idem confirmari potest. Quodsi vero jam perpenderis quæ de ideis visibilium earumque differentia dicta sunt, quatenus ratio differentiæ in mutatione organi sensorii continetur; manifestum est, cur ideæ visibiles, immo perceptiones omnes sensuales, dividi debeant in claras & obscuras, & cur claræ subdividendæ sint in confusas & distinctas, nec alia admittenda sit differentia. Etenim radii luminis aut celerem imprimunt motum fibrillis nerveis, aut lentum. In priori casu idea visibilis clara est, in posteriori obscura. Porro aut radii a diversis visibilis partibus manantes in eodem retinæ puncto colliguntur, aut ad diversas deferuntur. Si prius accidit, idea confusa est: si posterius accidit in casu claritatis, idea distincta

De Facultate sentiendi, sive sensu.

stincta est : si vero in casu obscuritatis locum habet, distincta fieri nequit. Atque adeo patet ideam quidem visibilem claram esse posse vel distinctam, vel confusam ; sed hanc differentiam applicari minime posse ad ideas obscuras. Liquet etiam, si ideæ claræ atque obscuræ, distinctæ atque confusæ eo modo explicentur, quo nos eas in Logica atque Psychologia empirica explicamus, veritatem definitionum nominalium ab ipsa natura animæ (§. 67) & lege sensationum in ea fundata (§. 78. Psychol. rat. & §. 85. Psychol. empir.) pendere. Quod vero idem ad ideas sensuales promiscue applicari possit, quod in visibilibus adeo evidens est; non minus manifestum est (§. 125, & seqq.). Et in his, quæ modo diximus, contineri viam analyticam, qua ad differentiam idearum & notionum perventum est, alias jam monuimus (not. §. 76. Psychol. empir.).

§. 136.

Si vis sensibilis major fuerit, sensatio fortior est: si illa minor, hæc debilior. Sensibile agit in sensorium, quatenus fibrillis nerveis motum imprimit. Quodsi ergo vis major fuerit, fibrillis nerveis celerior motus imprimitur quam si minor fuerit: ecquis enim inficiari audet, mobili eidem motum celeriorem imprimi vi majore, quam minore? Est igitur sensualis idea, consequenter sensatio (§. 95. Psychol. empir.) clarior, si vis sensibilis major fuerit, quam si minor extiterit (§. 125.). Quamobrem sensatio fortior est, si vis sensibilis major fuerit (§. 74. Psychol. empir.); debilior vero est, si eadem minor fuerit (§. 75. Psychol. empir.).

Sensatio quomodo fortior vel debilior.

Tonitru perceptio in vicinia fortior, quam si idem e longinquo auditu percipitur, ubi sæpius dubius hæres, an sit tonitru, quod jam auditu percipis, an sonus quidam alius : quo in casu claritas ideæ in obscuritatem degenerat. Tonitru vero vis in vicinia major est, quam e longinquo advenientis, cum sonum sensim sensimque languescere constet.

§. 137.

Visio quando fortior, quando debilior.

Quoniam luminis intensi vis major est, quam minus intensi (§. 81. *Optic.*): ideo *visio fortior, si lumen fuerit intensius; debilior, si minus intensum.*

Ita visio Solis fortior est, quam Lunæ, quemadmodum jam distinctius exposuimus, cum a posteriori evinceremus sensationem fortiorem obscurare debiliorem (§. 76. *Psychol. empir.*). Huic vero instituto conducunt, quæ de intensitate luminis demonstrantur (§. 86. & *seqq. Optic.*).

§. 138.

Idea in confusione quando prævalere dicatur.

Idea sensibilis fortioris prævalere dicitur, si cum idea debilioris confusa parum inde mutatur, ut mutatio vix ac ne vix quidem, aut prorsus non percipiatur.

E. gr. Ponamus duos colores diversos invicem commisceri, sed per hanc mixtionem unum eorum parum immutari, ita ut vix appareat, colorem alium eidem fuisse admixtum; dicitur coloris istius idea prævalere adversus hujus ideam.

§. 139.

Quænam idea in confusione prævaleat.

Si duo sensibilia, quorum vires insigniter inæquales sunt, in easdem fibrillas nerveas simul agunt; idea sensibilis fortioris prævalet. Etenim si vires sensibilium insigniter differunt, motus fibrillis nerveis a sensibili fortiori impressus idem fere esse debet, qui actione sensibilis fortis ac debilis simultanea in easdem fibrillas producitur. Quamobrem cum a diversitate motus sit, quod idea nascatur confusa differens ab unaquaque earum, quæ confunduntur (§. 128.); idea quoque sensibilis in actione adeo inæquali diversorum sensibilium in easdem fibrillas parum mutationis subire debet, sed eadem vel propemodum eadem maneat necesse est, quæ foret, si sensibile forte solum in organum sensorium ageret. Idea igitur sensibilis fortioris prævalere debet (§. 138.).

Ita in exemplo, quod dedimus ante (*not. §.* 138.), praevalebit color coeruleus, ubi parum alibi eidem admiscueris. Si infuso trifolii aquatici perparum sachari addas; sapor amarus parum mutatur, ita ut sacharum admixtum nihil mutationis induxisse videatur. Idem exempla alia innumera confirmant. Sacharum in exemplo posteriori singulis guttulis quantumlibet exiguis, dum solvitur, admisceri, suo tempore experimentis clarissimis ostendam, qualia jam dedi in philosophia experimentali idiomate patrio conscripta.

§. 140.

Quoniam vires visibilium a quantitate luminis pendent, quod ab iisdem in easdem retinae partes defertur; *si lumina duorum visibilium in easdem fibrillas nerveas simul agentium admodum inaequalia fuerint; idea visibilis lumen majus in oculum immittentis praevalere debet* (§. 139.).

Idea visibilis quaenam in confusione praevaleat.

E. gr. Si interdiu oculum in coelum convertas, lumen ab atmosphaera reflexum in oculum incidit suaque in retinam actione in causa est, ut colorem istum coeruleum videamus qui coelo inesse videtur. Idem vero lumen totam occupat retinam atque adeo toto obtutu comprehenditur aliqua coeli coerulei pars, quantam scilicet ille capere potest. Nullum est dubium interdiu quoque lumen stellarum eadem quantitate per atmosphaeram demitti & in oculum incidere, qua demittuntur & in oculum incidunt noctu. Incidunt autem interdiu in easdem fibrillas, in quas agit lumen Solis ab atmosphaera reflexum. Enimvero idea coloris caerulei coeli praevalet, ut stella prorsus non percipiatur; nullam adeo mutationem sensibilem isti inducit, dum cum ea confunditur. Vi autem praesentis propositionis colligitur, lumen stellarum admodum debile esse debere, si conferatur cum lumine solari ab atmosphaera reflexo.

§. 141.

Si actiones sensibilis fortioris ac debilioris propemodum eaedem fuerint, nisi quod gradu differant & utrumque in easdem fibrillas simul agat; idea nascitur parum differens ab ea, quae uni.

Idea quando per confusionem parum mutetur.

uni soli in easdem agenti respondet. Etenim si duo sensibilia diversa in easdem fibrillas nerveas organi sensorii simul agunt, idea sensualis confusa est (§. 128.). Quoniam tamen sensibilis utriusque propemodum eadem est actio in fibrillas *per hypoth.* motus quoque ab uno sensibili impressus, haud multum differt a motu, qui imprimitur ab altero, nisi propter vim inæqualem gradu celeritatis. Idea igitur confusa eadem propemodum est, quam quæ respondet sensibili uni soli (§. 90. *Psych. empir.*) nisi quod gradu claritatis differant (§. 125.).

Ponamus duos sapores dulces specie quidem a se invicem differentes & eorum commixtione prodire itidem saporem dulcem. Gradus quidem dulcedinis mixtæ differet a dulcedine qualibet simplici; si tamen dulcedines simplices a se invicem parum differant, nec compositus ab utroque multum differet.

§. 142.

Quando idem accidat visibilibus.

Quodsi lumina diversa simul agant in retinam, quæ singula a se invicem distingui possunt, quorum tamen unum fortius est altero; nascetur idea confusa ab utriusque luminis idea haud multum differens. Habemus enim hic duas sensibilis fortioris ac debilioris ideas propemodum easdem, tales nempe, quales a lumine proficisci possunt, quæ cum conjungantur *per hypothesin,* idea confusa inde enata differre quidem debet ab unaquaque idea, quæ actioni uniuscujusque sigillatim respondet, haud multum tamen differens (§. 141.).

Exempli loco esse potest Luna interdiu coelo sereno instar nubeculæ pallida. Etenim dum coelum intuemur, lux diurna ab atmosphæra reflexa totam retinam occupat, ac ideam coerulei coloris causatur, qui coelo inesse videtur. Quoniam Luna ultra atmosphæram ab oculo distat; fieri sane non potest, quam ut lumen Solis ab atmosphæra reflexum, seu lux diurna, quam secundam appellare solent Optici & qua objecta terrestria, quæ radiis Solis directis minime feriuntur, colluftrantur,

De Facultate sentiendi, sive sensu

tur, una cum lumine Lunæ in eandem retinæ partem incidant atque sic in easdem fibrillas nerveas una agant. Enimvero Luna tum pallida apparet. Confusa igitur palloris idea non prorsus eadem cum idea luminis lunaris, nec prorsus eadem cum idea lucis diurnæ, nec tamen prorsus diversa ab utraque. Cum luminis quædam idea sit, ex eo nascitur, quod duplex lumen diversum una agat in easdem fibrillas. Quatenus vero hic pallor differt a luce diurna, & hinc orto cœli colore cœruleo, limites suos sortitur ac ideo Lunæ figura una exhibetur (§. 621. *Ontol.*). Lucem vero diurnam in eam retinæ partem, in quam incidit lumen lunare, non modo ab ea amotsphæræ parte, per quam ad oculum ipsum defertur, sed aliunde quoque illabi, hinc apparet quod Lunæ lumen non amplius adeo palleat, si per tubum longiorem eandem respicias, ut ad oculum deferri non possit lux diurna, nisi quæ cum lunari eadem via progreditur. Ex præcedentibus adeo propositionibus intelligitur, quando lumen majus obfuscet minus ac in genere sensatio fortior obscuret debiliorem (§. 76. *Psychol. empir.*).

§. 143.

Si organum sensorium destruitur, ideæ materiales & sensuales prorsus cessant, seu anima sensibilia ejusdem organi non amplius sensu percipere valet. Etenim si organum sensorium prorsus destruitur, sensibile non amplius in idem agere potest: quamdiu enim actio aliqua in eodem adhuc effectum quendam sortitur, organum nondum destructum est. Nullus itaque motus imprimi potest fibrillis nerveis in cerebro, consequenter nec ullus ad cerebrum propagari potest. Cessat adeo idea materialis (§. 112.).

Et cum anima vi essentiæ suæ sibi non repræsentet sensibile, nisi quod in organum sensorium agit (§. 66.), cujusque adeo idea materialis in cerebro datur (§. 111. 112.), sensibile quoque non amplius percipitur (§. 24. *Psychol. empir.*). Cessat igitur idea sensualis (§. 95. *Psychol. empir.*).

(Wolfii Psych. Ration.)

Ideæ materiales & sensuales quando prorsus cessent.

Sect. I. Cap. II.

Organum destrui potest vel a natura, ita ut prorsus deficiat, dum homo nascitur, aut ad usum suum non sit aptum; vel casu quodam, veluti si oculus vulneratur, ut humores inde effluant omnes vel totus bulbus corrumpatur.

§. 144.

Idem ulterius ostenditur.

Si quacunque de causa organum sensorium ad functionem suam prorsus ineptum redditur; cessat idea materialis & sensualis. Etenim si ad functionem suam prorsus ineptum est organum; nulla ipsi amplius mutatio induci potest a sensibili, qualis ad sensationem requiritur, aut, si mavis, nullus amplius motus imprimi potest fibrillis nerveis, qualis alias ab iisdem sensibilibus imprimi solet. Unde eodem, quo ante, modo patet, quod & in cerebro idea materialis, & in anima idea sensualis cessare debeat.

Impedimentum hoc denuo vel naturale est, vel accidentale. Effectu æquipollet organi destructioni, atque privationi, seu ejusdem absentiæ: in se tamen ab eadem differt. Fieri enim potest, ut impedimentum removetur: quo facto locus erit ideis materialibus & sensualibus. Sed quod prorsus deficit, nunquam restitui, & quod prorsus destructum est, in statum integrum nunquam restitui potest: quo in casu nec spes ulla superest fore, ut unquam excitetur aliqua idea materialis atque sensualis illius sensus, ad quem spectat organum. Casum vero propositionis utriusque esse possibilem experientia loquitur, quemadmodum in Physicis distinctius ostendemus. Quamobrem & utriusque veritatem experientia confirmat.

§. 145.

Cœcus cur nullam habeat ideam visibilis.

Quodsi igitur quis fuerit natura cœcus, idea nulla visibilis materialis & sensualis in eodem dari potest. Etenim si natura cœcus fuerit, aut organum visus prorsus destructum est, aut impedimentum quoddam adest, quod ad functionem suam idem prorsus ineptum reddit. Ab objecto igitur visibili

præ-

præsente nulla excitatur idea materialis, neque ulla oritur in anima idea sensualis (§. 143. 144.). Quoniam vero imaginatio non producit ideas sensibilium, nisi ante sensu perceptorum (§. 91. 92. *Psychol. empir.*); nec vi imaginationis ullius visibilis idea materialis in cerebro oriri, nec phantasma quoddam visibilis in anima produci potest (§. 93. *Psychol. empir.*). Fieri adeo nequit, ut natura cœcus ullam habeat ideam visibilem & ut ulla in cerebro ejusdem oriatur idea visibilis materialis.

Ita cœcus nullam habere potest ideam coloris, qualem nos habemus, quibus oculorum usus concessus. Etsi enim non defuerint cœci, qui tactu dijudicarunt colores; non tamen ideo eædem ipsis fuere ideæ colorum, quales sunt nobis. Immo si vel maxime visu antea gavisi fuissent; tactu tamen non producentur ideæ, quales antea visu productæ fuerant: quemadmodum mox ostensuri sumus. Similiter cœcus nullam habere potest ideam luminis, quam nos habemus qui visu pollemus. Propositio præsens intelligenda est de ideis potissimum confusis & de notionibus distinctis, quatenus in earum resolutione devenitur tandem ad ideas quasdam confusas seu imagines visibilium. In resolutione notionum probe discernendæ sunt ideæ confusæ, ad quem sensum referantur, quando in iisdem terminatur resolutio, ubi agnoscere volueris, quænam cognitio rei in hominem natura cœcum cadat.

§. 146.

Si quis fuerit natura surdus, idea nulla audibilis materialis & sensualis in eodem dari potest. Etenim si surdus fuerit, organum auditus vel prorsus destructum est, vel impedimentum quoddam adest, quod ipsum efficit ad functionem suam ineptum. Eodem igitur modo patet, nullam locum habere posse in anima ideam sensibilis, quod auditu percipitur, nullam quoque materialem ejus in cerebro ideam, quo in propositione præcedente evicimus, nullam in homine natura cœco dari ideam visibilis materialem & sensualem.

Surdus cur nullam habeat ideam audibilis.

Hinc

Sect. I. Cap. II.

Hinc natura surdus nullam ideam habere potest sonitus, quem edunt campanæ; nullam clangoris tubarum, qualis scilicet nobis est, qui auditu pollemus: quando enim Physicus sonum distincte explicat per causas suas, eatenus surdus cognitionem cum eo, qui auditu pollet, communem habere potest, quatenus notiones distinctæ terminantur in ideis confusis ad alios sensus relatis, quorum usu non destituitur surdus. Enimvero quæ de visu atque auditu demonstrata sunt, ea ad ceteros sensus facile transferuntur, ut adeo non opus sit propositiones generales, quas dedimus (§. 143. 144.), ad olfactum, gustum atque tactum a nobis applicari. Suffecerit itaque in duobus sensibus principibus ostendisse, quomodo fieri possit applicatio.

§. 147.

Vitio organi cur varientur ideæ.

Si organum sensorium fuerit vitiatum, ita ut actio sensibilis alia sit, quam alias foret, ubi vitio isto careret; idea materialis & sensualis alia est quam organi vitio isto non laborantis. Etenim si organum sensorium vitio quodam laboret, quod actionem sensibilis in ipsum variat; eodem modo constitutum non est, quo constitutum deprehenditur, quando a vitio isto immune. Idea igitur materialis & sensualis in casu priori alia est, quam in posteriori. (§. 123.).

Evidentius patet veritas propositionis præsentis, si demonstrationem propositionis generalis superius datum (§. 123.) ad specialem præsentem transferas. Exempla suppeditat experientia, qualia ad propositionem generalem jam in medium attulimus.

§. 148.

Quando ideæ materiales & sensuales restituantur.

Si vitium organi fuerit correctum, vel impedimentum usus ejusdem intrinsecum ablatum; ideis materialibus & sensualibus iisdem locus, qui alias in integro locum habent. In utroque enim casu organum eodem modo constitutum est, quo naturaliter constituitur, seu quando integrum est. Quamobrem

ideæ

De Facultate sentiendi, sive sensu.

ideæ quoque materiales & sensuales eædem esse debent, quæ in integro locum habent (§. 122.).

Facile propositio præsens ad sensus speciales applicatur. Pone enim corneæ transparentiam quocunque impedimento tolli. Quodsi hoc auferatur, nullo amplius vitio laborabit oculus. Quamobrem nec visio impedietur amplius. Si tumor ex contusione sanatur, tactus non amplius dolorificus, quemadmodum fuerat ante. Si icterus sanatur, objecta suum nobis referunt colorem.

§. 149.

Si idem sensibile in diversa organa sensoria agit; ideæ materiales & sensuales diversæ sunt. Etsi enim species impressa in quovis organo sensorio sit motus impressus fibrillis nerveis sensorii nervi (§.112.); quoniam tamen experientia constat sensibile non posse eodem modo agere in unum organum, quo agit in alterum, veluti cum colorata agant in oculum mediante lumine, in tactum per contactum immediatum, evidens est motum fibrillis nerveis ab eodem sensibili in uno organo impressum esse diversum ab eo, qui iisdem ab eodem sensibili imprimitur in organo altero, consequenter species impressas esse diversas. Diversæ igitur quoque sunt ideæ materiales (§.115.), consequenter & sensuales (§.120.).

Diversitas idearum sensibilis ejusdem diversis sensibus percepti.

Non licet excipere, ad duos sensus hic applicari, quæ de uno eodemque ostensa sunt. Propositiones enim generales sunt, etsi exemplis ad eundem sensum spectantibus fuerint illustrata, quod in diversis sensibus obvia sint, in eodem sensu non nisi attentione observentur. Experientia vero propositionem præsentem uberrime confirmat. Etenim si cœcus tactu, qui visu pollet visu distinguit colorem rubrum ab alio; non eandem habent ideam. Non hic provoco ad testimonium eorum, qui, cum in cœcitatem incidissent, tactu distinguere didicere colores, quos antea visu distinguebant; sed ad ipsam sensuum naturam provoco. Dum cœcus tangit objectum colore rubro tinctum, digitis hinc inde leviter promotis; non

P 3

ali-

aliam inde nancifcitur ideam, quam quæ nobis eft eundem colorem fimul videntibus, utut eadem nobis non fufficiat ad colorem rubrum ab alio fimiliter tactu percepto difcernendum. Quilibet autem in feipfo experitur, ideam coloris rubri, quæ vifui debetur, diverfam prorfus effe ab idea ejusdem, quæ tactui accepta ferenda. Immo fi verum fateri fas eft, tactu non percipitur nifi fpecies afperitatis vel levitatis fuperficiei corporis rubri feu rubedine tincti. Unde ex accidente eft, quod uno fenfu diftinguantur, quæ ad alium fpectant: id quod determinatius enunciat propofitio fequens.

§. 150.

Senfuum vicarius ufus.

Si duæ qualitates in eodem fenfibili infint neceffario fimul; uno fenfu dignofcere licet, quæ ad alterum fpectant. Si quæ enim qualitates fenfibiles neceffario fimul infunt, adeoque coëxiftunt per naturam fuam; una fignum eft alterius (§. 955. Ontol.). Ex eo igitur quod una adeft intelligitur, quod etiam adfit altera. Unde uno fenfu dignofcere licet eam, quæ ad alterum fpectat.

E. gr. Cum colore nigro certa quædam fuperficiei difpofitio conjuncta eft, vi cujus lumen ita reflectitur, ut fenfationem iftius coloris caufetur, eaque tactu difcernibilis. Ubi ergo ifta deprehenditur fuperficiei difpofitio, ibidem quoque adeft color niger. Quamobrem fi tactu illam adeffe dignofcis, hoc ipfo certus es corpus, quod tangis, nigrum effe debere. Atque ita contingit tactu difcerni vifibilia, quæ alias vifu dignofcuntur. Evidentius idem patet in furdis loquentibus, qui verba ore prolata ex motu labiorum & variata in eo figura oris fituque labiorum intelligunt. Cum fingulis enim verbis fingulæ conjunguntur configurationes oris labiorumque motus, ita ut abfque iis illa proferri nequeant. Quamobrem qui motum labiorum orisque configurationem percipit, hæc jam verba proferri, non alia inde agnofcit. Vifu adeo diftinguit, quæ auditus funt. Atque adeo patet cœcum a nativitate nullum habere ideam coloris, nec furdum a nativitate ullam habere ideam foni. Sed fi cœcus tactu difcernit colores,

De Facultate sentiendi, sive sensu.

lores, ideam colorum sociam habet, sed quæ cum tactui respondeat diversa prorsus est ab ea, quæ visui convenit. Et similiter si surdus visu distinguit verba loquentis, ideam sonorum sociam habet, sed quæ cum visui respondeat diversa prorsus est ab ea, quæ auditui propria. Quando igitur commune in casu primo ideæ tactui & alteri visui respondeat, in secundo ideæ quæ visui & alteri quæ auditui respondet imponitur nomen; eodem nomine res prorsus diversæ denotantur, etsi ad hoc sufficiat ut ad diversas istas ideas animum advertentes se invicem intelligant: quod quomodo fiat, deinceps distinctius docebimus, quando de imaginatione sumus acturi. Ceterum propositio præsens ostendit, quando sensus unus vicem alterius sustinere possit: quod novum praxeos argumentum est hactenus nondum satis excultum, etsi specimen aliquod habeamus in surdo loquente, de quo suo tempore plura. Non inutile igitur est, in posterum solertius in vicariatum sensuum inquiri.

§. 151.

Si ex decreto animæ ob sensationes prævisas situs corporis mutatur, sensationes a libertate animæ pendent quoad actum. Etenim si ex decreto animæ situs corporis mutatur, sive in eodem loco respectu objectorum præsentium, sive quatenus te in alium locum confers; alia objecta sensibilia organa sensoria feriunt quam antea, atque adeo sensationes aliæ in mente oriuntur, quam antea, non orituræ, nisi situm corporis in eodem loco, vel in universo mutasses (§. 85. *Psychol. empir.*). Ex eo igitur, quod situm corporis mutaveris, intelligitur, cur has potius habeas sensationes, quam alias, consequenter in ea mutatione continetur ratio sensationum jam præsentium (§. 56. *Ontol.*). Quodsi jam situm corporis mutaveris ex decreto animæ eo quidem fine, ut tibi sint istiusmodi sensationes; ex decreto animæ intelligitur, cur jam tibi sint hæ potius perceptiones quam aliæ, consequenter in eodem simul continetur ratio, cur tibi jam hæ potius sint sensationes quam aliæ (§. 56. *Ontol.*).

Quomodo libertas animæ influat in sensationem.

Sen-

Senſationes igitur iſtæ quoad actum dependent a decreto animæ (§. 851. *Ontol.*). Enimvero quoniam anima decrevit mutationem ſitus corporis, ut has potius quam alias haberet perceptiones *per hypoth.* decretum ipſius liberum eſt (§. 941. *Pſychol. empir.*). Quare cum ſenſationes in caſu propoſitionis præſentis pendeant a decreto animæ *per demonſtr.* evidens omnino eſt, quod in hoc caſu pendeant ab animæ libertate.

Ne propoſitio præſens in perverſum ſenſum trahatur, notandum eſt perceptiones prævideri vel quoad rationem ſuam ſpecificam, vel quoad genericam, & utroque in caſu admitti gradus, ita ut ſubinde ad differentias admodum generales animum advertere poſſis, veluti cum te in locum alium confers, ut alias habeas ſenſationes, qualescunque tandem fuerint, non reſpiciendo niſi ad ſolam diverſitatem illarum a præſentibus. Prævides igitur tantum ſenſationes quoad earum a præſentibus diverſitatem. Ceterum per propoſitionem præſentem intelligitur, quomodo libertas influat in ſenſationes: id quod in Moralibus utilitate ſua non deſtituitur, ubi doceri debet, quando & in quantum nobis imputari poſſint ſenſationes noſtræ, conſequenter & alia quæ ab iis pendent. Patebit vero ſuo loco neglectis principiis, quæ in ſe ſpectata contemnenda videntur, non ſatis accurate tradi, quæ ſuam inde deciſionem expectant. Neceſſe igitur fuit attentionem lectoris ad ea excitari.

§. 152.

Alius caſus libertatis in ſenſationem influentis.

Si ex decreto animæ ſitum corporis non mutes, ſenſationum prævisarum gratia, nec alio quocunque modo impedias, ne ſenſibile aliquod in organum ſenſorium agat, ſenſationes, quarum gratia hoc non facis, denuo a libertate animæ pendent. Si ex decreto animæ ſitum corporis non mutes ob ſenſationes prævisas, hoc eſt, quas te jam habiturum prævides, ſi eandem conſervas; perinde omnino eſt, ac ſi ex animæ decreto ob perceptiones prævisas eundem mutares, cum in utroque caſu ſitum corporis decernas, ut certa quædam ſenſibilia percipias. Enimvero

vero si ex decreto animæ ob sensationes prævisas situs corporis mutatur, sensationes pendent a libertate animæ (§. 151.). Ergo ab eadem quoque pendent, si ex decreto animæ situs corporis non mutetur sensationum prævisarum gratia.

Quodsi non impedias, cum posses, quo minus sensibile in organum sensorium agat; perinde omnino est ac si ob sensationem prævisam situm corporis ex decreto animæ non mutes, cum in utroque casu aliquid non facias, ut sensibile aliquod percipias. Enimvero si ex decreto animæ ob sensationem prævisam situm corporis non mutes, ea a libertate animæ pendet *per demonstrata*. Pendet igitur etiam a libertate animæ sensatio, si, cum posses, non impedias, quo minus sensibile in organum sensorium agat.

Propositio intellectu facilis, ratio aperta: sed utilitas ejus in moralibus maxima, cujus potissimum gratia, quemadmodum ante jam monuimus, influxum libertatis animæ in sensationes, seu earum a liberis decretis animæ dependentiam expendimus.

§. 153.

Si quid ex decreto animæ agas eo fine, ut sensibile quodpiam percipias, aut quid eo fine ab aliis fieri jubeas ; sensationes denuo a libertate animæ pendent. Sive enim ex decreto animæ situm corporis mutes, sive aliud quid agas, ut sensibile aliquod percipias, perinde est in casu præsente, cum utrobique ejusdem finis gratia a te executioni detur, quod decrevisti, scilicet ut sensibile quoddam a te percipiatur. Enimvero si ex decreto animæ situs corporis mutetur, ut sensibile aliquod percipiatur, sensatio a libertate animæ pendet (§. 151.). Pendet igitur etiam a libertate animæ, si ex ejusdem decreto aliud quodcunque a te fiat sensibilis percipiendi gratia.

Et quoniam perinde est, sive ipsemet quid facias sensibilis percipiendi gratia, sive idem ab alio fieri jubeas, cum in utro-

Casus adhuc alius.

que casu sensibile percipias, quod idem percipere decrevisti; sensatio adhuc a libertate animæ pendet, si quid eo fine ab alio fieri jubeas, ut sensibile percipere possis.

E. gr. Jubes pingi imaginem pictamque in musæo e regione tui erigi, ut vultus erectus in eandem statim dirigatur, visio ejusdem imaginis semper pendet a libertate animæ, cum actum continuum decreveris. Similiter si objectum sensibile applices ad organum sensorium, perceptio ejusdem a libertate animæ pendet. Experientia obvia exempla plurima suppeditat, ut veluti sponte sua occurant, neque ea cumulari sit opus.

§. 154.

Perfectio imaginis in quo consistat.

Perfectio imaginis in similitudine cum re, cujus imago est, consistit. Imago enim repræsentare debet objectum, cujus est imago (§. 85.). Nihil adeo in imagine discernibile occurrere debet, quod non aliquid repræsentet in objecto repræsentato discernibile, ut perinde sit sive imaginem, sive objectum, quod refert, attentione tua perlustres. Quamobrem cum omnia discernibilia in imagine eadem sint cum omnibus discernibilibus in objecto, cujus imago est (§. 181. *Ontol.*), per illa autem, quæ in imagine discernuntur, imago ab aliis imaginibus, & per illa, quæ discernuntur in objecto, objectum ab aliis objectis distinguatur; imago objecto, quod repræsentat, similis est, ubi nihil discerni in eadem potest, quod non aliquid in objecto, quod refert, repræsentet (§. 195. *Ontol.*). Enimvero si nihil discerni potest in imagine, quod non aliquid repræsentet in objecto, cujus imago est, omnia imaginis ad repræsentationem alicujus quod objecto isti inexistit tendunt, adeoque in ipsorum varietate consensus (§. 503. *Ontol.*), consequenter in eo consistit perfectio imaginis, quod discernibilia in imagine eadem sint cum discernibilibus in objecto, cujus imago est (§. 503. *Ontol.*). Quare cum in eadem similitudo imaginis consistat *per demonstrata*: perfectio imaginis in similitudine ipsius consistit.

Appa-

De Facultate sentiendi, sive sensu.

Apparet facile sermonem nobis esse non de partiali quadam similitudine, sed de totali: in philosophia enim ex notionibus de rebus statuimus non tribuentes rei definitum, cui non competit definitio (§.349. *Log.*), neque adeo simile simpliciter appellatur, quod ex parte tantummodo simile est. Quando nimirum vel minimum differentiae inter imaginem & rem, cujus imago est, assignari potest; tamdiu quoque in sensu philosophico simile non dicetur simpliciter, sed cum debita restrictione. Non igitur est, quod excipias, praeter similitudinem occurrere alia, quae ad perfectionem imaginis pertineant & peritiam artificis arguant: absque enim his non dabitur similitudo omnimoda, etsi iis locus esse possit absque omni similitudine cum suo individuo, quod repraesentare debet, veluti quando imago quaedam hominis pulcherrima quidem atque affabre picta, ne minimum tamen similitudinis habere dicitur. Erit enim imago perfecta pulchri hominis, etsi perfecta dici non possit imago Petri. Non piget talia prolixius moneri, propterea quod in similibus usui esse possit.

§. 155.

Quoniam ideae sensuales imagines sunt (§.86.); *ipsarum quoque perfectio in similitudine cum sensibilibus consistit* (§. 154.). *Perfectio idarum sensualium.*

Unde ad sensuales ideas applicari poterat tota demonstratio propositionis praesentis, nisi consultius duxissemus in genere demonstrari perfectionem imaginis, veluti ad removendam objectionem, cujus in notis mentionem injecimus (§.154.).

§. 156.

Quoniam ideae sensuales sunt similes objecto, quod repraesentant (§.91.); *ideae sensuales perfectae sunt.* *Ideae sensuales num sint perfectae.*

Ex accidente tamen est, quod una earum sit perfectior altera, quatenus similitudo nunc magis patet, nunc latet. Quamobrem differentiam perfectionis accuratius ut scrutemur convenit.

Q 2 §. 157.

§. 157.

Similitudinis patentis & latentis differentia.

Similitudo idearum sensualium *patens* dicitur, quam anima agnoscit: e contrario *latentem* appellamus, quam non agnoscit, seu, quæ quidem adest, non tamen apparet.

Dari hanc similitudinis differentiam in ideis sensualibus, ex iis liquet, quæ de differentia idearum sensualium distinctarum & confusarum demonstrantur, ut adeo eam exemplis illustrari non sit opus, præsertim cum non intelligantur, nisi demonstrationibus istis perceptis, communi præjudicio adversus veritatem vulgo prævalente, quippe quod simile quid tribuit rebus, quatenus vi perceptionum confusarum apparet, testibus coloribus ac saporibus. Non piget talia hinc inde annotari, quæ ad hoc faciunt, ut methodi omnem rationem intimius perspicias eamque ipso usu reddas locupletiorem, ne multitudine regularum initio obruaris: id quod magis nocet, quam prodest, quemadmodum satis experiuntur, qui Algebram alia lege addiscunt, quam nos in Elementis nostris Mathescos tenemus. Huc enim demum quadrat illud *Senecæ*: longum iter esse per præcepta, breve per exempla, si nimirum in exemplis admonemur præceptorum, ut horum idea exemplaris animo ingeneretur, quo facilius in posterum subeat exemplum præceptorum vicem.

§. 158.

Quando idearum sensualium similitudo patens.

Ideis sensualibus inest similitudo patens, quatenus sunt distinctæ. Quatenus enim ideæ sensuales distinctæ sunt, eatenus figuras, magnitudines ac motus in iis, quæ percipimus, distinguimus (§. 93.). Ideæ vero sensuales propterea similes sunt sensibilibus, quod figuras, magnitudines, situs ac motus repræsentent (§. 91. 92.). Quare eatenus similitudinem idearum sensualium cum sensibilibus agnoscimus, quatenus distinctæ sunt. Ideis adeo sensualibus inest similitudo patens, quatenus sunt distinctæ (§. 157.).

Constat jam dari in ideis sensualibus similitudinem patentem cum sensibilibus.

§. 159.

De Facultate sentiendi, sive sensu. 125

§. 159.

Ideis sensualibus inest similitudo latens, quatenus sunt confusæ. Quatenus enim ideæ sensuales confusæ sunt, eatenus figuras, magnitudines, situs ac motus sensibili inexistentes non distinguimus (§. 94.). Quamobrem cum ideæ sensuales propterea similes sint sensibilibus, quod figuras, magnitudines, situs ac motus sensibili inexistentes repræsentent (§. 91. 92); illarum similitudinem cum sensibilibus non agnoscimus, quatenus confusæ sunt. Similitudo igitur, quæ ipsis inest, cum sensibili latens est, quatenus confusæ sunt (§. 157.).

Quando idearum sensibilium similitudo latens.

Constat jam dari in ideis sensualibus similitudinem latentem cum sensibilibus.

§. 160.

Ideæ sensuales distinctæ perfectiores sunt confusis. Idearum enim sensualium perfectio consistit in similitudine cum sensibilibus (§. 155.), adeoque tanto censendæ sunt perfectiores, quanto magis apparet earum cum sensibilibus similitudo, seu quanto facilius agnoscitur, consequenter quo magis patens est (§. 157.). Unde perfectiores quoque sunt ideæ sensuales, quibus similitudo patens inest, quam quibus latens inhæret (§. cit.). Quamobrem cum iisdem insit similitudo patens, quatenus sunt distinctæ (§. 158.), latens vero inhæreat similitudo, quatenus confusæ suut (§. 159.); ideæ sensuales distinctæ perfectiores sunt confusis.

Quænam ideæ sensuales ceteris perfectiores.

Sane si quis distincte visu percipit arborem, ut radices a trunco, truncum a ramis, ramos a surculis, surculum a foliis, folia a gemmis visu distinguat; ejus idea perfectior est quam alterius, qui uno obtutu totam comprehendit arborem nihil earum partium, quæ a se invicem differunt, discernens. Similiter qui distincte percipit visu folium, ut pediculum a ramulis inde per substantiam folii utrinque dispersis, surculos in rete quasi explicatos a ramulis, substantiam utriculosam ab istis surculis, figuram denique perimetri & rationem longitudinis ad latitudinem distinguat; ejus idea perfectior est, quam alterius, qui uno obtutu complexus totum folium nihil eorum discernit. Perfectior quoque est figuræ idea, quam coloris aut saporis alicujus: etenim ea, quæ insunt objecto colorato vel sapido, intuendo ideam non distinguimus, sed ejus evolutione demum colligimus, quemadmodum ex Physica intelligitur.

§. 161.

Quinam sensus perfectior ceteris.

Sensus eo perfectior est, quo magis distincte res repræsentat. Sensuum enim est repræsentare sensibilia (§. 67. 24. *Psychol. empir.*), seu producendi ideas sensuales (§. 95. *Psychol. empir.*). Eorum adeo perfectio cum æstimanda sit ex perfectione idearum, quas producunt; tanto sensus aliquis erit perfectior, quo perfectiores sunt ideæ sensuales, quæ ab eodem producuntur. Quamobrem cum ideæ sensuales distinctæ sint confusis perfectiores (§. 160.); tanto sensus erit perfectior, quo ideæ ab eodem pendentes fuerint magis distinctæ, consequenter quo magis distincte sensibilia repræsentat (§. 24. *Psych. empir.*).

Perfectionem sensuum æstimamus ex effectu: id quod ab eo, quod alias obtinet, alienum non est. Sane perfectionem horologii ex effectu, exacto scilicet motu indicis (*not.* §. 503. *Ontol.*), & perfectionem organorum corporis humani ab eorum usu æstimamus. Facile etiam demonstrari potest sensus ac in genere causæ efficientis (ad cujus instar sensus hic consideratur) perfectionem ex perfectione effectus æstimari debere. Causa enim efficiens qua talis tota ad effectum producendum tendit, veluti sensus ad productionem idearum sensualium. Quo perfectior itaque effectus, eo magis determinationes singulæ quibus in esse causæ constituitur, inter se consentiunt (§. 503. *Ontol.*), consequenter tanto & ipsa causa perfectior (§. *cit.*).

Sensuum quoad perfectionem differentia.

§. 162.

Sensus omnium perfectissimus visus est: tactu perfectior auditus, quoad usum ordinarium: gustus & olfactus imperfectio-

ctiores ceteris. Non alius sensus plura distincte percipit quam visus: id quod unicuique per seipsum exploratum est, modo animum ad ideas sensuales, quas habet & quarum recordatur, advertere easque inter se conferre voluerit. Quoniam itaque sensus unus ceteris perfectior est, quo magis distincte res repraesentat (§. 161.); visus omnino sensuum omnium perfectissimus. Auditu non modo diversitatem sonorum distinguimus, quatenus eos clare, sed confuse percipimus; verum etiam vocum & sermonis distinctas habemus perceptiones, nec non concentuum musicorum: id quod denuo obvia experientia unicuique manifestum est. Qualitates tactiles ut plurimum confuse; figuras tamen tactu distincte percipimus: vix vero aliud quid occurrit, quod aliter quam confuse percipiat, nisi situm & motus quosdam adhuc excipias magnitudinumque nonnullarum rationem: id quod tamen difficilius succedit quam in visu, nec ubivis, ubi visui idem licet, tactui permissum, ut adeo usus ejus in distinctis perceptionibus non esse soleat nisi visus vicarius. Gustus & olfactus sapores atque odores nonnisi confuse percipiunt. Quae omnia denuo per experientiam explorata sunt. Auditus igitur, & tactus de praerogativa perfectionis inter se contendere poterant, si vicarium visus usum spectes, quem habet tactus; ast auditus tactu perfectior quoad usum ordinarium. Gustus vero & olfactus sensuum omnium imperfectissimi (§. 161.).

Quae de tactu a nobis dicuntur mirifice illustrantur exemplo artificis cujusdam caeci, quod commemorat *de Piles* in Cursu picturae Gallice conscripto p. 329. Etenim is solo tactu distinctam sibi acquisivit faciei ideam & ex cera efformavit imaginem eidem simillimam, qualem non perficere potest qui visu pollet, nisi qui sit simul artis suae peritissimus. Cepit ejus rei experimentum Dux *Bracciani*, qui in cella profunda contra omnem accessum luminis optime munita imaginem suam fieri curavit, ut certissimus esset ne minimum quidem

dem artificem visu juvari. Fecit idem imagines statuis marmoreis *Caroli* I. Anglorum Regis, & *Urbani* VIII. Pontificis maximi simillimas. Vicarium visus usum, quem habet tactus & quo talia præstari non impossibile, breviter explicat *Thümmigius* nostris usus principiis in Tentaminibus explicandi phænomena naturæ singularia Germanico idiomate edita Tom. I. n. VII. §. 5. & seqq. p. 59. & seqq. Lubet tamen hic dare eundem explicatiorem nostro more.

§. 163.

Linearum ideæ quomodo tactu acquirantur.

Si digitum juxta ductum alicujus lineæ promoveamus; ideam nanciscimur lineæ & quatenus in recta directio digiti constanter eadem manet, in curva continuo mutatur, rectæ a curva differentia distincte percipitur: Quatenus vero repetito sæpius eodem digiti motu juxta ductum lineæ eundem deinceps libere repetere potes, claram, etsi confusam habes lineæ cujusdam curvæ in specie ideam. Dum extremo digiti tangis lineæ cujusdam extremum, quamdiu digitus quiescit, puncti notionem acquiris cogitatione continuo minuendo contactum, donec longitudinis ac latitudinis expers intelligatur, utpote cujus in motu progressivo nulla habetur ratio. Eadem adeo idea puncti nascitur a tactu, quæ a visu (§. 6. 9. *Geom.*), nec absimili modo utrobique pendet distincta ejus notio a notione lineæ (§. 12. 13. *Geom.*). Dum extremum digiti, quo lineam tangis, continuo promovetur; tactu utique experiris describi lineam motu puncti continuo ab uno extremo usque ad alterum, sicque distinctam nancisceris lineæ notionem, qualem ex praxi desumunt qui visu pollent beneficio ideæ confusæ visui debitæ lineam in charta ductam agnoscentes (§. 10. 12. *Geom.*). Similiter dum juxta lineam rectam promovetur digitus non mutata directione; juxta ductum vero lineæ curvæ mutata continuo directione; in eas incidimus beneficio tactus notiones lineæ rectæ & curvæ, quas denuo ex praxi desumunt, qui, quæ aliquo ductu describitur, lineam ope idearum confusarum, quas

visui

De facultate sentiendi, sive sensu.

visui debent, agnoscunt atque distinguunt (§. 19. *Geom.*). Jam quod is, qui ductum alicujus curvæ tactu aliquoties vel aliquandiu percepit, eandem sine aberratione assignabili imitari possit, experientia docemur: quod vero idem facere non posset, nisi aliquam illius ductus haberet ideam eamque claram, etsi confusam, ex ipsa notione ideæ claræ intelligitur (§. 31. *Psych. empir.*). Patet adeo veritas propositionis quoad singulas ejus partes.

Quilibet, quæ diximus, propria experientia addiscere potest, quamvis attentione opus sit, ne ideas, quas visui debemus, in lineas simul intuentes, vel saltem vi imaginationis easdem nobis repræsentantes, cum iis, quæ a tactu pendent, confundamus: utut enim utroque sensu ad easdem notiones distinctas perveniatur, confusæ tamen non prorsus eædem sunt, immo nil impedit, quo minus aliquo in casu eæ prorsus diversæ sint, propterea quod idem objectum non eodem modo afficit diversa organa sensoria. Et hæc sane ratio est, cur aliqua adhuc ab acutioribus notetur disparitas in modo, quo ad eandem notionem distinctam pervenitur utriusque sensus auxilio.

§. 164.

Si manus superficiei cuidam applicatur, ideam planæ habemus, quatenus manus explicata vel digitus exsertus congruit parti, quam tangit, vel quatenus manus aut digitus ita applicatus juxta eandem directionem salvo contactu promoveri potest: ast curvæ nobis est idea, ubi neutrum succedit. Neque enim manus exporrecta vel digitus exsertus congruere potest nisi superficiei planæ. Contactu adeo planum a curvo optime distinguimus. Si digitus extensus juxta eandem directionem salvo contactu promoveri potest, cum is lineam rectam referat, hoc ipso percipimus, lineam rectam superficiei planæ ubicunque applicatam eidem congruere, seu, quod perinde est, a quovis puncto in eadem assumto ad quodvis punctum duci posse lineam rectam: quam esse notionem plani seu figuræ planæ constat

Curva a plana superficie quomodo tactu distinguatur.

(*Wolfii Psych. Ration.*)   R   (§. 36.

(*§. 36. Geom.*). Immo hinc intelligitur motu lineæ rectæ juxta eandem directionem progredientis describi planum: id quod denuo receptis Geometrarum notionibus conforme, quemadmodum ex definitionibus geneticis apparet, veluti cum parallelogrammum describi dicitur motu lineæ rectæ sibi semper parallelo juxta ductum alterius rectæ, quæ directionem determinat (*not. §. 194. Log.*). Quodsi superficiei datæ manus exporrecta vel digitus exsertus ita applicari nequit, ut eidem congruat, nec in eadem salvo contactu juxta eandem directionem promoveri potest; ex eo intelligitur, superficiem non esse planam, consequenter curvam, cum curva sit, quæ plana non est. Tactus adeo beneficio ad easdem superficiei planæ ac curvæ notiones distinctas pervenitur, quæ sunt Geometris.

Per propositionem præsentem patet, quomodo superficies plana distinguatur a curva. Enimvero cum, quæ curva est superficies, vel convexa sit, vel concava; docendum erit ulterius, quomodo concavum a convexo dignoscat tactus. Et quia curvedo non unica est, sed infinite varia; dispiciendum quoque, quantum ad species curvedinis a se invicem separandas profit tactus.

§. 165.

Tactu quomodo convexum a concavo dignoscatur.

Si manus contractæ vel digiti incurvati interior superficies corporis superficiei congruit; ideam superficiei convexæ habemus: quodsi id fieri non possit superficiem tamen curvam esse constet, ideam superficiei concavæ habemus, quæ nobis etiam est, ubi convexam digiti superficiem in supremo articulo superficiei congruentem percipimus, quam tangimus, & salva congruentia huc illucve moveri posse experimur. Si manus vel digitus incurvatur, superficies interior concava est. Quodsi ergo congruit superficiei corporis, concavum quoddam eidem congruere palam est. Quamobrem cum convexum sit, cui congruit concavum; dum manus contracta vel digitus incurvatus ita ap-

pli-

plicatur superficiei corporis dati, ut eidem congruat; ideam convexitatis nobis esse debere palam est (§. 91.). Quodsi digitus incurvatus vel manus contracta superficiei corporis ita applicari non possit, ut eidem congruat; convexa non erit *per demonstrata*. Erit igitur aut plana, aut concava. Quamobrem ex eo, quod planam non esse constet (§. 164.) & quod convexa non esse intelligatur, concavam esse liquet. Est adeo nobis idea superficiei concavæ, dum digitum incurvatum aut manum contractam ita superficiei, quam planam non esse jam constat, applicari non posse experimur, ut eidem congruat. Enimvero quoniam concavum esse intelligitur, quod convexo congruit, quemadmodum vidimus paulo ante; ex eo, quod extremum digiti applicatum superficiei cuidam eidem congruat & salva congruentia huc illucve libere moveri possit, intelligitur concavam esse superficiem.

 Non uno modo tactus unum idemque discernit, secus ac in visu, cum visibile non nisi uno modo afficiat oculum; ab eodem autem sensibili qua tali tactus non uno modo affici possit. Quodsi ad notiones distinctas deveniendum, non omnes ideæ, quæ tactui de eodem sensibili debentur, æquipollent, nec omnes eandem suppeditant notionem, etsi una alteri æquipolleat notio & una ex altera constanter demonstrabilis sit. Ceterum hinc patet, tactum inservire posse in venandis notionibus distinctis eorum, quæ visui patent: id quod pertinet ad socias operas, quas sensus unus præstat alteri. Fingi enim potest inter sensus quemadmodum quidam vicariatus (§. 150.); ita etiam societas quædam. Et utraque fictio suum admittit usum in arte inveniendi.

§. 166.

Convexitas major vel minor percipitur, prouti manus vel multum, vel parum coarctanda, aut digitus vel multum, vel parum incurvandus, ut parti, quam tangit, congruat; & quatenus digitus in superficie convexa promotus vel longius a plano   Diversitatem convexitatis quomodo tactus discernat.

plano quodam recedit, antequam ad idem rurſus accedere datur, vel breviori intervallo: imo etiam ex diverſa directionis mutatione. Etenim dum manum vel digitum ſuperficiei convexæ ita applicare conamur, ut parti, quam tangimus, congruat; conſcii nobis ſumus, utrum manus multum, an parum ſit contrahenda; digitus multum, an parum incurvandus, ut parti, quam tangit, congruat. Hoc ipſo itaque diſcernimus convexitatem majorem atque minorem, utpote differentiam convexitatis in duobus corporibus clariſſime percipientes (§. 183. *Ontol.*). Similiter ſi digitus ſui extremo ſuperficiem convexam tangit & continuo contactu in eadem promovetur, & planum quoddam imaginamur horizontale vel verticale pro diverſo corporis ſitu tranſiens per contactum digiti primum applicati ad convexum, conſcii nobis ſumus ad motum digiti in ſuperficie convexa incedentis attenti, utrum longo intervallo ab eadem recedat, an parvo, antequam iterum ad idem accedat. Hoc ergo animadvertentes ut ante diſcernimus diverſitatem convexitatis. Immo cum pro diverſitate convexitatis diverſimode quoque mutetur directio digiti in ſuperficie incedentis, hujus ipſius diverſitatis nobis conſcii diverſitatem convexitatis percipimus ex eadem ratione, quam in duobus caſibus præcedentibus allegavimus.

Ab attentione ad diverſitatem incurvationis digiti, receſſus a plano & acceſſus ad idem atque mutationis directionis pendet claritas perceptionis. Quamobrem cum attentionis gradus exercitatione comparentur (§. 248 *Pſychol. empir.*); claritas perceptionum in tactu ab exercitatione pendet, quæ in viſu naturalis eſt. Inde eſt, quod qui viſu pollent tactus uſum non faciant, quem habere poteſt, etſi ſubinde viſui ſuppetias ferre valeret, ſiquidem eundem in poteſtate haberemus.

Concavitatis differentiam quomodo tactus dijudicet.

§. 167.

Concavitas major vel minor percipitur, prout digitus in ſuperficie concava promotus celeri vel lento gradu directionem mutat.

mutat. Quoniam major est concavitas, si concavum magis declinat a plano tangente; minor vero, si minus; ista autem declinatio a mutatione directionis pendet: ideo pro diversa concavitate diversa quoque est mutatio directionis mobilis in superficie concava incedentis. Quamobrem cum digitus in superficie concava promotus directionem continuo mutare cogatur & quidem diversa ratione pro diversa superficiei concavitate; illius autem mutationis nobis conscii simus: ex ea utique diversam concavitatis rationem percipimus.

Quæ de diversitate convexitatis & concavitatis per mutationem directionis digiti in superficie convexa vel cava incedentis diximus; ea unusquisque experiri potest. Quodsi vero ideæ ipsi non fuerint satis claræ; rationem repetat ad articulum præcedentem inculcatam.

§. 168.

Ideam anguli rectilinei tactus beneficio habemus, quatenus digitum juxta eandem directionem promoventes contactum exspirare percipimus subito directionem mutaturi, siquidem eundem continuare voluerimus. Dum enim digitum secundum eandem directionem promovemus salvo contactu, lineam rectam ex eo agnoscimus (§. 163.), cumque contactus in motu progressivo exspirat, lineam rectam ibidem terminari nobis conscii sumus. Enimvero dum subito mutata directione contactu salvo secundum eandem directionem digitus denuo promoveri potest; aliam rectam agnoscimus (§. *cit.*), cum priore in uno puncto concurrentem, non tamen cum eadem coincidentem. Eandem adeo anguli notionem tactus beneficio habemus, quæ Geometris est (§. 54. *Geom.*).

Angulum rectilineum quomodo tactus dignoscat.

§. 169.

Quodsi crus unum anguli fuerit latitudini corporis nostri parallelum; ideam anguli recti habemus, quatenus digitum juxta ductum alterius cruris promotum nec in dextram magis quam

Species angulorum quomodo tactus dijudicet.

quam in finiftram inclinare ex fitu brachii refpectu corporis dignofcimus. Aft anguli acuti habemus ideam, quatenus digitus juxta crus alterum promotus verfus finiftram excurrit, vel dum digitus promovetur, brachium non modo extenditur, verum etiam fimul ad corpus accedit. Anguli denique obtufi idea nobis eft, quatenus digitus juxta crus alterum promotus verfus dextram excurrit, vel dum digitus promovetur, brachium non tantummodo extenditur, verum etiam fimul a corpore noftro recedit. Etenim fi crus unum anguli fuerit latitudini corporis parallelum, crus alterum ad idem perpendiculare etiam ad hanc perpendiculare effe debet (§. 230. *Geom.*). Quamobrem cum idem in neutram partem inclinetur (§. 79. *Geom.*), & cum altero crure rectum efficiat (§. 78. *Geom.*); anguli recti ideam habemus, dum digitum juxta crus alterum promotum ita excurrere nobis confcii fumus, ut neque in dextram, neque in finiftram inclinetur, feu verfus neutram partem excurrat. Digitum autem recta excurrere nobis confcii fumus, dum brachium digito excurrente tantummodo extendi, non vero una ad corpus accedere, vel ab eodem recedere obfervamus. Atque hoc pacto angulum rectum agnofcimus & ab aliis diftinguimus, confequenter claram ejus (§. 31. *Pfychol. empir.*), immo & diftinctam habemus ideam, ubi modum alteri exponere valemus, quomodo eum a ceteris diftinguamus (§. 38. *Pfychol. empir.*).

Enimvero fi angulus fuerit acutus, crus alterum intra crura anguli recti cadit (§. 66. *Geom.*). Quamobrem ubi crus commune fuerit latitudini corporis parallelum; digitus juxta alterius ductum promoveri nequit, quin brachium, dum extenditur, una ad corpus accedat, & digitus verfus finiftram excurrat. Angulum adeo acutum agnofcimus & a ceteris diftinguimus tactus beneficio. Atque adeo patet, ut ante, nos ideam claram, immo prorfus diftinctam anguli acuti habere, tactui debitam.

De-

De facultate sentiendi, sive sensu.

Denique si angulus fuerit obtusus, crus alterum ultra crus recti versus dextram cadit, si crus commune anguli recti atque acuti fuerit latitudini corporis parallelum (§. 66. *Geom.*). Quamobrem digitus juxta ductum cruris obtusi, quod cum recto commune non habet, seu quod extra eum cadit, excurrere nequit, nisi brachium, dum extenditur, una a corpore recedit. Hujus igitur digiti ac brachii motus nobis conscii angulum obtusum agnoscimus, eumque a ceteris distinguimus. Atque adeo patet denuo, ut ante, nos ideam claram, immo prorsus distinctam anguli obtusi habere, quam tactui acceptam ferimus.

Unum alterumque notandum est circa propositionem præsentem, tum ut quædam rectius intelligantur, tum ne nonnulla male intellecta in perversum sensum trahantur. Primum itaque notandum est, non exactum requiri latitudinis corporis & cruris unius anguli parallelismum, sed sufficere ut hoc cum illa ad parallelismum quodammodo accedat. Immo non opus est hoc parallelismo, sed eundem facilitatis tantummodo gratia supponi tenendum porro est, propterea quod plerumque objectum tangibile ante nos constituimus, dum idem tangere decrevimus, vel ante idem consistimus, ubi objectum loco suo dimoveri nequit vel id dimovere nolumus. Etenim qualemcunque crus anguli unum situm habuerit ad corpus, motu brachii constanter dignoscetur angulus rectus ab obliquo & acutus ab obtuso: id quod hic uberius exponendum esse non existimamus, cum levi attentione opus sit, ut diversitatem motus visui obvium observemus. Denique probe considerandum, quæ nobis in visum facile incurrunt, ea quoque sola attentione mentis non minus facile dignosci, ubi exercitatio accesserit. Absit adeo ut inexercitatus a se ad probe exercitatum argumentetur.

§. 170.

Quoniam angulus rectus ab obliquis, obliquorum unus veluti acutus ab altero nempe obtuso distinguitur motu brachii, *Numerus specierum angulorum quomodo tactu dignoscatur.*

chii, quatenus idem, dum digito excurrente extenditur, vel ad corpus accedit, vel ab eodem recedit, vel neutrum eorum contingit (§. 169.), plures autem motus brachii possibiles non sunt, quod per se intelligitur; *ipso tactu judice nonnisi tres angulorum species, scilicet recti, acuti & obtusi possibiles sunt.*

Quodsi objicias tactus beneficio non eodem modo distingui angulos, quo visu distinguuntur, neque adeo easdem nobis acquiri notiones distinctas, quæ in Geometria locum habent, quemadmodum paulo ante in aliis quibusdam notionibus obtinere ostendimus; notes velim haud quaquam opus esse, ut ideæ, quæ tactui respondent, eædem sint cum iis, quas visui acceptas ferimus, quamvis idem nobis objectum exhibeant: immo id ne quidem fieri posse, cum idem sensibile in tactum aliter quam in visum agat, prouti ex anterioribus satis superque manifestum. Hoc tamen non obstante ex assumtis, quæ tactus nobis suppeditat, lege demonstrationis colliguntur, quæ in Geometria sumuntur, veluti quod rectus sit angulus, cui deinceps positus æqualis est (§. 65. *Geom.*) & quod acutus sit recto minor, obtusus recto major (§. 66. *Geom.*): id quod demonstrandi habitu instructus experiri facile poterit.

§. 171.

Situs lineæ unius ad alteram quomodo tactu dijudicemus.

Quoniam ex angulo recto agnoscitur, lineam unam esse ad alteram perpendicularem, ex obliquo vero, quod sit obliqua (§. 78. 80. *Geom.*), anguli autem recti & obliqui tactu a se invicem distinguuntur (§. 169.); *tactu quoque situs unius lineæ ad alteram dignoscitur, utrum scilicet una ad alteram sit perpendicularis, an vero obliqua.*

Nimirum situs lineæ unius ad alteram & angulus cum sint connexa; eodem modo beneficio tactus dignoscuntur atque unum ex altero colligitur.

Similia quantum tactu discernantur.

§. 172.

Tactu similia discernimus a dissimilibus, si qua talia tangibilia

De Facultate sentiendi, sive sensu.

gibilia sunt, seu in tactum agunt. Similia enim habent ea, quæ ipsis insunt, communia (§. 195. *Ontol.*). Quamobrem cum in tactum agant, quatenus similia sunt *per hypoth.* & qua tangibilia instar causæ, mutatio vero organo illata instar effectus considerari debeat (§. 886. *Ontol.*), eademque posita actione causæ efficientis idem effectus ponatur (§. 898. *Ontol.*); ab utroque tangibili impressa species eadem est (§. 112.), idea quoque materialis eidem respondens (§. 115.), consequenter & sensualis eadem esse debet (§. 118.). Tactu igitur discernimus similia a dissimilibus.

E. gr. Ponamus sedilia retro inclinari, manu ad partem superiorem applicata; idea tibi erit prorsus diversa ab idea rei cujuscunque alterius, quæ simili modo inclinatur; eadem vero erit, quatenus eadem manus applicatione facta, quodcunque eorum retro inclines. Quamobrem beneficio hujus ipsius ideæ sedilia esse agnosces, adeoque entia similia, quæ tangis. Similiter tactu discernimus prunum a fructu alio arboris, atque eatenus tactus beneficio agnoscimus tangibilia essentia similia.

§. 173.

Quoniam species similitudine individuorum, genera similitudine specierum, adeoque & ipsa similitudine, quæ individuis inest (§. 233. 234. *Ontol.*) constituuntur, tactus vero similitudinem dignoscere valet (§. 172.); *si tactu distinguimus similitudinem, quæ ad genus aliquod, vel speciem aliquam determinandam sufficit, ejus quoque beneficio agnoscimus, ad quodnam genus, ad quamnam speciem individuum aliquod sit referendum.*

Si exercitium accedat, tactus hac in parte plura præstare valet, quam credideris. Posse vero eundem quoque absque exercitatione plurimum præstare, exempla obvia confirmant.

Genera & species rerum num tactus discernat.

§. 174.

Tactus beneficio numerare res possumus, quarum genus seu speciem tactu distinguimus. Etenim tactus beneficio individua

Tactu quomodo numerus discernatur.

(*Wolfii Psych. Ration.*) S

vidua ad idem genus, vel ad eandem speciem referenda discernere licet (§. 173.), atque eatenus intelliguntur unitates eædem (§. 335. 336. *Ontol.*). Quamobrem cum continua unitatis additione fiat numeratio (§. 339. *Ontol.*); tactus quoque beneficio res numerare valemus, quarum genus vel speciem tactu distinguere valemus.

Pone nimirum multitudinem prunorum. Quoniam ipso tactu discernis prunum a re quacunque alia (*not.§.* 173.), unum prunum post alterum de multitudine auferendo & in alium locum transferendo numerum eorum inire licet: id quod adeo obvium est, ut sine contemtu vix proferatur.

§. 175.

Magnitudo quomodo tactu dignoscatur.

Si digitum juxta ductum alicujus lineæ promovemus eadem celeritate, ex duratione motus magnitudinem ejus æstimare licet. Subinde quoque eadem palpando innotescit, vel si manu capimus. Etenim si digitus juxta ductum alicujus lineæ eadem celeritate promovetur, linea ista est spatium motu æquabili descriptum, adeoque ut tempus (§. 31. *Mechan.*). Quamobrem cum temporis ideam habeamus, dum ad durationem motus attenti sumus (§. 578. 574. *Ontol.*); ex eadem quoque magnitudinem lineæ æstimare licet.

Quod etiam palpando æstimemus magnitudinem, quatenus manus superficiei corporis congruit vel integræ, vel parti cuidam, ita ut salva congruentia promoveri possit; neminem fugit. Immo in vulgus notum est, eorum, quæ manu capi ac teneri possunt, magnitudinem æstimari ex eo, quantum cavitatem manus impleant, vel supra eam emineant.

Tacemus modos alios, quibus ad mensurandas res utimur & quæ ipsis mensuris inveniendis ansam dedere, quippe constat veteres mensuras longitudinis ex corpore humano desumsisse, unde hodienum supersunt pedis ac digiti nomen (§.25. *Geom.*). Nostrum enim jam non est exponere usum tactus in rebus metiendis; sed sufficit ostendisse, quomodo nobis

magni-

De Facultate fentiendi, five fenfu.

magnitudinis poſſit eſſe idea & quod eidem inſint, unde magnitudinum ratio intelligi diſtincte poſſit. Ceterum exercitatione opus eſt, antequam digitum eadem celeritate promovere poſſis, ita ut eadem quoque retineatur celeritas in diverſis motibus. Celeritas percipitur, ubi attentionem in eadem defigere didiceris. Atque huc redit exercitium alterum, ut attentione reddatur clara idea celeritatis (§. 237. *Pſychol. empir.*), quo diverſæ celeritates diſtingui poſſint (§. 31. *Pſychol. empir.*). Cur vero hæc attentio major fit in cœcis, quam in iis, qui viſu pollent, ex natura imaginationis oſtendendum.

§. 176.

Tactu discernere licet *figuras planas rectilineas, curvilineas & mixtilineas.* Etenim tactu dignoscimus planitiem (§. 164.), lineas rectas (§. 163.), earum magnitudinem (§. 175.), angulos eorumque species (§. 168. 169.). Tactus igitur beneficio conſtare poteſt, figuram aliquam eſſe planam, tot lineis rectis vel æqualibus, vel inæqualibus terminatam, quæ hiſce angulis inter ſe junguntur. Quamobrem cum ad diſcernendas figuras planas rectilineas a ſe invicem non requirantur alia niſi quæ modo enumeravimus (§. 87. & ſeqq. *Geom.*); quin figuræ rectilineæ omnes tactu diſcerni poſſint & quin hoc ſenſu duce, etiamſi viſu quis deſtituatur, ad easdem earundem notiones pervenire poſſit, quæ Geometris dantur, dubitandum non eſt.

Enimvero tactu non minus lineas curvas diſtinguimus, quam rectas (§. 163.). Quamobrem cum planæ figuræ curvilineæ perimeter linea curva terminetur, tactus quoque eas a rectilineis diſtinguere valet.

Quia denique perimeter figuræ planæ mixtilineæ ex lineis rectis & curvis, partim convexis, partim concavis componitur; tactus autem non modo curvum a recto (§. 163.); verum etiam concavum a convexo diſtinguit (§. cit.); ideo tactus

Quomodo figuræ planæ rectilineæ, curvilineæ & mixtilineæ dignoſcantur.

ctus quoque fufficit figuris mixtilineis a rectilineis & curvilineis diftinguendis.

Non progredimur ulterius in explicando tactus ufu, quem habere poteft in difcernendis iis, quæ ad figuras & magnitudinem fitumque partium ad fe invicem fpectant. Nec noftrum jam eft tradere Geometriam cœcorum, qualis ex ipforum idejs deducitur, vel qualem eos docere licet. Sufficit in his contineri principia, unde talia deduci póffunt, modo fimul expendantur, quæ ab imaginationis natura pendent quoad diverfitatem idearum, quæ funt cœcis vel natura talibus, vel cafu quodam infelici in hoc malum prolapfis.

§. 177.

Oculi prærogativa præ tactu.

In figuris & magnitudinibus difcernendis ufus tactus ab ufu oculi longo intervallo abeft, feu multo minor & reftrictior eft tactus, quam oculi ufus. Oculus enim vifu comprehendit, quæ procul a nobis abfunt, eorumque figuras & magnitudines diftinguit: aft tactus tantummodo in iis terminatur, quæ ipfi adeo propinqua funt, ut tangi poffint, nec mole fua excedunt magnitudinem, ad quam brachium extenfum digitum vel manum admovere valet. Præterea quædam adeo minuta funt, ut in vicinia vifu quidem difcernantur, tactu tamen commode difcerni nequeant, veluti quæ fpectant ad ftructuram folii cujusdam, præfertim floris, quatenus ea in vifum incurrit citra anatomiæ opem. Unde patet numerum fenfibilium multo effe majorem, quæ vifu, quam quæ tactu dignofcuntur, utut tantummodo rationem figuræ ac magnitudinis fitusque partium habeas: immo plures quoque effe cafus, in quibus objectum tactu difcernibile vifui patet, quam in quibus tactui obvium eft. Præterea vifus uno obtutu multa comprehendit & mira celeritate ea, quæ diftingui poffunt, perluftrat: aft cum tactus pleraque peragat motu digiti vel manus & infueta requiratur attentio ad eundem motum, ut fingulis diftinguendis fufficiat idea eidem refpondens, quemadmodum ex iis omnibus

mani-

manifestum est, quæ de usu tactus in dignoscendis lineis, figuris & magnitudinibus dicta sunt (§. 163. *& seqq.*), tactus nonnisi longo tempore expedit, quod visu vel momento absolvitur minimo. Atque adeo patet in figuris & magnitudinibus discernendis usum tactus esse multo minorem & restrictiorem, quam visus.

Etsi adeo tactus visus vicarius esse possit, eidem tamen æquiparandus non est. Quamobrem ratum manet quod in superioribus de præstantia sensus unius præ altero evicimus (§. 162.).

CAPUT III.
DE
Imaginatione & Memoria.

§. 178.

Phantasmata animæ sunt repræsentationes compositi in simplici. Phantasmata enim sunt ideæ ab imaginatione productæ (§. 93. *Psychol. empir.*). Denuo autem producit imaginatio ideas rerum ante sensu perceptarum (§. 104. *Psychol. Empir.*), vel quales nobis erant, cum res sensu perciperemus (§. *cit.*), vel quatenus phantasmatum priorum divisione ac compositione prodeunt (§. 144. 145. *Psychol. empir.*). Enimvero ideæ sensuales omnes sunt repræsentationes compositi in simplici (§. 83.). Quamobrem etiam phantasmata, quæ non sunt nisi ideæ sensuales reproductæ, & consequenter etiam ea, quæ per illorum divisionem ac compositionem prodeunt (§. 139. 142. *Psychol. empir.*), repræsentationes compositi in simplici esse debent.

Phantasmata qualia sint.

Phantasmatum cum ideis sensualibus similitudinem atque identitatem abunde satis loquitur experientia. Nihil sensu percipimus, quod compositum non sit: nihil vero etiam unquam

quam imaginamur, nisi quod sit compositum. Anima vero simplex est & ideae rerum sensibilium, quae eaedem sunt cum imaginabilibus, sunt imagines, quae in ipsa, adeoque ente simplici existunt.

§. 179.

Uberior explicatio anterioris.

Dum imaginamur, compositum aliquod absens in simplici repraesentatur. Dum enim quid imaginamur, perceptionem rei sensibilis absentis producimus, (§. 92. *Psychol. empir.*). Sed dum quid imaginamur, phantasma producimus (§. 93. *Psychol. empir.*), adeoque compositum aliquod in simplici repraesentatur (§. 178.). Quamobrem dum quid imaginamur, compositum aliquod absens in simplici repraesentatur.

Atque adeo patet differentia, quae inter ideas sensuales & phantasmata intercedit. Ideae sensuales exhibent res compositas praesentes, phantasmata vero absentes.

§. 180.

Phantasmatanum sint imagines.

Phantasmata sunt imagines. Sunt enim repraesentationes compositi (§. 178.). Ast quaelibet compositi repraesentatio imago est (§. 85.). Ergo phantasmata imagines sunt.

Ideae sensuales & phantasmata in hoc conveniunt, quod sint rerum compositarum imagines (§. 86.). Et sane nemo non multo lubentius concedit phantasmata esse imagines, quam ideas sensuales. Vulgus enim idearum sensualium existentiam ignorat, cum non intelligat quomodo res praesentes sensu percipiamus. Enimvero vulgus quoque novit, quae imaginamur, praesentia non esse, adeoque facile largitur nobis cum imaginibus tantummodo esse negotium, dum quaedam imaginamur.

§. 181.

Phantasmata rerum praeteritarum quid sint.

Phantasmata rerum praeteritarum sunt repraesentationes statuum mundi praeteritorum. Dum enim phantasma rei cujusdam praeteritae producitur, perceptio quaedam totalis produci-

De Imaginatione & Memoria. 143

ducitur, quam antea habuimus, cum res ista una cum aliis tunc præsentibus in organa sensoria ageret (§. 104. *Psychol. empir.*). Enimvero quæ in mundo continuo mutantur, statum mundi absolvunt (§. 705. *Ontol.*). Quamobrem cum præterita in mutabilium numero sint (§. 584. 290. *Ontol.*); status mundi præteriti iisdem continentur. Phantasmata igitur rerum præteritarum sunt repræsentationes statuum mundi præteritorum.

Exempla propositionem præsentem clarissime illustrant. Fac tibi obvium fieri hominem, quem præterita die dominica vidisti in templo. Illico tibi sese sistit idea templi interioris una cum aliis hominibus, qui tunc adfuerunt, vel multitudine hominum, ubi nemo eorum tibi fuerit notus, vel tuam saltem attentionem in nullum convertisti, cum in templo præsens esses. Præteriit dies dominica, præteriit hora, qua in æde sacra conveniebant loci incolæ cultus divini gratia. Conventus ille desiit nec homo, quem ibi vidisti, ibidem amplius est. Nec sunt ibidem homines ceteri, qui tunc una erant in templo. Immo ipsemet nunc in templo non es, sed plures ante dies jam ex eodem abiisti. Quod igitur tibi repræsentas, non ad præsentem pertinet mundi statum; sed ad præteritum. Aliquem adeo statum mundi præteritum aut, si hoc nimis confidenter tibi dictum videatur, aliquid status præteriti mundi tibi repræsentas. Atque idem eodem modo in alio quocunque casu sese habere intelliges, modo ad ideas rerum, quas antea sensu perceperas, nunc vi imaginationis reproductas, eodem modo animum advertere velis.

§. 182.

Singulæ ideæ sensuales & phantasmata rerum præteritarum integrum statum universi, ad quem referuntur, involvunt. Ideæ enim sensuales sunt similes objecto, quod repræsentant (§. 91.), adeoque rebus in universo jam existentibus, dum percipiuntur (§. 67. *Psychol. empir.*). Enimvero in mundo res omnes a se invicem dependent quoad existentiam §. 58. *Cosmol.*). Ideæ igitur sensuales illam dependentiam rei, quam

Idearum sensualium & phantasmatum interior ratio.

quam exhibent, a ceteris omnibus simul involvere debent. Quamobrem cum dependentia importet rationem existentiæ unius in alio (§. 851. *Ontol.*), adeoque ea respiciat in aliis, per quæ intelligitur, cur hæc insint huic (§. 56. *Ontol.*), status vero præsens uniuscujusque in hoc mundo existentis intelligatur per status præsentes ceterorum omnium una existentium (§. 205. 206. *Cosmol.*); per ideas nostras exhiberi nequit, nisi quatenus totius universi status una exhibetur, servata quidem ea relatione, quam status præsens rei clare perceptæ requirit. Quoniam vero impossibile est, ut omnes illos status a se invicem distinguamus, præsertim cum elementa sensu prorsus non percipiantur (§. 101.); eosdem quoque clare percipere nequimus (§. 31. *Psychol. empir.*), omnes adeo in unum confundimus. Idea adeo sensualis quæcunque statum totius universi, ad quem refertur, nempe præsentem involvere debet.

Phantasmata rerum præteritarum sunt ideæ vi imaginationis reproductæ, quæ antea sensuum beneficio in nobis extitere (§. 93. 104. *Psychol. empir.*), adeoque eædem cum sensualibus, quas ante habuimus (§. 95. *Psychol. empir.*) si gradum claritatis exceperis (§. 96. *Psych. empir.*). Quamobrem cum ea, quæ in idea rei continentur, non pertineant ad claritatem ideæ, quippe non ad modum repræsentandi, sed ad id, quod repræsentatur, referenda; id quod repræsentatur idem esse debet, consequenter phantasma rei præteritæ eadem involvere debet, quæ involvebat idea sensualis, cum eadem res præsens sensu perciperetur. Enimvero idea sensualis involvebat statum totius universi tunc temporis præsentem *per demonstrata.* Ergo etiam phantasma statum totius universi tunc temporis præsentem involvere debet.

Non dubito fore multos, quibus paradoxa hæc videbitur propositio. Enimvero hi erunt, qui nexum rerum in Cosmologia evictum animo nondum satis comprehenderunt; qui phænomena a reali in ipsorum fonte entibus simplicibus seu

elemen-

De Imaginatione & Memoria.

elementis rerum materialium reperiundo non distinguunt; qui denique modum, quo ideae confusae ejus, quod apparet, ex repraesentatione eorum, quae realia sunt, oriuntur, nondum satis perspexere, nec essentiam atque naturam animae intimius inspectam sufficienter ponderarunt. Legant igitur relegantque & attenta mente volvant revolvantque, quae de rerum nexu integro capite (§. 1–58. *Cosmol.*), de elementis corporum & horum ex illis ortu duobus capitibus integris (§. 176–301. *Cosmol.*) de natura & essentia animae (§. 53. & *seqq.*), atque de sensationibus (§. 83. & *seqq.*), idea imprimis extensionis ac continui (§. 103.), spatii imaginarii (§. 104. 106.), vis inertiae (§. 108.) & motricis (§. 110.) dicta sunt, sufficiensque temporis spatium animae concedat, sine quo notiones claritatem debitam consequi minime possunt, quae ad evidentiam ratiociniorum percipiendam requiritur: neque ullus dubito fore ut non amplius videantur paradoxa, quae nunc videntur.

§. 183.

Tendentia vis animae

Quoniam anima vi idearum sensualium sibi repraesentat statum mundi praesentem (§. 182.), vi phantasmatum ex iis certa lege (§. 117. *Psychol. empir.*) natorum status mundi praeteritos (§. 182.); *anima non modo statum mundi praesentem, verum etiam praeteritos repraesentare conatur*, consequenter cum vis animae nonnisi unica sit (§. 57.), eaque universi repraesentativa (§. 63.); *vis universi repraesentativa animae non modo ad repraesentandum universum quoad statum praesentem, verum etiam ad idem repraesentandum quoad status praeteritos tendit.*

Explicandum vero nobis paulo distinctius est, qualis sit tendentia animae ad repraesentandum mundum quoad status praeteritos.

§. 184.

Idearum sensualium & phantasma-

Singulae ideae sensuales & phantasmata rerum praeteritarum omnes status mundi anteriores involvunt. Etenim ideae sen-
(*Wolfii Psych. Ration.*)   T

tum interior ratio ulterius explicata. sensuales vi sensationis in anima existunt (§. 95. *Psychol. empir.*). Quare cum anima, dum sentimus, sibi repræsentet substantiarum simplicium mutationes intrinsecas, sed in unum confusas (§. 98.); idea sensualis oritur ex confusione mutationum intrinsecarum, quæ in elementis rerum seu substantiis simplicibus contingunt. Enimvero in omni elemento status singuli a se invicem dependent quoad existentiam (§. 199. *Cosmol.*). Quamobrem cum ideæ sensuales sint similes objecto, quod repræsentant (§. 91.); in iis quoque contineri debet dependentia statuum singulorum in istis elementis a se invicem quoad existentiam, quorum mutationes in unum confunduntur. Jam ista dependentia non intelligitur nisi per status omnes anteriores (§. 851. 56. *Ontol.*). Ideæ igitur sensuali inesse debent repræsentationes omnium statuum anteriorum in iisdem elementis, quorum mutationes in eadem in unum confunduntur, & quidem in unum confusæ, propterea quod impossibile omnes illos status a se invicem distingui, præsertim cum elementa sensu prorsus non percipiantur (§. 101.). Constat vero ideas sensuales singulas involvere statum integrum universi, ad quem referuntur (§. 182.). Ergo etiam omnes universi status eodem anteriores integros involvere debent.

Phantasmata rerum præteritarum sunt ideæ vi imaginationis reproductæ, quæ antea vi sensationis in nobis extiterant (§. 93. 104. *Psychol. empir.*), atque adeo ante in idearum sensualium numero fuere, consequenter eadem involvere debent, quæ sensuales involvebant. Enimvero ideæ sensuales involvebant omnes status mundi anteriores *per demonstrata*. Ergo etiam phantasmata omnes status mundi eo tempore præterlapsos involvere debent, quo in numero idearum sensualium fuere.

Propositio hæc magis paradoxa videbitur anteriore (§. 182.): sed eodem modo discutiuntur nebulæ, quo eas ibidem

De Imaginatione & Memoria.

dem discutiendas esse monuimus. Admiranda prorsus est natura animæ, quam non intime perspiciunt, nisi qui perceptionum nostrarum interiorem rationem intelligunt. Ceterum hinc intelligitur, quomodo Cosmologia, quam generalem seu transcendentalem diximus, inserviat naturæ animæ investigandæ, simulque patet ratio, cur defectus Cosmologiæ obstiterit, quo minus Psychologia rationalis exculta fuerit.

§. 185.

Singulæ ideæ sensuales involvunt omnes status mundi futuros & quodlibet phantasma rei præteritæ involvit omnes mundi status, qui respectu illius rei futuri erant. Ideæ enim sensuales vi sensationum in nobis existunt (§. 95. *Psychol. empir*). Quamobrem cum anima, dum sentit, substantiarum simplicium, adeoque elementorum corporum (§. 182. *Cosmol.*), mutationes intrinsecas, sed in unum confusas sibi repræsentet (§. 98.); in ideis sensualibus continentur omnes elementorum mutationes intrinsecæ, consequenter status eorum interni (§. 705. 706. *Ontol.*), sed in unum confusi, ut neuter ab altero distingui possit. Enimvero status elementorum internus ea lege continuo mutatur, ut præsens contineat rationem sequentis (§. 197. *Cosmol.*), consequenter præsens status quidpiam continet, unde intelligitur cur succedat futurus (§. 56. *Ontol.*), ut adeo futurus insit præsenti per modum entis potentialis (§. 176. *Ont.*). Et quia ob continuam illam statuum sequentium ex antecedentibus nascentiam status quilibet præsens continet rationem aliquam remotam futuri cujuscunque (§. 197. *Cosmol.*); status quilibet futurus in præsente latet per modum alicujus entis potentialis, sed diversi gradus (§. 176. *Ontol.*). Et quoniam elementa rerum vi quadam prædita sunt (§. 196. *Cosmol.*), quæ ad mutationem status continuo tendunt (§. 725. *Ontol.*); singulis quoque elementi statibus inest quædam tendentia ad omnes futuros, sed diversi gradus, quemadmodum ipsi status futuri per modum entis potentialis, sed diversi gradus insunt.

Idearum sensualium & phantasmatum ratio adhuc uberius explicata.

Quo-

Quoniam itaque ideae sensuales objecto, quod repraesentant, similes sunt (§. 91.); in iis quoque status praesentes elementorum, qui repraesentantur, futuros per modum entium potentialium diversi gradus & virium tendentias ad eosdem diversi itidem gradus continere debent (§. 195. *Ontol.*). Enimvero singulae ideae sensuales integrum statum praesentem universi involvunt (§. 182.). Quamobrem cum in statibus praesentibus elementorum, quibus simul sumtis resultat status universi, contineantur omnes status futuri per modum entium potentialium diversi gradus, ac sumtis singulis, quae ad eundem gradum pertinent, prodeant status singuli futuri totius universi, quemadmodum ex iis, quae demonstrata sunt, liquet; in idea qualibet sensuali insunt omnes status mundi futuri per modum entium potentialium diversi gradus. Et eodem modo liquet, quod iisdem quoque inesse debeant tendentiae omnes ad status futuros, sed itidem diversi gradus. Quoniam vero status praesentes elementorum in unum confundit anima, ut eos in idea sensuali involvat, quemadmodum supra ostendimus (§. 182.), ita multo magis, quae in statibus istis insunt in unum confundere debet. Quare idea sensualis omnes status mundi futuros involvit.

Phantasma quodlibet rei praeteritae est idea vi imaginationis reproducta, quae antea in numero sensualium idearum fuit (§. 93. 104. *Psychol. empir.*). Enimvero cum in numero idearum sensualium esset, status omnes futuros mundi involvebat *per demonstrata*. Ergo cum reproducta non differat a primum producta nisi gradu claritatis (§. 96. *Psychol. empir.*), etiam vi imaginationis reproducta omnes illos mundi status involvere debet, qui isto tempore, cum primum producta in numero idearum sensualium esset, adhuc futuri erant.

Atque ita tandem patet, quales sint rerum corporearum perceptiones: id quod multum prodest non modo ad rerum natu-

naturalium cognitionem, quæ in potestate est, dijudicandam; verum etiam ad inspiciendam notionem variorum, quæ animæ insunt, inprimis autem ad notiones perfectionum divinarum clarius percipiendas. Patebunt hæc tum ex sequentibus, tum ex Theologia naturali, quæ Psychologiam rationalem subsequetur. Si quis vero fuerit hebetior, quam ut interiorem perceptionum nostrarum rationem perspicere possit; is per nos rideat, quæ de eadem dicta sunt, memores quippe illius *Epicteti* in Enchiridio c. 29. *Philosophiæ studium suscipere cupis? Statim te para, quasi futurum sit ut deridearis; ut multi te subsannent.* Si quis vero infirmior fuerit, quam ut sibi persuadere possit, ab errore vacuum esse posse dogma, quod inopinatum ipsi videtur, nec virtuti ac religioni adversum quid ideo esse debere, quod a veritate alienum judicetur; is per nos totam istam perceptionum interiorem rationem damnet, modo sibi temperet a malitia, suaque libertate usus nostram quoque nobis concedat, qui in rebus pervestigandis nostro acumine utimur & hisce perspicillis ad abditam utimur doctrinam pervidendam pietati profuturam. In Theologia nimirum naturali ostendemus, divinas rerum prodire ideas, si nostræ a confusione & orta inde obscuritate liberentur, sicque quæ finita fuerant in infinitas abire.

§. 186.

Quoniam ideæ tam sensuales, quam phantasmata rerum præteritarum non modo omnem statum mundi, ad quem referuntur (§. 182.); verum etiam status mundi omnes eodem anteriores (§. 184.) ac quocunque temporis intervallo posteriores involvunt (§. 185.), consequenter tantus eorum numerus est, quæ in unaquaque perceptione involvuntur, ut eum inire velle pro impossibili habendum; *ideis nostris seu perceptionibus infinita insunt.*

Infinitudo nostrarum idearum

Convenientissimum hoc est principiis Theologiæ naturalis, quorum fide hominem perfectionum divinarum speculum esse debere constat: id quod suo loco luculentius docebimus.

Conducit hoc corallorium ad rectius percipiendam differentiam, quæ inter intellectum finitum atque infinitum intercedit non uno modo. Nobis enim pleraque abscondita sunt, quæ in ideis nostris latent, ut eorum, quæ in iis distinguimus, ratio ad ea, quæ discernere nullo modo possumus, sit veluti infinite parvum ad quantitatem ordinariam, vel veluti quantitas quævis data ad infinitam, consequenter ea, quorum nobis conscii sumus pro nihilo habenda sint respectu eorum, quæ discerni non possunt. Ast in Deo, cujus intellectus infinitus est, omnia aperta sunt, nihil absconditum. Unde nobis absentia videntur & procul a nobis remota, quæ Deo præsentia sunt & propinqua. Inservit adeo doctrina præsens ad differentiam inter creatorem & creaturam rectius comprehendendam. Sed hæc clariora evadent suo loco, ubi in Theologia naturali talia ex instituto declaraturi sumus. Ceterum si quis vi imaginationis adjuvare voluerit intellectum interiorem rationem idearum concepturum; is ad experimenta optica confugiat, ubi patet visibilia ita in unum confundi posse, ut nullum eorum ab altero distinguatur amplius, & hac confusione oriri non modo ideam confusam ab ideis distincte perceptorum prorsus diversam, verum multa etiam quasi in nihilum recidere, ut non amplius percipiantur, utut ingens eorum numerus confuse perceptibile quid constituat. Pertinent huc imagines, quæ a speculis conicis reflectuntur. Amplum enim spatium in vertice coni & prope eundem in exiguum spatiolum contrahitur, ita ut in illo depicta in speculo confuse quid perceptibile in imagine, quæ in speculo comparet, exhibeant. Possunt alia quoque experimenta ope vitrorum concavorum in eam rem fieri & ex iis, quæ ope microscopiorum instituuntur, nonnulla colliguntur, quæ præsentem doctrinam illustrant. Sed talia ad philosophiam experimentalem sunt remittenda, quæ suum non minus usum in Psychologia, quam in Physica habent.

involutio idearum partialium in una confusa.

§. 187.

Status tam præteriti, quam futuri non singuli eodem modo in idea rei præsentis, vel vi imaginationis reproductæ involvun-

De Imaginatione & Memoria.

vuntur: Similiterque status præsentes singulorum elementorum, quibus præsens mundi status constituitur, diverso modo in idea sensuali involvuntur. Ut propositionis præsentis veritas facilius comprehendatur; fingamus seriem statuum præteritorum ad certum numerum esse redactam, qualis prodiret tempus omne elapsum in minuta secunda aut scrupula quæcunque alia istis minora resolvendo: id quod ob continuitatem seriei successivorum facere non licet, nisi quatenus ea per rectam in partes æquales divisam imaginationi objicitur, non attenta jam statuum singulorum diversitate, sed tantummodo eosdem considerando tanquam præteritos. Quodsi jam hos status spectes tanquam præteritos, evidens est ipsa præteritione eosdem differre, quatenus a præsente diversam sortiuntur distantiam, cum alii aliis citius præterierint. Quamobrem cum ideæ sensuales similes sint objecto, quod repræsentant (§.91.); status præteriti ita in iisdem involvi debent, ut non negligatur diversa distantia uniuscujusque status præteriti a præsenti ratio. Atque adeo jam patet non eodem modo in idea sensuali involvi posse status mundi præteritos. Enimvero status elementorum interni, quibus status aliquis' præsens mundi constituitur, ea lege mutantur, ut præsens rationem contineat sequentis, cur nempe sequens ad actum perducatur (§. 197. *Cosmol.*), adeoque præterita habent se ad præsens per modum causæ ad causatum (§. 881. *Ontol.*), consequenter pro diversa a præsente distantia causæ erunt continuo remotiores. Ideæ igitur statuum præteritorum ita involvi debent, ut ulterior continuo admittenda sit involutio, quo longius a præsente abest præteritus. Atque ita nascuntur diversi involutionum gradus, qui exprimunt diversos dependentiæ modos præsentis ab antecedentibus. Abunde igitur patet, singulos status præteritos non eodem modo in idea sensuali involvi.

Ex anteriorum propositionum demonstratione jam constat

stat (§. 181. 184. 185.), phantasmata rerum præteritarum aliquando fuisse in numero idearum sensualium. Quamobrem quod de ideis sensualibus jam evicimus, idem de phantasmatis quoque rerum præteritarum valere palam est.

Series rerum successivarum, quæ datur in universo (§. 55. *Cosmol.*) & quam constituunt status mundi sibi mutuo succedentes, quales paulo ante in serie præteritorum consideravimus, per statum præsentem dividitur in duas partes, quarum altera exhibet status præteritos, altera futuros eo quidem modo, quam paulo ante insinuavimus, cum modum involutionis statuum præteritorum expenderemus. Quemadmodum itaque in parte præteritorum status unusquisque diversam sortitur distantiam a præsente, ita ut continuo crescat cum numero statuum præteritorum; ita similiter in parte futurorum diversam status singuli distantiam habent a præsente, ita ut continuo crescat cum numero statuum futurorum. Sicuti igitur in serie præteritorum diversa illa distantia exprimi quoque debet in eorum involutione, ut ideo non uno eodemque modo in idea sensuali involvantur singuli status præteriti; ita hæc distantiarum diversitas in causa quoque esse debet, ut non uno eodemque modo singuli status futuri in eadem involvantur. Porro res successivæ in mundo adspectabili omnes inter se connectuntur (§. 54. *Cosmol.*), cumque in numerum præteritorum abeant, quæ antea in numero futurorum erant, nexus futurorum idem prorsus est, qui præteritorum, consistens nempe in continua dependentia effectus a causa. Quemadmodum nimirum in serie præteritorum continuo ascenditur ad causam remotiorem, ita in serie futurorum continuo descenditur ad effectum remotiorem. Et sicuti in serie præteritorum status præsens est effectus continuo remotior, quo altius ascenditur; ita in serie futurorum status præsens fit continuo causa remotior. Statui nimirum præsenti convenit dependentia diversi gradus a

sin-

De Imaginatione & Memoria.

singulis statibus præteritis; singulis autem statibus futuris competit dependentia diversi gradus a præsente, ut status præsens dici possit gravidus futuri. Quemadmodum itaque propter diversam dependentiam status præsentis ab unoquoque præteritorum diversi status præteriti in idea sensuali diversimode involvuntur; ita similiter ob futurorum statuum a præsente dependentiam diversam status futuri diverso modo involvi debent in idea sensuali.

Jam quod res coëxistentes attinet, eædem quoque inter se connectuntur (§. 53. *Cosmol.*), atque adeo in coëxistendo ratio coëxistentiæ unius continuo est in altero (§. 10. *Cosmol.*), ut adeo coëxistentia eodem modo a se invicem dependeant (§. 851. *Ontol.*), quo successiva a se invicem dependent in existendo *per demonstrata*. Scilicet non quodlibet immediate dependet ab altero in coëxistendo, sed etiam mediate, & mediata illa dependentia non eadem est in eodem subjecto quoad omnia coëxistentia, a quibus dependet. Nascuntur adeo in eodem subjecto dependentiæ diversi gradus quoad coëxistentiam, quemadmodum diversi gradus dependentiæ quoad existentiam in serie præteritorum & futurorum dantur. Quare cum in serie successivorum ob diversam illam dependentiam sensibilis præsentis status præteriti & futuri non eodem modo in idea sensuali involvantur *per demonstrata*; nec in serie simultaneorum ob diversam dependentiam in existendo dati cujusdam sensibilis a ceteris coëxistentibus status præsentes singulorum elementorum ac inde ortorum corporum (§. 176. *Cosmol.*), quibus præsens mundi status continetur, involvi possunt in idea sensuali eodem modo.

Et ita quidem prolixe satis ostendimus, ideis nostris sensualibus non inesse omnia eodem modo: id quod ob utilitatem multiplicem probe expendi meretur. Comparet ea in subsequentibus, ubi de evolutione idearum sermo est: idea-

(*Wolfii Psych. Ration.*)   U   rum

rum enim evolutio ab involutione pendet. Exemplum involutionis alias occurrit in doctrina de generatione, ubi inter diversa systemata, quæ a philosophis excogitata sunt, occurrit quoque systema involutionis. Nimirum si de præexistentia corpusculorum organicorum, quæ rudimentorum nomine vulgo veniunt, sermo inciderit; in Adamo præextitisse dicuntur omnes ipsius posteri. Adamus in se continuit omnia rudimenta liberorum ex se prognatorum, in quorum rudimentis jam actu continebantur rudimenta liberorum ex ipsis nascendorum seu nepotum ipsius Adami; Et idem affirmatur de Adami pronepotibus, abnepotibus & ita porro. Rudimenta igitur sequentis generationis continuo continentur in rudimentis anterioris, sed diverso præformationis gradu. Atque ita rudimenta omnium posterorum Adami in eadem linea recta descendentium diverso præformationis gradu involuta fuere in rudimento filii sui, ut alia una evolutione seu generatione, alia duabus, alia non nisi tribus inde evolvi potuerint & ita porro. Involutionis adeo notio, qualem supponimus in interiore perceptionum nostrarum ratione explicanda non est in foro philosophico incognita. Translata vero ad perceptiones nostras lucem affundit tertiæ mentis operationi, qua unum ex alio colligitur. Cur enim hoc fieri possit & quænam ex dato colligi queant, inde intelligetur. Non minor vero comparebit utilitatis in Theologia naturali, ubi reddenda ratio est, cur cognitio Dei sit mere intuitiva, creaturæ vero discursiva & symbolica.

§. 188.

Involutio idearum a quibus admitti debeat.

Involutio præteritorum & futurorum omniumque præsentium in idea sensuali admittenda est in omni hypothesi de elementis rerum materialium, etsi in hypothesi simplicium sola quemadmodum alia sufficienter intelligatur. Quodsi enim antecedentia satis superque attenta mente perlustres, omnino constabit involutionem præteritorum ac futurorum omniumque præsentium in idea sensuali niti nexu rerum coexistentium & successivarum in universo continuo (§. 182. & seqq.). Quamobrem

obrem cum nexus rerum tam coëxistentium in mundo adspectabili (§. 52. *Cosmol.*), quam succeffivorum independenter a doctrina elementorum demonstretur (§. 53. *Cosmol.*), adeoque admitti debeat, etiamsi hæc ignoretur, vel rejiciatur, consequenter quamcunque de elementis corporum quis foveat opinionem, involutio quoque futurorum ac præteritorum omniumque præsentium in idea sensuali admittenda est, quamcunque quis de elementis corporum hypothesin tueatur.

Quoniam tamen, nexus rerum materialium a nexu elementorum pendet (§. 205. *Cosmol.*), adeoque in hoc rationem sui sufficientem agnoscit (§. 851. *Ontol.*), consequenter absque eo sufficienter intelligi non potest (§. 56. *Ontol.*), quemadmodum compositio (§. 686. *Ontol.*), vis motrix (§. 295. *Cosmol.*), vis inertiæ (§. 297. *Ontol.*), extensio & continuitas (§. 224. *Cosmol.*) sine theoria simplicium sufficienter intelligi nequeunt; involutio quoque præteritorum ac futurorum omniumque præsentium in idea sensuali sine theoria simplicium sufficienter intelligi nequit, quippe quæ nexu isto nititur *per antecedentia.*

Hæc ideo adjicimus, ne quis præcipitato judicio rejiciat quod rejicere non poterat, aut damnet, quod damnare non debebat, propterea quod doctrinæ de elementis rerum, quæ nimis paradoxa videtur, infestus sit. Plurimum interest nosse, quænam inter se pugnent, quænam invicem consentiant, & quæ nec absque iis intelligi possint, utut cum iisdem conspirent nec absque aliis intelligantur penitus.

§. 189.

Perceptiones sunt imagines, quas nulla arte humana imitari licet. Imagines enim, quæ sunt perceptiones animæ (§.86. 180.), objecta extra animam repræsentant (§. 21.). Involvunt etiam integrum statum universi, ad quem referuntur (§. 182.), una cum omnibus statibus mundi anterioribus seu præteritis (§. 184.) & adhuc futuris respectu objecti (§. 185.) & quidem singulos

Differentia imaginum materialium & inmaterialium.

gulos ſtatus diverſo modo (§. 187.), ut adeo ſingulis perceptionibus infinite diverſa infinite diverſis modis inſint (§. 186.). Et quoniam horum omnium anima ſibi conſcia non eſt, quemadmodum unicuique obvia experientia compertum; infinita iſta minime agnoſcit & a ſe invicem diſtinguit, nec infinitam modi inexiſtendi varietatem agnoſcit & unumquemque ab altero diſcernit. Status igitur iſti partiales, quibus in unum confuſis naſcitur ſtatus præſens univerſi, ad quem refertur objectum perceptum, naſcuntur etiam ſinguli ſtatus univerſi præteriti atque futuri, nonniſi obſcure repræſentantur (§. 32. *Pſychol. empir.*), ut adeo ex infinita varietate obſcure perceptorum naſcatur aliquid confuſe perceptum, quod perceptioni cuilibet adhærere deprehendimus, quatenus idea ſpatii interminati & temporis præteriti & futuri idea a qualibet perceptione inſeparabilis deprehenditur. Enimvero imagines materiales res intra ſe repræſentant (§. 90.) & intra limites objecti ſui coërcentur, nulla vero arte unquam efficies, ut in imagine materiali exhibeantur quoque omnes objecti dependentiæ ab aliis, unde ejus actualitas reſultat, & omnes cauſalitates, unde actualitas aliorum pendet. Ideæ igitur ſenſuales & phantaſmata animæ, ſeu perceptiones ejusdem ſunt imagines, quas nulla arte humana imitari licet.

> Prolixitatis evitandæ gratia non evolvimus ſingula demonſtrandi principia, ut ad ſupremum evidentiæ gradum perducatur veritas propoſitionis præſentis, quam ſufficienter intelligi exiſtimamus, modo in anterioribus quis ſatis fuerit verſatus; neque enim hic quicquam ſupponitur, quod ex notionibus ontologicis, cosmologicis & pſychologicis non ſit manifeſtum. Neque vero abſurdum videri debet, in imagine immateriali exhiberi quoque dependentias rerum ab aliis, ſine quibus earum actualitas intelligi nequit (§. 87. *Cosmol.*) & omnes earum cauſalitates quomodocunque mediatas, propterea quod iſtiusmodi repræſentatio ab imagine materiali abhorret. Æquis enim demonſtraverit, imaginem materialem eſſe normam

mam immaterialis, ita ut per materialem intelligatur, quid possibile sit in immateriali? Sane repraesentatio objecti extra subjectum repraesentans, quam imaginibus immaterialibus propriam, materialibus incommunicabilem nemo ignorat, alta voce reclamat? Immo natura depingit in imaginibus motum actualem objectorum: id quod nulla arte pictoris effici potest, etsi satis superque intelligatur, cur naturae vires non excedat istiusmodi repraesentatio. Pertinent huc imagines objectorum in camera obscura delineatae (§. 80. *Optic.*), quales etiam in oculo delineari constat (§. 61. *Optic.*). Usus microscopicus Laternae magicae a *Zahnio* in Oculo artificiali teledioptrico fund. 3. syntagm 5. c. 5. techn. 3. f. 730. in spectandis animalculis expositus & a nobis in Dioptrica universaliter descriptus ac demonstratus motum actualem in imaginibus exhiberi posse docuit & technasmatis ansam dedit, quibus in ordinario Laternae magicae usu motus actualis in imaginibus repraesentatur, quemadmodum loc. cit. techn. 4. f. 731. & seqq. docet. Istiusmodi artificia alia excogitavit *Bonifacius Henricus Ehrenbergerus*, in Gymnasio Coburgensi Mathematum Professor, in Novo & curioso (quod vocat & sub forma disputationis in Academia Jenensi A. 1713. publicavit) Laternae magicae augmento.

§. 190.

Anima continuo producit ideam totius universi, non modo quoad statum praesentem, verum etiam quoad omnes praeteritos atque futuros, sed pro diversa dependentia status praesentis a praeteritis & futurorum a praesente continuo diversam. Sensuales enim ideae, quas sibi invicem continuo succedere experimur; involvunt integrum statum universi praesentem (§. 182.), omnes quoque status mundi praeteritos seu praesente anteriores (§. 184.) itidemque futuros omnes seu praesentem secuturos (§. 185.). Idea igitur sensualis totalis est idea totius universi, quoad statum praesentem, omnesque praeteritos atque futuros. Enimvero quae per facultates animae in eadem possibilia deprehenduntur, vi ejusdem actuantur (§. 55.); anima igitur ideae isti

Mundi idealis ab anima productio.

universi exiftentiam impertitur, adeoque cum vis illa fit effentia & natura ejusdem (§. 66. 67.), per effentiam atque naturam fuam eandem producit (§. 690. *Ontol.*). Jam ftatus non minus præteriti, quam futuri diverfo modo in idea fenfuali præfente involvuntur (§. 187.), pro diverfa nimirum dependentia ftatus præfentis a ftatibus præteritis & futurorum a præfente (§. 83. *Cosmol.*). Anima igitur producit ideam totius mundi quoad omnes ipfius ftatus continuo diverfam, pro diverfa dependentia præfentis a præteritis atque futurorum a præfente.

Ex hac continua ideali productione mundi demum clariffime intelligitur, qualis fit illa vis repræfentativa univerfi, quam animæ competere fupra evicimus (§. 63.) & in qua non minus naturam (§. 67.), quam effentiam ejus confiftere oftendimus (§. 66.). Atque ita patet non inepte dici quod anima fibi repræfentet hoc univerfum, utut tantummodo quædam fibi repræfentare videatur corpora, quæ exiguam admodum, immo vix infinite parvam quandam particulam univerfi conftituunt: ficque remotum eft dubium, quod nos remoturos effe fupra promifimus (*not.* §. 62.).

§. 191.

Mundi idealis productio in fomno.
Anima etiam in fomno producit ideam totius univerfi, qualem vigilans producit, fed obfcuram, feu totaliter confufam. Etenim in fomno anima quoque habet perceptiones (§. 59.). Aut igitur actionem, quam vigilans edit, continuat, aut alias edere tenetur. Quoniam vis ipfi nonnifi unica eft (§. 57.), qua ad ftatus fui mutationem continuo tendit (§. 56.), neque adeo in eadem fingi poteft vis eidem contraria, quæ eandem actionem, quam vigilans continuo edit, continuari impediat; quin eandem continuet dubitandum non eft. Ideam igitur totius univerfi in fomno producit, qualem vigilans producit, fi nempe materialiter eandem confideres feu quoad objectum, quod repræfentat (§. 185.). Enimvero dum dormimus, fed non fomniamus, hoc eft, in fomno anima eft in ftatu perceptionum obfcu-

obscurarum seu totalium confusarum (§. 59.). Idea itaque universi, quam in somno producit, obscura, seu totaliter confusa est.

Idem patet per indirectum. Ponamus animam in somno non producere ideam universi, qualem vigilans producit. Repræsentatio itaque universi in anima interrumpitur, nec status mundi tempori respondentes, quo dormimus, in eadem repræsentantur. Necesse igitur est aliquam esse rationem, cur ex somno evigilans & productionem ideæ universi continuans ad eum præcile statum respiciat, qui momento evigilantis respondet, non vero eum, qui immediate sequitur statum ultimum, quem obdormiscens sibi repræsentabat (§. 70. *Ontol.*). Enimvero cum vis repræsentativa universi sit animæ essentialis (§. 66.), adeoque productio ideæ ejusdem hoc potius modo, quam alio facta eidem essentialis; ratio nulla intrinseca dari potest, cur in producenda idea hujus universi hoc potius modo, quam alio versetur (§. 156. *Ontol.*). Necesse igitur est ut sine interruptione productionem ideæ universi continuet, consequenter in somno quoque ideam universi totius producere debet, materialiter talem, qualem vigilans producit.

Præsens propositio sine probatione admitti poterat: nulla enim adest ratio, cur anima, quæ per essentiam suam ideam totius universi continuo producit, cessare debeat subinde ab actione sua contra vis non impeditæ notionem, & cur a consueta sibi actione nescio ad quas alias digrediatur. Cum enim propterea, quod anima in somno perceptionum suarum sibi conscia non sit, nondum sequatur, quod perceptione omni seu idea sensuali vel phantasmate destituatur (§. 59.); nec inde inferri potest, quod ideam universi in somno non amplius producat. Quodsi dicas, vi corporis determinari vim animæ ad hunc statum universi producendum, qui momento evigilantis respondet; eadem id facilitate rejicitur, qua dicitur. Quomodo enim probaveris motui, qui ex organo sensorio ad cerebrum propagatur (§. 111.), inesse ea, per quæ intelligi possit

possit cur anima producat ideam universi, qualem poscit momentum temporis, quo quis evigilat (§. 56. *Ontol.*)? Quæ precario assumuntur, perperam allegantur rationes eorum, quæ sunt. Neque opus est ut contra ontologicam veritatem propositionem præsentem hypothesibus de commercio inter mentem & corpus implicemus. Sane quæ de anima a priori stabilimus, in omni hypothesi de commercio inter mentem atque corpus admitti posse infra docebimus, & ab omni independentia sunt.

§. 192.

Idealis mundi in anima existentia.

Existit in anima idea hujus universi seu mundi adspectabilis, quæ easdem prorsus subit mutationes, quas mundus adspectabilis subit. Anima enim, sive vigilemus, sive dormiamus, continuo producit ideam totius universi non modo quoad status præsentes, sed & quoad diversimodam status præsentis a præteritis singulis & singulorum futurorum a præsente dependentiam (§. 185. 186.). Existit igitur in anima idea totius universi seu mundi adspectabilis & status ejusdem constanter iidem in eadem sibi invicem succedunt, qui in mundo adspectabili sibi invicem succedunt. Quamobrem cum status diversi prodeant per continuas, quæ in mundo adspectabili sunt, mutationes (§. 705. *Ontol.*); idea mundi adspectabilis in anima easdem subit mutationes, quas ipse mundus adspectabilis subit.

Etsi hæc idea in anima continuo existat & per essentiam animæ eidem insit, atque in eadem producenda anima continua sit; non tamen inde inferre licet, quod præter eam nil detur in anima, quodque omnis ejusdem actio in eadem sola terminetur. Absurdum enim foret præter necessitatem asserere, quod experientiæ obviæ repugnat. Istiusmodi oscitantiam alteri tribuere est semetipsum deridendum aliis proponere. Psychologia empirica abunde loquitur, præter hanc ideam complura alia spectanda esse in anima. Id tamen veritati consentaneum est, rationem ultimam eorum, quæ animæ naturaliter insunt, quocunque tandem nomine veniant.

niant, in hac idea reperiri. Unde denuo a veri tramite aberrant, qui rationes immediatas inde peti posse sibi persuadent: quod qui faciunt in similes battologias incidere debent, in quas incideret immediate omnium, quæ corporibus insunt vel accidunt, rationem ex elementis seu substantiis simplicibus redditurus. Ceterum idealis universi in anima existentia primam mihi ansam dedit in essentiam atque naturam animæ inquirendi, & in causa fuit, ut de Psychologia rationali condenda cogitarem. Quomodo vero ex notione creaturæ ac fine creationis eandem derivaverim, in Theologia naturali expositurus sum. Neque dubito fore, ut inde doctrinæ hactenus traditæ plurimum lucis afferatur, ac quantum faveat pietati ac religioni luculentissime appareat.

§. 193.

Anima dicitur *intueri ideam universi*, quatenus nonnulla, quæ eidem insunt, clare percipit.

Intuitus ideæ universi.

Nimirum si quid clare percipimus, id agnoscimus & ab aliis perceptis distinguimus (§. 31. *Psychol. empir.*), adeoque nos idem percipere nobis conscii sumus. Quodsi igitur admissa aliqua fictione vi imaginationis spectemus ideam universi in anima existentem tanquam ens ab ipsa diversum & animam, quatenus ad ideam istam se advertit, tanquam ens illam contemplans (§. 144. *Psychol. empir.*); perinde utique est ac si anima ideam istam intueretur, ac idea ista mundi eodem modo ei objiceretur, quo mundus ipse materialis oculis nostris objicitur. Fingimus nimirum ac si idea universi esset ipse mundus ac anima esset homo eundem intuens: quæ fictio nihil habet absurdi ob casuum æquipollentiam, qua unum exhibetur per alterum, quatenus eidem simile. Reddimus rationem denominationis, quod fictio, qua nititur, ad facilius concipiendum ac intelligendum ea conducat, quæ alias defectu imaginis difficilius intelliguntur, præsertim ab iis, qui abstractis absque imaginum auxilio concipiendis parum sunt adsueti.

(*Wolfii Psych. Ration.*)   X   §. 194.

§. 194.

Limitatio intuitus ideæ universi.

Anima integram ideam universi simul intueri nequit. Etenim si anima ideam integram universi simul intueretur, clare perciperet ea omnia, quæ in eodem quomodocunque continentur, maxima minima (§. 193.), consequenter omnia, quæ sunt in toto universo, a se invicem distingueret eorumque sibi conscia esset (§. 31 *Psychol. empir.* & §. 10. *Psychol. rat.*). Non igitur sibi repræsentaret universum pro situ corporis organici in universo, convenienter mutationibus, quæ in organis sensoriis contingunt: quod cum sit absurdum (§. 62.), repugnans essentiæ ac naturæ animæ (§. 66. 67.), anima integram ideam universi, quæ in eadem existit & easdem mutationes patitur, quas mundus adspectabilis subit (§. 192.), simul clare percipere nequit.

Idem quoque directe ostenditur hoc modo. Anima sibi repræsentat hoc universum pro situ corporis organici in universo, convenienter mutationibus, quæ in organo sensorio contingunt (§. 62.). Quamobrem cum claritas ideæ sensualis pendeat a celeritate motus nervis sensoriis impressi (§. 125.), impossibile vero sit ut omnia, quæ sunt in universo, simul motum in organum sensorium immediate imprimant; fieri quoque nequit, ut omnia, quæ sunt in universo, anima simul clare percipiat, consequenter integram ideam universi simul intueri nequit.

> Immo idem etiam ostenditur utendo fictione, quam paulo ante indicavimus *(not.* §. 193.). Dum enim ideam universi anima intuetur, perinde est ac si nos ipsum mundum adspectabilem intueremur. Enimvero mundum adspectabilem integrum intueri non possumus: ergo nec ideam universi integram simul intueri datur.

§. 195.

Quænam mediate &

Quæ in organum sensorium agunt, immediate percipimus: quæ in immediate perceptis involvuntur, nonnisi mediate percipimus.

De Imaginatione & Memoria.

pimus. Anima enim percipit objecta sensibilia convenienter mutationibus, quas in organis sensoriis producunt (§. 62.), ita ut claritas perceptionum pendeat a celeritate motus fibrillis nerveis impressi (§. 125.). Ea igitur per se adeoque immediate percipit, quæ fibrillis nerveis in organis sensoriis motum imprimunt. Quoniam vero hæc in organum sensorium agunt (§. 133. *Cosmol.*); ea immediate percipimus, quæ in organum sensorium agunt. *immediate percipiantur.*

Jam ea, quæ fibrillis nerveis motum non imprimunt, nec per se imprimere possunt, plane non percipiuntur, per se scilicet (§. 129.). Quoniam tamen in ideis sensualibus (§. 182. & seqq.), adeoque in perceptionibus immediatis *per demonstrata*, involvuntur; mediantibus iis, quæ immediate percipiuntur, una percipiuntur. Atque adeo patet, quæ in immediate perceptis involvuntur, nonnisi mediate percipi.

> Arbor, mediante lumine, quod reflectit, in nervum opticum agit: eam vero nobis immediate repræsentamus, quemadmodum per se patet. Ast quæ arboris materiam gravem efficit & quæ in ea cohæsionem efficit causam non nisi mediate percipimus. Immo ipsam gravitatem non nisi mediate percipimus; ubi arborem nonnisi visu attingimus. Ast ubi humi prostratam attollere conamur, gravitatem ejus immediate tactu percipimus. Distinctio perceptionum in mediatas & immediatas sua utilitate non carere, ex sequentibus constabit. Est enim fundamentum cognitionis discursivæ, qua ex iis, quæ cognoscuntur, colliguntur alia incognita. Neque enim ex immediate perceptis colliguntur nisi mediate percepta.

§. 196.

Quoniam ea, quæ in organum sensorium agunt, motum fibrillis nerveis in organo sensorio imprimunt (§. 133. *Cosmol.*); ea vero, quæ motum fibrillis nerveis imprimunt clare percipiuntur (§. 125.); *quæ clare percipiuntur, immediate percipiuntur.* *Quod clara perceptio sit immediata.*

Ratio nimirum claritatis perceptionum & immedietatis earundem in eodem organi mutatione continetur, adeoque utraque simul ponitur (§. 118. *Ontol.*). Atque ideo experimur, nihil a nobis clare percipi, quod non percipiatur immediate. Experientiam vero universalem esse debere per rationes, quibus corollarium praesens stabilivimus, patet, quippe quae fugant omnem dubitationem, quae animum alias facile invadere poterat. Unde & nobis solenne est a priori demonstrare ea, quae obvia experientia extra omnem dubitationem ponere videtur.

§. 197.

Quod distincta perceptio fit immediata.

Quoniam perceptio distincta clara est (§. 38. *Psych. empir.*); *quae distincte percipiuntur, immediate percipiuntur*.

Poterat idem in specie ex ratione distinctae perceptionis supra (§. 127.) evicta demonstrari: sed cum species sub genere recte subsumatur, his ambagibus non est opus, nisi quatenus uberiorem lucem veritati affundere volueris. In philosophia enim, ubi rationes eorum, quae sunt vel esse possunt, spectamus (§. 31. *Disc. prael.*) & ubi a rationibus clarissime inspectis veritatis evidentia assensusque firmitas pendet; istiusmodi ambages non semper improbandae veniunt. Accedit quod specialium demonstratione magis confirmetur universalium veritas, quae cum ad inveniendum utilia sint, magni fieri debent.

§. 198.

Varietas perceptionum immediatarum.

Mediatae perceptiones infinite variant habentque gradus infinitos, quibus ab immediatis removentur. Ea nimirum immediate percipiuntur, quae in perceptionibus immediatis involvuntur (§. 195.). Quae vero in perceptionibus immediatis involvuntur, non eodem modo involvuntur, sed infinitos admittunt gradus, quibus involuta denuo involvuntur in aliis (§. 187.). Quae igitur mediate percipiuntur, infinitos habent gradus, quibus a perceptionibus immediatis removentur, atque adeo perceptiones mediatae infinite variae sunt.

De Imaginatione & Memoria.

Conducet hoc theorema ad reddendam rationem, cur alia aliis difficilius ex immediate perceptis colligantur, quædam vero a nobis prorsus inde colligi nequeant.

§. 199.

Quæ mediate percipimus, prorsus obscure percipimus. Quæ enim mediate percipimus, ea in iis, quæ immediate percipiuntur, involvuntur (§. 195.), neque nobis eorum conscii sumus, consequenter nihil prorsus eorum agnoscimus atque ab aliis distinguimus. Nihil igitur in iis continetur, quod clare percipiatur (§. 31. *Psychol. empir.*), atque adeo prorsus obscure percipiuntur (§. 32. *Psychol. empir.*).

Mediatæ perceptiones quales sint.

Quando perceptiones immediatas obscuras appellamus, perceptionibus rerum insunt quædam clare percepta, sed non ad hoc sufficientia, ut, quamvis alias ideam illius rei claram habeamus, vi cujus eam ad suum genus vel speciem suam reducere valemus, eandem agnoscamus (§. 32. *Psychol. empir.*). Quando nihil prorsus clare percepti perceptioni cujusdam inest, tum totaliter obscura est, & res percepta tenebris immersa, ut perinde videatur, ac si eam non perciperemus: quod tamen obscure rem percipi non eodem loco haberi debeat, ac si prorsus non perciperetur, vel ex iis colligitur quod perceptorum involutio rationem possibilitatis in se contineat, quam habet aliorum ex aliis collectio (*not.*§. 195.).

§. 200.

Perceptiones eorum, quæ prorsus obscure percipiuntur, seu quibus nihil inest, quod clare percipiatur, dicuntur *totaliter obscuræ*: ast perceptiones illas, quibus clare percepta insunt, etsi quædam inexistentia nunc obscure percipiantur alias clare perceptibilia, *partialiter obscuras* appellamus.

Perceptionum totaliter, & partialiter obscurarum differentia.

Et hæ ideæ partialiter obscuræ sunt, quas exempla ad illustrandum definitionem perceptionis rei obscuræ afferri solita loquuntur (*not.*§. 32. *Psychol. empir.*). Etenim dari perceptiones partialiter obscuras experientia loquitur; dari autem perceptiones totaliter obscuras per demonstrationem innotescit. Ceterum definitio perceptionis obscuræ, quam dedimus (§. 32. *Psychol. empir.*), generalis est, & tam partialiter, quam totaliter obscuræ convenit. Definimus enim perceptionem obscuram, quod ea sit, quam habemus, ubi rem perceptam non agnoscere, nec a ceteris perceptibilibus distinguere valemus. Id vero obtinet in utroque casu. Sive enim nihil eorum, quæ rei perceptæ insunt, clare percipiamus; sive saltem aliqua, quæ tamen insufficientia sunt ad eam agnoscendam & a rebus aliis distinguendam; impossibile est ut eam agnoscamus atque ab aliis distinguamus. Superius (§. 18.) definivimus obscuritatem perceptionum totalem per eam, quæ inest perceptioni totali. Sed ista definitio cum præsente non coincidit. Quando enim hic loquimur de perceptionibus totaliter obscuris eas intelligimus perceptiones, quas partiales appellavimus & ex quibus tanquam partibus componitur totalis (§. 43. *Psych. emp.*). Patet itaque ex eo quod percepriones particulares singulæ totaliter obscuræ sint, enasci obscuritatem perceptionum totalem, quæ adeo locum habet, quando totalis perceptio totaliter obscura est.

§. 201.

Quænam perceptiones totaliter obscuræ;

Quoniam quæ percipiuntur mediate, prorsus obscure percipiuntur (§. 199.); *perceptiones mediatæ totaliter obscuræ sunt* (§. 200.).

Quando perceptio totalis obscura est, tum singulæ perceptiones partiales obscuræ totaliter sunt (§. 43. *Psychol. empir.*), atque hinc totalis quoque perceptio totaliter obscura.

§. 202.

Gradus obscuritatis infiniti.

Jam cum porro perceptiones mediatæ infinitos habeant gradus, quibus ab immediata distant (§. 198.) ex eo vero sint obscuræ, quod sint mediatae (§. 201.); *infiniti dantur gradus obscuritatis perceptionum mediatarum.*

Hinc est, quod quædam nobis adhuc incognita dicantur adhuc spississ tenebris immersa, quodque ea ex tenebris in apricum produci pronunciemus, quæ multa longaque ratiocinatione inve-

De Imaginatione & Memoria.

inveniuntur, ita ut plura ante invenienda fint, quam ipsam inveniantur. Ipsa autem præsens propositio clarissime loquitur, quæ nobis adhuc incognita sunt, earum alia aliis spissioribus tenebris immergi. Et qui novit, quomodo in Mathesi alia ex aliis fuerint inventa, ei diversi modi, quibus mediate percepta tenebris sepulta sunt, clariores sunt.

§. 203.

Mediatas perceptiones appercipere non possumus. Mediatæ enim perceptiones totaliter obscuræ sunt (§.201.), adeoque iis nihil inest, quod clare percipitur (§.200.), consequenter nihil quoque rei perceptæ inest, quod agnoscimus atque ab aliis perceptibilibus distinguimus (§. 31. *Psychol. empir.*). Nihil adeo datur in re mediate percepta, cujus nobis conscii sumus (§. 10.). Mediatas adeo perceptiones non appercipimus (§. 25. *Psychol. empir.*).

Superius (§. 19.) evicimus totalem obscuritatem perceptionum tollere omnem apperceptionem, ita ut anima nec sui, nec rei alterius a se diversæ sibi conscia sit: hic vero ostendimus, totalem perceptionum partialium obscuritatem tollere earundem apperceptionem, ita ut nobis earum conscii esse haud quaquam possimus, atque inde colligimus a perceptionibus mediatis removendam esse apperceptionem.

Mediatæ perceptiones cur careant apperceptione.

§. 204.

Ideæ sensuales sunt perceptiones immediatæ. Ideæ enim sensuales sunt ideæ, adeoque perceptiones §.48.24. *Psychol. empir.*), quæ in anima actu insunt, quod jam ista in organo sensorio mutatio accidit (§. 95. *Psychol. empir.*). Sunt igitur perceptiones immediatæ (§. 195.).

V. gr. Dum equum video, idea sensualis, qua mihi eundem repræsento, & qua posita ejusdem mihi tanquam extra me existentis conscius sum, est perceptio immediata.

Quales sint ideæ sensuales.

§. 205.

Si imaginationis vi idea quædam rei antea sensu perceptæ denuo

Imaginationis cor-

poreæ exi-stentia,

denuo producitur; idea quoque materialis in cerebro reproducitur, quæ ab actione sensibilis in organum sensorium oriebatur. Vim imaginationis & memoriam, quæ sine ista non datur (§. 175. 92. *Psychol. empir.*) morbis lædi extra dubitationem positum est. Confirmatur imprimis Medicorum observationibus, quas hic coacervare non licet, cum suo tempore in Physicis plures istiusmodi observationes in medium simus allaturi. Nobis in præsente sufficiat, quod, autore *Thucydide*, quidam a peste convalescentes memoria adeo orbati fuerint, ut nec sese, nec suos familiares noscerent, utut sensu objecta præsentia agnoscerent atque discernerent, quodque *Crügerus*, summi illius Astronomi *Hevelii* Præceptor, febre ardente memoriam adeo debilitatam deprehenderit, ut nec nominis amplius sui nec abaci Pythagorici recordaretur. Necesse igitur esse quidpiam in corpore, quod operationi imaginationis in anima respondeat. Quamobrem cum ideis sensualibus respondeant ideæ materiales in cerebro (§. 113.); facile hinc colligitur easdem ideas materiales in cerebro reproduci debere, quoties ideæ sensuales in anima reproducuntur: ita nimirum apparet eodem modo deficere vim imaginationis, quo vim sensationis deficere supra vidimus. Etenim si organum sensorium destruitur, ut ideæ materiales sensibilium in organum sensorium actione non amplius produci possint (§. 112.), nulla quoque in anima datur idea sensualis, seu anima sensibile sensu percipere haud quaquam amplius potest (§. 143.). Quodsi ideas materiales reproduci admittas, reproductis sensualibus, nec hæ reproduci poterunt, si quid obstet, quo minus istae reproducantur.

Etsi probatio propositionis præsentis tantummodo probabilis videatur, tanta tamen ejus vis semper fuit, ut nemo non philosophorum eandem tanquam veram admiserit. Quodsi systema harmoniæ præstabilitæ amplectaris, de quo inferius larga nobis nascetur dicendorum seges; propositionis nostræ palam erit necessitas. Neque enim fieri potest ut absque influxu

De Imaginatione & Memoria.

fluxu substantiæ unius in alteram conservetur continua mutationum harmonia, nisi reproductio idearum materialium cum reproductione immaterialium conjungatur. Esse quandam imaginationem materialem in corpore observationes, ad quas provocavimus, aperte loquuntur. Convenientia autem imaginatricis vis in anima cum vi sentiendi ejusdem sufficiens ratio est, cur similem convenientiam facultatis sentiendi materialis cum imaginatione materiali admittamus: nulla vero ratio est cur facultatem imaginandi, quatenus in corpore resídet, aliter concipiamus.

§. 206.

Phantasmatis respondent ideæ materiales in cerebro. Sunt enim phantasmata ideæ vi imaginationis productæ (§. 93. *Psychol. empir.*), adeoque similes ideis sensualibus, quas antea habuimus (§. 117. *Psychol. empir.*). Enimvero si imaginatio ideam quandam rei antea sensu perceptæ denuo producit, idea quoque materialis in cerebro reproduci debet, quæ ab actione sensibilis in organum sensorium ante orta fuerat (§. 205.). Phantasmatis igitur respondent ideæ materiales in cerebro.

Phantasmatum materialium & immaterialium coëxistentia.

V. gr. Si quis olim vidit cervum, is sibi cervum, etsi absentem, vi imaginationis veluti præsentem sistere potest: quod dum facit, in anima existit phantasma cervi. Cum cervum coram intueretur, idea quædam materialis in cerebro producebatur (§. 113.). Eandem ideam in cerebro reproduci, dum cervum imaginamur absentem, hic affirmamus.

§. 207.

Phantasmata sunt perceptiones immediatæ. Phantasmatis enim respondent ideæ materiales in cerebro (§. 206.), adeoque motus, quales in cerebro existunt motu ab objecto sensibili organo sensorio impresso ad cerebrum usque propagato (§. 112.). Cum adeo anima non sentiat, nisi motus ab objectis sensibilibus impressus nervis sensoriis ad cerebrum usque propagetur (§. 111.), adeoque ideæ sensuales materialibus in cere-

Qualia sint phantasmata.

(*Wolfii Psych. Ration.*) Y

cerebro coëxistentes (§. 113.) immediate iisdem respondeant, speciebus autem impressis (§. 112.), nonnisi mediate (§. 95. *Psychol. empir.*), quatenus scilicet ideæ materiales ab iisdem pendent (§. 114.); quoad animam perinde est, sive idea materialis actione sensibilis in organum externum, sive ab alia quacunque causa producatur. Enimvero si sensibile in organum sensorium agit, idem immediate percipimus (§. 195.). Ergo idem adhuc immediate percipere debemus, quotiescunque alia quacunque de causa idea immaterialis in cerebro oritur, quæ alias actione ejusdem in organum sensorium excitari solet. Sunt itaque phantasmata perceptiones immediatæ.

> Experientia satis confirmat phantasmata nobis talia repræsentare objecta, qualia sensu percipiuntur. Quemadmodum ideæ sensuales immediate objecta repræsentant, ita phantasmata quoque immediate eadem referunt. Quoniam vero in Psychologia rationali reddenda est ratio eorum, quæ de anima experientia suggerit (§. 4.), ratio vero eorum, quæ hoc universum tangunt, ex mutationibus in corpore nostro organico contingentibus reddi potest (§. 62.); ideo hic nobis ex mutatione in corpore accidente reddenda quoque erat ratio, cur phantasmata sint perceptiones immediatæ, seu cur immediate repræsentent objecta.

§. 208.

Diversitas ejusdem ideæ materialis phantasmati & ideæ sensuali respondens.

Ideæ materiales in motu minus celeri consistunt, si phantasmati, quam si ideæ sensuali respondent. Etenim phantasmata minus clara sunt ideis sensualibus (§. 96. *Psychol. empir.*). Quamobrem eadem ipsis respondere nequit ratio sufficiens §. 118. *Ontol.*), per quam intelligi potest, cur tali potius modo referant objectum, quam alio (§. 56. *Ontol.*); consequenter cum ideæ materiales non minus phantasmatis (§. 206.), quam ideis sensualibus respondeant (§. 114.), per quas utrumque perceptionum genus explicabile (§. 62. 181.), idea materialis in cerebro phantasmati & ideæ sensuali ejusdem objecti prorsus eadem esse nequit. Jam vero phantasma & idea sensualis ejusdem

De Imaginatione & Memoria.

dem objecti claritate differunt *per demonstrata*. Quamobrem cum claritas ideæ sensualis pendeat a celeritate motus, in quo consistit materialis (§. 126.); phantasmati respondens idea materialis in motu minus celeri consistere debet, quam quæ respondet ideæ sensuali ejusdem objecti.

Rationem diversæ claritatis phantasmatis ac ideæ sensualis ejusdem objecti jam in Psychologia empirica tradidimus (§. 96.): ex præsente autem propositione patet ratio ex iis, quæ in corpore accidunt. Diversa enim claritatis perceptionum ratio a diversa celeritate motus, in quo ideæ materiales consistunt, pendet (§. 126.). Ceterum ex propositionis præsentis demonstratione liquet, non minus ex iis, quæ in anima accidunt, colligi quæ in corpore accidere debeant, quam ex iis, quæ in corpore accidunt, illa colliguntur quæ accidunt in anima, prouti nempe vel ista patent observationi, hæc vero latent, vel ex adverso hæc observationi obvia sunt, illa vero eidem subducuntur.

§. 209.

Si idea materialis phantasmati respondens tanta fieri possit, quanta est, si eadem idea ab ipso sensibili in organon sensorium agente producitur ; objectum nobis sensu una cum ceteris, quæ tunc sensu percipimus, percipere videbimur. Quodsi enim vi imaginationis suscitata idea materialis in cerebro eandem habet celeritatem, quam habet eadem idea, ubi ab ipso sensibili in organon sensorium agente excitatur; nulla amplius datur differentia inter ideam materialem phantasmati respondentem & ideam materialem ideæ sensuali convenientem, atque adeo una in locum alterius substitui potest, ut nulla inde in statu cerebri nascatur mutatio (§. 290. *Ontol.*), consequenter utraque eadem est (§. 181. *Ontol.*). Phantasma igitur ideæ materiali respondens idem est cum idea sensuali (§. 118.), & ideo eandem habet claritatem, quam habitura erat idea sensualis (§. 126.). Anima igitur phantasma ab idea sensuali non amplius distinguet

Confusio phantasmatis & ideæ sensualis.

(§. 97. *Pſychol. empir.*), conſequenter objectum, quod imaginatur, ſenſu ſibi percipere videtur.

Hinc reddenda eſt ratio, quod furioſi & deliri ſibi videantur videre, quæ præſentia non ſunt: irregulares enim motus, qui a cauſis præternaturalibus in cerebro producuntur, eam celeritatem acquirunt, quam habituri erant, ubi objectum ſenſibile ſua in organum actione eosdem produceret. Hoc pacto enim confundunt, quæ ſibi imaginantur, cum iis, quæ vident. Et ſane vi eorum, quæ ad propoſitionem præcedentem dicta ſunt, ex hoc ipſo, quod videre ſibi videantur, quæ imaginantur, vi principiorum anteriorum colligi poteſt ideam materialem phantaſmati reſpondentem eandem celeritatem habere, quam haberet, ſi actione ſenſibilis in organum ſenſorium excitaretur. Sed noſtrum eſt propoſitionem converſam univerſaliter demonſtrare, ne quid evidentiæ detrahere videamur in reddendis phænomenorum rationibus.

§. 210.

Idearum materialium identitas in confuſione phantaſmatum cum ideis ſenſualibus.

Si quis ſenſu percipere videtur, quæ tantummodo imaginatur; idea materialis phantaſmati reſpondens eandem celeritatem habet, quam haberet, ubi ab objecto ſenſibili in organum ſenſorium agente produceretur. Si quis enim ſenſu percipere videtur, quod imaginatur: is phantaſma cum idea ſenſuali confundit, ſeu illud ab hoc non diſtinguit; quod per ſe patet. Neceſſe igitur eſt, ut phantaſma eandem habeat claritatem, quam habet idea ſenſualis ab objecto phantaſmati reſpondente produci ſolita (§. 97. *Pſych. empir.*). Quamobrem cum claritas idearum ſenſualium pendeat a celeritate motus, qui fibrillis nerveis imprimitur a ſenſibili (§. 125.), conſequenter a celeritate motus inde ad cerebrum propagato (§. 111.), in quo idea materialis conſiſtit (§. 112.); idea materialis phantaſmati reſpondens eandem celeritatem habere debet, quam haberet, ubi eadem ab objecto ſenſibili in organum ſenſorium agente produceretur.

At-

De Imaginatione & Memoria.

Atque hinc patet ratio, cur quis sibi sentire videatur, quod imaginatur, v. gr. cur visionarii sibi persuadere valeant se quædam videre vel alio sensu percipere, quæ tamen ipsis minime apparent. Per præcipitantiam adeo judicant, qui visionarios ob visiones, quas crepant, in numerum impostorum referunt, qui contra conscientiam aliis imposituri ea jactant, quæ falsa esse ipsimet satis norunt. Nisi enim aliæ adsint rationes, quibus fidem eorum sublestam reddas, visionum falsitas ipsorum fidei nihil derogat, cum fieri possit ut quis bona fide fallat alios, dum propter ignorantiam naturæ animæ humanæ ipsemet fallitur. Nobis igitur dubium non est, non unam crepari visionem, quæ imaginationis intensæ effectus est.

§. 211.

Quoniam effectus major est, si major fuerit ideæ materialis celeritas, quam ubi minor fuerit (§. 886. *Ontol.*), effectus vero major a causa majore, minor a minore pendeat, seu, quod perinde est, effectus major nonnisi vi majore, minor autem vi minore producitur (§. 926. *Ontol.*). *Si imaginationis vi producta idea materialis eadem celeritate gaudet, quam habet idea materialis ab objecto sensibili in organum producta*, consequenter *si quis sibi sensu percipere videtur, quæ imaginatur, facultate tamen imaginandi a causa nulla præternaturali turbata, vim imaginationis intendi posse inde arguitur* (§. 758. *Ontol.*).

Unde possibilitas intensionis imaginationis colligatur.

Intensitas imaginationis non confundenda est cum ejus extensione, de qua diximus alibi (§. 198. *Psychol. empir.*). Etsi enim negandum non sit extensionem imaginationis sine ejus intensione concipi non posse; non tamen cum ea prorsus coincidit. Etenim imaginatio extendi dicitur, si plures ideas simul producere & per longum temporis spatium productas conservare apta redditur (§. *cit.*), id quod utique fieri non posse intelligitur, nisi hæc vis ad majorem gradum perducatur, quam quem communiter habet, consequenter si intendatur (§. 758. *Ontol.*), adeoque notionem intensitatis supponit notio extensionis. In extensione autem potissimum spectatur non quod intensitatis est, scilicet major gradus vis imaginationis, sed quod illi peculiare est, scilicet quod campus visionis

(ut

(ut cum Opticis loquamur) augeatur & ideæ conserventur diutius. In intensitate autem potissimum respicimus ad majorem phantasmatum claritatem ipsisque respondentium idearum materialium celeritatem.

§. 212.

Imaginationis intensitas asserta.

Quoniam dubitandum non est, quin inter eos, qui visiones seu apparitiones sibi factas jactaru it, fuerint, qui quod imaginabantur sibi videre visi sunt; quin *Imaginatio insigniter intendi possit, dubitandum non est*.

Poteram provocare ad exempla domestica, quibus ista intensitas imaginationis confirmatur. Etenim in adolescentia, deficiente adhuc judicio maturo, claritate idearum consequi conabar, quod rationis evidentia consequi negabatur: unde accidit, ut ad pervidendum ea, quæ phantasmatis insunt, omnem conatum adhiberem. Atque ita consecutus sum, ut tenebris aliquoties mihi imposuerit imaginatio, fallacia nonnisi aliquo tempore post detecta. Ceterum major imaginationis intensitas concipi non potest, quam ubi ad eum gradum perducitur, ut phantasmata eandem cum ideis sensualibus claritatem consequantur. Quoniam imaginationis intensitas, præsertim si extensio eidem accedat, plurimum utilitatis nobis affert in rebus cognoscendis aliisque ad earundem cognitionem perducendis; superest ut addamus, quomodo vim imaginationis intendere liceat.

§. 213.

Quomodo vis imaginationis intendatur.

Si vim imaginationis intendere velimus, *omnem conatum adhibere debemus, ut attentionem in phantasmata dirigamus, eamque in iisdem defixam detineamus & quæ iisdem insunt pervideamus ac distinguamus*. Etenim si attentionem nostram in phantasmata continuo dirigere conemur eamque in iis defixam detinere adsuescamus; hoc ipso efficitur, ut phantasmata majorem claritatem consequantur (§. 237. *Psychol. empir.*).

Cum-

De Imaginatione & Memoria.

Cumque ea, quæ ideis infunt, pervidere conamur eademque a se invicem ut diftinguamus omnem adhibemus curam; attentionem dirigimus in ea, quæ phantafmatis infunt, adeoque hæc clariora efficimus (§. 237. *Pfychol. empir.*). Dum vero attentionem in phantafmatis confervare ftudemus, contra idearum fenfualium claritatem, quæ phantafmata adeo obfcurant, ut ea fubinde prorfus non appercipiamus (§. 99. *Pfychol. empir.*), & attentionem impediunt (§. 238. *Pfychol. empir.*), continuo nitimur & dum in tenebris ea pervidere conamur, quæ phantafmatis infunt, ad claritatem idearum fenfualium perducere phantafmata continuo nitimur. Quamobrem cum vis imaginandi intendi minime poffit nifi continuo ufu; iftiusmodi exercitiis eam intenfitatem confequi nos debere, ad quam pervenire nobis datur, palam eft.

    Naturæ veluti impetu intenditur imaginandi vis, ubi in iis circumftantiis conftituimur, ut ad iftiusmodi exercitia de iis ne quaquam cogitantes adducamur, veluti Mathematicis, ac præfertim Geometris accidere folet, qui ab imaginatione fæpius expectant claritatem evidentiæ defectum fuppleturam. Ita fervor pietatis in precantibus vel facras meditationes foventibus affectuum vi attentionem in phantafmatis, quibus objecta convenientia repræfentantur, defigit defixamque retinet atque ideas alienas arcet, ficque ad imaginationis intendendæ exercitia tale quid non cogitantes adducit: id quod martyrum exemplo illuftratur, qui attentione in futura vita defixa cruciatuum fenfum vicerunt.

§. 214.

Quoniam ad vim imaginationis intendendam requiritur, ut attentionem pro arbitrio in aliquam rem dirigas & in eadem defixam retineas ejusve impedimentis ita refiftas, ne eidem obeffe poffint (§. 213.) gradus vero attentionis exercitatione comparantur (§. 248. *Pfychol. empir.*); qui *vires imaginationis intendere voluerit, is diverfis attentionis gradibus fibi comparandis*

Media facilitandi vis imaginationis intenfionem.

dis studere debet (§. 249. & seqq. Psychol. empir.) *utque semel acquisitos conservet atque perficiat operam dare tenetur* (§. 255. *Psychol. empir.*).

Quinam sint illi gradus diversi attentionis, alibi jam satis docuimus (§. 243. *& seqq. Psychol. empir.*). Quodsi eos perpendere volueris, palam erit singulorum aliquam esse in imaginatione intendenda usum: qui cum per se pateat, non opus est ut eundem hic commonstremus, ne præter necessitatem simus prolixi.

§. 215.

Tempus exercitiis intendendæ imaginationis conveniens initio.

Et quoniam actus imaginationis clariores sunt in tenebris & quando oculos claudimus, aliisque objectis absentibus, quæ cetera organa sensoria feriunt (§. 102. *Psychol. empir.*); exercitiis, quibus vis imaginationis intenditur, initio impendendum est tempus nocturnum, vel vespertinum, & id inprimis, quo non multa objecta organa sensoria feriunt, vel oculi occludendi, ne lumen illabi possit.

Initio nimirum seligendæ sunt circumstantiæ, quibus negotium facilitatur, ut citra molestiam consequaris, quod intendis. Et sane qui sua veluti sponte ad exercitia ista delabuntur, aut, si mavis, inscii ac vel inviti ad eadem trahuntur, ut fortunæ sit, quod hic a diligentia exspectatur; in circumstantias istas incidunt, quibus negotium facilitatur, & per eas ad id determinantur, quod quo tendat ipsimet ignorant: id quod in aliis quoque casibus non absimili modo contingere solet. Per universam philosophiam patebit, ejus beneficio in potestatem hominum redigi, quæ alias fortunæ sunt, ut jam certo consilio fieri possint, quæ alias nonnisi casu fiebant.

§. 216.

Tempus conveniens in progressu.

Quoniam tamen attentionem inter vehementes objectorum in organa sensoria actiones conservandi sibi comparaturus sæpius omnem adhibere debet conatum, ut eandem inter strepitus sensim sensimque majores, vel actiones objectorum in orga-

na

De Imaginatione & Memoria. 177

na sensoria sensim sensimque vehementiores ad objectum aliquod pro arbitrio conservet (§. 249. *Psychol. empir.*), qui vere vires imaginationis intendere voluerit, hunc inprimis (§. 215.) attentionis gradum sibi comparare teneatur (§. 214.); *aliquam imaginationis intensitatem consecutus exercitia eam ulterius intendendi etiam interdiu oculis apertis & sensim sensimque inter majores strepitus, vel actiones objectorum in organa sensoria sensim sensimque vehementiores instituere debet.*

Si cui volupe fuerit veritatem corollarii praesentis liquidius introspicere, is demonstrationem, quam de acquirenda potentia attentionis inter impedimenta sensuum conservandi dedimus (§. 249. *Psychol. empir.*), relegat & accuratiori trutina expensam ad illud applicet: Quodsi enim ea ibidem non supponatur, hic commode apponi poterat. Qui vero de intendenda imaginationis vi curam, quam hic commendamus, suam fecerit; is corollarii praesentis veritatem ex se ipso capiet, quemadmodum & a nobis compertum est. Et hoc convictionis complementum in notionibus practicis praesertim non satis commendari posse arbitramur.

§. 217.

In intuenda idea universi anima certas observare tenetur leges. Quoniam enim integram ideam universi simul intueri nequit (§. 194.), necesse est ut detur ratio sufficiens, cur hanc potius partem intueatur, quam aliam (§. 70. *Ontol.*). Quamobrem cum ideam universi intueatur, quatenus nonnulla, quae in eadem continentur, clare percipit (§. 193.); clarae perceptiones animae rationes habent sufficientes, cur hae jam potius animae inexistant, quam aliae. Et quia singulis infinita insunt (§. 186.), quae cum mediate percipiantur (§. 195.) totaliter obscure percipiuntur (§. 201.); non minus necesse est detur ratio sufficiens, cur perceptiones istae clarae, quibus intuitus ideae universi absolvitur, hoc potius modo limitentur, quam alio (§. 70. *Ontol.*). Intelligibili itaque modo explicari

Intuitus ideae universi cur legibus adstrictus.

(*Wolfii Psych. Ration.*). Z pot-

poteſt, cur anima nunc has potius habeat, quam alias perceptiones claras & cur eædem hoc potius modo limitentur, quam alio (§. 321. *Ontol.*). Et quia poſita iſta ratione ſufficiente ponuntur hæ potius perceptiones claræ, quam aliæ eædemque hoc potius modo limitantur, quam alio (§. 118. *Ontol.*); determinatio illarum perceptionum, quibus intuitus ideæ univerſi abſolvitur, fit rationi convenienter (§. 113. *Ontol.*), conſequenter regulæ dantur, per quas perceptiones iſtæ, quibus intuitus ideæ univerſi comprehenditur, adeoque ipſe intuitus ideæ univerſi, utpote cum iisdem idem (§. 181. *Ontol.*), explicari poteſt (§. 475. *Ontol.*). Hæ vero regulæ cum & ipſæ ratione ſua nitantur (§. 70. *Ontol.*); principia dentur neceſſe eſt illarum regularum generalia (§. 866. *Ontol.*), conſequenter leges perceptionum, quibus intuitus ideæ univerſi abſolvitur (§. 84. *Pſychol. empir.*). Patet adeo animam in intuendo univerſo certas obſervare teneri leges.

> Leges iſtiusmodi dari a poſteriori jam nuper evicimus & quænam eædem ſint docuimus (§. 85. 117. *Pſychol. empir.*): enimvero hic oſtenditur, cur legibus iſtiusmodi ſit opus. Fluunt nimirum ex finitudine naturæ humanæ, quæ ne particulam quidem univerſi, nedum integrum univerſum clare percipere valet. Quæ enim in Pſychologia empirica a poſteriori ſtabiliuntur, eorum ratio a priori reddenda eſt in rationali (§. 4.).

§. 218.

Quænam ad intuitum univerſi referantur.

Ad intuitum univerſi pertinent & ideæ ſenſuales, & phantasmata clara. Singuli enim ideæ ſenſuales & phantasmata, involvunt ſtatum integrum univerſi, ad quem referuntur (§. 182.) atque tam illa (§. 95. 48. 24, *Pſychol. empir.*), quam hæ (§. 93. 92. *Pſychol. empir.*) in perceptionum numero ſunt. Quatenus igitur claræ ſunt ad intuitum ideæ univerſi ſpectant (§. 193.).

§. 219.

De Imaginatione & Memoria.

§. 219.

Quoniam intuitus ideæ universi certis legibus necessario adstringitur (§. 217.); igitur *non minus phantasmata, quam ideæ sensuales certis legibus necessario adstringuntur* (§. 218.).

Necessitas legum idearum sensualium & phantasmatum.

Quod id obtineat, ostensum est in Psychologia empirica (*not.* §. 217.): quod id fieri debeat, nequaquam vero fieri possit, ut ideæ sensuales atque phantasmata nullis legibus adstringantur; hic evincitur. Præsens adeo doctrina superflua non est. Necessitas legis idearum sensualium seu sensationum speciali ratione evinci poterat. Etenim lex sensationum continet determinationes essentiales animæ (§. 78.), atque adeo in ipsa animæ essentia continetur. Quamobrem cum essentiæ rerum sint absolute necessariæ (§. 303. *Ontol.*); absolute quoque necessarium est, ut animæ in sensationibus observent hanc legem.

§. 220.

Lex sensationum aliam se superiorem seu priorem non agnoscit. Lex enim sensationum continet determinationes essentiales animæ (§. 78.), consequenter ex ea intelligitur, quod anima eandem observare teneatur, quia hanc habet essentiam. Non igitur datur ejus aliqua ratio, præterquam essentia animæ (§. 56. *Ontol.*). Enimvero essentia primum est, quod de ente concipitur (§. 144. *Ontol.*). Quamobrem lege sensationum alia prior, unde pendeat, concipi nequit (§. 851. *Ontol.*).

Prima lex perceptionum.

Scilicet lex sensationum seu idearum sensualium est, quod producta in organo sensorio a sensibili mutatione in mente eidem coëxistat sensatio per illam intelligibili modo explicabilis (§. 85. *Psychol. empir.*). Anima igitur, cujus essentia (§ 56.) atque natura in vi universi repræsentativa consistit, situ corporis organici in universo materialiter & constitutione organorum sensoriorum formaliter limitata (§. 67.), ideo observare tenetur hanc legem, quia possibile est ab ente aliquo simplici ita repræsentari hoc universum, ut objecta in organum sensorium

sorium immediate agentia pro mutatione eidem inducta clare percipiantur (§. 154. *Ontol.*). Unde lex sensationum ponitur posita essentia animæ, neque adeo eadem prior aliqua concipi potest.

§. 221.

Lex sensationum cur non adversetur libertati.

Lex sensationum non tollit libertatem. Per legem enim sensationum ideæ sensuales in anima quoad actualitatem suam pendent a situ corporis in universo & mutatione in organo sensorio contingente (§. 85. *Psychol. empir.*). Enimvero si ex decreto animæ ob sensationes prævisas situs corporis mutetur vel non mutetur, nec alio quocunque modo impedias, ne sensibile in organum agat, vel quid eo fine agas, aut ab aliis fieri jubeas, ut sensibile aliquod percipias; sensationes a libertate animæ pendent (§. 151. 152. 153.), adeoque sensationes a libertate animæ pendent, quia legem sensationum observat. Lex itaque sensationum libertatem tollere nequit.

Qui animæ lege sensationum necessitatem in sentiendo imponi opinantur, quid dicant non intelligunt, confusis & obscuris notionibus, immo terminis inanibus semetipsos confundentes. Ex ipsa enim lege sensationum apparet, si detur aliqua animæ in decernendo motu corporis ad organorum ejusdem libertas, tantam esse in sentiendo libertatem, quantam dari possibile. Quamobrem ubi hæc libertas evicta fuerit, quemadmodum a nobis factum est (§. 942. *Psychol. empir.*), ac nemo non in semetipso singulis momentis experitur; eidem legem sensationis consentaneam esse constat, quemadmodum ex demonstratione propositionis præsentis claret.

§. 222.

An lex sensationum libertatem restringat.

Lex sensationum libertatem animæ ne restringit quidem. Etenim vi legis sensationum eædem dependent a situ corporis in universo ac organorum constitutione (§. 85. *Psychol. empir.*). Quamobrem cum in eo essentia atque natura animæ consistat, ut sibi repræsentet hoc universum pro situ corporis organici in

De Imaginatione & Memoria.

in universo & convenienter mutationibus, quæ in organis sensoriis contingunt (§. 66. 67.); alia libertas in sentiendo concipi nequit, quam quæ sese in decernendo situ corporis & circa usum organorum exerit. Quoniam itaque lex sensationum in ea nihil immutat (§. 151. & seqq.); lex sensationum libertatem animæ in sentiendo nullatenus restringit.

 Leges morales, sive naturales fuerint, sive positivæ, libertatem hominis restringunt ad unam partem contradictionis, cum potentia physica extendatur ad utramque; non tamen ideo dicuntur tollere libertatem, eum nemo non intelligat hac lege nihil in natura hominis immutari. Multo minus igitur libertati adversa censeri potest lex sensationum, cum libertatem ne quidem restringat, sed tantam relinquat, quanta per naturam rerum ipsiusque animæ dari potest. Si quis legem sensationis libertati adversam existimat, quod stante ea sine organis sentire non liceat, nec adeo sensu percipere detur, nisi quæ in organa sensoria agunt & convenienter mutationi, quam organorum constitutio admittit; is libertati humanæ adversum pronunciare tenetur, quod volare & pondus quantumcunque movere nequeat, hoc est, existere desiderat, quæ possibilitate intrinseca destituuntur contra prima philosophiæ principia (§. 132. *Ontol.*).

§. 223.

Lex imaginationis rationem aliquam in lege sensationis habere debet. Dum enim imaginamur, sensibilia absentia nobis repræsentamus (§. 92. *Psychol. empir.*), adeoque ea, quæ in organa sensoria agere nequeunt. Quoniam itaque anima vi essentiæ atque naturæ suæ sibi repræsentat hoc universum convenienter mutationibus, quæ in organo sensorio contingunt (§. 66. 67.), adeoque sensationes primæ sunt mutationes, quæ per essentiam atque naturam in anima contingunt: in his contineri debet ratio, cur hæc potius imaginemur quam alia, eaque potius hoc modo, quam alio imaginemur (§. 160. *Ontol.*).

Legis imaginationis ratio.

Ipsa lex imaginationis, quam a posteriori stabilivimus (§. 117. *Psychol. empir.*), hoc ipsum abunde loquitur. Sed nostrum jam est a priori stabilire, quæ per experientiam nobis certa sunt.

§. 224.

Legis imaginationis demonstratio.

Si in quid, quod sensu percipimus attentionem nostram dirigimus; vi imaginationis ea percipere debemus, quæ antea cum eo percepta fuere sensu; seu vis imaginationis reproducere debet ideam totalem, cujus pars erat id, in quod attentionem nostram jam dirigimus. Lex enim imaginationis rationem aliquam habere debet in sensationibus (§. 223.). Quamobrem cum ea sensationum clarior sit ceteris, in quam attentionem nostram dirigimus (§. 237. *Psychol. empir.*), ut adeo veluti sola nobis jam præsens existimetur; in ea potissimum ratio quærenda, cur aliquid rei absentis percipiamus. Enimvero anima sibi repræsentare nequit sensibilia nisi convenienter mutationibus, quæ in organis sensoriis accidunt (§. 62.), adeoque nec absentia, nisi convenienter mutationibus, quas antea in organis sensoriis produxerunt, consequenter vi perceptionum præsentium seu sensationum perceptiones rerum antea sensu perceptarum reproducere debet. Quoniam igitur ratio nulla est, cur perceptionem aliquam præteritam potius reproducat, quæ nihil cum præsente commune habet, quam eam, cujus præsens, in quam attentio dirigitur, pars quædam est, ut adeo ea in præsente totali & præterita quadam una contineatur; hanc utique reproducere debet, cujus pars erat partialis ista perceptio, in quam attentio jam dirigitur.

Atque adeo jam intelligitur, cur anima sequatur legem imaginationis, quam a posteriori stabilivimus (§. 117. *Psychol. empir.*), scilicet quod, si qua simul percipimus & unius perceptio denuo producatur, imaginatio & perceptionem alterius producat. Hanc, non aliam obtinere posse legem ex natura animæ jam manifestum est, cum ex Psychologia empirica tantumtummodo constaret, quod anima eandem sequatur, non vero quod sequi debeat. Quamobrem superfluum censeri nequit, quod, quæ a posteriori satis certa sunt, eadem a priori evincamus. Cognitio a priori aliquid superaddit cognitioni a posteriori, quo ipsamet destituitur, quod tamen scire utile est.

§. 225.

Legis imaginationis complementum.

Quoniam phantasmata præsentia eodem modo insunt phantasmati cuidam alteri per modum partis communis, quo idea sensualis præsens inest phantasmati cuidam, cum, quæ nunc in phantasmatum numero sunt, olim in idearum numero fuerint; *si in quid, quod in phantasmate præsente continetur, attentionem dirigimus; vi imaginationis id quoque percipere debemus, quod antea una cum re per phantasma præsens repræsentata percipiebatur* (§. 224.).

Nimirum quod de sensatione præsente admittis, idem quoque de phantasmatis præsentibus admitti debere nemo non agnoscit, qui rationem perspicit, cur in priore casu locus sit legi imaginationis. Ceterum si corollarium hoc adjicias propositioni præcedenti, ex qua infertur; lex imaginationis integra habetur. Completur nempe reducendo casum alterum ad primum, ut sub eodem contentus videatur. Inservit autem hæc altera legis imaginationis pars seriei phantasmatum continuandæ, quemadmodum ex ipsa lege patet atque experientia confirmat. Patet jam ratio, cur legem imaginationis generaliter de perceptionibus quibusvis enunciaverimus (§. 117. *Psychol. empir.*). Ad usum enim servit generalis enunciatio ad demonstrandam legem commodius est, si in casu speciali, a quo series phantasmatum incipit & imaginandi initium capitur, primum enuncietur & casus alter sigillatim enunciatus itidem ad eundem reducatur. Non addimus casum tertium quem comminisci licet, scilicet quando phantasmata arbitrario formata a nobis una cum ideis sensualibus vel phantasmatis aliis conjunguntur: propterea quod ea, quæ ex lege imaginationis deducuntur, inter regulas imaginationis locum merentur (§. 115. *Psychol. empir.*). Regulas autem ex lege imaginationis

§. 226.

Idearum materialium reproductio.

Idea materialis, quæ ideæ sensuali respondet, reproducit ideam materialem antea cum eadem actione sensibilis in organum sensorium producta. Si quid enim sensu percipimus & in id attentionem nostram dirigimus; vi imaginationis reproducitur perceptio, quam alias una cum perceptione præsente una habuimus (§. 224.). Enimvero si quid sensu percipimus, ideæ sensuali, quæ animæ inexistit, respondet materialis in cerebro (§. 113.) & si quod vi imaginationis phantasma producitur, eidem etiam in cerebro idea materialis respondet (§. 206.). Quamobrem idea materialis, quæ ideæ sensuali respondet, resuscitat ideam materialem, quæ ante una cum ista actione sensibilis in organum sensorium una producebatur.

Mechanismus cerebri nobis nondum adeo notus est, ut ex eodem demonstrare possemus, quod idea materialis a specie impressa pendens reproducere debeat ideam materialem alias cum ipsa una productam, urut non negemus istiusmodi demonstrationem in se possibilem esse. Ex iis adeo, quæ in anima contingunt, colligendum quid in corpore fiat.

§. 227.

Imaginatio quatenus corpori inest.

Imaginationem materialem seu corpori inexistentem appello facultatem producendi ideas materiales respondentes phantasmatis, seu nulla immediata actione sensibilis in organo sensorio. Quoniam ideis materialibus actione sensibilium in organa sensoria productis una producuntur alia, quæ phantasmatis respondent, seu quæ a nulla actione immediata sensibilis in organa sensoria pendent (§. 226.); *imaginationem materialem dari immateriali contradistinctam, quæ in anima datur* (§. 92. Psychol. empir.), *seu imaginandi quandam facultatem corpori quoque inexistere patet.*

Etsi

De Imaginatione & Memoria.

Etsi imaginatio materialis seu corpori inexistens existere non intelligatur nisi a posteriori, quatenus causae materiales eandem corripere & corrigere deprehenduntur (§. 205.), nisi quod in systemate harmoniae praestabilitae ejus pateat a priori existentia (*not. §. cit.*); ex ea tamen subinde petere licet rationes eorum, quae de phantasmatis observantur, immo ex iis colligere datur, quae de imaginatione immateriali facultate animae per observationem non patent, aut non patent facile, ita ut attentionem exacui opus sit notitia ejus, quod observari debet. Qua in re Psychologia rationalis convenit cum Astronomia, quemadmodum norunt qui eandem intimius perspexerunt. Ceterum haec ipsa ratio nos movet ad imaginationem corpoream seu materialem paulisper contemplandam.

§. 228.

Quoniam imaginatio producit ideas materiales in cerebro, quae phantasmatis respondent (§. 227.), ideae autem materiales in cerebro producuntur (§. 112.); *sedes imaginationis materialis in cerebro existit.*

Sedes imaginationis materialis.

Atque hinc est, quod a statu cerebri pendeat, & morbi cerebro infesti eidem quoque insidientur, eandemque turbent, immo corrumpant.

§. 229.

Nullum phantasma in anima existere potest nisi praecedat quaedam sensatio. Etenim si phantasma quoddam in anima existere debet, eidem coëxistat necesse est in cerebro idea materialis (§. 206.), consequenter motus quidam in cerebro, qualis actione sensibilis in organum sensorium alias excitari solet (§. 112. 205.). Enimvero naturaliter motus nullus nascitur nisi ex motu praecedente (§. 304. *Cosmol.*): necesse igitur est, ut detur in cerebro motus quidam, qualis est, in quo ideae materiales consistunt, antequam idea quaedam materialis in cerebro oriri queat. Sed cum istiusmodi motus ratio sufficiens non reperiri possit, nisi tandem supponas aliquem actione sensibilis

Cur phantasmata pendeant a sensatione.

(*Wolfii Psych. Ration.*)

bilis alicujus in cerebro productum, adeoque ideam quandam materialem ideæ fenfuali refpondentem (§. 114.); nulla orietur idea materialis phantasmati refpondens, nifi præcedat quædam fenfibilis alicujus in organum fenforium actio, confequenter fenfatio (§. 65. *Pfychol. empir.*). Quamobrem cum non detur in anima phantasma, nifi eidem coëxiftat idea materialis in cerebro (§. 206.); nullum phantasma in anima exiftere poteft, nifi præcedente quadam fenfatione.

Cum fuperius (§. 64.) generaliter evinceremus, omnes mutationes animæ a fenfatione originem ducere, & inductione eorum uteremur, quæ in Pfychologia empirica a pofteriori ftabilita fuerant; oftendimus quoque phantasmata non produci nifi prævia fenfatione. Hoc vero minime obftat, quo minus ejusdem ratio reddatur idemque adeo a priori demonftretur. Et quamvis ratio quoque jam pateat per ea, quæ paulo ante de lege fenfationis atque imaginationis demonftrata funt (§. 217. & feqq.); nec tamen hoc ipfum obftat, quo minus quoque ratio reddatur ex natura imaginationis materialis. Habet enim id peculiare fibi Pfychologia rationalis, quod eorum, quæ animæ infunt aut ineffe poffunt, duplex dari poffit ratio, altera ex iis, quæ animæ infunt, derivanda, altera vero ex iis, quæ ad corpus pertinent, arceffenda, propterea quod per naturam & effentiam infunt animæ, quorum interpres corpus eft (§. 66. 67.).

§. 230.

Idearum material.um & fenfualium debilitatio.

Ideæ materiales, quæ fenfualibus refpondent, fucceffive imminuta celeritate debilitantur: ipfæ autem fenfuales continuo funt debiliores, donec prorfus extinguantur. Conftat experientia fatis nota, fi Solem occafui proximum intuentes oculos fubito claudimus, imaginem Solis aliquoties recurrere, fed continuo minus claram, donec tandem prorfus obfcura feu nigra appareat, antequam penitus evanefcat. Diverfæ igitur ideæ fenfuales diverfa claritate præditæ fibi invicem fuccedunt, & claritas continuo decrefcit, antequam totæ evanefcant. Unde

patet

De Imaginatione & Memoria.

patet ideas sensuales in anima decrescente continuo claritate extingui.

Enimvero ideis sensualibus diversis diversæ quoque in cerebro respondent materiales (§. 114.). Quamobrem cum ideæ sensuales Solem nobis repræsentantes aliæ aliæque sibi invicem succedant *per demonstrata;* diversæ quoque ideæ materiales in cerebro sibi invicem succedere debent. Differunt autem ideæ sensuales claritate & ea continuo decrescente tandem extinguuntur *per demonstrata.* Ergo ideæ materiales celeritate differre & hac continuo decrescente tandem extingui debent (§. 126.).

> Provocavimus ad exemplum Solis, propterea quod sensatione forti opus est, ut successivam ideæ sensualis extinctionem observare possis: in aliis enim casibus idem haud facile observatur, non tamen ideo negari potest, cum nulla dari possit ratio, cur una idea sensualis aliter extingui debeat, quam ceteræ. Immo potius pro eodem modo extinctionis idearum sensualium promiscue omnium militat communis ratio, quod natura non admittat varietatem nisi in identitate, nec temere dissentiat a seipsa.

§. 231.

Ideæ sensuales degenerant in phantasmata & illis respondentes materiales in materiales, quæ his respondent. Etenim ideæ sensuales imminuta continuo celeritate debilitantur, donec tandem extinguantur (§. 230.). Quamobrem cum ideæ sensuales a phantasmatis in eo differant, quod minore claritate fulgeant (§. 96. *Psychol. empir.*) & per hoc quoque a se invicem distinguantur (§. 97. *Psychol. empir.*), ita ut actus imaginationis sensationibus debilioribus æquipolleant (§. 98. *Psych. emp.*); ideæ sensuales eam tandem claritatem adeptæ, quæ phantasmatis convenit, phantasmatis æquipollent seu in ipsa degenerant.

Idearum sensualium in phantasmata mutatio.

Similiter ideæ materiales, quæ sensualibus respondent, continuo

tinuo decrescente celeritate fiunt debiliores, donec omnis tandem motus penitus extinguatur (§. 230.). Enimvero ideæ materiales in motu minus celeri consistunt, si phantasmati, quam si ideæ sensuali respondent (§. 208.). Quamobrem ideæ materiales, quæ sensualibus respondent, in eas abeunt, quæ phantasmatis coëxistunt.

Convenit hoc experientiæ. Etenim si objectum quodcunque visu percipias, v. gr. si arborem intuearis, & statim oculos claudas; objectum istud, veluti arborem, tibi adhuc imaginaris. Idea autem, quam tunc habes, eadem prorsus est, quæ alias est arboris visu alias perceptæ, & cujus nunc minime præsentis tantummodo recordaris. Eadem obscuritate laborat, quæ deprehenditur in imagine ultima Solis recurrentis, clausis oculis (§. 230.).

§. 232.

Ratio legis imaginationis mechanica.

Quoniam idea sensualis, quæ phantasma rei cujusdam olim sensu perceptæ reproducit, est pars perceptionis cujusdam jam reproductæ; evidens est *idea sensuali præsente degenerante in phantasma vi imaginationis eidem sociari, quæ antea, cum in numero idearum sensualium existeret, sociata fuere* (§. 231.), *adeoque motum in cerebro exceptum per amplius spatium diffundi, per quod scilicet diffundebatur, cum antea in eodem existeret.*

Atque adeo propius apparet ratio legis imaginationis, quæ multo adhuc clarior foret, siquidem structura cerebri nobis magis explorata esset, ut luculenter constaret, quomodo motus ille per spatium amplius diffundi possit, propterea quod antea hoc modo diffundebatur. Non minus autem in cerebro, quam in anima evidens est, quod lex imaginationis cum lege sensationis hoc pacto connectatur, quemadmodum eam connexam esse debere constat (§. 223.).

§. 233.

Modus conservandi ideam sensibilis.

Quomodo objectum aliquod sensu percipitur; idea tam materialis, quam ei respondens sensualis continua productione conser-

De Imaginatione & Memoria.

servatur. Ponamus e. gr. nos intervallo temporis dato, veluti durante uno scrupulo primo, oculis immotis aliquod contueri objectum, puta arborem. Sumamus tempusculum minutissimum, quo visu percipitur arbor. Patet illo tempusculo & motu ad cerebrum usque propagato (§. 111.) produci in cerebro ideam arboris materialem (§. 112.), & in anima cooriri ideam sensualem (§. 113.). Enimvero nec ideae sensuales, nec materiales per se subsistunt, sed illae imminuta continuo claritate in phantasmata, hae vero decrescente continuo celeritate in ideam materialem phantasmati respondentem degenerant (§. 231.). Quamobrem si utraeque evanescere non debent, reproducendae sunt, antequam decrementum claritatis ipsique respondens decrementum celeritatis (§ 125.) fuerit perceptibile. Quamdiu vero arborem immotis oculis intuemur, lumen ab eodem in oculos illapsum continuo eodem modo agit in nervos opticos, atque adeo eadem continuo est species impressa (§. 112.). Quamobrem eadem quoque continuo producitur idea materialis (§. 115.) eademque sensualis (§. 118.). Patet itaque ideam non minus sensualem, quam ipsi respondentem materialem continua sui productione conservari.

> Motus fibrillis nerveis impressus non potest tardior fieri, quia continua actione sensibilis in organon instauratur, antequam decrementum fuerit perceptibile: quemadmodum chorda, quae continuata actione huc illucque trahitur, motum acquisitum eundem tuetur. Et hoc simili haud obscure indigitatur modus, quo eadem celeritas motus, in quo idea materialis consistit, & consequenter ipsi respondentis ideae sensualis claritas invariata aliquandiu subsistit.

§. 234.

Quoniam idea sensualis conservari nequit, nisi continua sui productione (§. 233); ideae autem sensuali in cerebro constanter respondet materialis (§. 113.), quae produci nequit nisi *sensi-*

Medium eam conservandi.

sensibili in organum sensorium agente (§. 111.); *si ideam sensualem conservare volueris, objectum per totum illud spatium temporis ad organon applicare, veluti visibile oculis directe opponere teneris.*

Hæc equidem a posteriori satis patent, ut superfluum videatur talia moneri: superfluum tamen non est, cum sic pateat nulla arte effici posse, ut ideam sensibilis conserves semoto objecto. Patet autem hinc perperam conferri ideas sensuales cum figuris ceræ impressis: hæ enim subsistunt, nec continua productione indigent, ut conserventur.

§. 235.

Reproductionis idearum conservatricium tempus.

Idea materialis sensuali respondens jam in eam, quæ phantasmati respondet, degenerat, dum sensualis conservatrix reproducitur: similiterque in anima idea sensualis, qua ad conservationem opus est, reproducitur, dum sensualis præsens in phantasma jam degenerat. Idea enim materialis, quæ sensuali respondet, consistit in motu ex organo sensorio ad cerebrum usque propagato (§. 112.). Quoniam motus non sit nisi in tempore (§. 649. *Ontol.*); tempusculo aliquo opus est, quo motus fibrillis nerveis impressus ad cerebrum usque propagatur (§. 111.). Quamobrem cum idea materialis in cerebro statim degenerare incipiat in eam, quæ phantasmati respondet, ubi primum ad illud propagatus fuit motus fibrillis nerveis in organo impressus (§. 231.); dum motus repetita actione sensibilis per nervos sensorios ad cerebrum propagatur, idea materialis præsens in eam degenerat, quæ phantasmati respondet. Ergo dum sensualis conservatrix reproducitur (§. 233.), idea materialis anterior jam in eam, quæ phantasmati respondet, degenerat.

Jam nulla in anima existit idea sensualis, nisi in cerebro existat idea materialis, cui ista respondet (§. 113. 114.). Sed idea materialis anterior jam in eam degenerat, quæ phantasmati responspondet, dum idea materialis sensualis conservatrix reproducitur *per demonstrata*. Ergo idea sensualis jam in phantasma degenerare debet, dum sensualis producitur, qua ad conservationem opus est.

Non licet objicere, nos nullum percipere tempus inter impressionem in organum & ideam sensualem in anima, adeoque nullum intercedere. Neque enim omne tempus sensu perceptibile esse loquuntur observationes microscopicæ, ad quas alibi (*not*. §. 583. *Ontol.*) provocavimus. Immo non desunt phænomena alia, quæ aperte loquuntur in tempore quædam fieri, ubi tempus nullum percipimus. Accensio pulveris pyrii fit successive, ita ut plura concipi debeant tempuscula, quibus absolvitur totalis unius granuli accensio. Nullum tamen horum tempusculorum distincte percipere licet.

§. 236.

Quoniam igitur ideæ olim sociæ materialis existentis una reproducuntur, dum, quæ sensuali respondet, in phantasma abit (§. 232.); *imaginatio quoque operatur, etsi ideæ sensuales conserventur.*

Cur imaginatio operetur idea sensuali conservata.

Atque hac potissimum de causa propositionem præcedentem præmisimus, ne quis in dubium vocare posset, quæ de ratione legis imaginationis paulo ante (*not*. §. 232.) observavimus.

§. 237.

Dum idea, in quam dirigitur attentio, in phantasma abit; ideæ sociæ phantasma compositum complentes appercipiuntur pro gradu attentionis conservatæ: quamdiu vero idea sensualis phantasmatis productrix & ad eam attentio conservatur; phantasma, in quod sensualis degenerat, non appercipitur. Dum enim idea, in quam dirigitur attentio, in phantasma abit; efficere conamur, ut ea in perceptione composita præsente majorem claritatem ceteris habeat (§. 237. *Psychol. empir.*), adeoque eam magis appercipiamus ceteris (§. 235. *Psychol. empir.*).

Apperceptio phantasmatis.

Quam-

Quamobrem cum cetera, quæ una percipiuntur, vix ac ne vix quidem appercipiamus (§. 245. *Pſychol. empir.*), cum attentio ad plura ſimul non niſi multo, longo ac perdifficili exercitio comparetur (§. 251. *Pſychol. empir.*), nec attentionem inter plura objecta partiamur, niſi quando potentia eam partiendi acquiſita uti volumus (§. 251. *Pſychol. empir.*); phantasma, in quod abit idea ſenſualis, ſtatim appercipimus, conſequenter cum ideæ ſociæ phantasma compoſitum complentes eodem claritatis gradu cum phantasmate partiali ex idea ſenſuali genito gaudere debeant, nulla diverſitatis ratione exiſtente (§. 70. *Ontol.*), eædem ſimul appercipiuntur. Quo major itaque attentio ad ideam ſenſualem phantasmatis productricem conſervatur, eo majorem claritatem habet phantasma (§. 237. *Pſychol. empir.*), conſequenter eo magis ideas ſocias idem ingredientes appercipimus.

Enimvero quamdiu idea ſenſualis phantasmatis productrix conſervatur, continuo producitur & in locum phantasmatis vix naſcentis ſtatim iterum ſuccedit (§. 233.), adeoque phantasma hoc, in quod idea ſenſualis degenerat, non appercipitur (§. 99. *Pſychol. empir.*).

Experientia hoc ſatis confirmat. Ponamus enim, tibi obvium fieri hominem, quem in templo vidiſti. Dum attentionem tuam omnem in eundem dirigis; idea templi interioris, in quo eundem vidiſti, una reproducitur, quæ per legem imaginationis facile in ideam exterioris degenerat. Ideæ templi tibi magis conſcius es quam hominis in eo ſedentis, quamdiu eundem contueris & attentionem tuam a phantasmate templi, quod eundem hominem quaſi in templo ſedentem exhibet, in ideam ſenſualem ejusdem quaſi retrahi obſervas, cum perdifficile ſit ad ideam ſenſualem & phantasma ſimul eodem gradu conſervare attentionem: quæ enim ratio eſt, ut plerumque ſtatim evaneſcere videatur phantasma. Ceterum me non monente percipitur; phantasma, in quod abierat idea ſenſualis, interire, dum ſenſualis redintegratur, quia

mate-

De Imaginatione & Memoria.

materialis idea respondens sensuali & phantasmati eundem in cerebro locum occupat. Quoniam tamen ob ea, quæ inde porro consequuntur, hæc attentius considerari consultum est; ideo in numerum propositionum psychologicarum mox referenda nobis veniet, ubi corollarium aliquod præsenti adjecerimus.

§. 238.

Quoniam vero *idea sensualis* non reproducitur, ubi in phantasma abit, actione in organum sensorium impedita (§. 81. *Psychol. empir.*); *phantasma, in quod abit, una cum ideis sociis phantasma compositum complentibus una appercipitur, actione sensibilium in organum sensorium impedita, veluti clausis oculis, si sensibile fuerit visibile.*

Modus phantasma producens appercipiendi.

Experientia dicta confirmat, modo ad eam sufficientem afferre possis attentionem & acumen psychologicum tibi comparaveris, quo ad pervidendas modificationes animæ opus est: id quod continuo attentionis excitandæ ac conservandæ exercitio comparatur, ubi præsertim præcesserit acumen in distincte rimandis iis, quæ rebus in sensum incurrentibus insunt, sese exerens. Quamobrem caveant ne per præcipitantiam experientiam in dubium vocent, qui ad eam capiendam nondum apti. Nullus autem dubito fore, quin sedula meditatione eorum, quæ nos in Psychologia tam empirica, quam rationali exposuimus, acumen istud acquiratur & perficiatur, quemadmodum in ceteris cum gradu cognitionis crescit acumen rebus ad eam spectantibus pervidendis & ipsi cognitioni augendæ proficuum.

§. 239.

Idea materialis respondens phantasmati, in quod abit sensuales, interit, dum redintegratur sensualis. Idea enim materialis, quæ in motu ad cerebrum propagato consistit (§. 112.) imminuta continuo celeritate debilitata (§. 230.), in ideam materialem, quæ phantasmati respondet, abit (§. 231.), consequenter phantasmati respondens idea materialis, in quam sensualis

Interitus ideæ materialis phantasticæ in redintegratione sensualis.

Wolfii Psych. Ration.) B b abit.

abit, eundem locum occupat in cerebro, in quo hæret idea materialis fenfuali refpondens. Quodfi organi fenforii erga fenfibile fitu immutato idea fenfualis redintegratur; idea materialis eidem refpondens denuo producta (§. 233.), eundem quoque locum occupare debet, quem occupabat in cerebro primum producta motu iisdem fibrillis nerveis impreffo ad eundem quoque cerebri locum propagato (§. 111.). Quamobrem cum motus, in quo confiftit idea materialis phantasmati refpondens, in locum ideæ fenfualis fuccedenti, nonnifi celeritate differat a motu, in quo confiftit idea materialis actione fenfibilis in organon fenforium redintegrata, hæcque celeritas priori major fit *per demonftrata*, adeoque differentia in gradu conftituta (§. 156. *Cosmol.*) minor in majore tanquam pars in toto contineatur (§. 750. *Ontol.*) atque hinc ad totum pertineat (§. 341. *Ontol.*); impoffibile omnino eft ut idea materialis phantasmati, in quod fenfualis abierat, refpondens adhuc fubfiftat, dum fenfualis redintegratur. Illam igitur in redintegratione hujus interire patet (§. 541. *Ontol.*).

Nimirum fi quis admitteret, phantasmati & ideæ fenfuali refpondentes ideas materiales fimul fubfiftere poffe; is affirmaret idem mobile eodem momento & majore, & minore celeritate moveri: id quod manifefte contradictorium (§. 30. *Ontol.*), neque admitti poteft (§. 28. *Ontol.*).

§. 240.

Phantasmatis propagatio.

Si phantasma rei, quam nunc fenfu percipimus, una appercipere debemus; idea materialis primum producto refpondens fui diffufione aliam producere debet, cui phantasma illud refpondet. Quoniam enim idea materialis, quæ fenfuali primum productæ, fenfibili in organum agere incipiente, degenerat in ideam materialem, quæ phantasmati ejusdem objecti refpondet (§. 231.) eidemque fociantur ideæ materiales, quæ alias, cum idem fenfibile perciperemus, five numero, five genere aut fpecie,

prout

De Imaginatione & Memoria.

prout attentio nostra in numericas, vel genericas aut specificas differentias dirigitur (§. 104. 105. *Psychol. empir.*), eidem sociatæ fuerant (§. 232.); primi phantasmatis compositi, quod idea sensuali ad evanescentiam vergente oritur (§. 230.), phantasma sensibilis sic ortum est pars, eique respondens idea materialis eundem locum occupat, quem occupat ideæ sensuali conveniens. Enimvero si sensibile & ejus phantasma una percipitur; illi & huic respondentes ideæ materiales una in cerebro existere debent (§. 113. 206.) adeoque, cum in motu diversæ celeritatis consistant (§. 208.), eundem in cerebro locum occupare nequeunt. Necesse igitur est ut ex motu, in quo prima idea materialis phantasmati primo respondens consistebat, nascatur motus, in quo consistit secunda idea materialis phantasma sensibilis juxta sensibile exhibens, consequenter idea materialis phantasmati primum producto respondens sui diffusione aliam producit, cui phantasma alterum respondet, quod sensibilis phantasma una cum ipso sensibili apperceptibile exhibet.

Sequitur propositio præsens ex antecedentibus sua sponte, utut defectu terminorum attentione opus sit ad consecutionem clare percipiendam. Observatu quoque non adeo facilia sunt, quæ de origine idearum materialium phantasticarum docentur, propterea quod & difficilis sit apperceptio sensibilis & ejusdem phantasmatis simultanea, ut absque acquisito quodam acumine vix in anima detur, & mutationes perceptionum adeo celeres sunt, ut ad omnes, quæ sibi invicem succedunt, vix animum advertere valeamus. Difficultatem hanc ipsimet experti sumus, utut eam non prorsus invincibilem deprehenderimus. Hæc ideo monemus, ne quis per præcipitantiam in cognitione psychologica sibi obicem ponat: quamvis nobis perinde sit, quid unusquisque de seipso statuere velit. Quomodo vero motus in cerebro ad alia spatia diffundatur, hic loci explicare minime valemus, propterea quod nondum definivimus, num motus iste, qui organo sensorio ab objecto

jecto imprimitur, confiftat in nuda fibrillarum nervearum ofcillatione, an in motu fluidi cujusdam fubtilis, quod a nonnullis fluidum nerveum, ab aliis fpiritus animalis appellatur, an in ofcillatione fibrillarum & motu progreffivo fpirituum animalium fimul: in quod demum fuo tempore in Phyfica inquiremus, ubi ea, quæ ad corpus fpectant, ex inftituto fumus tradituri. Abfit autem ut quis fibi perfuadeat, idearum materialium diffufionem in cerebro magis favere fpirituum animalium motui, quam ofcillationi fibrillarum; neque enim difficilius eadem explicatur per impulfum fibrillarum ofcillantium in contiguas, quam per progreffum fpirituum animalium, ut adeo præfens phænomenon non fit decifivum. Sed hanc controverfiam jam agitare minus lubet, ne præter neceffitatem dogmata pfychologica pluribus difputationibus obnoxia reddamus, ob novitatem fufpecta iis, qui omnia damnant vel nefcio quo veneno infecta exiftimant, quæ ipfimet olim in fcholis non didicerunt. Placuit igitur nobis non affumere, nifi quod ab omnibus concedi debet, actione fenfibilis in organum motum fibrillis nerveis fenforium nervum componentibus imprimi eundemque ad cerebrum propagari, diftincta motus explicatione, quantum dari poteft, ad philofophiam naturalem profcripta.

§. 241.

Facilitas reproductionis idearum materialium cerebro acquifita.

Si qua idea materialis fæpius fuerit producta, vel diu confervata; cerebrum reproductionis facilitatem contrahit. Quoniam enim ideæ materiales funt motus cerebro inexiftentes (§. 112.), ubi eæ fæpius producantur; iidem motus in cerebro fæpius producuntur. Cumque idea materialis in cerebro non confervetur nifi continua fui reproductione (§. 233.); ubi eadem diu confervatur, iidem motus in cerebro non minus fæpe producuntur. Enimvero conftat a pofteriori eam effe corporis noftri naturam, ut motuum continua, vel fæpius iterata productione contrahatur facilitas motuum eorundem reproducendorum. Quamobrem cerebrum quoque eorundem motuum diu continuata, vel fæpius iterata productione facilitatem motus

tus istos iterum producendi contrahere debet. Continuata igitur vel sæpius iterata ideæ materialis productione facilitatem eam reproducendi contrahere debet.

    Quæ a posteriori nota sumimus, obvia experientia patent. Nemo enim est qui nesciat, omnes corporis habitus, qui in facilitate producendi eosdem motus consistunt, hoc modo comparari.

§. 242.

Si idea aliqua materialis vel immaterialis diu conservatur; sæpius reproducitur. Etenim idea sensualis eidemque respondens materialis continua reproductione conservatur (§. 233.). Enimvero ideæ materiales, quæ phantasmatis ac ideis sensualibus respondent, non differunt nisi celeritate motus (§. 208.) & phantasmata ipsa atque ideæ sensuales non aliam admittunt differentiam, quam quæ in gradu claritatis consistit (§. 96. *Psych. empir.*). Quamobrem dubio caret, quod ideæ materiales phantasmatis respondentes eodem modo conservari debeant, quo conservantur quæ ideis sensualibus respondent, quodque ipsa phantasmata non alio modo conserventur, quam quo conservantur ideæ sensuales, consequenter phantasmata quoque ipsisque respondentes ideæ materiales continua productione conservantur. Quod vero per tractum aliquem temporis continuo producitur, sæpius producitur: id quod per se patet. Ideæ igitur tam materiales quam immateriales, quæ diu conservantur, sæpius producuntur.

Æquipollentia diuturnæ conservationis & frequentis productionis idearum.

    Tempusculum illud perexiguum est, quod ideæ materiali in cerebro producendæ sufficit, quæ ideæ sensuali respondet & ob continuam idearum sensualium atque materialium in cerebro coëxistentiam (§. 113.) eodem tempore producuntur ideæ sensuales, quo producuntur materiales: determinatum tamen est atque ideo vulgo adhibetur ad designandum minimum, quod imaginari licet, tempusculum. Uno enim oculi ictu terminamus, quod celerrime factum fuisse indigitamus.

Hinc fluit principium Pfychimetricum ad bonitatem memoriæ æftimandam conducens; numerum reproductionis idearum eſſe ut tempus, quo confervantur.

§. 243.

Quando ea locum habeat.

Quamdiu itaque ſpectatur idearum iterata productio, unum idemque eſt, ſive idea aliqua ſæpius producatur ſive diu conſervetur. Si enim diu confervatur, ſæpius producitur, quamvis productiones iteratæ continua ſerie ſeſe invicem excipiant (§. 242.). Unde porro conſequitur, *quamdiu idearum iterata productio ſpectatur, diuturnam earundem conſervationem & frequentem iterationem ſibi mutuo ſubſtitui poſſe, ſalvis iis, quæ inde ſequuntur* (§. 181. Ontol.).

Utile eſt noſſe, quænam ſibi invicem ſubſtitui poſſint tanquam cauſæ ſeu in genere cauſandi, tum in quocunque caſu alio: hoc enim pacto ea, quæ fieri poſſunt, magis in poteſtatem noſtram redigimus. Ceterum hinc jam evidentiſſime intelligitur, cur cerebrum facilitatem reproducendi ideas contrahat, ſive eadem ſæpius producatur, ſive diu conſervetur (§.112.) & cur idem in anima obtineat quoad ideas immateriales (§. 108. *Pſychol. empir.*).

§. 244.

Ideæ materiales rerum cognitarum quomodo in cerebro exiſtunt.

Ideæ materiales ſemel ſenſu perceptis vel noſtro arbitrio vi imaginationis formatis reſpondentes non actu inſunt cerebro; ſed tantummodo potentia, ſeu quoad poſſibilitatem actu inexiſtendi, abſente licet objecto. Ideæ enim materiales, quæ ſenſualibus reſpondent, non conſervantur niſi continua productione (§. 233.), atque adeo ceſſante actione objecti in organum ſenſorium intereunt (§. 111.). Quamobrem in cerebro non actu inſunt.

Idem etiam oſtenditur hoc modo. Ideæ materiales conſiſtunt in motu, qui ex fibrillis nerveis in cerebrum fuit propagatus (§. 112.), atque hic motus imminuta celeritate ſucceſſive debilitatur, donec prorſus extinguatur (§. 230.). Quamobrem

obrem cum continua fenfibilis actione motus ifte continuo produci debeat, ne intereat; impoffibile omnino eft ut idea materialis femel fufcitata actu ineffe pergat in cerebro.

Poteft quoque idem oftendi per indirectum. Ponamus ideas materiales actione fenfibillum in organum fenforium actu ineffe pergere in cerebro, ceffante licet actione in organum fenforium, quamdiu fcilicet rerum femel fenfu perceptarum in nobis datur reminifcendi facultas. Quoniam ideæ iftæ in motu confiftunt (§. 112.), aut motus ifte in eodem loco cerebri perdurat, ad quem ex organo fenforio fuerat propagatus, fenfibili in idem agente (§. 111.), aut inde ulterius in alium locum propagatur, ubi confervatur. Ponamus prius: fi fenfibile B poft A in easdem fibrillas nerveas ejusdem organi agit, ejus etiam idea materialis in eodem cerebri loco pofthac actu exiftit. Et idem fieri debere, ubi C poft B, D poft E ac ita porro in easdem fibrillas nerveas ejusdem organi agit. Quoniam ideæ materiales, quibus in cerebro repræfentantur fenfibilia A, B, C, D, E & ita porro in motu confiftunt (§. 112.) & in eadem cerebri parte continuo fubfiftunt; neceffe eft eandem cerebri partem pluribus diverfis motibus fimul ita cieri, ut unicuique fine ulla permixtione remaneat fuus celeritatis gradus, fuaque directio: quod cum fit abfurdum, idea materialis rei fenfu perceptæ in eodem cerebri loco fubfiftere nequit, in quo primum fuerat producta. Subfiftat igitur in alio loco, fi fieri poteft. Quoniam ideæ fibi invicem continuo fuccedentes diverfum ab eo loco occupare debent, in quo primum fuerant productæ; ideam B loco fuo pellere ideam A, & ideam C denuo D, atque D ipfam E ac ita porro neceffe eft. Peculiarem adeo cerebri partem occupat idea A, peculiarem fibi quoque occupat B, itidemque C, D ac E & ita porro. Quare cum magnitudo cerebri exigua fit, nonnifi paucas ideas capere poterit: quod cum denuo abfurdum fit, utpote experientiæ fingulis obviæ e diametro adververfum; ideæ quoque materiales fenfibilium in diverfis cerebri locis fubfiftere nequeunt. Quamobrem cum nec in eodem loco, in quo primum producuntur, nec in diverfis ab eodem fubfiftere poffint *per demonftrata;* ut actu inexiftant in cerebro fieri haud quaquam poteft.

Enimvero fi ideæ iftæ vel fæpius fuerint productæ, vel diu confervatæ, cerebrum contrahit facilitatem eas reproducendi (§. 241.). Poffibile igitur eft, ut juxta legem imaginationis producantur occafione fenfibilis in organum fenforium agente (§. 229. 219. *Pfychol. rat.* & §. 117. *Pfychol. empir.*). Atque adeo infunt cerebro quoad poffibilitatem actu inexiftendi, abfente licet objecto.

> Non nego vulgo fibi homines perfuadere, quafi idearum rerum omnium, quas cognitas tenent, receptaculum fit cerebrum. Atque adeo mirantur, quomodo in eodem locus effe poffit tot ideis, ubi multitudinem eorum ftupent, quæ quis novit. Et inde fluxit imaginaria memoriæ notio, de qua diximus alias (§. 177. *Pfychol empir.*). Sed noftrum eft in Pfychologia rationali docere, quid ea fint, quæ ad animam fpectant, non vero quid videantur.

§. 245.

Facultas producendi ideas rerum quas habuimus num fit quid actuale.

Facilitas producendi ideas rerum, quas antea habuimus, in actuali quadam mutatione confiftit. Etenim facilitas reproductionis idearum acquiritur, fi eædem fæpius producantur vel diu conferventur (§. 241.), adeoque antea non inerat, cum alias medio eam acquirendi minime fuiffet opus. Ubi igitur facilitas ifta acquifita fuerit, ineft ipfi cerebri fubftantiæ quod ante non inerat, adeoque in actuali quadam mutatione confiftit.

> Qualis fit ifta mutatio ut diftincte exponamus, nemo a nobis requifiverit, cum ftructura cerebri nobis nondum adeo explorata fit, ut quæ inde pendent, intelligibili modo explicari poffint.

§. 246.

De Imaginatione & Memoria.

§. 246.

In somnio simplici ideæ materiales continuo aliæ ex aliis na- **Status cere-**
scuntur; in composito vero in qualibet ipsius parte. Etenim **bri in**
somnium initium capit a sensatione & per phantasmatum suc- **somnio.**
cessionem continuatur (§. 123. *Psychol. empir.*). Quamobrem
cum phantasmatis singulis ideæ materiales in cerebro respondeant (§. 206.), non minus ac ideis sensualibus (§. 113.); in
somnio continua est idearum materialium successio. Enimvero in somnio simplici continuatio in eadem serie phantasmatum fit; in composito vero in diversis (§. 125. *Psychol. empir.*).
In somnio igitur simplici ideæ materiales sibi invicem succedentes ad eandem seriem pertinent, in compositis ad diversam,
hoc est, in simplici ab una sensatione ortum deducunt ceteræ
omnes, in composito a diversis (§. 124. 125. *Psychol. empir.*).
Patet adeo dum somniamus ideam materialem aliam continuo
nasci ex alia in somnio simplici; in parte autem somnii idem
obtinere, ubi fuerit compositum.

> Nempe cum somnium nova sensatione interrumpitur,
> idea materialis, quæ sensuali respondet, non nascitur ex idea
> materiali, quæ dabatur in cerebro, præcedente; verum ab actio-
> ne sensibilis in organum resultat. Unde in somnio compo-
> sito nonnullæ ideæ nascuntur ex motu in organo existente, non
> vero ex eo, qui datur in cerebro. Motus vero in organo spe-
> cies impressa est, non idea materialis, quæ in motu in cerebro
> consistit (§. 112.).

§. 247.

Dum dormimus, fibrillæ nerveæ, quæ dantur in organis **Status orga-**
sensoriis, in eo statu sunt, ut ab actione sensibilis in organon non fa- **norum senso-**
cile is motus iisdem imprimi possit, qui speciem impressam consti- **riorum in som-**
tuit. Ponamus enim fibrillas nerveas, ex quibus constant ner- **nio.**
vi sensorii, esse in eodem statu, sive dormiamus, sive vigilemus. Quodsi ergo in somno objectum aliquod in organum
(*Wolfii Psych. Ration.*) agit,

agit, idem fibrillis nerveis imprimetur motus, qui eidem imprimitur, dum vigilamus (§. 923. *Ontol.*). Et eodem modo patet, motum fibrillis nerveis in organo impressum ad cerebrum usque continuari (§. III.). Anima igitur etiam in somno eadem claritate percipit sensibilia in organum sensorium agentia, qua eadem vigilans percipit (§. 126.): quod cum sit absurdum (§. 59.), fibrillæ nerveæ, ex quibus nervi sensorii organorum componuntur, non sunt in eodem statu, dum dormimus & quando vigilamus, consequenter is motus, in quo consistit species impressa, eisdem imprimi nequit in somno, qui imprimitur, dum vigilamus.

> Quoniam definire noluimus, qualis sit ille motus, qui fibrillis nerveis imprimitur in organo & per nervos sensorios ad cerebrum usque propagatur, num in fibrillarum quadam oscillatione, an in agitatione fluidi cujusdam subtilis in iisdem contenti, an in utraque mutatione simul facta consistat; nec nostrum est in præsente distincte explicare differentiam statuum, qui fibrillis nerveis conveniunt, dum dormimus & quando vigilamus.

§. 248.

Status cerebri in somno.   *Dum dormimus, cerebri status adhuc idem est, ut ideæ materiales istiusmodi in eodem excitari possint, quales in eodem excitantur dum vigilamus.* Dum enim dormimus, somniare possumus (§. 121. *Psychol. empir.*). Enimvero dum somniamus res, quas percipimus, imaginamur (§. 122. *Psychol. empir.*), adeoque ideæ materiales, quæ continuo vel in integro somno, vel in quadam ejus parte aliæ ex aliis nascuntur (§. 246.), juxta legem imaginationis nascuntur (§. 219.): id quod & experientiæ consonum deprehenditur. Quamobrem cum is status sit cerebri, cum vigilamus, ut idea materialis, quæ sensuali respondet, reproducat ideam materialem antea cum eadem actione sensibilis in organum sensorium producta (§. 226.) & eodem modo ex ideis materialibus phantasmatis respondentibus nascan-

tur

tur ideæ aliæ phantasticæ (§. 225. 206.); in somno status cerebri adhuc idem est, ut ideæ materiales istiusmodi in eodem excitari possint, quales in eodem excitantur, dum vigilamus.

Cur statum istum cerebri distinctius explicare non possimus, patet ex iis, quæ ad propositionem præcedentem annotata fuerunt. Ipsa autem experientia loquitur, ideas materiales, quæ in cerebro somniantium excitantur, esse istiusmodi, quales vi imaginationis in nobis produci constat, dum oculis clausis imaginationi luxurianti attendimus vigilantes. Enimvero quod non semper somniemus, etsi cerebrum sit ad somnium aptum, id quidem inde est, quod nullum phantasma in anima existere possit, nisi quædam præcedat sensatio (§. 229.), consequenter nec in cerebro nascantur ideæ materiales illis respondentes (§. 206.), nisi præcedat aliqua idea materialis actione sensibilis in organon excitata (§. 113.); is autem in somno organi sensorii status sit, ut fibrillis nerveis non facile is motus imprimi possit, qui speciem impressam constituit (§. 247.).

§. 249.

Perceptiones ordinatas appello, quæ repræsentant res constante ordine sibi invicem succedentes. *Inordinatas* dico, quæ repræsentant res nullo ordine se invicem consequentes. *Perceptionum ordinatarum & inordinatarum discrimen.*

Nimirum perceptiones hic materialiter seu objective consideramus, quatenus sunt rerum ab anima diversarum imagines; non vero subjective, quatenus sunt actus animæ & ad ejus modificationes pertinent. Unde nil obstat perceptiones esse inordinatas, etsi ipsæmet certo ordine se invicem consequantur.

§. 250.

Dum somniamus, anima est in statu perceptionum distinctarum inordinatarum. Quod in somnio anima sit in statu perceptionum distinctarum, jam supra evicimus (§. 14.). Restat igitur, ut ostendamus perceptiones istas esse inordinatas. *Status animæ in somnio.*

Et-

Etenim in somnio mutationes rerum, quæ percipiuntur, absque ratione sufficiente contingunt (§. 128. *Pſychol. empir.*), adeoque nulla datur regula, qua mutationes istæ se invicem excipiunt (§. 475. *Ontol.*), adeoque nec ullo ordine se invicem conſequuntur (§. 487. *Ontol.*). Quod igitur perceptionibus per somnium repræſentatur inordinatum est (§. 485. *Ontol.*), atque adeo perceptiones in somnio inordinatæ sunt (§. 249.), consequenter in somnio anima in statu perceptionum distinctarum inordinatarum est.

    Habemus adeo statum animæ integrum in somnio, qualem supra definivimus in somno, quando non somniamus (§. 59.), ita ut præsens propositio accipi possit pro definitione somnii respectu animæ, quemadmodum ex superioribus citata definitionem somni ejus intuitu præbet, quamvis interea, donec natura animæ magis pateret, in Psychologia empirica alias definitiones nominales somni atque somnii per communi experientia obvias differentias exstruxerimus (§. 119, 121.).

§. 251.

Status animæ dum vigilamus.

Dum vigilamus, anima est in statu perceptionum distinctarum ordinatarum. Quod anima sit in statu perceptionum distinctarum dum vigilamus, supra jam ostendimus (§. 14.). Superest ut ostendatur, quod perceptiones istæ sint ordinatæ. Etenim dum vigilamus sensu percipimus objecta præsentia, adeoque perceptiones, quas habemus, non alias nobis repræsentant mutationes, quam quæ in universo actu contingunt. Jam in hoc universo mutationes rerum certo ordine se invicem consequuntur (§. 76. *Cosmol.*). Quod igitur perceptionibus, dum vigilamus, sibi invicem succedentibus tanquam nobis præsens exhibetur, seu quod sensu percipimus (§. 67. 59. *Pſychol. empir.*), ordinatum est, atque adeo perceptiones, dum vigilamus, ordinatæ sunt (§. 249.), consequenter dum vigilamus, anima in statu perceptionum distinctarum ordinatarum est.

    Patet adeo differentia inter somnia & vigilias, quam nos infe-

De Imaginatione & Memoria.

inferius daturos supra promisimus (*not.* §. 14.). Atque praesens propositio statum vigilantis a ceteris, quos anima habere potest, ita separat, ut definitionis loco servire possit, ubi alteri explicare debes, quid sit vigilare quoad animam.

§. 252.

Fibrillae nerveae in organis sensoriis ipso usu reducuntur ad eum statum, in quo motus ad cerebrum propagabilis a sensibilibus iisdem imprimi nequit consueta facilitate; non usu autem reducuntur in statum pristinum. Dum enim vigilamus, sensibilia in organa sensoria agentia continuo percipimus: quod per se notum nemo non largitur. Fibrillis adeo nerveis continuo imprimitur motus, qui inde ad cerebrum propagatur (§. 111.). Enimvero dum dormimus, fibrillae nerveae organorum sensoriorum in eo sunt statu, ut actione sensibilis species (§. 247.), adeoque motus ad cerebrum propagabilis non facile imprimi possit (§. 112.). Quare cum somnus sua veluti sponte sequatur, ubi per aliquem temporis tractum vigilavimus, ut ex statu vigilantis nascatur, quemadmodum denuo nemini non obvium est per ea, quae in se quotidie observat; fibrillae nerveae in organis sensoriis continuato per aliquem temporis tractum usu reducuntur ad eum statum, in quo motus ad cerebrum propagabilis eadem facilitate iisdem non amplius imprimi potest, quo ante imprimebatur.

Enimvero nemini non quotidiana experientia exploratum est, somno per aliquod temporis spatium continuato nos iterum evigilare. Quamobrem cum somno durante nihil eorum quae nobis praesentia sunt, conscii simus, seu sensibilia praesentia non percipiamus clare (§. 119. *Psychol. empir.*); motus quoque fibrillis nerveis nullus imprimitur ad cerebrum propagandus (§. 111.), adeoque fibrillarum nervearum in organis sensoriis durante somno nullus usus est; id quod de visu in specie per experientiam patet, quoniam clausis oculis dormimus.

Variatio status fibrillarum sensoriarum unde pendeat.

Enimvero dum evigilamus redit status pristinus, quod a posteriori liquet. Ergo fibrillæ nerveæ in organis sensoriis, ubi ineptæ factæ fuerint ad recipiendum motum a sensibili, qui ad cerebrum propagari possit, non usu reducuntur ad eum statum, in quo ipsis a sensibilibus motus ad cerebrum propagabilis imprimi potest.

Necesse est, ut inquiramus, cur in anima status perceptionum clararum & obscurarum alternare debeat. Quamobrem cum nunc corpus sit eorum, quæ ad animam spectant; nunc vero anima illorum, quæ corpori accidunt, interpres: principium eo fine præmittendum erat.

§. 253.

Somni finis seu necessitas.   Quoniam in somno cessat usus organorum sensoriorum (§. 119. *Psychol. empir.*), adeoque & fibrillarum nervearum in iisdem nervum sensorium constituentibus (§. 111.); non usu autem hæ ipsæ fibrillæ in eum statum restituuntur, quo officio suo defungi possunt (§. 252.); *somno opus est ut fibrillæ nerveæ in organis sensoriis ad munia sua obeunda ineptæ redditæ reficiantur, seu ad eadem denuo apta efficiantur.*

Patet hinc somni necessitas ejusque finis, quem Deus per naturam intendit; etsi hic totalis non sit, cum non minus reficiantur fibrillæ nerveæ, ex quibus componuntur nervi motorii, quam illæ, ex quibus sensorii constant. Sed de altero fine hic ut agatur locus non est. Sunt fines somni præterea alii in Teleologia explicandi.

§. 254.

Cur clausis oculis in lecto decumbendum.   Quia usus oculi continuus est, quamdiu per diem vigilamus, etiam cum sensus ceteri vel prorsus feriantur, vel parum occupantur, quemadmodum nemo non novit, qui vel tantillum animum ad se advertit; in organis autem sensoriis fibrillæ nerveæ reficiuntur non usu (§. 252.); *plurimum conducit si, dum noctu non dormimus, oculos claudimus.*

Suf-

De Imaginatione & Memoria. 207

Suffragatur experientia, ita ut etiam attentioribus de vulgo innotuerit, somno quodammodo æquiparandum esse, si clausis oculis in lecto decumbimus, quando dormire non valemus.

§. 255.

Ex eadem ratione *conducit, si dormire non valentes, actiones sensibilium ab organis sensoriis, quantum fieri potest, arceamus.* *Cur & a ceteris organis sensibilia arcenda.*

Hinc loca eligimus ab omni strepitu remota, quem etiam eo, quo dormiendum, tempore metuere licebat. Curandum præterea, ne corpus calorem vel frigus sentiat. Gustus enim & olfactus per se feriantur, nullis sensibilibus præsentibus. Ast molestum percipimus eum corporis statum, ubi causæ intrinsecæ faciunt, ut quasdam corporis nostri partes sentiamus. Quodsi in lecto decumbentes sensus propemodum omnes prorsus feriantur, ut imaginationi tantummodo aliquæ partes relinquantur, quæ nimirum nec ipsa inquietatur; vigilias nobis non adeo obesse deprehendimus, quam ubi organa sensoria nimis fuerint occupata. Taceo nos quoque in somnum facilius incidere, ubi sensus obstacula non objiciunt, nec difficultates facessit imaginatio.

§. 256.

In anima status perceptionum clararum & obscurarum, seu totalium distinctarum & confusarum alternare debent. *Alternatio statuum animæ.* Etenim somno opus est, ut fibrillæ nerveæ in organis sensoriis ad munia sua obeunda ineptæ redditæ reficiantur, seu ad eadem denuo aptæ efficiantur (§. 253.), consequenter opus ut somnus & vigiliæ alternent. Enimvero quando vigilamus, anima est in statu perceptionum distinctarum (§. 14.), totalium scilicet (§. 45. *Psychol. empir.*), seu partialium clararum (§. 44. *Psychol. empir.*): quando vero dormimus, eadem est in statu perceptionum obscurarum, seu totalium confusarum (§. 59.). Quamobrem cum ideæ sensuales ideis materialibus in cerebro coëxistant (§. 113.); in anima status perceptionum clararum

rarum & obscurarum, seu totalium distinctarum & confusarum alternare debent.

Apparet adeo necessitas, cur anima non semper in statu perceptionum distinctarum esse possit: neque enim vi essentiæ ac naturæ suæ alius esse potest status animæ, quam qualem admittit status corporis (§. 66. 67.). Si quis hinc difficultates nectere velit adversus statum animæ a corpore separatæ; eidem satisfaciemus inferius, ubi de immortalitate animæ acturi sumus. Difficultates enim nascuntur ex eo, quod anima vi essentiæ suæ in operationibus suis a corpore pendeat: quæ adeo premunt omnes, qui negare non audent, quæ experientiæ indubiæ fide nituntur.

§. 257.

Cur sensus sint valde limitati.

Sensus omnes necessario valde limitati sunt, seu pauco admodum objecta sensu simul clare ac distincte percipere licet. Etenim anima sensu non percipit objecta sensibilia, nisi quæ motum imprimunt in organo sensorio fibrillis nerveis ad cerebrum usque propagabilem (§. III.), utque clara sit perceptio, sufficiens celeritatis gradus requiritur (§. 125.), & ut eadem distincta sit, a diversis sensibilis partibus diversis fibrillis nerveis motus imprimitur (§. 127.). Enimvero non modo in tactu, gustu & olfactu immediatus requiritur sensibilis atque organi contactus (§. 71. 72. 73. *Psychol. empir.*), & visibile lumen in oculum immittere (§. 69. *Psychol. empir.*), sonus vero in aurem illabi debet, ut conveniens unicuique organo sensibile percipiatur (§. 70. *Psych. empir.*); verum etiam ipsa nervorum magnitudo (quemadmodum ex Anatomicis manifestum est) non fert, ut fibrillis diversis nerveis motus satis celeres a diversis sensibilibus simul imprimantur. Patet itaque pauca admodum objecta sensu simul clare ac distincte percipi posse, adeoque sensus omnes necessario valde limitatos esse.

Patet adeo quomodo sensus vi essentiæ, ac naturæ animæ necessario limitentur. Optici limitationem visus clarius determiterminant, dum demonstrant (§. 255. *Optic.*). Intuitus itaque ideæ universi admodum finitus est (§. 193.), neque ultra limites per constitutionem organorum sensoriorum positos protendi potest: quæ enim ab essentia pendent animæ, in se immutabilia sunt (§. 300. *Ontol.*).

§. 258.

Facultas imaginandi admodum limitata est, hoc est, *phantasmata nonnisi numero pauca simul produci possunt*. Phantasmatis enim ideæ materiales in cerebro respondent (§. 206.). Quare cum ideæ materiales consistant in motu quodam in cerebro excitato (§. 112.), qualis nempe in cerebro ab actione sensibilis in organum sensorium oritur (§. 205.); nonnisi certa quædam cerebri pars ideis simul productis destinari potest, & quemadmodum idea sensualis distincta non est, nisi quando a diversis sensibilis partibus diversis fibrillis nerveis motus imprimitur (§. 127.), adeoque motus una ad cerebrum propagati (§. 111.) diversas cerebri partes occupant; ita quoque phantasmatis diversis simul productis respondentes ideæ materiales diversas cerebri partes occupare debent, ut illa sint distincta. Fieri adeo minime potest, ut multa phantasmata simul producantur, adeoque facultas imaginandi admodum limitata est (§. 93. *Psychol. empir.*).

Cur facultas imaginandi admodum limitata.

Dum somniamus, res quas percipimus, imaginamur (§. 122. *Psychol. empir.*). Constat vero, nos per somnium objecta, quæ percipimus, nobis videre videri, neque plura simul distincte percipere, quam quæ si actu præsentia essent uno obtutu comprehenderemus. Experientia itaque non modo propositionis præsentis veritatem confirmat; verum etiam limitationis modum definit, scilicet *quod eodem modo limitetur facultas imaginandi, quo limitatur facultas sentiendi, neque adeo phantasmatum simultaneorum majorem esse numerum quam sensibilium, quæ uno obtutu comprehendere valemus.* Atque hinc est, quod cum in somnio cesset discrimen claritatis inter phantas-

(*Wolfii Psych. Ration.*)

tasmata & ideas sensuales intercedens (§. 96. 101. *Psych. emp.*), quo illa ab his distinguimus, dum vigilamus (§. 97. *Psychol. empir.*), nihil prorsus sit in phantasmate totali, quo idem ab idea aliqua sensuali totali in somnio distinguere possis. Unde contingere solet, quemadmodum & ipsi non una vice experti sumus, ut in ipso somnio nos ante somniasse judicemus.

§. 259.

Campus perceptionum quid dicatur.

Campum perceptionum dico multitudinem perceptionum simultanearum.

In Opticis *Campum visionis* appellare solemus amplitudinem spatii, quod uno obtutu oculus comprehendit. Et de eo intelligenda sunt, quæ paulo ante (*not.* §. 257.) de ejus magnitudine ab Opticis definita annotavimus. Significatus iste redditur generalior, ut ad ceteros quoque sensus; immo ad imaginationem quoque transferri possit.

§. 260.

Quodnam in eo determinando observandum.

Quoniam multitudo eorum, quæ sensu aliquo simul percipi possunt, determinari nequit, nisi etiam ratio habeatur distantiæ, e qua objectum sensibile in organum aliquod adhuc agere potest; *in campo perceptionum determinando ratio quoque habenda est distantiæ, e qua organum sensorium a sensibili aliquo adhuc affici potest.*

Ita si campum auditus determinare volueris, non modo definiendum, quotnam diversos diversorum corporum sonororum sonos simul auditu perceptos a se invicem discernere possis; verum etiam ad quantam distantiam sonorum excitatorum maximum adhuc clare percipere valeas.

§. 261.

Differentia quæ inter sensus diversos intercedit.

Quoniam contactum immediatum sensibilis atque organi requirit gustus atque tactus (§. 72. & 73. *Psychol. empir.*); *in definiendo campo gustus atque tactus ratio tantummodo habetur multitudinis sensibilium.*

Nimirum non repugnat, præsertim quoad tactum, quem per

De Imaginatione & Memoria.

per totum corpus diffusum esse constat, ut plura objecta simul in organum sensorium agant citra confusionem; repugnat tamen ut in distans agant, propterea quod actio eorundem immediata est, cetera vero sensibilia mediante quodam corpore alio in organum agunt, veluti visibilia mediante lumine, audibilia sive sonora mediante aëre, odorifera mediantibus effluviis odoriferis.

§. 262.

Perceptionum immediatarum campus determinatus est & intra arctos admodum limites continetur. Quæ enim sensu percipimus (§. 195.) & phantasmata perceptiones immediatæ sunt (§. 207.), quatenus scilicet clare (§. 196.) atque distincte percipiuntur tam sensibilia, quam imaginabilia (§. 197.), consequenter cum non aliæ in anima dentur perceptiones, quam ideæ sensuales atque phantasmata, cum illæ sint repræsentationes rerum præsentium (§. 65. 59. *Psychol. empir.*), hæ autem absentium (§. 92. *Psychol. empir.*), omnes perceptiones immediatæ aut ideæ sensuales claræ atque distinctæ, aut phantasmata clara atque distincta sunt. Enimvero pauca admodum sensibilia clare ac distincte sensu simul percipiuntur (§. 257.) ac nonnisi pauca phantasmata simul produci possunt (§. 258.). Campus igitur perceptionum immediatarum determinatus isque valde exiguus est, seu intra arctos admodum limites continetur (§.259.).

Campus perceptionum immediatarum.

Quam arcti sint campi hujus limites non rectius comprehendere licet, quam ubi non modo totum spatium, quod integrum universum occupat, tibi repræsentaveris; verum etiam una cogitaveris materiæ diversitatem in spatio nobis imperceptibili atque varietatem motuum in isto spatiolo tempusculo quantumcunque exiguo dato. Sed de his demum in Teleologia plura dicendi erit locus & quædam jam diximus in Dissertatione de Notione intellectus divini per opera naturæ illustrata quam *Thümmigius* Meletematis suis subjunxit.

§. 263

Sectio I. Cap. III.

§. 263.

An campus visionis extendi possit.

Anima campum perceptionum immediatarum ultra suos terminos producere nequit, seu eum majorem efficere non potest. Ponamus enim, si fieri potest, campum perceptionum immediatarum ab anima ultra arctos, quos habet, terminos produci. Quoniam perceptiones mediatæ vel sensus sunt, vel phantasmata (§. 195. 207.); anima plures perceptiones simul producendi facultatem acquirere valet, quam quas vulgo una producere potest (§. 259.). Efficere itaque poterit, ut plura objecta simul diversis fibrillis nerveis motum imprimant, quam quæ vulgo imprimere solent (§. 127.), veluti ut campus visionis ultra ambitum anguli recti extendatur. Cumque phantasmata exhibeant campum visibilium (*not.* §. 258.); ut plura uno obtutu comprehendere nobis videamur, quam, si ea revera videmus, intra ambitum anguli recti comprehendi possunt (§. 235. *Optic.*). Quoniam utrumque absurdum esse per se patet, utpote contradictioni obnoxium (§. 30. *Ontol.*); anima campum perceptionum immediatarum ultra terminos, quibus continetur, producere nequit.

Idem ostenditur directe hoc modo. Patet ex demonstratione propositionis præcedentis campum perceptionum mediatarum ideo arctos admodum habere limites, quod ampliores non admittat sentiendi atque imaginandi facultas (§. 262.). Enimvero sensuum limites pendent a constitutione organorum (§. 257.) consequenter ab eo, quod vis repræsentativa animæ pendeat a mutationibus, quæ in organo contingunt (§. 62.), atque adeo animæ essentiales sunt (§. 66.) & hinc in se immutabiles (§. 300. *Ontol.*). Anima igitur eas producere nequit. Jam vero campus phantasmatum eadem amplitudine gaudet, qua campus idearum sensibilium (*not.* §. 258.). Quamobrem cum hic ultra arctos, quos natura ipsi constituit terminos, ani-

De Imaginatione & Memoria.

mæ virtute produci minime poffit *per demonftrata*; nec anima campum phantasmatum ampliare valet.

Utile eft noffe, quænam vi animæ augeri vel minui poffint, quænam vero intra eos terminos relinquenda funt, quos natura conftituit, ne temere acquirere conemur, quæ acquiri a nobis nequeunt, nec negligamus, quæ adipifci licebat. Ceterum fi quis dubitet, num in demonftratione indirecta propofitionis præfentis recte affumferimus, contradictorium effe afferere, quod anima efficere poffit, ut plura objecta fimul motum diverfis fibrillis nerveis imprimere poffint, quam quæ imprimere folent, & ut plura nobis uno obtutu comprehendere videamur, quam quæ intra ambitum anguli recti continentur; eidem dubium levi attentione eximi poteft. Qui enim fumit omnia objecta, quæ fimul diverfis fibrillis nerveis in eodem organo motum imprimere folent; is negare tenetur, plura motum iisdem fibrillis imprimere poffe, nifi motus a diverfis objectis iisdem fibrillis imprimi debet: id quod contra hypothefin eft, neque adeo hic admittendum. Quamobrem ubi affirmaveris, plura objecta diverfis fibrillis nerveis motum imprimere, quam quæ iisdem motum imprimere folent; utique affirmas, quod ante negaveras, atque adeo manifefta contradictio eft (§. 30. *Ontol.*). Nec abfimili modo manifefta eft contradictio in cafu altero.

§. 264.

Anima eft fubftantia finita. Anima enim integram ideam univerfi feu mundi adfpectabilis, quæ continuo in eadem exiftit & easdem prorfus mutationes cum ipfo mundo adfpectabili fubit (§. 192.), fimul intueri nequit (§. 194.); fed five ftatum præfentem fpectes (§. 182.), fenfus neceffario valde limitati funt (§. 257.); five ftatus præteritos confideres (§. 181.), facultas imaginandi pariter admodum limitata eft (§. 258.). Quamobrem cum anima campum perceptionum immediatarum, hoc eft, fenfationum (§. 204.) & phantasmatum (§. 207.), ultra fuos terminos producere non poffit (§. 263.), nullo modo effi-

Finitudo animæ.

efficere valet, ut, vel plura objecta immediate percipiat, quam quæ percipit, vel ut una percipiat, quæ succeffive percipit, utut omnes univerfi ftatus in idea univerfi fimul involvantur (§. 182. 184. 185.). Quoniam itaque animæ omnia fimul ineffe nequeunt, quæ eidem actu ineffe poffunt, ens reale finitum eft (§. 837. *Ontol.*). Conftat vero eandem effe fubftantiam (§. 48.). Eft igitur fubftantia finita.

    Quanta fit hæc finitudo ex campo perceptionum æftimandum, cujus limites quoad fingulos fenfus ipfamque imaginandi facultatem per leges fenfationum atque phantasmatum definire licet, cum anima neutram harum legum violare poffit. Dici poteft anima finita, quatenus limites habet, quo fenfu in Mathefi magnitudines finitas appellamus (§. 798. *Ontol.*); fed hic demonftramus competere eidem finitudinem realem, quæ mutationem ftatuum neceffariam involvit (§. 834. 837. *Ont.*). Quoniam enim perceptiones ipfius, hoc eft, ideæ fenfuales atque phantasmata, continuo variant, aliis aliisque invicem fuccedentibus, quemadmodum unusquisque in fe obfervat, variantes perceptiones diverfos animæ ftatus conftituunt (§. 705. *Ontol.*).

§. 265.

Finitudo num animæ effentialis.

    Finitudo animæ effentialis eft, feu ad effentiam ipfius pertinet. Effentia enim animæ confiftit in vi repræfentativa univerfi fitu corporis organici in univerfo materialiter & conftitutione organorum fenforiorum formaliter limitata (§. 66.). Limites itaque in numero effentialium animæ funt (§. 143. *Ontol.*). Vi igitur horum limitum anima fucceffive percipit, quæ pro diverfo corporis fitu in organum fenforium agunt, nec aliter quam fert actio fenfibilis in organum (§. 62.), atque adeo ad effentiam ipfius pertinent, ut non omnia infint fimul, quæ eidem actu ineffe poffunt. Finitudo igitur realis ad effentiam animæ pertinet (§. 837. *Ontol.*), feu eidem effentialis eft.

    Nempe finitudo realis animæ confiftit in impoffibilitate omnes

De Imaginatione & Memoria.

mnes perceptiones simul habendi, quæ in tota serie, quæ per omnem vitam in eadem locum habent, continentur. Hactenus enim non respicimus, nisi quæ ad statum hujus vitæ pertinent: alias series ista ulterius producenda erat. Ideo anima finita est & limites recipit, quia perceptionum immediatarum series successiva est, & mediatæ diversis involutionum gradibus in immediatis continentur (§. 198.): quæ probe notari velim. Proderit enim plurimum hæc probe perpendisse in Theologia naturali, ut differentiam inter Deum & animam nostram clarius percipere & quantum fert intellectus finiti ratio intelligibili modo explicare valeamus. Psychologia enim rationalis non sterilis est; sed in usum Theologiæ naturalis addiscitur, non ut ex propositionibus psychologicis demonstres, quænam Deo conveniant attributa (in hunc enim usum trahemus principia cosmologica), neque ut attributorum divinorum notiones quasdam consequamur (huc enim facient principia Psychologiæ empiricæ); sed ut attributorum divinorum præstantiam intimius perspiciamus (id enim est Psychologiæ rationalis, nec aliunde exspectari potest).

§. 266.

Quoniam essentiæ rerum immutabiles sunt (§. 300. *Ont.*), *fieri non potest*, *ut finitudo animæ mutetur* (§. 265.), consequenter nec *fieri potest*, ut quæ finitudini repugnant, consequenter *quæ enti infinito propria sunt*, *eidem unquam conveniant:* id quod etiam ex incommunicabilitate attributorum sequitur (§. 45.).

Principium reductionis ad absurdum.

Habemus hic principium reductionis ad absurdum, quo in Moralibus & Theologia naturali uti licet. Etenim si quid animæ competere sumas, ac inde legitima ratiociniorum concatenatione deducitur, animam non posse esse finitam, seu esse infinitam, hoc ipso patet impossibile esse ut animæ conveniat quod eidem convenire sumebatur. Patet adeo reducere aliquid ad infinitudinem animæ idem esse ac ad absurdum quid reducere.

§. 267.

§. 267.

An visu armato campus visionis fiat amplior.

Si visu armato percipimus, quæ nudo percipere non poteramus, aut armato distincte percipimus, quæ nudo nonnisi confuse percipiuntur; campus visionis ultra suos terminos non producitur. Visus armatur vel telescopio, vel microscopio. Ponamus nos per telescopium respicere Jovem & oculo armato videre Satellites, quos nudo videre non licet. Cum nihil videatur sine lumine (§. 24. *Opt.*); radii luminis a Satellitibus per telescopium ad oculum deferuntur. Quodsi cogitemus, eadem manente oculi directione removeri telescopium; cum nulla adsit ratio, cur via luminis a Satellitibus propagati immutari debeat, radii adhuc ab iisdem ad oculum pertingere, immo eandem retinæ partem ferire debent (§. 70. *Ontol.*). Quoniam tamen nudo oculo videri nequeunt, cum videantur per telescopium; ratio alia non subest, quam quod radii in nudum illapsi punctum quoddam individuum occupent, in armato autem per ampliorem retinæ partem diffundantur (§. 71. *Opt.*). Enimvero quod objecti alicujus imago majorem retinæ partem occupet, hoc ipso non efficitur, ut retina plures objectorum sensibilium imagines capere possit, quam ubi in puncto individuo consistit, consequenter ut oculo armato plura objecta simul percipiamus quam nudo. Campus igitur visionis non ampliatur, ubi per telescopium videmus objecta, quæ nudo oculo inconspicua sunt (§. 259.).

Quodsi ponamus interdiu per telescopium videri stellam aliquam fixam, quam lumen diurnum visui subducit, etsi noctu satis conspicuam. Patet, ut ante, non minus radios luminis ad oculum nudum, quam ad armatum propagari. Enimvero in oculum nudum cum etiam incidat eadem via lux diurna; lumen stellæ & lux diurna in easdem fibrillas nerveas una agunt, adeoque cum hæc illo multo major sit, quod nemo non agnoscit, idea lucis diurnæ prævalet (§. 140.). Quod igi-

De Imaginatione & Memoria.

igitur per telescopium videatur stella, quæ oculo nudo videri nequit; non alia est ratio, quam quod per istud lux diurna arcetur, ut una cum lumine stellæ in eundem deferri non possit. Enimvero hac separatione luminum remoto telescopio confundendorum non obtinetur, ut uno obtutu plura objecta capere possis, quam quæ nudo oculo comprehenduntur. Campus igitur visionis nec in hoc casu dilatatur (§. 259.).

Quamobrem cum visibilia, quæ nudo oculo videri nequeunt, per telescopia videantur, vel quod nimis exigua aucta magnitudine exhibeantur, vel quod lumen debile a fortiori separetur; in neutro autem casu amplietur campus visionis per telescopium *per demonstrata*; evidens est, campum visionis ultra suos terminos non produci, ubi oculus telescopio armatus videt, quæ nudus assequi nequit. *Quod erat primum.*

Ponamus jam porro nos per telescopium maculas lunares distincte percipere, quæ nudo nonnisi confuse percipimus. Quoniam id inde esse experimur, quod per telescopium majores appareant, quam nudo oculo videntur; non alia ratio est, quam quod per telescopium major delineetur in retina imago, quam ubi radii in nudum oculum incidunt (§. 66. *Optic.*). Enimvero quod imago in retina majus spatium occupet, hoc ipso minime obtinetur, ut plurium objectorum imaginibus in retina sit locus, consequenter ut plura visu simul percipere valeamus, quam alias nudo oculo percipere licet. Campus igitur visionis ultra suos terminos non producitur, si armato visu distincte percipimus, quæ nudo confuse percipere solemus. *Quod erat secundum.*

Ponamus jam porro nos per microscopium videre animalculum nudo oculo inconspicuum, qualia sunt animalcula in spermate animali natantia. Quoniam microscopia augent magnitudinem objectorum; eodem prorsus modo, quo ante, patet, rationem differentiæ visus armati atque nudi non aliam esse,

(*Wolfii Psych. Ration.*).   E e   quam

quam quod per microscopium visi imago datam retinæ partem occupet, quæ in oculo nudo in puncto individuo consistebat. Unde porro ut ante colligitur, hoc ipso campum visionis ultra terminos visus nudi minime produci, si per microscopium videntur, quæ nudo oculo videri nequeunt. *Quod erat tertium.*

Ponamus denique per microscopium videri aliquid distincte, quod ante videbatur confuse nudo oculo. Quoniam eodem modo, quo ante in casu telescopii simili constat, imaginem majorem retinæ partem occupare, ubi objectum oculo armato, quam ubi nudo conspicitur; eodem quoque modo inde colligitur, per microscopia non augeri campum visionis, ubi per ea distincte videmus, quæ nudo oculo confuse videntur. *Quod erat quartum.*

Propositionem præsentem non alio fine anterioribus adjecimus, quam ut occurratur objectioni contra impossibilitatem campi perceptionum, quam non satis cauti afferre possunt, tum ne sibi (quod vulgo fieri assolet) videantur acutiores aliis habetudinis suæ nondum gnari, tum (quod palmarium est), ne desint in philosophia nostra exempla modi refutandi directi, quo, dum docere videmur, aliorum objectionibus occurrimus & errores redarguimus (§. 1036. *Log.*). Ceterum ipsa experientia docet, telescopia & microscopia campum visionis intra terminos arctiores constringere, tantum abest ut ultra consuetos extendant: cujus etiam rationes ex Opticis sunt manifestæ. Et quamvis in campo perceptionum determinando etiam habenda ratio sit distantiæ, ad quam v. gr. visus extenditur (§. 260.); telescopia tamen campum visionis non extendunt, quoniam haud quaquam efficiunt, ut visus longius exporrigatur, sed tantummodo ut distincte assequatur, quæ sine hac armatura vel confuse, vel prorsus obscure percipit. Neque enim telescopium radios a visibili in oculum allicit, a quo eodem remoto nulli ad eundem pertingerent; sed tantummodo hoc præstat, ut radii in plures fibrillas nerveas agant, quæ alias vix in unam agunt, aut ut soli in quasdam

De Imaginatione & Memoria.

dam fibrillas agere poffint, qui alias cum radiis ab aliis objectis propagatis fimul in easdem agunt.

§. 268.

Senfus acui dicitur, fi efficitur, ut clare aut diftincte percipiat, quæ antea obfcure vel confufe percipiebat. *Senfus quando acuantur.*

De vifu vulgata locutio eft; fed nil obftat, ut ad ceteros quoque fenfus applicetur, etfi non adeo obvium fit, quod perinde ac vifus perfici poffint.

§. 269.

Eft vero *acumen fenfus* vel intrinfecum, vel accidentale. *Intrinfecum* eft, ubi a caufa interna pendet, ut clare ac diftincte percipiatur, quod naturali conftitutione organi nonnifi obfcure vel confufe percipiebatur. *Accidentale* vero eft, quod a caufa quadam externa pendet. *Differentia acuminis intrinfeci & accidentalis.*

Difcrimen hoc non fingi præter neceffitatem, ex mox dicendis conftabit.

§. 270.

Quoniam experientia conftat, per telefcopia atque microfcopia videri, quæ vifui fefe fubducunt nudo, & per illa diftincte apparere, quæ nudus oculus nonnifi confufe cernebat; ideo patet, *telefcopiis ac microfcopiis acui vifum* (§. 268.). Quoniam vero ratio cur hoc oculo accedat, a telefcopio vel microfcopio, adeoque a caufa quadam externa (§. 881. *Ontol.*) petenda; *acumen vifus, quod per telefcopia & microfcopia habet, non nifi accidentale eft* (§. 269.). *Vifus per microfcopia & telefcopia acuitur.*

Si quis dicat, per telefcopia & microfcopia non proprie loquendo acui vifum, fed juvari adminiculis ut acutiori æquipolleat; non dicit quæ a veritate aliena funt & quæ a definitionibus noftris abhorrent. Sed cum ad formandas notiones univerfales fictionibus uti liceat; ecquis jure reprehendet, ut entia præter neceffitatem non multiplicaturi falva rei veritate ad idem genus reducamus, quæ fibi invicem æquipollent.

§. 271.

Sect. I. Cap. III.

§. 271.

Visus presbytarum & myopum quomodo acuatur.

Similiter cum constet presbytas, hoc est, eos, qui remota distincte, vicina confuse vident, per perspicilla distincte videre vicina, & contra myopes, hoc est, eos, qui remota confuse, vicina distincte vident, per vitra concava distincte spectare remota; *visus presbytarum perspicillis convexis; myopum perspicillis concavis acuitur* (§. 268.). Patet vero ut ante (§. 270.), *acumen hoc non esse nisi accidentale.*

In vulgus hoc notum est, ut superfluum videri possit talia annotari. Ratio, cur acutius videat presbyta per perspicilla convexa, quam nudo oculo, & myops per perspicilla concava distinguat, quae nudo agnoscere nequit, ex Opticis petenda (§. 398. & seqq. Optic.).

§. 272.

Specula concava visum acuunt.

Similiter cum specula concava augeant magnitudinem objectorum non procul ab eorum superficie distantium, atque hoc ipso efficiatur ut videamus, quae oculo nudo distingui a nobis minime poterant; *speculis quoque concavis visum acui claret* (§. 268.). Patet vero denuo ut ante (§. 270.), *acumen hoc non esse nisi accidentale.*

§. 273.

Auditus quomodo acuatur.

Et quoniam per tubos stentoreophonicos obtinetur, ut sonus percipiatur, qui alias propter distantiam nimiam percipi nequit; immo idem evenit, si orificium tubi angustius auri applicetur, ac hoc inprimis in casu sonus distincte percipitur, qui alias non satis distincte percipi potest; *tubo stentoreophonico acui auditum palam est.* (§. 268.).

Cur id fiat, suo loco ostendemus, quando philosophiam experimentalem tradituri sumus. Immo rationem jam satis aperte indicavimus in Philosophia experimentali, quam patrio sermone conscripsimus, ubi phaenomena tubi stentoreophonici ad causas manifestas revocamus.

§. 247.

De Imaginatione & Memoria.

§. 274.

Acumen, quod auditui est tubi stentoreophonici usu, accidentale est. Ratio enim hujus acuminis non inest ipsi auditus organo, sed potius tubo stentoreophonico, adeoque a causa externa pendet (§. 851. 881. Ontol.). Est igitur accidentale (§. 269.).

Quale sit'illud acumen.

> Hinc & vulgo dicitur auditum juvari tubo stentoreophonico. Sed tenenda hic sunt, quæ jam in anterioribus (not. §. 270.) monuimus.

§. 275.

Quoniam constat, ubi microscopiis objecta fuerimus contemplati, nos posthac nudo oculo distinguere, quæ antea non cernebamus; hic vero ratio visionis distinctæ in sequentibus non amplius a microscopio, sed & a facultate per microscopia contracta pendet, quod per se manifestum est; *microscopiorum usu acumen visus intrinsecum acquiri potest* (§. 269.).

Acumen visus intrinsecum microscopiorum usu acquisitum.

> Non sumimus hic, nisi quod propria experientia convicti jam annotavimus alibi, cum in philosophia experimentali patrio sermone conscripta de observationibus microscopipis ageremus.

§. 276.

Similiter experientia constat, ubi quis in distincte percipiendis visibilibus, immo etiam aliis sensibilibus (§. 682. Log.) diu multumque fuerit versatus; eum postea distincte percipere posse, quæ antea nonnisi confuse percipiebat, immo visu discernere, quæ alias eundem effugiebant. Patet adeo, *si quis diu multumque in distincte contemplandis sensibilibus versetur, his ipsis exercitiis acui visum, immo sensus quoque alios.* Quoniam vero in hoc casu ratio acuminis a causa interna pendet (§. 851. 881. Ontol.); *acumen exercitiis distinctarum contemplationum acquisitum intrinsecum est.*

Acumen sensuum intrinsecum exercitio comparandum.

Atque hoc acumen unusquisque sibi acquirere debet, cum pendeat a perfectione intellectus, cui perficiendo pro virili ipsa lege naturali obligamur. Et hinc elucescit usus doctrinæ psychologicæ de perfectionibus animæ acquisitu possibilibus, ut talia sperni non debeant, etsi in vulgus nota, quemadmodum *Euclides* non contemsit notiones communes, cum iisdem ad demonstrationum inconcussa fundamenta jacienda haberet opus. Quæ vero hic a posteriori sumimus, haud difficulter a priori probari poterant. Qui enim diu in distincte contemplandis sensibilibus versatur, is successive attentionem suam ad ea, quæ ipsis insunt, transfert (§. 682. *Log.*), adeoque habitum id faciendi acquirit (§. 430. *Psychol. empir.*). Quamobrem contingit, ut in objectis observemus, quæ aliorum obtutum effugiunt (§. 237. *Psychol. empir.*).

§. 277.

Recognitionis modus duplex.

Confusa ideæ reproductæ recognitio est apperceptio ideæ reproductæ ut bis in diversis perceptionum seriebus existentis. Ast *distincta ideæ reproductæ recognitio* est judicium de eo, quod ideam aliquam jam antea habuerimus.

Ut discrimen hoc clarius percipiatur, relegenda sunt, tum quæ ad stabiliendam recognitionis illius rationem (§. 174. *Psychol. empir.*), tum quæ ad explicandum actum judicii affirmativi in medium adduximus (§. 343. *Psychol. empir.*). Neque omittenda est relectio eorum, quæ de secunda mentis operatione in cognitione symbolica ostendimus (§. 350. *Psychol. empir.*). Atque hisce relectis una patebit, discrimen istud a nobis non gratis fingi; sed in reipsa fundamentum habere.

§. 278.

Memoriæ quot species.

Quoniam memoria in facultate ideas reproductas, consequenter & res per eas repræsentatas, recognoscendi consistit (§. 175. *Psychol. empir.*); recognitio autem duplex est, altera quidem confusa, altera distincta (§. 277.): *duæ dantur memoriæ species, quarum altera est facultas res confuse recogno-*

De Imaginatione & Memoria.

scendi; altera vero facultas res distincte recognoscendi ($. 712. Log.).

Inveniuntur nimirum duæ memoriæ species eo prorsus modo, quem *loc. cit. Log.* præscripsimus. Utrique enim memoriæ speciei commune est, quod sit facultas ideas reproductas recognoscendi. Quamobrem cum modus recognitionis duplex esse possit (§. 277.); ubi is tanquam ulterior determinatio notioni anteriori superaccedit, notio generis in notionem speciei abit, utpote differentia specifica notioni generis superaddita (§. 241. *Ontol.*). Facit adeo præsens exemplum ad illustrandam praxin Logicæ de speciebus ex dato genere inveniendis (§. 712. *Log.*). Non piget talia annotare, tum ut lectorem ad praxin Logicæ excitemus, tum ut dilucidius constet usus regularum logicarum a nobis traditarum ipsaque praxi confirmetur uberius.

§. 279.

Memoria sensitiva, est facultas ideas reproductas & res per eas repræsentatas confuse recognoscendi. *Intellectualis memoria* est facultas ideas reproductas distincte recognoscendi. Memoria sensitiva dici etiam potest *animalis*.

Memoriæ divisio.

Sensitivam appello, quæ a sensu ortum trahit; quemadmodum intellectualem, quæ ab intellectu pendet. Illa vero ideo animalis dici poterat, quia homini cum animantibus brutis communis, prouti ex infra dicendis elucescet.

§. 280.

Quoniam memoria sensitiva in confusa idearum reproductarum recognitione consistit (§. 279.), confuse autem ideas reproductas recognoscimus, dum nobis conscii sumus ideam reproductam in alia perceptionum serie contineri quam ante producta continebatur (§. 277.); *memoria animalis seu sensitiva in apperceptione ejusdem ideæ tanquam in diversis perceptionum seriebus contentæ consistit.*

Memoria sensitiva in quo consistat.

Nimi-

Nimirum eadem idea bis producitur, five vi fenfus & imaginationis fimul, five vi imaginationis folius, fed cum ideis fociis. Video arborem proceram in horto & in mentem venit alia olim vifa in filva. Senfui debetur idea arboris in horto; imaginationi vero idea arboris in filva. Illius idea horti focia eft; hujus vero idea filvae. Sociae funt ideae objectorum aliorum in horto & filva fimul perceptorum. Quatenus ideae utriusque arboris & idearum, quae utrique fociae funt, nobis confcii fumus, adeoque omnes fimul appercipimus (§. 25. *Pfychol. empir.*), memoria nobis tribuitur. Vi imaginationis phantasma producimus rei fenfu nunquam perceptae. Alia vice verba cum alio mifcentibus reproducitur idea ejusdem phantasmatis, cujus nobis confcii fumus una cum aliis perceptionibus, quas tunc fimul habuimus. Ad phantasma iftud attentis imaginatio idem quoque fiftit cum ideis fociis, quae tunc nobis erant, cum primum idem formaremus. Habemus adeo idem phantasma bis productum, fed cum diverfis ideis fociis, vi imaginationis folius. Quatenus igitur utriusque cum ideis fociis nobis confcii fumus; memoria fenfitiva nobis tribuitur.

§. 281.

Memoria intellectualis in quo confiftat.

Similiter quoniam memoria intellectualis in diftincta idearum reproductarum recognitione confiftit (§. 279.), diftincte autem ideas reproductas recognofcimus, dum judicamus, nos ideas iftas jam antea habuiffe (§. 277.); *memoria intellectualis confiftit in judicio, quod eandem ideam jam ante habuimus.*

In memoria intellectualis nobis tribuitur, quatenus arborem proceram in horto videntes judicamus, nos arborem proceram alias in filva vidiffe, vel quatenus judicamus nos phantasma, quod fermonem cum aliis mifcentibus in mentem venit, alias finxiffe. Non opus effe, ut idea reproducta femper fit numero eadem, fed eam quoque fpecie vel genere eandem effe poffe nemo non novit & ex iis palam eft, quae de imaginatione in Pfychologia empirica demonftrata funt (§. 105.).

§. 282.

De Imaginatione & Memoria.

§. 282.

Memoria intellectualis supponit sensitivam, seu actus sensitivæ præcedere debet actum intellectualis. Actus enim intellectualis est judicium de idea jam reproducta, quod eam alias jam habuerimus (§. 281.). Enimvero dum ita judicamus, ideam reproductam recognoscimus (§. 173. *Psychol. empir.*), adeoque opus est, ut nobis conscii simus ideæ nunc reproductæ tanquam in alia perceptionum serie contentæ, quam continebatur, cum objectum alias perciperetur (§. 174. *Psychol. empir.*). Necesse igitur est, ut eandem ideam in diversis perceptionum seriebus appercipiamus (§. 25. *Psychol. empir.*). Quamobrem cum hæc apperceptio sit actus memoriæ sensitivæ (§. 280.); actus memoriæ sensitivæ præcedere debet actum memoriæ intellectualis.

Dependentia memoriæ intellectualis a sensitiva.

Manifesta est dependentia memoriæ intellectualis a sensitiva, si vel ad notiones ejus confuso obtutu respicias, ut adeo eam absque demonstratione facile admittant terminorum tantummodo gnari. Utile tamen est eandem cognitam atque perspectam habere, ut constet multorum ratio, quæ de memoria observantur, quæque ad eam pertinent, potestati nostræ magis subjiciantur.

§. 283.

Si actus memoriæ intellectualis ex actu sensitivæ sequi debet, necesse est ut in ideam eandem, quæ nobis bis objicitur, & diversas ideas socias eidem junctas attentionem nostram dirigamus easque una cum illa inter se conferamus. Etenim si actus memoriæ sensitivæ in nobis datur, nobis repræsentamus v. gr. arborem proceram in horto beneficio visus & arborem proceram aliam in silva, et utriusque simul una cum horto atque silva nobis conscii sumus (§. 280.). Quodsi jam ex eo porro sequi debet actus memoriæ intellectualis; necesse est ut judicemus, nos istiusmodi arborem proceram jam vidisse alibi in silva

Quomodo actus memoriæ intellectualis sequatur ex sensitiva.

(*Wolfii Psych. Ration.*) F f (§. 281.)

(§. 281.). Necesse igitur est, ut arborem unam tanquam ab horto diversam, in eodem tamen existentem, & alteram tanquam a silva diversam, in eadem tamen existentem consideremus (§. 343. *Psychol. empir.*), consequenter attentionem nostram tam in utramque arborem, quam in existentiam unius in horto, alterius in silva dirigamus (§. 237. *Psychol. empir.*), atque arborem in horto conspectam cum ea, quæ in silva repræsentatur, referamus, hoc est, in genere ut in ideam eandem, quæ menti nostræ bis objicitur, & diversas ideas socias in utroque casu eidem junctas attentionem nostram dirigamus easque cum idea eadem inter ipsos contenta inter se conferamus.

> Quod hic ex notione judicii affirmativi deducimus, unusquisque in se experiri potest, modo eum sibi acquisiverit attentionis gradum, qui ad talia observanda requiritur. Difficile enim est judicium in cognitione intuitiva (*not.* §. 345. *Psych. emp.*), nec minus difficulter observatur quam formatur, nisi cognitione symbolica juveris (§. 351. *Psychol. empir.*): quo tamen in casu opus est ut tacita quasi loquela attentionem dirigas in ea, quæ observari debent.

§. 284.

Quando actus memoriæ intellectualis ex sensitiva non sequatur.

Quodsi ergo ratio attentionis deficit, ex actu memoriæ sensitivæ non sequitur actus memoriæ intellectualis. Quoniam enim nihil est sine ratione sufficiente, cur potius sit, quam non sit (§. 70. *Ontol.*); nec sine ea ex memoriæ sensitivæ actu memoriæ intellectualis actus sequi potest. Quamobrem cum ratio sufficiens, cur ex actu memoriæ sensitivæ sequatur actus memoriæ intellectualis, non sit nisi attentio ad eandem ideam tanquam in diversis perceptionum seriebus contentam ac inde resultans utriusque seriei collatio, quatenus scilicet simultanea est attentio, mox ab una ad alteram retrahenda (§. 283.); nec deficiente ratione attentionis illius ex actu memoriæ sensitivæ actus intellectualis sequi potest.

Quæ

De Imaginatione & Memoria.

Quæ in hoc corollario continentur, adeo explorata sunt, ut non quotidiana, sed momentanea experientia confirmentur, modo ad observandum fueris satis acutus. Singulis enim momentis occasione eorum, quæ sensu percipimus, vi imaginationis eadem ante jam percepta menti denuo præsentia sistuntur, nec tamen ideo semper judicamus, quæ nunc percipimus, eadem jam alias a nobis fuisse percepta, propterea quod sensui statim alia objiciuntur, ut nec in iis, quæ sensui hoc momento præsentia sunt, nec in iis, quæ vi imaginationis iisdem socientur, attentionem defigere, multo minus autem in iisdem tamdiu retinere valeamus, quamdiu requiritur, ut judicium interponere possimus, quæ jam sensu percipiuntur eadem esse cum aliis sive numero, sive genere vel speciei, antea perceptis. Quod vero actus memoriæ sensitivæ vel vix nobis advertentibus sese exerat, inde colligitur, quod ex actu memoriæ sensitivæ sequantur talia, quorum ratio non aliunde quam ex memoria sensitiva reddi potest. Sed hæc clariora evadent ex sequentibus, præsertim ubi de appetitu sensitivo agemus. Immo haud obscure colliguntur ex iis, quæ eam in rem in Psychologia empirica (§. 593. & seqq.) diximus.

§. 285.

Si judicia vocabulis efferre suevimus, actus memoriæ intellectualis multo facilius sese exerit. Si enim judicia verbis efferre suevimus, cognitioni symbolicæ adsueti sumus (§. 350. *Psychol. empir.*). Quamobrem cum in judicando symbolicam cognitionem intuitivæ præferamus ac ideo dum judicamus nobismetipsis tacite loquamur (§. 353. *Psychol. empir.*); facilius quoque judicamus & hinc ad judicandum promtiores sumus, ubi judicia vocabulis efferre suevimus, quam ubi usus sermonis sumus expertes. Quamobrem cum actus memoriæ intellectualis in judicio consistat, quod ideam aliquam jam ante habuimus (§. 281.); si judicia vocabulis efferre suevimus, actus memoriæ intellectualis multo facilius sese exerit.

Quando memoria intellectualis promtior.

Nos, qui sermonis usu pollemus, in nobismetipsis experimur,

mur, quam prompti fimus ad judicandum, nos ideam aliquam jam ante habuiffe. Ita intuentibus arborem proceram in horto vix arboris in filva olim vifæ idea fuccurrit, cum jam tacite nobismetipfis loquamur: arborem iftiusmodi proceram vidimus quoque in filva. Verborum horum clariffime nobis confcii fumus, ubi ideæ arboris in filva exiftentis vix ac ne vix quidem confcii fumus: Quodfi modum, quo judicium in cognitione intuitiva formatur (§. 343. & feqq. *Pfychol. empir.*), conferamus cum modo, quo utimur in cognitione fymbolica (§. 350. *Pfychol. empir.*), & quem nobis familiarem experimur quam difficilius fit absque fermonis auxilio judicare, quam hujus præfidio inftructum effe abunde perfpicitur. Multo major in cafu priore requiritur attentionis gradus, quam in altero. Quamobrem cum attentionis fimus natura impatientes, nifi eandem adhibere fuerimus adfueti; haud mirum videri debet, quod memoria intellectualis propemodum ferietur, ubi quis fermonis ufum ignoraverit, veluti inter beftias educatus aut a nativitate furdus: qualia exempla inferius in medium afferemus.

§. 286.

Judicii fymbolici reproductio;
Si vocabulis efferimus judicium, quo judicamus, nos ideam aliquam jam antea habuiffe, idea hac in pofterum reproducta judicium iftud fymbolicum feu enunciatio una producitur. Dum enim judicium iftud verbis efferimus, verba ifta, quibus enunciatio conftat (§. 199. *Log.*), percipimus una cum re, de qua judicamus, nos eam antea jam percepiffe: quod unusquisque in femetipfo experitur. Quamobrem ubi idea illius rei denuo reproducitur, judicium quoque iftud fymbolicum una reproduci debet (§. 273. *Pfychol. empir.*).

Ne hoc mirum videatur incautis, oftendendum nobis effe exiftimamus, vocabula & ex iis conftantem orationem non admodum longam, veluti enunciationem, nos facilius & clarius imaginari, quam vifibile quodcunque imaginari licet: quem in finem fequentia addimus.

§. 287.

§. 287.

Per se distincta est perceptio, quæ successive nascitur. Per se vero distincta non est, sed operatione mentis talis, quæ tota simul nascitur. Ponamus nos percipere vocabulum aliquod, vel enunciationem ex aliquot vocabulis compositam; dico perceptionem ejus oriri successive ac ideo per se esse distinctam. Dum enim vocabulum pronunciatur, syllabæ singulæ, ex quibus componitur, successive pronunciantur. Quamobrem cum singulis syllabis respondeant singuli soni, qui ad aurem deferuntur; necesse est sonum syllabæ præcedenti respondentem aut, si mavis, eam constituentem citius ad aurem deferri sono altero, qui syllabæ proximæ sequenti respondet. Agunt igitur diversis syllabis convenientes soni successive in organum auditus, adeoque & successive in mente oriuntur perceptiones illorum sonorum. Patet itaque perceptionem vocabuli pluribus syllabis constantis, adeoque multo magis enunciationis ex pluribus vocabulis compositæ successive oriri. Jam cum perceptiones appercipiamus, utpote earum nobis conscii; singulæ syllabæ uniuscujusque vocabuli sigillatim percipiuntur. Enimvero cum vocabula ea celeritate pronuncientur, ut sonus syllabæ primæ nondum prætericrit, dum sonus ultimæ accedit, ac ideo quoque perceptiones syllabarum ita appercipiantur, ut dum syllabam ultimam percipimus, apperceptio anteriorum adhuc duret, perceptiones singularum syllabarum hoc modo quasi reuniuntur in unam, ut totum vocabulum simul percipere nobis videamur. Quoniam itaque distincte percipimus, si eorum, quæ in re diversa insunt, discrimen in sensum incurrat, & singula primum sigillatim contemplemur, deinde ordinem ac nexum eorum meditemur (§. 682. *Log.*), vocabula vero talia sint, ut nonnisi singulæ, ex quibus constant, syllabæ primum sigillatim & mox tamen totum vocabulum quasi simul percipiatur *per demonstrata*; vocabula quoque

Quænam per se distincta percipiantur.

que distincte per se percipi patet. Quoniam vero de vocabulis ideo ostenditur, quod per se distincte percipiantur, nulla accedente mentis demum operatione, quæ sit ab illorum perceptione & apperceptione diversa, quia successive percipiuntur, quemadmodum ex modo dictis abunde constat; patet idem de omni sensibili successive percepto valere, atque adeo in genere claret, quæ successive percipiuntur, per se distincte percipi. *Quod erat unum.*

Ponamus jam porro nos visu percipere visibile aliquod, veluti arborem. Dico arborem per se distincte non percipi, sed mentis demum operatione distinctam evadere perceptionem. Quando enim arborem videmus, radii a partibus omnibus simul in oculum incidunt & in diversas retinæ fibrillas simul agunt, consequenter omnes partes arboris simul uno obtutu percipiuntur. Quodsi ergo arborem distincte percipere volueris, necesse est ut sigillatim contempleris truncum, ramos, surculos, folia & deinde eorum inter se nexum consideres (§.682. *Log.*). Quoniam igitur hic requiritur, ut successive animum ad singulas partes advertas, utque hoc facias temetipsum ad id determines; objectum, quod ita repræsentatur, ut distincte perceptibile sit, mentis demum operatione distincte percipitur. Atque adeo patet, si qua perceptio tota simul nascitur, eam non per se distinctam esse, sed mentis demum operatione talem fieri. *Quod erat alterum.*

Nimirum in successive nascentibus perceptionibus attentio nostra per se trahitur in singulas partiales perceptiones; in iis autem, quæ totæ simul nascuntur, attentio ad hanc vel istam partem in specie non dirigitur per se, sed mentis nostræ arbitrio, quod rationem determinantem extra actum perceptionis & apperceptionis requirit. Equidem ubi arborem uno obtutu comprehendimus, tanquam ex diversis partibus compositam percipimus; nondum tamen distincta est perceptio, sed tantummodo istiusmodi, ut distincta fieri possit. Diximus

ximus enim perceptionem esse distinctam, quando in re percepta plura sigillatim enunciabilia distinguimus (§. 38. *Psych. empir.*): id quod demum fit, ubi successive animum ad diversa ista advertimus, alias enim nobis tantummodo conscii sumus rem repraesentatam esse distincte perceptibilem, quod nobis repraesentetur, tanquam ex pluribus a se invicem distinctis composita. Aliud vero est sibi esse conscium, plura separatim enunciabilia perceptioni nostrae inesse; aliud vero est eadem a se invicem actu distinguere. Equidem ubi distincte rebus percipiendis adsueti sumus, magna celeritate perficitur distincta perceptio, ut uno quasi obtutu perfici videatur: sed in hoc nihil singulare est, quod non perinde in successive nascentibus perceptionibus observetur. Novimus enim vocabula integra veluti uno actu distincte percipi, ob pronunciationis syllabarum se mutuo consequentium celeritatem. Ceterum quemadmodum successiva partialium apperceptio in successive nascentibus perceptionibus causa est, cur sint distinctae; ita nec alia de causa mentis operatione distinctae evadunt perceptiones, quae totae simul nascuntur.

§. 288.

Vocabula ac inde compositam orationem facilius & clarius imaginamur, quam visibilia. Vocabula enim tanquam ex eorum numero, quorum perceptio successive nascitur, per se distincte percipiuntur, cum visibilia tantummodo tanquam distincte perceptibilia uno obtutu comprehendantur, praesertim ubi antea nunquam actu distincte percepta fuerint, utpote ex eorum numero, quorum perceptio tota simul nascitur (§. 287.). Quamobrem cum quid tanto facilius tantoque clarius nobis imaginemur, quanto distinctius idem percipimus (§. 94. *Psychol. empir.*); vocabula quoque ac inde compositam orationem facilius ac clarius imaginamur, quam visibilia.

Cur vocabula facilius imaginemur, quam visibilia.

In Psychologia empirica (§. 103.) jam ostendimus, quod verba facilius & clarius imaginemur, quam sonos inarticulatos. Enimvero hoc non obstat, quo minus hic evicerimus, facilius quoquo ac clarius imaginari verba, quam ipsa visibilia,

lia, propterea quod hac praerogativa ad alia ftabilienda opus habeamus. Etfi enim jam quoque *(not. §. cit.)* rationem indicaverimus, cur verba diftincte percipiantur; non tamen differentiam, quae inter diftinctam vocabulorum & vifibilium actualem perceptionem intercedit, fatis aperte docuimus.

§. 289.

Cur vocabula qualitatibus fenfibilibus facilius imaginemur.

Quoniam objecta vifibilia facilius imaginamur, quam odores, fapores & qualitates tactiles, quae folo tactu percipiuntur (§. 103. *Pfychol. empir.*); vocabula autem clarius ac facilius quam vifibilia (§. 288.); *vocabula multo magis clarius atque facilius imaginamur, quam odores, fapores & qualitates tactiles, quae folo tactu percipiuntur.*

Rationem perfpicere licet ex iis, quae in Pfychologia empirica *(loc. cit.)* tradita funt. Etenim qualitates iftae confufe tantummodo percipiuntur, cum vifibilibus infint etiam diftincte percepta. Conftat nimirum facilius ac clarius nos imaginari, quae fenfu diftincte percipimus, quam quae percipimus confufe (§. 94. *Pfych. emp.*).

§. 290.

Vocabulorum ideae materiales duplices.

Vocabulorum dantur ideae materiales duplices, tum quatenus auditu, tum quatenus vifu percipiuntur. Vocabula enim, quatenus auditu percipiuntur, funt foni articulati, qui inftar aliorum fonorum in aurem auditus organum incidentes motum fibrillis nervi acuftici imprimunt ad cerebrum usque propagandum, ubi vocabulum pronunciatum auditu percipi debet (§. 111.). Quamobrem cum motus fibrillis nerveis impreffus, ubi ad cerebrum propagatus fuerit, in cerebro fiftat ideam materialem (§. 112.); vocabulorum quoque dantur ideae materiales, quatenus auditu percipiuntur.

Similiter fi vocabulum aliquod fcriptum vifu percipitur, figura literarum & earundem ordo aut, fi mavis, fucceffio vifu percipitur. Lumen nimirum a literis fingulis in oculum illapfum
fin-

De Imaginatione & Memoria.

singulas literas in retina delineat (§. 62. *Optic.*) & sic diversis fibrillis nerveis diversæ motum imprimunt, qui cum ad cerebrum propagatur (§. 111.), singularum literarum in cerebro nascuntur ideæ materiales (§. 112.), quæ adeo simul sumtæ constituunt ideam materialem integri vocabuli, quatenus visu percipitur. Dantur itaque vocabulorum quoque ideæ materiales, quatenus scripta visu percipiuntur.

> Inter ideas vocabulorum, quatenus visu percipiuntur, & ideas eorundem, quatenus auditu percipiuntur, ea intercedit differentia, quæ in genere inter perceptiones nascentes successive & nascentes simul intercedit (§. 287.). Sane differentiam duplicis actus distinctæ perceptionis non clarius illustrare licet, quam duplici ejusdem vocabuli idea. Cum enim vocabula scripta nondum legere possumus, sed legere demum discimus; satis superque apparet, ut vocabulum scriptum legamus, agnoscendas esse singulas literas sigillatim & successive attentionem ab una syllaba ad alteram esse promovendam; non sufficere ut uno obtutu comprehendatur vocabulum, si distincte ipsum percipere visu volueris, quantum scilicet ad pronunciandum sufficit. Enimvero ubi habitum legendi contraximus uno obtutu distincte videmur nobis percipere vocabulum scriptum, non quod actus ad literas agnoscendas necessarii jam omittantur, sed quod minore temporis spatio absolvantur, quemadmodum patet in tangendis chordis instrumentorum musicorum, attentendo ad differentiam, quæ inter dispositionem & habitum intercedit. Inde est, quod objectum aliquod videntes nobis prorsus ignotum nihilque fere commune cum iis habens, quæ sæpius conspeximus, perplexi reddamur & attoniti hæreamus aliquo temporis intervallo, antequam ad idem distincte percipiendum determinemur: immo impatientia attentionis plerumque abstrahimur a distincte percipiendis iis, quibus nobis nondum familiariter nota insunt. Nequaquam existimandum est, infantibus in lucem demum editis visibilia, quæ nondum familiaria experimur, primo statim obtutu adeo distincta videri, quemadmodum nobis videntur Et si quis cogitaverit, quæ inferius de homi-

(Wolfii Psych. Ration.)   Gg

hominibus inter urſos educatis in ſilva & a nativitate ſurdis referemus; is horum, quæ dixi, magis convincetur: neque enim ſtatus iſtius recordamur, qui nobis infantibus erat.

§. 291.

Tertia idea vocabuli materialis.

Dantur etiam ideæ vocabulorum materiales, quatenus conatum ad loquendum percipimus, dum ſonum eorum imaginamur, ſeu tacite nobis loquimur, aut tacite legimus. Dum vocabulorum ſonum imaginamur, ea pronunciandi conatum in nobis obſervamus: quem non alium eſſe ab eo, quo ad movenda organa loquelæ opus habemus, inde liquet quod in ſomnio conatus iſte degeneret in actum, tumque actu loquamur. Neceſſe igitur eſt, ut tot diverſi ſint conatus, quot ſunt literæ diverſæ, ex quibus vocabulum componitur. Perceptio igitur totius vocabuli componitur ex ſucceſſivis conatibus iſtis partialibus. Enimvero perceptiones iſtæ ſunt in numero earum, quæ ad tactum pertinent, qualis eſt motus in digito pedis percepti, dum eum movemus, conſequenter in numero idearum ſenſualium (§. 95. *Pſychol. empir.*). Quamobrem cum ſingulis ideis ſenſualibus ſingulæ reſpondeant ideæ materiales (§.114.); etiam vocabulis ſuæ reſpondent ideæ materiales, quatenus conatum ad loquendum percipimus, dum ſonum eorum imaginamur.

Nullum eſt dubium, motum organorum a nobis percipi, dum loquimur, cum conatum percipiamus, immo ſi ab eodem abſtinemus, eundem imaginemur, utut ad alia attenti ejusdem nobis conſcii non ſimus. Quamobrem non dubitandum, ideas materiales illorum motuum etiam excitari, quando actu loquimur. Inde enim eſt, quod imaginemur conatum loquendi, dum vocabula imaginamur (§.104.*Pſychol. empir.*), & attentione in eundem directa tandem conatus ipſe ſequitur. Nimirum quando attentionem noſtram in conatum iſtum dirigimus, efficere ſtudemus, ut majorem claritatem habeat ejus perceptio (§. 237. *Pſych. emp.*). Dum vero ideæ clariores evadere

dere debent, necesse est ut motus in cerebro, in quo ideæ materiales consistunt, efficiatur celerior ($.126. 208.). Quamobrem cum clarius percipiatur ipse conatus præsens, quam ubi eum tantummodo imaginemur (§.208.), ipse tandem conatus ex ista attentione resultat. Ubi anima in actionibus suis habitum contraxit, mira facilitate diversæ admodum actiones sibi invicem succedunt ac concurrunt, ut singularum sibi conscius nemo amplius esse possit. Atque hæc non postrema ratio est, cur ea, quæ menti insunt, adeo difficulter cognoscantur & quasi gratis conficta sæpius videantur etiam alias satis acutis.

§. 292.

Vocabula memoriæ facilius mandantur, quam sensibilia alia & hæc beneficio vocabulorum eidem facilius mandantur, quam absque eorum subsidio. Vocabula enim facilius imaginamur, quam alia (§. 288. 289.), adeoque eorum ideæ vi imaginationis facilius reproducuntur quam aliorum objectorum (§. 117. *Psychol. empir.*). Cumque vocabulum quoque clarius imaginemur, quam res alias (§. 288. 289.), eadem quoque facilius recognoscimus (§. 173. *Psychol. empir.*). Facilius adeo memoriæ mandantur, quam alia (§. 178. *Psychol. empir.*).

Idem sic ostenditur. Vocabulorum perceptiones successive nascuntur, quod per se patet, ac in superioribus jam apertius ostendimus, nempe in demonstratione differentiæ, quæ inter per se distinctas perceptiones & operatione mentis tales intercedit (§.287.). Ideo aliis sensibilibus magis distincta sunt (§.*cit.*). Quamobrem cum memoriæ facilius mandentur, quæ distincte percipiuntur, quam quæ confuse percipiuntur (§. 200. *Psychol. empir.*), adeoque tanto facilius, quo facilior est eorum distincta perceptio; vocabula quoque facilius memoriæ mandantur, quam objecta alia. *Quod erat unum.*

Quodsi jam ea, quæ in idea rei cujusdam continentur & a se invicem distinguis, nominibus distinguis; nomina ista faci-

Cur vocabula aliis facilius memoriæ mandentur.

facilius memoriæ mandas, quam ea, quæ istis indigitantur *per demonstrata*. Quamobrem cum vocabula imaginantibus etiam recurrant ideæ iisdem vocabulis respondentes (§. 273. *Psychol. empir.*); beneficio vocabulorum alia quoque iisdem denotata facilius memoriæ mandantur. *Quod erat alterum.*

Ponamus e. gr. nos videre animal aliquod peregrinum prima vice, vel audire nomen ejus. Quodsi ponamus porro, nostris oculis idem statim subduci, antequam super eodem reflectendo idem distincte percipere datum fuerit, aut oculos nostros aliquandiu in eodem defixos detinere licuerit; vel nomen quoque nonnisi semel prolatum auditu percipere; nemo negabit, ubi eandem attentionem ad vocabulum clara & distincta voce prolatum adhibueris, quam ad momentaneum animalis conspectum attuleras, nomen facilius memoriæ mandari, quam formam animalis, ita ut nominis post aliquod temporis spatium facilius memineris, quam animalis, cujus tibi cognitum non est nomen. Ad evitandum enim omnem fallaciam sumendum est, animal videri non audito nomine; vel nomen audiri non viso animali. Si ponamus eandem diligentiam adhiberi indistincte percipiendo nomine, qua uteris in distincte percipiendo animali; nemo negabit facilius nomen, quam animalis formam memoriæ mandari. Quodsi enim contingit, ut viso animali audias simul nomen ipsius; sed oblitus nominis ejusdem adhuc memineris, ita ut vi imaginationis optime tibi ipsum repræsentare & denuo obvium bene agnoscere possis, immo judicare valeas, esse hoc illud ipsum animal, quod jam videras alibi, vel alio tempore; rationem hanc esse intelliges, quod attentionem omnem transferens ad animalis contemplationem non attenderis nomini, cum idem custos animalis proferret; ac in animali attentionem diu defixam detinens idem distincte videre studueris.

Vocabula cur facilius memoria retineantur.

§. 293.

Vocabula memoria facilius retinentur, quam sensibilia alia & beneficio vocabulorum alia facilius retinentur, quam absque eorum subsidio. Eodem modo ostenditur, quo præcedens demon-

De Imaginatione & Memoria.

demonstrata fuit propositio. Vocabula nimirum, quorum ideæ successive nascuntur, per se distincta sunt, cum sensibilia cetera pleraque, præsertim visibilia, utpote quorum perceptiones simul totæ nascuntur, operatione mentis demum talia fiant (§. 287.). Præterea cum nec imaginari possis vocabula, nisi ideis successive nascentibus, eadem constanter distincte imaginaris (§. cit.). Quamobrem cum tanto quid facilius memoria retineatur, quanto distinctius percipitur (§. 200. *Psychol. empir.*); vocabula quoque facilius memoria retinentur.

Quodsi jam beneficio vocabulorum alia memoriæ fuerint impressa; cum vocabula facilius aliis memoria retineantur *per demonstrata*; eorum vero ope ceterorum, quæ iisdem denotentur, ideæ simul reproducantur (§. 273. *Psychol. empir.*); rerum adhuc reminisci poteris, quarum alias meminisse non poteras (§. 230. *Psychol. empir.*). Et si sæpius vocabulorum ope tibi rem eodem denotatam in memoriam revoces (§. 273. *Psychol. empir.*); eorundem ope eadem memoria firmiter retinere poteris (§. 181. *Psych. empir.*).

Nemo non veritatem propositionis præsentis in seipso experiri potest, modo attenderit ad istiusmodi casus, quibus in distincte percipiendis visibilibus beneficio vocabulorum ea memoriæ imprimit, quæ in visibilibus discernit a se invicem eorundemque ope in memoriam iterum eadem sibi revocat, quando visum fuerit, & quibus indistincte percipiendis nuda utitur attentione, ignoratis nominibus eorum, quæ a se invicem distinguit: differentiam enim in utroque casu satis clare perspiciet. Huc trahi potest exemplum hominis inter ursos educati & alterius a nativitate surdi, quorum uterque sermonis usus compos factus nihil eorum recordatus, quæ ante eundem perceperat, quemadmodum nos nihil eorum recordamur, quæ in prima infantia ante expeditum sermonis usum sensu percipimus.

§. 294.

Memoriæ sensitivæ in corpore non respondet nisi facilitas repro- Memoriæ sensitivæ

quid respon- reproducendi ideas materiales, quam cerebrum contrahit. Me-
deat in cor- moria enim sensitiva, quatenus inest animæ, consistit in apper-
pore. ceptione ejusdem ideæ tanquam in diversis perceptionum seriebus contentæ (§. 280.). Enimvero corpus cogitare (§.44.),
adeoque rerum perceptarum sibi conscium esse nequit (§. 23.
Psychol. empir.), consequenter nec apperceptio in corpus cadit
(§. 25. *Psychol. empir.*). Quamobrem cum in corpore nil locum habeat, nisi reproductio illius motus, in quo idea materialis phantasmatis consistit (§. 112.), reproductioni autem hujus
motus respondeat productio phantasmatis in anima (§. 206.);
nil datur in corpore quod apperceptioni respondeat. Jam vero
anima eandem ideam tanquam in duabus perceptionum seriebus contentam appercipere nequit, nisi idea v. gr. visibilis nunc
sensu producta vi quoque imaginationis cum ideis alio tempore ejusdem sociis reproducatur & reproducta, quam diu opus
est, conservetur. Quamobrem cum ad hoc præsupponatur facilitas reproducendi ideas materiales (§. 240.) ipso usu cerebro
contracta (§. 241.), nec ideæ materiales conserventur nisi continua productione (§. 233.), memoriæ sensitivæ in corpore nihil respondere potest nisi idearum materialium reproducendarum facilitas, quam ipso usu contrahit cerebrum.

 Non est quod verearis imaginationem hoc modo non satis distingui in corpore a memoria (§. 176. *Psychol. empir.*).
Novimus enim facultatem ideas, quas antea habuimus, reproducendi & facilitatem reproductionis non esse unum idemque; sed invicem differre ut dispositionem atque habitum (§.
426. 428. *Psychol. empir.*), quæ a se invicem diversa esse ipsa
definitionum diversitas aperte loquitur. Nec video quid absurdi sequatur, etiamsi ratum esset, memoriam sensitivam in
corpore nullam prorsus habere sedem, præsertim cum mox
visuri simus, intellectualem, qua tantum non semper utimur,
in corpore quoque non residere.

§. 295.

De Imaginatione & Memoria.

§. 295.

Actui memoriæ intellectualis in corpore respondent ideæ materiales vocabulorum, quibus exprimitur judicium, quod ideam aliquam jam ante habuimus. Memoria enim intellectualis consistit in judicio, quod ideam aliquam jam antea habuerimus (§. 281.). Quodsi ergo hoc judicium vocabulis effertur; singulis in cerebro respondens singulæ ideæ materiales (§. 290.). Actui itaque memoriæ intellectualis in corpore respondent ideæ materiales vocabulorum, quibus effertur judicium, quod ideam aliquam jam ante habuerimus.

Actus memoriæ intellectualis in corpore.

Ita si videns arborem proceram judicat: istiusmodi arborem jam alias vidi in silva; singulis hisce vocabulis singulæ respondent ideæ materiales, quæ successive nascuntur, quemadmodum vocabula successive memoriam subeunt.

§. 296.

Memoria intellectualis in cerebro est potentia producendi ideas materiales respondentes vocabulis, quibus effertur judicium, quod ideam aliquam jam habuerimus. Memoria enim intellectualis in anima est facultas ideas reproductas distincte recognoscendi (§. 279.), adeoque ubi judicia verbis efferre suevimus, verbis efferendi hoc judicium, quod ideam aliquam jam habuimus (§. 281.). Quoniam vero facultas est potentia activa (§. 29. *Psychol. empir.*), & actui memoriæ intellectualis in corpore respondent ideæ materiales vocabulorum, quibus exprimitur judicium, quod ideam aliquam jam ante habuerimus (§. 295.); memoria intellectualis non est nisi potentia ideas istas materiales producendi.

Memoria intellectualis in corpore.

Non definimus hic, utrum potentia ista activa sit an passiva: dependet enim definitio a decisione quæstionis alterius de commercio inter mentem & corpus, quam inferius demum excutiemus.

§. 297.

Sectio I. Cap. III.

§. 297.

Memoria quando laedatur.

Memoria laedi dicitur, quando ad functiones suas, seu ad eliciendum actum inepta redditur.

Exemplum laesionis memoriae in medium attulimus superius, cum imaginationis in corpore existentiam evinceremus (§. 205.). Ceterum laesionis hujus multi dantur gradus. Ita dum antea facile quid memoriae mandabamus, nunc difficulter idem facere licet. Cum antea diu quid memoriae impressum retineremus, nunc statim ejus obliviscimur, quod vix memoria tenebamus. Immo cum multarum rerum memoriam haberemus; nunc nullius earum reminisci possumus. Suppono autem postremum non tribuendum esse oblivioni, cui etiam antea quid tradere poteramus; sed potius causae cuidam alteri statum praeternaturalem producenti, quem Medici appellare solent. Diversi laesionum memoriae gradus intelliguntur ex iis, quae de diversis memoriae gradibus dicta sunt (§. 182. & seqq. *Psychol. empir.*).

§. 298.

Causae memoriam laedentes.

Memoria a causis materialibus laedi potest. Memoriae enim sensitivae in corpore non respondet nisi facilitas reproducendi ideas rerum materialium sensu alias perceptarum (§. 294.) & memoria intellectualis consistit in potentia producendi ideas vocabulorum, quibus effertur judicium, quod ideam aliquam jam ante habuerimus, vel rem eidem respondentem sensu perceperimus (§. 296.), consequenter cum vocabula ista nobis nota supponantur, ut eorum ideae jam ante in nobis extiterint, denuo facilitatem reproductionis eorundem in cerebro supponunt, sive prima vice formetur a nobis hoc judicium (§. 273. *Psychol. empir.*), sive judicium ipsum symbolicum seu enunciatio vi imaginationis reproducatur (§. 286.). Quamobrem cum ista reproductionis idearum materialium facilitas in actuali quadam mutatione consistat (§. 245.), quae iterata ideae materialis ejusdem (§. 241.), adeoque motus fibrillis nerveis a sensibili

in

De Imaginatione & Memoria.

in organo impreſſi & ad cerebrum propagati (§. 111.) productione contrahitur, qualiscunque tandem ea fuerit, a cauſa materiali pendet, ſeu talis eſt, ut motu eodem ſæpius repetito ſubſtantiæ cerebri ſeu fibrillis, ex quibus ea conſtat, nerveis induci poſſit. Quamobrem cum quod a cauſis materialibus beneficio motus producitur, a cauſis quoque materialibus eodem motu mediante vel prorſus deſtrui, vel ex parte tolli poſſit, quemadmodum id ad ortum atque interitum rerum attenti ſatis ſuperque experimur, illa quoque contracta ideas materiales reproducendi facilitas vel prorſus deſtrui, vel ex parte tolli poteſt.

Non major eſt difficultas in deſtructione memoriæ per cauſas materiales admittenda, quam quæ eſſe poteſt, ubi admittere debes hominem artis ſaltandi peritum fractis cruribus non poſſe ſaltare amplius: quod enim in poſteriori caſu minus percipiatur, quam in priori, cauſa non alia ſubeſt, quam quod motus fibrillarum nervearum in productione idearum materialium & earum læſio non æque in ſenſum incurrat, quemadmodum motus pedum & cruri fractura in ſaltando.

§. 299.

Quoniam morbi acuti motus irregulares in cerebro producunt, immo alii quoque morbi capitis idem faciunt, ac ſeneſcente homine nervis quoque & conſequenter cerebro induci mutatio ſolet, quamvis non eadem in hominibus ſingulis; *mirum non eſt, quod memoria vi morborum acutorum atque capitis, immo ipſa ſenectute ſæpius lædatur.* *Cur morbi & ſenectus eam lædant.*

Non nego diverſam eſſe rationem, cur morbi acuti memoriam lædant, & cur ſenectus eandem labefactet. Sed in eam inquirere diſtinctius Phyſici eſt. Hic enim in generalibus acquieſcimus.

§. 300.

Vocabulorum uſus reminiſcentiam juvat. Vocabula enim res, quas denotant, in memoriam nobis revocant (§. 273. *Wolfii Pſych. Ration.*) *Auxilium reminiſcentiæ Pſy-*

tiæ a vocabulis petitum.

Pſychol. empir.). Enimvero vocabula quoque nobis in memoriam revocantur a rebus, quas denotant (§. *cit.*) & vocabulum unum aliud eidem in ſermone ſæpius junctum (§. 274. *Pſychol. empir.*). Quamobrem beneficio vocabulorum res nobis in memoriam revocari poſſunt, quæ alias in eandem minime venirent. Enimvero cum jam mediante aliquo vocabulo reproducatur idea rei abſentis, quæ per aliam nobis præſentem minime produceretur; ea ad reminiſcentiam ſpectat (§. 230. *Pſychol. empir.*). Vocabula igitur reminiſcentiam juvant.

> Idem unusquisque experiri poteſt in ſemetipſo. Deprehendet enim, ſe vocabulis uti, quando rei cujusdam reminiſci voluerit. Ponamus e. gr. nos in horto aliquo deambulantes videre plantam aliquam exoticam, & conſpectum ejusdem nobis in memoriam revocare, quod alibi quoque exoticam plantam alio in horto viderimus nomenque ejus audiverimus; non tamen meminiſſe nominis, nec formæ plantæ. Quoniam tamen ſuccurrit hortulanum nobis dixiſſe nomen; in memoriam nobis revocamus ſermonem, quem cum eo miſcuimus: ubi ſimul incidunt verba Titii de nomine iſtius plantæ judicium ſuum interponentis & cum hoc judicio nomen quoque ſuccurrit. Ejus rationem cum formæ plantæ convenire deprehendiſſemus, convenientiæ hujus recordati tandem quoque formæ plantæ reminiſcimur. Sane longa ſæpius verborum, quorum recordamur, eſt ſeries, antequam ad id perveniatur, cujus meminiſſe volueramus, ſed non poteramus,

§. 301.

Subſidium reminiſcentiæ facilitandæ.

Quoniam vocabulorum uſu reminiſcentia juvatur (§. 300.), adeoque mediantibus vocabulis, quæ percipimus perceptiones quoque rerum præteritarum reproducimus & recognoſcimus (§. 230. *Pſychol. empir.*); ut eorum, quorum meminiſſe intereſt, facile reminiſcamur, non modo ea attente perluſtrari, ſed & ſingula beneficio nominum, immo judiciorum ſymbolicorum,

De Imaginatione & Memoria.

rum, memoriæ imprimere ac de convenientia nominis rei cum iis, quæ eidem insunt, judicium interponere tenemur.

Quantum in eo sit præsidii ad res quasvis in memoriam revocandas, quæ ultro sese alias non facile menti offerunt, ipso regulæ usu docemur. Neque ad eandem attentus miratur amplius, cur qui sermonis usu destituti fuerant, ubi ejus compotes facti, status sui præteriti reminisci minime potuerint, quando de eodem interrogabantur. Obiter monemus elucescere hinc usum doctrinæ criticæ de etymologiis vocabulorum, quæ alias sterilis videtur.

§. 302.

Reminiscentiæ in corpore nihil respondet præter ea, quæ imaginationi & memoriæ in eodem respondent. Reminiscentia enim consistit in perceptionum præteritarum iterata reproductione & recognitione (§. 230. *Psychol. empir.*). Enimvero reproductio perceptionum rerum absentium, adeoque etiam præteritarum, quas in numerum absentium referri nemo dubitat, ad imaginationem spectat (§. 92. *Psychol. empir.*), etiam quando perceptiones quædam sive phantasmata mediantibus aliis producuntur (§. 104. *Psych. emp.*), adeoque perceptionis præteritæ reproductio mediata est: perceptionum vero quomodocunque reproductarum recognitio ad memoriam pertinet (§. 175. *Psychol. empir.*). Quamobrem præter ea, quæ imaginationi & memoriæ in corpore respondent, nihil reminiscentiæ in eodem respondet.

Reminiscentiæ quid in corpore respondeat.

Phantasmatis respondent ideæ materiales in cerebro (§. 206.), nec memoriæ sensitivæ in corpore respondet nisi facilitas ideas istas reproducendi a cerebro contracta (§. 294.), actui vero memoriæ intellectualis reproductio idearum materialium vocabulorum, quibus exprimitur judicium, quod ideam aliquam jam habuerimus (§. 296.): per hæc itaque reminiscentiæ actus explicari debent. Sufficientia igitur principia habemus explicandi ea, quæ ad explicandum reminiscentiam in casu patticulari pertinent, quatenus ea a corpore pendent: neque aliis opus habemus, neque dantur alia.

§. 303.

Oblivio in corpore quid sit.

Oblivio, quatenus a corpore pendet, consistit in impotentia ideas materiales, quæ productæ aliquando fuerant in cerebro, reproducendi. Quoniam enim oblivio opponitur memoriæ (*§. 215. Psychol. empir.*); ex eo, quid sit memoria in corpore, etiam intelligitur, quidnam sit oblivio, quatenus a corpore pendet. Enimvero memoria sensitiva non consistit nisi in facilitate reproducendi ideas materiales, quam cerebrum contraxit (§. 294.) & intellectualis in facilitate producendi ideas materiales vocabulorum, quibus exprimitur judicium, quod ideam aliquam jam habuimus (§. 296.). Oblivio igitur consistit in impotentia reproducendi ideas materiales, quæ aliquando in nobis fuerunt productæ: quibus non reproductis, cessat quoque judicium in mente, quod eas jam habuerimus, consequenter nec ideæ materiales in cerebro producuntur, quibus effertur judicium istud (§. 282.).

Idem etiam sic ostenditur. Oblivio quoad animam est impotentia ideas reproductas recognoscendi (§. 215. *Psychol. empir.*). Enimvero cum actui recognitionis in corpore nihil respondere queat, quemadmodum superius ostensum (§. 294.); præterea vero ad oblivionem quoque spectet impotentia reproducendi ideas rerum antea perceptarum (§. 216. *Psychol. empir.*); oblivioni in corpore respondere debet impotentia reproducendi ideas materiales, quæ aliquando in cerebro nostro fuerunt productæ.

Impotentia hæc non consideranda est per modum absolutæ impossibilitatis: quando enim rei cujusdam obliviscimur, possibile erat ut eandem memoria retineremus. Omittimus enim, quæ ad rem primum oblatam memoriæ firmiter infigendam & ad eam, quæ semel impressa est, tenaciter retinendam

De Imaginatione & Memoria.

dam requiruntur. Quod ut dilucidius conftet, fequentes addere lubet propofitiones.

§. 304.

Si rei fenfu femel perceptæ iterum meminiffe non poffumus; oblivio confiftit in privatione facilitatis ideam ejus materialem reproducendi, quam cerebrum contrahere potuiffet. Ponamus enim nos contraxiffe facilitatem reproducendi ideam materialem rei fenfu perceptæ. Adeft igitur memoria fenfitiva (§. 294.). Quamobrem cum memoria & oblivio ita fibi invicem opponantur, ut una ineffe nequeant §. 175. 215. *Pfychol. empir.* & §. 28. *Ontol.*); contracta facilitate reproducendi ideam materialem rei fenfu perceptæ oblivioni locus non eft. Erit igitur eidem locus, fi facilitas reproducendi ideam materialem rei fenfu perceptæ a cerebro contracta minime fuerit, confequenter in privatione illius facilitatis confiftit.

Oblivionis fubitæ ratio.

Idem etiam fic oftenditur. Oblivio quoad corpus confiftit in impotentia ideas materiales reproducendi, quæ aliquando in cerebro noftro fuerant productæ (§. 303.). Quodfi cerebrum contraxiffet facilitatem reproducendi ideam materialem rei fenfu perceptæ; eam reproducere poffet, neque adeo impotentia eam reproducendi laboraret. Oblivio igitur hic confiftit in privatione facilitatis reproducendi ideas materiales in cerebro femel productas, quam idem contrahere poterat, fed non contraxit.

Quodfi confideremus, quomodo quid memoriæ mandetur (§. 179. *Pfychol empir.*); facile apparet, motum fibrillis nerveis in organo impreffum non effe fufficientem, ut fibrillæ nerveæ, ex quibus cerebrum compofitum eft, eam difpofitionem acquirant, ut eundem motum facile recuperare poffint vi motus cujusdam focii. Deeft igitur quid iisdem, quod adeffe poterat, modo impreffiones in organum fufficienter fuiffent repetitæ & aliqua potentia contracta iteratas eorundem motuum productiones in facilitatem eos recuperandi fuiffet isset conversa. Est nimirum oblivio memoriæ privatio, hic tamen particulariter, non universaliter spectatæ. Quamobrem ubi constiterit, quid memoria sit, nec amplius latere potest, quid sibi velit oblivio.

§. 305.

Oblivionis supervenientis ratio.

Si quid memoria tenemus, idemque oblivioni posthac tradimus; oblivio consistit in amissione facilitatis reproducendarum idearum materialium, quam cerebrum habuerat. Quodsi enim quid memoria tenebamus, cerebro inerat facilitas reproducendi ideam materialem eidem respondentem (§. 294.). Sed ubi idem posthac oblivioni traditum, eidem inest impotentia ideam istam materialem reproducendi (§. 303.). Cerebrum itaque facilitatem, quam acquisiverat, amisit (§. 245.). Unde patet in hoc casu oblivionem consistere in amissione facilitatis reproducendi ideam aliquam materialem, quam cerebrum ante habuerat.

Nihil hic singulare occurrit, quod non æque obtineat in omni reliquo casu, ubi habitus aliquis corporis semel acquisitus iterum amittitur. Quamobrem cum de habitibus infra plura dicturi simus, præsens propositio uberiore adhuc luce perfundetur.

§. 306.

Memoriæ bonæ ratio.

Si cujus fibrillæ nerveæ, ex quibus cerebrum constat, ita fuerint dispositæ, ut mutatio ista, in qua facilitas reproducendi ideas materiales, quæ semel eidem inextiterunt, paucis actibus induci, nec semel inducta, actibus licet eandem inducentibus minime repetitis, longo temporis spatio cesset; is bonam memoriam habet. Quodsi enim cujusdam fibrillæ nerveæ, ex quibus cerebrum constat, ita fuerint dispositæ, ut mutatio ista, in qua facilitas reproducendi ideas materiales, quæ semel in cerebro extitere, consistit (§. 245.), paucis actibus induci queat; is cito ac facile quid memoriæ mandare potest (§. 186. 187. *Psychol. empir.*

empir.). Quodsi jam mutatio ista, ubi semel inducta fuerat, etiamsi actus eam inducentes (§. 241. 243.) non repetantur, longo temporis spatio subsistat, nec statim cesset; cum in corpore memoria nil supponat praeter facilitatem reproducendi ideas materiales, quam cerebrum contraxit (§. 294.); idem diu quid memoria retinet (§. 188. *Psychol. empir.*). Quamobrem cum bonam habeat memoriam, qui cito ac facile quid eidem mandare diuque retinere valet (§. 189. *Psychol. empir.*); bonam utique memoriam habet is, cujus fibrillae nerveae, ex quibus cerebrum constat, ita sunt dispositae, ut paucis actibus mutatio illa iis induci possit, in qua facilitas reproducendarum idearum materialium consistit, nec repetitis actibus longo tempore subsistat.

Equidem hinc nondum inquirimus, in quonam ista fibrilarum nervearum dispositio consistat, quibus nimirum qualitatibus dotatae sint necesse est; non tamen inutilis censeri debet praesens propositio. Ut enim taceam generalem hanc notionem satisfacere inferius in doctrina de commercio inter mentem & corpus; eadem quoque loco notionis directricis esse potest in Physica.

§. 307.

Fibrillae nerveae, ex quibus nervi atque cerebrum constat, in omnibus hominibus non sunt eaedem. Etenim alii diuturniore objecti contemplatione, vel pluribus actibus iteratis facilitatem ideas reproducendi & reproductas recognoscendi sibi comparant, alii minus diuturna contemplatione & paucioribus actibus iteratis ad id opus habent (§. 182. *Psychol. empir.*), adeoque alii memoriae quid cito ac facile mandant (§. 186. 187. *Psychol. empir.*); alii vero tardius ac difficilius. Similiter alii frequentius iterata idearum reproductione memoria retinent, quod eidem demandarunt; alii minus frequenter iterata idearum reproductione memoriae semel infixa retinent (§. 184. *Psych.*

Diversitas fibrillarum nervearum in diversis subjectis asserta.

Pfychol. empir.), adeoque memoria diu quid retinent (§. 188 *Pfychol. empir.*). Alii igitur memoriam bonam, alii pejorem, seu minus bonam habent (§. 189. *Pfychol. empir.*). Enimvero qui memoriam magnam habent, eorum fibrillæ nerveæ, ex quibus cerebrum conftat, ita funt difpofitæ, ut mutatio illa, in qua facilitas reproductionis idearum materialium confiftit, paucis actibus inducatur, iisque non repetitis longo tempore confervetur (§. 306.), adeoque qui memoriam bonam non habent, fed malam, in iis aliter difpofitæ effe debent fibrillæ nerveæ, ex quibus cerebrum conftat. Et quia fibrillæ nerveæ, ex quibus nervi fenforii conftant, ex cerebro ortum trahunt, nec funt nifi fibrillarum, ex quibus cerebrum conftat, continuationes; eadem effe debet fibrillarum in nervis fenforiis & cerebro conftitutio, præfertim cum ideæ materiales in cerebro enatæ fint iftiusmodi motus, quales ex organo fenforio per nervos fenforios ad cerebrum propagantur (§. 112.). Alia igitur eft fibrillarum nervearum, ex quibus cerebrum & nervi fenforii conftant, difpofitio in iis, qui memoriam bonam habent, alia vero qui malam habent. Et quoniam bonitatis memoriæ diverfi dantur gradus, tum quatenus memoriæ quid cito, tum quatenus facile mandatur, tum quatenus quod eidem mandatum eft diu retinetur (§. 190. *Pfychol. empir.*) nec minus hinc mala memoria diverfos gradus admittit; nihil vero fine ratione fufficiente eft (§. 170. *Ontol.*), eaque aliunde quam a fibrillarum difpofitione peti nequit (§. 306.); patet omnino fibrillas nerveas, ex quibus nervi atque cerebrum conftant, in omnibus hominibus non poffe effe eandem.

Propofitionem hanc & fequentes ideo addimus, ut luculentius pateat, præcedentem effe notionem directricem in Phyfica. Noftra enim philofophia non modo docet, quæ ad vitæ humanæ negotia utilia funt, verum etiam fui cultorem ad inveniendum aptum efficere intendit.

§. 308.

De Imaginatione & Memoria.

§. 308.

Quoniam fibrillæ confiderari poffunt inftar chordarum, vel filamentorum; res autem materiales non admittunt difcrimen intrinfecum, nifi ratione quantitatis ac qualitatis (§. 454. *Ontol.*); *fibrillæ quoque nerveæ in diverfis fubjectis nonnifi magnitudine & qualitatibus differre poffunt, &, fi magnitudine differunt, vel longitudine, vel craffitie, vel utraque fimul differre debent.*

Diverfitas in quo confiftat.

Quid horum obtineat, & quænam fint illæ qualitates, quibus fibrillæ nerveæ differunt; in Phyfica difcutiendum.

§. 309.

Quoniam bonitas memoriæ a difpofitione fibrillarum, ex quibus nervi fenforii & cerebrum conftant, dependet (§. 306.), adeoque diverfi ejusdem, qui dantur (§. 190. *Pfychol. empir.*), gradus a diverfitate illarum fibrillarum (§. 307.), confequenter ab earum longitudine ac craffitie, diverfisque qualitatibus (§. 308.); *fi quacunque de caufa qualitates iftæ mutentur, bonitas quoque memoriæ variari debet* (§. 118. *Ontol.*).

Bonitas memoriæ cur mutetur.

Nimirum etfi a longitudine quoque & craffitie fibrillarum ut dependeat diverfitas memoriæ non repugnet, quemadmodum colligitur ex eo, quod ideæ materiales confiftant in motu illarum fibrillarum (§. 112.); apparet tamen longitudinem ac craffitiem non mutari, nifi quatenus mutantur qualitates aut qualitatum & dimenfionum mutationem a communi caufa pendere: id quod fuo loco clarius exponemus.

§. 310.

Si gradus bonitatis memoriæ variantur, variari quoque debent qualitates fibrillarum nervearum, ex quibus nervi fenforii atque cerebrum conftant. Ponamus enim qualitates fibrillarum nervearum, ex quibus nervi fenforii & cerebrum conftant, non variari, fed easdem manere. Cum ab earundem qua-

Fibrillæ nerveæ quando variari intelligantur.

(*Wolfii Pfych. Ration.*)

litatibus pendeant gradus bonitatis memoriæ, quemadmodum paulo ante oftendimus (§. 309.); idem gradus perfiftere debet (§. 118. *Ontol.*), confequenter non mutatur: quod cum hypothefin evertat, neceffe eft qualitates fibrillarum nervearum variari variatis gradibus bonitatis memoriæ.

Cur magnitudinis hic non habeatur ratio, dictum jam eft ad propofitionem præcedentem.

§. 311.

Cafus fpecialis.
Si memoria læditur, qualitates fibrillarum nervearum, ex quibus cerebrum atque nervi fenforii conftant, variantur. Si enim memoria læditur, ad functiones fuas, adeoque ad actum eliciendum inepta redditur (§. 297.). Quamobrem qui cito ac facile quid memoriæ mandare diuque eadem retinere poterat; nunc tardius ac difficilius mandat, vel prorfus mandare nequit, quæque retinebat diu, non amplius diu retinere, aut quæ memoriæ retinuerat, oblivioni dat (§. 189. *Pfychol. empir.*). Gradus igitur bonitatis memoriæ variantur (§. 190. *Pfychol. empir.*), adeoque & qualitates fibrillarum nervearum, ex quibus cerebrum & nervi fenforii conftant, variari debent (§ 310.).

Atque hinc jam multo clarius perfpicitur, quod memoria a morbis lædatur & a feneetute labefactetur: major tamen adhuc erit claritas, ubi qualitates fibrillarum nervearum, quæ immutantur, fuerint perfpectæ.

§. 312.

Memoria naturalis in corpore in quo confiftat.
Memoria naturalis, quatenus ineft corpori, confiftit in difpofitione naturali fibrillarum nervearum ad contrahendam facilitatem reproductionis idearum materialium certo productionum numero. Memoria naturalis eft, quæ homini absque ulla exercitatione prævia & ullis artificiis ineft (§. 205. *Pfychol. empir.*). Enimvero eorum demum memoriam habemus, quæ fæpius vel diu fimul percipiuntur, five id fiat fenfuum, five imaginationis ope (§. 179. *Pfychol. empir.*), adeoque fine prævio

exer-

exercitio nullius rei memoriam habemus (§. 195. *Pfychol. empir.*). Naturaliter igitur rei nullius memoria nobis actu ineft, fed tantummodo poffibile eft ut infit. Quamobrem cum memoria fenfitiva (quatenus fcilicet rei cujusdam memoriam actu habemus, non tantum habere poffumus) confiftat in facilitate reproducendi ideas materiales, quam cerebrum contraxit iteratis actibus (§. 294.); naturaliter tantummodo poffibile eft, ut fibrillæ nerveæ acquirant facilitatem reproductionis ideæ alicujus materialis. In fibrillis adeo nerveis, ex quibus cerebrum conftat, tantummodo datur naturalis quædam difpofitio ad facilitatem reproductionis idearum materialium contrahendum (§. 426. *Pfychol. empir.*). Patet igitur memoriam naturalem, quatenus corpori ineft, confiftere in naturali quadam difpofitione fibrillarum nervearum, ex quibus cerebrum contextum eft, ad facilitatem reproducendi ideas materiales contrahendam.

Memoria adeo naturaliter tantummodo ineft per modum potentiæ: eft tamen aliquid, quod actu ineft atque adeo in diverfis fubjectis differre poteft.

§. 313.

Quoniam nihil eft fine ratione fufficiente, cur potius fit, quam non fit (§. 70. *Ontol.*); fibrillis nerveis ineffe quid debet, per quod intelligitur cur fibrillis nerveis infit quædam difpofitio ad facilitatem reproductionis idearum materialium contrahendam (§. 56. *Ontol.*). Quamobrem cum in fibrillis nerveis præter longitudinem ac craffitiem non deprehendantur nifi qualitates earundem (§. 454. *Ontol.*); *memoria naturalis a qualitate, longitudine & craffitie fibrarum pendet* (§. 851. *Ontol.*).

Memoria naturalis unde pendeat.

Ad hanc potiffimum differentiam in diverfis fubjectis fpectandam refpiciendum, ubi memoriæ differentia expenditur. Phyfici adeo eft inquirere in differentiam qualitatum, quas fibræ nerveæ habere poffunt, ut inde reddatur ratio differentiæ memoriæ naturalis: qua non ante intellecta intelligi nequit **memoria**, qualis actu in nobis datur. Facilitas nimirum reproducendi ideas materiales præsupponit dispositionem: qua variante illa nec eadem, nec eodem modo ab omnibus acquiri potest. Neque intelligi potest mutatio illa, quæ actu contingit in fibrillis nerveis (§. 245.), dum memoriam rei cujusdam nobis actu comparamus; nisi ante perspiciatur, quales sint fibrillæ, ut mutationem istam admittere possint.

§. 314.

Unde desumendæ ratio explicandæ memoriæ actualis.

Quoniam facilitas reproductionis idearum materialium, in qua memoria sensitiva consistit (§. 294.), actualem quandam mutationem cerebro inducit (§. 245.); *iterata idearum materialium productione per qualitates fibrillarum nervearum, a quibus memoria naturalis pendet* (§. 313.), *facta mutatio ut explicari possit opus est, seu vi illarum nerveis fibrillis accidere potest.*

Patet adeo Physici esse, ut non modo inquirat, quales esse debeant fibrillæ nerveæ, ex quibus constat cerebrum, ut ideas materiales reproducendi facilitas possibilis sit, verum etiam in casu particulari actu acquiratur, qualis vi illarum qualitatum mutatio fibrillis induci potest.

§. 315.

An memoria bona & magna sint necessario simul.

Qui bonam habet memoriam, non ideo necessario magnam habet. Qui enim bonam habet memoriam, cito & facile quid eidem mandare diuque retinere valet (§. 189. *Psychol. empir.*). Enimvero quod quis cito ac facile quid memoriæ mandat diuque retinet; non ideo multa eidem mandare ac longam præsertim rerum seriem memoria retinere valet: fieri enim potest, ut, si memoria nimis oneretur, quæ prius eidem impressa fuerant, denuo excutiantur, sicque oblivioni tradantur, quemadmodum nemo negabit, qui ad ea animum satis advertit, quæ quotidiana sunt. Quamobrem cum memoriam magnam non habeat, nisi qui multarum rerum ideas reproducere & reproductas recognoscere,

longam

De Imaginatione & Memoria.

longam quoque rerum seriem memoria retinere valet (§. 192. *Psychol. empir.*), adeoque qui multa simul memoria retinere ac eo, quo eadem ipsi mandavit, ordine recitare potest; memoriam magnam ideo non habet, qui bonam habet.

 Propositio praesens a posteriori quoque probari potest. Videmus enim esse aliquos, qui facile memoria comprehendere quid valent; non tamen multis eandem onerare debent, nisi eorum, quae ante tenuerant, iterum oblivisci velint. Immo si quis multa memoria comprehendere valet; non tamen ideo longam rerum seriem eo ordine recensere valet, quo eandem ipsi mandavit, ut adeo duae memoriae magnae species constitui non prorsus absonum foret; aut minimum exploratum sit, non omnia in unum subjectum convenire, quae ad memoriam magnam requiruntur. In exemplis, qualia alias adduximus (*not.* §. 192. *Psychol. empir.*), res manifestior. Sane qui plurimarum disciplinarum campum ita emensi sunt, ut de singulis, quotiescunque fert occasio, disserere valeant, non tamen ideo integra Biblia, vel Corpus juris integrum iterata lectione ita memoriae infigere possunt, ut singula justo ordine recitare valeant.

§. 316.

Qui magnam memoriam habet, bonam quoque habet. Qui enim magnam habet memoriam, multarum rerum ideas reproducere & reproductas recognoscere, longam quoque rerum seriem memoria retinere valet (§. 192. *Psychol. empir.*). Necesse igitur est, ut ideas materiales reproducendi facilitatem minus diuturna objecti contemplatione paucioribusque actibus sibi comparare, adeoque memoriae quid mandare cito ac facile possit (§. 178. 186. 187. *Psychol. empir.*). Nec minus conducit, ut ideas materiales adhuc reproducere & reproductas recognoscere valeat, etiamsi longo tempore easdem non reproduxerit, consequenter ut diu quid memoriae retineat (§. 188. *Psychol. empir.*). Quamobrem cum bonam habeat memoriam,

Nexus memoriae magnae cum bona.

qui cito ac facile quid eidem mandare diuque retinere poteſt (§. 189. *Pſychol. empir.*); qui magnam habet memoriam, is quoque bonam habere debet.

Experientia propoſitionem confirmat, quatenus videmus integras a nonnullis paginas poſſe recitari, ne verbulo quidem immutato; ubi nonniſi ſemel attente perlectæ fuerint. Habes enim hic effectum memoriæ magnæ, quatenus longa vocabulorum ſeries ſine hæſitatione recitatur: habes etiam effectum memoriæ bonæ, quatenus unica lectione eadem memoriæ mandari potuit. Atque inde eſt, quod vulgo memoria bona & magna non diſtinguantur, & bona dicatur, quæ magna dici debebat.

§. 317.

Memoria magna quid in corpore ſupponat.

Memoria magna peculiarem requirit fibrillarum nervearum conſtitutionem, non tamen repugnantem ei, quæ memoriæ bonæ convenit. Quoniam enim memoria, quatenus corpori ineſt, in facilitate reproductionis idearum materialium conſiſtit (§. 294.), adeoque certam fibrillarum nervearum, ex quibus cerebrum conſtat, diſpoſitionem requirit (§. 111. 112.); memoria autem ideo nondum magna eſt, quod ſit bona (§. 315.): fibrillarum quoque nervearum, ex quibus conſtat cerebrum, conſtitutio non eadem eſt memoriæ bonæ atque magnæ. Magna igitur memoria peculiarem requirit. *Quod erat primum.*

Enimvero qui magnam memoriam habet, etiam bonam habet (§. 316.). In eo igitur fibrillæ nerveæ, ex quibus conſtat cerebrum, & ita diſpoſitæ eſſe debent, quemadmodum requirit memoria magna, & ita conſtitutæ ſint neceſſe eſt, quales memoria bona exigit. Neceſſe adeo eſt, ut conſtitutio fibrillarum nervearum, quam poſtulat memoria magna, non repugnet alteri, quam exigit memoria bona. *Quod erat alterum.*

Non defendimus fibrillas nerveas aliis qualitatibus prædi-
tas

tas esse, si memoria fuerit magna, quam ubi bona fuerit. Fieri enim potest, ut qualitates sint eaedem, sed gradu differant. Talia tum demum definire licebit, ubi fibrillarum nervearum qualitates satis fuerint exploratae.

§. 318.

Si in genere rem consideres, non repugnat memoriam medicamentis posse roborari; hoc est, medicamentis effici posse, ut memoria evadat melior atque major. Etenim non modo memoria naturalis (§. 313.), verum etiam ejusdem bonitas (§. 306.) & magnitudo a qualitatibus fibrillarum nervearum pendet (§. 317.) & fibrillarum nervearum qualitatibus variatis variatur bonitas memoriae (§. 309.). Enimvero fibrillae nerveae res materiales sunt, adeoque cum rerum materialium a causis materialibus mutentur qualitates, & medicamenta in causarum materialium numero esse nemo non agnoscat; si rem in genere spectes non repugnat medicamentis qualitates fibrillarum nervearum, ex quibus cerebrum constat, variari posse. Nec igitur si rem in genere spectes repugnat, medicamentis effici posse ut memoriae bonitas & magnitudo varietur, hoc est, ut roboretur.

An memoria medicamentis roborari possit.

Nemo est qui nesciat propositionem praesentem a posteriori adeo certam videri, ut lucem meridianam negare velle credatur, qui eam in dubium vocet. Quodsi tamen rationis trutina rem expedire jubeamur, nonnisi subdubitanter de eadem pronunciare licet. Neque enim a nobis ex principiis hactenus stabilitis demonstrari potest, memoriam roborari iis medicamentis, quibus vulgo haec virtus tribuitur. Ita constat coriandro hanc tribui virtutem medicam, quod memoriam roboret. Enimvero si quis a priore idem evincere vellet, is & nosse deberet, quaenam fibrillarum nervearum qualitates & quomodo sint immutandae, ut memoria reddatur melior vel ut impediatur, ne fiat deterior, & quaenam insint coriandro qualitates, ad illas immutandum aptae. Nemo non videt horum omnium, quae hic praesupponuntur, demonstrationem

a Phya Physico expectandam esse & cui perspecti sunt Physicæ progressus, is nec ignorabit certam eorum demonstrationem hactenus nondum dari posse. Non tamen ideo in dubium vocamus, quæ certa experientia nituntur; sed ea hic in medio relinquimus tanquam ad Physicam specialissimam spectantia, in qua excolenda pauci hactenus desudarunt. Enimvero ne iis, quæ vulgo laudantur, medicamentis nimium tribuamus, non sine damno nostro; sequentem addere lubet propositionem.

§. 319.

An memoria medicamentis lædi possit.

Si in genere rem consideres non repugnat, memoriam vi medicamentorum lædi posse. Constat enim memoriam a causis materialibus lædi posse (§. 298.), qualitatibus fibrillarum nervearum immutatis (§. 312.). Quamobrem cum nemo sit qui nesciat in numero causarum materialium esse medicamenta, neque implicet, per ea qualitates fibrillarum nervearum, ex quibus cerebrum constat, immutari posse, ubi rem in genere spectes; nec si in genere rem spectes implicat, ut memoria lædatur medicamentis, quæ eam roborare creduntur.

Ex iis, quæ ad propositionem præcedentem dicta sunt, patet ratio, cur propositionis præsentis certam dare probationem non liceat, sed in levi aliqua probabilitate sit subsistendum. Neque vero ideo existimandum est, propositionem præsentem ac præcedentem tanquam inutilem omittendam fuisse: etenim cum vitæ philosophemur, omittenda non sunt, quæ ad eam faciunt; ubi autem certa rerum cognitio in potestate non est, ad evitandum ingens periculum, qualis memoriæ læsio est, vel minima probabilitas sufficit. Non omnem autem abesse a propositionibus, cum quibus jam nobis negotium est, probabilitatem, ex iis intelligitur, quæ de probabilitatis notione alibi dicta sunt (§. 587. *Log.*). Immo si non tanquam a veritate aliena rejicere velis, quæ de virtutibus medicis tradunt rei herbariæ scriptores; admittere quoque debes, quemadmodum confectio anacardina est præstans remedium memoriam & meliorem, & majorem efficiendi, ita

ean-

De Imaginatione & Memoria.

eandem dosi nimia sumtam, vel promiscue quibuslibet datam furoris causam existere. Et quis est qui ignoret vulgo affirmari, quod, qui memoriam roborare intendunt, eam tandem debilitari experiantur: quæ etsi in dubio relinquantur, non tamen ideo attentionem nullam merentur, ubi quæstio incidit, utrum remediis roborandi memoriam uti, an ab iisdem abstineri præstet.

§. 320.

Si memoria labitur, aut idea rei, cujus meminimus, salvis sociis mutata reproducitur, aut illa salva hæ mutatæ reproducuntur. Si enim memoria labitur, ideam reproductam habemus pro eadem, quam ante nos habuisse nobis conscii sumus, etsi mutata fuerit seu corrupta (§. 207. *Psychol. empir.*). Enimvero quando rei cujusdam meminimus, ideam ejusdem reproductam recognoscere valemus (§. 226. *Psychol. empir.*), adeoque eandem cum sociis reproduci necesse est (§. 174. 221. *Psychol. empir.*). Quamobrem necesse est, ut aut idea rei, cujus meminimus, salvis sociis mutata reproducatur, quo ex his illius identitatem colligamus; vel ut ideæ sociæ non mutata idea rei, cujus meminimus, mutatæ reproducantur, quo ex hac illarum identitas inferatur (§. 174. *Psychol. empir.*).

Lapsus memoriæ differentia.

Exemplum casus prioris jam dedimus, cum lapsum memoriæ definiremus *(not. §. 207. Psych. empir.)*. Exemplum posterioris habes, si ponas ideam plantæ exoticæ in horto Titii visam produci cum idea socia horti Sempronii, ut hinc tibi videaris plantam istam in horto Sempronii vidisse. Utrumque casum esse possibilem experientia obvia confirmat, ut adeo nemo sit, qui exempla a domestica petere non possit, modo desiderata statim in mentem veniant.

§. 321.

Lapsu memoriæ incidimus in errores, quod res talis fuerit, qualis non fuerat, vel quod eidem coëxtiterint, quæ non coëxtiterunt. Si enim memoria labitur, aut idea rei, cujus me-

Errores a lapsu memoriæ pendentes circa res facti.

(*Wolfii Psych. Ration.*) K k mini-

minimus, salvis sociis mutata reproducitur, aut illa salva hæ mutatæ producuntur (§. 320.). Quamobrem ubi de re, cujus meminimus, judicamus; in casu priori enunciamus, eam talem fuisse, qualis non fuit; in casu autem posteriori, ei coëxtitisse, quæ non coëxtiterunt (§. 39. Log.). Judicium adeo in utroque casu falsum est (§. 507. Log.). Lapsu adeo memoriæ in duplicem incidimus errorem, scilicet quod quid tale fuerit, quale non fuit, vel eidem coëxtiterint, quæ non coëxtitere (§. 623. Log.).

Ita aberramus a veritate, si imaginatio nobis sistit Titium veste rubra indutum, qui tunc, quando eum videbamus, viridi indutus erat, atque ideo judicamus: Titium veste rubra fuisse indutum, cum eum videremus. Similiter erramus, si imaginatio nobis sistit plantam exoticam in horto Titii, quam videramus in horto Mevii, ac ideo judicamus, plantam istiusmodi exoticam, qualem nunc conspicimus, esse quoque in horto Mevii. Erramus hic in rebus facti: cum enim imaginatio nobis præsentia sistat sensu olim percepta & beneficio memoriæ hæc recognoscentes judicemus, nos ea ante sensu percepisse; præsens propositio potissimum ad res facti spectat.

§. 322.

Errores a lapsu memoriæ pendentes circa veritates universales.

Lapsu memoriæ incidimus in errorem; si memoria nobis suggerit propositionem tanquam negativam, quam affirmativam eidem mandavimus, vel contra tanquam affirmativam, quam negativam eidem infiximus; vel si suggerit tanquam categoricam, quæ conditionata erat, vel etiam conditionatam seu hypotheticam sub aliena conditione. Quando enim memoria labitur, idea rei, cujus meminimus, aut ejusdem sociæ mutatæ reproducuntur (§. 320.). Quamobrem cum propositionibus, quibus veritates universales enunciantur, tanquam ex vocabulis constantibus (§. 199. Log.), respondeant ideæ ex ideis illorum vocabulorum compositæ (§. 290. 113.); ideæ istæ mutatæ re-

pro-

produci debent, quando memoria labitur. Quodſi vocabula ſupponantur nota, ut ipſa quoad ſyllabas mutationem patiantur fieri nequit, qualis contingere ſolet, ubi nomen aliquod peregrinum audivimus, quod ſatis meminiſſe non poſſumus, adeoque non aliæ mutationes accidere poſſunt, quam ut vel vocabula quædam adjiciantur, quæ abeſſe debebant, vel quædam abſint, quæ adeſſe debebant, vel quædam mutentur in alia. Inde vero porro intelligitur propoſitionem affirmativam in negativam, negativam in affirmativam, hypotheticam in categoricam, vel aliam conditionis alienæ abire poſſe.

Singulos errores a nobis lapſu memoriæ committi experientia confirmat. Quod vocabula quædam omittantur, oblivioni tribuendum, neque adeo quicquam difficultatis habet. Quomodo alia addantur vel in eorum, quæ oblivioni data fuere, locum ſuccedant, ex iis clarius perſpicitur, quæ de cauſa lapſus memoriæ oſtendimus (§. 210. *Pſychol. empir.*). Errores lapſu memoriæ commiſſi non ſemper ſunt in poteſtate noſtra, quemadmodum lapſus calculi teſtantur, quos vel in arte arithmetica exercitatiſſimis contingere conſtat. Equidem hic ſæpius defectus attentionis ſufficientis in cauſa eſt, ut error non vitetur; non tamen idem eodem modo ſeſe habet in caſibus aliis. Experientia communis ſuggerit exempla, ubi tanta eſt hominum in hoſce errores veritatis fiducia, ut attoniti hæreant, nec habeant quod dicant, dum ut finiatur contradictio erroris ſui manifeſto redarguuntur ab aliis.

§. 323.

Quoniam etiam in errorem incidimus, ſi in ſyllogiſmo propoſitionem quandam memoriæ lapſu pro vera accipiamus, quæ falſa eſt (§. 634. *Log.*) &, ſi hac concluſione erronea porro utamur tanquam præmiſſa in aliquo ſyllogiſmo, vera argumentandi forma in errores ulteriores incidimus (§. 626. *Log.*); *ex lapſu memoriæ vera argumentandi forma continuo ſerpunt errores, quamdiu non advertitur, qui lapſu memoriæ commiſſus primum fuerat.*

Errores ex lapſu memoriæ quomodo ſerpant.

Quoniam facillimum est lapsu memoriæ incidere in errorem, ut absonum foret alicui eundem imputare; ita non minus facile est in errores incidere ulteriores, quæ eadem absurditate alteri imputaveris. Notent hoc velim, quotquot in erroribus ab aliis admissis exaggerandis sibi placent, ne, dum acumine præstare videri volunt, hebetiores aliis deprehendantur, qui agnoscunt causam erroris ab iis perspectam minime fuisse, ut intellectus vitio tribuant, quod memoriæ lapsui erat tribuendum.

§. 324.

Quando lapsus memoriæ facilis.

Si quorum diu non meminimus, lapsum memoriæ facile committimus, ubi eadem in eandem nobis revocamus. Si quas enim ideas longo tempore non reproducimus, rerum per illas repræsentatarum obliviscimur (§. 217. *Psychol. empir.*), adeoque impotentiam contrahimus ideas illarum rerum reproducendi (§. 216. *Psychol. empir.*). Enimvero ubi postea eandem nobis in memoriam revocare conamur, ideas istas reproducere nitimur (§. 228. *Psychol. empir.*). Quamobrem accidere potest, ut quorundam idea particularis adhuc reproducatur, ceteris non reproductis, aut in eorum locum aliis substitutis prout fert occasio (§. 110. *& seqq. Psychol. empir.*). Jam cum ideam, qualis reproducitur, pro eadem habeamus, quæ nobis alias fuit; memoria labitur (§. 207. *Psychol. empir.*). Atque adeo patet lapsum memoriæ facile committi, ubi in memoriam revoces, quorum diu non meministi.

Patet adeo, quando memoriæ non nimis fidere, sed potius eandem suspectam habere debeamus, & quomodo lapsus evitari queant, quo fine præsentem apposuimus propositionem.

§. 325.

Cur in somnio meminerimus rerum tam

In somnio meminimus rerum, quas vigilantes percipimus, subinde quoque rerum, quas alias somniantes percipimus. Dum enim somniamus, res, quas percipimus, imaginamur (§. 122.).

Quam-

De Imaginatione & Memoria.

Quamobrem cum anima in producendis phantasmatis necessario *vigilando,* certæ legi adstringatur (§. 219.); si qua cum phantasmate, quo *quam so-* ipsi res absens tanquam præsens exhibetur (§. 127. *Psych. e mp.*), an- *mniando* tea conjuncta fuerat idea, eadem una producitur eodem modo, *percepta-* quo dum quid sensu percipitur, cum quo alias alia quoque sensu *rum.* percepta fuerunt, ideæ sociæ cum ipsa vi imaginationis produci solent (§. 117. *Psychol. empir.*), quam adeo pro phantasmate habemus, utpote contradistinctam alteri, vi cuius nobis præsens videtur res, de qua somniamus. Adest igitur ratio, cur ideam reproductam recognoscamus, quod scilicet illam jam antea habuerimus (§. 174. *Psychol. empir.*). Quamobrem eandem quoque recognoscere debemus (§. 118. *Ontol.*), consequenter in somnio quoque meminimus rerum, quas vigilantes percepimus (§. 226. *Psychol. empir.*). *Quod erat primum.*

Enimvero si vocabulis efferimus judicium, quo judicamus, nos ideam aliquam jam habuisse; idea hac in posterum reproducta, enunciatio ista una producitur (§. 286.). Quamobrem in somnio quoque, quod lege imaginationis conservatur (§. 123. *Psychol. empir.*), enunciatio ista una reproduci debet. Quamobrem si evigilantes de phantasmate aliquo judicaverimus, quod nobis per somnium occurrerit, atque idem in somnio denuo nobis objiciatur, in ipso quoque somnio reproduci debet judicium, quod istud, quod jam nobis in somnio succurrit, alias somniaverimus. Meminimus adeo in somnio, quod quid alias somniaverimus (§. 226. *Psychol. empir.*). *Quod erat secundum.*

Quoniam vero mediante isto judicio etiam meminisse possumus rerum, quas vigilantes percepimus, quod patet; eadem de causa quoque meminisse possumus rerum, quas vigilando percepimus.

Nos rerum in somnio meminisse experientia confirmat:
immo

immo nec ab eadem abhorret, quod in somnio judicemus nos quid alias somniasse & nunc revera contingere, quod alias somniaveramus. Ad domestica enim provocare possum exempla.

§. 326.

Somnium naturale quodnam sit. *Si somnium initium a sensatione capit & per phantasmatum successionem continuatur; naturale est.* Etenim si a sensatione initium capit; initium ejus est perceptio rei cujusdam materialis in mundo adspectabili, quæ per mutationem in organo sensorio factam intelligibili modo explicabilis (§. 65. 66. *Psychol. empir.*). Quamobrem cum sensationes pendeant ab unica illa vi, quæ animæ inest (§. 57. 61.), adeoque a vi sibi repræsentandi hoc universum situ corporis organici in universo & constitutione organorum sensoriorum limitata (§. 63.); initium somnii naturale est (§. 69.). Quodsi jam porro per successionem phantasmatum continuetur, cum ea sint ideæ ab imaginatione productæ (§. 93. *Psychol. empir.*); ab eadem vi animæ pendent, a qua sensationes oriuntur (§. 61.). Patet igitur ut ante, somnii quoque continuationem naturalem esse. Quamobrem cum somnii a sensatione initium capientis & per phantasmatum successionem continuati & initium naturale sit, & talis quoque ejusdem continuatio existat *per demonstrata*; somnium totum naturale erit.

Patet adeo, quæ alias (§. 123. *Psychol. empir.*) de somnio demonstrata sunt, de naturali somnio esse accipienda. Neque vero a nobis quis requisiverit, quod non universaliter pronunciare debuerimus, quæ nonnisi sub hac restrictione vera sunt, quatenus naturale est. Quidquid enim in philosophia traditur, sphæram naturalem non egreditur, cum philosophus quidem intelligat supernaturalia non esse absolute impossibilia, ignoret tamen, utrum actu dentur, nec ne, ac in Theologia naturali demonstraturi simus, quæ naturalia non sunt, rariora esse,

De Imaginatione & Memoria.

esse, naturale vero esse ordinarium. Ne tamen principiis philosophicis quis abutatur in praejudicium veritatis revelatae, sed iisdem potius ad hanc adversus ejusdem adversarios defendendam utamur, ubi opus fuerit, discrimen inter naturale ac supernaturale inculcandum. Quoniam itaque somniorum quoque scriptura sacra injicit mentionem, quae a naturalibus utique distinguenda veniunt; differentiam quoque somnii naturalis a supernaturali hic evidentius monstrari consultum duximus. Ceterum cum supponamus vi demonstrationis, qua veritas hypotheseos evicta (§. 123. *Psych. emp.*), sensationem & phantasmata eo modo oriri, quo vulgo oriuntur; eorundem quoque non alias dedimus rationes, quam quas eas habere ex principiis psychologicis claret.

§. 327.

Si naturale somnium est, initium capere debet per legem sensationis & continuari per legem imaginationis. Etenim si somnium naturale est, & initium ejus naturale esse debet, & naturaliter continuari debet: quod per se patet. Jam somnium naturale initium capit a sensatione (§. 123. *Psychol. emp.*). Quare cum sensationes necessario sequantur legem sensationis (§. 219. *Psychol. rat.* & §. 85. *Psychol. empir.*); somnium naturale per legem sensationis initium capit. Similiter somnium naturale per legem sensationis initium capit. Similiter somnium naturale per phantasmatum successionem continuatur, eodem nempe modo factam, quo eam fieri quotidie experimur (§. 123. *Psychol. empir.*). Quamobrem cum phantasmata non minus quam sensationes necessario sequantur legem suam (§. 219. *Psychol. rat.* & §. 117. *Psychol. empir.*); somnium naturale per legem imaginationis continuari debet.

Propositione hac habemus opus ad demonstranda subsequentia alia.

Inversio propositionis praecedentis.

§. 328.

Si somnium a sensatione nulla initium capit, supernaturale erit, utut per legem imaginationis continuetur. Etenim si somnium

Somnium quando supernaturale.

mnium a sensatione nulla initium capit, per legem tamen imaginationis continuatur; cum ideæ ab imaginatione productæ sint phantasmata (§. 93. *Psychol. empir.*), sine prævia sensatione phantasma primum, a quo somnium initium capit, oritur: quod cum naturaliter fieri non possit (§. 229.); somnium a sensatione initium non capientis, utut per legem imaginationis continuatum, naturale non est. Erit igitur supernaturale (§. 509. 510. *Cosmol.*).

Non definimus, an istiusmodi somnia dentur; sed nobis sufficit ostendisse, quandonam pro supernaturali habendum sit somnium, ne nobis hac in re vel ipsimet imponamus, vel ab aliis imponere patiamur.

§. 329.

Alia somnii naturalis species.

Si somnium per legem imaginationis non continuatur; supernaturale erit. Quodsi enim somnium non sit supernaturale, naturale erit (§. 509. 510. *Cosmol.*). Ponamus igitur esse naturale; per legem imaginationis continuetur necesse est (§. 326.): quod cum hypothesin evertat, somnium naturale esse nequit, quod per legem imaginationis non continuatur, adeoque pro supernaturali utique habendum.

Quodsi phantasmata in somnio non oriuntur per legem imaginationis; nec primum oriri a sensatione videri poterat (§. 117. *Psychol. empir.*). Nimirum pone phantasma primum a sensatione oriri; quæ vero primum sequuntur, per legem imaginationis minime inde sequi. Nulla sane videtur ratio, cur sensatio ac primum inde ortum phantasma præcedat. Quamobrem cum sine ratione sufficiente nihil esse possit; nec sensatio cum primo inde orto phantasmate locum habere potest. Enimvero si somnium supponamus supernaturale, erit illud divinum, quemadmodum ex Theologia naturali constabit. Ostendemus vero ibidem, Deum ad supernaturalia non recurrere, nisi ubi naturalia non sufficiunt media ad scopum, quem intendit, consequendum. Quodsi ergo supponamus,

mus, opus esse finis cujusdam gratia somnio supernaturali, hujus vero partem esse posse somnium naturale, constans nimirum ex sensatione ac inde derivato phantasmate vel pluribus hinc resultantibus phantasmatis; nullum profecto dubium est, Deum illam partem, quæ naturæ viribus existere potest, potentia miraculosa non esse producturum. Atque adeo patet nequaquam opus esse, ut, si phantasmatum successio per legem imaginationis non continuetur, somnium a sensatione ortum minime trahat. Aliter vero sese res habet, ubi nullum phantasma, quod somnium ingreditur, imaginationis lege nascitur: tunc enim sensatio prorsus superflua foret. Atque tum demum valet, quod a principio rationis sufficientis desumtum est argumentum.

§. 330.

In somnio supernaturali singulis phantasmatis respondent ideæ materiales in cerebro, supernaturales & ipsæ. Etenim in somnio supernaturali quæ nobis objiciuntur, eorum nos meminisse ubi evigilavimus & ubi cum aliis de eodem colloquendi offertur occasio, quin nemine dissentiente assumere liceat nullus dubito, qui somnia supernaturalia dari affirmat. Enimvero si rei cujusdam meminimus, reproducendi ideas materiales phantasmatis respondentes facilitas fibrillis nerveis, ex quibus cerebrum constat, inesse debet (§. 294.). Quamobrem cum ideæ mareriales in cerebro reproduci nequeant, nisi ante in eadem jam fuerint productæ (§. 241.); dum supernaturaliter in anima producuntur phantasmata per somnium, iisdem quoque coëxistere debent ideæ materiales in cerebro. Enimvero per se patet naturaliter tum in cerebro ideas materiales oriri minime posse, alias enim ipsis quoque coëxisterent naturaliter phantasmata in anima (§. 206.). Ideæ igitur materiales per somnium supernaturale supernaturaliter quoque producantur necesse est.

Status cerebri in somnio supernaturali.

Constabit nimirum ex Theologia naturali somnii supernatunaturalis autorem esse Deum, ibique demonstrabitur Deum nihil facere frustra. Quamobrem somniis quoque supernaturalibus, siquidem iisdem opus esse judicaverit, certum praestituet finem, veluti ut quendam admoneat venturorum, quo sibi cavere possit, quemadmodum accidit Josepho cum Christo infante ac matre ejus in Ægyptum fugam paraturo, ut necis periculum ab Herode intentum evaderet infans. Meminisse igitur somnii debet, qui supernaturale expertus est, quando evigilat. Minime igitur assumsimus, quod sit a veritate alienum.

§. 331.

Somnium supernaturale quale sit.

Somnium supernaturale miraculum est. Si quid enim supernaturaliter in corpore contingit, miraculum est (§. 510. Cosmol.) & si quid supernaturaliter in anima accidit, miraculum itidem est (§. 71.). Quamobrem cum somnia supernaturalia mutationes supernaturales & in corpore (§.330.), & in anima supponant (§. 327. 328.); erit somnium supernaturale miraculum.

Ita somnium istud Josephi, quod modo commemoravimus (*not*. §. 330,), utique miraculum fuit. Neque enim minus miraculosum censeri debet produci ideas materiales in cerebro, vel ideas rerum absentium in anima, nulla præsente causa naturali, cui effectus is tribui possit, quam deficiente causa naturali pluviam vel procellam oriri, aut visum, quo quis orbatus est, restitui. An vero nunquam possibile sit, ut miraculo in corpore facto, dum supernaturale est somnium, nullum in anima miraculum contingat, sed eidem naturalis quædam mutatio respondeat; tum demum patebit, ubi dependentiam animæ ac corporis a se invicem explicaverimus. Hanc igitur disquisitionem tantisper seponimus. Non tamen prorsus silentio prætereunda erat hæc quæstio, ne quis systemati influxus physici deditus sibi videre videatur aliis non animadversa & incautus in hac de somnio supernaturali doctrina, quam in usum theologicum defendendæ religionis revelatæ

gra-

De Imaginatione & Memoria.

gratia adversus ejusdem hostes dedimus, difficultates inutiles facessat. Ceterum praesens propositio docet, quam sit res ardua *somnium* supernatutale (quod & *divinum* vocant), ne quis facile sibi persuadeat somnium quoddam suum esse supernaturale, sibique & aliis eodem imponat, quemadmodum enthusiastis solenne. Si quis notiones distinctas & determinatas vocabulis jungere minime adsuetus vocabulo miraculi offendatur, is legat velim, quae supra annotata sunt *(not. §. 71.)*.

§. 332.

Ex somnio supernaturali oriuntur tam in anima, quam in corpore naturaliter, quae alias naturaliter oriri minime poterant. Ponamus enim, nos, dum evigilamus, somnii meminisse. Quoniam rei meminimus, si ideae, quas ante habuimus, reproducuntur & reproductae recognoscuntur (§. 226. *Psychol. empir.*), cum ideas, ex quibus somnium constat, habuerimus eaedemque istiusmodi sint, quales alias naturaliter sensuum primum, deinde imaginationis ope producuntur; nullum quoque dubium est, quin istarum idearum reproductio naturalis sit. Reproducuntur adeo ideae clarae ac distinctae, quae alias isto tempore reproductae minime fuissent & quarum adeo loco naturaliter productae fuissent aliae. Quodsi sermonis usus nobis fuerit familiaris, non potuerimus somnii supernaturalis meminisse, quin tacita mentis loquela ideas istas verbis indigitemus & ubi cum aliis de eodem loquendi occasio offertur, eadem verba clara voce efferamus. In utroque igitur casu tam in anima, quam in corpore mutationes naturaliter contingunt, quae alias non contigissent & quarum adeo loco contigissent aliae. Quodsi jam porro somnium supernaturale in actiones hominis influit; multo jam major sese offert eorum numerus, quae & animae, & corpori naturaliter jam accidunt, alias vero minime accidissent, ut opus non sit plura eam in rem addi.

Naturaliter qualia ex somnio supernaturali oriantur.

Nihil in his singulare est, quod non jam de effectu miraculorum in genere fuerit demonstratum quoad mundum materialem (§. 531. 532. *Cosmol.*) ac per ea, quæ de eodem demonstrata sunt, plenius intelligatur.

§. 333.

Cur quæ imaginamur pingi & sculpi possint.

Quicquid per modum visibilis imaginari possumus, idem etiam arte pictoria & sculptoria repræsentare valemus. Quando enim quid imaginamur, phantasma ejusdem in anima producitur (§. 93. *Psychol. empir.*), adeoque eidem respondet idea materialis (§. 206.). Cum idea materialis sit motus quædam species in fibrillis nerveis ex eo enatus, qui organi sensorii fibrillis nerveis a sensibili impressus ad cerebrum usque propagatus fuit (§. 112.); possibile est motum istiusmodi a causis materialibus excitari posse. Quoniam itaque arte pictoria & sculptoria repræsentari possunt res materiales, quæ, ubi existerent, motum quendam more rerum aliarum materialium fibrillis nerveis in organo sensorio visus imprimerent; quin arte pictoria & sculptoria exhiberi queant, quæ per modum visibilium imaginamur, dubio caret.

Quod hoc fieri possit, a posteriori annotavimus alibi (*not.* §. 138. *Psychol. empir.*). Hic vero rationem a priori reddere debuimus, ut certior sit asserti universalitas.

§. 334.

Cur partem sensibilis unam absque altera imaginari possimus.

Ut partem unam sensibilis absque altera imaginemur, per imaginationem materialem fieri potest. Sensibilium partes sensu distinguimus, si a diversis eorundem partibus diversis fibrillis nerveis motus imprimitur (§. 127.), consequenter motus hi diversi ad cerebrum propagati (§. 111.) diversas singularum partium ideas materiales in cerebro constituunt (§. 112.). Quoniam itaque motus hi diversi non propter contiguitatem fibrillarum, sed propter simultaneas in easdem impressiones coexistunt; non necesse est ideas materiales singularum partium

De Imaginatione & Memoria.

um sensibilis coëxistere, sed unam absque altera existere posse non repugnat. Quamobrem cum sensibile imaginemur, quando imaginatio materialis producit ideas materiales, nulla actione sensibilis in organo sensorio facta (§. 227.); ut idea materialis partis unius absque idea materiali alterius producatur, non repugnat. Per imaginationem itaque materialem fieri potest, ut partem unam sensibilis absque altera imaginemur.

Quod hic de imaginatione ostenditur, de ipso sensu manifestum est. Ponamus enim objecti cujusdam partem tegi ab objectis aliis, ita ut nonnisi radii ab una objecti parte in oculum incidere possint. Quodsi oculi situs sit fixus, radii ab ista parte adhuc in eandem partem retinæ incidunt, in quam ante incidebant, & iisdem fibrillis nerveis motum imprimunt, quibus eum ante imprimebant. Quoniam itaque motus idem ab iisdem fibrillis ad cerebrum propagatur, qui ante propagabatur, a fibrillis vero ceteris utpote non amplius tactis lumine, quod a ceteris visibilis partibus propagatur, nullus amplius ad cerebrum pertingit; idea utique materialis partis visibilis excitatur absque ideis materialibus partium reliquarum (§. 112.). Idem non absimili modo patet in vocabulis, quæ enunciationem aliquam, aut in unius vocabuli syllabis integrum vocabulum constituentibus, ubi cogitemus, vocabulum unum, vel unius vocabuli syllabam unam vel alteram pronunciari absque ceteris: quæ enim clara voce non pronunciantur, nec auditu percipiuntur. Immo si qua tactui debetur distincta tangibilis perceptio, de eadem idem quoque eodem prorsus modo patet, quemadmodum de vocabulis, cum perceptio distincta tangibilium successiva sit quemadmodum vocabulorum (§.163. & seqq.).

§. 335.

Si partem sensibilis peculiari vocabulo indigitare suevimus; ope ideæ materialis vocabuli reproducere licet ideam materialem illius partis absque ideis partium ceterarum, idemque verum est de ideis immaterialibus, seu phantasmatis. Etenim si partem sensibilis peculiari vocabulo indigitare suevimus, ideam

Quomodo partis unius ideam absque ideis partium ceterarum visibilis reproducere liceat.

ideam partis illius & nomen ipsius saepius conjunximus. Quamobrem cum idea vocabuli, qualis auditu percipitur, denuo producitur; idea quoque partis sensibilis hoc nomine denotata reproduci debet (§. 273. *Psychol. empir.*). Habemus adeo phantasma partis sensibilis absque ideis ceterarum partium. *Quod erat unum.*

Enimvero quando in anima reproducuntur perceptiones rerum, in cerebro quoque reproducuntur ideae materiales iisdem respondentes, sive sensuales fuerint, sive phantasmata (§. 113. 206.). Quamobrem dum vocabulorum ideae in anima quomodocunque producuntur, iis quoque respondentes ideae materiales in cerebro reproduci palam est. Cum ideis autem vocabulorum reproducuntur quoque ideae partium sensibilis, quae istis denotantur, ceteris non simul reproductis. Ergo quoque harum partium ideae materiales una reproduci debent, non reproductis simul ideis partium ceterarum. *Quod erat alterum.*

Haec ita sequuntur ex lege imaginationis, nec experientia refragatur, modo fallaciam, quae saepissime subrepit, detegere valueris.

§. 336.

Quandonam partem rei absque ceteris imaginari difficile.

Si rem quandam frequenter percepimus sive sensu, sive imaginatione; partem quandam ejus imaginaturis tota ejusdem idea vel maxime invitis recurrit. Etenim si rem quandam frequenter sive sensu, sive imaginatione percepimus, idea ejus saepius reproducta fuit. Quare cum perceptiones singularum partium semper simul fuerint productae; ubi idea partis reproducitur, ideae partium reliquarum simul reproducuntur, adeoque tota idea recurrit (§. 117. *Psychol. empir.*). Et quoniam cerebrum magnam ideam totalem reproducendi facilitatem contraxit (§. 241.), eaque in actuali quadam mutatione consistit (§. 245.); reproductionem quoque impedire difficile est, si subsi subinde saltem non prorsus impossibile, quamdiu cerebrum non quandam mutationem subit. Quamobrem si idea partis reproducenda, nobis vel invitis idea totius reproducitur.

Habemus adeo rationem evidentem, cur subinde impossibile nobis videatur partem aliquam objecti imaginari absque ceteris. Per praecipitantiam vero judicant, qui ab istiusmodi exemplis, qualia nobis plurima obvia esse debent, concludunt, idem universaliter in omni casu obtinere debere. Apparet adeo necessitas connubii rationis & experientiae, quod nunquam satis inculcari potest, & quod rationem quoque eorum, quae maxime obvia sunt atque hoc nomine contemni solent, omni attentione scrutari teneamur, ut determinate cognoscantur, siquidem a primis erroribus nobis cavere velimus, qui deinde longius latiusque serpunt.

§. 337.

Si partem quandam objecti praecisis ceteris non minus, quam totum aeque facile nobis imaginari velimus; partem objecti nomine suo indigitatam a toto avulsam cum rebus quibuscunque aliis nobis imaginari saepius tenemur, objectum vero totum nomine suo itidem insignitum alio tempore cum rebus ab istis diversis. Etenim si partem quandam objecti nomine suo saepius indigitavimus, ope ideae materialis nominis reproducitur quoque idea partis objecti hoc nomine denotata (§. 335.). Jam cum partem illius objecti tanquam a toto avulsam cum rebus aliis, qualescunque tandem fuerint, saepius imaginati fuerimus; idea partis reproducta, reproduci quoque debet idea rerum illarum (§. 117. *Psychol. empir.*). Cumque cerebrum contraxerit facilitatem reproducendi ideas istas materiales (§. 241.), quae quoniam in actuali mutatione consistit non facile tollitur; idea quoque partis a toto avulsae cum rerum ipso pro arbitrio sociatarum idea tenaciter cohaeret. Atque ita partem ab objecto suo avulsam commode imaginari licet. Quodsi jam objectum totum cum aliis rebus junximus eodem modo,

ex

Quomodo partem objecti sine ceteris imaginandi facilitatem contrahamus.

ex modo dictis patet beneficio nominis reproduci ideam totius objecti ideis rerum ipsi pro arbitrio sociatarum tenaciter adhærentem. Unde totum eadem commoditate, qua ante partem ab eodem avulsam imaginari licet.

Ponamus ideam cervi utpote sæpius a te conspecti, & cujus frequenter quoque meministi, tibi esse familiarem, ut statim recurrat, quoties de eo cogitandi quæcunque offertur occasio. Quodsi jam cornua cervi absque ejus capite ac reliquo corpore imaginari volueris, propositioni præcedenti convenienter idea totius cervi animo sese præsentem sistit. Ubi ergo posthac cervi cornua absque capite & corpore reliquo commode imaginari volueris, ut nullum cum imaginatione certamen sit ineundum, nec verendum, ne forsan in eodem succumbas; imaginare tibi sæpius cornua cervi humi jacentia in coemeterio, in quo nunquam vidisti cervum; cervum vero tanquam in sylva huc illuc currentem: Ipsa experientia te docebit, posse hisce ideis sociis ideam cornuum cervi ab idea totius cervi separari atque separatam teneri, quamdiu attentionem non ita defigis in idea principali, veluti cornua cervi, ut eandem quasi totam ab ideis sociis retrahas: id quod legi imaginationis convenienter fieri claret.

§. 338.

Medium tollendi difficultatem partis imaginandæ absque ceteris.

Quoniam ideam partis reproducendi facilitatem contrahere licet non obstante facilitate reproductionis ideæ totius (§. 337.); *si frequenter nobis imaginemur partem quandam suo nomine insignitam tanquam a toto avulsam cum rebus aliis quibuscunque, diversis tamen ab iis, cum quibus totum imaginari solemus; hoc ipso difficultas partem aliquam absque reliquis imaginandi tollitur.*

Ita si beneficio nominis cornuum cervi vix horum ideam reproduci posse experiaris, quin tota statim cervi idea animo præsens sistatur; cornua tanquam a cervo avulsa & in coemeterio humi prostrata ubi frequenter tibi imaginatus fueris, hæc a te commode vi imaginationis præsentia animo sisti

De Imaginatione & Memoria.

sisti posse deprehendes, utut non tollatur facilitas reproducendi ideam totius cervi, quando ejus meminisse volueris.

§. 339.

Quoniam beneficio vocabulorum sensibilia memoriæ facilius demandantur (§. 292.), eorumque ope facilius eadem retinentur (§. 293.); *ideam partis absque ceteris reproducendi facilitatem tibi comparaturus juxta propositionem præcedentem (§. 337.), verbis enuncia judicium de conjunctione ideæ partis cum ideis rerum reliquarum.* — *Quomodo medium istud facilitetur.*

Ita in præcedente exemplo judicium enuncia hisce verbis: *Cornua cervi prostrata humi sunt in cœmeterio.* Etenim quam primum animum subit vocabulum *cornu cervi*; verba quoque enunciationem istam componentia eundem una subeunt. Et quemadmodum cornu cervi idea reproducitur beneficio ejusdem vocabuli; ita etiam beneficio reliquorum reproducuntur ideæ sociæ: quæ cum etiam absque hisce reproducerentur vi ideæ cornu cervi, quatenus eidem sociæ sunt; duplex jam adest reproductionis causa. Atque adeo tanto facilius impeditur, ne cum idea cornuum cervi reproducatur idea totius cervi, ita ut imaginatio non amplius sistat cornua tanquam a cervo avulsa, sed eidem adhærentia. Etenim si vel maxime in casu opposito idea cornuum cervi reproducat quoque ideam totius cervi, ubi attentionem in iis solis defigis, ideis sociis quasi penitus ab eadem exclusis; non tamen auferetur idea cornuum a cervo avulsorum, sed videbis e. gr. cervum in cœmeterii loco alio, quam ubi cornua jacent, cum cervo una spectanda.

§. 340.

Ut perceptiones partiales diversorum entium compositorum combinemus & subjecto tribuamus modum in eo sensu nondum perceptum, ei tamen non repugnantem; imaginationi materiali minime repugnat. Imaginationi materiali minime repugnat, ut partem unam sensibilis absque aliis imaginemur (§. — *Quomodo imaginatio materialis combinare valeat ideas a se invicem separatas.*

(Wolfii Psych. Ration.) M m 334.)

334.) & beneficio vocabuli, quo tanquam nomine indigitatur, eandem reproducamus (§.335.). Quoniam fieri poteſt, ut beneficio vocabuli unius reproducatur idea alterius (§. 117. *Pſychol.empir.*), ipſis etiam reſpondentibus ideis materialibus (§. 290.) una reproductis (§. 206.); hoc pacto vocabulorum ope reproducere una licebit ideas materiales in cerebro diverſarum partium diverſis entibus convenientium. Quodſi ergo inter ideas materiales harum partium nulla producatur intermedia, qua a ſe invicem ſeparantur; erunt eædem contiguæ & in fibrillis contiguis motum quendam continuum exhibebunt, quales excitari ſolent partibus in eodem ſubjecto continuis in organum ſenſorium ſimul agentibus. Quoniam itaque imaginatio ideas materiales rerum abſentium, ſeu in organum ſenſorium tunc temporis, quando producuntur, non agentium producit (§.227.); imaginationi materiali non repugnat, ut perceptiones partiales diverſorum entium compoſitorum combinemus. *Quod erat unum.*

Quoniam modos non minus vocabulis tanquam ſuis nominibus indigitare valemus, eosque tanquam materiæ inhærentes nobis imaginari poſſumus; eodem quo ante modo patet, nec repugnare imaginationi materiali, ut ſubjecto tribuamus modum, qui eidem non repugnat, nunquam tamen nobis antea ſenſu in eodem perceptus fuit. *Quod erat alterum.*

Beneficio vocabulorum hæc idearum diverſarum combinatio arbitraria magis in poteſtatem noſtram reducitur, quam absque his fieri poterat: ut adeo nobis facile perſuadeamus homines uſu ſermonis expertes ab hac imaginationis operatione maxime eſſe remotos. Neque mirum videri debet, cur vocabulorum ope uniantur diverſarum partium ideæ materiales: cum enim ideæ iſtæ in cerebro non ſint unitæ ex eo, quod ſenſu ſimul fuerint perceptæ, neceſſe eſt ut beneficio vocabulorum ad ſimultaneam perceptionem perducantur & hac mediante uniantur,

§. 341.

De Imaginatione & Memoria.

§. 341.

Phantasmatum divisio & compositio imaginationi materiali non repugnat. Phantasmata enim dividuntur, si partem unam sensibilis absque altera imagineris (§. 139. *Psychol. empir.*). Enimvero ut partem unam sensibilis absque altera imaginemur; per imaginationem materialem fieri potest (§. 334.). Phantasmatum itaque divisio imaginationi materiali minime repugnat. *Quod erat unum.*

Similiter phantasmata componuntur, si perceptiones diversas partiales combinemus, ut unam compositam constituant (§. 142. *Psychol. empir.*). Enimvero imaginationi materiali non repugnat, ut perceptiones partiales diversæ ad constituendam unam compositam combinentur (§. 340.). Phantasmatum itaque compositio imaginationi materiali minime repugnat. *Quod erat alterum.*

Ex iis, quæ ad evincendam phantasmatum divisionem & compositionem in corpore stabilita fuere, apparet quantum ad eam usum afferant vocabula: supersunt tamen adhuc alia ad eandem spectantia, quæ ut intelligantur sequentes addere lubet propositiones.

Phantasmatum divisio & compositio an imaginationi materiali repugnet.

§. 342.

Si sensu confuse percepta vocabulis indigitare sueveris & ea subjecto cuidam pro arbitrio tribuas; fingere datur, quod alias vix ac ne vix quidem fingi poterat. Quæ sensu confuse percipiuntur, veluti qualitates pleræque sensibiles, ea difficulter, nec satis clare imaginamur (§. 94. *Psychol. empir.*), adeoque eorum ideæ materiales difficulter quoque producuntur (§.206.) & motus, in quo idea materialis consistit (§. 112.), admodum tardus est (§.126.), consequenter cum aliis ideis materialibus difficulter, immo vix ac ne vix quidem una produci & hoc pacto ad constituendam ideam unius subjecti uniri possunt. Ad fingendum itaque, quod an sit sensu nondum percepimus, vix ac

Vocabulorum usus quoad difficulter imaginabilia in fingendo.

ac ne vix quidem confuse percepta adhiberi possunt, si in earum perceptionibus acquiescas (§. 94. *Psychol. empir.*). Enimvero si confuse percepta vocabulis tanquam nominibus suis indigitare sueveris, cum hæc clare ac per se distincte percipiantur, nomina quoque confuse perceptorum facile imaginamur atque clare (§. 94. *Psych. emp.*), adeoque ipsis respondentes ideæ materiales (§. 290.) facile reproducuntur (§. 206.) & motus, in quibus eorum ideæ materiales consistunt (§. 112.), satis celer est (§. 126.). Quamobrem cum ideæ vocabulorum materiales facile combinentur cum aliis, etsi ipsis respondentes ideæ rerum vix ac ne vix quidem reproduci possint; fingere omnino licet ope vocabulorum, si subjecto tribuenda confuse percepta, quæ absque iis fingere vix ac ne vix quidem poteras (§. 144. *Psychol. empir.*).

Quod vero hac ratione fictiones extendi possint usque ad impossibilia, jam alibi dictum est (§. 146. *Psychol. empir.*): ubi etiam ea adjecimus, quæ ad confusionem entis ficti cum reali evitandam, consequenter profluentes ex hoc fonte errores avertendum, notanda veniunt (§. 147. *Psychol. empir.*).

§. 343.

Quomodo phantasmatum compositio facilitetur.

Si vocabulis enunciemus, quæ subjecto cuidam inesse debent, ac postmodum ipsis respondentes ideas in memoriam revocare studemus; phantasmata per compositionem ac divisionem aliorum composita facilius producere licebit. Etenim cum vocabula ipsis visibilibus clarius atque facilius imaginemur (§. 288.), multoque clarius & facilius quam odores, sapores & qualitates tactiles, quæ solo tactu percipiuntur (§. 289.), ac præterea vocabula, quæ aliquam enunciationem ingrediuntur, non ita inter se cohærent, quemadmodum partes entis alicujus compositi, sed varie nunc cum his, nunc cum aliis junguntur; vocabula quoque facilius componere valemus, quam ideas ipsis respondentes, consequenter facilius est verbis enunciare, quæ subjecto alicui

alicui inesse volumus, quam subjectum ipsum partialibus ideis in unam coagmentatis sibi repræsentare. Enimvero cum ad vocabula attentis recurrant etiam ideæ rerum ipsis indigitatarum (§. 273. *Psychol. empir.*); ad vocabula eo fine attenti, ut eædem recurrant, eas reproducere, consequenter in memoriam revocare studemus (§. 228. *Psychol. empir.*). Quoniam itaque id facientibus occurrit phantasma, quod per divisionem ac compositionem aliorum producere intendebamus; patet utique nos facilius producere phantasmata per aliorum divisionem ac compositionem composita, si vocabulis enunciemus, quæ eidem inesse volumus; ac postmodum respondentes vocabulis ideas in memoriam revocare studemus.

 Exempli loco esse possunt, quæ de figuris hieroglyphicis dicta sunt (§. 152. & seqq. *Psychol. empir.*), quamvis ad eas quoque concurrant mentis operationes; quæ tamen non obstant, quo minus propositioni præsenti illustrandæ inserviant: neque enim supponimus modum, quo ad compositionem phantasmatis delabimur, cum ejus diversitas hic nullum habeat momentum. Quodsi displiceat; ecce tibi exemplum aliud! Fingendum tibi propone animal, cui sit caput cervinum, truncus equi, cauda leonis, pedes sint caprini & aures leporinæ. Nemo non in se experiri poterit, hæcce vocabula in formam enunciationis compositæ coacervari posse, utut idea phantasmatis animo nondum obversetur: quo facto ejus subsidio producere licebit phantasma istiusmodi animal exhibens. Immo si quis vim imaginationis nondum in potestatem suam ita redegit, ut ideæ isti hoc subsidio producendæ sufficiat; eodem tum uti poterit, si artis pictoriæ fuerit peritus, ad animal istiusmodi pingendum & imagine sæpius vel diu conspecta ideæ producendæ facilitatem acquirendam.

§. 344.

Si attentionem dirigis in quidpiam sensu perceptum, a quo eundem avertere poteras; phantasma inde ortum a libertate animæ

Quando libertas animæ influat in actum imaginationis.

animæ pendet quoad actum. Etenim si in quidpiam, quod sensu percipis, attentionem tuam dirigis, cum eam ab eodem avertere posses; dubio caret, quod attentionem in eam dirigere libere velis (§. 194. *Psychol. empir.*). Necesse igitur est, ut ea etiam velis, quæ ex hac attentione necessario consequuntur. Quoniam itaque eadem posita phantasma necessario producitur, quod per legem imaginationis inde pendet (§. 224.); phantasma ortum ex idea sensuali, in quam attentionem tuam dirigis, cum eam inde avertere posses, a libertate animæ pendet.

Cur hic inquiramus, quandonam phantasmata a libertate animæ pendeant, eadem prorsus ratio est, quam supra dedimus, cur investigari debeat dependentia sensationum a libertate (*not.* §. 151.).

§. 345.

Alius casus. Quoniam phantasmata perinde ex phantasmatis, ac ex ideis sensualibus oriuntur (§. 117. *Psychol. empir.*); *si attentionem dirigis in phantasma, a quo eam evertere poteras; phantasma inde ulterius ortum a libertate animæ pendet* (§. 344.).

Si ita visum fuerit, majoris evidentiæ gratia integram demonstrationem propositionis præcedentis ad præsentem applicare poteris.

§. 346.

Adhuc alius casus. *Si attentionem in idea aliqua sensuali, vel phantasmate aliquo conservas cum eam inde retrahere posses; phantasma in utroque casu inde ortum a libertate animæ pendet.* Eodem prorsus modo ostenditur, quo dependentiam phantasmatis a libertate animæ evicimus ob attentionem in ideam sensualem conversam (§. 344.).

Attentionis conservatio est quasi continuata ejusdem in idem objectum directio; continuatio autem iterationem ejusdem actus involvit. Quamobrem præsens propositio instar præcedentis per modum corollarii inferri poterat.

§. 347.

De Imaginatione & Memoria.

§. 347.

Si vocabulorum ope phantasma aliquod in te excitare studes; ejus productio a libertate animæ pendet. Si enim phantasma aliquod vocabulorum ope in te suscitare studes, attentionem non modo in vocabula dirigis, quam inde avertere poteras; verum etiam vocabulorum ideas & phantasma sæpius una reproduxisti eo fine, ut illorum idea reproducta hoc quoque recurrat, cum idem omittere poteras. Quamobrem non modo priore de causa a libertate animæ pendet (§. 344.); verum etiam nexus inter ideam vocabulorum & phantasma, qui absque libera voluntate tua non datur, ab eadem proficiscitur (§. 941. *Psychol. empir.*).

Casus quartus.

Priori de causa pendet a libertate productio phantasmatis immediate; posteriori autem de causa mediate.

§. 348.

Si per operationes mentis elicis ea, quæ ad constituendum aliquod phantasma concurrere debent; ejus productio a libertate animæ pendet. Etenim si per operationes mentis, quas inter etiam ratiocinatio locum habet (§. 325. *Psychol. empir.*) ea elicis, quæ ad constituendum phantasma aliquod concurrere debent, veluti quæ figuram aliquam hieroglyphicam ingrediuntur (§. 252. *Psychol. empir.*), phantasmatis productionem intendis & ut hanc consequaris, operationes mentis adhibes, quas omittere poteras. Quamobrem phantasmatis hujus productio a libertate animæ pendet (§. 941. *Psychol. empir.*).

Casus quintus.

Perpende aliquod figuræ hieroglyphicæ exemplum, vel uti animæ apud *Comenium* aut Diaboli sub forma monachi Franciscani apparentis (*not.* §. 152. *Psychol. empir.*), & considera, quales sint mentis operationes, quibus productio illius phantasmatis tribuenda; statimque videbis, quam multæ hic concurrant actiones animæ liberæ.

§. 349.

Sectio I. Cap. III.

Casus sextus.

§. 549.

Si phantasma repræsentat rem sensu perceptæ libere; ejus quoque reproductio, etsi non libere facta, adhuc tamen a libertate pendet. Si enim phantasma aliquod rem repræsentat libere sensu perceptam *per hypoth.*; fieri poterat, ut rem istam sensu minime perciperes (§. 941. *Psychol. empir.*). Quodsi ergo impedivisses, ne eam perciperes, vel ab ea percipienda, quemadmodum poteras, abstinuisses; vi imaginationis idea ejusdem reproduci minime poterat (§. 117. *Psychol. empir.*). Ratio igitur, cur produci posthac possit, a libertate animæ petenda (§ 56. *Ontol.*), atque adeo possibilitas reproductionis ab eadem pendet (§. 851. *Ontol.*). Quamvis ergo ejus actualis reproductio libere non fit *per hypoth.* quoniam tamen actualitas nihil mutat quoad possibilitatem; phantasmatis reproductio adhuc a libertate animæ pendet.

Quandonam libertas animæ in sensationem influat, dictum est in superioribus (§. 151. & seqq.). Atque adeo non opus est, ut determinationes speciales adjiciantur.

§. 350.

Memoria quomodo a libertate pendeat.

Si quid memoriæ mandamus, vel diu eadem retinere studemus; ut ejus facile meminisse, non autem oblivisci possimus, a libertate animæ pendet. Si quid enim memoriæ mandamus, ejus ideam reproducendi facilitatem nobis comparamus (§. 178. *Psychol. emp.*) diu ac sæpius idem cum aliis simul percipiendo, vel quædam simul percipiendo (§. 179. *Psychol. empir.*). Necesse igitur est, ut aut diu attentionem nostram in re, quando percipitur, conservemus, cum eam alio verterre possimus, vel ejus iteratam perceptionem promoveamus, cum tamen ab eadem abstinere possemus. Quamobrem libertas influit in illas actiones, quibus aliquid memoriæ mandamus (§. 941. *Psychol. empir.*). Enimvero quæ sæpius ac diu sive sensu, sive

De Imaginatione & Memoria.

five imaginatione simul percipimus, eorum ideæ & facile reproducuntur (§. 108. *Psychol. empir.*) ac reproductæ recognoscuntur (§. 213. 214. *Psych. emp.*), consequenter eorum meminisse possumus (§. 226. *Psych. empir.*). Quod itaque facile meminisse possimus, a libertate animæ pendet. *Quod erat primum.*

Quodsi quid memoria retinere studemus, eorum sæpius in nobis ideam reproducimus, sive sensuum, sive imaginationis ope, cum idem intermittere poteramus (§. 181. *Psychol. empir.*). Quamobrem ut idem diu retineamus, a libertate nostra pendet. Enimvero si quorum sæpius in nobis ideam reproducimus; eorum quoque facile meminisse possumus, quemadmodum modo ostendimus. Quamobrem si quid diu memoria retinere studemus, ut eorum facile meminerimus, a libertate nostra pendet. *Quod erat secundum.*

Qui rei facile meminit, is & ideam ejus reproducendi, & eam recognoscendi facilitatem habet (§. 226. *Psychol. empir.*), adeoque cum oblivio consistat in impotentia ideas reproductas recognoscendi (§. 215. *Psychol. empir.*) & ad eandem quoque spectet impotentia ideas reproducendi (§. 216. *Psychol. empir.*), ut quis illius rei obliviscatur fieri nequit (§. 28. *Ontol.*). Quamobrem cum a libertate pendeat, ut ejus facile meminerit, si quid memoriæ mandat, vel eadem diu retinere studet *per num. 1. & 2;* a libertate quoque pendet, quod ejus rei oblivisci nequeat, quam memoriæ mandat, vel diu eadem retinere studet.

Non jam quæritur, an successu temporis iterum ejus oblivisci queamus, cujus facile meminimus; sed an id statim oblivioni dare possimus, ut ne semel quidem posthac ejus idea recurrat. Prius fieri posse alibi ostendimus (§. 217. *Psych. emp.*), & tota die experimur: posterius vero est id, quod hic fieri non posse supponitur.

(*Wolfii Psych. Ration.*).   Nn   (§.351.)

§. 351.

Oblivio quando a libertate animæ pendeat

Si quas ideas, quarum reproductio in potestate tua est, longo tempore reproducere nolis; oblivio a libertate animæ pendet. Etenim si reproductio alicujus ideæ in potestate tua posita est; arbitrii tui est, utrum eas longo tempore producere nolis, an vero subinde reproducere velis. Quamobrem si longo tempore reproductionem intermittis; libere hoc facis (§. 941. Psychol. empir.). Enimvero si quas ideas longo tempore non reproducis, rerum per illas repræsentatarum obliviscēris (§. 217. Psychol. empir.). Oblivio igitur rerum, quarum ideas reproducere in tua potestate est, a libertate animæ pendet.

Propositio præsens agit de oblivione eorum, quæ memoria firmiter tenemus. Ad eam illustrandam faciunt exempla oblivionis rerum maxime familiarium alibi tradita *(not. §. 217. Psychol. empir.)*.

§. 352.

Alius casus.

Si quis attentionem ab objecto, quod percipit, statim avertit, cum eam in eodem retinere posset, vel ejus, quod semel percepit, ideam reproducere negligit, cum reproducere posset; oblivio a libertate animæ pendet. Si quis attentionem ab objecto, quod percipit, statim avertit, cum eandem in eodem retinere posset; libere hoc facit (§. 941. Psychol. empir.). Enimvero si attentionem ab eodem statim avertit, non diu idem percipit, adeoque idem memoriæ non mandat (§. 179. Psychol. empir.), consequenter ideam ejus reproducendi facilitatem sibi non comparat (§. 178. Psychol. empir.), adeoque impotentia eam reproducendi laborat. Quare cum ideam reproductam recognoscere nequeat, qui eam reproducere nequit; qui attentionem ab objecto, quod percipit statim avertit, eam oblivioni dat (§. 215. Psychol. empir.). Oblivio igitur attentionem ab obje-

objecto statim avertentis, in quo eam retinere poterat a, libertate animæ pendet. *Quod erat unum.*

Si quis ideam ejus, quod semel satis percepit, reproducere negligit, eodem prorsus modo ostenditur, quod oblivio a libertate animæ pendere debeat. *Quod erat alterum.*

§. 353.

Si sensationes negligimus, quæ in potestate nostra sunt, vel ex decreto animæ easdem impedimus; absentia idearum, quas nobis acquirere poteramus, a libertate nostra pendet. Quando enim sensationes negligimus, aut easdem studio impedimus; tum sensationes istas in nobis experiri poteramus, si voluissemus. Quamobrem a libertate nostra pendet, quod eas neglexerimus, vel impediverimus (§. 941. *Psychol. empir.*), consequenter quod nobis rerum quarundam ideæ absint.

Quando idearum absentia a libertate nostra pendeat.

Quoniam in superioribus ostendimus (§. 151. & seq.), quandonam sensationes a libertate animæ pendeant; exinde quoque intelligitur, quibusnam in casibus particularibus a libertate pendeat, quod quas ideas non habeamus. Ceterum hactenus tradita principia non contemnendum in Moralibus usum habent, ubi disquiritur, quantum homini actiones suæ sint imputandæ. Memoriæ igitur probe infigenda, ut ea familiaria experiamur. Non negligenda ob intellectus facilitatem, quæ commendanda ob insignem in arduis utilitatem.

§. 354.

Intuitus ideæ universi non uno modo a libertate animæ pendet, aut, si mavis, ejus directiones sæpius in animæ potestate sunt. Intuemur enim ideam universi, quæ in nobis existit (§. 192.), quatenus nonnulla, quæ eidem insunt clare percipimus (§. 193.). Quoniam clare percipimus, quod agnoscere & a perceptibilibus ceteris distinguere valemus (§. 31. *Psychol. empir.*), adeoque in numero perceptionum clararum non minus phantas-

Intuitus ideæ universi a libertate animæ dependentia.

tasmata sunt, quam sensationes, prout unusquisque in se experitur, modo quid sit sensatio, quid phantasma meminerit (§. 65. 92. 93. *Psychol. empir.*); sensationes vero non minus (§. 151. & seqq.), quam phantasmata non uno modo a libertate animæ pendent (§. 344. & seqq.); intuitus ideæ universi non uno modo a libertate animæ pendet.

Sensationes pariter ac phantasmata, quibus intuitus universi continetur, eadem vi animæ (§. 60.), qua sibi universum repræsentat (§. 63.), adeoque per essentiam & natura ipsius producuntur (§. 66. 67.) & in utrisque anima certis necessario adstringitur legibus, ut pro arbitrio suo in hisce perceptionibus nihil variare ipsi integrum sit (§ 219.). Enimvero cum ideam integram universi non simul intueri possit (§. 194.), circa directionem vis illius libertati ejus quidpiam relictum, ut nimirum ad has potius tendat, quam ad alias æque possibiles per leges sensationis atque imaginationis.

§. 355.

Lex imaginationis libertati non adversa.

Lex imaginationis non tollit libertatem. Etenim vi imaginationis ea percipimus, quæ antea cum eis percepta fuere, si attentionem nostram dirigimus in id, quod sensu percipitur, vel etiam in aliquid, quod in præsente phantasmate continetur (§. 224. 225.). Quamobrem cum sensationes & phantasmata non uno in casu quoad actualitatem a libertate animæ pendeant (§. 151. & seqq. atque 344. & seqq.); lex imaginationis nec libertati adversatur, quatenus vel sensationem quandam, vel phantasma aliquod præcedaneum in anima supponit, nec quatenus phantasmata in eadem producuntur. Libertatem adeo animæ non tollit.

Qui verentur ne animæ lege imaginationis necessitas imponatur libertati adversa, notionibus legis confusis ac obscuris sese confundunt. Ex ipsa enim lege imaginationis distincte agnita deducitur, quemadmodum ex demonstratione propositionis præsentis attente considerata perspicitur animæ competere

De Imaginatione & Memoria.

petere quandam in actualitatem phantasmatum libertatem, tantam nempe, quanta in imaginando dari potest. Qui majorem desiderat, quid sibi velit non intelligit. Vult enim loqui lapides & arbores loco florum maturos statim edere fructus. Qui principiis ontologicis de ente imbutum habet animum; ei ut in mentem veniat tam absurda cogitatio fieri omnino nequit.

§. 356.

Lex imaginationis libertatem animæ ne quidem restringit. Etenim vi legis imaginationis anima ea percipere debet, quæ antea cum hoc sensu percepta fuere, in quod jam attentionem suam dirigit, sive hoc sensu percipiatur (§. 224.), sive vi imaginationis præsens sistatur (§. 225.). Jam lex sensationis libertatem animæ ne quidem restringit (§. 222.). Quamobrem nec lex imaginationis ideo libertatem animæ restringere potest, quatenus sensationes supponit. Porro cum phantasmata a libertate animæ pendeant, quatenus pendent a directione attentionis in perceptionem aliquam præsentem (§. 344. 345.); nec lex imaginationis libertatem hominis restringit, quatenus supponit directionem attentionis in perceptionem aliquam præsentem. Quoniam vero essentiæ ac naturæ animæ conveniens est, ut lex imaginationis sensationes præsupponat (§. 229. 224), & attentionem in perceptionem aliquam præsentem requirat (§. 224. 225.); tanta in phantasmata per legem istam animæ libertas est, quantam essentia ac natura ejus permittit. Quare cum lex imaginationis nihil in ea immutet, eandem nullo modo restringit.

An lex imaginationis libertatem restringat.

Repetenda hic sunt, quæ supra de lege sensationum libertatem non restringente annotata sunt (*not.* §. 222.).

CAPUT IV.

DE
Attentione & Intellectu.

§. 357.

Attentioni quid in corpore respondeat.

Si attentionem in sensibile aliquod dirigimus, aut idea materialis ejusdem celerior, aut ideæ materiales ceterorum, quæ simul percipiuntur, tardiores fieri, aut idea illa hisce mutatis continuo ac subito conservari debet. Etenim si attentionem nostram in sensibile aliquod, quod una cum ceteris percipitur, dirigimus, perceptio ejus clarior est perceptionibus ceterorum, quæ una percipiuntur (§. 237. *Psychol. empir.*). Necesse igitur est, ut motus, in quo idea ejusdem materialis consistit (§. 112.), celerior sit motu, in quo ideæ materiales ceterorum una perceptorum consistunt (§. 125.). Quoniam vero motus aliquis celerior fieri potest ceteris, vel si ceterorum celeritate non variata ejus augetur celeritas, vel si hac manente eadem, illa minuatur; motus, in quo idea materialis sensibilis consistit, ad quod attendimus, aut celerior fieri, aut reliquorum ideæ materiales tardiores evadere debent. Quodsi ideæ quædam prorsus evanescant, motus, in quo consistunt, extinguitur; ejus vero motus, quæ ipsis coëxistens conservatur, continuo reproducitur (§. 233.). Quamobrem cum perinde sit, ac si motus aliqui alio manente eodem fierent infinite tardi, & attentioni locus sit, ubi ideæ coëxistentes materiales tardiores efficiuntur, reliquæ celeritate manente eadem *per demonstrata;* si attentionem anima in sensibile quoddam dirigit, accidere quoque potest, ut idea aliqua ceteris eidem coëxistentibus continuo variatis conservetur.

Ultimum quoque ita ostenditur. Dum attentionem nostram in objectum aliquod convertimus, idea ejus nobis clarior est

est ceteris coëxistentibus (§. 237. *Psychol. empir.*), adeoque eandem magis appercipimus quam coëxistentes (§. 235. *Psychol. empir.*), consequenter ejusdem magis nobis conscii sumus, quam ceterorum (§. 25. *Psychol. empir.*). Quamobrem cum id contingere debeat, ubi idea aliqua coëxistentibus continuo variatis conservatur, ut harum vix ac ne vix quidem, illius autem optime nobis conscii esse possimus; evidens utique est, si attentionem in sensibile quoddam dirigimus, accidere posse, ut idea materiali ejusdem subsistente coëxistentes continuo mutentur ac subito. Pone enim majoris evidentiæ gratia, ideas coëxistentes eandem habere claritatem cum ea, in quam dirigitur attentio. Cum initio omnium simul tibi sis conscius, unius tibi conscius manes, dum ceterorum conscius tibi esse desinis. Atque adeo hoc ceteris magis appercipis (§. 25. *Psychol. empir.*), consequenter in eo hæret attentio (§. 235. 237. *Psychol. empir.*).

 Cum in Psychologia rationali rationem reddamus eorum, quæ animæ insunt (§. 4.), vi autem essentiæ ac naturæ animæ rationes eorum, quæ in anima accidunt, per ea sæpius patent, quæ in corpore contingunt (§. 66. 67. *Psychol. empir.*); ideo nobis incumbit explicare, quales mutationes in corpore contingant, dum aliquas in anima accidere experimur: id quod non modo plurimum lucis affundit mutationibus, quæ in anima accidunt; verum etiam inferius in explicandis & dijudicandis hypothesibus de commercio animæ cum corpore plurimum adjumenti afferet. Postquam igitur facultatem cognoscendi inferiorem explanavimus, & ad superiorem jam sit progrediendum, ab illa vero ad hanc mediante attentione fit progressus; ideo nobis quoque explicandum est, quid in corpore accidat, dum in sensibile aliquod attentionem nostram dirigimus.

§. 358.

Si attentionem in visibile dirigimus; oculum eidem directe obvertimus. Etenim si attentionem in visibile dirigimus, ejus

Cur ad visibile attenti oculum

eidem directe obvertamus.

ejus ideam clariorem ceteris una perceptis efficere studemus, quantum datur (§. 277. *Psychol. empir.*). Enimvero nemo non in se ipso experitur, quod in iis, quæ simul percipiuntur, illud clarius ac distinctius ceteris percipiatur, quod oculo directe objicitur. Quamobrem si attentionem nostram in visibile dirigimus; oculum eidem directe obvertimus.

E. gr. ponamus te intueri faciem hominis & attentionem tuam dirigere velle in os; te oculum directe obvertere ori experieris. Quovis igitur momento in te ipso experiri poteris quod hic sumitur. Dicitur autem *oculus directe obverti objecto*, si radii inde in oculum illabentes sint ad centrum pupillæ perpendiculares, vel prope ad perpendiculum accedant.

§. 359.

Cur attentionis ad visibilia arctus sit limes.

Quoniam itaque oculum objecto directe obvertimus, si radii ab eodem in eum illapsi ad pupillæ centrum sint perpendiculares, vel prope ad perpendiculum accedant (*not.* §. 358.), atque adeo aliter fieri nequit, quam ut oculus nonnisi exiguæ parti directe objiciatur; *attentio quoque nonnisi ad exiguam visibilis partem dirigi potest.*

Ita si in integram faciem hominis, quam intueris, attentionem tuam dirigere volueris, id fieri a te minime posse animadvertes; sed hærere attentionem in parte admodum exigua experieris, ita ut, si ad aliam simul attentionem directurus, oculi situs statim mutetur & pristina attentione quasi evanescente nascatur ea, quæ ad aliam dirigitur. Atque adeo patet, quam arctus sit attentionis, quam ad visibilia afferimus, limes.

§. 360.

Idem uberius confirmatur.

Quo majorem attentionem adhibemus ad visibile, eo minor est pars, ad quam dirigitur. Etenim id maximam habet claritatem, quod radium ita in oculum immittit, ut ad centrum pupillæ sit perpendicularis, quemadmodum ex iis intelligitur,

quæ

De Attentione & Intellectu.

quæ paulo ante dicta funt (§. 358.). Quamobrem cum unicum tantummodo fit punctum, a quo radius perpendiculariter in centrum pupillæ incidit (§. 213. *Geom.*); etfi radii ad fenfum perpendiculares pro perpendicularibus habeantur, ad phyficum tamen punctum accedere debet, quod maximam præ omnibus claritatem habet, feu oculo directe objicitur. Quamobrem cum eo majorem attentionem adhibeamus, quo magis ea, quæ claritate diftinguuntur, a fe invicem difcernere conamur (§.237. *Pfychol. empir.*); eo minorem vifibilis quoque partem refpicit attentio, quo majorem adhibemus.

Experientia, quæ hic dicuntur, fatis confirmat. Sane fi attentionem adhibemus maximam, quam ad literam aliquam fcriptam afferre poffumus; non integram complectimur fimul, fed ejus ductum in varias quafi partes dividimus & ad minutiffimam partem eandem dirigimus. Hac attentione utimur, ubi accuratiffime quidpiam contemplari voluerimus. Si quis dubitet, an major effe poffit claritas in iis, quæ directe oculo objiciuntur, haud difficulter ex differentia ictus perpendicularis & obliqui idem demonftrare liceret, quorum illum hoc fortiorem effe conftat (§. 552. Mechan.); fed cum non omnibus principium mechanicum fit perfpectum, in iis acquiefcere malumus, quæ a pofteriori certa funt, ne fatis clara obfcurare videamur, ubi ad majorem evidentiam deducuntur, at quæ nonnifi eorum mentem percellit, quibus veritas principii mechanici explorata eft.

§. 361.

Quoniam oculus eidem directe obvertitur, in quod attentionem dirigimus (§. 358.), *fi nulla adfit ratio, cur attentionem noftram alio dirigamus, eandem ea vifibilis pars in fe quafi trahit, quæ oculo directe objicitur, aut, ubi accuratis contemplationibus non fumus adfueti, illud vifibile, quod cum pluribus in oculum fimul incurrens eidem maxime directe objicitur.*

Quodnam vifibilium attentionem in fe trahat & quandoid fiat.

Probe notanda eft hæc propofitio, quam unusquisque in

(*Wolfii Pfych. Ration.*) Oo fe

se quoties visum fuerit, experiri potest, cum in ea sæpissime contineatur ratio, cur vi imaginationis occasione eorum, quæ videmus, hæc potius in mentem veniant quam alia (§. 224.). Quæ enim de ratione attentionis adhibitæ hic docentur, non alio fine inculcantur, quam ut legem imaginationis rectius applicare discamus: id quod & in Moralibus summæ est utilitatis.

§. 362.

Conservationi attentionis ad visibile quid in corpore respondeat.

Si attentionem ad visibile conservare volueris; oculum ad ipsum directum conservare debes. Etenim si attentionem ad visibile conservare volueris, eandem continuare debes. Enimvero si attentionem in visibile dirigis, oculum eidem directe obvertis (§. 358.). Ergo si eandem conservace volueris, oculum eidem directe obversum conservare debes.

Potest etiam ita ostendi. Qui continuat eandem attentionem, ille nil quicquam in eadem mutat. Jam vero in attentione non occurrunt, quæ mutari possunt, nisi objectum & directio ad idem. Quoniam itaque directioni attentionis in visibile in corpore respondet directio oculi in idem; si attentio conservatur, oculus eidem directe obversus conservari debet.

Quoniam hoc unicum medium est conservandi attentionem ad visibile, conservatione autem attentionis sæpius opus habemus; veritatem propositionis ita in nobis experimur, ut eidem repugnare ne possimus quidem, etsi velimus.

§. 363.

Attentio ad visibile quando a libertate animæ pendeat.

Quodsi ex decreto animæ oculum visibili directe obvertis vel directe obversum in hoc situ detines; attentio a libertate animæ pendet. Sive enim ex decreto animæ oculus visibili directe obvertatur, sive in hoc situ aliquandiu retineatur; directio oculi in visibile a libertate animæ pendet (§. 941. *Psychol. empir.*). Enimvero si oculum directe in visibile dirigis (§. 358.) & si oculum ad ipsum directum conservas, attentio

De Attentione & Intellectu.

tentio ad visibile conservatur (§. 362.), consequenter directio & conservatio attentionis a directione oculi & conservatione ejusdem directionis pendet. Quamobrem si ex decreto animæ oculus visibili directe obvertatur & in hoc situ detineatur; attentio & conservatio attentionis a libertate animæ pendet.

Propositiones de situ oculi directioni & conservationi attentionis respondente posse inverti, adeo obvium est, ut eas invertendo propositionum numerum præter necessitatem augere noluerimus. Quando enim per se patet aut, si mavis, ex principiis generalibus logicis manifestum, propositionem posse inverti, non opus est ut inversa demum demonstretur. Ita in præsente casu palam est, directionem attentionis in anima & directionem oculi in corpore sibi invicem ita respondere, ut alterutra posita ponatur & altera. Id quod in corpore accidit est ratio ejus, quod accidit in anima. Quare si unum est, alterum quoque esse debet (§. 70. 118. *Ontol.*).

§. 364.

Si ex decreto animæ oculum visibili directe obvertis, vel in hoc situ retines; occasione ejusdem tibi occurrens phantasma a libertate animæ pendet. Etenim si ex decreto animæ oculum visibili directe obvertis, vel in hoc situ retines, attentio a libertate animæ pendet (§. 363.). Sed si attentionem in visibile dirigis, a quo eam avertere poteras, vel in eodem eam conservas, cum eam inde retrahere posses, ortum hinc phantasma a libertate animæ pendet (§. 344. 346.). Quamobrem quod tibi occurrit phantasma, ubi ex decreto animæ attentionem in visibile dirigis, vel in hoc situ retines (§. 224.), a libertate animæ pendet.

Phantasmatis a libertate animæ dependentia.

§. 365.

Si in phantasma visibilis attentionem dirigis, vel eandem in eodem conservas; in casu priore oculum eidem directe obvertere conaris, in posteriore eundem conatum continuas. Si phantasma visibilis vi imaginationis producitur, id tibi videre vide-

Attentione in phantasma visibilis directæ quid in corpore respondeat.

videris, visibili quasi oculis oberrante. Quamobrem cum in phantasma visibilis attentionem dirigis, videris tibi in visibile attentionem dirigere. Quoniam itaque oculum directe obvertis visibili, si attentionem in idem dirigis (§. 358.), vel in situ isto oculum retines, si attentionem ad visibile conservare volueris (§. 362.); oculum quoque in casu priori phantasmate repræsentato objecto directe obvertere conaris, in posteriore eundem conatum continuas.

Quoniam conatus iste ab arbitrio mentis tuæ pendet, ejus quoque tibi conscius es: atque adeo propositionis præsentis veritatem experiri datur, inprimis ubi magnam ad phantasma attentionem clausis oculis afferre studes, quo in casu conatus major est & facilius percipitur. Ceterum cum ad phantasma conservari non possit attentio, nisi phantasma conservetur, conservetur autem continua productione (§. 242.), alius adhuc conatus percipitur ad aciem oculi intendendam sese exerens, qualis percipitur, ubi quid accurate videre gestimus. Sed hic a priori distinguendus, etsi natura cum eodem eundem confundat. Dantur autem casus, ubi conatus ad directionem oculi tendens sine conatu ad aciem visus intendendam existit, ut adeo natura quoque subinde separet, quæ alio in casu confundit. Etsi vero conatus hosce semper confunderet, uno absque altero nunquam existente; actu tamen mentis a se invicem separari debent, ne diversa habeamus pro iisdem. Immo insunt utrique conatui, quæ a se invicem differunt & per quæ unus ab altero ipsa sui confusa perceptione discernitur; sed ea distinctius prosequi nostrum jam non est.

§. 366.

Casus specialis.

Quodsi vocabula tanquam scripta tibi repræsentas, phantasmata, quibus repræsentantur, inter visibilium phantasmata locum habent (§. 290.). Quamobrem *si vocabula tanquam scripta imaginaris, attentioni in eadem directæ respondet conatus*

De Attentione & Intellectu.

tus oculum iis directe obvertendi, & conservationi attentionis ad eadem continuatio ejusdem conatus.

Optime hic observare possumus, quod conatus istius continuatio non sit nisi continuo iterata ejusdem productio.

§. 367.

Si diversis sensibus plura simul percipimus, nec ulla adest ratio, cur alio attentionem dirigamus; eandem ad id dirigimus, quod clarius percipitur. Etenim si diversis sensibus plura simul percipimus, nec ulla adest ratio extra perceptionem totalem, cur attentionem ad aliquam partialem dirigamus; ratio directionis in ipsa perceptione totali contineri debet: aliquam enim adesse debere satis patet (§. 70. *Ontol.*). Enimvero quæ diversis sensibus simul percipiuntur, quatenus ut sensu percepta spectantur, præcisis iis, quæ repræsentant, non differunt nisi gradu claritatis (§. 30. 31. *Psychol. empir.*). Quamobrem cum attentio non alio tendat, quam ut unum ceteris clarius percipiamus (§. 237. *Psychol. empir.*); alia ratio directionis attentionis dari nequit nisi major perceptionis claritas. Dirigitur adeo attentio ad id, quod clarius percipitur (§. 118. *Ontol.*).

Ratio attentionis in formali perceptionum differentia sita.

Exempli loco esse potest, si exquisitum quendam dolorem percipimus, qui clarius percipitur ceteris, quæ videmus, vel audimus. Etenim ubi nulla nobis aliunde suppetit ratio, cur animum ad visibile aliquod, vel sonum quendam auditu perceptum advertamus; eundem ad dolorem advertimus. Difficile est experimentum, propterea quod rarissimi sint casus, in quibus præter diversitatem claritatis, quæ perceptionibus simultaneis inest, non alia adsit directionis attentionis ratio.

§. 368.

Si plura simul sensu percipiuntur, nec ulla adest ratio, cur alio attentionem dirigamus; eandem ad id dirigimus, quod

Ratio perceptionis in cum materiali

differentia perceptionum sita.

cum iis, quæ jam alias percepimus, parum similitudinis habet. Etenim patet ut ante, rationem attentionis hic esse quærendam in ipsa perceptione totali, quæ ex partialibus simultaneis componitur. Quoniam itaque perceptiones partiales materialiter differunt, ita ut aliæ sint eædem cum iis, quas jam ante habuimus, aut cum hisce plurimum similitudinis habent, aliqua vero adsit, quæ ab iis multum differt *per hypoth.* nec quia perceptiones hic non aliter spectantur, quam quatenus nobis jam nota aut iis admodum similia & nondum nota repræsentant, ulla adest ratio, cur potius ad hanc, quam istam illarum attentionem dirigas, eam utique ad hanc dirigere debes, quæ a ceteris plurimum dissidet.

Experientia propositionem præsentem clarissime confirmat. Si quid enim nobis occurrit insolitum; id attentionem statim in se trahit. Idem quoque observare licet in brutis: quo minus enim ipsis sunt rationes attentionis extrinsecæ, eo clarius ratio objectiva, quæ in materiali perceptionum differentia consistit, percipitur.

§. 369.

Cur attentionem in se trahant ea, quorum idea materialis celerior.

Si diversa objecta simul in diversa organa sensoria agunt; id, cujus idea materialis celerior, attentionem in se trahit. Quoniam enim idea materialis consistit in motu, qui fibrillis nerveis impressus in organo ad cerebrum propagatur (§. 112.); si ipsa celerior fuerit ceteris coëxistentibus, motus quoque ab objecto, quod repræsentat, fibrillis nerveis impressus celerior est motibus, ab objectis reliquis impressis. Idea igitur sensualis ejusdem objecti clarior est, ideis sensualibus coëxistentibus (§. 125.). Quamobrem cum attentio dirigatur in id, quod clarius percipitur, ubi nulla adest ratio, cur alio dirigatur (§. 367.), hic vero ratio nulla supponatur; si diversa objecta simul in diversa organa sensoria agunt; id, cujus idea materialis celerior, attentionem in se trahit.

§. 370.

De Attentione & Intellectu.

§. 370.

Quoniam idea materialis celerior, si motus in organo sensorio fibrillis nerveis impressus celerior fuerit (§. 112.), motus autem celerior vi majore imprimitur; *si diversa objecta simul in diversa organa sensoria agunt; quod vi majore seu fortius in organum sensorium agit, id attentionem in se trahit.*

Quænam sensibilia attentionem in se trahant.

Ita sonus vehemens, qui aures ferit, a visibilibus attentionem in se trahit, quæ simul in oculum incurrunt. Dolor itidem exquisitus, quem in corpore percipimus, attentionem in se provocat, utut non ferientur sensus ceteri. Cavendum tamen ubi experimentum capere volueris, ne incidas in casus (§. 367.), ubi aliæ attentionis rationes prævalentes adsunt: id quod & in aliis, quæ ad animam spectant, observandum.

§. 371.

Si qua ex re voluptatem percipimus; in ea attentionem nostram defigimus & defixam in eadem retinemus. Si enim ex re aliqua voluptatem percipimus, attentionem in ea defixam consideramus tanquam medium voluptatis percipiendæ (§. 937. Ontol.), utpote voluptatem percipientes, quatenus nobis conscii illius sumus: id quod attentione obtinetur (§. 237. Psychol. empir.). Quoniam itaque præsentiam ideæ illius objecti aut ejus conspectum appetimus (§. 591. Psychol. empir.), attentionem quoque in eam convertimus & in ea defixam in eadem retinemus.

Cur attentio ad ea conservetur quæ voluptati sunt.

Est nimirum voluptas, quam ex re percipimus, stimulus, quo impellimur ad attentionem, quatenus stimulus est ad facienda ea, quæ voluptatis istius nos compotes reddunt, seu ad fruitionem ejus perducunt. Ita si quis ex forma puellæ voluptatem percipit, videns virginem, quam forma commendat, oculus in eandem convertit & immotos tenet: id quod attentionis in eam directæ indicium est (§. 358.). Similiter si librorum helluoni in bibliopolium ingredienti occurrit liber noviter impressus; attentio ipsius statim ad eum dirigitur.

§. 372.

§. 372.

A quibusnam attentionem avertamus.

Si quis ex re quadam tædium percipit; ab ea attentionem avertit. Si qua enim ex re tædium percipimus, eam aversamur (§. 592. *Psychol. empir.*), adeoque anima ab eadem quasi reclinatur (§. 582. *Psychol. empir.*), ita ut eandem quasi procul a nobis remotam esse velimus, ne cogitatio ejus mentem nostram amplius subeat. Quamobrem cum aversionem attentionis consideremus tanquam medium id obtinendi, ne rei istius amplius nobis conscii simus (§. 937. *Ontol.* & §. 237. *Psychol. empir.*); eandem quoque a re, ex qua tædium percipimus, avertimus.

Ita artis pictoriæ peritus tædium percipit ex pictura in regulas artis peccante, quemadmodum ex adverso voluptatem percipit ex pictura, quæ regulas artis ad amussim explet. Quamobrem si ipsi offertur pictura in regulas artis peccans, attentione sua eandem dedignatur, ita ut ad ejus contemplationem nulla persuasione adduci possit; quemadmodum in picturam regulis artis consentaneam omnem statim attentionem convertit, ut ab ea contemplanda abduci minime possit.

§. 373.

Medium conservandi attentionem.

Si attentio ad rem quandam conservanda; idea ejus sensualis, vel phantasma conservandum. Quoniam enim per attentionem efficere studemus, ut rei illius perceptio nobis clarior sit perceptionibus ceteris, quas una habemus (§. 237. *Psychol. empir.*); attentio ad rem eandem conservari nequit, nisi idea rei conservetur: quæ cum vel sensualis sit, vel phantasma, prouti res ipsa vel præsens est, vel absens; attentio ad rem non conservatur, nisi idea ejus sensuali, vel phantasmate conservato.

Ita si attentionem conservare volueris ad leonem, quem vides; necesse est aut oculos in leone defigi, ut ejus idea sensualis continuo reproducatur, quamdiu ad eandem attentionem

De Attentione & Intellectu.

nem nostram conservare voluerimus; aut, si ab eodem recedendum nobis est, phantasma tam diu conservandum, quamdiu attentio durare debet, ut ejus imago oculo indesinenter oberret. Sensus hac in parte potior est imaginatione. Unde Geometræ ad conservandum ac facilitandum attentionem schematis utuntur: ubi cuilibet statim experiri datur, quanto sit facilius, si figura in charta vel tabula delineata oculis objicitur, quam si eandem vi imaginationis menti exhibere debemus.

§. 374.

Quoniam attentionem ad phantasma conservare non possumus, nisi idem conservetur (§. 373.), phantasma autem continua reproductione conservatur, non minus ac eidem respondens idea materialis (§. 242.); dum conservatur attentio, continuum adhibemus ideam materialem producendi conatum. *Conservationi adeo attentionis in anima continuus respoadet ideam materialem producendi conatus in cerebro.*

Quid attentionis conservationi in corpore respondeat quoad phantasmata.

Conatus hic non semper sortitur effectum suum: subinde enim prodit phantasma ab eo, quod conservare intenderamus diversum, quod scilicet vel rem prorsus aliam repræsentat, vel, si eandem adhuc referat, hinc inde tamen immutatam (§. 172. *Psychol. empir.*).

§. 375.

Similiter quoniam attentio ad visibile conservari nequit, nisi idea sensualis conservetur (§. 373.), ea autem conservari nequit, nisi quamdiu oculus in eodem defixus detinetur (§. 69. *Psychol. empir.*); dum conservatur ad visibile attentio, continuum adhibemus conatum oculum in eodem situ fixum detinendi. *Conservationi adeo attentionis ad visibile in corpore respondet continuus oculum in eodem situ fixum seu ad idem visibile eodem modo directum servandi conatus.*

Item quoad visibilia.

Non adeo facile est oculum in eodem situ & in eodem visibili defixum diu retinere. Atque ideo quoque conatus, quem ad idem faciendum adhibemus, non exiguus est, præsertim in iis, qui attentione diutina uti adhuc nesciunt. Quamobrem observatu haud difficilis, præsertim ubi ad talia attendere fueris adsuetus.

§. 376.

Nec non quoad phantasmata visibilis.

Quoniam phantasma visibilis producentes nobis videre videmur objectum, quod repræsentat; eundem quoque adhibemus conatum, præsertim si oculos claudimus, ut majorem claritatem consequatur perceptio (§. 102. *Psychol. empir.*), oculum quasi in re per phantasma extra nos repræsentata defixum detinendi. Quamobrem *si ad phantasma visibilis conservatur attentio, conatus in corpore continuus sese exerit oculum in re, quam repræsentat, defixum detinendi.*

Conatum hunc facilius observamus, quando attentio ad phantasma visibilis dirigitur, quam ubi ad ipsum visibile eandem conservare studemus. Atque adeo visibile quoddam imaginando, clausis oculis, & attentionem in phantasma dirigendo, immo ubi evanescere vel in aliam formam abire incipit, idem reproducendo, quantum datur, facillime experimentum capere licet. Cavendum vero, ne hunc conatum confundamus cum altero, de quo ante dixi (§. 374.), cum ab eo prorsus sit diversus, nec ad eundem effectum uterque tendat.

§. 377.

Cur ad unum attenti a ceteris attentionem avocemus.

Si attentionem ad unum, quod cum aliis simul percipitur, dirigitur; eandem a ceteris avertere studemus. Quoniam enim ad plura simul attenti esse non possumus (§. 245. *Psychol. empir.*), nisi hæc potentia singulari exercitatione comparetur (§. 251. *Psychol. empir.*), nonnisi ab iis comparanda, quibus singularis quædam dispositio natura inest (§. 245. 426. *Psychol. empir.*), ac difficilius conservatur attentio, quando plura simul, præsertim fortiter in organa sensoria agunt (§. 240. *Psychol. empir.*); horum nobis utpote experientia confirmatorum satis

tis conscii, ubi attentionem appetimus, impedimentum quoque removere, adeoque illam ab objectis ceteris, quæ una percipiuntur, avertere studemus.

Ipsa præsens propositio tanquam a posteriori satis nota sumi poterat, nisi hic ratio eorum reddenda esset, quæ observantur (§. 4.). Inde vero est, quod ad phantasmata attentionem allaturi impediamus, ne objecta externa in organa sensoria agant (§. 239. *Psychol. empir.*).

§. 378.

Directioni adeo attentionis in sensibile aliquod aut phantasma ejusdem semper jungitur conatus avertendi attentionem a ceteris simul perceptis, aut, ubi id fieri non posse intelligitur, intendendi aciem sensus in sensibile, quod attentione nostra dignamur.

<small>Directioni attentionis quid jungatur.</small>

Experientia idem confirmatur, modo actus speciales, qui hic occurrunt, ad notionem generalem revocare possis: quod ut facilius præstes, exempla quædam in medium afferenda. Ita oculos deprimimus & humi quasi defixos detinemus, ne visibile quod, præsertim illustre, eosdem feriat, ubi ad sonos, quos auditu percipimus, vel verba loquentis attenti esse volumus. Similiter oculum in visibile aliquod dirigentes, quod attente perlustrare intendimus, palpebris adductis impedimus, ne plura visibilia in oculos incurrant. Claudimus oculos non modo ad phantasmata, quemadmodum alibi (§. 239. *Psychol. empir.*) annotavimus, verum etiam ad objecta alio sensu percepta attenti, præsertim ubi eorum perceptio debilior (§. 76. *Psychol. empir.*), adeoque minus clara quam perceptiones visibilium (§. 75. *Psychol. empir.*).

§. 379.

Quoniam ad impediendum attentionem ad objecta simul cum eo percepta, in quod eam dirigere volumus, varii motus in corpore requiruntur, quemadmodum vel ex modo allatis (*not.* §. 378.) exemplis patescit; *directioni attentionis in mente conatus isti in corpore junguntur.* Enimvero quatenus aver-

<small>Directioni attentionis quænam in corpore jungantur.</small>

sionem attentionis ab objectis ceteris appetimus; *iidem conatus in corpore respondent appetitionibus in mente.*

Etsi motus isti, quibus impeditur, ne alia sensibilia attentionem in se trahant, sæpius mente conscia ac volente fiant, sæpius tamen eadem quoque inscia contingunt. In casu priori nobis sumus conscii eorundem; in posteriori minime. Conscii autem sumus vel in genere conatus ad impediendam attentionem adhibiti, vel in specie ipsorum motuum voluntariorum, quibus eo fine utimur, prouti vel aversionem generaliter intendimus, vel in specie appetimus actus, quibus eadem obtinetur.

§. 380.

Quid reflexioni super visibili in corpore respondeat.

Si super visibili reflectimus, oculum successive aliis aliisque visibilis partibus directe obvertimus. Si enim super visibili reflectimus, attentionem nostram successive ad alias aliasque ipsius partes promovemus (§. 257. *Psychol. empir.*). Enimvero si attentionem in visibile dirigimus, oculum eidem directe obvertimus (§. 358.) Quamobrem si super visibili reflectimus, oculum successive aliis aliisque visibilis partibus directe obvertimus.

Quoniam attentio requirit aliquam moram; oculi quoque situs nonnisi post moram mutatur, neque adeo mutatio directionis continua est, quemadmodum in motu continua fit loci mutatio, sed conservatione directionis interrumpitur.

§. 381.

Quid reflexioni super phantasmate visibilis.

Si super phantasmate visibilis reflectimus; oculum successive ad alias aliasque ejusdem partes directe obvertere conamur. Etenim si super phantasmate visibilis reflectimus, attentionem nostram successive ad alias aliasque ejusdem partes dirigimus (§. 257. *Psychol. empir.*). Quamobrem cum oculum phantasmati visibilis directe obvertere conemur, ubi in idem attentionem nostram dirigimus (§. 365. *Psychol. empir.*); quando super

De Attentione & Intellectu.

super phantasmate isto reflectimus, oculum successive ad alias aliasque ejusdem partes dirigere conamur.

Eadem hic mutatis mutandis repetenda sunt, quæ ad propositionem præcedentem (§. 380.) annotavimus. Usus vero harum de reflexione propositionum erit inferius, ubi judicium ferendum, num inter modificationes animæ ac corporis constans harmonia dari possit, si in corpore mechanice fiant omnia. Habent quoque in universum propositiones omnes, quæ definiunt mutationes in corpore modificationibus animæ respondentes, usum prorsus eximium in arte conjectandi hominum cogitationes eorumque mores, quam hactenus non satis excultam esse constat, propterea quod ad talia animum non adverterint philosophi.

§. 382.

Si super sensibili quocunque reflectimus; in corpore continuantur conatus avertendi organa sensoria a ceteris sensibilibus ac impediendi, quantum datur, ne in eadem agant, aut saltem ne adeo fortiter agant. Si enim super sensibili reflectimus, sive idem idea sensuali, sive phantasmate aliquo repræsentetur, attentionem successive ad alias aliasque ejusdem partes dirigimus (§. 257. *Psychol. empir.*). Enimvero ubi attentio conservatur, in corpore sese exerunt conatus avertendi organa sensoria a ceteris sensibilibus, aut impediendi, ne in ipsa agant, aut saltem ne adeo fortiter agant (§. 379.). Quamobrem si super quocunque sensibili, sive sensu, sive imaginationis vi percepto reflectimus; in corpore continuantur isti conatus.

Quid in genere reflexioni in corpore respondeat.

Cum reflexio involvat attentionis ad idem sensibile conservationem & ejus ad diversas ipsius partes successive factam directionem; ex iis, quæ de attentionis directione ejusque conservatione dicta sunt, utique intelligitur, quid reflexioni in corpore respondere debeat. Quamobrem quoque non opus esse duximus omnia minutim persequi; sed potioribus tantummodo propositionibus, quarum in posterum nobis erit

erit ufus, tanquam exemplis docuimus, quomodo ad reflexionem transferantur, quæ de attentionis directione ac confervatione dicta funt.

§. 383.

Medium efficiendi reflexionem & magis diftinctam & minus moleftam.

Si fuper fenfibili aliquo reflectentes, verbis exprimimus judicia intuitiva de iis, quæ in eodem diftinguimus; reflexio & magis diftincta, & minus molefta eft. Etenim fi verbis exprimimus judicia intuitiva de iis, quæ in fenfibili, fuper quo reflectimus, diftinguimus; judicia ipfa fingula non modo magis diftincta funt, quam absque vocabulorum ufu forent (§. 351. *Pfychol. empir.*), verum etiam cum fingulis attentionis directionibus, quæ ad reflexionem requiruntur (§. 257. *Pfychol. empir.*), fingula refpondeant judicia; totam reflexionem diftinctius percipere licet (§. 38. *Pfychol. empir.*), feu, ipfa reflexio magis diftincta eft. *Quod erat primum.*

Jam vero ex diftincta cognitione voluptatem percipimus (§. 532. *Pfychol. empir.*), adeoque ex adverfo confufa cognitio tædium vel moleftiam parere debet, utpote quod tædium voluptati (§. 511. 518. *Pfychol. empir.*), perinde ac confufa perceptio diftinctæ opponitur (§. 38. 39. *Pfychol. empir.*). Quamobrem cum reflexio fit magis diftincta, ubi judicia intuitiva de iis, quæ fenfibili ineffe animadvertimus, vocabulis efferimus vi num. 1. erit eadem hoc in cafu minus molefta. *Quod erat fecundum.*

Unusquisque facile experimentum in feipfo capere poteft, modo cavere poffit, ne vocabula veluti fponte fua etiam invito fuccurrant. Seligendum adeo objectum, in quo occurrunt, quæ nominare non poffumus. Ceterum hinc patet, quam utile fit fingula, quæ in rebus diftinguuntur fuis propriis nominibus efferre.

§. 384.

Medium facilitandi reflexionem

Quoniam ad ea attentionem confervamus, ex quibus voluptatem percipimus (§. 371.), nihil vero tædii, vel moleftiæ (§. 372.),

De Attentione & Intellectu.

(§. 372.), attentionem vero conservare debemus, ubi super eo, quod percipitur, reflectere voluerimus (§. 257. *Psychol. empir.*); *si per vocabula exprimimus judicia intuitiva de iis, quæ in sensibili, super quo reflectimus, distinguimus a se invicem; reflexio facilitatur.*

Et in hunc potissimum usum propositionem præsentem in medium attulimus: multum enim in reflexione præsidium positum est ad cognitionem rerum a posteriori augendam & amplificandam.

§. 385.

Si super successivis reflectimus; ea, quæ se invicem consequuntur, consideramus tanquam partes, ex quibus componitur ens successivum. Etenim successiva non simul existunt, sed uno existente alterum nondum existit, uno autem existere desinente, alterum existere incipit (§. 569. *Ontol.*). Quoniam vero ea, quorum unum post alterum existit, simul sumta sunt idem cum ente successivo, super quo reflectimus (§. 570. *Ontol.*); ea, quæ se invicem sequuntur, consideramus tanquam partes, & ens, quod ea simul sumta complectitur, tanquam totum (§. 341. *Ontol.*). Quamobrem si super successivis reflectimus, ea, quæ se invicem consequuntur, spectamus tanquam partes, ex quibus componitur ens successivum (§. 531. *Ontol.*).

Principium reflectendi super successivis.

Patet adeo, quæ de reflexione super sensibilibus dicta sunt, ad successiva non minus pertinere, quam ad entia composita, quæ habent partes coëxistentes. In successivorum numero sunt facta hominum non minus, quam naturæ, utpote quæ non actionibus singularibus terminantur, sed magnum eorum, quæ se invicem consequuntur, numerum involvunt. Pertinent huc quoque modificationes animæ, quæ plerumque successivis continentur, nec reflexionem admittunt, nisi quatenus ad ea, quæ sibi invicem succedunt, attentionem afferimus. Unde patet usus propositionis præsentis.

§. 386.

§. 386.

Cur in reflexione objectum præsens esse debeat.

Si super sensibili aliquo vel actibus animæ reflectendum; illud organo sensorio præsens esse debet, hi vero in eadem excitandi & tamdiu iterandi, donec reflexio fuerit absoluta. Etenim si super sensibili reflectendum, attentio successive ad alias aliasque partes promoveri debet (§. 257. *Psychol. empir.*). Idea igitur objecti invariata tamdiu animæ præsens conservanda, donec reflexio fuerit absoluta. Quamobrem cum conservetur continua productione vel ideæ sensualis (§. 233.), vel phantasmatis (§. 242.); phantasmata autem minus clara sint ideis sensualibus (§. 96. *Psychol. empir.*), hisque minus fideliter atque difficilius objectum repræsentent (§. 94. 172. *Psychol. empir.*); ideæ sensuales phantasmatis in hoc negotio sunt præferendæ. Quoniam itaque ideæ sensuales in anima actu insunt, quod jam mutatio quædam in organo sensorio accidit (§. 95. *Psychol. empir.*), hæc vero a sensibili eidem inducitur (§. 77. *Psych. emp.*); sensibile, super quo reflectendum, sensorio præsens esse debet organo (§. 59. *Psych. empir.*). *Quod erat unum.*

Quoniam porro actuum animæ seu eorum, quæ in ipsa contingunt, nobis non sumus conscii, nisi dum in nobis contingunt; ideo eorum in anima præsentia respondet ideæ sensuali continua actione sensibilis præsentis in organum sensorium conservatæ. Quamobrem cum hæc tamdiu ab objecto præsente producenda, donec reflexio fuerit absoluta, quemadmodum modo ostendimus; actus quoque, seu modificationes animæ tamdiu præsentes esse, adeoque cum ex successivis constent, nec diu durent, tamdiu iterari debent, donec reflexio fuerit absoluta.

Patet adeo super actibus animæ neminem reflectere posse, nisi qui eos in se elicere potest. Ita super operationibus intel-

intellectus, vel actibus voluntariis haud multum reflectere poterit, qui eos sibi nondum comparavit habitus intellectus atque voluntatis, ex quibus iidem procedunt. Atque hæc non postrema ratio est, cur in cognitione animæ parum profecerint, qui nonnisi attenti ad ea, quæ quotidie in nobis accidunt, nulla prævia exercitatione, notiones sibi comparare de anima studuerunt. Quamvis vero a priori multa deducantur, non suppositis nisi iis, quæ quotidianæ sunt observationis, quemadmodum & a nobis in Psychologia non minus rationali, quam empirica atque in Logica factum, fietque suo tempore in philosophia morali; eorum tamen experimentum quoque in nobis capere debemus, ut tanto sint & clariores ideæ, & tanto certiores. Tumque necesse est observari, quæ in propositione præsente inculcantur. Erimusque ad reflectendum acutiores, ubi jam constiterit, quænam sint ea, ad quæ afferenda attentio.

§. 387.

Intellectus ratio sufficiens in vi repræsentativa universi, quæ animæ competit, continetur. Etenim vi hac anima sensibilia ita sibi repræsentat, ut rationes, cur ita potius repræsententur quam aliter, in mutationibus contineantur in organis sensoriis qua talibus contingentibus (§. 63. *Psychol. rat.* & §. 65. *Psychol. empir.*), consequenter per hanc vim intelligitur, cur ideæ sensuales hanc habeant claritatem (§. 125.), & cur in se distinctæ sint (§. 127.), adeoque cur successiva ad alia aliaque, quæ iis insunt, attentione (§. 256. *Psychol. empir.*), diversa, quæ enti alicui insunt, & agnoscere, & a se invicem distinguere valeamus (§. 31. 38. *Psychol. empir.*). Et quoniam vocabula, quatenus sunt soni articulati (§. 271. *Psychol. empir.*), perinde ac sensibilia alia suas habent ideas materiales (§. 290.), respondentes ideis sensualibus (§. 114.), eademque clarius ac facilius imaginamur, quam sensibilia alia (§. 288. 289.); eorumque per legem imaginationis ac memoriæ, quam vim repræsentativam animæ non excedere ex superioribus constat (§. 223. 224.

(*Wolfii Psych. Ration.*)

Intellectus ratio sufficiens num in vi repræsentativa universi contineatur.

224. 280.), cum ipsis rebus per ea denotatis simul meminisse possumus (§. 273. *Psychol. empir.*); per eandem vim repraesentativam universi, quae in anima datur, intelligitur, cur ea, quae in rerum ideis attentione sua distinguit, vocabulis tanquam nominibus suis indigitare, sicque magis clare atque distincte sensibilia repraesentare possit (§. 284. *Psychol. empir.*). Et quoniam anima sibi eorum conscia est, quae a se invicem distingit(§.10.), sui vero conscia, quatenus mutationes suas ab iis, quae percipit, distinguit (§. 12.); a vi quoque repraesentativa pendet, cur sit conscia suarum mutationum, consequenter quod super iisdem perinde ac super sensibilibus reflectere (§. 262. *Psychol. empir.*), & hinc easdem distincte percipere possit (§. 266. *Psychol. empir.*). Quamobrem cum intellectus sit facultas res distincte percipiendi (§. 275. *Psychol. empir.*), adeoque quatenus animae natura inest in nuda agendi potentia consistat (§. 29. *Psychol. empir.*); ratio omnino sufficiens intellectus in vi repraesentativa universi, quae animae competit, continetur (§. 56. *Ontol.*).

Quoniam anima sibi repraesentat universum, quatenus sensibilia in organa sensoria agunt, eatenus possibile est ut ad distinctas rerum in universali notiones perveniat. Id patet ei clarissime, qui ea, quae ad sensum, imaginationem & memoriam attentionemque nostram spectant, in anterioribus rite percepit. Quamobrem cum intellectus animae natura insit, quatenus possibile ut ad distinctas rerum notiones perveniat; per vim repraesentativam universi, qualis inest animae, intelligitur, quod intellectus ei tribuendus sit. Atque huc redeunt ea, quae ad evincendum veritatem propositionis praesentis in medium adduximus.

§. 388.

Intellectus attributum animae.

Intellectus est attributum animae. Ejusdem ratio sufficiens in vi repraesentativa universi, qualis animae inest (§. 387.), adeoque in essentia ipsius continetur (§. 66.). Posita igitur essentia animae ponitur quoque intellectus (§. 118. *Ontol.*),

con-

consequenter animæ tribuendus est intellectus, quamprimum eidem tribuitur vis repræsentativa universi, qualis in ipsa datur. Quoniam itaque de anima affirmandum, quod ipsi competat intellectus, quia de eadem affirmatur, quod habeat vim repræsentativam universi, seu essentiam hanc (§.205. *Log.*); intellectus per essentiam animæ seu essentialia, quæ eandem constituunt (§. 143. *Ontol.*), determinatur (§. 113. *Ontol.*). Est igitur attributum ipsius (§. 146. *Ontol.*).

 Sumitur nimirum vocabulum intellectus pro facultate animæ (§. 275. *Psychol. empir.*), atque adeo per essentiam animæ tantummodo concipitur possibile, ut ad notiones distinctas perveniat (§. 29. *Psychol. empir.*). Id vero non obstat, quo minus intellectus in numerum attributorum animæ referatur, cum constet istiusmodi possibilitates in attributorum numero esse (§.164. *Ontol.*). Quemadmodum enim ea, quæ de anima prædicari possunt, vel actu insunt, vel per modum potentiæ, quatenus scilicet possibile, ut insint actu; ejus attributa vel insunt per modum actus, vel denotant possibilitatem inexistentiæ ejus, quod eidem non repugnat.

§. 389.

Quoniam attributa rerum absolute necessaria sunt, (§. 304. *Ontol.*); *absolute quoque necessarium est, ut animæ humanæ competat intellectus.*   *Cur animæ necessario comvetat.*

 Hinc & videmus hominibus inter bruta educatis non deesse intellectum, quatenus nempe pro facultate animæ sumitur. Semper enim possibile manet, ut ad distinctas rerum notiones perveniat; etsi dum inter bruta brutorumque more vivit, ad eam actu non perveniat. Unde ex brutorum consortio ad humanum translatus ad eam actu pervenit.

§. 390.

Quoniam intellectus attributum animæ est (§.389.), attributa vero immutabilia sunt (§. 313. *Ontol.*); etiam *intellectus immutabilis est,* hoc est, *fieri non potest ut intellectus ab anima*   *Immutabilitas intellectus.*

ma separetur, vel ejus loco quidpiam eidem accedat, quod sit ab eo diversum.

Non dubito fore nonnullos, qui corollarium præsens experientiæ adversum judicabunt. Sed hi erunt, qui de rebus ex ipsarum notionibus statuere non sunt adsueti. Intellectum cum operationibus suis confundunt. Nimirum nunquam impossibile est absolute, ut anima res sibi distincte repræsentet, utut fieri possit, ut defectu attentionis ac inde pendentis reflexionis ad distinctas notiones non perveniat, quemadmodum accidit hominibus inter bruta educatis & cum iis degentibus. Etenim hi omni cognitione distincta destituuntur, quamdiu cum brutis sunt, ab omni hominum commercio procul remoti. Enimvero ubi cum hominibus degunt ipsorumque exemplo ad attentionem indeque pendentem reflexionem atque sermonis, cognitionis universalis instrumenti, usum perducuntur; intellectus quoque antea veluti sepulti, nunc resuscitati operationes sese produnt, manifesto indicio intellectum, quatenus natura inest, per brutorum consortium non fuisse mutatum, hoc est, non impossibile fuisse factum, ut ad universalem cognitionem eamque distinctam perveniat, qui tamdiu fortuna sic ferente eadem caruit. In mente captis vel furiosis minor difficultas est. Etenim hi intellectus operationes manifesto satis produnt, etsi imaginatione ac memoria corrupta, quam corrumpi posse superius evicimus (§. 298.), intellectus quoque a vero aberret. Utuntur mente capti, utuntur furiosi operationibus intellectus, sed male: perversus vero usus non minus ostendit eum inesse, quam verus. Abutuntur iisdem sæpissime, qui eidem excolendo plurimum operæ impenderunt, hocque abusu in deliramenta incidunt veritati dissimillima, ut nihil sit tam absurdum, quin statuatur ab aliquo eruditorum.

§. 391.

Gradus intellectus quomodo determinatus evadat.

Intellectus in se considerati gradus indeterminatus est, tam objectivus, quam formalis; ipso tamen usu determinatur, ut major vel minor dici possit altero. Intellectus enim in se considerasideratus non dicit nisi nudam possibilitatem res distincte repræsentandi (§. 275. *Psychol. empir.*), non attento numero rerum, quæ distincte repræsentare potest, nec numero eorum, quæ in eadem re distincta repræsentatione discernit. Quamobrem cum intellectui tribuantur gradus, tum quatenus certum objectorum numerum sibi distincte repræsentare valet, tum quatenus plura vel pauciora in eodem subjecto distinguit (§. 276. 277. *Psychol. empir.*); de intellectu in se considerato affirmari nequit, quantus sit gradus, adeoque gradus non determinatus est (§. 112. *Ontol.*).

Enimvero si intellectu ad objecta distincte tibi repræsentanda utaris, hoc est, si ea actu distincte tibi repræsentas; huic ipsi usui debetur, ut vel plura, vel pauciora objecta tibi distincte repræsentare & in eodem objecto vel plura, vel pauciora distinguere valeas, quæ discernibilia insunt. Quamobrem tam gradus objectivus, quam formalis ipso usu determinatur, ut vel major, vel minor dici possit (§. 276. 277. *Psychol. empir.* & §. 113. *Ontol.*).

Hanc propositionem jungimus alteri præcedenti, ne, quæ de immutabilitate intellectus dicta sunt, in perversum sensum trahantur. Qui enim notiones confusas in imaginarias convertunt, intellectum sibi tanquam substantiam imaginantur. Nimirum cum substantia sit subjectum perdurabile & modificabile (§. 768. *Ontol.*); intellectus proprie sic dictus, utpote immutabiliter inhærens animæ, spectatur tanquam id, quod perdurabile est, gradus vero objectivi & formalis determinatio, quam ab usu pendere in propositione præsente ostendimus, tanquam modificatio consideratur. Nihil in his continetur, quod non cum veritate consistere possit. Vi enim eorum, quæ ipsimet ostendimus, imaginationi integrum est ita sibi repræsentare intellectum, quando usui esse potest, modo tibi caveas, ne hæc ita sese actu habere existimes, quemadmodum accidit iis, qui imaginaria cum realibus confundere solent.

§. 392.

§. 392.

Notiones universales vim animæ repræsentativam non excedunt.

Notiones universales generum & specierum vim repræsentativam universi, qualis in anima datur, non excedunt. Genera enim & species rerum percipimus, dum super re percepta reflectimus & eam vel cum aliis perceptis, vel cum aliis, quarum meminimus, conferimus (§. 268. *Psychol. empir.*), inde vero porro generum ac specierum notiones universales acquirimus, dum ad ea, quæ in ideis duorum vel plurium individuorum simul nobis occurrentibus eadem sunt, successive attentionem dirigentes (§. 326. *Psychol. empir.*), ea peculiaribus nominibus indigitamus (§. 328. *Psych. empir.*) subjectumque, cui cæteris præcisis ea, quæ communia sunt, tantummodo inesse finguntur, peculiari quodam nomine similiter insignimus (§. 269. 271. *Psychol. empir.*). Enimvero in antecedentibus ostendimus vi repræsentativa universi, qualis in anima datur, ita sensu atque imaginatione repræsentari objecta, ut a nobis clare ac distincte percipi possint (§. 62. 125. 127. 206.): ab eadem quoque pendere reflexionem patet ex iis, quæ de attentionis directione, conservatione ac reflexione pluribus propositionibus initio hujus capitis continentur. Immo per hanc ipsam vim possibile, ut ea, quæ percipimus, vocabulis tanquam nominibus propriis indigitemus (§. 290. *Psychol. rat.* & §. 273. *Psychol. empir.*). Nullus adeo ad notiones universales acquirendas requiritur actus, qui vim repræsentativam universi, qualis in anima datur, superet. Quamobrem patet, notiones universales generum ac specierum eandem non excedere.

Adstruximus in superioribus essentiam animæ consistere in vi repræsentativa universi situ corporis organici in universo materialiter & constitutione organorum sensoriorum formaliter limitata (§. 66.). Jam constat omnium eorum, quæ animæ conveniunt, rationem in essentia ipsius contineri debere sive actu insint, sive tantummodo inesse possint (§. 168. *Ontol.*).

Ontol.). Quamobrem oftendendum hic nobis eft rationem fufficientem operationum intellectus in vi repræfentativa univerfi contineri, qualem animæ ineffe evicimus (§. 4.). Enimvero ratio illa redditur ex hac vi vel immediate, vel mediate. Ita immediate ex ea deduximus, quarumnam rerum anima habere poffit fenfationes, & quales eædem effe queant. Aft mediate inde derivavimus, quæ ad directionem & confervationem attentionis ac inde dependentem reflexionem fpectant. Quando itaque oftenditur operationem intellectus, qualis eft notio, non fupponere in anima nifi ideas fenfuales vel phantasmata, nec præterea requiri, quam attentionem & reflexionem; hoc ipfo pacto evincitur, eandem rationem fufficientem in vi repræfentativa univerfi, qualis in anima fupponitur, habere, confequenter eandem vim non fuperare. Redditur nimirum ratio ex vi ifta mediate: abfonum vero foret, ut immediate inde redderetur. Idem tenendum eft de operationibus intellectus reliquis, de quibus mox figillatim dicemus plura.

§. 393.

Prima intellectus operatio vim animæ non fuperat.

Quoniam notio eft prima intellectus operatio (§. 53. *Log.*); *prima intellectus feu mentis operatio vim repræfentativam univerfi, qualis in anima datur, non excedit* (§. 392.).

Quando dicimus, primam intellectus operationem non excedere vim repræfentativam univerfi, qualis in anima datur; vis hæc duplici modo confiderari poteft, vel quatenus eft effentia animæ, vel quatenus eft natura ejusdem (§. 66. 67.). Atque adeo vi propofitionis præfentis per vim illam non modo intelligitur, quod iftiusmodi operatio intellectus conveniat animæ, verum etiam quod anima eandem edere valeat. Pendet fcilicet hæc operatio tum quoad poffibilitatem, tum quoad ctum a vi ifta, neque actus aliam præterea requirit caufam externam.

§. 394.

An ideæ materiales notiones in cerebro exhibeant.

Notioni nihil refpondet in corpore, quatenus in cerebro exiftunt ideæ materiales rerum, fuper quibus reflectendo forman-

mantur notiones. Quatenus enim ideæ materiales in cerebro exiſtunt, eidem in anima ideæ ſenſuales (§. 113.), & phantasmata coëxiſtunt (§. 206.). Enimvero poſitis in anima ideis ſenſualibus ac phantasmatis nondum ponuntur notiones, cum præterea requiratur reflexio (§. 268. *Pſychol. empir.*), quæ cum in ſucceſſiva directione attentionis ad alias aliasque perceptiones partiales in totali contentas conſiſtat (§. 257. *Pſychol. empir.*), vi naturæ attentionis (§. 237. *Pſychol. empir*), in actu apperceptionis fundatur (§. 235. *Pſychol. empir.*). Quamobrem cum actui apperceptionis in corpore nihil reſpondeat (§. 44. *Pſychol. rat.* & §. 23. *Pſychol. empir.*), nec ideo quicquam in corpore notioni reſpondet, quod perceptionibus, ſuper quibus reflectendo ea formatur, ideæ materiales in cerebro coëxiſtant.

> Nihil equidem in notionibus rerum continetur, quod non mechanice repræſentetur in ipſarum ideis materialibus, non tamen ideo notiones ipſæ mechanice repræſentantur. Neque enim ſufficit ideæ ineſſe, quæ notionem ingrediuntur; ſed præterea requiritur, ut actu mentis a ceteris ſeparentur & tanquam ſubjecto alicui ſola inexiſtentia ſpectentur; id vero eſt, quod mechanice repræſentari nequit, niſi ad ſymbolicas repræſentationes recurras, quemadmodum in propoſitione ſequente oſtenditur.

§. 395.

Notio generis vel ſpeciei quomodo in corpore repræſentetur.

Si tam ea, quæ pluribus communia ſunt, ſingula ſuis nominibus indigitentur, quam ſubjectum illorum nomine peculiari indigitetur eorundemque inexiſtentia vocabulo aliquo ſignificetur; notio ſpeciei vel generis cujuscunque in corpore per ideas materiales illorum vocabulorum repræſentatur. Etenim ſi tam communium pluribus ſingula, quam horum communium ſubjectum eorundemque inexiſtentiam vocabulis exprimis; vocabulis hiſce ſingulis ſuæ reſpondent ideæ materiales in cerebro, quemadmodum ſenſuales in anima (§. 290.). Quamobrem cum

cum sensuales in anima adsint, ubi vocabulis istis singula ista tanquam suis nominibus insignis, quoniam anima eorum sibi conscia esse adeoque ideas ipsorum appercipere nequit, nisi ipsæ præsentes sint ideæ, seu animæ jam actu inexistant (§. 25. *Psychol. empir.*); ubi vero ideæ sensuales animæ actu insunt, in cerebro quoque iisdem coëxistant materiales (§. 113.): per ideas hasce materiales vocabulorum, vel aliorum quorumcunque signorum, in cerebro repræsentantur singula, quæ ad notionem speciei vel generis cujuscunque constituendam requiruntur. Integra igitur notio speciei vel generis cujuscunque per has ipsas ideas materiales repræsentatur.

Patet adeo, si prima mentis operatio in cognitione symbolica absolvatur, qualis communiter a nobis fieri assolet, non modo propter facilitatem multo majorem, quam quæ in intuitiva locum habere potest, verum etiam quod notiones sic fiant magis claræ atque distinctæ (§. 284. *Psychol. empir.*), eam mechanice quoque in cerebro absolvi, hoc est, nihil inesse notioni, qua quid in universali repræsentatur, quod non æque mechanice repræsentetur in corpore. Equidem cum in cognitione intuitiva directioni attentionis & conservationi tam ejusdem, quam idearum, super quibus fit reflexio, locus fit (§. 326. *Psychol. empir.*), hisque actibus animæ respondeant quoque motus in corpore, seu conatus saltem eosdem producendi, quemadmodum in superioribus pluribus propositionibus ostendimus; notionis quoque formationi, hoc est, actibus mentis quædam in corpore respondent, ut corpus eo momento non prorsus ferietur, dum anima super suis perceptionibus reflectit: non tamen ideo ipsa notio in cerebro mechanice repræsentatur, propterea quod non repræsentantur singula, quæ notionem ad eam constituendam ingrediuntur, quemadmodum fieri debet, ubi ipsa notio mechanice repræsentanda, & in cognitione symbolica actu fieri ex propositione præsente patet. Sane si menti non inesset actus apperceptionis, cui nihil in corpore respondere potest; nec notio in cognitione intuitiva absolvi posset, sed semper ad symbolicam

(*Wolfii Psych. Ration.*)   R r   licam

licam ex necessitate recurrendum esset, quemadmodum nunc utilitatis gratia contingit.

§. 396.

Abstractorum in corpore mechanica repræsentatio.

Quoniam notiones quantumlibet abstractæ eodem prorsus modo symbolice exprimi possunt, quo infimæ, quæ ab ipsis individuis abstrahuntur ad species infimas constituendas; *notiones quantumlibet abstractæ per vocabulorum ideas materiales, quibus singula communia horumque subjectum & inexistentia indigitatur, in cerebro mechanice repræsentantur.*

Genera quæcunque superiora, quorum notiones maxime abstractæ sunt, nil continent, nisi quod in ideis individuorum contineatur, indeque abstrahi poterant, modo duo vel plura individua huic instituto commoda sua sponte menti a sensu atque imaginatione objicerentur, antequam notiones minus abstractæ formarentur, a quibus deinde aliæ porro abstrahuntur (§. 327 *Psychol. empir.*). Et sane cum vocabula sint signa nostrarum perceptionum, aut eorum, quæ percipiuntur (§. 271. *Psychol. empir.*); non intelliguntur nisi per ea, quæ in perceptionibus nostris actu continentur, quantumlibet abstracta fuerint, quæ denotant (§. 952. *Ontol.*).

§. 397.

Notiones rerum immaterialium in corpore.

Similiter cum per vocabula, tanquam signa artificialia (*not.* §. 958. *Ontol.*), adeoque vim significandi ab arbitrio hominum habentia (§. 958. *Ontol.*), non minus ea, quæ notionem abstractam rerum immaterialium, quam materialium ingrediuntur, atque subjectum illarum determinationum designari possint; *notiones quoque rerum immaterialium, quantumlibet abstractæ, per vocabulorum ideas materiales, quibus singula communia horumque subjectum & inexistentia indigitatur, in cerebro mechanice repræsentantur.*

Nihil rerum immaterialium percipimus nisi animam nostram, quæ sibi conscia est sui ipsius. Et eatenus, quatenus sibi conscia est, ideas habemus, per quas vocabula res immateriateriales & iisdem quæ conveniunt significantia intelliguntur. Vi autem horum vocabulorum per ideas materiales in cerebro repræsentantur, quæ cum in sensus minime incurrant, ideis materialibus destituuntur.

§. 398.

In cognitione symbolica prima mentis operatio cum secunda confunditur. Etenim prima intellectus operatione ea, quæ rei cuidam insunt, repræsentantur tanquam inter se & a re, cui insunt, diversa (§. 331. *Psychol. empir.*), & ubi notiones universales formantur, tanquam pluribus communia (§. 283. *Psychol. empir.*), consequenter eidem in cognitione symbolica respondere nequit nisi recensio vocabulorum, quibus tanquam nominibus suis insigniuntur ea singula, quæ pluribus communia sunt, & commune subjectum, cui eadem præcisis aliis insunt (§. 328. *Psychol. empir.*). Enimvero si hæc nomina tantummodo nude proferantur, non constat, utrum per ea plura entia a se invicem distincta & quorum nullum ad alterum refertur indigitare, an vero subjectum aliquod, cui nonnisi pluribus communia insunt, & hæc ipsa communia, quæ eidem insunt, significare volueris. Necesse igitur est, ut per vocabula quoque exprimatur inexistentia pluribus communium in uno quodam subjecto. Atat! ubi effers vocabula, quibus denotantur subjectum, ea, quæ eidem insunt, & horum inexistentia seu nexus cum subjecto, seu ubi ea, quæ tanquam a re diversa spectamus, porro tanquam eidem inexistentia, vel ad eam quocunque modo spectantia consideramus, actum judicii affirmativi absolvimus (§. 350. 351. *Psychol. empir.*), quem secundam esse intellectus operationem constat (§. 53. *Log.*). In cognitione adeo symbolica prima mentis operatio cum secunda confunditur.

Cur in symbolica cognitione intellectus operatio prima confundatur cum secunda.

Fit hoc necessitate, quemadmodum ex demonstratione propositionis præsentis intelligitur: quod ut appareat, exemplo

plo aliquo propositionem præsentem illustrare non inutile est. Ponamus tria in tabula delineata esse rectangula triangula, quæ uno obtutu comprehendere potes. Quodsi jam attentionem succesive dirigis in altitudines, bases, hypothenusas, angulum rectum, angulum obliquum ad basin & alterum obliquum ad verticem & horum tibi tanquam tribus istis figuris communium conscius es; notionem triangulorum rectangulorum habes. Enimvero si jam ore profers vocabula sequentia: *triangulum rectangulum, altitudo, basis, hypothenusa, angulus rectus, obliquus angulus ad verticem, obliquus angulus ad basin*; exinde nondum intelligitur, an vocabulum triangulum rectangulum designet aliquod subjectum in communi, cui quæ per cetera vocabula indigitantur insunt. Quamobrem ubi ex verbis prolatis idem palam fieri debet, necesse est, ut ceterorum inexistentiam significes dicendo v. gr. *Triangulum rectangulum est figura, cujus altitudo & basis intercipiunt angulum rectum, hypothenusa vero cum utroque efficit angulum obliquum ad verticem & ad basin*; vocabulum enim *est* non modo indicat, triangulum hic spectari tanquam aliquod subjectum, sed inexistentiam quoque ceterorum, quæ enunciantur, indigitat & vocabula *intercipiunt*, *efficit*, cum aliis quibusdam modum inexistentiæ distinctius indicant. Enimvero hoc pacto notio eodem modo effertur, quo judicium affirmativum enunciatur. Atque ita prima mentis operatio cum secunda confunditur. Obiter moneo, notionem non confundendam esse cum definitione, quæ non nisi quædam ejus species est. Unde quæ de notione in genere demonstrantur, ad definitiones quoque spectant.

§. 399.

Cur definitiones habeant formam enunciationis.

Quoniam definitione significatur notio completa atque determinata termino cuidam (quo scilicet subjectum quoddam commune indigitatur) respondens (§. 152. *Log.*); *definitiones per modum judicii alicujus affirmativi symbolice efferuntur, seu formam enunciationis habent & in numerum propositionum idearum referuntur* (§. 214. *Log.*).

E. gr.

De Attentione & Intellectu.

E. gr. Quando trianguli definitionem ita efferimus: *Triangulum est figura tribus lineis terminata;* definitio habet formam propositionis affirmativae: immo quod sic exprimitur, in ratiociniis, seu eorum expressione symbolica syllogismis, propositionis locum tuetur.

§. 400.

In cognitione symbolica notio formam tantummodo externam judicii refert, ab eodem tamen vi significandi differt. Quod in cognitione symbolica notio habere debeat formam externam judicii jam constat (§. 398.). Enimvero vocabulum, quo denotatur subjectum determinationum communium, in notione significat subjectum cum ipsis hisce determinationibus, quae praedicati locum tueri videntur; ast in judicio praedicatum non refertur ad determinationes, quae ingrediuntur notionem subjecti (§. 40. 41. *Log.*), sed significat vocabulum, quo denotatur subjectum, subjectum aliquod determinationum diversarum ab iis, quae ingrediuntur notionem praedicati (§. *cit.*). Vi adeo significandi differt judicium a notione in symbolica cognitione, adeoque haec tantummodo formam judicii externam refert.

Differentia intrinseca notionis & judicii in cognitione symbolica.

E. gr. Si dicas: Triangulum est figura tribus lineis terminata; vocabulum trianguli non significat nisi figuram tribus lineis terminatam, ita ut ipsum cum pluribus eundem habeat significatum. Enimvero si dixeris: Triangulum habet tres angulos; vocabulum triangulum significat figuram tribus lineis terminatam, non vero simul significat tres angulos, qui figurae tribus lineis terminatae tribuuntur, neque adeo hic cum pluribus eundem habet significatum, quae praedicatum cum copula exprimunt. Quodsi scrupulosiore acumine discernere velis notionem symbolice expressam, quando definitionem, quando propositionem identicam referat, dici poterat, nomen commune in casu priore non denotare nisi subjectum illarum determinationum, quae per vocabula cetera indigitantur; at in posteriore significare vage subjectum quarundam determinationum necessariarum & huic de-

inde

inde tribui determinationes istas determinate enunciatas per modum praedicati. Erunt forsan nonnulli, quibus nimia videtur haec scrupulositas, sed nimium videri non debet discernendi acumen, ubi differentia rebus ipsis inest. Nec est, quod inutilem scrupulositatem dixeris. Plurimum enim facit ad acumen psychologicum, quo in Moralibus felicissime uteris in non satis perviis, non indiscreta relinqui, quae discerni ullo modo possunt. Neque dubito quin hanc differentiam in oratione attenderemus ; modo sermonis usus commode id ferret. Non alio sane fine in definitionibus saepe abstinemus a copula & ejus loco ponitur vocabulum *dicitur*, vel aliud aequipollens.

§. 401.

Cur per solam reflexionem & abstractionem notiones non fiant completae & determinatae.

Per solam reflexionem & abstractionem notiones universales completae ac determinatae non constituuntur. Etenim cum reflexio successiva directione attentionis in communia tota absolvatur (§. 257. *Psychol. empir.*), nec abstractione quicquam obtineatur, nisi quod communia ista tanquam a rebus perceptis, quibus insunt, diversa spectentur (§. 282. *Psychol. empir.*), & nominum impositione quasi actu separentur (§. 281. 280. *Psychol. empir.*); notionem universalem, quae per solam reflexionem & abstractionem formatur, ingrediuntur, quae pluribus communia cognoscimus & cum aliis diversis subjecto alicui inexistere posse agnoscimus. Enimvero inde nondum constat, utrum communia ista contineant, nec plura, nec pauciora, quam quae ad res ejus generis, vel speciei agnoscendas & a rebus alterius generis vel speciei distinguendas sufficiunt, an vero quaedam adsint, quae abesse debebant, aut absint, quae adesse debebant. Ignoratur adeo, utrum completae ac determinatae sint, nec ne (§. 92. 123. *Log.*). Per solam igitur reflexionem & abstractionem notiones completae ac determinatae non constituuntur.

Definitiones completae ac determinatae generum ac specierum

rum funt definitiones (§. 152. *Log.*). Enimvero nifi geneticæ fint definitiones, quarum veritas per fe manifefta eft, quod quæ affumuntur circa probationem affumi poffint, absque demonftratione rariffime conftabit, quod fint rite determinatæ. Et quamvis fucceffu temporis cafus diverfi obvii loquantur, notionem effe incompletam, & quædam, quæ deficiunt, inde fuppleantur; medela tamen hæc vitium non tollit. Neque enim certus effe potes, tibi determinationes omnes rei exiftentes effe perfpectas, quæ definitionem ejus ingredi debent. Sed ea ex doctrina logica de definitionibus & ontologica tam de ente in genere, quam univerfali in fpecie dudum patent. Immo dudum evicimus (§. 55. *Log.*), notiones univerfales non poffe formari absque fecunda & tertia mentis operatione.

§. 402.

Judicia intuitiva non excedunt vim repræfentativam univerfi, qualis in anima datur. Etenim judicii affirmativi actus in cognitione intuitiva abfolvitur, fi ea, quæ tanquam a re diverfa fpectamus, porro tanquam eidem inexiftentia vel ad eam quocunque modo pertinentia confideramus (§. 343. *Pfychol. empir.*). Prima mentis operatione ea, quæ rei infunt, tanquam ab eadem diverfa nobis repræfentamus (§. 331. *Pfychol. empir.*). Quamobrem cum prima mentis operatio non excedat vim repræfentativam univerfi, qualis in anima datur (§. 393.); vim iftam minime excedit, quod quid rei inexiftens anima fpectet tanquam ab ea diverfum. Porro fi ad id, quod rei ineft, & rem ipfam, quam percipimus, fimul attentionem noftram dirigimus, nobis confcii fumus, id, quod tanquam diverfum nos modo fpectaffe a re meminimus, eidem inexiftere vel alio quodam modo ad idem referri. Enimvero cum quæ ad idearum fenfualium atque phantasmatum productionem, nec non memoriam fpectant, vim repræfentativam animæ non excedant, quemadmodum per anteriora fatis patet; ideo nec

Judicia intuitiva non excedunt vim repræfentativam.

nec eandem excedit, quod quid tanquam rei perceptæ inexistens aut quocunque alio modo ad idem referendum spectemus. Patet adeo ad actum judicii affirmativi in cognitione intuitiva nihil requiri, quod vim repræsentativam universi, qualis in anima datur, excedat. Ipse igitur actus judicandi eandem minime excedit.

Porro si prædicatum subjecto simpliciter repugnet, actus judicii negativi absolvitur, si subjectum tibi repræsentes, cui idem repugnat & subjectum aliud cui idem inest, ac id quod alteri inest, consideres tanquam ab eo diversum, idemque referens ad prius consideres tanquam eidem non inexistens (§. 343. *Psychol. empir.*). Non alia igitur ad hunc judicii actum requiruntur, quam ut subjecta duo simul percipias & quid, quod uni inexistit, tanquam ab utroque diversum, uni autem inexistens, alteri non inexistens consideres. Enimvero nemo non novit, sensu ac imaginatione duo entia simul percipi posse, consequenter hanc simultaneam perceptionem vim repræsentativam universi, qualis in anima est, non excedere. Enimvero per ea, quæ de judicio affirmativo ostendimus, patet eadem nec superiores esse actus ceteros, quibus quid uni inexistens spectatur tanquam diversum ab utroque, ast tanquam inexistens uni, non inexistens alteri. Nihil ergo ad actum judicii negativi in hoc casu requiritur, quod vim repræsentativam universi, quæ in anima datur, excedat, adeoque nec integer judicii negativi actus in hoc casu eandem excedit.

Quodsi prædicatum simpliciter subjecto non repugnet, actus judicii negativi absolvitur, si subjectum, cui idem non inest in oppositis casibus tibi repræsentes in quorum uno prædicatum eidem inest, in altero non inest, ac id, quod uni inest, consideres tanquam diversum ab eo, idemque referens ad prius consideres tanquam eidem non inexistens (§. 346. *Psychol. empir.*). Actus igitur judicandi in hoc casu a præcedente non nisi in eo

differt, quod duo subjecta, quæ simul repræsentantur, sint ejusdem speciei, cum antea essent diversæ: id quod quoad vim repræsentativam universi nullam inducit mutationem. Immo si prædicatum, quod de subjecto negatur, subjecto alterius specie quoque inesse possit; subjectum utrumque ejusdem esse speciei opus non est (§. 347. *Psychol. empir.*), adeoque actus judicii negativi in casu præsente prorsus coincidit cum præcedente. Absque ulteriore itaque probatione patet, actum judicii quoque negativi vim repræsentativam universi, qualis in anima datur, non excedere.

Equidem datur adhuc aliquod judicii genus, quod ad intuitiva accedit & in demonstrationibus usui est ad ratiociniorum continuandorum cum anterioribus connexionem (§. 551. *Log.*); sed de eo dicemus inferius, ubi de demonstratione quædam annotanda venient.

§. 403.

Judicia per ideas materiales vocabulorum in cerebro repræsentari possunt. Etenim in cognitione symbolica secunda mentis operatio, seu judicium (§. 53. *Log.*), absolvitur recensione vocabulorum, quibus subjectum & ceteræ ejusdem determinationes accidentales, si quæ adsunt, prædicatum & nexus ejusdem cum subjecto in affirmativis, repugnantia in negativis exprimuntur (§. 350. *Psychol. empir.*). Quamobrem cum vocabulorum dentur ideæ materiales (§. 290.); per has ipsas judicia in cerebro repræsentari possunt.

Judiciorum in cerebro repræsentatio.

Nihil in his difficultatis est, præsertim cum jam ante ostenderimus, materialem notionis in cerebro repræsentationem eodem modo fieri debere, quo judicia repræsentantur (398. 396.).

§. 404.

Quoniam judicia, si vocabulis efferuntur, magis distincta sunt, quam in cognitione intuitiva (§. 351. *Psychol. empir.*); ser-

Cur id semper fiat, ubi sermo-

(*Wolfii Psych. Ration.*)

nis usu pollemus. sermoni adsueti non judicare solemus absque vocabulis, seu judicia symbolice semper efferre solemus. Quamobrem cum porro constet, judicia symbolice expressa seu verbis elata, hoc est, enunciationes per ideas materiales vocabulorum in cerebro repraesentari posse (§. 403.); *sermonis usu ubi pollemus, judicia quoque per materiales vocabulorum ideas in cerebro omnia repraesentari solent.*

§. 405.

Ratiocinium num vi animae superius.

Ratiocinium vim repraesentativam universi non excedit. Ratiocinium categoricum tribus constat propositionibus, quarum una est judicium intuitivum, seu sumitur, quod ea jam mentem subeat, aut, si mavis, ejusdem nobis conscii simus; secunda nobis ob terminum cum prima communem in memoriam recurrit; tertia vero formatur combinando terminos seu notiones in duobus prioribus judiciis diversas (§. 354. & seqq. *Psychol. empir.*). Jam non repugnat vi repraesentativae universi, qualis in anima datur, judicium intuitivum (§. 393.). Neque eidem repugnat, quod vi imaginationis ob terminum communem in memoriam revocetur judicium aliquod praeteritum (§. 218. 224. 225. 280.). Denique quod duorum istorum judiciorum nobis simul conscii super iis reflectimus & terminum communem ab iis separemus, qui vero diversi relinquuntur, eos inter se combinemus, per imaginationem etiam materialem fieri potest (§. 334. & seqq. §. 340. & seqq.), adeoque nec judicii tertii formatio vim repraesentativam universi excedit. Immo cum duo judicia terminum communem habentia, si simul percipiuntur, exhibent perceptionem rei praesentis, tertium exinde formatum judicio intuitivo aequipollet (§. 51. *Log.*). Atque adeo hoc etiam pacto facilius patet, judicii istius formationem non excedere vim repraesentativam universi, qualis in anima datur. Nihil adeo in omni syllogismo categorico occurrit quod vi repraesentativa universi, qualis in anima datur,

De Attentione & Intellectu.

tur, sit superius. Quare ratiocinium categoricum vim repræsentativam universi minime excedit.

Similiter in syllogismo hypothetico & quidem in modo ponente vel quid esse agnoscimus atque meminimus, ideo etiam aliud quid esse debere, hoc alterum quoque esse judicamus (§. 385. *Psychol. empir.*), vel quid non esse agnoscimus atque meminimus, ideo etiam aliud quid non esse debere; & hinc hoc alterum quoque non esse judicamus (§. 386. *Psychol. empir.*). Syllogismus adeo hypotheticus denuo constat tribus propositionibus, quarum una aliquid esse vel non esse judicamus, quod intuitivum plerumque judicium est, aut ante cognitum in memoriam nobis revocatum; altera nobis in memoriam revocatur, quod eam alias cognoverimus, scilicet quod si hoc sit, vel non sit, etiam aliud esse vel non esse debeat; tertia denique ex anterioribus formatur, auferendo ex secunda primam, quæ ipsi inest, ut sic tertia relinquatur, consequenter per divisionem idearum formatur. Eodem igitur, quo ante, modo patet ratiocinium hypotheticum in modo ponente vim repræsentativam universi non excedere. In modo tollente quid non esse agnoscimus atque meminimus idem esse posito quod sit aliud, & inde hoc non esse judicamus (§. 387. *Psychol. empir.*). Denuo igitur ratiocinium tribus constat propositionibus. Prima est judicium intuitivum, quo judicamus hoc non esse; altera est judicium aliquod præteritum, quod beneficio præsentis in memoriam revocatur; tertia denique est judicium per divisionem idearum formatum. Quoad præsens adeo institutum modus tollens non differt a ponente, atque adeo denuo ut ante patet, ratiocinium modi tollentis vim repræsentativam universi, qualis in anima datur, non excedere.

Denique si ratiocinium fuerit disjunctivum unum ex duobus vel pluribus existere agnoscimus, quorum uno existente cetera non existunt, ac inde cetera non existere judicamus, vel cetera non esse agnoscimus & unum ideo esse judicamus (§. 389. *Psychol. empir.*). Habemus igitur denuo tria judicia, quorum uno unum existere in modo ponente, unum vel plura non esse in modo tollente judicamus, quodque intuitivum est; alterum nobis in memoriam revocatur ope intuitivi, id scilicet, quo judicamus uno existente cetera non existere, vel ceteris non existentibus, unum existere; tertium vero formatur per divisionem idearum, scilicet quod unum sit, vel quod unum ceterorum sit. Atque ita denuo patet, ratiocinia quoque disjunctiva non excedere vim repræsentativam universi, qualis in anima datur, quemadmodum ante.

Ostendimus itaque ratiociniorum, unde ceteræ resultant omnes species, nempe categorica, hypothetica & disjunctiva, vim repræsentativam universi, qualis in anima datur, non excedere. Atque adeo in genere pronunciare licet, ratiocinia non excedere vim repræsentativam universi, qualis in anima datur.

Si a syllogismis crypticis & ratiociniis ex aliis resultantibus discesseris, non dari alias illorum species, quam categoricos, hypotheticos & disjunctivos ex Logica patet, ubi plures non occurrunt: ut vero evidentius pateat, idem mox evincemus. Enimvero syllogismi cryptici ad formam manifestam præcedentium semper reducuntur, neque adeo quicquam habent, quod in præsente negotio diversitatem inducat. Absonum adeo foret ea particulatim hic expendi, quæ de ipsis in Logica (§. 421. & seqq.) traduntur. Id evidentius apparet ex modo, quo in syllogismos crypticos incidimus. Accidit enim, si eidem notioni complexæ propositiones diversæ respondere possunt, & ex iis in ratiocinando ea eligitur, quæ in formam syllogismi non quadrat (§. 400. *Psych. empir.*). Neque enim ideo quid vel in numero propositionum, vel in modo ad easdem perveniendi quicquam mutatur. Et quamvis quædam adhuc crypses dentur, quæ sub hac regula non comprehenduntur, veluti enthymemata (§. 423. *Log.*) & si in pri-

De Attentione & Intellectu. 325

prima figura terminus medius fuerit negativus (§. 436. *Log.*), nihil tamen difficultatis ea facessunt. Ratiocinatio polysyllogistica & aliæ quædam argumentationes pluribus ratiociniis constant, quorum cum singula vim repræsentativam universi, qualis in anima datur, non excedant, nec omnia simul eandem excedunt. Concatenationes vero eorundem quod attinet, de ea mox dicemus sigillatim.

§. 406.

Ratiocinia primitiva appello, quæ ex aliis se prioribus ortum minime ducunt, seu quæ in alia simpliciora resolvi non possunt. *Derivativa* vero, quæ ab aliis se prioribus ortum trahunt, seu in alia simpliciora resolvi possunt.

Ratiociniorum primitivorum & derivativorum differentia.

Ita syllogismi categorici sunt primitivi: neque enim dantur syllogismi alii ipsis priores, unde ortum suum trahunt, seu in quos tanquam se simpliciores resolvi possint, cum ex essentia atque natura hominis veluti sponte sua fluant (§. 354. & seqq. *Psychol. empir.*). Similiter syllogismi hypothetici sunt primitivi ex ratione eadem (§. 385. & seqq, *Psychol. empir.*). Neque obstat hypotheticos ad formam categoricorum reduci posse (§. 413. 415. *Log.*): etenim quæstio jam non est de eo, an syllogismus aliquis ad aliam formam reduci possit, sed num ex alio tanquam se priori derivetur. Enimvero Sorites sive categoricus, sive hypotheticus syllogismus derivativus est, cum ex pluribus syllogismis, vel categoricis, vel hypotheticis in unum contractis oriatur (§. 468. 472. *Log.*).

§. 407.

Syllogismi primitivi non dantur nisi categorici, hypothetici & disjunctivi. Propositiones sunt vel categoricæ, vel hypotheticæ (§. 216. 218. *Log.*). Ex categoricis componuntur syllogismi categorici (§. 361. *Log.*), ex hypotheticis & categoricis hypothetici (§. 404. *Log.*). Inter propositiones compositas præter hypotheticam locum habent copulativæ (§. 315. *Log.*), & disjunctivæ (§. 316. *Log.*). Jam cum in propositione copulativa subjecto eidem tribui possint sigillatim singula

Quotnam syllogismi primitivi dentur.

prædicata, ut ab eodem removeri, ubi negativa fuerint; vel utrique fubjecto figillatim poffit tribui idem prædicatum (§. 315. *Log.*); ubi propofitiones copulativæ, quæ formam categoricarum non mutant, ingrediuntur fyllogismum, is formam fyllogismi categorici non mutat, etfi pro multitudine fubjecti vel prædicati in plures fyllogismos categoricos refolvi poffit, adeoque inde fyllogismus primitivus peculiaris formæ non oritur (§. 406.). Si propofitio disjunctiva ingreditur fyllogismum, fyllogismus disjunctivus oritur (§. 416. *Log.*). Patet adeo præter fyllogismos categoricos non effe alios primitivos quam hypotheticos & disjunctivos.

Logici fcholaftici propofitiones modales a ceteris diftinguunt pro diverfitate modi prædicandi, prouti nempe prædicatum vel neceffario, vel contingenter convenit fuo fubjecto: unde quoque fyllogismos modales tanquam peculiarem fyllogismorum fpeciem confiderant, quæ tamen a categoricis nonnifi forma propofitionum diffidet. Enimvero cum nos propofitiones contingenter veras ad determinatas reduci jufferimus, cum alias refpuat fcientia, ficque eædem hypotheticam confequantur neceffitatem; fpinas Scholafticorum de propofitionibus & fyllogismis modalibus non attigimus. Si quis vero formam propofitionis modalis fervare voluerit, veluti *neceffe eft hominem mori*, pro *homo neceffario moritur*; non tamen hæc forma obftabit, quo minus fyllogismum, quem ingreditur, vel pro categorico, vel pro hypothetico habeamus.

§. 408.

Confequentiæ immediatæ num vim repræfentativam univerfi excedant.

Argumentatio per confequentias immediatas non excedit vim repræfentativam univerfi, qualis in anima datur. Quodfi enim perpendas, quæ de ratione hujus argumentationis dicta funt alibi (§. 411. & feqq. *Pfychol. empir.*), non videbis nifi talia affumi, quorum rationem in anterioribus ex vi repræfentativa univerfi, qualis in anima eft, dedimus: id quod particulatim eundo per omnes cafus oftendere nimis prolixum foret.

Quam-

De Attentione & Intellectu.

Quamobrem satis hinc patet, nec argumentationem per consequentias immediatas vim illam repræsentativam universi, quæ animæ inest, excedere.

Dare lubet exemplum aliquod, ut appareat, quomodo quis eundo per singulos casus perspicere possit, ad consequentias immediatas a ratiocinante proferendas non requiri nisi istiusmodi actus, qui singuli a vi repræsentativa universi, quæ animæ inest, proficisci possunt.

§. 409.

Ratio, cur per consequentiam immediatam ratiocineris, desumta est ab istiusmodi actibus, quæ a vi repræsentativa universi animæ inexistente proficiscuntur. Ratio enim, cur per consequentiam immediatam ratiocinamur, continetur hoc theoremate: si de propositione data judicia logica formes & perspecta fuerint theoremata de propositionibus se mutuo ponentibus; ex propositione data tanquam præmissa inferes conclusionem (§. 411. *Psychol. empir.*). Propositio data, quatenus ejus tibi conscius es, hic sese habet per modum rei sensu perceptæ, adeoque si judicium logicum de eodem formas, veluti de propositione: *omnis homo est mortalis*, eam esse universaliter affirmantem, seu hic quid affirmari de omni (scilicet individuo ad aliquam speciem pertinente), perinde est ac si judicium super re percepta reflectendo formares. Quodsi jam perspecta fuerint theoremata de propositionibus se mutuo ponentibus, veluti in casu præsente, quod posita universali ponenda etiam sit quævis subalternans (§. 451. *Log.*), scilicet quosdam homines esse mortales; beneficio termini communis, qui est propositio universalis, idem tibi in memoriam revocas (§. 117. *Psychol. empir.*). Atque hinc infers: etiam in hoc casu ponendam esse subalternantem, scilicet quosdam homines esse mortales. Nihil igitur hic occurrit, quod non locum habeat in syllogismo categorico (§. 364. & seqq. *Psychol. empir.*). Quamobrem cum

Idem specialius ostenditur.

cum ratiocinium categoricum, quod in primitivorum numero est (§. 407.), non excedat vim repraesentativam universi (§. 405.); nec actus isti, quibus continetur ratio argumentationis per consequentiam immediatam, eam excedunt, adeoque ab eadem proficiscuntur.

Quodsi supponas te saepius argumentatum ex propositione universali inferendo subalternantem, veluti: *Omnes homines sunt mortales. Ergo quidam homines sunt mortales*, & attentionem dirigens in universalitatem alicujus propositionis, veluti *omnis sapiens eligit media fini convenientia*, & modi inferendi, quo alias usus, recordatus (§. 225.) denuo infers: *Ergo quidam sapientes eligunt media fini convenientia;* nec hic occurrit nisi quod vi memoriae ac imaginationis, consequenter & vi repraesentativae universi, qualis in anima datur, conveniens est, cum in superioribus illius ex hac rationem reddiderimus. Constat etiam adeo in hoc casu ratio argumentationis per consequentiam immediatam istiusmodi actibus, quae a vi repraesentativa universi animae inexistente proficiscuntur.

> Studio elegimus theorema generale, cum, quae de eodem evincuntur, valeant de singulis specialibus, atque quae hic dicuntur tantummodo nude ad cetera specialia applicari debeant, ubi perspicere volueris, quod nec in iis supponantur actus alii, quam qui a vi repraesentativa universi proficisci possunt.

§. 410.

Judicia discursiva num vim repraesentativam excedant.

Judicia discursiva non excedunt vim repraesentativam universi, qualis in anima datur. Judicia enim discursiva per ratiocinium eliciuntur (§. 51. *Log.*), adeoque conclusiones syllogismorum sunt (§. 335. *Log.*). Enimvero ratiocinia vim repraesentativam universi, qualis in anima datur, non excedunt (§. 405.). Ergo nec judicia discursiva eandem excedunt.

Por-

De Attentione & Intellectu.

Porro judicia discursiva quoque sunt, quæ per consequentiam immediatam inferuntur cum consequentiæ immediatæ numero ratiociniorum accenseantur (§. 459. *Log.*). Constat vero nec consequentias immediatas excedere vim repræsentativam universi, quæ in anima datur (§. 408.). Quamobrem nec judicia discursiva, quæ per consequentias immediatas inferuntur, vim repræsentativam universi in anima excedunt.

Non opus est, ut idem sigillatim ostendatur de iis, quæ sunt conclusiones ratiociniorum derivativorum, cum id per se satis pateat vi definitionis istorum ratiociniorum (§. 406.).

§. 411.

Judicia, quæ per modum intuitivorum formantur in continuatione ratiociniorum, vim repræsentativam universi non excedunt. Etenim ratiocinia continuaturis pro iis concatenandis plurium syllogismorum conclusiones considerantur instar notionis complexæ ac inde formatur judicium eodem modo, quo per reflexionem de re percepta formatur (§. 492. *Log.*). Cum conclusiones istæ sint judicia discursiva, quæ vim repræsentativam universi, qualis in anima datur, non excedunt (§. 410.), ad formandum vero inde judicium non alii requirantur actus, quam qui ad formandum judicium aliud intuitivum requiruntur per modo dicta, hique ipsi actus a vi repræsentativa universi, qualis in anima datur, proficisci possint (§. 402.); nec judicia ista, quæ in continuatione ratiociniorum per modum judiciorum intuitivorum formantur, vim repræsentativam universi in anima excedunt.

Num eam excedant judicia ad concatenationem necessaria.

Quoniam in syllogismorum concatenatione nihil occurrit, quod difficultatem movere poterat præter hæc judicia (§. 492. *Log.*); abunde jam patet in omni demonstratione ac probatione concatenationem syllogismorum vim animæ minime excedere, quam tanquam essentiam ac naturam ipsi vindicavimus (§. 66. 67.).

§. 412.

Nullum judicium eandem excedere.

Quoniam judicia omnia vel intuitiva funt, vel difcurfiva (§. 51. *Log.*), vel per modum intuitivorum in concatenatione ratiociniorum formata (§. 492. *Log.*); conftat vero judicia intuitiva (§. 402.), difcurfiva (§. 410.) & per modum intuitivorum in concatenatione fyllogifmorum formata vim repræfentativam univerfi non excedere, qualis in anima datur (§. 411.): ideo jam patet, *nullum omnino dari judicium, quod vim repræfentativam univerfi, qualis in anima datur, excedat, vel ab ea proficifci nequeat.*

§. 413.

Nullam quoque operationem mentis eandem fuperiorem effe.

Et quia judicium fecunda, ratiocinium tertia mentis operatio eft (§. 53. *Log.*), nullum vero judicium (§. 412.), nullum etiam ratiocinium vim repræfentativam univerfi, qualis in anima datur, excedit (§. 405. 408.); *fecunda & tertia intellectus operatio vim repræfentativam univerfi, qualis in anima datur, non excedit.* Immo cum nec prima eadem fuperior fit (§. 393.), neque plures hifce tribus dentur mentis feu intellectus operationes (§. 52. *Log.*); ideo jam liquet, *nullam dari mentis feu intellectus operationem, quæ vim repræfentativam univerfi, qualis in anima datur, excedat,* feu, quod perinde eft, *non aliam in anima vim fupponendam effe, quam qualis eft repræfentativa univerfi, ut omnibus operationibus intellectus fufficiat.*

§. 414.

Ratiociniorum in corpore repræfentatio mechanica.

Ratiocinia in cerebro per ideas materiales vocabulorum, quibus efferuntur judicia illorum compofitionem ingredientia, repræfentantur. In cognitione enim fymbolica ratiocinia exprimuntur propofitionibus determinatis, quibus efferuntur judicia, ex quibus conftant (§. 368. *Pfychol. empir.*). Quoniam itaque propofitiones fingulæ ex vocabulis componuntur (§. 320. *Log.*)

De Attentione & Intellectu.

Log.) & singulis vocabulis respondent ideæ materiales (§. 290), quæ ideis vocabulorum in anima sive sensu (§. 113.), sive imaginatione productis coëxistunt (§. 206.); singulæ istæ propositiones per has ideas materiales, adeoque & ratiocinia ex iisdem constantia in cerebro repræsentantur.

Idem etiam sic ostenditur. Ratiocinia in universum omnia ex judiciis componuntur, quemadmodum eundo per omnes species in Logica prolixe descriptas & per ipsam definitionem ratiocinii intelligitur (§. 50. *Log.*). Enimvero judicia singula, qualiacunque fuerint per ideas materiales vocabulorum in cerebro repræsentantur (§. 403.). Ergo & per easdem in eodem repræsentantur ratiocinia in universum omnia.

Neminem fore arbitror, qui nobis objiciat, evinci tantummodo possibilitatem, non vero actualitatem repræsentationis mechanicæ ratiociniorum, propterea quod non ostendatur, eodem tempore, quo ideæ vocabulorum animæ insunt, eorum quoque ideas materiales vi corporis produci seu saltem in eodem oriri. Etsi enim haud difficile fuisset, specialius ostendere, quomodo in corpore ex aliis motibus præexistentibus oriantur ideæ vocabulorum materiales, quando eorundem ideæ in anima existunt; non tamen opus esse existimamus in has ambages ut descendamus. Etenim ideæ in anima debentur vel sensui, vel imaginationi, quemadmodum ex modo, quo ratiocinia in anima oriuntur, abunde intelligitur. In genere autem evicimus, non minus phantasmatis (§. 206.), quam ideis sensualibus singulis singulas in cerebro coëxistere ideas materiales (§. 113.). Sufficit itaque ad ista principia provocari.

§. 415.

Quoniam ratiocinia in cognitione symbolica sunt magis distincta, quam in intuitiva (§. 369. *Psychol. empir.*), immo ratiociniorum in cognitione intuitiva ea est difficultas, ut eadem pro lubitu elicere nisi plurimum exercitatus non valeat, quemadmo-

Eandem semper fieri quoties ratiocinamur.

admodum perpendentibus, quæ de hisce ratiociniis (§. 354. & seqq. *Psych. emp.*), & de judiciis in cognitione intuitiva absolvendis diximus (§. 343. *Psychol. empir.*), abunde constabit; in ratiocinando cognitionem symbolicam intuitivæ præferre solemus, adeoque *omnia nostra ratiocinia per ideas materiales vocabulorum in cerebro repræsentari solent* (§. 414.), *seu nunquam ratiocinamur, quin ratiocinii quoque in cerebro mechanica fiat repræsentatio.*

Quilibet in seipso experietur, sese non ratiocinari, nisi verbis efferendo judicia, quæ ad ratiocinium requiruntur, modo distincte ratiocinetur. Atque ita a posteriori confirmatur, quod ad evincendam propositionis præsentis veritatem assumsimus.

§. 416.

Mechanica operationum mentis in cerebro repræsentatio.

Omnes operationes mentis seu intellectus per ideas vocabulorum materiales in cerebro repræsentantur. Repræsentantur enim in cerebro per vocabulorum ideas materiales notiones generum ac specierum (§. 395.), quantumlibet abstractæ (§. 396.), immo ipsarum rerum immaterialium (§. 397.), judicia omnia (§. 403.) atque ratiocinia (§. 415.). Enimvero præter notionem, judicium atque ratiocinium nulla datur mentis seu intellectus operatio (§. 52. *Log.*). Ergo omnes operationes intellectus per ideas vocabulorum materiales in cerebro repræsentantur.

Atque ita patet nullam fieri in anima operationem intellectus, quam cerebrum non suo modo itidem exequatur: id quod hic probe notasse proderit in sequentibus.

§. 417.

Signorum ideæ materiales.

Signa qualiacunque, quibus ad res denotandas loco vocabulorum utimur, perinde ac hæc suas habent ideas materiales. Qualiacunque enim excogitentur signa, talia esse debent, quæ sensu percipi possunt: quod tanquam concedendum ab omnibus

De Attentione & Intellectu.

bus fumimus. Immo fi figna hactenus inventa, quibus diverfo fine nos uti alibi (§. 290. & feqq. *Pfych. empir.*) jam oftendimus, percurramus; ea pleraque vifu, nonnulla auditu percipi patet: non tamen prorfus repugnat, ut fignorum loco quoque fint, quæ fenfu alio percipiuntur. Quamobrem eodem prorfus modo demonftratur, iisdem 'competere ideas materiales quo fupra evicimus dari ideas materiales vocabulorum, tum quatenus vifu, tum quatenus auditu percipiuntur (§. 290.).

Signa femper defumuntur e numero fenfibilium, adeoque perinde ac fenfibilia alia fuas habere debent ideas fenfuales & materiales. Vis fignificandi ex impofitione arbitraria eft, quæ patet ex iis, quæ de vocabulis evicimus (§. 273. 274. *Pfychol. empir.*), quomodo vim fignificandi acquirere valeant. Nihil igitur in eo mutat, quod funt. E. gr. Signum + in Mathefi denotat additionem. Scriptum vifu percipitur, adeoque in numerum vifibilium referri debet. Quatenus vifibile eft, radiis luminis in oculum reflexis delineatur in fundo oculi ejusdem imago & a lumine impreffus motus quidam, qualis nonnifi ab iftiusmodi figura fibrillis nerveis retinæ imprimi poteft, ad cerebrum usque propagatur (§. III.). Ita producitur ejus in cerebro idea materialis (§. 112-), five quis noverit figuram hanc effe fignum additionis, five ignoret. Quodfi Mathematicus idem intuens recordetur, figura hac indigitari additionem ; nihil propterea in idea ejus fenfuali, vel materiali mutatur. Etenim idea utraque præexiftit, & poftea demum id, quod fignificatur, inde colligitur (§. 952. *Ontol.*). Obiter monemus in cognitione fymbolica fubinde quædam ob vocabula ad relationes rerum fignificandas adhibita obfcura fieri, quæ in intuitiva nihil habent difficultatis. Dic enim + vifibile, nihil difficultatis erit, fi eodem vifibilium jure cenfeatur eidemque fua tribuatur idea materialis, qualem omni vifibili neceffario convenire conftat. Dic vero fignum additionis: quæftio jam videbitur obfcurior, u*t*rum fignum additionis habeat ideam materialem, nec ne, & ut abfit obfcuritas, oftendendum eft idem effe vifibile quoddam, nec per vim fignificandi quicquam in eo qua vifibili mutari.

§. 418.

§. 418.

Mechanica in cerebro per ideas signorum materiales rerum repraesentatio.

Si ad res denotandas vocabulorum loco utamur signis aliis; illarum ideae per signorum ideas materiales repraesentantur. Qualiacunque enim fuerint signa ista, perinde ac vocabula suas habent ideas materiales (§. 417.). Quamobrem cum per vocabulorum ideas materiales rerum iisdem denotatarum ideae in cerebro repraesententur (§. 395. & seqq.), & signa alia in locum vocabulorum, quae artificialia signa sunt (§. 272. *Psychol. empir.*), surrogari possint (§. 958. *Ontol.*); ubi alia adhibentur, per eorundem quoque ideas materiales in cerebro repraesentari debent res iisdem denotatae, vel earundem ideae, quae animae insunt.

Ponamus in Mathesi scribi $a + b = c$ & literis a, b, c denotari lineas, quemadmodum $+$ signum additionis, $=$ signum aequalitatis esse constat. Quodsi verbis efferas, quae signis scriptis indigitas; dicendum est: duas lineas simul sumtas vel in unum additas esse lineae tertiae aequales. In casu priori in cerebro producuntur ideae materiales litterarum a, b, c & signorum $+$ atque $=$; in posteriori, si verba pronunciantur, ideae sonorum articulatorum, quibus vocabula ista constant, seu quos auditu percipimus, dum quis clara voce: duae lineae, inquit, simul sumtae sunt aequales tertiae. In exemplis veritas propositionis adeo evidens est, ut probatio superflua videatur, nisi quis perpendat evidentium quoque reddi rationem in philosophia, non ut constet, quod sint vera, sed ut intelligatur, cur sint vera.

§. 419.

An intellectus in somnio operari possit.

Anima etiam in somnio operationes intellectus edere potest, veluti judicare & ratiocinari. Dum enim somniamus, res quas percipimus, imaginamur (§. 122. *Psychol. empir.*), cumque tum temporis nullae nobis sint ideae sensuales (§. 121. *Psychol. empir.*), nisi quando forte phantasmatum series sensatione quadam

De Attentione & Intellectu.

dum interrumpitur (§. 124. *Pſychol. empir.*), phantasmata clariora funt, quam ubi fenſationibus coëxiſtunt (§. 101. *Pſychol. empir.*), ut res abſentes nobis videantur præſentes (§. 127. *Pſychol. empir.*). Quæ igitur ratio eſt, dum vigilamus, resque præſentes fenſu percipimus, ut in ea, quæ percipimus, attentionem noſtram dirigamus atque fuper iis reflectamus; eadem quoque ad hos actus adeſſe debet in ſomnio, conſequenter in ſomnio quoque attentionem in ea, quæ percipimus, dirigimus & ſuper iis reflectimus (§. 118. *Ontol.*). Quamobrem cum attentio & reflexio ad formandas notiones ſufficiat in cognitione intuitiva (§. 326. *Pſychol. empir.*); in ſomnio quoque prima mentis operatio quoad cognitionem intuitivam ſeſe exerere poteſt. Et quoniam in cognitione ſymbolica ea tantummodo vocabulis tanquam nominibus ſuis indigitantur, quæ reflectendo in ideis rerum diſtinguimus (§. 328. *Pſychol. empir.*), vocabula vero nota in memoriam revocantur lege imaginationis (§. 273. *Pſychol. empir.*), quæ in ſomnio tota occupata eſt (§. 123. *Pſychol. empir.*); ideo nihil obſtat, quo minus prima mentis operatio in ſomnio etiam in cognitione ſymbolica abſolvatur. Et eodem modo patet, quod in ſomnio vocabulorum uſui locus fit, quotiescunque eodem opus habemus.

Eadem porro attentio & reflexio ſufficit, ut de iis, quæ percipimus, judicemus (§. 343. & ſeqq. *Pſychol. empir.*). Quare cum attentioni & reflexioni in ſomnio locus fit *per demonſtrata;* quin in ſomnio judicare, cumque nec ſermonis uſus nobis in eodem denegetur *per demonſtrata*, judicia quoque vocabulis exprimere valeamus, dubitari nequit. Secunda igitur mentis operatio in ſomnio locum habet (§. 53. *Log.*).

Denique ad ratiocinandum requiritur, ut de re percepta judicemus, & beneficio hujus judicii aliud nobis in memoriam revocemus, indeque idearum compoſitione ac diviſione judicium quoddam formetur (§. 354. & ſeqq. *Pſychol. empir.*). Judicia de de rebus perceptis formari poſſunt, quemadmodum modo evicimus. Immo vidimus locum quoque eſſe iis, quæ debentur imaginationi atque memoriæ. Unde dubitari nequit, quin etiam in ſomnio nobis in memoriam revocare poſſimus propoſitionem ope præſentis. Et quia ad formandum judicium per idearum diviſionem ac compoſitionem ſufficit attentio atque reflexio, quemadmodum ex ipſis terminis intelligitur (§. 139. 142. 257. *Pſychol. empir.*), utrique autem in ſomnio eſt locus *per demonſtrata;* in ſomnio quoque ex præmiſſis concluſio inferri poteſt. Anima igitur in ſomnio ſingula agere valet, quæ ad ratiocinandum requiruntur, conſequenter nil impedit, quo minus in ſomnio ratiocinetur, conſequenter tertiam quoque mentis operationem edere poteſt (§. 53. *Log.*).

Idem probatur a poſteriori. Etenim ſingulas operationes mentis in nobis experimur, quando ſomniamus. Quod ad res per ſomnium perceptas attentionem afferamus, immo ſuper iisdem reflectamus, non uno modo patet. Quæ per ſomnium nobis viſa, vel audita fuere, aliis narrare, immo qualia fuerint deſcribere valemus. Neceſſe igitur eſt, ut, cum eorum meminerimus (§. 226. *Pſychol. empir.*), ea diu perceperimus (§. 179. *Pſychol. empir.*), quatenus ſcilicet per aliquod temporis ſpatium phantaſma continua reproductione conſervatum (§. 242.). Dum igitur hoc ipſo eorundem magis nobis conſcii fuimus, quam alias futurum erat, perceptiones iſtas nobis effecimus clariores (§. 31. *Pſychol. empir.*), adeoque attentionem noſtram ad easdem direximus (§. 237. *Pſychol. empir.*). Et quoniam ea, quæ rebus per ſomnium nobis occurrentibus inerant, enarrare valemus; patet ex modo dictis, nos attentionem noſtram direxiſſe ſucceſſive ad ea, quæ rebus perceptis inerant, conſequenter ſuper eadem reflexiſſe (§. 257. *Pſych. empir.*). Attentione & reflexione utimur, dum prima mentis operatione defungimur, eo quidem quem dixi modo (§. 331. *Pſych. empir.*).

In

In somnio itaque prima mentis operatione non defungi necesse est. Constat praeterea nos saepius conspectu eorum, quae per somnium nobis apparent, affectibus obnoxios fieri, veluti gaudio efferri, metu concuti, tristitia corripi, vel quasi attonitos in admirationem rapi. Enimvero cum affectus ex confusa boni & mali perceptione oriantur (§. 605. *Psychol. empir.*) & cum insigni voluptatis vel taedii gradu conjungentur (§. 606. *Psychol. empir.*), consequenter perfectionis cujusdam aut imperfectionis sive verae, sive apparentis apperceptionem praesupponant (§. 511. 518 *Psychol. empir.*); necesse omnino est, ut quaedam, quae rei insunt, tanquam ab ea, cui insunt, diversa nobis repraesentemus. Prima igitur intellectus operatio sese exerit (§. 331. *Psychol. empir.*). Non addimus alia, unde idem colligi poterat.

Nos de rebus per somnium perceptis in ipso somnio judicare, nemo ignorat. Narramus enim alteri nostra in somnio facta judicia. Constat etiam nos in somniis colloqui cum aliis. Ecquis vero est, qui nesciat, nullum esse sine judiciis colloquium? Patet igitur etiam a posteriori secundae mentis operationi esse locum in somnio (§. 53. *Log.*). Et quia secunda mentis operatio primam supponit (§. 40. *Log.*), nisi judicia symbolice expressa seu propositiones tantummodo in memoriam nobis revocantur; ideo ex judiciis quoque de rebus per somnium perceptis latis denuo colligitur, notioni quoque in eodem esse locum.

Quod denique in somnio quoque ratiocinemur, adeoque tertiae quoque mentis operationi sit locus (§. 53. *Log.*); memorabilia exempla mihi suggerit experientia domestica. Etenim plus simplici vice in somniis me docuisse philosophiae quaedam subtiliora capita atque consueto ex notionibus distinctis ratiocinandi more fuisse usum probe memini. Sane pauci admodum elapsi sunt dies, ex quo per somnium auditorium meum ingredi mihi in cathedra constito visus est adversarius quidam fastu turgidus, pietatis pomposae affectator, hypocrita impruden-

(*Wolfii Psych. Ration.*) Uu

dentia infelix: quo confpecto cum judicarem, eum infidiofas porrigere aures, per digreffionem de confenfu actionis externæ cum interna difserere cœpi & continuo orationis flumine difcurfum continuavi ultra dimidium horæ, quantum judico, quadrantem, donec fervor animi, quo abripiebar intrinfecam hypocrifeos turpitudinem delineaturus, cum fomno fomnio finem imponeret. Expergefactus eorum probe memineram, quæ a me dicta fuerunt, & multa ratiocinia legitimo modo inter fe contexta difcurfui ineffe deprehendi, nihil in toto difcurfu obfervans, quod non vigilans probarem.

 Poftulat ipfa res, ut occurram objectioni, quam quis movere poterat. Defendimus (§. 123. *Pfychol. empir.*), omne fomnium a fenfatione initium capere & per phantafmatum fucceffionem, adeoque fecundum legem imaginationis continuari (§. 93. *Pfychol. empir.*). Hic vero oftendimus, in fomniis quoque ratiociniis effe locum & eorum beneficio difcurfum longum in fomniis continuari. Somnia igitur quoque per leges ratiocinandi continuari videntur, nequaquam per folam imaginationis legem. Etfi ad fpeciem primo intuitu videatur compofita objectio, fpeciei tamen fallaciam haud difficulter detegere licet. Quando enim continuationi fomnii locus eft, de objectis nobis fermo eft, quæ tanquam præfentia fpectamus; non autem de noftris cogitationibus, quæ occafione illorum objectorum oriuntur. Sane in exemplo, quod commemoravi, vi imaginationis continuo reproducebatur idea auditorii atque auditorum ac hofpitis illius infidiatoris, quem quomodo huc advolaffet ignorabam. Nihil adeo in præfente propofitione continetur, quod theoriæ de fomniis adverfetur.

§. 420.

Cur memoria læfa ratiocinatio lædatur.

Si memoria læditur, anima ad ratiocinandum inepta redditur. Quoniam enim memoriæ fenfitivæ in corpore non refpondet nifi facilitas reproducendi ideas materiales, quam cerebrum contrahit (§. 294.); fi memoria læditur, facilitas ifta in actua-

actuali quadam cerebri mutatione confiftens (§. 245.) vel prorfus tollitur, vel admodum imminui debet. Præterea cum memoriæ vi ideas reproductas recognofcamus (§. 175. *Pfychol. empir.*), adeoque nobis confcii fimus, nos eas jam antea habuiffe (§. 173. *Pfychol. empir.*); fi memoria læditur aut ideas reproductas prorfus non, aut ægre nec nifi hæfitanter recognofcimus, aut prorfus non confcii nobis exiftentes, quod ideam reproductam jam antea habuerimus, aut ancipites hærentes, utrum eam jam habuerimus, nec ne. Quamobrem judiciorum præteritorum aut prorfus non meminimus, aut, ficubi nobis fuccurrunt, dubitamus, utrum eadem antea jam didicerimus, nec ne, vel etiam num talia fuerint, cum ea nobis familiaria reddere ftuderemus. Quoniam itaque in ratiociniis dato judicio uno memoria nobis fuppeditare debet judicium quoddam præteritum, quod ita fefe habere, prout fefe nobis offert, probe nobis confcii fumus, aut effe faltem videmur (§. 354. & feqq. *Pfychol. empir.*); fi memoria læditur de rebus obviis aut prorfus non ratiocinari poffumus, aut hæfitanter ratiocinamur, confequenter anima ad ratiocinandum inepta redditur.

Cum propofitione præfente confundenda non eft alia, qua ob notionum univerfalium oblivionem anima inepta fieri dicitur ad ratiocinandum de certis quibusdam objectis, de quibus antea ratiocinari prompte poterat: cujus quidem rei exempla dedimus alias (*not.* §. 217. *Pfychol. empir.*). Neque enim hic ineptitudo ad ratiocinandum particularis ab oblivione derivatur: fed cum memoria lædatur, quando ad functiones fuas inepta redditur (§. 297.); ineptitudo animæ ad ratiocinandum in univerfali quadam impotentia confiftit, quæ ad omnia omnino objecta extenditur, qualiacunque fuerint. Ceterum fi quis propofitionem etiam ad cafum iftum particularem extendere velit, eidem omnino fatisfacit demonftratio, cum oblivio, quatenus a corpore pendet, confiftat in impotentia ideas materiales, quæ productæ aliquando fuerant, in cerebro reproducendi (§. 303.), atque adeo anima privetur

faci-

facilitate ideas quasdam reproducendi, quam antea habuerat, in casu particulari.

§. 421.

Cur ratiocinandi habitus a causis materialibus & senectute lædatur.

Quoniam memoria a causis materialibus lædi potest (§. 298.), veluti vi morborum acutorum atque capitis, immo ipsa senectute (§. 299.); læsa autem memoria, anima ad ratiocinandum inepta redditur (§. 420.); *a causis quoque materialibus, veluti vi morborum acutorum atque capitis, immo ipsa senectute anima ad ratiocinandum inepta fieri potest.*

Videmus hinc subinde senes ad ratiocinandum adeo impotentes fieri, ut puerascere ideo dicantur. Non tamen omnibus senectus adeo nocua est, cum plurimi senectute adeo vegeta sint, ut memoria ipsorum non labefactetur, nec vis imaginandi languescat: quo etiam in casu mentis operationibus funguntur senes absque ulla difficultate. Ceterum cum cerebri mutatio, in qua facilitas ista idearum materialium reproducendarum consistit, nondum satis explorata sit, neque etiam satis constet, quale esse debeat cerebrum, ut phantasmata materialia habeant celeritatem convenientem; propositionem quoque præsentem nondum satis determinate enunciare licet. Quamobrem nobis sufficere debet intellexisse possibilitatem ineptitudinis ad ratiocinandum, utut determinate nondum valeamus, quandonam eidem locus esse debeat. Physica uberiorem lucem affundet, quando magis exculta fuerit,

§. 422.

Memoriæ & ratiocinationis læsio ex læsione cerebri.

Quoniam memoriæ sensitivæ, quæ intellectualem præcedit (§. 282.), in corpore non respondet, nisi facilitas reproducendi ideas materiales, quam cerebrum contrahit (§. 294.); *si memoria læditur*, adeoque ad actiones suas inepta redditur (§. 297.), *cerebrum læditur* & vicissim *si cerebrum læditur, memoria lædi*, consequenter *& anima ad ratiocinandum inepta reddi potest* (§. 420.).

Cum non constet, qualis sit læsio cerebri, ut memoria, con-

consequenter etiam ratiocinandi facultas lædatur; ideo ex læsione cerebri tantummodo infertur possibilitas læsionis memoriæ ac facultatis ratiocinandi: quemadmodum paulo ante expressius annotavimus (*not. §. 421*).

§. 423.

Imbecillitas judicii est impotentia judicandi ex defectu notionum universalium ad judicia discursiva requisitarum. — *Imbecillitas judicii.*

Requiri notiones universales ad judicia discursiva, quæ tanquam notæ, immo familiares præsupponuntur, ex omni theoria ratiociniorum patet (§. 354. & seqq. *Psychol. empir.*) per quæ judicia discursiva inferuntur (§. 51. *Log.*).

§. 424.

Si memoria læditur, judicium fit imbecille, seu anima ad judicandum inepta redditur. Si enim memoria læditur, anima ad ratiocinandum inepta redditur (§. 420.); adeoque ex judiciis de rebus obviis intuitivis inferre nequit discursiva (§. 51. *Log.*). Quamobrem læsa memoria anima ad judicandum inepta redditur, adeoque judicium sit imbecille (§. 423.). — *Judicii a memoria dependens labefactio.*

Idem etiam sic ostenditur. Si memoria læditur, ad functiones suas inepta redditur (§. 297.), adeoque ideæ, quas antea habuimus, nec facile reproducuntur (§. 294.), nec reproductæ recognoscuntur (§. 175. *Psychol. empir.*); consequenter nec propositionum, quas antea familiares experiebamur, amplius meminisse valemus (§. 173. 227. *Psych. emp.*), neque eam, quoties occasio tulerit in memoriam revocare possumus (§. 228. *Psychol. empir.*). Enimvero judicium de re quadam nobis obvia laturi beneficio judicii intuitivi, quod de ea formamus, nobis in memoriam revocare debemus judicium aliquod præteritum atque nobis conscii esse, quod idem tanquam verum alias cognoverimus, quemadmodum ex omni ratiociniorum theoria perspicitur (§. 354. & seqq. *Psychol. empir.*). Memoria igitur læsa, judicia de rebus obviis ferre aut prorsus non valemus

lemus, aut ægre valemus, confequenter judicium fit imbecille, feu ad judicandum inepti reddimur (§. 423.).

Imbecillitas judicii ex defectu memoriæ a pofteriori quoque exemplis obviis confirmatur: id quod clarius per corollarium fequens intelligitur.

§. 425.

Specialior ratio.

Quoniam memoria a caufis materialibus lædi poteft (§. 298.), veluti vi morborum acutorum atque capitis, immo fæpius ipfa fenectute (§. 299.); *judicium* quoque *a caufis materialibus, veluti vi morborum acutorum atque capitis, immo fæpius ipfa fenectute efficitur imbecille.*

Hinc ingravefcente fenectute acumen judicii fæpius decrefcere videmus ac ideo ipfum ob fenectutem obtufum fieri dicere folemus.

§. 426.

Eadem ulterius expenfa.

Similiter quia læfo cerebro memoria lædi poteft (§. 422.); ideo quoque *læfo cerebro judicium fieri poteft imbecille* (§. 424.).

Ita conftat ex contufionibus capitis fæpius obtundi judicii aciem & homines ideo dici obtufi ingenii, quod hanc vel iftam capitis contufionem fuerint experti. Immo inde metus eft, quo vulgo corripiuntur homines, ne capitis vulnera vel contufiones lædant operationes mentis atque memoriam. Neque infrequenter redditur ratio, cur quidam ad judicandum adeo fint hebetes, quod in prima ætate caput ipforum a parentibus vel præceptoribus frequenter fuerit percuffum.

§. 427.

Notiones generum & fpecierum quomodo nobis fint.

Notiones generum ac fpecierum non habemus, nifi quatenus individua feu fingularia percipimus, & eorum, quæ in nobis funt, nobis confcii fumus. Genera enim & fpecies non exiftunt, nifi in individuis (§. 56. *Log.*). Quamobrem cum fpecies in fimilitudine individuorum (§. 233. *Ontol.*), genera in fimilitudine

De Attentione & Intellectu. 343

dine specierum (§. 234. *Ontol.*) genera superiora in similitudine inferiorum consistant (§. *cit.*), adeoque notiones tam generum, quam specierum nonnisi ea contineant, quæ in pluribus individuis eadem sunt (§. 195. *Ontol.*); hæc vero, quæ rebus perceptis insunt, a nobis actu separari non posse constet, ut ea percipiamus absque suo subjecto, cui insunt: notiones quoque generum ac specierum non habere possumus, nisi quatenus individua percipimus, aut, si notiones universales ad animam spectant, quatenus eorum, quæ animæ sunt, eadem sibi conscia est.

Idem quoque unusquisque in se experiri potest. Nemo enim v. gr. hominem in genere percipere potest, nisi quatenus ea, quæ omnibus hominibus communia sunt, perspicit in uno vel aliquot individuis. Neque quisquam experietur, se vi imaginationis repræsentare sibi posse subjectum, cui non alia insint, nisi quæ pluribus individuis communia, notionem generis vel speciei cujusdam ingrediuntur. Evidentius hoc patet in figuris, veluti si figuram vel triangulum in genere tibi imaginari volueris.

Immo ratio etiam quædam a priori dari potest, cur impossibile sit sibi repræsentare subjectum, quod non alias capiat determinationes nisi universales, veluti genericas vel specificas. Constat enim in omni notione universali tam generis, quam speciei deprehendi, quæ indeterminata sunt (§. 230. *Ontol.*). Impossibile vero est, ut tibi quid repræsentes, quod indeterminatum est. Quodsi vero in subjecto, quod percipis, nihil prorsus indeterminati deprehenditur; sed idem omnimode determinatum est; individuum percipis (§. 227. *Ontol.*). Notionem igitur generis, vel speciei non habes, nisi quatenus singularia percipis, aut, si qua ad animam pertinent, eorum tibi in te conscius es.

Facile apparet propositionem præsentem etiam intelligendam

dam esse de accidentibus. Etsi enim in cognitione symbolica ea per modum substantiarum consideremus, quemadmodum ex nominum impositione apparet; hoc tamen non obstante eadem percipere nunquam possumus, ubi ad cognitionem intuitivam reditur, nisi quatenus substantiæ cuidam inexistunt. Ita colorem rubrum non percipis, nisi tibi repræsentes corpus aliquod, quod eodem tinctum apparet, veluti globum rubrum, aut vestem rubram, aut nubes rubentes. Quando vero tibi objectum quoddam rubrum repræsentas, individuum aliquod repræsentas, & rubedo, quæ eidem inest, similiter singulare quid est: unde & rubedinem istam instar individui consideras in cognitione symbolica. Intuitiva adeo cognitio continuo circa singulare versatur, etsi attentio ad ea dirigatur, quæ communia sunt & notionem universalem ingredi debent. Quoniam vero hæc ipsa communia in singulari repræsentantur; ideo perdifficilis est universalis cognitio, ubi in intuitiva acquiescere debes, ita ut vix ac ne vix quidem in ea proficere possit sermonis usu aut aliis signis æquivalentibus destitutus, ut vocabulorum ideis jungas, quæ communia notionem universalem ingredi debent. Sufficit autem, quascunque eorundem ideas seligas. Etenim cum constet, hodie surdos quoque loquelam doceri posse, qui motui labiorum attendentes intelligunt, quid loquatur alter; patet his vocabulorum ideas alias non esse nisi quatenus conatus ad loquendum percipiunt in se ipsis, dum loquuntur (§. 291.) & motus independentes in aliis, utpote ex his istos sibi repræsentantes (§. 117. *Psych. emp.*), ac utrisque ideas rerum vocabulis indigitatas jungentes (§. 273. *Psych. emp.*). Atque hinc intelligitur, vocabulis substitui posse in cognitione symbolica signa alia, quemadmodum quoque arti occulte loquendi nec non ad magnam distantiam animi sui sensa significandi non ignota sunt. Memini me olim juvenem in dissertatione de loquela talia explicasse.

§. 428.

Vocabula quomodo intelligantur.

Si communia singularium, quæ notionem universalem ingrediuntur, vocabulis vel aliis signis indigites; hæc non intelligun-

guntur nisi quatenus communia ista in individuis percipis. Vocabula enim signa sunt eorum, quæ iisdem indigitantur (§. 271. *Psych. emp.*), atque adeo perinde ac signa alia non intelliguntur, nisi quatenus nobis conscii simus eorum, quæ per ea denotantur, alias enim sunt sine mente sonus (§. 952. *Ontol.*). Enimvero eorum, quæ individuis communia notionem generum vel specierum ingrediuntur, non tibi conscius esse potes, nisi quatenus ea in individuis percipis, aut, si ad animam spectant, eorum tibi in te ipso conscius es (§. 427.). Ergo vocabula, quibus communia indigitantur, quæ notiones generum ac specierum ingrediuntur, non intelliguntur, nisi quatenus communia ista in individuis percipis.

Inde est quod exemplis illustratæ definitiones ac propositiones intelligantur, quæ solo vocabulorum sono percepto non satis intelligi poterant. Dum enim ad exempla animum advertimus, ea, quæ verbis denotantur, in singularibus percipimus. Atque adeo nobis constat, quidnam sit illud, quod vocabulis istis tanquam signis denotetur. Et hinc est quod suadeamus, ut ea, quæ de anima docentur, unusquisque in semetipso experiri conetur, si quidem ea satis intelligere velit. Immo eadem ratio est, cur operam dare debeamus, ut multa sensu percipiamus, ne quid facile dicatur, quod non intelligi a nobis possit.

§. 429.

Notiones universales non habemus, nisi quas aut a rebus sensu perceptis, vel iis, quorum nobis in nobismetipsis conscii sumus abstraximus, aut in talia resolvere valemus, quæ in individuis percepimus. Universalia enim nobis repræsentare non possumus, nisi quatenus singularia percipimus, seu eorum, quæ in anima insunt, nobis conscii sumus (§. 427.), neque si communia singularium, quæ notiones universales ingrediuntur, vocabulis vel aliis signis indigitas, ea intelliguntur, nisi quatenus communia ista in individuis percipis (§. 428.).

Modus perveniendi ad notiones universales.

Enim-

Enimvero cum perceptiones rerum materialium vel ad sensum (§. 67. *Psychol. empir.*), vel ad imaginationem pertineant (§.92. *Psychol. empir.*), imaginatio vero non producat nisi ideas rerum antea sensu perceptarum (§. 117. *Psychol. empir.*), nec nisi per earum divisionem ac compositionem quasdam fingat (§. 144. 145. *Psychol. empir.*); eorum vero, quæ ad animam spectant, ideas non habeamus, nisi quatenus eorundem in nobis conscii sumus: notionem universalem quæ ingrediuntur, nobis perspecta esse nequeunt, nisi quatenus ea vel in individuis rerum materialium percepimus sensu, vel eorum aliquando in nobismetipsis conscii fuimus. Fieri adeo non potest, ut notionem aliquam universalem habeamus, nisi eandem vel ab individuo uno sensu percepto abstraximus, vel quæ pluribus sigillatim inesse deprehendimus, in unam notionem coëgimus, consequenter quam in talia resolvere valemus, quæ aliquando in individuis percepimus, aut, si notio sit ejus, quod ad animam spectat, nisi id aliquando in nobismetipsis experti fuerimus, aut in talia resolvatur, quæ hoc pacto experti fuimus.

Patet adeo in notionibus universalibus nihil inesse, nisi quod aliquando sensu fuerit perceptum, aut cujus nobis tanquam in nobis ipsis fuerimus conscii, seu quod in nobis apperceperimus: id quod sensui cuidam interno æquipollet, quo anima semetipsam sentit. Notiones universales ad intellectum spectant. Quamobrem si hoc sensu intelligatur, quod vulgo dicitur, nihil esse in intellectu, quod non fuerit in sensu; tanquam verum admitti potest. Enimvero qui ex iis, quæ modo evicimus, inferunt, ideas omnes ac pendentes inde notiones universales in animam tanquam receptaculum vacuum inferri a sensu; ea inferunt, quæ inde minime sequuntur. Et posthac ostendemus falsam esse hanc *Aristotelicorum* hypothesin, qui animam cum tabula rasa comparant, cui per sensus ideæ rerum imprimantur, quemadmodum figura mediante sigillo ceræ imprimitur. Hæc expresse hic monenda fuerant, ne quis existimet nos illam tabulam rasam nostram facere, quam nostram

De Attentione & Intellectu.

ſtram facere minime poſſumus, utpote cum iis pugnantem, quæ de eſſentia atque natura animæ in ſuperioribus fuere ſtabilita, & quæ ad philoſophandum de anima hactenus adeo utilia deprehendimus, nec minus utilia in ſequentibus deprehendemus.

§. 430.

Si definitiones ac propoſitiones ab aliis repertas intelligere voluerimus, aut res ipſas, ad quas pertinent, aliquando ſenſu nos percepiſſe, aut ea, quæ per vocabula indigitantur, ſigillatim in ſubjectis aliis ſenſu percepiſſe opus eſt. In definitionibus enim enumerantur notæ, quæ ad rem definitam agnoſcendam & ab aliis diſtinguendam ſufficiunt (§. 153. *Log.*), adeoque cum per definitiones res ad ſuas ſpecies & ſua genera diſtincte reducantur (§. 179. *Log.*), nonniſi ea, quæ pluribus individuis communia ſunt (§. 230. *Ontol.*). Et quia omnis definitio oratio eſt (§. 152. *Log.*), adeoque ex vocabulis conſtat, quibus communia iſta indigitantur; vocabula iſta, conſequenter & ipſas definitiones intelligere non potes, niſi quatenus communia iſta in individuis percepiſti (§ 428.), conſequenter vel individua, a quibus notio univerſalis abſtracta eſt, vel ipſemet aliquando ſenſu percepiſti, aut jam percipis, vel quæ vocabulis ſingulis reſpondent, a ſenſu perceptis diverſæ ſpeciei individuis abſtraxiſti, vel adhuc in ſubjectis diverſis ſigillatim ſenſu percipis. *Quod erat unum.*

Definitiones ac propoſitiones quando penitus intelligantur.

Similiter propoſitionibus præſertim determinatis notiones reſpondent univerſales (§.242. 520. 320. *Log.*). Quamobrem cum eas non intelligamus, niſi quatenus iſtas notiones habemus (§. 117. *Log.*), notiones autem univerſales habere non poſſimus, niſi quas aut a rebus ſenſu perceptis abſtraximus, aut in talia reſolvimus, quæ a rebus ſenſu perceptis abſtracta fuere (§. 429.); propoſitiones quoque determinatas ab aliis repertas intelligere non poſſumus, niſi quatenus vel res ipſas, ad quas pertinent,

tinent, sensu percipimus, vel saltem ea sigillatim in diversis subjectis sensu perceptis observavimus, quæ per vocabula indigitantur.

Propositionem hanc studio addimus, cum maximam habeat utilitatem tam in docendo, quam in discendo, ac clarissime loquatur necessitatem praxin cum theoria conjungendi. Docentes enim hinc perspiciunt, quousque notiones sint resolvendæ, ut nihil assumatur, quod non intelligi possit a discente, vel ubi id fieri non possit, ut admoneatur, quid fieri ab ipso necesse sit, ut quæ docentur penitus perspiciat. Nec minus discentes ipsimet convincuntur, quod privato studio ruminaturi, quæ ex ore docentis hauserunt, singula tandem ad talia revocare debeant, quæ sensu ab ipsis aliquando percepta in memoriam sibi revocare valent. Discunt quoque, quænam a se sensu percepta præsupponantur, antequam satis intelligere valeant, quæ proponuntur. Utinam ad hæc satis animum adverterent, tum qui docentium numero sese immiscent, tum qui ad discendum animum appellunt. Ita enim futurum patet, ne docere velint ii, quos discentium numero esse non convenit, utque discentes melius proficiant. Quemadmodum vero hinc apparet necessitas philosophiæ experimentalis non modo in Physica, verum etiam in Mathesi mixta, veluti Optica & Mechanica; ita non minus manifestum est, philosophiam experimentalem a nobis vel hac sola de causa recte omnino ad philosophiam universam extendi, nec absonum esse, quod aliquoties mentionem injecerimus theologiæ quoque experimentalis. Ceterum quæ de docentibus dicta sunt, ea quoque ad autores transferenda, qui libros eo fine condunt, ut erudiant lectores. Et inde petenda porro ratio est, cur nos in explicandis iis, quæ proponimus, sæpissime nimii videri velimus, quam non intelligi ab aliis, qui nostra penitus intelligere volunt. Hanc igitur propositionem omnibus probe perpendendam commendamus.

§. 431.

Quando vocabula

Si quis tantummodo sensu percepit ea, quæ ad notionem gene-

De Attentione & Intellectu.

generis spectant rei vocabulo aliquo indigitatæ; is vocabulum istud imperfecte non plene intelligit: intelligit autem istud tanto minus, quanto intelligamus. genus istud est remotius & quo minus completa notio est. Etenim si quis tantummodo sensu percipit ea, quæ ad notionem generis rei spectant, quæ vocabulo indigitatur; is tantummodo intelligit communia rei istius cum rebus aliis; non vero ipsi propria (§. 428.). Quoniam tamen per vocabulum istud non tantum communia, verum etiam propria indigitantur (§. 241. *Ontol.*); ideo ipsum non plene intelligit. *Quod erat primum.*

Quodsi genus, cujus notio nobis est, fuerit remotius; tanto pauciora communia continet, quo ferit remotius (§.242. *Ontol.*). Quamobrem si cum vocabulo, quo species indigitatur, non jungimus nisi notionem generis remotioris, tanto minus idem intelligimus, quanto idem remotius. *Quod erat secundum.*

Quodsi porro notio ista generis fuerit incompleta, non omnia illa inferioribus communia complectitur, quæ comprehendere debebat (§. 92. *Log.*). Quamobrem ubi eam vocabulo, quo species denotatur, jungimus; adhuc minus idem intelligimus, quam ubi eandem notionem completam eidem jungere valemus. *Quod erat tertium.*

Hæc propositio maximæ utilitatis est. Per eam enim nobis constat, utrum ea, quæ dicuntur, plene intelligamus; an minus plene, &, si minus plene quædam a nobis intelligi certum sit, quantum a plena intelligentia adhuc absimus. Constat quoque hinc ratio, cur nobis intelligere videamur, quæ vix ac ne vix quidem tantisper intelligimus. E. gr. si quis novit, quid nomine animalis peregrini indigitetur, & hanc notionem vocabulo tigridis jungit; is, ubi de tigride sermo fuerit, videtur sibi intelligere, quid dicat alter, cum tamen plene id non intelligat. Quodsi quis secundum hanc normam ea, quæ legit aut audit, examinare voluerit; is clarissime perspicit, quantum adhuc a plena intelligentia absit, quam se jam consecutum esse sibi videbatur, & quam adhuc imperfecta sit cognitio sua.

§. 432.

Quomodo non plene intellecta posthac plene intelligantur

Si qua vocabula non plene intelligimus; ea memoria retenta plene intelligere adhuc datur, ubi iisdem denotata sensu percipimus, aut eorum nobis in nobismetipsis conscii sumus, vel notionem symbolice expressam in talia resolvere discimus, quæ sensu percepta fuere, vel quæ in nobismetipsis experti fuimus. Etenim si quod vocabulum non plene intelligitur, id quidem inde est quod non rem ipsam eodem denotatam, sed ea tantummodo, quæ ad notionem generis spectant, in aliis sensu perceperimus, neque notionem symbolice expressam, quæ vocabulo isti respondet, in talia, quæ sensu percepta fuere, resolvere valeamus (§. 431.). Quodsi ergo posthac sensu adhuc percipimus vel rem ipsam, vel ea, in quæ notio ejusdem resolvi potest; nil amplius obstat, quo minus vocabulum istud plene intelligatur, sed defectum supplevimus; adeoque idem jam plene intelligimus. Atque hoc etiam eodem modo apparet in casu altero, quo ea, quæ ad intellectum vocabuli faciunt, in nobismetipsis experimur.

Propositionem hanc eo fine addimus, ut constet non nullius esse usus, quæ minus plene intelliguntur. Etenim si qua vocabula minus plene intellecta ingrediuntur vel definitionem, vel propositionem aliquam; illa quidem definitio, hæc propositio minus plene intelligitur, quando eam memoriæ mandamus; ast ubi posthac vocabulum istud plene intelligitur, ipsam quoque definitionem ac propositionem, quam memoria tenemus, plene intelligimus. Addisci igitur quædam in spem plenæ intelligentiæ non prorsus absonum est. Conducit sane pueros, immo disciplinarum tyrones multa addiscere, quæ plene non intelligunt, modo tenaciter memoriæ infigantur, quæ ipsis olim profutura sunt & ad plenam intelligengentiam reduci poterunt, ubi usui esse debent. Et sane id fieri etiam ab iis, qui sibi intelligere videntur, quæ nondum plene intelligunt, experientia loquitur. Inde est, quod audias Juris cultores asserentes, jura tum demum intelligi, ubi ad usum in foro transferuntur.

§. 433.

Si non plene intellectis adhærent quæ plene intelliguntur, hisque effici possit, ut illa sensu percipiamus, vel, ubi ad animam spectant, ea in nobismetipsis experiamur; in disciplinis satisfaciunt, quæ non plene intelliguntur. Quodsi enim non plene intellectis adhærent, quæ plene intellecta sufficiunt, ut vel ea, quæ illis respondent, sensu percipiamus, vel ubi ad animam spectant, ea in nobismetipsis experiamur; ut minus plena plene intelligamus, quando voluerimus, vel quando opus fuerit, in potestate nostra positum est (§. 432.). Quamobrem cum in disciplinis traditas definitiones ac propositiones non alio fine discamus & memoriæ infigamus, quam ut iisdem ad formanda judicia discursiva uti queamus (§. 356. 360. 361. *Psych. emp.*), neque alius earundem usus sit, ubi ad praxin morum ac negotia humana iisdem uti voluerimus; quæ non plene intelliguntur in disciplinis satisfaciunt, ubi plene intellecta iisdem adhærent, quorum ope illis respondentia ut sensu percipiantur, vel ut eadem in nobis experiamur, effici potest.

Quando non plene intellecta in disciplinis satisfaciant.

Casum specialem habemus in scriptura sacra, ubi eadem loquitur de spiritualibus hominis mutationibus, quæ non plene intelliguntur, antequam eas in nobismetipsis experimur. Sufficit itaque in ea tradi plene intellecta, quæ nobis ad istas mutationes subeundas sufficiunt. Eadem de causa dudum commendavimus (*not.* §. 930. *Log.*), ut terminis rerum practicarum jungamus notiones, quas praxis ipsa nobis suggerit. Nec alia de causa commendavimus, ut rerum naturalium notiones ipsa earundem observatione & experimentorum subsidio comparemus; eos intellecturi, qui de rebus naturalibus com-

commentati sunt (§. 932. 935. *Log.*). Hoc ipso autem tacite indicavimus ab autoribus tradi sufficientia, utut ad plene intelligendum eorum mentem vocabula non sufficiant, quod scilicet tradant quæ sufficiunt, ut, ubi voluerimus, vel quando opus fuerit, mentem eorum plene assequi valeamus. Ceterum præsens propositio & docentibus, & ad erudiendum alios scribentibus utilis est, ut judicent, utrum non plene intellecta sint sufficientia, an insufficientia, ut reprehensionis notam vel effugiant, vel incurrant.

§. 434.

Cujusnam culpa sit, si quis ex disciplinis imperfectam haurit cognitionem.

Quodsi ergo quis operam non dat, ut quæ in disciplinis non plene intellexit, vel sensu percipiat, vel in semetipso experiatur, cum per ea, quæ didicit, hoc facere posset; is sua, non docentis aut scribentis culpa, imperfectam habet cognitionem.

Corollarii præsentis duplex usus est. Inservit enim ad evitandas temerarias reprehensiones obscuritatis vel ignorantiæ, quæ perperam autoribus exprobatur, ne in alios simus injurii, sed omnibus nos æquos præbeamus. Deinde stimulum addit ad effugiendam ignorantiæ culposæ labem, ne propriam censuram conscientiæ incurramus, quando defectu cognitionis damna incurrimus, quæ evitare poteramus defectu isto sublato. Hinc autem luculenter apparet necessitas in rebus practicis juxta theoriam ipsi praxi studendi. Philosophia ideo moralis non plene intelligetur, quantumcunque studii in ea explicanda posuerit philosophus, nisi quis eorum, quæ docentur, veritatem in semetipso experiri nitatur. Immo etiam Theologiæ capita practica nunquam plene intelliget, nisi qui veritatum revelatarum notiones ex seipso haurire potest. Quamobrem cum alios docturi plene intelligere debeant, quæ docent, etsi efficere non possint, ut ex solis, quæ proferunt, verbis ab aliis plene intelligantur, ne scilicet tradant quæ ad plenum intellectum consequendum minime sufficiunt, quam sit necesse ut, qui docent alios, non modo theoria, verum etiam praxi emineant, nemo non videt. Utinam hæc per-

perpenderent, qui ad docendum alios nimis intempestive accedunt, vel se alios veritatem docere posse sibi persuadent, quam ipsimet nondum intelligunt. Non ferebat hunc morem in discipulis suis *Confucius*, quos sui similes esse volebat. Utinam eundem nec improbarent alii, quorum est curare, ut ad utilem Ecclesiæ ac Reipubl. doctrinam perducatur juventus.

§. 435.

Anima ex statu præsente, quem percipit, ratiocinando colligit præteritum atque futurum. Si enim anima ad statum præsentem attentionem dirigit ac super eodem reflectit; qualis idem sit judicat (§. 343. *Psychol. empir.*). Enimvero cum nihil sit sine ratione sufficiente, cur potius sit, quam non sit, (§. 70. *Ontol.*); status quoque præsentis ratio in antecedente contineatur opus est, adeoque in statu præterito quidpiam datur, unde intelligitur, cur præsens talis sit (§. 56. *Ontol.*). Quamobrem cum posita ratione sufficiente ponatur id, quod propter eam potius est, quam non est (§. 118. *Ont.*); posito tali statu antecedente, in quo nempe ea sunt, per quæ intelligitur, cur præsens talis potius sit quam alius, ponitur etiam status præsens. Quodsi ergo anima novit, quænam sint ea, per quæ intelligi potest, cur status aliquis talis sit; judicii hujus recordata vi judicii intuitivi colligit, qualis fuerit status præteritus (§. 360. 361. *Psychol. empir.*). Enimvero dum ex duobus istiusmodi judiciis colligit, qualis fuerit status præteritus, ratiocinatur (§. 50. *Log.*). Ex statu itaque præsente præteritum ratiocinando colligit. *Quod erat unum.*

Quomodo status præteritus atque futurus ex præsente colligatur.

Similiter cum nihil esse possit sine ratione sufficiente, cur potius sit, quam non sit (§. 70. *Ontol.*); status quoque sequens rationem sufficientem habere debet in præcedente, adeoque in præsente contineantur necesse est talia, per quæ intelligitur, cur talis potius esse debeat futurus, quam alius (§. 56. *Ontol.*). Quamobrem ubi anima noverit, qualis ponatur status,

(*Wolfii Psych. Ration.*) Y y

tus, si talia ponantur, quæ statui præsenti insunt; ad statum præsentem attendens & reflectendo super eodem judicans, quæ eidem insint (§. 343. *Psychol. empir.*), colligit, qualis esse debeat futurus (§. 360. 361. *Psychol. empir.*). Quamobrem cum ratiocinetur, dum hoc facit (§. 50. *Log.*); ex statu præsente futurum ratiocinando colligit. *Quod erat alterum.*

Idem confirmatur a posteriori: id quod exemplo obvio docemus. Si intuemur poma, quibus arbor abundat initio autumni; inde colligimus, quod vere multis superbiverit floribus, propterea quod experientia edocti noverimus, non modo singula poma prodiisse ex totidem floribus, verum etiam multos flores decidere, nec poma omnia ad maturitatem pervenire solere, ut adeo nobis exploratum sit, numerum florum verno tempore constanter multum excedere numerum pomorum autumnali tempore observandorum. Patet adeo ex statu arboris, qualem conspicimus tempore autumnali, colligi statum ejusdem, qualis fuerit tempore vernali mediante dependentia status autumnalis a vernali nobis in genere perspecta. Et ubi distincte exponitur modus, quo ex contemplatione status autumnalis ad perceptionem vernalis pervenitur; eundem in ratiocinio consistere palam est. Similiter si autumni initio videmus gemmas arborum, veluti piri, & gravidas a ceteris distinguimus, quantus sit gemmarum gravidarum numerus judicamus, indeque colligimus, quod futuro vere pirus abundatura sit floribus, propterea quod experientia edocti noverimus, flores ex gemmis gravidis prorumpere & eorum plures progerminare ex una, ut adeo nobis certum sit, verno tempore constanter numerum florum plurimum excedere numerum gemmarum gravidarum, quæ tempore autumnali in arboribus conspiciuntur. Patet itaque ex statu arboris, qualis conspicitur tempore autumnali, colligi statum ejusdem, qualis verno tempore futurus,

medi-

mediante dependentia status vernalis ab autumnali in genere nobis perspecta. Quodsi denuo distincte exponatur modus, quo ex contemplatione status autumnalis ad perceptionem vernalis pervenitur, eundem in ratiocinio consistere manifestum est. Experientia communis innumera nobis sistit istiusmodi exempla, ut adeo plura eam in rem addi opus non sit.

Tenendum hic est, ratiocinia, quibus ex statu præsente colligitur præteritus, vel futurus, non semper esse distincta, præsertim ubi in cognitione intuitiva acquiescimus. Quodsi tamen in rationem nostrarum perceptionum inquirimus, quemadmodum id fieri debere alibi ostendimus (§. 393. 394. *Psychol. empir.*); ratiocinia satis manifesto sese produnt. Et quomodo ibidem in genere ostendimus, quod syllogismus explicandæ successioni cogitationum inserviat; eodem modo idem in speciali casu evinci potest.

§. 436.

Ex uno existente, quod percipitur, ratiocinando colliguntur coëxistentia alia. Quoniam enim nihil est absque ratione sufficiente, cur potius sit, quam non sit (§. 70. *Ontol.*); ratio etiam sufficiens detur necesse est, cur coëxistentia potius coëxistant, quam alia, & cur hoc potius modo coëxistant, quam alio. Datur igitur in existente uno aliquid, unde intelligitur, cur aliud quid ipsi coëxistat (§. 50. *Ontol.*). Quamobrem ubi constiterit, qualem coëxistentiæ rationem habeat id, quod existere percipis aut aliunde nosti; in præsens, quod percipis, attentionem dirigenti occurrit notio illa universalis de ente rationem coëxistentiæ continente (§. 224. 225.), atque adeo inde colligis, quid eidem coëxistere debeat (§. 365. *Psychol. empir.*). Dum vero ita ex duobus judiciis, nempe primo, quod de re percepta enunciat, qualis sit; & altero, quo enunciatur istiusmodi existenti aliud coëxistere debere, colligis tertium de

Coëxistens unum quomodo ex altero innotescat.

coëxi-

coëxistentia alterius, utique ratiocinaris (§. 50. *Log.*). Ex uno igitur existente, quod percipitur, ratiocinando colligitur coëxistens aliud.

Idem quoque a posteriori probatur. Ex eo, quod pluit, ratiocinando colligitur per foramen tecti aquam pluvialem destillare in ædificium. Percipiens pluviam judicas, quod vehementer pluat, & memoria tibi suggerit phantasma foraminis in tecto, ut adeo judicium fiat compositum, quod pluat & in tecto sit foramen. Quoniam tibi jam antea innotuit, per foramen tecti destillare aquam pluvialem in ædificium, non sine ejusdem detrimento; in memoriam tibi revocas judicium aliquod præteritum, cui universalis quædam notio respondet. Quamobrem cum inde colligis aquam pluvialem magna copia nunc destillare in ædificium; ratiocinando utique quidpiam, quod coëxistit, ex uno existente colligitur, aut, si mavis ex duobus coëxistentibus, pluvia nempe ac foramine in tecto, colligis tertium coëxistens destillationem aquæ pluvialis vel ejus defluxum in ædificium. Colligis autem tertium coëxistens ex duobus coëxistentibus (quæ tamen, si velis, hic pro uno existente haberi possunt), quia hæc continent id, unde intelligitur tertium, adeoque ex eo, quod ratio sufficiens coëxistentis in existentibus, quæ sensu ac imaginatione percipis, continetur. Ex adverso si per foramen tecti aquam copiose defluere vel destillare percipis, inde colligis, quod vehementer pluat. Hic denuo attentionem in aquam per foramen tecti destillantem dirigens judicium intuitivum formas & quoniam nosti aquam ad tectum non deferri, nisi dum pluit; in memoriam tibi denuo revocas judicium aliquod præteritum, quod aqua per foramen tecti continuo destillante pluat, cui ut ante notio quædam universalis respondet. Quamobrem cum inde colligis, imbrem jam delabi; ratiocinando utique quidpiam coëxistens, nempe imbrem, ex uno existente, destillatione scilicet aquæ continua per foramen

De Attentione & Intellectu.

ramen tecti, colligis. Colligis autem coexistens quod percipis, ex uno existente, quod hujus in isto ratio contineatur sufficiens.

Probatio a posteriori simul eam a priori illustrat & firmat. Ceterum exempla, quæ eidem inserviunt, singulis fere momentis occurrunt, ut adeo, qui in uno acquiescere nolit, proprio Marte ea coacervare possit. Singula autem eodem modo ad evidentiam perducuntur, quo nos istud perduximus, quod allegavimus.

§. 437.

Ex præsente præteritum atque futurum & ex uno existente coëxistentia alia colliguntur, quatenus unum in altero rationem sufficientem habet, cur sit. Patet id ex demonstrationibus propositionum præcedentium, quibus enunciatur, ex præsente ratiocinando colligi præteritum ac futurum (§. 435.), ex existente uno coëxistentia alia (§. 436.).

Cur ex re præsente colligatur præteritum, futurum ac præsens aliud.

Non igitur opus est, ut idem peculiari demonstratione evincatur. Ceterum hinc patet, sublato principio rationis sufficientis fieri minime posse, ut ex præsente colligatur præteritum atque futurum & ex uno existente coëxistens aliud: quod tamen utrumque experientiæ adversum probant, quæ ad confirmandum veritatem propositionum præcedentium in medium adducta sunt.

§. 438.

Ex præsente præteritum atque futurum & ex uno existente alia coëxistentia colliguntur, quatenus tam successiva, quam coëxistentia inter se connectuntur. Quatenus enim successiva inter se connectuntur, præsens rationem sufficientem habet in præterito & futurum in præsente (§. 10. Cosmol.). Et quatenus coëxistentia inter se connectuntur, in existente uno continetur ratio, cur alterum eidem coëxistat (§. cit.). Quamobrem cum ex præsente præteritum atque futurum colligatur, quatenus

Idem ulterius expenditur.

nus

nus in præterito ratio sufficiens præsentis, in præsente autem ratio sufficiens futuri continetur (§. 437.); ex præsente utique præteritum & futurum colligitur, quatenus successiva inter se connectuntur. Et cum ex uno existente coexistens colligatur, quatenus ratio coexistentiæ alterius in uno continetur (§. cit.); ex uno etiam existente colligitur coexistens, quatenus coexistentia inter se connexa sunt.

Tolle igitur nexum rerum, quem in Cosmologia stabilivimus, nec fieri amplius poterit, ut ex præsente cognoscatur præteritum vel futurum, aut ex uno existente alterum coexistens: quod utrumque experientia magistra fieri per antecedentia liquet.

§. 439.

Ratio cur eorum, quæ ad universum pertinent, unum ex altero colligatur.

Quæ ex perceptionibus claris ratiocinando colliguntur; ea in iisdem involvuntur. Ex statu enim præsente, quem anima percipit, ratiocinando colligit præteritum atque futurum (§. 435.) & ex uno existente alia coexistentia (§. 436.). Enimvero ideæ sensuales, quæ sunt status præsentis vel existentis unius perceptiones claræ, & phantasmata, quæ sunt perceptiones claræ rerum præteritarum & statuum præteritorum tanquam aliquando præsentium, omnes mundi status anteriores (§. 184.) & futuros seu qui respectu rei præteritæ, quæ per phantasma exhibetur, futuri erant (§. 185.), nec non integrum statum universi, ad quem referuntur, involvunt (§. 182.). Quæ igitur ex claris perceptionibus ratiocinando colliguntur, ea in iisdem involvuntur.

Illa igitur perceptionum mediatarum in immediatis involutio, quæ adeo paradoxa videtur, quando primum cogitationi nostræ objicitur, ratio est, cur eorum, quæ ad hoc universum spectant, unum ex altero colligatur.

§. 440.

Evolutio perceptionum.

Si ex statu præsente colliguntur ratiocinando præteritus
ac

ac futurus & ex uno exiſtente coëxiſtentia alia ; perceptiones mediatæ ex immediatis evolvuntur & ad immediatas reducuntur. Quando enim ex ſtatu præſente colligitur præteritus vel futurus ratiocinando, vel etiam ex uno exiſtente coëxiſtentia colliguntur alia, ex claris perceptionibus non colliguntur, niſi quæ in iisdem involvuntur (§. 439.). Enimvero quæ clare percipimus, immediate percipimus (§. 195.), ſive ideæ ſenſuales fuerint (§. 204.), ſive phantaſmata (§. 207.), & quæ in claris hiſce perceptionibus involvuntur, non niſi mediate percipimus (§. 195.). Quamobrem ubi ex ſtatu præſente futurus atque præteritus & ex uno exiſtente coëxiſtentia alia colliguntur, perceptiones mediatæ ex immediatis evolvuntur. *Quod erat unum.*

Jam ſi ex ſtatu præſente futurus vel præteritus, aut ex uno exiſtente aliud coëxiſtens ratiocinando colligitur; propoſitio, quæ per modum concluſionis infertur, conſtat vocabulis non intelligendis, niſi quatenus omnibus ſimul reſpondent aliquando ſenſu percepta (§. 428.). Quamobrem vel ideam quandam vi imaginationis producere debemus, quibus ea ſimul inſunt, quæ vocabulis iſtis indigitantur, vel plurium rerum eadem vi producendæ ſunt ideæ, quibus ſigillatim inſunt vocabulis iſtis indigitata. Perceptionem itaque mediatam ad phantaſma aliquod (§. 93. *Pſychol. empir.*), adeoque ad perceptionem immediatam reducimus (§. 207.). *Quod erat alterum.*

Patet adeo perceptionum mediatarum ad immediatas reductionem eſſe admodum limitatam multaque ſupponere, antequam in poteſtate ſit, nec fieri poſſe niſi ab eo, qui ratiocinandi facultate pollet, immo multo ejusdem exercitio habitum quendam ſibi comparavit. Prodeſt autem notaſſe modum, quo mediatæ perceptiones ad immediatas reducuntur, cum ejus in moralibus eximius ſit uſus.

§. 441.

Quoniam mediatæ perceptiones infinite variant habentque *Evolutionis continuatio.*

que gradus infinitos, quibus ab immediatis removentur (§.198.); *evolutio quoque perceptionum mediatarum ex immediatis nunc pluribus ratiociniis opus habet, nunc paucioribus.*

Dedimus in anterioribus exempla, ubi nonnisi unico opus erat ratiocinio, propterea quod mediata perceptio ab immediata nonnisi uno gradu distabat. Quodsi mediata ad immediatam reducta sumatur tanquam data, inde eodem modo evolvitur alia mediata, modo evolutio sit in potestate. Et eodem modo ulterius progredi licet, quamdiu evolutio in potestate est, notionibus scilicet universalibus ad ratiocinandum necessariis non deficientibus. Nobis plerumque non longe progredi licet, sed plerumque in primo gradu consistimus. Quodsi disciplinæ fuerint magis excultæ, ulteriora audere licebit. Enimvero cum in ulteriori progressu in determinantium numero plura continuo consideranda veniant, ne in evolutione aberres, sed certo gradu procedas; semper difficilis erit evolutionis hujus continuatio. Idem etiam patet ex diverso involutionis modo (§. 187.), quippe unde pendet illa graduum varietas.

§. 442.

Impossibilitas illimitati intuitus ideæ universi.

Anima integram ideam universi ne successive quidem intueri potest. Anima enim intuetur ideam universi, quatenus nonnulla, quæ eidem insunt clare (§. 193.), consequenter immediate percipit (§. 196.). Enimvero quoniam perceptionibus nostris infinita insunt (§. 186.), quæ mediate percipiuntur (§. 195.), ut evolutione singula ad perceptionem immediatam (§. 440.) reducantur fieri non potest. Impossibile igitur est, ut anima integram ideam universi successive intueatur.

Nemo igitur novit, quæ perceptionibus suis insint, cum mediate percepta non appercipiantur (§. 203.), adeoque eorum omnium, quæ in idea universi ab anima nostra continuo producta (§. 190.) involvuntur (§. 195.), nobis conscii minime simus, immo ne conscii quidem fieri possimus (§. 25. *Psychol. empir.*).

§. 443.

§. 443.

Quoniam anima integram ideam universi nec simul (§. 194.), nec successive intueri potest (§. 442.) igitur *prorsus impossibile est, ut anima integram ideam universi simul intueatur, seu, quæ in eadem continentur clare* (§. 193.), consequenter *immediate percipiat* (§. 196.). Quamobrem & *impossibile, ut anima evolutione ideæ universi, quæ in ea involvuntur, ad immediatam perceptionem reducat* (§. 439.).

Necessitas limitationis intuitus universi.

Probe notandum est, ex demonstratione impossibilitatis intuendi integram ideam universi, sive simul, sive successive id fieri debere ponatur, elucescere, quod nec eandem quidem integram intueri possit, si tantummodo spectetur, qualis unico momento existit, adeoque quatenus statum universi quendam momentaneum refert. Sane si quis aliquot secula vivendo transigeret & per omnem vitam in reducendis mediatis perceptionibus ad immediatas occuparetur, quæ ad momentaneum quendam universi statum spectant; næ is ad finem perduceret laborem suum, si vel maxime eidem vires sufficere ponamus: tantus enim est eorum numerus, ut tempus deficeret. Qui magnitudinem universi ex principiis astronomicis & multitudinem minimorum ex observationibus microscopicis atque principiis cosmologicis æstimare noverit ac modum, quo ex perceptione data deducuntur cetera, dum mediatas perceptiones ad immediatas reducere conamur (§. 435. 436.); is demonstrabit, quæ forsan absque demonstratione admittere non vult nimia scrupulositate abusus. Sed nostrum non est in tantas nos diffundere ambages.

§. 444.

Cognitio universalis possibilis, quia determinationes essentiales diversis entibus communes insunt. Quoniam enim determinationes essentiales diversis entibus communes insunt; ideo *genera & species determinari possunt* (§. 247. Ontol.). Habent vero singularia, quatenus sub eadem specie continentur, eadem

Fundamentum cognitionis universalis.

(Wolfii Psych. Ration.) Zz

eadem essentialia & species atque genera inferiora eadem itidem essentialia habent, quatenus istæ sub eodem genere, hæc sub eodem genere superiori continentur (§. 254. *Ontol.*), ac ideo ex istis determinationibus essentialibus componuntur notiones universales, generum atque specierum, quarum vi res quæcunque nobis obviæ ad sua genera suasque species reduci possunt (§. 354. *Psychol. empir.*). Habemus adeo classes rerum universales sub quibus collocari possunt, quæ existunt, singularia. Quæ sunt ejusdem generis, ea eadem habent, quatenus genus ipsis commune est, attributa communia easdemque modorum possibilitates, quæ attributorum communium instar sunt (§. 269. *Ontol.*), & quæ ejusdem sunt speciei, eadem habent attributa & easdem modorum possibilitates proximas, itemque remotas conditione enunciatas (§. 268. *Ontol.*). Quamobrem cum res definiantur per essentialia (§. 180. *Log.*), & ubi ea ignorantur, per attributa (§. 181. *Log.*), vel etiam his ignoratis sive omnibus, sive aliquibus, per meras modorum atque relationum possibilitates, quæ per modum attributorum insunt, vel per attributa & istiusmodi possibilitates, quæ simul non nisi definitio conveniunt (§. 182. *Log.*); ideo possibile est per essentias rerum accuratas condi generum atque specierum definitiones. Et quia attributa & essentialia, nec non modorum atque relationum possibilitates, quæ per modum attributorum insunt, de subjecto universaliter prædicantur (§. 257. *Log.*) & modi atque relationes, quodque in subjecto non concipitur possibile nisi præsupposito quodam modo, sub data determinatione de eodem universaliter prædicantur (§. 258. *Log.*); ac præterea attributa & essentialia, nec non modorum atque relationum possibilitates, quæ per modum attributorum insunt, absolute (§. 215. *Log.*), modi vero atque relationes & quod in re quadam non concipitur possibile nisi præsupposito quodam ejus modo, non nisi conditionate prædicantur (§. 217. *Log.*); de spe-

De Attentione & Intellectu. 363

speciebus atque generibus, cum superioribus, tum inferioribus formari possunt judicia universalia categorica (§. 216. *Log.*), atque hypothetica (§. 218. *Log.*), vi quorum, rebus obviis ad sua genera suasque species per definitiones reductis, vindicantur sua praedicata tam absoluta (§. 360. *Psychol. empir.*), quam hypothetica (§. 361. *Psychol. empir.*). Quamobrem cum propositionibus universalibus respondentes notiones non minus, quam notiones generum & specierum, definitionibus eorundem comprehensae *per demonstr.* ad cognitionem universalem spectent (§. 318. *Psychol. empir.*); cognitionem universalem esse possibilem, quia diversis entibus determinationes essentiales communes insunt, abunde patet.

Quae antea de idearum evolutione dicta sunt, qua perceptiones mediatae ad immediatas reducuntur, ad singularia pertinent, quae in universo existunt & per modum partium seriem rerum ingrediuntur. Quamobrem cum iis confundenda non sunt, quae ad cognitionem universalem spectant & de quibus nunc nobis dicendum erit. Ceterum absque hisce notionibus universalibus possibilem non esse idearum evolutionem, per antecedentia manifestum est.

§. 445.

Veritates universales connectuntur vi similitudinis essentialis, dependentiae rei a seipsa & mutuae dependentiae rerum a se invicem quoad modificationes. Similitudine enim individuorum constituuntur entia universalia & similitudine minus universalium magis universalia (§. 232. *Ontol.*), species nimirum (§. 233. *Ontol.*) & genera inferiora ac superiora, donec tandem ad summum ascenderis (§. 234. *Ontol.*). Et quoniam notio speciei componitur ex notione generis & differentia specifica (§. 241. *Ontol.*) & notio generis inferioris ex notione generis superioris & determinationibus sibi propriis (§. 242. *Ont.*); entia universalia ita sibi invicem subordinantur, ut proxime su-

Cur veritates universales connectantur.

perius

perius totum infit inferiori, quod eidem fubftat. Quoniam itaque genera & fpecies per effentialia determinantur (§. 247. *Ontol.*) & determinationes genericæ & fpecificæ feu univerfales ex effentialibus conftant (§. 248. *Ontol.*); quæ notionem generis fuperioris ingrediuntur determinationes effentiales, omnes quoque infunt notioni inferioris & quæ generi infimo infunt, omnes etiam infunt fpeciei, cui individua fubftant. Jam cum ratio fufficiens contineatur in omnibus effentialibus fimul fumtis, cur attributa propria infint (§. 159. *Ontol.*); in quibusdam vero effentialibus, cur communia infint (§. 158. *Ontol.*); in determinationibus fpecificis continetur ratio fufficiens, cur fpeciei infint attributa huic fpeciei propria, & in determinationibus generis, quæ notionem alicujus generis ingrediuntur, ratio fufficiens attributorum huic generi propriorum. Quamobrem attributa generis omnia infunt fpeciebus fingulis, quæ eidem fubftant, iisdemque communia funt, & attributa generis fuperioris omnia infunt generibus fingulis inferioribus, quæ eidem fubftant per modum fpecierum, iisdemque communia funt, quia ex eo, quod genus fuperius totum contineatur in inferiori & inferius in fpecie *per demonſtrata* intelligitur, cum per effentialia determinentur attributa (§. 146. *Ontol.*), cur attributa generum infint fpeciebus & attributa generum fuperiorum inferioribus (§. 115. *Ontol.*), confequenter ratio hujus inexiftentiæ fufficiens fit participatio generis (§. 56. *Ontol.*), atque adeo pofita eadem ratione fufficiente ponenda etiam fint, quæ propter eam potius funt, quam non funt (§. 118. *Ontol.*). Datur adeo ratio fufficiens in effentialibus determinationibus fpeciei ac generis cujuscunque, cur infint ejusdem attributa & in genere ratio fufficiens, cur infint fpeciei attributa communia, atque in genere fuperiori ratio fufficiens, cur infint inferiori attributa fuperioris feu inferiorum communia, confequenter non modo attributa cum effentia, verum etiam fpecies cum fuis generibus & ge-

De Attentione & Intellectu.

& genera inferiora cum suis superioribus continuo connectuntur (§. 10. *Cosm.*). Quoniam vero ex dictis patet, nexum omnem inter genera & species pendere a determinationibus communibus, nexum vero attributorum ab eo quod essentialia sint eorundem ratio sufficiens, consequenter a dependentia ab essentia generum atque specierum (§. 143. ,851. *Ontol.*); genera & species rerum connectuntur inter se vi similitudinis essentialis, attributa autem vi dependentiae ab essentia. Quoniam vero in his continetur ratio, cur de specie genus, de genere inferiori superius praedicari & ideo porro speciei attributa generis, generi inferiori attributa superioris tribui possint; hinc vero oriuntur judicia universalia (§. 257. *Log.*), eademque vera (§. 509. *Log.*), quae veritatum universalium nomine veniunt; patet utique veritates universales inter se connecti vi similitudinis essentialis rerum & dependentiae rerum ab essentia sua quoad attributa, seu dependentiae a seipsis. *Quod erat unum.*

Jam porro ratio sufficiens, cur modi rebus actu insint, vel in modis antecedentibus, vel in ente alio ab eo, cui insunt diverso, aut pluribus istiusmodi entibus, vel denique in modis antecedentibus & ente alio ab eo, cui insunt, diverso vel pluribus etiam entibus aliis continetur (§. 160. *Ontol.*). Quamobrem cum modificationes in variatione modorum consistant (§. 704. *Ontol.*); res a se invicem dependent quoad modificationes (§. 851. *Ontol.*), & quia universalia non existunt (§. 235. *Ontol.*), genera & species a se invicem dependent quoad modificationes possibiles. Et quia hoc pacto modi, qui per essentialia in specie aliqua vel genere aliquo intelliguntur possibiles (§. 160. *Ontol.*), de specie illa vel genere isto praedicantur vi dependentiae a specie alia vel genere alio; judicia vero sic formata denuo universalia sunt (§. 258. *Log.*), eaque vera (§. 509. *Log.*); veritates universales quoque connectuntur inter se vi dependentiae rerum a se invicem. *Quod erat alterum.*

Quod ita sufficienter explicaverimus omnem nexum veritatum universalium, haud difficulter perspicit, qui notionem entis universalis ex Ontologia probe cognitam atque perspectam habent. Etenim quæ rebus insunt, aut in essentialium, aut attributorum, aut modorum numero sunt: ad attributa enim vel modos referuntur modorum possibilitates, prout vel remotæ, vel proximæ fuerint. Quamobrem cum omnem nexum expendat propositio, quæ in essentialibus, attributis atque modis fundatur; nexum quoque veritatum universalium, qui rebus ipsis inest, omnem explicat.

§. 446.

Veritas propositionis quomodo perspiciatur.

Veritatem propositionis perspicimus per nexum cum veritatibus aliis universalibus & demonstratio eundem palam facit. Veritas enim propositionis cum in determinabilitate prædicati per notionem subjecti consistat (§. 513. *Log.*), ex eo agnoscitur quod posita notione subjecti poni debeat prædicatum (§. 115. *Ontol.*). Jam propositio vera est, quæ demonstrari potest (§. 544. *Log.*); in demonstratione vero sumitur notio subjecti, qualis datur, ac inde vel syllogismo uno, vel plerumque pluribus inter se concatenatis tandem infertur propositio, in qua subjecto vi notionis datæ tribuitur prædicatum, quod ipsi tribui posse enunciabatur, consequenter posita notione subjecti poni debere prædicatum per demonstrationem perspicitur (§. 406. *Log.*). Quamobrem cum in quolibet syllogismo ratio, cur vera sit conclusio, sit veritas præmissarum (§. 537. *Log.* & §. 56. *Ontol.*), præmissarum vero loco sint propositiones ac definitiones (§. 498. *Log.*) & in quolibet syllogismo saltem una universalis esse debeat propositio (§. 354. *Log.*); veritas propositionis perspicitur per nexum cum definitionibus ac propositionibus aliis universalibus veris (§. 10. *Cosmol.*), hoc est, per nexum cum aliis veritatibus universalibus, simulque patet nexum veritatis universalis unius cum aliis innotescere per demonstrationem.

Liquet

De Attentione & Intellectu.

Liquet hinc simul veritas principii generalis, *veram esse propositionem, quæ cum veritatibus aliis connectitur*, hoc est, ideo potius tanquam vera, quam tanquam falsa admittenda est, quia aliæ propositiones veræ sunt, ut his positis & ipsa ponatur. Liquet etiam Mathematicos, qui non admittunt nisi demonstrata, veritatem propositionis perspicere per nexum cum aliis. Et scientiæ non alius finis est, quam ut veritatum universalium nexus perspiciatur (§. 594 *Log.*).

§. 447.

Demonstratio palam facit veritates universales, cum quibus alia quædam connectitur. Veritates enim universales, cum quibus alia quædam connectitur, sunt illæ propositiones, quæ tanquam jam notæ instar præmissarum sumuntur in demonstratione (§. 551. 552. *Log.*), quemadmodum ex propositionis præcedentes demonstratione liquet. Enimvero quænam sint illæ propositiones, quæ tanquam veræ præsupponi debeant, antequam data quædam demonstrari possit, ex analysi ista demonstrationum patet, qualem in Logica exemplis illustravimus (§. *cit.*). Et ubi quæ præsupponuntur ex propositionum demonstratarum numero sunt, per harum demonstrationes denuo patet, quænam veritates universales præsupponantur tanquam veræ, antequam ipsæ demonstrari queant, ac ita porro, donec in principiis indemonstrabilibus gradum sistas. Demonstratio adeo palam facit, quænam propositiones sint, cum quibus quæ ad demonstrandum proponitur connectitur tam immediate, quam mediate, consequenter quænam sint illæ veritates universales, cum quibus alia quædam data connectitur.

Veritates universales quomodo detegantur, cum quibus data connectitur.

Patet adeo veritates hasce reperiri, ubi successivam assensus generationem distincte percipere studemus (§. 992. *Log.*). Quamobrem illustrandæ propositioni præsenti inserviunt, quæ ad propositionem de modo detegendi principia convincendo tanquam nota supponenda annotavimus (§. 992. *Log.*).

§. 448.

§. 448.

Diversitas illarum veritatum in eodem casu.

Quoniam constat, unam eandemque propositionem diversis saepius modis demonstrari posse; *eadem propositio cum aliis veritatibus universalibus diversis immediate connectitur.*

Hinc certum quidem est per datam propositionis datae demonstrationem, eam cum hisce veritatibus universalibus connecti immediate; non tamen dici potest, has veritates universales esse solas, cum quibus ea immediate connectitur. Dico autem tantummodo eandem propositionem cum veritatibus universalibus immediate connecti posse diversis: fieri enim potest, ut, ubi nexus quoque immediatus perveftigatur eo, quem dixi, modo (*not. §. praec.*); veritates tandem prodeant eaedem, etsi ad nexum immediatum spectantes sint diversae.

§. 449.

Falsitas quomodo perspiciatur.

Falsitatem propositionis perspicimus per repugnantiam cum veritate aliqua universali. Etenim omnis propositio vel cum veritatibus aliis universalibus connectitur, vel iisdem repugnat. Ponamus propositionem falsam cum veritatibus aliis universalibus connecti. Cum ex hoc nexu perspiciatur ejusdem veritas (§. 446.), non poterit esse falsa *contra hypothesin.* Necesse igitur est, ut veritatibus universalibus repugnet, consequenter falsitatem ejus perspicimus per repugnantiam cum veritate aliqua universali.

Quomodo illa repugnantia reperiatur, ex demonstrationibus indirectis patet. Etenim quae in iis sumitur propositio falsa est, inde vero deducitur legitima consequentia alia, quae repugnat veritati cuidam universali & hinc falsa intelligitur: unde porro arguitur falsitas assumtae, quatenus nempe sumitur, eandem quoque veritatibus universalibus repugnare (§. 553. *Log.*); quod ut pateat recte sumi, propositionem sequentem addimus.

§. 450.

§. 450.

Falsitas propositionis mediate perspicitur per nexum cum *Quomoa-* *falsa, seu ea, quæ veritatibus universalibus repugnat.* Etenim *idem fiat* in demonstrationibus indirectis seu apogogicis propositio as- *mediate.* sumta arguitur falsitatis, quia ex ea eodem modo, ac ex notione subjecti in demonstratione ostensiva propositio data, falsa quædam deducitur propositio (§. 553. *Log.*). Enimvero demonstratio ostensiva palam facit nexum cum veritatibus universalibus (§. 446.), atque adeo quoque nexum cum propositione per notionem subjecti assumta & ad demonstrandum proposita. Ergo in demonstratione apogogica palam fit nexus propositionis assumtæ cum falsa, quæ tandem prodit, conclusione. Quamobrem constat falsitatem propositionis mediate hic perspici per nexum cum alia falsa, consequenter cum tali, quam veritati alicui universali repugnare constat (§. 449.).

Demonstrationes per indirectum non modo in Mathesi Geometria præsertim, frequenter occurrunt; verum etiam a nobis in philosophia sæpius adhibentur. Non adeo opus est, ut exempla anxie conquirantur, quibus præsens illustretur propositio.

§. 451.

Rationale ens dicitur, quod ratione præditum est. *Ens quod-* Quamobrem cum ratio sit facultas nexum veritatum universa- *nam ratio-* lium perspiciendi (§. 483. *Psychol. empir.*); ens rationale est, *nale sit.* quod facultate nexum veritatum universalium perspiciendi præditum est. Et quoniam facultas nudam potentiam activam dicit (§. 29. *Psychol. empir.*), adeoque ratio naturaliter per modum potentiæ animæ inest; *ens rationale est, quod ad veritatum universalium nexum perspiciendum per essentiam & naturam suam aptum est*: consequenter cum ex actualitate

(*Wolfii Psych. Ration.*) Aaa pos-

possibilitas colligatur (§. 170. *Ontol.*), *si quis nexum veritatum universalium actu perspicit, rationalis esse intelligitur.*

Adjectiva subjectum denominant ab accidente, quod eidem inest. Quamobrem cum id, quod inest, jam fuerit definitum, non est quod quis sibi metuat a circulo in definiendo ubi adjectivi definitionem ingreditur nomen substantivum, unde ortum habet. Quamobrem definitio entis rationalis nominalis, quam dedimus, non peccat. In corollariis autem definitio rationis applicatur ad ens rationale, ne ambagibus opus sit in demonstrationibus, quarum gratia definitio allata fuit.

§. 452.

Usus rationis quid sit.

Usus rationis est potentia actus eliciendi ad intuitum nexus veritatum universalium necessarios.

Nimirum ratio inest animæ per modum potentiæ remotæ, ita ut eidem equidem non repugnent actus ad intuitum nexus veritatum universalium requisiti; non tamen eosdem elicere possit, nisi aliæ præcedant animæ modificationes. Usus adeo rationis inest per modum potentiæ proximæ, ita ut anima actus illos elicere possit, seu nexum veritatum universalium actu intueri valeat, quando voluerit, vel occasio ita tulerit. Differt adeo ratio ab usu rationis, quomodo potentia remota a proxima differt. Neque hoc in ratione singulare est; sed id potius cum ceteris, quæ ad facultates animæ superiores spectant, commune habet. Immo sunt quoque in corpore dispositiones naturales exercitio crebro in habitum convertendi, in quibus idem obtinet. Omnis enim dispositio potentia quædam remota est; habitus vero proxima.

§. 453.

Cur ratio vim repræsentativam universi non excedat.

Ratio in vi repræsentativa universi, qualis in anima datur, rationem sufficientem habet, seu eandem non excedit. Ratio enim consistit in facultate nexum veritatum universalium perspiciendi (§. 483. *Psychol. empir.*), adeoque animæ tribuitur, qua-

quatenus apta fieri potest ad nexum istum actu perspiciendum (§. 29. *Psych. empir.* & §. 452. *Psych. ration.*). Enimvero nexus veritatum universalium perspicitur per demonstrationem (§. 446.), adeoque per syllogismos (§. 498. *Log.*), seu ratiocinia (§. 332. *Log.*). Quamobrem cum ratiocinium vim repraesentativam universi, qualis in anima datur, non excedat (§. 405. 408.), neque ea eadem superiora sunt judicia, quae ad concatenationem ratiociniorum in demonstratione necessaria sunt (§. 411. *Psychol. rat.* & §. 492. *Log.*) ; ratio vim repraesentativam universi, qualis in anima datur, non excedit. Cum adeo per eandem in anima locum habeant, unde intelligitur, cur ratio eidem insit *per demonstrata;* ratio in vi repraesentativa universi, qualis in anima datur, rationem sufficientem habet (§. 118. *Ontol.*), consequenter eam non excedit.

  Falluntur adeo, qui sibi persuadent, si animae essentiam in vi repraesentativa universi convenienter mutationibus, quae pro situ corporis nostri organici in organis sensoriis contingunt, ponamus eidem nudam tribui facultatem sentiendi. Immo absonum est inde inferre, quod homini ideo denegetur ratio. Etenim si vel maxime ostendi minime posset, per vim repraesentativam universi, qualem animae convenire supra evicimus (§. 62.), quod homini competat ratio; non tamen hinc inferri poterat, quod negetur animae convenire rationem, sed tantummodo sequeretur non ex vero vim illam repraesentativam venditari pro essentia animae, propterea quod per eam non intelligatur ex hypothesi, cur animae humanae conveniat ratio. Enimvero alteram hanc objectionem removemus per propositionem praesentem.

§. 454.

Quoniam in vi repraesentativa universi pro situ corporis humani organici convenienter mutationibus, quae in organis sensoriis contingunt, essentia ac natura animae consistit (§. 66. 67.); in anima vero datur ratio, quia vim istam habet (§. praec. & §.

Rationalitas homini essentialis.

& §. 118. *Ontol.*); *anima per essentiam & naturam suam rationalis est.*

Ratio attributum animæ est (§. 146. *Ontol.*), atque adeo eidem constanter inest (§. 150. *Ontol.*), ut adeo ab eadem separari non possit, etsi usum ejus suspendi vel auferri non sit impossibile. Rationalitas per corollarium præsens homini essentialis est, probeque notandum hoc est, ne quis sibi persuadeat furiosis ex rationalibus factos fuisse irrationales. Sane non minus delirant homines, qui noxiis errotibus se atque alios fallunt ac in multa damna præcipites dant : hoc tomen non obstante manet ipsis ratio, ut ad saniorem mentem reduci possint, delirio isti voluntario renunciantes.

§. 455.

Dependentia usus rationis a ratiocinando.

Usus rationis sese exerit ratiocinando. Usus enim rationis sese exerit per actualem intuitum nexus veritatum universalium (§. 452.). Nexus autem veritatum universalium perspicitur per demonstrationem (§. 446.), consequenter per syllogismos (§. 498. *Log.*), seu ratiocinia (332. *Log.*). Usus adeo rationis sese exerit ratiocinando.

Ideo tertia mentis operatio a ratione nomen traxit.

§. 456.

Dependentia a ceteris mentis operationibus.

Usus rationis supponit omnis mentis operationes. Exerit enim sese ratiocinando (§. 455.). Quare cum ratiocinium ex judiciis componatur (§. 50. *Log.*); usus rationis judicium supponit. Et quia notiones duas vel conjungimus, vel separamus, quando judicamus (§. 40. *Log.*); judicium supponit notionem. Enimvero præter notionem judicium atque ratiocinium non datur alia quædam mentis operatio (§. 52. *Log*); usus adeo rationis omnes operationes supponit.

Antequam nimirum usus rationis sese exerere potest, necesse est ut rei notionem nobis formare seu eandem nobis distincte repræsentare valeamus; ut de ea judicare possimus; ut judicia alia sint in promptu, quibus tanquam principiis

ratio-

De Attentione & Intellectu. 373

ratiocinandi ufi tandem ratiocinemur & ratiocinando inferamus de re five in fingulari, five in univerfali percepta conclufionem. Haec ex theoria tertiae operationis mentis, a nobis pleniffime pertractata (§. 354. & feqq. *Pfychol. empir.*), intuitiva quadam ratione patent. Et ubi ad exemplum quodvis obvium animum advertimus, idem a pofteriori perfpicere licet.

§. 457.

Ufus rationis fupponit notiones univerfales determinatas & quo plures in promptu funt, eo amplior eft, & prout eas magis familiares quis experitur, eo promptius fefe exerit. Ufus enim rationis ratiocinando fefe exerit (§. 455.). Enimvero in omni ratiocinio aut nomen, aut praedicatum aliquod vel abfolutum, vel hypotheticum fubjecto cuidam vindicatur (§. 370. *Pfychol. empir.*), applicando vel definitiones, vel propofitiones tam categoricas, quam hypotheticas (§. 374. *Pfychol. empir.*). Quamobrem cum non minus definitionibus (§. 152. 179. *Log.*), quam propofitionibus univerfalibus notiones univerfales (§. 520. 521. *Log.*), fiquidem ad ratiocinandum aptae effe debeant (§. 374. *Pfychol. empir.*); ufus rationis fupponit, ut in promptu fint notiones univerfales determinatae. *Quod erat primum.*

Quoniam omne ratiocinium, utut fimplex, notionem aliquam univerfalem fupponit, veluti definitionem aliquam, vel propofitionem applicandam *per demonftrata;* quo plures nobis fuerint definitiones atque propofitiones feu notiones perfpectae univerfales, eo plura ratiocinia formare valemus. Ufus adeo rationis ad plures cafus fefe extendit, feu amplior eft. *Quod erat fecundum.*

Jam ubi notionem univerfalem ad ens quodcunque five fingulare, five univerfale applicamus, memoria nobis eam fuggerere debet (§. 354. 360. 361. &c. *Pfychol. empir.*). Quamobrem cum notiones, quas familiares experimur, fua veluti

Quanam ufus rationis fupponat.

Aaa 3 fposponte statim sese menti ingerant, quotiescunque de iis cogitandi occasio offertur; ubi eas familiares experimur, ad ratiocinandum prompti sumus, atque adeo prompte quoque sese exerit rationis usus.

Idem etiam patet a posteriori. Ponamus aliquem animo suo comprehensam tenere amplissimam Jurisprudentiæ naturalis theoriam, ut non facile occurrat casus, qui per eam non decisus detur. Ponamus porro omnem istam theoriam esse ipsi adeo familiarem, ut vix ei offeratur casus, quin jam ejus decisio ipsi occurrat. Ecquis non videt, eum principiis istis ad decidendos casus prompte uti, ut adeo rationalem se probet in singulis istis casibus, nec longa deliberatione opus demum sit? Et eodem modo sese rem habere liquet, ubi de rebus quibuscunque aliis judicium discursivum formari debet. Unde tanto magis elucet necessitas plurium notionum universalium, quod eædem varient pro varietate rerum dijudicandarum.

Apparet hinc necessitas disciplinarum probe excultarum, si quidem nos rationales probare velimus. Quando enim judicia discursiva ex erroneis ac præjudicatis opinionibus legitima licet ratiocinandi forma deducimus; rationales quidem nobis videmur, sed re vera non sumus. Abutimur enim ratiocinandi facultate: hic vero abusus usus rationis dici nequit (§. 452.). Sane quemadmodum errores non sunt rationi conformes (§. 485. *Psych. emp.*); ita nec inde derivata judicia discursiva, sive singularia fuerint, sive universalia, rationi tribui possunt. Usus equidem rationis absque actu ratiocinationis nullus est; non tamen omnis actus ratiocinationis ad usum rationis pertinet: alias ratio & facultas ratiocinandi unum idemque foret, quas tamen a se invicem differre constat (§. 366. 483. *Psychol. empir.*): fit ita', quod nonnulli rationem cum facultate ratiocinandi subinde confundant, qui vagis potius, quam determinatis notionibus sunt adsueti.

§. 458.
Usus rationis homini non connascitur; sed demum acquiritur

Usus rationis cur non connascatur.

ritur. Usus enim rationis supponit notiones universales determinatas (§. 457.). Quamobrem cum notiones universales non habeamus, nisi quas aut a rebus sensu perceptis abstraximus, vel etiam ab iis, quorum nobis tanquam ad nos pertinentium in nobismetipsis conscii sumus, aut in talia resolvere valemus, quæ in individuis percipimus (§. 429.); immo si definitiones ac propositiones ab aliis repertas intelligere voluerimus, aut res ipsas, ad quas pertinent, aliquando sensu nos percepisse, aut ea, quæ per vocabula indigitantur, sigillatim in subjectis aliis sensu percepisse opus sit (§. 430.); nos notiones universales demum acquirere debere, non per essentiam ac naturam actu habere patet. Liquet igitur etiam, nos per essentiam & naturam animæ non habere usum rationis; sed eum demum acquirere debere.

Nimirum quatenus rationis sumus compotes possibile est, ut ad usum rationis perveniamus (§. 483. 29. *Psychol. empir.*): ubi vero usus compotes fieri velimus, eum demum acquirere tenemur.

§. 459.

Quoniam *infantes* non habent, nisi quod ipsis connascitur, seu per essentiam atque naturam inest, quod per se patet; *usu* quoque *rationis destituuntur, eumque demum acquirere debent* (§. 458.). *Cur infantes usu rationis destituantur.*

Hinc reddi potest ratio, cur infantes videantur fœtibus brutorum stupidiores. Brutis enim paucissimæ sunt actiones, ad victum quærendum, se tuendum & generandum necessariæ, ad quas per mechanismum corporis determinantur, nec universali opus habent cognitione. At hominis actiones multifariæ sunt, quarum determinatio in utramlibet contradictionis partem in ipsius potestate est, quas vero secundum rationem determinare debet. Unde homo hærere debet circa determinationem istarum actionum, quamdiu nullas sibi acquisivit notiones universales, vi quarum eædem determinantur.

§. 460.

§. 460.

Cur etiam adulti.

Qui rationis usum acquirere negligit, nec ejus compos fieri potest. Neque enim per naturam ac essentiam animæ inest; sed acquiri demum debet (§. 458.). Quamobrem qui in iis acquiescit, quæ per naturam insunt; nec eidem acquirendo operam debitam impendit, notionibus scilicet universalibus neglectis (§. 457.); is quoque ejus compos fieri nequit.

> Hinc patet cur inter bruta educati rationis usu destituantur, teste exemplo hominis inter ursos educati, ad quod sæpius jam provocavimus.

§. 461.

Dependentia usus rationis ab usu sermonis.

Usu sermonis facilitatur atque amplificatur usus rationis: absque sermonis usu rationis usus vix conceditur. Usus enim rationis sese exerit ratiocinando (§. 455.), omnesque mentis operationes supponit (§. 456.). Quamobrem cum in cognitione symbolica ratiocinia sint magis distincta, quam in intuitiva (§. 369. *Psychol. empir.*), nec minus distincta magis sint judicia, si vocabulis efferantur, quam si absque eorum ope fiant (§. 351. *Psychol. empir.*), immo in cognitione symbolica & acumen, & profunditas intellectus facilitetur atque extendatur (§. 342. *Psychol. empir.*); usus quoque rationis vocabulorum usu facilitari debet. *Quod erat primum.*

Jam porro notiones abstractæ seu universales, quæ ab inferioribus abstrahuntur, si quæ ab alio abstrahimus, peculiaribus nominibus insigniuntur, non modo magis claræ ac distinctæ fiunt (§. 284. *Psych. empir.*); verum etiam memoriæ facilius mandantur & diutius retinentur (§. 285. *Psychol. empir.*), ut adeo ad notiones magis abstractas pateat progressus eædemque majori numero comparari & in usum futurum servari possint. Idem cum dicendum sit de judiciis determinatis, quibus singulis sua respondet notio (§. 520. *Log.*); ea quoque majori numero

De Attentione & Intellectu.

mero memoriæ mandari possunt, ut ad futurum usum in promptu sint. Enimvero quo quis plures notiones determinatas habet, quoque magis familiares eas experitur, eo amplior & promptior est usus rationis (§. 457.). Sermonis itaque usu rationis usus amplificatur. *Quod erat secundum.*

Quoniam denique in cognitione intuitiva notiones universales a singularibus non aliter abstrahi possunt, nisi quatenus successive dirigitur attentio ad ea, quæ in ideis duorum vel plurium individuorum nobis simul occurrentibus eadem sunt (§. 326. *Psychol. empir.*), notiones generum atque specierum completæ atque determinatæ, quales definitionibus respondent (§. 152. *Log.*) & ad ratiocinandum solæ aptæ sunt (§. 374. *Psychol. empir.*), tanta difficultate acquiruntur, ut vix credibile sit, hominem sermonis usu destitutum, nec ipso vocabulorum usu ad attentionem successive in individuorum communia dirigendam excitatum, quicquam in studio notionum istiusmodi universales sibi comparandi proficere posse. Immo cum definitiones rebus sensui, vel imaginationi obviis (immo in cognitione symbolica intellectui quoque objectis) ad sua genera suasque species distincte reducendas inserviant (§. 179. *Log.*), applicatione illarum ad has per ratiocinium facta (§. 356. *Psychol. empir.*); tanta profecto hic sese offert difficultas, ut jure dubites, utrum ullus unquam mortalium sermonis usus expers generum ac specierum notiones determinatas sibi comparaverit, quibus distincte agnitis determinationibus intrinsecis communibus ad suum genus, vel speciem suam res obvias reduxit. Similiter cum in cognitione intuitiva judicium absolvatur affirmativum, si ea, quæ tanquam a re diversa spectamus, porro tanquam eidem inexistentia vel ad eam quocunque modo pertinentia consideremus (§. 343 *Psychol. emp.*), in judiciis autem determinatis, qualia ad ratiocinandum requiruntur (§. 360. 361. *Psychol. empir.*). idea subjecti continere debeat

debeat omnes determinationes, quibus prædicatum determinatur, & in eas simul attentio dirigenda (§. 348. *Psychol. empir.*); non modo eadem difficultas recurrit, quæ de notionibus abstractis in cognitione intuitiva absolvendis modo proposita fuit, verum etiam inde augetur, quod prædicato respondens notio sæpe eandem difficultatem experiatur, semper vero molestiam creent determinationes, quæ eam ingrediuntur, tanquam a re diversæ, mox tamen iterum tanquam eidem inexistentes spectandæ: ut adeo denuo dubites, utrum ullus unquam mortalium sermonis usus expers judicium aliquod universale determinatum formaverit, nec ne. Quoniam itaque in omni ratiocinio aut genus seu species, aut prædicatum aliquod vel absolutum, vel hypotheticum subjecto cuidam vindicatur (§. 370. *Psychol. empir.*); quam sit difficile ratiocinium absque sermonis usu, satis superque apparet, ita ut non immerito dubites, an ullus unquam mortalium absque sermonis usu distincte fuerit ratiocinatus. Quamobrem cum usus rationis sese ratiocinando exerat (§. 455.); vix credibile est, absque sermonis usu cuiquam concedi usum rationis.

Idem quoque confirmatur a posteriori. Facit huc exemplum juvenis inter ursos educati, ad quod sæpius jam provocavimus. Describit idem *Bernhardus Connor* in Evangelio Medici art. 13. p. m. 133. & seqq. & hic a nobis commemorari meretur, tum ut supra dictis plenior constet fides, tum ut præsens propositio clarius illustretur. Anno 1694. in nemoribus ad Lithuaniæ & Russiæ confiniis sitis inter gregem ursorum captus est juvenis decem circiter annos natus, adspectu horridus, pilis hirsutus, omnis loquelæ expers, immo ne vocis quidem humanæ compos, nec ullum rationis indicium præbens, pedibus ac manibus instar ursorum incedens, vultum tamen humanum externaque nudi corporis figura hominem referens. Baptizatus & in commercio cum hominibus degens levatis

con-

contra murum manibus tandem ſtare pedibus didicit, & dapibus humanis aſſuefactus poſt longum tempus feram naturam exuit ac verba quædam rauca & inhumana voce proferre cœpit. Cum jam de ſtatu ſylveſtris vitæ interrogaretur, ejus non magis recordabatur, quam nos eorum, quæ acta ſunt nobis in cunis vagientibus. Refert ſimile exemplum idem *Connor*, fide *Joannis Petri van den Brande*, in aula Britannica Legati Batavi, qui hominem ſylveſtrem inter urſos captum A. 1669. ipſemet Varſaviæ vidit. Neque enim infrequens eſt, ut in Lithuania infantes ante fores, vel prope ſepem, vel in agro ab incautis parentibus relicti ab urſo famelico corripiantur & in fruſtula diſcerpti devorentur. Quodſi vero contingat, urſam eſſe lactantem, infans captus ad urſile defertur & una cum urſulis educatur. Quamdiu adeo inter urſos degebat homo, nullus loquelæ uſus ei fuit, etſi vocis organa non deſtituerentur naturali illa diſpoſitione, quæ ad loquelam requiritur: ea enim deficiente fieri non potuiſſet, ut poſtea inter homines loquelam didiciſſet. Quamdiu deerat loquela ſeu ſermonis uſus, nec ignotæ eidem actiones a ratione pendentes imitationi eſſe poterant; nullis quoque operationibus intellectus locus erat, nullum rationis indicium ſeſe præbebat. Quod vero in aliis, loquelæ expertibus, qui inter homines commorantur, cœca imitatione actionum in aliis a ratione pendentium imponi nobis poſſit, quaſi rationis indicia præberentur, alio quodam non minus memorabili exemplo comprobatur, quod in Hiſtoria Academiæ Regiæ Scientiarum Pariſinæ Anno 1703. commemoratur. Etenim juvenis qui am a nativitate ſurdus & mutus a parentibus religioni Pontificiæ addictis edoctus fuerat ea omnia, quæ in externo cultu divino obſervanda, veluti ut ſigno crucis notaret frontem, os & pectus, ut aquam benedictam ſeu luſtralem faciei adſpergeret, ut in genua procideret & geſtus precantis imitaretur. Cum caſu fortuito auditus compos factus fuisset, sono campanarum in aures prope adstantis illapso, & quatuor circiter mensibus elapsis verba imperfecta fundere didicisset; non solum nullam de Deo, anima & moralitate actionum ideam habere deprehendebatur a Theologis solerter examinatus; sed & eum nunquam animum advertisse ad ea, quæ alios imitatus didicerat, multo minus super iisdem reflexisse palam erat: contentus quippe simplici sensibilium ipsi oblatorum perceptione. Videmus itaque hominem sermonis usu minime pollentem imitatum quidem fuisse ea, quæ vidit in aliis; sed absque omni attentione ac reflexione, & absque omni prorsus rationis usu, quippe quem absque attentione ac reflexione dari minime posse negandum non est, cum attentione ac reflexione opus sit ad consequendas notiones universales, sine quibus nullus est rationis usus (§. 457.). Ceterum patet, non modo hominem inter ursos educatum nullam edidisse mentis operationem, quamdiu sermonis expers fuit; sed & alterum inter homines educatum & eorum actiones imitatum ab omni propemodum mentis operatione abstinuisse, quamdiu in eodem statu fuit. Unde satis conficitur, quanta sit necessitas verborum vel aliorum signorum æquipollentium ad edendas mentis operationes. Unusquisque etiam in seipso experietur, quam sit difficile mentis elicere operationes absque vocabulorum usu, siquidem vim sibi ipsi inferre voluerit ad abstinendum a vocabulis, dum notionem universalem formare, dum judicare, dum ratiocinari intendit, veluti dum de negotio aliquo deliberat. Et ipsimet experti sumus, quam molestum nobis acciderit, ubi operationes mentis absque vocabulorum vel aliorum signorum æquipollentium usu absolvendas distincte percipere conati fuimus. Quod vero signorum ope præstari possint, quæ absque iisdem fieri impossibile est, nemo ignorat qui in Algebra versatus præclarum illorum in operationibus mentis usum expertus. Exemplo quo-

quoque esse potest *Arenarius Archimedis*, in quo luculenter docet, quantus sit ad distincte percipienda convenientium terminorum usus, quæ alias facultates inferiores confundunt. Signa vero istiusmodi sunt vocabula, quibus ad genera & species rerum, seu entia universalia denominanda & ad prædicata iisdem convenientia determinate enuncianda utimur.

Facultates superiores quasi sepultæ sunt, ut ne vestigium quidem ipsarum appareat, quamdiu nisi per commercium cum hominibus aliis excitentur. Quamobrem cum absque sermonis usu commercium istud propemodum nullum sit; absque eo facultates superiores ad agendum ne excitantur quidem, nedum exercentur, quantum ad rationis usum sufficit. Qui ex anterioribus percepit, quid proprie sint facultates mentis, is non mirabitur, homini sibi unice relicto & ab omni commercio hominum sejunctam parum prodesse animam rationalem, ita ut absque eadem vitam, quam degit, agere posset, etiamsi facultatibus inferioribus tantummodo gauderet. Immo ubi inter homines degit, magis ipsi prodessent facultates solæ inferiores, quam inter animantia bruta commoranti prodesse possunt superiores: etenim in priori casu multa non infeliciter imitatur, quæ sine ratione assecuti non fuerant alii, in posteriori autem auxilio facultatum superiorum per se nihil assequitur. Unde patet non naturam, sed hominem hominem efficere rationalem, siquidem eum demum rationalis titulo dignari volueris, qui ratione utitur, quemadmodum communis fert usus loquendi, etsi inconstantiam loquendi rejicientes, ab ea discesserimus (§. 451.). Citra tamen inconstantiam loquendi dici potest, hominem efficere ut homo utatur ratione & ut eam rationalem esse appareat.

§. 462.

Usus rationis in corpore sese exerit per ideas materiales vocabulorum. Exerit enim sese ratiocinando (§. 455.). Enimvero omnia nostra ratiocinia per ideas materiales vocabulorum in cerebro repræsentari solent (§. 415.). Ergo usus quoque ratio-

Quid usui rationis in corpore respondeat.

rationis in corpore sese exerit per ideas materiales vocabulorum.

Idem etiam sic ostenditur. Usus rationis supponit omnes operationes mentis (§. 456.), & notiones universales determinatas (§. 457.). Enimvero non modo omnes operationes mentis (§. 416.), verum etiam notiones universales, generum scilicet ac specierum (§. 395.), quantumlibet abstractæ (§. 396.), immo ipsarum rerum immaterialium (§. 397.), per ideas vocabulorum materiales in cerebro repræsentantur. Nihil adeo ad usum rationis requiritur, quod non per ideas materiales vocabulorum in cerebro repræsentari possit. Omnis adeo usus rationis per easdem in cerebro sese exerit.

Seduxit hoc Materialistas, ut sibi persuaderent, actus rationales non repugnare mechanismo corporis, cum ea, quæ sunt animæ, ab iis, quæ ad corpus spectant, non satis discernerent. Ceterum apparet, ex eo quidem, quod anima sit rationalis, recte concludi ejus immaterialitatem, non tamen unica, quemadmodum vulgo fieri solet, illatione; verum longo admodum ratiociniorum syrmate opus esse, ut tandem a ratione ad immaterialitatem pervenias. Nimirum redeundum est ad impossibilitatem apperceptionis in materia: unde nos in superioribus eandem deduximus (§. 44.).

§. 463.

Usus rationis a memoria dependentia.

Ad usum rationis memoria requiritur. Usus enim rationis ratiocinando sese exerit (§. 455.). Quamobrem cum in ratiociniis dato judicio uno memoria nobis suppeditare debeat judicium quoddam præteritum, quod ita sese habere, prout se nobis offert, probe nobis conscii sumus, aut esse saltem videmur (§. 354. & seqq. *Psychol. empir.*); ad usum rationis memoria requiritur.

Immo cum usus rationis notiones universales determinatas supponat, & quo quis plures habet, quoque magis familiares

De Attentione & Intellectu.

liares eas experitur, eo amplior & promptior fit rationis usus (§. 457.); notiones autem istae memoria tenendae sint, ac memoria polleat opus est, qui multas eadem tenere debet; memoria bona usum rationis amplificat.

§. 464.

Si memoria laeditur, usus rationis imminuitur, immo prorsus amittitur. Usus enim rationis sese exerit ratiocinando (§. 455.). Quamobrem cum laesa memoria anima ad ratiocinandum inepta reddatur (§. 420.); eadem laesa usus rationis non amplius sese exerere potest, quemadmodum ante. Aut igitur imminuitur, aut prorsus amittitur, pro diverso scilicet laesionis memoriae gradu.

Usus rationis quomodo imminuatur & amittatur.

Ceterum repetenda hic sunt, quae de ineptitudine ad ratiocinandum ex laesione memoriae supra annotavimus (*not.* §. 420.). Non confundenda sunt, quae ab oblivione proficiscuntur, cum iis, quae laesioni memoriae tribuenda. Illa enim impotentia particularis; haec universalis aut propemodum universalis est. Nimirum qui obliviscitur notionum universalium ad usum rationis in casu quodam particulari requisitarum; is se rationalem probare nequit in casu isto particulari, etsi promptus sit rationis usus in aliis. Laesa autem memoria rationalem sese probare nequit in ullo casu, aut saltem in maxime vulgaribus, aut nonnisi longiori temporis spatio, quam fieri solet, ubi quis memoriae defectu nullo laborat.

§. 465.

Quoniam memoria a causis materialibus laedi potest (§. 298.), veluti vi morborum acutorum atque capitis, immo ipsa senectute (§. 299.); laesa autem memoria, usus rationis imminuitur, vel prorsus amittitur (§. 464.); *a causis materialibus, veluti vi morborum acutorum atque capitis, immo ipsa senectute usus rationis imminui, immo prorsus tolli potest.*

Cur usus rationis a causis materialibus & senectute imminuatur & tollatur.

Sane ob decrescentem usum rationis senes iterum pueros fieri dicimus: etenim & pueris deest vel minimum imbecillis

lis est rationis usus. Decrescente vero usu rationis, ad negotia tractanda non magis apti sunt senes, quam pueri.

§. 466.

Usus rationis ex laesione cerebri sublatus.

Similiter quia memoria læditur, si cerebrum læditur (§. 422.), læsa autem memoria usus rationis imminuitur, immo prorsus tollitur (§. 464.); *læso cerebro usus rationis imminui, immo prorsus tolli potest.*

Enimvero cum nondum exploratum sit, qualis læsio cerebri ad læsionem memoriæ requiratur (*not.* §. 422.), adeoque & ignoretur, qua cerebri læsione usus rationis imminuatur, vel prorsus tollatur; ideo distincte exponi nequit, quatenus defectus usus rationis a læsione cerebri data dependeat, & quando is prorsus tolli debeat. Possibilitatem vero ejus, quod asseritur, confirmant exempla inter observationes Medicorum reperiunda, veluti quando ex vulneribus vel contusionibus capitis, item ex percussionibus pugno factis in pueritia & adolescentia a parentibus ac pædagogis imprudentibus, imbecillior evasit usus rationis.

§. 467.

Theoriæ definitio.

Per *Theoriam* hic intelligimus veritatum universalium complexum.

Ita theoriam digestionis ciborum in ventriculo habet, cui veritates universales de eadem sunt perspectæ. Similiter theoriam triangulorum habet, cui veritates universales de triangulis sunt cognitæ. Theoriam negotii alicujus habet, cui veritates universales de isto negotio perspectæ sunt. Unde apparet, quandonam theoria sit completa aut perfecta; quando incompleta aut imperfecta. *Completa* nimirum complectitur veritates universales ad statuendum de aliqua re in quolibet casu sufficientes: *incompleta* vero comprehendit quasdam saltem, sed quæ ad statuendum de re aliqua non sufficiunt in omni casu. Enimvero cum terminis istis jam usi fuerimus in simili casu, quando de notionibus agebatur (§. 92. *Log.*); non opus est ut in iis explicandis multi simus.

§. 468.

§. 468.

Si cui deficit rei cujusdam theoria; quoad eam ufu rationis deftituitur. Etenim fi cui theoria rei cujusdam deficit, is veritatibus univerfalibus ad eam fpectantibus deftituitur (§. 467.). Quamobrem cum ufus rationis notiones univerfales determinatas præfupponat (§. 457.); ufus quoque rationis circa eam rem fefe exerere nequit.

In quibufnam ratione deftituamur.

Ita fi cui deeft theoria triangulorum, illi quoque deeft ufus rationis, quando de triangulis judicandum, quid iisdem conveniat. Similiter fi cui deeft theoria juris naturalis, illi quoque nullus eft rationis ufus, quando de juftitia negotii cujusdam feu de eo, quod juftum eft in aliquo negotio, quæftio incidit.

§. 469.

Quamobrem cum fieri poffit, ut quis theoriam objecti cujusdam habeat, nullam tamen habeat objectorum aliorum; *is ufu rationis pollere poteft in aliquo veritatum genere, etfi eodem deftituatur in alio.*

Cur in quibusdam conceffus ufus rationis denegetur in aliis.

Hinc patet ratio, cur quis in Mathefi abftracta adeo excellere poffit, ut magno fuo merito Mathematicus fummus appelletur, & ob rationis ufum eximium admirationi fit ipfis intelligentibus; in Metaphyficis vero, veluti in Theologia naturali, quæ ejus pars eft, tam jejune loquatur, ut exiguus ipfi rationis ufus conceffus videatur. Plurimum adeo falluntur, qui fibi perfuadent, eum fe eodem modo rationis ufu pollentem probaturum in omnibus, quo in uno quodam veritatum genere fe probat. Et ne quis hoc præjudicio captus de fuis facultatibus plus fperet, quam in iis eft, atque viribus fuis imparia aufus famæ fuæ maculam inurat, cum non omnium fit ex veritate ftatuere; ideo præfens corollarium cum propofitione præcedente probe perpendere debet. Theoriæ pfychologicæ acceptum ferendum, ne viribus propriis nimis confidamus, nec nimiam virorum ceteroquin clarorum confidentiam in pejorem partem interpretemur.

(*Wolfii Pfychol. Ration.*) Ccc §. 470.

§. 470.

Cur nemo in omnibus usu rationis polleat.

Nemo hominum in omnibus usu rationis pollere potest. Si enim qua in re usu rationis pollere debet, necesse est, ut ipsi in promtu sint notiones universales ad eam spectantes eaedemque determinatae (§.457.). Enimvero notionum universalium pro multitudine rerum tantus est numerus, ut nemo eas omnes familiares experiri possit, quemadmodum nemo negabit, qui animum ad istam multitudinem advertit. Quamobrem fieri quoque nequit, ut quis in omnibus usu rationis polleat.

Non urgeo imperfectionem disciplinarum, quam hodienum accusare tenentur sagaciores, cum in iis notiones determinatae sint rarissimae. Nos id unice agimus, ut eas introducere conemur: sed non est unius hominis, neque unius seculi tanto mederi defectui. Nemo novit, quantus sit defectus theoriarum in iis, ubi theoriae completae maximo forent usui. Sed cum his malis successu temporis medela afferri possit, modo alii eadem via pergant, qua nos incedimus & quam ipsis monstramus; ideo talem afferre lubet rationem, quae semper firma erit, ad quamcunque demum perfectionem theorias evehi continget. Sane ubi theoriae magis evadent perfectae, numerus notionum universalium, sine quibus rationis usus nullus est, manifestior evadet. Ecquis non novit, quantus sit veritatum geometricarum numerus, ut, qui eas familiares experiri velint, omnem in numeris & figuris aetatem consumere teneantur, ac ne sic quidem perspectas habent omnes? Dubium vero non est campum veritatum universalium in aliis disciplinis non minus arctis limitibus contineri.

§. 471.

Ratio summa quaenam.

Ratione summa praeditum est ens, quod omnium veritatum universalium nexum perspicit. Quoniam enim ratio ei major est, qui plurium veritatum universalium nexum perspicit, quam illi, qui pauciorum nexum perspicit (§. 488. *Psych. empir.*); major concipi non potest, quam quae in perspicispicientia nexus omnium veritatum universalium consistit. Quoniam vero summa est ratio, qua major concipi nequit; ratione utique summa præditum est ens, quod omnium veritatum universalium nexum perspicit.

Utemur hoc principio in Theologia naturali Deo rationem summam vindicaturi.

§. 472.

Anima humana ratione summa prædita esse nequit. Impossibile esse ut omnium veritatum universalium nexum perspiciat homo, jam antea sumsimus (§. 470.), nec erit, qui refragetur, nisi in ruborem dari velit. Quamobrem cum ratione summa præditum non sit ens, quod omnium veritatum universalium nexum minime perspicit (§. 471.); anima quoque humana ratione summa prædita esse nequit.

Idem etiam sic ostenditur. Nemo hominum in omnibus usu rationis pollere potest (§. 470.), neque adeo omnium veritatum universalium nexum perspicere valet (§. 452.). Ratione igitur summa præditus esse nequit (§. 471.).

Recolenda hic sunt, quæ de denegato usu rationis universali paulo ante (*not*. §. 470.) annotavimus.

Cur homini non conveniat.

§. 473.

Ingenium vim repræsentativam universi, qualis in anima datur, non excedit. Consistit enim ingenium in facilitate observandi rerum similitudines (§. 476. *Psychol. empir.*), consequenter ea, quæ in rebus pluribus diversis eadem sunt (§. 195. *Ontol.*). Quamobrem cum ea, quæ in rebus diversis eadem sunt, observentur, si in rebus simul perceptis attentionem defigas & super iisdem reflectas (§. 237. 257. *Psychol. empir.*); ipso autem usu contrahatur facilitas utendi attentione ac reflexione (§. 248. 255. 263. *Psychol. empir.*); ingenium non supponit nisi facilitatem attentionis ac reflexionis. Quamobrem cum

Ingenium num excedat vim repræsentativam universi.

ratio attentionis & reflexionis ex vi repræsentiva, qualis in anima datur, reddi possit (357. & seqq.); ingenium minime excedit vim repræsentativam universi, qualis in anima datur.

Idem etiam sic ostenditur. Notiones universales generum & specierum vim repræsentativam universi, qualis in anima datur, non excedunt (§. 392). Quoniam itaque species in similitudine individuorum (§. 233. *Ont.*), genera in similitudine specierum & genera superiora in similitudine inferiorum consistunt (§. 234. *Ontol.*): notiones universales non acquiruntur, nisi quatenus similitudinem rerum, quas percipimus, observamus. Observatio adeo similitudinis rerum vim repræsentativam universi non excedit. Et quamvis genera & species per essentialia determinentur (§. 247. *Ontol.*), adeoque nonnisi similitudo, quæ observatur, ad essentialia spectet, consequenter particularis tantum videatur; cum tamen per solam reflexionem & abstractionem notiones universales completæ ac determinatæ non efficiantur (§. 401.), præter identitatem essentialium determinationum, quibus similitudo generibus ac speciebus conveniens continetur, observantur simul alia, quæ in rebus eadem sunt (§. 320. *Log.*), accuratiori indagine postea ab essentialibus, quibus permixta sunt, discernenda. Patet itaque ex acquisitione notionum universalium colligi facultatem observandi similitudines rerum in genere, consequenter observationem similitudinis in genere non excedere vim repræsentativam universi, qualis in anima datur. Jam vero facilitas observandi rerum similitudines ingenium est (§. 476. *Psychol. empir.*). Ingenium itaque vim repræsentativam universi, qualis in anima datur, non excedit.

§. 474.

Dependentia ingenii,

Ingenium a cerebro pendet. Ingenioso enim imaginatio vivax (§. 479. *Psychol. empir.*). Quoniam itaque imaginationi imma-

De Attentione & Intellectu. 389

immateriali, quæ in anima datur, materialis quoque imaginan- *a constitu-*
di facultas in corpore respondet (§. 227.), ob continuam sci- *tione cerebri*
licet phantasmatum atque idearum materialium coëxistentiam
(§. 206.), & imaginationis hujus materialis sedes in cerebro existit (§. 228.); imaginatio vivax rationem sufficientem in cerebro habet (§. 56. *Ontol.*), quatenus scilicet ex iis, quæ in cerebro sunt, intelligitur, cur imaginatio vivax sit, adeoque a cerebro pendeat (§. 851. *Ontol.*). Pendet igitur quoque ab eódem
ingenium. Porro qui ingenio pollet, idem & memoria pollet
(§. 480. *Psych. emp.*). Quamobrem cum bonitatis memoriæ
ratio in fibrillis nerveis, ex quibus cerebrum constat, contineatur (§. 306. *Psychol. rat.* &§. 56. *Ontol.*). bonitas memoriæ
a cerebro dependet (§. 851. *Ontol.*); Atque adeo denuo
patet a cerebro quoque dependere ingenium.

    Quodsi dubites, num ex cerebri statu possit reddi ratio,
cur imaginatio vivax sit; idem facile ostenditur. Vivax e-
nim imaginatio est, si phantasmata producta multum claritatis habent (§. 478 *Psych. emp*). Enimvero claritas ideæ sensualis
pendet a celeritate motus, in quo idea materialis eidem respondens consistit (§. 126.), consequenter & claritatis phantasmatum ratio, quæ sunt ideæ sensuales reproductæ (§. 104. *Psychol. empir.*), aut ex iis derivatæ (§. 140. 143. *Psychol. empir.*),
est celeritas motus, in quo phantasmatis respondentes ideæ
materiales consistunt (§. 206.). Ex statu itaque cerebri ratio
reddi potest imaginationis vivacis. Nimirum alia est fibrillarum nervearum, ex quibus cerebrum contextum est, constitutio in iis, qui imaginationem vivacem habent; alia in aliis,
quibus minus vivax est. Ideæ enim istæ materiales easdem
habent in omnibus hominibus causas, cum sint effectus ab a-
ctione sensibilium in organa sensoria pendentes; differentia
igitur aliunde esse nequit, quam a diversitate fibrillarum nervearum, ex quibus cerebrum constat.

§. 475.
Læso igitur *cerebro ingenium lædi potest* (§. 474.). Sci- *Cur læso ce-*
licet *rebro lædi.*

queat ingenium. licet læditur ingenium, ut non amplius tam facile similitudinem rerum observare possis, quam antea poteras (§. 476. *Psych. empir.*), si status cerebri, adeoque fibrillarum nervearum, ex quibus cerebrum constat, qualitates & quantitas mutentur, ut non amplius eædem permaneant, quales fuerant, cum ingenio polleres.

Quoniam istæ qualitates nondum sunt perspectæ, nec mutatio ista distincte exponi potest, consequenter nec explicare possumus, quali læsione cerebri imminuatur aut prorsus destruatur vis ingenii.

§. 476.

Læsio ingenii cur cum læsione memoriæ connexa. Quæ memoriam lædunt, ingenio quoque noxia sunt. Qui enim ingenio pollet, idem & memoria pollere debet (§. 480. *Psychol. empir.*). Quodsi ergo contingat, vim memoriæ imminui, vel prorsus destrui; ingenium quoque hoc ipso imminui, vel prorsus destrui debet. Quamobrem quæ memoriam lædunt, ea quoque ingenio noxia sunt.

Poterat idem confirmari a posteriori. Constat enim ingravescente ætate, qua memoriæ vis atque imaginationis vivacitas perit, ingenii quoque vim decrescere solere, ita ut ad ea opera, quæ ingenii sunt, se minus aptos experiantur. Ita senes ad pangenda carmina ingenii venas sibi deficere sentiunt.

§. 477.

Causæ ingenium lædentes. Quoniam memoria a causis materialibus lædi potest (§. 298.), veluti vi morborum acutorum atque capitis, immo ipsa senectute (§. 299.); ingenii quoque *vis a causis materialibus imminui vel prorsus destrui potest, immo tale quid effici potest vi morborum acutorum atque ipsa senectute.*

Exempla peti possunt a posteriori, quibus idem confirmatur. Nimirum conquirenda sunt ea, ubi ingeniosis labefactatur memoria a causis materialibus.

§. 478.

§. 478.

Ars inveniendi vim repræsentativam universi, qualis in anima datur, non excedit. Arte inveniendi a priori ex notionibus determinatis seu veritatibus universalibus cognitis eruuntur veritates incognitæ (§. 461. *Psych. empir.*), & quidem per ratiocinia (§. 460. *Psychol. empir.*), operationibus mentis ingenio subinde suppetias ferente (§. 481. *Psych. empir.*). Enimvero notiones universales generum & specierum (§. 392.), cum judiciis intuitivis (§. 402.), ac discursivis (§. 410.), vim repræsentativam universi, qualis in anima datur, non excedunt: nec eam excedunt ratiocinia (§. 405.), immo nec ingenium (§. 473.). Quoniam itaque eandem non excedunt, quæ ad artem inveniendi necessaria sunt; ars inveniendi a priori eam excedere nequit.

Ars inveniendi a posteriori veritatem incognitam eruit vel ex observationibus, vel experimentis (§. 457. *Psych. emp.*), adeoque ex factis naturæ (§. 456. *Psych. empir.*), quæ sensu percipimus, vel in mente nostra ad nos spectantia appercipimus (§. 436. *Psych. empir.*). Notiones universales completæ ac determinatæ non per solam reflexionem atque abstractionem constituuntur (§. 401.), adeoque præter primam mentis operationem opus quoque ceteris; id quod intuitiva quadam ratione patet per ea, quæ integro capite de usu Logicæ in veritate a posteriori detegenda tradidimus (§. 669. & seqq. *Log.*). Quamobrem cum nulla mentis operatio vim repræsentativam universi, qualis in anima datur, excedat (§. 413.); nec eam excedere potest ars inveniendi veritatem a posteriori.

Cum ars inveniendi summa intellectus perfectio sit, quam acquirere valet; per hanc propositionem patet, ex vi repræsentativa universi rationem sufficientem reddi posse, cur ad summam perfectionem pertingat intellectus, quam consequi potest.

Ars inveniendi num vim repræsentativam animæ excedat.

§. 479.

§. 479.

Quid arti inveniendi in corpore respondeat.

Ars inveniendi in corpore consistit in excitatione idearum materialium in cerebro operationibus animæ convenienter facta. Etenim ars inveniendi a priori ratiocinando colligit ex notionibus determinatis veritates latentes (§. 460. *Psychol. empir.*), suppetias ferente subinde ingenio (§. 481. *Psychol. empir.*). Enimvero notiones specierum vel generum (§. 395.), quantumlibet abstractæ (§. 396.), ipsarum etiam rerum immaterialium (§. 397), atque omnes operationes mentis per ideas materiales vocabulorum in cerebro repræsentantur (§. 416.), immo ingenium quoque a cerebro pendet (§. 474.). Quamobrem ars inveniendi a priori consistit in excitatione idearum materialium in cerebro operationibus animæ convenienter facta. Et quoniam ars inveniendi a posteriori veritatem eruit sensu duce (§. 436. *Psychol. empir.*), conveniente usu operationum intellectus (§. 669. & seqq. *Log.*), ideis autem sensualibus singulis suæ respondent materiales (§. 113.) & singulæ operationes mentis per ideas materiales in cerebro repræsentantur (§. 416.): ars quoque inveniendi a posteriori in corpore consistit in excitatione idearum materialium operationibus mentis convenienter facta, sensu invitante.

Quia propter difficultatem operationes mentis absque vocabulorum vel aliorum signorum usu absolvendi nemo unquam inventorem egit, vel aget qui in sola cognitione intuitiva acquiescit; in arte quoque inveniendi non aliam supponimus cognitionem, nisi symbolicam.

FINIS

Sectionis I. Psychologiæ rationalis.

PSYCHOLOGIÆ
RATIONALIS
PARS II.

(395)

PSYCHOLOGIÆ RATIONALIS
SECTIO II.
DE
FACULTATE APPETENDI.
CAPUT I.
De Appetitu sensitivo & Affectibus.

§. 480.

IN omni perceptione præsente adest conatus mutandi perceptionem. Perceptiones in anima continuo mutantur, aliis aliisque sibi invicem succedentibus, quemadmodum unusquisque in seipso experitur. Enimvero perceptiones nostræ vi animæ producuntur, qualescunque tandem fuerint (§. 61.). Quamobrem cum vis omnis continuo tendat ad mutationem status subjecti, cui inest (§. 725. Ontol.); in omni perceptione præsente adest conatus mutandi perceptionem.

Conatus mutandi perceptionem.

Qui notionem virium familiarem experitur, nihil difficultatis sentiet in propositione præsente admittenda. In gratiam itaque eorum, quibus ea nondum familiaris est, rem exemplo vis motricis declarari consultum. Mobile in motu con-

Ddd 2   stitu-

stitutum locum continuo mutat. Mutatio ista est a vi motrice, quæ in conatu locum continuo mutandi consistit. Quamobrem in situ præsente, quem corpus habet ad alia, adest conatus mutandi istum situm: qui si abesset, mutatio nulla sequeretur.

§. 481.

Percepturitio quid sit & ejus existentia.

Conatus mutandi perceptionem præsentem dicitur *Percepturitio*. Quamobrem cum in omni perceptione præsente adsit conatus mutandi perceptionem (§. 480.); *in omni perceptione adest percepturitio*.

Termino percepturitionis usi jam sunt alii, adeoque & nos eodem etsi minus Latino uti nulli dubitamus, cum ipsa etymologia vocabuli ad ipsum plenius intelligendum manuducat vi similitudinis, quæ animæ percepturienti cum stomacho esuriente intercedit.

§. 482.

Percepturitio in sensationibus.

Quoniam sensationes sunt perceptiones (§. 65. *Psychol. empir.*); *in sensatione præsente etiam adesse debet percepturitio, seu conatus eandem mutandi* (§. 481.). Idem etiam ex ipsa essentia atque natura animæ demonstratur. Anima enim habet vim sibi repræsentandi hoc universum (§. 63.), adeoque producendi perceptiones, quæ sensationum nomine veniunt (§. 65. *Psychol. empir.*). Quamobrem cum vis omnis in conatu continuo mutandi statum subjecti, cui inest, consistat (§. 725. *Ontol.*); animæ quoque conatus producendi perceptiones, quæ sensationum numero sunt, continuus esse debet, consequenter in omni sensatione præsente adest conatus eam mutandi, adeoque percepturitio (§. 481.).

Quæ hactenus de percepturitione dicta sunt, non alio fine in medium afferuntur, quam ut naturam appetitus penitus intelligamus atque perspiciamus, quomodo idem a vi repræsentativa universi proficiscatur. Memini enim, cum in Ratione Prælectionum sect. 2. c. 3. §. 22. primum asseruissem me me animam habere pro substantia sibi repræsentante universum pro situ corporis sui organici in universo, convenienter mutationibus, quæ in organis sensoriis contingunt; quosdam sibi persuasisse, hoc modo saltem facultatis cognoscendi rationem haberi, quod non viderent, quomodo inde sequatur appetitus. Malevolorum vero cavillationes, quod per hoc negetur animæ convenire appetitum, consequenter libertas voluntatis tollatur, adeoque virtus omnis subvertatur cum religione omni, cum dignæ sint quæ rideantur, non quæ refutentur, insuper habemus: silentio tamen non prætereundæ, ut constet fatorum philosophiæ nostræ prorsus singularium ratio.

§. 483.

Corpus nostrum percipimus, quatenus organis sensoriis qua talibus mutationem inducere valet. Anima enim sibi repræsentat hoc universum convenienter mutationibus, quæ in organis sensoriis contingunt (§. 62). Quamobrem cum corpus nostrum sit pars hujus universi & perinde ac alia corpora mutationes organis sensoriis inducere possit; anima quoque ipsum mutationibus istis convenienter repræsentare, adeoque percipere debet (§. 24. *Psychol. empir.*). Percipimus itaque corpus nostrum, quatenus organis suis sensoriis qua talibus mutationem inducere valet.

Quatenus corpus nostrum percipimus.

A posteriori veritas satis manifesta, quæ simul loquitur corpus nostrum in organa propria sensoria instar aliorum sensibilium agere posse. Sane diversæ corporis partes oculis ita objici possunt, ut radii luminis inde in oculum eodem modo reflectantur, quo ab aliis visibilibus reflectuntur. Eodem modo cum in oculum agant, quo visibilia alia in eundem agunt; eodem quoque modo easdem videmus, quo alia visibilia videmus. Facies vero & quæ in tergo sunt lumen in oculos reflectere nequeunt, nisi speculorum auxilio, adeoque faciem & quæ in tergo sunt nonnisi speculorum auxilio videre valemus. Porro si manibus tangimus corpus proprium, & manus percipit partem, quæ tangitur, & pars quæ tangitur percipit manum: quoniam tam manus parti contactæ, quam pars contacta manui inducit mutationem istiusmodi, qualem tangibilia manui vel parti corporis nostri cuicunque alteri inducere solent. Similiter si pars corporis percussa sonum quendam edit, vel affrictu partium corporis sonus quidam excitatur, in aurem illapsus eodem modo percipitur, quo sonus quicunque alius percipi solet. Nimirum cum in omni casu fibrillis nervorum sensoriorum motus inprimatur & ad cerebrum usque propagetur, quemadmodum ab aliis sensibilibus fieri solet (§. 111.); ideas quoque materiales corporis nostri habemus, quales aliorum sensibilium habemus (§. 112.), consequenter illis etiam sensuales coëxistere debent, quales his coexistunt (§. 114.).

Ita videmus manus nostras pedesque nostros, pectus quoque atque ventrem absque speculorum ope; at faciem non contuemur, nisi quando speculo obvertitur. A tergo non videmus corpus nostrum, nisi quatenus radii ab eodem in speculum majus illapsi inde reflectuntur in minus & ab hoc demum in oculum. Manu suras tangentes, & manus, & suras tactu percipimus. Sed hæc notiora sunt, quam ut ea hic recenseri sit opus. Expendenda tamen veniunt, ut non modo propositioni præsenti sua constet claritas; verum ut inde quoque lux affundatur aliis, quæ sequuntur.

§. 484.

Cur anima sibi conscia dependentiæ actionis sensibilium a situ corporis.

Anima sibi conscia est, actionem sensibilium in organa nostra sensoria a situ corporis nostri pendere. Anima enim non modo objecta alia sensibilia, dum in organa sua agunt; verum etiam ipsum corpus suum percipit, quatenus mutationem instar aliorum sensibilium organis nostris inducere valet (§. 483.). Organa igitur nostra sensoria seu partes corporis quibus insunt, quando cum sensibili in ea agente una percipimus vel sensu ope, vel quatenus ista imaginamur (§. 104. *Psychol. empir.*), sensibilium actionem in organa nostra sensoria,

De Appetitu sensitivo & Affectibus. 399

sensoria a situ corporis pendere animadvertimus: cujus dependentiæ ulterius convincimur, quatenus nobis conscii sumus, mutato corporis situ respectu sensibilium mutari quoque perceptionem, nec amplius a nobis percipi, quæ antea percipiebantur.

Propositionis præsentis veritas a nemine in dubium vocari potest: quoniam tamen eadem utemur ad probanda alia, quæ non eadem evidentia nituntur, eandem huc apponere debuimus, reddentes simul rationem, cur id fieri debeat, cum nostrum jam sit scrutari rationes eorum, quæ sunt.

§. 485.

Anima sibi conscia est, sine mutatione situs corporis ad objectum aliquod non mutari sensationem. Mutatur autem situs corporis ad sensibile vel motu objecti, quod jam percipitur, aut alterius, quod percipi debet; sive motu corporis aut partium ejus, veluti capitis aut oculorum, sive utroque pro varietate circumstantiarum diversimode variato simul. In omni sensatione adest conatus mutandi præsentem (§. 482.). Enimvero anima sibi conscia est, sine mutatione situs actionem sensibilium in organa sensoria, sine qua nulla datur sensatio (§. 65. *Psychol. empir.*) a situ corporis sui pendere (§. 484.). Conscia igitur sibi est, sine mutatione situs corporis ad objectum aliquod non mutari sensationem.

Dependentia mutationis sensationis a mutatione corporis situ.

Quæ de mutationis situs corporis diversis modis dicuntur, absque probatione admitti possunt & ex iis patent, quibus propositionis veritas a posteriori confirmatur. Si nobis refertur esse quodam in loco animal peregrinum, quod accedentibus spectandum exhibetur; ejus visu percipiendi gratia nos in istum locum conferimus. Mutatur adeo situs corporis, quem ad visibilia præsentia habebat, ut eorum loco videamus visibile aliud. Situs adeo corporis ad visibilia mutatur ipso corporis totius situ locali. Idem accidit, ubi ad visibile aliquod e longinginquo minus clare ac diftincte percepti accedimus, ut idem clarius atque diftinctius videamus. Ex adverfo ubi vifibile aliquod e longinquo conftitutum non fatis clare ac diftincte percipimus, aut quæ a latere obliquius pofita funt, non nifi obfcurius aut prorfus non videmus; eadem ad nos afferri jubemus, ut in vicinia oculo directe oppofita videantur clarius atque diftinctius. Situm corporis noftri ad vifibile allatum non amplius effe eundem, qui fuerat ante, patet. Mutatur autem objecti vifibilis motu locali. Uterque cafus obtinet in tactu. Tangi nequit tangibile, ut percipiatur tactu, nifi manu ad idem applicata, aut tangibili ad aliquam corporis noftri partem applicato. Nulla igitur inter organum tactus & tangibile requiritur diftantia. Quodfi ad tangibile accedimus, fitus corporis ad idem mutatur totius corporis noftri motu; fi vero tangibile ad nos affertur, mutatur corporis noftri ad idem fitus motu objecti fenfibilis, & quando denique manum applicamus ad tangibile, fitus corporis noftri ex parte mutatur ad fenfibile, motu locali partis corporis noftri. Similiter fi caput elevamus, ut picta in laqueari imago oculis directe objiciatur, quæ ante fubobfcurius videbantur, nunc clarius atque diftinctius videntur; fitus corporis noftri ad vifibile mutatur motu partis cujusdam corporis. Immo fi objectum quoddam vifibile faciei directe opponitur & vultu immoto oculus in idem directe vertitur; fitus corporis ad vifibile mutatur folo oculorum motu. Quodfi vifibile a tergo oblique pofitum & longius abfit, quam ut idem trunco corporis & vultu in latus alterum detorto clare fatis ac diftincte percipere poffis, atque adeo ipfum vifibile propius admoveri cures, donec tam clare ac diftincte videre poffis, quemadmodum cupis; fitus corporis ad vifibile mutatur partium corporis & ipfius objecti fenfibilis motu fimul. Horum diverforum motuum, quibus mutatur fitus corporis ad fenfibilia, anima fibi confcia eft, quod invitante neceffitate ad motus

iftos

istos adducatur, eorundem vero in casu simili postea recordetur, sæpiusque iteratos tandem familiares experiatur, ut de iis ne quidem cogitans aut vix ac ne vix quidem cogitans eosdem producat. Non igitur opus est, quam ut unusquisque animum suum advertat ad istos motus, quando sensibile quoddam percipit & a sensatione una ad aliam transit, ubi veritatem dictorum in semetipso experiri ac pluribus experimentis confirmare voluerit.

Probe expendendi sunt modi, quibus situs corporis ad objectum sensibile mutari potest, ut idem in aliquod organum agere possit, quo clare ac distincte percipiatur. Hæc enim differentia prodest ad explicandos motus corporis harmonicos appetitionibus atque aversionibus animæ respondentes. Notiones communes familiares experiri tenemur, nisi in arduis concipiendis difficultatem sentire velimus, quam non tollit nisi lux a notionibus istis affusa, non ante affundenda, quam ubi crebra meditatione familiares eas nobis reddiderimus. Elucescet utilitas propositionis præsentis eidemque adjuncti moniti, quando inferius systema *Leibnitianum* explicandi commercium inter animam & corpus ad trutinam expendemus.

§. 486.

Quoniam *anima* sibi conscia est, sine mutatione situs corporis ad aliquod objectum non mutari sensationem (§. 485.); *si sensationem mutare intendit, situm corporis quoque mutare intendere debet, &, ubi sensationem futuram quomodocunque prævidet, eam intendere debet mutationem situs corporis sui, sine quo sensatio ista fieri non potest.* Sane hoc fieri experientia confirmat. Ita facies obtorto collo vertitur in latus dextrum, ubi ea videre volumus, quæ a latere isto posita sunt. Oculos vel immoto, vel reclinato versus tergum capite attollimus, ubi superiora respicere volumus, prouti usus postulaverit. Oculos demittimus ea visuri, quæ ad pedes nostros prostrata sunt.

Sensationis prævisæ gratia qualis motus corporis intendatur.

Ad arborem accedimus, ubi flores vel fructus ejus contemplari cupimus. Ferarum capiendarum gratia in sylvam excurrimus. Novimus a latere quædam esse posita, quorum videndorum cupido animum incedit. Novimus supra nos apparere, quæ videre gestimus. Novimus arborem alicubi esse nobis nondum visam, vel eminus confuse a nobis conspectam, quam distincte videre cupimus. Novimus in sylvis vagari feras, quas ibi capere licet. Atque adeo perceptionem quandam, quam nondum habemus, prævidemus. Enimvero novimus quoque a nobis videri non posse, quæ a latere tergum versus posita sunt, nisi faciem illuc vertamus, & hoc obtorto collo fieri posse constat. Novimus quæ supra nos sunt videri posse, si oculos vel immoto capite, vel eodem versus tergum reclinato attollimus, prouti vel minus prope, vel propius vertici nostro imminet. Novimus, quæ ad pedes nostros jacent, vel infra nos sunt, non videri nisi demissis oculis. Novimus nos distincte ac clare videre non posse arborem, nisi propius ad eam accedamus. Novimus denique nos feras, quæ in sylva vagantur, sensu percipere non posse, nisi eo nos conferamus. Dum itaque perceptionem prævisam intendimus, eam quoque intendimus mutationem situs corporis nostri, sine qua sensatio fieri nequit.

> Modum, quo futura perceptio prævidetur, non determinamus, propterea quod varius esse possit, hic vero opus non sit, ut distincte agnoscatur, propterea quod perinde hic sit, quocunque modo prævideatur. Non unum esse prævisionis modum experientia docet. Etenim esse quædam a latere versus tergum posita, sono, quem sensibile edit, vel aliorum sermone monemur: vagari in sylvis feras, vel fando accepimus, vel alias jam ipsimet vidimus: phænomenon quoddam singulare prope verticem in cœlo conspici, accurrentium assertione docemur. Exempla hæc sufficiunt, ut attentio nostra excitetur ad modum prævisionis perceptionum futurarum

rum in aliis casibus observandum. Immo ex postea dicendis hnc spectantia plura intelligentur.

§. 487.

Quoniam quicquid cognoscimus, vel a posteriori cognoscimus, vel a priori (§. 435. *Psych. empir.*); *Quali opus sit mutatione situs corporis nostri, vel partis cujusdam ejus, sensationis futurae gratia, vel a posteriori, seu sensuum duce* (§. 436. *Psychol. empir.*), *vel a priori, seu vi intellectus* (§. 438. *Psychol. empir.*), *aut operationum ejusdem* (§. 439. *Psychol. empir.*) *cognoscere debemus.* Experientia autem convincimur, *nos id potissimum a posteriori cognoscere, antequam de theoria cogitemus.*

Quomodo nobis innotescat ille motus.

Theoriam tamen non esse impossibilem, nemo vel Opticae gnarus ignorat. Constat enim lumen propagari per lineas rectas. Quamobrem cum nihil videatur sine lumine, si radii luminis a visibili in oculum illabi debent, necesse est ut a puncto radiante per pupillam recta in oculum duci possit. Ab hoc principio pendet omnis situs corporis respectu visibilis, quod contueri volueris. In Opticis demonstratur, cur remota videantur minora & obscuriora, atque hinc conficitur, quae ad distantiam nimiam obscurius ac confuse videntur, ea vel oculo propius esse admovenda, vel oculum iisdem propius admoveri debere, prout vel necessitas postulaverit, vel occasio tulerit. Ab hoc principio pendent motus locales, vel corporis, vel visibilis, quod clare ac distincte, quantum datur, videri volueris. Constat lumen a speculis eo ordine reflecti, quo a visibili, ut beneficio radiorum reflexorum conspiciatur, quod alias ob situm corporis videri nequit. Atque hinc deducuntur situs corporis nostri & objectorum visibilium respectu speculi, ut videre possimus quae alias absque speculorum auxilio videre non poteramus. Exemplo esse potest, si aegrotus in lecto decumbens videre velit, quinam in conclave intret, cum januam videre non possit. Plura non addimus: sufficit ex his constare, quod theoria non modo possibisibilis; sed ea etiam doceat, quæ sola experientia communis docere non poterat.

§. 488.

Perceptionis prævisio quid sit.

Perceptionem prævidere dicimur, quatenus nobis conscii sumus nos eam habere posse. Ita si quis nobis narrat, monstrum quoddam spectandum alicubi exhiberi; nobis conscii sumus, nos monstrum illud videre, adeoque perceptionem ejus habere posse: perceptionem itaque monstri istius prævidemus. Si quis vinum vitro infusum contuetur & in memoriam ipsi venit sapor olim hausti; perceptionem saporis vini haustu se habere posse sibi conscius est, adeoque eam prævidet. Si noverimus amicum, qui per aliquot tempus absens fuerit, jam factum fuisse reducem; nobis conscii sumus, nos eum adire & colloquia cum ipso miscere posse. Hanc adeo perceptionem amici & sermonis cum eo miscendi prævidemus. Ceterum insuper jam habemus, utrum vera sit prævisio, an fallat: fieri enim potest, ut videamur nobis perceptionem aliquam habere posse, quam tamen habere non possumus; in præsente tamen negotio perinde est ac si verum esset, nos eam habere posse.

§. 489.

Directio & aversio perpercepturitionis quam habeat rationem.

Si perceptioni prævisæ idea voluptatis jungitur; percepturitio in eam dirigitur, si jungitur idea tædii vel molestiæ, ab eadem avertitur. Quoniam enim percepturitio est conatus producendi perceptionem aliquam (§. 481.); in perceptionem prævisam dirigitur, quando conatus mutandi perceptionem ad eam producendam tendit; ast ab eadem avertitur, quando impedire conamur, ne perceptio ista producatur. Jam necesse est detur aliqua ratio, cur perceptionem aliquam prævisam vel producere, vel ne producatur impedire conemur, vel neutrum horum faciamus, quod parum interesse nobis videatur, an producatur, an non producatur (§. 70. Ontol.). Jam si res in se spectatur, quæcunque tandem sit,

ea

De Appetitu sensitivo & Affectibus.

ea nos minime tangit, adeoque tamdiu nobis perinde est, sive perceptio ejus producatur, sive non producatur, consequenter percepturitio nec in prævisam dirigitur, nec ab eadem avertitur. Necesse igitur est, ut si alterutrum fieri debeat, eadem ad nos referantur & pro diverso ejusdem ad nos respectu vel dirigatur in ejus perceptionem percepturitio, vel ab eadem avertatur. Jam si res ad nos referuntur, aut voluptatem nobis parere, aut molestiam creare possunt; idque mediate vel immediate: aliter enim animam afficere nequeunt. Facile itaque intelligitur, cum alterutra ratio directionis, altera ratio aversionis percepturitionis esse debeat, voluptatem esse rationem directionis, molestiam vero aversionis, seu nos conari producere aliquam perceptionem, quod ex ea voluptas nobis nascatur; conari autem impedire, quo minus producatur, quod in nobis tædium pariat. Quamobrem percepturitio dirigitur in ideam prævisam, quando eidem jungitur idea voluptatis sive immediatæ, sive mediatæ; ast ab idea prævisa avertitur, quando eidem jungitur idea molestiæ itidem sive immediatæ, sive mediatæ.

Patet veritas propositionis quoque a posteriori. Etenim si vinum vitro infusum contuemur & memoriam nostram subit voluptas ex sapore ac odore ipsius percepta; saporem ac odorem vini percepturi bibimus. Est hic nobis perceptio prævisa, saporis nempe ac odoris vini (§. 488.). Et dum ideo bibimus, ut saporem istum atque odorem percipiamus; perceptionem istam prævisam producere conamur, dum vinum vitro infusum contuemur. In prævisam adeo perceptionem dirigitur percepturitio (§. 481.). Similiter dum cœlum sudum contuentibus memoria cum imaginatione nobis suggerit ideam exspatiationis in campum ac voluptatis inde perceptæ; exspatiari cupimus. Ideam prævisam habemus, nempe exspatiationis in campum, & dum exspatiari cupimus ut eam actu habeamus,

‹mus, percepturitio in eam dirigitur. Ex adverſo ponamus nos vitro infuſam contueri cereviſiam, quam tormina ventris nobis creaſſe recordamur, & alterum nos adhortari ut bibamus: ne vi quidem nos adigi patiemur ad bibendum. Habemus hic perceptionem præviſam, torminum ſcilicet ventris, & ob dolorem inde perceptum impedire conamur ne ea ſentiamns, ac ideo a potu cereviſiæ abſtinemus. Percepturitio itaque avertitur a perceptione præviſa. Similiter ſi quis nos invitat ad exſpatiandum cœlo imbrem minitante ac recordati moleſtiarum nobis procreatarum tempeſtate pluvia exſpatiatis, nullis precibus adduci nos ad exſpatiandum patimur. Habemus hic ideam præviſam exſpatiationis tempore pluvio & ea ne producatur impedire conamur, adeoque percepturitio ab eadem avertitur.

  Probe conſiderandus eſt modus, quo percepturitio in perceptionem præviſam dirigitur & ab eadem avertitur, ut ceſſent difficultates circa dependentiam appetitus & averſationis a vi repræſentativa univerſi, in qua eſſentiam atque naturam animæ conſiſtere evicimus (§. 66. 67.). Simul autem perpendendus eſt modus prævidendi perceptionem aliquam, quippe quem diverſum eſſe pro diverſo cognitionis genere conſtat, & qui in quolibet genere iterum variat. Ita in ſymbolica rei repræſentatione verba nunc plene, nunc minus plene intelliguntur, & ubi minus plene intelliguntur nunc genus aliquod pro ſpecie, genus remotius pro inferiori quocunque; immo quodcunque ſuperius pro individuo quocunque ſumitur. Sed quæ ſedula attentione ad ea, quæ ſingulis momentis unusquisque in ſemetipſo experiri poteſt, cognoſcuntur; ea multis recenſeri ſuperfluum exiſtimamus. Sufficit ea ſuggeſſiſſe, quibus attentio ad cetera obſervanda excitatur, atque dirigitur.

§. 490.

Perceptiones quænam prævideri poſſunt.   Perceptiones præviſæ vel ſenſationes, vel phantasmata ſunt. Quoniam enim non dantur entia alia, niſi ſingularia & uni-

De Appetitu sensitivo & Affectibus. 407

universalia (§. 227. 230. *Ontol.*), perceptiones quoque prævisæ non repræsentant nisi vel ens singulare, vel universale. Jam singularia vel præsentia sunt, dum ea percipimus, vel absentia. Quodsi perceptio, quæ prævidetur est entis tunc temporis, quando eam habemus, præsentis; in sensationum numero est (§. 65. 59. *Psychol. empir.*); si vero absentis, vi imaginationis producitur (§. 92. *Psychol. empir.*), adeoque inter phantasmata locum obtinet (§. 93. *Psychol. empir.*). Perceptio igitur singularium, quam prævidemus, vel ad sensationes, vel ad phantasmata referenda.

In cognitione intuitiva universalia percipiuntur plurium individuorum simultanea repræsentatione (§. 326. *Psych. emp.*), immo ubi notionem entis in universali jam acquisivimus, repræsentatione nonnisi unius (§. 327. *Psychol. empir.*). Quamobrem cum individuorum perceptiones vel ad sensationes, vel ad phantasmata referenda *per demonstrata;* universalium quoque perceptiones prævisæ in cognitione intuitiva vel in numerum sensationum, vel phantasmatum referendæ veniunt. Denique in cognitione symbolica universalia per vocabula (§. 269. 271. 328. *Psychol. empir.*), vel alia signa repræsentantur. Enimvero vocabula, tanquam soni articulati (§. 271. *Psychol. empir.*), in numero audibilium (§. 70. *Psychol. empir.*), adeoque sensibilium sunt (§. 68. *Psychol. empir.*). Perceptiones itaque prævisæ universalium symbolice repræsentatorum vel sensationes sunt, vel phantasmata.

Quodsi dubites phantasmata, præsertim symbolice repræsentata, prævideri posse; haud difficulter idem probatur. Etenim ponamus succurrere nobis nomen rei antea visæ; cum ideam ejus etsi absentis vi imaginationis reproducere valeamus (§. 273. *Psychol. empir.*), hæc vero in phantasmatum numero sit (§. 93. *Psychol. empir.*); evidens est nos ad nomen istius rei attentos conscios nobis esse, quod ideam istam habere possimus

mus, atque adeo ideam prævisam in phantasmatum numero esse posse. Ita si nomen horti succurrit, inde intelligis te ideam istius vi imaginationis producere posse & tibi quasi temetipsum in eodem deambulantem exhibere. Constat igitur te prævidere phantasma horti, quod actu nondum habes. Ponamus porro tibi succurrere nomen demonstrationis, dum propositionem aliquam mente recolis. Cum porro ponamus eam esse in potestate tua, demonstratio autem symbolice expressis ratiociniis constet, te in hoc casu prævidere phantasmata rerum symbolice expressarum vides.

Quodsi ad nosmetipsos vel per diem unum animum advertamus, quando appetitus sensitivus in quid fertur, vel etiam rationalis, immo etiam quando quid aversamur, atque modum, quo perceptiones rerum, quas appetimus, vel aversamur, expendamus, ipso facto docebimur, perceptiones prævisas nunc esse sensationes, nunc phantasmata. Jucunda nobis esse solet rerum quoque absentium recordatio, quibus nos præsentibus uti non posse constat. In hoc itaque casu imaginationis vi productis ideis attendimus ac ex iis voluptatem non minus percipimus, quam ex rebus præsentibus percipere solemus.

§. 491.

Modus producendi perceptionem prævisam.

Si anima sensationem prævisam producere conatur, ceteras omnes intermedias producere tenetur, sine quibus ad eam pervenire nequit. Cum enim sensationes sint perceptiones rerum præsentium (§. 84.), quarum ratio continetur in mutationibus in organis sensoriis corporis nostri contingentibus (§. 65. *Psychol. empir.*); anima vi sibi insita eas producere nequit (§. 61.), nisi sensibili in organum sensorium agente (§.118.). Quamobrem si fieri nequit, ut sensibile in organum agat nisi successive alia aliaque objecta in organa sensoria agant, consequenter si successive aliæ aliæque perceptiones vi ejusdem producantur (§. 948. *Psychol. empir.*); anima quoque omnes

De Appetitu sensitivo & Affectibus. 409

omnes hasce perceptiones intermedias producere tenetur, antequam prævisæ in eadem sit locus. Quodsi ergo prævisam producere conatur, ceteras omnes intermedias producere tenetur, sine quibus ad eam pervenire nequit.

Idem etiam sic ostenditur. Quoniam anima continuo producit ideam totius universi non modo quoad statum præsentem, verum etiam quoad omnes præteritos atque futuros (§. 190.); sensationes vero tanquam perceptiones immediatæ (§. 204.) rei cujusdam præsentis (§. 84.) ad præsentem aliquem hujus universi statum in idea ista contentum referuntur; anima quoque sensationem aliquam habere nequit, nisi statu illo universi, ad quem refertur, existente. Necesse igitur est, ut in anima successive existant ideæ immediatæ, ad status omnes universi intermedios relatæ, qui inter statum præsentem prævisionis & statum actualis perceptionis intercedunt. Atque adeo anima sensationem prævisam productura omnes intermedias producere tenetur, sine quibus ad eam pervenire nequit.

Etsi demonstratio prior posteriori facilior videatur, hanc tamen isti non absque ratione superaddere placuit. Etenim ex hac clarius apparet dependentia facultatis sentiendi ab actione sensibilis in organum sensorium, ut eam admittere teneantur absque difficultate, qui vel realem universi existentiam, vel physicam animæ a corpore dependentiam negant. Præterea posterior magis convenit instituto Psychologiæ rationalis, in qua eorum, quæ fiunt, ratio a priori ex essentia atque natura animæ reddere tenemur (§. 4.). Ecquis vero non videt per demonstrationem posteriorem, stante essentia atque natura animæ fieri non posse, ut anima ad perceptionem aliquam immediatam status præsentis universi, hoc est, ad sensationem aliquam (§. 204. 84.), nisi in eo ordine perveniat, quo status universi possibiles se invicem actu consequuntur. Nec tamen prætereunda erat prior, ne assensus vacillet illorum, qui anteriora nondum familiaria experiuntur.

§. 492.

Perceptionis prævisa dependentia a statu corporis.

Si anima perceptionem prævisam producere conatur, ad ejus dependentiam a statu quodam corporis sui attendit. Anima enim sibi conscia est, sine mutatione situs ad objectum aliquod non mutari sensationem (§. 485.), & actionem sensibilis in organum sensorium, a quo pendet perceptio prævisa, quam producere conatur (§. 904. *Psych. emp.*), a situ corporis sui pendere (§. 484.). Quoniam itaque status corporis mutatur mutato situ ejusdem (§. 851.) *Ontol.*); anima utique sibi conscia est a statu corporis sui pendere actualitatem perceptionis prævisæ. Quamobrem dum perceptionem prævisam producere conatur, ad ejus dependentiam a determinato quodam statu corporis sui attendere debet.

Hinc etiam fieri nequit, ut perceptionem prævisam tanquam actu jam in nobis existentem vi imaginationis exhibeamus, nisi nos simul tanquam in aliquo statu exhibeamus, a quo ista perceptio pendet. Ita si perceptionem horti cujusdam prævides eamque producere conaris visu scilicet eundem percepturus; vi imaginationis te una cum horto præsentem animæ sistis. Exempla obvia nonnisi attentionem exigunt, ut animadvertantur.

§. 493.

Sensationis prævisa productio quantum a corpore pendeat.

Si anima sensationem prævisam producere conatur, corpus successive eos obtinere debet situs, a quibus perceptiones intermediæ pendent, sine quibus ad illam pervenire nequit. Etenim si anima sensationem prævisam producere conatur, ceteras omnes intermedias producere tenetur, sine quibus ad eam pervenire nequit (§. 491.). Enimvero cum sensationes istæ intermediæ in anima locum habere nequeant, nisi objectis sensibilibus, quæ repræsentant, in organa sensoria agentibus (§. 948. *Psychol. empir.*), actio vero sensibilium in universo existentium a situ corporis in universo pendet, quemadmodum nemo non intel-

De Appetitu sensitivo & Affectibus.

intelligit; necesse est corpus omnes istos actu habere situs in universo, a quibus pendent perceptiones intermediæ, sine quibus ad illam pervenire nequit.

Nemo miretur, quod in demonstranda propositione præsente non provocemus ad impossibilitatem motus ab uno termino A usque ad alterum B non transeundo per omnia spatia intermedia. In Psychologia enim rationali, ubi rationem eorum, quæ ad animam spectant, reddimus, non aliunde demonstranda sunt, quorum ratio ex natura & essentia animæ atque mutua corporis & animæ a se invicem dependentia reddi potest.

§. 494.

Quoniam anima corpus quoque organicum suum percipit (§. 483.), adeoque sibi repræsentat (§. 24. *Psychol. empir.*), sibique conscia est dependentiæ actionis sensibilium in organa sua sensoria a situ corporis sui in universo (§. 484.); *successive corpus suum aliis aliisque sensibilibus præsens sibi repræsentare debet, antequam in sensationem prævisam incidat.* *Quantum a perceptione ejusdem.*

Hinc & accidit, ut modum perveniendi a perceptione præsente ad prævisam nobis vi imaginationis repræsentaturi, nosmetipsos nobis videre videamur quasi per spatia inter duos terminos interjecta transeuntes & continuo objecta alia aliaque spectantes. Nemo sane ignorat, modo attentionem ad ea, quæ quotidiana sunt, afferre non negligat, se nunquam recordari rei antea visæ, nisi se simul tanquam in loco isto præsentem videat: atque adeo dici poterat, animam esse substantiam corpus suum organicum sibi repræsentantem, sumtaque hac prima determinatione inde deduci, quod sibi repræsentet hoc universum.

§. 495.

Directio percepturitionis seu conatus mutandi perceptionem præsentem in perceptionem prævisam est id, quod *Appetitus* dicitur. Unde etiam eum definire licet per tendentiam ad *Appetitus quid sit.*

per-

perceptionem prævisam. Quodsi appetitum saltem tanquam possibilem in anima spectare eumque in facultatum numerum referre malis, quemadmodum vulgo fieri solet: dici poterat, quod sit facultas dirigendi percepturitionem in perceptionem prævisam.

Atque adeo jam intelligitur, quo sensu appetitus dicatur inclinatio animæ ad objectum sensibile (§. 579. *Psych. empir.*). Etenim dum conatus mutandi perceptionem præsentem, adeoque determinandi intuitum ideæ hujus universi (§. 193.), dirigitur in prævisam, ut ad eam tendat; anima ad objectum inclinatur. Ita si vinum degustantes sapore, quem percipimus, delectamur; ipsum appetimus. Perceptio prævisa est sapor, ex quo voluptatem percipimus. Perceptionem adeo saporis in nobis producere conamur: quod cum fieri non possit, nisi idem bibamus, actus bibitionis ad perceptionum intermediarum numerum pertinet, quæ singulæ cum prævideantur, quatenus earundem nobis conscii sumus (§. 488.), in easdem quoque dirigitur percepturitio (§. 493. 494.), atque ideo recte bibitionem appetere dicimur.

§. 496.

Aversatio quid sit.

Directio percepturitionis seu conatus mutandi perceptionem præsentem in partem contrariam perceptionis prævisæ est id, quod *Aversatio* dici solet. Unde etiam eam definire licet per conatum impediendi, ne perceptioni prævisæ in nobis sit locus. Quodsi eam tantummodo tanquam possibilem in anima spectare, adeoque in numerum facultatum referre malis, quemadmodum vulgo fieri solet; dicendum est, quod sit facultas dirigendi percepturitionem in contrarium perceptionis prævisæ.

Atque ideo jam intelligitur, quo sensu aversatio dicatur reclinatio ab objecto sensibili (§. 581. *Psychol. empir.*). Etenim dum conatus mutandi perceptionem præsentem dirigitur in contrarium perceptionis prævisæ; anima ab objecto eadem repræsentato reclinari dicitur. Ita si vinum degustantes saporem ejus ingratum percipimus; idem aversamur. Perceptio

De Appetitu sensitivo & Affectibus.

ptio praevisa est sapor ingratus, qui nobis molestiam creat. Eundem ne percipiamus, non bibimus, immo ut bibamus aliorum persuasionibus nos adduci minime patimur. Actus bibitionis ad intermedias perceptiones spectat, quem ubi clare vi imaginationis percipimus, perceptio ejus in numero praevisarum est (§. 488.), atque adeo non minus ab eodem, quam a sapore vini austero vertitur percepturitio, & hinc recte eum aversari dicimur.

§. 497.

Appetitus sensitivus ex vi repraesentativa universi, qualis in anima datur, enascitur. Etenim si perceptioni rei praevisae jungitur idea voluptatis, percepturitio in eam dirigitur (§. 489.), consequenter appetitus enascitur (§. 495.), cumque ex eo judicetur bonum, quod perceptione praevisa repraesentatur, quia voluptatem inde percipi posse nobis conscii sumus, notione boni erronea acquiescimus, idem nonnisi confuse percipientes (§. 561. *Psychol. empir.*), consequenter appetitus, qui enascitur, sensitivus est (§. 580. *Psych. emp.*). Jam cum perceptio aliqua praevideatur, quando nobis constat, nos eam habere posse (§. 488.), de eo autem, quod plane non percipimus, non constet, nos idem percipere posse; necesse est ut aliquid ejus percipiamus, quod nos percipere posse conscii nobis sumus. Quoniam vero sensu percipere non possumus, quod praesens non est (§. 84.); ideo vi imaginationis idem repraesentare nobis debemus. Et quoniam idea voluptatis perceptioni praevisae jungitur, quatenus vi imaginationis una producitur (§. 117. *Psychol. empir.*), & memoria nobis suggerit, nos voluptatem ex re perceptione praevisa repraesentata percepisse (§. 175. *Psychol. empir.*); appetitus ex actibus sensuum, imaginationis atque memoriae enascitur. Quamobrem cum sensus (§. 62.), imaginatio (§. 183.), & memoria vim repraesentativam universi, qualis in anima datur, non excedant (§. 280.); appetitus sensitivus ex eadem nascitur.

Appetitus sensitivus a vi repraesentativa universi derivatur.

Idem

Idem clarius adhuc patet, ubi ad casus particulares animum advertimus. Ponamus itaque, quemadmodum supra (§. 489.), nos coelum sudum contuentes nobis in memoriam revocare voluptatem, quam exspatiantes in campum percepimus ac ideo quoque exspatiationem appetere. Quod coelum sudum sit, sensu percipimus & quia ante coelo sudo in campum exspatiati fuimus, indeque voluptatem percepimus; vi imaginationis utraque idea reproducitur (§. 117. *Psychol. empir.*), & memoria certos nos reddit, quod coelo sudo in campum exspatiati voluptatem inde perceperimus (§. 175. *Psychol. empir.*). Appetitus adeo sensitivus sua veluti sponte enascitur ex perceptionibus sensu atque imaginatione productis, adeoque ex vi repraesentativa universi, qualis in anima datur, tanquam ex suo fonte propullulat.

Patet adeo ex vi repraesentativa universi, qualem in anima agnoscimus, rationem sufficientem reddi posse appetitus sensitivi. Nempe illa admissa anima sentit, imaginatur, recordatur & ideae rei jungit perceptionem voluptatis inde percipiendae. Hisce vero positis appetit quod sibi repraesentat tanquam voluptatem pariens. Id vero omnino sufficit, ut constet vi repraesentativae universi, qualis in anima datur, deberi appetitum sensitivum.

§. 498.

Aversatio sensitiva ab eadem vi derivata.

Aversatio sensitiva ex vi repraesentativa universi, qualis in anima datur, nascitur. Etenim si perceptioni praevisae jungitur idea molestiae vel taedii, percepturitio in contrariam partem illius dirigitur, seu ab eadem avertitur (§. 489.), consequenter aversatio enascitur (§. 496.); cumque ex eo confuse percipiatur objectum repraesentatum tanquam malum, quod molestiam pariat vel taedium creet (§. 573. *Psychol. empir.*), aversatio, quae enascitur, sensitiva est (§. 581. *Psychol. empir.*). Jam eodem modo, quo in propositione praecedente,

patet

patet perceptionem prævisam & ideam voluptatis eidem jungendam imaginationi atque memoriæ deberi. Unde porro ut ibidem colligitur, aversationem sensitivam ex vi repræsentativa universi, qualis in anima datur, enasci.

Idem clarius adhuc elucescit, ubi ad casus particulares animum advertimus. Ponamus enim nos degustantes vinum saporem ejus austerum percipere & ideo haustum vini aversari. Sensu hic percipitur objectum aliquod, nempe vinum vitro infusum: sensu quoque percipitur quale sit, nempe quod saporem habeat austerum. Et hinc intelligitur, nos vinum hausturos saporem istum austerum fortius & per longius temporis intervallum esse percepturos: perceptionem adeo habemus prævisam beneficio facultatis cognoscendi ex præsente ortam. Latet nempe in his ratiocinii cujusdam confusi species: Qui vinum bibit austerum, saporem ejus percipit austerum. Sed bibens vinum vitro huic infusum vinum austerum bibam. Ergo bibens vinum vitro huic infusum saporem austerum percipiam. Molestia ex sapore austero nobis oriunda in causa est, ut impedire conemur, ne saporem istum percipiamus, consequenter a motibus illis organicis corporis abstineamus, immo ubi quis nos cogere voluerit contrarios etiam edamus istis, quibus perceptio saporis obtinetur, adeoque prævisa actuatur. Quamobrem cum non minus sensui, quam confuso isti ratiocinio non insit, quod non rationem sufficientem in vi repræsentativa universi, qualis in anima datur, agnoscit (§. 65. 405.); quomodo a vi repræsentativa universi pendeat aversatio clarissime patet. Sumamus casum alterum, ad quem paulo ante provocavimus, nimirum quod aversemur exspatiationem in campum tempestate pluvia. Dum Titius accedit nos persuasurus ut in campum exspatiemur; oculis in cœlum conversis nubes prope horizontem conspicuas ac inde surgentes pluviam, immo imbrem minitari eorum, quæ alias experti sumus, memoria colligimus. Atque in his nihil occurrit, quod non senfui, imaginationi & memoriæ debeatur & per syllogismum quendam distincte explicabile sit. Dum porro nobis memoria suggerit, qualia incommoda experiantur, qui imbre in campo obruuntur; hinc porro colligimus, eadem incommoda nobis obtingere posse, immo nos eadem certo incursuros esse. Prævidentes adeo perceptionem quorundam iisdemque jungentes ideam molestiæ, nihil agimus quod non denuo per aliquod ratiocinium sit explicabile ac tandem ad ea reducatur, quæ a sensu, imaginatione ac memoria proficiscuntur. Quamobrem dum molestia perceptioni prævisæ adhærens percepturitionem ab eadem avertit; id quidem istiusmodi actibus in anima elicitis fieri apparet, quæ vim repræsentativam universi, qualis in anima datur, non excedit. Idem eodem modo elucet in exemplo alio quocunque.

Ne cui in casibus particularibus vel etiam singularibus, quæ ipsi obtingunt, difficultates suboriantur, ex quibus se extricare non valeat; probe tenendum est, singula per legem sensationis, imaginationis & memoriæ ac syllogismos explicanda esse, quorum nobis in aversando conscii sumus & sine quibus nos objectum, quod aversamur, non fuisse aversaturos intelligimus, & ubi in syllogismis sumimus propositiones, inquirendum esse ulterius, quomodo notiones iisdem respondentes sensu, imaginatione ac memoria obstetricantibus in anima excitatæ eidemque familiares redditæ fuerint. Etenim huc plures actus concurrere certum est, modo quis eorundem memoriam habeat, & eo instructus sit acumine, sine quo interiora animæ rimari vix datur. Juvatur autem acumen studio psychologico, præsertim ubi per theoremata psychologica explicare sæpius coneris, quæ in te observas, facta dogmatum ad facta applicatione. Ubi vero jam patet, quomodo vi repræsentativa universi, qualis in anima datur, ad actum perducantur appetitiones & aversationes; non amplius latet, per eam quoque utrumque actum esse possibilem (§. 170. *Ontol.*), consequenter facultatem non minus appetendi & aversandi in eadem

De Appetitu sensitivo & Affectibus.

dem rationem sufficientem habere (§. 29. *Psychol. empir.* & §. 70. *Ontol.*), adeoque ab eadem pendere (§. 851. *Ontol.*), quemadmodum facultas cognoscendi ab eadem pendet. Sane quomodo in sectione prima ex vi ista deduximus omnia, quæ de facultate cognoscendi tam inferiore, quam superiore in Psychologia empirica nobis innotuere; eodem prorsus modo deduximus & porro deducemus, quæ de appetitu & aversatione ibidem traduntur, ut adeo abunde pateat, vim repræsentativam universi non esse cum facultate cognoscendi eandem.

§. 499.

Voluptati extraordinarius quidam motus sanguinis & fluidi nervei in corpore respondet. Quoniam enim affectus jucundi cum magno voluptatis gradu conjunguntur (§. 608. *Psychol. empir.*) ac inprimis gaudium in voluptatum prædominio insigni consistit (§. 614. *Psychol. empir.*), quando vero anima affectibus commovetur, sanguis ac fluidum nerveum in corpore motu extraordinario agitatur (§. 611. *Psychol. empir.*), atque adeo motus istiusmodi etiam in gaudio adest, utpote affectuum quadam specie; motus iste fluidi nervei atque sanguinis, qui in gaudio præsertim adesse deprehenditur, jamjam incipere debet, ubi anima voluptatem percipit, ad majorem gradum postea evehendus, ubi voluptas ad majorem gradum evehitur in gaudium degenerans, vel in eam degenerans, quæ unicuique affectui jucundo propria. Patet igitur voluptati extraordinarium quendam motum sanguinis & fluidi nervei in corpore respondere.

Voluptati quid in corpore respondeat.

A posteriori quoque idem evincere datur. Etenim ex vultu & gestu, immo etiam verbis, quæ proferimus, atque voce nemo non intelligit, nos voluptate perfundi. Vernacula dicere solemus: **Es siehet heute einer recht vergnüget aus,** quasi voluptatem in ipso corpore præsentem videremus. Necesse igitur est, ut, dum voluptati indulgemus, alius sit vultus, alius gestus, vox atque verba sint alia, quam ubi anima vel tæ-

(*Wolfii Psych. Ration.*). Ggg dio

dio aut affectibus quibuscunque corripitur, aut extra omnem voluptatis, tædii vel molestiæ, aut affectuum statum in statu ordinario est. Jam vultus & gestus non mutatur, nisi mediante motu musculorum, nec vocis diversitas, quibus accommodantur verba, aliunde est, quam a motu, quo spiritus ex pulmonibus protruditur, & a motu laryngis, quo modificatur, ut in vocem abeat, quemadmodum luculentius in Physicis ostendemus: motus autem musculorum non perficitur sine motu fluidi nervei, quemadmodum denuo ibidem evincemus. Patet adeo dari aliquem in corpore fluidi nervei motum, quando voluptati indulgemus, qui in eodem extra hunc statum minime deprehenditur. Præterea ipse faciei color & subinde quoque musculi ejusdem aliter sese habere deprehenduntur, ubi anima in statu voluptatis deprehenditur, ut exinde omnium maxime colligatur voluptatis præsentia ab ipso etiam vulgo. Nemo autem ignorat, hanc faciei mutationem non minus a sanguine pendere, quam ejus ruborem, quo faciem perfundit pudor, modo structuram corporis humani habuerit perspectam. Quemadmodum itaque singulari sanguinis motu opus est, quo idem ad faciem propellitur, ut rubeat; ita non minus singularis quidam ejusdem motus requiritur, ut facies eum induat colorem atque formam, qualis statui voluptatis convenit.

Quæ ad confirmandam propositionis veritatem a posteriori in medium afferuntur, clariora evadent, ubi in usum artis conjectandi aliorum mores sollicitius observare mutationes vultus studueris: qua de re suo loco dicemus plura. Quæ vero ex physicis sumuntur, ea independenter ab his ibidem demonstrari, facile quis hariolari potest, ut adeo sibi metuere a circulo vitioso in demonstrando non opus habeat. Neque vero repugnat bonæ methodo assumere subinde deinceps demum demonstranda, vel per experimenta atque observationes firmanda, ubi fieri nequit ut præmittantur, propterea quod non paucis evinci possint, sed ab aliis præcognitis pendeant,

De Appetitu sensitivo & Affectibus.

deant, quæ lemnatis titulo alieno in loco inserere ob multitudinem non licet.

§. 500.

Molestiæ sive tædio itidem extraordinarius quidam motus sanguinis ac fluidi nervei respondet, sed diversus ab eo, qui voluptatis comes est. Affectus enim molesti cum insigni tædii ac molestiæ gradu conjunguntur (§. 609 *Psychol. empir.*), ac inprimis tristitia in prædominio tædii seu molestiæ gradu insigni consistit (§. 619. *Psychol. empir.*). Jam quando anima affectibus commovetur, adeoque etiam quando tristitiæ indulget, sanguis ac fluidum nerveum motu extraordinario in corpore commovetur (§. 611. *Psychol. empir.*). Ergo motus iste fluidi nervei atque sanguinis, qui in tristitia præsertim adesse deprehenditur, jamjam incipere debet, ubi anima tædium percipit, ad majorem gradum evehendus, ubi tædium ad majorem evehitur in tristitiam degeneraturum vel in istud abiturum, quod unicuique affectui molesto respondet. Patet itaque extraordinarium quendam motum sanguinis ac fluidi nervei molestiæ sive tædio respondere. *Quod erat primum.*

Tædio quænam in corpore respondeant.

Jam voluptas in cognitione intuitiva perfectionis (§. 511. *Psychol. empir.*), tædium sive molestia in cognitione intuitiva imperfectionis consistit (§. 518 *Psych. empir.*), adeoque sibi invicem contrariantur, ita ut voluptati indulgere non possit, dum tædio corripitur, nec tædio tempus consumere queat, quo voluptate perfunditur; id quod in eodem objecto satis patet (§. 29. *Ontol.*), in diversis vero inde liquet, quod ad plura simul eandem attentionem afferre eodem momento non possimus, etsi subinde reperiantur, qui in istiusmodi, quæ sibi mutuo non contrariantur, attentionem ad diversa objecta partiri valent, ut mira celeritate huc illucve trahatur (§. 245. *Psych. emp.*). Necesse igitur est ut motus sanguinis & fluidi nervei, qui voluptatem

tem comitatur, diverfus fit ab eo, qui tædium fequitur. *Quod erat alterum.*

Utrumque confirmatur a pofteriori. Ipfum nimirum vulgus ex vultu, geftu, & voce, atque verbis colligit, quod quis tædio afficiatur. Unde vernacula dicere folemus: 𝔈𝔯 𝔣𝔦𝔢𝔥𝔢𝔱 𝔤𝔞𝔫𝔷 𝔳𝔢𝔯𝔡𝔯𝔲̈𝔰𝔩𝔦𝔠𝔥 𝔞𝔲𝔰. Eodem vero, quo in propofitione præcedente, modo evincitur, id fieri minime poffe, nifi extraordinarius quidam motus fanguinis ac fluidi nervei in corpore admittatur, qui ordinarie in eodem locum non habet. Et cum non minus ex vultu, geftu, voce colligatur, quod quis voluptati indulgeat, quam quod tædio perturbetur, quemadmodum ex iis liquet, quæ ad confirmandam propofitionem præcedentem in medium adducta funt; motum fanguinis & fluidi nervei, qui voluptatem ac tædium comitatur, non effe eundem fatis patet. Pone enim, fi fieri poteft, utrumque effe eundem: non igitur fieri poterit, ut ex eodem figno colligatur nunc voluptatis, nunc tædii præfentia, cum nulla adfit ratio, cur in uno cafu magis voluptas, quam tædium; in altero autem magis tædium, quam voluptas colligatur. Ex vultu itaque, geftu ac voce nec voluptas, nec tædium colligi poterit: quod cum experientiæ communi repugnet, quemadmodum nemo ignorat, motus ifte fanguinis ac fluidi nervei, qui individuus voluptatis ac tædii comes eft, idem effe nequit. Erit adeo diverfus.

> Apparet itaque rationi determinanti percepturitionis in corpore quoque motus quosdam refpondere: id quod probe notandum non modo ut rectius de fyftematis explicandi commercium inter animam atque corpus intercedens judicare, verum etiam ut ea, quæ appetitui in corpore refpondent citra difficultatem intelligere poffis. Cèterum quemadmodum gradus voluptatis atque tædii plurimum variant; ita quoque motus fanguinis & fluidi nervei gradu differre debet, prout majorem aut minorem gradum voluptatis ac tædii comitatur.

§. 501.

De Appetitu sensitivo & Affectibus.

§. 501.

Appetitioni animæ respondent motus corporis & organorum ipsius, quibus obtinetur is ejus in universo situs, in quo perceptioni prævisæ locus esse potest. Quando enim anima aliquid appetit, conatus producendi perceptionem ad prævisam aliquam producendam tendit (§. 495.), atque adeo illa mutationem quoque situs corporis intendit, sine quo sensatio ista fieri nequit (§. 486.). Quamobrem cum motus isti statim consequantur, quando easdem appetit anima (§. 953. *Psych. emp.*), appetitionibus sensitivis in anima respondent motus corporis & organorum ipsius, quibus is obtinetur in universo ejus situs, in quo perceptioni prævisæ locus est.

Appetitioni quidnam in corpore respondeat.

Nemo a nobis exigat, ut hic explicemus, quomodo motus isti in corpore determinentur: pertinet enim hæc explicatio ad modum, quo commercium inter animam atque corpus subsistit. De eo igitur dispiciemus in sequentibus.

§. 502.

Aversioni animæ respondent conatus impediendi motus corporis & organorum ipsius, quibus obtinetur illius situs ad prævisam perceptionem necessarius, ubi vi ad eosdem impellimur, atque motus contrarii, quibus impeditur, ne perceptioni prævisæ sit locus, nisi eam cessare constet, omissis motibus ad situm corporis ad eandem requisitum necessariis. Quando enim anima quid aversatur, impedire conatur, quo minus perceptioni prævisæ in se sit locus (§ 496.). Quamobrem cum sibi conscia sit, sine mutatione situs corporis ad objectum aliquod non mutari sensationem (§. 485.); mutationem quoque illam non appetit, adeoque nec motus corporis & organorum ipsius ad eum situm obtinendum necessarii consequuntur (§. 961. *Psych. empir.*). Atque adeo si constet omissis motibus ad situm corporis a perceptione prævisa requisitum necessariis impediri,

Aversioni in corpore quid respondeat.

pediri, quo minus eadem in nobis producatur; averſioni in corpore non reſpondet niſi ceſſatio iſtorum motuum. *Quod erat primum.*

Enimvero ubi conſtat, perceptionem prævifam impediri aliter non poſſe, niſi motibus contrariis corporis efficiatur, ne ſenſibile in organum ſenſorium agat; averſioni contrarii iſti in corpore motus reſpondent (§. 484.). *Quod erat ſecundum.*

Denique ubi vi impellere nos quis conatur ad eos corporis motus, quibus efficitur, ut perceptioni prævifæ in nobis ſit locus; conatum adhibemus motus iſtos impediendi (§. 485. 486.). Atque adeo averſioni reſpondent conatus impediendi motus corporis & organorum ipſius, quibus ipſius ſitus ad actionem ſenſibilis in organum ſenſorium neceſſarius obtinetur. *Quod erat tertium.*

Veritas propoſitionis præſentis quoad ſingula membra confirmatur a poſteriori. Ponamus enim nobis ſuaderi iter ad amicum quendam, quem alius nobis amicus inviſere decrevit. Quia nobis ſuccurrunt querelæ de viis injuria tempeſtatis impeditis, quas ab itinere reduces fundere audivimus, & cœlum triſte conſpicimus; iter iſtud averſamur ob moleſtiam ex eo percipiendam. Cum moleſtiam iſtam evitemus, itinere intermiſſo, nec adſit qui nos ad idem ingrediendum vi adducere conetur; motum illum corporis intermittimus, qui ad iter ingrediendum neceſſarius eſt, neque opus eſt motibus contrariis, quibus idem impediatur. In præſente adeo caſu, ubi nec manente eodem corporis ſitu perceptioni prævifæ locus eſt, quam averſamur, nec quis adeſt qui nos ad eos motus cogat, quibus ſitus corporis ad illam neceſſarius obtinetur, hi tantummodo motus poſteriores omittuntur, atque adeo averſioni in hoc caſu reſpondet ceſſatio motuum corporis ac organorum ipſius, quibus ſitus ad perceptionem prævifam actuandum

dum necessarius obtinetur. Idem etiam apparet in iis casibus, ubi nonnisi motu cujusdam organi opus est, ut quid percipiamus. Ponamus Mevium nos hortari ad hauriendum vinum, quod vitro infusum nobis apposuit. Cum nobis constet vinum istud esse austerum & hunc saporem aversemur; manu vitrum apprehendere ac ori admovere negligimus. Aversioni igitur respondet cessatio illorum motuum in corpore, quibus efficitur ut saporem vini percipiamus. Experientiæ itaque consentanea est propositionis veritas quoad membrum primum.

Ponamus secundo inter præsentes in convivio oriri lites & nos nobis metuere, ne iisdem implicemur, adeoque aversari lites nobis intendendas. Cum jam constet, nos eas evitaturos in isto loco non amplius commorari posse; secedimus ac alio nos conferimus, ubi ab hoc periculo tuti sumus. In præsente adeo casu, quo perceptionem prævisam evitare aliter non licet nisi motibus corporis contrariis, quibus ejus situs ad illam necessarius impeditur; motus hi contrarii in corpore aversioni respondent. Atque ita cum experientia quoque consentit membrum secundum propositionis præsentis.

Denique ponamus Titium nobis offerre muneris loco nummum quendam aureum, quem certa de causa accipere reculamus atque adeo aversamur. Quodsi manum admovet manui nostræ nummum daturus, manum retrahimus. Ubi apprehenso brachio eandem ad se adducere conatur, nos in contrarium nitimur manumque claudimus. Ecce igitur motus in corpore nostro iis contrariantibus, quibus efficitur, ut perceptioni prævisæ, quam ne producatur impedire conamur, seu qua aversamur, sit locus. Experientia igitur membrum quoque tertium propositionis præsentis confirmat.

Plures casus præter eos, quos expendimus, non posse occurrere attendentibus patet. Etenim quando quid aversamur,

mur, aut tantummodo omittendæ funt actiones externæ, ne ejus compotes reddamur, aut actionibus externis opus eft, ut idem impediatur. Cafus prior in alios plures non abit: in pofteriori vero aut actiones externæ ad impediendam perceptionem prævifam per fe neceffariæ funt, quatenus fcilicet impoffibile ut absque iis evitetur, aut faltem impoffibile videtur, eam absque iftis evitari poffe; aut opponendæ funt vi in cafu nudæ omiffionis actionum externarum, qua aliis nos ad actiones externas perceptioni prævifæ actuandæ fufficientes impellere conantur. Patet itaque cafus omnes in propofitione præfente fuiffe expenfos. Ceterum hic repetenda funt, quæ ad præcedentem annotavimus.

§. 503.

Appetitioni & averfioni quid refpondeat in corpore & utramque prodat.

Appetitioni & averfioni diverfi in corpore fanguinis ac fluidi nervei motus refpondent, & vultus, geftus atque vox utramque produnt. Appetitio enim eft directio percepturitionis in perceptionem prævifam (§. 495.), adeoque nafcitur, fi eidem voluptatis idea jungitur (§. 489.). Quamobrem cum voluptati extraordinarius motus fanguinis fluidi nervei refpondeat (§. 499.); appetitioni quoque iftiusmodi motus refpondere debet. *Quod erat primum.*

Similiter averfio eft directio percepturitionis in partem contrariam perceptionis prævifæ (§. 496.), adeoque nafcitur, fi eidem moleftiæ idea jungitur (§. 489.). Quamobrem cum moleftiæ peculiaris motus fanguinis ac fluidi nervei refpondeat, fed diverfus ab eo, qui voluptatis comes eft (§. 500.); averfioni quoque iftiusmodi motus refpondere debet, diverfus tamen ab eo, qui appetitionem comitatur. *Quod erat fecundum.*

Conftat ex anterioribus, motus fluidi nervei ac fanguinis voluptati atque moleftiæ refpondentes colligi ex mutatione vultus, geftus atque vocis (§. 499. 500.). Quoniam itaque voluptas, atque moleftia per vultum, geftus atque vocem proditur; appetitioni vero & averfioni ea communia funt, quæ in cor-

De Appetitu sensitivo & Affectibus.

corpore voluptati ac molestiæ respondent; appetitionem quoque ac aversionem vultus, gestus atque vox prodere debent. *Quod erat tertium.*

Quin experientia confirmari possit veritas propositionis præsentis, dubitandum non est. Vultus enim, gestus & vox in sensum incurrunt, adeoque a nobis observari possunt. Etsi autem eo usque non proficere soleamus, ut harmonicas vultus, gestus ac vocis cum appetitionibus ac aversionibus animæ mutationes agnoscere & a se invicem discernere valeamus; id tamen non impossibile esse docet antiqua praxis in judiciis Sinarum olim recepta, qui ex vultu, gestu ac voce colligebant, utrum reus in judicio quæsitus veritati consentanea, an aliena respondeat. Qui enim quæsitus a veritate aliena respondet, veritatis confessionem aversatur, atque adeo vultus, gestus ac vox prodere debet istam aversionem, si quidem ex vultu, gestu ac voce eam conjectare velis. Non nego difficile esse experimentum inexercitatis; non tamen impossibile, ut difficultas industria superetur. Cæterum cum istæ mutationes pendeant a voluptate vel molestia, quam anima percipit, atque adeo majores minoresve esse debeant pro majore minoreve gradu voluptatis vel molestiæ; observari imprimis poterunt, ubi anima voluptate majore impellitur ad appetendum, vel majore molestia retrahitur ad aversandum. Præterea cum nemo non in semetipso experiatur, si qua consuetudine adducti appetimus, vel aversamur, rationem determinantem appetitionis & aversionis non amplius clare percipi, quemadmodum percipiebatur, ubi prima vice quid appetebamus, vel aversabamur; mutationes quoque vultus, gestus ac vocis minores & vix conspicuæ evadunt, ubi appetendi & aversandi consuetudo adest, nisi vultus quoque, gestus atque vox aliquam contraxit consuetudinem utrique adhærentem. Quamobrem consultius est, ut prima experimenta capiamus in iis casibus, in quibus quid prima vice appetimus, vel averfamur, vel ubi longa deliberatio inftituitur, antequam actus appetendi vel averfandi fequatur.

Erunt in pofterum, qui monitis noftris de hifce experimentis excitati ad ea omnem induftriam fuam conferent, plus ipfo opere præftituri, quam ipfimet fibi pollicebantur. Adjuvabuntur autem iftis adminiculis, quæ de conjectandis hominum moribus in Philofophia practica univerfali fumus tradituri & in praxi morali femiotica fuis locis indigitaturi. Erunt enim in hifce partim faciliora, quæ minore moleftia ad praxin transferre licet, partim generalia, quæ in praxi præfente difficiliore notionum directricium vice funguntur.

§. 504.

Affectus in quonam confiftant.

Affectus funt conatus vehementiores producendi perceptiones prævifas, vel impediendi, quo minus producantur. Affectus enim funt actus animæ, quibus quid vehementer appetit, vel averfatur (§. 603. *Pfychol. empir.*). Quamobrem cum actus appetendi feu appetitio fit conatus mutandi perceptionem præfentem in prævifam, feu tendentia ad perceptionem prævifam (§. 495.), averfio vero conatus mutandi perceptionem præfentem in partem contrariam perceptionis prævifæ, feu conatus impediendi, ne perceptioni prævifæ in nobis fit locus (§. 496.); affectus funt conatus vehementiores producendi perceptiones prævifas, vel impediendi quo minus producantur.

In quonam ifta vehementia conatus vel producendi, vel impediendi perceptionem prævifam confiftat, nunc ulterius erit inquirendum.

§. 505.

Affectuum differentia intrinfeca.

Conatus vehementiores producendi perceptiones prævifas funt affectus jucundi; conatus impediendi, quo minus producantur, funt affectus molefti; conatus vehementiores producendi perceptiones prævifas juncti aliis impediendi, quo minus quædam

dam producantur, sunt affectus mixti. Affectus enim, qui in conatu vehementiore producendi perceptiones prævisas consistunt (§. 504.), in appetendo consistunt (§. 495.). Sunt igitur affectus jucundi (§. 608. Pfychol. empir.). *Quod erat unum.*

Affectus, qui in conatu vehementiore impediendi perceptionem prævisam consistunt, in aversando consistunt (§. 496.). Sunt igitur affectus molesti (§. 609. Pfychol. empir.). *Quod erat secundum.*

Affectus denique, in quibus conatus vehementiores producendi quasdam perceptiones prævisas conjunguntur cum conatibus aliis impediendi, ne quædam enafcantur, ex jucundis & molestis constant, *per demonstrata*. Sunt igitur affectus mixti (§. 610. Pfychol. empir.). *Quod erat tertium.*

Confideramus hic affectus, quatenus animæ infunt, ut appareat, quomodo ex essentia & natura animæ consequantur.

§. 506.

An affectus vi repræsentativa universi sint superiores.

Affectus tam molesti, quam jucundi atque mixti ex vi repræsentativa universi, qualis in anima datur, enafcuntur. Affectus enim molesti in aversando, (§. 609. Pfych. empir.), jucundi in appetendo (§. 608. Pfychol. empir.); mixti tanquam ex molestis & jucundis constantes (§. 610. Pfychol. empir.) in appetendo & aversando simul consistunt. Quamobrem cum non minus aversatio (§. 498.), quam appetitus ex vi repræsentativa universi, qualis in anima datur, enafcatur (§. 497.); affectus tam molesti, quam jucundi atque mixti ex vi ista universi repræsentativa, quæ in anima datur, enafcuntur.

Pendent adeo affectus ab essentia atque natura animæ, neque adeo possibile est, ut eradicentur, nisi naturam & essentiam humanam tollere velis: id quod fieri non posse constat (§. 300. *Ontol.*). Est tamen animæ imperium quoddam

dam in affectus, quemadmodum in omnem appetitum sensitivum, quo impeditur, ne noceant, & quo hic ad consensum cum appetitu rationali reducatur, quemadmodum ex iis constabit, quæ de libertate dicentur.

§. 507.

Vehementia appetitus in affectibus jucundis unde sit.
In affectibus jucundis vehementia conatus enascitur ex multiplicitate tendentiarum ad diversas perceptiones prævisas. Affectus enim jucundi ex contusa boni repræsentatione oriuntur (§. 605. *Psychol. empir.*). Enimvero si nobis rem tanquam bonam confuse repræsentamus, ideam boni ingrediuntur voluptates quæcunque ex re ista vel cum eadem antea simul perceptæ, aut eidem sive ex vero, sive per præjudicium attributæ (§. 593. *Psychol. empir.*). Quamobrem cum appetitus feratur in eam rem, ex qua voluptatem percipimus, quamdiu in notione boni confusa acquiescimus (§. 591. *Psychol. empir.*), quamdiu vero in eadem acquiescimus nulla adsit ratio, cur appetitus in unum potius, quam in alterum dirigatur, quod voluptatem nobis parere posse prævidetur; necesse est ut dirigatur in omnia simul, quæ tanquam voluptatem paritura ideæ boni insunt (§. 70. 118. *Ontol.*). Enascuntur adeo tendentiæ multiplices ad diversas perceptiones prævisas. Atque adeo patet vehementiam conatus, qui in affectibus jucundis deprehenditur (§. 505.), esse ex ista tendentiarum multiplicitate.

Ut appetitio, qualis est in anima, dum affectibus indulget, rectius intelligatur, penitius in eam inquirendum esse duxi: quem in finem propositionem sequentem subjungere placet.

§. 508.

Confusus appetitus in affectibus jucundis.
In affectibus jucundis adest appetitus confusus. In jucundis enim affectibus adest conatus multiplex, qui tendit ad perceptiones diversas prævisas producendas (§. 507.). Tot igitur

igitur adsunt appetitiones diversæ, quot perceptiones prævisæ, ad quas dirigitur conatus mutandi perceptionem præsentem (§. 495.). Quamobrem cum omnes simul adsint, fieri non potest ut anima sibi singularum sigillatim conscia sit, consequenter eas a se invicem discernere nescia in unum confundit, sicque confusus enascitur appetitus (§. 39. *Psychol. empir.*).

 Habemus hic genesin appetitus confusi, in quo affectus jucundi consistunt: quæ quidpiam analogi habet cum perceptionibus confusis non absimili modo enasci solitis (§. 97. 128.).

§. 509.

In affectibus molestis vehementia conatus enascitur ex multiplicitate conatuum impediendi diversas perceptiones prævisas. Affectus enim molesti ex confusa mali repræsentatione oriuntur (§. 605. *Psychol. empir.*). Enimvero si nobis rem tanquam malam confuse repræsentamus, ideam mali ingrediuntur tædia quæcunque ex re ista vel cum eadem antea simul percepta aut eidem sive ex vero, sive per præjudicium tributa (§. 594. *Psychol. empir.*). Quamobrem cum rem aversemur, ex qua tædium percipimus, quamdiu in notione mali confusa acquiescimus (§. 592. *Psychol. empir.*), quamdiu vero in eadem acquiescimus. nulla adsit ratio, cur aversatio in unum potius, quam in alterum dirigatur, quod tædium nobis parere posse prævidetur, necesse est ut promiscue in omnia simul dirigatur, quæ tanquam tædium paritura ideæ mali insunt (§. 70. 118. *Ontol.*). Enascuntur adeo aversiones multiplices diversarum perceptionem prævisarum. Atque adeo patet, vehementiam conatus impediendi perceptiones prævisas, qui in affectibus molestis deprehenditur (§. 505.), esse ex ista aversionum multiplicitate.

Vehementia aversationis in affectibus molestis unde sit.

 Ut aversio, qualis est in anima, dum affectu molesto percellitur, rite agnoscatur; penitius in eam inquirendum. Addimus igitur propositionem sequentem.

§. 510.

§. 510.

Confusa aversio in affectibus molestis.

In *affectibus molestis adest aversio confusa.* In affectibus enim molestis adest conatus multiplex impediendi diversas perceptiones praevisas (§. 509.). Tot igitur adsunt aversiones diversae, quot sunt perceptiones diversae, a quibus avertitur appetitus (§. 496.). Quamobrem cum omnes simul adsint, fieri non potest, ut anima sibi sigillatim singularum conscia sit, consequenter eas a se invicem discernere nescia in unam confundit, sicque confusa quaedam nascitur aversio (§. 39. *Psychol. empir.*).

Nascitur adeo confusa aversio, quae in affectibus molestis obtinet, eodem prorsus modo, quo appetitus confusus in affectibus jucundis.

§. 511.

Vehementia in affectibus mixtis unde.

In *affectibus mixtis conatus vehementia nascitur ex multiplicitate conatuum perceptiones praevisas alias producendi, alias impediendi.* Affectus enim mixti ex jucundis atque molestis constant (§. 610. *Psychol. empir.*). Enimvero in affectibus jucundis conatus vehementia enascitur ex multiplicitate tendentiarum ad perceptiones praevisas (§. 507.); in molestis autem ex multiplicitate conatuum impediendi perceptiones praevisas (§. 509.). Quamobrem cum in affectibus mixtis utrique conatus invicem permisceantur (§. 505.); ex multiplicitate conatuum perceptiones praevisas alias producendi, alias impediendi conatus vehementia enasci debet.

Ut haec permixtio rectius intelligatur, sequentem addere lubet propositionem.

§. 512.

Actus appetitus sensitivi in affectibus mixtis.

In *affectibus mixtis confusus quidam actus in appetitu sensitivo oritur, qualis in affectibus simplicibus locum non habet.* Affectus enim mixti ex jucundis atque molestis constant (§. 610. *Psychol. empir.*). Enimvero in affectibus jucundis confusus

fusus quidam adest appetitus (§. 508.); in molestis confusa quædam aversio (§. 510.). Quamobrem in mixtis appetitui confuso permiscetur aversio confusa, consequenter qui hinc in appetitu sensitivo resultat actus istiusmodi est, qualis in affectibus simplicibus locum habere nequit.

Idea hujus actus, quatenus confusa est, affinitatem habet cum idea colorum. Dum enim colores percipimus, figurarum ac molium exiguarum motuumque multiplicium luminis perceptiones confunduntur in unum, cumque motus, figuræ ac moles particularum res prorsus diversæ sint, haud quaquam tamen actu mentis a se invicem distinguantur, idea colorum ineffabilis est, ita ut alteri intrinsecas, quas percipimus, determinationes enunciare haud valeamus. Similiter dum actum appetitus sensitivi appercipimus, seu ejus nobis conscii sumus, perceptiones prævisas complures ac a se invicem differentes ipsisque respondentes appetitiones atque aversiones simul appercipimus, quæ omnes in unum confusæ ideam actus appetitus ineffabilem ut ante gignunt. Idem quoque obtinet in appetitionibus atque aversionibus confusis, quorum illi in affectibus jucundis (§. 508.), hæ autem in molestis locum habent (§. 510.). Quemadmodum autem Physica inservit perceptionibus confusis rerum naturalium ad distinctas reducendis, ut innotescant quænam eidem insint, ita Psychologia rationalis in evolvendis ideis confusis, quarum ope anima seipsam cognoscit, occupatur, ut ad distinctam animæ cognitionem perveniatur: quæ sane cognitio maximam utilitatem spondet in praxi morali. Influunt enim confusæ perceptiones, appetitiones atque aversiones in actiones humanas, quas rationi conformiter ubi dirigere volueris, plurimum prodest nosse, quænam in istis contineantur. Fidem oculatam dabimus suo loco, quando praxin morum rationi conformem usuque comprobatam enucleaturi sumus.

§. 513.

Dum anima affectibus commovetur, conatibus producendi vel impediendi perceptiones prævisas convenientes motus in cor-

Quales motus in corpore affectibus respondeant.

corpore obſervantur. Dum enim anima affectibus commovetur, vehementer quid appetit, vel averſatur (§. 603. *Pſychol. empir.*). Sed appetitioni animæ reſpondent motus corporis & organorum ipſius, quibus obtinetur is ejus in univerſo ſitus, in quo perceptioni prævifæ locus eſſe poteſt (§. 501.); averſioni conatus impediendi motus corporis & organorum ipſius, quibus obtinetur illius ſitus ad perceptionem prævifam neceſſarius, ubi vi ad eosdem impellimur, atque motus contrarii, quibus impeditur, ne perceptioni prævifæ ſit locus, niſi eam ceſſare conſtet, omiſſis motibus ad ſitum corporis ab eadem requifitum neceſſariis (§. 502.). Dum igitur anima affectibus commovetur, ipſi convenientes motus in corpore obſervantur: obſervantur autem tanto magis, quo ob vehementiam, quæ in appetendo vel averſando deprehenditur (§. 603. *Pſych. empir.*), motus ſunt majores, ſeu vi majore producuntur. Jam vero affectus ſunt conatus vehementes producendi perceptiones prævifas, vel impediendi, quo minus producantur (§. 504.). Motus itaque in corpore obſervandi, dum anima affectibus commovetur, conatibus producendi vel impediendi perceptiones prævifas reſpondent.

In Pſychologia empirica (§. 611.) jam evicimus, dum anima affectibus commovetur, ſauguinem ac fluidum nerveum in corpore motu extraordinario agitari: ſed præſens propoſitio ab iſta plurimum differt: inſervit enim ad motus diverſis affectibus reſpondentes pro geniorum diverſitate diſcernendos. Quamobrem cum ex eo, quod ſanguis ac fluidum nerveum in corpore motu extraordinario agitetur, tantummodo in genere intelligatur, animam affectu agitari; præſens propoſitio affectuum ſpeciebus dignoſcendis inſervit: id quod uſus maximi eſt in ea philoſophiæ moralis parte, quam artem conjectandi hominum mores dicimus. Sed ut uſum tam præclarum conſequamur, neceſſe eſt ut ejus ope theoria ſpecialis affectuum condatur, in qua evincantur motus cuilibet pro geniorum diverſitate reſpondentes affectui. Ceterum ne obſcura

De Appetitu sensitivo & affectibus.

scura maneat ratio, cur motus sanguinis ac fluidorum extraordinarius in corpore observetur, dum affectibus commovemur; sequentem addere lubet propositionem.

§. 514.

Affectibus animæ confusa sanguinis ac fluidorum in corpore commotio respondet. Etenim in affectibus jucundis multiplices sunt conatus producendi diversas perceptiones prævisas (§. 507.); in molestis conatus impediendi diversas perceptiones prævisas (§. 509.); in mixtis denique conatus multiplices perceptiones prævisas alias producendi, alias impediendi (§. 511.). Quamobrem cum iisdem convenientes motus in corpore observentur, quibus scilicet opus est ad perceptiones prævisas vel producendas, vel impediendas (§. 513.), non autem fieri possit, ut motus contrarii una producantur, quemadmodum in anima impossibile, ut plures perceptiones diversas, quas prævidet, una producat, vel plurium productionem una actu positivo impediat; sanguinis ac fluidorum motus in corpore, quo ad istos motus perficiendos opus esse Physicorum & Anatomicorum experimenta probant, confunditur, atque hoc pacto affectibus animæ confusa sanguinis ac fluidorum in corpore commotio respondet.

Cur commotio sanguinis ac fluidorum in corpore confusa affectibus respondeat.

Patet adeo ex propositione præcedente reddi rationem principii in Psychologia empirica (§. 603.) stabiliti. Distincta vero confusionis illius explicatio a principiis physicis pendet, neque adeo hujus est loci.

§. 515.

Appetitus sensitivus est conatus producendi perceptionem prævisam, quatenus determinatur per ideam boni confusam isti adhærentem. Appetitio enim est conatus mutandi perceptionem præsentem in prævisam, adeoque prævisam producendi (§. 495.). Sed appetitio sensitiva oritur ex idea boni confusa (§. 580. *Psychol. empir.*). Necesse igitur est ut perceptioni

Appetitus sensitivi definitio realis.

præ-

præviſæ adhæreat idea boni confuſa. Determinatur adeo appetitio ſenſitiva per ideam boni confuſam perceptioni præviſæ adhærentem (§. 113. *Ontol.*).

Habemus itaque definitionem appetitionis ſenſitivæ realem (§. 194. *Log.*): quæ ut clarius intelligatur, exemplo eam illuſtrare lubet, quo jam ſuperius (*not.* §. 495.) uſi ſumus. Ponamus te intueri vinum generoſum vitro infuſum & antea ex vini odore ac ſapore voluptatem percepiſſe. Dum animum ad idem advertis, vi imaginationis, reſuſcitatur idea ſaporis ac odoris grati ac inde porro memoriam ſubit voluptas ex utroque percepta (§. 109. 110. *Pſychol. empir.*), & te alio tempore ex odore ac ſapore grato voluptatem percepiſſe judicas (§. 281.). Eandem adeo voluptatem denuo percepturus ad ideas ſaporis & odoris denuo producendas tendis. Et in hac tendentia ad perceptionem præviſam, determinata per memoriam voluptatis ex odore ac ſapore percipiendæ appetitio ſenſitiva conſiſtit. Quoniam in appetitu ſenſitivo non requiritur diſtincta boni cognitio; ideo nec opus eſt, ut tibi ſigillatim omnium actuum mentis ſis conſcius, qui in determinationem actus appetendi influunt: ſufficit oſtendi poſſe, quod nonniſi iisdem præviis ſequatur appetitio, nec abſque iis intelligatur ejus geneſis. Adhæret autem idea boni confuſa per memoriam voluptatis.

§. 516.

Averſionis ſenſitivæ definitio realis.

Averſio ſenſitiva eſt conatus impediendi ne perceptioni præviſæ in nobis ſit locus, quatenus determinatur per ideam mali confuſam iſti adhærentem. Averſio enim eſt conatus impediendi, ne perceptioni præviſæ ſit locus (§. 496.). Sed averſio ſenſitiva oritur ex idea mali confuſa (§. 582. *Pſychol. empir.*). Neceſſe igitur eſt, ut perceptioni præviſæ adhæreat idea mali confuſa. Determinatur adeo conatus impediendi perceptionem præviſam per ideam mali confuſam eidem adhærentem (§. 113. *Ontol.*).

Habemus adeo averſionis ſenſitivæ definitionem realem (§. 194.

(§. 194. *Log.*), quæ definitionem appetitionis in genere non supponit. Subinde enim utile est ad res clarius percipiendas, ut determinationes genericæ simul inferantur definitioni speciei ac subinde hac definitionum combinatione praxi consulitur, quando scilicet rei obviæ species determinari nequit, nisi eadem opera determinetur genus per determinationes genericas definitionem generis alias ingredientes. Ceterum quod jam superius (*not.* §. 496.) dedimus exemplum, huc etiam quadrat. Ponamus enim te auditu percipere, quale sit vinum vitro infusum, & antea ex amaro ejus sapore molestiam percepisse. Dum ad vini qualitatem animum advertis, vi imaginationis resuscitatur idea saporis amari ac inde porro memoriam subit molestia, quam ex eo percepisti (§. 109. 110. *Psychol. empir.*) & te alio tempore ex sapore amaro molestiam percepisse judicas (§. 281.). Ne igitur eandem molestiam denuo percipias, saporis perceptionem in te impedire conaris. Saporis perceptio est ea, quam prævisam dicimus, & per memoriam molestiæ inde perceptæ idea mali confusa eidem adhæret. Atque adeo apparet quod conatus impediendi perceptionem prævisam per ideam mali confusam eidem adhærentem determinetur.

CAPUT II.

De Appetitu & aversatione rationali, seu de Voluntate & Noluntate.

§. 517.

Appetitio rationalis sive *Volitio* est conatus producendi perceptionem prævisam, quatenus determinatur per notionem boni distinctam, quæ cum perceptione ista cohæret. Etenim volitio tanquam appetitionis species (§. 880. *Psychol. empir.*

Volitionis definitio realis.

empir.), est conatus producendi perceptionem prævisam, seu tendentia ad eandem (§. 495.). Nascitur autem ex distincta boni repræsentatione (§. 880. *Psychol. empir.*). Necesse igitur est, ut ad perceptionem prævisam ideo tendamus, quod eam nobis bonam esse distincte cognoscimus. Quamobrem conatus producendi perceptionem prævisam, seu tendentia ad eandem determinatur per notionem boni distinctam, quæ cum perceptione prævisa cohæret (§. 113 *Ontol.*).

Volitionis hic habemus definitionem realem, non supposita definitione reali appetitionis in genere (§. 194. *Log.*). Exemplum, quo paulo ante actum appetitus sensitivi illustravimus (*not*. §. 515.), etiam huc trahi potest. Ponamus enim nos experientia edoctos esse, quod haustus vini generosi ad vigorem corporis animique hilaritatem conducat. Quodsi ergo de qualitate vim vitro infusi certiores reddidi beneficio illius principii colligimus, haustum illius vini ad vigorem corporis animique hilaritatem conducere; haustum vini appetimus. Volitio itaque hic consistit in conatu producendi illam perceptionem, qua haustum vini, quod in vitro contuemur, nobis repræsentamus, propterea quod ad corporis vigorem animique hilaritatem istum conducere intelligimus. Atque adeo conatus producendi perceptionem prævisam determinatur per notionem boni distinctam, quæ eidem cohæret. Quoniam de appetitu in genere abunde diximus in capite præcedente, rationalis vero a sensitivo non differt nisi in eo, quod perceptioni prævisæ producendæ in casu uno adhæreat idea boni confusa; in altero autem distincta (§. 580. 880. *Psychol. empir.*); de appetitu rationali non multa nobis dicenda sunt, præsertim cum ea, quæ ad ejus determinationem spectant, abunde satis in Psychologia empirica fuerint exposita.

§. 518.

Aversionis rationalis genesis.

Aversio rationalis seu Nolitio est conatus impediendi perceptionem prævisam, quatenus determinatur per notionem distinctam mali, quæ eidem adhæret. Etenim nolitio, tanquam aver-

De Voluntate & Noluntate.

aversionis species (§. 881. 882. *Psychol. empir.*) est conatus impediendi perceptionem (§. 496.). Nascitur autem ex distincta mali repraesentatione (§. 881. *Psychol. empir.*). Necesse igitur est ut impediamus, quo minus perceptio praevisa producatur, quod eam nobis malam existimamus. Quamobrem conatus impediendi, quo minus perceptio praevisa producatur, determinatur per distinctam notionem mali, quae eidem cohaeret.

Habemus adeo definitionem realem aversionis rationalis seu nolitionis, quae definitionem aversionis in genere non supponit. Exemplum esto tale. Si quis haustu vini damnum sanitati inferri expertus; is notionem mali distinctam habet, quando judicat, haustum vini esse malum. Quodsi jam ad bibendum ab aliis invitatus bibere non vult, sed eorum persuasionibus sese opponit; is impedire conatur quoad animam perceptionem haustus vini, propter distinctam mali notionem, quam habet.

§. 519.

Appetitus & aversatio rationalis sive voluntas & Noluntas vim universi repraesentativam non excedit. Etenim appetitio rationalis sive volitio est conatus producendi perceptionem praevisam, qui per notionem boni distinctam determinatur (§. 517.). Dirigitur adeo per notionem boni distinctam vis perceptiva animae, seu universi repraesentativa, ad certam perceptionem, quam se habere posse sibi conscia est (§. 488.). Notio boni distincta est determinata quaedam propositio universalis, qua ad perceptionem praevisam applicata prodit judicium discursivum, quo bona intelligitur perceptio praevisa, seu, quod perinde est, res eadem repraesentata, quemadmodum exempla clarissime loquuntur (*not.* §. 517.). Quamobrem cum nullum judicium (§. 412.), immo nulla mentis operatio vim repraesentativam universi, qualis in anima datur, excedat (§. 413.); directio conatus mutandi perceptionem praesentem in aliam

Voluntatis & noluntatis dependentia a vi universi repraesentativa.

per notionem boni diſtinctam, vim repræſentativam univerſi, qualis in anima datur, non excedit. Atque adeo patet appetitionem rationalem ſeu volitionem non excedere vim repræſentativam univerſi, qualis in anima datur. Enimvero cum animæ tribuatur appetitus rationalis ſive voluntas, quatenus volitiones poſſibiles intelliguntur ex eo, quod eas actu ineſſe obſervemus (§. 170. *Ontol.*); hoc ipſo evidens eſt voluntatem vim repræſentativam univerſi, qualis in anima datur, non excedere. *Quod erat unum.*

Similiter averſio rationalis ſive nolitio eſt conatus impediendi perceptionem prævifam determinatus per notionem mali diſtinctam (§. 518.). Dirigitur adeo per notionem mali diſtinctam in partem contrariam perceptionis prævifæ vis perceptiva animæ (§. 488.). Notio mali diſtincta eſt determinata quædam propoſitio univerſalis, qua ad perceptionem prævifam applicata prodit judicium difcurfivum, quo mala intelligitur perceptio prævifa, ſeu, quod eodem redit, res eadem repræſentata, quemadmodum exempla denuo clariſſime loquuntur (*not.* §. 518.). Quamobrem porro ut ante patet directionem conatus mutandi perceptionem præſentem in aliam per notionem mali diſtinctam vim repræſentativam univerſi, qualis in anima datur, non excedere. Atque adeo patet averſionem rationalem ſeu nolitionem non excedere vim repræſentativam univerſi, qualis in anima datur. Enimvero cum animæ tribuatur averſatio rationalis ſive noluntas, quatenus nolitiones poſſibiles intelliguntur ex eo, quod eas actu ineſſe obſervemus (§. 170. *Ontol.*); hoc ipſo evidens eſt noluntatem vim repræſentativam univerſi, qualis in anima datur, non excedere. *Quod erat alterum.*

Quæ ſupra annotavimus (*not.* §. 498.), cum evinceremus, averſationem ſenſitivam non excedere vim repræſentativam univerſi, qualis in anima datur; eadem mutatis mutandis hic quoque repetenda ſunt. Nimirum quæcunque animæ mutatio-

De Voluntate & Noluntate.

tationes in actum volitionis influunt, eas in antecedentibus omnes ex vi repraesentativa universi, quam in anima dari evicimus, deduximus. Quoniam itaque volitio quaecunque determinatur per talia, quae a vi repraesentativa universi pendent; ipsam quoque ab eadem pendere manifestum est. Idem etiam de nolitione intelligendum. Atque hac ratione abunde satisfactum illis intelligitur, qui sibi persuadent a vi repraesentativa animae non pendere nisi sensationes, consequenter si ea tanquam essentia & natura animae sumatur, quemadmodum a nobis factum est, animae adimi omnem activitatem eamque mutari in ens mere passivum, totum quantum dependens ab actione rerum materialium in corpus nostrum.

§. 520.

Anima per essentiam & naturam suam bonum appetit, malum aversatur. Anima enim sibi repraesentat hoc universum pro situ corporis sui organici in universo (§. 62.) per essentiam (§. 66.), atque naturam suam (§. 67.). Quoniam vero absolute possibile est corpus ipsius organicum uno eodemque momento diversos situs habere; hoc ipso agnoscit se uno eodemque momento diversas prorsus perceptiones habere posse, atque adeo diversas simul praevidere potest (§. 488.). Ex eo igitur, quod perceptionem aliquam praevidet, nondum intelligitur, cur conatus mutandi perceptionem praesentem, qui in omni praesente adest (§. 480.), in eam dirigatur, consequenter ratio sufficiens directionis conatus mutandi perceptionem praesentem in praevisam aliquam non continetur in praevisione (§. 56 *Ontol.*), seu in perceptione praevisa in se spectata. Necesse igitur est, ut contineatur in eadem ad nos relata (§. 70. *Ontol.*). Enimvero si res, quas percipimus, ad nos referimus, eae vel nos statumque nostrum perfectiorem vel imperfectiorem reddere posse intelliguntur, vel neutrum horum apparet, adeoque vel bonae, vel malae, vel indifferentes existimantur (§. 554. 565. *Psychol. empir.*), consequenter ex iis vel

volu-

Determinatio naturalis facultatis appetitivae.

voluptatem (§. 558. *Pſychol. empir.*), vel tædium percipimus (§. 569. *Pſychol. empir.*), vel iis prorſus non movemur. Quamobrem cum ideo conatus producendi novam perceptionem in perceptionem prævisam dirigi non poſſit, quod res percepta nos prorſus non moveat, nec voluptatem, nec moleſtiam ſeu tædium pariens; per voluptatem utique determinari debet directio ejusdem in perceptionem prævisam, per moleſtiam autem directio in partem contrariam, conſequenter conatus impediendi perceptionem prævisam. Anima igitur per eſſentiam ſuam appetit, quod voluptatem parit (§. 495.), adeoque bonum vel verum, vel apparens eſt (§. 559. *Pſychol. empir.*), eademque per eſſentiam ſuam atque naturam averſatur (§. 496.), quod moleſtiam ſive tædium creat, adeoque malum vel revera eſt (§. 569. *Pſychol. empir.*), vel tantummodo apparet (§. 570. *Pſychol. empir.*). Conſtat igitur animam per eſſentiam ſuam bonum appetere, malum averſari.

<blockquote>
Hinc appetitus animæ per naturam ipſius ad bonum determinatus generaliter dicitur, quatenus ſcilicet non fertur niſi in id, quod ipſius judicio bonum reputatur; avertitur vero ab eo, quod ejusdem judicio malum habetur. Ceterum per propoſitionem præſentem intelligitur, *ipſam rationem determinantem appetitus eſſe vi repræſentativæ univerſi, qualis in anima datur convenientem.* Claret id inprimis, ubi animum adverteris ad modum, quo veritas illius evincitur.
</blockquote>

§. 521.

Voluntatis determinatio naturalis.

Quoniam anima quoque id appetit, quod vult (§. 880. *Pſychol. empir.*) & averſatur, quod non vult poſitivo actu (§. 882. 884. *Pſychol. empir.*); *anima* quoque *per eſſentiam ſuam atque naturam vult bonum, & non vult actu poſitivo malum* (§. 520.).

<blockquote>
Hinc etiam in ſpecie dicitur, voluntatem animæ per naturam ipſius generaliter determinatam eſſe ad bonum. Maximi
</blockquote>

De Voluntate & Noluntate.

ximi autem momenti erit in philosophia morali & Theologia naturali hoc probe notasse.

§. 522.

Et quia lex appetitus est hæc propositio: quicquid nobis repræsentamus tanquam bonum quoad nos, id appetimus (§. 904. *Psychol. empir.*); lex vero aversationis hæc altera: quicquid nobis repræsentamus tanquam malum quoad nos, id aversamur (§. 907. *Psychol. empir.*); *lex appetitus & aversationis animæ essentialis atque naturalis est* (§. 520.), consequenter *in vi repræsentativa universi, qualis in anima datur, rationem sui sufficientem agnoscit* (§. 66. 67.).

Lex appetitus & aversationis vi repræsentativæ universi conveniens.

§. 523.

In unaquaque anima series perceptionum diversa est a serie perceptionum animæ cujuscunque alterius. Homines aut eodem tempore vivunt, aut diverso. Ponamus duos homines eodem modo nasci ac interire. Quoniam omnes mutationes animæ a sensatione originem ducunt (§. 64.); si perceptiones omnes successive animæ inexistentes eædem esse debent, omnes quoque sensationes eædem esse debent. Quamobrem cum sensationes per essentiam atque naturam animæ a situ corporis in universo pendeant (§. 65. *Psychol. empir.* & §. 66. 67. *Psychol. ration.*); si in duabus animabus eadem perceptionum series esse debet, necesse est, ut corpora momentis singulis per omnem utriusque hominis vitam eundem prorsus habeant situm: quod cum fieri non possit, evidens est, fieri quoque non posse, ut in duabus animabus perceptionum series sint prorsus eædem, etiamsi eos eodem momento nasci eodemque mori ponamus.

Seriei perceptionum diversitas in diversis animabus.

Sint porro duo homines diverso tempore nati, & ponamus, si fieri potest, eos singulis momentis vitæ suæ, a prima nativitate usque ad momentum mortis eundem prorsus in universo habere situm. Quoniam in universo nullum corpus alteri simile est, sive corpora, quæ inter se conferuntur, eodem

(*Wolfii Psych. Ration.*) Kkk tem-

tempore exiſtant, ſive diverſo (§. 246. *Cosmol.*); fieri quoque haud quaquam poteſt ut diverſis temporibus idem ſpatium repleatur iisdem corporibus & omnia corpora reliqua, quæ ab homine in eodem conſtituto percipi poſſunt, ſint prorſus eadem. Quamobrem cum ſenſationes pendeant a mutationibus, quæ organis ſenſoriis inducuntur a corporibus (§. 65. *Pſychol. empir.*), diverſa autem corpora easdem mutationes inducere nequeant eodem modo ad corpus organicum, quod ad animam ſpectat, relata; ſenſationes quoque in duabus iſtis animabus eædem ſeſe mutuo conſtanter excipere nequeunt. Immo idem multo magis patet, ſi ponamus, duos iſtos homines momentis iisdem a nativitate computatis in diverſis ſpatiis conſiſtere & diverſum ad corpora circumjecta ſitum obtinere. Quoniam vero mutationes ceteræ omnes, quæ in anima contingunt, a ſenſatione originem ducunt (§. 64.) per leges in anterioribus explicatas; ſi ſenſationes fuerint diverſæ, nec perceptiones ceteræ eædem eſſe poterunt. Denuo igitur evidens eſt, fieri haud quaquam poſſe, ut in duabus animabus perceptionum ſeries ſint prorſus eædem, quando diverſo tempore vivunt.

Jam cum in duabus animabus ſeries perceptionum eædem eſſe non poſſint, ſive eodem momento naſci ac mori, ſive diverſo tempore vivere ponantur: liquet omnino in unaquaque anima ſeriem perceptionum diverſam eſſe a ſerie perceptionum animæ cujuscunque alterius.

Conſtat monſtra bicorporea diverſas a prima ſtatim nativitate prodidiſſe appetitiones ac averſiones: quod non modo inde eſt, quod organa ſenſoria non fuerint ad eadem objecta ſimul relata, verum etiam a diverſitate naturali facultatum mentis, quas in omnibus non eſſe easdem prorſus, ſed licet genere eædem ſint, ſuo tamen modo adhuc differre conſtat. Quamvis vero in eo plurimum momenti ſitum ſit, ut ſeries perceptionum in duabus quibuscunque animabus ſint diverſæ; hanc tamen differentiam in evincenda veritate propoſi-

De Voluntate & Noluntate.

positionis insuper habemus, propterea quod fortius concludatur diversitas seriei perceptionum in diversis animabus, ubi oftenditur eam esse admittendam, etiamsi nulla ponatur intrinseca animarum differentia. A posteriori veritas propositionis præsentis multo clarius patet. Constat enim homines non nasci in eodem loco eodem momento, nec iisdem præditos esse inclinationibus ac dispositionibus naturalibus, multo minus eorum corpora eundem constanter ad eadem sensibilia habere situm. Unde nemo non intelligit, sensationes diversas esse debere eodem tempore in diversis hominibus. Ceterum de animabus hic oftenditur, quod de elementis rerum materialium demonstravimus (§. 198. *Cosmol.*), scilicet quod unumquodque elementum, contineat seriem mutationum, quæ diversa est a serie alterius cujuscunque. Neque difficile foret idem etiam de unoquoque corpore evincere: in corporibus vero humanis sufficiente attentione agnoscitur.

§. 524.

Quoniam appetitiones ex perceptionibus nascuntur & ad eas tendunt (§. 480. 495.); si perceptionum series diversa fuerit, appetitionum quoque series diversa esse debet. Et idem eodem modo intelligitur de aversionibus. Quamobrem cum in unaquaque anima series perceptionum diversa sit a serie perceptionum animæ cujuscunque alterius (§. 523.); *in unaquaque anima series appetitionum & aversionum diversa est a serie appetitionum & aversionum, quæ datur in anima quacunque altera.* Unde patet, quod de elementis demonstravimus (§. 198. *Cosmol.*), adhuc luculentius, *unamquamque animam continere seriem perceptionum ac appetitionum atque aversionum, quæ diversa est a serie alterius cujuscunque animæ.*

Diversitas seriei appetitionum & aversionum in animabus.

A posteriori quoque patet diversitas appetitionis & aversionis clarissime, quodque paulo ante commemoravimus de monstris bicorporeis, id ipsum eandem palam loquitur.

Sect. II. Cap. II.

§. 325.

Independentia appetitus a modo dependentiæ sensationum a corpore.

Appetitiones & aversiones eodem modo dependent a sensationibus, quocunque tandem modo sensationes a corpore dependeant. Appetitiones & aversiones omnes dependere a sensationibus, supra evictum dedimus (§. 64.). Enimvero quocunque tandem modo aversiones atque appetitiones a sensationibus pendeant, quem in anterioribus sufficienter explicatum hic perpendi opus non est, non utique supponi quicquam debet aliud; nisi quod sensationes quædam actu adsint. Quoad appetitum adeo & aversationem perinde est, quæcunque tandem fuerit sensationis præsentis causa, seu quæcunque fuerit ratio, cur positis hisce ideis materialibus in corpore ponantur hæ sensationes in anima (§. 114.). Appetitiones itaque ac aversiones eodem modo a sensationibus dependere possunt ac debent, quocunque tandem modo sensationes a corpore dependeant (§. 851. *Ontol.*).

A posteriori citra difficultatem idem intelligitur, modo animum ad exemplum aliquod advertamus. Ponamus enim te vinum vitro infusum, quod intueris, appetere, propterea quod probe memor es, te ex sapore grato voluptatem percepisse. Appetitus hic dirigitur in saporem vini, quem voluptatis percipiendæ gratia percipere cupis. Dirigitur adeo appetitus in saporem vini per ideam voluptatis perceptioni ejus adhærentem (§. 489.). Enimvero quocunque tandem modo accidat, ut oculis in vinum conversis ipsum videas; nihil hoc conducit ad id, ut saporis grati recorderis: sufficit enim te nunc videre vinum, cujus saporem alias gratum expertus (§. 117. *Psych. emp.*). Clarissime igitur perspicitur, dependentiam appetitionis a sensatione non supponere nisi sensationem præsentem, nequaquam vero dependentiam ejusdem a corpore. Quodsi ponamus, nos haustum vini appetere, propterea quod ad sanitatem corporis

poris ac animi hilaritatem conducere certi fumus; appetitio rationalis eft, hoc eft, vinum, quod vitro infufum contuemur, bibere volumus (§. 517.). Enimvero five appetitus dirigatur per ideam voluptatis, five per ideam fanitatis corporis ac hilaritatis animi, nulla inde emergit differentia quoad dependentiam appetitionis a fenfatione. Quamobrem ut ante liquet, dependentiam volitionis a fenfatione non fupponere nifi fenfationem præfentem, nequaquam vero dependentiam ejusdem a corpore.

Idem de averfione patet, five ea fenfitiva fupponatur, five rationalis. Si enim vinum averfamur propter faporem aufterum; ratio averfionis eft tædium feu moleftia, quam ex fapore auftero vini nos percepiffe meminimus (§. 489.). Ratio hæc averfionis fubfiftit eadem, quæcunque tandem fuerit caufa, cur vini tibi confcius fis, idea ejus materiali in cerebro excitata (§. 114.). Averfio igitur fequitur, quæcunque tandem fit ratio, cur pofita idea materiali in cerebro ponatur perceptio in anima (§. 118. Ontol.), confequenter averfio eodem hoc modo dependet a fenfatione aliqua præfente, quæcunque tandem fuerit fenfationis a corpore dependentia (§. 851. Ontol.). Idem adhuc eodem modo patet, fi fupponas, te vinum averfari, hoc eft, bibere nolle, quod fanitati tuæ adverfum noveris, vel ab immodico vini hauftu abftinere, ne incommoda incurras, quæ ex ebrietate confequuntur. Quamobrem averfio quoque rationalis feu nolitio eodem modo pendet a fenfatione, quæcunque tandem fuerit fenfationis a corpore dependentia.

Propofitio præfens maximæ utilitatis eft in momentis hypothefium, quas ad commercium inter corpus & animam explicandum excogitarunt philofophi, expendendis, præfertim ubi per indirectum aliquam impugnare volueris. E re autem fuit eandem hic in medium afferri, propterea quod confequentiarii ob ejus ignorantiam acumen fuum defiderari patiuntur, quoties hypothefes philofophorum impugnare audent

dent. Etenim hunc quoque ufum præftat philofophia, ne judicia noftra de veritatibus hypothefium præcipitemus ac in alios injurios nos exhibeamus. Quodfi appetitio & averfio fupponerent certam fenfationum, unde pendent, a corpore dependentiam; fine ea intelligi minime poffent: aft nemo non novit, modo ad feipfum animum advertat, fe probe capere poffe, cur quid velit, vel nolit, aut cur quid appetat, vel averfetur, etfi nefciat quomodo fenfationes a corpore dependeant, immo fi vel maxime per errorem de eo ftatuat.

§. 526.

Libertatis independentia a dependentia fenfationum a corpore.

Libertas animæ independens eft a modo, quo ad fenfationes fuas pervenit, feu a dependentia fenfationum a corpore. Anima enim libera eft in volendo ac nolendo (§. 942. *Pfych. empir.*), quatenus ex pluribus poffibilibus fponte eligit, quod ipfi placet (§. 941. *Pfychol. empir.*), confequenter quatenus conatum mutandi perceptionem præfentem in prævifam dirigit, quemadmodum ipfi placet (§. 495. 496.). Enimvero cum id placeat, ex quo voluptatem percipimus; difpliceat vero, ex quo tædium percipimus (§. 542. *Pfychol. empir.*); ratio, cur quid placeat, vel difpliceat, in qualitatibus rei continetur (§. 511. 518. *Pfychol. empir.*), adeoque non in modo, quo anima pervenit ad perceptionem rei iftius, confequenter nec in modo, quo ad fenfationes pervenit, a quibus ortum ducunt appetitiones & averfiones (§. 64.). Libertas igitur animæ independens eft a modo, quo anima ad fenfationes fuas pervenit (§. 851. *Ontol.*).

A pofteriori probatur idem, ubi ad exempla animum advertis & cur volitiones ac nolitiones liberæ fint, in dato cafu probe expenderis. Patebit enim ut id intelligas, non refpiciendum effe ad dependentiam fenfationum a corpore, atque hoc pacto perfpicies rationem libertatis nullam in dependentia ifta contineri, confequenter hinc convinceris libertatem animæ ab eadem effe independentem.

Quæ

De Voluntate & Noluntate.

Quæ de utilitate propositionis præcedentis dicta sunt, ea de præsente quoque inculcanda veniunt. Utemur eadem paulo post, ubi hypotheses philosophorum, quibus ad explicandum commercium inter mentem ac corpus utuntur, exposituri sumus.

§. 527.

Libertas influit in seriem perceptionum, seu ad eas determinandas concurrit. Quando enim aliquid volumus, conatus producendi perceptionem prævisam determinatur per notionem boni distinctam, quæ cum ipso cohæret (§. 517.), consequenter in serie perceptionum tales continentur, quas volumus, existunt etiam in eadem aliæ, quod dantur in eadem quædam, quas habere voluimus. Insunt igitur perceptiones seriei perceptionum, quæ per voluntatem determinantur (§. 113. *Ontol.*). Quamobrem cum anima libere velit (§. 942. *Psych. empir.*); libertas ad eas determinandas concurrit.

Similiter quando aliquid nolumus, conatus impediendi perceptionem prævisam determinatur per ideam mali distinctam, quæ eidem adhæret (§. 518.), consequenter in serie perceptionum non dantur perceptiones, quod eas habere noluimus, dantur vero earum loco aliæ, quas illarum evitandarum gratia habere volumus. Insunt igitur in serie perceptionum perceptiones, quæ per noluntatem determinantur (§. 113. *Ontol.*). Quamobrem cum anima in nolendo ac volendo libera sit (§. 942. *Psychol. empir.*); libertas ad determinandas perceptiones in serie perceptionum concurrit.

Quoniam itaque animæ libertas ad determinandam actualitatem perceptionum in serie perceptionum existentium tam volendo, quam nolendo concurrit *per demonstrata;* libertas in seriem perceptionum influit.

Libertatis influxus in seriem perceptionum.

Quandonam sensationes, consequenter etiam ceteræ omnes quæ hinc pendent mutationes (§. 64.), a libertate quoad ad actum pendeant, supra jam demonstravimus (§. 151. 152. 153.), & de sensationibus dicta etiam ad phantasmata facile transferuntur: id quod unusquisque in seipso quovis momento experiri potest. Influxus autem libertatis in se iem perceptionum major deprehenditur, quam primo intuitu videtur, ubi dependentiam mediatam perspecturus, mutuam dependentiam perceptionum a se invicem in eadem serie seu ipsarum inter se nexum consideraveris.

§. 528.

Anima cur sit libera.

Anima libera est, quia ratione prædita. Anima enim, quatenus libera est, ex pluribus possibilibus sponte eligit, quod ipsi placet, cum ad nullum eorum per essentiam determinata sit (§. 941. *Psychol. empir.*). Quamobrem cum ex possibilibus id eligat, quod ipsi maxime placet, & quia ipsi placet (§. 937. *Psychol. empir.*); id eligit quod voluptatem parere posse (§. 542. *Psychol. empir.*), adeoque bonum esse judicat (§. 558. *Psychol. empir.*), & quidem bonum majus altero, ubi ex duobus bonis unum eligendum (§. 898. *Psychol. empir.*). Dum vero aliquid vult, appetitio seu volitio determinatur per notionem distinctam boni (§. 517.), adeoque per id, quod objectum appetibile nos statumque nostrum perficere aptum deprehendatur (§. 554. *Psych. empir.*). Supponuntur adeo veritates universales, quæ ratiocinando ad appetibile propter inhærentem qualitatem seu relationem ad alia applicantur (§. 356. 360. & seqq. *Psych. empir.*): quod cum rationis sit (§. 494. *Psychol. empir.*), anima in volendo libera, quia ratione prædita (§. 502. *Psychol. empir.*).

Similiter si quid anima non vult, actus nolitionis determinatur per notionem mali distinctam (§. 518.), ac ideo quid non vult, quia displicet quod non vult (§. 937. *Psych. empir.*), consequenter quod tædium parere posse (§. 542. *Psych. emp.*), adeoque malum esse judicat (§. 569. *Psychol. empir.*). Determinatur adeo actus nolitionis per id, quod aversabile nos statum-

De Voluntate & Noluntate. **449**

ſtatumque noſtrum imperfectiorem **reddere deprehendatur** (§. 566. *Pſych. empir.*). Supponuntur adeo denuo veritates univerſales, quæ ratiocinando ad averſabile propter inhærentem qualitatem ſeu relationem ad alia applicantur (§. 356. 360. & ſeqq. *Pſychol. empir.*): quod cum rationis ſit (§. 494. *Pſych. empir.*), anima in nolendo libera, quia ratione prædita (§. 502. *Pſychol. empir.*).

Hinc apparet, cur vulgo libertas vindicetur appetitui rationali, denegetur vero appetitui ſenſitivo. Supponit ratio operationes intellectus, quibus univerſalium veritatum cognitio debetur. Atque ideo ab intellectu pendet libertas.

§. 529.

Ex vi repræſentativa univerſi ſitu corporis organici in univerſo materialiter, mutationibus organorum ſenſoriorum formaliter limitata ratio reddi poteſt omnium eorum, quæ de anima obſervantur. Quæcunque de anima obſervantur, vel ad ſenſus, imaginationem atque memoriam & pendentem inde appetitum ſenſitivum cum affectibus, vel ad intellectum cum ingenio & arte inveniendi & inde dependentem appetitum rationalem ſeu voluntatem ſpectant: id quod patet recolenti ea omnia, quæ in Pſychologia empirica de anima ab experientia derivata leguntur. Ex vi repræſentativa univerſi, qualem eſſentiam atque naturam animæ eſſe adſtruximus (§. 66. 67.), rationem reddi poſſe ſenſationum ex ipſa ſenſus definitione liquet (§. 67. *Pſychol. empir.*) & legem ſenſationis eſſentiales animæ determinationes continere oſtendimus (§. 78.). Imaginatio quoque in eadem rationem ſufficientem habet (§. 181. 183.), conſequenter & memoria, quæ ab imaginatione pendet (§. 92. 175. *Pſych. emp.*). Similiter in eadem vi repræſentativa univerſi ſufficiens continetur ratio intellectus (§. 387.), nec ulla datur intellectus operatio, quæ in eadem rationem ſufficientem non agnoſcat (§. 413.). Immo eam non excedit ingenium (§. 473.), nec ars inveniendi (§. 478.).

Vi repræſentativa univerſi ſufficiens Pſychologiæ rationalis principium.

(*Wolfii Pſych. Ration.*)

478.). Denique appetitus quoque fensitivus (§. 497.) & aversatio sensitiva (§. 498.), immo etiam appetitus rationalis & aversatio rationalis ex eadem vi enascitur (§. 519.). Ex vi igitur repræsentativa universi, in qua animæ essentiam & naturam consistere ostendimus (§. 66. 67.), ratio reddi potest omnium, quæ de anima observantur.

Nemo desideraverit, ut omnium eorum, quæ ad animam spectant, ratio immediate ex vi repræsentativa universi reddatur. Quemadmodum enim in omni genere entium obtinet, ut nonnullorum ratio immediate ex eorundem essentia deducatur, aliorum vero ratio ex hisce porro derivetur, ita nec aliter procedendum est, ubi ex essentia animæ rationem eorum, quæ ipsi conveniunt, reddere volueris. Quemadmodum vero, quando phænomenorum corporis ratio ex structura ejus reddenda, ratio quoque habenda est regularum motus; ita similiter ad leges sensuum, imaginationis, intellectus & appetitus recurrendum, ubi ex vi repræsentativa universi ratio reddenda eorum, quæ ad animam spectant: quemadmodum a nobis factum esse apparet. Ipso igitur facto comprobavimus vim istam sufficiens esse Psychologiæ rationalis principium, eandemque recte tanquam essentiam ac naturam animæ assumi. Qui comprehendere non potuerunt, quomodo ex unica ista vi a priori sequantur, quæ a posteriori observantur, partim methodi non fuere satis experti, partim regulas perceptionis & appetitus insuper habuere.

SECTIO

SECTIO III.
DE
COMMERCIO INTER
MENTEM ET CORPUS.
CAPUT I.
De Systematis explicandi commercium inter mentem & corpus in genere.

§. 530.

Per *Systemata explicandi commercium inter mentem & corpus* intelligimus hypotheses philosophorum, quas excogitarunt ad reddendam rationem commercii inter animam & corpus intercedentis.

Systema explicandi commercium mentis cum corpore quid dicatur.

Cum hic loquendi motus hodie receptus sit in foro philosophorum, ab eo recedere noluimus, utpote receptas formulas non immutantes quamdiu salva veritate retineri possunt. Si quis vero malit hypotheses, quam Systemata vocare; is per nos suo abundet sensu.

§. 503.

Quoniam in hypothesi philosophica sumuntur, quæ nondum demonstrari possunt, tanquam essent, rationis reddendæ gratia (§. 126. *Disc. prælim.*), ut ad veritatem liquidam inveniendam via sternatur (§. 127 *Disc. prælim.*); in systematis quoque *explicandi commercium inter mentem & corpus* sumi pos-

Quænam in systematis istis sumi possunt eorumque usus.

possunt, quæ num revera ita sese habeant, demonstrari nondum potest, ut inde ratio reddatur eorum, quæ de hoc commercio indubia experientiæ fide constant & hoc pacto via sternatur ad certam illius commercii rationem tandem inveniendam.

Quæstio de commercio inter mentem & corpus inter difficillimas omni tempore a philosophis relata, ac plurimis nodus prorsus indissolubilis visus. Non defuere, qui, cum de eo solvendo desperarent, eum secarunt alterutrius substantiæ existentiam in dubium vocantes, veluti Idealistæ ac Materialistæ, quorum hi corporum, illi animarum tanquam substantiarum immaterialium existentiam impugnarunt. In re adeo difficili muneris sui partes adimplet philosophus, si in excogitanda hypothesi vires suas periclitetur, ut, dum ex ea rationem eorum reddere studet, quæ observationum fide certa sunt, appareat, num veritatem assecuti fuerimus, vel quantum adhuc ab eadem distemus. Si quis postulaverit, ut liquida statim proponatur veritas, is ea exigit, quæ in hominem non cadunt: quædam enim veritates adeo inaccessæ sunt, ut plures frustra tentandæ sint viæ, antequam ad eas perveniatur. In arte inveniendi alieni ac hospites sunt, qui sibi persuadent ad veritatem quamcunque latentem eruendam solam sufficere philosophi voluntatem. Quodsi vero ab iis abstinere jusseris philosophum, quæ nondum certa ac explorata sunt; posteris præcludis viam ad veritatem, ad quam tibi inaccessa est (*not. §. 127. Disc. prælim.*). Si Astronomis idem fuisset animus, nobilissima, quam profitentur, scientia ad id fastigium nunquam evecta fuisset, ad quod eandem evectam vident intelligentes. Plura non addimus: legi enim & ad præsens institutum applicari possunt, quæ de hypothesibus philosophicis in Horis subsecivis A. 1730. Trim. vern. num. I. p. 177. & seqq. disseruimus.

§. 532.

Falsitas istiusmodi systematis unde concluditur.

Quoniam hypotheses philosophicæ non alio fine conduntur, quam ut inde ratio reddatur eorum, quæ observantur (*§. 126. Disc. præl.*); si qua inde deducantur, quæ experientiæ repugnant,

pugnant, ex iis non concluditur falsa esse, quae experientiae consentanea sunt; sed hypothesin a veritate alienam esse recte infertur. Quamobrem cum systemata explicandi commercium inter mentem & corpus non sint nisi hypotheses philosophicae (§. 530.); *si quod affertur systema explicandi commercium menti cum corpore intercedens, ex quo necessaria consequentia fluunt, quae experientiae indubitatae contrariantur, non experientiae, sed systematis falsitas inde concludenda.*

Ne in applicando hoc principio judicium praecipites, probe tenendum est, antequam ea, quae experientiae fide explorata sunt, illis opponas, quae ex systemate a priori deducuntur; te non minus certum esse debere, quod experientiae revera consentaneum sit, quod eidem convenire sumis, quam quod ex systemate necessario fluat, quod inde fluere sumis, immo quod, quae sibi mutuo opponis, sibi quoque mutuo contrarientur. Non leve est judicium de singulis ex veritate statuere; & valde vereor, ne qui vulgo sibi judicium sumunt de hypothesibus philosophorum, quibus commercium inter mentem ac corpus explicare conati fuere vel hodienum conantur, tanto acumine non sint instructi, quo opus est, ne judicium praecipitent. Ut igitur famae suae consulant, nec molesti sint aliis, difficultatem perpendentes cautius mercari discant & aliis dijudicanda relinquant, quae ipsorum judicio submitti nequeunt. Ex historia literaria omnis aevi probari potest, quantum veritati investigandae obfuerint praecoces hypothesium philosophicarum censurae. Nostrum igitur est earum fontes detegere, ne quis in ignorantia praesidium aliquod positum esse existimet.

§. 533.

Si ex systemate aliquo explicandi commercium inter animam & corpus colligitur, quod propositioni cuidam verae contradicit; systematis falsitas inde apparet. Constat enim in genere, si ex propositione aliqua colligitur, quod propositioni cuidam verae contradicit, propositionem illam esse falsam (§. 556. Log.), *Alius modus eandem concludendi.*

Log.), & propterea in demonstrationibus indirectis assumti concluditur falsitas (§. 553. *Log.*). Quamobrem cum in systemate explicandi commercium inter animam & corpus assumatur, quod an ita sese habeat demonstrari nondum potest (§. 530.); si quid ex eo colligatur, quod propositioni cuidam veræ contradicit, systema falsum esse hinc apparet.

Multa autem cautione hic quoque opus est, ne judicium de falsitate systematis præcipitetur. Etenim antequam ex eo, quod ex systemate aliquo colligis, inferre possis falsitatem ejusdem, & certus esse debes, veram esse propositionem, cui opponis quod ex systemate colligis, & quod inde concludis legitima ratiocinandi forma & ex principiis veris inferri, & inter propositionem illam veram atque id, quod ex systemate colligitur, veram intercedere contradictionem, non apparentem. Non adeo leve est de falsitate systematis judicium, ubi eam per indirectum ostendere volueris. Et valde vereor, ne dantis animi dotibus, quantæ huc requiruntur, careant qui vulgo sibi de hypothesibus philosophorum judicium sumunt. Ne igitur consequentiarii & sibi, & aliis sint molesti, propositionem præsentem cum præcedente probe perpendant. Immo utramque attenta mente volvant revolvantque, quorum interest, ne consequentiariis facilem habeant fidem.

§. 534.

An errores ex systemate fluentes autori ejus imputari possint.

Si ex systemate aliquo explicandi commercium mentis cum corpore necessaria consequentia fluant errores; ideo quod inde fluant autori ejusdem imputari non possunt. In systemate enim explicandi commercium inter mentem & corpus sumitur quid tanquam esset, antequam demonstrari possit, num ita revera sese habeat (§. 530.). Quodsi ergo contingat assumtum esse falsum, necessaria consequentia inde fluent quæ impossibilia (§. 96. *Ontol.*) seu falsa sunt (§. 507. *Log.*). Quoniam tamen autor systematis nondum sumit, absolute ipsum esse verum, sed tantummodo probabiliter judicat verum esse posse, ita tamen

men ut non excludatur formido oppositi; nulla quoque ratio est, cur affirmes, ipsum erroribus istis tanquam cum systemate suo necessario connexis necessario assentiri, propterea quod systemate posito admittendi quoque sunt isti errores. Atque adeo patet autori systematis non posse imputari errores, qui necessaria consequentia inde fluunt, propterea quod inde fluunt.

Erunt forsan qui existimaverint talia per se satis manifesta esse, ut ea demum inculcari opus non sit. Enimvero hi erunt, qui consequentiariorum mores ignorant. Hos ut agnoscant qui veritatis amore ducuntur, non praetermittenda sunt quae ad temeritatem eorum redarguendam profunt. Multa generi humano damna dedit praxis consequentiariorum vel hoc nomine, quod errores imputaverint philosophis, quos ex eorum hypothesibus fluere opinabantur. Exempla non e longinquo petenda, ipsa systemata, cum quibus nobis jam est negotium, suppeditant satis luculenta.

§. 535.

Quoniam *autori systematis* ideo imputari nequeunt errores, quod ex eodem necessaria consequentia fluant (§. 534.); *multo minus imputari poterunt errores, quos ex eodem fluere opinantur acumine sufficiente destituti*: id quod etiam per se patet, independenter a propositione praecedente, cum ne minima quidem adsit ratio, nisi insanire velis, cur errores alteri imputare velis.

In imputandis erroribus proximus ad malitiam gradus.

Non nego consequentiarios, cum consequentiis alio fine utantur, quam opinione refutandi (§. 1046. *Log.*) & argumento ab invidia ducto mirifice delectentur (§. 1049. *Log.*); in imputandis erroribus malitiae plurimum tribuere (§. 1052. *Log.*): sed nostrum jam non est corrigere malitiam. Sufficit ea docere, quae ad eam praecavendam faciunt & ne malitiosis aures facile praebeant inconsiderati impedire valent.

§. 536.

§. 536.

Libertatis a systemate de commercio inter mentem & corpus independentia.

Salvo quocunque Systemate de commercio inter mentem & corpus libertas defendi, & negari potest. Quoniam enim systemata de commercio inter mentem & corpus sunt hypotheses philosophicæ ad reddendam rationem istius commercii excogitatæ (§. 530.), commercium vero inter mentem ac corpus in dependentia animæ a corpore quoad specificationem perceptionum & continuitatem temporis, quo cum mutationibus in organis sensoriis contingunt, & corporis ab anima quoad specificationem motuum voluntariorum & continuitatis temporis, quo cum volitionibus animæ contingunt, consistit (§. 962. *Psychol. empir.*); ex Systemate de commercio inter mentem atque corpus intercedente reddenda ratio est, quomodo sensationes a corpore & motus corporis voluntarii ab anima dependeant, ut nempe perceptiones in anima coëxistant mutationibus organorum sensoriorum (§. 949. *Psychol. empir.*), & motus voluntarii in corpore coëxistant volitionibus animæ, nec non cessatio motus in corpore animæ nolitionibus (§. 955. *Psychol. empir.*). Enimvero appetitiones & aversiones eodem modo dependent a sensationibus, quocunque tandem modo sensationes a corpore dependeant (§. 525.), & libertas animæ independens est a modo, quo ad sensationes suas pervenit (§. 526.), cumque motus voluntarii in corpore appetitiones & aversiones demum sequantur, modus quo hæ determinantur dependere nequit a modo, quo illi has sequuntur: quod per se patet. Quamobrem de modo, quo appetitiones ac aversiones a sensatione pendent, consequenter de libertate, statuere licet quicquid volueris, nec ejus ulla habenda est ratio, ubi explicare volueris, quomodo sensationes in anima mutationibus organorum sensoriorum & motus voluntarii volitionibus atque nolitionibus animæ coëxistant, vel ad nutum animæ motus quidam cessent. Palam igitur est salvo quocunque systemate

mate de commercio mentis cum corpore libertatem animæ & defendi, & negari posse.

Veritas propositionis adeo manifesta est, ut propemodum mirandum sit, quomodo fieri potuerit, ut ullus unquam virorum doctorum sibi persuadere potuerit, libertatem animæ ideo impugnari ab aliquo philosophorum, quod hoc vel isto modo commercium mentis cum corpore explicare voluerit. Experientia quoque propositionem præsentem confirmat. Constat enim, cum Systema influxus physici promiscue reciperetur, alios libertatem asseruisse, alios eandem impugnasse. Cur vero multi veritatem adeo manifestam non perspiciant, ex eo est, quod veritatum mutuam a se invicem dependentiam insuper habeant. Etenim qui hanc cognitam habet, probe novit, quibusnam positis ponantur alia, quibus sublatis tollantur alia: id quod utique nosse debent, qui aliorum errores subvertere conantur, ne magno sæpius conatu nihil agant.

§. 537.

In omni systemate de commercio mentis cum corpore supponendum, perceptiones rerum sensibilium in anima & motus voluntarios in corpore eo modo oriri ac si anima & corpus in se mutuo influerent, hoc est, ac si anima vi sua produceret motus voluntarios in corpore, & corpus vi sua produceret perceptiones rerum sensibilium in anima. Systema enim non alio fine conditur, quam ut inde ratio reddatur eorum, quæ de commercio animæ cum corpore e........ur (§. 530.), consequenter cur anima objecta sensibilia percipiat, dum mutationem organis sensoriis inducunt, & motus corporis oriantur, quamprimum anima eos vult (§. 962. *Psychol. empir.*). Quamobrem cum experiamur, si objecta externa in organa sensoria rite constituta agunt, eo ipso memento oriri quoque perceptiones, quibus eadem tanquam extra nos repræsentamus (§. 948. *Psych. empir.*), adeoque positis mutationibus in corpore poni (*Wolfii Psych. Ration.*).

Suppositum commune omnium systematum.

quo-

quoque mutationes in anima, illis vero sublatis has quoque tolli, istis impeditis has etiam non oriri; posita vero causæ efficientis sufficientis actione ponatur effectus (§. 898. *Ontol.*), consequenter ea cessante vel impedita cessare quoque vel impediri effectum: perceptiones rerum sensibilium videntur effectus actione corporis in anima producti, atque adeo perceptiones rerum sensibilium in anima eo modo oriuntur, ac si corpus in animam ageret seu in eandem influeret.

Similiter cum experiamur, quorundam organorum corporis motus statim consequi, quando anima eosdem vult, ac tamdiu durare, quamdiu eosdem vult, extemplo sisti, quamdiu eosdem non vult (§. 953. *Psych. emp.*), atque adeo posita volitione animæ poni motus voluntarios in corpore, posita nolitione hos cessare vel prorsus non produci; constet vero posita actione causæ efficientis sufficientis poni effectum (§. 898. *Ontol.*): motus voluntarii in corpore videntur effectus actione animæ producti & cessationes motuum effectus pares videntur, atque adeo motus voluntarii in corpore oriuntur & cessant eodem modo, ac si anima vi sua eosdem produceret ac sisteret, consequenter in corpus ageret seu in idem influeret.

Quoniam itaque perceptiones eodem modo oriuntur, ac si corpus in animam influeret, & motus voluntarii eodem modo in corpore consequuntur, ac si anima in corpus influeret *per demonstrata;* in omni systemate, quod commercii inter animam & corpus intercedentis explicandi gratia conditur, supponendum est, perceptiones rerum sensibilium in anima & motus voluntarios in corpore eodem modo oriri ac si anima & corpus in se mutuo influerent.

Propositio hæc non enunciat, quod in foro Philosophorum & Mathematicorum sit inauditum. Ita in Astronomia supponimus, quodcunque tandem systema mundi in gratiam expli-

explicandorum motuum cœlestium condatur, motum communem eodem modo fieri, ac si cœlum esset sphæra cava, cujus superficiei concavæ stellæ sint infixæ, & quæ circa Terram in centro ejus collocatam ab ortu in occasum gyratur. Jmmo simile quid in theoria Solis occurrit, ubi semper supponendum, Solis erga Tellurem situm quoad motum proprium ita mutari, ac si sol motu inæquali circa Tellurem ab occasu in ortum progrederetur, propterea quod negari non potest hæc ita videri, motus autem Solis hoc pacto fieri debet, ut ita videatur. Ad exempla hæc ideo provocamus, ut calumnias illorum antevertamus, qui aliis persuadere conantur, quasi talia eo fine adstruantur, ut a periculo hypothesium animos lectorum avertamus, & ut discant veritatis cupidi, qua cautione in expendendis hypothesibus nos procedere soleamus.

§. 538.

In gratiam systematis commercium inter mentem & corpus explicandi in philosophia practica nihil immutandum. Systematis de commercio animæ cum corpore usus in eo consistit, ut inde ratio reddatur eorum, quæ de ipso indubia experientiæ fide nobis innotescunt (§. 531.), adeoque cur objecta externa percipiamus, quando in organa sensoria agunt (§. 948. *Psychol. empir.*), & cur motus quorundam organorum corporis statim sequatur, quamprimum eundem volumus, vel sistatur, quamprimum ipsum nolumus (§. 953. *Psychol. empir.*). Enimvero cum in philosophia practica principia psychologica tantummodo applicentur ad praxin moralem atque civilem; ibidem sufficit coexistentiam perceptionum & mutationum in organis sensoriis, nec non motuum corporis & volitionum ac nolitionum animæ manifestam esse, consequenter non aliud supponendum, quam mutationes animæ ac corporis harmonicas eodem modo fieri ac si anima & corpus in se mutuo influerent. In philosophia itaque practica systemate nullo opus est, quo ad explicandum commercium inter animam atque corpus utun-

Num systemata influant in philosophiam practicam.

tur philosophi, cumque in omni systemate supponendum sit, perceptiones rerum sensibilium in anima ac motuum voluntariorum in corpore ita oriri, ac si corpus & anima in se mutuo influerent (§. 537.), in gratiam quoque istiusmodi systematis nihil prorsus in philosophia practica immutandum.

Nullus adeo error minori periculo subjacet, quam qui de commercio inter animam atque corpus committitur, ut adeo vana sint illorum molimina, qui tanta acerbitate contra istiusmodi systemata pugnant, quasi totius generis humani salus ab uno eorum penderet. Probe igitur perpendi velim, quæ in hac & ceteris propositionibus inculcantur, ne temerariis judiciis inanes turbæ excitentur non sine multorum injuria.

§. 539.

Harmonia mentis & corporis quid dicatur.

Per *Harmoniam mentis & corporis* intelligimus explicabilitatem perceptionum animæ per mutationes in corpore contingentes & motuum voluntariorum in corpore per volitiones ac nolitiones animæ, vel etiam appetitiones atque aversiones sensitivas ejusdem. *Explicabilitas* vero ista in hoc consistit, quod ex iis, quæ in corpore contingunt, intelligatur, cur tales jam sint animæ perceptiones, ex appetitionibus vero ac aversionibus sive sensitivis, sive rationalibus, cur istiusmodi jam in corpore fiant motus spontanei, vel voluntarii, consequenter quod ratio perceptionum ex iis, quæ in corpore fiunt, ratio autem motuum voluntariorum ac spontaneorum ex iis, quæ in anima accidunt, reddi possit (§. 56. *Ontol.*).

Exempla non addimus, cum quæ hic dicuntur ex anterioribus sufficienter intelligantur.

§. 540.

Harmoniæ animæ atque corporis existentia.

Datur harmonia mentis & corporis. Etenim anima vi ipsius legis sensationum (§. 85. *Psych. empir.*), sibi repræsentat hoc universum pro situ corporis organici in universo, convenivenienter mutationibus, quæ in organis fenforiis contingunt (§. 62.), per ipfam effentiam (§. 66.) atque naturam fuam (§. 67.), confequenter cum motus ab objectis fenfibilibus impresfus nervis fenforiis ad cerebrum usque propagetur (§. 111.), per ideas materiales (§. 112.), ideis fenfualibus in cerebro femper coëxiftentes (§. 113.). Per mutationes igitur in organis fenforiis atque ideas inprimis materiales explicari poteft, cur perceptiones rerum fenfibilium præfentium tales jam potius fint, quam aliæ (§. 539.). Præterea quoque anima ftatus mundi præteritos fibi repræfentat (§. 183.) ope phantasmatum (§. 182.), adeoque ideas ab imaginatione productas (§. 93. *Pfychol. empir.*). Quamobrem cum phantasmatis refpondeant ideæ materiales in cerebro (§. 206.), neque inter ideas materiales, quæ ideis fenfualibus & phantasmatis refpondent, alia intercedat differentia, quam quæ in diverfa motus celeritate confiftit (§. 208.), unde nonnifi diverfa claritas idearum in anima pendet (§. 126.); phantasmata feu ideæ rerum abfentium (§. 92. *Pfychol. empir.*) non minus per ideas materiales in cerebro explicabiles funt, quam ideæ fenfuales, feu perceptiones rerum præfentium (§. 67. 59. *Pfychol. empir.*). Atque adeo patet quoad perceptiones dari harmoniam animæ ac corporis (§. 539.).

Porro memoriæ fenfitivæ in corpore refpondet facilitas reproducendi ideas materiales, quam cerebrum contrahit (§. 294.), actui vero memoriæ intellectualis in corpore refpondent ideæ materiales vocabulorum, quibus exprimitur judicium, quod ideam aliquam jam ante habuimus (§. 295.) & ipfa quidem memoria intellectualis in cerebro potentiam defignat ideas materiales vocabulis refpondentes producendi, quibus effertur judicium, quod ideam aliquam jam habuerimus (§. 296.). Quamobrem in corpore quædam dantur, unde intelliguntur quæ ad memoriam pertinent, adeoque memoria quoque per ea, quæ corpori insunt, explicabilis, consequenter quoad ipsam animæ & corporis datur harmonia (§. 539.).

Similiter omnes operationes intellectus per ideas vocabulorum materiales in cerebro repræsentantur (§. 416.), ut adeo denuo pateat, harmoniam quoque inter animam atque corpus quoad operationes intellectus dari (§. 539.).

Denique appetitioni animæ respondent certi motus corporis & organorum ipsius (§. 501.); aversioni autem conatus certos corporis & organorum ipsius motus impediendi, vel etiam certorum motuum omissio (§. 502.); immo utrique respondent diversi in corpore sanguinis ac fluidi nervei motus, ut vultus, gestus atque vox utramque prodant (§. 503.), quales etiam in affectibus observantur motus corporis, organorum ipsius & fluidorum in corpore contentorum (§. 513. 514.). Quoniam motus isti eorundemque omissio ab appetitionibus & aversionibus præviis pendent (§. 953. *Psychol. empir.*); ex iis, quæ in anima fiunt, intelliguntur motus voluntarii ac spontanei, qui in corpore contingunt, consequenter animæ & corporis datur quoque harmonia quoad volitiones & nolitiones, immo appetitiones ac aversiones sensitivas (§. 539.).

Ex Psychologia empirica & omni tractatione præcedente abunde liquet, in anima omnia redire ad facultatem cognoscendi & facultatem appetendi atque aversandi, & ad facultatem cognoscendi inferiorem referri sensus atque imaginationem cum memoria, ad superiorem vero tres mentis operationes, a quibus cetera pendent, ad facultatem vero appetendi & aversandi appetitum & aversationem sensitivam atque rationalem, seu voluntatem atque nolutatem. Quamobrem cum harmonia mentis & corporis tum quoad perceptiones omnes, sive vi sensuum, sive vi imaginationis productas, atque memoriam, tum quoad singulas operationes mentis, tum denique quoad appetitiones & aversiones quascunque detur *per demon-*
stra-

strata; modificationum animæ atque corporis quandam esse harmoniam palam est.

Propter hanc harmoniam nunc anima corporis, nunc corpus animæ interpres est, ita ut ex modificationibus animæ nunc colligantur modificationes corporis, nunc vero ex modificationibus corporis modificationes animæ, prouti aliæ aliis magis conspicuæ sunt, aliæ vero aliis magis latent. Evicimus hanc harmoniam satis luculenter vi eorum, quæ in antecedentibus demonstrata fuere. Cujus vero non est sibi familiaria reddere antecedentia, ut per ea ad assensum trahatur intellectus; illi suffecerit animum advertisse ad maxime obvia, quæ singulis momentis in seipso experiri potest, nimirum quod objecta externa non percipiamus, nisi iisdem in sensoria organa agentibus, & ad nutum animæ moveantur organa corporis & in quiete maneant, vel ad quietem reducantur. Ita enim aliquam habebit harmoniæ hujus ideam (§. 539.), utut non adeo claram atque distinctam, quemadmodum demonstratione propositionis præsentis animo ingeneratur, ubi is ante refertus fuerit notionibus, quæ singulis propositionibus ex antecedentibus huc in subsidium vocatis conveniunt (§. 520. *Log.*).

§. 541.

Quoniam harmoniam mentis & corporis dari palam est, nec quisquam eandem in dubium vocare potest (§. 540.), hypothesis vero philosophica sumit, quod an revera ita sese habeat probari nondum potest (§. 126. *Disc. prælim.*); *harmonia mentis & corporis hypothesis philosophica non est.*

Num harmonia mentis & corporis sit hypothesis.

Oppido igitur falluntur, qui harmoniam mentis & corporis cum harmonia præstabilita confundunt, quam paulo post inter systemata explicandi commercium, quod inter animam atque corpus intercedit, producemus. Harmoniæ præstabilitio, non ipsa harmonia hypothesis est, & per præstabilitionem ratio redditur harmoniæ, quemadmodum paulo post elucescet.

§. 542.

Sect. III. Cap. I. De Systematis explicandi

§. 542.

Quid a systematis explicandi commercium animæ & corporis supponatur.

Omne systema explicandi commercium inter animam atque corpus intercedens supponit harmoniam mentis & corporis. Ex systemate enim reddenda est ratio eorum, quæ de commercio animæ atque corpors experimur (§. 531.), scilicet cur perceptiones objectorum sensibilium in organa sensoria agentium oriantur, dum mutatio organo inducitur (§. 948. *Psych. empir.*), & cur ex mutatione hac ratio reddi possit quamobrem tales potius sint perceptiones, quam aliæ (§. 959. *Psychol. empir.*), itemque cur ex volitionibus atque appetitionibus ratio reddi possit, quare jam motus cujusdam organi corporis fiat & hic potius fiat, quam alius (§. 960. *Psychol. empir.*). Reddenda igitur ex eodem est ratio harmoniæ corporis atque animæ (§. 539.), consequenter systema omne, quod commercii inter mentem & corpus explicandi gratia excogitatur, harmoniam animæ cum corpore intercedentem supponere debet.

Nihil communius, quam ut vulgo confundantur, quæ ad systema explicandi commercium inter mentem atque corpus & quæ ad ipsum hoc commercium spectant. Quamobrem ubi displicet explicatio, ea rejici arbitrantur quæ ad commercium spectant, consequenter sumunt negari quæ experientiæ indubio testimonio confirmantur. Unde occasio delirandi consequentiariorum turbæ nascitur. Consultum igitur est, ut accurate discernantur, quæ systematis sunt, ab iis quæ ad commercium spectant, quatenus experientia præsertim communi nititur.

§. 543.

Ratio harmoniæ animæ ac corporis unde reddenda.

Systema explicandi commercium inter mentem atque corpus quodcunque eo fine conditur, ut harmoniæ animæ ac corporis ratio reddi possit. Systemata enim explicandi commercium inter mentem atque corpus omnia non alio fine conduntur,

tur, quam ut inde ratio reddatur eorum, quæ de commercio inter mentem atque corpus experimur (§. 531.). Experimur vero ex mutationibus in organis fenforiis rationem reddi poffe cur jam oriantur, & cur hæ potius oriantur quam aliæ (§. 959. *Pfychol. empir.*), & ex volitionibus ac appetitionibus animæ rationem patere, cur jam fiat motus aliquis in organis corporis & cur hic potius fiat quam alius (§. 960. *Pfychol. empir.*), atque utraque dependentia, fcilicet tam animæ a corpore quoad fpecificationem idearum & continuitatem temporis, quo cum mutationibus in organis fenforiis contingunt, quam corporis ab anima quoad fpecificationem motuum voluntariorum & continuitatis temporis, quo cum volitionibus animæ contingunt, ipfum commercium inter mentem & corpus conftituunt (§. 962. *Pfychol. empir.*), confequenter explicabilitas perceptionum animæ per ea, quæ in corpore contingunt, & motuum corporis per ea, quæ in anima accidunt (§. 539.), adeoque ipfa animæ ac corporis harmonia ad commercium inter mentem atque corpus referenda (§. *cit.*). Syftemata igitur explicandi commercium inter mentem & corpus eo fine conduntur, ut pateat ratio harmoniæ animæ & corporis.

Dari harmoniam animæ & corporis fatis manifeftum eft independenter ab omni fyftemate (§. 540.), fed cur detur, non eadem facilitate perfpicitur. Philofophus itaque cum rem difficilem non levi negotio definire poffit, ad hypothefes confugere tenetur, quibus reformatis ac immutatis, donec tandem experientiæ prorfus confentiant, liquida tandem fperatur veritas.

§. 544.

Si quis in Syftemate explicandi commercium inter mentem atque corpus fumit, quæ libertati adverfa funt; is ea in favorem erroris de dependentia volitionum ac nolitionum a perceptionibus animæ eidem admifcet, cum abeffe poffent ac deberent. Salvo enim quocunque fyftemate, quod ad explicandum

(*Wolfii Pfych. Ration.*)

Cur fyftemati explicandi commercium animæ ac corporis libertati inimica admifceri poffint.

commercium inter mentem atque corpus excogitatur, libertas & defendi, & impugnari potest (§. 536.), adeoque ad explicandum istud commercium opus non est, ut quæstio de libertate animæ dirimatur, consequenter quæ ab eadem pendent systemati admisceri nec opus est, nec ut fiat leges accuratæ methodi permittunt. Quodsi ergo quis in eodem sumit quæ libertati adversa sunt, is ea admiscet, quæ abesse & poterant, & debebant. Non igitur id alio fine facere potest, quam in favorem erroris sui de libertate in volendo & nolendo, consequenter de volitionum ac nolitionum dependentia a perceptionibus (§. 941. *Psychol. empir.*).

Rem exemplo declarari consultum duco, ut acumen lectoris excitemus, & juvemus, si quidem opus habuerit alieno auxilio. Ponamus esse non neminem, qui cum fatalem omnium rerum necessitatem statuat, numerum actualium intra numerum possibilium coarctans & Deo rerum omnium supremo autori libertatem in creando adimens, quemadmodum *Spinosam* sensisse constat ex ipsius Ethica, quæ primum inter posthuma opera locum tenet. Quodsi jam commercium deducat cum Cartesianis a modificationibus animæ & corporis harmonicis divina virtute immediate factis, atque adeo sumat, Deum ex necessitate naturæ suæ nonnisi harmonice modificare posse animam atque corpus; is systemati *Cartesiano* admiscet, quæ libertati Dei atque hominum adversa sunt, nec ad systema spectant. Neque enim necesse est adimi vel Deo, vel animæ, multo minus utrique, omnem in agendo libertatem, ut ratio commercii per hoc systema pateat. Sufficit enim sumere, Deum modificare animam in gratiam corporis & corpus in gratiam animæ: utrum vero id faciat libere, an ex naturæ necessitate, de eo hic non est quæstio. Similiter sufficit sumere, Deum motus in corpore producere volitionibus animæ harmonicos, non autem jam quæstio est, num ista animæ volitio, in cujus gratiam Deus motus istos producit, sit libera. Non igitur systemati imputandum est, quod vitio ejus tribuendum qui idem amplectitur.

§. 545.

§. 545.

Nullum syſtema explicandi commercium inter mentem atque corpus ſcripturæ ſacræ adverſum eſſe poteſt, niſi eidem admiſceantur errores, qui abeſſe & poſſunt & debent. Etenim in Scriptura Sacra non occurrunt, niſi quæ ad commercium ipſum, ſcilicet ad dependentiam ſenſationum a mutationibus organorum ſenſoriorum & motuum ſpontaneorum ac voluntariorum ab appetitionibus atque averſionibus animæ ſpectant: id quod cum res facti ſit, probari aliter haud poteſt, niſi quatenus negatur exemplum in contrarium afferri poſſe. Jam vero in omni ſyſtemate commercium inter mentem atque corpus tale ſupponitur, quale indubio experientiæ teſtimonio comprobatur (§. 530.), perceptiones nimirum rerum ſenſibilium & motus voluntarios atque ſpontaneos corporis ita oriri, ac ſi anima & corpus in ſe mutuo influerent (§. 537.). Nullum itaque ſyſtema per ſe ſcripturæ ſacræ adverſari poteſt. *Quod erat unum.*

Enimvero cum fieri poſſit, ut quis ſyſtemati explicandi commercium animæ ac corporis errores admiſceat, qui ſcripturæ ſacræ adverſantur, veluti ſi libertati adverſa eidem admiſcet, propterea quod erroneas de eadem fovet opiniones (§. 544.): ſyſtema quoque quatenus errores iſtos admixtos habet ſcripturæ ſacræ adverſum eſſe poteſt. Quoniam tamen erronea iſta, quæ ſyſtemati adverſantur, per ipſas bonæ methodi leges, & abeſſe poſſunt & debent (*§. cit.*); ſyſtema non adverſatur ſcripturæ ſacræ, niſi quatenus eidem admiſcentur errores, qui abeſſe & poſſunt, & debent. *Quod erat alterum.*

Nimirum tum demum fieri poſſet, ut ſyſtema aliquod ad explicandum commercium inter mentem atque corpus excogitatum, ſcripturæ ſacræ contradiceret, ſi eadem alicubi rationem redderet commercii iſtius, hoc eſt, diſtincte explicaret, undenam ſit ut poſitis mutationibus in organis ſenſoriis at-

An poſſit SS. contradicere.

que hinc pendentibus ideis materialibus in cerebro ponantur in anima perceptiones & viciffim pofitis animæ appetitionibus ponantur motus fpontanei ac voluntarii in corpore. Enim vero nullus monftrari poteft fcripturæ locus, in quo hæc doceantur. Neque etiam finis fcripturæ facræ poftulat, ut commercii animæ cum corpore intercedentis exponatur ratio, quemadmodum nemo non videt.

§. 546.

Theologi officium circa ifta fyftemata.

Quoniam nullum fyftema explicandi commercium inter mentem ac corpus fcripturæ facræ adverfari poteft (§. 545.); veritatibus quoque revelatis fuus ftat honos, qualecunque tandem fyftema defendatur, modo eidem non admifceantur errores, qui ad idem non fpectant, fed per leges bonæ methodi abeffe debent, neque philofophus turbat dogmata theologica, quamcunque tandem de commercio ifto foveat opinionem: *Theologi* adeo *non intereft, quodnam de commercio inter mentem ac corpus fyftema defendat philofophus;* cumque non inutile fit fyftemata quæcunque excoli & in foro philofophico de iisdem difputari (§. 531.), *Theologus* etiam *philofopho fuam ftatuendi libertatem illæfam relinquere poteft.*

Utinam hæc probe perpenderent, qui autoritate fcripturæ facræ abufi litibus alienis fefe immifcent, fæpe non abfque religionis veræ detrimento, cum locis fcripturæ in perverfum fenfum detortis hominibus profanis ac impiis anfam præbeant fcripturam facram fuggillandi, fuamque autoritatem proftituant! E re igitur fuit corollarium præfens præcedenti propofitioni jungi.

§. 547.

An vis repræfentativa univerfi conveniat omni fyftemati commercii.

In omni fyftemate explicandi commercium animæ & corporis fupponendum, effentiam atque naturam animæ in vi repræfentativa univerfi pro fitu corporis organici in univerfo convenienter mutationibus, quæ in organis fenforiis contingunt, confiftere. Quoniam enim ex nullo fyftemate, quamdiu ejus

aperta

aperta esse non debet falsitas, necessaria consequentia fluere debent quæ experientiæ vel propositioni cuidam veræ repugnant (§. 532. 533.), nullum quoque iis repugnare potest, quæ experientia ac ratione firmantur. Quamobrem cum partim experientia, partim principiis rationis nitatur, quod animæ competat vis sibi repræsentandi hoc universum situ corporis organici in universo materialiter, constitutione organorum sensoriorum formaliter limitata (§. 63. & not. ej.), quodque in hac vi essentia atque natura animæ consistat (§. 66. 67.); systema nullum explicandi commercium animæ cum corpore iis repugnare potest, quæ de hac vi tanquam animæ essentia atque natura in superioribus evicimus. Necesse igitur est ut in omni systemate istiusmodi supponatur, essentiam atque naturam animæ in vi repræsentativa universi pro situ corporis organici in universo convenienter mutationibus, quæ in organis sensoriis contingunt, consistere.

Falluntur adeo, qui sibi persuadent, quæ de essentia atque natura animæ in anterioribus tradidimus, in gratiam systematis harmoniæ præstabilitæ esse conficta, consequenter in gratiam systematis unius explicandi commercium inter mentem & corpus intercedentis: quod si verum esset, fieri haud quaquam potuisset, ut independenter ab eo, quod in ista hypothesi sumitur, idem evinceremus, de facto naturæ ope principiorum rationis ratiocinati (§. 63.). Sed verbis opus non est, ubi rerum testimonia adsunt. Cum enim mox recepta philosophorum systemata commercium animæ cum corpore explicandi simus exposituri & sub incudem revocaturi, fidem oculatam dabimus: in omni enim systemate supponemus, essentiam atque naturam animæ in vi ista repræsentativa consistere.

§. 548.

Quoniam fieri potest, ut *systemati alicui explicandi commercium animæ & corporis* admisceantur errores, qui ab eodem

An eidem contraria systemati commercii admisceri possint.

dem abesse possunt atque debent (§. 544.); *nec repugnat eidem admisceri quæ doctrinæ de essentia & natura animæ supra stabilitæ adversantur, ubi quis de eadem perperam sentit.*

Immo ipso facto constat, tale quid fieri posse. Vulgo enim anima quasi nudis facultatibus instructa consideratur, quæ cum in nuda agendi potentia consistant, excitatione opus habent, antequam sequi possit actio. Huic igitur hypothesi consentanea suis etiam systematis de commercio inter animam atque corpus intercedente admiscent, nulla tamen urgente necessitate, sed hypothesium tantummodo connectendarum gratia. Probe autem distinguenda sunt, quæ rationis reddendæ gratia sumuntur, ab iis, quæ adjiciuntur ut sit opinionum consensus. Illud ad systema proprie spectat (§. 530.), hoc vero ab eodem independens est.

§. 549.

An theoria anterior psychologiæ rationalis systema aliquod commercii supponat.

Et quia in omni systemate explicandi commercium animæ & corporis supponendum, essentiam atque naturam illius in vi repræsentativa universi, qualem in anima dari supra evicimus (§. 63.), consistere (§. 547.); ex unica autem hac vi omnem theoriam Psychologiæ rationalis deduximus, quemadmodum attenta lectione perspicitur: *theoria psychologiæ rationalis vi repræsentativæ universi situ corporis organici materialiter, mutationibus organorum sensoriorum formaliter limitatæ superstructa ab omni systemate explicandi commercium animæ atque corporis independens est, nec in ullius gratiam quicquam in eadem immutandum.*

Recepta philosophorum systemata commercium animæ & corporis explicandi theoriæ isti minime repugnare, sed singula cum eadem in gratiam redire, ex speciali eorundem expositione deinceps constabit.

§. 550.

Materialistarum de anima & corporis harmonia sententia.

Materialistæ nullam harmoniam animæ atque corporis admittunt: Idealistæ vero non admittunt nisi apparentem.
Quo-

Quoniam Materialistæ corporis tantummodo existentiam admittunt (§. 33.) & animam perceptionum & appetitionum atque aversionum subjectum pro ente materiali habent (§. 35.); non alia admittunt, nisi quæ modificationibus animæ singulis in corpore coëxistere in superiori theoria passim evicimus. Nullæ adeo dantur ex illorum hypothesi perceptiones & appetitiones atque aversiones a motibus in corpore existentibus diversæ, quæ per hos explicari deberent, sed motus isti ipsi sunt perceptiones, appetitiones atque aversiones, quas animæ tribuimus. In ipsorum itaque hypothesi nulla animæ atque corporis harmonia datur.

Porro Idealistæ realem corporum existentiam negant ipsisque nonnisi idealem in animabus existentiam largiuntur (§. 36.); animam vero pro ente immateriali habent (§. 37.). Admittunt igitur modificationes animæ, quas observamus & in theoria superiori ex vi repræsentativa universi, qualis in anima datur, a priori deduximus, solas tanquam reales, quæ vero in corpore iisdem respondere in superioribus evicimus, per ideas rerum materialium, quas anima habet, ita apparere. Quoniam itaque vera harmonia animæ & corporis datur, si utriusque substantiæ existentiam admittas (§. 540.); Idealistæ apparentem harmoniam admittere utique tenentur.

  Patet igitur Idealistas propius accedere ad veritatem, quam Materialistas & ab eorum hypothesi nihil periculi imminere psychologiæ rationali. Integram enim Idealista retinere potest ac debet, qualem ante dedimus, nisi quod semper supponat quæ de modificationibus corporis harmonicis traduntur, non revera ita sese habere, sed tantummodo apparere propter ideam corporis quam habemus. Non fallit hypothesis Idealistarum in eo, quod ideam corporis nostri organici habeamus & quod vi hujus ideæ cognoscamus modificationes corporis harmonicas modificationibus animæ, minime vero has ideo intelligamus, quod corpora revera existant: in eo tantummodo a vero aberrant, quod cognitionis nullum sit objectum reale. Quicquid vero sit, sive tantummodo in

ani-

anima detur idea corporis nostri organici, sive ipsum extra istam ideam existentiam realem habeat, propositiones psychologicæ singulæ semper erunt eædem, & ne minimum quidem in iisdem in gratiam Idealistarum immutandum. Apparet vero, quæ hic de theoria psychologiæ rationalis dicuntur, eadem quoque de philosophia naturali & omnibus ceteris philosophiæ partibus tenenda. Non commendamus Idealismum, propterea quod quæ vera sunt de eodem profitemur. Philosophus enim veritatis amorem odio sectæ præfert, nec quicquam erroris alteri tribuit, quod a mente ejus alienum est. Qui ab isto odio nondum expurgavit animum, is nondum dignus videtur qui philosophus audiat, quippe cujus est veritatem sectari in omnibus, nil quicquam dare affectibus, nec rationibus extrinsecis commoveri.

§. 551.

Cur Materialistæ & Idealistæ nullo opus habeant systemate commercii.

Materialistæ & Idealistæ nullo opus habent systemate explicandi commercium inter mentem & corpus. Materialistæ enim negant existentiam animæ, quæ sit a corpore diversa (§. 33. 35), adeoque non admittunt nisi modificationes corporis, quas animæ modificationibus respondere in theoria superiori evicimus. Nulla igitur opus est ratione, cur modificationibus corporis coëxistant modificationes animæ, & modificationibus animæ respondeant modificationes corporis, cum utræque nonnisi eædem existant. Quamobrem cum systemata explicandi commercium mentis atque corporis eo fine condantur, ut inde ratio reddatur illius coëxistentiæ (§. 531. 543.). Materialistæ nullo systemate explicandi commercium animæ cum corpore opus habent.

Similiter Idealistæ nonnisi animæ existentiam realem, corporis vero tantummodo idealem admittunt (§. 36.), adeoque nullas agnoscunt modificationes nisi animæ, quas ex vi repræsentativa universi in superioribus deduximus, corporis tamen modificationes harmonicas ita propter ideam corporis, quam habe-

habemus necessario apparere largiuntur. Quamobrem denuo ipsis opus non est, ut rationem reddant coexistentiae illarum modificationum. Quoniam itaque systema explicandi commercium inter animam & corpus illius rationis reddendae gratia quaeritur (§. 531. 543.); Idealistae non opus habent systemate explicandi commercium, quod animae cum corpore intercedit.

Utrumque brevius ita ostenditur. Materialistae non admittunt harmoniam animae & corporis, Idealistae vero non admittunt nisi apparentem (§. 550.). Quamobrem cum systema explicandi commercium inter mentem & corpus eo fine condatur, ut ratio reddi possit illius harmoniae (§. 543.), consequenter ut intelligatur cur potius detur, quam non detur (§. 56. *Ontol.*); Materialistae atque Idealistae nullo opus habent systemate explicandi commercium inter mentem atque corpus.

Immo non minus Idealistae, quam Materialistae in hypotheses monisticas inciderunt, quod de systemate explicandi commercium inter mentem atque corpus inveniendo desperarent, ex quo manifesta harmoniae animae & corporis ratio reddi possit. Quodsi enim ipsis pronum fuisset eandem intelligibili modo explicare, Dualismum utique professi fuissent. Et sane hinc apparet, cur philosophus ingenii sui vires eo intendere debeat, ut harmoniam istam intelligibili modo explicet, neque vel hoc nomine inutilis censeri debet ipsius conatus.

§. 552.

Philosophi est investigare systema explicandi commercium inter mentem & corpus. Philosophi enim est reddere rationem, cur possibilia actum consequi possint (§. 31. *Disc. praelim.*), & in specie in Psychologia rationali rationem reddere tenetur eorum, quae animae insunt, aut inesse possunt (§ 4.). Quamobrem cum ex systemate explicandi commercium inter

An philosopho incumbat Systematis de commercio investigatio.

(*Wolfii Psych. Ration.*)

mentem atque corpus reddatur ratio illius commercii (§. 530.) & harmoniae animae ac corporis (§. 543.); philosophi quoque est investigare systema explicandi commercium inter mentem & corpus intercedens.

Nemo igitur philosophum jure reprehendit, quod faciat quae sunt officii sui. Quodsi regeras, systema, quod excogitavit, non satisfacere proposito: demus hoc, nec tamen ideo culpandus erit. Hanc enim objectionem dudum removimus in genere (§. 127. Disc. praelim.) & paulo ante quoad casum praesentem (not. §. 531.).

§. 553.

Quot dentur systemata explicandi commercium inter mentem & corpus.

Tria hodie in philosophia occurrunt systemata explicandi commercium, quod inter animam atque corpus intercedit, scilicet systema influxus, systema causarum occasionalium & systema harmoniae praestabilitae. Res facti probari aliter haud potest, quam ut ab eo, qui contradicit, postuletur ut ostendatur, ubinam praeter ista aliud adhuc proponatur. Sane usque ad tempora *Cartesii* systema influxus physici in scholis philosophorum solum erat, quod docebatur. *Cartesii* autoritate accessit systema causarum occasionalium. *Leibnitius* denique addidit systema harmoniae praestabilitae. Si quis in diversis istis systematis quandam partem probat, aliam rejicit, & ad diversa spectantia miscet: eum in praesente non moramur.

An plura istis tribus systemata dari possint, nec ne, in praesente non disquirimus. Nos tria ista, quae in scholis philosophorum hodie ventilantur, fideliter expositori & ad examen revocaturi sumus, ut lectori pateat, quantum veritatis unicuique subsit & quodnam ceteris probabilius existimari debeat. Veritati unice litamus: nobis perinde est, penes quod istorum systematum ea stet, neque ulli succensebimus, si huic potius, quam alteri assentiatur, vel si nullum eorum probet in iis acquiescens, quae de hoc commercio experientia

tia magistra in Psychologia empirica docuimus. Quodsi etiam imbecillior fuerit, quam ut sibi temperare possit, quo minus placita philosophorum in se prorsus innocua damnet (§. 538.); per nos hoc faciat, modo sibi a malitia temperet, quam judicii imbecillitas & rerum philosophicarum ignorantia non excusat.

§. 554.

Qui profitetur se ignorare rationem commercii animæ atque corporis; ei nullum de hoc commercio systema est. Systema enim de commercio animæ atque corporis est hypothesis philosophica ad reddendam illius commercii rationem excogitata (§. 530.). Quodsi ergo quis profitetur se commercii animæ atque corporis rationem ignorare, is ultro confitetur se systema explicandi istud commercium reperire nullum posse, adeoque systema nullum ipsi est.

An detur systema ignorantiæ de commercio animæ & corporis.

Propositionem hanc ideo præcedenti de numero systematum addimus, quod, cum nuper magna animorum exacerbatione de systematis hisce serra cotentionis reciprocaretur, quidam novum systema de isto commercio sibi invenisse videbantur, quod *systema ignorantiæ* appellabant, cum assererent nos dependentiam perceptionum a corpore & motuum voluntariorum ab anima ignorare. Non improbamus, ut, qui vel imbecilliores sunt quam ut veritatem philosophicam capere possint, vel quorum non est nodos in philosophia intricatos extricare, malint ignorantiam suam profiteri, quam assensum profiteri: id enim utique laudandum potius est, quam vituperandum. Necesse tamen est ne id fiat in detrimentum veritatis & ut philosopho integra sit sua philosophandi, quemadmodum aliis sua ignorandi libertas. Quodsi quis demonstrasset impossibilitatem inveniendi systematis, quod veritati consentaneum sit; is omnino quæstioni arduæ satisfecisset: perinde enim est quæstionem solvere, & solutionis impossibilitatem demonstrare. Enimvero ne ea in re judicium præcipitetur, sequentem subjungimus propositionem.

§. 555.

476 Sect. III. Cap. I. De Systematis explicandi

§. 555.

Possibilitas systematis de commercio evicta.

Systema explicandi commercium animæ atque corporis possibile est. Commercium animæ atque corporis dari admisso Dualismo certum est (§. 39. *Psychol. ration.* & 961. 962. *Psych. empir.*) Idealistæ enim & Materialistæ, qui Monistæ sunt (§. 34. 37.), nullo systemate habent opus (§. 551.). Quoniam itaque eorum omnium, quæ sunt, ratio reddi potest, cur sint potius, quam non sint (§. 70. *Ontol.*); necesse est rationem quoque dari commercii, quod inter animam atque corpus intercedit. Quoniam itaque ex systemate ratio reddenda est hujus commercii (§. 530.); quin systema explicandi commercium inter mentem atque corpus intercedens possibile sit, dubitari haud quaquam potest.

Constat itaque impossibilitatem inveniendi systematis non manare a re ipsa, si demonstrari possit, sed a subjecto cognoscente. Quamobrem demonstraturus systema nullum, quod satisfaciat veritati, inveniri posse, evincere tenetur, non esse homini tantas animi dotes, quantæ ad systema istud in apricum protrahendum requirantur. Ecquis vero, nisi in arte inveniendi ac historia literaria veriori prorsus hospes, istiusmodi demonstrationem viribus suis parem judicabit? Cum itaque temerarium foret hoc judicium, philosophi vero sit veritatem latentem eruere; reprehendendus is minime venit, ubi ingenii sui vires in re tam ardua periclitetur, nec vertendum vitio est, si recta ad veritatem liquidam non statim pertingere potest, sed per hypothesium ambages incedere tenetur.

§. 556.

Fallax systema de commercio.

Qui explicandi commercii inter animam & corpus intercedentis causa sumit, animam in corpus & vicissim corpus in animam agere, modum tamen agendi ignorari affirmat; ei nullum de hoc commercio systema est. Qui enim affirmant animam in corpus & vicissim corpus in animam agere, modum tamen agen-

commercium inter ment. & corp. in genere.

agendi ignorari; ii non aliam utriusque istius actionis notionem habere possunt, quam quae experientiae respondet. Quamobrem cum tantummodo mutationum in organo sensorio & in mente coëxistentia, nulla vero actio corporis in mentem observetur (§. 949. *Psychol. empir.*), cumque similiter tantummodo volitionum animae & motuum in corpore, itemque nolitionis ac cessationis motus in eodem corpore coëxistentiam, nullam vero animae in corpus actionem, qua motus isti producantur vel sistantur, experiamur (§. 955. *Psych. empir.*); actionis corporis in animam non aliam habent notionem, quam quae coëxistentiae mutationum in organo sensorio & mente respondent, nec alia ipsius est actionis animae in corpus notio, quam quae volitionum animae & motuum in corpore, itemque nolitionis ac cessationis motus in eodem corpore coëxistentiae convenit. Affirmantes itaque mutationes in anima & corpore coëxistere, quia in animam corpus agit, & volitiones atque nolitiones in anima & motus atque cessationes motuum coëxistere, quia in corpus anima agit, nil quicquam aliud dicunt, quam mutationes in anima & corpore coëxistere in utroque casu, quia coëxistunt. Nullam adeo commercii animae ac corporis rationem dare possunt, adeoque systema de hoc commercio ipsis nullum est.

Tautologia manifesta est, modo vocabula a rebus distinguere noveris probe memor, sine mente sonos proferri, si nullae iisdem respondeant notiones. Dudum nimirum evicimus (§.136. *Log.*), si quis ejus, quod observat, rationem redditurus causam termino indigitat, huic autem non aliam jungit notionem quam ejus, quod observat, cum sibi videri habere notionem termino respondentem, utut revera is sit inanis. Idem vero in praesente casu accidere, quis dubitaverit? Reddenda est ratio coëxistentiae perceptionum animae & mutationum in organis sensoriis corporis. Causa allegatur corpus

478 Sect. III. Cap. I. De Systematis explicandi

in animam agens: actioni tamen huic notio non respondet alia nisi coëxistentiæ perceptionum animæ & mutationum in organis sensoriis. Hactenus adeo vocabulum actionis corporis in animam terminus inanis est. Similiter reddenda ratio est coëxistentiæ volitionum & nolitionum animæ atque motuum voluntariorum in corpore & cessationis eorundem. Causa allegatur anima in corpus agens: actioni tamen huic notio non respondet alia nisi coëxistentiæ volitionum & nolitionum animæ atque motuum voluntariorum in corpore & cessationis eorundem. Hactenus igitur denuo vocabulum actionis animæ in corpus terminus inanis est. Suppono nimirum hypothesin propositionis præsentis, quod ad actionem corporis in animam & animæ in corpus provocans fateatur, se modum agendi ignorare. Equidem me non fugit, viros in Mathesi summos, quorum acumen suspicimus merito, explicationem commercii inter mentem & corpus per mutuam harum substantiarum in se invicem actionem adeo evidentem judicasse, ut in dubium revocari minime possit: sed convictus quoque cum ratione, tum experientia dudum fui, quemadmodum acumen metaphysicum nil quicquam prodest ad acute videndum in Mathesi ita quoque acumen mathematicum non prodesse ad acute videndum in Metaphysicis, quamvis pro comperto habeam acumen mathematicum prodesse ad metaphysicum facilius comparandum. Non repugnat in Mathesi sublimiori ad miraculum usque excellentem balbutire, quando de rebus metaphysicis verba proferenda.

§. 557.

Dissensus circa commercium animæ & corporis apparens sublatus.

Qui profitetur se ignorare rationem commercii animæ & corporis & qui ejus explicandi causa sumit mutuas corporis & animæ in se invicem actiones, modum tamen agendi ignotum pronunciat; idem revera sentiunt. Etenim qui profitetur se ignorare rationem commercii animæ & corporis admittit, experientiæ testimonio indubio claram (§.949.955.*Psychol. emp.*), perceptionum animæ & mutationum in organis sensoriis corporis, nec non volitionum ac nolitionum animæ & motuum volun-

voluntariorum in corpore ac cessationis eorundem coëxistentiam. Enimvero qui illius commercii explicandi causa sumit mutuas corporis & animae in se invicem actiones, modum tamen agendi ignotum pronunciat; ei quoque de commercio isto non plura perspecta sunt, quam experientia exploratum est, adeoque notio istius actionis mutuae non alia est quam coëxistentiae modificationum certarum animae & corporis (§. §. cit.). Eandem igitur prorsus notionem habent, nec unus plus novit altero, nisi quod posterior plus sibi nosse videatur priori in judicando praecipitantior. Idem itaque re vera sentiunt.

Unde mirum non est, quod utrique nullum sit systema explicandi commercium animae atque corporis; sed uterque in iis subsistat, quae experientia magistra de hoc commercio nobis innotuerunt. Inde etiam est, quod actionem corporis in animam & animae in corpus tanquam terminum inanem rejicientes, coëxistentiam perceptionum animae & mutationum in organis sensoriis nec non motuum voluntariorum in corpore & volitionum animae negare ferantur & nescio quibus consequentiis molestis ex hoc supposito unice fluentibus onerentur. Quodsi vero quis coëxistentiam mutationum in organis sensoriis & perceptionum in anima actionem corporis in animam ac vice versa coëxistentiam volitionum & nolitionum atque motuum voluntariorum & cessationis eorundem actionem animae in corpus appellare velit, ita ut quando affirmat, animam agere in corpus & corpus agere in animam, hic sit verborum ipsius sensus, motus voluntarios coëxistere volitionibus animae & hujus perceptiones mutationibus in organis sensoriis qua talibus factis; nos cum ipso dicemus hoc sensu animam in corpus & corpus in animam agere, modo sibi caveat ab ambiguitate loquendi, ne aliud sibi dixisse visus ex alia actionis notione de iis, quae ad hoc commercium spectant, perperam ratiocinetur. Quoniam tamen non facile est evitare praecipitantiam ex ambiguitate ista resultantem; accurate ut loquamur consultius est, ne plus videatur

tur inesse verbis vitio subreptionis, quam experientia compertum habemus. Neque hæc facimus sine exemplo. Etenim Astronomi in parte Astronomiæ sphærica de motu cœli cum omnibus stellis circa Tellurem diurno cum iis loquuntur, qui Terram in medio mundi quiescere & cœlum tanquam sphæram cavam circa eandem ab ortu in occasum gyrari arbitrantur, etsi per motum istum non intelligant, nisi continuam puncti cujusdam fixi inter fixas assumti ad superficiem Telluris situs mutationem experientiæ consentaneam, sibi tamen caventes ab ambiguitate loquendi, quæ in Theoricis planetarum præcipitantiam in judicando veritati adversam invehere poterat. Poteramus addere alias loquendi formulas Geometris in motuum doctrina usitatas, siquidem opus esset exemplis pluribus. Quodsi vero quis dederit actionis animæ in corpus & corporis in animam definitionem, per quam commercium istud intelligibili modo explicari possit, & ostenderit talem animæ & corpori convenire; nos sibi refragantes minime habebit.

CAPUT II.

De Systemate influxus physici.

§. 558.

Influxus physicus quid sit.

Substantia una dicitur *physice influere* in alteram, si quædam realitas, quæ inerat uni substantiæ, transfertur in alteram, cui antenon inerat.

Istiusmodi influxus vulgo admittitur in motu corporum. Etenim dum corpus A incurrit in corpus B quiescens & idem ad motum concitat, post conflictum minorem vim habet quam ante eundem & ex adverso corpus B, quod in quiete vi istiusmodi carebat, post conflictum aliqua præditum est.

Vide-

De Systemate influxus physici.

Videtur itaque pars quædam vis motricis per conflictum ex corpore A in corpus B transfusa & hæc vis motricis ex uno corpore in alterum transfusio influxus physicus dici solet. Evidentius exemplum habemus in igne, qui per influxum physicum calefacit aquam, & similiter visibilia per influxum physicum agunt in oculum, lumen scilicet per reflexionem in eundem immittendo.

§. 559.

Hinc *corpus* nostrum organicum *physice influere* dicitur *in animam*, quatenus ex corpore quædam in animam transfertur realitas, quæ cum ante corpori inesset, nunc insit animæ. Et vicissim *anima physice influere* dicitur *in corpus*, quando in eandem transfert quandam realitatem, quæ ante non inerat.

Influxus physicus mutuus corporis & animæ in se invicem quid sit.

Non recedimus hinc a recepto vocabuli influxus significatu. Ite enim *Goclenius* noster in Lexico philosophico: „Influere, inquit, proprie liquidorum est, ut aqua, vinum „influunt. Metaphorice est immittere quasi influxu seu in-„fluendo dare seu communicare, seu per influxum causare, „effective sese impertiri: „ quæ verba definitioni influxus physici a nobis datæ & ad animam atque corpus applicatæ conformia esse nemo non videt & vel sola analogia a fluidis desumta probat.

§. 560.

Systema influxus physici dicitur, quo commercium inter mentem & corpus explicatur per influxum physicum corporis in animam & animæ in corpus, seu, quod perinde est, per actionem corporis in animam, qua corpus in animam influit, & per actionem animæ in corpus, qua anima in corpus influit.

Systema influxus quid sit.

Quando actio a nonnullis, qui systema influxus physici defendunt, simpliciter ponitur, ii tamen actionem per influxum fieri tacite supponunt, cum non modo *Aristotelici* non aliam actionis substantiæ unius in alteram notionem habeant, nisi

(*Wolfii Psych. Ration.*) P p p quæ

quæ fit per influxum phyficum, fed nec vulgo alia fit actionis notio, quemadmodum ex paulo ante (*not.* §. 558.) allatis exemplis apparet.

§. 561.

Influxioniftæ definitio.

Influxionifta dicitur, qui fyftema influxus phyfici defendit.

Vocabulo hoc philofophis non ignoto utemur, ut compendium loquendi habeamus.

§. 561.

Cum influxioniftis quinam non confundendi.

Qui explicandi commercii inter animam & corpus intercedentis caufa fumit, corpus in animam ac viciffim animum in corpus agere, modum tamen agendi ignorari; Influxionifta non eft. Qui enim explicandi commercii animæ cum corpore intercedentis caufa fumit corpus & animam in fe mutuo agere, modum tamen agendi ignorari; is in dubio relinquit vel prorfus negat influxum phyficum, cum per eundem modus agendi definiatur (*not.* §. 558.). Syftema igitur influxus phyfici non defendit (§. 560.), adeoque Influxionifta non eft (§. 561.).

Idem quoque hoc modo oftenditur. Qui explicandi commercii animæ ac corporis caufa fumit, animam in corpus & corpus in animam agere, modum tamen agendi ignorari; ei nullum eft fyftema (§. 556.) ac idem prorfus fentit cum altero, qui rationem commercii iftius fefe ignorare profitetur (§. 557.). Quamobrem fyftema influxus phyfici, quod in numero illorum fyftematum eft (§. 553.), defendere nequit, confequenter nec Influxionifta eft (§. 561.).

Propofitio præfens probe notanda eft, ne quis improvide Influxioniftarum numero fefe immergat vel alios invitos eidem adfcribat, nec, quæ de Influxioniftis & contra eos dicuntur, ad eos applicet, qui in iis acquiefcunt, quæ de hoc commercio indubia experientiæ fide conftant. Ex hac confufione multæ enatæ funt turbæ, quas hic recenfere noftri non eft inftituti.

§. 563.

De Systemate influxus physici.

§. 563.

Aristotelico-Scholastici sunt Influxionistæ. Nemo enim nescit *Aristotelicos* & *Scholasticos* causam in genere definire per principium per se influens esse in aliud substantive. Vid. *Johannes du Hamel* in Commentario ad universam philosophiam *Aristotelis* Tom. 3. p. 76. Jam in actione consistit causalitas causæ efficientis (§. 886. *Ontol.*). Unde actionem vocant influxum agentis in terminum & eam causam efficientem actu & formaliter influentem facere affirmant. Vid. idem *du Hamel* loc. cit. p. 92. & 93. Præterea animæ tribuunt actionem in corpus & animam considerant tanquam motuum causam efficientem, eique propterea facultatem locomotivam tribuunt: de quo nemo dubitat. Similiter iidem corpori tribuunt actionem in animam, qua producuntur perceptiones sensibilium, atque propterea corpori tribuitur vis agendi in animam. Quamobrem admittunt animam in corpus, corpus in animam agere influendo seu per physicum influxum. Fovent adeo systema influxus physici (§. 560.), adeoque Influxionistæ sunt (§. 561.).

Aristotelico-scholastici num sint Influxionistæ.

Hinc systema influxus physici appellari quoque solet *systema Aristotelico-Scholasticum*, ac ideo in usu fuit philosophis, quamdiu philosophia aristotelico-scholastica in Scholis viguit. Nec inficiamur facile esse in hoc systema prolapsum, ubi quis notionem actionis vulgarem habens sumit actionem animæ in corpus & corporis in animam observari, quod corpus colligatur causa efficiens perceptionum, quia posita mutatione in organis sensoriis ponitur perceptio, & anima sumatur causa efficiens motuum in corpore, quia posita volitione animæ ponitur motus in corpore, quasi vero ideo, quod posita actione causæ efficientis sufficientis ponatur effectus (§. 898. *Ontol.*), eorum, quæ simul ponuntur vel coëxistunt, unum alterius causa esse debeat.

§. 564.

Num systema influxus sit hypothesis philosophica.

Systema influxus physici hypothesis philosophica est. In systemate influxus physici sumitur animam in corpus agere & vicissim corpus in animam per influxum physicum, seu physice influendo commercii inter animam atque corpus intercedentis explicandi gratia (§. 560.). Enimvero actio animæ in corpus & vicissim corporis in animam experientia probari nequit (§. 949. 955. *Psychol. empir.*), neque ullus a priori ex natura corporis atque animæ, aut ex principiis aliis eam demonstravit, multo minus hucusque probatum est, vel in genere omnem actionem substantiæ unius in alteram vel in specie actionem animæ in corpus & corporis in animam per influxum physicum fieri. Sumitur itaque actio mutua corporis & animæ in se invicem per influxum physicum tanquam esset, cum probari nondum possit, utrum sit, an non sit, commercii inter mentem ac corpus explicandi gratia, consequenter systema influxus physici hypothesis philosophica est (§. 126. *Disc. prælim.*).

Qui influxum physicum pro demonstrato habent, vel actionem, cujus nullam habent notionem, cum influxu physico confundunt, vel actionem experientiæ obviam sumunt. Philosophi vero est accurate a se invicem distinguere, quæ diversa sunt, & in ratiocinatione cavere ne plus insit conclusioni, quam erat in præmissis.

§. 565.

Quanam vi corpus & anima instructa sint in systemate influxus physici.

In *systemate influxus physici anima vi quadam prædita est movendi corpus, seu producendi motum organorum corporis appetitionibus atque aversionibus suis convenientem & corpus præditum est vi quadam producendi perceptiones rerum sensibilium in anima.* Etenim in systemate influxus physici commercium inter mentem atque corpus explicatur per actionem

De systemate influxus physici.

nem, qua una substantia influit in alteram (§. 560.). Quamobrem cum ratio reddenda sit dependentiae corporis ab anima quoad specificationem motuum voluntariorum & contiguitatis temporis, quo cum volitionibus animae contingunt & dependentiae animae a corpore quoad specificationem perceptionum & continuitatem temporis quo cum mutationibus in organis sensoriis contingunt (§. 962. *Psychol. empir.*), consequenter cur motus quidam in organo aliquo corporis fiat quando eum vult anima (§. 953. *Psych. empir.*), & cur objectis externis in organa sensoria rite constituta agentibus eo ipso momento oriantur in mente perceptiones, quibus eadem tanquam extra nos repraesentamus (§. 948. *Psych. empir.*); vi systematis influxus physici corporis organa moventur ad nutum animae, quia anima motus istos producit, sine actione ipsius non orituros, & perceptiones rerum sensibilium, quae in organa sensoria agunt, in anima oriuntur, quia corpus easdem producit, sine actione corporis in eadem non extituras. Enimvero ex nuda potentia activa nulla sequitur actio (§. 717. *Ontol.*), sed ea demum posita vi ponitur (§. 723. *Ontol.*). Necesse igitur est ut in systemate influxus physici animae tribuatur vis activa, qua influendo in corpus producit motus organorum ipsius, & vicissim corpori vis activa, qua influendo in animam producit perceptiones rerum sensibilium.

Propositionem praesentem nemo in dubium vocat. Qui enim in iis, quae notionibus insunt, a se invicem separandis non satis sunt acuti, systema influxus physici in quo consistat explicaturi, ad hanc vim activam, qua corpus in animam, & alteram, qua anima in corpus influit, statim provocant: fit ita quod subinde vim a nuda potentia non distinguentes illam quoque cum hac confundant.

§. 566.

Juxta systema igitur *influxus physici* anima movet corpus — Animam corpus mo-

veat & quo modo ipsa percipiat. pus vel *organa corporis & cerebrum producit perceptiones rerum sensibilium in organa sensoria agentium;* quia scilicet perceptiones rerum sensibilium seu sensationes ideis materialibus in cerebro coexistunt (§. 113.).

Atque hæc ratio est, cur systema influxus physici vulgo confundatur cum theoria commercii animæ atque corporis soli experientiæ superstructa, aut, si ita loqui libuerit, cum systemate ignorantiæ, quam doctam esse & laudandam, non supinam & culpandam supra jam ostendimus (*not.* §. 554.).

§. 567.

Influxus animæ in corpus qualis sit.
Si anima physice influit in corpus, vis quædam animæ transit in corpus & in eo abit in motricem. Si enim anima in corpus influit physice, ex ea in corpus transit realitas quædam, quæ ante eidem non inerat (§. 559.). Quamobrem cum juxta systema influxus physici anima moveat organa corporis (§. 566.), movens autem in mobile transfert vim motricem, dum idem ad motum concitat; anima quoque juxta istud systema vim motricem in corpus transferre debet, quæ ante non inerat. Enimvero vis motrix, quæ in motu locali deprehenditur, corporea est seu talis, quæ in corporibus tanquam compositis locum habet, nec in anima, quæ substantia simplex est (§. 48.), locum habere potest. Quoniam itaque ex anima in corpus ea forma transire nequit, qualis in corpore deprehenditur; necesse est, ut, dum in corpore recipitur, in motricem abeat.

Hæc notionibus, quas communiter habemus phænomena luce metaphysica non illustrata respicientes, conformia sunt, nec a patronis influxus physici in dubium vocantur, modo mentem suam explicare noverint. Equidem qui systema physici influxus sibi defendere videntur, cum nullum revera habeant (§. 556. 557.) indignari memini quod tam absurda ipsis imputentur. Enimvero cum Influxionista hæc absurda minime pronunciet, vel hoc ipso agnoscant se a systemate influxus physici

De systemate influxus physici.

physici esse alienos, neque sibi dicta putent, quæ contra systema influxus physici objiciuntur. Ceterum quod ab Influxionistis sumitur de transitu virium ex corpore uno in alterum in communicatione motuum & in genere ex agente in patiens cum veritati consentaneum non sit, sed tantummodo phænomenis conveniat, alibi quoque a nobis demonstrari minime poterit. Illustrantur autem iis, quæ supra (*not.* §. 558.) ad explicandum influxum physicum in medium adducta sunt.

§. 568.

Si corpus physice influit in animam, vis quædam motrix transit ex corpore in animam & in eadem transformatur in aliam. Etenim si corpus in animam physice influit, ex eo in animam transit realitas quædam, quæ ante eidem non inerat (§. 559.). Quamobrem cum juxta systema influxus physici corpus vi sua producat perceptiones rerum sensibilium in anima (§. 565.), seu ideas sensuales (§. 95. *Psychol. empir.*); ideæ autem sensuales ideis materialibus coëxistant (§. 113.), & hæ quidem in motu quodam ex nervo sensorio, cui ab objecto sensibili impressus fuerat, ad cerebrum propagato consistant (§. 112.), cui vis motrix adhæret ipsis evanescentibus & ipsa evanescens; quod ex corpore in animam transfunditur aliud quid esse nequit, nisi hæc ipsa vis motrix. Enimvero vis motrix istiusmodi est, quæ animæ tanquam substantiæ simplici parum convenit. Necesse igitur est, ut, dum ex corpore in animam transit, in aliam transformetur.

Qualis sit influxus physicus corporis in animam.

Quæ ad propositionem præcedentem annotata fuere, etiam ad præsentem trahenda sunt, quamvis transitus vis motricis in animam non videatur adeo obvius quam vis ex anima in corpus transfusæ, propterea quod ideæ materiales in sensus non ita incurrant quemadmodum motus, qui a nutu animæ pendent. Duplicem adeo vi propositionis præsentis ac præcedentis influxum involvit systema influxus, per quem commercium inter animam & corpus subsistit, & unus quidem ab altero

tero prorsus diversus est. Uterque equidem in transfusione vis alicujus transformationem ejusdem involvit; sed transformationem non esse eandem constat, nec commode transfusio eadem poni potest. De influxu igitur animæ in corpus & corporis in animam dijudicaturus & ad transfusionem, & ad transmutationem virium animum advertere debet. Quod vis motrix animæ tanquam substantiæ simplici inesse nequeat, qualis inest corpori dum actu movetur, non demum probamus, cum idem absque probatione concedatur, nec nostrum sit systema influxus physici stabilire, sed tantummodo explicare, ut ejus insufficientia rectius appareat.

§. 569.

Effectus vis ex corpore in animam influentis.

Si corpus physice influit in animam, vis ex corpore in animam transiens dirigit vim animæ & gradum ejus determinat in intuenda idea universi, ut scilicet data claritate percipiantur quæ in organa sensoria agunt, seu, animam determinat ut legem sensationum observet. Anima enim vi quadam prædita est (§. 53.), qua actuantur omnia, quæ per facultates ejus in eadem possibilia intelliguntur (§. 55.), ipsæ etiam sensationes (§. 61.), seu perceptiones, quæ per mutationem in organo sensorio factam intelligibili modo explicabiles (§. 65. 66. *Psychol. empir.*), tum quoad materiam, cur scilicet hoc potius objectum in mundo adspectabili nunc clare percipias quam aliud, tum quoad formam, cur nimirum hoc claritatis gradu & non magis, nec minus distincte idem percipias (§. 959. *Psych. empir.*). Jam anima continuo ad status sui mutationem tendens (§. 56.), vi sibi essentiali (§. 66.) & naturali (§. 67.), continuo producit ideam totius universi (§. 190.), sed eam integram simul intueri (§. 194.), adeoque omnia, quæ eidem insunt, clare percipere nequit (§. 195.); necesse igitur est, ut, si corpus physice influit in animam, vis ex corpore in animam transiens eandem determinet ad clare percipiendum ea, quæ mutationem organis sensoriis

De Systemate influxus physici. 489

soriis inducunt, consequenter ipsam in intuenda idea universi dirigit (§. 193.). Et quia claritas idearum sensualium a celeritate motus nervis sensoriis impressi pendet (§. 125.); majore vi ex corpore in animam transfusa perceptio clarior est, minore autem in eandem transeunte minor, consequenter vis ex corpore in animam transiens vis animæ determinat gradum, ut dato claritatis gradu sensibile percipiat. Jam cum lex sensationis requirat, ut hoc, quod in organum sensorium agit, sensibile clare percipiatur, & hoc potius claritatis gradu quam alio (§. 85. *Psychol. empir.*), nempe qui respondet gradui celeritatis motus fibrillis nerveis in organo impressi (§. 125.), & ad cerebrum usque propagati (§. 111. 113.); animæ vis vi ex corpore in eam transeunte determinatur ad legem sensationum observandam (§. 113. *Ontol.*).

Propositio hæc uberius explicat effectum a corpore in anima productum per physicum influxum. Deducitur hic ex theoria superiori de anima, quam cum Influxionistæ hactenus ignoraverint, eadem in rem suam uti, adeoque effectum quoque ab influxu physico pendentem hoc modo explicare minime potuerunt. Non tamen ipsorum menti adversatur, sed eam admittere debent, quamprimum theoriam superiorem admittunt. Hinc vero jam clarissime apparet, theoriam quam de essentia, natura atque modificationibus animæ dedimus, sese indifferenter habere ad systemata explicandi commercii inter animam atque corpus intercedentis causa a philosophis excogitata & cum ipso systemate influxus physici consistere posse, immo majorem adhuc eidem lucem affundere, ut idem majus potius inde robur acquirat, quam ut enervetur: id quod inprimis ex propositione sequente elucescit.

§. 570.

Quoniam vis ex corpore in animam transiens vim ejusdem determinat ad observandam legem sensationis (§. 569.); influxus physicus necessarius videtur ad intuitum ideæ universi (*Wolfii Psych. Ration.*)

Influxus physici necessitas.

seu

seu mundi adspectabilis in anima existentis & easdem mutationes subeuntis, quas mundus adspectabilis subit (§. 192.).

Patet itaque per theoriam superiorem de anima novum quoddam robur acquirere systema influxus physici. Etenim cum anima ideam integram totius mundi adspectabilis continuo producat (§. 190.), quam integram simul intueri nequit (§. 194.), ac ideo legem sensationis observare teneatur (§. 217.); per se non determinata videtur ad legem sensationis in intuenda idea universi observandam, consequenter principium aliquod determinans requiritur: quale cum sit influxus physicus (§. 569.), ejus inde colligitur necessitas, anima scilicet a corpore recipiente, quod in se non habet. Quodsi demonstrari possit animam ad quamlibet perceptionem claram per se indifferentem non alio modo in intuitu universi dirigi posse, quam corpore in animam influente; cum directionis adesse debeat ratio sufficiens (§. 70. *Ontol.*), influxus physicus foret demonstratus. Ex iis vero, quae de ceteris systematis explicandi commercium animae ac corporis dicemus, contrarium elucescet.

§. 571.

Influxus physici animae effectus in corpore.

Si anima in corpus physice influit, fluidum nerveum dirigit ad influendum per nervos sensorios in musculos, quibus motus in corpore perficitur. Suo tempore in Physicis de motu locali acturi evincemus musculos, motuum organicorum instrumenta, ad actionem determinari per nervos sensorios, fluido quodam subtili per eos in musculos influente. Quodsi anima physice influit in corpus, vis ejus in corpus transfusa (§. 567.) dirigere debet fluidum nerveum ad influendum per nervos sensorios in eos musculos, quibus organorum motus perficitur, quem vult.

Dirigit adeo anima vim motricem corporis & corpus vim perceptivam animae, cum nec illa per ea, quae corpori insunt, nec haec per ea, quae animae insunt, determinari possit juxta systema influxus. Et hoc demum pacto intelligitur influxus istius mutu-

De Systemate influxus physici.

tui animæ in corpus & corporis in animam effectus, principiis & psychologicis, & physicis consentiens, ut in ipsius gratiam nihil veniat immutandum, si a quæstione discesseris, cujus gratia defenditur. Ceterum nemo miretur, nos expoliendo systemati influxus physici operam impendere, etsi ad ipsum defendendum non propendeamus. Jubet enim æquitas, a qua alieni esse non possumus, cum veritatis amore ducamur, ne in hypothesibus aliorum expendendis quicquam amori vel odio tribuatur. Nobis perinde est quicquid ex eorum numero, quæ controversa sunt, verum deprehendatur, modo non obtrudatur tanquam verum, quod vel non est, vel num sit adhuc dubium. Eandem vero æquitatem, cui in systemate influxus physici litamus, afferre utique debemus etiam ad cetera, ubi ab omni partium studio alieni esse voluerimus, nec in factis aliud esse debeat, quam in verbis.

§. 572.

Quoniam in corpore sano nervi sensorii quovis momento ita sunt dispositi, ut fluidum nerveum ad musculos per eos derivari possit, & fluidum nerveum, quod in cerebro est, per se indifferens est ad influendum in omnes nervos sensorios, quos ex cerebro per totum corpus propagari ex Anatomia constat; necesse est ut adsit principium quoddam determinans directionem fluidi nervei, ut in nervos sensorios fluat ad eos musculos tendens, quibus perficitur motus nutui animæ conveniens (§. 70. Ontol.). Quamobrem cum vi animæ in corpus influente fluidum nerveum dirigatur ad influendum per nervos sensorios in musculos, quibus motus in corpore perficitur (§. 571.); *influxus physicus videtur ad motus spontaneos ac voluntarios in corpore determinandos necessarius.*

Necessitas influxus physici in corpore.

Quæ paulo ante annotavimus de necessitate influxus physici ad intuitum ideæ universi in anima existentis determinandum, ea de necessitate ejusdem ad determinandos motus organicos corporis, qui animæ imperio subsunt, tenenda quoque sunt. Ceterum vel ex hac ipsa necessitate appa-

apparente intelligitur, cur facile sit in systema influxus physici incidere philosophum, ubi communem corporum in se invicem actionem per physicum influxum explicat, unde tanquam primo fonte systema istud derivatur.

§. 573.

Influxus physici notionem nullam habemus.

Influxus physici nullam habemus notionem. Quodsi enim aliquam influxus physici notionem habemus, eorum omnino notionem habere debemus, quae illam ingrediuntur. Jam si anima physice influit in corpus, vis quaedam animae in corpus transit & in eo in motricem abit (§. 567.) &, si corpus physice influit in animam, vis quaedam motrix ex corpore in animam migrat ac in eadem in aliam transformatur (§. 568.) vimque animae essentialem in intuenda idea universi tum quoad directionem, tum quoad gradum determinat (§. 569.). Quamobrem qui influxus physici notionem habet, is notionem habere debet & transfusionis virium ex una substantia in alteram, & vis perceptivae in motricem ac motricis in perceptivam transmutationem, nec non variationis directionis & gradus vis perceptivae notionem habere debet vel confusam, vel distinctam. Enimvero de mentis a corpore dependentia non observamus nisi mutationum in organo sensorio & in mente coexistentiam (§. 949. *Psychol. empir.*), itemque de corporis ab anima dependentia non experimur nisi volitionum animae & motuum in corpore, itemque nolitionum ac cessationis motus in eodem corpore coexistentiam (§. 955. *Psych. empir.*). Quamobrem cum notiones confusae a sensu ortum ducant, consequenter experientiae debeantur (§. 664. *Log.*); nullam quoque notionem confusam transfusionis virium ex una substantia in alteram, neque ullam transmutationis vis perceptivae in motricem & vice versa motricis in perceptivam, multo minus aliquam variationis directionis atque gradus vis perceptivae per infusam motricem habemus.

Porro nemo fuit hactenus, qui modum explicare potuerit,

De Systemate influxus physici. 493

rit, quo vis motrix ex corpore in animam transfunditur ibique in perceptivam mutatur, ac per eandem vis animæ essentialis directio atque gradus mutatur, & quo vis animæ in corpus transfunditur atque in eo in motricem transformatur. Quamobrem cum notionem distinctam alicujus mutationis tum demum habeamus, quando nobis constat, quomodo ea fiat, cum aliæ non insint notæ, per quas mutatio una ab altera distinguitur, nisi quæ modum quo fit absolvunt (§. 88. *Log.*); nullam quoque notionem distinctam habemus transfusionis virium ex una substantia in alteram ac metamorphoseos earundem, nec non variationis directionis atque gradus vis perceptivæ per infusam motricem.

Quoniam itaque nec distinctam, nec confusam habemus notionem eorum, quæ notionem influxus physici ingredi debent, *per demonstrata* obscuræ vero notioni hic locus esse nequit, prout per ipsam ejus definitionem claret (§. 80. *Log.*); ideo nullam influxus physici corporis in animam & animæ in corpus notionem habemus.

Idem quoque a posteriori probatur. Advertat enim, qui sibi notionem habere videtur, animum ad semetipsum, & satis superque intelliget nihil omnino esse, quod vocabulis istis transfusionis & transformationis virium respondeat, ubi ad animæ a corpore & vicissim corporis ab anima dependentiam declarandam transferuntur. Nisi obtusus ac hebes fuerit, abunde perspiciet sibi nullas ideas esse, quam quas a phænomenis rerum materialium hausit, ignarus an ad animam transferri possint & num inter animam atque corpus, substantias a se invicem prorsus diversas (§. 51.), obtineant quæ inter corpora obtinent, immo ne quidem prorsus obtinent. Etsi enim ex uno corpore in alterum vires transire videntur, iste tamen transitus nullam metamorphosin involvit. Quodsi vero distinctam istius influxus notionem tibi habere videris, eam aliis explica. Nullus dubito fore, ut omni conatu te nihil agere animad-

animadvertas. Sane non alia de causa contigit, ut mediocris ingenii homines in semetipsis experti fuerint, se modum, quo anima & corpus in se invicem agunt, ignorare, etsi vitio subreptionis sibi persuaserint se actionem animæ in corpus & corporis in animam in se experiri. Nec mihi quisquam notus est, qui distinctam istius transfusionis & transmutationis virium notionem sese habere professus fuerit atque cum aliis communicare voluerit.

Quodsi tibi notionem habere videaris eorum, quæ ad influxum physicum requiruntur, propterea quod bene intelligimus, quid sibi velit alter, dum eadem recenset; facilis est responsio. Verbis in se spectatis aliqua respondere potest notio, per quam intelliguntur; non tamen ideo ipsis respondet amplius notio, ubi ad significandum aliud quidpiam combinantur. Si frigida calci affunditur, quæ in poros ejus influit, & calx incalescit atque in rimas abit: quid sit influxus intelligitur, cum notionem habeamus transitus in poros, & mutationem fluidi in halitum observemus, nec minus effectum clare percipiamus. Ecquis vero ideam hanc ad animam transferens & calci animam, aquæ ideas materiales in cerebro, incalescentiæ perceptionem sensibilis claram substituens sibi persuadebit, sese adhuc notionem aliquam corporis in animam influentis habere, utut vocabulis per illam intellectis quid alter significare velit noverit? Ceterum qui principiis Logicis probe imbutum tenet animum, is veritatem propositionis præsentis hoc modo facile capit. Quæ ad influxum physicum requiruntur, virium scilicet ex una substantia in alteram transfusio & earundem transmutatio, nec a posteriori manifesta sunt, cum præter coëxistentiam mutationum corporis & animæ harmonicarum nil observemus (§. 949. 955. *Psychol. empir.*), nec in numero possibilium esse a priori demonstrari hactenus potuit. Sed quod neque experimur, neque a priori demonstrare possumus, ejus nullam habemus notionem, notionum quippe realitate vel a priori, vel a posteriori evincenda. Eorum adeo, quæ influxum physicum ingrediuntur, consequenter ipsius influxus physici notionem nullam habemus.

§. 574.

§. 574.

Influxus physicus intelligibili modo explicari a nobis nequit. Ejus enim notionem nullam habemus (§. 573.). Quamobrem cum alteri intelligibili modo id explicemus, cujus notionem distinctam animo ipsius ingeneramus; influxum physicum intelligibili modo explicare non valemus. — *Influxus physici inexplicabilitas.*

Idem etiam sic ostenditur. Influxus physicus involvit virium ex una substantia in alteram transfusionem & transfusarum transformationem (§. 567. 568.). Enimvero nemo hactenus explicare potuit, quomodo vis motrix ex corpore in animam transeat, ibique in perceptivam mutetur, & quomodo vicissim vis quædam ex anima in corpus transeat ibique in motricem transformetur. Nemo igitur influxum physicum hactenus intelligibili modo explicare potuit.

Ultro quoque plerique largiuntur se physicum influxum intelligibili modo explicare non posse, admitti tamen tanquam certum debere contendunt, quod experientiæ sit consentaneus: cujus contrarium dudum evicimus (§. 949. 955. *Psychol. empir.*).

§. 575.

Influxus physicus non potest rejici tanquam falsus, quod ejus nullam habeamus notionem, seu eam nec a posteriori, nec a priori probare valeamus; recte tamen ideo pro incerto habetur. Pone enim rejiciendum esse tanquam falsum, propterea quod eundem neque experiamur, nec demonstrare valeamus, sed nullam prorsus ejus ideam habeamus. Ergo tanquam falsum rejiciendum est, cujus ideam nullam habemus, seu quod nec experimur, nec demonstrare valemus, consequenter quod utrum confictum, an possibile sit, ignoramus. Quoniam hoc absurdum esse nemo non agnoscit; evidens omnino est influxum physicum tanquam falsum rejici non posse, quod nullam ejus habeamus notionem. — *Influxus physici incertitudo unde constet.*

Enimvero quamdiu nobis nondum constat, an vis motrix
ex

ex corpore in animam, vis animæ in corpus ex anima transire ac illa in perceptivam, hæc in motricem mutari possit, tamdiu ignoramus, utrum influxus physicus possibilis sit, an impossibilis, consequenter an verus sit, an falsus (§. 547. *Log.*). Pro incerto igitur recte habetur (§. 564. *Log.*).

 Hæc propositio probe notanda est, ne temeritatis alios accusare audeant, qui præcipitantiæ illius multo propiores. Quotiescunque enim influxus physicus non admittitur tanquam verus, exemplo sumunt eum rejici tanquam falsum vel impossibilem, quod intelligibili modo explicari a nobis non possit & indesinenter clamant non posse quid rejici tanquam falsum, quod experientiæ cum sit consentaneum intelligibili modo explicare tamen neutiquam valemus. Nos sane nondum rejicimus tanquam falsum, quod intelligibili modo explicare non valemus, etiamsi idem nec experiamur, immo si vel maxime certi simus, nos idem experiri minime posse: sed quod nullo modo adhuc sufficienter probatum tamdiu in numerum incertorum rejicimus, donec vel ejus veritas, vel falsitas fuerit evicta,

§. 576.

Vis motricis per influxum physicum extinctio.

Si corpus physice in animam influit, vis aliqua motrix, quæ materiæ cuidam inhærebat, in gratiam animæ perit. Etenim si corpus in animam physice influit, vis quædam motrix ex corpore in animam transit & in eadem in aliam transformatur (§. 568.). Vis autem illa adhærebat motui locali fibrillarum nervearum, in quo ideæ materiales perceptionibus rerum sensibilium coëxistentes consistunt (§. 112. 113.). In gratiam adeo animæ perit vis aliqua motrix, quæ materiæ inhærebat.

 Veritas propositionis non modo subsistit in theoria psychologica, quam in superioribus stabilivimus; verum etiam in ipsa scholasticorum hypothesi, quæ hodie parum est ad palatum philosophorum, immo promiscue eruditorum quorumcunque. Etenim juxta scholasticos sensibilia species sui materiales emittunt, quæ ad organa sensoria delatæ per nervos sensorios ad cerebrum deferuntur & ab intellectu passivo receptæ intellectus activi opera intelligibiles redduntur. Species istæ cum sint
mate-

De Systemate influxus physici. 497

materiales & motu deferantur ad organum sensorium ac inde porro ad cerebrum; materiam subtilem in motu constitutam habes, cui vim motricem adhærere extra dubium est. Jam cum hæ species ab anima recipiuntur, vis motrix quædam ex corpore in animam transit, & dum speciei sensibilis in intelligibilem transformatio contingit, motus ille expirat atque adeo vis motrix, quæ eidem cohæret, extinguitur. Patet itaque in gratiam animæ etiam in ipsa Scholasticorum hypothesi vim quandam motricem perire, quæ materiæ cuidam inhærebat. Quodsi species illas intelligibili modo ac veritati convenienter explicare volueris; non erunt nisi motus fibrillis nerveis in organo sensorio impressus & inde ad cerebrum usque propagatus, consequenter influxus physicus quod transitum speciei sensibilis ex cerebro in animam & ejus transformationem in speciem intelligibilem non poterit explicari, nisi per transmutationem ideæ materialis, quæ in cerebro existit, in perceptionem, vi cujus anima sibi conscia est sensibilis in organum sensorium agentis. Et quia idea materialis tanquam ens compositum a simplici, quale est anima, intra se recipi nequit; transfusio concipi nequit nisi quoad vim motui materiæ subtilis cujusdam aut fibrillarum nervearum cohærentem. Quoniam vero Scholastici animæ tantummodo nudas tribuunt potentias, vi ista transformata ad agendum excitari debet. Subsistit adeo virium motricium decrementum in sensationibus etiam stante hypothesi Scholasticorum hodie parum probata.

§. 577.

Si anima physice influit in corpus, vis aliqua motrix oritur, quæ antea nulli materiæ inhærebat in gratiam animæ. Si enim anima physicæ influit in corpus, vis quædam animæ in corpus transit & in eo in motricem abit (§. 567.). Inest hæc vis vel fluidi cuidam subtili, quod per nerveos motorios ad musculos motores defertur, vel ipsis fibrillis nervorum motoriorum. Atque adeo vis quædam motrix in materia oritur, quæ cum ex anima descendat, nulli antea materiæ inhærebat. Oritur

Vis motricis per influxum physicum ortus.

(*Wolfii Psych. Ration.*).   R r r   tur

tur itaque vis motrix in gratiam animæ, quæ nulli antea materiæ inhærebat.

Nemo in dubium vocat, motu novo producto in mundo materiali absque corporum conflictu, vim motricem produci. Quodsi ergo vi animæ producatur motus, inerit materiæ ad motum concitatæ aliqua vis, quæ in eandem ex materia alia non fuit derivata, adeoque ab anima demum producta.

§. 578.

Influxus physici cum conservatione virium vivarum pugna.

Si anima in corpus & corpus in animam physice influit; in toto universo non semper conservatur eadem virium vivarum quantitas. Si enim anima in corpus physice influit, vis quædam motrix oritur in aliqua materia, quæ ex nulla alia in eandem derivatur (§. 577.). Si vero corpus in animam physice influit, vis aliqua motrix in gratiam animæ perit, quæ materiæ cuidam inhærebat & aliunde in ipsam derivata fuerat (§. 576.). Quoniam vero non ex singulis sensationibus oriuntur motus spontanei vel voluntarii; dici non potest vim ab anima receptam & transformatam iterum integram redire in materiam ibidemque pristinam, quam amiserat, assumere formam. Quamobrem tantundem virium non recipitur in cerebro per influxum physicum animæ in corpus, quantum in eodem deperditum fuerat per influxum phisicum corporis in animam, consequenter si anima in corpus & corpus in animam physice influit, virium motui locali cohærentium, adeoque vivarum (§. 357. *Cosmol.*), quantitas eadem in toto universo non conservatur.

Primus huc animum advertit *Cartesius*, qui cum virium quantitatem æstimaret ex quantitate materiæ in celeritatem ducta, quam motus quantitatem dicere solemus, secum perpendens salvo influxu physico eandem motuum quantitatem in natura rerum conservari non posse intulit, eandem virium quantitatem in rerum natura minime conservari, si physicus admit-

admittatur animæ in corpus & corporis in animam influxus. Quod Scholastici de eo non cogitaverint, ratio facile patet. Etenim virium notionem prorsus insuper habentes non inquirebant, utrum motuum communicationes & conservationes certis legibus adstringantur, nec ne, quemadmodum a *Cartesio* factum, qui in philosophia non admittenda esse agnovit nisi intelligibili modo explicabilia, cum antea quilibet imaginationis fallacis abortus in eandem reciperentur, teste ipso influxu physico animæ in corpus & corporis in animam.

§. 579.

Influxus physicus ordini naturæ adversus. Si enim anima in corpus & corpus in animam physice influit, in toto universo non semper conservatur eadem virium vivarum quantitas (§. 578.). Enimvero per leges motus in natura rerum seu toto universo semper conservari debet eadem virium quantitas (§. 487. *Cosmol.*); influxus adeo physicus animæ ac corporis in se invicem legibus naturæ repugnat (*not. §. cit.*). Quamobrem cum ordo naturæ is sit, qui in modificationibus virium motricium deprehenditur (§. 558. *Cosmol.*), seu qui motus regulis continetur (§. 559. *Cosmol.*), consequenter a legibus motus dependet (§. 303. *Cosmol.* & §. 851. *Ontol.*); influxus physicus animæ atque corporis in se invicem ordini naturæ adversus est.

Influxus physicus naturæ ordini repugnans.

Agnovit *Cartesius* motuum variationes ac conservationes certis adstringi regulis, quæ a principiis generalibus tanquam legibus pendent, quemadmodum ex secunda Principiorum philosophiæ parte palam fit. Admisit adeo in natura rerum aliquem ordinem in variatione phænomenorum observandum. Quamobrem cum existimaverit, influxum physicum animæ in corpus & corporis in animam legibus naturæ esse adversum, utut in eo ad liquidam veritatem non pervenerit, virium vivarum & mortuarum discrimine non agnito; eundem ordini naturæ adversum utique censere debuit. Quoniam vero motus regulæ absque principiis mathematicis

cis non intelliguntur; hanc quoque pugnam influxus phyfici animæ atque corporis in fe invicem cum ordine naturæ Mathematum prorfus ignarus non comprehendit.

§. 580.

Cautio adhibenda ne contra influxum phyficum dicta perperam applicentur.

Quoniam influxionifta non eft, qui explicandi commercii inter animam & corpus intercedentis caufa fumit, corpus in animam & viciffim animam in corpus agere, modum tamen agendi ignorari (§. 562.), vel actionem corporis in animam & viciffim animæ in corpus fieri per influxum negat (§. 561.); ejus quoque *fententia de actione mutua corporis atque animæ in fe invicem citra influxum phyficum ordini naturæ adverfa non eft, propterea quod influxus phyficus eidem adverfatur* (§. 579.). Idem quoque hoc modo probatur. Qui profitetur fe ignorare rationem commercii animæ & corporis & qui ejus explicandi caufa fumit mutuas corporis atque animæ in fe invicem actiones, modum tamen agendi ignotum pronunciat, idem revera fentiunt (§. 557.). Enimvero qui profitetur fe ignorare rationem commercii atque corporis; is experientiæ teftimonio indubio convictus perceptionum animæ & mutationum in organis fenforiis corporis, nec non volitionum ac nolitionum animæ & motuum voluntariorum in corpore ac ceffationis eorundem coëxiftentiam admittit (§. 949. 955. *Pfych. emp.*), confequenter cum ordini naturæ adverfum non fit, quod in natura rerum fieri certum eft, fi vel maxime demonftrari non poffit, quod illa coëxiftentia ordini naturæ conveniat, vel non adverfetur, ejus quoque fententia ordini naturæ adverfa dici nequit, propterea quod influxus phyficus eidem adverfatur. Quamobrem nec fententia alterius, qui fumit animam in corpus & corpus in animam agere, modum tamen agendi ignorari profitetur, ordini naturæ adverfa dici poteft, propterea quod influxus phyficus eidem adverfatur.

Sunt

De Systemate influxus physici.

Sunt hodie bene multi, qui influxum physicum cum mutua actione corporis & animae in se invicem nobis ignota confundunt sumentes istiusmodi actionem tanquam experientia claram per vitium subreptionis (§. 949. 955. *Psychol. empir.* & §. 668. *Log.*), quamvis ultro fateantur sese nescire, qualis sit ista actio & quomodo fiat. Quamobrem quae contra influxum physicum in medium afferuntur, ea perperam sibi dicta putant, eumque revera idem sentiant cum illis, qui rationem commercii animae atque corporis se ignorare profitentur (§. 557.), in iis acquiescentes quae experientia discimus, inde inferunt naturae ordini adversa dici, quae in natura rerum fieri pro explorato habere debemus. E re igitur esse duxi applicationem eorum, quae de influxu physico in dubium vocari nequeunt, perversam praecavere, quantum datur.

§. 581.

Systema influxus physici notioni virium adversum. Vis motrix enim phaenomenon est substantiatum (§. 300. *Cosmol.*), adeoque substantiae instar apparet (§. 299. *Cosm.*), consequenter substantia non est. Quamobrem fieri non potest, ut vis motrix ex corpore in animam transfundatur. Quoniam itaque vi influxus physici vis quaedam motrix ex corpore in animam transit (§. 568.); systema influxus physici notioni virium adversum.

Influxus physicus notioni virium contrarius.

Notio virium supponit notionem elementorum, tanquam substantiarum simplicium (§. 180. 181. *Cosmol.*). Quamobrem vel hinc concluditur, systema influxus physici notioni quoque elementorum repugnare: id quod tamen ut expressius doceatur opus non est. Sane transitus vis motricis ex corpore uno in alterum, qui phaenomenis convenit, cum corpus unum in alterum ita agere videatur in conflictu, ut vim suam vel aliquam ejus partem in ipsum transferat, antiquissimis temporibus perplexos reddidit philosophos: dudum enim objectum fuit, vim motricem nec accidens dici posse, nec substantiam. Si enim dicatur accidens, eandem ex uno subjecto in alterum transire non posse. Quodsi substantiam esse velis, nec materialem dici posse, cum per materiam diffun-

Rrr 3   datur

datur, corpus tamen unum non penetret alterum; nec immaterialem statui posse, propterea quod pars una transit in corpus aliud, parte in eo relicta, cui tota ante inerat, substantia vero immaterialis tanquam simplex in partes dividi minime potest. Atque hinc durum visum fuit transitum vis motricis ex uno subjecto in alterum tanquam realem admittere.

§. 582.

Qualis sit influxus physicus.

Si influxum physicum animæ in corpus & corporis in animam tanquam rationem commercii inter mentem atque corpus alleges, qualitas occulta est. Si enim anima physice influit in corpus, vis quædam animæ in corpus transit (§. 567.), & si corpus physice influit in animam, vis quædam motrix ex corpore in animam transit (§. 568.). Influxum adeo physicum nobis imaginamur tanquam transfusionem virium ex una substantia in alteram, adeoque tanquam animæ ac corporis quandam qualitatem (§. 455. *Ontol.*). Enimvero cum nullam actionem animæ in corpus & corporis in animam (§. 949. 955. *Psychol. empir.*), adeoque nec transfusionem virium ex una substantia in alteram observemus; a posteriori non constat influxum physicum dari. Quoniam verum nullam ejus habemus notionem (§. 573.), nec a priori ejus possibilitas evinci potest, quin potius cum ordini naturæ (§. 579.) & notioni virium adversetur (§. 581.), omni prorsus probabilitate destituitur, quod insit, & rectius inde quod non insit colligitur; minime sane intelligitur, quod influxus physicus mutuus animæ ac corporis in se invicem substantiis istis insit, adeoque sumitur tanquam qualitas ratione sufficiente destituta (§. 56. *Ontol.*), consequenter qualitas occulta est, quando allegatur tanquam ratio commercii inter animam & corpus intercedentis (§. 189. *Cosmol.*).

Nemo non hodie fatetur, vim attractricem magnetis, quatenus allegatur tanquam ratio attractionis ferri a magnete factæ

De Systemate influxus physici. 503

&ctae esse qualitatem occultam ex Physica eliminandam, ubi in rationem phaenomenorum naturalium inquirimus. Enimvero eodem modo sese habet vis attractrix magnetis ad attractionem ferri, quo influxus mutuus physicus animae & corporis in se invicem ad commercium mentis & corporis. Observamus ferrum polo magnetis admodum eidem adhaerere, ut nonnisi aliqua vi a mutuo contactu separari possit. Atque hoc phaenomenon attractionis magneticae nomine compellari solet: nullam vero observamus magnetis in ferrum actionem. Ita tamen ferrum movetur ad magnetem & proprio pondere, si nimium non fuerit, a contactu divelli nescium eidem adhaeret, ac si ab eodem traheretur. Qui vim attractricem tanquam rationem attractionis magneticae allegant, vim istam ex magnete egredi & ferrum apprehendere, mox ad magnetem regredi & ferrum apprehensum secum rapere imaginantur, nullam vero habent istius vis notionem, nec eam intelligibili modo explicare valent, cum doceri non possit, quomodo vis ista ex magnete egrediatur ad certam distantiam & inde rursus arrepto ferro regrediatur, quomodo ferrum apprehendat, ut ipsum secum rapere possit. Similiter observamus sensibili in organum sensoriorum agente in anima oriri perceptionem & anima motum organi corporis nostri decernente organum moveri; nullam vero observamus actionem corporis in animam & animae in corpus (§. 949. 955. *Psychol. empir.*), perceptiones tamen ita coëxistunt mutationibus in organis sensoriis & motus voluntarii volitionibus animae, ac si substantiae istae in se invicem agerent (§. 537.). Quando vero influxum physicum tanquam modum agendi respicimus eumque tanquam rationem commercii inter mentem ac corpus allegamus, ejus nullam habemus notionem (§. 573.), nec intelligibili modo eum explicare valemus (§. 574.). Hactenus itaque ovum ovo similius non est, quam influxus physicus vi attractrici magnetis. Quo jure igitur vis attractrix magnetis in numerum qualitatum occultarum refertur, quando per eam rationem reddere cupis, cur ferrum a magnete attrahatur, eodem jure influxus physicus in numerum qualitatum occultarum referendus, quando per

cum

eum rationem reddere intendis mutuæ animæ ac corporis a se invicem dependentiæ in modificationibus suis. Quodsi vim attractricem in numerum qualitatum occultarum referre displiceat notiones Geometrarum imaginarias cum realibus Physicorum confundenti: in ejus locum substituatur odium naturale plantarum, v. gr. brassicæ ac vitis, ad quod Scholastici provocare solent rationem daturi, cur brassica ac vitis in eodem loco non bene vegetentur. Etenim denuo deprehendes, non alia allegari posse, cur odium istud in numerum qualitatum occultarum rejiciatur, quam quæ de influxu physico paulo ante evicta modo ad stabiliendam analogiam inter vim attractricem magnetis & influxum physicum in medium adduximus.

§. 583.

Influxus physicus cur sit terminus inanis.

Influxus physicus animæ in corpus & corporis in animam terminus inanis est. Etenim influxus hujus nullam prorsus habeamus notionem (§. 573.), etsi aliquam sibi habere videantur, qui eadem utuntur, sed deceptricem (§. 38. *Log.*). Quamobrem cum terminus notionem deceptricem significans inanis sit (§. cit. *Log.*); influxus physicus terminus inanis est.

Hinc jam in Logica loc. cit. influxum physicum allegavimus exemplum termini inanis daturi. Quod regeras fieri forsan posse, ut aliquando ad notionem aliquam eidem convenientem perveniatur, realitate ejus evicta; non tamen negari potest tamdiu terminum esse sine mente sonum, quamdiu nobis notio nulla fuerit. Sane hoc pacto omnes termini inanes in philosophiam recipere liceret: quo facto magno veluti agmine in philosophiam postliminio ruerent adeo feliciter a recentioribus ex eadem eliminati inanes termini, qui scientiarum progressum tantopere impediverunt. Eodem jure, quo influxus physicus animæ & corporis in se invicem in philosophiam recipitur, admitti quoque in eandem debent odium naturale & amor naturalis rerum inanimatarum, antipathia & sympathia, principium hylarchicum *Mori,* funiculus attractivus *Lini,* Gas & blas *Helmontii* & quæ sunt hujus furfuris innumera alia.

§. 584.

De systemate influxus physici.

§. 584.

Systema influxus physici in Psychologia rationali nullum habet usum. Etenim influxus physici nullam prorsus habemus notionem (§. 573.), adeoque per ipsum intelligi nequit, cur perceptiones sensibilium coexistant ideis materialibus in cerebro ab actione sensibilium in organa sensoria pendentibus & motus spontanei atque voluntarii appetitionibus & volitionibus animae, ita ut posita mutatione in organo ponantur una perceptiones in anima & posita appetitione vel volitione animae ponatur motus organorum corporis. Sane si modificationum harmonicarum animae & corporis coexistentiam transfusioni virium ex una substantia in alteram earundemque transmutationi tribuas (§. 567. 568), cum non intelligas quomodo ista transfusio atque transmutatio virium fiat, nec intelligis quomodo modificationes istae harmonicae in utraque substantia coexistant. Per systema igitur influxus physici coexistentiae illius, consequenter commercii animae ac corporis (§. 962. *Psychol. empir.*), rationem reddere nequis (§. 56. *Ontol.*). Quamobrem cum in Psychologia rationali reddenda sit ratio eorum quae animae insunt, aut inesse possunt (§. 4.), & systemata explicandi commercium inter mentem ac corpus eo fine excogitentur a philosophis, ut ratio detur commercii inter mentem atque corpus intercedentis (§. 530.); systema influxus physici in Psychologia rationali nullum habet usum.

Inutilitas influxus physici in Psychologia rationali.

Nimirum praestat ingenue confiteri, quod ignoremus, quomodo fieri possit ut anima percipiat sensibilia convenienter mutationi, quam organo sensorio inducunt, quamprimum eandem eidem inducunt, quam sibi ac imperitis aliis imponere velle, quasi sciamus, quod tamen nos nescire palam est, ubi non aliam rationem reddere valemus, quam influxum physicum corporis in animam. Et idem tenendum est de motuum voluntariorum a nutu animae dependentia. Atque adeo patet suffi-

(*Wolfii Psych. Ration.*)

sufficientem fuisse philosophis recentioribus rationem, cur misso systemate influxus physici alia investigare studuerint.

§. 585.

Inutilitas systematis influxus physici in philosophia practica & theologia.

Systema influxus physici in philosophia quoque practica & Theologia nullum habet usum. Quoniam commercium inter mentem & corpus intercedens, quod per systema influxus explicari debet (§. 560.), consistit in dependentia animæ a corpore quoad specificationem perceptionum & continuitatem temporis, quo cum mutationibus in organis sensoriis contingunt, & corporis ab anima quoad specificationem motuum voluntariorum & continuitatis temporis, quo cum volitionibus animæ contingunt (§. 962. *Psychol. empir.*); in Theologia & Philosophia practica non alius esse potest theoriæ de commercio animæ atque corporis usus, quam ubi quæritur, quid fieri debeat, ut anima percipiat, quæ ipsam percipere volumus, & quid vicissim faciendum, ut membra corporis totumque corpus eo moveatur modo, quo moveri ea volumus, vel ne moveantur eo modo, quo eadem moveri nolumus. Quoniam perceptio, qua sensibile in organum agens repræsentatur, eo ipso momento oritur, quo idem in organum sensorium rite constitutum agit (§. 948. *Psychol. empir.*); si quid ab anima percipi volueris, curandum tantummodo est, ut in organum sensorium agat, quod quandonam fiat, experientia obvia magistra didicerunt omnes. Minime igitur opus est, ut ad ortum perceptionis ex idea materiali in cerebro quicquam conferas (§. 113.). Quamobrem si influxus physicus corporis in animam vel maxime verus esset, adeoque vis quædam motrix ex corpore in animam transiret in eadem transformanda (§. 568.); nihil tamen a te fieri posset, immo nec deberet, quo transitus iste juvaretur, cum in ideam materialem sensibilis, quæ in cerebro existit, nulla tibi sit potestas, nisi quatenus mutatio, quæ organo sensorio inducitur, potestati tuæ subjicitur, ab eadem

vero

De Systemate influxus physici.

vero tantummodo pendeant ideæ materialis actualitas & qualitates. Quoniam vero istius transitus ne ullam quidem habemus notionem (§. 573.), sed is sine mente sonus est (§. 583.); ne somniare quidem licet de transitu vis motricis ex idea materiali in cerebro existente in animam juvando, ut perceptioni animæ insint, quæ absque isto adjumento non inessent. Patet igitur systematis influxus physici nullum esse usum in philosophia practica & Theologia quoad istam ejus partem, non modo pro præsente ejus statu, quo influxum physicum, adeoque transitum vis motricis ex corpore in animam (§. 568.), intelligibili modo explicare non possumus (§. 574.); verum etiam quoad eandem partem nullum ejus fore usum, si vel maxime supponas fore tempus, quo intelligibili modo transitus iste explicetur.

Similiter quoniam organorum quorundam corporis motus statim consequitur, quando anima eosdem vult, tamdiu durant, quamdiu anima eosdem vult, & extemplo sistuntur, quamprimum anima eosdem non vult (§. 953. *Psychol. empir.*); si efficere volueris ut quædam corporis organa certo quodam modo moveantur, vel etiam totum corpus aliquo transferatur, curandum tantummodo erit, ut anima motum istum sive organi alicujus, sive corporis totius velit. Minime igitur opus est, ut ad ortum motus in corpore ex volitione animæ quicquam conferas. Quamobrem si influxus physicus animæ in corpus vel maxime verus esset, adeoque vis quædam animæ in corpus transiret ibidem in motricem transformanda (§.567.): nihil tamen a te fieri posset, immo nec deberet, quo transitus iste juvaretur, cumque transitus hujus nullam habeamus notionem (§. 573.), sed sit hactenus sine mente sonus (§. 583.); ne somniare quidem datur de eodem juvando, ut ad nutum animæ sequatur motus, non ita secuturus absque nostro auxilio. Patet igitur systematis influxus physici nullum esse usum in philosophia practica & Theologia quoad alteram ejus partem, non modo pro præsente ejus statu, verum etiam si vel maxime supponas influxum physicum quoad transitum vis animæ in corpus intelligibili modo aliquando explicatum iri.

Propositionis præsentis veritas adeo manifesta est, ut contra eam nihil obverti possit, quod vel minimam habeat speciem. Quodsi enim objicias sublato influxu physico corporis in animam ideæ materiali non amplius ideam sensualem seu perceptionem sensibilis coëxistere posse; sumis utique quod probare non potes. Sed ut liberales simus, demus interea verum esse, quod objicitur; nondum tamen sequitur, negato influxu physico, vel non concesso, ut in dubium vocato, animam non amplius percipere sensibile, quando mutationem organo sensorio inducit, nec convenienter huic mutationi percipere. Qui enim negat influxum, vel eundem admittere recusat, antequam sufficienter fuerit probatus, aut eundem in dubium vocat, is tantummodo negat, aut pro vero vel pro probabili habere non vult, aut dubitat, animam ideo percipere sensibile in organum sensorium agens convenienter mutationi, quæ in organo sensorio accidit, quod corpus in animam physice influit, adeoque vim quandam in eam transfundit (§. 568.), non autem negat vel in dubium vocat, quod experientiæ nemini non obvium est, animam percipere sensibile, quando in organum sensorium agit, mutationi in organo contingenti convenienter (§. 948 *Psychol. empir.*), immo si acutior fuerit, nec negat, vel in dubium vocat, perceptiones rerum sensibilium in anima eo modo oriri, ac si corpus in animam influeret, seu vi sua perceptiones illas in anima produceret (§. 537.). Similiter si objicias sublato influxu physico animæ in corpus, ad nutum animæ non amplius consequi motum organorum corporis aut corporis totius; denuo sumis, quod probare non potes. Sed demus etiam hoc verum esse: nondum tamen sequitur, negato aut non concesso, aut in dubium vocato influxu physico animæ in corpus, ad nutum animæ nullum amplius consequi motum. Qui enim negat, aut non concedit, aut in dubium vocat influxum

ani-

animæ in corpus, is tantummodo negat, aut pro vero vel probabili habere non vult, aut dubitat, motum organorum corporis vel totius corporis ad nutum animæ ideo consequi, quod anima in corpus influit, seu vis quædam ex anima in corpus transit (§. 567.), non autem negat vel dubitat, quod vi experientiæ omnibus manifestum, ad nutum animæ consequi istos motus (§. 953. *Psychol. empir.*), immo si acutior fuerit, nec negat aut in dubium vocat, motus voluntarios in corpore eodem prorsus modo oriri, ac si anima in corpus influeret, seu vi sua eosdem produceret (§. 537.). Non negat aut in dubium vocat effectum, quem experimur, etsi neget, vel in dubium vocet causam illius effectus, quæ ab altero allegatur, si vel maxime ponatur causam, quæ allegatur, esse veram illius effectus causam. Ponamus Physicum aliquem negare aut in dubium vocare generationem iridis, quam tradit *Cartesius* in Meteoris & quam veritati consentaneam esse & experientia, & ratione constat: ecquis inde inferet eum negare, vel in dubium vocare, quod iris in rerum natura generetur, si in opposita soli lucenti regione pluit? Mirum profecto homines subinde adeo cœcutire, ut, quod in uno casu optime vident, in altero perspicere non possint, & cujus ipsos in uno casu puderet, id in altero magna animi confidentia defendant. Sed ita in transversum abripiuntur, qui ab appetitu pendulum habent assensum.

§. 586.

Quoniam demonstratio propositionis præcedentis mutatis mutandis ad quodvis aliud systema de commercio inter mentem atque corpus intercedente applicari potest; in genere liquet, *nullum systema explicandi commercium animæ ac corporis in philosophia practica & Theologia aliquem habere usum.*

Inutilitas omnis systematis in philosophia practica & theologia.

Atque hinc patet ratio, cur scriptura sacra non doceat veram commercii animæ atque corporis rationem: quam a nobis ignorari passus non fuisset Deus, siquidem ejus cognitio homini apprime necessaria esset. Repetenda hic sunt, quæ de philosophiæ practicæ ab omni systemate de commercio animæ & corporis independentia demonstrata sunt (§. 538.).

§. 587.

An systema influxus physici experimento subjici possit.

Systema influxus physici experimento subjici nequit. Quoniam enim juxta systema influxus physici perceptiones sensibilium in organa sensoria agentium pendent a vi motrice in animam ex corpore transeunte ac in ea in vim perceptivam seu perceptivæ determinatricem transformata (§. 558. 568. 569.), & motus spontanei ac voluntarii producuntur vi animæ in corpus transfusa ibique in motricem transformata (§. 567.); experimento definiturus, utrum influxus physicus detur, nec ne, inquirere deberet, num perceptionibus animæ aliquid insit, unde ostendi potest eas potius vi corporis in animam influente, quam alio quocunque modo produci, vel efficere teneretur, ut transitum vis motricis in animam vel ejus transformationem perciperet, & quoad alteram hujus influxus partem motus spontaneos & voluntarios attenta mente perpendere opus haberet, num quibusdam saltem aliquid inesse deprehendatur, unde deduci potest eas vi animæ in corpus transfusa potius produci, quam alio quocunque modo, vel denique necesse esset, ut transitum vis animæ in corpus aut ejus transformationem perciperet. Enimvero in omni systemate, adeoque quæcunque tandem commercii animæ ac corporis detur ratio (§. 530.), supponendum perceptiones rerum sensibilium in anima & motus voluntarios in corpore eo modo oriri ac si anima & corpus in se mutuo influerent, hoc est, ac si anima vi sua produceret motus voluntarios in corpore & corpus vi sua produceret perceptiones rerum sensibilium in anima (§. 537.). Perceptionibus igitur nil inesse potest, unde deducatur, an vi potius corporis, quam alio quocunque modo producantur, nec motibus corporis & organorum ipsius inesse quicquam potest, unde ostendi queat, eos potius vi animæ, quam alio quocunque modo

De Systemate influxus physici.

modo produci, nemine scilicet in dubium vocante, nisi experientiae manifestae contradicere velit, perceptiones tales esse, ut possint censeri effectus vi corporis producti, & motus quoque voluntarios tales deprehendi, ut non repugnet eos esse effectus vi animae productos. Enimvero nullam corporis in animam (§. 949. *Psychol. empir.*), nullam animae in corpus actionem (§. 955. *Psychol. emp.*) observamus, quantamcunque attentionem & quantumcunque acumen ad observandum afferamus, cum praeter coexistentiam mutationum harmonicarum corporis & animae nil quicquam percipiatur (§. §. *cit.*). Multo minus igitur observare licet, num actionibus istis talia insint, unde transitum virium ex una substantia in alteram & earum transmutationem colligere licet. Nullo autem modo apparet, unde quis spem concipere debeat fore, ut ipsum transitum virium earumque transformationem immediaté percipiat. Atque hinc abunde patet, systema influxus physici experimento subjici minime posse.

Si cui contrarium videtur, is de experimento cogitet laudem magnam meriturus, si tale reperire possit. Enimvero cum influxus physicus ordini naturae adversus sit (§. 579.), nulla vero probabilitas suadeat Deum ita constituisse naturae ordinem, ut in gratiam animae continuo turbetur; parum spei superesse videtur fore, ut istiusmodi experimentum excogitari possit, quo transitus virium ex una substantia in alteram & transformationis earundem ad immediatam perceptionem deduci possit sive in se, sive per aliud quidpiam illi individulso nexu cohaerens. Sed de re satis manifesta plura verba facere nolumus.

§. 588.

Systema influxus physici omni probabilitate destituitur. Est *Systematis* enim ordini naturae adversum (§. 579.). Probabile vero non *influxus im-* est, Deum autorem rerum sapientissimum, ita constituisse na- *probabilitas,* turae ordinem, ut in gratiam animae continuo sit turbandus.

Quam-

Quamobrem systema influxus physici omni probabilitate destituitur.

Idem quoque inde evincitur, quod in influxu physico assumantur, quæ in se inexplicabilia videntur (§. 567. 568.), utpote notioni virium adversa (§. 581.). Quoniam enim vi principii rationis sufficientis, quod non fert nisi intelligibili modo explicabilia (§. 56. *Ontol.*), sit ita quod a nobis nondum explicari possint, pro probabili haberi nequit, quod phænomeni alicujus explicandi gratia sumitur tanquam in se inexplicabile; influxus quoque physici systema omni probabilitate destituitur.

> Systema influxus physici ordini naturæ ideo adversatur, quia adversatur legi motus de eadem virium vivarum quantitate in rerum natura conservanda (§. 579.). Qui exceperunt, legem hanc esse corporum in se invicem agentium, nil vero obstare, quo minus corpori in animam & animæ in corpus agenti præscripta sit lex alia; argumenti contra influxum physicum allati vim non satis perceperunt. Neque enim hic ad naturæ legem de conservanda eadem virium vivarum quantitate provocatur, quatenus modum agendi corporibus in se invicem præscribit, sed quatenus ordinem naturæ determinat. Ecquis urgeret eundem agendi modum observari debere a corpore in animam vel ab anima in corpus agente, quem corpori in sui simile agenti præscriptum ab autore naturæ deprehendimus, nisi contrario agendi modo naturæ ordo perturbaretur? Exceptio igitur ista, utut omni specie non destituta, si rem arduam obiter consideres, scopum minime ferit. Ceterum ex jam demonstratis clarissime perspicitur, systema influxus physici nemini obtrudi posse, & sufficientem fuisse rationem philosophis, cur de aliis systematis cogitarent, ad quæ porro explicanda ut digrediamur, instituti ratio jubet.

CAPUT

CAPUT III.
De Systemate causarum occasionalium.

§. 589.

Systema causarum occasionalium dicitur, quo commercium inter mentem & corpus explicatur per modificationes harmonicas immediate a Deo factas, seu per voluntatem Dei generalem & certis legibus liberrime adstrictam.

Systematis causarum occasionalium definitio.

Systema hoc *Cartesio* debetur autori, qui cum influxum physicum in motu corporum rejecisset, & ad voluntatem Numinis generalem certisque legibus liberrime adstrictam provocasset Princip. part. 2. artic. 36. & seqq.; idem quoque in explicando commercio animæ & corporis fecit. Idem systema excoluit *Malebranchius* Dialog. 4. de Metaphysica & religione §. 18. & seqq, & Dial. 7. §. 2. & seqq. it. in Tract. de inquirenda veritate lib. 3. part. 2. c. 3. & in Dilucidationibus ad istum locum, atque *Cordemoi* in Dissert. 4. de distinctione corporis & mentis pag. 83. Etsi autem *Sturmius* eclecticum egerit, nec ulli philosophorum sectæ se mancipaverit; in actionibus tamen corporum in se invicem & animæ in corpus & corporis in animam explicandis systema causarum occasionalium amplexus est in Physica electiva Tom. 1. p. 161. & seqq. Cum philosophia *Cartesiana* hodie pervulgata sit, systema quoque causarum occasionalium plures habet defensores, sit ita quod in eorum numero subinde sint, qui vel ipsimet ignorant se eidem adhærere, vel mentem *Cartesii* non plene assequuntur. Non jam disquirimus, utrum *Cartesius* systema occasionale per omnia probaverit, an in quibusdam aliter senserit quam ipsius asseclæ: id enim ex sequente tractatione demum elucescet. Sunt etiam qui systema causarum occasionalium *systema assistentiæ* appellare solent.

(*Wolfii Psych. Ration.*) T t t §. 590.

§. 590.

Causæ occasi-
onalis defini-
tio.

Causæ occasionales dicuntur, quæ vi agendi propria destituuntur, Deo tamen agendi occasionem præbent.

Opponitur causa occasionalis causæ physicæ, quæ vi agendi propria instructa est. Ita non modo in systemate influxus physici corpus & anima sunt causæ physicæ, quippe non minus corpus, quam anima vim agendi habet; verum etiam juxta theoriam superiorem anima vi activa prædita est (§. 53.), unde actiones ipsius consequuntur (§. 55.), & juxta theoriam cosmologicam singulis elementis rerum materialium vis activa inest (§. 196. *Cosmol.*), unde vis activa seu motrix in corporibus tanquam in composito resultat (§. 180. *Cosmol.*). Nostra enim theoria in eo consentit cum theoria veterum & Aristotelico-Scholasticorum, quod substantiis secundis, quas appellant, hoc est, creatis vires agendi proprias, etsi creatas, tribuamus.

§. 591.

Quomodo
Deus ani-
mam & cor-
pus modificet
in systemate
causarum
occasiona-
lium.

In systemate causarum occasionalium Deus modificat animam in gratiam corporis & corpus in gratiam animæ producendo scilicet ideas sensuales hasce non alias, quia hæ ideæ materiales non aliæ in cerebro existunt, & producendo motus hosce non alios in corpore, quia anima hos, non alios appetit, sive vult. Etenim in systemate occasionalium causarum Deus immediate corpus modificat in gratiam animæ & animam in gratiam corporis (§. 589.). Jam singulis ideis sensualibus singulæ respondent materiales (§. 114.), & ideæ sensuales ideis materialibus coëxistunt (§. 113.). Deus igitur in gratiam corporis animam modificans hasce in anima producit ideas sensuales, non alias, quia hæ ideæ materiales non aliæ in cerebro existunt. *Quod erat unum.*

Similiter in systemate causarum occasionalium Deus immemediate modificat corpus in gratiam animæ (§. 589.). Jam vero volitionibus animæ motus in corpore coëxistunt (§. 955. *Psychol. empir.*). Deus igitur in gratiam animæ corpus modificans hos in corpore producit motus, non alios, quia hæ sunt in anima volitiones, non aliæ.

Constat *Cartesium* non aliter explicare motuum communicationes in conflictu corporum, quam quod Deus in uno corpore minuat motum & in altero eundem producat, dum corpus unum in alterum impingit convenienter scilicet legibus motus, quos experientia probat & unde regulæ motus deducuntur, quemadmodum in Cosmologia integro capite docuimus. Systema igitur, quo in explicandis corporum in se invicem actionibus utitur *Cartesius*, ad actiones quoque animæ in corpus & corporis in animam explicandas transfertur, ita ut sit systema generale explicandi actiones substantiarum finitarum seu creatarum in se invicem.

§. 592.

Quoniam in systemate causarum occasionalium Deus hasce producit ideas sensuales in anima, quia hæ in cerebro existunt ideæ materiales, & hos in corpore motus, quia hæ animæ insunt volitiones (§. 591.), anima destituitur vi activa, qua motus in corpore producitur, & tantummodo per volitiones suas Deo istos producendi occasionem præbet ; corpus vero destituitur vi activa, qua perceptiones animæ producere valet, & tantummodo per ideas materiales in cerebro productas Deo occasionem præbet illas producendi. *Sunt igitur in systemate causarum occasionalium anima & corpus mutationum harmonicarum tantummodo causæ occasionales (§. 590.).*

Quales causæ sint corpus & anima in hoc systemate.

Immo eodem modo in hypothesi *Cartesii* corpora tantummodo sunt communicationis & conservationis motus causæ occasionales, cum in systemate influxus sint causæ physicæ (*not.* §. 590.). Et hinc systema explicandi commercium animæ & corporis, de quo jam agimus, & communicationis ac
con-

conservationis motus eidem agnatum, systematis causarum occasionalium nomen accepit.

§. 593.

Mutationum harmonicarum animæ & corporis causa.

In systemate causarum occasionalium modificationes harmonicæ animæ & corporis a nuda voluntate Dei pendent. Etenim in systemate causarum occasionalium anima & corpus modificationum harmonicarum tantummodo sunt causæ occasionales (§. 592.), adeoque vi omni activa destituta Deo tantummodo modificandi utramque substantiam occasionem suppeditant (§. 590.). Quoniam itaque per naturam animæ & corporis modificationes nullæ harmonicæ sunt, ita ut nec certæ ideæ materiales respondeant certis ideis sensualibus & certi motus corporis subjecti sint certis volitionibus animæ; harmoniæ, quæ inter animam & corpus datur, alia allegari nequit ratio nisi voluntas divina causæ primæ, autoris omnium rerum, nempe Dei. Modificationes itaque harmonicæ animæ ac corporis a nuda voluntate Dei pendent (§. 851. Ontol.).

Postquam *Cartesiani* sibi persuadent a *Cartesio* sufficienter esse probatum corpora & animam omni activa vi destitui & tantummodo causas occasionales esse posse, non absurdum ipsis videtur, deficientibus causis secundis ad causam primam recurrere, & per hanc creaturarum in modificationibus suis a Deo dependentiam concursum ipsius generalem in conservandis creaturis explicare. Enimvero de eo adhuc disceptatur, num a *Cartesio* sufficienter fuerit probatum, corpora in actionibus suis in se invicem & corpus pariter atque animam quoad modificationes harmonicas tantummodo spectanda esse instar causarum occasionalium.

§. 594.

An ideæ sensuales sint materialium sociæ arbitrariæ.

Quoniam modificationes harmonicæ animæ & corporis a nuda voluntate Dei pendent (§. 593.), neque adeo hisce ideis materialibus in cerebro hæ ideæ sensuales in anima respondent, quam quia Deus earundem coëxistentiam continuam voluit:

De Systemate causarum occasionalium. 517

luit: ideo hinc porro inferunt *Cartesiani* citra omnem oppositi formidinem, *ideis iisdem materialibus in cerebro alias quoque ideas sensuales in anima respondere potuisse, quam quæ nunc respondent,* v. gr. ut appareret nigrum, quod nunc videtur album, & ut dulce sit, quod nunc tanquam amarum percipimus, vel ut voluptatem pareret, quod nunc dolorem causatur & ita porro.

Illatio hæc præcipitantiæ tribuenda: neque enim ideo necessarium est ut arbitrario jungantur ideæ sensuales ideis materialibus, quia liberrima Dei voluntate junguntur, possunt enim Deo esse rationes ideis ipsis intrinsecæ, ob quas potius has sibi mutuo jungit quam alias, quemadmodum deinceps ostendemus. In expendendis hypothesibus probe a se invicem separanda sunt, quæ ex iis necessario fluunt & quæ cum iisdem necessario non connectuntur.

§. 595.

Occasionalista dicitur, qui systemate causarum occasionalium in explicando commercio inter animam ac corpus intercedente utitur, tum etiam qui corpora in motus communicatione ac conservatione instar causarum occasionalium considerat.

Occasionalista quinam dicatur.

Hinc & *Cartesius* dicitur Occasionalista, qui ob difficultates in communicatione & conservatione motus obvias causas occasionales in locum physicarum introduxit.

§. 596.

Atheus & de Dei existentia dubitans Occasionalista esse nequit. Etenim in systemate causarum occasionalium modificationes harmonicæ animæ & corporis a nuda Dei voluntate pendent (§. 593.), adeoque systema hoc admittere non potest, nisi qui Deum existere & rerum omnium autorem esse admittit. Quare cum hoc neget atheus, & qui de existentia Dei dubitat; atheus & de existentia Dei dubitans systema causarum

Qui nam Occasionalista esse nequeat.

occasionalium defendere nequit, seu Occasionalista esse non potest (§. 595.).

Cum *Cartesius* causas occasionales in philosophiam introduxerit *(not.* §. 595.); absurdum est labe atheismi eundem inficere. Apparet autem qui hoc faciunt, cum ex notionibus minime ratiocinentur, assensum ab appetitu sensitivo & in eo residentibus affectibus pendulum habere. Ceterum ex necessario inter systema causarum occasionalium & existentiam Dei nexu Occasionalistæ existentiam Dei demonstrare solent, quemadmodum fecit *Sturmius* in Specimine Theosophiæ, hoc est cognitionis de Deo naturalis, quod Tomo primo Physicæ electivæ seu hypotheticæ subjungitur, prop. 7. quippe qua evincit, quod Dei existentiam animæ rationalis unio cum corpore organico clarissime comprobet. Istiusmodi probationes, quibus necessarius nexus existentiæ divinæ cum hypothesibus philosophicis evincitur, hunc inprimis habent usum, ut hypotheses a labe impietatis purgentur: id quod inprimis necessarium, cum inveteratus sit mos impietatis accusare eos, qui a receptis sententiis recedunt.

§. 597.

Quomodo in systemate causarum occasionalium anima in corpus agat.

Si in systemate causarum occasionalium eadem virium quantitas conservanda; Deus in gratiam animæ non novum spirituum animalium motum producere, sed tantummodo eorundem in motu jam constitutorum directionem immutare debet, ut influant in nervos motorios ad musculos seu organi motores tendentes. Quoniam virium quantitas pendet a celeritate motus (§. 481. *Cosm.*), ubi spiritus animales seu fluidum nerveum influunt in nervos motorios, quando ad nutum animæ organum aliquod corporis moveri debet, non tum demum aliquam celeritatem acquirere debent, quam nondum habent, sed necesse est eam retineant, quam habent. Quamobrem cum corpus quiescens ad motum concitetur, ubi celeritatem acquirit, quam antea non habebat (§. 653. *Ontol.*), & novum accipiat motus incrementum, ubi celeritas ejus augetur (§. 398. *Cosmol.*), Deus autem in systemate causarum occasionalium ad nutum animæ producat motum organorum

norum corporis (§. 591.): si in eodem systemate eadem virium vivarum quantitas in universo conservari debet, Deus motum spirituum animalium vel fluidi nervei in gratiam animæ novum non producere, nec eum, qui jam inest, augere debet. Quia tamen spiritus animales ea, qua jam feruntur, celeritate in nervos motorios influere debent; necesse est ut eorum directio immutetur. Deus igitur in gratiam animæ directionem spirituum animalium in motu jam constitutorum immutare debet, ut nervos motorios ingrediantur, qui ad musculos organorum ad nutum animæ movendorum motores tendunt.

Cum motus quantitas similiter a celeritate pendeat, qua mobile fertur (§. 398. *Cosmol.*); si in systemate causarum occasionalium eadem motus quantitas conservari debet, Deus quoque in gratiam animæ nonnisi directionem spirituum animalium immutare tenetur, qui in nervos motorios influunt ad organum movendum deferendi. Constat *Cartesium* in ea fuisse opinione, quod in universo eadem conservanda sit motuum quantitas. Constat porro eundem in philosophiam introduxisse causas occasionales. Quamobrem actionem animæ in corpus aliter explicare non potuit, quam ut Deus in gratiam animæ immutet directionem spirituum animalium, qui in nervos motorios influere debent. Enimvero etsi verum sit eandem virium vivarum quantitatem in universo constanter conservari (§. 487. *Cosmol.*) non tamen semper conservatur eadem motus quantitas (§. 402. 464. 465. *Cosmol.*). Posterius repertum fuit ab *Hugenio*, antequam prius detegeret *Leibnitius*, vera virium vivarum mensura reperta. Quamobrem *Malebranchius* cum agnosceret, non opus esse ut eadem motus quantitas in universo conservetur; in explicanda actione animæ in corpus sumsit motum spirituum animalium a Deo produci, qui in nervos motorios influunt. Neque vero existimandum est, quasi *Cartesius* animæ tribuerit vim immutandi directionem spirituum animalium propriam: quando enim in epistola ad *Morum*, quæ est 72. Volum. I. affirmat, Deum dedisse animæ vim movendi corpus, non vim pro-

productivam, sed exigitivam intelligit, quatenus nempe actio animæ, volitio scilicet, exigit motum certo producendum a Deo per concursum ipsius. Addit enim vim in substantia creata esse ejus modum: quod sane fundamentum est systematis causarum occasionalium quoad mutuas corporum actiones in se invicem, quemadmodum ex Principiis patet. Nulli igitur dubitamus systema causarum occasionalium *Cartesio* ex toto adscribere.

§. 598.

Effectus concursus divini in systemate causarum occasionalium quoad animam.

In systemate causarum occasionalium vi theoriæ superioris Deus tantummodo dirigit vim animæ & gradum ejus determinat in intuenda idea universi, ut scilicet data claritate percipiantur, quæ in organa sensoria agunt, seu animam determinat, ut legem sensationum observet. Anima enim vi quadam prædita est (§. 53.), qua actuantur omnia, quæ per facultates ipsius in eadem possibilia intelliguntur (§. 51.), ipsæ etiam sensationes (§. 61.), seu perceptiones, quæ per mutationem in organo sensorio factam intelligibili modo explicabiles (§. 55. 66. *Psychol. empir.*), tum quoad materiam, cur scilicet hoc potius objectum in mundo adspectabili nunc clare percipias quam aliud, tum quoad formam, cur nimirum hoc claritatis gradu idem percipias (§. 959. *Psych. empir.*). Jam anima continuo ad status sui mutationem tendens (§. 56.), vi sibi essentiali (§. 66.), & naturali (§. 67.) continuo producit ideam totius universi (§. 190.), sed eam integram simul intueri (§. 194.), adeoque omnia, quæ eidem insunt, clare percipere nequit (§. 193.); necesse igitur est, ut, si juxta systema causarum occasionalium Deus modificet animam in gratiam corporis (§. 591.), ipse eandem determinet ad clare percipiendum ea, quæ mutationem organis sensoriis inducunt, consequenter ipsam in intuenda idea universi dirigit (§. 193.). Et quia claritas idearum sensualium a celeritate motus nervis sensoriis impressi pendet (§. 125.), Deus animam in gratiam corporis modificans, ut perceptioceptiones rerum sensibilium sint per ideas materiales in cerebro explicabiles (§. 539. 540.), vis animæ gradum determinat, ut dato claritatis gradu sensibile percipiat. Jam cum lex sensationis requirat, ut sensibile, quod in organum sensorium agit, clare percipiatur (§. 85. *Psychol. empir.*), pro gradu scilicet celeritatis motus fibrillis nervi sensorii in organa impressi (§. 125.), & ad cerebrum usque continuati (§. 111. 113.; anima determinatur a Deo ad legem sensationum observandam (§. 113. *Ontol.*).

Hæc propositio distinctius explicat, quomodo juxta systema causarum occasionalium Deus in gratiam corporis modificet animam. Atque hinc apparet theoriam superiorem de anima etiam cum systemate causarum occasionalium stare posse, quemadmodum supra (§. 569.) evicimus, quod eidem systema influxus physici minime repugnet. Quodsi systema illud cum theoria superiori de natura atque essentia animæ in gratiam reducitur; idem multo facilius admittent, qui alias a causis occasionalibus sunt alieniores.

§. 599.

Juxta systema causarum occasionalium Deus hasce constituit leges: 1. *Quoties eadem in cerebro oritur idea materialis, toties in anima eadem oriri debet idea sensualis per mutationem in organo sensorio factam seu ideam materialem in cerebro explicabilis, & quamprimum idea materialis in cerebro existit, idea quoque sensualis in anima eidem coëxistere debet.* 2. *Quoties animæ eadem est motus cujusdam per organorum constitutionem possibilis volitio, toties quoque idem in corpore oriri debet motus, & quamprimum ista volitio in anima existit, eidem quoque motus in corpore coëxistere debet.* In systemate causarum occasionalium modificationes animæ & corporis a nuda Dei voluntate pendent (§. 593.). Deus autem animam in gratiam corporis & corpus in gratiam animæ ita modificat, ut harmonia animæ ac corporis subsistat (§. 542.), consequenter

Leges modificationum harmonicarum animæ ac corporis.

ter ut perceptiones animæ per mutationes in corpore contingentes & motus voluntarii in corpore per volitiones & nolitiones animæ sint explicabiles, scilicet ut ex iis, quæ in corpore contingunt, intelligatur, cur tales jam sint animæ perceptiones, ex volitionibus autem ac nolitionibus, cur tales jam in corpore fiant motus voluntarii (§. 539.). Quamobrem cum voluntatem suam certis legibus liberrime adstrinxerit (§. 589.); hæ leges aliæ esse non possunt, quam ut ideis materialibus in cerebro coëxistant sensuales in anima per illas explicabiles & volitionibus animæ motus in corpore per illas explicabiles, cur hi potius sint quam alii obtinent adeo in systemate causarum occasionalium leges, quas in propositione uberius descripsimus.

Experientia loquitur coëxistentiam perceptionum & mutationum in organo sensorio (§. 949. *Psychol. empir.*), atque volitionum & motuum organorum corporis (§. 955. *Psychol. empir.*). Quamobrem si coëxistentia ista a voluntate Numinis immediate pendere debet (§. 589.), modificationes harmonicas animæ & corporis aliter velle dicendus non est, quam quomodo easdem fieri observamus. Ex systemate reddenda est ratio commercii inter animam atque corpus (§. 530.): quod cum experientia nobis innotescat, nihil in illo sumi potest, quod sit eidem contrarium.

§. 600.

Lex prima commercii accuratius enunciata.

Quoniam vi theoriæ superioris Deus tantummodo dirigit vim animæ & gradum illius determinat in intuenda idea universi, seu animam ad observandum in isto intuitu legem sensationis determinat (§. 598.); Deus vero hanc constituit legem, ut iisdem ideis materialibus eædem coëxistant sensuales sintque hæ per istas explicabiles (§. 599.): ideo dicendum est *Deum ad conservandam idearum sensualium per materiales in cerebro explicabilium cum iisdem coëxistentiam constituisse, quod in intuenda idea universi vim animæ dirigere & gradum ejus determinare,*

De Systemate causarum occasionalium.

nare, seu *animam ad observandum in isto intuitu legem sensationis determinare velit.*

Hoc pacto Deo tanquam autori rerum supremo non ipsæ animæ tribuuntur actiones, sed tantummodo actionum istarum directio, ut sint ordini rerum a se intento consentaneæ. Minime igitur dubitandum est, systema causarum occasionalium per theoriam superiorem plurimum perfici, ut difficultates, quibus alias obnoxium est, si non penitus tollantur, haud parum tamen emolliantur. Nimirum Deus concurrens ad actiones animæ id addit, quod per naturam suam ipsamet præstare nequit. Cum integrum universi ideam constanter producat (§. 190.), quam tamen propter similitudinem intueri integram non potest (§. 194.); Deus determinare debet intuitum, ne anima perpetuo quasi sopore corripiatur.

§. 601.

Similiter quia Deus, ubi eadem virium quantitas conservanda, spiritus animales salvo, quem habent, motu tantummodo dirigit ad influendum per nervos motorios in musculos organorum motores (§. 597.); hanc vero constituit legem, quod motus voluntarii volitionibus animæ coexistere debeant, ad quos ipsæmet tendunt (§. 599.): ideo dicendum est, *Deum ad conservandam volitionum animæ ac motuum harmonicorum coexistentiam in corpore constituisse, quod spiritus animales dirigere velit ad influendum per nervos motorios in musculos organorum motores, quorum motum anima voluerit.*

Lex alterę commercii accuratius enunciata.

Hoc pacto denuo Deo tanquam rerum supremo autori ac moderatori non tribuuntur actiones corporis humani, sed tantummodo in agendo directio, ut sint ordini rerum, ad quem omnino harmonia corporis & animæ spectat, consentaneæ. Ad actiones igitur corporis concurrens id addit, quod per naturam corporis & animæ præstari nequit, ex hypothesi scilicet Occasionalistarum. Spiritus enim animales in se spectati indifferentes sunt ad influendum in hunc, vel alium nervum motorium. Harmonici ut sint motus volitionibus animæ,

data

data hac volitione in hos influere debent nervos motorios, non in alios. Directionem determinare nequit anima, determinanda igitur a Deo est, ne corpus motibus voluntariis, quibus opus habet, destituatur. Quodsi ergo utramque legem accuratius enunciatam pensites, naturæ animæ ac corporis supremus rector Deus est, quæ sine ipsius directione nil agere potest. Talia a nobis non alio fine docentur, quam ut in momentis hypothesium expendendis acutos nos præstare discamus, nec summa imis miscentes inde inferamus, quæ autoribus molesta sunt, ex illis tamen minime fluunt, & ut in iisdem corrigamus errores, si qui in eas irrepserunt, quas ipsimet autores correxissent, si quidem ipsorum tempore veritas reperta jam fuisset, easdemque ex theoriis recentius detectis perficiamus, quantum datur, ne inutili opera objectionum numerum augeamus. Hæc ego æquitati consentanea judicio, quicquid senserint alii sibi tum maxime placentes, quando in censendis aliis multi, immo nimii esse possunt: istam vero æquitatem ad convincendum adversarios plurimum adferre adjumenti nullus dubito.

§. 602.

Æquipollentia systematum influxus & causarum occasionalium.

Juxta systema causarum occasionalium Deus ita modificat animam in gratiam corporis, ac si corpus in animam influeret, seu vi sua perceptiones rerum sensibilium produceret, & corpus vicissim in gratiam animæ, ac si anima in corpus influeret, seu vi sua motum corporis produceret. Deus enim juxta systema causarum occasionalium ad præsentiam ideæ materialis in cerebro producit ideam immaterialem seu sensualem in anima per illam explicabilem (§. 591.), aut stante theoria superiore de anima eandem determinat ad observandam legem sensationis in intuenda idea universi animæ inexistente (§. 598.). Enimvero si corpus physice influit in animam, idea materialis in cerebro producit ideam sensualem sensibilis, unde ista ortum trahit (§. 566.), vel stante theoria superiore de anima vi corporis determinatur vis animæ ad legem sensationum in intuen-

De Systemate causarum occasionalium. 525

tuenda idea universi observandam (§. 569.). Deus itaque juxta systema causarum occasionalium ita modificat animam in gratiam corporis, ac si corpus in animam influeret. *Quod erat unum.*

Similiter Deus juxta systema causarum occasionalium ad nutum animæ producit motus organorum corporis, quos ipsa vult (§. 591.), aut stante conservatione ejusdem quantitatis virium vivarum in universo spiritus animales in motu constitutos dirigit ad influendum per nervos motorios in musculos, quorum actione producitur motus organi ab anima intentus (§. 597.). Enimvero si anima physice influit in corpus, motum organi corporis, quem vult, vi sua producit (§. 566.), seu stante conservatione virium vivarum fluidum nerveum aut spiritus animales in motu jam constitutos tantummodo dirigit ad influendum per nervos motorios in musculos, quibus motus in corpore ab anima intentus perficitur (§. 571.). Deus itaque in systemate causarum occasionalium ita modificat corpus in gratiam animæ, ac si corpus in animam influeret. *Quod erat alterum.*

Atque hoc modo liquet, quod in omni systemate supponendum esse supra evicimus, scilicet perceptiones rerum sensibilium in anima & motus voluntarios in corpore eo modo oriri, ac si anima & corpus in se mutuo influerent (§. 537.), in systemate quoque causarum occasionalium supponi: huic enim supposito convenienter concipiuntur leges, quas Deus sibimet ipsi in concursu ad modificationes harmonicas animæ atque corporis constituit. Quodsi quæsiveris, cur systema influxus physici non retineatur, cum illud rejiciendum sit tanquam spurium, quod eidem minime æquipollet; haud difficilis est responsio. Influxus physicus intelligibili modo explicari nequit (§. 574.), & instar qualitatis occultæ sine probatione ad explicanda alia assumitur (§. 582.): præterea & ordini naturæ (§. 579), & virium notioni adversus est (§. 581.). Quamvis adeo systema quodcunque aliud systemati influxus

Uuu 3   physici

physici æquipollere debeat quoad coëxistentiam modificationum harmonicarum animæ ac corporis; philosophandi tamen leges jubent ut non assumatur, nisi quod fieri posse saltem a posteriori constat, quodque ordini naturæ aliisque principiis si non veris, saltem maxima probabilitate gaudentibus non adversatur. Atque huc respexit *Cartesius*, dum, rejecto systemate influxus physici, systema causarum occasionalium in philosophiam introduxit. Etsi enim concursus divini notionem distinctam non habeamus, cum quæ in Deo sunt homo non intelligat, nec actionem entis infiniti, quale Deus est, ens finitum, quale anima, comprehendere possit; eum tamen possibilem esse constat & quod ad eum in præsente negotio recurrendum sit *Cartesius* probat, non gratis sumit: sit ita, quod in probatione defecerit. Præterea hunc concursum ita concipit, ut ordini naturæ, quatenus eum suo tempore cognovit, non sit adversus. Fecit adeo *Cartesius*, quod philosophi erat, & tantum præstitit, quantum ipsius tempore præstari poterat. Probe hæc notari velim, ne in alios injurii fiamus, sed nos æquos præbeamus omnibus, quemadmodum decet verioris philosophiæ cultores.

§. 603.

An in systemate causarum occasionalium perpetua fiant miracula.

In systemate causarum occasionalium modificationes animæ in gratiam corporis & modificationes corporis in gratiam animæ factæ perpetua sunt miracula; si rigorose loqui volueris: Quodsi tamen per naturam corporis & animæ eas harmonicas fieri non posse supponas & quæ salva theoria superiori de anima & theoria cosmologica de viribus corporum in systemate isto obtinet, virium directionem ad concursum Dei ordinarium referas, quod vero Deus ad supplendum naturæ defectum secundum concursum ordinarium præstat miraculosum dicere nolis; modificationes quoque harmonicæ animæ & corporis ut minime miraculosæ dicantur ferendum omnino est. In systemate causarum occasionalium Deus producit ideas sensuales ad præsentiam idearum materialium in cerebro & motus organorum corporis ad nutum animæ

De Systemate causarum occasionalium. 527

mæ (§. 591.), adeoque per naturam corporis ac animæ harmonicæ fieri nequeunt. Quodsi theoriam superiorem de natura animæ & principia cosmologica de viribus corporum admittas; Deus dirigit animam, ut in intuenda idea universi vi ejusdem producta legem sensationis observet (§. 598.) & spiritus animales in cerebro dirigit ad influendum in nervos motorios (§. 597.), adeoque utraque directio per naturam corporis ac animæ fieri nequit. Est igitur in casu priori productio ideæ sensualis, in posteriori directio animæ in intuenda idea universi, quæ animæ inexistit, miraculum in anima patratum (§. 70. 71.), & similiter in casu priori productio motus in corpore, in posteriori directio spirituum animalium in cerebro ad influendum in nervos motorios miraculum in corpore patratum (§. 510. Cosmol.), si rigorose loqui volueris (§. 349. Log.). *Quod erat unum.*

Quosi theoriam superiorem de natura animæ & principia cosmologica de viribus corporum admittas; & anima & corpus revera agunt, in modificationibus harmonicis, Deus vero tantummodo dirigit utramque substantiam in agendo, ut harmonia animæ ac corporis detur, quæ per utriusque naturam obtineri nequit (§. 597. 598.), adeoque utramque substantiam, quemadmodum conservat, ita quoque in agendo juvat per concursum ordinarium supplendo defectum creaturæ ut in existendo, ita etiam in agendo. Quodsi ergo effectus operationum Dei in creaturas, quæ ad concursum ordinarium spectant, miraculorum numero eximere velis; vocabulum miraculi in sensu strictiori sumis, quam a nobis sumitur (§. 510. Cosmol.). Quamobrem cum definitiones nominales arbitrariæ sint, nec cuiquam invito obtrudi possint; ferendum omnino est, ut directio animæ in intuenda idea universi & directio spirituum animalium ad influendum in nervos motorios miraculosa non dicatur.

In verbis simus faciles, modo reipsa conveniamus. *Leibnitius* objecit Occasionalistis, quod stante ipsorum hypothesi perpetua fiant miracula. Supponit harmoniam animæ ac corporis per utriusque substantiæ naturam esse possibilem, quemadmodum capite sequente docebimus, adeoque sine urgente necessitate ad causam primam neglectis secundis provocari. Vocabulum miraculi in eo sumit significatu, quem nos eidem tribuimus, ut miraculosum dicendum sit, cujus ratio sufficiens in essentia & natura entis non continetur (§. 510. *Cosmol.*), miraculum naturali opponendo. Stante hoc vocabuli significatu modificationes animæ & corporis harmonicæ, quocunque modo a Deo fieri dicantur, dicendæ erunt miraculosæ, nisi in primam ratiocinandi legem impingere velis, quemadmodum modo ostendimus. Qui eas in numerum miraculorum referre nolunt, non omne quod supernaturale est miraculum appellant, sed id demum quod ordinarie non fit. Nimirum juxta systema Occasionalistarum leges modificationum harmonicarum ad ordinem naturæ spectant, perinde ac leges motus (§. 559. *Cosmol.*). Quicquid itaque ordini naturæ a Deo convenienter fit, id naturale dicere malunt, cum sit ordinarium, quam miraculum, propterea quod vires creaturarum non alias concipiunt, quam quæ a Deo dirigi, quemadmodum conservari opus habent. Quodsi adeo miraculum sensu strictiori accipere malis, nemo refragari poterit, ubi modificationes animæ ac corporis harmonicas, utpote ordinarias & ordini naturæ consentaneas, naturales potius, quam miraculosas dixeris. Eadem tenenda sunt de operationibus supernaturalibus spiritus sancti ac pendentibus inde animæ modificationibus, quæ in regno gratiæ ordinariæ dicuntur, quia legibus gratiæ conveniunt, ad quas Deus potentiam suam, cum absoluta uti nollet, sapientissime alligavit. Etsi enim istæ operationes respectu regni naturæ, juxta notiones nostras miraculosæ dicendæ sint; ubi tamen eas tanquam ordinarias ab aliis extraordinariis, quibus subinde Deum usum esse in conferenda gratia ex Scripturæ S. monumentis constat, distinguere velis, ut has demum miraculosas dicere malis, miraculo non existente nisi effectu supernaturali extraordinario, ecquis tuam dicen-

dicendi libertatem impugnabit, quanquam nec absonum sit eas miraculosas appellari? Si quis alteri ea de re controversiam movere vellet, in logomachiam incideret, quæ tam parum Theologos decet, quam philosophos. Quoniam in philosophia non traduntur nisi quæ rationis sunt, quæ vero ad regnum gratiæ spectant sphæram rationis transcendunt, & Occasionalistarum placita a ratione abhorrere videntur; ideo rationis beneficio nullas cognoscimus operationes divinas supernaturales ordinarias in regno naturæ, atque adeo in philosophia nonnisi inter naturale & supernaturale distinguimus, non vero supernaturale ordinarium ab extraordinario separamus, atque adeo utrumque miraculum in regno naturæ appellamus. Si cui hæc ratio non sufficit, is eo modo loquatur, quem convenientissimum judicat. Ceterum lubentissime fateor, præstare utique ut in regno gratiæ ordinarium ab extraordinario distinguatur, cum frequens sit hujus distinctionis usus.

§. 604.

Quodsi ostendi non possit possibile esse, ut harmonia animæ ac corporis per naturam harum substantiarum obtineatur; miracula adversus systema causarum occasionalium urgeri nequeunt: ubi vero evinci potest, harmoniam istam per naturam animæ atque corporis subsistere posse, contra idem eadem urgeri possunt. Quamdiu enim ostendi nequit, harmoniam animæ ac corporis per naturam utriusque substantiæ subsistere posse, haud prorsus improbabile videtur, id fieri non posse. Quamobrem ubi modificationes supernaturales ordinarias, quæ ordini naturæ convenienter fiunt, supponis ad explicandum ea, quæ per naturam animæ atque corporis explicari haud quaquam posse probabile videtur; ea in re culpandus non es. Miracula igitur tanquam difficultas, qua laboret systema causarum occasionalium urgeri non possunt. *Quod erat unum.*

Miracula quando systemati occasionalistarum objici possint.

Enimvero ubi oftendi poteft, quomodo harmonia animæ ac corporis per naturam utriusque fubftantiæ fubfiftat; nulla neceffitas urget, ut, neglectis caufis fecundis, ad caufam primam provoces & per operationes Numinis fupernaturales explices, quod per naturam animæ ac corporis explicari poteft. In hoc igitur cafu perpetua miracula, per quæ harmonia animæ & corporis fubfiftit juxta fyftema caufarum occafionalium, recte urgentur tanquam difficultas, qua fyftema iftud laborat. *Quod erat alterum.*

Objecit perpetua miracula Occafionaliftis *Leibnitius*, fed jure quodam fuo, cum ipfe primus fuerit, qui harmoniam animæ ac corporis per naturam utriusque fubftantiæ intelligibili modo explicare aufus fuit, quemadmodum capite fubfequente docebimus.

§. 605.

An per fyftema caufarum occafionalium Deus & natura confundantur.

Si animæ tribuatur vis agendi & corpori vis motrix propria, & Deo virium iftarum in gratiam modificationum harmonicarum directio; Deus & natura non confunduntur. Etenim fi animæ tribuitur vis agendi; anima naturam habet propriam a natura Dei diftinctam (§. 67.), & per eandem actiones fibi proprias (§. 60.). Quoniam itaque Deus tantummodo dirigit naturam animæ in agendo, fupplendo per concurfum ordinarium defectum ejusdem effentialem (§. 598.); non magis confunditur natura animæ cum Deo, quam confufio quædam inde metuenda, quod Deus per concurfum ordinarium naturam agentem fuftentat. Quamobrem fi animæ tribuitur vis agendi propria & Deo quoad actiones harmonicas directio ejusdem; per fyftema caufarum occafionalium Deus & natura animæ non confunditur.

Similiter fi corpori tribuatur vis motrix propria (§. 145. *Cosm.*), per eandem actiones habet fibi proprias (§. 142. *Cosmol.*). Quoniam itaque Deus tantummodo dirigit naturam corporis

in

De Systemate causarum occasionalium.

in agendo supplendo per concursum ordinarium defectum ejus essentialem quoad actiones harmonicas animæ & corporis (§. 597.); non magis confunditur natura corporis cum Deo, quam quod Deus per concursum ordinarium corpus agens sustentat. Quamobrem si corpori tribuitur vis motrix propria & Deo quoad actiones harmonicas animæ & corporis, adeoque motus voluntarios ejusdem directio; per systema causarum occasionalium Deus & natura corporis non confunditur.

Objici solet Occasionalistis, cum vim agendi omnem creaturis adimant & in nudam Dei voluntatem resolvant (§. 593.), quod Deum & creaturas confundant, ut facilis sit prolapsus in doctrinam damnatam, ob quam *Spinosæ* nomen tantopere exosum omnibus, quasi Deus & natura sint unum idemque. Ursit hanc difficultatem contra *Sturmium* ipse *Leibnitius* in Actis Eruditorum An. 1698. p. 439. etsi ab imputatione alienus. Immo ipse *Leibnitius* probasse censetur illorum opinionem, qui sibi persuadent *Spinosam*, quem in philosophia *Cartesiana* plurimum versatum fuisse vel inde intelligitur, quod Principia philosophiæ *Cartesii* in formam demonstrationum geometricarum redegerit, per ipsam hanc philosophi de causis occasionalibus sententiam in errorem de identitate Dei atque naturæ incidisse. Equidem non nego, si vis agendi propria creaturæ omni adimatur, ut adeo natura creata nulla sit, non tantum esse discrimen inter naturam rerum & Deum, quantum datur, si natura naturata, quam vocant philosophi, a naturante viribus agendi propriis creaturæ concessis distinguatur; minime tamen concedo, hoc nomine vel minimum in idea Dei esse immutandum, sed omnia ipsius attributa eodem prorsus modo concipi posse ac debere, quo ea veritatem ex ipsa Scriptura Sacra edocti concipimus. Unde jam olim juvenis, cum in dissertatione academica de loquela systemate causarum occasionalium ad varia explicanda uterer, impietatem ab eodem removi, quam celebris quidam Medicus in Academia quadam Germaniæ eidem impegerat. Enimvero cum utique verius sit, quemadmodum ex notione entis simplicis in Ontologia constat, omnem substantiam creatam vi quadam propria inftructam effe, quam tanquam agendi principium naturam appellarunt veteres (§. 145. *Cosmol.*), ita ut nec natura univerfa fit vocabulum fine mente, quemadmodum *Boylio* & *Sturmio* vifum, & idem in fpecie de corporibus in Cosmologia, de anima in theoria fuperiori evicerimus; fi fyftema caufarum occafionalium cum theoria veriori in gratiam reducatur (id quod fieri æquitas fuadet, immo potius jubet), omne prorfus periculum evanefcit, ne ifta hypothefis te ad naturam cum Deo confundendum feducat & improvidum in Spinofismum, qui vocatur, trahat. Parum confultum mihi videtur hypothefes, a quibus alienus es, in impietatem detorqueri: ita nimirum fubinde accidere folet, ut hypothefin male intellectam fuam faciant nonnulli & contra autoris intentionem atque hypothefeos innocentiam in impietatem prolabantur, quemadmodum qui Scripturæ Sacræ autoritati nihil derogant, præjudiciis tamen fuis in interpretandis illius dictis abufi in errores etiam noxios incidunt. Hoc pacto culpa non autorum hypothefium, fed confequentiariorum eas pervertentium incidunt improvidi in errores impios. Atque hæc ratio haud levis eft, cur in imputanda hypothefibus innocentibus impietate non adeo faciles effe debeant, qui diffentientes ferre nefciunt.

§. 606.

Syftematis caufarum occafionalium pugna cum principio rationis fufficientis.

Syftema caufarum occafionalium contrariatur principio rationis fufficientis. Etenim in fyftemate caufarum occafionalium communi, quale vulgo ab Occafionaliftis defenditur, perceptio fenfibilis in organum agentis in anima oritur ad præfentiam ideæ materialis in cerebro vi nudæ voluntatis divinæ (§. 591.), adeoque nihil datur in corpore & anima, per quod intelligi poffit, cur præfente in cerebro hac idea materiali hæc jam in mente oriatur perceptio, five quæfiveris tantummodo cur oriatur, five cur hæc potius oriatur, quam alia. Similiter fi idem fyftema per theoriam fuperiorem de anima perficias, anima in intuenda idea univerfi dirigitur nuda Dei voluntate (§. 598.), adeoque nihil datur in anima atque corpore, unde

intel-

De Systemate causarum occasionalium. 533

intelligitur, quomodo anima dirigatur, & cur hoc potius sensibile clare percipiat (§. 193.), adeoque ejusdem sibi conscia sit (§. 31. *Psychol. empir.*), consequenter idem appercipiat (§. 25. *Psychol. empir.*), quam aliud. Destituitur adeo ratione sufficiente sive ipsa perceptio, sive ejusdem saltem apperceptio (§. 56. *Ontol.*).

Similiter in eodem systemate occasionali ad nutum animæ vel motus ipse spirituum animalium in nervos motorios influentium vi nudæ voluntatis divinæ oritur (§. 591.), vel saltem eorundem in motu jam constitutorum directo, ut in hosce potius nervos motorios influant quam in alios, a nuda Dei voluntate pendet (§. 597.), adeoque nihil datur in anima & corpore, per quod intelligi potest, cur vel motus spirituum animalium in corpore oriatur, vel eorundem directio in gratiam animæ mutetur. Destituitur adeo motus organorum corporis ad nutum animæ ratione sufficiente (§. 56. *Ontol.*).

Quamobrem cum per systema causarum occasionalium explicari debeat commercium inter animam & corpus intercedens (§. 589.), adeoque dependentia perceptionum animæ ab ideis materialibus in cerebro & motuum voluntariorum in corpore a volitionibus animæ (§. 962. *Psychol. empir.*), utraque vero dependentia ratione sufficiente per naturam corporis atque animæ destituatur, quemadmodum modo ostendimus; systema utique causarum occasionalium principio rationis sufficientis contrarium (§. 71. *Ontol.*).

Agnovit utique *Cartesius*, cui debemus, quod in philosophia intelligibili modo explicentur rerum modificationes & inhærentes qualitates, si ad nudam Dei voluntatem provoces & ab eadem immediate derives mutuam animæ atque corporis in modificationibus suis a se invicem dependentiam, commercium animæ atque corporis intelligibili modo non explicari, consequenter nostra phrasi ratione sufficienti in natura corporis & animæ destitui, idemque sagaciores asseclæ probe

Xxx 3 per-

perspiciunt. Enimvero cum principium rationis sufficientis distincte non perpenderit, nec ejus universalitatem agnoverit, quaedam intelligibili modo minime explicabilia admisit, eo nempe in casu, ubi per rerum naturas explicatio ista impossibilis. Quoniam tamen ad systema causarum occasionalium prolapsus *Cartesius*, antequam impossibilitatem vere demonstraverit, utut eandem principia rerum non alte satis scrutatus sibi videre visus fuerit; in propria peccavit principia, & cum Scholasticis fecit in se inexplicabilia in rerum natura admittens.

§. 607.

Systema causarum occasionalium naturae ordini adversum.

Systema causarum occasionalium ordini naturae adversum. Etenim inter naturae leges referri debet, quod status centri gravitatis corporum in se invicem agentium non mutetur ab eorum actionibus in se invicem, seu semper idem conservetur (§. 503. *Cosmol.*), quatenus scilicet centrum gravitatis ante & post conflictum in eadem recta movetur & versus eandem plagam tendit (§. 500. & seqq. *Cosmol.* vel §. 600. *Mechan.*), consequenter quod summatim eadem conservetur directio. Jam vero in systemate causarum occasionalium mutatur directio spirituum animalium in gratiam animae vi voluntatis Numinis (§. 597.), adeoque absque conflictu corporum, directione nova ex motu anteriore non nascente. Systema igitur hoc legibus naturae repugnat. Quamobrem cum ordo naturae is sit, qui motus regulis continetur (§. 559. *Cosmol.*), consequenter a legibus motus dependet (§. 303. *Cosmol.* & §. 851. *Ontol.*); systema causarum occasionalium ordini naturae adversum.

Quodsi spirituum animalium motum a Deo in gratiam animae produci sumis, quemadmodum faciunt Occasionalistae virium vivarum conservationem vel ignorantes, vel non admittentes, cum ea tamen in numero legum motus contineatur (§. 487. *Cosmol.*); eadem de causa systema causarum occasionalium

De Systemate causarum occasionalium.

um ordini naturæ adversatur, ob quam systema influxus physici eidem adversari probavimus (§. 579.).

Legem naturæ de conservanda summatim eadem directione in rerum natura *Hugenius* demum detexit, adeoque *Cartesius* ignoravit. Quamobrem non sine ratione suspicatur *Leibnitius*, si *Hugenianum* inventum *Cartesio* innotescere potuisset, eum misso systemate causarum occasionalium ad systema harmoniæ præstabilitæ deventurum fuisse, de quo capite sequente agimus. Ignorantiæ igitur tribuendum est, quod in propria principia peccaverit, vi quorum admitti debere negabat systema explicandi commercium animæ atque corporis, quod sit naturæ ordini adversum. Cur vero hanc pugnam systematis causarum occasionalium cum ordine naturæ non capiat mathematum ignarus, ratio prorsus eadem, quam superius allegavimus, cur pugnam systematis influxus physici cum ordine naturæ non comprehendat qui mathematum ignarus est (*not.* §. 579.). De hac igitur judicium sibi sumere non debet, qui, cum sit mathematum ignarus, probe novit se de legibus motus judicium suum interponere non posse. Sunt qui virium vivarum conservationem in universo negant, quod vivas cum mortuis in eundem censum referant, etsi concedant id, quod producitur ex massis in quadrata celeritatum, esse ante & post conflictum idem, atque adeo systema influxus physici naturæ ordini adversum pronunciare non debent. Enimvero iidem tamen admittunt, quæ de conservatione directionis detexit *Hugenius*, atque adeo systema causarum occasionalium ordini naturæ adversum pronunciare debent, modo ordinis naturæ distinctam habeant notionem, ut eidem adversari intelligant, quod motus legibus adversatur.

§. 608.

Systema causarum occasionalium probabile non est. Est enim ordini naturæ adversum (§. 607.). Probabile vero non est autorem rerum sapientissimum ita constituisse naturæ ordinem, ut in gratiam animæ continuo sit turbandus. Quamobrem systema influxus physici probabile non est.

Systematis causarum occasionalium improbabilitas.

Idem

Idem quoque sic evincitur. Systema causarum occasionalium principio rationis sufficientis adversum, etsi per naturam corporis & animæ ut eidem adversetur necessario demonstrari minime possit (§. 606.). Quamobrem cum constet nihil esse sine ratione sufficiente, cur potius sit quam non sit (§. 70. Ontol.), nec credibile est commercium inter mentem atque corpus solum parere exceptionem. Systema igitur causarum occasionalium probabile non est.

Quæ supra de improbabilitate systematis influxus physici annotata fuere (*not.* §. 588.), ea ad improbabilitatem quoque systematis causarum occasionalium trahenda.

§. 609.

An actio Dei in creaturas tollatur per systema causarum occasionalium vel negatam animæ in corpus actionem.

Per systema causarum occasionalium non negatur Deum posse agere in animam & corpus, quia anima & corpus physice influendo in se invicem agere nequeant, nec ex eo, quod anima in corpus agere nequit inferri potest, nec Deum in corpora vel animas agere posse. Etenim in systemate causarum occasionalium Deus producit ideas sensuales in anima ad præsentiam materialium in cerebro & motus spirituum animalium in cerebro ad præsentiam volitionum in anima (§. 591.), vel in gratiam corporis dirigit vim animæ & gradum ejus determinat in intuenda idea universi (§. 598.), & in gratiam animæ dirigit spiritus animales in cerebro ad influendum in nervos motorios (§. 597.) propterea quod influxus physicus probabilitate omni destituitur (§. 588.). In hoc igitur systemate, cum ideo actio Dei in animam atque corpus sumatur, quod animam in corpus & corpus in animam agere non posse supponatur; absonum omnino est affirmare, per systema causarum occasionalium negari quod Deus in animam & corpus agere possit, quia anima & corpus physice influendo in se invicem agere nequeunt. *Quod erat unum.*

Porro

De Systemate causarum occasionalium.

Porro insunt in Deo, quibus anima humana caret, ut adeo simpliciter de Deo negari non possint, quæ de anima negantur. Sane inest Deo potentia creatrix, quemadmodum in theologia naturali demonstraturi sumus, vi cujus non existenti seu in ideis ipsius contento actualitatem impertiri valet, quando voluerit. Constabit vero ibidem, nihil non esse possibile, quod in ideis divinis continetur, consequenter etiam quaslibet modificationes animarum & rerum materialium possibiles esse. Ecquis ergo dubitare poterit, potentiam istam creatricem sufficere ad modificandas pro arbitrio creaturas jam existentes? Jam nemo non ultro fatetur, potentiæ creatricis divinæ nobis nihil inesse, ita ut ne minimo quidem pulvisculo non existenti actualitatem conferre valeamus. Quamobrem quod ob defectum potentiæ creatricis in anima de eadem negatur, idem de Deo quoque negandum esse, quia de anima negatur, perperam infertur. Falsum itaque est ideo negandum esse, quod Deus in corpora agere possit, quia sumitur animam physice influendo in corpus idem movere non posse. *Quod erat alterum.*

Propositionem hanc probe perpendi velim, propterea quod negantibus influxum physicum, adeoque & Occasionalistis, vulgo objici soleat magna animorum contentione, quod simpliciter negent spiritum qua spiritum in corpus agere posse, atque adeo inde sequatur, nec Deum, qui sit spiritus, in corpora vel animas agere posse: unde deinceps magno numero congerunt consequentias molestas, quasi negato influxu physico seu actione animæ in corpus, quæ fit physice influendo, tota religio christiana funditus evertatur & brutæ cuidam ac fatali necessitati subjiciantur omnia. *Cartesianis*, qui primi influxum physicum animæ in corpus & corporis in animam in dubium vocarunt, & actionem physicam seu naturalem animæ in corpus ac corporis in animam impugnarunt, adeo evidens visum fuit posse Deo tribui, quæ animæ humanæ non insunt, & eorum in numerum referendam esse potentiam impertiendi actualitatem

(*Wolfii Psych. Ration.*) Y y y mere

mere possibilibus, quorum nihil praeexistit, ut de hoc dubio removendo ne cogitarint quidem, quod negata actione animae in corpus physica neganda etiam sit actio Dei in corpus vel animam. Immo hanc difficultatem adeo nullam censuere ipsimet Theologi magno alias zelo praediti, quos inter *Petrum Juriaeum* in medium adducit cel. *Bülffingerus* in Dilucidat. philosoph. de Deo, anima & mundo §. 326, qui in Tractatu de Natura & Gratia expresse impossibile pronunciat, ut corpus moveat corpus & motum suum illi communicet, nec minus incomprehensibile judicat, quod naturaliter spiritus agat in corpus vel corpus in animam, & ex hac impossibilitate ac incomprehensibilitate infert summe necessarium esse, ut Deus producat & motus corporis, & operationes spirituum. Nimirum evidens visum fuit viris & Theologis, & philosophis, animae, utpote potentia creatrice destitutae, non posse competere actionem in corpus nisi physice influendo, at Deum, cum ista potentia gaudeat, citra transitum realitatis alicujus ex substantia sua in creaturam, hoc est, citra influxum physicum in corpus agere posse. Quae adeo uno tempore difficultas nulla videtur, ea alio insuperabilis existimatur, quando scilicet passiones animae influunt in assensum. Occurrent vero partim in inferioribus, partim in Theologia naturali, quae huic difficultati apparenti amovendae uberiorem lucem affundent. Equidem cum ostenderimus systema causarum occasionalium probabile non esse (§. 608.), nobis perinde videri poterat, quibusnam consequentiis molestis systema causarum occasionalium oneretur, utpote eidem assensum nostrum minime praebentibus: postulat tamen aequitas, ut injuriam, quam nobis fieri nolumus, ab aliis quoque amoveamus, causam alienam eodem candore agentes, quo propriam agimus, qui veritatis nonnisi amore ducimur.

§. 610.

An per systema causarum occasionalium libertas tollatur.

Si animae omnis adimitur vis activa & Deus in eadem producit omnes perceptiones ac appetitiones & aversiones; libertas voluntatis salva esse posse non videtur: quodsi vero Deus animae vim tantummodo dirigit in percipiendo, vel si perceptione

De Systemate influxus physici. 539

ceptione sensibilis ad præsentiam ideæ materialis producta ipsamet deinde agit & appetitiones suas elicit ; per systema causarum occasionalium libertati nihil præjudicatur. Etenim si Deus in anima omnes producit perceptiones ac appetitiones & aversiones; anima in omnibus suis modificationibus sese habet mere passive, etiam in appetendo & aversando. Appetit scilicet, quia appetitio producitur, aversatura si produceretur aversio, & e contrario aversatur, quia aversio producitur, appetitura si produceretur appetitio, consequenter penes ipsam non est ut appetat vel aversetur. Neque sufficit, ut appetitiones & aversiones a Deo ea lege producantur, qua producerentur ab anima, si sese ipsa libere determinaret ad appetendum vel aversandum : tum enim Deus equidem libere produceret appetitiones & aversiones, in anima vero eædem tantummodo liberæ apparerent, non forent. Quamobrem cum anima tunc demum dici possit libera, quando ex pluribus possibilibus sponte eligit quod ipsi placet, cum ad nullum eorum per essentiam determinata sit (§. 941. *Psychol. empir.*); si anima omni vi activa destituatur & Deus in eadem producat omnes appetitiones ac volitiones, quomodo libertas salva esse possit non apparet. *Quod erat primum.*

Quodsi anima vi activa prædita, unde omnes ipsius actiones consequuntur, cum modus, quo appetitio vel aversio nascitur ex perceptione præsente, non pendeat a modo, quo perceptio in anima oritur, perinde quoque est sive hæc sine directione Dei, sive per directionem Dei enata fuerit. Quamobrem quia libertas respicit modum, quo appetitio vel aversio ex perceptione præsente nascitur (§. 941. *Psychol. empir.*); quod Deus dirigat vim animæ in producendis ideis claris seu in intuitu ideæ universi nil quicquam obstat, quo minus libere perveniat ad suas volitiones & nolitiones. *Quod erat secundum.*

Yyy 2   Idem

Idem eodem prorsus modo patet, si perceptione sensibilis ad præsentiam ideæ materialis in cerebro a Deo producta anima ipsamet vi propria appetitiones vel aversiones inde elicit, potentia agendi vi perceptionis a Deo productæ ad agendum excitata, cum quoad dependentiam appetitionum & aversionum a perceptione perinde sit, sive vis agendi animæ constanter insit, sive eidem demum a Deo excitata perceptione conferatur. *Quod erat tertium.*

Quando *Jaquelotus*, Theologus cordatus, judicat in systemate causarum occasionalium libertatem esse meram illusionem, dubium non est quin supposuerit per idem omnem vim activam animæ adimi & eam in ens mere passivum transformari, quod a Deo modificetur. Etsi vero judicium a veritate minime alienum videatur; non tamen propterea defensori systematis causarum occasionalium crassioris imputandum, quod libertatem neget, ut porro molestis consequentiis onerari possit, nisi aliunde constet eum libertatem tollere. Ecquis enim ignorat fieri posse, ut quis libertati adversum non agnoscat, quod eidem repugnat, quemadmodum ex adverso haud raro accidit, ut eidem contrariari existimetur, quod cum ea consistere posse palam est. Qui de libertate sentit, quemadmodum decet, non ideo in moralibus vel praxi vitæ admittit, quæ ex negata libertate consequuntur, si vel maxime in explicando commercio animæ ac corporis sumit, quæ cum eadem stare nequeunt, propterea quod modus perveniendi a perceptione ad decretum non pendet a modo, quo excitatur ista perceptio. Non nostram causam agimus, sed eorum, quorum sententiam parum probamus (§. 606. & seqq.), tum ut æqui simus erga alios, tum ut exemplo nostro doceamus alios, quomodo sese æquos erga alios præbere debeant: id quod universalis justitiæ est, quam olim quidem inculcavit *Aristoteles*, hodie tamen insuper fere habent plerique. Ceterum si systema causarum occasionalium cum theoria superiori in gratiam reducis, ab objectione prorsus liberatur, quod libertatem tollat, ita ut in defensorem illius injurius foret, qui eadem ipsum onerare auderet,

auderet. Quodsi vero anima vi perceptionis productæ ad agendum a Deo excitatur, cum sit meris facultatibus instructa, quæ excitatione opus habent, quoad libertatem systema causarum occasionalium coincidit cum systemate influxus physici, quale vulgo ab Aristotelico-Scholasticis explicatur. Etenim utrobique supponitur animam nudis facultatibus instructam esse, ad agendum vero excitari vi perceptionis sensibilis in organum sensorium agentis: quocunque igitur modo perceptio ista mutationi organi sensorii harmonica producatur, actiones animæ deinceps eodem modo consequuntur. Si diversæ fuerint virorum doctorum opiniones, non inconsultum est eas inter se comparari, ut quantus sit consensus, quantus dissensus appareat, ne objiciamus aliis, quæ eodem jure sive eadem injuria nobis objici poterant. Hinc enim multæ oriuntur turbæ veritati ac pendenti ab ea felicitati generis humani inimicæ.

§. 611.

Systema causarum occasionalium non in solo explicando commercio inter mentem & corpus subsistit, sed ad communicationes quoque motuum in actionibus corporum explicandis extenditur. Neque id systemati huic proprium est, cum etiam cetera ad has transferantur. Quamobrem accidit ut Autores in expendendis systematis explicandi commercium animæ ac corporis, hoc est, actiones mutuas corporis atque animæ in se invicem, ad ea etiam descendant, quæ ad corporum in se invicem actionem spectant. Enimvero cum nos aliquando, si Deo ita visum fuerit, in Physicis de iis simus acturi, quæ actiones corporum in se invicem concernunt; plura in præsente non addimus.

Cur non plura de systemate causarum occasionalium dicantur.

CAPUT IV.

De Harmonia præstabilita.

§. 612.

Definitio systematis harmoniæ præstabilitæ.

Systema *harmoniæ præstabilitæ* dicitur, quo commercium animæ & corporis explicatur per seriem perceptionum atque appetitionum in anima & seriem motuum in corpore, quæ per naturam animæ ac corporis harmonicæ sunt, seu consentiunt.

Systema hoc invenit *Leibnitius* & in Diario Eruditorum Parisino A. 1695. p. 444. & seqq. & p. 456. & seqq. primum publice proposuit. Objectiones in eodem Diario eodem adhuc anno p. 639. & seqq. contra id proposuit *Foucherius*, Canonicus Divinionensis, ad quas respondit *Leibnitius* A. 1696. p. 255. & 259. Postea *Bælius* in Dictionario Critico *artic. Rorarius* dubia sua contra idem systema proposuit, quæ *Leibnitius* in alio Diario, quod sub titulo: l'Histoire des Ouvrages des Sçavans A. 1698. prodiit, mense Julio removit. Prodiit post mortem *Leibnitii* liber sub titulo: Recueil de diverses pieces sur la philosophie &c. par Mrs. *Leibnitz, Clarke, Newton*, in quo Tom. 2. p. 389. & seqq. eædem objectiones *Bælianæ* in secunda Dictionarii editione auctiores propositæ sub incudem a *Leibnitio* revocantur. Ex intervallo *Leibnitianum* systema impugnavit *Franciscus Lamy* in libro, cui titulus: de la connoissance de soy meme Tract. 2. pag. 225, systematis causarum occasionalium defensor, utpote strenuus *Cartesii* sectator: cui respondit *Leibnitius* in Diario eruditorum Parisino, quod in Batavia recuditur. A. 1709. Successere deinde objectiones aliæ *Tourneminii, Newtoni, Clarkii,* tandemque *Stahlii.* Post fata *Leibnitii* A. 1720. systema *Leibnitianum* de commercio animæ & corporis systemati meo metaphysico, quod idiomate patrio sub titulo: Vernünfftige Gedancken von GOTT, der Welt und der Seele des Menschen, auch allen Dingen überhaupt, prodiit,

ita

De Harmonia praestabilita. 543

ita intertexui, ut judicibus viris doctis in eodem natum videretur & facilius jam intelligeretur. Mox vero *Bülffingerus* A. 1723. in Commentatione hypothetica de Harmonia animi & corporis humani maxime praestabilita causam hanc prolixe & vulgariter dixit, expensis quoque objectionibus singulis ab Autoribus modo commemoratis in medium adductis: quorum autoritate audaciores facti, qui inimico in me erant animo, harmoniam praestabilitam tanquam impiam traduxerunt, ut ne deesset criminandi materia argumento ab invidia ducto quoad singulas ejus partes alibi relatas (§. 1050. *Log.*) philosophiam meam impugnaturis. Nostrum jam erit idem systema eodem modo expendere, quo systemata antecedentia ad trutinam rationis appendimus. Cum vero simus ab omni altercandi studio alieni & bona causa dudum triumphaverit; controversias non aliter attingemus, nisi quatenus docentis muneri non repugnant.

§. 613.

In systemate harmoniae praestabilitae anima vi sibi propria producit omnes suas perceptiones & appetitiones continua serie. Nimirum anima vi sibi essentiali (§. 66.) & naturali (§. 67.), continuo producit ideam totius universi (§. 190.), etiam in somno (§. 191.), quae easdem prorsus mutationes subit, quas mundus adspectabilis subit (§. 192.). Quoniam tamen impossibile est ut integram simul intueatur (§. 194.), adeoque clare percipiat singula in eodem contenta (§. 193.), ut eorum sibi sit conscia (§. 31. *Psychol. empir.*), consequenter appercipiat (§. 25. *Psychol. empir.*), & hinc certas observare tenetur leges (§. 217.); lex vero sensationum essentiales animae continet determinationes (§. 78.), & lex imaginationis rationem aliquam in lege sensationis habere debet (§. 223.): ideo anima in appercipiendo per essentiam suam sequitur legem sensationis & legem imaginationis. Mutantur perceptiones clarae, adeoque intuitus ideae universi (§. 193.), consequenter apperceptio ejusdem finita, qualis in animam cadit (§. 264.), per appetitionem & aver-

Quomodo perceptiones & appetitiones producantur in anima juxta systema harmoniae praestabilitae.

& averſionem (§. 495. 496.). Quamobrem cum anima per eſſentiam & naturam ſuam bonum appetat, malum averſetur (§. 520.); in mutandis perceptionibus claris per naturam & eſſentiam ſuam ſequitur legem appetitus & averſationis (§. 904. 907. *Pſychol. empir.*). Atque adeo clariſſime patet animam in ſyſtemate harmoniæ præſtabilitæ ipſammet producere omnes ſuas perceptiones & appetitiones.

Propoſitio hæc theoriæ ſuperiori ſatis conſonat. Etenim anima vim quandam habet continuo producendi ideam totius univerſi. Totum vero univerſum quoad ſtatum præſentem, nedum quoad omnes præteritos & futuros infinita involvit, quæ in iſta idea ſingula clare repræſentari non poſſunt. Unde apperceptio, conſequenter ſeries perceptionum clararum, talis eſſe debet, qualis convenit enti finito. Certus adeo modus appercipiendi ideam univerſi eamque mutandi animæ eſſentialis eſſe debet. Non autem alius is eſſe poteſt, quam quem experientia magiſtra docet. Quamobrem perceptiones claræ tales eſſe debent, ut conveniant mutationibus in corpore aliquo organico per impreſſiones ab objectis, quæ clare percipiuntur, factis, & per appetitiones ita variari debent, quomodo variantur mutationes in corpore ob ejus in univerſo ſitum mutatum. Cum iſtiusmodi intuitus ideæ univerſi poſſibilis ſit; in ejus poſſibilitate eſſentia animæ conſiſtit. Nimirum anima iſtiusmodi poſſibilis, quia talis intuitus ideæ univerſi, ſeu hoc modo variabilis apperceptio ejusdem, aut quod perinde eſt, iſtiusmodi perceptionum clararum ſeries poſſibilis. Syſtema igitur harmoniæ præſtabilitæ theoriæ ſuperiori nihil ſuperaddit, niſi quod per ipſum definiatur, vim animæ non dirigi a principio externo quemadmodum in ſyſtemate influxus phyſici (§. 569.), & cauſarum occaſionalium fieri debet (§. 598.); ſed ipſammet animam eandem dirigere, ita ut ſit totius perceptionis, quam habet, cauſa ſufficiens.

§. 614.

An exiſtentia mundi

Quoniam in ſyſtemate harmoniæ præſtabilitæ anima vi pro

De Harmonia præstabilita.

propria producit omnes perceptiones & appetitiones independenter ab omni principio externo; præsentia idearum materialium in cerebro ad eas producendas nihil prorsus confert, adeoque *perceptiones & appetitiones in anima eodem, quo nunc modo consequerentur, etiamsi corpus non existeret, consequenter etiam anima eodem, quo nunc, modo sibi repræsentaret hoc universum, etiamsi mundus adspectabilis non existeret.*

<small>*materialis ad ejus repræsentationem in anima sit necessaria.*</small>

Idealistæ hoc perspicientes & de distincte explicando commercio animæ & corporis, immo in genere & de distincta explicatione actionis corporum in se invicem ac corporis in animam, animæ in corpus desperantes, ideo negarunt mundum adspectabilem, quem anima sibi repræsentat, existere. Quemadmodum vero in omni errore inest aliquid veri, ut ideo sæpe error viam ad veritatem sternat; ita quoque hypothesis Idealistarum quidpiam veri habet, hoc nempe supposito quod influxus physicus nullus sit. *Cartesius*, qui perceptiones rerum sensibilium a voluntate Numinis derivavit, similiter agnovit, Deum animam ita modificare posse, ut mundum adspectabilem eodem, quo nunc, modo sibi repræsentet, utut is extra animam non existat, quemadmodum ex meditationibus ipsius intelligitur, in quibus de existentia corporum dubitat, eorumque existentiam ex notione veracitatis divinæ demonstrare conatur. In ipsius tamen systemate moraliter necessarius est ad perceptiones animæ, propterea quod Deus non producit in anima perceptionem nisi ad præsentiam ideæ materialis in cerebro secundum concursum suum ordinarium, de quo hic sermo est. Ast in systemate harmoniæ præstabilitæ nullo modo necessarium est, ut mundus adspectabilis actu existat, si quidem anima eo, quo nunc, modo eundem sibi repræsentare debet.

§. 615.

In systemate harmoniæ præstabilitæ vi mechanismi corporis ex ideis materialibus sensibilium nascuntur motus volitionibus & appetitionibus animæ respondentes citra ullam determina-

<small>*Motuum voluntariorum mechanica productio.*</small>

(Wolfii Psych. Ration.)

minationem extrinsecam immediatam. Quoniam in anima omnes mutationes a sensatione originem ducunt (§. 64.), si objectum appetibile sensui præsens non fuerit, idea ejus vi cujusdam ideæ sensualis per legem imaginationis produci debet (§. 117. *Psychol. empir.*). Quoniam vero non appetimus nisi quod bonum videtur, nec aversamur, nisi quod videtur malum; necesse porro est ut vel vi imaginationis & memoriæ, vel vi operationum intellectus, prout vel sensitiva (§. 580. 582. *Psychol. empir.*), vel rationalis fuerit appetitio aut aversio (§. 880. 881. *Psychol. empir.*), objectum nobis repræsentetur vel bonum, vel malum, & hinc appetitioni, vel aversioni convenientes motus corporis aut organorum ipsius decernantur (§. 486.). Jam ex ideis materialibus sensibilium in cerebro, quæ ab impressionibus a sensibilibus in organa sensoria factis pendent (§. 112.), nascuntur ideæ materiales phantasmatis (§. 231. & seqq.), seu ideæ vi imaginationis productæ (§. 93. *Psychol. empir.*), adeoque idea materialis objecti appetibilis ex motu naturaliter in cerebro existente vi mechanismi cerebri secundum motus regulas nascitur. Jam quæcunque perceptiones ad hoc requirantur, ut objectum repræsentetur tanquam bonum vel malum, cum vel ab operationibus imaginationis pendeant, vel operationibus intellectus debeantur, singulis phantasmatis (§. 206.), seu ideis vi imaginationis productis (§. 93. *Psychol. empir.*), singulis itidem intellectus operationibus ideæ materiales in cerebro (§. 416.), consequenter motus in corpore (§. 112.), immo ipsi attentioni continuus ideam materialem in cerebro producendi (§. 374.), vel organum sensorium immotum conservandi conatus respondent. Quamobrem qui appetitioni & aversioni ex istis perceptionibus, quibus objectum vel ut bonum, vel ut malum repræsentatur, enatæ respondent motus corporis & organorum ipsius (§. 501. 502.), ex aliis motibus in cerebro existentibus nascuntur, adeoque naturaliter.

Quo-

De Harmonia præstabilita.

Quoniam itaque ad hoc, ut isti motus nascantur, nullo principio externo opus est, quale in systemate influxus physici supponitur vis animæ in spiritus animales influens (§. 567. 571.), in systemate causarum occasionalium omnipotentia divina seu potentia Dei infinita (§. 597.); citra determinationem ullam extrinsecam motus voluntarii in corpore per mechanismum corporis ex aliis motibus in eodem naturaliter præexistentibus oriuntur.

Quodsi quis theoriam superiorem de anima familiarem experitur, ut sibi probe conscius sit modi, quo in anima ex perceptione præexistente nascuntur aliæ una cum appetitionibus atque aversionibus, & quomodo nullius nobis in anima conscii simus mutationis, cui non in corpore respondeat motus quidam specifice talis, serie modificationum animæ seriei motuum in cerebro continua; eidem plana & obvia erunt, quæ in propositione præsente proferuntur, ut nihil supersit quod obscurum videri queat. Etsi autem theoria superior plurimum lucis affundat systemati harmoniæ præstabilitæ, vi tamen eorum, quæ de præcedentibus systematis a nobis dicta sunt, ab eodem prorsus independens est, nec cum eo necessario connectitur. Immo attentione sufficiente usus facile perspicit, ex motu in cerebro præexistente nonnisi probabiliter inferri motum spirituum animalium in nervos motorios influentium, cum demonstrari non possit, seu distincte explicari nequeat, quomodo vi motus præexistentis directio spirituum animalium ad influxum in nervos motorios necessaria prodeat, consequenter etiam non nisi probabiliter porro infertur, directionem istam fieri citra determinationem extrinsecam immediatam. Dico immediatam, ne quis objiciat futiliter determinationem adesse extrinsecam, quatenus motus iste, unde directio pendet, derivatur ex idea materiali sensibilis cujusdam, quæ impressioni ab eodem in organon factæ debetur.

§. 616.

Quoniam *motus volitionibus animæ respondentes in systemate* *Corporis ab anima in-*

548   Sect. III. Cap. IV.

Dependentia quoad motus voluntarios.

mate harmoniæ præstabilitæ vi mechanismi corporis ex motibus ab impressionibus in organa sensoria factis citra ullam determinationem extrinsecam ab anima pendentem consequuntur (§. 615.); *eodem quo nunc modo adhuc consequerentur, etiamsi anima non existeret, nisi quod nobis eorundem minime conscii essemus.*

Agnovere Materialistæ motus, quos voluntarios appellamus, vi solius mechanismi consequi ex motibus in cerebro præexistentibus; ast perperam inde intulerunt nullam existere animam, sed quæ ad animam referimus, esse meros motus in cerebro productos, propterea quod falso sibi persuasere, materiam subtilem sibi sui aliarumque rerum per impressiones in organa sensoria factas consciam esse posse, quemadmodum supra luculenter ostendimus (§. 44.). Quoniam in hypothesi causarum occasionalium ea omnia subsistunt, quæ in superioribus de motibus in cerebro cum perceptionibus & appetitionibus ac aversionibus animæ consentientibus luculenter ostendimus, nec spiritibus animalibus motum ex præexistentibus motibus aliis in cerebro habentibus nonnisi directio per concursum Dei obtingit, qua ipsis opus est ut in nervos motorios decretis animæ convenienter influant (§. 597.); ideo nec in systemate causarum occasionalium absolute impossibile est, ut Deus ita dirigat spiritus animales ad influendum in nervos motorios, quo nunc ad decretum animæ eosdem dirigit, etiamsi anima nulla esset, quæ motus istos decerneret, utut in hoc quoque systemate anima non existente motuum illorum nobis minime conscii existeremus.

§. 617.

Quale corpus possibile supponat harmonia præstabilita.

In systemate igitur *harmoniæ præstabilitæ supponitur possibile esse corpus, in quo series quædam motuum per impressiones objectorum externorum in organa sensoria conservari potest, ut singuli continuo consentiant singulis perceptionibus atque appetitionibus & aversionibus animæ eodem prorsus ordine sese invicem consequentes, quo animæ modificationes sese invicem excipiunt.*

Quale

De Harmonia præstabilita.

Quale esse debeat hoc corpus', ex iis intelligitur, quæ in theoria superiori de motibus in cerebro cum singulis modificationibus animæ consentientibus dicta sunt. Quidnam adhuc desideretur, quo minus a posteriori demonstrari possit corporis istiusmodi possibilitas, paulo ante observavimus (*not. §. 615.*). A priori eam demonstrare nemo potest, nisi qui motus istos & unius ex altero præexistente existentiam distinctissime exponere valet: id quod propter mechanismum cerebri nobis ignotum, nec facile detegendum, nemo audere debet. Si quis impossibilitatem corporis istiusmodi demonstrare valeret; is systema harmoniæ præstabilitæ refutasset: probabilitas vero propter theoriam superiorem propendet in affirmativam. *Bælius* verebatur concessa possibilitate sapientiam Dei nimis extolli & ad impossibilia extendi: enimvero quamdiu impossibilitas nulla ratione probabili nititur, metus iste vanus est. Sapientia Dei major utique, quam ut intra rationis nostræ admodum finitæ arctos cancellos coërceatur. Quamobrem majore in sapientiam Dei immensam fiducia istiusmodi corpus Deo non impossibile pronunciavit *Jaquelotus*, Theologus eximius, quod singula animæ decreta libera vi solius mechanismi exequatur, ita ut corpus v. gr. eodem præcise momento moveat pedes, vel brachium, quo anima vult corpus progredi, vel manu quid apprehendi. Paradoxon, non nego, nobis videtur corpus tanto artificio esse constructum; sed id quidem inde est, quod simile quid nos vidisse nobis conscii non simus. Hinc vero adversus possibilitatem ipsius nihil concluditur.

§. 618.

Ex serie motuum in corpore ratio reddi potest, cur perceptiones & appetitiones in anima jam oriantur & cur tales potius sint, quam aliæ; & vicissim ex serie perceptionum & appetitionum in anima reddi potest ratio, cur jam in corpore oriantur motus & cur tales potius, quam alii. Etenim in anima datur series perceptionum & appetitionum (§. 612.), vi propria productarum (§. 613.), citra ullam realem animæ a corpore

Quomodo per harmoniam præstabilitam harmonia animæ & corporis subsistat.

pore dependentiam (§. 614.), & in corpore datur feries quædam motuum (§. 612.), vi mechanismi ex fe invicem nafcentium & ab impreffionibus in organa fenforia a fenfibilibus factis pendentium (§. 617.), citra ullam dependentiam realem corporis ab anima (§. 616.). Quoniam earum una alteri conftanter confentit (§. 612.); nulla in anima datur perceptio vel appetitio, quin aliquis ipfi in ferie motuum refpondeat motus, nec viciffim aliquis in ferie motuum datur motus, quin eidem in ferie perceptionum & appetitionum aliqua refpondeat perceptio & appetitio, utut nulla fupponatur animæ ac corporis in fe invicem actio. Atque adeo per naturam & effentiam animæ & corporis intelligitur, cur perceptiones & appetitiones in anima & motus quidam in corpore eodem tempore contingant, confequenter in anima & corpore continetur ratio fufficiens continuitatis temporis, quo perceptiones & appetitiones in anima & utrisque confentientes motus in corpore contingunt (§. 56. Ontol.). Ex modificationibus adeo animæ ratio reddi poteft motuum in corpore & ex motibus in corpore modificationum animæ, fcilicet cur dato hoc in corpore motu detur jam hæc in anima perceptio vel appetitio, & viciffim cur data hac in anima perceptione vel appetitione detur jam hic in corpore motus (§. 42. Cosmol.).

Jam cum perceptionibus fingulis, five ideæ fenfuales fuerint (§. 114.), five phantasmata (§. 206.), fingulæ refpondeant ideæ materiales, ita ut talis fit idea fenfualis, vel phantasma tale, quia talis eft idea materialis (§. 118.), adeoque talis in cerebro motus (§. 112.), & idem quoque obtineat in motibus, qui operationibus mentis refpondent (§. 416.); ex perceptione in ferie perceptionum ratio reddi poteft, cur talis jam fit in motuum ferie motus, & viciffim ex motu in ferie motuum præfente, cur talis jam fit in ferie perceptionum perceptio. Et quia motus, quos appetit anima, in eadem repræfentantur (§. 929.

929. *Pſychol. emp.*), & per has adeo perceptiones appetitiones ſpecificantur; ex motibus in ſerie motuum reddi poteſt ratio, cur talis jam ſit in ſerie perceptionum & appetitionum appetitio, & viciſſim ex appetitione in ſerie perceptionum atque appetitionum ratio dari poteſt, cur talis jam ſit in corpore motus: quemadmodum de duabus ſubſtantiis harmonice modificatis citra influxum realem unius in alteram jam alibi generaliter demonſtravimus (§. 43. *Cosmol.*). Patet adeo ex ſerie motuum in corpore non minus rationem reddi poſſe, cur hæc jam detur in anima perceptio vel appetitio, quam cur talis potius fit, quam non ſit, & ex ſerie perceptionum atque appetitionum non minus reddi poſſe rationem, cur hic jam detur in ſerie motuum harmonicorum motus, quam cur talis potius ſit, quam alius.

Ut hæc clariſſime intelligantur, plurimum conducit ea perpendere, quæ de continuitate modificationum animæ evicta fuere in theoria ſuperiore & quomodo vi ejusdem theoriæ nulla fiat in anima modificatio, cui non aliquis in cerebro reſpondeat motus isque ſpecifice talis, & ea quidem differentia, ut ideæ ſenſuali reſpondeat motus in cerebro a motu dependens, quem organo ſenſorio ſenſibile impreſſit (§. 112.); phantaſmati autem motus ex alio in cerebro præexiſtente enatus (§. 231.) & appetitioni denique motus, unde pendet motus alicujus organi corporis vel totius corporis (§. 501.).

§. 619.

Quoniam ideæ materiales, quibus reſpondent ſenſuales, pendent ab impreſſionibus a ſenſibilibus in organa ſenſoria factis (§. 111. 112.), & motus voluntarii, qui reſpondent appetitionibus animæ, a motibus fluidi nervei in nervos motorios influentis, quibus illi producuntur, quemadmodum in Phyſicis oſtendetur; nobis vero actionis ſenſibilium in organa & motuum voluntariorum conſcii ſumus, quemadmodum unusquisque

Quomodo eorum quæ in anima ſunt, ratio redditur ex corporis mutationibus & mutationum in corpore ex iis, quæ in anima accidunt.

que in seipso experitur: *ex mutationibus in organis sensoriis contingentibus reddi solet ratio, cur jam has potius, quam alias habeamus ideas sensuales, & ex appetitionibus animæ, cur hi jam potius contingant motus voluntarii? quam alii.*

Propositionem hanc addimus præcedenti, ne præcedens videatur amplior, quam fert experientia. Quodsi motuum, qui fiunt in cerebro, nobis eodem modo conscii essemus, quo mutationes in organis sensoriis, ac motus voluntarios percipimus; nihil nobis dubii occurrere posset. Immo si motuum in cerebro distinctas notiones haberemus, quemadmodum mutationum, quæ in oculo accidunt, visibili in eundem radiante; clarissime quoque perspiceremus, quomodo inde ratio reddi possit, cur tales jam sint perceptiones quoad singula, quorum ratio experitur. Et tum demum constaret, quomodo corpus sit interpres animæ, nec quicquam ea in re obscuritatis nobis superesset.

§. 620.

An per harmoniam præstabilitam commercium animæ & corporis intelligibili modo explicetur.

Quia ex systemate harmoniæ præstabilitæ per naturam animæ ac corporis intelligitur, cur ideis materialibus in cerebro tales perceptiones in anima & appetitionibus animæ tales motus voluntarii in corpore coexistant (§. 618.), atque adeo per eandem intelligitur dependentia animæ a corpore quoad specificationem perceptionum & continuitatem temporis, quo cum mutationibus in organis sensoriis contingunt, & corporis ab anima quoad specificationem motuum voluntariorum & continuitatem temporis, quo cum volitionibus contingunt (§. 56. Ontol.); *in systemate harmoniæ præstabilitæ commercium inter animam & corpus intercedens per ipsam animæ & corporis naturam intelligibili modo explicatur* (§. 962. *Psych. empir.*).

Atque hæc est prærogativa systematis harmoniæ præstabilitæ præ ceteris. Etenim in systemate influxus physici sumuntur, quorum nullam habemus notionem, ut inde explicemus, commercium inter animam atque corpus intercedens (§. 573.).

In

De Harmonia præstabilita.

In systemate causarum occasionalium recurritur ad potentiam Dei infinitam, ut reddatur ratio eorum, quæ in natura rerum occurrunt. Utrumque in philosophia alias improbatur, quæ non fert ut in numerum causarum naturalium referantur qualitates occultæ & neglectis causis secundis ad causam primam provocetur, quando effectuum naturalium quæruntur causæ. Ceterum per propositionem præsentem redarguitur illorum error, qui sibi persuadent, quasi harmonia præstabilita sit terminus inanis & quæ eodem jure in numerum qualitatum occultarum referri mereatur, quo odium naturale plantarum in Physica scholasticorum in eundem referri solet. Qui vero ita sentiunt, non satis intelligere videntur, quid sit harmonia præstabilita, neque intelligunt, quæ de nexu substantiarum citra influxum realem in mutationibus suis harmonicarum in genere demonstravimus (§. 41. 42. 43. *Cosmol.*). Redarguitur non minus per propositionem præsentem error eorum, qui contendunt, in systemate harmoniæ præstabilitæ non minus ad voluntatem Numinis provocari, quam in systemate causarum occasionalium. Qui enim ita sentiunt, denuo non satis intelligere videntur, quid sit harmonia præstabilita, præstabilitione non rite intellecta, quam paulo post distinctius exposituri sumus: quo facto dilucide constabit, quanta sit hac in parte inter systema causarum occasionalium & systema harmoniæ præstabilitæ differentia & in hac voluntati divinæ non esse locum, nisi quatenus ad causam primam tandem deveniendum, ubi sufficiens eorum, quæ in universo dantur, ratio desideratur. Etenim ob omnimodam creaturarum a Deo dependentiam, quam in Theologia naturali declaraturi sumus, fieri non potest quin tandem ad Deum perveniatur.

§. 621.

In *systemate harmoniæ præstabilitæ ideæ sensuales ideis materialibus ita coëxistunt, ac si corpus in animam influeret, seu vi sua illas produceret, & vicissim motus voluntarii in corpore ita coëxistunt volitionibus animæ, ac si anima in corpus influeret, seu vi sua motum corporis produceret.* Etenim juxta systema harmoniæ præstabilitæ datur series quædam perceptio- (*Wolfii Psych. Ration.*). Aa aa num

Æquipollentia systematum influxus & harmoniæ præstabilitæ.

num & appetitionum in anima (§. 612.) vi ipsi propria productarum (§. 613.) & series quædam motuum in corpore (§. 612.) vi mechanismi in eodem productorum (§. 615.), & in serie motuum semper datur aliquis motus, qui consentit perceptioni & appetitioni in anima præsenti (§. 612.). Præsens igitur perceptio datur in anima, quando in corpore præsens est hic motus, seu idea materialis in cerebro (§. 112.). Enimvero si corpus physice influit in animam, idea materialis in cerebro producit ideam sensibilis, unde ista ortum trahit (§. 566.), vel stante theoria superiori de anima vis animæ determinatur vi corporis ad legem sensationum in intuenda idea universi observandam (§. 569.), adeoque perceptio præsens datur in anima, quando in corpore præsens est idea materialis in cerebro. In systemate igitur harmoniæ præstabilitæ ideæ sensuales ideis materialibus ita coëxistunt, ac si corpus in animam influeret, seu vi sua illas produceret. *Quod erat unum.*

Similiter quoniam in serie motuum semper respondet aliquis motus appetitioni animæ præsenti (§. 612.), nempe motus spirituum animalium in nervos motorios influentium &. hinc pendens motus voluntarius organi corporis vel corporis totius. In corpore igitur præsens datur motus, quando in anima præsens est hæc appetitio. Enimvero si anima physice influit in corpus, motum organi corporis, quem vult, producit vi sua (§. 566.), seu stante conservatione virium vivarum, fluidum nerveum aut spiritus animales in motu jam constitutos tantummodo dirigit ad influendum per nervos motorios in musculos, quibus motus in corpore ab anima intentus perficitur (§. 571.). Denuo igitur præsens datur in corpore motus, quando in anima præsens est hæc appetitio. Quare in systemate harmoniæ præstabilitæ motus voluntarii in corpore ita coëxistunt volitionibus animæ, ac si anima in corpus influeret, seu vi sua motum corporis produceret. *Quod erat alterum.*

Ab-

De Harmonia præstabilita.

Abunde itaque perspicitur, quod in omni systemate explicandi commercium inter mentem ac corpus supponendum esse supra evicimus, scilicet perceptiones rerum sensibilium in anima & motus voluntarios in corpore eodem prorsus modo oriri, ac si anima & corpus in se mutuo influerent (§. 537.), in systemate quoque harmoniæ præstabilitæ supponi: huic enim supposito convenienter concipiuntur series perceptionum & appetitionum in anima & series motuum in corpore harmonicæ. Rationes vero, cur stante hac systematum influxus physici & harmoniæ præstabilitæ æquipollentia posterius priori præferatur, patent ex iis, quæ supra (*not.* §. 602.) ad æquipollentiam systematum influxus & causarum occasionalium annotavimus, & ex infra dicendis magis patebunt.

§. 622.

In systemate harmoniæ præstabilitæ omnia fiunt naturaliter. In systemate harmoniæ præstabilitæ anima vi sibi propria producit omnes suas perceptiones & appetitiones (§. 613.). Quamobrem cum in anima non detur nisi vis unica, qua omnes ejus actiones producuntur (§. 57. 60.), vis nempe repræsentativa universi (§. 63.); anima perceptiones & appetitiones omnes vi hac universi repræsentativa producit, adeoque cum nihil fit sine ratione sufficiente cur potius sit quam non sit (§. 70. *Ontol.*), omnes istæ perceptiones & appetitiones in vi universi repræsentativa rationem sufficientem habent, consequenter naturaliter fiunt (§. 69.). Similiter vi mechanismi corporis adeoque per structuram ejusdem, secundum regulas motus (§. 75. *Cosmol.*) ex ideis materialibus, consequenter motibus præexistentibus (§. 112.), nascuntur motus volitionibus & appetitionibus animæ respondentes (§. 615.). Fiunt igitur & ipsi naturaliter (§. 513. *Cosmol.*). Quoniam itaque in systemate explicandi commercium inter mentem atque corpus non habetur ratio nisi coëxistentiæ perceptionum & appetitionum in anima & motuum in corpore (§. 949. 955. 962.

An in systemate harmoniæ præstabilitæ omnia fiant naturaliter.

Psych.

Pſychol. empir.); in ſyſtemate harmoniæ præſtabilitæ omnia fiunt naturaliter.

Atque hoc potiſſimum intendit *Leibnitius*, cum non contentus ſyſtemate cauſarum occaſionalium de novo ſyſtemate cogitaret: neque enim ipſi ſufficiebat ſumi a *Carteſio* in explicanda harmonia corporis & animæ quod fruſtra recurratur ad cauſas ſecundas, adeoque deveniendum tandem ſit ad cauſam primam Deum, ſed hoc probandum eſſe merito urgebat. Nimirum cum vi principii rationis ſufficientis phænomena naturæ in ipſis creaturis rationem ſufficientem habere debeant; commercium quoque inter mentem & corpus in natura & eſſentia animæ atque corporis talem habere debere videbatur. Quamobrem cum ſyſtema harmoniæ præſtabilitæ hac in parte ſatisfaciat, idem ſyſtemati cauſarum occaſionalium prætulit.

§. 623.

An in harmonia præſtabilita perpetua fiant miracula.

Quoniam miraculum non eſt, quod fit naturaliter (§. 509. 510. *Cosmol.*), in ſyſtemate autem harmoniæ præſtabilitæ omnia naturaliter fiunt (§. 622.); *in ſyſtemate harmoniæ præſtabilitæ nihil fit per miraculum.*

Cum *Leibnitius* Occaſionaliſtis objeciſſet, quod in ſyſtemate ſuo perpetua admittant miracula, ac ideo ipſum rejeciſſet; non defuere nonnulli, etſi a ſyſtemate cauſarum occaſionalium non minus alieni, quam ab harmonia præſtabilita, qui inde anſam arripuerunt objectionem eandem in *Leibnitium* retorquendi, ſed re non ſatis perpenſa, præſertim cum in eorum numero eſſent, qui per indignationem hoc facerent. Plures deinde alii, qui echo aliorum eſſe ſolent, ipſam hanc objectionem ſæpius repetivere: aſt numerus clamantium nullum addit pondus. Viſum autem fuit miraculum, propterea quod corpus in motibus ſuis animæ modificationibus harmonicum, quale in ſyſtemate harmoniæ præſtabilitæ ſupponitur (§. 617.), incomprehenſibile ipſis viſum: quemadmodum & *Bælio* accidit, qui ideo verebatur, ne forſan ſapientia divina ad impoſſibilia usque extendatur. Ecquis vero non videt

per-

peram miraculum appellari, quod nobis incomprehensibile videtur? Equidem non ignoro *Spinosa* in Tract. Theologico-Polit. cap. 6. pag. 67. non invito miraculum appellari, quod ob ignorantiam causarum incomprehensibile: nemo tamen pius notionem ejus probat, quam sibi de miraculo fingere debet ob fatalem omnium rerum necessitatem ex parte ipsius Dei assertam. Qui Deo in creando & agendo in creaturas omnem adimit libertatem, quemadmodum *Spinosa* impie facit; is utrique miraculum vero sensu nullum admittere potest, quippe quod ab ista libertate pendet, quemadmodum ex Theologia naturali clarissime perspicietur. Enimvero qui cum *Spinosa* sentiunt, cum iis nobis nihil jam est negotii.

§. 624.

Deus harmoniam præstabilivit, quatenus animæ junxit corpus, in quo existere potest series motuum perceptionibus & appetitionibus animæ consentientium, & cum fecit rerum materialium nexum, ut motus isti ad actum perducantur per continuas in organa sensoria impressiones extrinsecus factas. Anima enim vi propria producit omnes, quas successive habet, perceptiones & appetitiones (§. 613.), eodem prorsus modo, quo nunc sese invicem excipiunt, consecuturas, etiamsi mundus hic adspectabilis, consequenter corpus eidem junctum, non existeret (§. 614.). Est vero corpus aliquod possibile, in quo series quædam motuum per impressiones externas in organa sensoria conservari potest, qui singuli perceptionibus singulis & appetitionibus animæ constanter consentiunt (§. 617.). Hoc igitur corpus Deus animæ junxit, utque motus in eodem eo ordine se invicem actu consequantur, quo animæ modificationes sese excipiunt, nexum rerum materialium talem effecit, qualem requirunt externæ in organa sensoria impressiones, quibus motuum series conservatur. Hoc pacto Deus in systemate harmoniæ præstabilitæ effecit, ut per essentiam & naturam animæ atque corporis totiusque mundi materialis harmonia a-

Quomodo harmonia animæ ac corporis præstabilita.

nimæ & corporis subsistat (§. 539.), consequenter harmoniam præstabilivit.

Atque ita demum intelligitur, quid sibi velit harmoniæ præstabilitio. Est nempe actus Dei, quo efficit ut harmonia animæ & corporis subsistat citra influxum realem unius substantiæ in alteram per ipsam utriusque essentiam atque naturam. Præstabilitio hæc allegatur tanquam ratio tantummodo in generalibus, ubi causæ primæ locus est; minime autem in specialibus, ubi reddenda ratio est, cur v. gr. tibi leonem repræsentes, dum radii luminis inde in oculum illabuntur & motus nervi optici fibrillis impressus ad cerebrum usque propagatur (§. III.). Atque hoc conveniens est rectæ philosophandi methodo, qua nonnisi in generalibus ad causam primam provocatur, specialia vero phænomena per causas secundas explicantur. Unde intelligitur falli totos, qui sibi persuadent harmoniam præstabilitam esse terminum technicum, neque adeo eam posse allegari tanquam rationem commercii animæ ac corporis. Etenim harmonia animæ & corporis, qua denotatur consensus perceptionum atque appetitionum animæ & motuum corporis explicabilitas (§. 539.), terminus technicus est: ast harmoniæ istius præstabilitio, qua Deus per naturam animæ & corporis atque universi hujus adspectabilis exequitur, quod per essentias eorum possibile erat, ratio utique illius consensus est.

§. 625.

Spuria præstabilitionis notio.

Quoniam anima talem habens seriem perceptionum & appetitionum possibilis intelligitur, etiamsi nullum possibile supponatur corpus, in quo series motuum harmonicorum datur (§. 613. 614.), & corpus talem habens seriem motuum possibile supponitur, etiamsi nulla supponatur anima, in qua series perceptionum atque appetitionum harmonicarum datur (§. 615. 616.); *harmonia præstabilita a Deo non fuit, dum seriem perceptionum atque appetitionum ita constituit, ut seriei motuum, quæ antecedenter ad illam tanquam possibilis sumitur, consentiat.*

Per-

De Harmonia præstabilita.

Perverſam hanc præſtabilitionis notionem habent, qui harmoniam præſtabilitam libertati adverſam pronunciant. Sumunt nimirum in hoc ſyſtemate ſupponi, quod in mundo omnia fiant mechanice & ab hoc mechaniſmo etiam pendeant motus corporis noſtri, quos voluntarios dicere ſolemus; Deum vero animæ tales infudiſſe facultates, quibus producantur tales perceptiones & appetitiones, ut perpetuus ſit haſce inter & iſtos conſenſus, ſicque animæ perceptiones & appetitiones aptaſſe ad motus corporum neceſſarios. Unde animam inepte comparant cum cane ab auriga currui alligato, qui una cum curru progredi tenetur, quo hic trahitur. Neque enim corpus effictum eſt juxta ſeriem perceptionum & appetitionum animæ, neque anima juxta ſeriem motuum corporis; ſed utraque ſubſtantia in ſe poſſibilis intelligitur citra relationem ad alteram. Quando in Theologia naturali originem eſſentiarum explicaverimus & communes circa eam errores detexerimus; omnis prorſus evaneſcet obſcuritas, quæ adhuc ſupereſſe poteſt.

§. 626.

Harmonia præſtabilita dari nequit, niſi detur Deus omniſcius, ſapientiſſimus, liberrimus, potentiſſimus, creator & gubernator rerum omnium. Etenim in hypotheſi harmoniæ præſtabilitæ exiſtit anima, quæ vi propria producit omnes perceptiones & appetitiones (§. 613.), & eodem prorſus, quo nunc, ordine easdem produceret, etiamſi mundus hic adſpectabilis & corpus adeo ipſi in motibus ſuis harmonicum non exiſteret (§. 614.). Anima igitur exiſtere poteſt, etiamſi corpus in motibus ſuis harmonicum nullum exiſtat, nec exiſtat mundus adſpectabilis. Coëxiſtit tamen eidem corpus, quod, cum in eo motus harmonici per impreſſiones a corporibus aliis extrinſecus in organa ſenſoria factis vi mechaniſmi conſequantur, independenter prorſus ab anima (§. 615. 616.); exiſtere poterat cum hoc mundo adſpectabili, etiamſi anima non exiſteret. Quoniam igitur neceſſe eſt ut detur ratio ſufficiens coë-

Neceſſarius nexus inter harmoniam præſtabilitam & exiſtentiam Dei.

coëxistentiæ animæ ac corporis totiusque mundi adspectabilis (§. 70. *Ontol.*), ea autem in ipsa animæ atque corporis natura minime continetur, cum posita substantia una non necessario ponatur altera *per demonstrata*; necesse est ut detur ens ab animabus & corporibus humanis mundoque adspectabili diversum, in quo ratio ista continetur, & cui adeo ea insunt, per quæ intelligitur, cur substantiæ istæ coëxistant & hic in eorum gratiam existat mundus adspectabilis. Jam cum ex mutationibus in organis sensoriis ratio reddi possit, cur jam tales sint in anima ideæ sensuales, & ex appetitionibus vicissim animæ, cur hi jam contingant motus voluntarii (§. 619.), nec homo sibi conscius foret motuum in corpore, nisi anima huic coëxisteret (§. 616.); conveniens omnino est corpus & animam coëxistere, ut prodeat unum suppositum ex substantiis prorsus diversis constans, quæ tamen ita modificantur ac si una in alteram influeret (§. 621.). Ens igitur, in quo ratio coëxistentiæ animæ & corporis in modificationibus suis conspirantium continetur, & quod adeo causa utriusque est (§. 881. *Ontol.*), convenientiam istam perspicere & eadem permoveri debuit, ut animam & corpus una produceret, consequenter intellectu (§. 275. *Psychol. empir.*), & voluntate præditum (§. 880. *Psychol. empir.*). Quoniam corpus animæ in mutationibus suis harmonicum a sensibilibus in organa sensoria agentibus continuas recipere debet impressiones, ut motus cum perceptionibus & appetitionibus animæ consentientes conserventur (§. 617.), in mundo autem adspectabili tam coëxistentia (§. 53. *Cosmol.*), quam successiva inter se connectantur (§. 54. *Cosmol.*), ut a se invicem dependeant quoad existentiam (§. 58. *Cosmol.*), & actus contingentium in mundo determinetur per seriem causarum contingentium, quæ a se invicem dependent ut effectus a sua causa (§. 83. *Cosmol.*); corpus nostrum ita modificari nequit, ut in motibus suis consentiat modificationibus animæ, nisi mundus

dus hic adspectabilis exiftat. Anima itaque, corpus noftrum & totum hoc univerfum pendent ab eadem caufa, quæ & omnes omnium animarum perceptiones & appetitiones, omnesque in corporibus humanis poffibiles motus & univerfam rerum materialium naturam intime perfpicere debuit, antequam exifteret, confequenter omnifcia eft. Quoniam vero animæ & corpora humana ob rationem convenientiæ tantummodo coëxiftunt & in gratiam corporum harmonice cum animabus modificandorum ipfarumque animarum per naturam & effentiam fuam fibi hoc univerfum repræfentantium (§. 66. 67.), hoc univerfum exiftit *per demonftrata*; caufa univerfi eft agens liberrimum & quatenus unum fecit alterius confequendi gratia fapientiffimum. Jam in gratiam animæ produxit hoc univerfum, ut corpus eidem coëxifteret, quod cum ipfa harmonice modificaretur *per demonftrata*, cum iftiusmodi animas & corpora ac iftiusmodi univerfum poffibilia intelligeret & ea coëxiftere conveniens judicaret, *itidem per demonftrata*. Ens igitur caufa animarum & totius univerfi potentia præditum. Quoniam vero per potentiam fuam exiftentiam largitum eft eis, quæ per ideas fuas poffibilia erant; potentia creatrice præditum eft, adeoque & animarum, & mundi creator. Et quia motus in corpore noftro fiunt fecundum regulas motus, quibus naturæ ordo continetur (§. 559. *Cosmol.*), ordo autem naturæ contingens eft, feu a neceffitate abfoluta liber (§. 561. *Cosmol.*); autor univerfi hunc conftituit naturæ ordinem in gratiam animarum, ut fcilicet corpora in hoc univerfo exifterent, quorum motus actu refponderent modificationibus animæ, quemadmodum per ftructuras ipforum fieri poterat. Atque ideo auctor rerum omnium eft idem gubernator eorundem. Patet igitur harmoniam præftabilitam fubfiftere non poffe nifi admittatur ens ab animabus & mundo adfpectabili diverfum, intellectu & voluntate præditum, omnifcium, fapientiffimum & potentiffimum, creator & gubernator rerum omnium.

(*Wolfii Pfych. Ration.*)

Singula, quæ hic dicuntur, multo clariora evadent, ubi in Theologia naturali notiones attributorum divinorum, creationis item ac gubernationis universi evolverimus. Quodsi enim singula propositionis præsentis membra rigide demonstrare volueris, integram conscribere teneris Theologiam naturalem, in qua non supponitur nisi harmonia præstabilita tanquam principium demonstrandi proximum. Nostrum vero jam non est Theologiam naturalem harmoniæ præstabilitæ superstruere. Sufficit ostendisse, quod, si detur harmonia præstabilita, Deus etiam detur, adeoque ab illa ad existentiam hujus valeat consequentia, ac præterea indicasse fontes, unde singulorum demonstrationes rigidissimæ derivandæ. Quantum harmonia præstabilita rite intellectu conducat ad attributa divina clarius & magis distincte intelligenda, tum ex Theologia naturali, tum inprimis ex Teleologia elucescet.

§. 627.

Harmonista quinam dicatur.

Harmonista dicitur, qui systemate harmoniæ præstabilitæ utitur in explicando commercio inter animam atque corpus intercedente, tum etiam in motuum communicatione ac conservatione.

Harmonia enim præstabilita ad omnes creaturarum actiones in se invicem explicandas transfertur, & *Leibnitius* harmoniam quandam universalem omnium substantiarum simplicium, in quibus est fons phænomenorum rerum materialium, concipit & inter ipsum regnum gratiæ atque regnum naturæ harmoniam quandam admittit. Sed de ea nobis jam sermo non est, quamvis monendum existimemus, quod Harmonistæ nomen etiam conveniat harmoniæ istius universalis defensoribus, atque ideo *Leibnitius* quam maxime Harmonista dici debeat.

§. 628.

Quinam Harmonista esse non possit.

Atheus & de existentia Dei dubitans, vel qui præscientiam divinam negat, Harmonista esse nequit. Etenim harmonia præstabilita dari nequit, nisi detur Deus omniscius, sapientissimus

De Harmonia præstabilita.

simus, liberrimus, potentissimus, creator & gubernator rerum omnium (§. 626.), hoc est, Deus, quem Christiani veneramur. Systema igitur harmoniæ præstabilitæ admittere nequit, qui Deum verum existere non concedit, nec de ejus existentia certus est. Quare cum Deum verum existere atheus neget, qui vero de existentia Dei dubitat, adhuc incertus est, utrum Deus existat, nec ne; atheus & qui de existentia Dei dubitat harmoniam præstabilitam admittere, consequenter harmonista esse nequit (§. 627.). *Quod erat unum.*

In systemate harmoniæ præstabilitæ anima vi propria producit omnes perceptiones & appetitiones (§. 613.), eodem quo nunc ordine consecuturas, etiamsi mundus hic adspectabilis & corpus in motibus suis ipsi harmonicum non existeret (§. 614.), consequenter anima concipitur possibilis & existere posse, etiamsi nullum corpus in motibus suis ipsi harmonicum possibile aut existere posse, immo etiamsi nullus mundus materialis possibilis supponatur. Eodem modo motus harmonici in corpore vi mechanismi producuntur, eodem quo nunc modo producendi, etiamsi anima non existeret (§. 615. 616.), consequenter corpus animæ modificationibus in motibus suis harmonicum possibile & existere posse concipitur, etiamsi nulla possibilis supponatur anima. Deus igitur, qui poterat substantiam unam producere absque altera, corpus animæ liberrime junxit, quia in eo existere potest series motuum perceptionibus & appetitionibus animæ consentientium, & eum fecit rerum materialium nexum, ut motus isti per continuas in organa sensoria extrinsecus factas impressiones actu producantur (§. 624. *Psychol. rat.* &§. 941. *Psychol. empir.*). Deus adeo ab æterno præscivit singulas animæ appetitiones & perceptiones, ut pro omniscientia sua judicare posset, quale corpus ipsi in mutationibus suis sit harmonicum & quinam nexus rerum materialium esse debeat, ut idem cum anima harmonice modificetur.

Quare qui præscientiam divinam negat, vel in dubium vocat, harmoniam præstabilitam admittere nequit, consequenter harmonista haud quaquam esse potest (§. 627.). *Quod erat alterum.*

Patet adeo quam sit absurdum systema harmoniæ præstabilitæ tanquam impium traducere, cum nemo atheus idem admittere possit, nec quicquam sit in tota rerum natura, per quod attributa divina adeo luculenter innotescant, quemadmodum per harmoniam præstabilitam (§.626.): id quod in Theologia naturali & Teleologia tanta evidentia constabit, ut nemo sanus id in dubium vocare possit. Multo igitur absurdius est, si quis omnem reliquam philosophi alicujus doctrinam damnare velit, tanquam atheismo latas fores pandentem, quod in explicando commercio inter mentem & corpus utitur harmonia præstabilita intra convenientes hypotheseos philosophicæ cancellos, quemadmodum fecere qui mihi adversabantur : absonum enim est dicere, quod omnis philosophia systemati harmoniæ præstabilitæ, hoc est, hypothesi philosophicæ de causa commercii inter animam & corpus subsistentis sit superstructa, cum ne quidem theoria superior de anima ab harmonia præstabilita pendeat, sed in ceteris quoque systematis locum habeat. Sane quæ independenter ab harmonia præstabilita cognosci possunt, ea etiam tanquam vera admitti possunt, etiamsi harmonia præstabilita impossibilis supponatur. Fuit non nemo, qui ut systema harmoniæ præstabilitæ periculosum probaret, objecit atheum ita argumentari posse : Si datur harmonia præstabilita, datur Deus. Atqui non datur harmonia præstabilita. Ergo non datur Deus. Ad probandam itaque existentiam Dei adduci argumentum, quod in ludibrium vertere possit atheus. Bene respondet *Bülffingerus* in Dilucidat. phil. §.355. in modo tollente non concludi ex eo, quod antecedens falsum est, falsum esse consequens, sed remoto consequente tolli antecedens (§. 407. *Log.*). Nisi igitur atheus in formam impingere velit Logicæ tyro, ita argumentandum : si datur harmonia præstabilita, datur Deus. Atqui non datur Deus. Ergo nec datur harmonia præstabilita. Ex hac vero

De Harmonia præstabilita. 565

vero argumentatione intelligitur, harmoniam præstabilitam cum atheismo pugnare, quemadmodum fert propositio præsens. Nil quicquam juvat exceptio, atheum saltem vitiose argumentari posse, ut in ludibrium vertat existentiam Dei. Quodsi enim hoc facit male sanus, ipsemet sese ludibrio omnium exponit, qui vel primis tantummodo labris Logicam degustarunt. Notandum prætcrea est, nos harmonia præstabilita nullibi uti tanquam argumento ad stabiliendam existentiam Dei, etsi non esset argumentum evidentius, ubi harmonia præstabilita ante demonstrata foret. Et quamvis non sit insolitum existentiam Dei probari per systemata explicandi commercium inter mentem & corpus, quemadmodum supra (*not.* §. 596.) exemplo *Sturmii* probavimus, mos tamen iste nobis minime probatur. Quemadmodum vero veritates singulas, quantum datur, certo cuidam usui destinare solemus; ita nexum necessarium inter harmoniam præstabilitam & existentiam Dei non alio fine evincimus (§. 626.), quam ut ab impietatis labe purgemus systema vere philosophicum, propterea quod nihil sit frequentius, quam ut impietatis postulentur, quæ communi consensu nondum approbantur. Optandum vero foret, ut mos iste, qui a paganis ad nos fluxit, ex orbe christiano tandem extirparetur, cum homine philosopho, nedum christiano, indignum sit, quod ab æquitate alienum. *Socinus* in Prælect. theolog. c. 8. usque ad c. 11. præscientiam futurorum contingentium negat eamque Deo convenire non posse multis contendit. Eandem sententiam tuetur *Crellius* in libro de Deo & ejus attributis c. 24. *Sociniani* itaque harmoniam præstabilitam admittere nequeunt. Qui vero verum Deum profitetur, quem scriptura sacra rerum omnium autorem esse docet, atque a castris *Socinianorum* alienus; ei nihil periculi ab harmonia præstabilita imminet. Quodsi harmonia præstabilita tanta evidentia esset probata, ut nemo *Socinianorum* eam in dubium vocare posset; nullum sane argumentum ad confutandum ipsorum errorem de præscientia futurorum contingentium esset validius harmonia præstabilita. Quamdiu tamen *Socinianus* eam non admittit, eandem

dem quoque fruſtra adverſus ipſum urges, ſi vel maxime jam conſtaret eam eſſe veram.

§. 629.

Quid in ſyſtemate harmoniæ ſit miraculoſum, quid naturale.

Præſtabilitio harmoniæ inter animam & corpus eſt miraculum in creatione rerum facta, ſed ejus deinceps vi naturaliter in ſingulis hominibus perpetuo conſequitur perceptionum ac appetitionum animæ & motuum corporis ſibi mutuo conſentientium coëxiſtentia. Quoniam enim harmonia præſtabilita dari nequit, niſi detur Deus omniſcius, ſapientiſſimus, liberrimus, potentiſſimus, creator & gubernator rerum finitarum omnium (§. 626.); in tota rerum natura nihil reperiri poteſt, per quod præſtabilitio illa fieri potuiſſe intelligitur, conſequenter in tota rerum natura rationem ſufficientem non habet (§. 56. *Ontol.*), adeoque miraculum eſt (§. 510. *Cosmol.*). *Quod erat primum.*

Enimvero Deus harmoniam præſtabilivit, quatenus cum anima produxit corpus, in quo exiſtere poteſt ſeries motuum perceptionibus & appetitionibus animæ conſtanter conſentientium & eum fecit rerum materialium nexum, ut motus iſti ad actum perducantur per continuas in organa ſenſoria impresſiones extrinſecus factas (§. 624.), adeoque in prima rerum creatione. Quare cum præſtabilitio ſit miraculum *per demonſtrata*; miraculum utique eſt in prima rerum creatione factum. *Quod erat ſecundum.*

Quodſi anima exiſtere ſupponatur, vi propria omnes ipſius perceptiones & appetitiones producuntur (§. 613.). Si porro eidem coëxiſtere intelligatur corpus ſuum; vi mechaniſmi motus illis perceptionibus & appetitionibus conſtanter conſentientes poſſibiles intelliguntur (§. 615.). Si denique mundus hic adſpectabilis exiſtere ſupponitur, per eum tandem patet, quomodo per continuas impreſſiones in organa ſenſoria foria factas motus harmonici in corpore ad actum perducantur (§. 617.). Per naturam adeo & essentiam animæ ac corporis & mundi hujus adspectabilis, in quo homo existit, intelligitur, cur motuum series in corpore potius consentiat seriei perceptionum & appetitionum in anima, quam ab eadem dissentiat, consequenter coëxistentia perceptionum & appetitionum animæ atque motuum istis consentientium in corpore rationem sufficientem in essentia & natura animæ, corporis totiusque mundi adspectabilis habet (§. 56. *Ontol.*). Illa igitur coëxistentia in singulis hominibus naturaliter constanter consequitur (§. 509. *Cosmol.*). Quoniam vero non consequeretur, nisi Deus hanc animam & hoc corpus una produxisset & hunc rerum materialium nexum effecisset (§. 624.), & præstabilitio hoc modo facta miraculum est in prima rerum creatione patratum *per num. 1. & 2.*; coëxistentia illa appetitionum atque perceptionum animæ & motuum corporis in singulis hominibus consequitur vi miraculi in prima rerum creatione patrati. *Quod erat tertium.*

Puto *Newtonum* huc respexisse, dum harmoniam præstabilitam verum miraculum dixit. Sed primigenium miraculum, cujus vi deinde singuli eventus naturaliter consequuntur, in philosophia nihil vitii habet, consequenter propterea nulla hypothesis philosophica objectioni obnoxia est. Sane ipsa existentia rerum materialium, quam Deus in prima creatione iisdem impertitus est, primigenium quoddam miraculum est, vi cujus deinde naturaliter in mundo hoc adspectabili consequuntur omnes eventus. Quodsi a causis secundis ad causam primam ascendere debes, quemadmodum postulat finis a Deo per creationem intentus; necesse est ut quædam insint creaturis, quæ aliter explicari non possunt nisi per causam primam, ac ideo in principio rerum admitti utique debet quidpiam miraculosi, ne actualitas rerum in universo sit independens a Deo: quod absurdum. Ipse *Leibnitius* epist. |V. ad *Clarckium* §. 89. harmoniam corporis & animæ, seu constantem

tem perceptionum atque appetitionum & motuum iſtis conſentientium coëxiſtentiam effectum ſeu conſequens miraculi primigenii in prima rerum creatione facti pronunciat; miraculum vero perpetuum eſſe negat, quemadmodum *Clarkio* videbatur. Per miraculum vero primogenium intelligere nequit niſi præſtabilitionem harmoniæ in creatione f. ctam, quemadmodum ex demonſtratione propoſitionis præſentis intelligitur. Quod vero vi miraculi alicujus præſertim primigenii deinceps naturaliter conſequitur, id pro miraculi continuatione haberi nequit. Aliter ſeſe res habet in ſyſtemate cauſarum occaſionalium, in quo ad conſenſum ſingularum perceptionum & appetitionum cum motibus potentia Dei infinita requiritur, qua in ſyſtemate harmoniæ præſtabilitæ non opus eſt niſi in principio rerum

§ 630.

An appetitiones ſint præſtabilitæ.

Appetitiones in anima non fuere præſtabilitæ. Etenim Deus harmoniam tantummodo præſtabilivit inter motus in corpore per impreſſiones in organa ſenſoria factas excitatos & perceptiones animæ, quibus objecta iſta repræſentantur, atque inter appetitiones animæ & motus in corpore voluntarios (§. 619. 624.). Sed appetitiones naſcuntur ex perceptionibus ipſa animæ vi ſecundum legem appetitus (§. 904. *Pſychol. empir.*), adeoque nulla hic opus eſt præſtabilitione.

Idem etiam ſic oſtenditur. Modus, quo anima a perceptionibus pervenit ad appetitiones ſeu has ex iſtis elicit, non ſpectat ad commercium animæ & corporis (§. 962. *Pſychol. empir.*). Sed in ſyſtemate harmoniæ præſtabilitæ non præſtabiliuntur a Deo, niſi quæ ad commercium inter animam & corpus conſervandum requiruntur. Non igitur appetitiones in anima fuere præſtabilitæ.

Liquet idem ex modo, quo præſtabilitio facta eſt & quem paulo ante (§. 624.) explicavimus. Etenim in eo nullam habuimus rationem modi, quo anima ad decreta ſua pervenit, cum

De Harmonia præstabilita.

cum in præstabilienda harmonia perinde sit, quocunque tandem modo ex perceptionibus anima eliciat appetitiones. Præstabilitionis adeo & harmoniæ animæ atque corporis notiones non satis distinctas habent, qui sumunt juxta systema harmoniæ præstabilitæ in gratiam corporis appetitiones esse præstabilitas, hoc est, singulas a Deo, determinatas ut nullo modo ab anima pendeant, nec integrum animæ sit quidpiam in iis mutare. Unde deinde consequentias deducunt molestas, quasi systema harmoniæ præstabilitæ sit libertati adversum & Deum faciat causam peccati: de quibus objectionibus deinceps nobis erit agendum.

§. 631.

In systemate harmoniæ præstabilitæ anima eodem modo pervenit ad appetitiones seu volitiones, quo ad easdem pervenit in systemate influxus physici. Etenim per systema influxus physici non nisi redditur ratio, cur ad præsentiam ideæ materialis in cerebro oriatur perceptio in anima, ex qua enascitur appetitio (§. 560. *Psychol. rat.* & §. 962. *Psychol. empir.*); & similiter per systema harmoniæ præstabilitæ non redditur ratio, nisi cur ideæ materiali in cerebro coëxistat perceptio in anima, ex qua sequitur appetitio (§. 612. *Psychol. rat.* & §. 962. *Psychol. empir.*), adeoque utrobique tantummodo redditur ratio, cur detur aliqua in mente perceptio, unde appetitio nasci potest. Respectu igitur systematis, quo commercium inter mentem & corpus explicatur, perinde est quocunque modo anima a perceptione ad appetitionem perveniat. Quamobrem sive systema harmoniæ præstabilitæ, sive systema influxus physici amplectaris; modus, quo anima a perceptione ad appetitionem transit, semper idem erit.

In systemate harmoniæ præstabilitæ ideæ sensuales ideis materialibus ita coëxistunt, ac si corpus in animam influeret seu vi sua illas produceret, & vicissim motus voluntarii in corpore ita coëxistunt volitionibus animæ, ac si anima in corpus in-

Dependentia appetitionis a perceptione identitas in systemate influxus & harmoniæ.

(*Wolfii Psych. Ration.*) Cc cc

influeret, seu vi sua motum corporis produceret (§. 621.). Quamobrem cum systema harmoniæ præstabilitæ & systema influxus physici, tanquam systemata explicandi commercium inter mentem atque corpus intercedens (§. 612. 560.), non differant nisi in modo, quo coëxistunt perceptiones animæ ideis materialibus in cerebro & motus voluntarii in corpore appetitionibus animæ (§. 949. 955. *Psychol. empir.*); modus, quo appetitiones a perceptionibus pendent, in systemate influxus physici & harmoniæ præstabilitæ diversus esse nequit, seu salvo utroque systemate anima eodem modo a perceptionibus pervenit ad appetitiones.

Consona hæc sunt iis, quæ in superioribus (§. 536.) demonstravimus, in omni systemate de commercio inter mentem atque corpus intercedente libertatem & defendi & impugnari posse. Recolenda vero hic sunt, quæ itidem in superioribus evicimus, si quis libertati adversa systemati cuidam admiscet, id non fieri vitio systematis, sed in favorem erroris de dependentia volitionum ac nolitionum a perceptionibus (§. 544.). Ita qui libertati adversatur, systema harmoniæ præstabilitæ deformaret præstabilitione per errorem explicata, qui nec cum principiis ontologicis, nec cum Theologia naturali consistere potest (§. 624.): quemadmodum f. ciunt consequentiarii, ne desint consequentiæ, quibus systema harmoniæ præstabilitæ infament.

§. 632.

Libertas in systemate harmoniæ præstabilitæ salva.

Quoniam in systemate harmoniæ præstabilitæ anima eodem modo a perceptionibus pervenit ad volitiones, quo in systemate influxus physici (§. 631.); *Quocunque tandem modo libertas in systemate influxus physici concipitur, eodem etiam in systemate harmoniæ præstabilitæ concipi potest, &, ubi in systemate influxus physici recte concipitur, concipi debet,* consequenter cum vi libertatis anima ex pluribus possibilibus sponte eligat, quod ipsi placet, cum ad nullum eorum per essentiam deter-

De Harmonia præstabilita.

terminata sit (§. 491. *Psych. empir.*); stante quoque systemate harmoniæ præstabilitæ anima ex pluribus possibilibus sua sponte eligit, quod ipsi placet, ad nullum præsentiam suam determinata.

Immo si quis libertatem animæ ad indifferentiam perfecti æquilibrii extenderet, quamvis ostenderimus animam sine motivis & contra motiva sese determinare non posse (§. 944. *Psychol. empir.*); harmonia tamen præstabilita minime obstaret, quin id faceret. Hæc probe perpendi velim, ne consequentiariis facilem præbeant aurem, qui ipsimet argumentum difficile discutere haud valent, dum tanquam pro aris & focis pugnantes per harmoniam præstabilitam libertatem funditus everti, fatalem rerum omnium necessitatem introduci, & omnem non modo christianam, verum etiam ethnicam religionem tolli, immo omnem justitiam e civitate relegari clamant, ut hypothesin in se innocentem in odium adducant. Quoniam perceptiones in systemate harmoniæ præstabilitæ ab anima vi propria producuntur prorsus independenter a corpore (§. 613. 614.), cum ex adverso in systemate influxus physici anima in percipiendo a corpore pendeat (§.565.); systema harmoniæ præstabilitæ multum favere libertati rectius judicant alii. Enimvero ut fons erroris detegatur, in quem inciderunt præstabilitionem harmoniæ non ut decet concipientes; sequentem addere lubet propositionem.

§. 633.

Necessitas motuum, qui appetitionibus animæ in corpore respondent, non tollit libertatem in anima. Etenim in systemate harmoniæ præstabilitæ anima ex perceptionibus suis elicit libere volitiones suas independenter a corpore, utpote tales futuras etiamsi corpus nullum ipsi coëxisteret (§. 613. 614. 632.). Supponitur vero corpus istiusmodi possibile, in quo vi mechanismi motus eo ordine produci possunt, quales postulant volitiones animæ (§. 617.): supponitur etiam possibilis istiusmodi rerum naturalium nexus, qualis ad hoc requiritur, ut per impressiones in organa sensoria continuo factas, motus isti actu consequantur (§. *cit.*). Deus, qui vi præscientiæ suæ novit,

Necessitas motuum in corpore num cum libertate consistat.

quales

quales sint futuræ omnes liberæ volitiones animæ in serie perceptionum & appetitionum contentæ, & vi omniscientiæ suæ novit, qualia possibilia sint corpora & quales fieri possint rerum nexus, vi sapientiæ suæ decrevit animam hanc cum hoc corpore in hoc rerum nexu producere, dum harmoniam animæ & corporis præstabilire intendit & in creatione rerum decretum suum exequens harmoniam istam actu præstabilivit (§. 624.). Quod igitur motus in corpore, qui volitionibus animæ respondent, sint necessarii nec naturaliter diversi esse possint ab iis, qui actu consequuntur, minime obstat, quo minus volitiones in anima sint liberæ. Illorum adeo necessitate nequaquam tollitur libertas animæ.

Quodsi objicias, motus in corpore non posse esse alios, quam quales observantur, v. gr. quando sedeo, impossibile fuisse, ut non sederem, adeoque cum anima motus alios velle nequeat, quam hos ipsos, qui in corpore dantur, eam necessario eosdem velle, non libere: nego consequentiam. Quamvis enim certum sit animam hoc momento, quo sedeo, hunc situm corporis appetituram; non tamen ideo sequitur, quod motum hunc necessario velit. Optime hoc advertit *Jaquelotus* & ut facilius intelligeretur simili illustravit in libro de consensu fidei & rationis pag. 381. 382, prout recensetur in Actis Eruditorum A. 1705. pag. 553. Si systema, inquit, *Leibnitianum* bene intelligitur, reperietur in eo non destrui libertatem. Anima enim facultatem habet decreta sua formandi ac volendi quod placet. Et quod actiones corporis ab anima imperatas attinet, non potest officere libertati dispositio corporis ita a Deo formati, ut motus ejus præcise voluntatibus animæ respondeant, quod tali exemplo intelligi potest. Ponamus Mechanicum egregium scire, quæ ego famulo meo tali die sim imperaturus, eumque posse formare automatum par exequendis omnibus motibus a me ea die imperandis. Certum est me tunc automato illi tanquam famulo meo imperaturum ea, qua fruor, libertate, neque illam ipsius automati spontaneam ad suos motus determinationem quicquam libertati meæ præjudijudicaturam. Eodem modo se res habet in corpore humano secundum systema *Leibnitianum*, quod ideo appellari solet systema harmoniæ præstabilitæ. Deus formavit nostra corpora tanquam machinas, quæ debent respondere certis nutibus nostrarum animarum. Tale automatum non est impossibile Deo, qui novit omnes determinationes meæ voluntatis motusque machinæ his determinationibus accommodavit. Hactenus *Jaquelotus*. Enimvero quæ contra systema harmoniæ præstabilitæ male intellectum in medium profertur objectio, quasi cum libertate pugnet; etiam in systemate influxus physici locum habet, si præscientiam divinam admittas. Estque illa ipsa objectio, quam Sociniani adversus præscientiam divinam urgent, & cui dudum satisfecere Theologi. Pone enim Deum præscivisse ab æterno, qualem motum corpori jam sit imperatura anima. Cum præscientia Dei fallere minime possit, necesse est ut hunc, non alium motum corpori imperet, quem Deus præscivit. Omnes igitur motus ab æterno jam determinati sunt, quos anima imperare debet. Quemadmodum vero non alios, quam hos imperare potest; ita quoque si vel maxime vi propria eosdem in corpore producit, alios tamen quam quos Deus præscivit, producere nequit. Nemo Theologorum orthodoxorum est, qui hæc non admittat, cum sint præscientiæ divinæ, fidei articulo, consentanea. Enimvero quando *Socinus* sibi persuadet, sic tolli libertatem, & hinc præscientiam divinam negare mavult quam libertatem evertere; Theologi contra eum defendunt determinatam futurorum contingentium veritatem tanquam libertati minime adversam. Spectatur nimirum libera voluntas tanquam causa, per quam volitiones animæ sunt certæ in seipsis, etiam in ideis divinis, per quas Deus ab æterno omnia prævidet. Vide quæ *Musæus* in Collegio Anti-Sociniano disp. 4. quæst. 1. §. 21. & seqq. contra *Socinum* & *Crellium* disputat. Etenim quod *Socinus* & *Crellius* objiciunt contra præscientiam divinam futurorum contingentium, quasi per eam omnis libertas tollatur & fatalis necessitas introducatur, id ipsum urgent Antiharmonistæ adversus harmoniam præstabilitam, nisi quod *Socinus* & *Crellius* abstineant a cumulando consequentiis, quas Antiharmonimonistæ consequentiarii cumulant malo in Harmonistas animo. Neque hoc mirum videri debet. Præstabilitio enim harmoniæ animæ ac corporis a præscientia divina tota pendet, quatenus volitiones animæ liberæ sunt, adeoque quod contra præstabilitionem urgetur tanquam libertati adversum, id totum recidit in præscientiam divinam. Qui adeo præstabilitioni harmoniæ animæ ac corporis hac in parte adversantur, cum Socinianis faciunt, eorumque causam adversus Theologos orthodoxos agunt. Quod ergo hi Socinianis respondent; id sibi responsum datum existiment. Ceterum cum in Theologia naturali de præscientia divina sumus acturi, determinatæ quoque veritati contingentium futurorum, quatenus cum libertate hominis stare potest, lucem aliquam affundemus.

§. 634.

Harmonia præstabilita num tollat libertatem.

Systema harmoniæ præstabilitæ libertati non est adversum. Appetitiones enim in anima non fuere præstabilitæ (§. 630.), sed anima eodem modo ex perceptione præsente volitionem elicit, quo id facit in systemate influxus physici (§. 632.), ita ut libertas eodem prorsus modo concipi possit in systemate harmoniæ præstabilitæ, quo concipitur in systemate influxus physici, consequenter anima citra ullam coactionem externam eligat id, quod ex æque possibilibus maxime placet (§. 632.). Jam cum Deus motus in corpore non præstabiliverit, ut appetitionibus animæ consentiant, nisi quatenus liberas volitiones præscivit (§. 624. 626.), ut adeo necessitas motuum appetitionibus animæ in corpore consentientium libertatem tollere non possit (§. 633.); nec ex parte corporis quicquid sumitur in systemate harmoniæ præstabilitæ, quod sit libertati adversum. Quamobrem cum in systemate harmoniæ præstabilitæ omnis relinquatur libertas, quam in systemate influxus physici habere potest, nec in corpore quicquam sumatur, quod sit libertati adversum *per demonstrata;* systema harmoniæ præstabilitæ libertati adversum esse nequit.

Equi-

De Harmonia præstabilita. 575

Equidem generalis hic satisfacere poterat demonstratio, quod nullum systema explicandi commercium animæ ac corporis libertati adversari possit, nisi eidem admisceantur, quæ abesse ut possunt, ita debent (§. 544.); consultius tamen fuit id hic rationibus specialibus doceri expressius, propterea quod hæc objectio, quasi harmonia præstabilita omnem libertatem funditus evertat, summo fervore nuper fuerit agitata & aurem facilem horrendis clamoribus præbeant, qui magis autoritate dicentium, quam ratione stare solent assensumque passionibus animæ obnoxium habent.

§. 635.

In systemate harmoniæ præstabilitæ actiones homini eodem jure imputari possunt, quo in systemate influxus physici. Etenim in systemate harmoniæ præstabilitæ eadem viget libertas, quæ in systemate influxus physici (§. 632.), nec motuum in corpore necessitas libertatem tollit (§. 633.). Et quamvis anima vi sua propria motus istos in systemate influxus physici producat (§. 565.), in systemate harmoniæ præstabilitæ vero vi mechanismi corporis consequantur (§. 615.); cum tamen in hoc systemate eodem modo consequantur, ac si anima vi propria eosdem produceret (§. 621.), quoad animam perinde est, sive motus isti propter influxum physicum animæ in corpus, sive propter mechanismum corporis animæ volitionibus respondeant, cumque corpus vi animæ motum producturæ in systemate influxus physici resistere non possit, quoad corpus perinde est sive motus ab anima producantur, sive vi mechanismi ab impressionibus externis pendeant, neutro in casu libertate aliqua in corpore residente. Jam vero nemo non concedit actiones humanas esse liberas, quatenus volitiones liberæ sunt, & ob libertatem animæ in volendo eidem imputari, ut scilicet vel præmio, vel pœna dignæ videantur, imputationis fundamento unice in anima, nequaquam vero in corpore hærente. Quamobrem in systemate harmoniæ præstabilitæ actiones homini eodem

Qualis actionum imputatio in systemate harmoniæ præstabilitæ locum habeat.

dem jure imputari possunt, quo in systemate influxus physici, aut, si mavis, idem est in utroque systemate imputationis fundamentum.

Corruit adeo objectio, quasi in systemate harmoniæ præstabilitæ nullus sit imputationi locus atque adeo injustæ sint pœnæ. Qui enim pœnas justas censet in systemate influxus physici, is easdem quoque justas pronunciare debet in systemate harmoniæ præstabilitæ, cum utrobique eadem ratione nitatur pœnæ justitia.

§. 636.

An concursus Dei ad malum in systemate harmoniæ majori difficultati obnoxius quam in systemate influxus.

Difficultas de concursu Dei ad malum non major est in systemate harmoniæ præstabilitæ, quam in systemate influxus physici. Etenim qui circa concursum Dei ad malum difficultatem movent in systemate harmoniæ præstabilitæ, quasi Deus videatur causa peccati, hoc nituntur fundamento, quod Deus produxerit corpus, in quo extituros noverat motus volitionibus animæ impiis, injustis ac sceleratis consentientes. Enimvero in systemate influxus physici noverat Deus, animam eosdem motus in corpore producturam & organis corporis abusuram ad implenda impia, injusta & scelerata sua desideria, & hoc tamen non obstante Deus corpus pariter ac animam produxit. Quamobrem si difficultas quædam circa concursum Dei ad malum in systemate harmoniæ præstabilitæ moveri ex eo potest, quod Deus produxerit corpus, cujus motibus impia animæ desideria adimpletum iri prævidit; eidem adhuc locus erit quod animam, quam impia appetituram prævidit, & corpus, quo ad impia desideria implendum abusuram illam esse præscivit, produxerit. Eadem igitur difficultas circa concursum Dei ad malum in systemate influxus physici locum habet, quæ in systemate harmoniæ præstabilitæ urgeri potest.

Difficultatem ipsam jam non removemus: pertinet enim solutio ad Theologiam naturalem, ubi de origine & permissione

sione mali agitur. Sufficit hic oftendiffe, quod minus recte contra fyftema harmoniæ præftabilitæ urgeantur difficultates, quæ fi tales revera effent, etiam contra fyftema influxus phyfici, immo etiam citra refpectum ad ullum fyftema explicandi commercium inter animam & corpus contra Theologiam naturalem male intellectam objici poffunt, immo folent.

§. 637.

In fyftemate harmoniæ præftabilitæ mechanismus corporis eft nobis incomprehenfibilis; non tamen probabilitate deftituitur. Etenim motuum liberorum ingens per omnem vitam eft numerus & voluntates diverfarum animarum adeo in diverfa abeunt, ut, quod unus appetit homo, idem averfetur alter &, quod unus averfatur, idem appetat alter. In fyftemate harmoniæ præftabilitæ motus ifti producuntur per impreffiones ab objectis fenfibilibus in organa fenforia factas, atque adeo cum idem obiectum in idem organum fenforium duorum hominum eodem modo agat, eadem impreffione diverfi motus in diverfis fubjectis producuntur, immo in quibusdam nullus eadem impreffione producitur motus voluntarius. Nexus vero rerum materialium talis effe debet, ut tot per vitam hominis motus & diverfi quidem in diverfis fubjectis ab eadem caufa produci debeant. Nemo itaque hominum vel in uno corpore explicare diftincte poteft, quomodo motus ifti producantur, etiamfi exemplo fit homo vitæ brevis. Cogitandum præterea eft, quoniam homo cognitionis univerfalis capax & ratiocinando ad difcurfiva judicia pervenit, præterea operationibus intellectus rite ufus beneficio rationis veritates incognitas detegere & quæ animo complexus eft aliis explicare valet; in fyftemate harmoniæ præftabilitæ corpus humanum hæc omnia loquela oris proferret, etiamfi nulla exifteret anima (§. 616.), v. gr. *Archimedes* tam fublimia inventa, quibus Geometriam ditavit, in libris fuis expofuiffet, librosque fingu-

Incomprehenfibilitas corporis humani in fyftemate harmoniæ præftabilitæ & ejus probabilitas.

los eodem, quo conscripti sunt, modo scripsisset, etiamsi nulla ipsi fuisset anima. Mechanismo igitur corporis perfici possent, quæ rationis opus sunt & facultatibus animæ immaterialibus originem debent. Quodsi denuo hæc distincte explicari debeant vel in uno homine, id fieri haud quaquam poterit. Enimvero quæ distincte explicari a nobis nequeunt, ea quoque non comprehenduntur. Nemo igitur in dubium vocaverit tantum esse corporis mechanismum, qui a nobis comprehendi minime potest. *Quod erat unum.*

Enimvero cum motus isti voluntarii, si vel omnia corpora humana, quæ unquam in hoc mundo adspectabili extitere, vel nunc existunt, aut in posterum extitura sunt, spectentur, numero sint finiti, utut tam multi, ut eorum numerum nos inire minime valeamus; multitudo obstare non potest, quin Deus, cujus scientia, sapientia & potentia infinita est, iis prædeterminandis sufficiat. Et quia motus voluntarii non immediate nascuntur ex motu in organo sensorio ab objecto sensibili impresso & per fibrillas nerveas ad cerebrum usque propagato, sed mediantibus motibus aliis, quos per naturam imaginationis in diversis subjectis diversos esse constat, etiamsi ex eadem specie impressa ortum trahant (§. 224. 225.); nec in eo quicquam difficultatis est, quod per eandem impressionem in organum sensorium in diversis subjectis diversi excitentur motus voluntarii, in aliis prorsus nulli. Ex superioribus denique constat, non modo cognitionem universalem in corpore, verum etiam omnes operationes mentis in eodem mechanice repræsentari (§. 395. & seqq. 416.) & a sensatione omnes cogitationes originem ducere (§. 64.). Quamobrem cum nulla sit in anima mutatio, cui non motus quidam in cerebro respondeat; nec hoc pro impossibili habendum, quod ex ideis materialibus vocabulorum in cerebro nascantur motus organorum vocis, quibus eadem efferuntur. Quoniam itaque per solum

syste-

systema harmoniæ præstabilitæ commercium inter mentem & corpus intelligibili modo naturaliter explicabile (§. 620. 574. 603.); mechanismo autem corporis, qui in eodem supponi debet, nihil obverti potest, quod ejus impossibilitatem loquatur *per demonstrata;* mechanismus corporis in systemate harmoniæ præstabilitæ probabilitate non destituitur.

Qui systema harmoniæ præstabilitæ intelligunt, iis libertas nihil difficultatis movet, quippe quæ in nullo systemate magis vigere potest, quam in systemate harmoniæ præstabilitæ, in quo anima ab omni principio externo prorsus independens est. Unice difficultatem facessit mechanismus corporis, quem adeo incomprehensibilem existimant, ut pro impossibili haberi mereatur. In objectione hac urgenda facundiam suam exercet *Bælius* in Dictionario artic. *Rorarius.* Quæ tamen prolixe persequitur, ad ea tandem redeunt, quæ ad probandam propositionem præsentem in medium adduximus. Tacite nimirum supponitur, illud pro impossibili habendum esse, quod nobis incomprehensibile, & nimis paradoxum videtur, propterea quod communi opinioni, cui a teneris assueti sumus, repugnat. Nemo non ultro concedet, principium hoc esse falsum. Multa enim nobis incomprehensibilia sunt, quæ ideo non impossibilia, nec a Deo fieri non posse dicenda sunt. Quamdiu itaque mechanismus tantus, quantum systema harmoniæ præstabilitæ postulat, impossibilis non demonstratur, pro possibili ob infinitam Dei scientiam, sapientiam & potentiam habetur. Absit autem ut quis ob tantum artificium impietatis postulare velit systema harmoniæ præstabilitæ. Quod enim scientiam, sapientiam & potentiam Numinis nobis incomprehensibilem loquitur, quomodo ad impietatem ducat, nullo modo apparet.

§. 685.

Systema harmoniæ præstabilitæ admodum probabile. Etenim in systemate harmoniæ præstabilitæ commercium inter animam & corpus intercedens per ipsam animæ ac corporis natu-

Probabilitas systematis harmoniæ præstabilitæ.

naturam intelligibili modo explicatur (§. 620.), & omnia in eodem fiunt naturaliter (§. 622.), nihil vero fit per miraculum (§. 623.). Mechanismus praeterea corporis, qualem supponit harmonia praestabilita, probabilitate non destituitur (§. 637.) & praestabilitionis causa sufficiens Deus est (§. 624. 626.). Quamobrem cum vi principii rationis sufficientis omnia intelligibili modo explicari debeant, & nonnisi in generalibus ad causam primam, nempe Deum, sit deveniendum, quemadmodum per principia Theologiae naturalis palam est; possibilitas vero systematis harmoniae praestabilitae tota redeat ad mechanismum corporis, vi cujus motuum harmonicorum capax est (§. 617.); dubium nullum superesse potest, quin systema harmoniae praestabilitae sit admodum probabile (§. 578. 579. Log.).

  Quemadmodum systematis harmoniae praestabilitae impossibilitas probaretur, siquidem vel unicum afferri posset exemplum motus cujusdam voluntarii in corpore, qui mechanismo repugnat; ita possibilitas ejusdem in aprico foret, siquidem motus voluntarii particulares, quomodo ex motibus in cerebro praeexistentibus nascantur, distincte explicari possent. Nondum tamen hinc constaret, quod eidem in natura rerum sit locus, propterea quod a possibilitate intrinseca ad actualitatem non valet consequentia. Probabilitas vero plurimum augeretur, ut non multum a certitudine abesset, & haud difficulter porro veritas systematis evinceretur. Quamdiu vero systema hoc tantummodo probabile agnoscitur, intra sphaeram hypothesium philosophicarum detinetur. Equidem non ignoro esse nonnullos, qui sibi persuadent, fieri non posse ut systema aliquod tantummodo habeatur pro probabili, cujus stabiliendi gratia tot rationes in medium afferuntur, ponderibus earundem expensis, quot alii adducere non solent ubi se sua rigidissime demonstrasse contendunt: sed horum non est quod moremur judicium, cum exploratum sit intelligentibus, quantum in probationibus vulgo deficiant, qui in demonstrando parum sunt versati certum ab incerto & probabili distinguere non valentes. Qui veritatis amore ducimur, ut

adeo

De Harmonia præstabilita.

adeo nobis perinde sit, quæcunque philosophorum hypotheses veræ deprehendantur; ex veritate quoque de iisdem statuimus ab omni affectu prorsus alieni.

§. 639.

Systema harmoniæ præstabilitæ ceteris systematis explicandi commercium animæ & corporis, systemati influxus physici scilicet & systemati causarum occasionalium, in Psychologia rationali præferendum. Tria hodie in philosophia occurrunt systemata explicandi commercium, quod inter animam atque corpus intercedit, systema scilicet influxus physici, systema causarum occasionalium & systema harmoniæ præstabilitæ (§. 553.). Ostendendum itaque est systema harmoniæ præstabilitæ systemati influxus physici & systemati causarum occasionalium in Psychologia rationali esse præferendum.

Etenim influxus physicus intelligibili modo explicari nequit (§. 574.) & terminus inanis est (§. 583.), nec in Psychologia rationali ullum habet usum (§. 584.); præterea omni destituitur probabilitate (§. 588.). Enimvero in systemate harmoniæ præstabilitæ commercium inter animam & corpus intercedens per ipsam animæ & corporis essentiam atque naturam intelligibili modo explicatur (§. 620.) & qui supponitur mechanismus corporis, etsi nobis sit incomprehensibilis, non tamen probabilitate destituitur (§. 637.) atque ipsum systema harmoniæ præstabilitæ admodum probabile est (§. 638.), consequenter in Psychologia rationali, in qua commercii reddenda ratio est (§. 4.), satisfacit. Quamobrem cum nemo dubitare possit, quin in Psychologia rationali præferendum sit systema, quod per ipsam corporis ac animæ essentiam atque naturam commercium utriusque explicat intelligibili modo, ac præterea, quæ sumit ea, summa nituntur probabilitate, systemati alteri, quod intelligibili modo nihil explicare valet, cumque non sumat ad reddendam rationem eorum, quæ sunt, nisi terminos inanes, in Psycho-

Quodnam systema ceteris præferendum.

logia rationali nullum præstat usum, omni præterea probabilitate destituitur; systema harmoniæ præstabilitæ systemati influxus physici in Psychologia rationali utique præferendum. *Quod erat unum.*

In systemate causarum occasionalium in reddenda ratione phænomenorum particularium ad nudam Dei voluntatem recurritur (§. 593.) & modificationes corporis in gratiam animæ atque modificationes animæ in gratiam corporis factæ perpetua sunt miracula (§. 603.), nec ob ea, quæ sumit, probabile est (§. 608.). Enimvero systema harmoniæ præstabilitæ phænomena particularia per naturam & essentiam animæ atque corporis intelligibili modo explicat (§. 620.), & omnia in eodem naturaliter fiunt (§. 622.), nihil per miraculum (§. 623.), nec ad Deum recurritur nisi in generalibus, cum præstabilitio non sit nisi miraculum in creatione factum, cui deinceps vi naturaliter consequitur perceptionum ac appetitionum & motuum harmonicorum coëxistentia (§. 629.): ipsum systema ob ea, quæ sumit, admodum probabile est (§. 638.). Quamobrem cum nemo negare possit systema probabile minus probabili & quod nonnisi in generalibus ad voluntatem Numinis provocat, particularium vero rationes ex notionibus animæ ac corporis derivat, alteri, quod per miracula perpetua rationem phænomenorum particularium reddit, esse præferendum; quin systema harmoniæ præstabilitæ in Psychologia rationali, ubi in rationem commercii inter animam atque corpus intercedentis inquirimus (§. 4.), systemati causarum occasionalium sit præferendum, dubitandum non est.

Agnovit prærogativam systematis harmoniæ præstabilitæ præ ceteris in Psychologia rationali Theologus eximius *Jaquelotus* loco supra citato (*not.* §. 633,), unde ubi de systematis explicandi commercium inter animam atque corpus egisset, sub finem dissertationis ita tandem concludit: si intelligi queat, animam

De Harmonia præstabilita. 583

mam agere in corpus propria virtute & quodam genere influxus, qui motum in eo producat, sequendum est systema receptum. Simplicius enim est aliis & liquidius. Et in favorem ipsius adduci potest exemplum Dei cuncta creantis & conservantis sola voluntate. Sed si velimus sequi ideas, quas habemus de corpore & de spiritu, una cum propriis eorum attributis, atque adeo nolimus corpus agere in spiritum aut spiritum (creatum scilicet) in corpus; amplectendum erit systema *Leibnitianum*. Systema enim causarum occasionalium nonnisi mera est illusio. Hactenus *Jaquelotus*. Prorsus autem ad mentem nostram sunt, quæ in Actis Eruditorum A. 1705. p. 555 unde ista *Jaqueloti* verba ex Gallico in Latinum sermonem translata hoc transtulimus, adjiciuntur, ut adeo nobis temperare non possimus, quin eadem hoc quoque transcribamus. Agnovit, inquiunt Collectores, *Jaquelotus* commercium animæ & corporis secundum naturæ ordinem non alio modo, quam secundum *Leibnitianam* hypothesin intelligibiliter explicari posse, quoniam in iis, quæ in corpore & anima intelligimus, nihil apparet, quod ad influxum eorum mutuum explicandum inserviat. Ceterum modus, quo Deus agit in creaturas, toto genere diversus est: consistit enim in creando, quoniam ipsa creaturarum dependentia a Deo seu conservatio continua est creatio. Hanc autem dependentiam veram & necessariam esse certis demonstrationibus docemur, etsi modum hunc agendi ob infinitam ipsius agentis naturam explicare non possimus.

§. 640.

Si quis hebetior fuerit, quam ut philosophicam scientiam capere possit, vel infirmior, quam ut inoffensa pietate systemati harmoniæ præstabilitæ assentiatur; is systema influxus physici amplectatur & systema harmoniæ præstabilitæ, si velit, damnet, modo sibi temperet a malitia. Etenim qui hebetior est, quam ut philosophicam scientiam capere possit, is assentiri nequit ob rationum evidentiam, sed assensus ejus nititur rationibus extrinsecis & præjudiciis, quæ a prima juventute hausit, difficillime

Officium philosophi hebetioribus & infirmioribus debitum.

era-

eradicandis, atque idem paffionibus animæ obnoxius. Quamobrem fi vel maxime veritati affentitur, aut quod eft probabile ei præfert quod minus probabile; non tamen id ideo facit, quod veritatem qua talem agnofcat & probabilitatem introfpiciat, fed iftiusmodi rationibus adductus, quæ cafu ita ferente eundem permovere poterant ad contrarium firmiter tenendum & pertinaciter defendendum. Perinde igitur eft, five affenfum fuum præbeat philofophis, five eundem deneget. Æquo igitur philofophus ferre debet animo diffenfum eorum, qui hebetiores funt, quam ut philofophicam fcientiam capere poffint, confequenter nec ægre fert, fi fyftema influxus phyfici amplectantur, & fyftema harmoniæ præftabilitæ damnent, modo fibi a malitia temperent, quippe cum nemo ferre poffit in altero ftudium nocendi, fed unusquisque ipfo naturæ jure adverfus vim aliorum fefe defendere teneatur.

Qui infirmior eft, quam ut inoffenfa pietate fyftemati harmoniæ præftabilitæ affentiatur; is veretur, ne hæc hypothefis fit impia & religioni inimica, propterea quod fibi femper perfuafit fyftema influxus phyfici in fcriptura facra probari, nec falva ejus autoritate rejici poffe. Quamobrem cum ifta infirmitas ab hebetudine mentis proficifcatur, fieri haud quaquam poterit, ut contrarium doceatur. Quamobrem cum philofophus æquo ferat animo, ut hebetiores quam ut philofophicam veritatem capere poffint, fyftema harmoniæ præftabilitæ damnent & rideant, & fyftema influxus phyfici probent & extollant; multo magis condonabit infirmioribus, quam ut inoffenfa pietate fyftemati harmoniæ præftabilitæ affentiantur, cum præftet pium effe, quam cœcum hypothefi philofophicæ præbere affenfum, ut fyftemate influxus phyfici pietatem fulciant, & fyftema harmoniæ præftabilitæ, fi velint, damnent, modo caveant ne zelus in malitiam degeneret, quæ cum pietati adverfa fit, ferenda animo æquo non eft.

Sequi-

De Harmonia præstabilita.

Sequimur hic *Keplerum*, virum sagacissimi ingenii & acuminis prorsus singularis, qui cum in Introductione ad Commentarios de Motibus stellæ Martis causam *Copernici* pro virili egisset & systema ejus ab objectionibus vindicasset, quibus ab antagonistis onerabatur, tandem ita concludit: Qui hebetior est, quam ut astronomicam scientiam capere possit, vel infirmior, quam ut inoffensa pietate *Copernico* credat; ei suadeo, ut missa schola astronomica, damnatis etiam si placet philosophorum quibuscunque placitis, suas res agat & ab hac peregrinatione mundana desistens domum ad agellum suum excolendum se recipiat, oculisque, quibus solis videt, in hoc adspectabile coelum sublatis, toto pectore in gratiarum actionem & laudes Dei conditoris effundatur certus, se non minorem Deo cultum præstare quam Astronomum, cui Deus hoc dedit, ut mentis oculo perspicatius videat, quæque invenit super iis Deum suum & ipse celebrare possit & velit. Hoc *Kepleri* monitum tanto confidentius inculco, quanto evidentior est identitas rationum, cur Anti Copernicani systema Copernicanum & Antiharmonistæ systema harmoniæ præstabilitæ oppugnant. Sumunt enim vulgo Anti-Copernicani quietem Telluris & motum solis circa eundem vitio subreptionis tanquam experientiæ consentaneum & ideo eam scripturæ adversum pronunciant, cujus verbis notiones, quas habent, applicant: sumunt vero etiam Antiharmonistæ influxum physicum animæ ac corporis in se invicem tanquam experientiæ consentientem eodem vitio subreptionis & ideo verbis scripturæ sacræ sensum notionibus suis respondentem tribuunt. Eadem igitur de causa Anti-Copernicani Copernicanos & Antiharmonistæ Harmonistas impietatis insimulant. Miraremur vero, quod vitium subreptionis in systemate de motu solis diurno agnoscentes in idem tamen incidant in systemate influxus physici, nisi nobis abunde constaret, fieri posse ut in Metaphysicis coecutiat qui lynceus est in Mathematicis. Enimvero dum æquos nos præbemus hebetioribus ac infirmis, nemo sanus inde colliget quasi propriæ causæ diffidamus & periculum systematis harmoniæ præstabilitæ tacite confiteamur. Qua enim, quæso, consequentia id exsculpetur? Philosophi non est sibi placere

(*Wolfii Psych. Ration.*)   E e e e   emen-

emendicato eorum assensu, quos suo stare non posse judicio optime novit. Veritas enim non multitudine idem sentientium, sed rationibus triumphat, juxta illud vulgatum: multitudinem errantium non parere errori patrocinium.

§. 641.

An systema harmoniæ præstabilitæ ad operationes gratiæ extendendum.

Systema harmoniæ præstabilitæ non extendendum est ad operationes gratiæ, ad quas nec systema influxus physici extendi potest. Per systema enim harmoniæ præstabilitæ, tanquam hypothesin philosophicam (§. 530.), explicandum est commercium naturale inter animam & corpus intercedens (§. 612.). Enimvero operationes gratiæ, quas Theologi lumine revelationis collustrati explicant, ad naturale istud commercium non pertinent, Deo in animam & corpus supernaturali modo agente. Ad eas igitur systema harmoniæ præstabilitæ extendendum non est. Idem eodem modo de systemate influxus physici ostenditur.

Curruunt adeo objectiones uno impetu, quas magno molimine Antiharmonistæ conquirunt, quasi systema harmoniæ præstabilitæ operationes gratiæ tollat, consequenter religionem christianam funditus evertat. Ejusdem valoris foret objectio contra systema influxus physici, quod in eo locus non sit operationibus gratiæ, quoniam perceptiones producuntur in anima vi corporis, vis autem corporis pendet ab actione sensibilis in organa sensoria. Quod igitur Influxionista respondet ad eliminandam ridiculam objectionem, id sibi quoque responsum esse putet Antiharmonista. Si excipiat, negari in systemate harmoniæ præstabilitæ actionem spiritus, consequenter etiam Dei, in animam; quam falsa sit hæc imputatio & quam parum philosophice ex negata actione animæ in corpus inferatur negatio actionis Dei in creaturas, supra jam clarissime docuimus (§ 609.). Tædet, immo tantum non pudet talia proferre: sed serviendum est tempori, ne causæ diffidere videamur negligentes ea, quæ intelligentium judicio contemni merentur.

§. 642.

§. 642.

Si Deus supernaturaliter modificat animam, in systemate harmoniæ præstabilitæ supernaturaliter quoque modificare debet corpus. Ponamus enim per operationes gratiæ a Deo produci appetitionem. Datur itaque in anima appetitio, quæ non enata est ex perceptione aliqua vi animæ producta, aut saltem non naturaliter inde enata. Quoniam itaque in corpore non dantur ideæ materiales, nisi quæ respondent perceptionibus naturaliter productis, nec ex ideis materialibus nascuntur motus fluidi nervei, per quod organorum corporis motus determinantur, nisi quatenus appetitiones in anima ex perceptionibus naturaliter nascuntur; si conservari debet harmonia animæ & corporis seu consensus inter seriem perceptionum & appetitionum in anima & seriem motuum in corpore (§. 612.), necesse utique est, ut, si Deus supernaturaliter in anima producit perceptionem vel appetitionem, supernaturaliter quoque motum convenientem in corpore producere debeat, aut generaliter loquendo si Deus supernaturaliter modificat animam, supernaturaliter quoque corpus modificare debet.

Quales sint operationes gratiæ in eodem systemate.

In hoc differt systema harmoniæ præstabilitæ a systemate influxus physici, quod in illo non possit concipi mutatio quædam supernaturalis in una substantia, quin simul consentiens quædam mutatio supernaturalis etiam admittenda sit in altera, in hoc autem posita mutatione quadam supernaturali in una substantia mutatio eidem consentiens in altera naturaliter consequi possit. Ponamus enim in anima a Deo produci appetitionem quandam supernaturaliter, in systemate influxus physici anima motum convenientem influendo vi sua naturaliter producere potest, nec opus est ut Deus eandem supernaturaliter determinet. Ponamus ex adverso Deum in cerebro supernaturaliter producere ideam aliquam materialem; vi inde in animam influente perceptio conveniens naturaliter excitabitur. Enimvero ex hac differentia nihil adversus harmoniam præstabilitam absurdi concluditur.

SECTIO

SECTIO IV.
DE VARIIS ANIMÆ ATTRIBUTIS, SPIRITU IN GENERE ET ANIMABUS BRUTORUM.

CAPUT I.
De Spiritu in genere & spiritualitate animæ in specie.

§. 643.

Spiritus definitio.

Per *Spiritum* intelligimus substantiam intellectu & voluntate libera præditam.

Sumimus vocabulum spiritus in significatu recepto: nemo enim ignorat, Deum, angelos & animam ideo spiritus appellari, quod ipsis intellectus & voluntas libera tribuatur. Et hinc nemo non enti intellectum & voluntatem competere debere judicat, quod spiritus nomine compellari audit. Quamvis vero spiritus & substantia immaterialis pro synonymis vulgo habeantur ab iis, qui definitiones insuper habentes loquendi inconstantiam amant; in foro tamen philosophico definitionibus accuratis stricte inhærendum.

An elementa corporum sint spiritus.

§. 644.

Elementa rerum materialium Spiritus non sunt. Elementa

menta rerum materialium sunt substantiae simplices (§. 182. *Cosmol.*), ex quibus in corporibus, illorum aggregatis (§. 176. *Cosmol.*), vis motrix resultat (§. 180. *Cosmol.*), quam percipimus, dum vires elementis inexistentes in unum confundimus (§. 295. *Cosmol.*). Etsi autem non definiverimus, qualis sit vis ista; facile tamen apparet, nullam esse rationem, cur intellectum & voluntatem liberam elementis tribuamus, ubi expendimus notionem intellectus & voluntatis in Psychologia empirica prolixe evolutam, neque nos iisdem intellectum & voluntatem tribuimus. Quamobrem cum ea demum substantia sit spiritus, quae intellectu & voluntate libera praedita est (§. 643.); elementa rerum materialium spiritus non sunt.

 Equidem *Leibnitius* monadibus suis, quas elementa rerum materialium esse censet, perceptionem & appetitum tribuit, sed sine apperceptione, consequenter nec monades *Leibnitianae* intellectu & libera voluntate praeditae, adeoque nec ipsae spiritus sunt. Falluntur autem, qui sibi aliisque persuadere conantur, quasi juxta *Leibnitium* materia ex spiritibus tanquam totum ex partibus componatur, & multo magis falluntur, qui nobis hanc sententiam tribuunt, cum elementis rerum materialium, nonnisi simplicitatem vindicemus, qualis vero sit vis ipsis insita in dubio relinquamus. Imputatio vero inde fluxit, quod communi praejudicio pro spiritu habeatur, quod immateriale est.

§. 645.

Anima humana spiritus est. Intellectu enim praedita est (§. 275. *Psychol. empir.*) ac libera gaudet voluntate (§. 880. 941. *Psychol. empir.*). Quamobrem cum substantia simplex sit (§. 48.) substantia autem intellectu & voluntate libera praedita sit spiritus (§. 643.); animam esse spiritum evidens est. *Spiritualitas animae.*

 Ita demum evicta est animae spiritualitas, quae quidem simplicitatem supponit (§. 658.), non tamen cum hac eidem est. Quoniam

niam vero quæ tam ad intellectum, quam voluntatem perti
nent, cum in Pſychologia empirica, tum in ſuperioribus ſuffi
cienter expoſuimus; de anima quatenus ſpiritus eſt quod di
catur nihil amplius ſupereſt. Noſtrum adeo erit de ſpiritu
perfectiſſimo quædam dictis addere, quoniam eorum uſus
inſignis erit in Theologia naturali. Quemadmodum enim
Pſychologia uſum præſtat in attributis divinis concipiendis,
ita quoque notio ſpiritus intellectum noſtrum juvat in formanda notione naturæ ſpiritualis Dei, quemadmodum ſuo loco
luculenter conſtabit.

§. 646.

Spiritus per- *Spiritus perfectiſſimus* eſt, qui intellectu perfectiſſimo &
fectiſſimi de- voluntate perfectiſſima gaudet.
finitio.
      Definitio hæc nominalis eſt, nec hic ejus realitatem evin-
cimus. Utemur autem eadem in Theologia naturali, in qua
demonſtraturi ſumus Deum eſſe ſpiritum perfectiſſimum,
immo etiam oſtenſuri ſpiritum perfectiſſimum eſſe poſſibi-
lem.

§. 647.

Intellectus *Intellectus perfectiſſimus* dicitur, qui omnia poſſibilia ſibi
perfectiſſimi repræſentat diſtincte.
definitio.
      Nimirum intellectus eſt facultas diſtincte ſibi repræſentan-
di poſſibilia. Quamobrem cum determinationes eſſentiales, quæ notionem intellectus ingrediuntur, ſint iſtiusmodi, ut
per eas operationes ejus extendantur ad omne poſſibile & ad
diſtinctam ejus cognitionem, ita ut ne quicquam ſuperſit quod
obſcuritate ſua eidem ſeſe ſubducat; tantus utique in operationibus adeſt conſenſus, quantus ob finem intellectus concipi
poteſt, conſequenter ſumma adeſt intellectus perfectio (§.
503. *Ontol.*). Equidem definitio præſens pro nominali accipienda, neque adeo opus eſt ut denominationi inſit veritas:
quoniam tamen non invitis notionibus intellectus & perfectionis intellectus perfectiſſimus per diſtinctam omnium poſſi-
bilium repræſentationem definiri poteſt, nomen convenire rei
ſuæ oſtendendum erat.

§. 648.

& spiritualitate animæ in specie.

§. 648.

Quoniam intellectus omnia possibilia distincte sibi repræsentans est omnium maximus seu absolute summus (§. 278. *Psychol. empir.*); intellectus perfectissimus est omnium maximus, seu absolute summus (§. 647.).

Magnitudo intellectus perfectissimi.

Mirum videri non debet intellectum perfectissimum & omnium maximum esse unum eundemque: etenim intellectus facultas quædam agendi est (§. 275. *Psychol. empir.*), adeoque ejus perfectio nonnisi ex gradu, qui eidem convenit, æstimari potest, ita ut perfectior sit, cujus major gradus est. Gradus vero est quemadmodum virium, ita & facultatum magnitudo (§. 747. *Ontol.*).

§. 649.

Quia spiritus perfectissimus intellectu perfectissimo gaudet (§. 646.), intellectus vero perfectissimus omnium maximus, seu absolute summus est (§. 648.); *spiritui perfectissimo intellectus omnium maximus seu absolute summus est.*

Magnitudo intellectus spiritus perfectissimi.

§. 650.

Voluntas perfectissima dicitur, quæ non appetit nisi optimum.

Voluntatis perfectissimæ definitio.

Lex voluntatis est, ut appetamus, quicquid nobis repræsentamus tanquam bonum (§. 904. *Psychol. empir.*). Quamobrem voluntas una ab altera differre nequit, nisi quod alia semper feratur in bonum, alia subinde in bonum, subinde in malum: &, si qua voluntas in bonum fertur, non potest differre ab altera, quæ itidem constanter bonum appetit, nisi quod alia feratur in id, quod est melius, alia vero in minus bonum. Voluntas itaque perfectior concipi nequit, nisi quæ semper appetit optimum.

§. 651.

Quoniam spiritus perfectissimus voluntate perfectissima gaudet (§. 646.), voluntas autem perfectissima nonnisi in optimum

Voluntas spiritus perfectissimi.

Sect. IV. Cap. I. De Spiritu in genere

optimum fertur (§. 650.); *spiritus perfectissimus nonnisi in optimum fertur.*

Quæ de spiritus perfectissimi intellectu & voluntate demonstrantur maximi sunt momenti, cum hisce principiis in Theologia naturali ad arduas veritates demonstrandas usuri simus. Suademus igitur, ut non modo hæc principia, verum etiam cetera, unde pendent, probe expendantur: ubi enim familiaria fuerint, quæ in Theologia naturali inde deducentur, plana nobis & perspicua erunt.

§. 652.

Intellectus spiritus perfectissimi qualis sit.

Intellectus spiritus perfectissimi illimitatus est. Spiritus enim perfectissimus intellectu gaudet perfectissimo (§. 646.), adeoque omnia possibilia distincte sibi repræsentat (§. 647.). Jam cum intellectus sit facultas res distincte sibi repræsentandi (§. 275. *Psychol. empir.*), aliter limitari non potest quam quoad objectum & quoad modum aliquid sibi repræsentandi (§. 468. *Ontol.*), ut scilicet non extendatur ad rem omnem, adeoque in numero possibilium deprehendantur, quæ extra illius sphæram sunt, vel saltem in objecto, quod cognoscit, obscuritate sua sese quædam eidem subducant. Intellectus adeo spiritus perfectissimi nec limitatur quoad objectum, utpote ad omne possibile extensus, nec quoad modum repræsentandi objectum, cum in eo nil concipiatur, quod non distinguat a ceteris, consequenter prorsus illimitatus est.

Unde non mirum, quod sit omnium maximus seu absolute summus (§. 648.). Limites enim in causa sunt, quod unum altero majus concipi possit. Quamobrem remotis limitibus prodire debet, quod est in suo genere maximum.

§. 653.

Voluntas spiritus perfectissimi qualis.

Voluntas spiritus perfectissimi illimitata est. Voluntas est inclinatio animæ ad objectum pro ratione boni, quod in eo inesse distincte cognoscimus (§. 880. *Psychol. empir.*), ut adeo non

& spiritualitate animæ in specie.

non velimus, nisi quod nobis tanquam bonum quoad nos repræsentamus (§ 904. *Psych. empir.*), & quod judicatur melius alteri præferatur (§. 898. *Psychol. empir.*). Voluntas igitur limitari nequit, nisi quatenus bonum apparens præfert bono vero & bonum minus majori, consequenter omnem respuit limitem, si constanter fertur in id, quod est optimum. Quamobrem cum spiritus perfectissimus nonnisi in optimum feratur (§. 651.); voluntas ejus prorsus illimitata est.

Quæ ad propositionem præcedentem annotavimus, ad præsentem quoque trahenda.

§. 654.

Intellectus hominis admodum limitatus est. Nemo non novit, multa in hoc mundo adspectabili existere, quæ nobis ne confuse quidem, nedum distincte repræsentare possimus. Immo ubi quis ea, quæ cognoscit comparare voluerit cum ceteris, quæ ignorat, sive tantemmodo spatium spectet, sive temporis simul rationem habeat; contemnendæ parvitatis esse numerum eorum, quæ cognoscimus respectu illorum, quæ extra omnem cognitionis nostræ sphæram constituuntur, abunde satis intelligemus, etiamsi intra sphæram Telluris, quam incolimus, subsistamus. Intellectus adeo hominis valde limitatus est quoad objectum (§. 468. *Ontol.*). Enimvero ideis nostris singulis infinita insunt (§. 186.), quæ cum in iisdem involvantur (§. 187.) a se invicem distinguere minime valemus, ut impossibile sit nos eorundem nobis conscios esse. Apparet adeo quod numerus eorum, quorum nobis in idea rei conscii sumus, sit contemnendæ prorsus parvitatis respectu eorum, quorum nobis conscii esse haud quaquam possumus, consequenter intellectus noster admodum limitatus est quoad modum repræsentandi objecta. Quamobrem cum ex ipsa definitione intellectus intelligatur, intellectum limitari aliter non posse nisi quoad objectum, circa quod versatur, & quoad modum objectum sibi repræsentandi (§. 279. *Psychol. empir.*), constet

Intellectus hominis qualis sit.

(*Wolfii Psych. Ration.*) Ff ff

stet autem intellectum hominis admodum limitatum esse, sive objectum spectes, sive modum repraesentandi objectum *per demonstrata*; intellectum hominis admodum limitatum esse evidentissimum.

Limites intellectus humani non rectius agnoscuntur, quam ex contemplatione universi, magnitudine spatii mundani & infinita rerum varietate, quibus per omne tempus repletur spatium. Sed cum ea Physicam supponat, in Teleologia demum, quae huc faciunt, tradi possunt. Considerandum praeterea est, veritates universales inesse singularibus, quae existunt, adeoque ex harum numero illarum quoque numerum aestimandum esse.

§. 635.

Limitatio voluntatis humanae.

Voluntas humana admodum limitata est. Quoniam voluntas non appetit, nisi quod nobis repraesentamus tanquam bonum quoad nos (§. 904. *Psychol. empir.*) & ex pluribus bonis alteri praefert, quod judicatur melius (§. 898. *Psych. empir.*); ob limitationem intellectus accidit, ut bonum judicetur quod non est, immo ut melius judicetur, quod pejus est. Quamobrem cum alii voluntatis limites concipi non possint, quam ut ea vel in bonum apparens, vel in minus per errorem feratur; ob ipsam intellectus limitationem voluntas humana admodum limitata est.

Voluntatis nostrae limites satis experimur: nemo enim est qui nesciat, nos in bona apparentia saepius ferri, quam in vera & in melius, nedum in optimum, nonnisi casu incidere. Cum vero in Psychologia rationali rationes eorum scrutemur, quae sunt (§. 4.); hic inprimis doceri debebat, undenam sit quod voluntas humana admodum limitata a summa ejusdem perfectione longissimo intervallo sit remota.

Differentia animae a spiritu perfectissimo quanta sit.

§. 636.

Anima humana a spiritu perfectissimo infinito intervallo distat, seu eidem incomparabilis. Intellectus enim humanus admodum

& spiritualitate animæ in specie.

modum limitatus est (§. 654.); voluntas item humana admodum limitata (§. 655.). Ex adverso intellectus spiritus perfectissimi illimitatus est (§. 652.), voluntas item spiritus perfectissimi prorsus illimitata (§. 653.). Anima igitur a spiritu perfectissimo tanto intervallo distat, quanto distant limites intellectus & voluntatis animæ ab intellectu & voluntate illimitatis. Quamobrem si limites intellectus humani expendas (*not.* §. 654.), quam sit incomparabilis intellectui illimitato abunde perspicitur. Et quia limitatio voluntatis a limitatione intellectus pendet (§. 904. 898. *Psychol. empir.*); si intellectus humanus illimitato incomparabilis, voluntas quoque humana illimitatæ incomparabilis esse debet. Necesse igitur est, ut limites intellectus humani ab intellectu illimitato, limites voluntatis humanæ a voluntate illimitata, consequenter cum intellectus illimitatus & voluntas illimitata spiritui perfectissimo competat (§. 652. 653.), anima humana a spiritu perfectissimo infinito intervallo distet.

Quodsi in Teleologia limites intellectus humani distincte agnoscantur & magnitudo intellectus illimitati, quantum datur, distincte cognoscatur, quemadmodum a nobis factum in specimine Physicæ ad Theologiam naturalem applicatæ, quo sistitur notio intellectus divini ex operibus naturæ illustrata; propositionis præsentis veritas magis elucescet. Nostrum vero jam non est, ut in tantas nos diffundamus ambages.

§. 657.

An dentur spiritus anima humana perfectiores.

Quoniam anima humana a spiritu perfectissimo infinito intervallo distat; nequaquam implicat, dari spiritus anima humana perfectiores diverso perfectionis gradu. *Spiritus itaque anima humana diverso gradu perfectiores possibiles sunt* (§. 85. *Ontol.*).

An actu dentur, solo rationis lumine usus definire nequeo; neque enim reperio rationes, quibus id evincatur. Ast scriptura sacra hac in parte defectum rationis supplet, quæ angelos dari clariffime docet. Sufficit autem nos in philofophia oftendiffe, non impoffibiles effe fpiritus ab animabus diverfos, eosdemque limitato intellectu voluntateque limitata inftructos; etenim philofophiæ eft defendere autoritatem fcripturæ contra Antifcripturarios, quo fine fatisfacit fpirituum iftiusmodi poffibilitas.

§. 658.

Simplicitas fpirituum. *Omnis fpiritus fubftantia fimplex eft.* Spiritus enim intellectu præditus eft (§. 643.), adeoque res fibi diftincte repræfentat (§. 275. *Pfychol. empir.*). Quoniam igitur in iis plura figillatim enunciabilia diftinguit (§. 38. *Pfychol. empir.*); tum rei perceptæ, tum eorum, quæ in ea diftinguit, fibi confcius eft, confequenter cogitat (§. 23. *Pfychol. empir.*). Quamobrem cum corpus, adeoque fubftantia compofita (§. 119. *Cosmol.*), cogitare nequeat (§. 44.), neque corpori vel materiæ facultas cogitandi communicari poffit (§. 46.); fpiritus nullus fubftantia compofita effe poteft. Enimvero fubftantia omnis vel compofita, vel fimplex eft (§. 685. *Ontol.*). Omnis itaque fpiritus fubftantia fimplex eft.

Simplicitatem fpirituum omni tempore agnovere & philofophi, & Theologi. Poftquam *Hobbefio* autore materialismus invaluit, non defuere qui fubftantiæ immaterialis impoffibilitatem inde probare conati fuerunt, quod fubftantia nulla fine extenfione concipi poffit. Principium hoc tanquam verum admifere pofthac etiam alii, qui fpiritus a corporibus diftinguere voluerunt, & hinc etiam fpiritibus extenfionem tribuerunt, fibi perperam perfuadentes fpiritum fingi tanquam punctum mathematicum, propterea quod Mathematici punctum definiunt per id, cujus pars nulla eft, quemadmodum philofophi ens fimplex per ens, quod partibus nullis conftat (§. 673. *Ontol.*). In eo autem oppido falluntur: punctum enim mathematicum imaginarium quid eft (§. 9. *Geom.*); qui vero novit, quæ de ente fimplici demonftrantur (§. 793. & feqq. *Ontol.*), ultro concedit punctum mathematicum & fubftan-

& spiritualitate animæ in specie.

stantiam simplicem toto cœlo differre, quemadmodum puncta zenonica non esse elementa rerum materialium (§. 217. *Cosm.*), quæ tamen sunt substantiæ simplices (§. 182. *Cosmol.*), evicimus. Materiam igitur cum spiritu, quæ *Cartesius* a se invicem optime discrevit, infeliciter confundunt, notionum generalium parum gnari.

§. 659.

Quoniam spiritus omnis substantia simplex est (§. 658.); Spiritus quoque *perfectissimus*, utpote in spirituum numero contentus (§. 643. 646.), *substantia simplex est.*

Spiritus perfectissimi simplicitas.

Qui spiritui extensionem tribuunt, infinitam extensionem tribuere debent spiritui perfectissimo, utpote illimitato: unde multa fluunt in Theologia naturali absurda. Fingunt spirituum perfectissimum instar spatii imaginarii, cui infinita tribuitur extensio. Et hinc non defuere, qui ipsum spatium pro spiritu perfectissimo, quam Deum esse constat, venditarunt, veluti *Josephus Raphson* in Conamine de spatio, ente reali & absoluto. Cur absurdum ipsis videatur, spiritum perfectissimum, ens maxime activum, sine partibus concipere; ad propositionem præcedentem jam indicavimus. Spiritum nempe imaginari volunt, cum tamen essentia & natura ejus sub imaginationem minime cadat, quod perinde est ac sapores videre, sonos gustu percipere velle. Patebit vero deinceps quam sit necessarium simplicitatem animæ ac spirituum perspicere, ut immortalitas animæ & spirituum in genere firma demonstratione nitatur.

§. 660.

Nullus spiritus ex alio spiritu existente oriri potest. Omnis enim spiritus substantia simplex est (§. 658.). Quamobrem cum nulla substantia simplex ex alia substantia simplici existente oriri possit (§. 688. *Ontol.*), nullus quoque spiritus ex alio spiritu existente oriri potest.

Spiritus unius ex altero ortus impossibilitas.

Ne propositio hæc in perversum sensum trahatur, probe perpendenda sunt, quæ ad stabiliendam impossibilitatem ortus

tus entis simplicis ex alio simplici in medium adducta sunt (§. 688. Ontol.). Etsi enim spiritus quoque perfectissimus, qui Deus est, sit ens simplex; non tamen inde sequitur, quod a Deo ortum haberi nequeant spiritus finiti. Neque enim oriuntur ex Deo, quemadmodum corpora ex materia praeexistente: quod ut rectius intelligatur, probe perpendendum est, si spiritus ex Deo orirentur, eos aut esse debere particulam aliquam substantiae divinae, quod simplicitati repugnat & ideo tanquam erroneum a rectius sentientibus omni aevo rejectum; aut ipsam substantiam divinam in spiritum finitum, vel ejus particulam in eundem transformari debere: quorum istud immutabilitati divinae contrariatur & adeo absurdum visum omni tempore, ut nemo unquam philosophorum de eo ne quidem somniaverit; hoc vero & simplicitatem & immutabilitatem divinam simul evertit. Et ex eadem ratione rejicitur illorum error, qui sibi imaginantur, spiritus finitos ex Deo emanasse, cum ne hoc quidem simplicitati divinae conveniat. Liquet igitur tantum abesse ne praesens propositio in errorem seducat, ut potius ad errores de ortu spirituum finitorum passim obvios & citra autoritatem scripturae sacrae excogitatos confutandum mirifice conducat. Et hoc inprimis fine propositionem praesentem in medium adducimus. Christus propositionem eandem confirmat de angelis, quando generandi potentiam iisdem denegat. Dum enim nulla inter angelos matrimonia esse docet Matth. XXII, 30. hoc ipso non modo insinuat spirituum genus non propagari per generationem, quemadmodum hominum in praesente seculo. Quoniam vero matrimonii fundamentum est generandi potentia; ubi matrimonio locus non est, ibi generandi potentia deficere debet

§. 661.

Spiritus quomodo oriri possit.

Spiritus aut necessario existit, aut, si contingenter existit, rationem existentiae suae sufficientem in ente necessario habet, & ab eo ex nihilo produci debet. Spiritus enim ens simplex est (§. 658.). Enimvero ens simplex aut necessario existit, aut, si contingenter existit rationem existentiae suae sufficientem in ente

& spiritualitate animæ in specie.

ente necessario habet (§. 689. *Ontol.*), atque ex nihilo produci debet. Spiritus itaque aut necessario existit, aut, si contingenter existit, rationem existentiæ sufficientem in ente necessario habet, atque ex nihilo produci debet. Quamobrem cum ens necessarium sit causa spiritus contingenter existentis (§. 881. 866. *Ontol.*); ab eodem ex nihilo produci debet.

> Consona hæc sunt scripturæ sacræ: in ea enim docemur, Deum, spiritum perfectissimum, necessario existere; angelos vero, spiritus finitos, a Deo creatos fuisse. Quamvis adeo in philosophia non suppetant rationes ad decidendum sufficientes, utrum angeli dentur, nec ne; per eam tamen constat, si dentur angeli eos a Deo ex nihilo productos seu creatos fuisse. Atque hoc sufficit ad defendendam veritatem revelatam adversus eos, qui eandem impugnant, consequenter philosophus circa ortum angelorum satisfacit officio suo.

§. 662.

Spiritus necessarius dicitur, qui necessario existit: *Spiritus* vero *contingens appellatur*, qui contingenter existit.

Spiritus necessarii & contingentis differentia.

> Spiritum necessarium non dari nisi Deum, ceteros qui existunt, omnes esse contingentes, in Theologia naturali demonstrabitur.

§. 663.

Spiritus contingens ab ente simplici necessario ex nihilo produci debet. Spiritus enim contingens est, qui contingenter existit (§. 662.). Jam si spiritus contingenter existit ab ente necessario ex nihilo produci debet (§. 661.). Quamobrem cum ens omne aut compositum sit, aut simplex (§. 685. *Ontol.*); ex nihilo producendus est vel ab ente composito, vel a simplici. Quoniam spiritus omnis adeoque etiam contingens (§. 662.), substantia simplex est (§. 658.); simplex vero ex composito oriri nequit (§. 687. *Ontol.*); ens necessarium, a quo produci ex nihilo debet spiritus contingens, substantia simplex esse debet. Quamobrem

Dependentia spiritus contingentis a necessario in existendo.

obrem si spiritus contingentes dantur, necesse est detur ens simplex necessarium, a quo ex nihilo producti.

Nondum evincimus entis simplicis necessarii naturam spiritualem; sufficit enim hic constare causam spiritus contingentis non posse esse nisi ens simplex necessarium. In Theologia naturali ostendemus, non dari ens simplex necessarium nisi Deum, idemque esse spiritum: ac tum constabit spiritus contingentes a spiritu necessario ex nihilo produci. Hic nondum definimus, an dentur spiritus contingentes. At in eadem Theologia naturali demonstrabimus, animas in horum spirituum numero esse. Et scripturae sacrae testimonio constat tales quoque esse angelos. Consentit adeo propositio praesens cum scriptura sacra & principii loco est in Theologia naturali. Equidem vulgo sumitur nonnisi simile a simili produci posse: unde sequitur spiritum non posse produci nisi a spiritu. Enimvero cum principium istud inductione generationum in natura rerum materialium obviarum nitatur, productio vero ex nihilo sit a generatione prorsus diversa: tum de universalitate illius principii, tum de ejus extensione ad creationem dubitari poterat. Nostrum vero non est admittere principia, quae obscuritate quadam laborant, ut dubiae sint interpretationis, & quarum veritas per notionum evidentiam minime patet.

§. 664.

Ortus spiritus contingentis qualis sit.

Ortus spiritus contingentis instantaneus est. Spiritus enim contingens spiritus est (§. 662.), adeoque substantia simplex (§. 658.). Quare cum ortus simplicis nisi instantaneus esse nequeat (§. 694. *Ontol.*); ortus quoque spiritus contingentis instantaneus esse debet.

Habet praesens propositio usum suum in explicando ortu animae.

§. 665.

Notio ortus spiritus contingentis qualis.

Ortus spiritus contingentis notio distincta formari nequit. Quoniam enim spiritus contingens spiritus (§. 662.), adeoque

in

& spiritualitate animæ in specie.

in numero entium simplicium est (§. 658.); ortus spiritus contingentis est ortus entis simplicis. Sed ortus simplicis notio distincta formari nequit (§. 695. *Ontol.*). Ergo nec ortus spiritus contingentis notio distincta formari potest.

Propositionis hujus præclarus est usus in defendenda autoritate scripturæ sacræ, quæ spiritus contingentes dari & eos ortum suum a Deo ducere docet. Utilis etiam est ad evertendum principia atheismi, cum athei Dualistæ vel Idealistæ animas spiritus necessarios faciant, quod earum ortum distincta notione explicare non valeamus.

§. 666.

Corrumpi dicitur, quod dissolutione in partes dissolvitur. *Corruptibile* Et id *corruptibile* dicitur, quod ita interire potest. Ex adver- *quid sit.* so vero *incorruptibile* est, quod corrumpi nequit.

E. gr. Corpus humanum corrumpitur putrefactione, qua materia, ex qua constat, in partes minutissimas resolvitur, per auram dispergendas, ut non amplius existat. Et propterea corruptibile dicitur.

§. 667.

Corpora corruptibilia sunt. Etenim corpora sunt entia *Corruptibili-* composita (§. 119. *Cosmol.*), adeoque in partes dissolvi pos- *tas corpo-* sunt (§. 531. *Ontol.*). Quamobrem cum essentia eorum con- *rum.* sistat in modo, quo tales partes, non aliæ inter se junguntur (§. 140. *Cosmol.*); corpora, quæ existunt, facta partium dissolutione existere desinunt, adeoque intereunt (§. 541. *Ontol.*). Sunt igitur corruptibilia (§. 666.).

Tota demonstratio applicari potest ad corpus humanum, quod putrefactione corrumpitur, ut clarius intelligatur.

§. 668.

Spiritus eo modo interire nequit, quo corpora intereunt. *Interitus* Omnis enim spiritus substantia simplex est (§. 658.), adeoque *corporis spi-* Wolfii *Psych. Ration.*). eodem *ritui repugnant* eodem modo, quo composita, consequenter corpora (§. 119. *Cosmol.*) intereunt, interire nequit (§. 697. *Ontol.*).

Ita fieri non potest ut spiritus putrefactione corrumpatur, quemadmodum corpus humanum corrumpitur.

§. 669.

Incorruptibilitas spiritus.

Quoniam quotidie experimur corpora dissolutione partium interire; evidens est spiritus hoc modo interire non posse (§. 663.). *Spiritus itaque omnis incorruptibilis est.*

Qui simplicitatem spirituum negant iisdemque extensionem tribuunt, quae sine partium multitudine concipi nequit (§. 549. *Ontol.*), quomodo incorruptibilitatem spiritus demonstrare possint non apparet. Etenim per naturam suam omne extensum corruptibile est, atque adeo dicendum quoque erit, nisi notionibus vim inferre velis, spiritum omnem esse corruptibilem: quod quam sit absonum nemo non videt. At cum simplicitate incorruptibilitas adeo necessario nexu cohaeret, ut ab ea ne cogitando quidem separari possit. Unde apparet, quam sit vera & utilis doctrina de simplicitate spirituum.

§. 670.

Quomodo spiritus interire possit.

Spiritus interire nequit, nisi per annihilationem. Spiritus enim omnis ens simplex est (§. 658.). Quamobrem cum ens simplex interire non possit, nisi per annihilationem (§. 698. *Ontol.*); nec spiritus aliter interire potest quam per annihilationem.

Quamdiu itaque ostendi nequit, esse aliquam annihilationis causam & ens istud, cui est potentia annihilandi, spiritum quoque annihilare velle; spiritum quendam actu interire minime constat.

§. 671.

Interitus spiritus instantaneus.

Si spiritus interit in instanti interit. Etenim spiritus substantia simplex est (§. 658.). Quodsi vero substantia simplex interire debet, in instanti intereat necesse est (§. 699. *Ontol.*).

Ergo

Ergo etiam fi fpiritus interire debet, in inftanti intereat opus eft.

> Spiritus interire non poteft nifi per annihilationem. Quodfi adeo Deus, qui creavit fpiritus, fpiritum aliquem annihilare vellet; in inftanti interiret, cum ex adverfo corpus humanum, quod putrefactione corrumpitur, fucceffive corrumpatur, ut certum quoddam temporis fpatium præterlabatur, donec corruptio fuerit abfoluta.

§. 672.

Interitus fpiritus nulla notio diftincta formari poteft, nec nos ullam ejusdem notionem habemus. Interitus fpiritus inftantaneus eft (§. 671.), adeoque in eodem diftingui nequeunt præterita, præfentia & futura (§. 693. *Ontol.*), confequenter quorum unum poft alterum exiftit (§. 584. *Ontol.*). Enimvero fi notio rei diftincta formari debet, ineffe eidem debent, quæ a fe invicem diftinguere poffumus (§. 682. *Log.* vel §. 38. *Pfych. empir.*). Interitus adeo fpiritus nulla notio diftincta formari poteft.

Notio interitus fpiritus qualis.

Quodfi fpiritus interire debet, necesse eft ut definat per annihilationem (§. 670.). Enimvero cum nos potentiam annihilandi non habeamus, ut ejusdem tanquam nobis inexiftentis confcii effe poffemus, quemadmodum confcii nobis fumus facultatis imaginandi & appetitus, neque annihilationem rei cujufpiam unquam obfervaverimus in rerum natura, ut ejus aliquam fenfu duce acquifiviffemus ideam, qualem corruptionis corporum vivorum per putredinem habemus; nullam quoque annihilationis notionem habere poffumus, confequenter nec interitus fpiritus.

> Hinc & philofophi nullo non tempore admifere, nihil in rerum natura annihilari, quemadmodum ex eadem ratione nihil quoque creari ftatuerunt. Naturaliter enim, hoc eft, per naturam rerum finitarum, nec creatio, nec annihilatio poffibilis. In Theologia vero naturali oftendemus, utramque po-

tentiam, creatricem scilicet ac annihilatricem, Deo competere, qui cum sit liberrimus, ab ejus arbitrio unice pendet, quando potentia creatrice vel annihilatrice uti velit, consequenter Deus solus quemadmodum spiritus creare, ita quoque annihilare potest. Sed hæc ad Theologiam naturalem pertinent.

§. 673.

Rationalitas spiritus.
  Omnis spiritus rationalis est. Omnis enim spiritus intellectu præditus est (§. 643.), consequenter possibilium notiones formare, de iisdem judicare & ratiocinari potest (§. 325. *Psychol. empir.*). Quamobrem cum ratiocinando cognoscatur, quicquid beneficio rationis cognoscitur (§. 492. *Psychol. empir.*) & usus rationis ratiocinando sese exerat (§. 455.); ratione præditus esse debet spiritus omnis, consequenter rationalis est (§. 451.).

  Idem etiam sic ostenditur. Spiritus omnis intellectu præditus est (§. 643.), adeoque per essentiam & naturam suam ad ratiocinandum aptus (§. 325. *Psychol. empir.*). Enimvero nexus veritatum universalium perspicitur per demonstrationem (§. 446.), adeoque per syllogismos (§. 498. *Log.*), seu ratiocinia (§. 332. *Log.*). Spiritus itaque per essentiam & naturam suam aptus est ad veritatum universalium nexum perspiciendum, consequenter rationalis est (§. 451.).

  Ratio sane spiritum ab aliis substantiis simplicibus, quæ facultates tantummodo animæ facultatibus inferioribus analogas habent, distinguit, quemadmodum inferius magis elucescet. Et rationalitate spiritus spiritum vincit, quo unus altero præstantior. Unde in Theologia naturali demonstrabitur, Deo spirituum summo summam quoque competere rationem, etsi in Deo ratio non pendeat a ratiocinando, quemadmodum in spiritibus finitis.

§. 674.

Cognitio philosophica cur sit spirituum.
  Quoniam cognitio philosophica rationis est (§. 499. *Psychol. empir.*), spiritus autem omnis rationalis (§. 673.), adeoque

& spiritualitate animæ in specie.

eoque ratione prædita est (§. 451.); *Omnis spiritus cognitionis philosophicæ capax est.*

Spirituum adeo est philosophari, cumque Deus rationem concesserit spiritibus, dici potest spiritus ad philosophandum fuisse factos, quemadmodum aves ad volandum. Avis enim ad volandum facta dicitur, quia per essentiam & naturam suam ad volandum apta. Quamobrem quia spiritus per essentiam & naturam suam aptus est ad philosophandum; eodem sensu ad philosophandum factus, quo avis facta ad volandum dicitur. Cum adeo anima sit spiritus (§. 645.), homo quoque, cui Deus animam dedit, ad philosophandum natus, ut adeo homo philosophus vitam vere hominis agat. Repetendum vero est aliunde, quid sit philosophia, quid sit cognitio philosophica (§. 29. & seqq. & §. 6. & seqq. *Disc. prælim.*), ne dicta in perversum sensum trahantur.

§. 675.

Spiritus memoria gaudent. Spiritus enim omnis rationalis (§. 673.), adeoque ratione præditus est (§. 451.). Quamobrem cum spiritui frustra competeret ratio, nisi quoque eadem uti posset (§. 452.); usus rationis eidem denegari non potest. Enimvero ad usum rationis memoria requiritur (§. 463.). Spiritui adeo memoria est. — *Spiritui memoria competit.*

Non tamen promiscue omnia, quæ de memoria hominis partim in superioribus, partim in Psychologia empirica diximus, ad memoriam spirituum applicari possunt. Quamobrem ne confundantur, quæ separanda sunt, propositionem sequentem addere juvat.

§. 676.

Spiritui qua tali competit memoria intellectualis. Spiritui enim qua tali competit intellectus (§. 643.), adeoque res, quas cognoscit, distincte sibi repræsentat (§. 275. *Psychol. empir.*). Quoniam itaque memoria consistit in facultate res reproductas recognoscendi (§. 175. *Psychol. empir.*); memoria, quæ spi- — *Qualis sit spirituum memoria.*

spiritui qua tali competit, non esse potest nisi facultas ideas reproductas distincte recognoscendi, consequenter intellectualis est (§. 279.).

Non negamus spiritui quoque competere posse memoriam sensitivam, cum contrarium in animabus nostris experiamur, quas esse spiritus supra demonstravimus. Tenendum vero est memoriam sensitivam non competere substantiæ simplici, quæ spiritus est, ob naturam & essentiam spiritualem, sed ob naturam inferiorem, quam cum aliis entibus immaterialibus, veluti cum animabus brutorum, communem habet. Unde in propositione diximus, memoriam intellectualem spiritui qua tali competere.

Usus memoriæ in spiritibus.

§. 677.

Quoniam memoria intellectualis consistit in judicio, quod ideam aliquam jam ante habuimus (§. 281.); *spiritus judicare potest, quod ideam aliquam jam ante habuerit*, consequenter *ideas, quas habuit, reproducere valet*, adeoque *præteritorum meminit* (§. 226. Psychol. empir.).

Poterat idem ex eo deduci, quod spiritus qua talis ratiocinari possit, impossibile vero sit ratiocinari, si quis judiciorum præteritorum non meminerit, hoc est, ea reproducere & quod eadem jam ante cognoverit, judicare valeat.

Sapientiæ definitio.

§. 678.

Sapientia est scientia actionibus liberis fines naturæ suæ convenientes præscribendi & media ad eos ducentia eligendi finesque particulares ita sibi invicem subordinandi, ut propiores fiant media remotiorum.

In sapientia igitur tria spectanda sunt, nimirum 1. finis determinatio, 2. mediorum electio, 3. finium particularium subordinatio. Finium ratio sufficiens in natura agentis contineri debet, cum non intendere debeat nisi quod se deceat. Media talia sint necesse est, ut per ea finem, quem intendit agens, consequatur. Finium particularium subordinatio legitima est, si pro-

& spiritualitate animæ in specie.

si propiores referantur ad remotiores sicuti medium ad finem. Quod notio sapientiæ sit communi usui loquendi conformis, nemo negaverit, modo animum avocet ab inconstantia loquendi, quæ ex philosophia Aristotelico-Scholastica manavit, ubi per sapientiam intelligitur rerum sublimium scientia, non tamen distincte satis explicatur, quid rerum sublimium nomine veniat. Deum enim dicimus omnia in mundo fecisse sapienter, quatenus talia fecit, ut sint finibus, quos rebus præscripsit, consequendis apta. Ita oculus sapienter factus dicitur, quatenus ejus structura talis deprehenditur, ut per eam imago visibilis clare ac distincte delineari possit. Quicquid sit, definitio præsens nominalis est, atque adeo sufficit nos hoc vocabulo non aliud quidpiam in sequentibus indigitaturos. Neque vero verendum est fore, ut sapientia cum prudentia confundatur per definitionem nostram. Suo enim loco, quando virtutes intellectuales expositurisumus, differentiam sapientiæ a prudentia satis luculentam dabimus.

§. 679.

Quoniam ad sapientiam requiritur finium convenientium determinatio (§. 678.); *Quo rarius quis in determinando fine a convenientia cum natura sua aberrat, eo sapientior est.*

Gradus sapientiæ a finis determinatione pendent.

Triplicem esse graduum sapientiæ fontem ex definitione ipsius intelligitur. In gradibus adeo sapientiæ æstimandis ad singulos fontes recurrendum, ne per præcipitantiam statuatur.

§. 680.

Ex eadem ratione intelligitur, *sapientiorem esse qui scit distinguere inter finem magis vel minus sibi convenientem.* Dicitur nimirum *finis magis convenire agenti,* si plura eidem insint vel adsint, per quæ intelligitur, cur hunc potius sibi finem præstituere debeat, quam alium.

Alius gradus.

Tenendum hic, etsi dicamus finem naturæ agentis convenire debere, non tamen in omni casu recurrendum esse ad ea, quæ agenti per essentiam adeoque constanter insunt, sed etiam

iam respiciendum esse ad statum tam internum, quam externum, modo caveatur, ne status perfectioni entis essentiali repugnet. Sed hæc sufficienter hoc loco explicari nondum possunt: lucem affundent principia moralia quoad animam nostram, principia vero Theologiæ naturalis quoad Deum.

§. 681.

Finis quinam optimus.

Finis optimus dicitur, qui agenti ex asse convenit, hoc est, qui ceteris præferendus agnoscitur, ubi ad omnes determinationes, quæ agenti insunt, vel extrinsecus superaccedunt, respexeris.

Haud facile est in dato casu judicare, quinam finis sit optimus. Unde qui sapientissimi hominum habentur, ultro profitentur sibi hunc finem videri optimum, quatenus scilicet meliorem non agnoscunt. Utilis tamen est præsens definitio, ut fines rite scrutari discamus, ne per præcipitantiam a fine meliori aberremus, quam evitare poteramus.

§. 682.

Gradus a mediorum electione pendentes.

Quia sapientiæ est eligere media, quæ ad finem ducunt, ut eodem potiamur (§. 678.); *quo rarius quis in eligendis mediis a vero aberrat, eo sapientior est.*

Hactenus expendimus gradus a finis constitutione pendentes: sequuntur nunc alii, qui a mediorum electione pendent. Atque hic secundus graduum fons est. Media videri possunt, quæ non sunt, quemadmodum hominibus sæpissime evenire solet. Quodsi ergo iis utamur, finem, quem intenderamus, non consequimur: id quod defectum sapientiæ arguit. Minor autem ei sapientia est, qui defectus experitur crebriores, quam qui rariores.

§. 683.

Gradus alii.

Ex eadem ratione intelligitur, *sapientiorem esse debere, qui media eligit ad finem consequendum magis apta, quam minus apta:* id quod evidentius hoc modo patet. Finis, quem intendimus, plerumque multa involvit. Atque ideo *magis* dicitur

& spiritualitate animæ in specie.

citur *consequi finem*, qui plura ex iis consequitur, quam qu pauciora. Jam cum finis consequendi gratia agamus (§. 932 *Ontol.*), omnia ea intendimus, quæ in eodem involvuntur, & media non sunt talia, nisi quatenus per ea actum consequuntur, quibus finis constituitur (§. 937. *Ontol.*). Quoniam itaque sapientes non probamus, quatenus scimus, quid fieri debeat, ut finis ad actum perducatur, consequenter ut ea actum consequantur, quibus finis constituitur (§. 678.); si quis eligit media ad finem ex parte consequendum tantummodo apta, is defectum illius scientiæ, consequenter sapientiæ, prodit. Quamobrem cum defectus tanto sit major, quo minus finem consequitur; tanto minor autem, quo magis eundem consequitur; sapientior omnino est, qui media eligit ad finem consequendum magis, quam minus apta.

E. gr. Studiosi in academiam proficiscentis finis est præparatio ad futurum vitæ genus, quod sibi eligit, veluti ut ecclesiæ ministrum fidelem agat. Cum multa ad hunc finem requirantur, fieri quidem potest ut aliquibus potiatur, non autem omnibus. Quatenus igitur hoc pendet a mediorum electione, eatenus se magis minusve sapientem probat.

§. 684.

Ex asse dicitur agens *consequi finem*, si vi mediorum ad actum perducantur ea omnia, quibus constituitur. *Finem ex asse quinam consequatur.*

Ita studiosus in academiam profectus ex asse consequitur finem suum, si ad ministerium v. gr. ecclesiasticum ita sese præparat, ut nullus concipi possit actus, cui peragendo, prout decet, non sit aptus. Magna plerumque scientia opus est, ut finem adæquate præcognoscas, & major adhuc superaccedere debet, ut medium ex asse eidem conveniat. Utile tamen est nosse, quænam in electione mediorum sint tenenda, ne in iis deficere sapientiam nostram experiamur, quæ utique erant in potestate, modo animum ad ea advertissemus: id quod de omni sapientiæ theoria notandum.

§. 685.

Media per ambages & via brevissima ad finem ducentia.

Media per ambages ad finem ducunt, si finis consequendi gratia fiunt, quæ omitti poterant, vel si paucioribus factis finem consequi datur: *via brevissima ad finem ducunt*, si finis consequendi gratia non sit, quod omitti poterat, seu si nonnisi ea fiunt, quibus positis demum ponitur finis.

Ne in applicatione aberremus, probe perpendenda sunt in d to casu, quæ nam sint ea, quibus finis constituitur, ut intelligatur, quid fieri debeat, siquidem ex asse eundem consequi velis. Etenim si finis penitus non intelligatur, ambages videbuntur, quæ non sunt, & opinione viæ brevissimæ a fine ex asse consequendo aberrabis.

§. 686.

Alius sapientiæ gradus.

Sapientior est, qui via breviori ad finem tendit, quam qui per ambages incedit. Qui enim per ambages ad finem tendit, is ejus consequendi gratia facit, quæ omitti poterant, adeoque consequi poterat finem, si ea non fecisset, vel paucioribus factis fine quæsito potiri poterat (§. 685.). Cum igitur non alia esse possit ratio, cur superflua faciat, quam quod ea ad finem consequendum necessaria existimet, nec alia esse queat ratio, cur operosius finem consequi studeat, quem multo minore opera obtinere poterat, quam quod media simpliciora dari ignoret; incessus per ambages in utroque casu ignorantiam & in priori errorem in mediorum electione arguit: quod cum sapientiæ contrarietur (§ 679.); sapientior utique est, qui via breviori ad finem tendit, quam qui per ambages incedit.

Sapientia humana plerumque hoc defectu laborat, ut per ambages incedamus, & si via breviori utamur casui magis quam sapientiæ tribuendum: id quod attentus actionum humanarum scrutator facile observabit.

§. 637.

& spiritualitate animæ in specie.

§. 687.

Si quis juxta finem primarium alium adhuc secundarium simul consequi studet, ac ideo facit, quod finis primarii solius consequendi gratia non facit; is per ambages non incedit. Etenim qui una cum fine primario alium adhuc secundarium simul consequi studet, is ea utique facere tenetur, qua fieri oportet ut fine utroque potiatur. Quamobrem etsi faciat, quæ ad finem primarium consequendum necessaria non sunt, cum tamen fieri debeant, ubi finem secundarium simul consequi volueris *ex hypothesi;* per ambages quod incedat dici haud quaquam potest (§. 685.).

Cautio in dijudicandio ambagibus adhibenda.

Propositio hæc maximi momenti est. Etenim in Theologia naturali nixi principio de via brevissima sapientiæ indice ostendemus, Deum in rerum natura ad finem via brevissima tendere, & in Teleologia ex via, qua natura ad finem tendit, sapientiam Dei a posteriori probaturi & confirmaturi sumus. Jam cum in natura rerum infiniti sint fines, qui miris modis invicem implicantur; haud raro accidit, ut non attentis finibus secundariis respectu solius primarii pro ambagibus habeantur, quæ non sunt. Necesse igitur est, ut ambages apparentes a veris discernere discamus: quo propositio præsens conducit. Ea igitur ut rectius intelligatur, communi quodam exemplo eandem illustrare lubet. Ponamus Mevium mercatorem ad nundinas Francofurtenses instante festo paschatis excursurum a via ordinaria, quæ ob brevitatem electa, deflectere & longiorem eidem præferre, sed eo fine, ut amicum quendam suum in oppido non procul a via ordinaria sito commorantem invisat, eum non invisurus, nisi iter ad nundinas faceret; is per ambages iter facere dicendus non est: etenim quamvis via breviori Francofurtum pervenire poterat, non tamen idem adhuc fieri poterat, ubi amicum suum simul invisere debebat, ut adeo juxta finem primarium, qui est accessus ad nundinas, simul potiretur secundario, qui est visitatio amici. Antequam igitur judicium fieri possit,

Sect. IV. Cap. I. De Spiritu in genere

utrum per ambages, an via brevissima ad finem tendatur; fines omnes ab agente simul intenti perspecti nobis esse debent. Id vero praeterea notandum est, viam brevissimam non cognosci ex eo, quod ceteris, quas cognoscimus, sit brevior; sed accurata demonstratione evincendum esse quod impossibile sit dari viam aliam breviorem, quae vel ad finem primarium solum, quem unice intendimus, vel ad secundarios simul consequendum, quos una intendimus, ducat.

§. 688.

Gradus sapientiae a finium subordinatione pendente.

Quo plures fines particulares sibi invicem ita subordinantur, ut propiores sint media remotiorum; eo sapientia major. Ad sapientiam enim quoque spectat finium particularium subordinatio per modum mediorum ad finem (§. 678.). Quamobrem cum pars sapientiae difficillima sit haec subordinatio, utpote quae ceteras, nempe finium & mediorum electionem supponit; nemo non videt, quod sapientiorem sese praestet, qui plures fines particulares sibi invicem subordinare valet, quam qui de hac subordinatione aut prorsus non cogitat, aut saltem raro cum successu.

De hac finium subordinatione adeo parum cogitant homines, ut propemodum res inaudita videatur, cum tamen sit quod in sapientia maxime sublime deprehenditur, ut adeo hoc inprimis nomine sapientia rerum sublimium scientia dici mereatur, si eam elogiis ornare decreveris. Habes vero hic tertium graduum sapientiae fontem, qui magna nobis ac praeclara in moralibus pollicetur.

§. 689.

Sapientia quaenam summa.

Sapientia summa atque perfectissima est scientia constituendi fines optimos, eligendi media, quae certo & via brevissima ad eundem ducunt, & quibus finem ex asse consequi datur, finesque omnes particulares ita sibi invicem subordinandi, ut remotiorum media sint propiores & omnes tandem simul medium

dium finis ultimi. Etenim fapientia triplicem fcientiam involvit, nempe finium determinationem, mediorum electionem & finium fubordinationem (§. 678.). Quamobrem cum quoad finium determinationem fapientiorem fe probet, qui finem fibi magis convenientem a ceteris diftinguit (§. 680.) & quo minus in determinando fine ab ifta convenientia aberrat (§. 679.); quoad mediorum vero electionem, quo rarius in iis eligendis a fine aberrat (§. 682.), quo magis apta ad finem confequendum eligit (§. 683.) & quo rarius per ambages ad finem tendit (§. 685.); quoad finium denique fubordinationem, quo plures particulares ita fibi invicem fubordinare ftudet, ut propiores fint media remotiorum (§. 688.): major fane fapientia concipi in agente nequit, quam ubi is non alium fibi præfigit finem, quam quem fibi ex affe convenire novit, adeoque optimum (§. 681.), hincque in conftituendo fine ab ifta convenientia nunquam ne tantillum quidem aberrat; qui non eligit media nifi certo & via quidem breviffima ad finem ducentia & quibus finem ex affe confequitur; qui denique fines omnes particulares fibi invicem ita fubordinat, ut remotiorum media fint propiores, omnes denique fimul medium ex affe confequendi finem ultimum. Scientia igitur, qua agens ad iftiusmodi finium determinationem atque fubordinationem mediorumque electionem aptus efficitur, abfolute fumma eft. *Quod erat unum.*

Et quoniam fines omnes cum qualitatibus agentis conveniunt, media vero exacte finibus refpondent, & fines omnes fimul fumti tandem ad ultimum tendunt; tantus hic eft in tanta finium & mediorum varietate cum qualitatibus agentis & inter fe confenfus, ut majorem concipi repugnet (§. 503. *Ontol.*). Quamobrem cum magnitudo perfectionis ex convenientia finis cum agente mediorumque cum fine ac finium fubordinatione æftimetur (§. 519. *Ontol.*); quam abfolute fummam evicimus sapientiam, eandem quoque esse omnium perfectissimam, quæ concipi potest, abunde patet. *Quod erat alterum.*

Notio sapientiæ summæ maximam in Theologia naturali habet utilitatem, ubi evincendum est Deo competere sapientiam absolute summam, seu esse ens omnium sapientissimum. Cumque hoc universum pendeat a sapientia Dei, eadem inservit plurimum cognoscendæ intimius dependentiæ hujus universi a Deo & ideo in Teleologia notionis directricis munere fungitur, ut sapientiam Dei ex operibus naturæ scrutemur. Et quoniam non minus regnum gratiæ, quam naturæ a sapientia Dei pendet; eadem notio nos manuducit non modo ad scrutandam sapientiam Dei, sed alia quoque ejusdem attributa, ubi inquirimus qualem se Deus per œconomiam gratiæ probaverit. Usus alios silentio prætereo: sufficiunt dicta ad excitandam attentionem eorum, qui excitatione opus habent, ne in utilibus percipiendis perfunctoria opera utantur.

§. 690.

Anima sapientia summa caret.

Quoniam nemo non in semetipso experitur, quod sæpius finem intendat sibi parum convenientem & eum præferat, qui minus altero sibi convenit; quod frequenter admodum in eligendis mediis a fine aberret & media ad finem consequendum minus apta præferat melioribus, & quam raro finem ex asse consequatur quam sæpe per ambages ad eundem tendat; quod denique de subordinatione finium particularium per modum mediorum ad remotiores tandemque ad ultimum ne cogitemus quidem: ultro unusquisque concedere tenetur, *animam sapientia summa non esse instructam, sed longissimo potius intervallo ab eadem distare* (§. 689.).

Patebit hoc multo evidentius, ubi in Theologia naturali docuerimus, quænam sint rationes, cur Deo sapientia summa conveniat. Etenim tum palam erit, sapientiam summam in hominem ne quidem cadere posse. Immo haud difficulter tum ostendetur, impossibile esse ut spiritus quidam finitus,

tus, quantæcunque tandem perfectionis fingatur, summa sapientia gaudeat.

§. 691.

Sapientia humana quoad singulas ejus partes admodum limitata est. Sapientia tria involvit, scilicet finis determinationem, mediorum electionem & finium particularium subordinationem (§. 678.). Ostendendum itaque est sapientiam humanam tam quoad finium determinationem & subordinationem, quam quoad mediorum electionem limitatam esse.

Limitatio sapientiæ humanæ.

Experientia comprobatum, nos sæpius finem intendere, qui nobis parum convenit, nec inter fines distinguere, qui magis vel minus conveniunt. Quamobrem cum quis eo sapientior sit, quo rarius in determinanda finis cum natura sua convenientia a vero aberrat (§. 679.) ac præterea sapientior existimandus sit, qui scit inter fines sibi magis vel minus convenientes distinguere, quam qui idem nescit (§. 680.); animam hominis quoad finis determinationem admodum limitatam esse palam est (§. 468. *Ontol.*).

Similiter æpius eligimus media, quæ a fine nos abducunt, ad quem ducere debebant, & fere nunquam finem ex asse consequimur, quem intenderamus, media ad eundem consequendum minus apta melioribus præferentes, immo sæpissime per ambages ad finem contendimus. Quamobrem cum quis eo sapientior sit, quo rarius in eligendis mediis a fine aberrat (§. 682.), & sapientiorem se probet, si media eligit ad finem consequendum magis, quam minus apta (§. 683.), nec per ambages ad finem contendat (§. 686.); animam hominis quoad mediorum electionem admodum limitatam esse constat (§. 468. *Ontol.*).

Denique pro certo & explorato habemus nos de finium legitima subordinatione ne cogitare quidem, nedum multum in eadem proficere. Quamobrem cum eo major sit sapientia, quo plures fines particulares legitime subordinare novimus (§. 688.)

688.); sapientiam humanam quoad finium quoque subordinationem admodum limitatam esse liquet (§. 468. Ontol.).

Quoniam itaque anima humana limitata est quoad finium determinationem, quoad mediorum electionem & quoad finium subordinationem *per demonstrata;* quoad singulas eju partes admodum limitata est (§. 678.).

> Limites sapientiae humanae distincte agnoscere utilissimum est in philosophia morali, non modo ut caveamus, ne nobis sapientiores videamur quam sumus, verum etiam ne in comparanda sapientia desiderari patiamur industriam nostram. Qui vero arctos, quibus sapientia humana coërcetur, limites agnoscit eosque cum sapientia summa confert, abunde convincitur haud quaquam repugnare, ut spiritus anima humana longe sapientiores diverso gradu existant.

§. 692.

Neminem in omnibus esse sapientem.

Nemo hominum in omnibus est sapiens. Ponamus enim hominem in omnibus esse sapientem. Quoniam sapiens actionibus suis liberis fines naturae suae convenientes praescribit & media ad eos ducentia eligit, finesque particulares ita sibi invicem subordinat, ut propiores fiant media remotiorum (§. 678.); nunquam in fine determinando a vero aberrabit, nec media eliget, quae ad finem parum ducunt, nec fini, quem intendit, ultimo intermedios alios subordinare negliget. Enimvero domestica experientia convincimur, nos in fine determinando saepissime a vero aberrare, fine prout decet determinato eligere media, quae ab eodem nos abducunt, & de finium subordinatione vix unquam cogitare. Plures adeo occurrunt casus, quibus nos sapientes minime probamus, etiam quando nos sapientes praestare intendimus, ut taceam casus plurimos, quibus defectum sapientiae ultro agnoscimus. Nemo itaque hominum in omnibus est sapiens.

Idem etiam directe ostenditur. Qui sapientem se probare

& spiritualitate animæ in specie.

bare voluerit, is in dato quolibet casu judicare debet, num finis sibi conveniat, quænam sint media ad eundem consequendum apta & quomodo finis datus ultimo per alios intermedios subordinari debeat (§. 678.). Quoniam ex iis, quæ de fine dato cognoscit, colligere debet, num sibi conveniat, opus est aliquo principio generali, vi cujus hæc infertur conclusio: Finis datus mihi convenit (§. 49. *Log.*). Et eodem modo patet, ut quis porro inferat, finem datum per hæc media certo & ex asse consequi licere, vel probabile esse ut finem datum per hæc media consequamur, si non ex asse, saltem ex parte, denuo opus esse principio aliquo generali. Neque minus idem liquet de subordinatione finis dati. Enimvero nemo non novit sibi in omnibus, quæ obtingere possunt, negotiis principia istiusmodi universalia non esse, plerisque tantummodo imitantibus alios vel semetipsos in casibus, quos aliis antea obviis similes utcunque judicant, ut successus sæpius fortunæ magis, quam sapientiæ sit tribuendus. Deficit adeo illa scientia, quæ ad sapientiam requiritur in multis casibus, utut in quibusdam non deficiat. Quamobrem nemo in omnibus sapiens esse potest.

> Etsi pervulgatum sit, neminem in omnibus esse sapientem; cum tamen vulgo non distincte cognoscatur, sapiens in omnibus existimatur, qui in quibusdam se sapientem probavit. Enimvero qui novit, quanam scientia instructus quis esse debeat, ut sapientem in aliquo negotio sese probet; is non modo propriis viribus nimium non confidet, sed nec in eorum consilio fiduciam collocabit, quibus sapientia in dato casu non magis, quam sibi favet, utut in aliis negotiis sapientiæ laude merito suo emineant.

§. 693.

Spiritus sapientiæ capax est. Sapiens enim fines naturæ *Cur spiritus* suæ convenientes & media ad eos ducentia eligit, finesque par- *sit sapientiæ* ticulares ita sibi invicem subordinat, ut propiores fiant media *capax.*

(*Wolfii Psych. Ration.*) Ii ii remo-

remotiorum (§. 678.). Necesse igitur est ut judicet, finem datum naturæ suæ sive mediate, sive immediate convenire, hæc media ad eundem ducere & ad eum consequendum aliis esse magis apta, finem denique datum habere sese ad finem alium ulteriorem per modum medii ad finem, seu esse medium consequendi finem ulteriorem. Necesse igitur est, ut ex iis, quæ de fine cognoscit, judicet qualis is sit, & ut in promptu sit universale quoddam principium, talem finem naturæ suæ vel mediate, vel immediate convenire, cujus applicatione enascitur judicium, finem datum sibi convenire. Convenientiam ergo finis cum natura sua ratiocinando cognoscit (§. 367. *Psychol. empir.*). Similiter opus est principio aliquo generali, cujus applicatione enascitur judicium, ad hunc finem consequendum his opus esse mediis: nec minus tali principio opus est, ut perveniatur ad judicium, hunc finem esse medium alterius finis consequendi. Denuo igitur ad judicia ista pervenitur ratiocinando (§. *cit.*). Quamobrem sapientiæ locus non est sine operationibus intellectus, consequenter ea non cadit nisi in ens intellectu præditum. Enimvero spiritus omnis intellectu præditus est (§. 643.). Quare fieri potest ut sit sapiens, seu, quod perinde est, sapientiæ capax est.

Propositio præsens variis adhuc modis aliis demonstrari poterat, veluti ex eo, quod sapientia sit scientia (§. 678.), quæ cum habitum demonstrandi supponat (§. 594. *Log.*), sine intellectu concipi nequit (§. 551. & seqq. *Log.*), adeoque non cadere potest nisi in ens intellectu præditum, consequenter in spiritum (§. 643.): enimvero non opus est, ut propositionem vel per notiones confusas claram pluribus modis probemus. Propositiones enim, quæ disceptationibus obnoxiæ sunt, pluribus probationibus firmari subinde utile est, cum alii aliis magis convincantur adeoque per unam ad assensum compellantur, ad quam per aliam compelli non poterant, etsi hæc denuo magis satisfaciat aliis quam altera.

§. 694.

§. 694.

Nullus spiritus limitatus perfectissimus esse potest. Spiritus enim cum intellectu & voluntate gaudeat (§. 643.) si limitatus fuerit, intellectum & voluntatem limitatam habere debet (§. 468. *Ontol.*). Quamobrem cum spiritus perfectissimi intellectus illimitatus sit (§. 652.), ejusdem quoque voluntas illimitata esse debeat (§. 653.); spiritus limitatus perfectissimus esse nequit.

Spiritus limitatus cur non sit perfectissimus.

§. 695.

Omnis spiritus limitatus finitus est. Quoniam enim limes est id, ultra quod nihil amplius in re concipere licet ad eandem pertinens (§. 468. *Ontol.*), non est nisi privatio ulterioris realitatis, seu negatio ejus, quod eidem per se non repugnat. Quamobrem cum spiritus intellectu & voluntate gaudeat (§. 643.); de intellectu neganda sunt pariterque de voluntate spiritus limitati, quae intellectui & voluntati qua tali seu in se considerato non repugnant. Spiritui itaque limitato tribui nequeunt omnia, quae vi intellectus & voluntatis possibilia concipiuntur. Necesse adeo est ut successive certo ordine ex iis, quae possibilia sunt, actum consequantur. Quamobrem cum spiritus limitatus status suos successive consequatur, quos actu habere potest (§. 705. *Ontol.*); finitus est (§. 837. *Ontol.*).

Spiritum limitatum esse finitum.

Finitum & limitatum vulgo pro synonymis habentur, adeoque mirabuntur nonnulli, cur hic demum probetur, spiritum limitatum esse debere finitum. Enimvero cum *ens illimitatum* sit, cujus determinationes essentiales respuunt limites, adeoque *spiritus illimitatus* dicendus sit, cujus intellectus & voluntas omnem limitem respuunt; ens autem infinitum reale a finito reali in oppositione ad infinitum & finitum mathematicum, quod imaginarium est (§. 805 *Ontol.*), ita discreverimus, quod infinitum habeat omnia simul, quae eidem actu inesse possunt (§. 838. *Ontol.*), finitum vero eadem non nisi suc-

successive experiatur (§. 837. *Ontol.*) : nobis utique ostendendum erat ex limitatione intellectus & voluntatis consequi finitudinem spiritus. Quodsi vero quis ma it ens finitum & limitatum pro synonymis habere & vel ex limitatione deducere, quod successive status suos possibiles experiatur, vel contra ex successione statuum diversorum inferre limitationem determinationum essentialium ; nos minime repugnantes habebit.

§. 696.

Cur non plura de spiritibus tradantur.

Cum solo rationis lumine usus definire nequeam, an spiritus finiti praeter animas nostras dentur alii (*not.* §. 657.), quae vero scriptura sacra magistra discimus, ad forum Theologorum spectent, nec temere in philosophiam inferri debeant; nostrum quoque non est inquirere, num spiritus finiti, quos angelos dicit scriptura, habeant corpora & quomodo ipsorum perceptiones motibus in corpore factis ac vicissim motus corporis volitionibus consentiant; multo minus autem nostrum est inquirere in differentiam spirituum bonorum & malorum, quam scriprura sacra satis perspicue exponit. Defectus philosophiae ex scriptura sacra supplet Theologus & ubi philosophus ad amplificandum scientiam scripturae sacrae lectioni sese tradit, ipsemet Theologi personam induit, quatenus inde petit lumini rationis impervia. Et quamvis philosophus, qui idem christianus est, in iis, quae ad forum philosophicum spectant, acquiescere non debeat; consultum tamen est, ut quae ad Theologiam spectant a philosophia separet, tum ut facilius appareat philosophiae cum Theologia, seu rationis ac revelationis consensus, tum ut absque ulla difficultate innotescant, quaenam sint rationi impervia & quae Theologia habeat sublimiora philosophicis, quosnam defectus in philosophia suppleat. Haec vero qui distincte exponere debet, ut animo comprehendantur, quem evidentia sua percellunt, & Theologus, & Philosophus esse debet. Unde vel me tacente perspicient acutiores, quam sit utile

Theo-

Theologum esse philosophum, quamvis adhuc rationes complures aliæ supersint, quæ idem suadeant.

CAPUT II.

De Animæ ortu, unione cum corpore & immortalitate.

§. 697.

Creatio appellari solet productio ex nihilo, seu non præexistente. *Creationis definitio.*

Sumimus vocabulum creationis in significatu, quem habet, primario: sit ita, quod in Theologia alios quoque significatus obtineat, quos hic scrutari nostrum non est. Quoties enim nos vocabulo creationis utemur, toties eum, non alium significatum eidem tribuemus, quam quem fert definitio. Poteramus in Psychologia termino creationis prorsus abstinere, nisi idem in doctrina de ortu animæ dudum esset receptus. Ceterum cum productiouem ex nihilo alibi jam explicaverimus (§. 690. *Ontol.*); relegenda hic sunt, quæ ibidem traduntur.

§. 698.

Si anima humana oritur, oriri aliter nequit, quam per creationem. Etenim anima humana ens simplex est (§. 48.). Quamobrem si oritur, adeoque existere incipit, cum antea non existeret (§. 541. *Ontol.*), consequenter contingenter existit (§. 294. *Ontol.*); ex nihilo produci debet (§. 691. *Ontol.*), atque adeo aliter oriri nequit nisi per creationem (§. 697.). *Qualis esse possit ortus animæ.*

Quod anima humana orta fue it, nec necessario existat, in Theologia demum naturali demonstrabimus, ubi existentiam Dei demonstraturi sumus. Quoniam enim arduum quid est existentiæ Dei demonstratio, præstat principia propiora,

qui-

quibus indiget, ibidem stabiliri, quam eadem aliunde supponere, ne negligentia lectoris impatientiæ comes obsit assensui.

§. 699.

Creatiani quinam dicantur.

Creatiani appellantur, qui ortum animæ per creationem defendunt.

Nomen hoc in philosophia hodie receptum. Cum enim superiori seculo de ortu animæ controversiæ agitarentur inter Theologos & philosophos Jenenses atque Wittebergenses, quorum illi animæ creationem, hi ejusdem per traducem propagationem defendebant, Jenenses Creatiani appellati fuere. Sententia vero de creatione animarum jam in primitiva Ecclesia recepta fuit, quemadmodum ex iis apparet, quæ *Hieronymus* in epistola ad Marcellinum & Anapsychiam Oper. tom. IV. part. II. pag. 642. edit. *Joannis Martinæi* & *Augustinus* de libero arbitrio lib. 3. c. 21. de variis sententiis circa ortum animarum annotarunt. Suos quoque inter Scholasticos defensores nacta est animarum creatio, quos inter solum *D. Thomam* commemorasse sufficiat. Ubi vero animas a Deo creari statuis, duplex est de ejus creatione quæstio, scilicet num in prima statim creatione conditæ fuerint, an vero tum demum creentur, quando corpus in utero formatur: de quo in sequentibus dicemus. Vulgo *Creatiani* defendunt tum demum creari animas, quando infans in utero vitam hominis vivere incipit. Unde difficultates jam in primitiva ecclesia contra creationem animarum motæ fuere ob propagationem peccati originalis, cum Deus videatur animas creare peccati hujus labe infectas, quas ab eadem immunes creare poterat. Enimvero an difficultates hæ sint veræ, an tantummodo apparentes, sine principiis Theologiæ naturalis intelligi nequit. Eas igitur in præsenti seponimus.

§. 700.

Impossibilitas propagationis animæ per parentes.

Si anima humana oritur, a parentibus cum corpore generari nequit. Si enim anima a parentibus propagaretur, aut anima infantis oriretur ex animabus parentum, aut ex materia semi-

unione cum corpore & immortalitate. 623

feminis, unde corpus generatur. Quoniam animæ sunt substantiæ simplices (§. 48.), anima infantis ex parentum animabus oriri nequit (§. 688. *Ontol.*). Cumque præterea materia feminis, unde corpus generatur, sit extensa (§. 141. *Cosmol.*), adeoque partibus constet (§. 549. *Ontol.*), consequenter ens compositum sit (§. 531. *Ontol.*); nec anima infantis ex materia seminis, ex quo corpus generatur, oriri potest (§. 687. *Ontol.*). Patet itaque animam, siquidem eam oriri supponas, a parentibus cum corpore generari non posse.

Impossibilitatem generationis animæ a parentibus factæ urgent *Creatiani* pro stabilienda sua hypothesi. Supponunt enim aut animas propagari debere per generationem, ubi hodie demum oriuntur, aut a Deo creari. Quamobrem sublato primo alterum ponendum. Fuere tamen, qui hunc animæ humanæ ortum defenderunt rationibus magis theologicis, quam physicis permoti, quod scilicet existimarent, sic propagationem peccati originalis a parentibus ad liberos facilius intelligi, simili sui simile generante.

§. 701.

In *Materialistarum hypothesi anima a parentibus cum corpore generatur*. Materialistæ enim animam pro ente materiali habent (§. 35.), quale corpus est. Quamobrem cum extra dubium sit, corpus generari a parentibus & generationem pendere a semine maris in uterum ejaculato & ovulo matris eodem fœcundato, quemadmodum in Physica luculentius docebimus; quin anima ex hypothesi Materialistarum a parentibus una cum corpore generari debeat, nemo non videt.

Animæ a parentibus ortus hypothesi Materialistarum conveniens.

Simplicitas animæ obstat, quo minus cum corpore per generationem a parentibus propagetur (§. 700.). Quamobrem cum Materialistæ simplicitatem animæ tollant, nihil amplius obstat, quo minus una cum corpore ex præexistente aliqua materia oriatur citra productionem ex nihilo (§. 542. *Ontol.*), seu creationem (§. 698.). Sane Materialistis debetur hypo-

hypothesis de ortu animæ a parentibus per generationem. Hinc inter Ecclesiæ primitivæ Patres *Tertullianus*, quem Materialiſtum fuiſſe conſtat, hanc animæ originem defendit. Rationem hanc reddit ipſe *Auguſtinus* epiſt. 109. Tom. 2. Oper. pag. 535. edit. anni 1700. Cum enim ſententiam *Tertulliani* & ſequacium recenſuiſſet, in hæc tandem verba erumpit: *Tertullianum* hoc ſomniaſſe (quod ſcilicet animæ ex corpulentis ſeminibus oriantur) mirandum non eſt, qui etiam ipſum creatorem Deum non eſſe niſi corpus opinatur. Sunt equidem qui *Tertullianum* ab errore Materialiſtarum liberaturi contendunt, ipſum per corpus ſubſtantiam intellexiſſe: enimvero hæc detorta explicatio *Hieronymi* & *Auguſtini* teſtimoniis parum conſentit, nec hypotheſi de animæ origine convenit. Diſcimus hinc potius in Ecclesia primitiva ob hypotheſes philoſophicas nemini vexas fuiſſe creatas, quamdiu veritates revelatas non rejecit vel in errores deformavit.

§. 702.

Traduciani quinam dicantur.

Generatio animæ a parentibus facta ſeu ejus ex corpulentis ſeminibus ortus dicitur *Propagatio animæ per traducem*. Et qui propagationem animæ per traducem defendunt, vocantur *Traduciani*.

Propagatio hæc animæ per traducem fieri dicitur a *Tertulliano* & ſequacibus, quia ab anima materiali parentum quid decerpitur, cum ſeminibus utero infundendum, ex quo anima oritur, quemadmodum ſurculus ex arbore decerptus & ſtirpi minori inſertus in arborem excreſcit illi ſimilem.

§. 703.

Propagatio animæ per traducem rejicitur.

Quoniam anima a parentibus una cum corpore generari nequit (§. 700.); ejus *per traducem propagatio impoſſibilis* (§. 702.).

Nimirum qui falſam Materialiſtarum hypotheſin rejicit (§. 50.), propagationem animæ per traducem naturæ animæ repugnare agnoſcere tenetur (§. 700.). Unde mirum non eſt, quod *Auguſtinus*, utut acerrimus peccati originalis contra *Pelagi-*

lıgium defensor, animæ propagationem per traducem rejecerit, quamvis propagationi peccati originalis faventem: agnovit enim hypothesin hanc ad Materialismum natales suos referre, & naturæ animæ spirituali esse adversam. Quod vero non defuerint, qui, cum essent hostes Materialistarum & spiritualitatem animæ defenderent, Traducianorum tamen castra secuti sunt, non alia de causa factum, quam quod veritatum inter se nexum insuper habentes sententias contradictorias elegerint: id quod in aliis creberrime accidit.

§. 704.

Animæ præexistunt in corpusculis organicis præexistentibus, ex quibus fœtus in utero formatur. Hodie pro certo atque explorato habetur, fœtum in utero materno non generari ex massa seminis rudi atque indigesta, sed ex corpusculo organico præexistente, sive organicum istud corpusculum sit animalculum spermaticum, sive quodcunque aliud rudimentum fœtus: quod in Physicis accuratius discutiendum nobis hic perinde est. Enimvero quoniam generatio non admittitur nisi ex præexistente organico, quia vi corporum ex massa rudi & indigesta, quam chaos dicimus, organicum quid formari concipi nequit; corpuscula præexistentia organica aut necessario existunt, ita ut impossibile sit materiam existere alia forma (quæ est atheorum impia hypothesis), aut in primo rerum ortu creata fuere (quod in Theologia naturali evincemus). Jam animæ tanquam substantiæ simplices (§. 48.) itidem aut necessario existunt (§. 689. *Ontol.*), aut, si oriantur, per creationem oriri debent (§. 698.): quod posterius veritati consentaneum in Theologia naturali demonstratur. Quamobrem sive animas & corpuscula organica, quæ fœtuum rudimenta continent, necessario existere fingas; sive utramque substantiam a Deo creatam esse in prima rerum creatione ponas; evidens est animas humanas præexistere debere in corpusculis organicis, ex quibus fœtus in utero formatur.

Præexistentia animarum.

Wolfii Psych. Ration.).   Kk kk   An-

Antequam in Theologia naturali evicerimus, animas a Deo ex nihilo fuisse productas; de earum ortu certi quid definire non datur. Quoniam vero in demonstranda immortalitate animæ nobis perinde est, sive animam a Deo creatam, sive eam ex necessitate naturæ suæ existere ponas; quænam harum sententiarum vera sit non modo methodi gratia hic in dubio relinquimus, verum etiam ea de causa, ne immortalitatem animæ in dubium vocare possit atheus, sed eam stante impiæ doctrinæ fundamento admittere teneatur: id quod inprimis usui est, ubi quis in atheismum fertur opinione securitatis a pœnis ob scelera & flagitia post hanc vitam juxta scripturæ sacræ effata infligendis. Ceterum quod hic supponimus, si animæ prodeunt per creationem, eas in prima statim rerum origine creatas esse, & de corpusculis quoque stamina fœtus continentibus sumimus, ex principiis Theologiæ naturalis tanto tutius supponi potest, quanto certius est creationem animarum admittere non posse vi assensus, quem rationibus extorquemus, nisi eum, qui principia Theologiæ naturalis perspecta habet. Ibidem vero ostendemus generaliter, quæ a Deo creata sunt, ea in prima rerum creatione fuisse producta: quæ & communis Theologorum scripturæ sacræ conformis sententia est.

§. 705.

Quomodo anima in fœtum immittatur.

Quoniam corpuscula illa organica, quæ rudimenta fœtus continent, vel cum semine maris, vel cum ovulo fœminæ in uterum deferuntur, cum constet conceptionem fœtus non aliunde quam ab immissione seminis maris & delatione ovuli in uterum pendere; *animas cum corpusculis organicis, quæ fœtus rudimenta continent, in uterum matris deferri patet.*

Quodsi objicias hoc modo dici posse, quod anima una cum corpore a parentibus generetur; ad differentiam, quæ inter transformationem corpusculi organici atque animæ eidem inexistentis intercedit non attendis. Etenim transformatio animæ, de qua mox plura dicemus, ipsa naturæ ipsius vi consequitur, anima parentum nihil prorsus ad eam conferente; sed transformatio corpusculi præexistentis organici, ut

pro-

prodeat corpus humanum, pendet non uno modo a matre, quemadmodum in Physicis docebimus. Recolenda hic sunt, quæ de impossibilitate ortus entis simplicis ex simplici per transformationem diximus alibi (§. 688. Ontol.). Præexistentiam animarum & philosophi antiqui, & inter Patres Ecclesiæ *Origenes* aliæque ecclesiasticæ personæ asseruerunt; sed diversos errores sive theologicos, sive philosophicos hypothesi suæ miscentes. Quamobrem qui sibi metuunt, ne periculosi quid subsit dogmati de præexistentia animarum, propterea quod ab antiquis Ecclesiæ Doctoribus impugnata fuerit; vel præexistentiæ animarum tribuunt, quod errori admixto tribuendum fuerat, vel hominum credulitati obnoxiam habent fidem. Non video quid inde sequatur, quod vel naturali, vel revelatæ religioni, vel virtuti sit adversum, si in prima statim rerum creatione animas a Deo ex nihilo productas affirmes una cum staminibus foetus. Si difficultatem moveat propagatio peccati originalis, ea non a præexistentia, sed a creatione pendet. Sive enim sumas animas tum demum creari, ubi corpus vivere incipit in utero, eidemque infundi, sive admittas eas in prima statim creatione conditas & staminibus foetus unitas esse; eadem urgebitur difficultas, quamvis non pari successu. In casu nimirum posteriori facilius eam removere licet, quam in priori, quemadmodum ex principiis Theologiæ naturalis de permissione mali liquet. Verum est animas esse substantias simplices, easque a Deo fuisse creatas: & scripturæ sacræ convenit tum creatio, tum quod facta sit in prima rerum origine. Etenim ab angelis tanquam spiritibus, adeoque substantiis simplicibus (§ 658.), removet potentiam generandi, quæ adeo neganda quoque est ex ipsius mente de animabus, & ideo animarum Deo tribuenda creatio. Jam vero Deus die septimo a creando cessasse legitur, unde Theologi recte colligunt, quod hodie nil amplius creet, seu ex nihilo producat. Scripturæ igitur convenit creatio animarum in prima statim creatione a Deo facta. Non absimili prorsus modo idem evincitur de primis staminibus foetuum.

§. 706.

§. 706.

In quali statu anima præexistat.

Dum anima in corpusculo organico præexistente, quod foetus rudimenta continet, aut, si ita videtur, in animalculo spermatico præexistit, in statu perceptionum confusarum est. Si negas; sit ea in statu perceptionum distinctarum. Per legem imaginationis anima producit perceptiones præteritas cum præsentibus partialem quandam communem habentes, attentione in communem directa (§. 225.). Quodsi ergo anima, antequam corpori huic unita, præextitit in statu perceptionum distinctarum; fieri haud quaquam poterit, quin interdum in teneri præsertim ætate, perceptiones præteritæ reproducantur & memoria nos certos reddat, quod illas jam habuerimus, antequam corpori huic uniremur (§. 175. *Psychol. empir.*), consequenter ut status præexistentiæ meminerimus (§. 705. *Ontol.* & §. 226. *Psychol. empir.*). Enimvero nemo unquam mortalium tale quid observavit, sed in confesso potius est penes omnes, nos status præexistentiæ neutiquam recordari, immo ne quidem recordari status, quem in utero experti sumus, aut dum in cunis vagivimus. Supponi adeo nequit, animam in staminibus foetus seu animalculo spermatico præexistentem fuisse in statu perceptionum distinctarum. Necesse igitur est, quod fuerit in statu perceptionum confusarum.

> Vim hujus argumenti rectius percipit, qui perpendit animam nunc recordari statuum præteritorum, quia est in statu perceptionum distinctarum & ad perceptiones distinctas animum advertit. Quamobrem ubi cessat recordatio, ibi quoque cessare debet recordationis ratio, propterea quod posita ratione sufficiente ponatur etiam id, quod propter eam potius est quam non est (§. 118. *Ontol.*). Si quis vero principia psychologica nondum familiaria experitur, quin iisdem ad assensum trahatur fieri nequit. Obtinet hoc in omni casu alio, hic tamen in specie inculcandum erat, quod magni momenti sit principium præsens.

§. 707.

§. 707.

Quoniam anima est in statu perceptionum confusarum seu obscurarum, si perceptiones partiales obscuræ sunt (§. 47. *Psychol. empir.*), consequenter etiam totalis obscura est (§. 46. *Psychol. empir.*); *Quamdiu anima in animalculis spermaticis seu rudimentis fœtus præexistit*, hoc est, si brevius loqui ames, *in statu præexistentiæ, perceptiones nonnisi obscuras habet.*

Quales sint perceptiones animæ in statu præexistentiæ.

Equidem non nego fieri posse, ut perceptionibus obscuris admixtum sit aliquid claritatis; sed id adeo exiguum esse debet, ut ideo perceptiones ex numero obscurarum eximi & in numerum clararum referri minime mereantur. Patebunt hæc ex sequentibus, ubi ostendemus qualem anima in percipiendo typum sequi debeat in statu præexistentiæ. Ceterum in Physicis demum definiemus, num status præexistentiæ sit in animalculis spermaticis, an in organicis aliis corpusculis, quæ fœtus rudimenta continent. In præsente nobis perinde est, quodcunque horum supponas, modo agnoscas formationem fœtus in utero non fieri nisi ex præexistente organico.

§. 708.

Si perceptions partiales singulæ obscuræ sunt, *anima sibi rerum perceptarum atque sui conscia esse nequit* (§. 16.). In statu igitur *præexistentiæ rerum perceptarum atque sui conscia esse nequit*, consequenter *apperceptione caret* (§. 25. *Psychol. emp.*), *itidemque memoria* (§. 174. 175 *Psychol. empir.*).

Cur anima apperceptione careat & memoria.

Atque jam satis patet, quænam differentia intercedat inter statum animæ præsentem & statum præexistentiæ, quorum statuum intermedius quasi est, dum infans ex utero in lucem primum editur. Etenim tum tanta est perceptionum partialium claritas, quæ ad statum perceptionum distinctarum sufficit (§. 44. 45. *Psychol. empir.*); sed uum anima attentioni nondum adsueta, qua quippe caruit in statu præexistentiæ (§. 237. *Psychol. empir.* & §. 707. *Psychol. ration.*), plurimum adhuc

cum

cum statu praeexistentiae commune habet, quatenus sigillatim perceptibilia actu mentis reflexo nondum distinguit.

§. 709.

Cur usu intellectus & rationis destituatur.

In statu praeexistentiae anima caret operationibus intellectus & usu rationis. In statu enim praeexistentiae perceptiones non nisi obscuras habet (§. 707.). Intellectus vero cum sit facultas res distincte repraesentandi (§. 275. *Psychol. empir.*), quemadmodum singulae quoque ipsius operationes clarissime loquuntur (§. 330. 343. & seqq. §. 354. & seqq. *Psych. empir.*); in statu praeexistentiae operationibus intellectus locus non est. *Quod erat unum.*

Constat jam porro usum rationis supponere omnes intellectus operationes (§. 456.), consequenter nullum esse posse rationis usum, ubi nullus locus est operationibus intellectus. Quamobrem cum in statu praeexistentiae nullus sit locus operationibus intellectus (*per num. I.*); nec ullus locus esse potest usui rationis, adeoque anima in statu praeexistentiae usu rationis caret. *Quod erat alterum.*

Patet idem a posteriori. Etenim dum infantes nascuntur, nulla sese produnt indicia usus alicujus rationis, immo ne quidem operationum intellectus. Unde colligitur animam operationibus intellectus nondum esse adsuetam, nec ullum adhuc fecisse rationis usum. Palam igitur est in statu praeexistentiae eam caruisse operationibus intellectus ac usu rationis.

Mirum videri haud quaquam debet, quod de statu praeexistentiae animae in propositione praesente enunciatur. Etenim si homo inter ursos educatur & omnem suam vitam cum iis transigit in sylvis; & intellectus caret operationibus, & usu rationis destituitur, utut ad eum statum pervenire possit, quo & intellectu, & ratione utatur (§. 461.).

§. 710.

Mutatio animae accidens in

Dum foetus in utero formatur, anima e statu perceptionum confusarum in statum distinctarum transfertur. Antequam

unione cum corpore & immortalitate.

quam enim fœtus in utero formatur, anima in ftaminibus præ- *formatione* exiftit feu in corpufculo organico præexiftente, ex quo ille for- *fœtus.* matur (§. 704.), adeoque in ftatu perceptionum confufarum eft (§. 706.). Enimvero conftat hominem in lucem editum fibi confcium effe fuarum perceptionum, aut, fi mavis, fui rerumque perceptarum. Fœtus igitur, ubi perfecte formatus in lucem editur, eft in ftatu perceptionum diftinctarum (§. 13.). Evidens adeo eft, dum fœtus in utero formatur, animam e ftatu perceptionum confufarum in ftatum diftinctarum transferri.

Si præexiftentiam animæ fupponas, ejus ex ftatu perceptionum confufarum feu obfcurarum in ftatum diftinctarum translatio evidens eft, ut nihil circa eandem dubii fupereffe poffit. Enimvero majoris momenti videtur quæftio, quomodo translatio ifta fiat, ne ad potentiam Dei infinitam recurrendum fit, ficque præexiftentia animæ prorfus inutilis evadat, cum non appareat, cur Deus animam immutare potius debeat, quam de novo producere. Neceffe igitur eft, ut propofitionem fequentem præfenti fubjungamus.

§. 711.

Translatio animæ e ftatu perceptionum confufarum in *Quomodo* *ftatum diftinctarum naturalis atque succeffiva eft.* Aut enim *contingat.* per effentiam animæ poffibile eft, ut ex ftatu perceptionum confufarum in ftatum diftinctarum perveniat, aut non. Ponamus per effentiam ejus fieri non poffe, ut ex ftatu perceptionum confufarum in ftatum diftinctarum perveniat. Quoniam per effentiales determinationes non intelligitur, cur hoc fieri poffit; nulla in effentia continetur ratio, cur fieri poffit, ut ex ftatu perceptionum confufarum in ftatum diftinctarum perveniat (§. 56. *Ontol.*). Neceffe igitur eft ut determinationes effentiales, quas habet in ftatu præexiftentiæ, mutentur in alias, confequenter ut anima præexiftens annihiletur & ejus loco alia producatur: quod cum fit abfurdum, ponendum utique

que est per essentiam animæ possibile esse, ut in statum perceptionum distinctarum ex statu confusarum perveniat. Quoniam vero omnes animæ actiones (§. 60.) & quicquid per facultates ipsius possibile est eadem vi actuantur (§. 55.); unica illa, quæ animæ est (§. 57.), vi, in qua & essentia (§. 66.) & natura animæ consistit (§. 67.), e statu perceptionum confusarum in statum distinctarum transfertur. Cum adeo per vim istam animæ intelligi possit (sit ita, quod nos idem nondum satis distincte explicare valeamus), cur anima e statu perceptionum confusarum in statum distinctarum pervenire possit, & actu perveniat; ratio sufficiens translationis in statum perceptionum distinctarum e statu confusarum in eadem continetur (§. 56. Ontol.). Translatio igitur hæc animæ naturalis est (§. 69.). *Quod erat unum.*

Constat vero infantem recens natum, etsi sit in statu perceptionum distinctarum, plurimum tamen confusioni adhuc obnoxium esse atque ex ea demum successive sese extricare & ad usum intellectus atque rationis pervenire. Quamobrem facile intelligitur, quemadmodum corpus ex staminibus in utero matris successive formatur, ita quoque animam successive e statu perceptionum confusarum in statum distinctarum transferri. *Quod erat alterum.*

Prior propositionis pars clarior evadet per principia Theologiæ naturalis; posterior ex sequentibus, in quibus status animæ præexistentis clarius explicabitur.

§. 712.

Dispositio naturalis in statu præexistentiæ ad claras perceptiones.

Animæ humanæ in statu præexistentiæ insunt dispositiones naturales ad perceptiones claras atque distinctas. Etenim in statu præexistentiæ perceptiones nonnisi obscuras habet (§. 706.), consequenter quamdiu in corpusculo organico præexistit, ex quo aliquando corpus ipsius formari debet in utero, deficit
poten-

potentia clare ac distincte aliquid percipiendi (§. 704. *Psychol. rat.* & §. 31. 32. 38. *Psych. empir.*). Enimvero dum foetus in utero formatur, e statu perceptionum confusarum in statum distinctarum transfertur (§. 710.), adeoque tum possibile est per essentiam & naturam animae, ut clare & distincte quid percipiat, sine ulla praevia mutatione intrinseca, consequenter animae jam inest potentia clare ac distincte quidpiam percipiendi (§. 716. *Ontol.*). Possibile igitur est in statu praeexistentiae ut potentiam clare ac distincte quid percipiendi acquirat anima (§. 170. *Ontol.*). Atque hoc modo patet inesse animae in statu praeexistentiae dispositionem ad claras & distinctas perceptiones. *Quod erat primum.*

Quoniam vero translatio animae ex statu perceptionum confusarum in statum distinctarum naturalis est (§. 711.), dispositio etiam ad clare ac distincte quid percipiendum, quae datur in statu praeexistentiae (*vi num. 1.*), natura inest animae. Est igitur naturalis (§. 426. *Psychol. empir.*). *Quod erat secundum.*

Hinc corruit objectio, quasi anima humana prodeat ex substantia simplici inferioris gradus, & eadem facilitate anima alicujus bruti fieri poterat, quae nunc sit anima humana. Qui enim ita ratiocinantur, non satis intelligunt, quid sibi velit principium rationis sufficientis, quod non admittit mutationes in ente aliquo nisi per determinationes ipsi intrinsecas explicabiles. Etsi cum *Leibnitio* sumas, quod nostrum non facimus, monades, quae sunt corporum elementa, esse in statu perceptionum confusarum: non tamen ideo in hypothesi ipsius animae ex elemento aliquo corporum prodire dicendae sunt per transformationem, utut hoc modo distincte explicari posset eductio animae, tanquam formae substantialis hominis, e potentia materiae, propterea quod monades istae carere debent dispositionibus naturalibus ad clare ac distincte quid percipiendum, quibus indutae sunt animae humanae in statu praeexistentiae. Valet hic, quod veteribus dictum: non ex quovis trunco fit Mercurius.

§. 713.

Quomodo potentia clare quid percipiendi acquiratur.

Anima continua perceptionum obscurarum evolutione, diminuto successive obscuritatis gradu, tandem ad claras pervenit. Quoniam menti non acquiritur, quod eidem nondum inexistit, nisi iteratis saepius actibus specie vel genere iisdem (§. 425. *Psychol. empir.*), nec potentia clare ac distincte quid percipiendi acquiri potest, nisi iteratis actibus obscure quid percipiendi, quae cadunt in animam in statu praeexistentiae (§. 706.), quatenus scilicet jam claritatis quidpiam, utut admodum exiguae, obscuris perceptionibus inest (§. 313. *Psychol. empir.*). Quamobrem cum animae insit dispositio clare ac distincte quid percipiendi in statu praeexistentiae (§. 712.), adeoque potentiam ipsam acquirit (§. 426. *Psychol. empir.*), dum e statu perceptionum confusarum in statum distinctarum transfertur (§. 710.); necesse est ut continua perceptionum evolutione tandem resultent perceptiones clarae, obscuritate successive imminuta.

Modus hic perveniendi a dispositionibus naturalibus ad potentiam, seu, si stylo scholis magis recepto loqui ames, a potentia remota ad proximam in aliis, quae ab anima acquiruntur adeo evidens est, ut absonum foret sibi persuadere quasi hic fingantur a natura animae aliena. Sane non aliter pervenitur ad habitus intellectus, quibus promptus efficitur operationum intellectus usus. Neque vero mirum videri debet, quod evolutione perceptionum obscurarum prodire tandem possint clarae. Dantur enim diversi obscuritatis gradus, qui si successive diminuantur, continuo propius propiusque acceditur ad claritatem & claritas primum illucescens & successive nova incrementa capiens in plenam tandem lucem erumpit. Qui satis perpendit, quae de involutione idearum earumque evolutione in theoria superiori de anima dicta sunt, is successivas mutationes, quibus anima e statu perceptionum confusarum in statum distinctarum transfertur, optime concipiet.

§ 714

§. 714.

Hinc denuo patet, quod jam ante (§. 711.) probavimus, animam ex statu perceptionum confusarum in statum distinctarum successive transferri.

Successiva translatio ex statu perceptionum confusarum in statum distinctarum.

Quales sint istæ successiones, in specie exponere non licet, cum tanta non sit nostra cognitio, ut ad ea penetret, quæ rebus adeo profunde immersa sunt. Probabiliter tamen nonnulla patebunt ex mox dicendis.

§. 715.

Anima in statu præexistentiæ sibi repræsentat hoc universum convenienter mutationibus, quæ in animalculo spermatico vel in corpusculo organico stamina foetus continente contingunt. Etenim anima sibi repræsentat hoc universum pro situ corporis organici in universo, convenienter mutationibus, quæ in organis sensoriis contingunt (§. 62.) vi essentiæ (§. 66.) & naturæ suæ (§. 67.). Quamobrem cum corpus organicum, antequam in utero materno formatur aut potius evolvitur, in animalculo spermatico vel in corpusculo organico stamina foetus continente lateat & sub hac forma præexistat, in eodem vero etiam præexistat anima (§. 704.), atque continuam perceptionum successionem in statu præexistentiæ experiatur (§. 706.); aliud sane inde colligere non licet, quam animam in statu præexistentiæ sibi repræsentare hoc universum convenienter mutationibus, quæ corpusculo illi organico accidunt, in quo anima præexistit.

Lex perceptionum in statu præexistentiæ.

Poteramus hanc propositionem sumere tanquam hypothesin, atque ex ea rationem reddere eorum, quæ de statu præexistentiæ animæ in propositionibus anterioribus stabilimus: quod ut appareat, idem apertius docere libet in sequentibus propositionibus.

§. 716.

Ratio cur in statu praeexistentiae perceptiones sint obscurae & nimis confusae.

Si anima in statu praeexistentiae sibi repraesentat hoc universum convenienter mutationibus, quae in corpusculo praeexistente contingunt; perceptiones ejus eam claritatem habere nequeunt, quam nunc habent, nec distinctae esse possunt, quales nunc sunt. Corpusculum istud organicum, ex quo per evolutionis quandam speciem formatur corpus infantis in utero, cum semine maris in uterum defertur, quemadmodum in Physicis ostendemus. Quamobrem cum in semine maris per exquisitissima microscopia non observemus nisi animalcula spermatica; corpusculum praeexistens aut erit animalculum spermaticum, aut aliud corpusculum eodem minus. Enimvero animalcula spermatica tantae exilitatis sunt, quam vix concipere mente, nedum imaginari licet, atque adeo patet, quam exiles esse debeant materiae particulae, quae impressionem quandam in organa istorum animalculorum facere iisque mutationem quandam inducere valent. Et si corpuscula animalculis spermaticis minora sumimus, multo magis idem apparet. Quamobrem cum ipsis deficiant organa, unde pendet claritas (§. 125. 126.) & distinctio in percipiendo (§. 127. 129.); perceptiones quoque animae in statu praeexistentiae eam claritatem habere nequeunt, qualem nunc habent, nec distinctae esse possunt, quales nunc sunt.

Atque ita patet ratio, cur anima in statu praeexistentiae non habeat nisi perceptiones obscuras, quemadmodum supra ostendimus (§. 707.).

§. 717.

Cur transitus animae e statu perceptio-

In eadem hypothesi anima ex statu perceptionum confusarum in statum perceptionum distinctarum naturaliter & successive transire debet, dum foetus in utero formatur. Etenim animae perceptiones conveniunt mutationibus in organis factis

per

unione cum corpore & immortalitate. 637

per hypoth. adeoque dum mutantur organa, mutantur & ipſæ: id quod obtinere debet in omni hypotheſi explicandi commercium animæ atque corporis, conſequenter non minus in ſyſtemate influxus phyſici & cauſarum occaſionalium, quam in ſyſtemate harmoniæ præſtabilitæ (§. 553.). In ſyſtemate nimirum influxus phyſici vis quædam motrix ex corpore in animam tranſit (§. 568.) & animam in intuenda idea univerſi dirigit, ut data claritate percipiantur, quæ in organa ſenſoria agunt (§. 569.). Quamobrem cum vis illa motrix alia eſſe nequeat, quam quæ motui, in quo ideæ materiales ſenſualibus coëxiſtentes (§. 113.) conſiſtunt (§. 112.), adhæret (§. 137. *Cosmol.*), hic vero motus pendeat a motu organis impreſſo (§. 111.); mutatis organis, ut alii imprimantur motus, mutatur quoque vis directrix in animam ex corpore influens, conſequenter etiam percipiendi claritas inde pendens. In ſyſtemate cauſarum occaſionalium Deus in gratiam corporis ita modificat animam, ac ſi corpus in animam influeret (§. 602.). Enimvero ſi corpus in animam influit, mutatis organis mutantur perceptiones *per demonſtrata*. Ergo etiam in ſyſtemate cauſarum occaſionalium mutatis organis mutantur perceptiones. Deo ſcilicet animam aliter modificante, quia organis mutatis aliter modificatur corpus. In ſyſtemate denique harmoniæ præſtabilitæ ſeries perceptionum in anima & ſeries motuum in corpore per naturam animæ & corporis conſentiunt (§. 612.). Quamobrem ſi organa corporis mutantur, ut anterior ſeries motuum non amplius ſubſiſtere poſſit, ſed alia prodeat a priori diverſa; animam quoque intrinſece mutari neceſſe eſt, ut alia evadat perceptionum ſeries, quo perpetuus ſeriei utriusque conſenſus conſervetur. Patet adeo in omni ſyſtemate explicandi commercium animæ atque corporis organis corporis mutatis perceptiones quoque mutari. Jam vero organa corporis mutantur, dum in utero materno ſtamina in corpuſculo præexiſtente latentia

num confuſarum in ſtatum diſtinctarum ſit poſſibilis.

evol-

evolvuntur & explicantur, hoc est, dum fœtus in utero formatur. Ergo etiam animæ vis percipiendi convenienter immutari, consequitur anima e statu perceptionum confusarum in statum distinctarum transire debet. *Quod erat primum.*

Fœtus in utero successive formatur, ut adeo organa nonnisi successive suam consequantur perfectionem, a quibus perceptiones pendent. Quamobrem cum perceptiones non ante sint perfecte tales, quam ubi organa fuerint perfecta, ut talis præcise a tali objecto imprimi possit motus (§. 114.); vis quoque percipiendi in anima successive immutari debet, adeoque transitus e statu perceptionum confusarum in statum distinctarum successivus est. *Quod erat secundum.*

Denique cum anima in statu præexistentiæ sibi repræsentet hoc universum convenienter mutationibus in corpusculo organico præexistente, in quo ipsamet præexistit, postea vero convenienter mutationibus, quæ in corpore organico in utero materno ex isto corpusculo formato observantur; in vi autem repræsentativa universi convenienter mutationibus in organis quibusdam corporis factis essentia animæ consistat (§. 66.) atque natura ejusdem (§. 67.), quarum illam immutabilem esse constat (§. 300. *Ontol.*); necesse est istiusmodi mutationem vis perceptivæ per essentiam animæ esse possibilem & per naturam ejus ad actum deduci, qualis accidere debet, dum anima e statu perceptionum confusarum in statum distinctarum transit. Transitus igitur iste naturalis est (§. 69.) *Quod erat tertium.*

In systemate causarum occasionalium Deus in gratiam corporis modificat animam, atque adeo non opus est, ut in ipsa anima vis perceptivæ immutatio quædam fiat. Anima enim per se indifferens est ad quamlibet perceptionem, & tales ipsi sunt perceptiones, quales Deus in eadem producit (§. 593.). Et si vel maxime systema hoc cum theoria superiori in gratiam revocetur, Deus tamen vim animæ dirigere & gradum ejus determinare tenetur in intuenda idea universi, ut data

clari-

unione cum corpore & immortalitate. 639

claritate percipiantur, quæ mutationem organis inducunt (§. 598.). Denuo igitur non opus est ut ipsa vis perceptiva aliquam subeat mutationem generalem, dum anima ex statu perceptionum confusarum in statum distinctarum transit, mutationibus particularibus, quæ a voluntate Dei unice pendent (§. 593.), generalem quandam in vi perceptiva non præsupponentibus. Apparet adeo, ex hypothesi animæ in statu præexistentiæ sibi repræsentantis hoc universum convenienter mutationibus quibusdam, quæ in corpusculo organico contingunt, in quo præexistit, theoriæ superiori de anima & theoriæ Physicorum modernorum de generatione hominis consentiente, rationem reddi eorum sufficientem, quæ de transitu animæ præexistentis ex statu perceptionum confusarum in statum distinctarum ostendimus (§. 710. 711. 714.).

§. 718.

Dum anima e statu perceptionum confusarum in statum distinctarum transit; statum pristinum retinet & novus eidem superaccedit. Etenim in statu perceptionum confusarum anima perceptiones partiales nonnisi obscuras habet (§. 47. *Psychol. empir.*). In statu perceptionum distinctarum perceptiones partiales claræ sunt (§. 44. 45. *Psychol. empir.*), ast non omnes, verum tantummodo immediatæ (§. 196.): mediatæ vero obscuræ sunt (§. 201.). Quoad perceptiones adeo mediatas statum pristinum retinet anima, quoad immediatas novus eidem supervenit, dum e statu perceptionum confusarum in statum distinctarum transit.

Qualis sit mutatio status perceptionum confusarum in statum distinctarum.

Patet etiam ratio, cur status pristinus in totum non mutetur. Etenim cum anima integram ideam universi, quam continuo producit (§. 190.), in ipso etiam somno (§. 191.), integram simul intueri (§. 194.) adeoque clare percipere non possit (§. 193.); perceptiones omnes claræ esse nequeunt, quæ erant in statu præexistentiæ obscuræ (§. 707.). Quoniam itaque per essentiam suam perceptiones tantummodo claræ sunt, quæ per mutationes in organo tales esse possunt (§. 66. 125.); transitus vero

vero e statu perceptionum confusarum in statum distinctarum contingit, dum fœtus in utero formatur (§. 710.), consequenter dum organa, a quibus perceptiones immediatæ pendent, producuntur (§. 690. *Ontol.*); dum anima transit e statu perceptionum confusarum in statum distinctarum pristinus non mutari potest in totum, sed tantummodo quoad immediatas: manet igitur idem quoad mediatas.

> Cum in somno cesset usus organorum sensoriorum, a quo perceptiones immediatæ pendent; nullæ quoque animæ sunt perceptiones claræ, atque adeo solus existit status perceptionum obscurarum, qualis erat status præexistentiæ: fit ita quod pro conditione organorum in corpusculo præexistente, aliquid claritatis adfuerit, quod tamen adeo exiguum censeri debet, ut ad apperceptionem non sufficiat.

§. 719.

Quomodo anima sese habeat ad corpus ipsi uniendum.

In *systemate harmoniæ præstabilitæ anima hæc non potuit uniri, nisi huic corpori per ipsam utriusque substantiæ essentiam atque naturam animæ: in systemate influxus physici & causarum occasionalium indifferens est ad unionem cum quolibet corpore.* Etenim in systemate harmoniæ præstabilitæ anima vi sibi propria producit omnes suas perceptiones & appetitiones continua serie (§. 613.), quæ singulæ eodem quo nunc modo consequerentur, etiamsi corpus non existeret (§. 614.), & quidem per essentiam & naturam ipsius (§. 66. 67.). Ex adverso in eodem systemate vi mechanismi, adeoque essentiæ corporis (§. 75. 276. *Cosmol.*), ex ideis materialibus sensibilium nascuntur motus volitionibus & appetitionibus animæ respondentes citra ullam determinationem extrinsecam immediatam (§. 615.), qui eodem quo nunc modo adhuc consequerentur, etiamsi anima non existeret (§. 616.). Et quoniam nullum corpus in universo alteri simile est, sive corpora, quæ inter se conferuntur, eodem tempore existant, sive diverso (§. 246. *Cosm.*

unione cum corpore & immortalitate. 641

Cosmol.); non datur in toto universo corpus quoddam aliud, præterquam hoc, in quo series motuum per impressiones objectorum externorum in organa sensoria conservari potest, ut singuli continuo consentiant singulis perceptionibus atque appetitionibus & aversionibus animæ eodem prorsus ordine sese invicem consequentes, quo animæ modificationes sese invicem excipiunt (§. 617.). Patet igitur non dari præter hoc corpus aliud, per cujus motus possit ratio reddi, cur tales jam sint in hac anima perceptiones, & cujus motus quidam rationem sufficientem habere videantur in volitione animæ, consequenter a quo anima pendere potest in percipiendo, quemadmodum ipsum vicissim ab anima quoad certos motus (§. 851. *Ontol.*). Quamobrem præter hoc non datur corpus aliud, cum quo anima uniri posset (§. 963. *Psychol. empir.*), cumque perceptionum & appetitionum hæc sit series per essentiam atque naturam animæ, hæc series motuum in corpore per essentiam corporis *per demonstrata*; hæc anima cum hoc corpore tantummodo uniri potest per essentiam utriusque substantiæ & naturam animæ. *Quod erat primum.*

In systemate influxus physici aut corporis vi sua ex ipso in animam transeunte (§. 568.) producit perceptiones rerum sensibilium in anima (§. 565.) & vicissim anima vi sua ex ipsa in corpus transeunte (§. 567.) producit motum organorum corporis appetitionibus & aversionibus suis convenientem (§. 565.), vel stante theoria superiori vis ex corpore in animam transiens dirigit vim animæ in intuenda idea universi, & gradum ejus determinat, ut data claritate percipiantur, quæ in organa sensoria agunt (§. 569.), anima vero dirigit fluidum nerveum ad influendum per nervos motorios in musculos, quibus motus in corpore perficitur (§. 571.). Anima igitur hæc jam clare percipit, quia hæc vis corporis in eam transit, alia perinde perceptura, si vis alia ex corpore in eandem transiret, & in corpore vicis-

(*Wolfii Psych. Ration.*). Mm mm sim

fim hi jam exiftunt motus, quia hæc vis animæ in ipfum tranfit, aliis in eodem fecuturis fiquidem vis alia in ipfum tranfiret. Nil igitur obftat, quo minus animæ perceptiones producantur ab alio corpore vel anima in intuenda idea univerfi a corpore alio dirigatur, & ipfa viciffim moveat corpus aliud, cum nec in anima quicquam fupponatur, a quo pendeat actio corporis, nec in corpore, a quo pendeat actio animæ quoad fpecificationem. Quamobrem in fyftemate influxus phyfici anima per fe indifferens eft ad unionem cum quolibet corpore (§. 963. *Pfychol. empir.*). *Quod erat fecundum.*

In fyftemate caufarum occafionalium Deus ideas fenfuales hafce, non alias in anima producit, quia hæ ideæ materiales, non aliæ in cerebro exiftunt, & hofce, non alios motus in corpore fufcitat, quia hos, nos alios anima appetit feu vult (§. 591.), vel ftante theoria fuperiori Deus dirigit vim animæ & gradum ejus determinat in intuenda idea univerfi, ut fcilicet, data claritate percipiantur, quæ in organa fenforia agunt (§. 598.) & fpirituum animalium in motu iam conftitutorum directionem immutat, ut influant in nervos motorios ad mufculos tendentes, quibus motus in gratiam animæ perficitur (§. 597.). Nihil igitur obftat, quo minus Deus in gratiam corporis hujus animam quamcunque ita modificet, ut perceptiones fenfuales refpondeant ideis materialibus in cerebro, & viciffim in gratiam cujuscunque animæ in hoc corpore determinet motus ejus appetitionibus confentientes. Anima igitur quæcunque huic corpori uniri a Deo poteft (§. 963. *Pfychol. empir.*), atque adeo in fyftemate caufarum occafionalium per fe indifferens eft ad unionem cum quolibet corpore. *Quod erat tertium.*

Singulare hoc eft in fyftemate harmoniæ præftabilitæ, quod unaquæque anima ad unionem cum fuo corpore per effentiam atque naturam fuam deftinetur, ita ut tot concipiantur

unione cum corpore & immortalitate.

antur animæ possibiles, quot corpora humana ipsis harmonice modificabilia in hac serie rerum existere possunt, & singulis suum sensu propriissimo conveniat corpus, cum nullo modo salva hac rerum serie alterius animæ corpus fieri possit: unde porro consequuntur alia, quæ propositioni præsenti subnectere libet, ut differentia hypothesium intimius perspiciatur.

§. 720.

In systemate harmoniæ præstabilitæ anima nonnisi in hac serie rerum uniri huic corpori potest: in systematis reliquis, quemadmodum communiter explicantur, in quacunque serie rerum corpori cuicunque; stante autem theoria superiori de anima in hac tantummodo serie rerum corpori alicui uniri potest. Etenim in systemate harmoniæ præstabilitæ anima nonnisi huic corpori uniri potest (§. 719.). Jam vero series motuum per impressionem objectorum externorum in organa sensoria conservatur, ut singuli continuo consentiant singulis perceptionibus atque appetitionibus & aversionibus animæ, eodem prorsus ordine se invicem consequentes, quo animæ modificationes sese invicem excipiunt (§. 617.). Quamobrem cum hæc objecta has impressiones in hæc organa sensoria hujus corporis facientia non concipi possint nisi in hac rerum serie (§. 97. & seqq. Cosm.); corpus quoque animæ datæ harmonice modificabile non concipitur nisi in hac rerum serie. Quamobrem patet in systemate harmoniæ præstabilitæ animam hanc huic corpori nonnisi in hac rerum serie uniri posse. *Quod erat primum.*

In quanam serie rerum anima huic corpori uniri potest.

In systemate influxus physici, quemadmodum vulgo explicatur, vi corporis in animam transeunte, producuntur perceptiones & vi animæ motus desideria ejus explentes (§. 565.). Quamobrem motus ab anima producendi prorsus non dependent a corpore ac serie rerum, in qua existit, & quoad animam perinde est quæcunque vis ex corpore in ipsam transeat, consequenquenter qualiacunque objecta & quascunque impressiones in corpus faciant. Anima igitur hæc cuicunque corpori in quacunque rerum serie uniri potest vi systematis influxus physici prouti vulgo intelligitur. *Quod erat secundum.*

Similiter in systemate causarum occasionalium insuper habita theoria superiori de anima, Deus hasce producit in anima perceptiones, quia hæ ideæ materiales in cerebro existunt, & hos in corpore motus, quia anima hos appetit sive vult (§. 591.). Motus igitur appetitionibus seu volitionibus animæ respondentes denuo non pendent ullo modo a corpore, ac serie rerum, in qua existit; quoad animam vero perinde est quæcunque objecta impressiones in corpus faciant & quascunque faciant. Anima igitur hæc cuicunque corpori in quacunque rerum serie uniri potest vi systematis causarum occasionalium, prout vulgo explicatur. *Quod erat tertium.*

Enimvero vi theoriæ superioris anima continuo producit ideam totius universi (§. 190.), prouti existit (§. 192.), idque per essentiam & naturam suam (§. 66. 67.), ut adeo ad aliam producendam inepta sit (§. 300. *Ontol.*). Quamobrem cum in systemate influxus physici anima vi ex corpore in ipsam transeunte (§. 569.), in systemate autem causarum occasionalium a Deo tantummodo dirigatur in intuenda idea universi & ad legem sensationum observandum determinetur (§. 598.); anima corpori quidem cuicunque in hac rerum serie, at non in alia rerum serie uniri potest, salva theoria superiori de anima. *Quod erat quartum.*

Vi nexus rerum, quem successiva inter se habent in hoc mundo adspectabili (§. 55. *Cosmol.*), corpus unumquodque humanum ita pertinet ad hanc rerum seriem, ut naturaliter ab ea abesse nequeat (§. 98. *Cosmol.*). Non tamen ideo in systematis influxus physici & causarum occasionalium communi, more intellectis repugnat, ut anima uniatur corpori ad hanc

unione cum corpore & immortalitate.

hanc rerum seriem minime pertinenti, quemadmodum in emendatis cuicunque ad hanc seriem spectandi uniri potest.

§. 721.

In systemate harmoniæ præstabilitæ unio animæ cum corpore habet in essentia & natura utriusque rationem sufficientem; in systematis influxus physici & causarum occasionalium communibus prorsus destituitur ratione; in emendantis ex parte rationem habet, ex parte eadem destituitur. Etenim in systemate harmoniæ præstabilitæ anima hæc per essentiam & naturam suam uniri nequit nisi huic corpori (§. 719.), nec eidem uniri potest nisi in hac rerum serie, nequaquam vero in alia (§. 720.). Quoniam itaque utrumque per naturam & essentiam animæ & corporis intelligitur; in essentia atque natura animæ atque corporis ratio sufficiens deprehenditur, & cur huic animæ unitum corpus, & cur in hac rerum serie eidem sit unitum (§. 56. *Ontol.*). Quamobrem cum circa unionem animæ cum corpore non plures moveri possint quæstiones, quæ actum ipsius concernunt, quam cur huic potius corpori, quam alii unita sit anima, & cur eidem in hac potius rerum serie quam in alia uniri debeat; in systemate harmoniæ præstabilitæ unio animæ cum corpore in essentia atque natura animæ rationem sufficientem habet. *Quod erat primum.*

In systematis influxus physici & causarum occasionalium communibus anima hæc in quacunque rerum serie corpori cuicunque uniri potest (§. 720.) indifferens ad unionem cum quolibet corpore humano, qualecunque illud tandem fuerit (§. 719.). Per essentiam itaque & naturam animæ atque corporis intelligi nequit, cur huic potius corpori, quam alii uniatur, nec cur ipsi potius in hac serie rerum, quam in alia quacunque uniri possit, consequenter in essentia & natura animæ atque corporis nulla prorsus horum ratio continetur (§. 56.

Num unio animæ cum corpore habeat rationem sufficientem.

Ontol.

Ontol.). In systematis itaque influxus physici & causarum occasionalium communibus unio animæ cum corpore prorsus destituitur ratione sufficiente. *Quod erat secundum.*

Denique in systematis influxus physici & causarum occasionalium emendatis anima per essentiam & naturam ejus nonnisi corpori cuidam in hac rerum serie uniri potest (§. 720.), indifferens tamen est ad unionem cum quolibet corpore (§. 719.). Per essentiam itaque & naturam animæ intelligitur, cur corpori in hac potius rerum serie, quam in alia quacunque uniatur; intelligi vero nequit, cur huic potius, quam alteri cuicunque corpori in eadem serie existenti unita fuerit, consequenter in natura & essentia animæ ratio quidem sufficiens continetur, cur corpori in hac rerum serie unita fuerit, non vero cur huic præcise, non alteri cuicunque in eadem serie existenti unita (§. 56. *Ontol.*). In systematis adeo influxus physici & causarum occasionalium emendatis unio animæ cum corpore in essentia & natura animæ ex parte aliquam rationem habet, ex parte non habet. *Quod erat tertium.*

Unio in systemate harmoniæ præstabilitæ principio rationis sufficientis conforme, in systematis influxus physici & causarum occasionalium communibus conforme non est, in utroque emendato ex parte tantummodo convenit. Quamobrem cum principium rationis sufficientis sit fons veritatum contingentium, in quarum numero esse unionem animæ cum corpore ex Theologia naturali uberius constabit; plurimum hinc roboris acquirit systema harmoniæ præstabilitæ, ceteris vero plurimum decedit. Constabit vero ex eadem Theologia naturali principium rationis sufficientis non alia de causa esse fontem veritatum contingentium, quam quatenus res a Deo productæ a sapientia ipsius dependent. Unde etiam unio animæ cum corpore dependens efficitur a sapientia divina, quatenus essentiæ & naturæ suæ convenienter anima atque corpus uniuntur, & hinc in Teleologia sapientiam Numinis plurimum illustrat.

§. 722.

§. 722.

In *systemate harmoniæ præstabilitæ unio animæ & corporis naturalis, in systematis influxus physici & causarum occasionalium prorsus arbitraria, nec ullo sensu naturalis dici potest.* In systemate harmoniæ præstabilitæ unio animæ cum corpore habet in essentia & natura utriusque substantiæ rationem sufficientem (§. 721.), cur scilicet anima huic potius corpori, quam alii cuicunque, & cur in hac potius rerum serie, quam in alia eidem unita fuerit (§. 719. 720.). Quoniam itaque naturale illud dicendum est, quod in natura & essentia rerum rationem sufficientem habet, cur potius sit quam non sit (§. 509. *Cosmol.*); unio animæ cum corpore in systemate harmoniæ præstabilitæ naturalis est.

In quo systemate unio animæ cum corpore naturalis dici possit.

Enimvero cum in systematis influxus physici & causarum occasionalium communibus nihil prorsus rationis in natura & essentia animæ atque corporis deprehendatur, cur anima huic potius corpori unita sit, quam alteri, & cur in hac potius rerum serie quam in alia eidem uniri potuerit (§. 719. & seqq.), in emendatis vero in essentia tantummodo & natura animæ contineatur ratio, cur alicui corpori in hac rerum serie uniri potuerit (§. 720.), per se autem pateat, animam semetipsam corpori uniri non potuisse, consequenter in natura & essentia animæ frustra quæri rationem sufficientem ipsius actus, scilicet quomodo effecta fuerit unio; nullo omnino sensu dici potest in systematis istis unionem esse naturalem, & quatenus ratione corpori & animæ intrinseca destituitur, prorsus arbitraria est.

Quando hic de unione sermo est, non quæritur de actu, quo anima corpori juncta, hic enim *unitio* potius dicendus est, quam unio; sed de modo, quo ex corpore & anima fit una substantia composita seu unum suppositum. De unione igitur evincitur, quod naturalis sit; non de unitione, quam esse opus infinitæ potentiæ divinæ in Theologia naturali ostendetur.

§. 723.

§. 723.

Ad unionem animæ cum corpore quid sufficiat.

Ad unionem animæ cum corpore sufficit harmonia naturalis animæ ac corporis coëxistentium. Vi enim harmoniæ animæ ac corporis ratio perceptionum ex iis, quæ in corpore fiunt, ratio autem motuum voluntariorum & spontaneorum ex iis, quæ in anima accidunt, reddi potest (§. 539.). Quamobrem anima & corpus vi harmoniæ a se invicem dependent (§. 851. Ontol.), consequenter unam substantiam compositam seu suppositum hominem constituunt (§. 963. Psych. emp.). Quodsi ergo harmonia ista naturalis sit, in essentia atque natura animæ & corporis rationem sufficientem agnoscit (§. 509. Cosm.), consequenter quamprimum anima & corpus coëxistunt, harmonia ista actu inter utramque substantiam datur, & quamdiu coëxistunt, eadem quoque constanter & immutabiliter (§. 300. Ontol.) subsistit (§. 118. Ontol.), & hinc harmonia naturalis animam & corpus efficit unam substantiam compositam seu unum suppositum hominem, quamprimum coëxistunt, & tamdiu manent una substantia composita, quamdiu coëxistunt. Harmonia itaque naturalis animæ ac corporis coëxistentium ad unionem harum substantiarum sufficit.

Qui sibi persuadent, aliquid amplius ad hoc requiri, ut anima & corpus fiant una substantia, quam harmoniam naturalem; quid sit illud amplius dicere haud quaquam valent. Negotium ipsis facessit imaginatio. Observarunt enim partes corporis non uniri sine aliquo vinculo & hinc ad animæ quoque cum corpore unionem vinculo aliquo opus esse intulerunt. Unde vero probatur, animam corpori eodem modo uniri debere, quo corpus corpori unitur, cum constet animam esse substantiam a corpore prorsus diversam (§. 51.), ut vel hinc nascatur suspicio modum unionis animæ cum corpore diversum esse debere a modo unionis duorum corporum, atque adeo verendum sit, ne a corporum unione ad unionem animæ cum corpore argumentati in errorem incidamus? Quodsi

unione cum corpore & immortalitate.

Quodsi quis distincta notione explicaverit, quale sit vinculum istud, tum demum disquiri poterit, num eodem sit opus. Si porro instes, harmoniam animæ & corporis naturalem subsistere posse, etiamsi anima sit Romæ, corpus vero Lutetiæ Parisiorum, quemadmodum harmonia inter duo automata subsistit, etiamsi alterum Romæ sit, alterum Lutetiæ Parisiorum (*not.* 41. *Cosmol.*); spatium instar entis absoluti & rebus sublatis adhuc superstitis concipis, quod veritati repugnat, (§. 599. *Ontol.*) & quod inprimis notandum est, animam corpori eodem modo præsentem esse sumis, quo corpus corpori præsens est, utut idem probare non possis, & vel diversitas utriusque substantiæ contrarii suspicionem inducat, quemadmodum paulo ante notatum est. Localis ista præsentia, quæ per ideas confusas corporibus tribuitur, in animam non quadrat. Anima alii corpori præsens intelligi nequit, quam isti, a quo in modificationibus suis pendet.

§. 724.

Qualis animæ cum corpore unio in Harmonia præstabilita.

Quoniam in systemate harmoniæ præstabilitæ harmonia animæ & corporis naturalis est, vi cujus fiunt una substantia (§. 722.), harmonia autem naturalis animæ ac corporis coëxistentium ad unionem animæ cum corpore sufficit (§. 723.); *in systemate harmoniæ præstabilitæ vera datur unio animæ & corporis.*

Vera unio aliud quid significare non potest, quam quod anima & corpus unum constituant vi ejusdem suppositum. Quamobrem cum coëxistentium animæ & corporis harmonia naturalis ad hoc sufficiat, ut anima & corpus sint ac maneant unum suppositum (§. 723.); ea omnino vera dicenda erit unio. An vero istiusmodi unionem, etsi essentiis & naturis rerum unitarum maxime convenientem, metaphysicam & eam, quæ inter corpora mediante aliquo vinculo efficitur, vel cum ipso *Leibnitio* physicam dicere malis; mea parum refert. Sit enim cuicunque in denominationibus arbitrariis sua libertas.

(*Wolfii Psych. Ration.*) §. 725.

§. 725.

Quomodo anima corpori unita in systemate causarum occasionalium.

In systemate causarum occasionalium anima unitur corpori sola voluntate Dei. In hoc enim systemate modificationes harmonicæ animæ atque corporis a nuda Dei voluntate pendent (§. 593.). Quamobrem cum propter mutationes harmonicas anima & corpus unum suppositum efficiant (§. 963. *Psych. emp.*); anima & corpus sunt unum suppositum per nudam Dei voluntatem, adeoque in systemate causarum occasionalium anima unitur corpori sola voluntate Dei.

Hinc Occasionalistæ præter voluntatem Dei aliud vinculum, quo anima corpori jungatur, non agnoscunt, & in hoc consentiunt cum Harmonistis, quod præter harmoniam animæ & corporis coëxistentium ad unionem re alia non sit opus. A voluntate enim Numinis pendet harmonia & hac perficitur unio.

§. 726.

Quid sit unio physica & vinculum ejus.

In systemate influxus physici unio physica & vinculum ejus sunt termini inanes. Quoniam animam corpori unitam ideo dicimus, quia ex mutua corporis atque animæ a se invicem dependentia intelligimus, corpus ad hanc animam & animam ad hoc corpus pertinere, ac ideo hanc animam nostram animam & hoc corpus nostrum corpus appellamus (§. 963. *Psychol. empir.*); unionis illius physicæ nullam experientia magistra habemus notionem, multo minus vinculi ejusdem notionem aliquam habemus. Si vero notionem unionis confusam, quam a corporum unione abstraximus, ad unionem animæ & corporis transferimus; cum anima a corpore prorsus differat (§. 51.), quomodo ad unionem animæ & corporis applicari debeat, non apparet, consequenter perperam unioni animæ & corporis jungitur notio unionis corporum. Quamobrem si hanc quoque notionem missam facias, cum ostendere non possis, eodem modo

modo animam uniri posse corpori, quo corpus corpori jungitur; nulla termino unionis physicæ amplius respondet notio, adeoque inanis evadit (§. 149. Log.). *Quod erat primum.*

Eodem prorsus modo idem ostenditur de vinculo unionis. *Quod erat secundum.*

Sane non alia de causa *Cartesius* unionem physicam animæ & corporis, quam crepant Influxionistæ, & vinculum unionis missam fecit, quam quod deprehenderit terminos hosce, quemadmodum complures alios in Philosophia Aristotelico-Scholastica esse sine mente sonos. Neque enim in philosophiam admittenda esse censuit, nisi distincte seu intelligibili modo explicabilia, si a posteriori non patent. Unio physica Influxionistarum & vinculum unionis hujus nec a priori, nec a posteriori hactenus probari potuit, sed gratis admissa fuit, quemadmodum in aliis quoque contingit. Nemo igitur sanus requiret, ut in philosophiam recipiatur quod quid sit ignoramus, immo num sit probare minime valemus. Sunt subinde qui sibi persuadent, se unionis physicæ habere notionem, quando ex mutationibus harmonicis colligunt, animam & corpus unum facere suppositum, quod hominem appellamus. Sed hi cum in philosophia parum adhuc sint versati, ab errore suo liberari non possunt quam si doceantur. Quodsi non fuerint dociles, cum ignorantibus principia disputandum non est.

§. 727.

Anima in statu præexistentiæ unitur corpusculo organico, ex quo deinceps fœtus in utero formatur. Etenim in corpusculo organico, ex quo fœtus in utero formatur, dum præexistit (§. 704.), universum hoc sibi repræsentat convenienter mutationibus, quæ in corpusculo contingunt (§. 715). Quamobrem cum ex his intelligatur, cur hæ ipsi potius sint perceptiones, quam aliæ, ratio perceptionum in corpusculo præexistente, cui inexistit, continetur (§. 56.), consequenter ab eodem

Unionis initium.

dem anima in percipiendo dependet (§. 851. *Ontol.*). Cum corpusculo igitur, in quo praeexistit, unita est (§. 963. *Psych. empir.*).

> Qui praeexistentiam animae & corpusculi organici prima foetus stamina continentis perspectam habet, unionem animae cum isto corpusculo in statu praeexistentiae vel tacita analogia inferet, ut eam sine probatione admittere videatur, sit ita quod in se vim quandam occultam experiri videatur, qua ad assensum compellitur: id quod hic notasse in compluribus aliis casibus prodest.

§. 728.

Unde fit unio praesens.

Quoniam anima jam unita est corpusculo, ex quo foetus in utero formatur (§. 727.) & cum eodem in uterum matris defertur (§. 705.), ibidemque harmonicas cum ipso experiatur mutationes, donec tandem corpore perfecto prodeat status animae eidem conveniens (§. 717.); *anima non demum foetui jam perfecto, ut vitam hominis vivere possit, infunditur & unitur, sed unio ante jam coepta in novo corpore continuatur.*

> Animam non ante corpori esse praesentem, quam ubi corpus vivere incipit, non alia nititur ratione, quam quod Physici sibi persuaserint foetum in utero formari ex massa inorganica seminis, ut adeo animae non ante sit locus, quam ubi organa corporis humani fuerint perfecta, minime autem agnoverint, generationem foetus in utero non esse nisi evolutionem praeexistentis organici corpusculi utique vivi. Quamobrem cum antiqua illa hypothesis generationis hodie ex Physica sit eliminata; nullo quoque amplius fundamento nititur infusio animae in foetus organis corporis perfectis. Favebat huic hypothesi systema influxus physici communi generationis hypothesi supposita, quippe cui non locus est antequam organa ad sensationem & motum localem apta fuerint perfecta.

§. 729.

§. 729.

Anima incorruptibilis est per essentiam & naturam suam. Anima enim substantia simplex (§. 48.), partibus caret (§. 49.), adeoque impossibile est ut in partes dissolvatur & hac dissolutione facta existere desinat, consequenter intereat (§. 541. Ontol..). Est igitur incorruptibilis (§. 666.). Et quoniam simplicitas animae ad determinationes genericas pertinet (§. 234. 236. Ontol.), cum praeter animam adhuc aliae dentur substantiae simplices, veluti rerum materialium (§. 182. Cosmol.) & spiritus anima humana perfectiores (§. 657.), adeoque in numero essentialium est (§. 247. Ontol.); anima propter simplicitatem suam incorruptibilis *per demonstrata* per essentiam incorruptibilis est. Quamobrem cum in anima essentia & natura sit una eademque vis, quamvis diverso respectu (§. 68.); anima quoque per naturam suam incorruptibilis.

Incorruptibilitas animae.

Natura nimirum ad actum perducuntur mutationes animae intrinsecae, sed nonnisi per essentiam ipsius possibiles (§. 68.). Quamobrem cum anima per essentiam suam dissolvi in partes non possit, nec vi animae insita, in qua natura ejus consistit, in partes dissolvi potest.

§. 730.

Anima cum corpore interire nequit. Corpus enim humanum, quod corruptibile est (§. 667.), putrefactione corrumpitur post mortem, quemadmodum quotidie experimur. Enimvero anima per essentiam & naturam suam incorruptibilis est (§. 729.). Cum corpore itaque corrumpi adeoque interire nequit (§. 666.).

Quod cum corpore non intereat.

Causae, quibus corpus corrumpitur, animae ob simplicitatem suam nocere minime valent; neque ex eo, quod corpus, dum putrefactione corrumpitur, interit, inferre licet animam simul interire.

Sect. IV. Cap. II. De Animæ ortu,

§. 731.

Interitus corporis animæ repugnat.

Anima eodem modo, quo corpus interit, interire nequit. Anima enim substantia simplex est (§. 48); adeoque eodem modo, quo composita intereunt, interire nequit §. 668.). Quamobrem cum corpus sit ens compositum (§. 119. Cosmol.); eo modo, quo corpus interit, interire nequit.

Conforme hoc est doctrinæ Christi, quippe qui animam occidi posse negat, quemadmodum corpus interficitur.

§. 732.

Quomodo anima interire possit.

Anima interire nequit nisi per annihilationem. Anima enim substantia simplex est (§. 48.). Quoniam itaque ens simplex aliter interire nequit nisi per annihilationem (§. 698. Ontol.), nec anima aliter interire potest nisi per annihilationem.

Quamdiu itaque ostendi nequit esse aliquam annihilationis causam & ens annihilandi potentia instructum animam annihilare velle; tamdiu quoque dici nequit eam annihilari.

§. 733.

Mors quid sit.

Mors est status corporis, quo organa ipsius in universum omnia a functionibus suis plenarie cessant.

Corpus enim dicimus mortuum, quando nullius amplius organi functionem in eodem observamus. E. gr. functio cordis in systole & diastole consistit, qua sanguis per venas in ventriculos cordis advectus ex iisdem in arterias propellitur. Quando corpus moritur, cordis systole & diastole plenarie cessat. Similiter pulmonum functio est respiratio. Quando itaque corpus moritur, respiratio cessat. Musculi sunt instrumenta, quibus perficitur motus organorum corporis. Quando igitur corpus moritur, motus omnis in eodem cessat.

§. 734.

Corruptio cur post

Corpus post mortem corruptioni obnoxium. Corpus post mor-

mortem corrumpi, experientia obvia constat, nec quod cor- *mortem se-* rumpatur probatione indiget. Hic vero ostendendum est, ex *quatur.* morte sequi debere corruptionem. Nimirum dum corpus moritur seu vita privatur, omnes omnino omnium organorum functiones cessant (§. 733.), atque ideo motu quoque cordis cessante circulatio sanguinis definit & cum sanguine humores omnes, quibus totum corpus ubivis refertum, stagnant. Constat vero humores stagnantes putrefieri & putrefactione cum mixtum solvatur, non minus fluidorum quam solidorum corpuscula in particulas miscibilium dissolvi: quo facto cum pereant massæ, ex quibus partes corporis organicæ constant; tota corporis compages dissolvitur. Corpus adeo post mortem corruptioni obnoxium (§. 666.).

Equidem non desunt remedia, quibus corpus aliquandiu a putrefactione defenditur; sed hoc non obstat, quo minus corpus mortuum a primo mortis momento sit corruptioni obnoxium.

§. 735.

Quoniam corpus post mortem corruptioni obnoxium *Quid ex mor-* (§. 734.), cui obnoxium non erat, quamdiu viveret; dum vero *te corporis* corrumpitur interit (§. 666.); *mors est status corporis, ex quo sequatur.* *sequitur ejusdem interitus.*

Differt adeo interitus corporis a morte ejusdem, inter se tamen hæc duo connexa sunt, ita ut posita morte sequatur ejus interitus. Corollarii veritas a posteriori quoque patet: nemo enim est qui nesciat corpora mortua non interire, dum moriuntur, sed dum corrumpuntur, corruptionem vero cum morte initium capere nisi impediatur.

§. 736.

Anima foret mortalis, si exercitium omnium facultatum *Anima quo* *simul cessaret & exinde annihilatio animæ sequeretur.* Cor- *sensu morta-* pus enim ideo mortale dicitur, quia aliquando pervenit ad eum *lis foret.* statum,

statum, in quo organa ipsius in universum omnia a functionibus suis plenarie cessant (§. 733.) & ex eo statu corporis totius interitus consequitur (§. 735.). Si igitur anima per analogiam mortalis dicenda, necesse est ut aliquando ad eum perveniat statum, in quo exercitium omnium facultatum simul cessat & animae tandem interitus consequitur. Enimvero anima interire nequit nisi per annihilationem (§. 732.). Ergo in eo statu, quo exercitium omnium facultatum una exspiraret, animae tandem annihilatio consequi deberet.

Notionem mortis consecuti sumus ex observatione corporis mortui. Quamobrem si ad animam, quae a corpore prorsus differt, applicari debeat, necesse est ut determinationes notionem mortis corporis ingredientes eam subeant mutationem, quam essentia animae exigit. Quemadmodum itaque in corpore organico nostro varia sunt organa diversis functionibus destinata, ita animae insunt diversae facultates, quarum singulae diversis destinantur usibus. Quamobrem si in corpore functiones omnium organorum simul cessant: in anima singularum facultatum exercitium una cessare debet. Porro corpus interit per corruptionem, anima vero interire nequit nisi per annihilationem. Quamobrem si in corpore vi mortis consequitur corruptio; vi ejusdem in anima consequi debet ejusdem annihilatio, si quidem mors in animam cadit. Nimirum mors non est ipse interitus, mortale tamen ad interitum disponit, ut inde naturaliter consequatur. Notio mortalitatis praemittenda, ut intelligatur, quid ad immortalitatem requiratur. Deceptrix enim notio, qualis est mortalitatis animae in hypothesi immaterialitatis seu simplicitatis animae, ad notionem veram, qualis est immortalitatis in eadem hypothesi, manuducit: id quod in aliis quoque casibus obtinet. Sed manuductio notionis deceptricis ad veram ad Artem inveniendi spectat.

§. 737.

Immortalis quo sensu

Immortalis itaque dicenda est anima, quatenus a morte cor-

corporis perennans perceptiones & appetitiones ac aversiones, *dicatur* quales jam habet, continuat. Nimirum cum nunc sit in statu *anima.* perceptionum distinctarum, in eodem statu perseverare debet, & cum sui conscia sit statuumque praeteritorum recordata memoriam sui ipsius conservet, a morte quoque corporis status sui praeteriti meminisse & eum ad se pertinere sibi conscia esse debet. *Immortalitas* itaque *animae* est potentia perseverandi a morte corporis in statu perceptionum distinctarum & conservandi memoriam sui.

 Equidem vulgo philosophi indestructibilitatem seu incorruptibilitatem animae cum ejus immortalitate confundunt, atque ideo immortalitatem animae sibi demonstrasse videntur, ubi evicerint animam esse indestructibilem vel incorruptibilem, seu a morte corporis superesse. Enimvero cum indestructibilitas seu incorruptibilitas non involvat nisi negationem interitus, interitus autem a morte corporis distinguatur (§. 733. 735.); immortalitas quoque ab indestructibilitate seu incorruptibilitate distinguenda venit. Quamobrem si analogiam conservare debes, qualis in translatione notionum a corpore desumtarum ad animam observanda est (*not.* §. 736.); immortalitas alio sensu explicari nequit, quam quod denotet potentiam perseverandi a morte corporis in statu perceptionum distinctarum & conservandi memoriam sui.

§. 738.

Quoniam anima in statu perceptionum distinctarum perseverare suique memoriam conservare nequit, nisi a morte corporis superstes sit; *si anima immortalis esse debet, necesse est ut post mortem corporis superstes sit, nec unquam intereat.*

 Quemadmodum itaque interitus corporis mortalitatem, ita ex adverso immortalitas animae indestructibilitatem ejus seu incorruptibilitatem praesupponit.

Immortalitas incorruptibilitatem praesupponit.

§. 739.

Quoniam anima immortalis est, quatenus a morte corporis *Quomodo immortalitas animæ demonstranda.*

poris superstes in statu perceptionum distinctarum perseverat & memoriam sui conservat (§. 737. 738.); *immortalitatem animæ demonstraturus evincere tenetur, 1. quod anima a morte corporis superstes sit, nec unquam intereat, 2. quod in statu perceptionum distinctarum perseveret & 3. quod memoriam sui conservet, seu vitæ præteritæ memor sibi conscia sit, eam ad se pertinere.*

Novi equidem non deesse aliquos, qui ægre ferunt immortalitatis animæ probationem sic reddi operosiorem ac difficiliorem: enimvero hi sunt, qui, cum unum, quod probandum erat, sibi videantur ostendisse, cetera ad rem spectantia simul probata esse existimant, quasi ea in re necessario connectantur, quia eadem simul memoria comprehendisti. Sit ita te sufficienter probasse, animam a morte corporis esse superstitem: an ideo constet, verius esse quod in statu perceptionum distinctarum perseveret, quam quod in statu perceptionum confusarum seu obscurarum versetur profundo quasi somno immersa, quemadmodum visum est Psychopannychitis. Sit ita te probasse, animam a morte corporis esse superstitem, immo eam perseverare in statu perceptionum distinctarum: an ideo constat, verius esse quod status pristini recordetur & agnoscat se esse eam, quæ in vita corporis hæc vel ista patravit, quam quod eorum, quæ in vita corporis facta sunt, prorsus immemores simus nec recordemur amplius quinam in hac vita fuerimus. Quodsi vero philosophia religionem revelatam adversus Antiscripturarios defendere debet, rationi consentaneum agnoscendum, quod anima in statu perceptionum distinctarum a morte corporis perseveret, suique memoriam conservet tenaciter: quod ut dilucidius constet, sequentem addimus propositionem.

Conformitas notionis immortalitatis cum scriptura sacra.

§. 740.

Notio immortalitatis, quam dedimus, scripturæ sacræ seu menti Christi conformis. Quænam Christo fuerit immortalitatis notio, ex narratione de divite epulone Luc. XVI. abunde patet.

unione cum corpore & immortalitate.

patet. Narrat enim ipsum post mortem fuisse sepultum & pervenisse in infernum. Sepultus fuit quoad corpus: in infernum ergo pervenit quoad animam. Anima igitur, dum cum corpore non moritur, a morte hujus superstes est. Vidit dives in inferno e longinquo Abrahamum & Lazarum in sinu ejus. Cum utrumque agnoverit; evidens est, quod ipsos a se invicem distinxerit. Fuere igitur ipsi perceptiones partiales claræ (§. 31. *Psychol. empir.*) & hinc totales distinctæ (§. 44. *Psychol. emp.*), atque adeo ipse fuit in statu perceptionum distinctarum (§. 45. *Psychol. empir.*). Denique recordatus est fratrum suorum & vitæ ante actæ. Quamobrem memor fuit status præteriti ante mortem atque agnovit se esse eum, qui ante mortem in illo statu fuerat. Christus itaque immortalitatis animæ hanc habuit notionem, quod anima cum corpore non intereat, sed eidem post mortem superstes sit; 2. quod etiam post mortem anima adhuc habeat notiones partiales claras, totales distinctas, seu quod perseveret in statu perceptionum distinctarum; 3. quod post mortem conservet memoriam sui. Quamobrem cum hæc tria ad notionem immortalitatis requisiverimus (§. 739.); notio immortalitatis, quam dedimus, est menti Christi, adeoque scripturæ sacræ conformis.

Ceterum ex eadem narratione Christi constat, homines post hanc vitam fore præmiis ob bene, pœnis ob male facta in hac vita afficiendos: quod ut fieri possit, non sufficit animam esse superstitem, sed necesse est ut etiam in statu perceptionum distinctarum perseveret, quo præmii vel pœnæ sibi sit conscia, & memoriam sui conservet, quo norit sibi ob bene in hac vita facta esse bene, ob male facta male. Atque adeo patet, quam sit necesse ad defendendam religionem christianam adversus Antiscripturarios notionem immortalitatis completam habere & ei convenienter immortalitatem animæ evincere.

Sect. IV. Cap. II. De Animæ ortu,

§. 741.

Persona quid dicatur.

Persona dicitur ens, quod memoriam sui conservat, hoc est, meminit, se esse idem illud ens, quod ante in hoc vel isto fuit statu. Dicitur etiam *Individuum morale*.

Scholastici personam definiunt per suppositum intelligens: suppositum vero per substantiam singularem vivam. Atque adeo ex mente scholasticorum ad notionem personæ requiritur, ut sit substantia, ut sit individuum, ut vita fruatur, ut sit intellectu prædita. Quodsi hæc distincte explices, ut quilibet intelligat, quid tibi velis, & se mutuo determinantia in definitione non cumules, quemadmodum volunt leges methodi; scholasticorum definitio cum nostra in concordiam redit. Ens enim quod sui memoriam habet, judicat se esse idem illud, quod ante in hoc vel isto statu fuit: ens itaque singulare est idemque præditum intellectu (§. 281.). Sed ens intellectu præditum vi cognoscitiva gaudet (§. 275. *Psychol. empir.*), atque adeo substantia est (§. 725. 768. *Ontol.*), eaque viva, cum vivum ens dicatur, quatenus habet operationum principium intrinsecum. Vi igitur definitionis nostræ, persona est substantia singularis viva, adeoque suppositum. Est vero etiam intelligens, adeoque persona. Qui sibi metuunt, ne vi definitionis nostræ in Christo admittendæ sint duæ personæ, unionis naturarum in Christo, vi cuius Deus & homo una fiunt persona, & natura humana a divina assumitur in unitatem personæ, vel nullam, vel non satis distinctam habent notionem, quæ sufficit, ut quid sibi velint communibus verbis etiam idiotæ explicare valeant. Ne vero quis circa vocabulum status difficultates nectat, quando in Theologia revelata vocabulum transfertur ad Deum; tenendum est nos vocabula omnia in philosophia definire, prouti creaturis conveniunt, de quibus ea communiter usurpamus. Quando vero ob analogiam quandam, qualem admittit differentia, quæ inter ens finitum & infinitum intercedit, ad Deum transferuntur, quæ a finitudine pendent infinitudini convenienter immutanda sunt: quemadmodum jam alias monuimus, cum de substantia ageremus (*not.* §. 772. *Ontol.*).

§. 742.

§. 742.

Quoniam si anima immortalis est, in eo, quem a morte corporis experitur, statu memoriam sui conservat (§. 737.¹); *anima immortalis post mortem idem individuum morale permanere debet, seu statum personalitatis conservet opus est* (§. 741.).

Immortalitas animæ requirit status personalitatis conservationem.

Nimirum vi incorruptibilitatis anima a morte superstes idem tantummodo manet *individuum physicum*, eadem nempe substantia singularis, quæ fuerat ante, statum suum vi essentiæ ac naturæ suæ continuans. Perseveratio vero in statu perceptionum distinctarum &, quæ in eodem possibilis est, memoria sui demum efficit, ut idem individuum physicum sit etiam idem individuum morale.

§. 743.

Quia homo memoriam sui habet, probe memor se eundem adhuc esse, qui fuerat heri vel pridie in hoc vel isto statu, quod experientia obvia unicuique manifestum; *homo persona est* (§. 741.).

Quod homo sit persona.

Nimirum homo qua persona intelligit, quid sit illud quod vocabulo *ego* indigitatur. Cumque vocabulo hoc utamur tanquam charactere personæ; notionem personæ, quam dedimus, esse communi usui loquendi conformem, vel exinde patet.

§. 744.

Anima a morte corporis superstes est semperque manet. Anima enim per essentiam & naturam suam incorruptibilis (§. 729.) & cum corpore interire nequit (§. 730.). Quamvis vero interire possit per annihilationem (§. 732.), siquidem supponas ens, quod eam annihilandi potentiam habeat (quale esse Deum in Theologia naturali demonstrabitur) & præterea annihilare eam velit; cum tamen ne in corporum quidem interitu quidpiam annihiletur (§. 125. *Cosmol.*), ne probabilis quidem ratio suppeditari potest, cur anima a morte corporis annihilari

Animam a morte corporis manere superstitem.

debeat. Anima igitur a morte corporis superstes est semperque manet.

Propositio præsens scripturæ sacræ conformis. In philosophia urgetur potissimum contra atheos, qui cum Deum esse negent, nullum agnoscunt ens, cui potentia annihilandi animam convenire possit. Quamobrem contra eos sufficienter probata est præsentis propositionis veritas, ubi ostenderis animam per essentiam & naturam suam esse incorruptibilem, nec cum corpore interire posse.

§. 745.

Eandem manere in statu perceptionum distinctarum.

Anima post mortem corporis manet in statu perceptionum distinctarum & perceptiones ad majorem claritatis gradum evehuntur. Dum enim corpus moritur, omnia ipsius organa a functionibus suis cessant (§. 733.), adeoque nullæ amplius in organis sensoriis contingunt mutationes, consequenter anima sibi non amplius hoc universum repræsentare potest convenienter mutationibus, quæ in organis sensoriis contingunt (§. 62.). Perceptiones igitur ipsius alio jam modo consequi debent, quam nunc consequuntur, quamdiu corpori huic unita est. Enimvero ante unionem cum hoc corpore corpusculo uniebatur organico, ex quo in utero formatum est corpus præsens (§. 727.), & hujus corpusculi mutationibus convenienter in percipiendo modificabatur (§. 715.). Quoniam itaque dum per evolutionem corpusculi organici in utero formabatur corpus præsens, unio animæ cum illo corpusculo tollebatur, & dum corpus præsens moritur unio cum eodem itidem dissolvitur; mutatio quæ per mortem accidit similis est mutationi, quæ per generationem contingit. Jam in mutatione illa magna, quæ per generationem contingit, lex perceptionum ita immutabatur, ut status pristinus quoad perceptiones retineretur, & novus eidem superaccederet. Quamobrem cum hinc constet, quænam sit naturæ lex in magnis mutationibus animæ, hinc utique

unione cum corpore & immortalitate. 663

tique colligi debet, animam a morte corporis statum pristinum, quem habet retinere & novum eidem superaccedere debere. Est autem in hoc corpore in statu perceptionum distinctarum (§. 14.). Ergo etiam a morte corporis in statu perceptionum distinctarum esse debet. *Quod erat primum.*

Quoniam itaque anima humana infinito intervallo a spiritu perfectissimo distat (§. 656.) & perceptionibus nostris infinita insunt (§. 186.), quæ, cum eorum nobis conscii non simus, clare non percipimus (§. 31. *Psych. empir.*), consequenter multo majores gradus claritatis possibiles sunt, quam qui in unione cum hoc corpore eidem respondet; quin post mortem corporis perceptiones ipsius ad majorem claritatis gradum evehantur, haud quaquam dubitandum est. *Quod erat secundum.*

  Non est quod vereamur, si omnibus promiscue animabus majorem perfectionis gradum tribuamus, id principiis religionis christianæ esse adversum, quæ magnam differentiam animarum piarum & improbarum post mortem inculcat. Perfectio enim, de qua loquimur, quemadmodum in piis auget voluptatem, ita in impiis tædia & cruciatus intendit.

§. 746.

Anima post mortem corporis memoriam sui conservat. Est enim post mortem corporis in statu perceptionum distinctarum (§. 745.), & hinc sibi sui ipsius conscia (§. 13.). Quamobrem cum per legem imaginationis, aut, si mavis, reproductionis perceptionum præteritarum vi similitudinis perceptionis præsentis cum aliqua præterita præterita reproducatur (§. 117. *Psychol. empir.*) & vi memoriæ nobis conscii simus, quod eam ante habuerimus (§. 173. 175. *Psychel. empir.*), anima vero post mortem majorem in percipiendo claritatem consecuta (§. 745.) id, quod perceptio præsens cum aliqua in statu hujus vitæ commune habet, facilius agnoscere possit (§. 31. *Psychol. empir.*);
                        quin

An memoriam sui conservet.

quin anima post mortem corporis memor sit eorum, quæ in hac vita acta sint, & meminerit se in hoc vel isto fuisse statu dubitari nequit. Memoriam igitur sui conservat (§. 281.).

Animam post hanc vitam in reproducendis ideis præteritis, quas in hac vita habuit; observare legem imaginationis, ex narratione Christi de divite epulone patet. Etenim videns Lazarum in sinu Abrahami meminit vitæ suæ ante actæ fratrumque suorum. Consentiunt itaque principia nostra cum scriptura sacra &, quæ in ea continetur, doctrina Christi.

§. 747.

Immortalitas animæ adstructa.

Anima immortalis est. Etenim post mortem corporis superstes est semperque manet (§. 744.) & in statu perceptionum distinctarum perseverans (§. 745.) memoriam sui conservat, seu statuum præteritorum memor eos ad se pertinere agnoscit (§. 746.). Est igitur immortalis (§. 737.).

Atque ita tandem evicimus immortalitatem animæ (§. 739.), qualem menti Christi conformem ad veritatem revelatam de statu animæ post hanc vitam defendendum supponi debere supra jam annotavimus (*not.* §. 739.).

§. 748.

Nexus status post mortem cum statu hujus vitæ.

Status animæ post mortem cum statu vitæ præsentis connexus est. Status constituitur per mutabilia, quæ rei insunt (§. 705. *Ontol.*), consequenter per modos entis (§. 314. *Ontol.*). Per modos igitur animæ quoque post mortem status determinatur. Quoniam vero anima post mortem superstes est (§. 744.), adeoque essentiam in se immutabilem retinere debet (§. 300. *Ontol.*); post mortem quoque vi activa prædita esse debet (§. 66.), etsi limitatione, quam nunc habet, variata (§. 745.) quippe quam tanquam mutabilem (§. 715.) ad essentiam præcise non pertinere apparet (§. 300. *Ontol.*), etsi tamdiu pertinere videatur, quamdiu unio cum corpore subsistit. Et cum in anima vi illa unica (§. 57.) omnia actuentur, quæ per faculcultates ejusdem in eadem possibilia intelliguntur (§. 55.); omnes quoque modi ejus vi ista ad actum perduci debent. Quia tamen positis determinationibus essentialibus & natura animæ, nondum ponuntur & ipsi, cum alias omnes simul eidem inexisterent (§. 118. *Ontol.*); in sola essentia ratio sufficiens non continetur, cur modi ipsi insint. Necesse igitur est, ut modi sequentes rationem sufficientem agnoscant in antecedentibus (§. 160. *Ontol.*), consequenter status sequens in antecedentibus semper rationem sufficientem agnoscit (§. 705. *Ontol.*). Quamobrem cum status post hanc vitam sequatur statum in hac vita; hic quoque in illo rationem sufficientem agnoscere, adeoque cum eodem connexus esse debet (§. 10. *Cosmol.*).

Nexum status post hanc vitam cum statu in vita præsente docet scriptura sacra. Etenim ejus autoritate constat, animabus aliis post hanc vitam bene, aliis male esse. Quodsi quæsiveris, cur illis bene, his male sit, ratio redditur ex statu vitæ præsentis, scilicet ex actionibus in hac vita patratis. Scripturæ igitur autoritate status vitæ futuræ cum statu præsentis connexus est (§. 10. *Cosmol.*). In quonam vero nexus iste consistat, rationis lumine non assequimur. Supplet adeo scriptura rationis defectum, quemadmodum in aliis scitu necessariis.

CAPUT III.
De Animabus Brutorum.

§. 749.

Bruta *habent animas a corpore distinctas.* Bruta enim habent organa sensoria ejusdem prorsus structuræ cum organis sensoriis corporis humani & quæ ideo easdem experiuntur mutationes, quæ in organis sensoriis hominum accidunt, ut adeo ipsis sint species impressæ eædem, quæ hominibus

Existentia animarum brutorum.

nibus (§. 112.). Ex organis fenforiis externis perinde ac in corpore humano nervi ad cerebrum extenduntur, per quos motum fibrillis ejus impreſſum ad cerebrum propagari, eodem modo oftendi poteft, quo idem in corpore humano evicimus (§. 111.), ut adeo brutis eædem fint ideæ materiales, quæ hominibus (§. 112.). Jam conftat animam humanam ideo uniri corpori, quod fibi repræfentet fenfibilia convenienter mutationibus in organa fenforia factis (§. 62.), ut ideis materialibus continuo coëxiftant fenfuales (§. 113.). Quamobrem cum non repugnet, fenfibilia repræfentari convenienter mutationibus, quæ in organis brutorum contingunt, etiam in organis minus perfectis, (§. 715.), atque adeo poffibiles fint ideæ fenfuales, quæ materialibus ideis brutorum coëxiftant; naturæ autem fcrutatoribus abunde perfpectum fit, eam in omni varietate fimilitudini ftudere, & hinc eadem eodem fine fieri in diverfis: argumento ab analogia defumto recte omnino colligitur, brutis effe animas.

Cartefiani animadvertentes fieri poffe, ut motus fpontanei in brutis fola vi mechanismi corporis confequantur, exiftentiam animarum in iisdem negarunt & bruta in meras machinas transformarunt. Enimvero quod argumento ipforum nulla infit vis concludendi, fatis fuperque intelligitur ex iis, quæ de harmonia præftabilita in fuperioribus dicta fuere (§. 615. & feqq.). Non negamus in brutis omnia, quæ obfervamus, fola vi mechanismi confequi: negamus tamen inde aliqua probabilitatis fpecie, multo minus certo inferri, nullas brutis effe animas. Quod brutorum, præfertim perfectiorum, organa eandem habeant ftructuram, quam habent organa corporis humani, nudo adfpectu agnofcitur, fi organa fenforia brutorum ac hominum, veluti oculi, cultro anatomico fubjiciantur: quod nemo nifi in omni anatomia prorfus alienus ac hofpes ignorat. Ex identitate autem ftructuræ recte colligi identitatem mutationis ab eodem fenfibili in organis fenforiis brutorum ac hominum productæ fi quis dubitet,
expe

experimento facile ejusdem convincitur. Etenim nemo est qui nesciat, modo in experimentando fuerit versatus, in oculis brutorum objectorum visibilium imagines inversas perinde ac in oculo humano delineari. Argumentum ab analogia desumtum etsi in probabilium numero sit, in rebus tamen naturalibus maximum habere pondus, ita ut apodictico plerumque æquipolleat, non ignorant qui vel in sola Astronomia satis sunt versati. Aristotelico Scholastici animas brutis tribuerunt, propterea quod sibi persuaderent, absque iis actiones brutorum explicari minime posse: quod cum non probaverint, nec brutorum animas existere probarunt. Atque ea de causa factum est, ut *Cartesiani* easdem rejecerint, contrarii probabiliter persuasi: ad istam vero analogiam, qua nos utimur in probanda existentia animarum brutorum, animum non adverterunt.

§. 750.

Bruta perfectiora sunt, quibus quinque sunt organa sensoria: *imperfectiora* vero, quibus pauciora. Dantur autem in imperfectioribus plures imperfectionis species.

Ita animalia imperfectiora sunt ostreæ, cochleæ, muscæ, formicæ & insecta alia. Etenim hæc bruta tantum tactu gaudent & qui in nonnullis vocantur oculi, tales non sunt, cum deficiat oculorum structura, quemadmodum dudum observavit *Claudius Perrault* in Mechanica animalium part. I. cap. I. Oper. pag. 336. & seqq. Perfectiora sunt animalia quadrupedia, quibus omnes esse sensus nemo ignorat. Iisdem accensendæ sunt aves & proxime ad ea accedunt pisces. Gradu tamen differre sensus tam in perfectioribus, quam imperfectioribus neminem fugit.

Differentia inter animalia perfectiora & imperfectiora.

§. 751.

Bruta sibi perceptionum suarum conscia sunt. Patet enim, quod sensu distinguant sensibilia, quæ in organa ipsorum agunt. Ipsa sane ostrea tactu discernit vim ad testas divellendas adhibitam. Et de insectis curiosæ admodum colligi possunt observa-

An bruta apperceptione gaudeant.

servationes idem confirmantes. Habent adeo perceptiones partiales claras atque hinc totales distinctas ($. 44. *Psychol. empir.*). Cum adeo sint in statu perceptionum distinctarum ($. 45. *Psychol. empir.*); sibi perceptionum suarum conscia sunt ($. 13.).

Idem etiam sic ostenditur. Brutis perfectioribus eadem sunt organa sensoria, quae hominibus ($. 750.) & constat eorundem eandem esse structuram, quae in organis corporis humani deprehenditur. Nervi quoque eodem modo ex organis sensoriis ad cerebrum propagantur, & cerebrum ejusdem structurae deprehenditur, quam in humano visu distinguere licet. Nullum igitur est dubium, quin sensibilia in organa brutorum perfectiorum agentia eandem mutationem iisdem inducant, quam hominum organis inducunt, & motus nervis sensoriis impressi eodem modo ad cerebrum propagentur, quo in hominibus propagari solent ($. 111.), ut adeo species impressae & ideae materiales eaedem esse debeant, quae in hominibus ($. 112.), consequenter dubitandum non est, quin eaedem quoque ipsis respondeant ideae sensuales ($. 114.). Enimvero nobis sunt perceptiones sensibilium clarae atque distinctae. Tales igitur quoque esse debent brutis perfectioribus. Quoniam itaque perceptiones clarae atque distinctae ad hoc sufficiunt, ut rerum perceptarum sibi conscia sit anima ($. 11.); quin bruta quoque perfectiora sibi rerum perceptarum conscia sint, dubitandum non est.

De brutis imperfectioribus, quae unicum tantummodo habere videntur sensum, scilicet tactum, constat, quemadmodum & *Perrault* loc. cit. observavit, ea tactu dignoscere, quae nos eodem distinguere minime valemus, ut actiones ipsorum a subtilitate hujus sensus pendentes in admirationem rapiant naturae contemplatores. Necesse igitur est, ideas sensuales tactui respondentes multo esse clariores, quam in hominibus.

Enim-

Enimvero cum homo sibi conscius sit tangibilium vi istius claritatis, quam ideae suae sensuales habent; non sine ratione colligitur animalia quoque imperfectiora sui conscia esse debere.

Non verendum est, ne sic brutis tribuantur animae spirituales; neque enim ad spiritualitatem sufficit apperceptio, seu ut subjectum percipiens perceptionum suarum sibi sit conscium (§. 643.). Si instes ex *Cartesianorum* principiis apperceptionem esse characterem spiritualitatis; objectionem insuper habemus, cum non autoritate, sed rationibus moveamur.

§. 752.

Animae brutorum materiales seu corporeae non sunt. Animae enim brutorum sibi consciae sunt rerum perceptarum (§. 751.) Sed corpus cogitare, seu sibi rerum perceptarum conscium esse nequit (§. 44.), nec ea facultas, quam per se non habet, eidem communicari potest (§. 46.). Animae igitur brutorum corpora esse nequeunt, consequenter nec materiales sunt (§. 122. 141. *Cosmol.*).

Immaterialitas animae brutorum.

Eodem prorsus modo adstruitur immaterialitas animae brutorum, quo supra immaterialitatem animae nostrae evicimus (§. 47.). Ceterum novum non est animas brutis tribui immateriales: dudum hoc fecere scholastici, veluti *Scotus*, Doctor subtilis.

§. 753.

Animae brutorum sunt substantiae simplices. Anima enim brutorum nec corpus est (§. 752.), nec aliquod corpori communicatum attributum (§. 46.), adeoque nec ens compositum est, nec enti cuidam composito inhaeret (§. 119. *Cosmol.*). Omne vero ens vel simplex est, vel compositum (§. 685. *Ontol.*). Animae igitur brutorum sunt entia simplicia.

Ejusdem simplicitas.

Jam porro perceptiones, quas experiuntur bruta, continuo mutantur, actionibus sensibilium in organa continuo mutatis: quod nemo non agnoscit. Sunt igitur modi animarum (§. 151.)

(§. 151. *Ontol.*), atque ideo animæ brutorum modificabiles funt (§. 764. *Ontol.*). Eædem cum corporibus brutorum perdurant: quod denuo nemo non admittere tenetur, qui earum exiftentiam in dubium minime revocat. Sunt igitur etiam perdurabiles (§. 766. *Ontol.*). Quoniam fubjectum perdurabile & modificabile fubftantia eft (§. 768. *Ontol.*); animas brutorum fubftantias effe patet, easque fimplices *per demonftrata*.

Simplicitas animarum brutorum fuppofita immaterialitate denuo eodem modo evincitur, quo fimplicitatem animæ humanæ evicimus (§. 48.). Materialiftæ, qui animas humanas materiales effe defendunt (§. 35.), brutorum quoque animas materiales facere debent, bruta in meras machinas convertentes. Iis adeo adftipulantur *Cartefiani*, qui bruta pro meris machinis habent audaciores Magiftro fuo, qui fubdubitanter ea de re loquitur.

§. 754.

An legem fenfationis obfervet.

Animæ brutorum obfervant legem fenfationum. Cum enim iftiusmodi organa fenforia habeant, qualia funt hominibus. Supra jam (§. 749.) hinc collegimus, quod fibi repræfentent fenfibilia in organa ifta agentia convenienter mutationibus in his ipfis organis factis. Enimvero lex fenfationum hæc eft, quam animæ humanæ obfervare tenentur: fi in organo aliquo fenforio ab objecto fenfibili quædam producitur mutatio; in mente eidem coexiftit fenfatio per illam intelligibili modo explicabilis, feu rationem fufficientem in illa agnofcens, cur jam animæ infit; & cur talis fit (§. 85. *Pfych. empir.*). Animæ igitur brutorum legem fenfationum obfervant.

Poterant porro ad animas brutorum transferri, quæ fupra de animabus humanis evicimus, fcilicet quod vi quadam præditæ fint (§. 53.), qua omnes ejus actiones ad actum perducantur (§. 60.): quod vis hæc tantummodo unica fit (§. 57.) & quidem repræfentativa univerfi pro fitu corporis organici in univerfo, convenienter mutationibus, quæ in organis contingunt

tingunt (§. 62.), quodque in hac vi essentia & natura animarum brutorum consistat (§. 66. 67.). Enimvero cum singula eodem modo probentur, quo ea de animabus nostris probata sunt; non opus est ut hisce diutius immoremur. Suffecerit nobis proposuisse principia generalia, quæ in phænomenis specialibus, quæ de brutis observamus, explicandis usui esse possunt.

§. 755.

Brutorum animæ imaginatione & memoria gaudent. Ex actionibus brutorum id colligitur a posteriori. Nemo est qui hoc nesciat: si quis canis baculo aliquoties fuerit percussus, ad conspectum baculi elevati vociferatur & fugit a plagis sibi metuens. Quoniam ideo vociferatur & fugit, quia baculo percussus fuit; necesse est ut idea baculi elevati resuscitet ideam plagarum ac inde orti doloris. Reproducitur adeo idea plagarum ac doloris, quam ante habuit, consequenter anima canis facultate imaginandi gaudet (§. 92. *Psych. empir.*). Similiter nemo non novit, canes dormientes voce & motu corporis sæpius signa somniorum inquietorum edere. Quamobrem cum somnia vi imaginationis producantur (§. 121. *Psychol. empir.*); ex iis quoque recte infertur animam canis facultate imaginandi gaudere. Eodem modo idem ex actionibus aliorum brutorum colligitur.

Jam quia canis idea plagarum & doloris inde percepti resuscitata vociferatur & fugit, plagas illas sibi repræsentare debet tanquam nunc infligendas & dolorem tanquam nunc inde percipiendum. Quamobrem cum sibi conscius sit perceptionum suarum (§. 751.); necesse est ut sibi quoque conscius sit plagarum tanquam sibi antea inflictarum & doloris tanquam inde percepti, cum non alia sit ratio, cur sibi plagas repræsentet tanquam denuo infligendas & dolorem tanquam denuo inde percipiendum. Ideas adeo reproductas recognoscit (§. 173. *Psychol. empir.*), consequenter memoria gaudet (§. 175. *Psychol. empir.*).

Bruta num imaginatione & memoria gaudeant.

empir.). Per analogiam idem inferre licet de animabus aliorum brutorum, salva differentia, quam inter facultates diversorum brutorum intercedere debere, diversitas actionum loquitur.

Bruta, saltem perfectiora & quæ ad ea propius accedunt, eandem habent cerebri structuram, quæ hominibus est, quantum sensuum judicio constat. Quamobrem cum per structuram cerebrum humanum contrahat facilitatem reproducendi ideas materiales (§. 241.), & in potentia reproductionis imaginatio (§. 227.), in facilitate vero memoria materialis consistat (§. 294.); brutis cerebrum habentibus imaginatio & memoria materialis tribuenda venit. Enimvero cum bruta habeant animas a corpore distinctas perinde ac homines (§. 749.) & vi legis sensationis ideis materialibus in cerebro sensuales in anima respondeant (§. 754.), quemadmodum in hominibus (§. 113.); in nobis autem phantasmata ideis quoque materialibus in cerebro respondent, ut adeo imaginatio materialis non sit sine immateriali in anima (§ 227.), nec memoria materialis sine immateriali, quæ animæ inest (§. 294.); per analogiam ex memoria & imaginatione materiali in corpore recte colligitur immaterialis in anima, consequenter animas brutorum facultate imaginandi & memoria gaudere tanto minus dubitandum, quanto magis in brutis observantur actiones similes iis, quæ a nobis sine imaginationis & memoriæ vi non eduntur, cum hinc argumentum ab analogia majus robur acquirat.

> Philosophi veteres & Scholastici animabus brutorum sine hæsitatione imaginationem & memoriam tribuerunt, quamvis in terminorum significatu non prorsus cum nobis consentiant, reproductionem idearum præteritarum ad memoriam referentes & fingendi, quam diximus, facultatem imaginationis nomine compellantes. Sed cur nobis significatum tantisper immutare libuerit, ex Psychologia empirica abunde constat. Nituntur autem illi analogia actionum brutorum & huma-
> *narum*

narum, quas absque imaginatione & memoria in se dari non posse experiuntur.

§. 756.

Bruta observant legem imaginationis. Omnium clarissime hoc patet, si ad actiones brutorum animum advertimus. Ita in exemplo canis ad conspectum baculi elevati vociferantis & fugientis, quo modo usi sumus ad imaginationis existentiam evincendam, vidimus idea baculi elevati resuscitari ideam plagarum ac doloris, propterea quod baculo ante percussus dolorem percepit. Quoniam itaque vi legis imaginationis perceptione unius eorum, quæ semel percepta fuere, reproducta perceptio quoqe ceterorum reproducitur (§. 117. *Psychol. empir.*); canes observare legem imaginationis patet. Hinc vero per analogiam concluditur, bruta quoque reliqua legem imaginationis observare.

An legem imaginationis observent.

Idem quoque sic ostenditur. Lex imaginationis rationem mechanicam in structura cerebri habet (§.232.). Quamobrem cum brutis perfectioribus eadem sit structura cerebri, quæ hominibus; ratio, quæ datur in structura cerebri humani, adesse quoque debet in structura cerebri brutorum perfectiorum, consequenter lex imaginationis quoque poni debet per structuram cerebri brutorum perfectiorum (§. 118. *Ontol.*) Bruta igitur perfectiora legem imaginationis observare palam est. Quodsi ergo in ceteris quoque brutis imaginationis vestigia sese produnt; per analogiam infertur, eadem quoque observare legem imaginationis.

Argumento analogiæ plurimum hac in re tribuendum. Constat enim legibus iisdem regi corpora: quidni ergo & animas? Sane omnia corpora mundi totalia easdem observant leges: omnia corpora in conflictu iisdem subjiciuntur legibus: eædam sunt leges, quibus regitur motus omnium gravium. Sunt leges generales, quibus generatio omnium animalium cum ipsa generatione plantarum constringitur.

(*Wolfii Psych. Ration.*) Qq qq §. 757.

§. 757.

An brutis competat appetitus.

Bruta habent appetitum sensitivum & aversationem sensitivam. Bruta vocem variare solent ad appetitum indigitandum. Ita gallina voce allicit pullos, qualem in aliis casibus non fundit. Peculiari quoque voce utitur, ubi ipsi insidiæ struuntur. Similiter canis latratum variat & vocem tristem eidem miscet cum ejulatu, ubi in conclavi solus relictus exire cupit. Hinc igitur aperte patet brutis esse appetitum. Notum porro est ex superioribus, canem fugere, si elevato baculo eum percutere tentes, ut plagæ evitentur. Habes adeo certum aversionis indicium. Jam bruta habent sensus (§. 754.), habent imaginationem (§. 755.), habent memoriam (§. cit.). Quoniam itaque appetitus sensitivus enascitur ex confusa boni (§. 580. *Psychol. empir.*), aversatio sensitiva ex confusa mali repræsentatione (§. 582. *Psychol. empir.*), ad confusam vero boni & mali repræsentationem sensus & imaginatio cum memoria sufficit, cum distincta repræsentatio ad intellectum pertineat (§. 275. *Psychol. empir.*); bruta appetitum sensitivum & aversationem sensitivam habent.

Idem etiam sic ostenditur. Constat bruta affectibus commoveri, veluti canem invidia & ira, subinde etiam gaudio. Enimvero affectus sunt actus vehementiores appetitus sensitivi & aversationes sensitivæ (§ 603. *Psychol. empir.*). Bruta igitur habent appetitum sensitivum & aversationem sensitivam.

Qui ad actiones brutorum animum advertit, abunde convincitur, ipsis appetitum & aversationem denegari non posse.

§ 758.

An legem appetitus & aversationis observent.

Bruta observant legem appetitus & aversationis. In exemplo canis ad conspectum baculi elevati fugientis idem palam est. Fugit enim plagas evitaturus ob dolorem, qui inde percipitur, consequenter plagas aversatur, quod eas sibi repræsensentat tanquam malas (§. 569. *Psych. empir.*). Similiter constat fugere animalia alia quæcunque ob imminens ipsis periculum, quo damnum corpori inferri potest, & psittacum sibi metuere a plagis non minus, quam canem. Ex adverso canis esuriens ossa projecta adpetit, vel panis frustum, quod ipsi porrigitur, & junior appetit res quascunque, quas non sine voluptate dilacerare potest. Appetit ergo uterque, quod sibi repræsentat tanquam bonum (§. 561. *Psych. empir.*). Et idem patet in brutis aliis.

Brutis pauca sunt, quæ appetunt. Etenim non appetunt nisi quæ ad vitæ conservationem & speciei suæ propagationem spectant, & pauca quædam, quæ ipsis voluptatem creant, cum istis plerumque connexa. Natura ipsorum paucis contenta: pauca igitur iisdem appetibilia. Non aversantur nisi quæ in appetendo impedimenta objiciunt & vitæ ac corpori damnum inferunt. Pauca igitur ipsis sunt aversabilia. Observant in iis legem appetitus & aversationis tenaciter & minus ad devia deflectunt quam homines, quibus voluptas ac molestia nimium imponunt.

§. 759.

Bruta destituuntur vocibus articulatis, quibus tanquam signis perceptiones suas seu res perceptas indigitare valent. Nemo est qui hoc nesciat, ut exemplis non sit opus. Sane bruta, veluti canes, qui consortio hominum constanter utuntur, sermonis usum nunquam consequuntur, etsi organa vocis non sint inepta ad vocem articulandam, quemadmodum sermo requirit. Memini ante plures annos in Saxonia fuisse canem, qui plura vocabula germanica & gallica bene pronunciare poterat. Et quem fugit psittacos vocabula haud pauca, immo integras propositiones prounciare posse, certo indicio organa vocis ita moveri posse, ut eidem articulandæ sufficiant. Ex adverso homines inter bruta educati loquelæ non fiunt compotes, quemadmodum probat exemplum ejus, qui inter ursos fuerat educatus (§. 461.). Unde colligitur, brutis in more non esse positum, ut perceptiones suas significent alteri.

Bruta sermone non utuntur.

Annotavimus equidem superius (§. 757.), bruta vocem variare solere ad indicandum appetitum. Et huc referendum, quod avis foemella mane expergefacta edat vocem peculiariter modificatam, ut masculum ad se alliciat, qui audita voce statim respondet & in eam plagam tendit, unde vocem foemellae ad aures deferri experimur. Sed illa vocis variatio a loquela longo adhuc intervallo distat, etsi quid analogi habeat.

§. 760.

Bruta num universali gaudeant cognitione, num judicent & ratiocinentur. Bruta destituuntur cognitione universalium, judicio & ratiocinio. Si quis admittit harmoniam perpetuam animae & corporis quoad omnes illius modificationes, qualem de anima humana in theoria superiori evicimus; is veritatem propositionis praesentis inde colliget. Etenim vi illius harmoniae omnes operationes intellectus, notio, judicium & ratiocinium in cerebro repraesentantur per ideas vocabulorum, aut aliorum signorum aequipollentium (§. 417.), in cerebro (§. 416.) Enimvero brutis nulla sunt vocabula, quibus ad perceptibilia indigitanda uti possent (§.759.), neque hinc ad horum imitationem alia confingere signa valent. Quoniam itaque nullae ipsis sunt vocabulorum vel aliorum signorum aequipollentium ideae materiales; notiones judicia & ratiocinia in cerebro repraesentari non possunt. Stante igitur harmonia animae & corporis, nec in anima ipsorum notioni, seu cognitioni universalium, judicio & ratiocinio locus esse potest.

Operationum intellectus absque vocabulis vel aliis signis aequipollentibus in cognitione intuitiva tanta est difficultas, ut nec homo ante sermonis usum in cognitione veritatum universalium quicquam proficiat. Abunde haec patent per ea, quae de operationibus singulis intellectus fuse exposuimus in Psychologia empirica integro capite (§. 325. & seqq.). Enimvero bruta destituuntur vocibus articulatis, quibus tanquam signis perceptibilia indigitantur (§. 759.). Destituuntur itaque & notionibus, judiciis atque ratiociniis, adeoque universalium veritatum cognitione.

Qui

Qui brutis tribueret veritatum universalium cognitionem absque vocabulorum vel aliorum signorum æquipollentium usu; ipsorum animam animabus humanis multo statueret perfectiorem. Homines enim, quemadmodum jam monuimus, sine vocabulorum subsidio in veritatum universalium cognitione nihil proficiunt, etsi non prorsus impossibile foret, ut aliquos, quamvis leves facerent progressus. Sermonis usum ubi didicere, tum demum excitatur attentio, qualis ad reflexionem sufficit, sine qua cognitio universalium ne in hominem quidem cadit. Et hac de causa homo inter ursos educatus universalium cognitione destituebatur.

§. 761.

Quoniam nullæ dantur operationes intellectus, præterquam notio, judicium & discursus (§. 52. Log.), bruta vero notionibus, judiciis & discursibus, seu ratiociniis carent (§.760.), nec in consortio hominum illa consequuntur; *bruta carent intellectu.*

Num careant intellectu.

Homines inter bruta educati, exemplo ejus, quem inter ursos educatum sæpius jam compellavimus, nullas edunt intellectus operationes; sed ad hominum consortium delati, qui istis operationibus constanter utuntur, easdem mox ipsimet in potestatem suam redigunt. Ratio differentiæ inter homines & bruta hac in parte alia non est, quam quod hominibus quidem, non vero brutis sit intellectus. Homines, quando carent operationibus intellectus, destituuntur usu intellectus ast bruta iisdem carent, quia intellectum prorsus non habent.

§. 762.

Animæ brutorum carent ratione seu irrationales sunt. Animabus enim brutorum deest facultas ratiocinandi (§. 760.). Ergo iisdem quoque ratio deest (§. 493. *Psychol. empir.*), consequenter irrationales sunt.

Irrationalitas animarum brutorum.

Hinc & bruta dicuntur animalia irrationalia in oppositione ad hominem, qui animal rationale appellatur. Equidem *Rorarius* peculiari Tractatu adstruere conatur animalia bruta sæpe ratione uti melius homine, sed in eo fallitur, quod actiones brutorum rationi conformes ab usu rationis pendeant. Agunt enim quod rationis est per naturam suam, quæ in operando pendet a ratione summa conditoris.

§. 763.

§. 763.

An bruta liberam habeant voluntatem.

Bruta destituuntur voluntate & noluntate libera. Carent enim ratione (§. 762.). Quamobrem cum anima humana non sit libera, nisi quia ratione praedita (§. 528.); brutorum animae liberam voluntatem ac noluntatem habere nequeunt.

Idem hoc modo evinci poterat. Bruta carent intellectu (§. 761.), adeoque distinctam boni malique cognitionem habere nequeunt (§. 275. Psych. empir.). Quamobrem cum voluntas & noluntas distinctam boni & mali cognitionem supponat (§. 880. 881. Psychol. empir.); bruta voluntatem & noluntatem habere nequeunt, adeoque nec liberam habent.

§. 764.

An sint spiritus.

Brutorum animae non sunt spiritus. Carent enim intellectu (§. 761.) & voluntate libera (§. 763.). Quoniam itaque omnis spiritus intellectu & voluntate libera praeditus est (§. 643.); brutorum animae spiritus esse nequeunt.

Quamvis adeo immateriales sint (§. 752.) atque in eo cum animabus humanis conveniunt (§. 47.); non tamen ideo in societatem animarum humanarum animae brutorum recipiuntur, cum animae humanae spiritus sint (§. 645.).

§. 765.

Analogum rationis in brutis.

Bruta habent analogum rationis. E. gr. canis ad conspectum baculi vociferans & fugiens sibi repraesentat plagas antea acceptas & dolorem inde perceptum beneficio imaginationis (§. 92. Psychol. empir.) atque memoriae (§. 175. Psychol. empir.), quibus gaudet (§. 755.). Plagas itaque denuo sibi repraesentat tanquam accipiendas & dolorem semel inde perceptum tanquam iterum inde percipiendum. Dum adeo fugit plagas evitaturus, actiones suas dirigit per ante facta in casu simili, consequenter casus similes expectat (§. 503. Psychol. empir.). Quamobrem cum haec casuum similium expectatio in dirigendis actionibus rationis vicem gerens sit rationis analogum (§. 506.

506. *Pſychol. empir.*); canis analogum rationis habet. Et idem eodem modo oſtenditur de aliis brutis atque per analogiam colligitur de omnibus.

Qui ad actiones brutorum animum ſedulo advertit, abunde convincetur, eadem circumſtantias caſus præſentis percipientia beneficio imaginationis atque memoriæ recordari eorum, quæ in eo alias accidunt, & quod eventurum idem ſit expectare, ut adeo dubitari non poſſit expectationem caſuum ſimilium eſſe brutis loco rationis in actionibus dirigendis.

§. 766.

Bruta memoriam ſui non habent. Conſtat hominem inter bruta educatum non recordatum fuiſſe ſtatus priſtini, cum inter homines deinde commoraretur (§. 461.). Multo minus igitur bruta ſtatuum priſtinorum recordari poſſunt, adeoque multo minus ſibi conſcii eſſe poſſunt, ſe ante in hoc vel iſto ſtatu fuiſſe. Memoriam igitur ſui minime habent.

An bruta ſui memoriam habeant.

§. 767

Quoniam illud demum eſt perſona, quod memoriam ſui conſervat (§. 741.); *bruta perſonæ non ſunt.*

Scholaſtici perſonam vocant ſuppoſitum intelligens. Quamobrem cum bruta careant intellectu (§. 761.), juxta ipſorum quoque definitionem perſonæ non ſunt: quod mirum non eſt, cum definitiones coincidant (*not.* 741.).

An ſint perſonæ.

§. 768.

Brutorum animæ non poſſunt oriri niſi per creationem, nec interire niſi per annihilationem. Sunt enim ſubſtantiæ ſimplices (§. 753.). Quamobrem cum hæ aliter oriri non poſſint niſi per creationem (§. 691. *Ontol.* & §. 697. *Pſych. rat.*), nec interire niſi per annihilationem (§. 698. *Ontol.*); brutorum quoque animæ non niſi per creationem oriri, per annihilationem interire poſſunt.

Brutorum animæ quomodo oriri interire poſſint.

§. 769.

Animæ brutorum ſunt incorruptibiles, nec cum corpore intereunt, immortales tamen non ſunt. Quod ſint incorruptibiles,

An ſint incorruptibiles & immortales.

nec cum corpore intereant, eodem prorsus modo probatur, quo supra utrumque de anima humana evicimus (§. 729. 730.).

Enimvero animæ brutorum memoriam sui non habent in hac vita (§. 766.), consequenter destituuntur iis facultatibus, quæ ad hoc requiruntur, ut memoriam sui habere possent. Quamobrem nec post mortem memoriam sui conservare, seu meminisse possunt, se durante hac vita fuisse in hoc vel isto statu. Immortales igitur non sunt (§. 737.).

Agnovit *Scotus* cum aliis animas brutorum esse indestructibiles: quod ægre habuit alios, immortalitatem pro privilegio animæ humanæ singulari habentes. Sed vanus est eorum metus, qui sibi persuadent, animas brutorum fore immortales, si sint indestructibiles; nec cum corpore intereant. Atque hinc denuo apparet, quantum intersit ut genuinam immortalitatis notionem habeamus.

§. 770.

Cur non plura addantur de animabus brutorum. Plura de animabus brutorum non addimus, cum cetera per ea intelligantur, quæ de anima humana dicta sunt. Ostendimus brutis competere sensus & legem sensationum ab iis observari (§. 754.); habere eadem imaginationem & memoriam (§. 755.) & legem imaginationis tenere (§. 756.); esse ipsis appetitum sensitivum & aversationem sensitivam (§. 757.) & legem appetitus & aversationis custodire (§. 758.). Competunt igitur animabus brutorum facultates inferiores animæ nostræ, consequenter quæ de his tradidimus, ad bruta applicari possunt. Et hæc ad quaslibet ipsorum actiones, etiam ad habitus, quos prævia institutione hominum acquirunt, explicandum sufficiunt, quemadmodum tentaturus experietur.

FINIS Psychologiæ Rationalis.

CONSPECTUS TOTIUS OPERIS.

Psychologiæ rationalis Prolegomena, pag. 1

Sectio I.
De anima in genere & Facultate cognoscendi in specie.

Caput 1.
De Natura & Essentia animæ, 9

Caput 2.
De Facultate sentiendi, sive sensu, 62

Caput 3.
De Imaginatione & Memoria, 141

Caput 4.
De Attentione & Intellectu, 286

Sectio II.
De Facultate appetendi.

Caput 1.
De Appetitu sensitivo & Aversatione sensitiva atque Affectibus, 395

Caput 2.
De Appetitu & Aversatione rationali, seu de Voluntate & Noluntate, 435

Sectio III.
De Commercio inter mentem & corpus.

Caput 1.
De Systematis explicandi commercium inter mentem & corpus in genere, 451

Caput 2.
De Systemate influxus physici, 480

Caput 3.
De Systemate causarum occasionalium, 513

Caput 4.
De Harmonia præstabilita, 542

Sectio IV.
De Variis Animæ Attributis Spiritu in genere & Animabus brutorum.

Caput 1.
De Spiritu in genere & spiritualitate animæ in specie, 588

Caput 2.
De Animæ ortu, unione cum corpore & Immortalitate, 621

Caput 3.
De Animabus Brutorum, 665

FINIS
Conspectus totius operis.

INDEX

INDEX
RERUM ET VERBORUM,
Numerus Paragraphum, *not.* notam illius indicat.

A.

Abstractorum mechanica repræsentatio in corpore, 396

Academia Parisina ejus historia citatur, 261

Actio Dei in creaturas num tollatur negato influxu physico, seu actione animæ in corpus, 609

Actiones animæ omnes eadem vi producuntur, 60

Actionum imputatio, qualis in harmonia præstabilita locum habeat, 635

Actualitas, ejus principium in anima, 55

Acumen mathematicum cur per se nil juvet in Metaphysica, *not.* 556

Acumen Psychologicum, quomodo perficiatur, 8

Acumen Sensus intrinsecum & accidentale quid sit, 266

Acumen sensuum intrinsecum quomodo comparetur, 276

Acumen visus intrinsecum quomodo acquiratur, 275

Affectus in quonam consistant, 504 an vim repræsentativam universi excedant, 506. differentia eorum intrinseca, 505. quales ipsis motus in corpore respondeant, 513. 514

Affectibus jucundis unde fit vehementia appetitus, 507

Affectibus mixtis unde fit vehementia, 511. actus appetitus in iisdem, 512

Affectibus molestis unde sit vehementia aversionis, 509

Ambages quis per illas non incedat, 687

Anacardinæ confectionis usus in roboranda memoria, *not.* 319. usus nimius furoris causa, *not.* 319

Analogia inter vim animæ & vim motricem corporis, *not.* 77

Angulorum species & numerus quomodo tactu dignoscantur, 169. 170

Angulus rectilineus quomodo tactu dignoscatur, 168

Anima quando rerum perceptarum sibi conscia, 10. quando sui ipsius conscia, 12. quando in statu perceptionum distinctarum, 13. quando sibi non conscia, 16. 17. quomodo appercipiendo circa easdem perceptiones versetur, 24. cur materialis esse nequeat, 47. cur sit substantia simplex, 48. cur corporis attributa habere nequeat, 49. est a corpore distincta, 51. cur alia, quam corpus habeat, 52. vi quadam prædita est, 52. quomodo sibi mundum repræsentet, 62. ejus vis repræsentativa universi, 63. unde ejus mutationes oriantur, 64. num integram ideam universi intueri possit, 442. limitationis necessitas, 443. cur sibi conscia sit dependentiæ actionis sensibilium in organa sita corporis, *not.* 444. sibi conscia est dependentiæ actionis

Index Rerum & Verborum.

actionis sensibilium a situ corporis, 484. num corpus moveat, 566. cur sit corporis interpres, *not*. 540. quomodo a Deo modificetur in systemate causarum occasionalium, 591. qualis sit causa in systemate causarum occasionalium, 592. mutationum ejus harmonicarum causa, 593. quomodo in corpus agat in eodem systemate, 597. cur a parentibus propagari non possit, 700. num per traducem propagetur, 703. ubi praeexistat, 704. in quali statu praeexistat, 706. quomodo in foetum immittatur, 705. quam patiatur mutationem, dum foetus in utero formatur, 710. 711. Anima quomodo sese habeat ad corpus uniendum pro diversitate systematum, 719. cuinam corpori uniri possit in hac serie rerum pro diversitate systematum, 720. num ejus unio cum corpore habeat rationem sufficientem, 721. cur cum corpore interire nequeat, 730. 731. quomodo interire possit, 732. quo sensu mortalis foret, 736. num sit a morte corporis superstes, 744. num post mortem corporis memoriam sui conservet, 746

Animae essentia, 66. 68
 intime explicata, 191. sqq.
 differentia a natura, 68
 differentia a spiritu perfectissimo, 656
 diversitas a corpore, 51. 80.
 finitudo, 264. sq.
 materialitas a quibus asserta, 35
 modificationes harmonicae cum corpore unde pendeant in systemate causarum occasionalium, 593

Animae imperfectio, 656
 incorruptibilitas, 729
 influxus in corpus physicus qualis sit, 559. 56
 intuitus ideae universi cur limitetur, 194
 libertas, quomodo influat in sensationem, 151. 152. 153. quomodo in actum, 344. 349
 modificationum leges, 599
 mutatio accidens in formatione foetus, 710
 natura, 67. 68
 ortus, 698. seqq.
 propagatio per parentes impossibilis, 700. item per traducem, 703
 Spiritualitas, 645
 status in somnio, 250
  in praeexistentia, 704
  dum vigilamus, 251
  in somno, 59
  post mortem, 745
 tendentia ad status mutationem, 56
 translatio e statu perceptionum confusarum in statum distinctarum, 710. 711. 714

Animae brutorum quales sint, 749. 752. 753. illarum irrationalitas, 762. num sint spiritus, 764. quomodo oriri & interire debeant, 768. sunt mortales etsi incorruptibiles, 769

Animarum praeexistentia differentiae, 704. intrinsecae, 523. 524

Apoplexia qualis sit status animae, 15

Apperceptio unde nascatur, 20. quosnam actus involvat, 22. & seqq. quando locum non habeat, 16. 708. quando locum habeat, 10. 13. quando tollatur, 19 *not*. 20. cur

Index Rerum & Verborum.

cur anima in statu praeexistentiae eadem careat, 708. cur brutis tribuenda, 751

Apperceptio sui ipsius quatenus in animam cadit, 12

Appetitiones quomodo dependeant a sensationibus, 525. quomodo producantur in systemate harmoniae praestabilitae, 613. num sint praestabilitae, 630. quid iis in corpore respondeat, 501.503. eorum signa, 503. quod eodem modo dependeant a perceptionibus in systemate harmoniae praestabilitae & influxus physici, 631. unde sit earum vehementia in affectibus jucundis, 507

Appetitionum diversitas seriei in animabus, 524

Appetitus quid sit, 495. quo sensu dicatur inclinatio animae, *not.* 495. num cadat in bruta, 757. quod non dependeat a modo, quo sensationes a corpore dependent, 525

Appetitus confusus in affectibus jucundis, 508. in mixtis, 512

Appetitus rationalis. Definitio realis, 517. num ex vi repraesentativa universi fluat, 519

Appetitus sensitivus. Definitio realis, 515. num ex vi repraesentativa universi fluat, 497

Aristoteles citatur, *not.* 610

Aristotelici citantur *not.* 51. *not.* 429. *not.* 560

Aristotelico-Scholastici sunt Influxionistae, 563

Ars inveniendi num a vi repraesentativa universi pendeat, 478. quid eidem in corpore respondeat, 479

Artificis caeci exemplum, *not.* 162

Assistentiae Systema appellatur Systema causarum occasionalium, *not.* 589

Atheus cur Harmonista esse nequeat, 628. cur Occasionalista esse nequeat, 596

Atomistae quid admittant de ideis sensualibus, *not.* 92

Attentio cur ad apperceptionem requiratur, 25. quas habeat causas, 361. & seqq. qua ratione nitatur, 367. 368. 369.370. 371. cur arctos habeat limites, 359.360. cur ad unum a ceteris revocetur, 372. 377. quid eidem in corpore respondeat, 357. & seqq. 374. & seqq. quomodo conservetur, 373

Attentio ad visibile quomodo a libertate pendeat, 363. quid eidem in corpore respondeat, 358. 362. 365. 366. 379. directioni ejus quid jungatur, 378. sq.

Attributorum incommunicabilitas, 45

Auditus quomodo acuatur, 273.274

Aversatio quid sit, 469. quo sensu dicatur reclinatio ab objecto sensibili, *not.* 496

Aversatio rationalis. Definitio realis, 518. num a vi repraesentativa universi oriatur, 519

Aversatio sensitiva. Definitio realis, 516. num a vi repraesentativa universi derivetur, 498

Aversio qualia habeat signa, 503. quidnam eidem in corpore respondeat, 502.503. unde nanciscatur vehementiam in affectibus molestis, 509. quomodo dependeat a sensationibus, 525

Aversio confusa in affectibus molestis, 510

Aversionum diversitas seriei in animabus, 524

Augustinus citatur, *not.* 701. 703

Autoris aequitas erga infirmos, 185

B. *Baelius*

Index Rerum & Verborum.

B.

Bælius citatur *not.* 612. *not.* 617. *not.* 637
Berckely (Georg.) est Ideaista *not.* 36
Bonum num per essentiam & naturam animæ appetatur, 520
Boyle *not.* 605
Bracciani Dux experimenta fecit, *not.* 162
Brande (Jo. Pet. van den) citatur 461
Bruta num apperceptione gaudeant, 751. num imaginatione & memoria, 755. num legem sensationis observent, 754. num legem imaginationis observent, 756. num habeant appetitum, 757. an legem appetitus & aversationis observent, 758. sermone non utuntur, 759. destituuntur cognitione universalium judicio & ratiocinio 760. carent intellectu, 761. non habent liberam voluntatem, 763. habent analogum rationis, 765. non habent sui memoriam, 766. non sunt personæ, 767. num memoriam, 766. num sint personæ, 767
Bruta perfectiora quænam dicuntur, 750. *imperfectiora* quænam dicuntur, 750
Bülfingerus citat. *not.* 609. *not.* 612. *not.* 628

C.

Cartesius citatur *not.* 51. *not.* 53. *not.* 92. *not.* 104. *not.* 545. 553. *not.* 579. *not.* 585. est Autor Systematis causarum occasionalium. *not.* 589. *not.* 591. *not.* 592. 593. 595. seqq. 605. seqq. 612. 614. 622. *not.* 658. *not.* 726. *not.* 749
Cavillationes ridentur, *not.* 482
Causæ occasionales quænam dicuntur, 590
Celeritas cogitationum, 30. num ex ea materialitas animæ fluat. 31
Cerebri læsio cur noceat memoriæ, cur usui rationis, 466. cur ingenio, 475
Cerebri status in somno, 248. in somnio naturali, 246. in somnio supernaturali, 330
Clare percipiendi potentia quomodo acquiratur animæ, 713
Claritas idearum sensualium unde sit, 125. quomodo ab ideis materialibus pendeat, 126
Claritas visionis, unde sit, 132
Clarke citatur *not.* 612
Cæcus cur nullam habeat ideam visibilis, 145
Coëxistentia idearum sensualium & materialium, 113
Coëxistentium unum quomodo ex altero innotescat, 436
Cogitandi facultas num materiæ communicari possit, 46
Cogitatio. Requisita essentialia, 26
Cogitationum duratio, 27. celeritas, 30. coëxistentia, 28. diversitas quoad durationem, 29. cur mechanice perfici nequeat, 44
Cogitatio imperfecta qua culpa ex disciplinis hauriatur, 434
Cognitio philosophica cur sit spirituum, 674
Cognitio universalium num cadat in bruta, 760
Cognitionis universalis fundamentum, 444
Coloris idea cæci num eadem cum ideis coloris visu pollentium, 145
Comenius quomodo diabolum repræsentaverit, *not.* 348
Commercium animæ & corporis num per systema harmoniæ præstabilitæ intelligibili modo explicari possit, 620. dis-

Index Rerum & Verborum.

sensus circa illud apparens & sublatus, 557. leges commercii, 600. seqq.
Comparatio quod insit apperceptioni, 22
Conatus mutandi perceptionem cur insit omni perceptioni, 480
Concavitatis differentia quomodo tactu discernatur, 167
Concavum a convexo quomodo tactu distinguatur, 165
Concursus Dei ad malum an majoribus difficultatibus obnoxius in systemate harmoniæ præstabilitæ, quam influxus physici, 636
Concursus divini effectus in systemate causarum occasionalium, 598
Confusarum idearum interior ratio, 187
Confusio idearum sensualium unde sit, 128
Confusio visibilis unde sit, 135
Connor (Bernhardus) citatur 461
Consequentiarii delirant, *not.* 542
Consequentiæ immediatæ num vim repræsentativam universi excedant, 408. 409
Conservationis diuturnæ idearum cum sequente reproductione æquipollentia, 242. 243
Continuitatis idea quomodo nascatur, 103
Convexitatis diversitas quomodo tactu discernatur, 166
Convexum a concavo quomodo tactu distinguatur, 165
Copernicus citatur *not* 640
Cordemoi citatur *not.* §. 589
Coriandrum roborat memoriam, *not.* 118
Corpora quid sint, *not.* 106
Corporis humani in systemate harmoniæ præstabilitæ incomprehensibilitas, 637
Corporum corruptibilitas, 667
Corpus cur cogitare non possit, 44. 46.

qualis in eo mutatio, dum sentimus, III. quot modis situm ad sensibile mutare queat, 485. cur sit animæ interpres, *not.* 540. quomodo in animam influat, 559. 568. quomodo a Deo modificetur in systemate causarum occasionalium, 591. qualis sit causa in eodem systemate, 592. quomodo ab anima pendeat quoad motus voluntarios, 616. quale supponatur in systemate harmoniæ præstabilitæ, 617. cur post mortem corrumpatur, 734
Corpus nostrum quatenus percipiamus, 483
Corpusculorum cum corporibus similitudo, *not.* 101
Corpuscula derivativa num sensui obvia, 99
Corpuscula primitiva num sensui obvia, 100
Corruptibile quid dicatur, 666
Corruptibilitas corporum, 667
Corruptio quid sit, 666. cur post mortem sequatur, 735
Cosmologia suppeditat principia Psychologiæ rationali, 3
Cowardui est Materialista, *not.* 33
Creatio quid dicatur, 697
Creatiani quinam dicantur, 699
Crellius citatur *not.* 628. *not.* 633
Curva superficies quomodo a plana tactu distinguatur, 164

D.

Definitio cur habeat formam enunciationis, 399. quando penitus intelligatur, 430
Deliquium animi qualis sit status animæ, 15
Demonstratio an locum habeat in Psychologia rationali, 2

Dem on-

Index Rerum & Verborum.

Demonstrationis usus singularis, 447
Deus num cum natura confundatur in systemate causarum occasionalium, 605. num negato influxu physico animæ in corpus, seu actione animæ in corpus ipsi adimatur potentia agendi in creaturas, 609. num concursus ejus ad malum majoribus difficultatibus obnoxius in systemate harmoniæ præstabilitæ, quam in systemate influxus, 630
Dependentia actionis sensibilium a situ corporis, 484
Directioni attentionis quid jungatur, 378. quid eidem in corpore respondeat, 379
Dissensus de commercio animæ & corporis apparens, 557
Dissimilia quomodo tactu discernantur, 172
Dispositiones animæ ad claras & distinctas perceptiones in statu præexistentiæ animæ, 712
Distincta visio unde reddatur, 133
Distinctio idearum sensualium unde sit, 127
Dogmata quid sint, *not.* 40
Dogmatici quinam dicantur, 40. quinam sint, 43. cur in plures sectas abeant, *not.* 43
Dualistæ quinam dicantur, 39. cur sint dogmatici, 43

E.

Ecclesia primitiva ob hypotheses philosophicas nemini vexas creavit, *not.* 701
Effectus naturalis quando in miraculum abeat, 74
Egoistæ quinam dicantur, 38. cur sint dogmatici, *not.* 43
Elementa rerum materialium num ordine coëxistant, 105. num sint sensui obvia,

101. num sint spiritus, 644
Empiricus (Sextus) citatur, *not.* 41. 42
Ens quodnam rationale, 451
Epictetus citatur, *not.* 185
Error qui minimo subjacet periculo, *not.* 538
Errores quomodo a lapsu memoriæ pendeant, 321. 322
Errores a lapsu memoriæ pendentes quomodo ulterius serpant, 323
Errores in Psychologia rationali commissi num in Theologiam naturalem, Logicam & Philosophiam practicam serpant, 6
Errores ex systemate explicandi commercium animæ cum corpore fluentes num autori ejus imputari possint, 534. 535
Essentia animæ intime explicata, 191. seq. in quo consistat, 66. ejus differentia a natura, 68
Extensionis idea quomodo nascatur, 103
Extensio imaginationis quomodo ab intensitate differat, *not.* 211

F.

Facilitas reproducendi ideas, 241. num sit quid actuale, 245
Facultas quomodo a vi differat, 54. *not.* 55.
Facultas appetitiva generaliter determinata, 520
Facultas imaginandi cur valde limitata, 258
Facultates quomodo animæ inexistant, 81
Facultates superiores cur per commercium cum hominibus excitentur, *not.* 461
Facultatum animæ notio spuria, 82
Fallacia sensuum quomodo vitanda, 124
Falsitas quomodo perspiciatur, 449
Fi-

Index Rerum & Verborum.

Fibrillæ nerveæ quando variari debeant, 310. 311

Fibrillarum nervearum diversitas in diversis subjectis quod detur, 307. in quo consistat, 308

Fibrillarum nervearum status unde varietur, 252

Figuræ quomodo tactu dignoscantur, 176

Finem ex asse quando consequamur, 684

ad Finem ducere, 685

Fingendi facultas unde juvetur, 342

Finis optimus quinam sit, 681

Finitudo animæ, 264. num sit essentialis, 265

Foucherius citatur, *not.* 612

Furiosi cur sibi videantur videre, quæ non sunt, *not.* 209

Futura cur ex præsentibus colligi possint, 437. 438

Futura perceptio quomodo prævideatur, 486

G.

Genera rerum num tactu discerni possint, 173. quomodo in corpore repræsententur, 395

Geometria in extensione confuse percepta acquiescit, *not.* 102

Goclenius citatur, *not.* 559

Grossius citatur, *not.* 41

H.

d Hamel Johan.) citatur, 563

Harmonia præstabilita. Definitio, 612. nexus necessarius cum existentia Dei, 626. spuria notio, 625. quo sensu miraculum dicatur, 629

Harmoniæ animæ & corporis præstabilitio qualis sit, *not.* 629

Harmonia mentis & corporis. Definitio, 539. existentia, 540. num sit hypothesis, 541. quod in omni systemate explicandi commercium animæ cum corpore supponatur, 542. unde ejus ratio reddenda, 543. Materialistarum sententia de eadem, 550. quomodo fuerit præstabilita, 624. quomodo vi præstabilitionis subsistat, 618. 619. num per illam commercium animæ & corporis intelligibili modo explicetur, 620. non datur sine existentia Dei, 626

Harmonista quinam dicatur, 627. num Atheus esse possit, 628

Harvæus citatur, *not.* 6

Hebetioribus quid permittendum circa systema Harmoniæ præstabilitæ, 640

Hevelius citatur, *nos.* 124

Hieronymus citatur, *not.* 701

Hobbesius est Materialista, *not.* 33. auctor materialismi, *not.* 658

Homo cur in omnibus sapiens esse non possit, 692. cur sit persona, 743

Hominis intellectus qualis, 654

Hominum inter ursos educatorum exempla, 461

Huetius citatur, *not.* 41. 42

Hugenius citatur, *not.* 597. 607

I.

Jaquelotus citatur, *not.* 610. *not.* 633. *not.* 639

Idea quando in confusione prævalere dicatur, 138. quænam prævaleat, 139. quando in confusione parum mutetur, 141

Idea extensionis & continuitatis unde nascatur, 103

Idea

Index Rerum & Verborum.

Idea materialis. Definitio, 112. quomodo debilitetur, 230. cur per species impressas explicabilis, 131. quando prorsus cesset, 143. sqq. quando reproducatur, 226. numerus, 114. specificatio, 115. identitas unde 116. diversitas, 117. coexistentia cum sensualibus, 113

Idea materialis ejusdem objecti quando eadem, 122

Idea materialis ideis sensualibus & phantasmatis ejusdem objecti respondens quomodo differat, 208

Idea sensibilis quomodo conservetur, 233. medium, 234

Idea visibilis cur per imaginem in oculo explicabilis, 131. quaenam in confusione praevaleat, 140. quando per confusionem parum mutetur, 142. quando conservetur, 233. 234

Idea visibilis distincta cur simul esse debeat clara, not. 133

Idealistae quinam dicantur, 36. quamnam hypothesin tueantur, 36. sunt Monistae, 37. in quo conveniunt cum Egoistis, *not* 38. cum Scepticis, *not*. 42. num sint sceptici, 42. num propius accedant ad veritatem, quam Materialistae in Psychologia, *not*. 550. cur nullo opus habeant systemate explicandi commercium animae & corporis, 551. cur inciderint in hypotheses monisticas, *not*. 551. cur negaverint realem mundi existentiam, *not*. 614

Ideae distinctae cur confusis perfectiores,

Ideae materialis phantasticae interitus, 239. 160

Ideae materiales rerum cognitarum quomodo in cerebro existent, 244
(*Wolfii Psych. Ration.*)

Ideae materiales quales sint in confusis phantasmatis & ideis sensualibus, 210. an notiones in cerebro exhibeant, 394

Ideae sensuales quid proprie sint, 86. 98. sunt objecto similes, 91. quales sint perceptiones, 204. quid repraesentent, 92. num sint imagines, 86. num sint idearum materialium sociae arbitrariae, 594. cur vitio organi varientur, 147. quando prorsus cessent, 143. 144. quando restituantur, 148. quando perfectiores ceteris, 160. quot diversis modis alia ipsis inexistant, *not*. 187

Ideae sensuales ejusdem objecti quando eaedem, 112. quando diversae, 123. an materialium sociae arbitrariae, 594

Idearum nostrarum finitudo, 186
absentia quando a libertate pendeat, 353

Idearum confusarum interior ratio, 187

Idearum conservatricium reproductionis tempus, 235

Idearum ejusdem sensibilis diversitas pro diversitate organorum, 149

Idearum materialium & sensibilium coexistentia, 113. numerus, 114. specificatio, 115. identitas unde, 116. diversitas, 117. 140. variatio, 147. restitutio, 148. reproductio, 226. 242. dubitatio, 230. conservatio, 242

Idearum partialium involutio in una confusa, 187. 188

Idearum sensualium & materialium coexistentia, 113. ratio identitatis, 118. identitas unde, 119. diversitatis ratio, 120. 121

claritas, unde sit, 125. & quomodo ab ideis materialibus pendeat, 126

Ss ss *distinctio*

A) 34-36 V   B) 29 V   37 V   38 V

Index Rerum & Verborum.

Idearum distinctio unde sit, 127
   diversitas ab iis ideis, quæ confunduntur, 128
   mutatio in phantasmata, 231
   perfectio in quo consistat, 155
   num detur, 156
   ratio interior, 182. 184. 185
   repræsentatio cui sint similes, 91
   similitudo cum objecto repræsentato, 91. quando pateat, 158. quando lateat, 159
Idearum visibilium rationes unde petantur, 131
Imago. Definitio, 85. perfectio, in quo consistat, 154
Imagines materiales quomodo res repræsentent, 90. quomodo ab immaterialibus differant, 87. 189
Imaginis in oculo delineatæ finis, 130
Imaginabilia cur pingi & sculpi possint, 333
Imaginatio quod extendi possit, 211
   cur operetur, idea sensuali conservata, 236. cur sit admodum limitata, 258. num cadat in animam brutorum, 755
   ejus extensio quomodo ab intensitate differat, 211
   ejus intensitas quid sit, 212. quomodo acquiratur, 213. quomodo facilitetur, 214. quodnam tempus ei acquirendæ commodum 215. 216
Imaginatio corporea seu materialis. Definitio, 227. existentia, 205. sedes, 228. quomodo combinare valeat ideas separatas, 340
Immaterialitas animæ brutorum, 752
Immortalis quo sensu anima dicatur, 737
Immortalitas quid sit, 737. cur incorruptibilitatem præsupponat, 738. quomodo probetur, 739. quænam ejus notio scripturæ sacræ conformis, 740
Immortalitas animæ demonstrata, 747. requirit conservationem status personalitatis, 742
Imperfectio animæ humanæ, 656
Imputatio actionum num locum habeat in systemate harmoniæ præstabilitæ, 635
Incorruptibile quid dicatur, 666
Incorruptibilitas animæ humanæ, 729
   - - - brutorum, 769
   - - *Spiritus*, 669
Individuum morale quid sit, 741
Infantes cur careant usu rationis, 459
Infinitudo idearum nostrarum, 186
Infirmis quid permittendum circa systema harmoniæ præstabilitæ, 640
Influere physice quid sit, 558
Influxus animæ quid sit, 567. corporis in animam, 568. hujus effectus, 569. illius effectus, 571
Influxus physicus quid sit, 558. 559. cur ordini naturæ, 579. & notioni virium adversus, 581. cur sit qualitas occulta, 582. cur terminus inanis, 583. cur in Psychologia rationali inutilis, 584. itemque in philosophia practica & Theologia, 585. num experimento subjici queat, 587. num probabilitatem aliquam habeat, 588. cur videri possit necessarius, 570. 572. an intelligibili modo explicari possit, 574. num ejus aliquam notionem habeamus, 573. cur pugnet cum conservatione virium, 578. unde ejus incertitudo pateat, 575. extinguit vires motrices, 576. & de novo excitat, 577. cautio circa illum, 580.

æqui-

Index Rerum & Verborum.

æquipollentia cum systemate causarum occasionalium, 602
Influxionista quinam dicatur, 561. quinam cum eo non confundendus, 562. quinam sint, 563
Ingenium num excedat vim repræsentativam universi, 473
Ingenii dependentia a statu cerebri, 474. læsio ex memoriæ, 476. & cerebri læsione, 475. causæ lædentes, 477
Intellecta non plene quando satisfaciant in disciplinis, 433
Intellecta non plene vocabula quomodo posthac plene intelligantur, 432
Intellectus num rationem sufficientem in vi repræsentativa universi habeat, 387. quid proprie sit, 388. cur animæ humanæ necessario competat, 389. qualis sit, 390. 654. quosnam habeat gradus, 391. an in somnio operari possit, 419. num cadat in bruta, 761
Intellectus divini & humani differentia unde agnoscatur. not. 186
Intellectus hominis qualis, 654
Intellectus perfectissimus quid sit, 647 magnitudo ejus, 648
Intellectus spiritus perfectissimi quantus, 649. qualis, 652
Interitus spiritus qualis esse possit, 671. 672
Intuitus ideæ universi quid sit, 193. cur limitetur, 194. 443. cur certis legibus adstringatur, 217. 219. quænam ideæ ad eum pertineant, 218. quod a libertate animæ pendeat, 354
Intuitus ideæ integræ universi cur impossibilis, 442
Inveniendi ars num animæ excedat vim repræsentativam, 478. quid ei in corpore respondeat, 479
Involutio idearum qualis sit, 182. 184. 185. 187. quomodo ad sensum reducatur 186. a quibusnam sit admittenda, 188
Involutionis perceptionum mediatarum in immediatis ratio, 439
Irrationalitas animarum brutorum, 762
Judicium num a vi repræsentativa universi proficisci possit, 412. quomodo symbolice repræsentetur, 286. quomodo & quando in cerebro repræsentetur, 403. 404
Judicia ad concatenationem ratiociniorum necessaria num excedant vim repræsentativam universi, 411
discursiva num excedant vim repræsentativam universi, 410
intuitiva num excedant vim repræsentativam universi, 402
Judicii imbecillitas. Definitio, 423. cur a læsione memoriæ pendeat, 424. cur a senectute & causis materialibus lædatur, 425. cur cerebro læso lædatur, 426
Juricus (Pet.) citatur, not. 609

K.

Keplerus citatur, not. 640

L.

Lædi quando memoria dicatur, 297. causæ lædentes, 298. quando ingenium lædatur, 475. 476. causæ, 477
Lamy (Franc.) citatur, not. 612
Lapsus memoriæ, 320. seqq. quando facilis 324
Leibnitius citatur, not. 553. not. 597. not. 603. 604. 605. 606. 607. est Autor systematis harmoniæ præstabilitæ, not. 612. 622. 623. 629. not. 712. 724

Index Rerum & Verborum.

Lex appetitus & aversationis num vim repraesentativam universi excedat, 522

Lex imaginationis qua ratione nitatur, 223. ejus demonstratio, 224. complementum, 225. ratio mechanica, 232. num libertatem tollat, 355. num eam restringat, 356. num a brutis observetur, 756

Lex perceptionum in statu praeexistentiae animae, 715

Lex sensationum qualis sit, 78. cur prima sit lex perceptionum, 220. num libertatem tollat, 221. num eam restringat, 222. num a brutis observetur, 758

Libertas cur animae competat, 528 cur defendi & negari possit salvo quocunque systemate de commercio mentis cum corpore, 536. num tollatur per systema causarum occasionalium, 610. num sit salva in systemate causarum occasionalium, 632. 633

Libertatis independentia a dependentia sensationum a corpore, 526

Libertatis influxus in absentiam idearum, 353. attentionem, 363. intuitum ideae universi, 354. oblivionem, 351. 352. phantasmata, 344. & seqq. 364. sensationem, 151.152.153. seriem perceptionum, 527

Linearum idea quomodo tactu acquirantur, 163

Logicae num periculum imminere possit a Psychologia rationali, 6

M.

Magnitudo quomodo tactu dignoscatur, 175

Malebranchius citatur, *not.* 38. *not.* 589. *not.* 597

Malitia proximus gradus ad eam. 535

Malum, quomodo aversemur, 529

Manifesta per se quando inculcanda, 534

Martinius (Matthias) citatur, *not.* 71

Materiae an communicari possit facultas cogitandi, 46

Materialitas animae a quibus defensa, 35. num sit possibilis, 47. num ex celeritate cogitationum inferri possit, 31

Materialismi impossibilitas, 50

Materialistae quinam dicantur, 33. num sint Monistae, 34. quam foveant hypothesin, 35. qualibus utantur principiis, *not.* 79. cur animae existentiam negent, *not.* 616. quid eos seduxerit, *not.* 462. quid de animae propagatione sentiant, *not.* 701. cur nullo opus habeant systemate explicandi commercium animae & corporis, 551. cur inciderint in hypotheses monisticas, *not.* 551. quid de harmonia animae & corporis sentiant, 550

Matthaei cap. XXII. 30. citatur, *not.* 660

Mathematici in quo acquiescant ratione materialium, 102. non semper sunt Metaphysici & contra *not.* 556

Matheseos usus in intendenda imaginatione, *not.* 213

Mechanica in vi motrice confuse percepta acquiescit, 102

Mechanica repraesentatio abstractorum in corpore, 396. ratiociniorum, 414.415. operationum mentis, 416

Mechanica repraesentatio rerum per ideas materiales signorum, 418

Mechanismus corporis humani juxta systema harmoniae praestabilitae probabilis etsi incomprehensibilis, 637

Media

Index Rerum & Verborum.

Media brevissima quænam sint, 685
Media per ambages ducentia quænam sint, 685
Memoria cur ad apperceptionem requiratur, 25. quas habeat species, 278. divisio, 279. lædi quando dicatur, 297. causæ lædentes, 298. 422. cur vi morborum & senectute lædatur, 299. an medicamentis roborari possit, 318. 319. quando labatur, 320. 324. quando a libertate pendeat, 350. quid conferat ad usum rationis, 463. 464. num & cur spiritibus conveniat, 675. & seqq. cur desit in statu præexistentiæ, 708. num brutis conveniat, 755
Memoriæ actualis ratio unde petenda, 314
Memoriæ bonæ ratio, 306. differentia a magna, 315. nexus cum magna, 316
Memoriæ bonitas cur mutetur, 309. quomodo mutetur, 310
Memoria intellectualis quid sit, 279. in quo consistat, 281. quomodo a sensitiva dependeat, 282. quando ejus actus ex sensitiva sequatur, 283. quando non sequatur, 284. quando promtior, 285. quid in corpore sit, 295. 296. quænam habeat adminicula, 285. unde desumenda ratio eam explicandi, 314
Memoria lædi quando dicatur, 297. causæ lædentes, 298. 422
Memoriæ læsio quid sit, 297. quas causas habeat, 298. cur a læsione cerebri pendeat, 422. ab ista ratiocinatio lædiiur, 420
Memoriæ magnæ quid in corpore respondeat, 317
Memoria naturalis unde pendeat, 313. quid in corpore eidem respondeat, 312

Memoria sensitiva quid sit, 279. in quo consistat, 280. quid eidem in corpore respondeat, 294
Memoria rerum in somnio, 325
Metaphysica Opticæ prodest & contra, not. 129
Metaphysici non semper sunt Mathematici, not. 556
Microscopiorum defectus naturalis, not. 133
Miracula perpetua num fiant in systemate causarum occasionalium, 603. num tanquam difficultas adversus idem urgeri possint, 604
Miraculosum quid sit in systemate harmoniæ præstabilitæ, 629
Miraculum quid sit in anima, 71. ejusdem possibilitas intrinseca, 72. num per essentiam animæ possibile, quando contingit, 73. qualem præsupponat causam efficientem, 75. num in systemate causarum occasionalium perpetua fiant, 603. quando huic systemati objici possint, 604
Modificationes harmonicæ animæ & corporis unde pendeant in systemate causarum occasionalium, 593. quas sequantur leges, 599. 600. 601
Molestiæ quænam in corpore respondeant, 500
Monistæ quinam dicantur, 32. quinam sint, 34. 37
Morbi cur lædant memoriam, 299. cur usum rationis, 465
Mors quid sit, 733. quid eam consequatur, 734. 735
Morus citatur, not. 597
Motus actualis quomodo in imaginibus exhibeatur, not. 189

Motus

Index Rerum & Verborum.

Motus corporis qualis intendatur sensationis prævisæ gratia, 486. quomodo nobis innotescat, 487
Motus quinam affectibus respondeant in corpore, 513. 514
Motus organo sensorio impressus num ad cerebrum propagetur, 111
Motuum necessitas in corpore num libertati contrarietur, 633
Motuum voluntariorum mechanica productio in systemate harmoniæ præstabilitæ, 615
Mundi existentia realis num ad ejus repræsentationem in anima sit necessaria, 614
Mundi idealis ab anima productio, 190. in somno, 191. in anima existentia, 192
Mundus quomodo in anima repræsentetur, 62
Mundus idealis quod ab anima producatur, 190. etiam in somno, 191
Musæus citatur, *not.* 633
Mutationes animæ unde initium sumant, 64. in formatione fœtus, 710
Myopum visus quomodo acuatur, 271

N.

Natura animæ in quo consistit, 67
Natura rerum cur vulgo non agnoscatur, *not.* 101. & *not.* cur sensui impervestigabilis, 102
Naturale quid sit in anima, 69. num inter ipsum & supernaturale detur medium, 71
Naturalis effectus quando in miraculum abeat, 74
Newton citatur, *not.* 612. *not.* 629
Noluntas num ex vi repræsentativa universi resultet, 519
Notio quomodo a judicio differat in cognitione symbolica, 400

Notio generis & speciei quomodo nobis fit, 427. quomodo in corpore repræsentetur, 395
Notiones universales quomodo acquirantur, 429. quænam iis insint, *not.* 429. quænam ideæ materiales iis respondeant, 394. num vim repræsentativam universi excedant, 392. quando completæ constitui nequeant, 401
Notionum imaginariarum confusio cum realibus quanium noceat Psychol. *n.* 82
Numerare quomodo tactus beneficio liceat, 174

O.

Objectum quando obscure vel prorsus non percipiatur, 129
Oblivio quid sit in corpore, 303. ratio subitæ, 304. supervenientis ratio, 305. quomodo a libertate pendeat, 351. 352
Obscuritatis gradus infiniti, 202
Obscuritas idearum sensualium unde pendeat, 129
Obscuritas totalis perceptionum quid sit, 18. unde nascatur, 18. quid efficiat, 19
Obscuritas visibilis unde sit, 134
Occasionalista quinam dicatur, 595. quinam esse nequeat, 596
Oculus cur dirigatur in visibile in attentione, 358. quænam præ tactu prærogativam habeat, 177
Oculis clausis cur in lecto decumbendum, 254
Ontologia suppeditat principia Psychologiæ rationali, 3
Operationes gratiæ quales sint in systemate harmoniæ præstabilitæ, 642. num systema harmoniæ præstabilitæ ad illas extendendum, 641

Opera-

Index Rerum & Verborum.

Operationes intellectus num a vi repræsentativa universi omnes fluant, 413. quomodo mechanice in corpore repræsententur, 416. cur desint animæ in statu præexistentiæ, 709
Operatio intellectus prima vim animæ non superat, 393. cur in cognitione symbolica cum secunda confundatur, 398
Optica prodest Metaphysicæ & contra, *not.* 129
Organorum sensoriorum status in somnio, 247. vitium quid efficiat, 147
Ortus animæ humanæ qualis esse possit, 698. sqq.
Ortus spiritus num ejusdem notis formari queat, 665

P.

*P*arisina *Academia*, ejus historia citatur, 461
Pelagius citatur, *not.* 703
Perceptio rerum extra nos, 21. conatus illam mutandi, 480
Perceptiones quomodo producantur in systemate harmoniæ præstabilitæ, 613. quousque distinctæ esse possint, 99. quales sint imagines, 189. quænam totaliter obscuræ, 200. quænam partialiter obscuræ, 200. cur iisdem insit conatus mutandi perceptionem, 480. quænam prævideri possint, 490
Perceptiones animæ in systemate harmoniæ præstabilitæ, 613. in statu præexistentiæ, 707. 716
Perceptio clara cur immediata, 196
Perceptio distincta quousque in anima, 99. cur immediata, 197
per se distincta quænam sit, 287

Perceptio inordinata quænam sit, 249
quando detur, 250
mediata cur non appercipiatur, 203
ordinata quænam sit, 249
quando detur, 251
prævisa quomodo producatur, 491. quod a statu corporis dependeat, 492
totalis quando distincta evadat, 96. qualis sit in apperceptione. 11
totaliter obscura quænam sit, 201
Perceptiones mediatæ quales sint, 199
Perceptionis prævisio quid sit, 488. modus eam producendi, 491. quantum productio a corpore pendeat, 493. 494. dependentia a statu corporis, 492.
Perceptionum campus, 259. & seqq. prima lex, 220. evolutio, 440. 441. 713. series est in diversis animabus diversa, 523
Perceptionum differentia quomodo a natura animæ pendeat, *not.* 135
Perceptionum confusarum ortus. 97
usus in moralibus, *not.* 97
immediatarum campus, 262. varietas, 198. qualitas 199
Percepturitio obscurarum differentia, 200. Definitio & existentia, 481. cur insit sensationibus, 482
Percepturitionis directio quam habeat notionem, 489
aversio quam habeat rationem, 489
Percipere quod mediate & immediate percipiamur, 195
quænam per se distincte percipiantur, 287.

Index Rerum & Verborum.

287. quatenus corpus nostrum, 483
Perrault (Claud.) citatur, 750
Persona. Definitio, 741
Phantasmata quid sint, 178. 179. num sint imagines, 180. cur pendeant a sensatione, 229. quomodo inde pendeant, 231. quomodo ideis sensualibus socientur, 240. quando a libertate animæ pendeant, 364. & seqq. cur prævideri possint, 490. quales sint perceptiones, 207. quod ideis materialibus coëxistant, 206
Phantasmata rerum præteritarum quid repræsentent, 181
Phantasmatum apperceptio, 237. 238
Phantasmatum compositio & divisio num imaginationi materiali repugnet, 341. quomodo facilitetur, 343
Phantasmatum confusio cum ideis sensualibus, 209
    dependentia a libertate animæ, 364
    propagatio. 240
    ratio interior, 182. 184. 185
Philosophi officium hebetioribus debitum, 640
Philosophiæ practicæ num periculum imminere possit a Psychologia rationali, 6
Philosopho incumbit investigatio systematis de commercio animæ & corporis, 552
Philosophorum divisio generalis, 43
Philosophorum officium hebetioribus & infirmis debitum circa harmoniam præstabilitam, 640
Pictura. Definitio, 88
Pingi possunt, quæ imaginamur, 333

Plana superficies quomodo a curva tactu distinguatur, 164
Presbytarum visus quomodo acuatur, 271
Præexistentia animarum, 704. sqq. 712. 715. 716
Præscientiam divinam negans cur Harmonista esse nequeat, 628
Præsens unum cur ex alio præsente colligatur, 437. 438
Præstabilitio, spuria ejus notio, 625
Præteritum cur ex præsente colligatur, 437. 438
Prævalere quando dicatur idea, 138. 139. sqq.
Prævisio perceptionis quid sit, 488. modus eam producendi, 491. ejus dependentia, 493. productio ejus quantum pendeat a statu corporis, 492. quantum a perceptione, 494
Principium actualitatis in anima, 55
Principia Psychologiæ rationalis unde petenda, 3
Principium sufficiens. 529. num systema aliquod commercii supponat, 549
Propagatio animæ per parentes impossibilis, 709. item per traducem, 703
Propositio quando penitus intelligatur, 430
Propositionum veritas quomodo perspiciatur, 446. falsitas quomodo perspiciatur, 449. 450
Psychologiæ impedimentum, not. 82. neglectus unde, not. 100. quodnam ea complementum addat Cosmologiæ, 102
Psychologia empirica suppeditat principia rationali, 3
Psychologia rationalis. Definitio. 1. an demonstrationes admittat, 2. unde hauriat principia, 3. quem habeat usum

Index Rerum & Verborum.

usum in empirica, 7. in obfervationibus pfychologicis, 8. in detegendis iis, quæ obfervari nequeunt, 9. quo modo pertractanda, *not.* 5. num detur, 5. ejus officium, 4. ejus differentia ab empirica, *not.* 4. num error in ea commiffus latius ferpat, 6

R.

Raphfon (*Jofeph*) citatur, *not.* 659
Ratio num vim repræfentativam univerfi excedat, 453
Ratio fumma quænam fit, 471. cur in hominem non cadat, 472
Ratio modificationum animæ unde reddenda, 77
Rationis ufus in quo confiftat, 452. quid ei in corpore refpondeat, 462. quasnam notiones fupponat, 457. cur non connafcatur, 458. cur infantes eodem deftituantur, 459. cur deftituantur adulti, 460. quid illi in corpore refpondeat, 462. quomodo imminuatur & amittatur, 464. 465. 466. cur in quibusdam denegetur, 468. 469. num homo ejusdem in omnibus pollere poffit, 470
Rationis ufus dependentia a ratiocinando, 455
 a ceteris mentis operationibus, 456
 a memoria, 463
 a theoria, 468
Ratiocinia num vi repræfentativa univerfi fuperiora, 405. quomodo in corpore repræfententur, 414. 415
(*Wolfii Pfych. Ration.*)

Ratiocinia primitiva, 406
 derivativa, 406
Ratiocinandi facultas, cur debilitetur memoria læfa, 420. a caufis materialibus & feneétute, 421. læfo cerebro, 422
Ratiocinatio quando lædatur, 420. fqq.
Rationale quodnam ens fit, 451
Rationalis cur nemo fit in omnibus, 470
Rationalitas cur homini effentialis, 454. cur fpiritui, 673
Recognitio confufa, 277
 diftinéta, 277
Reductio ad abfurdum quo nitatur principio in Pfychologia, 266
Reflexio quod infit apperceptioni, 23 quid in corpore eidem refpondeat, 380. & feqq.
Reflexionis adjumentum, 383. facilitandæ medium, 384
Reflexionis objeétum cur præfens effe debeat, 386
Reflexiones fuper fucceffivis principium, 385
Reminifcentiæ adjumentum, 300. 301. quid ei in corpore refpondeat, 302
Repræfentationis in fe & extra fe faétæ differentia fimili illuftrata, *not.* 90
Repræfentatio univerfi in anima, 62 mechanica abftraétorum in corpore, 396
Reproduétionis idearum materialium facilitas quomodo cerebro concilietur, 241

Res quando extra fe percipiat anima, 21

Tt tt   *Res*

Index Rerum & Verborum.

Res immateriales quomodo in corpore repræsententur, 397
Res materiales cur sensu distincte non percipiantur, 102

S.

Sapientia. Definitio, 678. gradus, 679. 680. 682. 683. 686. 688. limitatio, 601
Sapientia summa quænam sit, 689 num in hominem cadat, 690. 691
Sceptici quinam dicantur, 41. quodnam statuerint, *not.* 41. cur non in plures scindantur sectas, *not.* 43
Scepticismi differentia ab Idealismo, 42
Scholastici num sint Influxionistæ, 563
Scotus citatur, *not.* 769
Scriptura sacra cur non doceat veram rationem commercii animæ & corporis, *not.* 586
Sculpi possunt, quæ imaginamur, 333
Sculptura. Definitio, 89
Seneca citatur, *not.* 157
Senectus cur lædat memoriam, 299 cur usum rationis, 465
Sensatio originem præbet omnibus mutationibus animæ, 65. quando fortior vel debilior, 136. mutatur ob mutatum situm corporis, 485
Sensatio composita qualis 95
Sensationes quid sint, 83. 84. quales sint, 95. quatenus sint confusæ, 94. quatenus distinctæ, 93. quando ex confusis & distinctis componantur, *not.* 95. quomodo fortiores vel debiliores esse possint, 136. quando a libertate dependeant, 151. 152. 153. cur præviderí possint, 490
Sensationes confusæ, quomodo totalem distinctam efficiant, 96
Sensationis prævisæ gratia qualis motus corporis intendatur, 486
Sensationis prævisæ productio quantum a corpore pendeat, 493. quantum a perceptione ejusdem, 494
Sensationum lex qualis sit, 78. num libertati adversetur, 221. 222
Sensibilis partem unam absque altera imaginari cur possimus, 334. quando id difficile, 336. quomodo id fiat, 335. quomodo facilitas imaginandi contrahatur, 337. 338. 339
Sensibile fortius cur in se trahat attentionem, 370
Sensibilia quando arcenda, 255
Sensuales ideæ quando eædem, 118. 119. quando diversæ, 120. 121
Sensus cur nihil distincte percipiat, 102 cur sit valde limitatus, 257. quinam perfectior ceteris, 161. quomodo acuatur, 268
Sensuum acumen intrinsecum. Definitio, 269
    quomodo comparetur, 276
  acumen extrinsecum. Definitio, 269
  fallacia quomodo vitanda, 124
  perfectio unde æstimetur, 160 quamnam pariat differentiam, 162
  vicarius usus, 150
Seriei perceptionum diversitas in animabus

bus, 523. appetitionum & aversionum, 524
Sermo quid conferat ad usum rationis, 461
Signorum idea materialis, 417
Similia quomodo tactu discernantur, 172
Similitudo idearum latens & patens quid sit, 157. quando detur, 158. 159
Simplicitas animæ humanæ, 48
spirituum, 658
animæ brutorum, 752
Situs corporis quæ a situ dependeant in gratiam perceptionis prævisæ mutatio quomodo innotescat, 487
Situs lineæ ad alteram quomodo tactu dignoscatur, 171
Sociniani cur harmoniam præstabilitam admittere nequeant, 628
Socinus citatur, not. 633
Somnio qualis respondeat status in cerebro, 246. qualis in organis sensoriis, 248. qualis in anima, 250. quænam in illo meminerimus, 325
Somnium divinum. not. 331
Somnium naturale quodnam sit, 326. 327
supernaturale quodnam sit, 328. 329. num sit miraculum, 331. quis ejus sit autor, not. 330. quænam naturaliter inde nascantur, 332. qualis ei conveniat status in cerebro, 330
Somni finis & necessitas, 253
Somno qualis conveniat status in anima, 14. 15. qualis in organis sensoriis, 247. qualis in cerebro, 248

Spatium quid sit, not. 106
Spatii imaginarii idea quomodo nascatur, 104. 106
Speciei in corpore repræsentatio, 395
Species rerum num tactu discerni possint, 173
Species impressa. Definitio, 112
Specula concava acuunt visum, 272
Spinosa citatur, not. 553. not. 605. not. 623
Spiritualitas animæ humanæ, 645
Spiritus. Definitio, 643 incorruptibilitas, 669. rationalitas, 673. simplicitas, 658. num a spiritu generari queat, 660. quomodo oriri possit, 661. quomodo interire possit, 670. sqq. cur eo, quo corpus, modo interire nequeat, 668. cognitionis philosophicæ capax, 674. memoria ei competit, 675. sqq. cur sapientiæ sit capax, 693
Spiritus contingens. Definitio, 662. qualis sit ortus ejus, 664. 665. quod a necessario creandus, 663
Spiritus limitatus cur sit finitus, 695 cur non sit perfectus, 694
Spiritus necessarius. Definitio, 662
Spiritus perfectiores anima humana num dentur, 657
Spirituum simplicitas, 658
Spiritus perfectissimus. Definitio, 646. intellectus, 652. simplicitas, 659. magnitudo intellectus ejusdem, 649. voluntas ejus, 651
Stahl citatur, not. 612
Statua. Definitio, 89
Status animæ cur continuo mutetur, 58. qualis in somno quieto, 59. qua-

Tttt 2

Index Rerum & Verborum.

qualis in somno, apoplexia & deliquio, 15. quomodo alternent, 256 qualis sit post mortem, 745. 748
Status futurus quomodo ex praesente colligatur, 435
Status perceptionum distinctarum quando in anima detur, 13
Status perceptionum obscurarum quando in anima detur, 17
Status praeexistentiae animae qualis sit, 706. & seqq.
Status praeteritus quomodo ex praesente colligatur, 435
Sturmius citatur, not. 589. not. 596. not. 605. not. 628
Superficiei idea quomodo tactu acquiratur et distinguatur, 164
Supernaturale quid sit in anima, 70. num per essentiam ejus possibile, 70
Surdus, cur nullas habeat ideas audibiles, 146
Syllogismi primitivi quotnam dentur, 407
Systema omnium suppositum commune, 537
Systema assistentiae, not. 589
Systema causarum occasionalium. Definitio, 589. inventor & defensores, not. 589. quomodo Deus in illo modificet animam & corpus, 591. quomodo in illo omnia in corpus agant, 597. aequipollentia cum systemate influxus, 602. an in illo perpetua fiant miracula, 603. quando miracula illi objicienda, 604. num Deus & natura per illud confundatur, 605. cur pugnet cum principio rationis sufficientis, 606. cur ordini naturae adversum, 607. cur non sit probabile, 608. an actio Dei in creaturas per illud tollatur, 609. num libertas per illud tollatur, 610
Systema explicandi commercium animae & corporis. Definitio, 530. usus, 531. possibilitas asserta, 555. falsitas unde concludatur, 532. 533. suppositum generale, 537. 542. inutilitas in Theologia & philosophia practica, 586. num in philosophiam practicam influat, 538. num scripturae sacrae contradicere possit, 545. officium Theologi circa illud, 546. illi convenit vis repraesentativa universi, 547. num supponatur in Psychologia rationali, 549. nullum habet usum & in philosophia practica & in Theologia, 586. quod reliquis praeferendum, 639. num libertati inimica eidem admisceri possint, 544. 548. cur philosophus in id inquirere debeat, 552. quot dentur, 553
Systema fallax de commercio animae & corporis, 556
Systema ignorantiae de commercio animae & corporis num detur, 554
Systema influxus physici. Definitio, 560. quod sit hypothesis philosophica, 564. quanam vi corpus & anima instructa sint in eo, 565. Vid. *influxus physicus*.
Systema harmoniae praestabilitae. Definitio, 612. autor ejus, n. 612. aequipollentia cum systemate influxus physici, 621. praerogativa prae ceteris, not 620. 639. num in illo

illo omnia fiant naturaliter, 622. quid in illo miraculosum quid naturale 629. probabilitas ingens, 638. an exigat miracula perpetua, 623. libertati non contrariatur, 632. cur tanquam impium non recte traducatur, *not.* 628. cur objectionibus Socinianorum adversus praescientiam Dei operetur, 634. reliquis systematis praefertur, 639. cur ad operationes gratiae non sit extendendum, 641. quales in eo sint operationes gratiae, 642

T.

Tactus visus vicarius, 163. & seqq. usus in similibus & dissimilibus 172. generibus & speciebus rerum dignoscendis, 173. in numerando, 174. in magnitudinibus & figuris discernendis, 175. 176. in ideis linearum & figurarum geometricarum comparandis, 163. & seqq.

Taedio quaenam in corpore respondeant, 500

Taedium cur avertat attentionem ab objecto, 372

Telescopiorum defectus naturalis, *not.* 133

Tertullianus est materialista, *not.* 701. & 702

Theologiae naturali num periculum imminere possit a Psychologia rationali, 6

Theologi officium circa systemata explicandi commercium animae & corporis, 546

Theoria. Definitio, 467. quando completa, quando incompleta, *not.* 467

Thummigius citatur, *not.* 162

Tolandus est Materialista, *not.* 33

Tourneminius citatur, *not.* 612

Traduciant quinam dicantur, 702

Transitus animae ex statu perceptionum confusarum in statum distinctarum cur possibilis, 717. quomodo fiat, 718

Translatio animae ex statu perfectionum confusarum, 711. 714

V.

Vehementia in affectibus unde, 507. 509. 511

Veritas propositionis quomodo perspiciatur, 446

Veritatum nexus quomodo detegatur, 447

Veritatum universalium nexus unde pendeat, 445. 448

Vigilantibus qualis sit status animae, 14. 251

Vis quomodo a facultate differat, 54. *not.* 55

Vis animae quod detur, 53. cur sit unica,

Index Rerum & Verborum.

ca, 57. ejus affectus, 60. 61. qualis sit, 63. quodnam primo loco producat, 65. ejus analogia cum vi motrice, 77. cur certis legibus adstringatur, 76. quo tendat, 183. qualis sit in systemate influxus physici, 565

Vis animæ in corpus transiens, 567 effectus, 571

Vis corporis in systemate influxus physici, 565. in animam transiens, 568. hujus effectus, 569

Vis inertiæ quando percipiatur, 107. quomodo ejus idea in anima nascatur, 108

Vis motrix corporis, ejus analogia cum vi animæ, 77. quomodo percipiatur, 109. quomodo idea ejus nascatur, 110. quod per influxum physicum extinguatur, 576. & de novo oriatur, 577

Vis perceptiva animæ a vi motrice corporis diversa, 79

Vis repræsentativa universi in anima, 63. num conveniat omni systemati explicandi commercium animæ & corporis, 547. num sit sufficiens principium Psychologiæ rationalis, 529. num ex ea ratio reddi possit notionum, 392. judiciorum, 402 410. 411. ratiociniorum, 405. consequentiarum immediatarum, 408. 409. rationis, 453. ingenii, 473. appetitus sensitivi, 497. aversationis sensitivæ, 498. affectuum, 506. appetitus rationalis, 519. aversationis rationalis, 519

Visibilium quodnam attentionem in se trahat, 361

Visio quando fortior, quando debilior, 137

Visio clara unde pendeat, 132 *distincta*, unde sit, 133

Visionis campus an extendi possit, 263. 267

Visionarii cur sibi videre videantur, quæ imaginantur, not. 210

Visus quomodo acuatur, 270. & seqq. intrinsecum quomodo acuatur, 275

Usus rationis quid sit 452. dependentia, 455. 456. 463. præsupposita, 457. num connascatur, 458. cur infantes eodem destituti, 459. cur adulti, 460. num homines ejusdem in omnibus pollere possint, 470. cur ab usu loquelæ dependeat, 461. quid illi in corpore respondeat, 462. quomodo imminuatur & amittatur, 464. 465. 466. cur desit in statu præexistentiæ, 709

Unio animæ cum corpore in quonam systemate habeat rationem sufficientem, 721. in quonam sit naturalis, 722. in quo consistat, 723. qualis detur in systemate harmoniæ præstabilitæ, 724. in systemate causarum occasionalium, 725. in systemate influxus physici, 726. quando incipiat, 727. 728

Universi repræsentatio in anima, 62

Voca-

Index Rerum & Verborum.

Vocabula quando imperfecte intelligantur, 431. quomodo intelligantur, 428. cur juvent memoriam intellectualem. 285. cur ea facilius imaginemur visibilibus, 288. & aliis sensibilibus, 289

Vocabulorum ideæ materiales, 290. 291. usus in juvanda reminiscentia, 300. in exercitio facultatis fingendi, 342. in conservanda reflexione, 384. cur facile memoriæ mandentur, 292. retineantur, 293

Volitionis definitio realis, 517

Voluntas hominis qualis, 655. determinatio generalis, 521. num vim repræsentativam universi excedat, 519

Voluntas libera num cadat in bruta, 763

Voluntas perfectissima. Definitio, 650

Voluntas spiritus perfectissimi. Definitio, 651. qualis sit, 653

Voluptas cur conservet attentionem 371. quid ei in corpore respondeat, 499

FINIS INDICIS.

VARIANTES ET NOTES DE L'ÉDITEUR

p. 3* : 18—19 Honorario, Academiae (p corr.)] Honorario Academiae (A).

p. 5* : 4 Friderico] i. e. le fils du Landgrave Charles de Hesse, Frédéric Ier, qui devint roi de Suède à la mort de son beau-père Charles XII en 1720. Déjà l'*Ontologia* et la *Cosmologia generalis* lui avaient été dédiées.   10—11 Academiae Marburgensis Rectori] Sans doute Frédéric Ier devint-il recteur de l'académie de Marburg en 1730 à la mort de son père.

p. 9* : 11 offero (p. corr.)] affero (A).

p. 11* : 13 censuram] A rapprocher de not. § 6, p. 5.

p. 12* : 5 inquisivimus] sect. 1, c. 1.   11—12 Evicimus] § 53—68.   18 ostendimus] § 181—194.

p. 13* : 2—3 deducimus] § 196—207.   5 docemus] § 217—225.   15 harmonia praestabilita *Leibnitii*] Cf. not. § 541.   18 ostendimus] § 63, sq., 78, 183, 387, 392, 402, 405, 415, 453, 473, 478, 497, 498, 506, 519, 529.   21 stabilivimus] § 53, sq.

p. 14* : 2 docuimus] § 111, sq., 205, sq., 227, sq., 294, sq., 357, sq., 380, sq., 394, sq., 403, 414, sq., 462, 474, sq., 492, sq., 499, sq.   8 docuimus] not. § 569, not. § 598, not. § 628.   14 exposui] sect. 3, c. 1—3.

p. 15* : 1 Lire: separata.

8 de spiritualitate et immortalitate animae] sect. 4, c. 1, 2.   15 *Theo. nat.*, I, pars I, c. 2, II, sect. 1, c. 2.   19 Physicae generali et... Cosmologiae] Cf. v. g. not. § 98, p. 73, not. § 102, p. 76, not. § 103, p. 78, not. § 106, p. 82.

p. 16* : 1—2 ad compescendos affectus] *Ethica*, II, c. 3.   2—3 et ad detrahendam speciem bono apparenti] *Phil. pract. univ.*, I, c. 1, notamment § 53, sq., 75, sq., 109, sq.   5 *Theo. nat.*, I, § 139, 851, 865, 866. — *Phil. pract. univ.*, II, c. 1, 2.   7 Antiscripturarios] «qui Scripturam Sacram quam vocamus, revelationem divinam continere negant», *Theo. nat.*, II, § 523.   12 invidi et malevoli] Wolff fait sans doute allusion ici aux théologiens de Halle et d'Iéna, notamment à Lange et à BUDDE. Le premier écrit : « Ergo commentum sic dictae *harmoniae praestabilitae*... in Wolfiano Systemate, non est *hypothesis accessoria*, quae, eo salvo, abesse possit, sed unici *fundamenti* instar, quo sublato totum ... systema concidit», *Caussa Dei et religionis naturalis* ..., 1727², Protheor. postulat. 4, consectaria, p. 4; et *Ibid.*, tract. sect. 2, membr. 4, § 1—4, p. 448 : « Commentum harmoniae praestabilitae est hypothesis novi systematis primaria et *essentialis,* ejusdem centrum. Sed *concidit* cum hypothesibus de idealismo et materialismo ac negatae unionis inter animam et corpus physicae, jam destructis; utpote quibus superstructum est. Istis vero illud *superstructum* esse, probatur»; cf. encore *Modesta Disquisitio* ..., c. 2, placit. 1, disquis., § 7, p. 70, placit. 2, disquis., § 1, p. 71, 72, placit. 5, disquis. § 5, p. 94, placit. 9, disquis., § 1, p. 116, epicrisis, membr. 1, schol. 5, p. 144. — Et le second : « Wann er nun erklären will, wie der Leib und Seele mit einander würcken, kan er solches nicht anders thun, als *per Harmoniam praestabilitam*, weil er alle Würckung der Seelen in den Leib und des Leibes in die Seele schlechterdinges leugnet, welche *Harmonia praestabilita* eine von den vornehmsten Lehr-Sätzen und Haupt-Gründen ist, worauf das Gebäude seiner Philosophie sich gründet», *Bedencken über die Wolffianische Philosophie* ..., § 12, p. 95, 96.   19—20 anni superioris prima dies] i. e. le 1er Janvier 1733.   20—21 a ... Suecorum Rege] i. e. Frédéric Ier, auquel est dédiée la *Psychologia rationalis*.

p. 17* : 6 Vix quarta anni pars] i. e. au printemps de 1733.   11—12 Nondum ad medium...annus] Très exactement le 20 Juin 1733.   12—13 Rex christianissimus] i. e. Louis XV.

p. 18* : 3—4 Ultimo anni quadrante] i. e. vers la fin de 1733.   4 Borussorum Rex] i. e. Frédéric Guillaume Ier qui avait fait expulser WOLFF de Halle en 1724.

p. 2 : 7 Lire Philosophiae.

2 mox] § 3, sq.   5 peculiari volumine] *Psychologia empirica methodo scientifica pertractata, qua ea, quae de anima humana indubia experientiae fide constant, continentur et ad solidam universae philosophiae practicae ac theologiae naturalis tractationem via sternitur,* Francofurti et Lipsiae, 1732, 1738² (Hildesheim, 1968).

p. 3 : 14 inferius] § 48.   24 ex inferioribus] sect. 3, c. 1—4, sect. 4, c. 2. — *Cosmo.*, sect. 1, 2.

p. 4 : 26 ex ... notione possibilitatis] *Ont.*, § 85, sq.

p. 5 : 22 Vanus eorum metus] Sans doute WOLFF fait-il ici allusion à LANGE et BUDDE qui prétendent que la doctrine wolffienne de l'âme, entièrement fondée sur la théorie de l'harmonie préétablie, est destructrice de la morale et de la religion; cf. les textes que nous avons cités p. 16*, ligne 12, et ceux que nous citons in not. § 612, p. 543, not. § 625, p. 559, not. § 630, p. 569.   28—32 La théorie, dite de la

Variantes et notes de l'éditeur

double semence, a été tres répandue durant l'Antiquité, le Moyen Age, la Renaissance, et jusque vers la seconde moitié du XVIIIème siècle. Pendant celle-ci, Harvey d'abord, mais surtout Sténon et Régnier de Graaf élaborèrent la théorie, dite de l'ovisme, selon laquelle l'œuf engendré par la mère joue le rôle de principe générateur. Presque en même temps apparut une autre théorie, celle des animalcules spermatiques, défendue notamment par Leeuwenhoeck, Hartsoecker, Geoffroy, Andry qui attribuaient ce rôle aux spermatozoïdes de la semence mâle; cf. Guyénot, *Les sciences de la vie aux XVIIe et XVIIIe siècles. L'idée d'évolution*, Paris, 1941, Liv. III, c. 2, 3, p. 230—234, 240—245.

p. 6 : 22 Lire: Psychologiae rationalis.

p. 7 : 23 sunt, animadversa] sunt animadversa (A). 33 Titre marginal: *debitae* (p. corr.)] *debita* (A).

21—22 philosophiam experimentalem nostra methodo] Les trois volumes de l'ouvrage intitulé: *Allerhand nützliche Versuche, dadurch zu genauer Erkänntniss der Natur und Kunst der Weg gebahnet wird*, Halle in Magdeburgischen, 1721—1722, constituent ce que Wolff considère comme sa philosophie expérimentale en langue allemande; cf. *Ausführliche Nachricht von seinen eigenen Schrifften, die er in deutscher Sprache von den verschiedenen Theilen der Weltweisheit herausgegeben*, Frankfurt, 1726, c. 11, p. 463. 23 suo loco] *Ethica*, I, § 182, sq.

p. 10 : 15 Lire: multoque. 20 Lire: a se. 26 Lire: indubia.

29—30 Lire: (§ 22. *Psychol. emp.*).

p. 11 : 4 distinctam (p. corr.)] distinctum (A). 31 tamquam partiales (p. corr.)] tanquam partiali (A). 33 Lire: totali distinguit. *Quod erat alterum.*

14 paulo inferius] § 94, sq., 128, 129, 135, sq.

p. 12 : 3 habentur (p. corr.)] haberentur (A). 9—10 *mutationum, veluti*] mutationum; veluti (A). 12 Titre marginal, lire: *conscia*.

p. 13 : 16 animum (p. error.)] animam (A). 20—21 (§ 31. *Psychol. empir.*), consequenter (p. corr.)] (§ 31. *Psychol. empir.,*). consequenter (A).

p. 14 : 7—8 Lire: *apoplexia tangimur*. 9 Lire: apoplexia cesset. 21—22 Titre marginal: *utique conscia* (p. error.)] *suique conscia* (A).

2 inferius] not. § 251. 10 inferius] — 11 inferius] Cf. § 59, 191, du moins pour le sommeil.

p. 15 : 31 Titre marginal, lire: *deficientis*.

1 Allusion à la thèse soutenue par Locke, *An Essay*, II, 1, § 9—12 (*The philo-*

sophical Works, éd. JOHN, vol. I, London, 1905, p. 210—215), et combattue par LEIBNIZ, Nouveaux Essais, II, 1, § 1—12 (GER., Phil., V, p. 101—104).

p. 17 : 12 Lire: (§ 183. Ontol.).

p. 18 : 15 inferius] § 367, 368.

p. 19 : 29 Lire: distincte.

27 Lire: (§ 183. Ontol.).

p. 20 : 3 suo loco] § 224, 225.   25—26 *Psycho. emp.*, pars I, sect. 1, c. 2, sect. 2, c. 1.

p. 22 : 9 Lire: analogia.   10 conspicitur, derivatur] conspicitur, derivatur (A). 21 immota praestat (p. corr.)] immota perstat (A).   30 id, per] id per (A). 31—34 Lire: toto durationis tempore continuo alia coexistunt. Non piget enucleatius proponere modum significatum hunc generalem celeritatis investigandi, propterea quod istiusmodi investigatio.

p. 23 : 7 praecedebat; ast] praecedebat: ast (A).

p. 24 : 6 percurrendum (§ 653. Ontol.) spatium] percurrendum (§ 653. Ontol.), spatium (A).

18 Sunt qui] Nous n'avons pu identifier ceux à qui WOLFF fait ici allusion. Mais il est à noter que saint AUGUSTIN argumentait en sens contraire lorsqu'il refusait de comparer l'âme à une ligne, et de parler de sa croissance dans le temps, sinon métaphoriquement, parce qu'elle est de nature spirituelle, et que rien de ce qui convient au corps ne peut lui être attribué; cf. *De quantitate animae liber unus*, XIV, 23, XVII, 29 (*P. L.*, t. XXXII, col. 1048, 1052).   21 mox] § 44, sq.   22—23 in antecedentibus] § 26, sq.

p. 25 : 3 Lire: *Cowardus*.   23 Lire: *Berkeley*.   30 Titre marginal: *Monistae?* (p. corr.)] *Monistae* (A).

1 *Hobbesius*] Dans le *Léviathan*, pars I, c. 12 (*Oper. phil. lat. omn.*, éd. MOLESWORTH, London, 1839—1845 (Aalen, 1961), vol. III, p. 87), HOBBES déclare: «Quod autem res eadem et *spiritus* sit et *incorporea*, intelligi non potest; spiritus enim loco et figura, id est, terminis et magnitudine sua aliqua determinatur; et proinde corpus est, utcunque tenue et insensile», et *Ibid.*, pars II, c. 34 (p. 281): «Juxta hanc vocabuli *corporis* acceptationem, *corpus* et *substantia* idem significant; et proinde, vox composita, *substantia incorporea*, est insignificans, aeque ac si quis diceret *corpus incorporeum*; neque illa, neque vox *immaterialis*, in Scriptura sacra usquam invenitur.» Cf. encore *Appendix ad Leviathan*, c. 3 (p. 564).   2—3 *Tolandus*] Dans le *Pantheisticon. Sive Formula celebrandae Sodalitatis Socraticae (In tres partes divisa); quae Pantheistarum sive Sodalium, continet. I Mores et Axiomata; II Numen et Philosophiam: III Libertatem, et non fallentem Legem, neque fallendam, Cos-

mopoli, 1720, p. 12, 13, TOLAND affirme: «COGITATIO (hic minime praetereunda) est motus peculiaris cerebri, quod hujus facultatis est proprium organum: vel potius cerebri pars quaedam, in medulla spinali et nervis cum suis meningitibus continuata, tenet Animi principatum, motumque perficit tam cogitationis quam sensationis; quae, secundum Cerebri diversam in omnium animalium speciebus structuram, mire variantur ... Ignis aethereus omnia circumdans ... omnem perceptionis, imaginationis, reminiscentiae, amplificandarum idearum et imminuendarum, machinamentum rite perficit», et *Ibid.*, p. 21: «Nihil in terra, ut verbo dicam, non organicum est.»   3   *Cowardus*] Dans l'*Ontologia*, not. § 548, p. 429, WOLFF avait déjà noté: «Oppido falluntur, qui hinc inferunt, mentem sine extensione non posse concipi, consequenter eam esse extensam, atque adeo materialem, et substantiam immaterialem esse figmentum philosophorum, quemadmodum *Cowardus*, Medicus Anglus, Materialismi acerrimus propugnator, contendit.» Or dans *Second Thoughts Concerning Human Soul, Demonstrating the Notion of Human Soul, As believ'd to be a Spiritual Immortal Substance, united to Human Body, To be a Plain Heathemish Invention, And not Consonant to the Principles of Philosophy, Reason, or Religion; but the Ground only of many Absurd and Superstitious Opinions, Abominable to the Reformed Churches, And Derogatory in General to True christianity,* London, 1702, notamment c. 4, p. 82—116, COWARD soutient que l'âme humaine ne fait qu'un avec la vie identifiée au mouvement qui anime la matière, et que toutes les opérations intellectuelles: compréhension, raisonnement, volition, sont le résultat de ce mouvement.   12   mox] § 47, sq.   14   ii quoque] Cf. les textes de HOBBES et de TOLAND que nous avons cités en not. § 33. HOBBES écrit encore: «Animae autem humanae substantiam talem arbitrati sunt, qualis est hominis vel aliorum corporum in somnio vel speculo apparentium species, quam nihil esse aliud praeter phantasmata nescientes, substantiam realem esse crediderunt, sed tenuum et propterea eam *spiritum* vocabant. Sunt autem *spiritus* corpora tenuissima», *Leviathan,* pars I, c. 12 (vol. III, p. 87).   16   inferius] § 112, sq., 205, sq., 274, sq., 394, sq., 414, sq., 474, sq.   22—27   BERKELEY, *Three Dialogues between Hylas and Philonous. The design of which is plainly to demonstrate the Reality and Perfection of Human Knowledge, the Incorporeal Nature of the Soul, and the Immediate Providence of a Deity: in opposition to Sceptics and Atheists. Also to open a Method for rendering the Sciences more easy, useful, and compendious,* London, 1713 (*The Works,* éd. SAMSON, vol. I, London, 1908, p. 290, sq.).

p. 26   :   6 Egoistae] Terme courant au XVIIIème siècle pour désigner les partisans de ce qu'on appelle aujourd'hui le solipsisme. On le rencontre par exemple chez LANGE, *Caussa Dei et religionis naturalis adversus Atheismum, et, quae eum gignit, aut promovet, Pseudophilosophiam veterum ac recentiorum, praesertim Stoicam et Spinozianam, e genuinis verae philosophiae principiis methodo demonstrativa adserta,* Halae Saxonum,

1723, tractat. protheor., schol., p. 17: «*Idealistae sunt vel* Pluralistae, *qui plures admittunt spiritus ideisantes, quam suam quisque animam : vel* Egoistae, *qui extra se ipsos, seu animam suam, nullam aliam admittunt substantiam spiritualem, nedum corpoream.*»
16—18 Nous avons pu trouver seulement cette indication vague dans les *Mémoires pour servir à l'histoire des sciences et des beaux-arts,* mai 1713, art. 80, p. 922 : « Un de nous connait dans Paris un Malebranchiste qui va plus loin que M. Berkeley, il lui a soutenu fort sérieusement dans une longue dispute, qu'il est tres probable qu'il soit le seul etre créé qui existe, et que non seulement il n'y ait point de corps, mais qu'il n'y ait point d'autre esprit créé que lui.» Dans l'*Oratio de Egoismo, Nova philosophica Haeresi, Tubingae d. IV. Nov. MDCCXXII, in Aula Nova publice recitata, cum Amplissimi ordinis philosophici Decano Spectatissimo facultatum largiretur, XXX Philosophiae Candidatos in Magistros et Doctores Bonarum Artium creandi,* Tubingae, 1722, PFAFFIUS, après avoir indiqué que WOLFF parle de cette doctrine dans les *Vernünfftige Gedancken von Gott, der Welt und der Seele des Menschen, auch allen Dingen überhaupt,* Frankfurt, Leipzig, 1720, c. 1, § 2, c. 6, § 944 (éd. 1751, Halle im Magdeburgischen, p. 6, 582, 583), avoue n'avoir jamais rien lu d'autre à son sujet, que le texte précité des *Mémoires de Trévoux,* et il ajoute p. 23—24 : «At vero, ubi ab *Idealistis* ad *Egoistas* descendimus, videmus, jam lapsum esse, quod orationi nostrae destinaveramus, tempus. Paucis ergo vestra cum pace, *Auditores,* nos absolvemus. Et primum quidem observamus, *Egoistas* libris editis sententiam suam nondum exposuisse. *Malebranchistarum* illa species est, quae per traditionem saltem sua propagat.» Mais il est à noter que FÉNELON dans le *Traité de l'existence et des attributs de Dieu,* 1712, IIème partie, c. 2 (*Œuvres,* t. I, Paris, 1865, p. 84), formule cette thèse, au moins de façon problématique : «Je connais ce que j'appelle *moi,* qui pense, et à quoi je donne le nom d'esprit. Hors de moi je ne connais rien ; je ne sais s'il y a d'autres esprits que le mien, ni s'il y a des corps. Il est vrai que je crois apercevoir un corps, c'est-à-dire une étendue qui m'est propre, que je remue comme il me plait, et dont les mouvements me causent de la douleur et du plaisir. Il est vrai que je crois voir d'autres corps à peu près semblables au mien, dont les uns se meuvent et les autres sont immobiles autour de moi. Mais je me tiens ferme à ma règle inviolable, qui est de douter sans relâche de tout ce qui peut être un tant soit peu douteux. Non seulement tous ces corps qu'il me semble apercevoir, tant le mien que les autres, mais encore tous les esprits qui me paraissent en société avec moi, qui me communiquent leurs pensées, et qui sont attentifs aux miennes : tous ces êtres, dis-je, peuvent n'avoir rien de réel, et n'être qu'une pure illusion qui se passe tout entière au dedans de moi seul : peut-être suis-je moi seul toute la nature. N'ai-je pas l'expérience que quand je dors je crois voir, entendre, toucher, flairer, goûter ce qui n'est point et qui ne sera jamais ? Tout ce qui me frappe pendant mon songe, je le porte au dedans de moi, et au dehors il n'y a rien

de vrai. Ni les corps, que je m'imagine sentir, ni les esprits que je me représente en société de pensée avec le mien, ne sont ni esprits, ni corps; ils ne sont, pour ainsi dire que mon erreur. Qui me répondra, encore une fois, que ma vie entière ne soit point un songe, et un charme que rien ne peut rompre? Il faut donc par nécessité suspendre encore mon jugement sur tous ces êtres qui me sont suspects de fausseté.» 18—20 MALEBRANCHE, *Entretiens sur la métaphysique et la religion,* VI, § 4—6 (*Œuvres complètes,* t. XII—XIII, Paris, 1965, p. 136—138). 29 ex sequentibus] § 44, sq.

p. 27 : 11 SEXTUS EMPIRICUS, *Pyrrhoniarum Hypotiposeon,* I, 10 (*Opera,* éd. MUTSCHMANN, Lipsiae, 1912, vol. I, p. 9). 19 HUET, *Demonstratio evangelica ad Serenissimum Delphinum,* Parisiis, 1679. 19—22 HUET, *Traité de la foiblesse de l'esprit humain,* Amsterdam, 1723, notamment livre I. Cet ouvrage a été traduit en allemand sous le titre: *Von der Schwachheit und Unvollkommenheit des menschlichen Verstandes in Erkänntniss der Wahrheit, aus dem Frantzösischen in das Teutsche übersetzet und mit nöthigen Anmerkungen erläutert,* Frankfurt am Mayn, 1724, et en latin sous le titre: *De imbecillitate mentis humanae libri tres,* Amstelodami, 1738. 27 Sunt ... qui] cf. LANGE, *Caussa Dei et religionis naturalis* ..., 1727², protheor. postulat. 2, consectaria, 1, p. 2: «Ergo sic dicti *Idealistae,* qui nihil nisi spiritus admittunt, et horum naturam in ideisatione, seu speculari hujus universi repraesentatione, ponunt, mundi vero et corporum suorum realem existentiam negant, et pro regulari somnio habent, revera vigilantes somniunt, et, tanquam scepticorum absurdissimi ac mente capti, ne quidem inter sanae mentis homines, nedum inter philosophos, referendi sunt.» Cf. encore *Modesta Disquisitio* ..., c. 1, placit. 1, disquis., § 3, p. 68.

p. 28 : 19—20 oriantur; sed (p. corr.)] oriuntur. Sed (A). 24—25 per idearum in anima successionem (p. corr.)] per ideas in anima successionem (A).

15 *Huetius*] Cf. la référence que nous avons donnée in not. § 41, p. 27. 16 SEXTUS EMPIRICUS, dans les premiers chapitres des *Pyrrhoniarum Hypotiposeon* (notamment ch. 4, 6, 11, 12), soutient qu'il nous est impossible de juger si les objets sont bien tels qu'ils nous apparaissent et en conclut qu'il nous faut suspendre notre jugement, si nous voulons jouir de l'ataraxie. 18—26 WOLFF fait ici allusion à BERKELEY qui explique que si les phénomènes ne sont que des idées, alors disparaissent les difficultés se rapportant à l'infinie divisibilité de l'étendue finie, à l'action d'un corps sur un autre et à l'interaction de l'âme et du corps; cf. *Three Dialogues between Hylas and Philonous* ..., The third Dialogue (*The Works,* vol. I, p. 391—393).

p. 29 : 1 Lire: corpora. 2 Lire: negant. 3 Lire: nonnisi. 7 Lire: minus erronea.

23 ex sequentibus] notamment sect. 3, 4.

p. 30 : 1 Lire: repraesentatio.   2 Lire: in corpore.   3 Lire: in loco.

19 Si qui...sunt] BUDDE v. g. déclare qu'on ne peut affirmer d'une façon absolue que la pensée ne peut appartenir à une substance matérielle; il écrit: «nihil obstat, quo minus et materialis quaedam substantia cognoscendi et adpetendi facultate sit praedita», *Elementa philosophiae theoreticae, seu Institutionum philosophiae eclecticae, tomus secundus,* Halae Saxonum, 1724⁸, pars II, c. 1, § 10, p. 136, et *Ibid.,* pars V, c. 1, § 8, p. 331: «temerarium est, si quis dicat, naturae materiali repugnare, si cogitet.» Cf. encore *Ibid.,* pars I, c. 5, § 27, p. 116, pars VI, c. 1. § 3, p. 329. LOCKE avait déjà dit que nous ne saurons jamais si Dieu n'a pas donné à un amas de matière (*matter fitly*) la faculté de penser, *An Essay,* IV, 3, § 6 (*The philosophical Works,* éd. JOHN, vol. II, London, 1908, p. 144); cf. sur ce point LEIBNIZ, *Nouveaux Essais,* préface, et IV, 3, § 1 (GER., *Phil.,* V, p. 54, 55, 358—363).

p. 31 : 3—5 Titre marginal, lire: *incommunicabilitas.*   18—19 Lire: incommunicabilitatis.

10 Scholastici] Les grands Scolastiques n'ont jamais parlé de l'incommunicabilité des attributs, mais de celle des substances. SUAREZ v.g. *Disp. 34,* sect. 5, § 1, écrit: «Ex dictis in sectione praecedente, colligi potest definitio, seu descriptio subsistentiae creatae, de qua sola nunc agimus, videlicet, esse modum substantialem ultimo terminantem substantialem naturam, constituentemque rem per se subsistentem et incommunicabilem. Cujus descriptionis omnes partes declaratae a nobis sunt, praeter ultimam de incommunicabilitate; quanquam enim haec non sit de ratione subsistentiae ut sic, nam in Deo reperitur subsistentia communicabilis, est tamen de ratione subsistentiae creatae, propter limitationem ejus, ut in superioribus factum est. Ac propterea omnis subsistentia creata est suppositalitas vel personalitas, de cujus ratione est incommunicabilitas, sine ulla controversia.» Cf. aussi *Ibid.,* § 53—62. — Les Scolastiques n'ont pas non plus parlé du principe de raison suffisante, qui a été formulé par LEIBNIZ, *Principes de la Nature et de la Grâce,* § 7, *Monadologie,* § 32 (GER., *Phil.,* VI, p. 607, 512), *3ème Lettre à Clarke,* § 2, 7, *5ème Lettre à Clarke,* § 20, 125 (VII, p. 363—365, 399, 419), mais du principe de causalité, et WOLFF souligne qu'il s'agit de deux principes différents, *Ont.,* § 71, p. 50, 51.   22—23 *Theo. nat.,* I, § 347, sq., II, § 352.

p. 32 : 3—4 incidas (§ 41), qui animum disponit, ut (p. corr.)] incidas (§ 41), animum disponens, ut (A).

p. 33 : 7 *Ont.,* pars II, sect. 2, c. 1, 2.   20—21 aut improprie loquuntur] Saint THOMAS v. g. écrit: «in definitione motuum appetitivae partis [animae] materialiter ponitur aliqua naturalis transmutatio organi», *Sum. Theol.,* Ia IIae, qu. 22, art. 2, ad 3um, et cite, *Ibid.* qu. 22, art. 3, sed contra, cette définition de saint JEAN

Damascène: «Passio est motus irrationalis animae ob boni vel mali opinionem» (*De fide orthodoxa,* lib. II, c. 22, *P. G.,* t. XCIV, col. 939 D). Il explique ailleurs, *Sum. Theol.,* Ia, qu. 73, art. 2, resp.: «Quamvis autem motus proprie acceptus sit corporum: tamen nomen motus ad spiritualia derivatur *dupliciter. Uno modo,* secundum quod omnis operatio motus dicitur ... *Alio modo,* desiderium in aliud tendens quidam motus dicitur.» Cf. encore *Quaest. disp., De veritate,* qu. 26, art. 3 (éd. SPIAZZI, t. I, Taurini, 1953, p. 222, § 2).   22   aut materialistae sunt] Cf. les références à COWARD que nous avons données in not. § 33, p. 25, et les textes de HOBBES que nous citons in not. § 79, p. 58.   23—24   aut incauti cum Materialistis loquuntur] Peut-être WOLFF fait-il allusion ici à BUDDE qui écrit: «nach dieser Harmonie die Bewegungen des Leibes und der Seele zugleich geschehen» et WOLFF fait remarquer en note: «Die Bewegungen der Seele sint mir nicht bekandt: ich weiss nicht, wie in einer *Substantia simplici,* die keine Theile hat, dergleichen die ist, Bewegungen statt finden können», *Bedencken über die Wolffianische Philosophie ...,* § 12, p. 101.

p. 34 : 35 evolvimus (p. corr.)] evoluimus (A).

15 *Aristotelici*] En fait ARISTOTE affirme que l'intellect, qu'il considère comme la partie la plus noble de l'âme, est une activité qui s'exerce indépendamment du corps, *De Anima,* III, 4, 429 a 24—25, b 5; 5, 430a 16—17; car, ainsi qu'il le précise: οὐδὲν ... αὐτοῦ τῇ ἐνεργείᾳ κοινωνεῖ σωματικὴ ἐνέργεια, *De animal. gener.,* II, 3, 736b 28—29. Et saint THOMAS, pour sa part, déclare: «Anima intellectiva est forma maxime immaterialis. Cujus signum est, quod habet operationem, in qua non communicat materia corporalis», *Sum. Theol.,* Ia, qu. 76, art. 5, 2um, et: «Cum enim anima humana sit quaedam forma unita corpori, ita tamen quod non sit a corpore totaliter comprehensa quasi ei immersa, sicut aliae formae materiales, sed excedat capacitatem totius materiae corporalis, quantum ad hoc in quo excedit materiam corporalem, inest ei potentia ad intelligibilia, quod pertinet ad intellectum possibilem», *Quaest. disp., De Anima,* art. 2, resp. (éd. BAZZI, Taurini, 1953, t. II, p. 288); cf. encore *Contra Gentiles,* II, 65. Mais il faut avouer que ZABARELLA, est beaucoup moins net sur ce point, ainsi qu'on en peut juger par son long et tortueux commentaire des textes indiqués plus haut du *De Anima;* cf. *Commentarii ... in III Aristot. Libros de Anima. Nunc demum a mendis quamplurimis Typographicis, quae priore editione irrepserant, summo labore purgati, et in Germania commodioribus et distinctioribus typis in Studiosorum utilitatem editi. Cum indice quaestionum dubiarum, Propositionum, Rerum et Verborum locupletissimo, apprimeque necessario,* Francofurti, 1606 (Frankfurt, 1966), lib. III, text. 6,7, col. 739—774.   16 *Cartesius*] «Et primo, quoniam scio omnia quae clare et distincte intelligo talia a Deo fieri posse qualia illa intelligo, satis est quod possim unam rem absque alterâ clare et distincte

intelligere, ut certus sim unam ab alterâ esse diversam, quia potest saltem a Deo seorsim poni; et non refert a quâ potentia id fiat, ut diversa existimetur; ac proinde, ex hoc ipso quod sciam me existere, quodque interim nihil plane aliud ad naturam sive essentiam unam pertinere animadvertam, praeter hoc solum quod sim res cogitans, recte concludo meam essentiam in hoc uno consistere, quod sim res cogitans. Et quamvis fortasse (vel potius, ut postmodum dicam, pro certo) habeam corpus, quod mihi valde arcte conjunctum est, quia tamen ex unâ parte claram et distinctam habeo ideam meî ipsius, quatenus sum tantum res cogitans, non extensa, et ex aliâ parte distinctam ideam corporis, quatenus est tantum res extensa, non cogitans, certum est me a corpore meo revera esse distinctum, et absque illo posse existere», *Medit. 6* (A. T., VII, p. 78); cf. aussi *Ibid.*, p. 85, 86. 19 Lire: (§ 183, 209. *Ontol.*). 32 ex subsequentibus] § 79, 80. 35 *Cosmo.*, sect. 2, notamment c. l. — in Psychologia rationali] i. e. dans ce chapitre.

p. 35 : 22 Scholastici] C'est ce qu'avait déjà noté WOLFF, *Ont.*, § 761, p. 568. GOCLENIUS, *Lexicon philosophicum* . . ., p. 565, col. B, écrit: «Facultas . . . activa vis est, seu virtus, seu potestas. Adest pro hac assertione Mercatus . . . Facultas, inquit, solum ad actionem seu effectionem habet respectum, ac designat causam efficientem: estque principium immediatum effectivum actionis.» 23 *Cartesius*] Cf. le texte que nous avons cité in not. § 51, p. 34; cf. aussi *Medit. 2* (A. T., VII, p. 28, 29). 27 *Vis et facultas animae a se invicem differunt*] Cf. LEIBNIZ, *De primae philosophiae emendatione et de Notione Substantiae* (GER., *Phil.*, IV, p. 469): «Differt . . . vis activa a potentia nuda vulgo scholis cognita, quod potentia activa Scholasticorum, seu facultas, nihil aliud est quam propinqua agendi possibilitas, quae tamen aliena excitatione et velut stimulo indiget, actum quemdam sive ἐντελέχειαν continet, atque inter facultatem agendi actionemque ipsam media est, et conatum involvit; atque ita per se ipsam in operationem fertur; nec auxiliis indiget, sed sola sublatione impedimenti.»

p. 36 : 28 ostendendum est, cur] ostendendum est cur (A).

p. 37 : 3 Titre marginal: *Animae* (p. corr.)] *Anima* (A).

1 ulterius] § 56, sq. 9 inferius] § 480, sq. 24 Patebit] § 60—65, 183, 387, sq., 454, 473, sq., 497, 506, 519, 529.

p. 39 : 5 Lire: debent. Necesse.

13—14 ex inferioribus] § 129, 134.

p. 40 : 26 Lire: in Psychologia rationali.

p. 41 : 6 mutationum (p. corr.)] mutationem (A). 9 adspectabile (p. error.)] adspectabili (A).

1—4 si in organo aliquo ... et cur talis fit] Citation de la *Psychologia empirica*. 26 in sequentibus] § 190—193.   34 per sequentia] § 217—225.

p. 42 : 14 possibilia intelligantur (p. corr.)] possibilia colligantur (A).   31—32 producitur, manifestat] producitur manifestat (A).

p. 43 : 1 ubi] sect. 3.   18 Lire: (§ 91, 92. *Psychol. empir.*).   30 Lire: (§ 87, 92. *Psychol. empir.*).

p. 44 : 29 *Psycho. emp.*, § 117, sq., 391, sq., 589, sq.

p. 45 : 7 Lire: (§ 56. *Ontol.*).   9 Lire: (§ 851. *Ontol.*).   13 *Essentia animae*] — 24 *Natura animae*] Cf. LEIBNIZ, *Système nouveau de la nature et de la communication des substances*... (GER., *Phil.*, IV, p. 484): «il faut que ces perceptions internes dans l'âme même luy arrivent par sa propre constitution originale, c'est-à-dire par la nature representative (capable d'exprimer les estres hors d'elle par rapport à ses organes) qui luy a esté donnée des sa creation et qui fait son caractere individuel», — *Extrait du Dictionnaire de M. Bayle*... (*Ibid.*, p. 542): «Dieu a mis dans chaque Ame une *Concentration du Monde*, ou la *force* de representer l'univers suivant un point de veue propre à cette Ame, et c'est ce qui est le principe de ses actions»; cf. encore: *Système nouveau pour expliquer la nature des substances et leur communication* ... (*Ibid.*, p. 476), *Eclaircissement des difficultés que Monsieur Bayle a trouvées* ... (*Ibid.*, p. 523), *Théodicée*, II, § 355, III, § 403 (VI, p. 326, 356).   19 Qui ... negant] LOCKE v. g. écrit: «the substance of spirits is unknown to us», *An Essay*, II, 23, § 30 (*The philosophical Works*, éd. JOHN, vol. I, London, 1905, p. 443, et *Ibid.*, IV, 3, § 6 (vol. II, London, 1908, p. 146): «He that considers how hardly sensation is, in our thoughts, reconcilable to extended matter; or existence to anything that has no existence at all, will confess that he is very far from certainly knowing what his soul is. It is a point which seems to me to be put out of the reach of our knowledge»; cf. encore *Ibid.*, II, 27, § 27 (vol. I, p. 442, 443, 480). HUET, dans le *Traité de la foiblesse de l'esprit humain*, Amsterdam, 1723, liv. I, c. 3, § 6, p. 50, 51, prétend aussi qu'il nous est impossible de connaître la nature de l'entendement qui est «la plus noble faculté de notre Ame» (p. 50).

p. 46 : 22—23 contingentes, intelligatur] contingentes intelligatur (A).

13—14 praecedentium ... propositionum] § 66, 67.

p. 49 : 13 Lire: *describitur*.

7 in sensu Theologis recepto] Cette identification du miracle et du surnaturel, que l'on trouve déjà dans la *Cosmologia*, § 510, sq., peut être dite conforme au sens reçu par les théologiens, dans la mesure où le mot surnaturel, pris dans un sens large, désigne tout ce qui dépasse les forces de la nature. Mais, pour eux, le miracle n'est qu'une des formes du surnaturel, qui renferme aussi l'ordre de la grâce;

cf. MICHEL, art. *Surnaturel, D.T.C.*, t. XIV—2, col. 2849—2854. WOLFF reprend cette identification de LEIBNIZ qui écrit: « Le Surnaturel surpasse toutes les forces des creatures», *3ème Lettre à Clarke*, § 17 (GER., *Phil.*, VII, p. 366), et: « Ce n'est pas l'usuel ou le non usuel, qui fait le miracle proprement dit... mais de surpasser les forces des creatures... C'est le sentiment des Théologiens et des Philosophes», *5ème Lettre à Clarke*, § 107 (*Ibid.*, p. 416). 10 MARTINIUS, *Lexicon philologicum, praecipue Etymologicum Et sacrum, In Quo Latine et a Latinis auctoribus usurpatae tum purae tum barbarae voces ex originibus declarantur, comparatione linguarum (quarum et inter ipsas consonantia aperitur) subinde illustrantur, multaeque in divinis et humanis literis difficultates e fontibus, historia, veterumque et recentium scriptorum auctoritate enodantur, Bene multa etiam in vulgatis Dictionariis admissa haud levia errata modeste emaculantur, auctore Mathia Martinio, servo Jesu Christi in Schola Bremensi. Editio tertia prioribus multo emendatior, et auctoris vita auctior. Accedit ejusdem Martinii Cadmus Graeco-Phoenix, id est, Etymologicum, In quo explicantur et ad suas origines, tandemque ad Cadmeos seu orientales fontes reducuntur principes Graeces voces, et eae, quae cum alibi tum maxime in Veteris Testamenti Paraphrasi LXX, seniorum aliorumque, quaeque in Novi Testamenti Codice videntur obscuriores; multae quoque notabiles dictiones vulgo a Lexicographis praetermissae, et in Glossariis alibique latentes lucidantur et emaculantur. Praeterea additur Glossarium Isidori emendatum a cura Joannis Georgio Graevii*, Trajecti ad Rhenum, 1697[2], t. I, p. 334, col. B. 10—15 Miraculum... ordinem edita] Citation de MARTINIUS. 15—16 Ipse... monet] *Ibid.* 18 Addit] *Ibid.*

p. 51 : 15 Lire: E. gr.

p. 52 : 15—16 Lire: agere. 17 Lire: quatenus. 26 Lire: supernaturales. 19 Lire: (§ 948. *Psychol. emp.*). 22 Lire: (§ 948. *Psychol. emp.*).

p. 53 : 1 *Cosmo.*, sect. 2, c. 1. 24 inferius] sect. 3, c. 2.

p. 55 : 9 inferius] § 480, sq. 29 ex subsequentibus] § 78, sq.

p. 56 : 12 nempe ejus, quod vi situs (p. corr.)] nempe id quod vi situs (A). 1—5 Si in organo... in illa agnoscens] Citation de la *Psychologia empirica*.

p. 57 : 47 corpus unumquodque... mutare cogatur] Citation de la *Cosmologia*. 29 *Psycho. emp.*, § 76.

p. 58 : 6 Lire: si quae simul. 6—7 si quae simul... producit alteram] Citation libre de la *Psychologia empirica*: «*si quae simul... producit et perceptionem alterius.*» 24 Quod si quis excipiat] Cf. HOBBES qui écrit: «Mutationem autem omnem motum esse aliquem vel conatum, qui conatus est etiam motus est, in partibus mutati internis ostensum est

(c. 8, art. 9) ex eo, quod quousque cujuscumque corporis partes etiam minimae eundem inter se situm servant, nihil novi contingit, (nisi forte ut totum simul moveri possit), quin ut et sit et videatur idem esse, quod ante erat et videbatur. Sensio igitur in sentiente nihil aliud esse potest, praeter motum partium aliquarum intus in sentiente existentium, quae partes motae organorum quibus sentimus partes sunt», *Elementa philosophiae,* sect. 1, *De corpore,* pars IV, c. 25, § 2 (*Oper. phil. lat. omn.,* éd. MOLESWORTH, London, 1839—1845 (Aalen, 1961), vol. I, p. 317), — «Imaginatio... nihil aliud est revera quam propter objecti remotionem languescens vel debilita sensio», *Ibid.,* § 7, p. 233, — «Est autem aliud sensionis genus, de quo dicturi aliqua nunc sumus, nimirum sensio *voluptatis* et *doloris,* eaque orta non a reactione cordis versus exteriora, sed ab organi parte extima per continuam actionem versus cor», *Ibid.,* § 12, p. 331, — «APPETITIO et fuga a voluptate et molestia non aliter differunt, quam desiderare a frui, id est, quam futurum a praesenti. Nam et appetitio voluptas, et fuga molestia est; sed illa e jucundo, haec e molesto, nondum praesente sed praeviso aut expectato. Voluptas autem et molestia, etsi sensiones non dicantur, differunt tamen in hoc tantum, quod sensio sit objecti, ut externi, propter reactionem sive resistentiam quae fit ab organo; et proinde consistit in conatu organi extrorsum; voluptas autem consistit in passione quae fit ab actione objecti, et est, conatus introrsum», *Ibid.,* sect. 2, *De Homine,* c. 11, § 1 (vol. II, p. 94, 95).

p. 59	:	10 Lire substitui.
p. 60	:	24 durat (§ 300. *Ontol.*) utpote] durat, utpote (A).
p. 62	:	14 in argumento] § 737, sq. 23 *Sensationes... repraesentationes compositi in simplici*] Cf. LEIBNIZ, *Principes de la Nature et de la Grâce...,* § 2 (GER., *Phil.,* VI, p. 598): «les perceptions [de la monade] (c'est-à-dire, les représentations du composé, ou de ce qui est en dehors, dans le simple).»
p. 64	:	10 Lire: (§ 86. *Psychol. rat.* et § 48. *Psychol. empir.*). 13—14 in inferioribus] et 14—15 ex sequentibus] § 112—150, 205—212, 226—253, 294—318, 357—369, 394—397, 414—418, 474—479.
p. 65	:	11—12 In (A) manquent les mots: «Imagines itaque res materiales intra se repraesentant.»
		9 Lire: (§ 112. *Ontol.*).
p. 66	:	17—18 consequenter, quae ideis] consequenter quae ideis (A). 27—28 Quamobrem ideae sensuales (p. corr.)] Quamobrem in ideis sensualibus (A).
		9 ex sequentibus] § 92, sq., 154, sq.

p. 67 : 10 Qui mechanicam philosophiam professi sunt] C'est sans doute BOYLE qui, le premier, a employé cette expression pour désigner sa propre philosophie: «and the corpuscularian or mechanical philosophy strives to deduce all the phaenomena of nature from adiaphorous matter, and local motion», *The Excellency of Theology, compared with Natural Philosophy (As boths are Objects of Men's study.) Discoursed of in a Letter to a Friend. To which are annexed*, London, 1674, part. I, sect. 1 (*The Works*, éd. BIRSCH, London, 1772 (Hildesheim, 1966), vol. IV, p. 19). Dans *The origin of Forms and Qualities, According to the Corpuscular Philosophy; Illustrated by Considerations and Experiments. written formerly by way of Notes upon an Essay from Nitre. Augmentated by a Discourse of Subordinate Forms*, Oxford, 1666, The theoretical Part, An Excursion about the relative Nature of Physical Qualities (vol. III, p. 23), il écrit: «whereas indeed (according to what we have largely shewn above) there is in the body, to which these sensible qualities are attributed, nothing of real and physical but the size, shape, and motion or rest, of its component particles, together with that texture of the whole, which results from their being so contrived as they are.» Mais DESCARTES déjà, après avoir essayé d'expliquer mécaniquement la formation du monde avait déclaré: «Quippe hactenus hanc Terram, totumque adeo hunc mundum adspectabilem, instar machinae descripsi, nihil praeter figuras et motus in eo considerans», *Principia philosophiae*, IV, § 188 (A. T., VIII—1, p. 315).   12   *Cartesius*] «naturam materiae sive corporis... consistere... tantum in eo quod sit res extensa in longum, latum et profundum», *Principia philosophiae*, II, § 4 (A. T., VIII—1, p. 42), — «eandem esse extensionem, quae naturam corporis et naturam spatii constituit», *Ibid.*, II, § 11 (p. 46); cf. encore *Medit. 2,6* (A. T., VII, p. 31, 78).   14 Atomistae] GASSENDI v. g. auquel renvoie WOLFF, lorsqu'il parle des Atomistes dans la *Cosmologia*, défend la thèse que la matière est uniquement composée d'éléments simples ou atomes, doués de grandeur, de figure, de poids et de mouvement, *Syntagma philosophicum*, pars II, Physica, sect. 1, lib. 3, c. 5—8 (*Oper. omm.*, Lugduni, 1658 (Stuttgart-Bad Cann- 1964), t. I, p. 256, col. A — 282, col. B).

p. 68 : 6 motus ipsam (p. error.)] motus ipsaemet (A).

10 Physici antiqui] WOLFF fait sans doute allusion ici aux Atomistes grecs LEUCIPPE, DÉMOCRITE, ÉPICURE, ainsi qu'à LUCRÈCE.   33   inferius] § 393, sq.

p. 69 : 30 quod sensationes (p. error.)] quod sensationibus (A).

p. 71 : 19—20 In (A) après le mot: «commixtorum» commence un nouveau paragraphe avec le mot: «Quodsi».

3 deinceps] § 99, sq.

p. 72 : 19—20 Titre marginal, lire: *proprie sint*.

		13 ex sequentibus] § 98. 27 Lire: elementis (§ 181. *Cosmol.*).
p. 73	:	10 mox] § 102, sq.
p. 74	:	14 Lire: quaerentem.
p. 75	:	5 Corpuscula in genere spectata corporibus similia sint] Corpuscula corporibus similia sunt (A). 32 Lire: percipitur. Etenim.
		32 *Geom.*, § 2. 34 *Mechan.*, § 9, 14, 15.
p. 76	:	5 *Arithm.*, § 4. 21—22 arctitudinis] De: arcto.
p. 78	:	8 alias me monuisse memini] Cf. v. g. *Cosmo.*, not. § 224, p. 172, 173, not. § 226, p. 174. 15 *Ethica*, I, § 194, sq.
p. 79	:	3 Lire: penetrabile.
		5 *Cartesio*] Cf. Les textes que nous avons cités in not. § 92, p. 67. 19 Lire: (§ 202. *Cosmol.*)
p. 80	:	24 Lire: *penetrabilitas*.
		6 Lire: (§ 209. *Cosmol.*).
p. 81	:	6 cum animae (p. corr.)] dum animae (A).
p. 82	:	31 Mox] § 108.
p. 84	:	19 Lire: vis quaedam (§ 721. *Ontol.*).
p. 85	:	24—27 Cet axiome ne figure pas dans l'édition critique des *Œuvres* d'EUCLIDE par HEIBERG. WOLFF l'emprunte à CLAVIUS, *Commentaria Euclidis elementa geometrica* (*Oper. Math.*, t. I, Moguntiae, 1611, p. 22), lib. I, Communes notiones sive Axiomata, n. 10: «DUAE lineae rectae non habent unum et idem segmentum commune.» A noter que CLAVIUS donne aussi cette définition de la ligne droite: «RECTA linea est, quae ex aequo sua inter jacet puncta», *Ibid.*, lib. I, definitiones, n. 10 (p. 14), que l'on retrouve dans l'édition critique des *Éléments* (éd. HEIBERG, vol. I, Lipsiae, 1873, p. 2: Εὐθεῖα γραμμή ἐστιν, ἥτις ἐξ ἴσου τοῖς ἐφ' ἑαυτῆς σημείοις κεῖται.
p. 87	:	24—27 Cf. les références que nous donnons in not. § 240, p. 196.
p. 88	:	18 introducti, illam] introducti illam (A).
		8 *Sepciem impressam*] — 20 Scholastici] Cf. les références que nous donnons in not. § 576, p. 496. 30 ex sequentibus] § 114, sq.
p. 89	:	28—29 Titre marginal, lire: *materialium*.
p. 90	:	22 mox] § 130, sq.

p. 91	:	8 eadem, sensatio (p. corr.)] eadem sensatio (A).
p. 93	:	26—27 Titre marginal, lire: *Idea materialis*.
p. 96	:	23 Lire: quamdiu. 31 Lire: *sensorium*.

p. 97 : 13 HEVELIUS, *Cometographia, Totam Naturam Cometarum; Utpote Sedem, Paraxalles, Distantias, Ortum et Interitum, Capitum, Candarumq; diversas facies, affectionesq; Nec Non Motum eorum summe admirandum, Beneficio unius, ejusq; fixae, et convenientis Hypotheseos exhibens. In quā, Universa insuper Phaenomena, Quaestionesque de Cometis omnes, rationibus evidentibus, deducuntur, demonstrantur, Ac Iconibus aeri incisis plurimis illustrantur. Cum primis vero, Cometae Anno 1652, 1661, 1664, 1665 ab ipso Auctore, summo studio observati, aliquanto prolixius, pensiculatiusq; exponuntur, expenduntur, atq; rigidissimo calculo subjiciuntur. Accessit, Omnium Cometarum, a Mundo condito hucusque ab Historicis, Philosophis, et Astronomis annotatorum, Historia Notis et Animadversionibus Auctoris locupletata, cum peculiari Tabula Cometarum Universali*, Gedani, 1668, lib. 7, fol. 363.

p. 99 : 8 in crepera] in crepusculina (A).

4 ex phaenomenis] «*Phaenomenon* dicitur, quicquid sensui obvium confuse percipitur», *Cosmo*., § 225, p. 173.

p. 100 : 27 de speciebus impressis] § 125.   28 ad imaginationem] § 205, sq.   29 in ipsis intellectus operationibus] § 394, sq., 403, sq., 414, sq.

p. 101 : 6—7 imprimatur fibrillis (p. corr.)] imprimatur, fibrillis (A).

p. 102 : 11 Lire: figuras.   22 Lire: illustrant.

p. 103 : 26 in Theologia (p. error)] in Teleologia (A).

27 suo tempore] i. e. dans la Téléologie en langue latine qui n'a pas été publiée.

p. 104 : 19 a retina (p. corr.)] ab eadem (A).

27 in Tomo tertio Elementorum Matheseos universae] Francofurti et Lipsiae, 1735 (Hildesheim, 1968).

p. 105 : 24 materialis; in reddenda (p. corr.)] materialis in reddenda (A).

p. 106 : 10 manere (p. error.)] manare (A).

p. 107 : 27 antea] ante (A).   31 Lire: § 134.

11 *Log.*, pars I, sect. 2, c. 1.

p. 108 : 2 Lire: (§ 32. *Psychol. empir.*).

p. 109 : 6 *Log.*, pars I, sect. 2, c. 2.   6—7 *Psychol. emp.*, pars I, sect. 2, c. 1.

p. 111 : 7—8 suo tempore ... ostendam] Sans doute Wolff se proposait-il de revenir sur ce point dans sa Philosophie expérimentale en langue latine qu'il n'a pas publiée.   8—9 in philosophia experimentali idiomate patrio] i. e. in: *Allerhand nützliche Versuche* ..., t. III, c. 7, § 116, p. 508, sq. (cf. p. 7, lignes 21—22).

p. 112 : 19 Lire: nascitur.   27 Lire: pallidae.

p. 113 : 5—6 ab utraque. Cum (p. corr.)] ab utraque, cum (A).
16—17 Ex praecedentibus ... propositionibus] § 136, sq.

p. 114 : * Lire: p. 114.   8 prorsus] prosus (A).

p. 115 : 31 nullam quoque materialem ejus in cerebro ideam, quo] nullam quoque in anima ideam visibilis, quo (A).
15 mox] § 149, sq., et not., § 150 et not.

p. 116 : 3 nobis est, qui] nobis est qui (A).

p. 117 : 23 Lire: Non licet.

p. 118 : 2 videntibus (p. corr.)] videntes (A).

p. 119 : 10 deinceps] Wolff n'est pas revenu sur ce point lorsqu'il traite plus loin, § 178—276, de l'imagination.   15 suo tempore] not. § 427.

p. 120 : 29 In (A) les mots: «*non facis, denuo*» sont en caractères romains.
17—21 *Phil. pract. univ.*, I, c. 6, notamment § 542, sq.

p. 121 : 15 *Phil. pract. univ.*, I, § 542, 543.   16 ante] not. § 151.

p. 122 : 16 repraesentet in objecto (p. corr.)] repraesentet, in objecto (A).

p. 123 : 22 Titre marginal, lire: *idearum.*   25 Lire: propositionis praecedentis.

p. 124 : 16—17 Algebram ... in Elementis nostris Matheseos] t. I, Halae Magdeburgicae, 1730 (Hildesheim, 1968).   18 illud *Senecae*] *Lettres à Lucillius*, liv. I, Lettre 6, § 15 (éd. Préhac et Noblot, vol. I, Paris, p. 17, 19).   18—19 longum ... exempla] Citation libre de Sénèque: «longum iter est per praecepta breve et efficax per exempla».

p. 125 : 9 Lire: confusae.   23 Lire: sunt.

p. 126 : 5 sapido, intuendo (p. corr.)] sapido intuendo (A).

p. 127 : 33 Lire: certissimus.

26—27 de PILES, *Cours de peinture par principes,* Paris, 1708, p. 329—332.

p. 128 : 7—8 Lire: eandem explicationem. 12 Lire: *continuo.*

7 THÜMMIGIUS, *Versuch einer gründlichen Erläuterung Der Merkwürdigkeiten Begebenheiten In der Natur, Wodurch man Zur innersten Erkänntniss derselben, geführet wird,* Halle im Magdeburgischen, 1723, Erstes Stück, VII Von einen blinden Wachs-Bossirer, der sehr wohl hat treffen können, § 5, sq., p. 54, sq.

p. 130 : 17 Lire: tactus.

16—17 ulterius] § 165. 18 dispiciendum] § 166.

p. 132 : 2 Lire: *immo.*

p. 134 : 19 accedere, vel] accedere vel (A).

p. 136 : 9 paulo ante] § 163, sq. 14 ex anterioribus] § 149 et not., 150 et not.

p. 138 : 26—27 Lire: cavitatem.

31—32 Lire: (§ 25—27. *Geom.*).

p. 141 : 15—16 *Phantasmata . . . repraesentationes compositi in simplici*] Cf. le texte de LEIBNIZ que nous avons cité in § 83, p. 62.

p. 145 : 19 Titre marginal, lire: *vis animae.*

7 Lire: (§ 10—58. *Cosmol.*). 27 Explicandum] § 184, sq.

p. 147 : 4—5 Cosmologia, quam . . . diximus] *Cosmo.*, § 1 et not., *Disc. prael.*, § 78.

p. 148 : 5 Lire: (§ 176. 177. *Ontol.*).

p. 149 : 6 subsequetur] exsequetur (A). 26 Titre marginal, lire: *idearum.*

4 ex sequentibus] § 186 et not., not. § 187. 6—19 Sans doute WOLFF fait-il ici allusion à LANGE et à BUDDE qui ont vivement combattu sa doctrine de l'âme en la déclarant néfaste pour la morale et la religion; cf. les textes que nous citons in not. § 612, p. 543, not. § 625, p. 559, § 630, p. 569. 9 ÉPICTÈTE, *Enchiridion,* XXII (*Epicteti Dissertationes ab Arriano digestae ad fidem codicis Bodleiani iterum recensuit Henricus Schenkl. Accedunt Fragmenta. Enchiridion ex recensione Schweighaeuseri. Gnomologiorum Epicteteorum reliquae. Indices,* Lipsiae, 1916, p. 16*). 9—11 *Philosophiae . . . te subsannent*] Traduction d'ÉPICTÈTE: Εἰ φιλοσοφίας ἐπιθυμεῖς, παρασκευάζου αὐτόθεν ὡς καταγελασθησόμενος, ὡς καταμωκησομένων σου πολλῶν. 30—31 *ideis nostris . . . infinita insunt*] LEIBNIZ avait déjà noté que nos idées enveloppent l'infini; cf.: *Nouveaux Essais,* Préface (GER., *Phil.*, V, p. 48), *Réponses aux réflexions contenues dans la seconde Edition du Dictionnaire . . . de M. Bayle . . .*

(*Ibid.*, IV, p. 563).   33—34   Dans la *Theologia naturalis*, I, § 785, 786, 798, WOLFF affirme ceci de toutes les créatures.

p. 150 :   14   *Theo. nat.*, I, § 165, sq., II, not. § 106.   31—33   «Definio ... *Psychologiam empiricam,* quod sit scientia stabiliendi principia per experientiam, unde ratio redditur eorum, quae in anima humana fiunt. Patet adeo Psychologiam empiricam Physicae experimentali respondere atque adeo, ad philosophiam experimentalem respondere», *Disc. prael.,* § 111 et not., p. 51.

p. 151 :   20—21   ea lege mutantur (p. corr.)] ea lege mutatur (A).

p. 152 :   31   serie futurorum status] serie futurorum, status (A).

p. 153 :   2—3   status praesens ... gravidus futuri] Cf. LEIBNIZ, *Théodicée,* III, § 360 (GER., *Phil.,* VI, p. 329): «C'est une des règles de mon systeme *que le present est gros de l'avenir,* et que celuy qui voit tout, voit dans ce qui est ce qui sera.» Cf. aussi: *Eclaircissement des difficultés que Monsieur Bayle a trouvées ..., Principes de la Nature et de la Grace ...,* § 13, *Monadologie,* § 22 (GER., *Phil.,* IV, p. 523, 563, 604, 610), *Lettre à Bourguet,* 22 Mars 1714 (*Ibid.,* III, p. 566).   31—32   in subsequentibus] § 440, sq.

p. 154 :   10   Lire: Adami. Et idem.

1—18   Cette théorie, dite aussi de la préformation, a été soutenue, de façon différente, par les partisans de l'ovisme et par ceux des animalcules spermatiques. Les premiers, tels MALPHIGI, BONNET, SPALLANZANI, de HALLER, SWAMMERDAM, VALLISNERI, prétendaient que dans les ovaires de la première femme étaient contenus des œufs comprenant en eux toute la race humaine. Les seconds, comme LEEUWENHOECK, HARTSOECKER, GEOFFROY, ANDRY, soutenaient que dans la semence d'Adam étaient contenus tous ses descendants; cf. GUYÉNOT, *Les sciences da la vie aux XVIIe et XVIIIe siècles. L'idée d'évolution,* Paris, 1941, liv. III, c. 2—7, p. 230—276, 296—298. On sait que LEIBNIZ adopta la théorie de la préformation. Dans les nombreux écrits où il en parle, il fait parfois allusion aux Ovistes et aux Animalculistes sans se prononcer pour les uns ou les autres; cf. v. g.: *Système nouveau pour expliquer la nature des substances et leur communication ..., Système nouveau de la nature et de la communication des substances ...* (1695), (GER., *Phil.,* IV, p. 474, 480), *Considérations sur la doctrine d'un Esprit Universel Unique* (1702) (*Ibid.,* VI, p. 533), *Lettre à Bourguet,* 22 Mars 1714 (*Ibid.,* III, p. 565). Mais dans une autre *Lettre à Bourguet,* 5 Aout 1715, il déclare que la position des seconds «paroist plus vraisemblable» (*Ibid.,* III, p. 580). Et en beaucoup d'autres endroits, il se range de leur côté; cf. v. g.: *Commentatio de anima brutorum* (1710) (*Oper. phil. omn.,* éd. ERDMANN, Berolini, vol. I, 1840 (Aalen, 1958), p. 464, col. B), *Causa Dei asserta per justitiam ejus, cum caeteris ejus perfectionibus, cunctisque actionibus conciliatam* (1710),

§ 81 (GER., *Phil.*, VI, p. 451), *Principes de la Nature et de la Grâce* ... (1714), § 6 (*Ibid.*, VI, p. 601). Dans la *Théodicée*, I, § 91 (*Ibid.*, VI, p. 152), il applique cette conception aux âmes : « les ames, qui seront un jour ames humaines, comme celles des autres espèces, ont été dans les semences, et dans les ancetres jusqu'à Adam, et ont existé par consequent depuis le commencement des choses, toujours dans une maniere de corps organisé »; cf. encore *Lettre à des Bosses*, 8 Septembre 1709 (*Ibid.*, II, p. 390). C'est la thèse des Animalculistes qu'adopte aussi WOLFF dans ce paragraphe.   21   tertiae mentis operationi] § 435, sq.   24   *Theo. nat.*, I, § 207, II, § 104, sq.

p. 155 :   14   Lire : vis inertiae (§ 297. *Cosmo.*).

p. 156 :   26   in anterioribus] § 181, sq.   34   imaginationem materialem] cf. not. § 205, p. 169, § 217, p. 184.

p. 157 :   11   ZAHNIUS, *Oculus artificialis teledioptricus sive telescopium, ex Abditis rerum Naturalium et Artificialium principiis protractum nova methodo, eaque solida explicatum ac cumprimis e triplici fundamento physico seu naturali, mathematico dioptrico et mechanico, seu practico stabilitum. Opus curiosum Theorico-Practicum magna rerum varietate adornatum, omnibus Artium novarum studiosis perquem utile : Quo philosophiae atque Mathesi praesertim mixtae, nec non universo pene hominum statui amplissimis adjumentis consulitur; nova plurima abstrusa curiosa Technasmata recluduntur, ipsaque Ars Telescopiaria facillime addiscenda, ac sumptibus non adeo magnis in praxin adducenda proponitur, adeoque Telescopium ex tenebris in lucem asseritur,* Norimbergae, 1711, Fundamentum 3, Practico-Mechanicum, Syntagma 5 : Magia Tele-Dioptrica, In qua reconditiora magisque admiranda Technasmata Teledioptrica proferuntur et exponuntur, — Caput 5 : Artificia Catoptrico-dioptrica valde mira circa profectionem luminis et imaginum curiosarum proferuntur et declarantur. Technasma 3 : Mirabilem congeriem variorum Animalium sese moventium, item, serpentem et similium in albo pariete ad stuporem omnium intuentem curiosissime exhibere, p. 730.   15   technasmatis] Du grec : τέχνασμα.   18—22   *Novum et curiosum laternae augmentum quod dissertatione mathematica Rectore Magnificentissimo Serenissimo Principi ac Domino, Dn. Gulielmo Henrico Duce Saxoniae Juliaci Cliviae ac Montium Angariae Westphaliaeque etc. etc. etc. sub praesidio M. Bonifacii Henrici Ehrenbergeri Fac. Phil. adjuncti praeceptoris sui plurimum honorandi in alma Saluna D. D. Junii A. 1713 publico doctorum examini exponit Samuel Joanne Rhanaeus Grentzhopia semigallus,* Ienae, 1723.

p. 158 :   27   quae eandem (p. corr.)] qua eandem (A).

p. 159 :   27   non sit, nondum] non sit nondum (A).

p. 160 :   18—19   iidem in eadem] iidem, in eadem (A).   27   in anima, quodque] in anima quodque (A).   29   repugnat. (p. corr.)] repugnat? (A).

8   infra] § 537, 542, 547.   26   non ... inferre licet] Allusion à LANGE qui écrit: « Hic videmus, cl. Auctorem in sua animae definitione non ita expressisse facultatem eius *unam* (quamquam ne una quidem intellectus facultas recte et digne expressa sit) ut *altera* sit salva; sed eum referre *omnia* ad *unicam* istam, adeo ut neget, praeter eam *quicquam in anima deprehendi*, contendatque omnes animae proprietates *inde derivari*», *Modesta Disquisitio*..., c. 2, plac. 2, disquis., § 1, p. 71; cf. aussi *Bescheidene und ausführliche Entdeckung*..., Sect. 2, Satz 3, p. 114.

p. 161 :   10   *Theo. nat.*, I, § 180, sq.

p. 163 :   24   ex sequentibus] § 196, sq., 439, sq.

p. 164 :   17—18   possunt, spectamus] possunt spectamus (A).   26—27   Lire: mediate. 27—28   Titre marginal, lire: *perceptionum mediatarum*.

p. 166 :   17   ex eo quod perceptiones (p. corr.)] ex ea, quod perceptiones (A).   23—24 Titre marginal, lire: *obscurae*.

p. 167 :   22   Lire: *antea sensu*.

p. 168 :   1—2   Titre marginal, lire: *existentia*.   30—31   Quodsi systema harmoniae praestabilitae amplectaris] Qui systema harmoniae praestabilitae amplectuntur (A).

8   THUCYDIDE, *Historia*, II, 49, 8 (éd. de ROMILLY, Paris, 1962, t. II—1, p. 36). 8—11   quidam a peste... discernerent] Traduction de THUCYDIDE: Τοὺς δὲ καὶ λήθη ἐλάβετο παραυτίκα ἀναστάντας τῶν πάντων ὁμοίως καὶ ἠγνόησαν σφᾶς τε αὐτοὺς καὶ τοὺς ἐπιτηδείους.   31   inferius] sect. 3, c. 4.

p. 170 :   2   speciebus autem impressis (§ 112), nonnisi mediate (p. corr.)] ideae autem sensuales, seu species impressae (§ 112), nonnisi mediate (A).   16   Lire: ratio. 17   Lire: eorum.   18   Lire: organico.   19   Lire: mutatione.   20   Lire: sint.

p. 171 :   24   eadem idea ubi] eadem idea, ubi (A).

p. 172 :   24   est, ut phantasma] est ut phantasma (A).

5   praeternaturalibus] Sur le sens de cet adjectif, cf. le texte que nous citons in not. § 297, p. 240.

p. 174 :   15   ut tenebris (p. error.)] ut in tenebris (A).

p. 175 :   29   in aliquam rem (p. corr.)] in aliqua re (A).   31   possint (p. corr.)] possit (A).

p. 180 : 21 in decernendo (p. corr.)] in decernando (A).

18—19 Qui... opinantur] WOLFF fait ici allusion à LANGE qui prétend, à maintes reprises, que la conception wolffienne des sensations détruit la liberté; cf. v. g. *Caussa Dei et religionis naturalis* ..., 1727², tract. sect. 2, membr. 3, § 27, p. 434: «Necessitatem idearum ac perceptionum fatalem, libertati oppositam, statui in hoc systemate, ... demonstrato e *nexu,* qui in eo inter corpus organicum totumque *universum* et *animam* intercedit», et *Ibid.,* § 28, p. 436: «Notandum vero est, id, quod hic de *sensationibus* ... dicitur, eas cum mutationibus rerum corporearum eandem habere nexum, ad necessitatem naturae referendum, intelligi de *reliquis* animae *perceptionibus omnibus,* etiam illis *desideriorum* ac *volitionum*»; cf. aussi *Ibid.,* § 30, p. 439 et les autres textes de LANGE que nous citons in not. § 625, p. 559, ainsi que celui de BUDDE que nous citons in not. § 453, p. 371.

p. 181 : 14—15 Si quis ... existimat] Cf. les références à LANGE et à BUDDE que nous avons données in not. § 221, p. 180.

p. 182 : 30 Lire: si quae simul percepimus.

30—32 si quae simul ... alterius producat] Citation libre de la *Psychologia empirica:* «*Si quae simul ... imaginatio producit et perceptionem alterius*».

p. 183 : 31 arbitrario (p. corr.)] arbitraria (A).

p. 184 : 7 Lege: *productam.*

p. 186 : 15 Lire: per ea. 21 Lire: quae animae.

p. 187 : 19 identitate, nec] identitate nec (A).

p. 188 : 16 Lire: Quoniam. 32 Lire: *Quamdiu objectum.*

p. 192 : 26 in eo sedentis] in eodem sedentis (A).

p. 193 : 4 mox] § 237, sq.

p. 195 : 19 ex antecedentibus] § 237, sq.

p. 196 : 27 producantur; iidem] producantur, iidem (A).

2—3 a nonnullis] v. g. LISTERUS qui, dans la *Dissertatio de humoribus Serenissimae Majestati Magnae Britanniae Annae dicata,* Londini, 1709, c. 54, p. 488, sq., combat les esprits animaux et prend position en faveur du fluide nerveux. 3 ab aliis] v. g. les Scolastiques, MÉLANCHTHON, DESCARTES, MALEBRANCHE, LOCKE, etc. ... 4—5 an in oscillatione ... simul] Dans son ouvrage: *Der vernünfftige Gedancken von Gott, der Welt, und der Seele des Menschen, auch allen Dingen überhaupt, Anderer Theil bestehend in ausführlichen Anmerkungen, und zu besserem Verstande und bequemerem*

Variantes et notes de l'éditeur 727

Gebrauche derselben herausgegeben, Frankfurt am Main, 1727, c. 5, ad § 788, p. 473, ad § 815, p. 494, WOLFF indique que telle est la position adoptée par MÉLANCHTHON. Ce dernier, en effet, écrit: «Postquam enim ut in speculis, ita in organis exteriorum sensuum fulgent imagines, spiritus vibrati induunt earum similitudinem, et transvehunt eas ad cerebrum. Ibi ut lingua format, articulatam vocem, ita et cerebrum vibratum a spiritibus format suo quodam admirando motu quasi collocans spiritus, alia atque alia simulacra. Ut enim fiant actiones et imagines in cerebro, concurrere et spirituum vibrationem, et ipsius cerebri motum aliquem, consentanæum est. Non enim tantum feritur cerebrum a spiritibus, sed ipsius etiam aliquis motus est, tanquam collocans spiritus, componens et distribuens, sicut linguae motus diversi sunt, quasi collocantis in aëre diversas figuras articulatas vocis», *De Anima (Corpus Reformatorum*, vol. XIII, Halis Saxonum, 1846 (Frankfurt, 1964) *Oper. omn.*, éd. BRETTSCHNEIDER, col. 121).

p. 198 : 6 *producatur sive*] producatur, sive (A).   24 *potentia, seu*] potentia seu (A).

1 principium Psychimetrium] «*Gradus bonitatis memoriae aestimantur ex tempore impendendo, ut quid memoriae mandetur; ex numero actuum, quibus ideae reproductae memoriae demandantur; ex numero denique actuum, quibus infixae retinentur*», Psycho. emp., § 191, p. 131.

p. 200 : 22—23 Titre marginal, lire: *Facilitas producendi*.

p. 201 : 29—30 Titre marginal, lire: *in somno*.

p. 202 : 12—19 Cf. not. § 240, p. 196.

p. 204 : 29 Lire: (§ 69. 67. *Psychol. empir*.).

p. 205 : 24 Lire: quotidiana.

p. 208 : 14 Lire: *pauca*.

8 inferius] § 737, sq.

p. 209 : 2 Lire: (§ 194).   22 Lire: (§ 92. *Psychol. empir*.).

p. 211 : 6 aere odorifera] aere, odorifera (A).

31 *Specimen Physicae ad theologiam naturalem applicatae, sistens notionem intellectus divini per opera naturae illustratam*, Halae Magdeburg., 1717, 1743[2], notamment § 12, sq. (édition de 1743, p. 7, sq., repris in: THÜMMIGIUS, *Meletemata varii et rarioris argumenti in unum volumen collecta*, Brunsvigae et Lipsiae, 1720, p. 345, sq.).

p. 215 : 9 *Theo. nat.*, I, § 182, sq.

p. 216 : 8 Lire: (§ 42. *Optic*.).

p. 218 : 19 Lire: hebetudinis.   30 Lire: exporrigatur.   32 Lire: visibili.

		15 anterioribus] § 262, sq. 25 *Dioptr.*, c. 6, 7.
p. 219	:	15 mox] § 271, sq.
p. 220	:	* Lire: 220.
		30—31 in philosophia experimentali . . . patrio sermone] i. e. dans *Allerhand nützliche Versuche* . . ., t. III, c. 8, § 115, p. 507, 508 (cf. p. 7, lignes 21—22).
p. 221	:	20 Lire: microscopicis.
		19—20 in philosophia experimentali patrio sermone] i. e. dans *Allerhand nützliche Versuche* . . ., t. III, c. 6, § 74, sq., p. 272, sq. (cf. p. 7, lignes 21—22).
p. 222	:	6 *Euclides*] Cf. les «Notiones communes» en tête du Livre Ier des *Éléments* (éd. HEIBERG, vol. I, Lipsiae, 1873, p. 10, 11).
p. 223	:	23 infra] § 755.
p. 224	:	14 Ad phantasmata (p. corr.)] In phantasmata (A). 27 In memoria (p. error.)] Ita memoria (A).
p. 227	:	18 ex sequentibus] sect. 2, c. 1.
p. 228	:	22—23 Titre marginal, lire: *reproductio*.
		18 inferius] § 461. 34 sequentia] § 287, sq.
p. 231	:	35 Lire: quoque.
		1—2 in re percepta . . . distinguimus] Citation de la *Psychologia empirica*.
p. 233	:	34 quae nondum familiaria (p. corr.)] quae familiaria (A).
		36 inferius] § 461.
p. 234	:	12 est, ut] est ut (A). 24 Lire: loquimur. 28 est, quod] est quod (A). 29 imaginamur (§ 104. *Psychol. empir.*), et] imaginamur (§ 104. *Psychol. empir.*) et (A).
p. 236	:	11 percipere; nemo (p. corr.)] percipere. Nemo (A).
p. 237	:	12 ceterorum, quae] ceterorum quae (A). 12—13 denotentur, ideae] denotentur ideae (A).
p. 238	:	31 intellectualem, qua] intellectualem qua (A).
		30 mox] § 295, 296.
p. 239	:	30 inferius] sect. 3.
p. 240	:	14—15 statum praeternaturalem . . . quem Medici appellare solent] Dans les *Horae subsecivae Marburgenses quibus philosophia ad publicam privatamque utilitatem*

aptatur, 1730, trim. aestiv., IV *De Notione Naturalis, Praeternaturalis, et Non naturalis in Arte Medica*, § 9 (t. II, Francofurti et Lipsiae, 1731, p. 539, 540) WOLFF écrit: « Diximus jam superius res potissimum dividi in naturales, praeternaturales, et non naturales, quatenus morborum sunt causae (§ 2). Apparet id ex scriptis medicorum, qui laudabili instituto terminos a veteribus in medicinam semel introductos retinuerunt. Ita *Michael Ettmüllerus,* Medico theoria et praxi generali instructo Pathol., c. 3, § 1, p. 31 [i. e. *Medicus theoria et praxi generali instructus, Hoc est Fundamenta Medicinae Vera. Olim a D. Michaele Ettmüllero, Medico et Practico Lips. Celeberrimo Prof. Publ. privatim tradita. Luci publicae nunc primum donata et Indice duplici ornata. Cum privilegio Elector. Saxon.,* Francofurti et Lipsiae, 1675, B. C. D. Praecepta Pathologica cum Diagnosticis et Prognosticis, c. 3, § 1, sq., p. 31, sq.], causas morbi necessarias dividit in res naturales, non naturales, et praeternaturales. Quemadmodum vero res non naturales considerantur tanquam morborum causae externae; ita naturales et praeternaturales referuntur ad internas. Ita *Sennertus,* Inst. Medic., lib. 2, part. 2, c. 3, p. 217 [i. e. *Institutionum Medicinae, Libri quinque* (*Operum Tomus secundus, Quo continentur Institutionum Medicinae, Libri quinque. De Febribus, Libri quatuor. Fasciculus Medicamentorum contra Pestem,* Lugduni, 1666, p. 370, col. A, B)]. Au § 10 il ajoute: «Monuimus ante (§ 9), *Sennertum* doctrinae *Hippocratis* convenienter monere, quod res internae, quae causae morborum fiunt, et praeternaturalium nomine veniunt, praeter naturam in corpore inveniantur... Praeter naturam in corpore existere dicitur, quod in eo statu, quo singulae partes functionibus suis rite funguntur, in eodem existere nequit. Sane si calculi generantur in corpore humano, effectus quidam in eodem contingit, qui secundum naturam, hoc est quamdiu partes omnes functiones suas rite obeunt, locum habere nequit: necesse igitur est, ut pars aliqua, vel partes quaedam sint in statu praeternaturali, si quidem calculi generari, adeoque praeternaturaliter in corpore humano existere debent. Et hoc sensu dubio procul accipienda est existentia rerum praeter naturam in corpore humano secundum mentem veterum.»

p. 242	:	25—26 Lire: poteramus. 30 Lire: reproducimus.
p. 245	:	1—2 sequentes... propositiones] § 304, 305.
p. 246	:	19 infra] WOLFF n'est pas revenu sur ce point dans la *Psychologia rationalis*.
p. 247	:	18 inferius] sect. 3.
p. 248	:	28 addimus, ut] addimus ut (A).
		24 Lire: (§ 70. *Ontol.*).
p. 249	:	24 suo loco] Sans doute WOLFF se proposait-il de revenir sur ce point dans sa Physique en langue latine qu'il n'a pas publiée.
p. 252	:	29 excutiantur, sicque] excutiantur sicque (A).

p. 254	:	6 immutato; ubi] immutato, ubi (A).　　30 In (A) manque: *Quod erat alterum*.
p. 256	:	16 constat, immutari] constat immutari (A).　　17 implicat, ut] implicat ut (A).
		30 Lire: (§ 278. *Log*.).　　33 anacardina] Du grec: ἀναϰάρδιον, fruit en forme de cœur.
p. 257	:	13 Lire: etsi.
p. 260	:	23 comitti, ubi] comitti ubi (A).
		31 Lire: (§ 122. *Psychol. empir.*).
p. 261	:	11 habuerimus (§ 174. *Psychol. empir.*). Quamobrem (p. corr.)] habuerimus (§ 174. *Psychol. empir.*); Quamobrem (A).
p. 262	:	20 somnii a (p. corr.)] somnii, a (A).
		31 WOLFF n'est pas revenu sur ce point dans la *Theologia naturalis*.
p. 263	:	22—23 initium capit. Similiter somnium naturale per legem sensationis initium capit. Similiter somnium (p. error.)] initium capit. Similiter somnium (A).
		30—31 subsequentia] § 328, sq.
p. 264	:	15 Titre marginal, lire: *supernaturalis*.
		30 *Theo. nat.*, I, § 484, sq.　　31 *Theo. nat.*, I, § 489.
p. 265	:	2 Lire: esse.　　24 Lire: materiales.
		32 *Theo. nat.*, I, 484, sq.
p. 266	:	20 Lire: utique.　　32 Lire: influxus.
		1 *Theo. nat.*, I, § 489.　　5 quemadmodum accidit Josepho] *Math.*, I, § 13—16.　　28 patebit] sect. 3.
p. 267	:	3 Lire: supernaturale.

5 enthusiastis] i. e. ces mystiques, au mauvais sens du terme, dont parle LOCKE, *An Essay*, IV, 19 (*The philosophical Works*, éd. JOHN, vol. II, London, 1908, p. 311—321), et au sujet desquels LEIBNIZ déclare: «L'Enthousiasme estoit au commencement un bon nom. Et comme le sophisme marque proprement un exercice de la sagesse, l'Enthousiasme signifie qu'il y a une divinité en nous. *Est Deus in nobis*... Mais les hommes ayant consacré leur passions, leur fantaisies, leur songes, et jusqu'à leur fureur pour quelque chose de divin, l'Enthousiasme commença à signifier un dereglement d'esprit attribué à la force de quelque divinité, qu'on supposait dans ceux qui en estoient frappés ... Depuis on l'attribue à ceux qui croyent sans fondement que leurs mouvements viennent de Dieu»,

Nouveaux Essais, IV, 19, § 1 (GER., *Phil.*, V, p. 487); cf. encore MORE, *Enthusiasmus triumphatus: Sive de natura, causis, generibus et curatione Enthusiasmi brevis dissertatio* (*Op. omn.*, T. II—2, Londini, 1679 (Hildesheim, 1966), p. 185—226).

p. 268 : 16 Lire: quemdam.

21 Lire: (§ 248. *Psychol. empir.*).

p. 269 : 33—35 Titre marginal, lire: *ceterarum sensibilis*.

p. 270 : 23 Lire: *imaginaturi*.

p. 272 : 16 Lire: currentem. Ipsa.

p. 273 : 1 posse deprehendes, utut (p. corr.)] posse ut (A).   29—30 Lire: *compositorum*.

p. 275 : 9 componuntur, si] componuntur si (A).

19—20 sequentes... propositiones] § 342, 343.   29 Lire: (§ 125).

p. 276 : 29 Lire: entis.

p. 277 : 33—35 Titre marginal: *in actum imaginationis* (p. corr.)] *in actum*. (A).

p. 278 : 4 Lire: (§ 256. *Psychol. empir.*).

p. 279 : 22 Lire: (§ 152. *Psychol. empir.*).   26—27 figurae hieroglyphicae exemplum veluti animae apud *Comenium*] Dans l'*Orbis sensualium pictus. Hoc est, Omnium fundamentalium in mundo rerum, et in vita actionum, pictura et Nomenclatura. Editio tertia, eademq. prioribus longe auctior et emendatior; cum titulorum juxta atq; Vocabulorum indice: prout sequens pagina docebit*, Noribergae, 1662, c. 42, p. 88, COMENIUS représente l'âme à l'aide de points disposés à travers toute la surface plane du corps humain; l'indivisibilité de ces points signifie la spiritualité de l'âme, leur disposition sa substantialité, son union naturelle avec le corps et sa présence dans tout celui-ci.   27—28 aut Diaboli sub forma Monachi] Cette représentation du diable, apparue à l'approche de la Renaissance dans l'art italien du Quattrocento et chez les peintres flamands qui l'imitèrent, se trouve, par exemple, dans la fresque de la chapelle Sixtine, peinte par BOTTICELLI et dont l'une des scènes représente la tentation de Jésus au désert.

p. 280 : 1 Lire: § 349.   27 Lire: vertere.

p. 282 : 5 Titre marginal, lire: *pendeat*.

p. 283 : 28—29 Titre marginal, lire: *animae dependentia*.

		19 *Phil. pract. univ.*, I, § 527, sq.
p. 284	:	29 Qui verentur] Peut-être WOLFF fait-il ici allusion à LANGE qui ne parle pas explicitement de la loi de l'imagination, mais qui prétend que la conception wolffienne des sensations entraîne la nécessité de toutes les perceptions et de toutes les idées; cf. les textes que nous citons in not. § 453, p. 371.
p. 287	:	34 Titre marginal: *oculum* (p. corr.)] *oculorum* (A).
		23 inferius] sect. 3, c. 2—4.
p. 288	:	18 adeo aliter fieri (p. corr.)] adeo fieri (A).
		2 Lire: (§ 237. *Psychol. empir.*).
p. 290	:	13 Lire: conservare.
		6 *Ethica*, I, § 39, sq.
p. 291	:	29 Titre marginal, lire: *Attentioni*.
p. 293	:	30—31 Titre marginal, lire: *Ratio attentionis*.
p. 294	:	2 ante] § 367.
p. 295	:	32 bibliopolum] Du grec: βιβλιοπωλεῖον.
p. 297	:	16 Lire: *respondet*.
p. 300	:	32 Lire: (§ 256. *Psychol. empir.*).
p. 301	:	5 inferius] § 615, sq. 10—11 in arte conjectandi hominum... mores] «Inde est, quod Ars conjectandi hominum mores dicatur *Semiotica moralis*. Denominatio ex Medicina petita. Quemadmodum enim ea Medicinae pars, quae docet, quomodo ex certis signis morbus, qui latet, dignoscatur, et quem habiturus sit eventum, colligatur, Semiotica vel Semiologia appellatur; ita ea Philosophiae moralis pars, quae docet, quomodo ex certis signis dignoscantur mores hominum, et actiones inde pendentes praevideantur, Semiotica moralis dici suevit. Philosophiae practicae universalis pars est Semiotica moralis generalis, quam hic tradere nobis propositum est. Specialia vero reservantur philosophiae morali passim suo loco tradenda», *Phil. pract. univ.*, II, not. § 707, p. 645. 29—30 quae de attentionis directione ejusque conservatione dicta sunt] § 362, sq.
p. 303	:	24—25 quae de reflexione ... dicta sunt] § 380, sq.
p. 304	:	27 Lire: absoluta. *Quod erat alterum*.
p. 305	:	10—11 in philosophia morali] i. e. dans la *Philosophia moralis sive Ethica, methodo scientifica pertractata*, 5 tomes, Halae Magdeburgicae, 1750—1753.

p. 306	:	7 Lire: distinguit. 12 Lire: possit.
		22 in anterioribus] sect. 1, c. 2—4, § 357—386.
p. 307	:	23 Titre marginal, lire: *competat*.
p. 309	:	8 affirmari nequit (p. corr.)] inficiari nequit (A).
		19—20 quae de immutabilitate intellectus dicta sunt] § 390.
p. 310	:	25 Lire: superat.
		30 initio hujus capitis] § 371, sq.
p. 311	:	5 deduximus] § 62, 63. 7 derivamus] § 371, sq. 17 mox] § 393, sq.
p. 312	:	11 Lire: (§ 25. *Psychol. empir.*).
p. 313	:	24 in superioribus] § 374, sq.
p. 319	:	10 ex doctrina logica de definitionibus] *Log.*, pars I, sect. 2, c. 4. 11 et ontologica ... de ente in genere] *Ont.*, pars I, sect. 2, c. 3. 33 per anteriora] § 62, 63, 183, 387.
p. 321	:	14 inferius] § 411.
p. 322	:	15—16 Lire: (§ 362. et seqq. *Psychol. empir.*).
p. 324	:	20 *Log.*, pars I, sect. 4.
p. 325	:	7 mox] § 411. 16—17 Lire: (§ 374. et seqq. *Psychol. empir.*).
p. 326	·	12—17 La doctrine des propositions modales est exposée par saint THOMAS dans le *De propositionibus modalibus, Opuscula philosophica* (éd. SPIAZZI, Taurini, 1954, notamment n. 719, 720, p. 243) et dans un autre opuscule, considéré comme apocryphe: *Summa totius logicae Aristotelis*, tract. 9, c. 11—13, qui contient aussi celle des syllogismes modaux, tract. 10, c. 13—15. Cf. encore, entre autres: CORNAGERUS, *Idea philosophiae rationalis seu logica, paucis multa complectens de iis quae spectant ad mentis directionem. Pars prima totius philosophiae*, Parisiis, 1654, lib. II, c. 6, De affectibus propositionum modalium, p. 290—304, lib. III, c. 5, art. 1, 2, De syllogismo modali, p. 358—364, — ZABARELLA, *Tabulae logicae: in quibus summa cum facilitate ac brevitate ea omnia explicantur, quae ab aliis prolixe declarari solent, Quinto editae*, 1694, De Enunciationibus modalibus, p. 142, sq. *(Opera Logica: Quorum argumentum, seriem et utilitatem ostendit tum versa pagina, tum affixa Praefatio Joannis Ludovici Hawenreuteri Doctoris Medici, et Philosophi, in Argentoratensi Academia Professoris. Rerum quoque et Verborum maxime memorabilium Indices accesserunt locupletissimi, Editio Tertia*, Coloniae, 1697 (Hildesheim, 1966). A noter qu' ARISTOTE avait traité des syllogismes modaux in *Prior. Analyt.*, c. 8—22.
p. 327	:	14—17 si de propositione ... inferes conclusionem] Citation de la *Psychologia*

empirica.

p. 328 : 15 in superioribus] § 183, 387.

p. 329 : 14 ratiocinia continuaturis (p. error.)] ratiocinia continuaturi (A).   21 excedere, quam] excedere quam (A).

p. 330 : 15 datur, excludit] datur excedit (A).   27—28 exprimuntur propositionibus] exprimuntur, propositionibus (A).

p. 331 : 8 *Log.*, pars I, sect. 4.

p. 332 : 1—2 Lire: (§ 362. et seqq. *Psychol. empir.*).   27 in sequentibus] § 417, 418.

p. 335 : * Lire: § 335.   1 Lire: quadam.

p. 337 : 6—7 oriantur (§ 605. *Psychol. empir.*) et cum insigni voluptatis vel taedii gradu conjunguntur (§ 606. *Psychol. empir.*), consequenter (p. corr.)] oriantur (§ 605. *Psychol. empir.*), consequenter (A).   23 Lire: satis.

p. 338 : 33 Lire: quam.

p. 344 : 32—33 *Dissertatio philosophica de loquela, quam Amplissimae Facult. Philosophicae gratioso Indultu A. O. R. MDCCIII. die XX Decembris Horis locoque consuetis, sub praesidio Dn. M. Christiani Wolffii, Vratislaviensis, praeceptoris atque fautoris sui maximopere colendi, placido eruditorum examini submittit Johannes Justus Gravius, Spangenberga Hassus Casellan. Philisoph. et Medic. Studiosus,* Lipsiae, (s. d.) § 7, sq., p. 4, sq.

p. 345 : * Lire: *et Intellectu.*   10 Lire: communia indigitantur.   11 Lire: ac specierum.   29 possumus, nisi] possumus nisi (A).

p. 346 : 5 Lire: ac.   6 Lire: eorum.   7 Lire: nisi.   10 Lire: sensu vel.   11 Lire: potest.

25 nihil esse in intellectu, quod non fuerit in sensu] Axiome scolastique repris par Leibniz, qui ajoute: «*nisi ipse intellectus*», *Nouveaux Essais*, II, 1, § 2 (Ger., *Phil.*, V, p. 100); cf. encore *Considérations sur la doctrine d'un Esprit Universel Unique* (*Ibid.*, VI, p. 532).   26—27 qui ... inferunt] Sans doute Wolff fait-il ici allusion à Locke qui, refusant la doctrine des idées innées affirme que ce sont les sens qui remplissent notre esprit des idées qu'il n'avait point auparavant, *An Essay*, I, 2, § 15, et définit la mémoire comme le réservoir de celles-ci «the storehouse of our ideas», II, 10, § 2. Mais il ajoute aussitôt après: «But our ideas being nothing but actual perceptions in the mind, which cease to be anything when is no perception of them, this laying up of our ideas in the repository of the membry signifies

no more but this, that the mind has a power in many cases to revive perceptions which it has once had, with this additional perception annexed to them, that it has had them before. And in this sense it is that our ideas are said to be in our memories, when indeed they are actually nowhere» (*The philosophical Works*, éd. JOHN, London, 1905, vol. I, p. 142, 263). 30 *Aristotelicorum* hypothesin] Cf. ARISTOTE: "Ἡ τὸ μὲν πάσχειν κατὰ κοινόν τι διῄρηται πρότερον, ὅτι δυνάμει πώς ἐστι τὰ νοητὰ ὁ νοῦς, ἀλλ' ἐντελεχείᾳ οὐδέν, πρὶν ἂν νοῇ. Δεῖ δ' οὕτως ὥσπερ ἐν γραμματείῳ ᾧ μηθὲν ὑπάρχει ἐντελεχείᾳ καταγεγραμμένον ὅπερ συμβαίνει ἐπὶ τοῦ νοῦ, *De Anima*, III, 4, 429b 29—430a 2, et saint THOMAS: «Intellectus igitur dicitur pati, inquantum est quodammodo in potentia ad intelligibilia, et nihil est actu eorum antequam intelligat. Oportet autem hoc sic esse, sicut contingit in tabula, in qua nihil est actu scriptum, sed plura possunt in ea scribi», *In Aristotelis librum de Anima Commentarium*, éd. PIROTTA, Taurini, 1959, lect. 9, n. 722, p. 171; cf. aussi lect. 13, n. 738, p. 175. LOCKE a repris cette image: «Let us then suppose the mind to be, as we say, white paper, void of all characters, without any ideas; how comes it to be furnished», *An Essay*, II, 1, § 2 (vol. I, p. 205), que LEIBNIZ rejette: «Cette *tabula rasa* dont on parle tant, n'est à mon avis qu'une fiction que la nature ne souffre point et qui n'est fondée que dans les notions incompletes des Philosophes ... L'âme at-elle des fenêtres, ressemblet-elle à des tablettes? est-elle comme de la cire?», *Nouveaux Essais*, II, 1, § 2 (GER., *Phil.*, V, p. 99, 100); cf. encore: *op. cit.*, préface (*Ibid.*, p. 42, 45), I, 1 (*Ibid.*, p. 63, 76), I, 3, § 20 (*Ibid.*, p. 97), *Réflexions sur l'Essai sur l'entendement humain de Mr. Locke* (*Oper. phil. omn.*, éd. ERDMANN, Berolini, 1840 (Aalen, 1958), t. I, p. 137), *Remarques sur le livre de l'origine du mal publié depuis peu en Angleterre*, § 4 (GER., *Phil.*, VI, p. 403).

p. 347 : 28—29 Lire: non possumus.

2 in superioribus] sect. 1, c. 1.   4 in sequentibus] § 430, sq.

p. 348 : 15 Lire: antequam.   18 Lire: appellant.   20 proficiant (p. corr.)] proficerent (A).

23—25 philosophiam experimentalem ... ad philosophiam universam extendi] WOLFF avait déjà noté dans le *Discursus praeliminaris de philosophia in genere*, not. § 107, p. 48: «Ceterum experimentatio posset quoque ad omnem philosophiam reliquam extendi, atque sic Philosophiae experimentalis notio amplior evaderet, quam ubi vulgo ad solam Physicam experimentalem nomen istud restringitur.» 26—27 *aliquoties mentionem ... theologiae experimentalis*] «Sane quatenus in Teleologia confirmantur ex operum naturae contemplatione, quae in Theologia naturali de Deo demonstrantur, Teleologia *Theologiae experimentalis* rationem habere», *Disc. prael.*, not. § 107, p. 48, — «Voco autem Theologiam experimentalem, quae veritates in Theologia naturali dogmatica demonstratas ex obser-

		vationibus confirmat, sicque quasi examen revocat», *Cosmo.*, not. § 76, p. 80; cf. encore *Ibid.*, not. § 53, p. 49, *Psycho. emp.*, not. § 7, p. 6.
p. 349	:	12 Lire: *fuerit*.
p. 351	:	8 Lire: *vel ubi*. 9 Lire: ea in nobismetipsis. 9—10 Lire: *satisfaciunt*.
p. 353	:	4 *Confucius*] Dans l'*Oratio de Sinarum philosophia practica In solemni panegyri recitata, cum in Ipso Academiae Halensis Natali XXVIII d. XII Juli A.O.R. 1721. Fasces prorectorales successori traderet, Notis uberioribus Illustrata*, Francofurti ad Moenum, 1726, p. 70, note 105, WOLFF renvoie à Conf. Scient. Sin. [i. e. *Confucius Sinarum Philosophus sive Scientia Sinensis Latine exposita. Studio et opera Prosperi Intorcetta, Christiani Herdtrich, Franscisci Rougemont, Philippi Couplet, Patrum Societatis Jesu. Jussu Ludovici Magni Eximio Missionum Orientalium et Litterariae Reipublicae bono E Bibliotheca Regia in lucem prodit. Adjecta est Tabula Chronologica Sinicae Monarchiae Ab hujus exordio ad haec usque tempora*, Parisiis, 1678, lib. 3, part. 4, f. 40, 41. 5 alii] Peut-être WOLFF fait-il ici allusion à LANGE qui publia le texte de l'*Oratio de Sinarum philosophia practica* ... avec des notes contenant une critique tres vive de ce discours, au début d'un ouvrage intitulé: *Nova Anatome seu idea analytica systematis metaphysici Wolffiani, qua illud in integra compage sua, secundum suam sic dicti Idealismi et Materialismi genesin, seu compositionem biformem, ob graves rationes denuo resolutum atque evisceratum exhibetur, cui e speciali consilio et consensu ordinis Theologorum in Acad. Frideric. Praemittitur oratio de Sapientia Sinarum Confuciana, quam Systematis istius auctor Halae Saxon. Die XII Julii A. MDCCXXI in solemni panegyri, cum fasces pro-Rectorales successori traderet, recitavit, notis elencticis uberioribus instructa; ac subjungitur epicrisis in notas orationis Wolffianas*, Francofurti et Lipsiae, 1726.
p. 355	:	23 Lire: (§ 56. *Ontol.*)
p. 357	:	13 *habet, cur*] *habet cur* (A).
p. 358	:	8 *Cosmo.*, sect. 1, c. 1. 11—12 per antecedentia] § 435, 436.
p. 360	:	28 Lire: integram.
		4 in anterioribus] § 435, sq.
p. 363	:	13 antea] — 20 per antecedentia] § 440, 441.
p. 366	:	3 *Ont.*, § 230, sq.
p. 367	:	15 Lire: praecedentis.
		29 Lire: (§ 993. *Log.*).
p. 369	:	2 Titre marginal, lire: *Quomodo*.

p. 370 : 3 Lire: Adjectiva.

15—16 per modum potentiae remotae] — 19 proximae] cf. not. § 713, p. 634.

p. 371 : 12—14 ratio in vi repraesentativa universi, qualis in anima datur, rationem sufficientem habet (§ 118. *Ontol.*), consequenter eam non excedit] ratio vim repraesentativam universi, qualis in anima datur, non excedit (A).   21—22 qualem animae convenire supra evicimus (§ 62), quod homini competat ratio; non tamen (p. corr.)] qualem animae supra evicimus (§ 62), non tamen (A).

15 Falluntur ... qui] Allusion à LANGE qui déclare: «Nihil enim anima in hoc systemate est aliud, quam *substantia specularis*, seu *mundi repraesentativa*, nil, nisi *potentiam* mundi *repraesentativam* habens», *Caussa Dei et religionis naturalis* ..., 1727², tract. sect. 2, membr. 3, § 19, p. 425; cf. encore § 11, 12, 27, p. 416, 417, 435. BUDDE affirme également: «Was nun die Seele des Menschen insonderheit anlanget, so ist sie nach des Autoris Philosophie eine *Substantia Universi repraesentativa pro ratione corporis organici, et ejus in Universo situ* ..., oder wie er anderswo redet: das Wesen der Seele bestehet in der Krafft, sich die Welt vorzustellen, nach dem Stande des Leibes in der Welt ... Welches nach dem Sinn des *Autoris* so zuverstehen, dasz diese Vorstellung nur eigentlich eine Empfindung, und also nicht so wohl eine *actio,* als nur eine *passio* ist: welches wie es an sich ein höchst-irriger Concept von der Seele ist, so wird dadurch der Grund geleget die Seele aller Freiheit zu berauben. Dahin gehöret denn auch, dasz der *Autor* die Seele nicht anders als ein Uhrwerck concipiret, darinnen alle *perceptiones cogitationum, volitionum, decretorum,* ja alle Bewegungen in einer unverrückten Ordnung wie in der mechanischen Welt auf einander erfolgen», *Bedencken über die Wolffianische Philosophie* ..., § 11, p. 84—86.   18—19 Immo absonum est] Allusion à LANGE toujours qui écrit: «Quid dicam de attributis voluntatis ex ista definitione derivandis; cum ne ipsius quidem *intellectus* attributa inde possint derivari. Nemo ulla idonea ratione negabit, praeter facultatem ideas recipiendi passivam intellectus esse, a) ut ideas de rebus corporeis in se libere excitet: b) ut excitatis libere utatur ad novas abstractiones, distinctiones, coniunctiones, comparationes, determinationes, inventiones, ac conclusiones: c) ut integras disciplinas ac scientias mere abstractivas comprehendat: d) ut vitam universam dirigat: e) ut circa res divinas versetur, ideam de Deo eiusque cultu sibi formet», *Modesta Disquisitio* ..., c. 1, placit. 1, disquis., § 6, p. 68, 69.

p. 372 : 8 furiosis (p. error.)] furiosos (A).   9 Lire: erroribus.   10 Lire: tamen.

22 Lire: *omnes.*   26 Lire: quando.

p. 373 : 18—20 notiones universales (§ 520; 521. *Log.*), siquidem (p. error.)] notiones universales (§ 520. 521. *Log.*), eadem determinatae respondeant (§ 320. *Log.*), siquidem (A).

p. 374 : 1 Lire: sponte.   13 rem habere liquet, ubi] rem habere, ubi (A).
31 nonnulli] Cf. v. g.: Cicéron, *De Legibus*, I, 10, § 30: «ratio, qua una praestamus belluis, per quam conjectura valemus, argumentamur, refellimus, disserimus, conficimus aliquid, concludimus, certe est communis, doctrina differens, discendi quidem facultate par», — Gassendi, *Philosophiae Epicuri Syntagma*, pars III, c. 6 (*Oper. omn.*, t. III, Lugduni, 1658 (Stuttgart-Bad Cannstatt, 1964), p. 69): «Itaque, cum Ratio generatim nihil aliud sit, quam facultas ratiocinandi seu judicandi, ac unam rem inferendi, ex alia; tum illam speciatim heic accipimus, quae in rebus agendis, seu in Electionem, Fugamque cadentibus, judicat, ac infert, seu ratiocinatur», — Christianus Thomasius, *Institutiones Jurisprudentiae divinae, In positiones succincte contractae, In quibus Hypotheses Illustris Puffendorfii circa doctrinam Juris Naturalis Apodictice demonstrantur et corroborantur, praecepta vero Juris Divini Positivi Universalis primum a Jure Naturali distincte secernuntur, et perspicue explicantur, His praemissa est Dissertatio Proemialis et magnam partem Apologetica*, Francofurti et Lipsiae, 1688, lib. I, c. 4, § 52, p. 134: «Ratio hominis in *cogitatione* consistit. Cogitare est connectere terminum cum termino, propositionem cum propositione, quod posterius *ratiocinari* vocatur.»

p. 376 : 9—10 saepius] not. § 285, p. 228, not. § 290, p. 233, 234, not. § 293, p. 237, not. § 389, p. 307, not. § 390, p. 308.

p. 378 : 21 saepius] Cf. les références que nous avons données in not. § 460, p. 376.
22 Connor, *Evangelium Medici seu Medicina Mystica; De Suspensis Naturae Legibus, sive De Miraculis; Reliquisque* ἐν τοῖς βιβλίοις *Memoratis, quae Medicae indagini subjici possunt. Ubi perpensis prius Corporum Natura, sano et morboso Corporis Humani Statu, nec non Motus Legibus, Rerum Statu, super naturam, praecipue qui Corpus Humanum et Animam spectant, juxta Medicinae Principia explicantur*, Londini, 1697, art. 15, p. m. (i. e. pagina media) 181, sq.

p. 379 : 27 Lire: quidam.
6—7 Connor, *Op. cit.*, art. 15, p. 182, 183.   26—27 Historia Academiae Regiae Scientiarum Parisinae Anno 1703] *Histoire de l'Académie royale des sciences. Année 1703, Avec les mémoires de Mathématique et de Physique, pour la même Année. Tirés des registres de cette Académie*, Paris, 1705, *Diverses observations de physique générale*, § V, p. 18—19.

p. 381 : 15 sejunctam puram (p. error.)] sejuncto tam parum (A).
1 Archimède, *Arenarius* (*Opera omnia cum commentariis Eutochii*, éd. Heiberg, vol. II, Lipsiae, 1813, notamment § II—IV, p. 232—242). La numération parlée des Grecs s'arrêtait à la myriade (10.000). Il leur était donc impossible d'exprimer

des nombres trés élevés. Pour rémédier à cette difficulté, ARCHIMÈDE propose, dans cet opuscule, un système de numération dont la base est la myriade de myriades (10.000²) et qui permet d'exprimer des nombres comportant des millions de millions de chiffres.

p. 382 : 13 Materialistas] Cf. HOBBES, *Objectiones ad Cartesii Meditationes, Objectiones tertiae*, 4 (*Oper. phil. lat. omn.*, éd. MOLESWORTH, London, 1839—1845 (Aalen, 1961), vol. V, p. 257, 258, A. T., VII, p. 178): «Quid jam dicimus, si forte ratiocinatio nihil aliud sit quam copulatio et concatenatio nominum sive appellationum per verbum hoc *est*? Unde colligimus ratione nihil omnino de natura rerum, sed de earum appellationibus: nimirum, utrum copulemus rerum nomina secundum pacta, quae arbitrio nostro fecimus circa ipsarum significationes vel non. Si hoc sit, sicut esse potest, ratiocinatio dependebit a nominibus, nomina ab imaginatione, et imaginatio forte, sicut sentio [sic], ab organorum corporeorum motu: et sic mens nihil aliud erit praeter quam motus in partibus quibusdam corporis organici.»

p. 385 : 22—23 in Metaphysicis . . . veluti in Theologia naturali, quae ejus pars est] «Psychologia et Theologia naturalis nonnumquam *Pneumaticae* nomine communi insigniuntur, et *Pneumatica* per scientiam spirituum definiri solet. Ontologia vero, Cosmologia generalis et pneumatica communi *Metaphysicae* compellantur», *Disc. prael.*, § 79, p. 36.

p. 386 : 3 est, ut] est ut (A).

p. 387 : 5 *Theo. nat.*, I, § 279, II, § 122.

p. 389 : 2 Titre marginal, lire: *cerebri*.   12   Lire: (§ 306. *Psychol. rat.* et § 56. *Ontol.*), bonitas.   13   Lire: (§ 851. *Ontol.*). Atque.

p. 392 : 24   Lire: inventorem agit.

p. 393 : Page introduite par erreur.

p. 395 : 10—11 *In omni perceptione... perceptionem*] Cf. LEIBNIZ, *Théodicée*, III, § 403 (GER., *Phil.*, VI, p. 356—367): «toute perception presente tend à une perception nouvelle, comme tout mouvement qu'elle représente tend à un autre mouvement»; cf. aussi *Monadologie*, § 10, sq. (*Ibid.*, p. 608, 609).

p. 396 : 12   Lire: nullo.

7—8 Conatus mutandi perceptionem praesentem dicitur *Percepturitio*] Cf. LEIBNIZ, *Principes de la Nature et de la Grâce*, § 2 (GER., *Phil.*, VI, p. 598): «les *appetitions* [de la monade] (c'est-à-dire, ses tendances d'une perception à l'autre)», *Monadologie*, § 15 (*Ibid.*, p. 609): «L'action du principe interne, qui fait le changement ou le passage, d'une perception à une autre, peut être appellé *Appetition*.»

Ratio praelectionum Wolffianarum in Mathesin et philosophiam universam et Opus Hugonis Grotii de jure belli et pacis, Halae Magdeburgicae, 1735², pars II, c. 3, § 22, p. 150.

p. 397 : 3 quosdam] Cf. v. g. LANGE, *Modesta Disquisitio* ..., c. 2, placit. 1, disquis. § 5, p. 68: «Neque dicere potest vir clarissimus, hanc animae definitionem ita esse comparatam, ut inde singula animae attributa possint derivari. Certe voluntatis facultas inde nulla consequentia potest deduci.» — *Caussa Dei et religionis naturalis* ..., 1727², tract. sect. 2, membr. 3, § 11, p. 416, 417: «Ita vero animae definitio non exhibet illud, quod in anima maxime est essentiale, et unde reliquae ejus proprietates erui possunt; sed est obscura, inadaequata, et ita comparata, ut ne quidem genuinam intellectus, et multo minus ullam liberam voluntatis, notionem contineat et gignat.»   6 Malevolorum ... cavillationes] Cf. les textes de LANGE et de BUDDE que nous citons in not. § 612, p. 543, not. § 625, p. 559, not. § 630, p. 569.

p. 401 : 19 inferius] sect. 3, c. 4.

p. 403 : 2 Lire: huc.   6 Lire: *quali*.

1 postea] § 488, sq.   19 *Optic.*, § 65, sq.

p. 404 : 23—25 Titre marginal, lire: *aversio percepturitionis*.

p. 406 : 6 Lire: sentiamus.

p. 408 : 15 docebimur, perceptiones] docebimur perceptiones (A).

p. 409 : 23 qui vel realem universi existentiam] i. e. les Idéalistes comme BERKELEY; cf. § 36, p. 25.   24 vel physicam animae a corpore dependentiam] v. g. MALEBRANCHE et les Occasionnalistes (cf. not. § 589, p. 51), LEIBNIZ et les partisans de l'harmonie préétablie (cf. not. § 612, p. 542).

p. 410 : 9 Lire: (§ 709. *Ontol.*).

p. 412 : 1—3 Quodsi appetitum ... fieri solet]   et 25—27 Quodsi eam ... fieri solet] Cf. *Psycho. emp.*, § 584, p. 443.

p. 414 : 3—4 Lire: revocare.

p. 415 : 27 paulo ante] § 489.

p. 417 : 31 Es siehet heute einer recht vergnüget aus] i. e.: En voilà un qui a l'air tout à fait satisfait aujourd'hui.

p. 418 : 26 suo loco] *Phil. pract. univ.*, II, c. 4, notamment § 707, sq.

p. 419 : 6 Lire: *comes*.

p. 420	:	9 in eodem locum (p. error.)] in eodem loco (A).

5—6 Er siehet ganz verdrüslich aus] i. e.: Il a l'air tout à fait dépité. 26 de systematis] Cf. § 453 et sect. 3, c. 2—4.

p. 421 : 16 in sequentibus] sect. 3, c. 2—4.

p. 425 : 10—11 antiqua praxis in judiciis Sinarum] Dans l'*Oratio de Sinarum philosophia practica* . . ., p. 54, 55, note 78, WOLFF renvoie à *Confucius Sinarum philosophus, sive Scientia Sinensis* . . ., lib. 1, f. 12, 13 (cf. p. 353, lignes 4, 5).

p. 426 : 30 Lire: *conatus vehementiores impediendi.*

7 *Phil. pract. univ.*, II, c. 4, notamment not. § 707. 26 ulterius] § 505, sq.

p. 428 : 3—4 ex iis . . . quae de libertate dicuntur] § 526, sq.

p. 429 : 32 agnoscantur; penitius] agnoscatur, penitus (A).

p. 431 : 31 *Phil. pract. univ.*, I, c. 6, notamment § 543, sq.

p. 432 : 22 Lire: sanguinem.

30—31 artem conjectandi hominum mores] Cf. le texte que nous avons cité in not. § 381, p. 301.

p. 433 : 29 Titre marginal, lire: *realis.*

p. 436 : 15 Lire: qualitate vini.

30 *Psycho. emp.*, pars II, sect. 2, c. 1.

p. 439 : 7 qui sibi persuadent] Allusion à LANGE et à BUDDE; cf. les textes que nous avons cités in not. § 453, p. 371.

p. 441 : 15—16 eodem modo (p. error.)] eodem modo (A). 23 necesse est, ut] necesse est ut (A).

1 *Ethica*, II, c. 1, 2. 1—2 *Theo. nat.*, II, § 905, sq.

p. 443 : 31 paulo ante] not. § 523.

p. 444 : 1 Lire: § 525. 8—9 aliud; nisi] aliud, nisi (A).

7 in anterioribus] sect. 2, c. 1.

p. 445 : 28—29 hypothesium] Cf. § 553 et sect. 2, c. 1. 32—33 consequentiarii] «*Consequentiarii* dicuntur, qui consequentiis alio fine utuntur, quam animo refutandi. Vocantur etiam *Judices consequentiarii,* nec non, *consequentiarium fabri.* Judices consequentiarii appellantur, quia ex consequentiis, quibus dissentientes onerant, temere de iisdem judicant; consequentiarium vero fabri, quia consequentias fingunt, quas ex propositionibus impugnatis fluere nullo modo demonstrare valent, cum refutator non urgeat consequentiam, nisi quam legitima ratiociniorum

concatenatione ex ea, quam refutandum sibi sumit, propositione deducere valet»,
Log., § 1046 et not., p. 749, 750.

p. 446 : 2 Lire: de veritate.

p. 447 : 3 hypotheses] Cf. sect. 3, c. 2—4.

p. 449 : 13 *Vi* (p. error.)] *Vis* (A).

p. 450 : 22 Qui comprehendere non potuerunt] Cf. les textes de LANGE et de BUDDE que nous avons cités in not. § 453, p. 371 et in not. § 482, p. 397.

p. 451 : 14 loquendi motus (p. error.)] loquendi modus (A). 19 Lire: § 531.

14 loquendi modus hodie receptus] Dans les écrits indiqués par WOLFF in not. § 612, p. 542, LEIBNIZ emploie indifféremment les mots: système ou hypothèse, pour désigner sa propre doctrine sur les rapports de l'âme et du corps, ainsi que celles des causes occasionnelles et de l'influx physique. Cette appellation a été reprise à sa suite dans les innombrables écrits sur ce sujet.

p. 452 : 10 quorum hi corporum, illi animarum (p. corr.)] quorum illi corporum, hi animarum (A).

5 Quaestio de commercio inter mentem et corpus] C'est surtout à partir du XVIIème siècle qu'on a senti avec acuité les difficultés de cette question, comme en témoignent la critique de la doctrine de l'influx physique par les tenants des causes occasionnelles et ceux de l'harmonie préétablie, ainsi que la controverse qui a opposé les Occasionnalistes et les Harmonistes; cf. sect. 3, c. 3, 4. Et il est possible, comme l'indique WOLFF, que c'est l'impossibilité de clore cette controverse qui a amené les Idéalistes, comme BERKELEY, à nier l'existence des corps, et les Matérialistes, comme TOLAND et COWARD, à n'admettre d'autre substance que matérielle; cf. les textes que nous avons cités in not. § 33, not. § 36, not. 42, p. 25, 28. Mais il est à noter que saint AUGUSTIN avait déjà souligné la difficulté de ce problème, *De civitate Dei,* lib. 21, c. 10, § 1 (*P. L.,* t. LI, col. 725): «Quia et iste alius modus, quo corporibus adhaerent spiritus, ut animalia fiunt, omnino mirus est, nec comprehendi homine potest, et hoc ipse homo est.» 30 *Horae subscesivae Marburgenses...,* 1729, trim. vern., I *De Hypothesibus philosophicis,* t. I, Francofurti et Lipsiae, 1729, p. 177, sq. (cf. p. 240, lignes 14—15).

p. 453 : 19 Lire: hodiernum.

18—19 quibus... conati fuere] i. e. les partisans de l'influx physique et des causes occasionnelles. 19—20 vel hodienum conantur] i. e. les partisans de l'harmonie préétablie.

p. 455 : 9 consequentiarium] Cf. la définition donnée in not. § 525, p. 445.

p. 456 : 6—7 Titre marginal, lire : *independentia*.

p. 457 : 31 eo ipso memento (p. error.)] eo ipso momento (A).
10 alios libertatem asseruisse] v. g. ARISTOTE, les Scolastiques, LOCKE.
10—11 alios eandem impugnasse] v. g. HOBBES qui résume sa position sur la liberté dans le texte suivant : «Neque libertas volendi vel nolendi major est in homine quam in aliis animalibus. Nam in appetente appetendi causa praecesserat integra, et proinde ipsa appetitio, ut cap. IX, art. 5 ostensum est, non sequi non poterat, id est, secuta est necessario. Libertas igitur talis, ut a necessitate libera sit, neque hominum neque brutorum voluntati convenit. Quod si per *libertatem* intelligamus facultatem, non quidem *volendi*, sed quae volunt *faciendi*, ea certe libertas utrique concedi potest ; et cum adest, aeque utrique adest», *Elementa philosophiae*, sect. I, *De corpore*, pars IV, c. 25, § 13 (*Oper. phil. lat. omn.*, éd. MOLESWORTH, London, 1839—1845 (Aalen, 1961), vol. I, p. 333).

p. 458 : 30 in Astronomia] Cf. *Psycho. rat.*, § 557, p. 480.

p. 459 : 10—14 Allusion à LANGE et à BUDDE qui prétendent que WOLFF a édifié sa théorie de l'âme à partir du système de l'harmonie préétablie ; cf. les textes que nous avons cités p. 16*, lignes 9—15.

p. 460 : 15—16 Lire : contingentes.
8 illorum molimina] Sans doute WOLFF fait-il ici allusion, entre autres, à LANGE qui n'a cessé de combattre avec acharnement le système de l'harmonie préétablie ; cf. v. g. : *Caussa Dei et religionis naturalis* ..., 1727², tract. sect. 2, membr. 4, p. 448—464, *Modesta Disquisitio* ..., c. 2, notamment placit. 9, et epicrisis, p. 113—178, *Bescheidene und ausführliche Entdeckung* ..., sect. 2, satz 5—13, p. 125—210.
26—27 ex anterioribus] § 538.

p. 463 : 28—31 Peut-être WOLFF fait-il ici allusion aux Occasionnalistes qui, comme MALEBRANCHE et François LAMY, prétendent que l'accord des impressions organiques et des sensations ou, selon la terminologie wolffienne, des espèces impresses et des idées sensuelles, dépend de la pure volonté de Dieu ; cf. les textes que nous citons in § 594, p. 479. 29 paulo post] sect. 3, c. 4. 33 paulo post] § 626, sq.

p. 464 : * Lire : 464. 5 Lire : corporis.
18—24 Cf. les références que nous avons données in not. § 451, p. 463.

p. 466 : 19 Lire : commercium. 34—35 tribuendum qui] tribuendum, qui (A).
14—17 Il est bien connu que, selon SPINOZA, «omnia inevitabili necessitate ex Dei natura sequi», *Epistola 75 ad Oldenburgium* (éd. GEBHARDT, t. IV, p. 311). Car, comme il le dit encore, «ex sola . . . necessitate Dei essentiae sequitur Deum

esse causam sui ... et ... omnium rerum», *Ethica*, pars I, prop. 34, demons. (*Ibid.*, t. II, p. 77). La nécessité de la production divine est même telle que Dieu n'aurait pu produire les choses d'une autre manière et dans un autre ordre, ni des choses d'une autre nature, *Ethica*, pars I, prop. 33 et scholium 2 (*Ibid.*, t. II, p. 73, 74—76). Il a de plus produit intégralement tout ce qu'il pouvait produire, prop. 17, demons. (*Ibid.*, t. II, p. 62). Aussi n'y a-t-il point de place, dans une telle perspective, pour des possibles, d'autant moins que la toute-puissance de Dieu «actu ab aeterno fuit, et in aeternum in eadem actualitate manebit», pars I, prop. 17, scholium (*Ibid.*, t. II, p. 62). Et c'est pourquoi on peut penser que WOLFF a voulu écrire ligne 16: «numerum possibilium intra numerum actualium coarctans», plutôt que: «numerum actualium intra numerum possibilium coarctans». 18—19 Ethica... quae inter posthuma opera locum tenet] *Benedicti de Spinoza opera posthuma, Ethica, ordine geometrico demonstrata. Tractatus politicus; Tractatus De intellectus emendatione; Epistolae; Compendium grammatices linguae hebraicae*, Amstelodami, 1677. 19—25 Allusion à ceux qui, comme LANGE, et aussi, dans une certaine mesure, LEIBNIZ, prétendent que la doctrine des causes occasionnelles conduit tout droit au Spinozisme; cf. les textes que nous citons in not. § 605, p. 531.

p. 468 : 16 Lire: *mentem.*

21—26 Allusion à LANGE qui prétend que dans le système de l'harmonie préétablie: «Quaecumque Scriptura sacra de historia lapsus et allocutione Dei orali ad Mosen, aliosque prophetas, et de aliisque factis, perhibet, ea omnia ac singula in tantum falsa sunt, in quantum rerum propositarum notitia per visum et auditum in anima excitata esse dicitur, aut supponitur; eaque omnia fuerunt supervacanea, cum anima quaelibet ista omnia e se ipsa evolverit. Falsum speciatim est, e concionibus Christi et Apostolorum illam ideam excitatam fuisse in anima auditorum; quia anima ea omnia, quae sub actu concionum in mente concepta sunt, e se ipsa necessitate essentiae evolverit, ipsam quoque ideam de persona Christi, sine ullo sensuum subsidio», *Caussa Dei et religionis naturalis* ..., 1727², tract. sect. 2, membr. 3, § 14, 4, p. 421.

p. 469 : 27—28 revocaturi, fidem] revocaturi fidem (A).

27—28 in superioribus] § 63, sq. 17 qui sibi persuadent] v. g. LANGE et BUDDE; cf. les textes que nous avons cités p. 16*, ligne 12. 18 in anterioribus] § 63, sq. 25 mox] sect. 3, c. 2—4.

p. 470 : 2 Lire: *de essentia.*

2 supra] § 63, sq. 30 constabit] sect. 3, c. 2—4.

p. 472 : 10 tribuit, quod (p. corr.)] tribuit, qui (A).

p. 473	:	17 Idealistae... Materialistae] Cf. les références que nous avons données in not. § 33, not. § 35, not. § 36, not. § 42, p. 25, 28.
p. 474	:	18 systema influxus physici] sect. 3, c. 2. 20 systema causarum occasionalium] sect. 3, c. 3. 21 systema harmoniae praestabilitae] sect. 3, c. 4.
p. 475	:	18 Lire: contentionis.

1   *Psycho. emp.*, pars II, sect. 2, c. 3.   20 *systema ignorantiae*] LOCKE prétend que nous ne pouvons comprendre comment s'effectuent nos mouvements volontaires, *An Essay*, II, 23, § 28, IV, 10, § 19 (*The philosophical Works*, éd. JOHN, vol. I, London, 1905, p. 441, 442, vol. II, London, 1908, p. 242, 243). Il reproche aussi à MALEBRANCHE d'employer un malheureux «argumentum ad ignorantiam», quand il présente sa doctrine de la vision de toutes choses en Dieu comme la seule vraie, sous prétexte qu'il est impossible de trouver une meilleure explication de notre connaissance des choses extérieures, *An Examination of P. Malebranche's opinion of Seeing all things in God*, § 2 (*Ibid.*, vol. II, p. 414). LANGE écrit également: «Animam CORPUS REGERE AC MOVERE, et CORPUS ab ANIMA secundum liberum arbitrium REGI ac MOVERI manifestissimum est: ... Ex argumentatione dissentientium ἀλόγῳ. Nam nihil habent quod cum ulla veri specie urgere possint et soleant, quam *ignorantiam modi*, qua spiritus agere possit in corpus... Et haec ita philosophantium ἀσυλλογιστία eo est evidentior, quo apertius omnes sani philosophi fateri coguntur, se (ut de ipsa animae essentia ἀκαταλήπτῳ nihil nunc dicam) ne quaquam ulla intellectus sui acie penetrare posse in *cognitionem modi*, quo anima, tanquam spiritus, cum corpore suo organico tam *arcte unita sit*», *Caussa Dei et religionis naturalis...*, 1727², tract. sect. 1, membr. 1, § 3, p. 169—171. Mais nous n'avons pas trouvé l'expression «systema ignorantiae» dans les nombreux écrits de l'époque qui traitent des différents systèmes sur les rapports de l'âme et du corps.

p. 476	:	16 Lire: systema. 19 Lire: protrahendum.

29—31 Allusion à LANGE; cf. le texte que nous avons cité in not. § 554, p. 475.

p. 478	:	24—25 viros in Mathesi summos] Sans doute WOLFF fait-il allusion ici à NEWTON; cf. le texte que nous citons in not. § 623, p. 356.
p. 479	:	14—20 Allusion aux partisans du système des causes occasionnelles dont il sera question sect. 3, c. 3, et qui prétendent que l'accord des impressions organiques et des sensations, c'est-à-dire des espèces impresses et des idées sensuelles, dépend de la pure volonté de Dieu; cf. les textes que nous citons in not. § 594, p. 517.

20—32 Cf. LEIBNIZ, *Eclaircissement du nouveau système de la communication des substances...*, § 12 (GER., *Phil.*, IV, p. 495): «Je ne fuyrai pas même de dire que l'ame *remue* le corps, et comme un Copernicien parle veritablement du lever du soleil, un Platonicien de la realité de la matière, un Cartesien de celle des qualités sensibles, pourveu qu'on l'entende sainement, je crois de même qu'il est tres vray de dire que les substances agissent les unes sur les autres, pourveu qu'on entende que l'une est cause des changements dans l'autre en consequence des loix de l'Harmonie.»

p. 480 : 3 *Astron.*, I, c. 1—3.   10   *Astron.*, II, c. 3—4.

p. 481 : 15   Lire: Ita.   19   Lire: definitioni influxus.

15   GOCLENIUS, *Lexicon philosophicum* ..., p. 238.   15—19   Influere impertiri] Citation de GOCLENIUS.   30   a nonnullis] Peut-être WOLFF fait-il allusion ici à CLARKE; cf. les textes que nous citons in not. § 625, p. 559.   32   *Aristotelici*] cf. § 563, p. 483.

p. 482 : 9   Lire: § 562.   11   Lire: *vicissim animam*.

7   Vocabulo hoc philosophis non ignoto] BILFFINGER v. g. l'emploie dans les *Dilucidationes philosophicae de Deo, Anima humana, Mundo, et generalibus rerum affectionibus*, Tubingae, 1746³, sect. 3, c. 4, § 323, p. 325: «an influxionistae omnes probaturi sint eas explicationes»; cf. aussi *Ibid.*, § 333, p. 344, note.   10—12   Allusion à LANGE; cf. le texte que nous avons cité in not. § 554, p. 475.

p. 483 : 28—29   ideo, quod] ideo quod (A).

4—5   du HAMEL, *Philosophia universalis, sive Commentarius in universam Aristotelis philosophiam ad usum scholarum comparatam, Tomus tertius continens Metaphysicam*, Lutetiae Parisiorum, 1705, p. 76.   4   principium ... substantive] Citation de du HAMEL.   7—8   influxum agentis in terminum] Citation de du HAMEL.   8—9   actu et formaliter influentem] Citation de du HAMEL.   19—20   appellari ... solet systema *Aristotelico-Scholasticum*] ou encore: de l'école, des Péripatéticiens; cf.: BAYLE, *Dictionnaire historique et critique*, art. *Rorarius*, note L (t. IV, Amsterdam, 1734, p. 917, 918), LEIBNIZ, *Eclaircissement des difficultés que Monsieur Bayle a trouvées ..., Extrait du Dictionnaire de M. Bayle* ..., (GER., *Phil.*, IV, p. 520, 534).   20   quamdiu ... viguit] i. e. jusqu'à DESCARTES et les Occasionnalistes.

p. 484 : 10   est, vel] est vel (A).   11   alteram vel] alteram, vel (A).

18—19   vel actionem ... confundant] Peut-être WOLFF fait-il ici allusion à CLARKE; cf. les textes que nous citons in not. § 625, p. 559.   19—20   vel actionem ... sumunt] Cf. LANGE qui écrit: «Inter duas essentiales hominis partes, *animam et corpus*, tanquam duas substantias physice distinctas et *unam personam* constituentes, est *unio physica*, seu *essentialis*, uti *communione*, sic etiam *operatione*, physica et mutua se exserens ... [Haec] veritas, a pseudophilosophis Wolfianis negata, nititur *ipsa rei evidentia*, cum duae substantiae physicae personam constituere non possint, nisi intercedente unione utriusque physica, seu essentiali, communionis mutuae causa . . . item *consensu totius generis humani*, in quantum hoc in omnibus omnium ordinum eruditis et sagacioribus recte sentit», *Caussa Dei et religionis naturalis* . . ., 1727², protheor., postul. 3, p. 3, et *Ibid.*, tract. sect. 1, membr. 1, § 3, p. 169, 170: «Animam CORPUS REGERE AC MOVERE, et CORPUS ab ANIMA secundum liberum hujus arbitrium REGI ac MOVERI, manifestissimum est: 1 *E natura omnium hominum*, hac in parte sui sibi aequaliter conscia, et hinc ex evidentissima et universali *experientia*: in qua, tanquam certissimo veritatis principio, acquiescendum est . . . 2 *E consensu omnium gentium*, et in iis saniorum omnium, perpetuo et universali»; cf. encore: *Modesta Disquisitio* . . ., protheor. prop. 1, demons., § 1—3, p. 6—8, c. 2, placit. 6, disquis., § 2, p. 95—97, *Bescheidene und ausführliche Entdeckung* . . ., Einleitung, Grundsatz 6, Erweis, § 2, 5, p. 50—52. — LOCKE déclare également: «We have by daily experience clear evidence of motion produced both by impulse and by thought . . . and the communication of motion by thought, which we attribute to spirit, is as evident as that by impulse, which we ascribe to body. Constant experience makes us sensible of both these», *An Essay*, II, 23, § 28 (*The philosophical Works*, éd. JOHN, vol. I, London, 1905, p. 441, 442).

p. 485 : 24—30 Allusion aux Aristotélico-Scolastiques dont parle WOLFF in § 563, p. 483, et auxquels il reproche, § 53, p. 35, de ne pas distinguer les deux notions de force et de faculté.

p. 486 : 8 laudandam, non] laudandam non (A).

26—33 WOLFF fait sans doute allusion ici à LANGE, comme le laisse entendre le fait qu'il renvoie au § 556 où il le vise nettement. A rapprocher aussi de not. § 580, p. 501.

p. 487 : 16 Lire: (§ 95. *Psychol. empir.*).

p. 488 : 30 Lire: (§ 196).

p. 489 : 4—5 Lire: minore.

p. 490 : 18 dicemus] sect. 3, c. 3, 4.

p. 491 : 30 paulo ante] § 570.

p. 493 : 28 prorsus diversas (§ 51), obtineant quae] prorsus diversas (§ 51) obtineant, quae (A).

p. 494 : 1 Lire: contingit.

p. 495 : 10 potuit, quomodo] potuit quomodo (A).

15 plerique largiuntur] Cf. les textes de LANGE et de LOCKE que nous avons cités in not. § 564, p. 484.

p. 496 : 12 falsum, quod] falsum quod (A).

8—13 Sans doute WOLFF fait-il allusion ici à LANGE; cf. le texte que nous avons cité in not. § 564, p. 484. 30—31 in ipsa scholasticorum hypothesi] En fait la doctrine scolastique des *species* est beaucoup plus complexe, et a été exprimée de façons diverses. Si l'on s'en tient à la conception des Thomistes, on peut la résumer ainsi. Nos facultés de connaissance, qu'elles soient sensibles ou intellectuelles, ont besoin pour connaître un objet, d'être informées par lui. Cette information se fait par le moyen de la *species impressa,* que l'on peut définir d'une façon générale: «similitudo seu forma vicaria objecti . . . qua potentia cognoscitiva actuatur et determinatur ad objectum cognoscendum», GREDT, *Elementa philosophiae Aristotelico-Thomisticae,* vol. I, Friburgi Brisgoviae, 1937, pars III, sect. 2, c. 2, quaest. 1, § 2, n. 468, p. 364. Dans la connaissance sensible, cette *species,* qui est appelée *species impressa sensibilis,* ne se confond pas avec les mouvements excités dans les organes des sens sous l'action de l'objet, et que WOLFF appelle *species impressae;* ces derniers sont seulement la condition de son apparition dans les puissances sensitives. La *species impressa* suffit dans le cas des sens externes et du *sensus communis.* Les autres sens internes, i. e. l'imagination, la *vis aestimativa,* la mémoire sensitive, doivent produire une autre *species,* dite *expressa,* qui est comme le miroir dans lequel et grâce auquel l'objet est connu. Ces deux sortes de *species* se retrouvent dans la connaissance intellectuelle, mais il s'agit alors de *species intelligibiles.* A partir des *species expressae* produites par l'imagination, i. e. à partir des phantasmes, l'intellect agent tire par abstraction une *species impressa,* qui est reçue dans l'intellect possible, qu'elle illumine et rend apte à produire la *species expressa,* dans laquelle et grâce à laquelle ce dernier connaît l'objet, ce qui revient à dire que la *species impressa intelligibilis* rend l'intellect possible apte à produire le concept de l'objet. Cf. sur tout ceci: GREDT, *op. cit.,* vol. I, p. 363—371, MICRAELIUS, *Lexicon philosophicum terminorum philosophis usitatorum ordine alphabetico sic digestorum, ut inde facile liceat cognosse, praesertim si tam latinus, quam graecus index praemissus non negligatur, quid in singulis disciplinis quomodo sit distinguendum et definiendum. Editio secunda ab ipso Authore correcta et aucta, cum novis novorum terminorum et vocabulorum indicibus,* Stetini, 1662 (Düsseldorf, 1966), col. 1276, 1277, du HAMEL, *Philosophia universalis . . ., Tomus quintus complectens physicam particularem,* De sensu, De speciebus intentionalibus, p. 258, 259 (cf. p. 483, lignes 4—5).

p. 497 : 22 Scholastici] Cf. not. § 53, p. 35.
p. 498 : 1—2 Lire: materiae inhaerebat.

28 *Cartesius*] Dans le § 43 de la IIème partie des *Principia philosophiae,* intitulé:

«*In quo consistat vis cujusque corporis ad agendum vel restituendum*», on lit: «Visque illa debet aestimari tum a magnitudine corporis in quo est, et superficiei secundum quod istud corpus ab alio disjungitur; tum a celeritate motûs, ac naturâ et contrarietate modi, quo diversa corpora sibi mutuo occurrunt» (A. T., VIII—1, p. 67). 30 quam motus quantitatem dicere solemus] «*Quantitas motus* . . . dici solet, quod producitur massa in celeritatem ducta», *Cosmo.*, not. § 398, p. 291. 32 non posse intulit] Cf. ce que nous disons à propos des lignes 9—13 de la page 513.

p. 499 : 2 Scholastici] Cf. not. § 53, p. 35, not. § 565, p. 485, not. § 576, p. 497. 5—6 quemadmodum a *Cartesio* factum] Cf. les références que nous donnons à la ligne 24. 24 DESCARTES, *Principia philosophiae*, II, § 36—44, pour les lois, 45—53 pour les règles (A. T., VII—1, p. 61—70). 29—31 Cf. ce que nous disons à propos des lignes 9—13, p. 513. 32 virium vivarum et mortuarum discrimine non agnito] Cette distinction est due à LEIBNIZ, *Specimen Dynamicum pro admirandis naturae legibus circa corporum vires et mutuas actiones detegendis et ad suas causas revocandis,* pars I, *Acta eruditorum,* Avril 1695, p. 149 (GER., *Phil.,* VI, p. 238): «Hinc *vis* quoque duplex: alia elementaris, quam et *mortuam* appello, quia in ea nondum existit motus, sed tantum sollicitatio ad motum, qualis globi in tubo, aut lapidis in funda, etiam dum adhuc vinculo tenetur; alia vero vis ordinaria est, cum motu actuali conjuncta, quam voco *vivam*.» Cf. encore *Lettre à de Volder,* Janvier 1699 (GER., *Phil.,* II, p. 154).

p. 501 : 1 Sunt hodie bene multi] Sans doute WOLFF fait-il allusion ici aux théologiens de Halle, notamment à LANGE; cf. les textes que nous avons cités in not. § 564, p. 484. 30—31 antiquissimis temporibus . . . philosophos] On peut penser que WOLFF vise ici ceux qu'il appelle d'ordinaire *veteres*, i. e. les grecs et parmi eux sans doute ARISTOTE. Car les trois premiers chapitres du Livre III de la *Physica* et les chapitres 7—9 du Livre I du *De generatione et corruptione* révèlent l'embarras de ce dernier à propos des rapports du moteur et du mobile; cf. sur ce point CARTERON, *La notion de force dans le système d'Aristote,* Paris, 1923, liv. II, c. 2, § 3, p. 162—171. 32 objectum fuit] MALEBRANCHE argumente ainsi, non à propos de l'action d'un corps sur un autre, mais au sujet de la puissance qu'a le corps d'agir sur l'âme. Il écrit: «que seroit-ce que cette puissance? Seroit-ce une substance, ou une modalité? Si une substance: les corps n'agiront point, mais cette substance dans les corps. Si cette puissance est une modalité: voilà donc une modalité dans les corps qui ne sera ni mouvement ni figure», *Entretiens sur la métaphysique et la religion,* VII, § 2 (*Œuvres complètes,* t. XII—XIII, Paris, 1965, p. 150). Cf. aussi BILFFINGER, *De Harmonia animi et corporis humani maxime praestabilita, ex mente illustris Leibnitii, commentatio hypothetica, editio tertia recognita,* Tubingae, 1741, note 83, p. 72: «Influxum dicimus proprie, ubi ex una substantia aliquid in alteram transfunditur, hoc est, a priori secernitur, et in alteram ingreditur. Si proprie id de anima et corpore dicas: necesse est motum ex corpore in animam ire, esse aliquid substantiale, vel ut accidens migrare e subjecto in subjectum; idemque de appetitu ex animo in corpus translato tenendum est. Quae sane lapidam objectionibus materiam praebent.»

p. 502 : 21—22 potest, quin] potest: quin (A).

p. 504 : 11 evicta modo] evicta, modo (A).   17 Lire: habemus.   22 Quod regeras (p. error.)] Quodsi regeras (A).   28 ruerent adeo] ruerent, adeo (A).
6 Scholastici] Cf. v. g. Joannes MAGIRUS, *Physiologiae peripateticae Libri sex, cum commentariis, in quibus praecepta illius perspicue erudiseque explicantur et ex optimis quibusque Peripateticae Philosophiae Interpretibus, Platone, Aristotele, Zabarella, Archangelo Mercenario, Thoma Erasto, Jacobo Schegkio, Scaligero, Vico Mercurio, Contareno Cardinale, Hermolao Barbaro, Francisco Patricio, et aliis disceptantur. Quibus additur Caspari Bartholini Malmogii Dani Enchiridion Metaphysicum, cum Indice rerum et verborum quae in toto opere continentur locupletissimo. Editio ultima, infinitis mendis quae in prioribus irrepserant, diligentius expurgata,* Genevae, 1621, lib. 5, c. 5, § 21, p. 358: «In stirpes exercent vel Amicitias vel Inimicitias. Sic enim olea quercum aversatur. Brassica viti et rutae est odiosa; filici arundo. Contra autem ruta fico ita amica deprehenditur, ut altera alterius vicinitate magis magisque proficiat.»   29 a recentioribus] v. g. DESCARTES, *Regul.* 9 (A. T., X, p. 403), PURCHOTTUS, *Institutiones philosophicae ad faciliorem Veterum, ac Recentiorum Philosophorum Lectionem comparatae, tomus secundus Quo elementa Geometriae et Physicae generalis continentur,* Patavii, 1738, pars I, sect. 5, c. 11, p. 450, sq.   34 principium hylarchicum *Mori*] Dans les *Adnotamenta in Duas Ingeniosas Dissertationes: Alteram, Tentamen de Gravitatione et Non-Gravitatione corporum fluidorum; alteram, Difficiles Nugas, sive Observationes circa Experimentum Torricellianum Appellatas, Quatenus ad loca aliqua in Enchiridio suo Metaphysico spectent,* Londini, 1679, In caput sextum (*Op. omn.,* t. II—1, Londini, 1679 (Hildesheim, 1966), p. 362), MORE écrit: «Neque enim per . . . [principium hylarchicum] intelligo, Naturam ullam *intelligentem,* sed *vitalem* duntaxat aut praecipue saltem: Spiritum scilicet virtute *Plasticâ* praeditum quâ Materiam ordinet secundùm certas quasdam leges generales quas Divina sapientia *vitaliter* et *essentialiter,* licet non quidem *intellectualiter,* huic *Spiritui Naturae,* quemadmodum alibi appellamus, inseverit. Vitam enim nullam esse, nisi quae sit *cogitative,* Opinio tantum hesterna est, et quae aequè brevi, si recte conjicio, sit expiratura. Caeterum quòd hoc Principium et *Plasticum* sit et non *intelligens,* haec duo sentio me non posse solum sed et revera demonstrâsse»; cf. encore *Philosophematum Eruditi Authoris Difficilium Nugarum de principiis motuum naturalium, sive de essentiis mediis et de modo Rarefactionis et Conden-*

sationis, Examinatio. Cum Responsione ad Ejusdem Objectiones Quaestionésve circa principium hylarchicum sive spiritum naturae, Londini, 1679 (*Ibid.*, t. II—1, p. 335—350). 34—35 funiculus attractionis *Lini*] Cf. les titres des chapitres 5—10 de l'ouvrage de LINUS intitulé: *Tractatus de Corporum Inseparabilitate; In quo Experimenta de Vacuo, tam Torricelliana, quam Magdeburgica, et Boyliana, examinantur, veraque eorum causa detecta, ostenditur, Vacuum Naturaliter dari non posse; Unde et Aristotelica de Rarefactione Sententia, tam contra Assertores Vacuitatum; quam Corpusculorum, demonstrantur. Accessit solutio difficillimi illius Problematis Aristotelici de duabus Rotis; quae licet valde inaequales, aequales tamen orbitas describunt*, Londini, 1661, c. 5: Spatium ab Argento descendente relictum non est vacuum, sed subtili aliqua substantia plenum, p. 22, — c. 6: Haec subtilis substantia se habet per modum Funiculi, quo Argentum intra Tubum suspenditur, p. 24, — c. 7: Funiculus iste, sic Argentum suspendens, ab eodem valde extenditur, p. 26, — c. 8: Funiculus iste nec est Aer, vel Aether, aliudve quodcunque corpus proveniens ab extrinseco, p. 29, — c. 9: Neque constat Spiritus quibusdam ab Argento descendente extractis p. 34, — c. 10: Sed est Suprema pars ipsius Argenti descendentis extensa, et extenuata, p. 37. 35 Gas et blas *Helmontii*] Dans l'*Ortus Medicinae. Id est, Initia physicae inaudita. Progressus medicinae novus, in morborum ultionem, ad vitam longam. Authore Joanne Baptista van Helmont, Toparchà in Merode, Royenbach, Oorschot, Pellines, etc. ... Edente Authoris filio, Francisco Mercurio van Helmont, Cum ejus praefatione ex Belgico translata. Editio nova cumque locupletiori Rerum et Verborum Indice, pro illa Venetiis nuper excusa, multam partem adauctior reddita et exornatior*, Amsterodami, 1652 (*Opera omnia, novissima hac editione ab innumeris mendis repurgata, et indice rerum ac verborum locupletiori instructa, Una cum introductione atque clavi Michaelis Bernhardi Valentini, Haereditarii in Dishrot. Phil. et Med. Prof. P. Gisseni, Archiatri Hasso-Darmstatini, Praesidii in S.R.I. Acad. Nat. Cur. Adjuncti, Regiae Prussicae Societ. Scientiarum et Remp. in Italia Collegae*, (s.n.l.), 1707, p. 70 col. A), van HELMONT écrit: «Gas, et blas nova quidem sunt nomina, a me introducta, eo quod illorum cognitio veteribus fuerit ignota: Attamen inter initia physica Gas et Blas, necessarium locum obtinent. Igitur, hoc paradoxum amplius dilatandum est. Ac primo, quo pacto, ex aqua, Gas fiat, et quam sit alius modus ab illo, quo calor aquam in vaporem elevat. Itemque quo pacto haec contingunt, ex aquae anatomia sciendum est», et *Ibid.*, p. 77, col. A: «Stellae sunt nobis in signa, tempora, dies, et annos. Ergo patrant temporum mutationes, tempestates, atque vicissitudines. Quorsum opus habent duplici motu, locali videlicet, et alternativo. Utrumque autem, novo nomine Blas significo.»

p. 505 : * Lire: *De Systemate.*

p. 506 : 1 philosophis recentioribus] v. g. les Cartésiens et LEIBNIZ.

p. 508 : 34 aut in dubium (p. corr.)] aut indubium (A).

p. 509 : 15—16 DESCARTES, Les *Météores*, Discours huitième, De l'Arc-enciel (A. T., VI, p. 250—279).

p. 511 : 20 Lire: influxus.

p. 512 : 13—14 Qui exceperunt] Sans doute WOLFF fait-il allusion ici à LANGE qui écrit: «Videt lector, *eandem virium motricium quantitatem* non *simpliciter* negari, sed modo in tantum, in quantum caussae liberae ad universum corporeum referuntur, ejusque legibus physicis et mechanicis subjiciuntur», *Caussa Dei et religionis naturalis...*, 1727², protheor. postul. 4, scholium 1, p. 6; cf. aussi: *Ibid.*, tractat. sect. 2, membr. 2, § 23, p. 387, 388 et *Modesta Disquisitio...*, c. 2, placit. 6, disquis., § 9, p. 99.

p. 513 : 9—13 Il est vrai que DESCARTES, dans les *Principia philosophiae*, II, § 36 (A. T., VIII—1, p. 61—62), considère Dieu comme la cause première du mouvement et de sa conservation. Mais tout ce qu'il y dit de ses lois et de ses règles, (II, § 37—53, p. 62—70) tend à expliquer comment un corps peut agir sur un autre ou résister à son action. Par ailleurs il ne rejette pas plus l'influence de l'âme sur le corps que celle du corps sur l'âme. Ainsi dans une *Lettre à Elisabeth*, 21 Mai 1643 (A. T., III, p. 665), il déclare nettement: «pour l'âme et le corps ensemble, nous... avons... [la notion] de leur union, de laquelle dépend celle de la force qu'a l'âme de mouvoir le corps, et le corps d'agir sur l'âme, en causant ses sentiments et ses passions»; cf. encore: *Lettre à Elisabeth*, 28 Juin 1643 (A. T., III, p. 694), *Les Passions de l'âme*, I, § 18 (A. T., XI, p. 343), *Lettre à Arnauld*, 29 Juillet 1648 (A. T., V, p. 222), *Lettre à More*, 15 Avril 1649 (*Ibid.*, p. 347), *Lettre à l' Hyperaspites*, Août 1641 (*Ibid.*, p. 424, 428). Il est vrai encore que dans le *Traité des passions,* lorsqu'il décrit l'action du corps sur l'âme, DESCARTES parle des mouvements du corps qui donnent occasion à l'âme de sentir la douleur et le plaisir (A. T., XI, p. 143), d'avoir l'idée de soif (*Ibid.*, p. 164), etc. ... Mais cette expression ne se retrouve pas sous sa plume à propos de l'idée de faim (*Ibid.*, p. 163), ni non plus lorsque, dans le même *Traité* (*Ibid.*, p. 180) et dans *La description du corps humain*, Ière partie (*Ibid.*, p. 225), il parle de l'action de l'âme sur le corps. Or il l'aurait à coup sûr employée là aussi s'il avait voulu introduire la doctrine des causes occasionnelles qui n'a en fait été élaborée que peu à peu par les philosophes dits cartésiens. Parmi ceux-ci, Louis de La FORGE a été le premier à utiliser l'expression: causes occasionnelles, *Traité de l'esprit de l'homme, de ses Facultez et Fonctions, et de son union avec le corps. Suivant les Principes de René Descartes*, Paris, 1666, c. 10, p. 132; mais pas plus que DESCARTES, il ne rejette l'action réciproque du corps et de l'âme; cf. *Ibid.*, c. 13, p. 196, 201, c. 15, p. 227, c. 16, p. 242—245, 247, 253—257. Il faut attendre pour cela Géraud de CORDEMOY qui refuse toute efficacité aux causes secondes et n'admet d'autre causalité véritable que celle de Dieu, cf. l'ouvrage ci-dessous indiqué par WOLFF lignes 16—17, notamment p. 117—118, 134—135. Ce thème a été repris par le Père POISSON, *Commentaire ou Remarques sur la méthode de René Descartes, où l'on établit plusieurs principes généraux, nécessaires pour entendre toutes ses œuvres*, Vandosme, 1660, notamment p. 225—226. Mais c'est MALEBRANCHE qui lui a donné tout son éclat dans les ouvrages indiqués par WOLFF lignes 14—16. Cf. sur tout ceci: GOUHIER, *La vocation de Malebranche*, Paris, 1926, c. 3, p. 80—107 et LEIBNIZ, *Système nouveau de la nature et la communication des substances* ... (GER., *Phil.*, IV, p. 483).   14—15   MALEBRANCHE, *Entretiens sur la métaphysique et la religion*, IV, § 11, 15, 18, VII, § 2, 8, 10—15 (*Œuvres complètes*, t. XII—XIII, Paris, 1965, p. 96, 99, 102, 150, 151, 158, 161—168), *De la recherche de la vérité*, liv. VI, IIème partie, c. 3 (*Ibid.*, t. II, Paris, 1963, p. 312—318), XVème Eclaircissement (*Ibid.*, t. III, Paris, 1964, p. 203, 204, 208, 216, 217, 225—229, 238). Cf. aussi *Méditations chrétiennes et métaphysiques*, VI, § 5—12 (*Ibid.*, t. X, Paris, 1959, p. 58—68).   16—17 de CORDEMOY, *Le discernement du corps et de l'âme en six discours; pour servir à l'éclaircissement de la Physique*, Paris, 1666, Vème Discours, De l'union de l'esprit et du corps, Et de la manière dont ils agissent l'un sur l'autre, VIème Discours, De la première cause du mouvement, p. 93—135 (*Œuvres philosophiques*, éd. CLAIR et GIRBAL, Paris, 1968, p. 135—151).   18   STURM, *Physica electiva sive Hypothetica. Tomus primus partem Physicae Generalem complexus et speciatim Usum totius hujus Scientiae primarium singulari cura demonstrans. Accessit Hujus ipsius usus amplius inculcandi causa, Viri perillustris et generosissimi Theosophiae sive Cognitionis de Deo naturalis Specimen Mathematica Methodo conceptum*, Noribergae, 1697, c. 4, § 4, p. 161, sq.   25   qui vel ipsimet ignorant se eidem adhaerere] D'après WOLFF, tel est le cas de BUDDE; cf. *Nöthige Zugabe zu den Anmerkungen über Hn. D. Buddens Bedencken von der Wolffischen Philosophie auf Veranlassung der Buddeischen Antwort*, Frankfurt am Mayn, 1724, § 9, p. 27, 29, *Klarer Beweis, dasz Herr D. Budde die ihm gemachten Vorwürffe einräume, und gestehen musz, Er habe aus Übereilung die ungegründeten Auflagen der Hallischen Widersacher recht gesprochen*, Frankfurt am Mayn, 1725, § 9, p. 14, 15.   25—26   vel mentem *Cartesii* non plene assequuntur] v. g. STURM dont il est question lignes 19—22, BAYLE, cf. le texte que nous citons in § 594, p. 517.   29—30 Sunt ... qui ... *systema assistentiae* appellare solent] Cf. BILFFINGER, *De Harmonia animi et corporis humani maxime praestabilita* ..., sect. 4, De systema assistentiae, p. 73, sq. (cf. p. 501, ligne 32). — LEIBNIZ dans le post-scriptum d'une *Lettre à Basnage de Beauval*, Janvier 1696, dans l'extrait d'une *Lettre à l'auteur du journal des scavans*, Septembre 1696, et dans la *Réponse aux réflexions contenues dans la seconde Edition du Dictionnaire ... de M. Bayle ...* (GER., *Phil.*, IV, p. 499, 501, 554), ainsi que

BAYLE, dans son *Dictionnaire historique et critique*, art. *Rorarius*, note L, t. IV, Amsterdam, 1734⁵, p. 917, parlent de la voye de l'assistance.

p. 514 : 13—14 theoria veterum et Aristotelico-Scholasticorum] En fait dans le vocabulaire aristotélicien, *Cat.*, 5, 2 a 11 — 3 b 32, repris par l'auteur de la *Summa totius Aristotelis logicae*, tract. 2, c. 3, et par SUAREZ, *Disp. 33*, sect. 2, le terme substance seconde (οὐσία δευτέρα) désigne le genre ou l'espèce sous lesquels sont contenues les substances premières conçues comme les êtres individuels et subsistant en soi. Il ne semble pas qu'il ait jamais été employé par les Scolastiques à propos des substances créées qu'ils dénommaient causes secondes, en leur attribuant un pouvoir propre d'agir que les Occasionnalistes leur refusent; cf. les références données par WOLFF in not. § 589, p. 513.

p. 515 : 5 Lire: non aliae. *Quod erat alterum.*

6—11 C'est là la conception occasionnaliste. Mais lorsque DESCARTES, dans les *Principia philosophiae*, établit les lois et les règles du mouvement, § 36—44, § 45—53 (A. T., VII—1, p. 61—70), il fait seulement de Dieu la cause première du mouvement et de sa conservation, sans lui attribuer sa diminution dans le corps qui en choque un autre, ni sa production dans ce dernier. 11 *Cosmo.*, sect. 3, c. 4, p. 228—392. 13 *Cartesius*] — 29 in hypothesi] Cf. ce que nous avons dit à propos des lignes 9—13, p. 513.

p. 516 : 18—28 Cf. ce que nous avons dit à propos des lignes 9—13, p. 513 et aussi les textes de MALEBRANCHE indiqués par WOLFF dans cette même page.

p. 517 : 26 Titre marginal, lire: *Quinam.*

1 *Cartesiani*] Cf. LEIBNIZ, *Lettre à des Bosses*, 1 Septembre 1706, ad § 23 (GER., *Phil.*, II, p. 314): «Valde improbavi in Cartesianis quod putant inter objecta et nostras de iis sensiones arbitrariam tantum esse connexionem, et in Dei fuisse arbitrio, an odores vellet repraesentare per perceptiones, quae nunc sunt colorum; quasi non Deus omnia summa ratione faciat, aut quasi circulum per triangulum repraesentaturus sit, naturaliter operando»; cf. aussi *Nouveaux Essais*, préface (GER., *Phil.*, V, p. 49). DESCARTES écrit, en effet: «Ita, exempli causâ, cum nervi qui sunt in pede vehementer et praeter consuetudinem moventur, ille eorum motus, per spinae dorsi medullam ad intima cerebri pertingens, ibi menti signum dat ad aliquid sentiendum, nempe dolorem tanquam in pede existentem ... Potuissent vero natura hominis a Deo sic constitui, ut ille idem motus in cerebro quidvis aliud menti exhiberet: nempe vel seipsum, quatenus est in cerebro, vel quatenus est in pede, vel in aliquo ex locis intermediis, vel denique aliud quidlibet», *Medit. 6* (A. T., VII, p. 87, 88); cf. aussi *Principia philosophiae*, IV, § 197 (A. T., VIII—1, p. 320, 321). MALEBRANCHE déclare également qu'il ne peut y

avoir de liaison nécessaire entre les ébranlements du cerveau et tels ou tels sentiments de l'âme», *Entretiens sur la métaphysique et la religion*, IV, § 8 (*Œuvres complètes*, t. XII—XIII, Paris, 1965, p. 93). BAYLE aussi affirme: «C'est donc par un etablissement arbitraire ... [que Dieu] a ordonné que les blessures du corps excitassent de la douleur dans l'ame, qui est unie à ce corps. Il n'a tenu donc qu'à lui de choisir un autre système de l'union de l'ame et du corps: il a donc pu en choisir un, selon lequel les blessures n'excitassent que l'idée du remède, et un desir vif, mais agreable de l'appliquer», *Réponses aux questions d'un provincial*, IIème partie, c. 84 (*Œuvres diverses*, t. III, La Haye, (Hildesheim, 1964), p. 666; cf. à son sujet LEIBNIZ, *Théodicée*, II, § 130, III, § 340, 352—356 (GER., *Phil.*, VI, p. 183, 316, 325—327). Mais François LAMY est encore plus net: «ce n'est pas la ressemblance qu'il y a entre ces traces et ces idées qui excitent celles-ci; et c'est aussi peu en contemplant et en consultant ces traces que mon ame forme ces idées, comme quelques Philosophes se l'imaginent ... C'est uniquement que Dieu a voulu attacher certaines idées et certaines sensations, à telles et telles traces; c'est uniquement l'efficace de cette volonté et de ces loix: c'est la force de cet établissement, qui fait cette liaison: et cet établissement a été si libre à Dieu, qu'au lieu du son, il auroit pu attacher l'odeur ou la saveur à la trace qu'un grand bruit qui frappe l'oreille imprime dans le cerveau: et au lieu de la saveur, il auroit pu attacher le sentiment du son à la trace qu'imprime dans le cerveau le mouvement d'une liqueur sur les filets de la langue, et ainsi on auroît goûté par l'oreille et entendu par la langue», *De la connoissance de soi-même; Traité second. Introduction à l'étude de soi-même, où l'on examine l'home selon son être naturel. Par un religieux Bénédictin de la Congrégation de Saint Maur. Seconde Edition retouchée et augmentée considérablement*, t. II, Paris, 1699, IIème partie, 10èmes Réflexions, Sur les propriétés de l'union de l'esprit et du corps, p. 306, 307.   13   ostendemus] § 624.   22   *Cartesius* dicitur Occasionnalista] Cf. ce que nous avons dit à propos des lignes 9—13, p. 513.

p. 518   :   Lire: organum.

4—5   absurdum est labe atheismi eundem inficere] Comme l'a fait v. g. VOET dans l'*Admiranda Methodus Novae philosophiae Renati des Cartes*, Ultrajecti, 1643: «Quarta. *breviter ostendo novam hanc Philosophandi Methodum, recta, non tantum ad Scepticismum, verum Enthusiasmum quoque, Atheismum ac phrenesin ducere*» (praefatio, p. 61—62 non paginées), — «Vaninius scribebat contra Atheos, ipse Atheorum maximus: similiter Cartesius ... Nulla ergo injuria Renato fit, quando eum subtilissimo Atheismi patrono, Coesare Vaninio comparatur; iisdem enim artibus, quibus ille, in imperitorum animis Atheismi thronum erigere laboret» (sect. 4, c. 3, p. 262, 263, 265).   10   STURM, *Theosophiae h. e. Cognitionis de Deo naturalis*

Specimen Ante hos octo circiter annos in Academia Norica Methodo Mathematica conceptum (S. T.) Guelpho L. B. de Metternich, Nunc temporis Serenissimi Electoris Brandeburgici Consiliario Status et Regiminis Novae Marchiae, Et sub praesidio Joh. Christoph. Sturmii, Math. et Phys. P. P. Publice tum et cum applausu summo defensum; Nunc autem, distractis interim omnibus exemplaribus, ab eodem Auctoris Praeside operi suo Physico Auctarii loco annexum, c. 3, prop. 7, in: *Physica electiva sive Hypothetica...*, t. I, p. 918, 919 (cf. p. 513, ligne 18).   13—14 Dei existentiam ... comprobet] Citation de STURM.

p. 519 :   16 Constat *Cartesium*] «*Deum esse primariam motus causam; et eandem semper quantitatem in universo conservare*», *Principia philosophiae*, II, § 36 (A. T., VIII—1, p. 61—62).   18 Constat] Cf. ce que nous avons dit à propos des lignes 9—13, p. 513.   26—27 Dans la *Cosmologia*, not. § 475, p. 367, 368, WOLFF avait déjà noté: «*Cartesius* existimabat conservari eandem summam factorum ex massis in celeritatem: *Hugenius* vero invenit, quod summa factorum ex massis in quadrata celeritatum conservetur. *Cartesius* vires corporum vivas aestimabat per impetus corporum, adeoque per facta ex massis in celeritatem, et hinc statuebat eandem virium quantitatem conservari. Cum *Leibnitio* probabile videretur, eandem virium quantitatem conservari; inventum *Hugenianum* perpendenti in mentem venit, annon vires corporum vivae per facta ex massis in quadrata celeritatum aestimari debeant: quae mensura cum ex gravium ascensu demonstrari posset, eam publice asseruit in Actis Eruditorum A. 1686, p. 161, sq.». S'il est vrai qu'il revient à LEIBNIZ d'avoir soutenu contre DESCARTES que la force motrice ne se confond pas avec la quantité de mouvement, et que ce qui se conserve dans l'univers, ce n'est pas la quantité de mouvement, mais la quantité de forces motrices, il faut, en effet, noter que HUYGENS déjà avait frayé la voie en ce sens. Dès 1652, dans une *Lettre à Schooten* du 29 Octobre (*Œuvres complètes*, t. I, La Haye, 1888, p. 186—188), il critiquait les règles cartésiennes du choc des corps, et dans une autre *Lettre à Roberval* du 20 Juillet 1656 (*Ibid.*, p. 457) il annonçait qu'il venait d'achever un travail sur les lois de la percussion. Ce travail ne fut publié qu'après sa mort dans les *Opuscula postuma*, parus à Leide en 1703, sous le titre: *De motu corporum ex percussione, Hypotheses*. Mais il en fit connaître l'essentiel, de son vivant, dans une *Lettre à l'auteur du Journal des savans* du 18 Mars 1669, n° 1715 (*Ibid.*, t. XVI, La Haye, 1929, p. 180, et aussi t. VI, La Haye, 1895, p. 385). Or, d'après les règles 5 et 6 énoncées dans cette lettre, et qui correspondent aux propositions 6 et 11 du *De motu* (*Ibid.*, t. XVI, 1929, p. 49, 73), ce qui se conserve dans le choc des corps, ce n'est pas la quantité de mouvement au sens cartésien, i. e. le produit de la masse par les vitesses, mais le produit de la masse par le carré des vitesses. Et c'est ce qui donna à LEIBNIZ l'idée d'évaluer la force motrice en multipliant les masses, non plus comme DESCARTES, par les vitesses, mais par le carré des vitesses, et l'amena à prétendre que ce qui se conserve dans l'univers c'est la quantité de forces motrices ainsi calculées. Cf.: *Brevis demonstratio erroris memorabilis Cartesii et aliorum circa legem naturalem, secundum quam volunt a Deo eandem semper quantitatem motus conservari, Qua et in re mechanica abutuntur, Acta eruditorum,* Mars 1686, p. 161, sq. (GER., *Phil.,* VI, p. 117—119), *Lettre à Arnaud,* 28 Septembre 1686 (*Ibid.,* II, p. 78, 79), *Discours de métaphysique,* début 1686, § 17, 18 (*Ibid.,* IV, p. 442—444), *Animadversiones in partem generalem Principiorum Cartesianorum,* 1962, ad partem secundam, ad art. 36 (*Ibid.,* IV, p. 370—372), *Essay de Dynamique sur les loix du mouvement, ou il est monstré, qu'il ne se conserve pas la même quantité de mouvement, mais la même force absolue, ou bien la même quantité de l'action motrice* (GER., *Math.,* VI, p. 215—231). Cf. sur tout ceci MOUY, *Le développement de la physique cartésienne 1646—1712,* Paris, 1934, c. 2, § 4, p. 192—200, c. 3, sect. 1, § 5, p. 231—236. 28—29 C'est à la suite d'une longue controverse avec LEIBNIZ (1686—1698) que MALEBRANCHE abandonna la loi cartésienne de la conservation de la même quantité de mouvement, qu'il défendit de 1675 à 1692 dans les quatre premières éditions de la *Recherche de la vérité,* 1675—1688 (*Œuvres complètes,* t. XVII—1, Paris, 1960, p. 39—40) et dans un opuscule intitulé: *Des loix de la communication des mouvements par l'auteur de la Recherche de la vérité,* 1692. (*Ibid.,* p. 56, 58, 60, 62, 70, 76). Il annonça la nouvelle à LEIBNIZ dans une *Lettre* du 13 Décembre 1698 (*Ibid.,* t. XIX, Paris, 1961, p. 652), et après l'avoir remanié en ce sens, il publia le texte de cet opuscule à la fin de la 5ème et de la 6ème édition, 1700, 1722, de la *Recherche de la vérité (Ibid.,* t. XVII—1, p. 55, 57, 71, 73, 77). Cf. MOUY, *Le développement de la physique cartésienne* ..., c. 4, p. 292—304. 30—31 Dans la *Recherche de la vérité,* XVème Eclaircissement, VIème preuve, réponse (*Ibid.,* t. III, Paris, 1964, p. 226), et dans les *Entretiens sur la métaphysique et la religion,* VII, § 13 (*Ibid.,* t. XII—XIII, Paris, 1965, p. 165), MALEBRANCHE explique, en effet, que c'est Dieu et non l'âme qui agit sur les esprits animaux, lorsque par exemple je veux remuer le bras. Mais ces textes sont antérieurs à son rejet de la loi cartésienne concernant la conservation de la même quantité de mouvement. 31—32 Neque vero existimandum est, quasi *Cartesius*] Comme LEIBNIZ v. g. qui écrit: «M. des Cartes a voulu capituler, et faire dependre de l'ame une partie de l'action du corps. Il croyait savoir une regle de la nature, qui porte selon luy, que la mesme quantité de mouvement se conserve dans les corps. Il n'a pas jugé possible que l'influence de l'ame violât cette loy des corps, mais il a cru que l'ame pourroit avoir le pouvoir de changer la direction des mouvemens qui se font dans les corps», *Théodicée,* I, § 60 (GER., *Phil.,* VI, p. 135); cf. encore: *Eclaircissement du nouveau système de la communication des substances* ..., § 20 (*Ibid.,* IV, p. 497), *Considérations sur les Principes de vie* ..., *Monadologie,* § 80, *Remarques sur le Livre de l'origine du mal, publié depuis peu en Angleterre,* § 16 (*Ibid.,* VI, p. 540, 620, 416, 417). 34 in epistola ad *Morum*, quae est 72. Volum. I] Il s'agit de la *Lettre à More* d'Août 1649, classée par CLERSELIER sous le numéro 72 dans le premier volume de son recueil des *Lettres de M. Descartes*, Paris, 1659, p. 324—326 (A. T., V, p. 401—405). DESCARTES y déclare: «Vis autem movens potest esse ipsius Dei conservantis tantumdem translationis in materiâ, quantum a primo creationis momento in eâ posuit; vel etiam substantiae creatae, ut mentis nostrae, vel cuiusve alterius rei, cui vim dederit corpus movendi» (p. 403—404).

p. 520 : 11 *vim anima* (p. error.)] *vim animae* (A).

3 Addit] DESCARTES poursuit: «Et quidem illa vis in substantia creata est eius modus, non autem in Deo; quod quia non ita facile ab omnibus potest intelligi, nolui de ista re in scriptis meis agere, ne viderer favere eorum sententiae, qui Deum, tanquam animam mundi unitam, considerant» (A. T., V, p. 404). 4—8 Cf. ce que nous avons dit à propos des lignes 9—13, p. 513. 16 Lire: (§ 55).

p. 522 : 11 alii obtinent] alii, obtinent (A).

p. 523 : 11 Lire: integram. 22—23 Lire: *coexistentiam*.

p. 526 : 4 constat] constet (A). 26 *obtinet, virium*] *obtinet virium* (A).

5—8 Cf. ce que nous avons dit à propos des lignes 9—13, p. 513.

p. 527 : 16 Quodsi. 32 Lire: dicatur. *Quod erat alterum*.

p. 528 : 29 dicuntur, quia (p. corr.)] dicuntur, quae (A).

1—2 LEIBNIZ formule sans cesse cette objection contre le système des causes occasionnelles; cf. v. g.: *Système pour expliquer la nature des substances ..., Système nouveau de la nature et de la communication des Substances ..., Lettre à Basnage de Beauval*, Janvier 1696, *Extrait d'une Lettre de M. D. L. sur son Hypothèse de philosophie, et sur le problème curieux qu'un de ses amis propose aux Mathématiciens, avec un éclaircissement sur quelques points contestés dans les Journeaux precedens entre l'auteur des principes de physique et celuy des objections* (Septembre 1696), *Eclaircissement des difficultés que Monsieur Bayle a trouvées ..., Extrait du Dictionnaire de M. Bayle, article Rorarius ..., Addition à l'Explication du système nouveau ..., Réponses aux Objections contre le Système de l'harmonie préétablie qui se trouvent dans le livre de la Connoissance de soy même* (GER., *Phil.*, IV, p. 476, 483, 499, 501, 520, 531, 533, 535, 577, 588, 590), *Théodicée*, I, § 61, III, § 353 (*Ibid.*, VI, p. 136, 324). 3 Supponit] Cf. les textes de LEIBNIZ que nous citons in not. § 622, p. 556. 5 capite sequente] § 618, sq. 7 sumit] Cf. les textes que nous avons cités in not. § 71, p. 49, et aussi: *Eclaircissement des difficultés que Monsieur Bayle a trouvées ...* (GER., *Phil.*, IV, p. 520), *Réponses aux objections contre la doctrine de l'harmonie préétablie ...* (*Ibid.*, p. 594). 13 in

primam ratiocinandi legem] i. e. le «Dictum de omni»; cf. *Log.*, § 346, 348, 349.
14—15   Qui ... nolunt] BAYLE v. g. écrit: «On ne peut pas dire que le Systême des causes occasionnelles fasse intervenir l'action de Dieu par miracle, *Deum ex machina*, dans la dependance reciproque du corps et de l'âme; car comme Dieu n'y intervient que suivant des Loix générales, il n'agit point là extraordinairement», *Dictionnaire historique et critique*, art. *Rorarius*, note H, t. V, Amsterdam, 1734, p. 914, et *Ibid.*, note L, p. 917, 918: «je ne me rétracte point de ce que j'ai dit autrefois, que le Systême des causes occasionnelles ne fait point intervenir l'action de Dieu par miracle. Je suis persuadé autant que jamais qu'afin qu'une action soit miraculeuse, il faut que Dieu la produise comme une exception aux lois générales: et que toutes les choses dont il est immédiatement l'auteur selon ces loix là, sont distinctes d'un miracle proprement dit.»   17   juxta systema Occasionnalistarum] Cf. MALEBRANCHE, *Entretiens sur la métaphysique et la religion*, IV, § 11 (*Œuvres complètes*, t. XII—XIII, Paris, 1965, p. 96): «Dieu a ... voulu, et il veut sans cesse, que les divers ébranlements du cerveau soient toujours suivis de diverses pensées, de l'esprit qui lui est uni. Et c'est cette volonté constante et efficace du Createur qui fait proprement l'union de ces deux substances. Car il n'y a point d'autre nature, je veux dire d'autres loix naturelles que les volontés efficaces du Tout-puissant». Cf. encore *De la Recherche de la vérité*, VI, 2, 3 (*Ibid.*, II, Paris, 1963, p. 314).

p. 530 :   10   *Leibnitius*] Cf. les références que nous avons données in not. § 603, p. 528.
13—14   subsequente capite] § 618, sq.

p. 531 :   9   Objici solet Occasionnalistis] Cf. v. g. LANGE, *Modesta Disquisitio ...*, protheor. prop. 1, demonst., § 10, p. 9: «Ex falso illo et periculoso *systematis Cartesiani principio*, quo, quae commercio animae et corporis physico denegantur, omnia referantur ad *immediatam et proximam ipsius Dei operationem;* ad *operationem* eiusmodi, qua creator cum creaturis confunditur, et quam Spinoza in systematis sui de unica substantia, et Deo cum universo impie confuso, ansam et caussam arripuit», *Ibid.*, c. 2, epicrisis membr. 1, prop. schol. 2, p. 142: «Nam Cartesius, quando omnia, quae ipsius hominis sunt, ad *immediatam Dei operationem* refert, providentiam Dei ita evehit, ut *creatorem cum creatura* confundat, hinc systematis Spinoziani promotor factus.»   12   *Spinosae*] Cf. les textes que nous citons à propos de la ligne 25.   14—16   Cf. LEIBNIZ, *De ipsa natura, sive de vi insita, actionibusque creaturarum; pro Dynamicis suis confirmandis, illustrandisque*, § 15, *Acta eruditorum*, Septembre 1698 (GER., *Phil.*, IV, p. 515): «Ex quibus rursus intelligitur, doctrinam a nonnullis propugnatam causarum occasionnalium (nisi ita explicetur, ut temperamenta adhiberi possint, quae Cl. Sturmius partim admisit partim admissurus videtur) periculosis consequentiis obnoxiam esse, doctissimis licet defensoribus haud dubie invitis. Tantum enim abest, ut Dei gloriam augeat, tollendo idolum naturae; ut potius rebus creatis in nudas divinae unius substantiae modificationes evanescentibus, ex Deo factura cum Spinosa videatur ipsam rerum naturam, cum id quod non agit, quod vi activa caret, quod discriminabilitate, quod denique omni subsistendi ratione ac fundamento spoliatur, substantia esse nullo modo possit.» Mais il est à noter que LEIBNIZ ajoute aussitôt: «Certissime persuasum mihi est, Cl. Sturmium, Virum et pietate et doctrina insignem, ab his portentis esse alienissimum. Itaque dubium nullum est, aut ostensurum esse liquido, qua ratione maneat aliqua in rebus substantia vel etiam variatio, salva doctrina sua, aut veritati manus esse daturam» (*Ibid.*, p. 515). Cf. encore *Théodicée*, III, § 393 (GER., *Phil.*, VI, p. 350, 351): «Il est bon ... qu'on prenne garde, qu'en confondant les substances avec les accidens, en ôtant l'action aux substances créées, on ne tombe dans le Spinosisme, qui est un Cartésianisme outré ... si les accidens ne sont point distingués des substances; si la substance créée ... n'opère point non plus qu'une figure de mathematique, ou qu'un nombre; pourquoy ne dira-t-on pas comme Spinoza, que Dieu est la seule substance, et que les creatures ne sont que des accidens ou des modifications?» Mais dans un manuscrit du 30 Novembre 1702 recueilli par GERHARDT (*Phil.*, IV, p. 509), parlant des Cartésiens, parmi lesquels il range MALEBRANCHE et STURM, LEIBNIZ note: «J'ay quantité d'autres raisons à alleguer, et plusieurs tendent à faire juger que suivant le sentiment qui dépouille les creatures de toute puissance et action, Dieu seroit la seule substance et les creatures ne seroient que les accidens ou les modifications de Dieu, de sorte que ceux qui sont de ce sentiment, tomberoient malgré eux dans celuy de Spinosa qui me paroist avoir poussé le plus les suites de la doctrine Cartésienne des causes occasionnelles. Je n'ay garde d'imputer ce sentiment de Spinosa (que je tiens fort mauvais et absurde) à tant de personnes de merite, qui soutiennent l'opinion cartesienne. Cependant il me sera permis de marquer les consequences de cette opinion.»   16   illorum opinionem] v. g. LANGE; cf. les textes que nous avons cités à propos de la ligne 9.   17—20   SPINOZA, *Renati des Cartes Principiorum philosophiae, pars I, et II, More Geometrico demonstratae* (éd. GEBHARDT, t. I, p. 123, sq.).   25—26   natura naturata, quam vocant philosophi, a natura naturante] Cf. SPINOZA, *Ethica*, pars I, prop. 29, schol. (éd. GEBHARDT, t. II, p. 71): «Antequam ulteriùs pergam, hîc, quid nobis per Naturam naturantem, et quid per Naturam naturatam intelligendum sit, explicare volo, vel potiùs monere. Nam ex antecedentibus jam constare existimo, nempe, quòd per Naturam naturantem nobis intelligendum est id, quod in se est, et per se concipitur, sive talia substantiae attributa, quae aeternam, et infinitam essentiam exprimunt, hoc est (*per Coroll.* 1, *Prop.* 14 et *Coroll.* 2 *Prop.* 17) Deus, quatenus, ut causa libera, consideretur. Per naturatam autem intelligo id omne, quod ex necessitate Dei naturae, sivè uniuscujusque Dei attributorum sequitur, hoc est, omnes Dei attributorum modos, quatenus considerantur, ut res, quae in Deo sunt, et quae sine Deo nec esse, nec concipi possunt.» Cf. encore *Korte Vorbehandeling van God, de Mensch en des Zelfs westend*, I, c. 8, 9 (*Ibid.*, t. I, p. 47, 48). Ces deux expressions: «natura naturans» et «natura naturata» tirent sans doute leur origine de la version latine du commentaire de la *Physique* d'ARISTOTE par AVERROES, i. e.: *In Aristotelis Opera omnes commentarii ... omnia quae exstant opera, Quartum Volumen* ARISTOTELIS *De physico auditu libri octo. Cum Averrois Cordubensis variis in eosdem commentariis. Quae omnia, a summis huius aetatis Philosophis, a mendis quamplurimis expurgata eruuntur. Marci Antonii Zimarae Contradictionum in eosdem Libros Solutiones*, Venetiis, 1574. On lit, en effet, lib. 2, c. 5, p. 52, col. 2, C: «Cum ponit Philosophus: natura non solummodo dicitur de materia, ut Antiqui opinabantur, sed et de forma, incoepit declarare hoc et dixit: quemadmodum igitur etc...., id est; quoniam, secundum Philosophum, ars attribuitur artificiali et artificiato, similiter natura attribuitur naturali et naturato, scilicet quoniam quemadmodum quidditas artificii est in arte, similiter quidditas naturati est in natura. Deinde incoepit declarare hoc in eis, et dixit: et non dicimus etc...., id est, et signum eius quod esse artificii in actu est per artem et naturali per naturam est», et *Ibid.*, p. 53, col. B, E, F: «hoc igitur nomen natura derivatur a nomine ejus quod advenit, scilicet cum diximus ipsum esse naturatum; et hoc intendebat, cum dixit: sed naturatum etc...., id est, sed naturatum ab illo a quo generatur ad aliquid venit, et dixit ipsum naturari aliquid et illud non est illud, ex quo est principium generationis, sed illud ad quod venit generatio». A noter que saint THOMAS emploie l'expression: «natura naturans»; cf. v. g. *Sum. Theol.*, I a II ae, qu. 85, art. 6, resp.: «Natura vero universalis est virtus activa in aliquo universali principio naturae, puta in aliquo coelestium corporum, vel alicujus superioris substantiae; secundum quod etiam Deus a quibusdam dicitur *natura naturans*», — *In librum Beati Dyonisii, De divinis nominibus*, c. 4, lect. 21 (31 a) (éd. PERA, Taurini, 1950, n. 550, p. 206): «Est autem Deus universalis causa omnium quae naturaliter fiunt; unde et quidam Ipsum nominant naturam naturantem». MICRAELIUS signale les deux expressions: «*Naturae* vocabulum est amplissimae significationis ... jam pro ipso Deo, et dicitur *natura naturans*; jam pro universitate creaturarum, et dicitur *natura naturata*», *Lexicon philosophicum* ..., col. 877 (cf. p. 496, lignes 30—31). Cf. sur tout ceci GUÉROULT, *Spinoza*, t. I, Dieu, Paris, 1968, appendice 13, p. 564—568. 31 *Dissertatio philosophica de Loquela ... praefatio*, p. 1, 2, non paginées (cf. p. 344, lignes 32—33). 33—34 celebris quidam Medicus in Academia quadam Germaniae] Peut-être WOLFF fait-il allusion ici à SCHELHAMMER, professeur de médecine à Kiel, qui, dans son ouvrage: *Naturae Vindicatae Vindicatio, Qua Ea quae Libro de Natura olim fuerunt asserta, ulterius confirmantur atque explicantur, De Motus principio primo Et Causarum secundarum actione Illustres controversiae elucidantur, cum primis vero clarissimi Viri Joh.*

Christophi Sturmii, Altdorfini Professoris celeberrimi generalis respondetur, Kilioni, 1702, c. 4—6, p. 51—151, combat âprement la doctrine des causes occasionnelles, et qui, à propos des thèses soutenues par STURM écrit entre autres: «Quae ut excusari possint, ita ut non multis modis esse peccatum appareat, fateor me non perspicere», c. 4, p. 62, et p. 72: «Praeterea nescio quid sibi velit, quod, ut saepe jam dictum, in Electiva Physica, aperte ad externas causas refert virtutem hanc suam Divinam, quam tamen hic internam facit ... Si igitur [principium] intrinsecum est, nihil profecto est a Natura in scholis vulgo recepta diversum, et lis est ab ipso mota de nomine, totaque controvertendi occasio inanis: Attamen quomodo tum Divina est? An Deus cum corporibus miscetur et coalescit cum singulis? Si autem externum hoc est Principium, ut in Electiva extat, non poterit Cl. vir se expedire ab illis quae reformidat, et quae sibi imputari tam fert impatienter. Vel enim occupatus ille, Epicuro irrisus Deus reducendus erit, vel anima mundi Platonica resurget. Nam virtutem hanc Divinam a Deo emanantem ab ipso non differre, ostensum est, itaque per ipsam naturam Divinam ab eodem distincta esse nequit.» Mais un autre médecin, qui était aussi philosophe, et qui enseigna à Halle et à Leipzig, RÜDIGER, dans sa *Physica divina, Recta via, Eademque inter superstitionem et atheismum media, ad utramque hominis felicitatem, naturalem atque moralem, ducens. In praefatione respondetur objectionibus professoris cuiusdam Lipsiensis, et appendicis loco adjecta sunt monita Dominorum Censorum, cum Responsionibus Auctoris. Accessit Index locupletissimus*, Francofurti ad Moenum, 1716, lib. 3, c. 15, sect. 3, § 34, 35, p. 747, écrit aussi: «Malebranchius, Sturmius et alii, ipsum Deum immediate plantas producere, turpi paralogismo contendunt ... Allegata Malebranchii, Sturmiique hypothesis animum necessario in eam illicit superstitionem, qua quandam Pythagoras, Empedocles aliique, Manichaei, quoque implicite erant: quorum primus, ut habet Jamblichius statuebat ... *plantam in hortis educatam atque frugiferam neque laedendam esse neque corrumpendam*; et Manichaei, pollere anima rationali plantas putabant, quas decerpere esset homicidium patrare. Nam etiamsi Deus immediate plantam produceret atque enutriret conservaretque, actioni alieni divinae immediate repugnaret, quisquis deceperet.» 35—36 *Ont.*, § 673, sq.

p. 532 : 2 veteres] v. g. ARISTOTE, *Physica*, II, 1, 192b 20—23: ὡς οὔσης τῆς φύσεως ἀρχῆς τινὸς καὶ αἰτίας τοῦ κινεῖσθαι καὶ ἠρεμεῖν ἐν ᾧ ὑπάρχει πρώτως καθ' αὑτὸ καὶ μὴ κατὰ συμβεβηκός. 3 BOYLE, *A free inquiry into the Vulgary received Notion of Nature: made in An Essay addressed to a Friend*, sect. 1 (*The Works*, éd. BIRSCH, vol. V, London 1772 (Hildesheim, 1966), p. 161): «It concerns us... to stand very carefully upon our guard, that we be not insensibly misled by such an innate and unheeded temptation to error, as we bring into the world with us; and consequently I may be allowed to consider, whether among other particulars, in which this deluding propensity of our minds has too great, though unsuspected, an influence upon us, it may not have imposed on us, in the notion we are wont to frame concerning nature: for this being the fruitful parent of other notions, as nature herself is said to be of the creatures of the universe; the notion is so general in its applications, and so important in its influence, that we had need be jealously careful of not over easily admitting a notion, than which there can scarce be any, that more deserves to be warily examined, before it be throughly entertained.»   3—4 STURM, *Physica electiva sive Hypothetica...*, t. I, lib. 1, sect. 1, c. 4, § 5, p. 192—194 (cf. p. 513, ligne 18): «*Nullam in universa Natura corporea virtutem esse, aut potentiam, aut facultatem, vere activam, vere operativam, vere efficientem, quam celebratam toties Divinae voluntatis efficaciam* ... Cum S. Scriptura passim effectus, quos vocamus, Naturae etiam familiarissimos, pluviam e. g. rorem, etc ... DEO passim expressis verbis adscribit nequaquam sufficere, si tanquam causam primam, h. e. remotam quasi et e longinquo agentem, aut generaliter cum agentibus naturalibus proximis concurrentem, concipiamus; sed non minus vere ac philosophice, quam pie dicendum, reipsa istos omnes sola virtute divina, in corporibus et per corpora operante, atque adeo ab ipso Deo produci, mediate quidem intuitu suppositorum, ab ipsomet pariter in specificum cujusque usum paratorum, per quae et in quibus operatur (inde causarum secundarum nomen emendicantium) immediate vero ratione virtutis, cum praeter divinam alia huic contradistincta non reperiatur ... Ut adeo, quicquid boni, magni, admirandi, rerum Universa Natura unquam ostentavit aut etiamnum ostentat, id cui DEO gratam acceptumque ferandum sit.»   4 *Cosmo.*, sect. 4.

p. 533 :   18 consequentiariorum] Cf. not. § 525, p. 445.   26—28 On sait, en effet, que DESCARTES, *Discours de la méthode*, IV, *Principia philosophiae*, I, § 30, 43, 45, 47 (A. T., VI, p. 33, VIII, p. 16, 21, 22) pose en principe qu'on ne peut admettre comme vrai que ce qui est connu clairement et distinctement.   28—33 Cf. les textes que nous avons cités in not. § 594, p. 517, dans lesquels DESCARTES et ses «asseclae», comme MALEBRANCHE et LAMY, affirment que l'accord de nos sensations et des impressions est arbitraire, et que Dieu aurait pu faire en sorte qu'aux mêmes impressions correspondissent d'autres sensations.

p. 534 :   1—2 cum principium rationis sufficientis distincte non perpenderit] C'est ce que WOLFF avait déjà affirmé dans l'*Ontologia*, not. § 71, p. 50, où il note que DESCARTES a cependant pressenti la portée du principe de raison suffisante, lorsqu'il déclare dans les *IIae Responsiones*, «Axiomata sive Communes Notiones», 1 (A. T., VII, p. 164—165): «Nulla res existit de quâ non possit quaeri quaenam sit causa cur existat. Hoc enim de ipso Deo quaeri potest, non quod indigeat ullâ causâ ut existat, sed quia ipsa ejus naturae immensitas est causa sive ratio, propter quam nulla causâ indiget ad existendum.»   6 *Cartesius*] Cf. ce que nous avons dit à propos des lignes 9—13, p. 513. 9 cum Scholasticis] Cf. le texte que nous avons cité in not. § 582, p. 504. 30 Occasionnalistae] v. g. MALEBRANCHE; cf. not. § 582, p. 519.

p. 535 : 12 Lire: pugnam.

4   HUYGENS, *Lettre n° 1715, à Gallois*, 18 Mars 1669 (*Œuvres complètes*, t. VI, La Haye, 1895, p. 385, et t. XVI, 1929, p. 181): «Une loy admirable de la Nature que je puis vérifier en ce qui est des corps sphériques, et qui semble estre generale en tous les autres, soit que la rencontre soit directe ou oblique, et que les corps soient durs ou mols, est que le centre commun de gravité de deux, trois ou tant qu'on voudra de corps, avance toujours également vers le même costé en ligne droite, devant et après leur rencontre.»   5   LEIBNIZ, *Théodicée*, I, § 61 (GER., *Phil.*, VI, p. 136): «Outre qu'on a decouvert deux veritez importantes sur ce sujet, depuis M. des Cartes: la première est, que la quantité de la force absolue qui se conserve en effect, est differente de la quantité de mouvement, comme j'ay demontré ailleurs. La seconde découverte est, qu'il se conserve encor la même direction dans tous les corps ensemble qu'on suppose agir entre eux, de quelque maniere qu'ils se choquent. Si cette règle avoit été connue de M. des Cartes, il auroit rendu la direction des corps aussi independante de l'ame, que leur force; et je crois que cela l'auroit mené tout droit à l'hypothèse de l'harmonie préétablie, où ces mesmes regles m'ont mené.» Cf. encore: *Eclaircissement du nouveau système de la communication des substances* ..., § 20 (GER., *Phil.*, IV, p. 497), *Considérations sur les Principes de vie* ..., *Monadologie*, § 80 (*Ibid.*, VI, p. 540, 621), *Lettre à Rémont de Montmort*, 10 Janvier 1714, *Lettre à Bourguet*, 22 Mars 1714 (*Ibid.*, III, p. 607, 568), *Illustratio ulterior objectionis contra Cartesianam naturae legem, novaeque in ejus locum regulae propositio* (GER., *Math.*, VI, p. 127).   19 Sunt qui] Allusion aux Cartésiens. Ils n'ont pas le droit de déclarer contraire à l'ordre de la nature le système de l'influx physique, sous prétexte que si le corps agit sur l'âme, une force motrice périt, et que si l'âme agit sur le corps, une nouvelle force motrice naît, puisqu'ils nient que la même quantité de forces motrices se conserve toujours dans l'univers (cf. § 576—579). Ils doivent par contre considérer comme tel le système des causes occasionnelles, selon lequel Dieu peut changer la direction des esprits animaux, s'ils admettent avec HUYGENS que la direction totale du mouvement reste toujours la même.

p. 537 : 4   *Theo. nat.*, I, § 767, sq., II, § 338, sq.   6   *Theo. nat.*, I, § 224, sq.   22 vulgo objici soleat] Cf. v. g. LANGE, *Modesta Disquisitio* ..., prop. 1, schol., p. 9: « ad *operationem*, inquam, Dei eiusmodi, qua ipsi, tanquam spiritui, tribuitur actio in corpus; et haec tamen ipsi naturae spiritus per se repugnare statuitur, et ideo non sine contradictione generatim negatur ... ita Cartesianum de commercio

inter animam et corpus systema, absurdis contradictionibus suis ipsum destruit»,
— *Caussa Dei et religionis naturalis* ..., 1727², tract. sect. 1, membr. 1, § 7, p. 174:
«Negant ... spiritum agere posse in corpora, et tamen contendunt, Deum ipsum,
ut spiritum, immediate in corpora agere, et corporum humanorum motus et
actiones peragere. Ergo hypothesin suam, *spiritum non posse agere in corpus*, ipsi
falsitatis arguunt et convincunt. Quod si vero spiritus creator, quem admittunt,
agere potest in corpora; quidni is ipse creatos spiritus donare potuit et voluit, ac
teste experientia, vere donavit, ea natura, ut agere possint in corpora sua
organica?»   25—26   deinceps ... congruunt consequentias molestas] Cf. les
textes de LANGE que nous citons in not. § 612, p. 543, et in not. § 630, p. 569.
29   *Cartesianis*] Cf. v. g. MALEBRANCHE, *De la Recherche de la vérité*, liv. VI, IIème
partie, c. 3 (*Œuvres complètes*, t. II, Paris, 1963, p. 313): «On doit ... conclure ...
qu'il n'y a aucun esprit créé qui puisse remüer quelque corps que ce soit comme
cause véritable ou principale, de même que l'on dit qu'aucun corps ne se pouvoit
remüer soi-même. Mais lors qu'on pense à l'idée de Dieu, c'est-à-dire d'un être
infiniment parfait et par conséquent tout-puissant, on connoît qu'il y a une telle
liaison entre sa volonté et le mouvement de tous les corps, qu'il est impossible
de concevoir qu'il veüille qu'un corps soit mû, et que ce corps ne le soit pas. Nous
devons donc dire qu'il n'y a que sa volonté qui puisse remuer les corps».

p. 538 :   3   Lire: neganda.   36   Titre marginal: *tollatur* (p. corr.)] *oblatur* (A).
6   JURIEU, *Traité de la Nature et de la Grâce ou Du concours general de la Providence et du concours particulier de la Grace efficace. Contre les nouvelles hipothèses de M. P. et de ses disciples*, Rotterdam, 1688, Premier Traité, c. 8, p. 79—85.
— BILFFINGER, *Dilucidationes philosophicae de Deo, Anima humana, Mundo, et generalibus rerum affectionibus. Editio tertia. Auctior et prioribus multo emendatior*, Tubingae, 1746, § 326, p. 328, 329.   9—14   ut corpus moveat ... operationem spirituum] Citation libre de BILFFINGER: «ut corpus moveat corpus, et illi motum suum communicet; ostendit, *non minus* esse incomprehensibile, quod N. B. *naturaliter* Spiritus agat in corpus, aut corpus in Spiritum: demonstratque, quod propterea summe necessarium sit, ut *Deus* producat, et motus corporis, et operationes Spirituum.»   22   in inferioribus] § 613, sq.   23   *Theo. nat.*, I, § 758, sq., 840, sq.

p. 539 :   *   Lire: *De systemate causarum occasionnalium.*   25   sive haec sine (p. corr.)] sive sine (A).

p. 540 :   9   JAQUELOT, *Conformité de la foi avec la Raison; ou Defense de la Religion, Contre les principales Difficultez répandues dans le Dictionnaire historique et critique de Mr. Bayle*, Amsterdam, 1705, Système abrégé de l'âme et de la liberté, p. 382: «Le système des causes occasionnelles n'est autre chose qu'une perpetuelle illusion.» Cf. sur ce point LEIBNIZ, *Observatio ad recensionem libri de fidei et rationis consensu a Domino Jaqueloto editi, mense Octobri 1704 factam, Acta eruditorum*, 1705, p. 553 (GER., *Phil.*, VI, p. 558). 30—32 ARISTOTE, *Ethic. Nichom.*, V, 3, 1129b11—1130a13, explique que la justice universelle est une vertu qui nous porte non seulement à travailler au bien commun, mais à être courageux, tempérant, bienveillant avec les autres, etc. ..., ainsi que le prescrivent les lois.

p. 541 : * Lire: *occasionnalium.*

5 ab Aristotelico-Scholasticis] Cf. § 563, sq.

p. 542 : 32 Lire: Gedancken.

9 Il est à noter que LEIBNIZ a d'abord appelé sa doctrine: «système de la correspondance», cf. *Système nouveau pour expliquer la nature des substances et leur communication* ..., — «hypothèse des accords», cf. *Système nouveau de la nature et de la communication des substances* ..., — «hypothèse de l'Harmonie et de la concomitance», cf. *Eclaircissement des difficultés que Monsieur Bayle a trouvées* ..., — puis «voye de l'harmonie préétablie», cf. *Postscriptum à une lettre de janvier 1696, Réponse aux réflexions contenues dans la seconde Edition du Dictionnaire ... de M. Bayle* ..., — ainsi que «voye du consentement préétabli», cf. *Extrait d'une lettre de M.D.L.* Septembre 1696, — et enfin «système de l'harmonie préétablie», cf. *Extrait du Dictionnaire de M. Bayle ...* (GER., *Phil.*, IV, p. 476, 485, 494, 496, 499, 554, 501, 534). 9—11 LEIBNIZ, *Système nouveau pour expliquer la nature des substances et leur communication* ..., in: *Journal des Scavans*, 27 Juin 1695, p. 294—300, 4 Juillet 1695, p. 301—306 (*Ibid.*, p. 471—477). Une autre rédaction, améliorée, se trouve dans GERHARDT (*Ibid.*, p. 447—487) sous le titre: *Système nouveau de la nature et de la communication des substances ...* 11—12 FOUCHER, *Objections de M. Foucher Chanoine de Dijon, contre le nouveau système de la communication des substances, dans une lettre à l'auteur de ce système 12 Septemb. 1695*, in: *Journal des Scavans*, 12 Septembre 1695, p. 639, sq. (GER., *Phil.*, IV, p. 487—490). 13—14 LEIBNIZ, *Eclaircissement du nouveau systeme de la communication des substances* ..., in: *Journal des Sçavans*, 2 et 9 Avril 1696, p. 166—168, 169—171 (GER., *Phil.*, IV, p. 493—498). Cf. aussi l'écrit intitulé *Remarques sur les objections de M. Foucher,* paru dans l'*Histoire des ouvrages des Savans,* Février 1696, p. 274—276 (GER., *Phil.*, IV, p. 490—491). 14—15 BAYLE, *Dictionnaire historique et critique*, art. Rorarius, t. II, Rotterdam, 1697, p. 955—967. 15—17 LEIBNIZ, *Lettre ... à l'Auteur contenant un Eclaircissement des difficultez que Monsieur Bayle a trouvées dans le systeme nouveau de l'union de l'ame et du corps,* in: *Histoire des ouvrages des Savans,* Juillet, 1698, art. 5, p. 329—342, publiée par GERHARDT (*Phil.*, IV, p. 517—524) sous le titre: *Eclaircissement des difficultés que Monsieur Bayle a trouvées ...* 18 post mortem *Leibnitii*] 14 Novembre 1716. 18—20 LEIBNIZ, *Réponse ... aux Réflexions contenues dans la*

seconde édition du Dictionnaire critique ..., in: des MAIZEAUX, *Recueil de diverses pièces, sur la Philosophie, la Religion Naturelle, l'Histoire, les Mathématiques etc. par Messieurs Leibniz, Clarke, Newton, et autres Auteurs célèbres,* Amsterdam, 1720, t. II, p. 389, sq. (GER., *Phil.,* IV, p. 554—572). Cet écrit avait été publié dans l'*Histoire critique de la République des Lettres,* 1716, t. II, p. 78, sq. Cf. aussi un autre écrit de LEIBNIZ datant de 1702, recueilli par GERHARDT *(Ibid.,* p. 524—554) sous le titre: *Extrait du Dictionnaire de M. Bayle ...*   21 in secunda ... editione] Rotterdam, 1702, t. III, p. 2599—2612.   23—25 LAMY, *De la connoissance de soi-même. Traité second* ..., IIème partie, Vèmes Réflexions, p. 225—243 (cf. p. 517, ligne 1).   26—27 LEIBNIZ, *Réponse aux Objections contre le Système de l'harmonie préétablie qui se trouvent dans le livre de la Connaissance de soy-même,* in: *Supplément du Journal des Savans, du dernier de Juin 1709,* p. 275—281 (GER., *Phil.,* IV, p. 590—595). Cet écrit n'est qu'un résumé de celui recueilli par GERHARDT *(Ibid.,* p. 572—590) sous le titre: *Addition à l'Explication du système nouveau touchant l'union de l'ame et du corps, envoyé à Paris à l'occasion d'un livre intitulé Connoissance de soy-même.*   28—29 Le P. TOURNEMINE a formulé ses objections contre le système de l'harmonie préétablie dans plusieurs articles publiés dans les *Mémoires pour servir à l'histoire des Sciences et des Beaux-Arts,* Trévoux, 1703, le premier en Mai, p. 864—875, sous le titre: *Conjectures sur l'union de l'âme et du corps, par le P. de Tournemine,* le second en Juin, p. 1063—1065, intitulé: *Suite des Conjectures sur l'union de l'âme et du corps,* le troisième en Octobre, p. 1857—1870: *Réponse du Père Tournemine aux objections proposées contre son système sur l'union de l'âme et du corps.* NEWTON a exprimé les siennes dans sa *Lettre ... à M. L'abbé Conti, servant de Réponse à l'Apostille de M. Leibniz,* 28 Février 1716, publiée par des MAIZEAUX, *Recueil de diverses pièces ...,* t. II, p. 16—25. CLARKE a développé les siennes dans sa correspondance avec LEIBNIZ, notamment dans sa *4ème Lettre,* § 31, 32, et dans sa *5ème Lettre,* § 110—116 (GER., *Phil.,* VII, p. 386, 437, 438). On trouve celles de STAHL dans son ouvrage: *Negotium otiosum, seu* ΣΚΙΑΜΜΑΚΙΑ *Adversus positiones aliquas fundamentales, Theoriae verae Medicae a Viro quodam celeberrimo intentata, sed adversis conversis enervata,* Halae, 1720.   29—33 A ces *Vernünfftige Gedancken von Gott, der Welt und der Seele des Menschen* ..., WOLFF ajouta en 1724 le supplément dont nous avons parlé dans notre Introduction, p. VI.

p. 543 :   2 BILFFINGER, *De Harmonia animi et corporis humani maxime praestabilita, ex mente illustris Leibnitii, commentatio hypothetica,* Francofurti, 1723.   7—8 qui inimico in me erant animo] Allusion à LANGE et à BUDDE. Le premier écrit: «Quid vero dicam de *ipsa* Dei *praestabilitione?* Certe hanc esse non-ens et chimaeram luxuriantis ingenii, manifestum est: ... E *noxa* ejusdem *extrema* et ita comparata, ut ex *Deo* faciat *non Deum,* peccatorum omnium auctorem proprie dictum, immo Deum contradictorium, qui per legem naturae, et ejus in Scriptura factam declarationem amplissimam, ostenso virtutum ac vitiorum discrimine, sui cultum in virtutum et officiorum praxi e supposito libero arbitrio requirat; et simul tamen, per fatum idealistici et materialistici nexus fatuum, demta libertate et sublata omni moralitate, seu eversa omni honesti ac turpis discrimine, religionem omnem ipse funditus evertat. Hoc est illud Dei simulacrum et metaphysicum phantasma in systemate Wolffiano», *Caussa Dei et religionis naturalis* . . ., 1727², tract. sect. 2, membr. 4, § 10, 460—462; cf.: aussi *Ibid.*, § 8, p. 457, 458, la fin du texte que nous citons in not. § 630, p. 569, et *Modesta Disquisitio* . . ., protheor. prop. 1, scholium, § 11, p. 10, c. 2, placit. 4, disquis., § 8, p. 87, epicrisis, membr. 3, prop., p. 147. Pour BUDDE, cf. le texte que nous citons in not. § 625, p. 559.

p. 545 : 4—6 Cf. le texte de LEIBNIZ que nous citons in not. § 622, p. 556, et aussi *Considérations sur les Principes de vie* . . . (GER., *Phil.*, VI, p. 545 : «j'ay déjà dit que . . . tout se fait dans les ames comme s'il n'y avait point des corps, et que tout se fait dans les corps comme s'il n'y avoit point des ames.» Cf. encore *Réponse aux réflexions contenues dans la seconde Edition du Dictionnaire* . . . *de M. Bayle* . . . (*Ibid.*, IV, p. 560). Mais dans l'*Eclaircissement des difficultés que Monsieur Bayle a trouvées* . . . (*Ibid.*, p. 517), il écrit : «lorsque j'ay dit que l'ame, quand il n'y auroit que Dieu et Elle au monde, sentiroit tout ce qu'elle sent maintenant, je n'ay fait qu'employer une fiction, en supposant ce qui ne sçauroit arriver naturellement, pour marquer que les sentimens de l'ame ne sont qu'une suite de ce qui est déjà en elle»; cf. aussi : *Ibid.*, p. 519 et l'*Extrait du Dictionnaire* . . . *de M. Bayle* (*Ibid.*, p. 530). Et WOLFF lui-même déclare : «Ich sehe aber auch nicht das geringste gefährliche, so daraus folgt. Denn deswegen wird ja nicht den *Idealisten* eingeräumet, dasz die Welt nicht würcklich vorhanden seyn. Es weisz ein jeder : *A posse ad esse non valet consequentia,* daraus dasz etwas seyn kan, folgt nicht, dasz es würcklich ist», *Der vernünfftige Gedancken von Gott* . . . *Anderer Theil* . . ., c. 3, § 286, ad § 777, p. 470 (cf. p. 196, lignes 4—5). 8 Idealistae] v. g. BERKELEY; cf. les références que nous avons données in not. § 42, p. 28. 16—23 Parmi les choses qu'on peut révoquer en doute, DESCARTES note en premier lieu les choses matérielles. Il se demande si Dieu ou quelque malin génie n'a pas fait en sorte que nous croyons les percevoir alors qu'elles n'existent pas (*Medit. 1,* A. T., VII, p. 17—23). Mais la démonstration que Dieu, de qui tout dépend, existe, qu'il est souverainement parfait et infini (*Medit. 3,* A. T., VII, p. 45—52) lui permettent d'affirmer qu'il serait contraire à sa perfection de nous tromper ainsi (*Medit. 4,* A. T., VII, p. 53). Il s'ensuit que notre inclination à croire que des objets réels correspondent à nos perceptions ne saurait être considérée comme trompeuse, et que les choses matérielles existent (*Medit. 6,* A. T., VII, p. 79, 81), bien qu'on puisse penser que Dieu aurait pu nous créer de telle sorte qu'aux impressions produites en nous par elles, correspondissent d'autres sentiments que ceux que nous éprouvons (*Ibid.*, A. T., VII, p. 88).

p. 547 : 19—20 quae... dicta sunt] Cf. sect. 3, c. 2, 3.

p. 548 : 4—6 Cf. les textes de LEIBNIZ que nous avons cités in not. § 614, p. 545. Et WOLFF lui-même confesse: «Und dieses ist der hohe und wichtige Punct, den die meisten für unbegreiflich halten, wie sie ihn zu begreiffen nicht vermögend sind, und deswegen die zwischen dem Leibe und der Seele vorher eingerichtete Harmonie verwerffen... Allen Schwierigkeiten, die man dawider machet, entspringen aus dieser Quelle», *Vernünfftige Gedancken von Gott, der Welt und der Seele des Menschen* ..., c. 5, § 781, éd. Halle im Magdeburgischen, 1751, p. 486 (cf. p. 28, lignes 16—18). 8 Materialistae] Cf. v. g. HOBBES, *Leviathan,* pars I, c. 6 (éd. MOLESWORTH, *Oper. phil. lat. omn.,* London, 1839—1845 (Aalen, 1961), vol. III, p. 39, 40): «Duo sunt motuum in animalibus genera ipsis propria. Quorum unus est *vitalis* ... Alter dicitur *animalis* et *voluntarius*: qualis est *incessus, locutio,* et *artuum* motus, qualem prius animo cogitaverimus. Sensum motum esse in organis et partibus internis corporis humani, factum ab objectis *visis, auditis,* etc.; phantasiam autem esse ejusdem motus post sensionem *reliquias;* dictum ante est (in cap. 1 et 2). Quoniam autem *incessus, loquela,* et similes motus voluntarii, semper dependent ab aliqua praecedente cogitatione, *quo, qua via,* et *quid,* manifestum est phantasiam motuum omnium voluntariorum principium internum primum esse. Etsi autem sint qui motum omnino nullum esse negant, ubi res mota invisibilis, aut spatium, in quo movetur, propter brevitatem insensibile est, illud tamen non impedit, quo minus hujusmodi motus sint. Quantulumcumque enim spatium sit, id quod movetur per spatium majus, cujus parvum illud spatium pars est, per illud necessario movebitur. Principia haec motus parva, intra humanum corpus sita, antequam *incedendo, loquendo, percutiendo,* caeterisque actionibus visibilibus appareant, vocantur *conatus.*» Cf. aussi les textes que nous avons cités in not. § 79, p. 58, et in not. § 462, p. 382. 15—16 in superioribus] sect. 1, c. 2, sect. 2, 1, 2.

p. 549 : 13—14 BAYLE argumente ainsi, à propos de la science et de la puissance de Dieu dans la longue note L de l'article *Rorarius* du *Dictionnaire historique et critique,* t. IV, Amsterdam, 1734, p. 917—919. Mais LANGE le fait à propos de la sagesse divine: «Videamus, quomodo harmoniam praestab. ita idealismo et materialismo suo superstruat, ut eam a summa *sapientiae divinae amplificatione* commendet ... Quis sanae mentis homo sapientiae divinae tribuet contradictoria? Esse vero brutae materiae corpus, et a seipso sine ulla caussali animae influxu posse loqui cum ratione, immo integras edere orationes, et has editurum esse, etsi ne anima quidem ipsa existeret; est extrema contradictio ... Mirum est tantae *impossibilitatis* portenta tradi in systemate, quod tam multa crepat de *possibilitate* recte evoluta»,

Caussa Dei et religionis naturalis . . ., 1727², tract. sect. 2, membr. 4, § 6, p. 456. 19—20 *Jaquelotus*] Cf. le texte cité par WOLFF in not. § 633, p. 572, 573.

p. 553 : 7 illorum error] CLARKE, *4ème Lettre à Leibniz*, § 31 (GER., *Phil.*, VII, p. 386) déclare: «*Pre-established* Harmony, is a mere *Word* or *Term* of *Art*, and does nothing towards explaining the cause of so miraculous an effect». Mais LEIBNIZ a repoussé cette affirmation dans sa *5ème Lettre à Clarke*, § 90 (*Ibid.*, p. 412): «Le mot d'Harmonie préetablie est un Terme de l'Art, je l'avoue, mais non pas un Terme qui n'explique rien, puisqu'il est expliqué fort intelligiblement, et qu'on n'oppose rien qui marque qu'il y ait de la difficulté.» LANGE, *Caussa Dei et religionis naturalis* . . ., 1727², tract. sect. 2, membr. 4, § 10, p. 460, dit aussi: «Quid vero dicam de ipsa Dei praestabilitione? Certe hanc esse non-ens et chimaeram luxuriantis ingenii, manifestum est». 10—11 odium naturale plantarum in Physica scholasticorum] Cf. le texte de MAGIRUS que nous avons cité in not. § 582, p. 504. 16 error eorum] C'est à quoi se ramène l'affirmation de ceux qui, comme NEWTON, CLARKE, LANGE, prétendent que l'harmonie préétablie requiert un perpétuel miracle; cf. les textes que nous citons in not. § 623, p. 556. 20 paulo post] § 622, sq. 27 *Theo. nat.*, I, § 777, sq., 840, 870, sq., II, § 388, sq.

p. 555 : 13 ex infra dicendis] § 639, 721, sq.

p. 556 : 3 *Leibnitius*] Cf. *Théodicée*, I, § 61 (GER., *Phil.*, VI, p. 136): «outre que l'influence physique de l'une de ces substances sur l'autre est inexplicable, j'ay consideré que sans un derangement entier des loix de la nature, l'ame ne pouvoit agir physiquement sur le corps. Et je n'ay pas cru qu'on peut écouter icy des philosophes, tres habiles d'ailleurs, qui font venir un Dieu comme dans une machine de théatre, pour faire le denouement de la piece, en soutenant que Dieu s'employe tout expres pour remuer les corps comme l'ame le veut, et pour donner des perceptions à l'ame comme le corps le demande; d'autant que ce *Systeme*, qu'on appelle celuy des *causes occasionnelles* (parce qu'il enseigne que Dieu agit sur le corps à l'occasion de l'ame, et *vice versa*) outre qu'il introduit des miracles perpetuels pour faire le commerce de ces deux substances, ne sauve pas le derangement des loix naturelles, établies dans chacune de ces mêmes substances, que leur influence mutuelle causeroit dans l'opinion commune», et *Ibid.*, § 62 (p. 136, 137): «Ainsi étant d'ailleurs persuadé du principe de l'*Harmonie* en général et par conséquent de la *preformation* et de l'Harmonie préetablie de toutes choses entre elles, entre la nature et la grace, entre les decrets de Dieu et les actions prevues, entre toutes les parties de la matiere, et même entre l'avenir et le passé, le tout conformement à la souveraine sagesse de Dieu, dont les ouvrages sont les plus harmoniques qu'il soit possible de concevoir; je ne pouvois manquer de venir à ce systeme, qui porte que Dieu a creé l'ame d'abord de telle façon, qu'elle doit se produire et se représenter par ordre ce qui se passe dans le corps; et le corps aussi de telle façon, qu'il doit faire de soy meme ce que l'ame ordonne. De sorte que les loix, qui lient les pensées de l'ame dans l'ordre des causes finales et suivant l'evolution des perceptions, doivent produire des images qui se rencontrent et s'accordent avec les impressions des corps sur nos organes; et que les loix des mouvements dans le corps, qui s'entresuivent dans l'ordre des causes efficientes, se rencontrent aussi et s'accordent tellement avec les pensées de l'ame, que le corps est porté à agir dans le temps que l'âme le veut.» Cf. encore: *Théodicée*, III, § 355 (GER., *Phil.*, VI, p. 326), *Système nouveau pour expliquer la nature des substances* . . ., *Système nouveau de la nature et de la communication des substances* . . ., *Lettre à Basnage de Beauval*, Janvier 1696, *Extrait d'une lettre de M. D. L.* . . ., *Additions à l'Explication du systeme nouveau* . . . (*Ibid.*, IV, p. 476, 485, 499, 501, 573, 579).   21   *Leibnitius*] Cf. les références que nous avons données in not. § 603, p. 528.   23   non defuere nonnulli] v. g. NEWTON, *Lettre . . . à Mr. l'abbé Conti Servant de Réponse à l'Apostille de Mr. Leibniz*, 26 Février 1716 (des MAIZEAUX, *Recueil de diverses pièces* . . ., t. II, p. 22 (cf. 542, lignes 18—20): «On pourrait faire voir que son *Harmonie préétablie* est un véritable Miracle, et quelle est contraire à l'expérience de tous les hommes; chaque individu ayant en soi la puissance de voir par ses propres yeux, et de mouvoir son corps comme il lui plaît.» — CLARKE, *4ème Lettre à Leibniz*, § 31 (GER., *Phil.*, VII, p. 386): «Soul should not *operate* upon the Body; and yet the Body, by mere mechanical impulse of Matter, conform itself to the Will of the Soul in all the *infinite variety* of spontaneous animal motion; is a perpetual Miracle.» — LEIBNIZ a repoussé cette affirmation dans sa *5ème Lettre à Clarke*, § 89 (*Ibid.*, p. 412): «L'Harmonie ou correspondance entre l'Ame et le corps n'est pas un miracle perpetuel, mais l'effect ou suite d'un miracle primigene fait dans la creation des choses, comme sont toutes les choses naturelles. Il est vray que c'est une merveille perpetuelle, comme sont beaucoup de choses naturelles.»   28   Plures . . . alii] Ainsi LANGE, *Modesta Disquisitio* . . ., c. 2, placit. 9, disquis., § 13, p. 123, 124, écrit: « Praeterea cum hoc systema veri nominis *miracula* in speciem ita concedat, ut ea re ipsa si non evertat, tamen ad ea per justam consequentiam neganda praemissas subministret validissimas, uti infra videbimus; in *fingendis miraculis* abit in infinitum, miracula ita cumulans, ut *nihil nisi miracula* possit, speciatim in humano genere, eorumque numerum vel ipsius arenae maris numero reddat longe cumulatiorem.» Cf. encore *Caussa Dei et religionis naturalis* . . ., 1727^2, tract. sect. 2, membr. 3, § 36, p. 447, 448.   34   *Baelio*] Cf. la référence que nous avons indiquée in not. § 617, p. 549.

p. 557 :   2   SPINOZA, *Tractatus Theologico-politicus*, c. 6 (éd. GEBHARDT, t. III, p. 84): « Possem quidem dicere, miraculum esse id, cujus causa ex principiis rerum naturalium lumine naturali notis explicari nequit; verum, quoniam miracula ad captum vulgi facta fuerunt, quod quidem principia rerum naturalium plane ignorabat, certum est, antiquos id pro miraculo habuisse, quod explicare non poterant eo modo, quo vulgus res naturales explicare solet.» 8 *Spinosa*] Cf. les références que nous avons données in not. § 544, p. 466. 10 *Theo. nat.*, II, § 713 et not.

p. 558 : 15—16 qui sibi persuadent] v. g. CLARKE; cf. le texte que nous avons cité in not. § 620, p. 553.

p. 559 : 1—11 CLARKE v. g. prétend que la doctrine de l'harmonie préétablie conduit à la nécessité et au destin «is wath (I annot but thinck) tends to introduce *Necessity* and *Fate*», 5ème *Lettre à Leibniz*, § 92 (GER., *Phil.*, VII, p. 432), et, après avoir développé l'argument que dénonce WOLFF, il conclut: «And if the World can once be perswaded, that a Man's Body is a *mere Machine,* and that all his *seemingly voluntary* Motions are performed by the mere necessary Laws of *corporal Mechanism,* without any *Influence,* or *Operation,* or *Action at all* of the *Soul* upon the Body, they will soon conclude, that this *Machine* is the *whole Man;* and that the *harmonical Soul,* in the Hypothesis of an *harmonia praestabilita,* is merely *Fiction* and a *Dream*», § 110—116 (*Ibid.*, p. 437, 438); cf. aussi *4ème Lettre à Leibniz,* § 32 (p. 386). BAYLE aussi, *Dictionnaire historique et critique,* art. *Rorarius,* note L, t. IV, Amsterdam, 1734, p. 918, déclare: «Je ne croi pas non plus qu'il soit moins facile à Mr. Leibniz qu'aux Cartésiens, ou aux autres philosophes, de se garantir de l'objection du mechanisme fatal, le renversement de la liberté humaine.» De même LAMY, *De la connoissance de soy même* . . ., Traité II, IIème partie, Vèmes Réflexions, t. II, p. 234—235 (cf. p. 517, ligne 1), soutient que le système de l'harmonie préétablie détruit la liberté et fait de la suite des perceptions quelque chose de nécessaire. Mais WOLFF vise certainement aussi LANGE qui écrit: «Hic videmus denuo omnes ac singulas animae perceptiones, et, praeter *sensationes* . . . ETIAM EAS DESIDERIORUM ET VOLITIONUM, non solum fato suo proprio et interno, hactenus detecto et in necessitate naturae posito, sed etiam SIMUL EXTERNO ILLI, PHYSICO-MECHANICO simpliciter subjacere. O misellam voluntatem, cujus *volitiones, desideria et decreta,* ad actiones, quae sine corpore organico perfici nequeunt, relata, a nexu hujus universi, et ad universum relati corporis organici, arctius et strictius dependent, quum canis catenarius a curro suo, cui allegatus est», *Caussa Dei et religionis naturalis* . . ., 1727^2, tract. sect. 2, membr. 3, § 30, p. 439, 440; cf. encore: *Modesta Disquisitio* . . ., c. 2, placit. 13, disquis. § 3, p. 81, placit. 4, disquis. § 1, 7, p. 85, 87, epicrisis membr. 5, ad § 21, p. 154, sq., *Bescheidene und ausführliche Entdeckung* . . ., Sect. 2, Satz 4, 6, p. 118, sq., 130, sq. La comparaison de l'âme avec le chien attelé à un char, employée par LANGE, se trouvait déjà chez les Stoiciens; cf. HIPPOLYTE, *Philos.,* 21 (*D. D. G.,* p. 571, 11, von ARNIM, *S. V. F.,* vol. II, p. 284, n. 975): καὶ αὐτοὶ δὲ (scilicet Chrisyppus, Zeno) τὸ καθ᾽ εἱμαρμένην εἶναι πάντα διεβεβαιώσαντο παραδείγματι χρησάμενοι τοιούτῳ, ὅτι ὥσπερ ὀχήματος ἐὰν ᾖ ἐξηρτημένος κύων, ἐὰν μὲν βούληται ἕπεσθαι, καὶ ἕλκεται καὶ ἕπεται, ποιῶν καὶ τὸ αὐτεξούσιον μετὰ τῆς ἀνάγκης [οἷον τῆς εἱμαρμένης]. Ἐὰν δὲ μὴ βούληται ἕπεσθαι, πάντως ἀναγκασθήσεται. Il faut citer encore BUDDE, *Bedencken über die Wolffianische Philosophie* ..., § 12, p. 96, 101, 102 : « Wie nun er solches erkläret, dasz nach dieser Harmonie die Bewegungen des Leibes und der Seelen zugleich geschehen, ja nach dieselben zugleich geschehen müssen, obgleich weder die Seele in den Leib, noch der Leib in die Seele würcket; ferner dasz sowohl der Seelen als des Leibes Würckungen von dem *nexu causarum* auf eine mechanische Art dependiren; so kan es nicht andere seyn, als dasz durch dieses *Systema* eine *absolute* Notwendigkeit eingeführet, der Mensch aller Freiheit beraubet, folglich alle Moralität und Religion aufgehoben wird.» Cf. aussi le texte que nous avons cité in not. § 453, p. 371.   15   *Theo. nat.*, I, § 194, sq.

p. 562 :   2   *Theo. nat.*, I, § 760, sq., II, § 342, sq., 403, sq.   9   Sufficit ostendisse] Cf. LEIBNIZ, *Considérations sur les Principes de vie* ... (GER., *Phil.*, VI, p. 541) : « Le système de l'Harmonie préétablie fournit une nouvelle preuve inconnue jusqu'icy de l'Existence de Dieu, puisqu'il est bien manifeste, que l'accord de tant de substances, dont l'une n'a point d'influence sur l'autre, ne sauroit venir que d'une cause generale, dont elles dependent toutes, et qu'elle doit avoir une puissance et une sagesse infinie pour préétablir tous ces accords. M. Bayle meme a jugé, qu'il n'y a jamais eu d'hypothese, qui ait donné tant de relief à la connoissance que nous avons de la sagesse divine.»   22   Leibnitius] Cf. le texte que nous avons cité in not. § 622, p. 556, et aussi: *Principes de la Nature et de la Grâce*, § 11—15, *Monadologie*, § 51—59 (GER., *Phil.*, VI, p. 603—605, 615—616), *Addition à l'Explication du systeme nouveau* ... (*Ibid.*, IV, p. 578).

p. 563 :   33   Lire : Quare.

28   Lire : (§ 624. *Psycho. rat.*, et § 948. *Psycho. empir.*).

p. 564 :   5—6   Allusion à LANGE et à BUDDE; cf. les textes que nous avons cités in not. § 612, p. 543 et in not. § 630, p. 569.   9—10   WOLFF n'est pas revenu sur ce point dans la *Theologia naturalis*.   11—20   Allusion à LANGE et à BUDDE; cf. les textes que nous avons cités p. 16*, ligne 12.   24—28   Allusion à LANGE, *Modesta Disquisitio* ..., c. 2, placit. 9, disquis. § 19, p. 130 : « Argumenti forma haec est: si est harmonia inter animam et corpus praestabilita ... existit Deus, huius universi auctor. Quid si atheus non solum dixerit, sed etiam demonstraverit, falsum est antecedens? Nonne consequens, seu dogma de existentia Dei, eius ludibrio erit expositum? »   30   BILFFINGER, *Dilucidationes philosophicae* ..., sect. 3, c. 4, c. 4, § 355, p. 387, 388 (cf. p. 538, ligne 6).

p. 565 : 6 Lire: tantummodo.

23—24 SOCIN, *Praelectiones Theologicae*, c. 8, p. 24—20 (*Opera omnia in duobus Tomos distincta. Quorum prior continet ejus Exegetica et didactica posterior opera ejusdem Polemica comprehendit Accesserunt quaedam hactenus inedita. Quorum Catalogum versa pagina exhibet,* Irenopoli, 1656, t. I, p. 544, col. B — 550, col. A). 26 CRELLIUS, *De Deo et ejus attributis* in: *Johannis Volkelii Minisci De vera religione Libri quinque: Quibus praefixus est Johannis Crellii Franci Liber de Deo et ejus attributis, ita ut unum cum illis opus constituat,* Racoviae, 1630, lib. I, c. 24, De Sapientia Dei, p. 191—224. 29 scriptura sacra] Cf. les deux récits de la création *Gen.*, I, II.

p. 566 : 5 Lire: *rerum factum*.

21—22 in prima rerum creatione] «Actus adeo creationis distincta jam intelligitur, quantum a nobis intelligi potest. Atque hic ipse est, quem *creationis primae* nomine insigniunt Theologi: quique in productione ex nihilo consistit», *Theo. nat.*, II, not. § 342, p. 307; cf. aussi *Psycho. rat.*, not. § 699, p. 622.

p. 567 : 19 *Newtonum*] Cf. le texte que nous avons cité en not. § 623, p. 556.   33—34 *Leibnitius*] Nous avons cité ce texte en not. § 623, p. 556.

p. 568 : * Lire: 568.   5 Lire: *primigenium*.   14 Lire: rerum.

4 *Clarkio*] Cf. le texte que nous avons cité en not. § 623, p. 556.

p. 569 : 4—10 Allusion à LANGE, *Caussa Dei et religionis naturalis . . .*, 1727², tract. sect. 2, membr. 3, § 8, p. 457, 458: «Quemadmodum vero haec harmoniae praestabilitae commendatio a sapientia Dei in se revera est contradictoria: sic ea Dei *bonitatem, sanctitatem et justitiam* plane evertit. Deum enim directe facit auctorem peccatorum omnium. Etenim si anima omnia sua desideria et quascumque alias ideas e sua ipsa essentia necessitate istius suae essentiae intra se evolvit, ita ut errores et vitia, et atrociora delicta, interne in ipsum Deum commissa, quae secundum systema totius humani generis inter alia etiam per noxiam institutionem et per varia scandala in anima exoriantur, ipsi animae a Deo ad ista omnia praestabilitae unice adscribenda sint; deus, in quantum pro ejusmodi praestabilitiore habetur, in tantum habetur pro auctore peccatorum, quae intra animam committuntur. Et si actiones oris et membrorum corporis necessariae sunt, et sine ullo animae libero influxu ab ipso Deo secundum leges motuum ita sunt praestabilitae: certe ipse Deus est vera caussa omnis blasphemiae adversus se ipsum, omnis furti, adulterii, aliorum flagitiorum omnium; et sic sanctitate etiam justitia ejus vindex cum ipso opere extremi judicii in totum concidit. Immo, si ratione animae ac corporis omnia fiunt e et in nexu necessario, supervacanea est omnis fatuum omnis religio et omnis doctrina moralis, atque ita perit omne inter vitia et virtutes discrimen, et nihil remanet, nisi ineluctabile fatum, cujus respectu *confatalia* sunt omnia.» 10 deinceps] § 631, sq.

p. 570 : 22—23 consequentiarii] v. g. LANGE et BUDDE; cf. les textes que nous avons cités in not. § 612, p. 543, not. § 625, p. 559, not. § 630, p. 569.

p. 571 : 3 Lire: *ad nullum per essentiam suam.*

1 Lire: (§ 941. *Psychol. empir.*). 4—5 ad indifferentiam perfecti aequilibrii] Cette théorie que LEIBNIZ appelle l'«indifférence d'équilibre», *Théodicée*, I, § 46 (GER., *Phil.*, VI, p. 128) a été défendue notamment par BOSSUET: «Plus je cherche en moi-même la raison qui me détermine, plus je sens que je n'en ai aucune autre que ma seule volonté: je sens par là ma liberté, qui consiste uniquement dans une telle chose», *Traité du libre arbitre*, c. 2, — par CLARKE: «But in things in their own Nature *indifferent;* mere *Will*, without any thing *External* to influence it, is alone *That sufficient* Reason», *3ème Lettre à Leibniz*, § 2 (GER., *Phil.*, VII, p. 367), — et aussi par LANGE: «Quid enim hic est notius, quam homines cognito et affirmato rationum aequilibrio e sola voluntatis libertate se posse in partem alterutram determinare; adeo, ut se etiam quam saepissime pro libera sua malitia determinare soleant in partem rationum leviorum, immo nullarum, quae aliquid veri ponderis habeant. Jam si determinatio libera hic, ubi rationes quam maxime repugnant, habet locum; cur non multo magis in aequilibrio locum haberet?», *Caussa Dei et religionis naturalis* ..., 1727[2], tract. sect. 2, membr. 3, § 24, p. 431; cf. encore *Bescheidene und ausführliche Entdeckung* ..., sect. 2, Satz 6, n. 3, p. 134—138. 8—15 Allusion à LANGE et à BUDDE cf. les textes que nous avons cités in not. § 612, p. 543, not. § 625, p. 559, not. § 630, p. 569.

p. 572 : 20—21 JAQUELOT, *Conformité de la foi avec la Raison* ..., Système abrégé de l'ame et de la liberté, p. 381, 382 (cf. p. 540, ligne 9). 22—23 LEIBNIZ, *Observatio ad recensionem libri de fide et rationis consensu* ... (GER., *Phil.*, VI, p. 557) (cf. p. 540, ligne 9). 23—25 Si systema ... praejudicaturam] Citation de la traduction latine du texte de JAQUELOT faite par LEIBNIZ: «si on comprend bien ... le systeme de Monsieur Leibnitz, on peut reconnaitre qu'il ne detruit point la liberté, parce que l'Ame a le pouvoir de former ses resolutions, et de vouloir ce qui lui plaît. A l'egard des actions du corps sur lesquelles l'Ame exerce son empire, la disposition du corps formé de Dieu de telle sorte, que les mouvements du corps repondent précisément aux volontez de l'Ame, ne prejudicie point à la liberté. Pour le comprendre facilement, on peut se servir de cet exemple. Posons qu'un habile Machiniste scût ce que je dois ordonner à un valet, un tel jour de l'année, et qu'il pût composer un Automate capable de faire tous les mouvements nécessaires pour exécuter les ordres que je donnerai ce jour là. Il est certain que si on me présente un jour nommé cet Automate, je lui commanderai d'agir avec la liberté dont je jouis, et que la détermination de ses mouvements ne donne aucune atteinte à ma liberté.»

p. 573 : 1—7 *Eodem modo* ... *accomodavit*] Citation de la traduction latine du texte de Jaquelot faite par Leibniz: «Il en est de même du corps de l'homme dans le systeme de Monsieur Leibnitz, qu'on a nommé systeme d'*une harmonie preétablie*. Dieu a formé nos corps, comme une machine qui doit répondre à de certaines volontez de nos ames. Un tel Automate n'est point impossible à Dieu qui connoît de tout tems les determinations de ma volonté, et qui a accomodé les mouvemens de la machine à ses déterminations.» 9 *objectio*] Cf. les textes de Clarke, Bayle, Lamy, Lange, Budde, que nous avons cités in not. § 623, p. 559. 24 Socin, *Praelectiones Theologicae*, c. 8, *De Dei praenotione seu prescientia* (*Oper. omn.*, t. I, Irenopoli, 1656, p. 544, col. B — 546, col. A). 31 Musaeus, *Collegium controversiarum Becano Wendelino Crellio aliisque Socinianis oppositum. Opus posthumum cum indicibus quaestionum, autorum, locorum SS. Scripturae et rerum notabiliorum*, Ienae, 1701, Collegium anti-Socinianum, disp. 4: Quae adhuc de Deo partim ratione essentiae, partim ratione personarum spectato, quaestio 1: An futura contingentia deus certo et infaillibiliter praesciat? § 21—26, p. 435—437. 33 Crellius, *De Deo et ejus attributis*, lib. I, c. 24, *De Sapientia Dei*, notamment p. 202—205. 33—37 A noter cependant que Crellius déclare, *op. cit.*, c. 24, p. 205: «Si enim peccat [homo], poterat non peccare. Nam in eo vera peccati ratio consistit, quod quis male agat, cum posset non agere. Qui vero poterat non peccare, non necessario peccat. Quid ergo? in illum omnis redibit culpa, qui libere decreverit; ut ea omnia, quae peccata dicuntur, necessario committerentur. Ipse nempe Deus sanctissimus, fons et origo vera omnis impietatis erit: eidemque licet justissimo, summa injustitia, licet benignissimo, summa crudelitas erit adscribenda».

p. 574 : 10 *Theo. nat.*, I, § 523, sq., II, § 156.

p. 575 : 6 *objectio*] Cf. les textes de Clarke, Bayle, Lamy, Lange et Budde, que nous avons cités in not. § 623, p. 559.

p. 576 : 32 *Theo. nat.*, I, § 372, sq., 554, sq., 897, 898, II, § 282, 285, 289.

p. 579 : 6 Lire: destituitur. *Quod erat alterum.* 31 Lire: § 638.

14 *Baelius*] Cf. la référence que nous avons donnée in not. § 617, p. 549.

p. 580 : 9 *Theo. nat.*, II, § 173, 182.

p. 581 : 5 Lire: *praestabilitae.* 29 *quae sumit ea*] quae sumit (A).

p. 582 : 16 Lire: consequitur.

Variantes et notes de l'éditeur 777

        29—30 JAQUELOT, *Conformité de la foi avec la Raison* . . ., Système abrégé . . ., p. 381, 382 (cf. p. 540, ligne 9).   32 si intelligi queat animam] Citation de la traduction latine du texte de JAQUELOT faite par LEIBNIZ dans l'*Observatio ad recensionem libri de fidei et rationis consensu* . . . (cf. p. 540, ligne 9): «si on peut comprendre»

p. 583 :   1—10 agere in corpus . . . est illusio] Citation de la traduction du texte de JAQUELOT faite par LEIBNIZ dans l'*Observatio ad recensionem libri de fidei et rationis consensu* . . . (cf. p. 540, ligne 9): «que l'Ame puisse agir sur le corps par sa propre vertu et par quelque influence qui puisse le mettre en mouvement, il faut suivre le systeme ordinaire. Il est plus simple et plus dégagé que les autres. On peut même alléguer l'exemple du Créateur qui crée et conserve l'Univers par sa volonté. Mais si on veut suivre les idées que nous avons des corps et des esprits avec les attributs qui leur sont propres; comme on ne veut pas qu'un esprit puisse agir sur un corps, ni un corps sur un esprit, il faut se déterminer au systeme de Mr. Leibniz, parce que le systeme des causes occasionnelles n'est autre qu'une perpetuelle illusion.»   15 inquiunt Collectores] Cf. LEIBNIZ, *Observatio ad recensionem libri* . . ., p. 555.   15—26 commercium . . . non possimus] Citation de LEIBNIZ.

p. 585 :   9 placitis, suas] placitis suas (A).

        1 KEPLER, *Astronomia nova* ΑΙΤΙΟΛΟΓΗΤΟΣ, *seu Physica coelestis tradita commentariis De motibus stellae Martis. Ex observationibus G. V. Tychonis Brahe*, 1609 (*Oper. omn.*, éd. Ch. FRISCH, vol. III, Francofurti et Erlangae, 1860, p. 155—156).   5—6 Qui hebetior . . . possit et velit] Citation de KEPLER. 20 Sumunt . . . Anti-Copernicani] Ce fut, en effet, l'argument des théologiens, tant protestants que catholiques; cf. v. g. BELLARMIN, *Lettre à Paolo Antonio Foscarini*, 12 Avril 1615 (*Le opere Galileo Galilei*, vol. XII, Firenze, 1902, p. 171, 172): «volere affermare che realmente il sole stia nel centro del mondo, e solo si rivolti in se stesso senza correre d'all'oriente all'occidente, e che la terra stia nel 3° cielo e giri con somma velocita intorno al sole, e cosa molto pericolosa non solo d'irritare tutti i filosofi e theologi scholastici, ma anco di nuocere alla sante Fede con rendere false le Scritture Sante.» On le retrouve dans le décret de la Congrégation de l'Index du 5 Mars 1616 (*Ibid.*, vol. XIX, Firenze, 1907, p. 323): «quia ad notitiam praefatae Sacrae Congregationis pervenit, falsam illam doctrinam Pythagoricam, divinaeque Scripturae omnino adversantem, de mobilitate terrae et immobilitate solis, quam Nicolaus Copernicus De revolutionibus orbium coelestium, et Didacus Astunica in Job, etiam docent, iam divulgari et a multis recipi; sicuti videre est ex quadam Epistola impressa cuiusdam Patris Carmelitae . . . in qua dictus Pater ostendere conatur, praefatam doctrinam de

immobilitate solis in centro mundi et mobilitate terrae consonam esse veritati et non adversari Sacrae scripturae; ideo, ne alterius huiusmodi opinio in perniciem Catholicae veritatis serpat, censuit, dictos Nicolaum Copernicum De revolutionis orbium, et Didacum Astunica in Job, suspendendos esse, donec corrigantur.» 24 sumunt ... Anti-harmonistae] Allusion à LANGE; cf. les textes que nous avons cités in not. § 564, p. 484. 26—27 verbis scripturae sacrae ... tribuunt] Allusion à LANGE toujours; cf. le texte que nous avons cité in not. § 546, p. 468.

p. 586 : 17 Lire: Currunt.

17 Currunt ... objectiones] Cf. v. g. LANGE, *Modesta Disquisitio* ..., c. 3, placit. 8, disquis., § 1, p. 210, 211: «Si operationes DEI supernaturales in anima sunt miracula, sequitur, in regno gratiae miracula non esse *extraordinaria*, sed *ordinaria*; quandoquidem in eo affluxus gratiae operantis est perpetuus, re ipsa et integra analogia fidei hoc postulante. Esse vero *ordinarium* et *miraculum* sunt contradictoria vi definitionis miraculi», et *Ibid.*, p. 211: «Quis ergo non videt hypotheses falsas, de miraculis in regno naturae etiam ad regnum gratiae extensas, ita esse comparatas, ut admissae cedant in negationem operationum Dei spiritualium, tanquam miraculorum, Pelagianismo sic in thronum evecto.» Cf. encore *Bescheidene und ausführliche Entdeckung* ..., Sect. 3, Satz 7, Anmerkungen, Classe, 4, 5, p. 346—352.

p. 588 : 13 in significatu recepto] LEIBNIZ, *Extrait du Dictionnaire de M. Bayle* ... (GER., *Phil.*, IV, p. 527): «on n'accorde pas pour cela que l'ame des bêtes soit spirituelle, ou qu'elle merite d'être appelée un Esprit, car quoyqu'elle ait du sentiment, elle n'a pas l'entendement, qui renferme la connoissance des raisons. Et c'est pour cela aussi que les betes n'ont point de liberté.» Cf. encore *Principes de la Nature et de la Grâce*, § 14 (*Ibid.*, VI, p. 604). LANGE, *Caussa Dei et religionis naturalis* ..., 1727^2, protheor. def. 4, p. 35: «*Spiritus* est substantia hypostatica, habens facultatem intellectus et liberae voluntatis, nec non potentiam agendi extra se in materiam et corpora.»

p. 589 : 7 Lire: notionem.

8 *Psycho. emp.*, pars I, sect. 3, c. 2, pars II, sect. 2, c. 1. 13 *Leibnitius*] Tel est, en effet, l'enseignement du début de la *Monadologie*, § 1, 11—15, 18, 19, 22—24 (GER., *Phil.*, VI, p. 607—611); cf. encore: *Principes de la Nature et de la Grâce*, § 1—4 (*Ibid.*, p. 598—600), *Nouveaux Essais*, II, 21, § 72 (*Ibid.*, V, p. 195), *Epistola ad Wagnerum* Juin 1710 (*Ibid.*, VII, p. 529), *Système nouveau pour expliquer la nature des substances et leur communication* ..., *Système nouveau de la nature et de la communication des substances* ... (*Ibid.*, IV, p. 473, 474, 478, 479). 17 Falluntur ... qui] — 19 et multo magis falluntur qui] Allusion à LANGE, *Caussa Dei et religionis naturalis* ..., 1727^2, tract. sect. 2, membr. 3, § 1, 2, p. 399, 400: «*Monades* ...

Leibnizianas et *simplicia Wolffiana* esse synonyma ... Monades, seu *simplicia*, in hoc systeme sunt *spiritus*. Id quod liquet 1) *Ex appellatione expressa* in praefatione Met. [i. e. *Vernünfftige Gedancken von Gott, der Welt und der Seele des Menschen, auch allen Dingen überhaupt*, Vorrede zu der anderen Auflage (éd. de 1751, Halle in Magdeburgischen, p. 22 non paginée)]. 2) E *natura simplicium* generatim, quae est universi repraesentativa, ipsarum essentia, in vi repraesentativa posita: id quod non nisi de spiritibus dici potest. Igitur quot sunt simplicia, tot sunt *mundi ideales*. Quod ipsum in monadologia Leibniziana multis modis urgeri videas. 3) E *definitione spiritus expressa*, quae eadem est ac simplicium, scilicet haec *Spiritus in genere est substantia universi repraesentativa*. Rat. Prael. [i. e. *Ratio praelectionum Wolffianarum* ..., sect. 2, c. 3, § 26, p. 151 (cf. p. 396, ligne 33)] ... Et quia plures spirituum species dantur, ibidem additur, *differentias specificas desumendas esse a modo repraesentandi universum*. 4) E *descriptione simplicium*, etiam eorum primi generis, seu elementorum hujus mundi, ita comparata, ut ei omnes materiae et corporis proprietates essentiales simpliciter abjudicentur», et *Ibid.*, § 4, p. 401, 402: «Simplicia haec primi generis esse chimaeras luxuriantis, et simul laborantis, ingenii ac imaginationis, vel e summa videas *contradictione*, qua habentur pro aliqua spirituum specie, omnis proprietatis materialis plane experte, et nihilo tamen minus etiam pro elementis, e quibus mundum hic corporeus tanquam aggregatum spirituum compositus sit ... Indignissimum itaque est glaucoma, quando Wolffius passim negat, se monadologiam Leibnizianam suam fecisse, cum tantum in prima monadum specie, seu elementari illa, in medio relinquat, an repraesentationes sui sibimet ipsis sint consciae, nec ne.» Cf. encore *Ibid.*, § 5, p. 403.

p. 590 : 2 *Psycho. emp.*, § 646. — in superioribus] § 387, sq., 517, sq. 6 *Theo. nat.*, I, § 124, sq. 15 *Theo. nat.*, I, § 387, sq., II, § 186.

p. 592 : 3—9 *Theo. nat.*, I, c. 2, 3, II, sect. 1, c. 2, 3.

p. 593 : 16 Lire: tantummodo.

p. 594 : 31 Lire: § 656. 32 Lire: *intervallo*.

p. 595 : 19—20 *Specimen ad Theologiam naturalem adplicatae* ... in: THÜMMIGIUS, *Meletemata varii et rarioris argumenti* ..., p. 399—372 (cf. p. 29, ligne 31). 31—32 scriptura sacra] Cf. les références que nous avons données en not. § 661, p. 599.

p. 596 : 5 Antiscripturarios] Cf. la définition que nous avons donnée p. 16*, ligne 7.
20—21 philosophi] PLATON, *Phédon*, 80b, oppose au corps qui ressemble à ce dont la forme est multiple et est sujet à la désagrégation, l'âme qui ressemble à ce dont la forme est une et indissoloble, καὶ μονοειδεῖ καὶ ἀδιαλύτῳ. D'après ARISTOTE l'intellect, qui est la partie supérieure de l'âme, s'exerce indépendamment

du corps; il est donc immatériel, i. e. simple; cf. les références que nous avons données in not. § 51, p. 34. Selon PLOTIN, l'âme est immatérielle, parce qu'elle est une nature une et simple, *Ennéades*, IV, 7, 12. SUAREZ, *Disp. 35*, sect. 1, après avoir défini la substance immatérielle «eam, quae non habet hanc corpoream molem quam in his substantiis materialibus experimur», § 1, montre que de telles substances existent, à savoir les âmes humaines et les anges, § 3—9. Selon DESCARTES, l'âme, ou l'esprit, est radicalement différente du corps, donc non composée, i. e. simple, *Medit. 2, 6, Secundae Responsiones*, prop. 4, *Tertiae Responsiones*, 2 (A. T., VII, p. 27, 78, 169, 176), *Principia philosophiae*, I, § 8 (A. T., VIII—1, p. 7). D'après LEIBNIZ, toute monade est une substance simple, et les esprits sont les monades supérieures douées de raison et de liberté, *Principes de la Nature et de la Grâce*, § 1—5, *Monadologie*, § 1, 11—15, 18, 19, 29 (GER., *Phil.*, VI, p. 598—601, 606—617). 21 Theologi] Saint AUGUSTIN, *Lettre 238*, § 15 (*P. L.*, t. XXXIII, col. 1043): «omnis incorporea natura spiritus in Scriptura appellatur.» RICHARD DE SAINT VICTOR, *De exterminatione mali et promotione boni*, tract. 3, c. 18 (*P. L.*, t. CXCVI, col. 1114, C): «Neque enim in homine uno alia essentia est eius spiritus atque alia eius anima, sed prorsus una eademque simplicisque naturae substantia.» Saint THOMAS, *Sum. Theol.*, Ia, qu. 36, art. 1, ad Ium: «omnibus substantiis immaterialibus, et invisibilibus hoc nomen [spiritus] attribuimus», et Ia, qu. 97, art. 3, resp.: «Anima rationalis et *anima* est, et *spiritus* ... *spiritus* dicitur secundum illud, quod est proprium sibi, et non aliis animabus, quod scilicet habeat virtutem intellectivam immaterialem»; cf. encore: Ia, qu. 75, art. 1, et *Contra Gentiles*, II, c. 65. 21 Hobbesio] Cf. les textes que nous avons cités in not. § 33, p. 25. 22 non defuere qui] v. g. TOLAND, COWARD; cf. les textes que nous avons cités in not. § 33, p. 25. 25 alii] Ainsi MORE déclare: «Primum est, *Quod omnis Spiritus est Extensus*. Per Extensionem enim hic intelligo non Magnitudinem aliquam quae revera est divisibilis, qualis Materiae competit, quaeque facit ut res quaelibet magna, potentiâ sit etiam multa, ut quae in plures partes discerpi potest; sed Amplitudinem solummodo quandam quae itâ una est et simplex, aut saltem esse potest, ut repugnet in partes discerpi», *Enchiridium Metaphysicum. Sive, de rebus incorporeis succincta et luculenta Dissertatio. Pars prima: De existentia et natura Rerum Incorporearum in Genere. In qua quamplurima Mundi Phaenomena ad Leges Cartesii Mechanicas obiter expenduntur; illiusq; Philosophiae, et aliorum omnino omnium qui Mundana Phaenomena in Causas purè Mechanicas solvi posse supponunt, Vanitates, Falsitàsque detegitur*, Londini, 1679, pars I, c. 8, § 14 (*Oper. omn.*, t. II—1, Londini, 1679 (Hildesheim, 1966), p. 169). Et il consacre tout le chapitre 28 du même *Enchiridium* (*Ibid.*, p. 317—326) à développer et à démontrer cette thèse, en insistant notamment sur le fait que l'esprit, considéré comme doué d'extension, n'a cependant pas de parties en lesquelles il puisse être divisé, en raison de sa parfaite simplicité. Il écrit notamment: « nego in re *simplicissima*, qualis est *Spiritus*, ullas esse *Partes physicas* ac *proprie dictas*, eásque ipsi ab impura Imaginatione falsò affingi», § 11, p. 322, — «Addóque praeterea, quod quemadmodum fictitia illa *Monas metaphysica* [qualis *Holenmeriani* Mentem humanam esse fingit (p. 321)] ... à seipsa discerpi non potest nec divelli, ità nec realis quivis Spiritus, cùm res sit *simplicissima maximéque una*, et in qua Mens pura, nullisque Imaginationis praejudicies Obfuscata et obsessa, *nullas* omnino *partes* inesse agnoscit: Esset enim eo ipso *res composita*», § 12, p. 322. Mais il est à noter que MORE refuse la comparaison de l'âme avec le point mathématique; car, parlant de l'indivisibilité qu'il attribue à l'âme, il dit: «Caeterùm, quando loquor de *Indivisibilitate*, nè Imaginatio novas sibi creet molestias, non tamen intelligo *Indivisibilitatem* qualis in puncto Mathematico fingitur, sed qualem concipimus in sphaera lucis ab uno puncto lucido Centri radiantis facta», *Antecedentis Antidoti adversùs Atheismum appendix, In qua continetur ad objectiones quasdam Contra aliquot ejusdam loco factas responsio*, Londini, 1679, c. 10, § 9 (*Ibid.*, t. II—2, Londini, 1679 (Hildesheim, 1966), p. 169).   27   Mathematici] Cf. EUCLIDE, *Elementa*, lib. 1, def. 1 (éd. HEIBERG, vol. I, Lipsiae, 1883, p. 2): Σημεῖόν ἐστιν, οὗ μέρος οὐδέν.

p. 597 : 21 Lire: essentia.

4 *Cartesius*] Cf. le texte que nous avons cité in not. § 51, p. 34.   11   Qui spiritui ... tribuunt] MORE v. g. écrit: «Atque equidem, quòd Deus extenditur suo modo, hinc arbitror patere, nempe quòd sit omnipraesens, et universam mundi machinam singulasque ejus partes intime occupat», *Lettre à Descartes*, 11 Décembre 1648 (*Oper. omn.*, t. II—2, Londini 1679 (Hildesheim, 1966), p. 234, A. T., V, p. 238), — «Manifestum igitur est, praeter aeternitatem infinitam, in Deum etiam cadere durationis successionem. Quod si admittimus, cur non extensionem etiam infinita spatia adimplentem pariter ac infinitam durationis successionem illi tribuamus?», *Lettre à Descartes*, 5 Mars 1649 (*Oper. omn.*, t. II—1, Londini, 1679 (Hildesheim, 1966), p. 245, A. T., V, p. 306), — «Tertium et ultimum ... hoc tandem est, nempe, *Quod immensus hic locus internus*, sive Spatium a Materia realiter distinctum quod animo concipimus, est ... *confusior quaedam et generaliter Repraesentatio Essentiae sive Essentialis Praesentiae Divinae, quatenus a Vita atque Operationibus praeciditur*», *Enchiridium Metaphysicum* ..., pars I, c. 8, § 15 (*Ibid.*, p. 169).   17   RAPHSON, *De spatio reali, seu ente infinito Conamen Mathematico-Metaphysicum*, Londini, 1702, c. 5, De Natura et Existentia Spatii Infiniti, e necessaria, et naturali, Idearum simplicium Concatenatione, et Consequentiis more Geometrico, derivatis, in: *Analysis Aequationum universalis, seu Ad Aequationes Algebraicas Resolvendas Methodus Generalis, et Expedita. Ex nova Infinitarum Serierum Methodo, Deducta ac Demonstrata. Editio secunda cui accessit Appendix de*

Infinito Infinitarum Serierum progressu ad Equationum Algebraicarum Radices eliciendas. Cui etiam Annexum est, De spatio reali seu ente infinito Conamen Mathematico-Metaphysicum, Londini, 1702, p. 72—80.   23   Patebit] § 729.

p. 598 :   9—10   a rectius sentientibus omni aevo rejectum] Ainsi il est déclaré dans le *Libellus in modum Symboli de* PASTOR (445) dirigé contre les Priscillianistes : « Animam autem hominis non divinam esse substantiam, vel Dei partem » (DENZINGER-SCHÖNMETZER, *Enchiridion symbolorum, definitionum et declarationum de rebus fidei et morum*, Friburgi, 1965, n° 190 (20), p. 76), et *Ibid.*, n° 201 (31), p. 76 : « Si quis dixerit vel crediderit, *animam humanam* Dei portionem, vel Dei esse substantiam, Anathema sit.» Le canon 5 du concile de Braga (561) stipule : « Si quis *animas humanas* vel angelos ex Dei credit substantia extitisse, sicut Manichaeus et Priscillianus, Anathema sit» (*Ibid.*, n° 455 (235), p. 158). Le *Symbolum fidei* de saint LÉON IX (1053) enseigne : «*Animam* non esse partem Dei» (*Ibid.*, n° 685 (348), p. 225). Saint AUGUSTIN déclare : «Nam cum quidam crediderint aliquid esse animam de ipsa substantia Dei, id est, ejusdem naturae cujus ille est ... hinc potius admonendi sumus, hanc inimicam fidei catholicae reprobare sententiam», *De genesi ad litteram Libri XII*, lib. VII, c. 2, (*P. L.*, t. XXXIV, col. 356—357); cf. encore *De anima et ejus origine*, lib. II, c. 3, § 6 (*P. L.*, t. XLIV, col. 493). DUNS SCOT écrit : «Non sunt ... audiendi qui putant animam esse partem Dei», *Quaestiones in lib. II Sententiarum*, dist. 17, proemium (*Oper. omn.*, Lugduni, 1639 (Hildesheim, 1968), VI—2, p. 782). Et saint THOMAS enseigne : «Ad primum ergo dicendum, quod, ... illa auctoritas [i. e. Avicebron] non cogit ponere animam de substantia Dei esse ... de nihilo eam crearet immensitate potentiae suae», *In II Sent.*, dist. 17, qu. 1, art. 1, resp. (éd. MANDONNET, t. II, Parisiis, 1929, p. 412).   16   illorum error] On sait que selon PLOTIN les âmes humaines sont issues de l'âme universelle, qui procède de l'intelligence, laquelle émane elle-même de l'Un, *Ennéades*, IV, 3, § 1—8, V, 1, § 3—7, 2, § 1, 2.

p. 599 :   8   WOLFF fait sans doute allusion ici à la réponse : «ego sum qui sum», faite par Dieu à Moïse qui lui demandait son nom, *Exod.*, III, 14. Car les théologiens s'accordent à voir, dans cette réponse, l'affirmation de l'existence nécessaire de Dieu ; cf. *Theo. nat.*, I, § 78, p. 60, 61.   8—9   angelos ... spiritus finitos creatos fuisse] Malgré la fréquente représentation des anges sous une forme humaine, tant dans le Nouveau que dans l'Ancien Testament, il existe cependant des textes qui enseignent que les anges sont des esprits ; cf. v. g. PAUL, *Ep. ad Hebraeos*, I, 13, 14 : «Ad quem autem angelorum dixit aliquando : Sede a dextris meis, quoadusque ponam inimicos tuos scabellum pedum tuorum? Nonne omnes sunt administratorii spiritus, in ministerium missi propter eos qui hereditatem capiunt salutis ?»; cf. encore *Lucas*, X, 17, 20. D'autres textes soulignent qu'ils ont été créés par Dieu; cf. v. g. *Psalmus, 148*, 1, 5: «Laudate Dominum de caelis ... laudate eum, omnes angeli ejus ... Quia ipse dixit, et facta sunt; ipse mandavit, et creata sunt»; cf. encore: *Daniel*, III, 57, 58, PAUL *Ep. ad Coloss.*, I, 16.   20   *Theo. nat.*, I, § 138, 139.

p. 600 : 2 producti (p. corr.)] productus (A).   35   Titre marginal, lire: *qualis*.

5—8   *Theo. nat.*, I, § 24, sq., 122, sq., 139, sq., 780, sq., II, § 21, sq., 186, 338.   10   *Theo. nat.*, I, § 139, 780, sq.   11   scripturae sacrae testimonio] Cf. les textes que nous avons cités in not. § 661, p. 599.   13   *Theo. nat.*, I, § 139, 780, sq.   30—31   WOLFF n'emploie pas cet argument, lorsqu'au chapitre 3 de cette section il parle de l'origine de l'âme.

p. 601 : 32—33   Titre marginal, lire: *repugnat*.

6 spiritus contingentes dari] — 7 eas ortum suum a Deo ducere] Cf. les textes que nous avons cités in not. § 661, p. 599.   8—9   athei Dualistae vel Idealistae] Cette classification des athées s'éclaire un peu si l'on se rappelle que les deux grandes positions dogmatiques au sujet de l'âme sont le Dualisme et le Monisme, celui-ci se divisant lui-même en Matérialisme et en Idéalisme; cf. not. § 43, p. 29.

p. 602 : 9—10 Qui ... tribuunt] Allusion à HOBBES, TOLAND, COWARD; cf. les textes que nous avons cités in not. § 33, p. 25.

p. 603 : 29 philosophi nullo non tempore admisere] Cette thèse est très nettement définie v. g. par saint THOMAS, *Quaest. Disp.*, *De Potentia*, qu. 5, art. 3, 15 et ad 15um (éd. BAZZI, t. II, Taurini, 1953, p. 135—137): «Non minor distantia est in nihilum de ente, quam de nihilo in esse. Sed reducere aliquid de nihilo in esse, est potentiae infinitae, propter distantiam infinitam. Ergo reducere de esse in nihil, non est nisi potentiae infinitae. Nulla autem creatura habet potentiam infinitam. Ergo ... dicendum, quod in nulla creatura est virtus quae possit vel de nihilo facere vel aliquid in nihilum redigere.»   33   *Theo. nat.*, I, § 767, 855, 861, II, § 338, 399.

p. 604 : 25 inferius] § 760, sq.   27   *Theo. nat.*, I, § 279, sq., II, § 122, sq.

p. 605 : 24 in superioribus] § 277, sq. — *Psycho. emp.*, pars I, sect. 2, c. 5.

p. 606 : * Lire: *De Spiritu*.

p. 607 : 3—4 ab inconstantia loquendi, quae ex philosophia Aristotelico-Scholastica manavit] Dans l'*Éthique à Nichomaque*, après avoir rappelé que la sagesse au sens courant et populaire consiste dans la maîtrise d'un art, VI, 7, 1141a 9—11, ARISTOTE la définit, en effet, comme la science des réalités les plus hautes, ἐπιστήμη τῶν τιμιωτάτων, *Ibid.*, 1141a 19—20, 1141b 3, et la caractérise comme

la forme la plus élevée du savoir, *Ibid.*, 1141 a 21, titre auquel ne peut pretendre la prudence qu'il a auparavant décrite comme la disposition à délibérer correctement, d'une façon générale, sur ce qui est bon et avantageux pour nous, *Ibid.*, VI, 5, 1140 a 25—27. Saint THOMAS dit également: «sapientia in cognitione altissimarum causarum consistit», *Contra Gentiles*, I, 91, — «sapientia in homine dicitur habitus quidam, quo mens nostra perficitur in cognitione altissimorum, et hujusmodi sunt divina», *Ibid.*, IV, 12; cf. encore: *Ibid.*, II, 4, III, 154, *Sum. Theol.*, I a, qu. 43, art. 5, ad 2 um. Il distingue également la sagesse de la prudence: «in genere totius humanae vitae prudens sapiens dicitur, inquantum ordinat humanos actus ad debitum finem», *Sum. Theol.*, I a, qu. 1, art. 6, resp. Car, pour lui, comme pour ARISTOTE, «prudentia facit hominem bene se habere in his quae sunt ad finem eligenda», *Contra Gentiles*, III, 35; cf. encore *Sum. Theol.*, I a II ae, qu. 57, art. 4, resp., II a II ae, qu. 47, art. 4, resp. A noter cependant que saint THOMAS écrit aussi: «cum autem sapientia sit cognitio divinorum, aliter consideratur a nobis, et aliter a philosophis; quia enim vita nostra ad divinam fruitionem ordinatur, et dirigitur secundum quamdam participationem divinae naturae, quae est per gratiam, sapientia secundum nos non solum consideratur, ut est cognoscitiva Dei, sicut apud philosophos, sed etiam ut est directiva humanae vitae, quae non solum dirigitur secundum rationes humanas, sed per rationes divinas», *Sum. Theol.*, II a II ae, qu. 19, art. 7, resp.   13 in sequentibus] § 679—693.
14—17 Selon WOLFF la prudence est une disposition qui, dans la détermination de nos actions, nous permet de faire le compte des obstacles possibles, afin qu'ils ne nous détournent pas de notre fin; cf. *Ethica*, I, § 463, sq., et aussi *Ibid.*, I, § 439, sq., à propos de la sagesse.

p. 608 : 4 principia moralia] *Ethica*, I, § 439, sq.   5 *Theo. nat.*, I, § 640, sq., II, § 293, sq.

p. 609 : 1 Lire: quam qui.

p. 611 : 12—13 *Theo. nat.*, I, § 636, 637, II, § 294.

p. 614 : 3 et 30 *Theo. nat.*, I, § 640, sq., II, § 293.

p. 615 : 27 contendat (p. corr.)] contendit (A).

p. 616 : 5 Lire: ejus.

8 *Phil. pract. univ.*, II, § 59, sq.

p. 619 : 23 Finitum et limitatum vulgo pro synonymis habentur] Du moins depuis le renversement du sens des termes: fini et infini, opéré par l'école d'Alexandrie. Cf. v. g.: saint THOMAS, *Sum. Theol.*, I a, qu. 50, art. 2, ad 4um: «omnis creatura est finita simpliciter, inquantum esse ejus non est absolutum subsistens, sed limitatur ad naturam aliquam, cui advenit.» — SUAREZ, *Disp. 28*, sect. 1, § 1: «finitum ... dicitur, quod terminis clauditur.» — SPINOZA, *Ethica*, pars I, def. 2 (éd. GEBHARDT, t. II, p. 45) : «Ea res dicitur in suo genere finita, quae aliâ ejusdem naturae terminari potest.» Cf. encore *Korte Vorhandeling* ..., I, 2, § 2, 3 (*Ibid.*, t. I, p. 21, 22).

p. 620 : 3 Lire : malit.   19 Lire : scriptura.

19 scriptura sacra] Aussi bien dans l'Ancien que dans le Nouveau Testament, les textes sont nombreux, qui enseignent l'existence des anges bons et mauvais; cf. DUTRIPON, *Concordantiae bibliorum sacrorum vulgatae editionis*, Parisiis, 1853, p. 78, 79.

p. 621 : 16 Lire : productionem.

27 *Theo. nat.*, I, § 59, sq.

p. 622 : 1 ibidem] *Theo. nat.*, I, pars. 1, c. 1, II, pars II, sect. 1, c. 1.   7 Nomen ... hodie receptum] Dans son *Historia critica philosophiae a tempore resuscitatarum in occidente litterarum ad nostra tempora*, t. IV, pars altera, Lipsiae, 1744, Period. III, pars II, lib. 2, c. 3, § 15, p. 709, après avoir rappelé la querelle entre ceux qui pensaient que l'âme est engendrée par les parents et ceux qui enseignaient qu'elle est créée par Dieu, BRUCKER écrit: «Et hinc audita seculo XVII in scholis theologorum et philosophorum Traducianorum et Creatianorum nomina, a quibus induciani distinguebantur, qui e coelis, vel astris aliove ex loco induci in corpora animas statuebant.»   7—11 Dans *Nöthige Zugabe zu den Anmerkungen über Hn D. Buddeus Bedencken* ..., § 65, p. 195, 196 (cf. p. 513, ligne 25), WOLFF indique parmi les premiers : Joh. SPERLING, Jacob THOMASIUS, et parmi les seconds: Daniel STAHL, Joh. ZEISOLD; cf. sur ce point LEIBNIZ, *Théodicée*, I, § 88 (GER., *Phil*, VI, p. 151).   13—15 Saint JÉRÔME, *Epistola 126 ad Marcellinum et Anapsychiam*, § 1 (*Opera*, éd. Joannes MARTINAEUS, t. IV, Parisiis, 1706, pars II, p. 642 (*P. L.*, t. XXII, col. 1085, 1086).   15 Saint AUGUSTIN, *De libero arbitrio*, lib. 3, c. 21, § 59 (*P. L.*, t. XXXII, col. 1299, 1300).   18 Saint THOMAS, *Sum. Theol.*, Ia, qu. 90, art. 2, resp.: «Respondeo dicendum, quod anima rationalis non potest fieri, nisi per creationem ... Et quia non potest fieri ex materia praejacente, neque corporali, quia sic esset naturae corporeae, neque spirituali, quia sic substantiae spirituales invicem transmutarentur : necesse est dicere, quod non fiat nisi per creationem.» Cf. encore: *Ibid.*, art. 3, resp., *Contra Gentiles*, II, 87.   22 in sequentibus] § 704, sq. 24—25 Unde difficultates] TERTULLIEN v. g. soutenait que l'âme, de nature corporelle, *De Anima*, c. 22 (*P. L.*, t. II, col. 686) est produite au moment de la conception selon les lois de la génération: «in concubitu dico communi, scimus et animam et carnem simul fungi: animam concupiscentia, carnem opera; animam instinctu, carnem actu. Unico igitur impetu utriusque, toto homine concusso, despumatur semen totius hominis... Quum igitur in primordio duo diversa atque divisa, limus et flatus, unum hominem coegissent, confusae substantiae ambae jam in uno semina quoque sua miscuerunt, atque exinde generi propagando formam tradiderunt, ut nunc duo licet diversa, etiam unita pariter effluant, pariterque insinuata sulco et arvo suo, pariter hominem ex utraque substantia effruticent, in quo rursus semen suum insit secundum genus, sicut omni conditioni genitali praestitutum est. Igitur ex uno homine tota haec animarum redundantia agitur», *Ibid.*, c. 27 (*P. L.*, t. II, col. 695 B, 696 A). Et il voyait dans cette façon de concevoir l'origine de l'âme, la possibilité d'expliquer plus facilement la transmission du péché originel: «Satanam denique in omni aversatione... pronuntias ..., per quam homo a primordio circumventus, ut praeceptum Dei excederet, et propterea in mortem datus, exinde totus genus de suo semine infectum, suae etiam damnationis traducem fecit», *De testimonio animae liber adversus Gentes*, c. 3 (*P. L.*, t. I, col. 613 A).

p. 623 : 11 *Creatiani*] Cf. le texte de saint THOMAS que nous avons cité in not. § 699, p. 622. 14 Fuere tamen] Cf. les textes de TERTULLIEN que nous avons cités in not. § 699, p. 622.

p. 624 : 2 *Tertullianus*] Cf. les textes que nous avons cités in not. § 699, p. 622. 4 Saint AUGUSTIN, *Epistola 190*, IV, 14 (*Opera*, t. II, Antverpiae, 1700, col. 735, *P. L.*, t. XXXIII, col. 861). 5—6 sententiam *Tertulliani* et sequacium] D'après A. MICHEL, art. *Traducianisme, D. T. C.*, t. XV—1, col. 1353—1356, saint JÉRÔME a affirmé à tort que beaucoup de Pères à la suite de TERTULLIEN ont pris parti en faveur du Traducianisme. En Orient, il ne retient guère qu'APOLLINAIRE, en Occident LUCIFER de Cagliari et ses disciples. 6—9 *Tertullianum... opinatur*] Citation libre de saint AUGUSTIN: «Neque hoc Tertullianis somniasse mirandum est, qui... opinatur.» 9—13 En fait on trouve chez saint AUGUSTIN lui-même cette façon d'argumenter non pas, il est vrai, à propos de l'âme, mais de Dieu. Il écrit: «Tertullianus ergo sicut scripta ejus indicant, animam dicit immortalem quidem, sed eam corpus esse contendit: neque hanc tantum, sed ipsum etiam Deum. Nec tamen hinc haereticus dicitur factus. Posset enim quoquo modo putari ipsam naturam substantiamque divinam corpus vocare; non tale corpus cujus partes aliae majores, aliae minores valeant vel debeant cogitari, qualia sunt omnia quae proprie dicimus corpora; quamvis de anima tale aliquid sentiat: sed potuit, ut dixi, propterea putari corpus Deum dicere, quia non est nihil, non est inanitas, non est corporis vel animae qualitas, sed ubique totus, et per locorum spatia nulla partibus, in sua tamen natura atque substantia immutabiliter permanet», *De Haeresibus ad Quodvultdeum Liber unus*, 86 (*P. L.*, t. XLII, col. 46, 47). Mais nous n'avons rien pu trouver sur ce sujet chez saint

JÉRÔME. 20—21 vocantur *Traduciani*] Cf. le texte de BRUCKER que nous avons cité in not. § 699, p. 622. Mais il est à noter que ce terme fut déjà employé par le Pélagien JULIEN d'Éclane, si l'on en croit saint AUGUSTIN, *Contra secundam Juliani responsionem imperfectam Opus sex libros complectens*, I, 6 (*P. L.*, t. XLV, col. 1053): «JUL. Hoc ergo ex nostro more adhuc solum exsequi cogitabam, id est, ut a Traducianorum interpretationibus membra divinae legis, quae subjacebant contumeliae, liberarum: quae erant scilicet divina, quod essent juxta monstrando. AUG. Contumelioso ore Traducianos vocas Cyprianum, Ambrosium, Gregorium, caeterosque socios eorum confitentes originale peccatum. Sed non est mirum quod novi haeretici Catholici, a quibus exeunt, novum nomen imponunt: hoc et alii fecerunt, quando similiter exierunt.» 22 a *Tertulliano* et sequacibus] Cf. les références que nous avons données in not. § 701. 34 *Augustinus*] Sur la lutte de AUGUSTINUS contre PÉLAGE, cf. R. HEDDE et F. AMANN, art. *Pélagianisme, D. T. C.*, t. XII—1, col. 686—688, et J. CHÉNÉ, *La théologie de saint Augustin, Grâce et Prédestination*, Le Puy, Lyon, 1961, IIème partie, p. 174—455.

p. 625 : 1 *Pelagium*] Dans le *De gratia Christi et de peccato originali contra Pelagianum et Coelestium libri duo*, c. 13, § 14 (*P. L.*, t. XLIV, col. 391), saint AUGUSTIN cite ce texte du *De libero arbitrio* de PÉLAGE, ouvrage dont nous ne possédons plus que quelques extraits: «Omne, inquit, bonum ac malum, quo vel laudabiles vel vituperabiles sumus, non nobiscum oritur, sed agitur a nobis: capaces enim utriusque rei, non pleni nascimur, et ut sine virtute, ita et sine vitio procreamur: atque ante actionem propriae voluntatis, id solum in homine est, quod Deus condidit.» Et il note, *Ibid.*, c. 11, § 12, c. 12, § 13, col. 390, 391, qu'une telle affirmation revient à nier la transmission des effets du péché originel, quoi qu'en ait dit PÉLAGE au moment de sa condamnation par le synode de Carthage en 398. 2—3 agnovit] Dans la *Lettre 190*, IV, 14 (*P. L.*, t. XXXIII, col. 861), saint AUGUSTIN déclare: «Nam et illi qui animas ex una propagari asserunt, quam Deus primo homini dedit, atque ita eas ex parentibus trahi dicunt, si Tertulliani opinionem sequuntur, profecto eas non spiritus, sed corpora esse contendunt, et corpulentis seminibus oriri: quo perversius quid dici potest?» Mais d'après A. MICHEL, art. *Traducianisme, D. T. C.*, t. XV—3, col. 1355, si saint AUGUSTIN repousse avec vigueur le Traducianisme matérialiste, il ne rejette pas catégoriquement le Traducianisme spiritualiste, auquel WOLFF fait allusion, lignes 5—9; c'est aussi l'opinion de E. PORTALIÉ, art. *saint Augustin, D. T. C.*, t. I—1, col. 2359—2360. 5 non defuerunt, qui] Outre les Pères de l'Église que nous avons nommés in not. § 701, p. 621, il est à noter que LANGE est partisan du Traducianisme spiritualiste; c'est ainsi qu'il écrit: «Controversiam de *origine animae* hic quidem non facio meam; interea tamen non dubito subscribere sententiae de *propagatione per traducem*; utpote tutissimae. Nec me movet objectio, contra immortalitatem et naturam animae spiritualem, inde peti solita. Non enim asseritur traductio materialis, sed spiritualis sub vehiculo materiae. Spiritum vero qui similem spiritualiter propagare posse, nullam habet contradictionis et impossibilitatis notionem. Et quomodo nos modum propagationis et multiplicationis spiritualem indagare poterimus, quibus essentia et natura spiritus tantum minima sui parte innotescit? Ab ignoratione modi autem ad negationem rei argumentari, sana ratio et experientia nobis non permittunt», *Caussa Dei et religionis naturalis* . . ., 1727^2, tract. sect. 1, membr. 1, c. 1, argum. 1, schol. 1, p. 177, 178.   12—17 Cf. ce que nous avons dit in not. § 6, p. 5, et in not. § 187, p. 154.   24 *Theo. nat.*, I, § 780.   28 *Theo. nat.*, I, § 59, sq.

p. 626 :   1 *Theo. nat.*, I, § 59, sq.   15 *Theo. nat.*, I, § 780.   19 *Theo. nat.*, I, § 758, sq.   21—22 communis Theologorum . . . sententia] Si l'on se réfère à PEILLAUBE, art. *Ame, D. T. C.*, t. I—1, col. 977—1020, il apparaît que chez les théologiens catholiques et orthodoxes du moins, l'opinion commune est, au contraire, que les âmes humaines n'ont pas été crées toutes ensemble «in prima rerum creatione». Aussi bien les Traducianistes que les Créatianistes la partagent. Saint THOMAS notamment l'a vivement défendue, *Sum. Theol.*, Ia, qu. 118, art. 3, 1 et resp.: «Videtur, quod animae humanae fuerint creatae simul a principio mundi: dicitur enim Gen., 2 [i. e. II, 2] *Requievit Deus ab omni opere; quod patrarat:* hoc autem non esset, si quotidie novas animas crearet; ergo omnes animae sunt simul creatae . . . Respondeo dicendum, quod quidam posuerunt, quod animae intellectivae accidat uniri corpori, ponentes eam esse ejusdem conditionis cum substantiis spiritualibus, quae corpori non uniantur; et ideo posuerunt, animas hominum simul a principio cum angelis creatas. Sed haec opinio falsa est». Et il ajoute, *Ibid.*, ad Ium: «dicendum, quod Deus dicitur cessasse die septimo, non quidem ab omni opere, cum dicatur Joann. 5 [i. e. V, 17] *Pater meus usque modo operatur:* sed a novis rerum generibus, et speciebus condendis, quae in operibus primis non aliquo modo praeextiterint: sic enim animae, quae nunc creantur, praeextiterunt secundum similitudinem speciei in primis operibus, in quibus anima Adae creata fuit.»   34 mox] § 710 sq.

p. 627 :   5 philosophi antiqui] Il est bien connu que PLATON, *Phédon*, 72e—77a, tire argument de la réminiscence pour démontrer que les âmes existent avant leur union avec un corps; il déclare notamment (76c): Ἦσαν ἄρα, ὦ Σιμμία, αἱ ψυχαί, καὶ πρότερον πρὶν εἶναι ἐν ἀνθρώπου εἴδει, χωρὶς σωμάτων, καὶ φρόνησιν εἶχον. cf. encore *Phèdre*, 245c—246a. Et l'on sait que l'affirmation de la préexistence de l'âme fait partie de la tradition Pythagoricienne. D'après MAXIME de Tyr, *Philosophumena*, X, IIa (éd. HOBEIN, Lipsiae, 1910, p. 112), XVI (éd. DUEBNER, Parisiis, 1827, v. 28 B 13), PYTHAGORE fut le premier à l'enseigner.   6 *Origenes*] C'est ce que saint JÉRÔME affirme dans la *Lettre 124* (P. L., t. XXII, col. 1063). C'est aussi l'avis de R. Cadiou, *Introduction au système d'Origène*, Paris, 1932, c. 3, p. 24—31, et de J. Quasten, *Initiation aux Pères de l'église*, trad. J. Laporte, t. II, Paris, 1956, c. 1, p. 111—112. Mais G. Bardy, art. *Origène, D. T. C.*, t. XI—2, col. 1532—1533, et J. Bainvel, art. *Ame, D. T. C.*, t. I—1, col. 996, prétendent qu'Origène n'a parlé de la préexistence des âmes que comme d'une hypothèse sur la valeur de laquelle il ne s'est pas prononcé.   7 aliaeque ecclesiasticae personae] D'après Bainvel, *Ibid.*, col. 994, on l'a affirmé à tort de Clément d'Alexandrie; mais il est certain que Némésios a soutenu cette opinion (col. 1002). Dans le *De natura hominis*, c. 2, De Anima, Némésios affirme, en effet, à diverses reprises que l'âme a été créée par Dieu avant le corps: Εἰ δέ τις ἐκ τοῦ μετὰ τὴν διάπλασιν τοῦ σώματος ἐμβεβλῆσθαι τὴν ψυχὴν ἡγοῖτο μετὰ τὸ σῶμα γεγενῆσθαι αὐτήν, διαμαρτάνει τῆς ἀληθείας (*P. G.*, t. XL, col. 572 B), — Ταύτην δὲ εἶναι τὴν ψυχὴν τὴν διακυβερνῶσαν τὸ πᾶν καὶ τὴν τὰς μερικὰς ψυχάς, τὰς πρότερον παρὰ τοῦ Δημιουργοῦ γενομένας, ἐπιπέμπουσαν, δηλαδὴ (*Ibid.*, col. 580 B), — οὐ γὰρ δήπου, ὡς ἐν σώμασιν ἀνθρωπείοις, ἁμαρτήσασαι, πρὶν καὶ εἰς σῶμα γενέσθαι ἀνθρώπειον (*Ibid.*, col. 588 B).   8 qui sibi metuunt] On trouve cette façon d'argumenter dans un ouvrage anonyme, postérieur à la première édition de la *Psychologia rationalis* et intitulé: *Philosophica Christiani Wolfii Mathematum ac Philosophiae in Academia Marburgensi Professoris P. Aliorumque recentiorum Du-Vigerii praesertim, et Leibnitzii De origine, et praeexistentia animarum theologice discussa atque excussa sententia,* Veronae, 1738, dont l'auteur consacre les chapitres 3, 4, 7 à démontrer que la doctrine de la préexistence des âmes est contraire à l'enseignement de la Tradition et des Pères de l'Eglise.   10 ab antiquis Ecclesiae Doctoribus impugnata] cf. v. g.: Tertullien, *Liber de Anima,* c. 27 (*P. L.*, t. II, col. 694 C—695 A): «Quomodo igitur animal conceptum? simulne conflata utriusque substantia corporis animaeque, an altera earum praecedente? immo simul ambas et concipi, et confici, et perfici dicimus, sicut et proni, nec ullum intervenire momentum in conceptu, quo locus ordinetur … vitam a conceptu agnoscimus, quia animam a conceptu vindicamus. Exinde enim vita, quo anima: pariter ergo in vitam compinguntur». — Saint Léon Ier le Grand, *Epistola 15, ad Turribium Asturicensem Episcopum*, c. 10 (*P. L.*, t. LIV, col. 684 C—685 A): «referuntur [Priscillianistae] asserere animas quae humanis corporibus inseruntur fuisse sine corpore, et in coelesti habitatione peccasse … Quam impietatis fabulam ex multorum sibi erroribus texuerunt; sed omnes eos catholica fides a corpore suae unitatis abscidit, constanter praedicans atque veraciter, quod animae hominum priusquam suis inspirarentur corporibus, non fuere».   24 Theo. nat., I. § 585, 586, 644, 929.   32—33 unde Theologi recte colligunt] Cf. ce que nous avons dit in not. § 704, p. 626.

p. 628 : 9 Lire: praeexistit.

p. 629 : 20 Lire: perceptiones. 30 Lire: sed cum.
12 ex sequentibus] § 708, sq.

p. 631 : 1 formatur, anima] formatur anima (A). 31 Lire: praeexistens.

p. 632 : 23—24 WOLFF n'est pas revenu sur ce point dans la *Theologia naturalis*. 24 ex sequentibus] § 712, sq.

p. 633 : 19 Hinc corruit objectio] WOLFF fait sans doute allusion ici à LANGE, *Caussa Dei et religionis naturalis* . . ., 1727², tract. sect. 2, membr. 3, § 33, p. 443: «Non praetereundum vero est in psychologia Wolfiana extare hypothesin periculosam de *animarum praeexistentia,* et quidem tali, qua natura simplicium mere *elementarium* habuerint, et hinc eam cum ista cognatam de earundem *transformatione in humanas*», et *Ibid.,* membr. 3, § 34, p. 445: «pluribus agit, sed plura fingit, de *praeformatione animarum praeexistentium corporibus,* statuens, animas humanas, praeextitisse tantum ut *sensitivas* sine ratione, usque ad nativitatis humanae tempus, quo demum rationem acceperint, sive per medium aliquod naturale, sive per *transcreationem* aliquam.» 25 cum *Leibnitio*] Cf. les références que nous avons données in not. § 644, p. 589. — quod nostrum non fecimus] Cf. *Cosmo.,* not. § 243, p. 186: «Etenim hinc patet, cur in specificam elementorum differentiam ab aliis substantiis simplicibus non inquiramus et *Leibnitio* suam de monadibus sententiam lubenter relinquamus. Etsi enim ponamus, a veritate non aberrasse virum ingeniosissimum et singulari acumine praeditum; non tamen felicius in Physica progrediemur, si ejus sententiae calculum nostrum addamus, quam si eam vel rejiciamus, vel in medio relinquamus.» Cf. aussi *Psycho. rat.,* praefatio, p. 16*, lignes 8—12. 34—35 quod veteribus dictum: non ex quovis trunco fit Mercurius] APULÉE, *Pro se magia Liber,* 43, 6 (éd. VALLETTE, Paris, 1924, p. 53), attribue ce mot à PYTHAGORE: «Non enim ex omni ligno, ut Pytagoras dicebat, debet Mercurius exsculpi.»

p. 634 : 18—19 a potentia remota ad (p. corr.)] a potentia ad (A).
18 stylo scholis . . . recepto] Cf. GOCLENIUS, *Lexicon philosophicum* . . ., p. 841: «Potentia activa: Remota, inter quam et actum datur media. Propinqua, inter quam et actum non datur media.» 29—30 de involutione idearum] § 182, sq. — earumque evolutione] § 440, sq.

p. 635 : 28 Lire: stabilivimus.
8 Mox] § 717, sq. 21 Lire: (§ 711). 28 in propositionibus anterioribus] § 706, sq. 29 in sequentibus] § 716, sq.

p. 639 : 11—12 theoriae Physicorum modernorum] i. e. la théorie dite de la préformation; cf. les références que nous avons données in not. § 187, p. 154.

p. 640 : 23 Lire: etiamsi.

18 *in systema influxu physici*] A noter que saint Thomas enseigne expressément: « dicendum quod licet corpus non sit de essentia animae, tamen anima secundum suam essentiam habet habitudinem ad corpus, in quantum hoc est ei essentiale quod sit corporis forma; et ideo in definitione animae ponitur corpus. Sicut igitur de ratione animae est quod sit forma corporis, ita de ratione huius animae in quantum est haec anima, est quod habeat habitudinem ad hoc corpus», *Quaest. Disp., De spiritualibus creaturis*, art. 9, ad 4um (éd. Bazzi, Taurini, 1953, vol. II, p. 403).

p. 645 : 7 Lire: *in emendatis*.

29—31 Cf. le texte de saint Thomas que nous avons cité in not. § 719, p. 640.

p. 646 : 25 *Theo. nat.*, II, § 173, sq.   27 *Theo. nat.*, II, § 293, sq.

p. 647 : 19 ratio, cur] ratio cur (A).

31 *Theo. nat.*, I, § 780.

p. 648 : 2—3 Cf. Leibniz, *Système nouveau de la nature et de la communication des substances*... (Ger., *Phil.*, IV, p. 484, 485): «c'est ce rapport mutuel réglé par avance dans chaque substance de l'univers, qui produit ce que nous appelons leur *communication*, et qui fait uniquement *l'union de l'âme et du corps*.»   21—27 A lire ces lignes on pense immédiatement à la longue discussion de Leibniz avec des Bosses dans leur correspondance entre Février 1712 et Mai 1716 (Ger., *Phil.*, II, p. 433—521). Mais ils n'y parlent l'un et l'autre du *vinculum* qu'à propos de l'union des parties des corps. Ils avaient été précédés en cela par les Scolastiques qui faisaient appel à des entités unissantes pour expliquer en général la cohésion des substances composées et en particulier l'union de l'âme et du corps. Le Père Tournemine, dans ses *Conjectures sur l'union de l'âme et du corps* (*Mémoires pour servir à l'histoire des sciences et des beaux arts*, May 1703, p. 864, 865) déclare à ce sujet: «Vous me demandez, Mr. que je vous explique nettement en quoy consiste l'union de l'âme et du corps... La plus part des Philosophes de l'Ecole repondroient à nôtre question, que l'ame et le corps sont unis par ce qu'une certaine chose les unit. Si vous leur demandez quelle est cette chose, ils vous diront gravement que c'est un [sic] *entité* dont le propre est d'unir; qu'elle n'est ni corps ni esprit; et quoy qu'elle soit indivisible, qu'elle est en partie corporelle et en partie spirituelle. Si vous n'entendez pas celà, tant pis pour vous: vous n'avez pas l'esprit propre aux sciences speculatives.»

p. 649 : 32 cum ipso *Leibnitio*] Cf. v. g. *Théodicée*, I, § 59 (Ger., *Phil.*, VI, p. 135): «Les Philosophes de l'Ecole croyoient qu'il y avoit une influence physique reciproque entre le corps et l'ame: mais depuis qu'on a bien consideré que la pensée et la masse étendue n'ont aucune liaison ensemble, et que ce sont des creatures qui different *toto genere,* plusieurs modernes ont reconnu qu'il n'y a aucune *communication physique* entre l'ame et le corps, quoyque la *communication metaphysique* subsiste tousjours, qui fait, que l'ame et le corps composent un même *suppôt,* ou ce qu'on appelle une *personne.*» Cf. encore *Lettre à des Bosses,* 13 Janvier 1716 (GER., *Phil.,* II, p. 511).

p. 650 : MALEBRANCHE v. g. déclare: «Dieu a lié ensemble tous ses ouvrages, non qu'il ait produit en eux des entitez liantes», *Entretiens sur la métaphysique et la religion,* VII, § 13 (*Œuvres complètes,* t. XII—XIII, Paris, 1965, p. 166). LAMY, dans *De la connoissance de soy même*..., Traité second, IIème partie, IIèmes Réflexions, p. 185—189 (cf. p. 517, ligne]), critique l'hypothèse attribuant à des entités de ce genre le rôle de réaliser l'union de l'âme et du corps.

p. 651 : 6 *Cartesius* unionem physicam] Cf. ce que nous avons dit à propos des lignes 9—13, p. 513. 7—8 vinculum unionis] Il ne semble pas que DESCARTES ait jamais traité de cette question. 9—10 in Philosophia Aristotelico-Scholastica] Cf. les références que nous avons données in not. § 582, p. 504, et in not. § 606, p. 534. 10—11 Neque... censuit] Cf. les références que nous avons données in not. § 578, p. 499. 17 Sunt subinde] v. g. LANGE; cf. les textes que nous avons cités in not. § 564, p. 484.

p. 652 : 19—28 Cf. les références que nous avons données in not. § 6, p. 5, et in not. § 187, p. 154.

p. 654 : 7 Conforme... doctrinae Christi] Cf. *Math.,* X, 28: «Et nolite timere eos qui occidunt corpus, animam autem non possunt occidere.»

p. 656 : 31—32 ad Artem inveniendi] «*Dantur* etiam *regulae, quibus intellectus dirigitur in veritate latente investiganda*... Pars illa philosophiae, quae regulas istas dirigendi intellectum in veritate latente explicat, *Ars inveniendi* dicitur. Definitur adeo *Ars inveniendi* per scientiam veritatem latentem investigandi», *Disc. prael.,* § 74, p. 34, 35.

p. 657 : 10 philosophi] Déjà PLATON, *Phédon,* notamment 80 b, soulignait que contrairement au corps qui se désagrège à la mort, l'âme est indissoluble et immortelle. ARISTOTE aussi enseignait que l'intellect est immortel, parce qu'il s'exerce indépendamment du corps, *De Anima,* III, 4, 429 a 24—25, b 5; 5 430 a 16—17. Mais l'argumentation est plus nette chez PLOTIN, selon qui l'âme ne peut périr, parce qu'étant de nature simple, elle ne peut se décomposer, *Ennéades,* IV, 7, 12. Elle a été reprise par saint THOMAS, *Sum. Theol.,* Ia, que. 75, art. 6, resp.: «Respondeo dicendum, quod necesse est dicere, animam humanam, quam dicimus intellectivum principium, esse incorruptibilem... quod per se habet esse, non potest generari, vel corrumpi nisi per se... Ostensum est autem supra (art. 3 huj. q.) quod animae brutorum non sunt per se subsistentes, sed sola anima humana.

Unde animae brutorum corrumpuntur, corruptis corporibus: anima autem humana non posset corrumpi, nisi per se corrumperetur. Quod quidem omnino est impossibile non solum de ipsa, sed de quolibet subsistente, quod est forma tantum. Manifestum est enim, quod id, quod secundum se convenit alicui, est inseparabile ab ipso: esse autem per se convenit formae, quae est actus. Unde materia secundum hoc acquirit esse in actu, quod acquirit formam: secundum hoc autem accidit in ea corruptio, quod separatur forma ab ea. Impossibile est autem, quod forma separatur a seipsa, unde impossibile est, quod forma subsistens desinat esse.» Cf. encore *Contra Gentiles*, II, 75, 79—81. C'est aussi la façon d'argumenter de DESCARTES dans la *Synopsis* des *Meditationes* (A. T., VII, p. 11—14).

p. 658 : 2—7 Cf. LEIBNIZ, *Théodicée*, I, § 89 (GER., *Phil.*, VI, p. 151): «ils confondirent l'indestructibilité avec l'immortalité, par laquelle on entend dans l'homme non seulement que l'ame, mais encor que la personnalité subsiste: c'est-à-dire, en disant que l'âme de l'homme est immortelle, on fait subsister, ce qui fait que c'est la même personne, laquelle garde ses qualités morales, en conservant la *conscience* ou le sentiment reflexif interne de ce qu'elle est: ce qui la rend capable de chatiment et de recompense. Mais cette conservation de la personnalité n'a point lieu dans l'âme des betes.» Cf. encore *Discours de métaphysique*, § 34, 36 (*Ibid.*, IV, p. 458, 462). 8 Novi ... non deesse aliquos] Dans les *Dilucidationes philosophicae* ..., § 340, p. 396 (cf. p. 538, ligne 6), BILFFINGER fait la même remarque, sans nommer non plus ceux à qui il est fait allusion: «*Difficilior* facta est *per hanc* notionis evolutionem demonstratio immortalitatis, quam ante fuerat. Scio, id *aegre* aliquos tulisse, ratos, ita exceptiones praeparari hominibus incredulis.» 15—19 WOLFF fait allusion ici à la doctrine des théologiens nestoriens, comme APHRAATE, suivant laquelle les âmes, séparées des corps à la mort, sont plongées dans le sommeil et privées de la faculté de sentir et de la mémoire, en attendant comme dans un songe le réveil de la résurrection; cf. J. PARISOT, art. *Ame*, *D.T.C.*, t. I—1, col. 1018—1019 et APHRAATE, *Demonstrationes*, VII, De resurrectione mortuorum, XXII De morte et novissimis temporibus (GRAFFIN, *Patrologia syriaca*, t. I, Parisiis, 1894, notamment, col. 394, 1002). 26 Antiscripturarios] Cf. la définition que nous avons donnée p. 16*, ligne 7. 34 ex narratione de divite epulone] *Lucas*, XVI, 19—32.

p. 659 : 4 Lire: hujus. 14 Lire: notionem: 1 quod anima.

p. 660 : 5 Scholastici] Cf. saint THOMAS, *Quaest. Disp.*, *De Potentia*, qu. 9, art. 2, resp. (éd. BAZZI, Taurini, 1953, t. II, p. 228): «Sicut ergo hoc nomen *Hypostasis,* secundum Graecos, vel *substantia prima* secundum Latinos, est speciale nomen individui in genere substantiae; ita hoc nomen *persona*, est speciale nomen individui rationalis naturae. Utraque ergo specialitas sub nomine personae continetur », et *Sum. Theol.*, IIIa, qu. 2, art. 2, resp.: «natura dicitur, secundum quod est essentia quaedam; eadem vero dicitur suppositum, secundum quod est subsistens; et quod dictum est de supposito, intelligendum est de persona in creatura rationali vel intellectuali; quia nihil aliud est persona, quam rationalis naturae individua substantia.» — Suarez, *Disp. 34*, sect. 1, § 13: «persona idem est quod prima substantia vel suppositum, solumque determinat illam rationem ad naturam intellectualem seu rationalem. Sententia est communis theologorum», et *Ibid.*, sect 5, § 59: «denominatio autem suppositi, sicut et personae est solius substantiae completae, et plene constitutae in suo genere.»   11   leges methodi] Cf. *Disc. prael.*, § 119, p. 55: «*In philosophia termini, qui ingrediuntur definitiones sequentes, explicari debent per antecedentes.*» — § 121, p. 57: «*In propositionibus philosophicis conditio accurate determinanda, sub qua praedicatum convenit subjecto, seu sub qua aliquid de re aliqua affirmatur, vel negatur.*» — § 123, p. 58: «*In demonstrationibus philosophicis non plura contineri debent, quam quae lectori antecedentium gnaro sufficiunt ad revocandum cetera in memoriam ad ratiocinia complenda requisita.*»   21   Qui sibi metuunt] Dans son ouvrage: *Der vernünfftige Gedancken von Gott ..., Anderer Theil ...*, § 339, ad § 924, p. 541 (cf. p. 196, lignes 4—5), Wolff s'était déjà défendu contre cette accusation: «Weil ich sage eine *Person* sey ein Ding, dasz sich bewust ist, es sey eben dasjenige, was vorher in diesem oder jenem Zustande gewesen; so haben einige vermeynet, als wenn ich in Christo zwey Personen statuiren musste.» Et l'on sait qu'il y répond aux attaques des théologiens de Halle et d'Iéna, notamment de Lange et de Budde; mais nous n'avons rien pu trouver sur ce point chez ces deux auteurs.

p. 661 : 20—21 notionem personae quam dedimus] § 741.   29   *Theo. nat.*, I, § 661, II, § 399.

p. 662 : 3 Propositio ... scripturae sacrae conformis] Cf. § 740, p. 658.

p. 663 : 15—16 Lire: animabus majorem.   18 Lire: animarum.   29 Lire: (§ 173, 175. *Psychol. empir.*).

14 scriptura sacra] Cf. § 740, p. 658.

p. 664 : 5—6 ex narratione Christi] Cf. § 740, p. 658, 659.
p. 665 : 1 Lire: facultates.

14 scriptura sacra] Cf. § 740, p. 658.

p. 666 : 5 Lire: ut adeo.

18 *Cartesiani*] La théorie des animaux machines a été défendue entre autres par Malebranche, *De la Recherche de la vérité*, liv. II, Ière partie, c. 4, § 3, c. 5, § 4, liv. VI, IIème partie, c. 7 (*Œuvres complètes*, t. I, Paris, 1962, p. 208, 229, t. II, Paris,

1964, p. 389—394), *Entretiens sur la métaphysique et la religion,* XII, 6 (t. XII—XIII, Paris, 1965, p. 286, *Traité de morale,* IIème partie, c. 8, § 10 (t. XI, Paris, 1966, p. 216), — BOSSUET, *Introduction à la philosophie ou De la connaissance de Dieu et de soi-même,* c. 5, — A. DILLY, *De l'âme des betes, ou apres avoir démontré la spiritualité de l'ame de l'homme, l'on explique par la seule machine, les actions les plus importantes des animaux,* Lyon, 1676, c. 8, sq., p. 70, sq. Cf. sur ce point LEIBNIZ, *Nouveaux Essais,* préface (GER., *Phil.,* V, p. 60), *Considérations sur les Principes de vie . . . (Ibid.,* VI, p. 542). 23—24 Lire: (§ 612. et seqq.).

p. 667 : 8 Aristotelico Scholastici] Cf. les textes d'ARISTOTE et de saint THOMAS que nous citons in not. § 755, p. 672. 24—25 PERRAULT, *La mechanique des animaux* in: *Essais de Physique, ou Recueil de plusieurs Traitez touchant les choses naturelles,* t. II, Paris, 1960, Ière partie, c. 1, p. 16—22.

p. 669 : 14 Lire: nequit.

7 ex *Cartesianorum* principiis] Comme le note WOLFF, *Psycho. emp.,* § 24 et not., p. 17, le terme: «aperceptio» dont se sert LEIBNIZ, *Principes de la Nature et de la Grace,* § 4, *Monadologie,* § 14 (GER., *Phil.,* VI, p. 600, 608, 609), *Nouveaux Essais,* II, 9, § 4 *(Ibid.,* V, p. 121), a la même signification que le mot: «conscientia» employé par DESCARTES, *Principia philosophiae,* I, § 69 (A.T., VIII—1, p. 7). Mais alors que pour DESCARTES la conscience ou l'aperception, ou encore la pensée est la caractéristique essentielle de l'esprit, *Medit. 2, 6* (A.T., VII, p. 27—28, 78), selon LEIBNIZ, que suit WOLFF, l'esprit se définit par l'intelligence rationelle et la volonté libre; cf. les textes que nous avons cités in not. § 643, p. 588. 21—22 *Scotus,* Doctor Subtilis] D'après LEIBNIZ, *Théodicée,* I, § 89 (GER., *Phil.,* VI, p. 151), et BAYLE, *Dictionnaire historique et critique,* t. IV, Amsterdam, 1734, p. 115—116, il s'agit non pas de DUNS SCOT, le Docteur subtil, mais de Jean SCOT Érigène; cf. le texte du *De divisione naturae,* que nous citons in not. § 769, p. 680. Et il ne semble pas que DUNS SCOT ait jamais soutenu cette opinion.

p. 670 : 10 Materialistae] Cf. les textes de HOBBES que nous avons cités in not. § 35, p. 25, et in not. § 462, p. 382. Mais l'on ne trouve pas chez lui la théorie des animaux machines. Il ne distingue guère l'âme des bêtes de celle des hommes, comme le prouve le fait qu'il accorde aux uns et aux autres le pouvoir de délibérer et la volonté; cf. *Léviathan,* pars I, c. 6 *(Oper. phil. lat. omn.,* éd. MOLESWORTH, London, 1839—1845 (Aalen, 1961), vol. III, p. 48). 13 *Cartesiani*] Cf. les références que nous avons données in not. § 749, p. 666. 14 audaciores Magistro suo] Dans la *Lettre 537 à Henry More,* 5 Février 1649 (A.T., V, p. 276—279), DESCARTES s'emploie, en effet, à prouver que les bêtes n'ont pas d'âme pensante; car tout montre qu'elles ne pensent pas. Mais il ne leur refuse pas la vie et les sens: «Velim tamen notari me loqui de cogitatione, non de vita, vel sensu: vitam enim nulli animali denego, utpote quam in solo cordis calore consistere statuo; nec denego etiam sensum, quatenus ab organo dependet» (p. 278). Et dans le *Discours de la méthode*, V (A. T., VI, p. 58), il déclare que l'âme des bêtes est «d'une nature ... differente de la nôtre.»   22—26   Si in organo aliquo ... et cur talis sit] Citation de la *Psychologia empirica*.

p. 671 :   24—27   Exemple déjà utilisé par Leibniz; cf. les textes que nous citons au § 765, p. 678.

p. 672 :   26   Philosophi veteres] Cf. v. g. Aristote, *Analyt. Post.*, II, 19, 99b 36—100a 1: ἐνούσης δ' αἰσθήσεως τοῖς μὲν τῶν ζῴων ἐγγίνεται μονὴ τοῦ αἰσθήματος, τοῖς δ' οὐκ ἐγγίνεται ... ἐν οἷς δ', ἔνεστιν αἰσθανομένοις ἔχειν ἔτι ἐν τῇ ψυχῇ. Cf. encore *Metaph.*, A 1, 980a 27—b 26. — Scholastici] Cf. v. g. saint Thomas, *Quaet. Disp., De Anima*, art. 13, resp. (éd. Bazzi, vol. II, Taurini, 1953, p. 330): «Tertium est, quod species sensibilium receptae conserventur. Indiget autem animal apprehensione sensibilium non solum ad eorum praesentiam, sed etiam postquam abierint: et hoc necessarium est reduci in aliquam potentiam. Nam et in rebus corporalibus aliud principium est recipiendi, et aliud conservandi, nam quae sunt bene receptibilia, sunt interdum male conservativa. Huiusmodi autem potentia dicitur imaginatio sive phantasia. ... Quinto autem, requiritur quod ea quae prius fuerunt apprehensa per sensus et interius conservata, iterum ad actualem considerationem revocentur. Et hoc quidem pertinet ad rememorativam virtutem; quae in aliis quidem animalibus absque inquisitione suam operationem habet, in hominibus autem cum inquisitione et studio.»   32—33   *Psycho. emp.*, pars I, sect. 2, c. 3, 4.

p. 673 :   12   Lire: quoque.   30—31   Lire: eaedem.

7 usi sumus] § 755.

p. 674 :   5   Lire: non fundit.   25   Lire: advertit.   26   Lire: aversationem.   31   Titre marginal, lire: *petito observent*.

9 ex superioribus] § 755, 756.

p. 675 :   28   pauca immo (p. error.)] pauca, immo (A).   29   Lire: pronunciare.

8 Lire: (§ 558. *Psychol. empir.*).

p. 676 :   10   *universalium, judicio* (p. corr.)] *universalium judicio* (A).   21—22   notiones judicia (p. error.)] notiones, judicia (A).

p. 677 :   7   leves facerent] leves, facerent (A).   25   Lire: quia.   32—33   Lire: *Rorarius*.

4—5   jam monuimus] § 461.   18   saepius] not. § 285, p. 228, not. § 290,

p. 229, not. § 293, p. 237, not. § 389, p. 307, not. § 390, p. 308, not. § 460, p. 376. 32—33 RORARIUS, *Quod animalia bruta ratione utantur melius homine. Libri duo*, Parisiis, 1648.

p. 678 : 22 *analogum rationis*] Cf. GOCLENIUS, *Lexicon philosophicum*..., p. 955, col. A: «Ratio ἀναλόγως dicta dici solet Particularis, quae brutis nonnullis tribuitur.» 22—32 Cf. LEIBNIZ, *Monadologie*, § 26 (GER., *Phil.*, VI, p. 611): «La memoire fournit une espece de Consecution aux Ames qui imite la raison, mais qui en doit être distinguée. C'est que nous voyons que les animaux ayant la perception de quelque chose qui les frappe et dont ils ont eu perception semblable auparavant, s'attendent par la representation de leur memoire a ce qui y a été joint dans cette perception precedente et sont portés à des sentimens semblables à ceux qu'ils avoient pris alors. Par exemple: quand on montre le baton aux chiens, ils se souviennent de la douleur qu'il leur a causé et crient ou fuient.» Cf. encore: *Principes de la Nature et de la Grace*, § 5 (*Ibid.*, p. 600, 601), *Nouveaux Essais*, préface, II, 11, § 11, 33, § 18, IV, 17, § 3 (*Ibid.*, V, p. 44, 130, 252, 547), *Théodicée*, Discours préliminaire (*Ibid.*, VI, p. 87).

p. 679 : 20 Scholastici] Cf. les textes que nous avons cités in not. § 741, p. 660.

p. 680 : 9 *Scotus*] i. e. Jean SCOT Érigène (cf. ce que nous avons dit in not. § 752, p. 669), *De Divisione naturae*, lib. 3, c. 39 (*P. L.*, t. CXXII, col. 738): «Et si omnium animalium corpora, quando solvuntur, non ad nihilum rediguntur, sed in elementorum qualitates, quarum concursu materialiter facta sunt, redire naturalis ratio perspicue perhibet: quomodo eorum animae, cum profecto sint melioris naturae, qualiscunque enim anima sit, meliorum esse omni corpore nemo sapientem denegat, omnino perire possunt, dum rationi non conveniat, quod deterius est, manere et salvari, quod vero melius, corrumpi et perire, et quod compositum est, in suis partibus disjunctis custodiri, simplex autem omnique compositione carnes dissolvique nequiens interimi? Omne autem corpus compositum esse, omnem vero animam simplicem, quis sophiae studentium nesciat?» 9 cum aliis] — 10 alios] BAYLE, *Dictionnaire historique et critique*, art. *Sennert Daniel*, t. V, Amsterdam, 1734, p. 114, 116, notes D et E, raconte que SENNERT admettait, comme SCOT Érigène, que l'âme des bêtes est incorporelle et indestructible, ce qui donna à FREITAG l'occasion d'accuser à tort SENNERT de leur attribuer l'immortalité. 25 tradidimus] sect. 1, c. 1—3, sect. 2, c. 1.

p. 682 : A) 4 Lire: indicat.

A) 9 Lire: 461. 23 Lire: 269. B) 28 Lire: 52. 36 Lire: *not*. 484.

p. 683 : B) 32—33 Lire: *Animarum* praeexistentia, 704. differentiae intrinsecae,

			523, 524.							
		A)	30	Lire: 190, sqq.	33	Lire: 51. 80		B)	5	Lire: 559.
		560.	9	Lire: 344—349.						
p. 684	:	B)	21	Lire: 496.	38	Lire: *not.* 185.				
p. 685	:	A)	21—22	Lire: memoriam, 766.						
		A)	28	Lire: *not.* 104. *not.* 544. 593. *not.* 579.				B)	23	Lire: *not.* 44.
p. 686	:	A)	33	Lire: *not.* 318.						
p. 687	:	A)	10	Lire: 636.						
p. 688	:	A)	31	Lire: *du Hamel.*						
p. 689	:	A)	34—36	Lire: *Ideae distinctae* cur confusis perfectiores, 160. *Ideae materialis phantasticae* interitus, 239.				B)	29	Lire: debilitatio, 230. 27 Lire: quomodo ab. 38 Lire: pendeat.
p. 690	:	A)	27	Lire: *not.* 211.						
p. 691	:	B)	35	Lire: 533. *not.* 597.	36	Lire: 603. *not.* 604. *not.* 605. *not.* 607.				
p. 692	:	B)	3	Lire: *not.* 534.	25	Lire: *not.* 102.	30	Lire: *not.* 102.	32	Lire: corpore, 396.
p. 694	:	A)	29	Lire: 101 et *not.*		B)	11	Lire: quantum noceat.		
p. 696.	:	A)	19	Lire: confusio.						
		A)	2	Lire: *not.* 750.	33	Lire: *not.* 43.		B)	25—26	Lire: impossibilis, 700. 33 Lire: *not.* 102.
p. 697	:	A)	4	Lire: pertractanda.						
p. 698	:	A)	10	Lire: 691.						
p. 699	:	A)	19	Lire: *not.* 628.		B)	9	Lire: *not.* 545. *not.* 605. *not.* 623. 31 Lire: intellectus, 652.		
p. 700	:	B)	11	Lire: inutilitas.						
p. 701	:	A)	9	Lire: *not.* 633.	33	Lire: et *not.* 702.				
p. 702	:	A)	4	Lire: *not.* 77.	17	Lire: *not.* 77.				

Index des auteurs auxquels Wolff se réfère

Anti-Coperniciens	:	not. § 640, p. 585.
Anti-Harmonistes	:	not. § 633, p. 573, not. § 640, p. 585, not. § 641, p. 586.
Archimède *(211—212)*	:	§ 461, p. 381, § 637, p. 577.
Aristote *(384—322)*	:	not. § 610, p. 540.
Aristotéliciens	:	not. § 51, p. 34, not. § 429, p. 346, not. § 560, p. 481, § 563 et not., p. 483, not. § 590, p. 514, not. § 610, p. 541, not. § 678, p. 607, not., § 701, p. 624, not. § 726, p. 651, not. § 749, p. 667.
Atomistes	:	not. § 92, p. 67.
Augustin saint *(354—430)*	:	not. § 699, p. 622, not. § 701, not. 703, p. 624, 625.
Bayle Pierre *(1647—1706)*	:	not. § 612, p. 542, not. § 616, p. 548, not. § 617, p. 549, not. § 623, p. 556, not. § 637, p. 579.
Berkeley Georges *(1685—1753)*	:	not. § 36, p. 25, not. § 614, p. 545.
Bilffinger Georges Bernard *(1693—1750)*	:	not. § 609, p. 538, not. § 612, p. 543, not., 628, p. 564.
Boyle Robert *(1626—1691)*	:	not. § 605, p. 532.
Brande Jean Pierre van (XVIIème siècle)	:	§ 461, p. 379.
Cartésiens	:	§ 594, p. 517, not. § 609, p. 537, not. § 749, p. 666, 667, not. § 751, p. 669, not. § 753, p. 670.
Clarke Samuel *(1675—1729)*	:	not. § 612, p. 542, not. § 629, p. 568.
Comenius (Komensky) Jean Amos *(1592—1671)*	:	not. § 348, p. 279.
Confucius *(551—479)*	:	not. § 434, p. 353.

Connor Bernhard (XVIIème siècle)	: § 461, p. 378, 379.
Copernic Nicolas *(1473—1543)*	: not. § 640, p. 585.
Coperniciens	: not. § 640, p. 585.
Cordemoy Géraud de *(1620—1684)*	: not. § 589, p. 513.
Coward Guillaume *(1656—1725)*	: not. § 33, p. 25.
Créatianistes	: not. § 699, p. 622, not. § 700, p. 623.
Crellius Samuel *(1660—1747)*	: not. § 628, p. 565, not. § 633, p. 573.
Crüger Pierre *(1530—1630)*	: § 205, p. 168.
Descartes René *(1596—1650)*	: not. § 51, p. 34, not. § 53, p. 35, not. § 92, p. 67, not. § 544, p. 466, not. § 553, p. 474, not. § 578, p. 498, 499, not. § 579, p. 499, not. § 585, p. 509, not. § 589, p. 513, not. § 591, not. § 592, p. 515, not. § 595, p. 517, not. § 596, p. 518, not. § 597, p. 519, not. § 602, p. 526, not. § 605, p. 531, not. § 606, p. 533, 534, not. § 607, p. 535, not. § 612, p. 542, not. § 614, p. 545, not. § 622, p. 556, not. § 658, p. 597, not. § 726, p. 651.
Dogmatistes	: § 40, p. 26, not. § 43, p. 29.
Dualistes	: § 39, p. 26, § 43, p. 28, 29, not. § 551, p. 473, § 555, p. 476, not. § 665, p. 601.
Égoistes	: § 38, p. 26, § 43 et not., p. 28, 29.
Ehrenberg Ger., Boniface, Henri *(1681—1759)*	: not. § 189, p. 157.
Enthousiastes	: not. § 331, p. 267.
Epictète (Ier siècle ap. J.C.)	: not. § 185, p. 149.
Euclide d'Alexandrie (mort vers 285 av. J.C.)	: not. § 110, p. 85, not. § 276, p. 222.
Foucher Simon *(1644—1696)*	: not. § 612, p. 542.
Goclenius Rudolphus *(1547—1628)*	: not. § 559, p. 481.
Grossius Christophe Frédéric (XVIIIème siècle)	: not. § 41, p. 27.
Hamel Jean du *(1633—?)*	: § 563, p. 483.
Harmonistes	: not. § 725, p. 650.
Harvey Guillaume *(1578—1657)*	: not. § 6, p. 5.

HELMONT Jean-Baptiste van *(1577—1644)* : not. § 583, p. 504.
HEVELIUS Jean *(1611—1687)* : not. § 124, p. 97, § 205, p. 168.
HOBBES Thomas *(1588—1679)* : not. § 33, p. 25, not. § 658, p. 596.
HUET Daniel *(1577—1644)* : not. § 41, p. 27, not. § 42, p. 28.
HUYGENS Christian *(1629—1695)* : not. § 597, p. 519, not. § 607, p. 535.

Idéalistes : § 37, p. 25, § 38 et not., p. 26, § 42 et not., p. 27, § 43 et not., p. 28, 29, § 550 et not., p. 470, 471, 472, § 551 et not., p. 472, 473, § 555, p. 476, not. § 614, p. 545, not. § 665, p. 601.

Influxionistes : § 561, p. 482, § 563, p. 483, not. § 641, p. 586, not. § 726, p. 651.

JAQUELOT Isaac *(1647—1707)* : not. § 610, p. 540, not. § 617, p. 549, not. § 633, p. 572, 573, not. § 639, p. 582.

JÉRÔME saint (vers 331—420) : not. § 699, p. 622, not. § 701, p. 624.
JURIEU Pierre (1637—1713) : not. § 609, p. 538.

KEPLER Jean (1571—1630) : not. § 640, p. 585.
KOETHEN Jean Jacques (XVIIIème siècle) : p. 17*, ligne 20.

LAMY François (1636—1711) : not. § 612, p. 542.
LEIBNIZ Gottfried Wilhelm (1646—1716) : p. 13*, ligne 15, not. § 485, p. 401, § 553, p. 474, not. § 597, p. 519, not. § 603, p. 528, not. § 604, p. 530, not. § 605, p. 531, not. § 607, p. 535, not. § 612, p. 542, not. § 622, not. § 623, p. 556, not. § 627, p. 562, not. § 629, p. 567, not. § 633, p. 572, not. § 639, p. 583, not. § 644, p. 589, not. § 712, p. 633, not. § 724, p. 649.

LINUS François (1595—?) : not. § 583, p. 504.

MAIZEAUX Pierre des (1665—1745) : not. § 612, p. 542.
MALEBRANCHE Nicolas (1638—1715) : not. § 38, p. 26, not. § 589, p. 513, not. § 597, p. 519.

MARTINAEUS Jean (XVIIème siècle) : not. § 699, p. 622.

Martinius Mathias (1572—1630) : not. § 71, p. 49.
Matérialistes : not. § 37, p. 26, not. § 42, p. 28, not. § 43, p. 29, not. § 46, p. 32, not. § 49, p. 53, § 50 et not., p. 34, not. § 79, p. 58, not. § 80, p. 59, not. § 462, p. 382, § 550 et not, p. 470, 471, § 551 et not., p. 472, 473, § 555, p. 476, not. § 616, p. 548, § 701 et not., p. 623, 624, not. § 703, p. 624, not. § 753, p. 670.

Monistes : § 37 et not., p. 25, 26, not. § 43, p. 29, § 555, p. 476.
More Henry (1611—1687) : not. § 583, p. 504, not. § 597, p. 519.
Musaeus Jean (1613—1681) : not. § 633, p. 573.

Newton Isaac (1642—1727) : not. § 612, p. 542, not. § 629, p. 567.

Occasionnalistes : not. § 595, p. 517, not. § 603, p. 528, not. § 604, p. 530, not. § 605, p. 531, § 607, p. 534, not. § 623, p. 556, not. § 725, p. 650.

Origene (185—254) : not. § 705, p. 627.

Pélage (vers 360—430) : not. § 703, p. 623, 624.
Pembrock Herbert Thomas de (?—1733) : p. 17*, lignes 14, 15.
Perrault Claude (1613—1688) : not. § 750, p. 667.
Philosophie mécanique : not. § 92, p. 67.
Piles Roger de (1635—1709) : not. § 162, p. 127.

Raphson Joseph (?—1716) : not. § 659, p. 597.
Rorarius Jérôme (XVIème siècle) : not. § 762, p. 677.

Sceptiques : § 41 et not., p. 27, § 42 et not., p. 27, 28, not. § 43, p. 29, not. § 45, p. 31, not. § 46, p. 32, not. § 53, p. 35, § 563 et not., p. 583.

Scolastiques : not. § 45, p. 31, not. § 53, p. 35, not. § 112, p. 88, not. § 407, p. 326, § 563 et not., p. 583, not. § 576, p. 496, 497,

		not. § 578, p. 499, not. § 582, p. 504, not. § 590, p. 514, not. § 606, p. 534, not. § 610, p. 541, not. § 620, p. 553, not. § 678, p. 607, not. § 699, p. 622, not. § 726, p. 651, not. § 711, p. 660, not. § 749, p. 667, not. § 767, p. 679.
Scot Duns (1226—1308)	:	not. § 752, p. 669, not. § 769, p. 680.
Sénèque (vers 4—65)	:	not. § 157, p. 124.
Sextus Empiricus (fin IIème siècle av. J. C.)	:	not. § 41, p. 27, not. § 42, p. 28.
Socin Fauste (1539—1604)	:	not. § 628, p. 565, not. § 633, p. 573.
Sociniens	:	not. § 628, p. 565.
Spinoza Benoist de (1636—1677)	:	not. § 544, p. 466, not. § 605, p. 531, not. § 623, p. 557.
Stahl Georges Ernest (1660—1734)	:	not. § 612, p. 542.
Sturm Jean Christophore (1635—1703)	:	not. § 589, p. 513, not. § 596, p. 518, not. § 605, p. 531, 532, not. § 628, p. 565.
Système Aristotélico-Scolastique	:	not. § 563, p. 483.
Système de l'harmonie préétablie	:	p. 13*, ligne 15, p. 16*, lignes 14—15, § 553, p. 474, § 612, p. 542, § 642, p. 588, § 717, p. 637, § 721 et not., p. 645, 646, § 724, p. 649.
Système de l'influx physique	:	p. 13*, ligne 15, § 553, p. 474, § 558, p. 480, § 588, p. 640, § 602 et not., p. 524, 525, 526, not. § 610, p. 541, not. § 613, p. 544, not. § 620, p. 552, not. § 621, p. 555, § 631 et not., p. 569, 570, § 632 et not., p. 570, 571, § 639, p. 581, 582, § 640 et not., p. 583, 584, § 641 et not., p. 586, § 717, p. 637, § 719, p. 640, § 721 et not., p. 645, 646, § 722, p. 647, § 726, p. 650.
Système des causes occasionnelles	:	p. 13*, ligne 15, § 553, p. 474, § 589, p. 513, § 611, p. 542, not. § 613, p. 544, not. § 620, p. 553, not. § 621, p. 555, not. § 622, p. 556, § 639, p. 581, 582, § 717, p. 637, § 721 et not., p. 645, 646, § 722, p. 647, § 725, p. 650.

Tertullien (vers 160—240)	: not. § 701, not. § 702, p. 624.
Théorie de la liberté d'indifférence	: not. § 632, p. 571.
Thomas saint (1225—1274)	: not. § 699, p. 722.
Thucydide (vers 471—395)	: § 205, p. 168.
Thümmig Ludovic Philippe (1697—1728)	: not. § 162, p. 128, not. § 262, p. 211.
Toland Jean (1670—1722)	: not. § 33, p. 25.
Tournemine Joseph de (1661—1739)	: not. § 612, p. 542.
Traducianistes	: § 702, p. 624, not. § 703, p. 625.
Zahn Jean (XVIème siècle)	: not. § 189, p. 157.

Index des auteurs auxquels l'éditeur se réfère

ADAM Antoine (XXème siècle) : p. XLVIII.
AMANN E. (XXème siècle) : not. § 703, p. 624.
ANDRY Nicolas (1658—1742) : p. XLIV, not. § 6, p. 5, not. § 187, p. 154.

APHRAATE (PHARHAD) (IVème siècle) : not. § 739, p. 658.
APOLLINAIRE le Jeune (?— vers 390) : not. § 701, p. 624.
ARISTOTE : p. XX, XXXV, XLIV, XLVI, not. § 51, p. 34, not. § 429, p. 436, not. § 536, p. 457, not. § 581, p. 501, not. § 590, p. 514, not. § 605, p. 531, 532, not. § 658, p. 596, not. § 678, p. 607, not. § 737, p. 657, not. § 749, p. 667, not. § 755, p. 672.

Aristotéliciens : not. § 565, p. 485, not. § 678, p. 607.
AUGUSTIN saint : not. § 31, p. 24, not. § 531, p. 452, not. § 658, p. 596, not. § 660, p. 598, § 702, p. 624, not. § 703, p. 624, 625.

AVERROÈS (1126—1198) : not. § 605, p. 531.

BAINVEL J. (XXème siècle) : not. § 705, p. 627.
BARDY G. (XXème siècle) : not. § 705, p. 627.
BAYLE Pierre : p. XLII, not. § 563, p. 483, not. § 589, p. 513, § 594, p. 517, not. § 603, p. 528, not. § 617, p. 549, not. § 625, p. 559, not. § 633, p. 573, not. § 634, p. 575, not. § 749, p. 667, not. § 752, p. 669, not. § 769, p. 680.

BELLARMIN François Robert Romulus (1542—1621) : not. § 640, p. 585.
BERKELEY : not. § 42, p. 28, not. § 491, p. 409, not. § 531, p. 452.

Bilffinger	: not. § 561, p. 482, not. § 581, p. 501, not. § 589, p. 513, not. § 739, p. 658.
Bonnet Charles (1720—1793)	: p. XLIV, not. § 187, p. 154.
Bosses Bartholomée des (1668—1728)	: p. XLVII, not. § 723, p. 648.
Bossuet Jacques Bénigne (1627—1704)	: not. § 632, p. 571, not. § 749, p. 666.
Boyle Robert	: not. § 92, p. 67.
Brucker Jean Jacques (1696—1770)	: not. § 699, p. 622, § 702, p. 624.
Budde Jean François (1677—1729)	: p. VI, p. 16*, ligne 12, not. § 6, p. 5, not. § 44, p. 30, not. § 49, p. 33, not. § 185, p. 149, not. § 221, p. 180, not. § 355, p. 284, not. § 453, p. 371, not. § 482, p. 397, not. § 519, p. 439, not. § 529, p. 450, not. § 537, p. 459, not. § 547, p. 469, not. § 589, p. 513, not. § 612, p. 543, not. § 625, p. 559, not. § 628, p. 564, not. § 631, p. 570, not. § 632, p. 571, not. § 633, p. 573, not. § 634, p. 575, not. § 741, p. 660.
Cadiou R. (XXème siècle)	: not. § 705, p. 627.
Carteron Henri (XXème siècle)	: not. § 581, p. 401.
Cartésiens	: p. XXXVII, not. § 584, p. 506, not. § 589, p. 513, not. § 605, p. 531, not. § 607, p. 535.
Chaulieu Guillaume Amfrye de (1639—1720)	: p. XLVIII.
Chéné J. (XXème siècle)	: not. § 703, p. 624.
Cicéron (106—43)	: not. § 457, p. 374.
Clarke	: p. XLI, not. § 564, p. 484, not. § 620, p. 553, not. § 623, p. 556, not. § 624, p. 558, not. § 625, p. 559, not. § 632, p. 571, not. § 633, p. 573, not. § 634, p. 575.
Clavius Christophore (1537—1612)	: not. § 110, p. 85.
Clément d'Alexandrie (vers 160—220)	: not. § 705, p. 627.
Condillac Étienne Bonnot de (1715—1780)	: p. XXIII.
Cordemoy	: p. XXXVII, not. § 589, p. 513.
Cornagerus P. (XVIIème siècle)	: not. § 407, p. 326.
Coward	: not. § 49, p. 33, not. § 531, p. 452, not. § 658, p. 596, not. § 666, p. 601, not. § 672, p. 603.

Créatianistes	: p. XLIV, not. § 704, p. 626.
Cyrano de Bergerac (Savinien de) (1619—1655)	: p. XLVIII.
Déhénault Jean (XVIIème siècle)	: p. XLVIII.
Démocrite (460—? av. J.C.)	: not. § 93, p. 68.
Descartes	: p. XXXVI, XXXVII, not. § 92, p. 67, not. § 240, p. 196, not. § 563, p. 483, not. § 583, p. 504, § 594, p. 517, not. § 597, p. 519, not. § 658, p. 596, not. § 737, p. 657, not. § 751, p. 669, not. § 753, p. 670.
Dilly A. (XVIIème siècle)	: not. § 749, p. 666.
Dualistes	: p. XII, not. § 665, p. 601.
Dutripon J. P. (XIXème siècle)	: § 696, p. 620.
Égoistes	: p. XII.
Épicure (342—271)	: not. § 93, p. 68.
Ettmüller Michael (1644—1683)	: not. § 297, p. 240.
Euclide	: not. § 658, p. 596.
Fénelon François de Salignac de La Mothe (1651—1715)	: § 38, p. 26.
Forge Louis de La (XVIIème siècle)	: not. § 589, p. 513.
Freitag Jean (1581—1641)	: not. § 769, p. 680.
Gassendi Pierre (1581—1655)	: not. § 92, p. 67, not. § 457, p. 374.
Geoffroy François (1612—1731)	: p. XLIV, not. § 6, p. 5, not. § 187, p. 154.
Goclenius	: not. § 53, p. 35, not. § 713, p. 634, § 765, p. 678.
Gouhier Henri (1898—)	: not. § 589, p. 513.
Gredt Joseph (XIXème siècle)	: not. § 576, p. 496.
Guéroult Martial (1891—)	: not. § 605, p. 531.
Guyénot Émile (XIXème siècle)	: not. § 6, p. 5, not. § 187, p. 154.
Haller Albert de (1708—1777)	: p. XLIV, not. § 187, p. 154.
Hamel Jean-Baptiste du (1623—1706)	: p. XXXV.
Hamel Jean du	: p. XXXV, not. § 576, p. 596.
Harmonistes	: not. § 531, p. 452.

Hartsoecker Nicolas (1656—1725)	: p. XLIV, not. § 6, p. 5, not. § 187, p. 154.
Harvey	: not. § 6, p. 5.
Hedde R. (XXème siècle)	: not. § 703, p. 624.
Hippolyte (mort vers 236 ap. J. C.)	: not. § 625, p. 559.
Hobbes	: not. § 35, p. 25, not. § 49, p. 33, not. § 79, p. 58, not. § 462, p. 382, not. § 536, p. 457, not. § 616, p. 548, not. § 665, p. 601, not. § 672, p. 603, not. § 753, p. 670.
Huet	: not. § 66, p. 45.
Huygens	: p. XXXVI, XXXIX, not. § 597, p. 519.
Idéalistes	: p. XII, XXXIV, not. § 491, p. 409, not. § 531, p. 452, not. § 665, p. 601.
Jaquelot	: p. XXXVIII.
Jean Damascène saint (?— vers 754)	: not. § 49, p. 33.
Jérôme saint	: not. § 701, p. 624, not. § 705, p. 627.
Julien d'Éclane (vers 455)	: § 702, p. 624.
Kant Emmanuel (1724—1804)	: p. VIII.
Lamy	: p. XXXVII, not. § 541, p. 463, § 594, p. 517, not. § 606, p. 533, not. § 625, p. 559, not. § 633, p. 573, not. § 634, p. 575, not. § 725, p. 650.
Lange Joachim (1670—1744)	: p. VI, XXII, XXXI, XXXII, XLI, p. 16*, ligne 12, not. § 6, p. 5, § 38, p. 26, not. § 42, p. 27, not. § 185. p. 149, not. § 192, p. 160, not. § 221, p. 180, not. § 355, p. 284, not. § 434, p. 353, not. § 453, p. 371, not. § 482, p. 397, not. § 519, p. 439, not. § 529, p. 450, not. § 537, p. 459, not. § 538, p. 460, not. § 544, p. 466, not. § 546, p. 468, not. § 547, p. 469, not. § 554, p. 475, not. § 564, p. 484, not. § 567, p. 486, not. § 574, p. 475, not. § 564, p. 484, not. § 567, p. 486, not. § 574, p. 495, not.

Index des auteurs auxquels l'éditeur se réfère

	§ 575, p. 496, not. § 580, p. 501, not. § 588, p. 512, not. § 605, p. 531, not. § 609, p. 537, not. § 612, p. 543, not. § 617, p. 549, not. § 620, p. 553, not. § 623, p. 556, not. § 625, p. 559, not. § 628, p. 564, not. § 630, p. 569, not. § 631, p. 570, not. § 632, p. 571, not. § 633, p. 573, not. § 634, p. 575, not. § 640, p. 585, not. § 641, p. 586, not. § 643, p. 588, not. § 644, p. 589, not. § 703, p. 623, not. § 712, p. 633, not. § 726, p. 651, not. § 741, p. 660.
LEEUWENHOECK Antoine (1632—1723)	: p. XLIV, not. § 6, p. 5, not. § 187, p. 154.
LEIBNIZ	: p. XII, XIII, XXI, XXXVI, XXXVIII, XXXIX, XL, XLII, XLIII, XLIV, XLVII, LI, not. § 16, p. 15, not. § 44, p. 30, not. § 45, p. 31, not. § 53, p. 35, not. § 65, 66, 67, p. 45, not. § 71, p. 49, § 83, p. 62, § 178, p. 141, § 186, p. 149, § 187 et not., p. 153, 154, not. § 192, p. 160, not. § 331, p. 267, not. § 429, p. 346, § 480, p. 395, § 481, p. 396, not. § 491, p. 409, not. § 530, p. 451, not. § 544, p. 466, not. § 557, p. 479, not. § 579, p. 499, not. § 584, p. 506, not. § 589, p. 513, § 594, p. 517, not. § 597, p. 519, not. § 610, p. 540, not. § 614, p. 545, not. § 616, p. 548, not. § 620, p. 553, not. § 623, p. 556, not. § 626, not. § 627, p. 562, not. § 632, p. 571, not. § 639, p. 582, 583, not. § 643, p. 588, not. § 658, p. 596, not. § 699, p. 622, not. § 723, p. 648, § 739, p. 658, not. § 749, p. 666, not. § 751, p. 669, not. § 752, p. 669, § 755, p. 671, § 765, p. 678.
LÉON I le Grand saint (440—461)	: not. § 705, p. 627

Léon IX saint (?—1054)	: not. § 660, p. 598.
Leucippe (Vème siècle av. J. C.)	: not. § 93, p. 68.
Libertins	: p. XLVIII.
Lister (XVIIème siècle)	: not. § 240, p. 196.
Locke John (1634—1704)	: p. XX, LI, not. § 16, p. 15, not. § 44, p. 30, not. § 66, p. 45, not. § 240, p. 196, not. § 331, p. 267, not. 429, p. 346, not. § 536, p. 457, not. § 554, p. 475, not. § 564, p. 584, not. § 574, p. 495.
Lucifer de Cagliari (IVème siècle)	: not. § 701, p. 624.
Lucrèce (vers 98—53)	: not. § 93, p. 68.
Magirus Jean (?—1596)	: not. § 582, p. 504, not. § 620, p. 553.
Malebranche	: p. XXXVII, not. § 240, p. 196, not. § 491, p. 409, not. § 541, p. 463, not. § 554, p. 475, not. § 581, p. 501, not. § 593, p. 516, § 594, p. 517, not. § 597, p. 519, not. § 603, p. 528, not. § 605, p. 531, not. § 606, p. 533, not. § 607, p. 534, not. § 609, p. 537, not. 725, p. 650, not. § 749, p. 666.
Malpighi Marcel (1628—1694)	: p. XLIV, not. § 187, p. 154.
Marc-Aurèle (121—181)	: p. XLVIII.
Matérialistes	: p. XII, XXXIV, XLIV, not. § 531, p. 452, not. § 665, p. 601.
Maxime de Tyr (IIème siècle)	: not. § 705, p. 627.
Mélanchthon (Schwarzerd) Philippe (1497—1560)	: not. § 240, p. 196.
Michel A. (XXème siècle)	: not. § 71, p. 49, not. § 701, p. 624, not. § 703, p. 625.
Micraelius Jean (1597—1658)	: not. § 576, p. 496, not. § 605, p. 531.
Monistes	: p. XII, not. § 665, p. 601.
More Henry	: not. § 658, p. 596, not. § 659, p. 597.
Mouy Paul (XXème siècle)	: not. § 597, p. 519.
Némésios d'Amèse (Vème siècle)	: not. § 705, p. 627.
Newton	: p. XLI, not. § 556, p. 478, not. § 620, p. 553, not. § 623, p. 556.

Occasionnalistes	: p. XXXVII, XLI, not. § 491, p. 409, not. § 531, p. 452, not. § 541, p. 463, not. § 544, p. 466, not. § 563, p. 483, not. § 593, p. 516.
Parisot J. (XXème siècle)	: not. § 739, p. 658.
Pastor (Vème siècle)	: not. § 660, p. 598.
Peillaube (XXème siècle)	: not. § 704, p. 626.
Pfaffius Christophore Mathieu (1686—1760)	: § 38, p. 26.
Platon (427—347)	: not. § 658, p. 596, not. § 705, p. 627, not. § 737, p. 657.
Plotin (205—270)	: not. § 658, p. 596, not. § 660, p. 598, not. § 737, p. 657.
Poisson Nicolas Joseph (XVIIème siècle)	: p. XXXVII, not. § 589, p. 513.
Portalié E. (XXème siècle)	: not. § 703, p. 625.
Purchot Edmond (XVIIIème siècle)	: not. § 583, p. 504.
Pythagore (582—476)	: not. § 705, p. 627, not. § 712, p. 633.
Quasten J. (XXème siècle)	: not. § 705, p. 627.
Régnier de Graaf (1641—1673)	: not. § 6, p. 5.
Richard de saint Victor (?—1173)	: not. § 658, p. 596.
Rüdiger André (1673—1731)	: not. § 605, p. 531.
Sceptiques	: p. XII.
Schelhammer Günther Christophe (1649—1716)	: not. § 605, p. 531.
Scolastiques	: p. XX, XLII, XLIV, LI, not. § 240, p. 196, not. § 429, p. 346, not. § 536, p. 457, not. § 565, p. 485, not. § 620, p. 553, not. § 679, p. 607, not. § 723, p. 648, not. § 749, p. 667.
Scot Duns	: not. § 660, p. 598, not. § 752, p. 669.
Scot Erigene Jean (vers 810—877)	: not. § 752, p. 669, not. § 769, p. 680.
Sénèque (IVème siècle av. J. C.)	: p. XLVIII.
Sennert Daniel (1572—1637)	: not. § 297, p. 240, not. § 769, p. 680.
Serer Joseph (1698—1740)	: p. V.
Sociniens	: p. XLII.
Spallanzani Lazare (1729—1799)	: p. XLIV, not. § 187, p. 154.
Sperling Jean (1603—1659)	: not. § 699, p. 622.

Spinoza	:	not. § 695, p. 619.
Spinozisme	:	p. XXXVIII, not. § 544, p. 466.
Spiritualisme	:	p. XLIV, not. § 665, p. 601.
Stahl Daniel (1589—1681)	:	not. § 699, p. 622.
Sténon Nicolas (1638—1687)	:	not. § 6, p. 5.
Stoiciens	:	p. XLVIII, not. § 625, p. 559.
Sturm	:	not. § 589, p. 513, not. § 605, p. 531.
Suarez François (1548—1617)	:	not. § 45, p. 31, not. § 590, p. 514, not. § 658, p. 596, not. § 695, p. 619, not. § 741, p. 660.
Swammerdam Jean (1637—1680)	:	p. XLIV, not. § 187, p. 154.
Système Aristotélico-Scolastique	:	p. XXXV.
Système de l'assistance	:	p. XXXVII.
Système de l'harmonie préétablie	:	p. XXXII, XXXIX, XLI, XLII, XLV, not. § 491, p. 409, not. § 511, p. 452.
Système de l'influx physique	:	p. XXXII, XXXVI, XLI, XLII, XLVI, XLVII, not. § 531, p 452.
Système des causes occasionnelles	:	p. XXXII, XXXVI, XXXVII, XXXIX, XLVI, XLVIL, not. § 531, p. 452, not. § 557, p. 471.
Tertullien	:	not. § 699, p. 622, not. § 700, p. 623, not. § 705, p. 627, not. § 723, p. 648.
Théorie de la double semence	:	not. § 6, p. 5.
Théorie de la liberté d'indifférence	:	not. § 632, p. 571.
Théorie de l'ovisme	:	p. XLIV, not. § 6, p. 5, not. § 187, p. 154.
Théorie de la préformation	:	not. § 187, p. 154, not. § 407, p. 326, not. § 717, p. 639.
Théorie des animaux machines	:	p. XLIX.
Théorie des animalcules spermatiques	:	p. XLIV, not. § 6, p. 5, not. § 187, p. 154.
Thomas saint	:	p. XXXV, not. § 49, p. 33, not. § 51, p. 34, not. § 407, p. 326, not. § 429, p. 346, not. § 590, p. 514, not. § 605, p. 531, not. § 658, p. 596, not. § 660, p. 598, not. § 672, p. 603, not. § 678, p. 607, not. § 695, p. 619, not. § 700, p. 623, not. § 704, p. 626, not. § 719, p. 640, not. § 721, p. 646, not. § 737,

	p. 657, not. § 741, p. 660, not. § 749, p. 667, not. § 755, not. § 765, p. 672.
THOMASIUS Christian (1655—1728)	: not. § 457, p. 374.
THOMASIUS Jacob (1622—1684)	: not. § 699, p. 622.
Thomisme	: p. XLVI.
THÜMMIG	: not. § 656, p. 595.
TOURNEMINE	: not. § 723, p. 648.
Traducianisme	: p. XLIV, not. § 701, p. 624, not. § 703, p. 625, not. § 704, p. 626, not. § 705, p. 626.
VALLÉE des BARREAUX Jacques (?—1673)	: p. XLVIII.
VALLISNERI Antoine (1661—1730)	: p. XLIV, not. § 187, p. 154.
VOET Gisbert (1589—1676)	: not. § 596, p. 518.
ZABARELLA Jacques (1533—1589)	: not. § 51, p. 34, not. § 407, p. 326.
ZEISOLD Jean (1599—1667)	: not. § 699, p. 622.

Index des citations faites par WOLFF[1])

APULÉE, *Pro se magia liber,* 43, 6 (not. § 712, p. 633).
AUGUSTIN saint, *Ep. 190,* IV, 14 (not. § 701, p. 624).

BILFFINGER, *Dilucidationes philosophicae* . . ., § 326, p. 328, 329 (not. § 609, p. 538).

ÉPICTÈTE, *Enchiridion,* XXII (not. § 185, p. 149).

GOCLENIUS, *Lexicon philosophicum* . . ., p. 238 (not. § 559, p. 481).

HAMEL Jean du, *Philosophia universalis* . . ., t. III, p. 76 (§ 563, p. 483).

JAQUELOT, *Conformité de la foi avec la Raison* . . ., Système abrégé . . ., p. 381, 382 (not. § 633, p. 572, 573, not. § 639, p. 582, 583).

LEIBNIZ, *Observatio ad recensionem libri de fidei et rationis consensu* . . ., (not. § 633, p. 572, 573, not. § 639, p. 582, 583).

MARTINIUS, *Lexicon philologicum* . . ., t. I, p. 334, col. B (not. § 71, p. 49).

SÉNÈQUE, *Lettres à Lucillius,* liv. I, Lettre 6, § 15 (not. § 157, p. 124).
STURM, *Theosophiae h. e. Cognitionis de Deo naturalis Specimen* . . ., c. 3, prop. 7 (not. § 596, p. 518).

THUCYDIDE, *Historia,* II, 49, 8 (§ 205, p. 168).

WOLFF, *Psychologia empirica,* § 38, p. 25 (not. § 287, p. 231), § 85, p. 49 (§ 62, p. 41, § 78, p. 56, § 754, p. 670), § 117, p. 76 (§ 79, p. 58, not. § 224, p. 182), § 411, p. 324 (§ 409, p. 327), — *Cosmologia,* § 309, p. 232 (§ 79, p. 57).

---

[1]) Dans cet Index et les deux suivants, les références entre parenthèses renvoient à la *Psychologia rationalis.*

Index des citations faites par l'éditeur

ARISTOTE, *Analyt. Post.*, II, 19, 99b 36 (not. § 755, p. 672), — *Physica*, II, 1, 192b 20—23 (not. § 605, p. 532), — *De Anima*, III, 4, 429b 29—430a 2 (not. § 429, p. 346), — *De animal. gen.*, II, 3, 736b 28—29 (not. § 51, p. 34), — *Ethic. Nichom.*, VI, 7, 1141a 19—20 (not. § 678, p. 607).

AUGUSTIN saint, *De genesi ad litteram*, lib. VII, c. 2 (not. § 660, p. 598), — *De haeresibus ad Quodvultdeum*, 86 (not. § 701, p. 624), — *Contra secundam Juliani responsionem* ..., I, 6 (§ 701, p. 624), — *De gratia Christi* ..., c. 13, § 14 (not. § 703, p. 624, 625), — *De civitate Dei*, lib. 21, c. 10, § 1 (not. § 531, p. 452), — *Ep. 190*, IV, 14 (not. § 703, p. 625), — *Ep. 238*, 15 (not. § 658, p. 596).

AVERROËS, *In Aristot. oper. commentarii, Quartum volumen, De physico auditu*, lib. 2, c. 5 (not. § 605, p. 531).

BAYLE, *Dictionnaire historique et critique* ..., art. *Rorarius*, notes H, L (not. § 603, p. 528, not. § 625, p. 559), — *Réponses aux questions d'un provincial*, IIème partie, c. 84 (§ 594, p. 517).

BELLARMIN, *Lettre à Paolo Antonio Foscarini*, 12 Avril 1635 (not. § 640, p. 585).

BILFFINGER, *Dilucidationes philosophicae* ..., § 326, p. 328, 329 (not. § 640, p. 585), § 340, p. 596 (not. § 739, p. 658), — *De harmonia animi et corporis* ..., sect. 3, § 63, note 83, p. 72 (not. § 581, p. 501).

BOSSUET, *Traité du libre arbitre* ..., c. 2 (not. § 632, p. 571).

BOYLE, *The Excellency of Theology* ..., part I, sect. 1, *The origin of Forms and Qualities*, the theoretical part (not. § 92, p. 67), — *A free inquiry into the vulgarly received Notion of Nature*, sect. 1 (not. § 605, p. 532).

BRUCKER, *Historia critica philosophiae* ..., t. IV, pars altera, period. III, pars II, lib. 2, c. 3, § 15, p. 709 (not. § 699, p. 622).

BUDDE, *Bedencken über die wolffianische Philosophie* ..., § 11, p. 84—86 (not. § 453, p. 371), § 12, p. 95, 96, 101, 102 (p. 16*, ligne 12, not. § 49, p. 33, not. § 625, p. 559), — *Elementa philosophiae theoreticae* ..., pars II, c. 1, § 10, p. 136, pars V, c. 1, § 8, p. 331 (not. § 44, p. 30).

CICÉRON, *De legibus*, I, 10, § 30 (not. § 457, p. 374).

CLARKE, *3ème Lettre à Leibniz*, § 2 (not. § 632, p. 571), — *4ème Lettre à Leibniz*, § 31 (not. § 620, p. 553, not. § 623, p. 556), — *5ème Lettre à Leibniz*, § 92, 110—116 (not. § 625, p. 559).

CLAVIUS, *Commentaria in Euclidis Elementa* ..., lib. I, def. 10, axiom. 10 (not. § 110, p. 85).

Concile de Braga, canon 5 (not. § 660, p. 598).
CONDILLAC, *Traité des sensations*, Ière partie, c. 7, § 2 (p. XXIII).
CRELLIUS, *De Deo et ejus attributis*, c. 24, p. 205 (not. § 633, p. 573).

Décret de la congrégation de l'Index du 5 Mars 1616 (not. § 640, p. 585).
DESCARTES, *Discours de la méthode*, V (not. § 753, p. 671), — *Medit.* 6 (not. § 51, p. 34, § 594, p. 517), — *IIae Responsiones*, axioma 1 (not. § 606, p. 534), — *Principia philosophiae*, II, § 4, 11 (not. § 92, p. 67), II, § 36 (not. § 597, p. 519), II, § 43 (not. § 578, p. 498), IV, § 188 (not. § 92, p. 67), — *Lettre à Elisabeth*, 21 Mai 1643 (not. § 589, p. 513), — *Lettre à More*, 5 Février 1649 (not. § 753, p. 671), — *Lettre à More*, Aout 1649 (not. § 597, p. 519, 520).

EUCLIDE, *Elementa*, lib. 1, def. 1 (not. § 658, p. 596), def. 10 (not. § 110, p. 85).

FÉNELON, *Traité de l'existence et des attributs de Dieu*, IIème partie, c. 2 (not. § 38, p. 26).

GASSENDI, *Philosophiae Epicuri Syntagma*, pars III, c. 6 (not. § 457, p. 374).
GOCLENIUS, *Lexicon philosophicum . . .*, p. 565, col. B (not. § 53, p. 35), p. 841 (not. § 713, p. 634), p. 955, col. A (§ 765, p. 678).
GREDT, *Elementa philosophiae Aristotelico-Thomisticae*, pars III, sect. 2, c. 2, quaest. 1, § 2, n. 468, p. 364 (not. § 576, p. 496).

HELMONT van, *Ortus medicinae . . .*, p. 70, col. A, p. 77, col. A (not. § 583, p. 504).
HIPPOLYTE, *Philos.* 21 (not. § 625, p. 559).
HOBBES, *Leviathan*, pars I, c. 6, 8 (not. § 616, p. 548), c. 12 (not. § 33, p. 25), pars II, c. 4 (not. § 33, p. 25), — *Elementa philosophiae*, sect. 1, *De corpore*, pars IV, c. 25, § 2, 7, 12 (not. § 79, p. 58), § 13 (not. § 536, p. 457), sect. 2, *De homine*, c. 11, § 1 (not. § 79, p. 58), — *Objectiones ad Cartesii Meditationes, Objectiones tertiae* (not. § 462, p. 382).
HUET, *Traité de la foiblesse de l'esprit humain*, lib. 1, c. 3, § 6, p. 51 (not. § 66, p. 45).
HUYGENS, *Lettre n° 1715 à Gallois*, 18 Mars 1669 (not. § 607, p. 535).

JAQUELOT, *Conformité de la foi avec la Raison . . .*, Système abrégé . . ., p. 382 (not. § 610, p. 540).
JEAN Damascène saint, *De fide orthodoxa*, lib. 2, c. 2 (not. § 49, p. 33).

LAMY François, *De la connoissance de soi-même . . .*, traité II, IIème partie, 10èmes réflexions (§ 594, p. 517).
LANGE, *Caussa Dei et religionis naturalis . . .*, 1723, tract. protheor. schol., p. 17 (§ 38, p. 26), — *Modesta Disquisitio . . .*, protheor. prop. 1, demonstr. § 10, p. 9 (§ 605, p. 531), prop. 1, schol., p. 9 (not. § 609, p. 537), c. 1, placit. 1, disquis. § 5, p. 68 (not. § 482, p. 397), § 6, p. 68, 69 (not. § 453, p. 371), c. 2, placit. 2, disquis. § 1, p. 71 (not. § 192, p. 160), placit. 9, disquis.

Index des citations faites par l'éditeur 817

§ 13, p. 123, 124 (not. § 623, p. 556), disquis. § 19, p. 130 (not. § 628, p. 564), epicrisis membr. 1, prop. schol. 2, p. 142 (not. § 605, p. 531), c. 3 placit. 8, disquis. § 1, p. 210 (not. § 641, p. 586), — *Caussa Dei et religionis naturalis* . . ., 1727², protheor. postul. 2, consectaria 1, p. 2 (not. § 42, p. 27), postul. 3, p. 3 (§ 564, p. 484), postul. 4 consectaria, p. 4 (p. 16*, ligne 12), protheor. postul. 4, schol. 1, p. 6 (not. § 588, p. 512), def. 4, p. 35 (not. § 643, p. 588), tract. sect. 1, membr. 1, § 3, p. 169, 170 (not. § 554, p. 475, not. § 564, p. 484), § 3, p. 174 (not. § 609, p. 537), membr. 3, c. 1, argum. 1 schol. 1, p. 177, 178 (not. § 703, p. 625), tract. sect. 2, membr. 3, § 1, 2, 4, p. 399, 400, 401 (not. § 644, p. 589), § 11, p. 416, 417 (not. § 482, p. 397), § 14, p. 421 (not. § 546, p. 468), § 19, p. 425 (not. § 453, p. 371), § 24, p. 431 (not. § 632, p. 571), § 27, p. 434, § 28, p. 436 (not. § 221, p. 180), § 30, p. 439, 440 (not. § 625, p. 559), § 33, p. 443, § 34, p. 445 (not. § 712, p. 633), membr. 4, § 1—4, p. 448 (p. 16*, ligne 12), § 6, p. 456 (not. § 617, p. 549), § 8, p. 457, 458 (not. § 630, p. 569), § 10, p. 460, 462 (not. § 612, p. 543, not. § 620, p. 553).

LEIBNIZ, *Nouveaux Essais*, II, § 2 (not. § 426, p. 349), IV, 19, § 1 (not. § 331, p. 267), — *Théodicée*, I, § 46 (not. § 632, p. 571), § 59 (not. § 724, p. 649), § 60 (not. § 597, p. 519), § 61 (not. § 607, p. 535, not. § 622, p. 556), § 62 (not. § 622, p. 556), § 89 (not. § 739, p. 658), § 91 (not. § 187, p. 153), III, 360 (§ 187, p. 153), § 393 (not. § 605, p. 531), § 403 (§ 480, p. 395), — *De prima philosophiae emendatione* . . . (not. § 53, p. 35), — *Système nouveau pour expliquer la nature des substances* . . . (§ 65, 66, p. 45), — *Système nouveau de la nature et de la communication des substances* . . . (§ 65, 66, p. 45, § 723, p. 648), — *Extrait du Dictionnaire de M. Bayle* . . . (§ 65, 66, p. 45, not. § 643, p. 588), — *Eclaircissement du nouveau système* . . . (not. § 557, p. 479), — *Eclaircissement des difficultés que M. Bayle a trouvées* . . . (not. § 614, p. 545), — *Specimen Dynamicum* . . . (not. § 579, p. 499), — *De ipsa natura* . . ., § 15 (not. § 605, p. 531), — *Considérations sur les Principes de vie* . . . (not. § 614, p. 545, not. § 626, p. 562), — *Monadologie*, § 26 (§ 765, p. 678), — *Lettre à des Bosses*, 1 Septembre 1706 (§ 594, p. 517), — *Lettre à Bourguet*, 5 Aout 1715 (not. § 187, p. 154), — *3ème Lettre à Clarke*, § 17 (not. § 71, p. 49), — *5ème Lettre à Clarke*, § 89 (not. § 623, p. 556), § 90 (not. § 620, p. 553), § 107 (not. § 71, p. 49), — Ecrit sans titre, Ger., *Phil.*, IV, p. 590 (not. § 605, p. 531).

LÉON I saint, *Symbolum fidei* (not. § 660, p. 598).
LÉON IX saint, *Ep. 15 ad Turribium Asturicensem Episcopum*, c. 10 (not. § 705, p. 627).
LINUS, *Tractatus de corporum inseparabilitate* . . ., c. 5 (not. § 583, p. 504).
LOCKE, *An Essay*, II, 1, § 2, 10, § 2 (not. § 429, p. 346), 23, § 28 (not. § 331, p. 484), § 30 (not. § 66, p. 45), IV, 3, § 6 (not. § 66, p. 45), 19, § 1 (not. § 331, p. 267).

MAGIRUS, *Philosophiae Peripateticae Libri sex* . . ., lib. 5, c. 21, p. 358 (not. § 582, p. 504).
MALEBRANCHE, *De la recherche de la vérité*, liv. VI, IIème partie, c. 3 (not. § 609, p. 537), — *Entretiens sur la métaphysique et la religion*, IV, § 11 (not. § 603, p. 528), VII, § 2 (not. § 581, p. 501), § 13 (not. § 725, p. 650).
MÉLANCHTHON, *De Anima* (not. § 240, p. 196).

Mémoires pour servir à l'histoire des sciences et des beaux arts ..., Mai 1713, art. 80, p. 922 (§ 38, p. 26).
Micraelius, *Lexicon philosophicum* ..., col. 877 (not. § 605, p. 531).
More, *Enchiridium Metaphysicum* ..., pars I, c. 8, § 14 (not. § 658, p. 596), § 15 (not. § 659, p. 597), c. 28, § 11, 12 (not. § 658, p. 596), — *Adnotamenta in Duas Ingeniosas Dissertationes* ..., In caput sextum ... (not. § 583, p. 504), — *Antecedentis Antidoti adversus Atheismum appendix* ..., c. 10, § 9 (not. § 658, p. 596), — *Lettres à Descartes*, II Décembre 1648, 5 Mars 1649 (not. § 659, p. 597).

Némésios, *De natura hominis*, c. 2 (not. § 705, p. 627).
Newton, *Lettre* ... *à Mr. l'abbé Conti* (not. § 623, p. 556).

Pastor, *Libellus in modum symboli*, n. 20, 31 (not. § 660, p. 598).
Pfaffius, *Oratio de Egoismo* ..., p. 23, 24 (not. § 38, p. 26).
Platon, *Phédon*, 76 c (not. § 705, p. 627), 80 b (not. § 658, p. 596).

Richard de saint Victor, *De exterminatione mali* ..., tract. 3, c. 18 (not. § 568, p. 596).
Rüdiger, *Physica divina* ..., lib. 3, c. 15, sect. 34, 35, p. 747 (not. § 605, p. 530).

Schelhammer, *Naturae Vindicatae Vindicatio* ..., c. 14, p. 62, 72 (not. § 605, p. 531).
Scot Duns, *Quaestiones in Lib. II Sententiarum*, dist. 17, proemium (not. § 660, p. 598).
Scot Érigène, *De divisione naturae*, lib. 3, c. 39 (not. § 769, p. 680).
Spinoza, *Ethica*, pars I, def. 2 (not. § 695, p. 619), prop. 17, schol. (not. § 544, p. 466), prop. 29, schol. (not. § 605, p. 531), prop. 34, demonst. (not. § 544, p. 466), — *Tractatus theologico-politicus*, c. 6 (not. § 623, p. 557), — *Ep. 75 ad Oldenburgium* (not. § 544, p. 466).
Sturm, *Physica electiva* ..., t. I, lib. 1, sect. 1, c. 4, § 5, p. 192, 193, 194 (not. § 605, p. 532), — *Theosophiae* ... *specimen*, c. 3, prop. 17, in: *Physica electiva* ..., t. I, p. 918, 919 (not. § 596, p. 518).
Suarez, *Disp. 28*, sect. 1, § 1 (not. § 695, p. 619), *Disp. 34*, sect. 1, § 13 (not. § 741, p. 660), sect. 5, § 1 (not. § 45, p. 31), § 59 (not. § 741, p. 660), *Disp. 35*, sect. 1, § 1 (not. § 658, p. 596).

Tertullien, *De Anima*, c. 27 (not. § 699, p. 622, not. § 705, p. 627), — *De testimonio animae liber* ..., c. 3 (not. § 699, p. 622).
Thomas, Saint, *Sum Theol.*, Ia, qu. 1, art. 6, resp. (not. § 678, p. 607), qu. 36, art. 1, ad 1um (not. § 658, p. 596), qu. 50, art. 2, ad 4um (not. § 695, p. 619), qu. 73, art. 2, resp. (not. § 49, p. 33), qu. 75, art. 6, resp. (not. § 737, p. 657), qu. 76, art. 5, resp. (not. § 51, p. 34), qu. 90, art. 2, resp. (not. § 699, p. 622), qu. 118, art. 3, 1 et resp. (not. § 704, p. 626), Ia IIae, qu. 19, art. 7, resp. (not. § 678, p. 607), qu. 22, art. 2, ad 3um (not. § 49, p. 33), qu. 85, art. 6, resp. (not. § 605, p. 531), IIa IIae, qu. 19, art. 7, resp. (not. § 678, p. 607), IIIa, qu. 2, art. 2, resp. (not. § 741, p. 660), — *Contra Gentiles*, I, 91, III, 35, IV, 12 (not. § 678, p. 607), — *In II Sent.*, dist.

17, qu. 17, art. 1, resp. (not. § 660, p. 598), — *In Aristot. Lib. de Anima Commentarium*, lect. 9, n. 722 (not. § 429, p. 346), — *Quaest. disp., De Anima*, art. 2, resp. (not. § 51, p. 34), art. 13, resp. (not. § 755, p. 672), — *De potentia*, qu. 5, art. 3, 15 et ad 15um (not. § 672, p. 603), qu. 9, art. 2, resp. (not. § 741, p. 660), — *De spiritualibus creaturis*, art. 9, ad 4um (§ 719, p. 640), — *In librum Beati Dyonisii, De divinis nominibus*, c. 4, lect. 21 (not. § 605, p. 531).

THOMASIUS Christian, *Institutiones jurisprudentiae Divinae* ..., lib. I, c. 4, § 52, p. 434 (not. § 605, p. 531).

TOLAND, *Pantheisticon* ..., p. 12, 13, 21 (not. § 33, p. 25).

TOURNEMINE, *Conjectures sur l'union de l'âme et du corps* (not. § 723, p. 648).

VOET, *Admiranda Methodus Novae philosophiae Renati des Cartes*, praefatio, p. 61—62, sect. 4, c. 3, p. 262, 263, 265 (not. § 596, p. 518).

WOLFF, *Discursus praeliminaris*, § 74, p. 34, 35 (not. § 736, p. 656), § 79, p. 36 (not. § 469, p. 385), not. § 107, p. 48 (not. § 430, p. 348), § 111 et not., p. 51 (not. § 186, p. 24), not. § 112, p. 51 (p. VII, IX) § 119, p. 55, § 121, p. 57, § 123, p. 58 (not. § 741, p. 660), — *Logica*, § 1046 et not., p. 749, 750 (not. § 525, p. 445), — *Ontologia*, not. § 548, p. 429 (not. § 33, p. 25), — *Cosmologia*, not. § 76, p. 70 (not. § 430, p. 348), § 225, p. 173 (§ 125, p. 99), not. § 243, p. 186 (not. § 712, p. 633), not. § 398, p. 291 (not. § 578, p. 498), not. § 475, p. 367, 368 (not. § 597, p. 519), — *Psychologia empirica*, praefatio, p. 11*—17* (p. VII), § 191, p. 131 (not. § 242, p. 198). — *Psychologia rationalis*, praefatio, p. 11*—12* (p. VIII), p. 14* (p. XLII), § 6, p. 5 (p. IX), not. § 75, p. 53 (p. XIV), not. § 550, p. 471 (p. LI), — *Theologia naturalis*, II, not. § 342, p. 307 (§ 629 p. 472, 566), § 523, p. 505 (p. 16*, ligne 7), — *Philosophia practica universalis*, II, not. § 707, p. 645 (not. § 381, p. 301), — *De notione Naturalis, Praeternaturalis* ..., § 9, 10 (not. § 297, p. 240), — *Vernünfftige Gedancken von Gott* ..., c. 5, § 781, p. 486 (not. § 616, p. 548), — *Der vernünfftige Gedancken von Gott* ..., *Anderer Theil* ..., c. 3, § 286, p. 470 (not. § 614, p. 545), c. 5, § 339, p. 541 (not. § 741, p. 660).

Index des textes de l'Ecriture

A) auxquels WOLFF *se réfère*

Lucas, XVI, 19—32 (§ 740, p. 658).
Math., I, 13—16 (not. § 330, p. 266), XXII, 30 (not. § 660, p. 598).

B) auxquels l'éditeur se réfère

Gen., I, II (not. § 268, p. 565).
Daniel, III, 57 (not. § 661, p. 599).
Lucas, X, 17—20 (not. § 661, p. 599), XVI, 19—32 (not. § 739, p. 658).
PAUL, *Ep. ad Coloss.*, I, 16 (not. § 661, p. 599).

C) que l'éditeur cite

Exod., III, 14 (not. § 661, p. 599).
Psalm. 148, 1, 5 (not. § 661, p. 599).
Math., X, 28 (not. § 731, p. 654).
PAUL, *Ep. ad Hebraeos*, I, 13, 14 (not. § 660, p. 599).

INDEX GÉNÉRAL

Introduction de l'éditeur . . . . p. V—LVIII

Dedicatio . . . . p. 5*
Praefatio . . . . p. 11*—18*
Prolegomena . . . . p. 1
Sectio I ⎫ . . . . p. 9
Sectio II ⎬ Voir p. 681 . . . . p. 395
Sectio III ⎬ . . . . p. 451
Sectio IV ⎭ . . . . p. 588
Conspectus totius operis . . . . p. 681
Index rerum et verborum . . . . p. 682

Variantes et notes de l'éditeur . . . . p. 705
Index des auteurs auxquels Wolff se réfère . . . . . p. 799
Index des auteurs auxquels l'éditeur se réfère . . . p. 805
Index des citations faites par Wolff . . . . p. 814
Index des citations faites par l'éditeur . . . . p. 815
Index des textes de l'Ecriture
    I auxquels Wolff se réfère ⎫
    II auxquels l'éditeur se réfère ⎬ p. 820
    III que l'éditeur cite . . . . ⎭
Index général . . . . p. 821

2 1.18. — 31.8.72 VVA
L-Liste
o.N.